Avenarius/Heckel

Schulrechtskunde

Handbuch

Schulrechtskunde

Ein Handbuch für Praxis, Rechtsprechung und Wissenschaft

begründet von Professor Dr. jur. Hans Heckel †

Siebte, neubearbeitete Auflage

von Professor Dr. jur. Hermann Avenarius

unter Mitarbeit von Hans-Christoph Loebel

Luchterhand

Die Deutsche Bibliothek – CIP-Einheitsaufnahme

Heckel, Hans:
Schulrechtskunde: Ein Handbuch für Praxis, Rechtsprechung
und Wissenschaft / von Hans Heckel.
7., neubearb. Aufl. von Hermann Avenarius,
unter Mitarbeit von Hans-Christoph Loebel
Neuwied; Kriftel: Luchterhand, 2000
ISBN 3-472-02175-6

Hermann Avenarius ist seit 1975 in der Nachfolge Hans Heckels Professor für öffentliches Recht und Verwaltungswissenschaft am Deutschen Institut für Internationale Pädagogische Forschung in Frankfurt am Main. Schwerpunkte seiner wissenschaftlichen Arbeit sind international vergleichende Forschungen auf dem Gebiet des Bildungsrechts und der Bildungsverwaltung.

Alle Rechte vorbehalten.
© 2000 by Hermann Luchterhand Verlag GmbH Neuwied, Kriftel.
Das Werk einschließlich aller seiner Teile ist urheberrechtlich geschützt.
Jede Verwertung außerhalb der engen Grenzen des Urheberrechtsgesetzes
ist ohne Zustimmung des Verlages unzulässig und strafbar.
Das gilt insbesondere für Vervielfältigungen, Übersetzungen,
Mikroverfilmungen und die Einspeicherung und Verarbeitung in
elektronischen Systemen.
Umschlag: Ute Weber GrafikDesign, Geretsried
Satz: KomptenzCenter Urban, Düsseldorf
Papier: Permaplan von Arjo Wiggins Spezialpapiere, Ettlingen
Druck: Betz-Druck GmbH, Darmstadt
Buchbinder: Heinr. Koch GmbH, Tübingen
Printed in Germany, Januar 2000

∞ Gedruckt auf säurefreiem, alterungsbeständigem und chlorfreiem Papier

Vorwort zur 7. Auflage

Die 7. Auflage der Schulrechtskunde hält an der Struktur der 6. Auflage fest und ist gleichwohl neu. Das Buch greift die aktuellen Entwicklungen und Probleme auf: die Neugestaltung des Bildungswesens in den ostdeutschen Ländern, die Einwirkungen des europäischen Gemeinschaftsrechts auf das deutsche Bildungsrecht, die neuere höchstrichterliche Rechtsprechung zum Prüfungsrecht, zur Rechtschreibreform und zu den Auswirkungen des grundgesetzlichen Verbots der Benachteiligung Behinderter auf dem Gebiet der sonderpädagogischen Förderung. Das Buch befaßt sich mit der zunehmenden Tendenz, den Schulen mehr Eigenständigkeit einzuräumen (»Schulautonomie«), und untersucht die verfassungsrechtlichen Aspekte dieses Paradigmenwechsels. Erörtert wird ferner die Frage, ob die Eltern bei der Wahl der Schulaufbahn des Kindes auch dann das letzte Wort haben können, wenn der Schüler nach Auffassung der Schule für die gewünschte Schulart nicht geeignet ist. Nicht zuletzt geht es um die Stellung der Kirchen und Religionsgemeinschaften in der Schule; genannt seien der umstrittene »Kruzifix-Beschluß« des Bundesverfassungsgerichts, das Verhältnis von Religions- und Ethikunterricht, das in Brandenburg eingeführte Unterrichtsfach Lebensgestaltung-Ethik-Religionskunde, islamischer Religionsunterricht, Befreiung muslimischer Schülerinnen vom koedukativen Sportunterricht, »Kopftuch in der Schule«.
Das Dienstrecht der Lehrer ist wie schon in den Vorauflagen einbezogen und um aktuelle Themen erweitert: Lehrer als Beamte oder Angestellte, Schulleiter auf Zeit, erweiterte Möglichkeiten der Teilzeitbeschäftigung, Zulässigkeit von Frauenquoten, Konkurrentenklage.
Das Privatschulrecht ist auf den neuesten Stand gebracht. Das für die Schulen maßgebliche Datenschutzrecht findet ebenso Berücksichtigung wie die Neuregelung des Rechts der gesetzlichen Schülerunfallversicherung.

Das Schulrecht ist überwiegend Landesrecht, also Recht der nunmehr 16 Länder mit ihren spezifischen Traditionen und bildungspolitischen Konzepten. Daher drängt sich die Frage auf, ob eine länderübergreifende Darstellung überhaupt lohnt. Bei näherem Zusehen zeigt sich indes, daß das Schulrecht alles in allem überraschend einheitlich ist. Aber auch und gerade dort, wo das jeweilige Landesrecht von der Rechtslage in anderen Bundesländern abweicht, ist eine Gesamtdarstellung nützlich; sie ermöglicht den Vergleich und hilft dadurch, die landesspezifischen Ausprägungen des Schulrechts in einem anderen Licht zu sehen und besser zu verstehen. Im Rahmen fortschreitender europäischer Integration erweist es sich außerdem als notwendig, die rechtliche Ordnung des Schulwesens in Deutschland als Ganzes zur Geltung zu bringen.

Die Arbeit an der Neuauflage hat sich über mehrere Jahre hingezogen. Verzögerungen ergaben sich vor allem dadurch, daß in den ostdeutschen Ländern, die vor der äußerst schwierigen Aufgabe des schulrechtlichen Neuanfangs standen, die rechtlichen Regelungen längere Zeit unvollständig waren und nur provisorisch galten. Inzwischen hat sich auch dort die Rechtslage konsolidiert, so daß das Buch auf einer vergleichsweise gesicherten Basis aufbauen kann.

Ohne die Unterstützung kompetenter Mitarbeiterinnen und Mitarbeiter im Deutschen Institut für Internationale Pädagogische Forschung hätte das Werk nicht gelingen können. Nur einige von ihnen kann ich namentlich erwähnen.
Besonders große Verdienste hat sich Assessor Hans-Christoph Loebel erworben. Er hat Gesetzgebung, Rechtsprechung und Literatur gesichtet und systematisch aufbereitet, meine Entwürfe kritisch kommentiert und sich vor allem dank seiner umfassenden Kenntnisse im öffentlichen Recht als kluger Dialogpartner erwiesen. Anhang und Sachregister hat er eigenständig verfaßt.
Meine langjährige Sekretärin Antje Brinkmann hat den Text als druckfertige Vorlage erfaßt, wie immer sicher und souverän; dabei kam ihr zugute, daß sie alle Finessen der modernen Kommunikationstechnik beherrscht. Als sie zum Schluß durch längere Krankheit verhindert war, sprang Isolde Baumbusch für sie ein und zeichnete sich in der kritischen und hektischen Schlußphase durch Schnelligkeit, Sorgfalt und nie nachlassende Geduld aus. Zu den Aufgaben Angelika Wagners als meiner neuen Sekretärin gehörte es, Abkürzungsverzeichnis, Anhang und Sachregister zu schreiben; sie hat diese Herausforderung auch in turbulenten Phasen effizient und mit guter Laune gemeistert.
Ob das Buch in einem anderen Verlag jemals zum Abschluß gekommen wäre? Daß es nunmehr erscheinen kann, ist vor allem das Verdienst Rudolf Ederers vom Lektorat Schulrecht des Luchterhand Verlags. Er hat mich immer wieder gedrängt und gemahnt, aber nie so sehr, daß ich die Lust an der Arbeit gänzlich verloren hätte. Mit seiner durch rheinische Lebensart gemilderten Sturheit hat er wesentlich dazu beigetragen, daß ich durchgehalten habe.
Allen Beteiligten sage ich von Herzen Dank.

Die Neuauflage erfaßt die Entwicklung bis Ende Mai 1999. Aufgrund dieser zeitlichen Grenze konnten Gesetzsänderungen, wie die Novellierung des Hessischen Schulgesetzes im Juni 1999, und später erschienene Veröffentlichungen, wie beispielsweise die Neubearbeitung der Abhandlung zum Schulrecht von Günter Püttner und Johannes Rux in der Neuauflage des von Achterberg/Püttner herausgegeben Lehrbuchs zum Besonderen Verwaltungsrecht, nicht mehr berücksichtigt werden.

Das Buch ist gewiß nicht fehlerfrei. Über Hinweise auf Unrichtigkeiten und Versäumnisse, über Kritik und Anregungen würde ich mich freuen.

Ich widme dieses Werk dem Gedenken an drei bedeutende Gelehrte des öffentlichen Rechts, denen ich mich über ihren Tod hinaus eng verbunden fühle: *Prof. Dr. Erwin Stein* (1903–1992). Er war in der Nachkriegszeit hessischer Kultusminister und von 1951 bis 1971 Bundesverfassungsrichter. Als Gründer des Deutschen Instituts für Internationael Pädagogische Forschung und langjähriger Präsident des Stiftungsrats hat er die Rahmenbedingungen geschaffen, unter denen dieses Buch in nunmehr sieben Auflagen erscheinen konnte.

Prof. Dr. Hans Heckel (1904–1991). Von 1952 bis 1972 war er o. Professor für öffentliches Recht und Verwaltungswissenschaft am Deutschen Institut. Er hat die Schulrechtskunde1957 begründet und bis zur 5. Auflage fortgeführt.
Prof. Dr. Bernd Jeand'Heur (1956–1997). Von 1991 bis 1994 war er als wissenschaftlicher Mitarbeiter in meiner Abteilung tätig und hat in dieser Zeit an ersten Vorarbeiten für die Neuauflage des Buchs mitgewirkt. Zuletzt war er o. Professor für öffentliches Recht an der Universität Rostock. Eine tückische Krankheit setzte einer glanzvollen Karriere im Februar 1997 ein viel zu frühes Ende.

Frankfurt am Main, September 1999

Hermann Avenarius

Anschrift des Autors:
Prof. Dr. Hermann Avenarius
Deutsches Institut für Internationale Pädagogische Forschung
Schloßstraße 29
60486 Frankfurt am Main

Inhaltsverzeichnis

Erster Teil: Schulwesen

1. Kapitel: Schule und Recht

1.1	Die Schule als Gegenstand des Rechts	3
1.2	Rechtliche Begriffsbestimmungen der Schule	4
	1.21 Begriffselemente	4
	1.22 Abgrenzungen	5
1.3	Schulrecht	7
	1.31 Rechtsnormen und Regelungsbereich	7
	1.32 Erscheinungsformen	8
	1.33 Schulgesetze und sonstige Rechtsquellen	9
	1.34 Geschichte	12
	1.35 Schule und Gesellschaft	15
	1.36 »Verrechtlichung«	16
	1.37 Kommission Schulrecht des Deutschen Juristentages	18

2. Kapitel: Verfassungsrecht und europäisches Gemeinschaftsrecht in ihrer Bedeutung für das Schulwesen

2.1	Kulturhoheit der Länder	19
	2.11 Bund und Länder	19
	2.12 Angleichungsschritte	20
	2.13 Kritische Bilanz	23
2.2	Grundgesetz und Schule	24
	2.21 Art. 7 GG	24
	2.22 Strukturprinzipien der Verfassung und Grundrechte	25
2.3	Landesverfassungen	30
2.4	Europäisches Gemeinschaftsrecht	31
	2.41 Europäisches Bildungsrecht »vor Maastricht«	31
	2.42 Europäisches Bildungsrecht »nach Maastricht«	34

3. Kapitel: Aufbau und Gliederung des Schulwesens

3.1	Grundlegende Einteilungen	37
	3.11 Öffentliche und private Schulen	37
	3.12 Schulstufen, Schularten	38
	3.13 Allgemeinbildende und berufsbildende Schulen	38
	3.14 Studienqualifizierende und berufsqualifizierende Bildungsgänge	39
	3.15 Pflichtschulen, Wahlschulen	39
	3.16 Gliederungen innerhalb der Schule	40

3.2		Elementarbereich	41
	3.21	Kindergarten	41
	3.22	Vorklasse und Schulkindergarten	42
3.3		Primarstufe (Grundschule)	42
3.4		Sekundarstufe I	43
	3.41	Orientierungsstufe	43
	3.42	Hauptschule	44
	3.43	Realschule	45
	3.44	Mittel-, Sekundar- bzw. Regelschule und entsprechende Schularten	46
	3.45	Gymnasium	46
	3.46	Gesamtschule	47
3.5		Sekundarstufe II	48
	3.51	Studienqualifizierende Bildungsgänge	49
	3.52	Berufsqualifizierende Bildungsgänge	52
3.6		Schulen für Schüler mit sonderpädagogischem Förderbedarf, Sonderschulen (Förderschulen)	55
3.7		Zweiter Bildungsweg	57
3.8		Entwicklungen und Tendenzen	59

4. Kapitel: Allgemeine pädagogische und schulorganisatorische Regelungen

4.1		Unterricht und Erziehung	61
	4.11	Staatlicher Erziehungsauftrag, Bildungsziele, Lehrpläne, Rechtschreibung, Schulbücher	61
	4.12	Religionsunterricht, Ethikunterricht, Schulgebet, Kruzifix in der Schule	68
4.2		Berechtigungen	78
	4.21	Notwendigkeit und Nutzen	78
	4.22	Numerus clausus	79
4.3		Schulorganisation	81
	4.31	Schuljahr und Ferien	81
	4.32	Unterrichtszeit	81
	4.33	Ganztagsschule, Grundschule mit festen Öffnungszeiten	83
	4.34	Schulbezirk, Schuleinzugsbereich	84
	4.35	Schulwechsel, Anerkennung von Abschlüssen	85
	4.36	Klassenstärken und Meßzahlen	87
	4.37	Koedukation	88

5. Kapitel: Besondere Regelungen und Einrichtungen

5.1		Schulversuche	90
5.2		Ausländer- und Aussiedlerkinder	92
	5.21	Probleme und Lösungsversuche	92
	5.22	Das Berliner und das Bayerische Modell	94
	5.23	Islamischer Religionsunterricht	98
5.3		Schule und Heim	99

	5.31	Schülerheime	99
	5.32	Heimschulen	100
	5.33	Schullandheime	101
5.4	Bekenntnis und Weltanschauung als Organisationsprinzipien		101
	5.41	Staat, Kirche, Schule	101
	5.42	Organisationsformen	102
	5.43	Parität der Lehrerstellen	105

6. Kapitel: Schulverfassung I (Grundlagen)

6.1	Schulverfassung als Organisationsbegriff		107
6.2	Rechtsstellung der Schule		108
	6.21	Anstalt- und Behördencharakter	108
	6.22	Pädagogische Eigenverantwortung	110
	6.23	»Schulautonomie«	111
6.3	Partizipation		115
	6.31	Entwicklung und gegenwärtiger Stand	115
	6.32	Partizipationsformen	117

7. Kapitel: Schulverfassung II (Schulleitung, Lehrerkonferenz, Schulkonferenz)

7.1	Schulleitung		119
	7.11	Allgemeine Rechtslage	119
	7.12	Bestellung des Schulleiters	121
	7.13	Aufgaben	123
	7.14	Konfliktmöglichkeiten	124
7.2	Lehrerkonferenz		125
	7.21	Allgemeine Rechtslage	125
	7.22	Aufgaben	127
	7.23	Konfliktmöglichkeiten	127
7.3	Schulkonferenz		128
	7.31	Allgemeine Rechtslage	128
	7.32	Aufgaben	129
7.4	Konferenzen oberhalb der Schulebene		130
7.5	Besonderheiten der Länder		131

8. Kapitel: Schulverfassung III (Schüler- und Elternvertretungen)

8.1	Schülervertretung		132
	8.11	Allgemeine Rechtslage	132
	8.12	Aufgaben	135
	8.13	Besondere Rechtsfragen	137
	8.14	Schülervertretungen oberhalb der Schulebene	139

Inhaltsverzeichnis

8.2	Elternvertretung	140
	8.21 Allgemeine Rechtslage	140
	8.22 Aufgaben	146
	8.23 Elternvertretung und Beiräte an berufsbildenden Schulen	148
	8.24 Elternvertretungen oberhalb der Schulebene	149
8.3	Besonderheiten der Länder	151

9. Kapitel: Schulträgerschaft, dienstrechtliche Zuordnung der Lehrer

9.1	Kommunale Schulträgerschaft als Regelform	155
	9.11 Geschichte	155
	9.12 Spannungsfeld Staat – Kommune	156
9.2	Aufgaben des Schulträgers	157
	9.21 Übersicht über die Länder	157
	9.22 Definition des Schulträgerbegriffs	158
9.3	Kompetenzordnung der Schulträgerschaft	159
	9.31 Kommunale und staatliche Schulträgerschaft	159
	9.32 Ebenen kommunaler Schulträgerschaft (Gemeinde, Kreis, Zweckverband)	159
	9.33 Sonstige Schulträger	160
9.4	Kommunale Schulträger und Staat	160
	9.41 Einwirkungen des Staates auf Schulbau und Schulentwicklungsplanung	161
	9.42 Sonstige Beschränkungen der kommunalen Schulträgerschaft	163
9.5	Organisation der kommunalen Schulverwaltung	164
	9.51 Zuständigkeiten	164
	9.52 Organisatorische Besonderheiten	164
9.6	Dienstrechtliche Zuordnung der Lehrer	165
	9.61 Lehrer als Landesbedienstete	165
	9.62 Lehrer als Kommunalbedienstete	166
	9.63 Lehrer als Bedienstete sonstiger Träger	166

10. Kapitel: Schulfinanzierung (Schulunterhaltung)

10.1	Personalkosten	167
	10.11 Kosten des lehrenden Personals	167
	10.12 Kosten des nichtlehrenden Personals	167
10.2	Sachkosten	168
10.3	Unterscheidung der Schulen nach der Kostenträgerschaft	168
10.4	Kultus- und Schulhaushalt	169
10.5	Budgetierung	170
10.6	Schulträgerschaft, dienstrechtliche Zuordnung der Lehrer, Schulfinanzierung: Übersicht über die Länder	171

11. Kapitel: Verwaltung der Einzelschule

11.1	Allgemeines	185
11.2	Rechtliche Probleme	185
	11.21 Hausverwaltung, Hausordnung, Hausrecht	185
	11.22 Haushalts- und Kassenführung	188
	11.23 Urheberrecht	191

12. Kapitel: Die Stellung der Privatschule im Schulwesen

12.1	Begriffe der Privatschule	196
12.2	Für und Wider der Privatschule	197
12.3	Schularten	199
12.4	Trägerorganisationen	200
	12.41 Evangelische Schulen	200
	12.42 Katholische Schulen	200
	12.43 Waldorfschulen	200
	12.44 Landerziehungsheime	201
	12.45 Bundesverband Deutscher Privatschulen	201
	12.46 Arbeitsgemeinschaft Freier Schulen	201
	12.47 Sonstige Privatschulen	202
12.5	Gemeinnützigkeit	202

13. Kapitel: Überblick über das Privatschulrecht

13.1	Rechtsgrundlagen	203
13.2	Das Grundrecht der Privatschulfreiheit	203
13.3	Freiheiten im Schulbetrieb	204
	13.31 Freie Gestaltung der Schule	204
	13.32 Freie Lehrerwahl	205
	13.33 Freie Schülerwahl	206
13.4	Allgemeine polizeirechtliche Anforderungen	207
13.5	Ersatzschulen	207
	13.51 Akzessorietät der Ersatzschule zur öffentlichen Schule	207
	13.52 Genehmigung der Ersatzschule	209
	13.53 Zulassung privater Volksschulen	212
	13.54 Ausländische Privatschulen und Schulen der dänischen Minderheit	215
	13.55 Anerkennung der Ersatzschule	215
	13.56 Staatliche Finanzhilfe für Ersatzschulen	217
13.6	Ergänzungsschulen	221
	13.61 Begriff	221
	13.62 Rechtlicher Unterschied zur Ersatzschule	221
13.7	Schulaufsicht über die Privatschulen	222

13.8 Private Unterrichtserteilung 223
    13.81 Formen 223
    13.82 Rechtsgrundlagen 223
    13.83 Fernunterricht 225

14. Kapitel: Deutsche Schulen im Ausland, Europäische Schulen

14.1 Deutsche Schulen im Ausland 226
    14.11 Begriff, Typen, allgemeine Rechtslage 226
    14.12 Lehrer im Auslandschuldienst 229
14.2 Europäische Schulen 230

15. Kapitel: Schulhoheit: Aufgaben und Kompetenzordnung

15.1 Doppelbedeutung des Schulaufsichtsbegriffes in Art. 7 Abs. 1 GG 232
    15.11 Allgemeines 232
    15.12 Schulaufsicht als Oberbegriff 234
15.2 Aufgaben der Schulhoheit 235
15.3 Vorbehalt des Gesetzes 235
    15.31 Die Wesentlichkeitstheorie des Bundesverfassungsgerichts 235
    15.32 Grenzen der Parlamentszuständigkeit 237
    15.33 Kriterien zur Bestimmung des Wesentlichen 237
    15.34 Verordnungsermächtigungen 238
    15.35 Unbestimmte Rechtsbegriffe, Verwaltungsvorschriften 239
    15.36 Reichweite des Gesetzesvorbehalts bei der Bestimmung der Unterrichtsinhalte 241
    15.37 Reichweite des Gesetzesvorbehalts bei der Regelung der Schulorganisation 244
    15.38 Reichweite des Gesetzesvorbehalts bei der Regelung der Schulpflicht und des Schulverhältnisses 247
    15.39 Stand der Gesetzgebung, Übergangsfristen 249

16. Kapitel: Schulaufsicht

16.1 Schulaufsicht und Schulverwaltung 251
16.2 Fach-, Dienst- und Rechtsaufsicht 251
    16.21 Fachaufsicht 251
    16.22 Dienstaufsicht 253
    16.23 Rechtsaufsicht 254
16.3 Aufsicht über Privatschulen und private Unterrichtseinrichtungen 254
16.4 Staatliche Schulbehörden 255
    16.41 Allgemeiner Aufbau 255
    16.42 Schulaufsichtsbeamte 256

16.5	Kommunale Mitwirkung	256
	16.51 Schulämter	257
	16.52 Beauftragung kommunaler Fachbeamter	259
16.6	Übersicht über die Schulbehörden in den Ländern	259

Zweiter Teil: Lehrer

17. Kapitel: Lehrerbildung

17.1	Lehrerausbildung für Lehrämter	267
	17.11 Allgemeines	267
	17.12 Studium	270
	17.13 Vorbereitungsdienst	270
17.2	Ausbildung sonstiger Lehrkräfte	271
	17.21 Fachlehrer für musisch-technische Fächer	271
	17.22 Lehrer für Fachpraxis	272
	17.23 Sozialpädagogische Fachkräfte	272
	17.24 Pädagogische Assistenten	272
17.3	Rechtsfragen des Vorbereitungsdienstes der Lehramtsanwärter	273
	17.31 Rechtsstatus des Lehramtsanwärters	273
	17.32 Zugang zum Vorbereitungsdienst	275
	17.33 Soziale Absicherung der Lehramtsanwärter	281
17.4	Lehrerfort- und -weiterbildung	282

18. Kapitel: Das Beamtenverhältnis des Lehrers

18.1	Allgemeines	284
	18.11 Rechtsgrundlagen	284
	18.12 Entwicklungstendenzen im öffentlichen Dienstrecht	286
18.2	Der Lehrer als Berufsbeamter	288
	18.21 Allgemeines	288
	18.22 Begründung des Beamtenverhältnisses	293
	18.23 Beförderung	306
	18.24 Versetzung, Umsetzung, Abordnung	307
18.3	Beendigung des Beamtenverhältnisses	310
	18.31 Entlassung	310
	18.32 Verlust der Beamtenrechte und Entfernung aus dem Dienst	311
	18.33 Ruhestand	311

19. Kapitel: Nichtvermögenswerte Rechte des Lehrers

19.1	Grundrechte	314
	19.11 Allgemeines	314
	19.12 Einzelne Grundrechte	314
19.2	Rechte aus dem Beamtenverhältnis	323

	19.21 Fürsorge und Schutz	323
	19.22 Rechte mit Bezug auf das Amt	326
	19.23 Urlaub, Sonderurlaub	327
	19.24 Dienstliche Beurteilung, Dienstzeugnis	328
	19.25 Personalakten	330
19.3	Sonstige Rechte des Beamten	332
	19.31 Mitwirkung in Personalvertretungen	332
	19.32 Koalitionsfreiheit, Streikverbot	335
	19.33 Politische Betätigung	336
	19.34 Publikationsfreiheit	340
19.4	Pädagogische Freiheit	341
	19.41 Rechtsgrundlagen, Inhalt, Grenzen	341
	19.42 Einzelprobleme	344
19.5	Rechtsschutz im Beamtenverhältnis	346
	19.51 Anhörungsrecht	346
	19.52 Formlose Rechtsbehelfe	346
	19.53 Förmliche Rechtsbehelfe	347

20. Kapitel: Vermögenswerte Rechte des Lehrers

20.1	Besoldung	352
	20.11 Dienstbezüge	353
	20.12 Sonstige Bezüge	358
20.2	Versorgung	359
	20.21 Ruhegehalt und Unterhaltsbeitrag	360
	20.22 Hinterbliebenenversorgung	362
	20.23 Unfallfürsorge	362
	20.24 Übergangsgeld	363
20.3	Bezüge zum Ausgleich von Sonderbelastungen	363
	20.31 Reisekostenvergütung	364
	20.32 Umzugskostenvergütung und Trennungsgeld	365
	20.33 Beihilfen, Unterstützungen, Vorschüsse	366

21. Kapitel: Pflichten des Lehrers

21.1	Allgemeine Pflichten	368
	21.11 Treue	368
	21.12 Gehorsam	369
	21.13 Verhalten innerhalb und außerhalb des Dienstes	369
21.2	Einzelpflichten als Beamter	371
	21.21 Wohnung	371
	21.22 Amtsverschwiegenheit	371
	21.23 Annahme von Geschenken	372
21.3	Einzelpflichten als Lehrer	373
	21.31 Unterricht und Erziehung	373
	21.32 Fürsorge für die Schüler	374

	21.33 Zusammenarbeit mit Schülervertretung, Eltern und Ausbildern	375
	21.34 Arbeitszeit	375
21.4	Nebentätigkeit	380
	21.41 Allgemeines	380
	21.42 Lehr- und Prüfungstätigkeit	381
	21.43 Außerschulische Nebentätigkeiten	382
	21.44 Nebentätigkeit bei Teilzeitbeschäftigung	384
21.5	Aufsichtspflicht	385
	21.51 Inhalt	385
	21.52 Grenzen	386
	21.53 Aufsicht während des Unterrichts	387
	21.54 Aufsicht beim Schulweg, Haus- und Pausenaufsicht	390
	21.55 Aufsicht bei Sport, Unterrichtswegen, Wanderungen, Besichtigungen	391
	21.56 Aufsicht bei Schulfesten	394
	21.57 Aufsicht bei Veranstaltungen der Schülervertretung	394
	21.58 Zustand des Schulgrundstücks	394

22. Kapitel: Folgen von Pflichtverletzungen

22.1	Strafrechtliche Folgen	396
22.2	Disziplinarrechtliche Folgen	397
	22.21 Materielles Disziplinarrecht	397
	22.22 Formelles Disziplinarrecht	399
22.3	Haftungsrechtliche Folgen	401
	22.31 Unmittelbare Schädigung des Dienstherrn	401
	22.32 Schädigung eines Dritten	402

23. Kapitel: Der Lehrer als Angestellter

23.1	Allgemeines	404
	23.11 Das Angestelltenverhältnis als Ausnahmetatbestand	404
	23.12 Lehrerdienstverhältnisse in den neuen Ländern und im Ostteil Berlins	405
23.2	Die Rechtsstellung des angestellten Lehrers	407
	23.21 Rechtsnatur des Angestelltenverhältnisses	407
	23.22 Begründung des Arbeitsverhältnisses	409
	23.23 Beendigung des Arbeitsverhältnisses	410
	23.24 Rechte und Pflichten des Lehrers	413
	23.25 Vermögenswerte Rechte	415
	23.26 Sozialversicherung	418
	23.27 Folgen von Pflichtverletzungen	422
23.3	Lehrer mit geringfügiger Beschäftigung	422
	23.31 Arbeitsrechtliche Besonderheiten	422
	23.32 Sozialversicherungsrechtliche Besonderheiten	423

Dritter Teil: Schüler und Eltern

24. Kapitel: Schulverhältnis, Rechtsstellung des Schülers, Elternrecht

24.1	Das Schulverhältnis als Rechtsverhältnis	427
	24.11 Allgemeines	427
	24.12 Inhalt des Schulverhältnisses	429
	24.13 Schranken des Schulverhältnisses	429
	24.14 Das Schulverhältnis in Heimen und Privatschulen	430
24.2	Der Schüler als Träger von Grundrechten	431
	24.21 Allgemeines	431
	24.22 Minderjährige und volljährige Schüler	432
24.3	Elternrecht und staatliche Schulhoheit	435
	24.31 Inhalt und Schranken des Elternrechts	435
	24.32 Der Staat als Erziehungsträger	436
	24.33 Elternrecht als Recht auf Bestimmung des Bildungswegs des Kindes	438
	24.34 Elternrecht als Abwehrrecht	443
	24.35 Elternrecht als Informationsrecht	444
	24.36 Elternrecht und gemeinschaftliche Mitwirkung in der Schule	445
24.4	Sonstige Erziehungsträger	446
	24.41 Kirchen	446
	24.42 Berufsausbilder	446
	24.43 Jugendverbände	447

25. Kapitel: Schulpflicht

25.1	Allgemeines	448
	25.11 Geschichte	450
	25.12 Rechtsgrundlagen	450
	25.13 Inhalt und Erfüllung	451
	25.14 Befreiung von der Schulpflicht	452
	25.15 Gliederung der Schulpflicht	455
25.2	Vollzeitschulpflicht	456
	25.21 Beginn und Dauer	456
	25.22 Erfüllung	459
25.3	Berufsschulpflicht (Teilzeitschulpflicht)	460
	25.31 Beginn und Dauer	460
	25.32 Erfüllung, Befreiung, Ruhen, Beurlaubung	462
25.4	Schulpflicht für Kinder und Jugendliche mit sonderpädagogischem Förderbedarf	464
	25.41 Vollzeitschulpflicht	466
	25.42 Berufsschulpflicht	468

25.5	Durchsetzung der Schulpflichterfüllung	469
	25.51 Geldbußen und Strafen	469
	25.52 Schulzwang	470
	25.53 Familiengerichtliche Maßnahmen	470

26. Kapitel: Zugang zur Schule, Leistungsbewertungen

26.1	Allgemeines	472
26.2	Zugang zur Schule	473
	26.21 Wahl der Schulart	473
	26.22 Wahl der Einzelschule	479
26.3	Leistungsbewertungen	483
	26.31 Allgemeines	483
	26.32 Bewertung einzelner Unterrichtsleistungen	485
	26.33 Zeugnisse	487
	26.34 Versetzung (Vorrücken)	490
	26.35 Abschlüsse ohne Prüfung	492
	26.36 Abschlußprüfung	493

27. Kapitel: Rechtliche Grundsätze der Leistungsbewertung

27.1	Allgemeines	498
	27.11 Die frühere Rechtsprechung des Bundesverwaltungsgerichts	498
	27.12 Die neuere Rechtsprechung des Bundesverfassungsgerichts	499
27.2	Inhaltliche Anforderungen an die Leistungsbewertung	501
	27.21 Allgemeingültige Bewertungsmaßstäbe	501
	27.22 Streng sachbezogene Bewertung	505
	27.23 Tatsächliche und rechtliche Voraussetzungen der Bewertung	506
27.3	Verfahren der Leistungskontrolle	506
	27.31 Allgemeines	506
	27.32 Äußere Bedingungen der Leistungskontrolle	507
	27.33 Verhalten des Schülers (Prüflings) bei der Leistungskontrolle	509
	27.34 Verhalten des Lehrers (Prüfers) bei der Leistungskontrolle	511
	27.35 Begründung der Leistungsbewertung	512
	27.36 Prüfungsprotokoll, Öffentlichkeit der mündlichen Prüfung	513
	27.37 Einsicht in die Prüfungsakten	514
27.4	Verwaltungsinterne Überprüfung der Leistungsbewertung	514
	27.41 Allgemeines	514
	27.42 Verwaltungsinterne Überprüfung im Rahmen des Widerspruchsverfahrens	515
	27.43 Hinweispflichten des Schülers	516

27.44 Neubewertung der Schülerleistung durch die
ursprünglichen Beurteiler 516
27.45 Nachholen der verwaltungsinternen Kontrolle
während des gerichtlichen Verfahrens 517
27.5 Folgen von Verfahrens- und Bewertungsfehlern 518
27.51 Erheblichkeit des Fehlers als Voraussetzung
der Rechtswidrigkeit der Leistungsbewertung 518
27.52 Erneute Durchführung der Leistungskontrolle
bei Verfahrensfehlern 518
27.53 Neubewertung der Leistung bei sonstigen Fehlern 519

28. Kapitel: Unterricht und sonstige Schulveranstaltungen

28.1 Unterricht 520
    28.11 Teilnahmepflichten 520
    28.12 Informationsrechte 522
    28.13 Umfang des Unterrichts 523
    28.14 Inhaltliche Gestaltung des Unterrichts 526
    28.15 Religionsunterricht 530
    28.16 Hausaufgaben 532
    28.17 Eigentum an Schülerarbeiten 533
28.2 Schulveranstaltungen außerhalb des Unterrichts 534
    28.21 Schülerkonzerte, Theateraufführungen, Ausstellungen 534
    28.22 Schulwanderungen, Studienfahrten,
Schullandheimaufenthalte 535
    28.23 Betriebspraktika 538
    28.24 Zusammenarbeit der Schule mit
außerschulischen Einrichtungen 539

29. Kapitel: Verhalten des Schülers

29.1 Allgemeine Verhaltenspflichten 541
    29.11 Grundsätze 541
    29.12 Teilnahme am Unterricht 541
    29.13 Aufenthalt auf dem Schulgrundstück 542
    29.14 Hausordnung, Weisungen des Schulpersonals,
Sozialverhalten des Schülers 542
    29.15 Gebrauch von Hilfsmitteln 544
    29.16 Äußeres Erscheinungsbild des Schülers 544
    29.17 Verhalten außerhalb der Schule 546

29.2	Meinungsfreiheit, politische Betätigung	548
	29.21 Allgemeines	548
	29.22 Meinungsäußerung durch Plaketten, Abzeichen und ähnliche Zeichen	549
	29.23 Unterrichtsboykott, Schülerstreik	550
	29.24 Demonstrationen	551
	29.25 Schülervereinigungen (Schülergruppen)	553
	29.26 Schülerzeitungen, Flugblätter, Mitarbeit im Medienbereich	554

30. Kapitel: Erziehungsmaßnahmen, Ordnungsmaßnahmen

30.1	Erziehungsmaßnahmen	558
	30.11 Anregende und fördernde Erziehungsmaßnahmen	559
	30.12 Erziehungsmaßnahmen als Gebote und Verbote	559
30.2	Ordnungsmaßnahmen	560
	30.21 Zweck	560
	30.22 Maßnahmenkatalog, Zuständigkeit	561
	30.23 Rechtsnatur	563
	30.24 Zulässigkeitsvoraussetzungen	563
	30.25 Verfahren	565
30.3	Nachsitzen, Arrest, körperliche Züchtigung	566
	30.31 Nachsitzen	566
	30.32 Arrest	567
	30.33 Körperliche Züchtigung	567
30.4	Maßnahmen der Schule bei strafbarem Verhalten von Schülern	568
30.5	Maßnahmen gegenüber Eltern und Ausbildern	568

31. Kapitel: Fürsorge und Hilfen für den Schüler

31.1	Schulgesundheitspflege	570
	31.11 Schutz vor Verbreitung übertragbarer Krankheiten	570
	31.12 Schulärztlicher Dienst	574
	31.13 Sonstige Maßnahmen der Schule	575
31.2	Schultests	576
	31.21 Zweck	576
	31.22 Testarten	577
	31.23 Schultests und Recht auf informationelle Selbstbestimmung	577
31.3	Beratung in der Schule	580
	31.31 Aufgaben, Organisation und Verfahren	580
	31.32 Berufsberatung	581
	31.33 Schweigepflicht der Berater	582
31.4	Finanzielle Hilfen für Schüler	583
	31.41 Schulgeldfreiheit	584
	31.42 Lernmittelfreiheit	586
	31.43 Fahrtkostenerstattung und Schülerbeförderung	590
	31.44 Ausbildungsförderung	595

32. Kapitel: Schülerdaten und Datenschutz

32.1	Informationsbedarf der Schule	597
32.2	Recht auf informationelle Selbstbestimmung	597
32.3	Datenschutz in der Schule	599
	32.31 Begriffsbestimmungen	600
	32.32 Datenerhebung	601
	32.33 Datenaufbewahrung und -speicherung	603
	32.34 Datenübermittlung	605
	32.35 Sicherung, Sperrung und Löschung von Daten; Auskunftsrechte	607

33. Kapitel: Unfallverhütung, Haftung

33.1	Vorbeugung gegen Schäden, Unfallverhütung	609
	33.11 Aufsichtspflicht der Schule	609
	33.12 Unfallverhütung	609
33.2	Der Schüler als Geschädigter	611
	33.21 Ansprüche bei Körperschäden, Schülerunfallversicherung	611
	33.22 Ansprüche bei Sachschäden	618
33.3	Der Schüler als Schädiger	623
	33.31 Haftung für Körperschäden	623
	33.32 Haftung für Sachschäden	624
33.4	Eltern als Geschädigte	624
	33.41 Ansprüche bei Körperschäden	624
	33.42 Ansprüche bei Sachschäden	626
33.5	Eltern als Schädiger	626
	33.51 Haftung für Körperschäden	626
	33.52 Haftung für Sachschäden	626
	33.53 Haftung für Aufsichtspflichtverletzung	626

34. Kapitel: Rechtsschutz

34.1	Formlose Rechtsbehelfe	628
34.2	Widerspruchsverfahren	629
	34.21 Allgemeines	629
	34.22 Form und Frist des Widerspruchs	631
	34.23 Aufschiebende Wirkung des Widerspruchs (Suspensiveffekt)	632
34.3	Rechtsschutz vor dem Verwaltungsgericht	633
	34.31 Verwaltungsrechtsweg	633
	34.32 Klagearten	634
	34.33 Aufschiebende Wirkung der Anfechtungsklage	637
	34.34 Zulässigkeit der Klage (Sachentscheidungsvoraussetzungen)	637
	34.35 Begründetheit der Klage, Umfang der gerichtlichen Kontrolle	641

	34.36 Vorläufiger Rechtsschutz	641
	34.37 Verfahrensgrundsätze	643
	34.38 Gerichtliche Entscheidung, Rechtsmittel, Rechtskraft	643
34.4	Rechtsschutz vor dem Zivilgericht	645
	34.41 Zulässigkeit des Rechtswegs	645
	34.42 Verfahren	645
	34.43 Rechtsschutz im Privatschulverhältnis	646
	34.44 Amtshaftungsprozesse	647
	34.45 Schadensersatzansprüche gegen Schüler und Eltern	648
34.5	Rechtsschutz vor dem Sozialgericht	648
	34.51 Zulässigkeit des Rechtswegs	648
	34.52 Verfahren	648

Abkürzungsverzeichnis

Die in den Anmerkungen in abgekürzter Form zitierten Kommentare zum Grundgesetz und zum Bundesbeamtengesetz sind vollständig aufgeführt im Anhang 5 und 6.

a.A.	abweichender Ansicht
a.a.O.	am angegebenen Ort
ABl.	Amtsblatt
Abs.	Absatz
a. F.	alte Fassung
AGBGB	Gesetz zur Regelung des Rechts der Allgemeinen Geschäftsbedingungen
AK-GG	Alternativkommentar zum Grundgesetz für die Bundesrepublik Deutschland. 2. Aufl., Neuwied 1989
Amtsbl.	Amtsblatt
Anm.	Anmerkung
ÄndTV	Änderungstarifvertrag
AöR	Archiv des öffentlichen Rechts (Z)
AP	Arbeitsrechtliche Praxis (Nachschlagewerk des Bundesarbeitsgerichts)
ArbG	Arbeitsgericht
ArbGG	Arbeitsgerichtsgesetz
ArbPlSchG	Arbeitsplatzschutzgesetz
Art.	Artikel
ASchO	Allgemeine Schulordnung
Aufl.	Auflage
ausf.	ausführlich
AV	Ausführungsvorschriften
Az.	Aktenzeichen
BAföG	Bundesausbildungsförderungsgesetz
BAG	Bundesarbeitsgericht
BAGE	Entscheidungen des Bundesarbeitsgerichts (Amtliche Sammlung)
BAT	Bundes-Angestelltentarifvertrag
BAT-O	Bundes-Angestelltentarifvertrag-Ost (Tarifvertrag zur Anpassung des Tarifrechts – Manteltarifliche Vorschriften –)
Bay, bay	Bayern, bayerisch
BayEUG	Bayerisches Gesetz über das Erziehungs- und Unterrichtswesen
BayEvKV	Vertrag zwischen Bayerischem Staat und der Evangelisch-Lutherischen Kirche in Bayern rechts des Rheins v. 15.11.1924
BayKonk	Bayerisches Konkordat v. 29. 3. 1924
BayObLG	Bayerisches Oberstes Landesgericht
BaySchFG	Bayerisches Schulfinanzierungsgesetz

Abkürzungsverzeichnis

BayVBl.	Bayerische Verwaltungsblätter (Z)
BB	Betriebs-Berater (Z)
BBesG	Bundesbesoldungsgesetz
Bbg, bbg	Brandenburg, brandenburgisch
BBG	Bundesbeamtengesetz
BBiG	Berufsbildungsgesetz
Bd., Bde.	Band, Bände
BDO	Bundesdisziplinarordnung
BDSG	Bundesdatenschutzgesetz
BeamtVG	Beamtenversorgungsgesetz
BEFT	Johann Peter Vogel/Holger Knudsen (Hrsg.): Bildung und Erziehung in freier Trägerschaft. Loseblattausgabe. 4 Ordner, Neuwied
Bek.	Bekanntmachung
ber.	berichtigt
BErzGG	Bundeserziehungsgeldgesetz
Beschl.	Beschluß
BesGr.	Besoldungsgruppe
BG	Beamtengesetz
BGB	Bürgerliches Gesetzbuch
BGBl.	Bundesgesetzblatt
BGH	Bundesgerichtshof
BGHSt	Entscheidungen des Bundesgerichtshofs in Strafsachen (Amtliche Sammlung)
BGHZ	Entscheidungen des Bundesgerichtshofs in Zivilsachen (Amtliche Sammlung)
BesÜV	Besoldungs-Übergangsverordnung
Bln, bln	Berlin, berlinisch
BMBF	Bundesministerium für Bildung und Forschung
BPersVG	Bundespersonalvertretungsgesetz
BR-Drucks.	Drucksachen des Bundesrates
Brem, brem	Bremen, bremisch
BRRG	Beamtenrechtsrahmengesetz
BrSBl.	Bremer Schulblatt
BSeuchenG	Bundes-Seuchengesetz
BSG	Bundessozialgericht
BSHG	Bundessozialhilfegesetz
BT-Drucks.	Drucksachen des Deutschen Bundestages
BtMG	Betäubungsmittelgesetz
Buchholz	Sammel- und Nachschlagewerk der Rechtsprechung des Bundesverwaltungsgerichts. Begründet v. Karl Buchholz, hrsg. von den Mitgliedern des Gerichts, Köln 1957 ff.
BVerfG	Bundesverfassungsgericht
BVerfGE	Entscheidungen des Bundesverfassungsgerichts (Amtliche Sammlung)
BVerwG	Bundesverwaltungsgericht
BVerwGE	Entscheidungen des Bundesverwaltungsgerichts (Amtliche Sammlung)

BW, bw	Baden-Württemberg, baden-württembergisch
CR	Computer und Recht (Z)
DBest	Durchführungsbestimmungen
DBl.	Dienstblatt
DDR	Deutsche Demokratische Republik
ders., dies.	derselbe, dieselbe
Diss.	Dissertation
DJT	Deutscher Juristentag
DJT-SchulGE	Schule im Rechtsstaat. Bd. I: Entwurf für ein Landesschulgesetz. Bericht der Kommission Schulrecht des Deutschen Juristentages, München 1981
DO	Disziplinarordnung
DÖD	Der Öffentliche Dienst (Z)
DÖV	Die Öffentliche Verwaltung (Z)
DSG	Datenschutzgesetz
DtZ	Deutsch-Deutsche Rechts-Zeitschrift
DuD	Datenschutz und Datensicherung (Z)
DuR	Demokratie und Recht (Z)
DV	Die Verwaltung (Z)
DVO	Durchführungsverordnung
DVBl.	Deutsches Verwaltungsblatt (Z)
EFG	Ersatzschulfinanzgesetz (NRW)
EGMR	Europäischer Gerichtshof für Menschenrechte
EGV	Vertrag zur Gründung der Europäischen Gemeinschaft
ElternMwVO	Verordnung über die Mitwirkung der Eltern in den Schulen im Freistaat Sachsen
Erl.	Erlaß
EMRK	(Europäische) Konvention zum Schutze der Menschenrechte und Grundfreiheiten
ESchFG	Ersatzschulfinanzierungsgesetz (Hess)
ESVGH	Entscheidungssammlung des Hessischen Verwaltungsgerichtshofs und des Verwaltungsgerichtshofs Baden-Württemberg mit Entscheidungen der Staatsgerichtshöfe beider Länder (Amtliche Sammlung)
EuGH	Gerichtshof der Europäischen Gemeinschaften
EuGRZ	Europäische Grundrechte-Zeitschrift
EuR	Europarecht (Z)
EuroAS	Informationsdienst Europäisches Arbeits- und Sozialrecht (Z)
EuZW	Europäische Zeitschrift für Wirtschaftsrecht
EUV	Vertrag über die Europäische Union (Maastricher Vertrag)
e. V.	eingetragener Verein
EVtr	Vertrag zwischen der Bundesrepublik Deutschland und der Deutschen Demokratischen Republik über die Herstellung der Einheit Deutschlands (Einigungsvertrag)

Abkürzungsverzeichnis

EWGV	Vertrag zur Gründung der Europäischen Wirtschafts-gemeinschaft
f., ff.	folgend(e)
FAG	Finanzausgleichsgesetz
FamRZ	Zeitschrift für das gesamte Familienrecht
FernUSG	Fernunterrichtsschutzgesetz
FG	Finanzgericht
FrTrSchulG	Gesetz über Schulen in freier Trägerschaft
G.	Gesetz
GA	Goltdammer's Archiv für Strafrecht
GABl.	Gemeinsames Amtsblatt
GBl.	Gesetzblatt
g.d.	geändert durch
gem.	gemäß, gemeinsam
GEMA	Gesellschaft für musikalische Aufführungs- und mechanische Vervielfältigungsrechte
GewO	Gewerbeordnung
GG	Grundgesetz für die Bundesrepublik Deutschland
GMBl.	Gemeinsames Ministerialblatt
GV., GVBl., GVOBl.	Gesetz- und Verordnungsblatt
GVG	Gerichtsverfassungsgesetz
HdbStR	Handbuch des Staatsrechts der Bundesrepublik Deutschland, hrsg. von Josef Isensee und Paul Kirchhof, bislang 9 Bde., Heidelberg 1987 ff.
Hess, hess	Hessen, hessisch
HessStGH	Hessischer Staatsgerichtshof
h. M.	herrschende Meinung
Hmb, hmb	Hamburg, hamburgisch
HmbSG	Hamburgisches Schulgesetz
HRG	Hochschulrahmengesetz
Hrsg.	Herausgeber
HSchG	Hessisches Schulgesetz
i. d. F. (d. Bek. v.)	in der Fassung (der Bekanntmachung vom)
i. d. R.	in der Regel
i. S. v.	im Sinne von
i. V. m.	in Verbindung mit
JA	Juristische Arbeitsblätter (Z)
JArbSchG	Jugendarbeitsschutzgesetz
JGG	Jugendgerichtsgesetz
JöR	Jahrbuch des öffentlichen Rechts der Gegenwart
jur.	juristisch
Jura	Juristische Ausbildung (Z)
JuS	Juristische Schulung (Z)

JZ	Juristenzeitung (Z)
Kap.	Kapitel
KG	Kammergericht
KJ	Kritische Justiz (Z)
KM	Kultusministerium
KMBl.	Amtsblatt des Bayerischen Staatsministeriums für Unterricht und Kultus
KMK	Kultusministerkonferenz
KMK-BeschlS.	Sammlung der Beschlüsse der Ständigen Konferenz der Kultusminister der Länder in der Bundesrepublik Deutschland. Loseblattausgabe. 5 Ordner, Neuwied
KritVj	Kritische Vierteljahresschrift für Gesetzgebung und Rechtswissenschaft
KSchG	Kündigungsschutzgesetz
KWMBl	Amtsblatt der Bayerischen Staatsministerien für Unterricht und Kultus und Wissenschaft, Forschung und Kunst
LABG	Lehrerausbildungsgesetz
LAG	Landesarbeitsgericht
LBG	Landesbeamtengesetz
LBiG	Lehrerbildungsgesetz
LbV	Laufbahnverordnung
LDO	Lehrerdienstordnung
LDSG	Landesdatenschutzgesetz
LG	Landgericht
LHO	Landeshaushaltsordnung
Lit.	Literatur
LKV	Landes- und Kommunalverwaltung (Z)
LSA	Land Sachsen-Anhalt
LSG	Landessozialgericht
LVO	Laufbahn(en)verordnung
Maurer: Verwaltungsrecht	Hartmut Maurer: Allgemeines Verwaltungsrecht. 12. Aufl., München 1999
MBl.	Ministerialblatt
MedR	Medizinrecht (Z)
MfS	Ministerium für Staatssicherheit
Mittbl.	Mitteilungsblatt
MPI-Bildungsbericht	Arbeitsgruppe Bildungsbericht am Max-Planck-Institut für Bildungsforschung (Hrsg.): Das Bildungswesen in der Bundesrepublik Deutschland. Strukturen und Entwicklungen im Überblick, Reinbek 1994
MuSchG	Mutterschutzgesetz
M-V, m-v	Mecklenburg-Vorpommern, mecklenburg-vorpommerisch
m. w. N.	mit weiteren Nachweisen

Abkürzungsverzeichnis

Nachw.	Nachweise
NBl.	Nachrichtenblatt
Nds, nds	Niedersachsen, niedersächsisch
n. F.	neue Fassung
Niehues: Prüfungsrecht	Norbert Niehues: Schul- und Prüfungsrecht. Bd. 2: Prüfungsrecht. 3. Aufl., München 1994
Niehues: Schul- und Prüfungsrecht	Norbert Niehues: Schul- und Prüfungsrecht. 2. Aufl., München 1983
NJ	Neue Justiz (Z)
NJW	Neue Juristische Wochenschrift (Z)
NJW-CoR	Computerreport der NJW (Z)
NordÖR	Zeitschrift für öffentliches Recht in Norddeutschland
NRW, nrw	Nordrhein-Westfalen, nordrhein-westfälisch
NSchG	Niedersächsisches Schulgesetz
NtV, NVO	Nebentätigkeitsverordnung
NVwZ	Neue Zeitschrift für Verwaltungsrecht
NVwZ-RR	NVwZ-Rechtsprechungs-Report Verwaltungsrecht
NWVBl	Nordrhein-Westfälische Verwaltungsblätter (Z)
NZA	Neue Zeitschrift für Arbeitsrecht
NZS	Neue Zeitschrift für Sozialrecht
NZV	Neue Zeitschrift für Verkehrsrecht
OLG	Oberlandesgericht
OVG	Oberverwaltungsgericht
OWiG	Gesetz über Ordnungswidrigkeiten
Oppermann: Gutachten	Thomas Oppermann: Nach welchen rechtlichen Grundsätzen sind das öffentliche Schulwesen und die Stellung der an ihm Beteilig-ten zu ordnen? Gutachten C für den 51. Deutschen Juristentag, München 1976
PädF	Pädagogische Führung (Z)
Palandt	Palandt: Bürgerliches Gesetzbuch. Kommentar. 58. Aufl., München 1999
PersR	Der Personalrat (Z)
PersVG	Personalvertretungsgesetz
PrivSchG, PSchG	Privatschulgesetz
Püttner: Schulrecht	Günter Püttner: Schulrecht, in: Norbert Achterberg/ Günter Püttner (Hrsg.): Besonderes Verwaltungsrecht. Bd. I (Wirtschafts-, Bau-, Kultus-, Dienstrecht), Heidelberg 1990, S. 769
RdErl.	Runderlaß
RdJB	Recht der Jugend und des Bildungswesens (Z)
Rdschr.	Rundschreiben
RiA	Recht im Amt (Z)
RKEG	Gesetz über die religiöse Kindererziehung
Rn.	Randnummer(n)
RP, rp	Rheinland-Pfalz, rheinland-pfälzisch

Abkürzungsverzeichnis

Rspr.	Rechtsprechung
RVO	Reichsversicherungsordnung
S.	Seite
Saarl, saarl	Saarland, saarländisch
SaBremR	Sammlung des bremischen Rechts
Sachs, sächs	Sachsen, sächsisch
SächsVBl.	Sächsische Verwaltungsblätter (Z)
SchAG	Schulaufsichtsgesetz
SchG	Schulgesetz
SchFG	Schulfinanzgesetz, Schulfinanzierungsgesetz
SchfTG	Gesetz über Schulen in freier Trägerschaft
SchMG	Schulmitwirkungsgesetz (NRW)
SchOG	Erstes Gesetz zur Ordnung des Schulwesens im Lande Nordrhein-Westfalen
SchoG	Gesetz zur Ordnung des Schulwesens im Saarland (Schulordnungsgesetz)
SchPflG, SchpflG	Schulpflichtgesetz
SchülerMwVO	Verordnung über die Mitwirkung der Schüler in den Schulen im Freistaat Sachsen
SchulG	Schulgesetz
SchuR	SchulRecht. Informationsdienst für Schulleitung und Schulaufsicht (Z)
SchulVerfG	Schulverfassungsgesetz (Bln)
SchulWO	Schulwahlordnung (RP)
SchVG, SchVwG	Schulverwaltungsgesetz
SchwbG	Schwerbehindertengesetz
SG	Sozialgericht
SGB	Sozialgesetzbuch
SGG	Sozialgerichtsgesetz
SH, sh	Schleswig-Holstein, schleswig-holsteinisch
Slg.	Sammlung der Rechtsprechung des Gerichtshofs und des Gerichts erster Instanz der Europäischen Gemeinschaft
sm	Schulmanagement (Z)
SMV	Schülermitverwaltung
SPE, SPE n. F.	Ergänzbare Sammlung schul- und prüfungsrechtlicher Entscheidungen, Neuwied (Loseblattausgabe), seit 1985: neue Folge
SR	Sonderregelung (im Rahmen des BAT)
StAnz.	Staatsanzeiger
Stein/Roell	Ekkehart Stein/Monika Roell: Handbuch des Schulrechts. 2. Aufl., Bottighofen am Bodensee 1992
Sten. Ber.	Stenographischer Bericht
StGB	Strafgesetzbuch
StGH	Staatsgerichtshof
StHG	Staatshaftungsgesetz
StPO	Strafprozeßordnung
st. Rspr.	ständige Rechtsprechung

XXXI

Abkürzungsverzeichnis

SV	Schülervertretung
SVBl.	Schulverwaltungsblatt
TdL	Tarifgemeinschaft deutscher Länder
Thür, thür	Thüringen, thüringisch
ThürVBl.	Thüringer Verwaltungsblätter (Z)
TVG	Tarifvertragsgesetz
TZ	Textziffer
u.a.	und andere, unter anderem
u.ä.	und ähnliches
UrhG	Urheberrechtsgesetz
UrlVO	Urlaubsverordnung
Urt.	Urteil
VBL	Versorgungsanstalt des Bundes und der Länder
VBlBW	Verwaltungsblätter für Baden-Württemberg (Z)
Verf.	Verfassung
VerfGH	Verfassungsgerichtshof
VerwArch.	Verwaltungsarchiv (Z)
VG	Verwaltungsgericht
VGH	Verwaltungsgerichtshof
VG WORT	Verwertungsgesellschaft WORT
VO	Verordnung
VR	Verwaltungsrundschau (Z)
VV	Verwaltungsvorschrift(en)
VVDStRL	Veröffentlichungen der Vereinigung der Deutschen Staatsrechtslehrer
VwGO	Verwaltungsgerichtsordnung
VwHbSchul	Freie und Hansestadt Hamburg, Behörde für Schule, Jugend und Berufsbildung (Hrsg.): Verwaltungshandbuch für Schulen. Loseblattausgabe. 2 Ordner, Hamburg
VwVfG	Verwaltungsverfahrensgesetz
WahlOEB	Landesverordnung über die Wahl der Elternbeiräte an öffentlichen Schulen (SH)
WissR	Wissenschaftsrecht, Wissenschaftsverwaltung, Wissenschaftsförderung (Z)
Wolff/Bachof/Stober: Verwaltungsrecht I, Verwaltungsrecht II	Hans J. Wolff/Otto Bachof/Rolf Stober: Verwaltungsrecht I. 10. Aufl., München 1994; Verwaltungsrecht II. 5. Aufl., München 1987
WRV	Weimarer Reichsverfassung
Z	Zeitschrift
ZblJugR	s. ZfJ
ZBR	Zeitschrift für Beamtenrecht
ZBV	Zeitschrift für Bildungsverwaltung

ZDG	Zivildienstgesetz
ZesF, ZiesF	Zeitschrift für (internationale) erziehungs- und sozialwissenschaftliche Forschung
ZevKR	Zeitschrift für evangelisches Kirchenrecht
ZfJ	Zentralblatt für Jugendrecht (früher: und Jugendwohlfahrt)
ZfPäd	Zeitschrift für Pädagogik
Ziff.	Ziffer
ZPO	Zivilprozeßordnung
ZRP	Zeitschrift für Rechtspolitik
ZTR	Zeitschrift für Tarifrecht
zul.g.d.	zuletzt geändert durch
ZVS	Zentralstelle für die Vergabe von Studienplätzen

Soweit Abkürzungen nicht erläutert sind, wird verwiesen auf Kirchner: Abkürzungsverzeichnis der Rechtssprache. 4. Aufl., Berlin: de Gruyter 1993

Erster Teil: Schulwesen

1. Kapitel: Schule und Recht

1.1 Die Schule als Gegenstand des Rechts

Mit wachsender Komplexität der Gesellschaft nimmt auch die Komplexität des Rechts zu. Das Recht vollzieht im Grunde nur nach, was durch technische und soziale Umwälzungen vorgegeben ist. Je weiter die Technik voranschreitet, um so mehr bedarf es rechtlicher Vorkehrungen gegen ihre Gefährdungen. Je mehr sich die Gesellschaft ausdifferenziert, desto differenzierter muß das Recht darauf reagieren. Je weniger das Handeln der Menschen von Traditionen und Gebräuchen bestimmt wird, um so mehr sind wir auf das Recht angewiesen. Daran werden noch so gut gemeinte Forderungen nach Deregulierung kaum etwas ändern. Sie mögen bewirken, daß sich die Ebenen der Rechtserzeugung verschieben, daß unterstaatliche und nichtstaatliche Organisationen größeren Anteil an der Rechtsetzung gewinnen. Die Zwangsläufigkeit, mit der das Recht in nahezu alle Bereiche des gesellschaftlichen Daseins eindringt, werden sic indes nicht aufhalten. Und weiterhin wird es der Staat sein, dessen Autorität für die Entstehung und Durchsetzung des Rechts unverzichtbar bleibt[1].
Die Expansion des staatlich gesetzten Rechts hat auch vor der Schule nicht halt gemacht. Als mit der Begründung des modernen Staates ein Interesse daran erwuchs, den Untertan in den elementaren Kulturfertigkeiten zu unterrichten, damit er die Anordnungen der Obrigkeit lesen und sich im Beamtenstaat schriftlich verständigen konnte, damit er vor allem in die Lage versetzt wurde, durch wirtschaftliche Tüchtigkeit an der Hebung der Wohlfahrt des Ganzen mitzuwirken, begann der Staat im 17. Jahrhundert, von der Schule Besitz zu ergreifen.
Allerdings rührt die Hereinnahme der Schule in die Rechtsordnung nicht an ihr eigenständiges Wesen als Stätte von Unterricht und Erziehung. Die rechtlich nicht erfaßte Klosterschule des Mittelalters war ebenso Schule wie die rechtlich geregelte Schule der Gegenwart. Aber der Staat, der zunächst nur bestimmte Bereiche der Schule seiner Rechtsordnung unterworfen hat, ist ständig bereit, weitere Gebiete zu erfassen. Die Unterrichts- und Erziehungsarbeit als solche ist unter rechtlichen Aspekten zunächst von geringer Bedeutung. Welche Fremdsprachen gelehrt, nach welchen Gesichtspunkten ungeeignete Schüler von weiterführenden Schulen ferngehalten oder geeignete gefördert werden, welche Unterrichtsmethoden die besten und am ehesten kindgemäß sind, das sind in erster Linie pädagogische Fragen. Wenn es aber darum geht, daß die Eltern geltend machen, schulische Entscheidungen beeinträchtigten ihre Rechte oder die Rechte ihres Kindes, wenn sie Widerspruch oder Klage erheben, dann können auch pädagogische Maßnahmen rechtlich relevant werden. Aufschlußreich sind die Landesverfassungen, die nach 1945 in Westdeutschland und seit 1990, nach Neuerrichtung der Länder in Ostdeutschland, verabschiedet worden sind. Gerade weil man die politi-

---

[1] Eine allgemeine Orientierung über die Grundlagen, Zweige und Methoden des Rechts geben die Einführungen, die im Anhang 6.1 zitiert sind.

sche Bedeutung der Erziehung erkannt hatte, entschloß man sich, die Bildungsziele verfassungsmäßig zu verankern und sie dadurch rechtlich verbindlich zu machen (TZ 2.3, 4.111). So zeigt sich, daß die Schule immer stärker vom Recht erfaßt wird, daß das Recht aber die Schule in einer Weise sieht und wertet, die nicht diejenige der Pädagogik zu sein braucht und es häufig auch nicht ist.

1.2 Rechtliche Begriffsbestimmungen der Schule

1.21 Begriffselemente

Betrachtet man die Verwendung des Schulbegriffs im Alltagsleben, so zeigt sich, daß das Wort »Schule« in *verschiedenen Bedeutungen* vorkommt. Man bezeichnet als Schule die konkrete Einzelschule, z. B. die Goetheschule in der Stadt X, daneben aber auch eine bestimmte Schulgattung (Schulart oder Schulform), wenn z. B. die Leistungen des Gymnasiums erörtert werden. Vielfach bedeutet Schule die Gesamtheit des Schulwesens (Schule als Institution), wenn etwa von den Erziehungszielen der Schule gesprochen wird. Alle diese Momente kommen zusammen, wenn die Rede davon ist, daß ein Kind »zur Schule geht«. Darin steckt der Gedanke an die konkrete Schule, die das Kind besucht, an die Tatsache, daß diese Schule einer Schulgattung zugeordnet ist, sowie daran, daß das Kind von der Schule als Institution erfaßt ist. Damit sind jedoch die Bedeutungen des Wortes noch nicht erschöpft. Wir bezeichnen als Schule auch das einzelne Schulgebäude (die Schule ist schlecht geheizt), oder wir gebrauchen das Wort für eine bestimmte Lehr- und Geistesrichtung (die Kölner Malerschule als Ausdruck einer bestimmten geistigen und handwerksmäßigen Zusammengehörigkeit mittelalterlicher Maler). Herkömmlich bezeichnen wir als Schulen sämtliche Einrichtungen, in denen unterrichtet wird, ohne daß wir sie deshalb alle zu den echten Schulen zu zählen bereit sind; denn wenn wir von einer Tanzschule, einer Fahrschule, einer Rednerschule sprechen, wissen wir, daß es sich nicht um Schulen im hier gemeinten Sinne handelt. Schließlich ist noch an die übertragene Bedeutung des Wortes zu erinnern (Schule des Lebens). Es liegt auf der Hand, daß für eine rechtliche Definition der Schule die letztgenannten Wortbedeutungen auszuscheiden haben. Ausgangspunkt der Begriffsbestimmung ist die einzelne Schule; die Schularten, das Schulwesen in seiner Gesamtheit sind dann Zusammenfassungen zu übergeordneten Einheiten.

Sucht man die *kennzeichnenden Elemente der Schule* zu erfassen, so ergibt sich: Schule ist eine geplante Einrichtung, kein zufälliger Zusammenschluß. Deshalb gehören zu ihr eine gewisse Dauer und Unabhängigkeit vom Wechsel der beteiligten Personen, also der Lehrer und Schüler. Ein weiteres Merkmal der Schule ist, daß sie von mehreren Schülern besucht wird; nicht erforderlich ist, daß auch mehrere Lehrer an ihr tätig sind. Jede Institution hat einen Zweck; Zweck der Schule ist es, die Bildungs- und Erziehungsziele zu erreichen, die vom Staat oder von einer anderen die Schule bestimmenden Organisation oder Person gesetzt sind. Diese Zweckhaftigkeit ist ein Teil des Schulbegriffes. Die Schule dient dem Unterricht und der Erziehung ihrer

Schüler. Erziehung ohne Unterricht vollzieht sich in anderen Einrichtungen; bloßer Unterricht ohne Erziehungswirkungen ist fast undenkbar, wenn es sich nicht lediglich um die mechanische Erlangung von Fertigkeiten handeln soll; einer Einrichtung zur Erlangung bloßer Fertigkeiten fehlt in der Regel überdies das Moment der Dauer, das die Schule kennzeichnet. Zur Schule gehört ferner die Gemeinsamkeit der Arbeit, die ein räumliches Beisammensein von Lehrenden und Lernenden erfordert; Fernunterricht ist nicht Schule. Der Bildungs- und Erziehungszweck läßt sich in der Regel nur verwirklichen, wenn in mehreren Fächern unterrichtet wird; handelt es sich nur um *ein* Unterrichtsfach, kann von Schule nicht die Rede sein. Bei alledem kommt es nicht auf den Namen an, den die Bildungseinrichtung führt, zumal die Schulbezeichnung in Deutschland rechtlich nicht geschützt ist. Eine Einrichtung, die die Schulbezeichnung vermeidet, kann Schule sein (z. B. die Landerziehungsheime), während umgekehrt Einrichtungen, die sich Schule nennen, nicht Schulen zu sein brauchen (z. B. die Fahrschulen). *Der Begriff der Schule* ist daher wie folgt zu bestimmen:
Schule ist eine organisierte, auf eine Mindestdauer angelegte Einrichtung, in der unabhängig vom Wechsel der Lehrer und der Schüler durch planmäßiges gemeinsames Lernen in mehreren Fächern bestimmte Bildungs- und Erziehungsziele verfolgt werden[2]. Die einzelnen Schulen wiederum bilden in ihrer Gesamtheit das nach Gattungen (Schulstufen, Schularten) gegliederte *Schulwesen*.

1.22 Abgrenzungen

Herkömmlich zählen *nicht als Schulen* einerseits die Einrichtungen der Elementarbildung (Kindergärten), andererseits die Hochschulen. Auch die Einrichtungen der Weiterbildung (Erwachsenenbildung) wie Volkshochschulen oder Bildungseinrichtungen der Kirchen, Gewerkschaften und berufsständischen Vereinigungen sind keine Schulen. Aber es gibt Ausnahmen. Die Abendgymnasien und die Fachschulen rechnen, obwohl sie eigentlich Einrichtungen der Weiterbildung (Erwachsenenbildung)[3] sind, zu den Schulen. Andererseits gelten Lehrgänge und Kurse, Arbeitskreise und Arbeitsgemeinschaften, auch Fernunterrichtseinrichtungen nicht als Schulen[4]. Auch die Mu-

---

2 Als Beispiel für eine entsprechende gesetzliche Definition der Schule sei §2 Nr.1 BbgSchulG zitiert: Schulen sind »Einrichtungen, in denen unabhängig vom Wechsel der Lehrkräfte, Schülerinnen und Schüler durch planmäßiges und gemeinsames Lernen und durch das gemeinsame Schulleben bestimmte Erziehungs- und Bildungsziele erreicht werden sollen«. Zur Definition des Schulbegriffs Hans *Heckel*: Schulrecht und Schulpolitik, Neuwied, Berlin 1967, S.119. Aus neuerer Zeit: Thomas *Oppermann*: Schule und berufliche Ausbildung, HdbStR VI, S.329 (330f.), ferner Bodo *Pieroth*: Erziehungsauftrag und Erziehungsmaßstab der Schule im freiheitlichen Verfassungsstaat, DVBl. 1994, 949 (950).
3 Gesetzestexte zur Weiterbildung: *Grundlagen der Weiterbildung e.V.* (Hrsg.): Grundlagen der Weiterbildung (GdW). Recht, Neuwied 1980ff. (Loseblattausgabe). Literatur: Bernhard *Losch*: Ordnungsgrundsätze der Weiterbildung, Berlin 1988; Brigitte *Mohr*: Bildung und Wissenschaft in Deutschland-West, Köln 1991, S.77ff.; Ingo *Richter*: Recht der Weiterbildung, Neuwied 1991.
4 Vgl. zu den Kriterien der Abgrenzung zwischen Schule und Lehrgang: VGH München, NVwZ-RR 1995, 38 (39).

sikschule ist keine Schule im Rechtssinne, weil sie nicht das Merkmal der gemeinschaftlichen Unterweisung in mehreren Fächern erfüllt[5]. Ebensowenig ist der Privatunterricht Schule. Reine Erziehungseinrichtungen wie Kinderhorte und selbständige Heime gehören nicht zu den Schulen, weil kein Unterricht erteilt wird.

Die Begriffsbestimmung der Schule ist von praktischer Bedeutung für das Schulrecht. Denn davon, was unter Schule zu verstehen ist, hängt die Anwendung der schulrechtlichen Vorschriften ab. Nur wenn man weiß, was eine Schule ist, läßt sich entscheiden, ob etwa eine Tanzschule dem Schulrecht und der Schulaufsicht untersteht (das ist nicht der Fall), ob das Schulrecht für Schülerheime gilt (das ist bei den selbständigen Heimen, die nicht organisch mit einer Schule verbunden sind, zu verneinen), oder wie es sich bei einem Fernunterrichtsinstitut verhält (bei dem Schulrecht allenfalls mittelbar zum Zuge kommt). Zur Abgrenzung der Schule von der privaten Unterrichtserteilung und zu deren Rechtslage s. TZ 13.8. Die in den 70er Jahren zu beobachtende Tendenz, die vorschulische Erziehung (Elementarbereich, Kindergarten) in die Schule und ihr Recht einzubeziehen, hat sich nicht durchgesetzt[6]. Die früher dem Schulwesen zugeordneten Höheren Fachschulen und Ingenieurschulen sind als Fachhochschulen in den Hochschulbereich übergeführt worden[7].

---

5 Oliver *Scheytt*: Die Musikschule – eine Bildungs- und Kultureinrichtung im rechtsfreien Raum?, DÖV 1994, 249 (253); weiterführend ders.: Die Musikschule, Diss. jur., Bochum 1989.
6 Vgl. dazu *MPI-Bildungsbericht*, S. 296f.
7 *Gesetzestexte zum Hochschulrecht*: Axel Frhr. *von Campenhausen*/Peter *Lerche* (Hrsg.): Deutsches Schulrecht. 4 Bde., Starnberg 1970ff. (Loseblattausgabe); Philipp *Eggers*/Peter *Lichtenberg*/Jürgen *Burckhardt* (Hrsg.): Hochschulgesetze des Bundes und der Länder. 2 Bde., Bad Honnef 1972ff. (Loseblattausgabe). *Bibliographien*: Informationen zum Hochschulrecht. Hrsg. vom Sekretariat der Ständigen Konferenz der Kultusminister der Länder in der Bundesrepublik Deutschland, Bonn 1978ff. *Handbücher und Handbuchbeiträge*: Christian *Flämig* u. a. (Hrsg.): Handbuch des Wissenschaftsrechts. 2 Bde. 2. Aufl., Berlin, Heidelberg 1996; Otto *Kimminich*: Wissenschaft, in: Ingo von Münch (Hrsg.): Besonderes Verwaltungsrecht. 8. Aufl., Berlin, New York 1988, S. 835 (Kimminich ist seit der 9. Aufl. mit seinem Beitrag nicht mehr vertreten); Werner *Thieme*: Deutsches Hochschulrecht. 2. Aufl., Köln u. a. 1986; Herbert *Bethge*: Wissenschaftsrecht, in: Norbert Achterberg/Günter Püttner (Hrsg.): Besonderes Verwaltungsrecht. Bd. 1, Heidelberg 1990, S. 697. *Kommentare*: Peter *Dallinger*/Christian *Bode*/Fritz *Dellian*: Hochschulrahmengesetz. Kommentar, Tübingen 1978; Erhard *Denninger* (Hrsg.): Hochschulrahmengesetz, München 1984 mit Nachtrag 1986; Kay *Hailbronner* (Hrsg.): Kommentar zum Hochschulrahmengesetz. 2 Bde. mit Teil Landeshochschulrecht, Heidelberg 1990ff. (Loseblattausgabe, Stand: Juni 1999); Andreas *Reich*: Hochschulrahmengesetz. Kommentar. 6. Aufl., Bad Honnef 1999. Zur Problematik des Numerus clausus vgl. TZ 4.22.

1.3 Schulrecht

1.31 Rechtsnormen und Regelungsbereich

1.311 Als Schulrecht bezeichnet man die Gesamtheit der *Rechtsnormen*[8], die sich auf die Schule und das Schulwesen beziehen. Rechtsnormen (Rechtssätze) enthalten Regelungen darüber, wie Konflikte zwischen den Rechtsgenossen sowie zwischen ihnen und den Hoheitsträgern, insbesondere dem Staat, zu lösen sind. Angesichts der unüberschaubaren Menge konflikträchtiger Sachverhalte wäre es unmöglich, für jeden denkbaren Fall eine eigens darauf zugeschnittene konkrete Regelung bereitzuhalten. Rechtsnormen müssen deshalb so formuliert sein, daß sie mit Hilfe von allgemeinen Begriffen eine Vielzahl von Einzelfällen abdecken. Eine Rechtsnorm ist demnach eine generell-abstrakte hoheitliche Anordnung, die sich an eine unbestimmte Zahl von Personen (generell) zur Regelung einer unbestimmten Zahl von Fällen (abstrakt) wendet. Sie ist üblicherweise dadurch gekennzeichnet, daß sie eine Rechtsfolge an einen Tatbestand knüpft. Der Tatbestand umschreibt in abstrakter Weise die Tatumstände, die im konkreten Fall »erfüllt« sein müssen, um die Rechtsfolge »auszulösen«. Als Beispiel diene folgende Bestimmung: »Ist der Schüler in derselben Jahrgangsstufe zweimal nicht versetzt worden« (Tatbestand), »muß er die Schule verlassen« (Rechtsfolge).

Die pädagogische Arbeit der Schule und das Zusammenleben der an ihr Beteiligten läßt sich jedoch nur partiell durch solche konditionalen (nach dem Wenn-dann-Schema strukturierten) Rechtsnormen steuern. Deshalb verwendet der Gesetzgeber vielfach finale und appellative Rechtssätze. Finale Rechtsnormen, die ein Ziel vorgeben, es aber den für die Zielerreichung Verantwortlichen überlassen, wie sie das Ziel verwirklichen, beziehen sich vor allem auf die Bildungsziele (dazu TZ 4.111). Appellative Rechtsnormen fordern die Adressaten auf, ein bestimmtes Verhalten an den Tag zu legen, indem sie etwa Lehrer, Schüler und Eltern zu partnerschaftlichem Zusammenwirken anhalten. Da die Ziele und Verhaltenspflichten der Eindeutigkeit ermangeln, sind die sie begründenden Normen im schulischen Alltag oft nur schwer durchsetzbar. Insoweit ist das Schulrecht zu einem nicht geringen Teil »soft law«.

Darüber hinaus enthält das Schulrecht zahlreiche organisatorische Normen, die Errichtung, Zuständigkeit und Verfahren schulischer Organe und Gremien bestimmen. Hinzu kommen Normen planenden Inhalts. Sie sind mit den finalen Rechtsnormen insoweit verwandt, als sie Ziele vorgeben; ihre Besonderheit besteht darin, daß sie die zu erreichenden Ziele vergleichsweise präzise bestimmen und auch das Verfahren der Zielerreichung festlegen. Wichtigste Planungsnormen im Schulbereich sind die Schulentwicklungspläne (vgl. TZ 9.412).

---

8 Zum Begriff der Rechtsnorm s. die im Anhang 6.1 genannte Literatur.

1.312 Zu dem durch schulrechtliche Rechtsnormen erfaßten *Regelungsbereich* gehören insbesondere
- Struktur, Aufbau und Gliederung (Organisation) des Schulwesens in seiner Gesamtheit;
- staatliche Schulhoheit und Schulaufsicht;
- Verfassung, Unterhaltung und Verwaltung des öffentlichen Schulwesens und die Rechtsverhältnisse der an ihm beteiligten Personen (Lehrer, Schüler, Eltern u. a.);
- die Rechtsverhältnisse der Schulen in freier Trägerschaft (Privatschulen) und der daran beteiligten Personen.

Daß die Darstellung in diesem Buch einer anderen Anordnung folgt als der vorstehenden, hat praktische Gründe. Der Mensch steht im Mittelpunkt des Rechts, gerade auch des Schulrechts. Die Darstellung ist daher an den Menschen in der Schule orientiert; soweit möglich, werden die Materien den Menschengruppen zugeordnet, die an ihnen besonders interessiert sind oder von ihnen vornehmlich betroffen werden. Die Rechtsverhältnisse der Lehrer sowie der Schüler und Eltern machen im Zweiten und im Dritten Teil den Kern des Buches aus. Der vorgeschaltete Erste Teil enthält die rechtlichen, organisatorischen und administrativen Grundlagen des Schulwesens und der Einzelschule, also des »Gehäuses«, in dem sich der schulische Alltag abspielt.

1.32 Erscheinungsformen

1.321 Wenn der Schulträger den Außenputz des Schulgebäudes erneuern läßt oder für die Aula neues Gestühl bestellt, schließt er Verträge des bürgerlichen Rechts ab; mit Schulrecht hat eine solche Teilnahme am allgemeinen Rechtsverkehr nur am Rande zu tun. Geht es aber um die Frage, ob die Nichtversetzung eines Schülers in die nächsthöhere Klasse rechtmäßig ist, kommt unmittelbar Schulrecht zur Anwendung. Darüber hinaus leuchtet es sofort ein, daß für Inhalt und Umfang der Amtsverschwiegenheit des Lehrers im Unterschied zu der des Finanzbeamten, des Diplomaten oder des Gerichtsvollziehers schulrechtliche Erwägungen bestimmend sind; der allgemeine beamtenrechtliche Grundsatz der Amtsverschwiegenheit erhält beim Lehrer eine besondere schulbezogene Färbung. Demgemäß unterscheiden wir zwischen Schulrecht im engeren und Schulrecht im weiteren Sinne.
Von *Schulrecht im engeren Sinne* sprechen wir, wenn es sich um eigens für die Schule gesetzte Rechtsnormen handelt. Zum Schulrecht gehören aber auch die auf die Schule anzuwendenden Rechtssätze anderer Rechtsgebiete. Dieses *Schulrecht im weiteren Sinne* umfaßt wichtige Sachbereiche; es spielt überall da eine Rolle, wo Schulrecht im engeren Sinne fehlt und Rechtssätze aus anderen Rechtsgebieten herangezogen werden müssen. Die Rechtsstellung und Besoldung der Lehrer wird z. B. durch die Beamten- und Besoldungsgesetze geregelt. Verwaltung und Finanzierung des Schulwesens ergeben sich vielfach aus dem Kommunalrecht. Die Lücken des Schulrechts im engeren Sinne werden ferner durch Normen des allgemeinen Verwaltungsrechts, des bürgerlichen Rechts, des Jugendrechts u. a. sinngemäß ausgefüllt. Insbesondere sind es die in den Verfassungen enthaltenen Grundrechte und Grund-

sätze, mit deren Hilfe solche Lücken geschlossen werden können (vgl. das 2. Kapitel).

1.322 Neben der Unterscheidung zwischen Schulrecht im engeren und im weiteren Sinne ist die Differenzierung zwischen inneren und äußeren Schulangelegenheiten von Bedeutung – eine Unterscheidung, die auf die Steinsche Städteordnung von 1808 (§ 179b) zurückgeht[9]. Zu den *inneren Schulangelegenheiten* gehört alles, was sich auf das Leben und die Arbeit der Schule bezieht: Unterricht und Erziehung, Lehrplan und Methode, Prüfungen und Zeugnisse. Die *äußeren Schulangelegenheiten* umfassen nach herkömmlichem Verständnis insbesondere die Errichtung und Unterhaltung der Schulgebäude sowie die Beschaffung und Bereithaltung der Lehrmittel.

Zwar lassen sich innere und äußere Schulangelegenheiten nicht immer eindeutig voneinander trennen, gibt es doch kaum eine schulische Tätigkeit oder Einrichtung, die nicht zugleich eine innere und eine äußere Seite hat. Doch ist der Nutzen dieser althergebrachten Unterscheidung, die in Verwaltungspraxis und Rechtsprechung nach wie vor gebräuchlich ist, unverkennbar. Auf ihr beruht die Verteilung der staatlichen und der kommunalen Kompetenzen im Schulwesen[10]. Der staatlichen Schulhoheit und Schulaufsicht sind die inneren, den – in der Regel – kommunalen Schulträgern (vgl. 9. Kapitel) die äußeren Schulangelegenheiten zugewiesen.

1.33 Schulgesetze und sonstige Rechtsquellen[11]

1.331 Rechtsnormen lassen sich nach der Art der Rechtsquelle unterscheiden. *Rechtsquellen*[12] sind Verfassung, Gesetz, Rechtsverordnung, öffentlichrechtliche Satzung und Gewohnheitsrecht sowie Rechtsakte der Europäischen Gemeinschaften.

Wichtigste Quellen des Schulrechts sind neben dem *Verfassungsrecht des Bundes und der Länder* (Grundgesetz und Landesverfassungen, vgl. dazu das 2. Kapitel) die *Schulgesetze der Länder*, d.h. die im verfassungsmäßigen Gesetzgebungsverfahren vom Parlament verabschiedeten und ordnungsgemäß im Gesetzblatt verkündeten formellen Gesetze, die sich mit der Schule befassen. Zum Schulrecht gehören insbesondere auch *Rechtsverordnungen*,

---

9 Zur Steinschen Städteordnung: Ernst Rudolf *Huber*: Deutsche Verfassungsgeschichte seit 1789. Bd. I. 2. Aufl., Stuttgart 1975, S. 174 ff.; Georg-Christoph *von Unruh*: Preußen – Die Veränderungen der Preußischen Staatsauffassung durch Sozial- und Verwaltungsreformen, in: Kurt G. A. Jeserich/Hans Pohl/Georg-Christoph von Unruh (Hrsg.): Deutsche Verwaltungsgeschichte. Bd. 2., Stuttgart 1980, S. 399 (416 ff.).
10 *Püttner*: Schulrecht, S. 776 f.
11 Vgl. dazu Thomas *Oppermann*: Kulturverwaltungsrecht, Tübingen 1969, S. 158 ff.; *Püttner*: Schulrecht, S. 769 ff.
12 Vgl. zum Begriff der Rechtsquelle aus rechtstheoretischer Sicht Klaus F. *Röhl*: Allgemeine Rechtslehre, Köln 1994, S. 537 ff., und aus der verwaltungsrechtswissenschaftlichen Literatur *Wolff/Bachof/Stober*: Verwaltungsrecht I, S. 246 ff.; *Maurer*: Verwaltungsrecht, S. 59 ff.; Fritz *Ossenbühl*: Rechtsquellen und Rechtsbindungen in der Verwaltung, in: Hans-Uwe Erichsen (Hrsg.): Allgemeines Verwaltungsrecht. 11. Aufl., Berlin 1998, S. 127 (129 f., 132 ff.).

die von dem für die Schulen zuständigen Landesministerium aufgrund einer gesetzlichen Ermächtigung erlassen werden; diese *Rechtsverordnungen* müssen ebenfalls im Gesetzblatt verkündet werden. Hinzu kommen die die Schulen betreffenden *Satzungen* der kommunalen Schulträger; auch sie haben die Qualität von Rechtssätzen. Früher wurde angenommen, es gebe auch Schulrecht, das durch langdauernde Übung in der Praxis der Schulaufsichtsbehörden entsteht (*Schulgewohnheitsrecht*). Angesichts der Tatsache, daß der Staat den schulischen Bereich durch das von ihm gesetzte Recht in zunehmender Weise reguliert hat, dürfte indes für die (Weiter-)Geltung gewohnheitsrechtlicher Normen heute kein Raum mehr sein.

Während die Schulgesetzgebung sich zunächst damit begnügt hatte, einzelne regelungsbedürftige Sachbereiche zu ordnen (z. B. die Schulpflicht), sind die letzten Jahrzehnte durch die Tendenz zu umfassenden Regelungen gekennzeichnet; dieser Entwicklung haben sich auch die neuen Länder angeschlossen. Solche Gesetze, die Gesamtregelungen im Sinne einer Kodifikation zum Ziel haben oder diesem Ziel wenigstens nahezukommen suchen, tragen in der Regel die Bezeichnung Schulgesetz; Bayern hat ein Gesetz über das Erziehungs- und Unterrichtswesen, das Saarland ein Schulordnungsgesetz, Nordrhein-Westfalen kennt sowohl ein Schulordnungs- als auch ein Schulverwaltungsgesetz. Daneben gibt es häufig Gesetze, die Einzelfragen regeln, z. B. Gesetze zur Schulgeld- und Lernmittelfreiheit oder Privatschulgesetze[13].

1.332 Schulgesetze des Bundes gibt es nicht. Neue Gesetze konnten nicht geschaffen werden, da dem Bund die gesetzgeberische Zuständigkeit im Schulwesen fehlt (vgl. TZ 2.11). Wohl aber finden *verschiedene Bundesgesetze* auch im Schulwesen Anwendung und zählen insoweit zum Schulrecht im weiteren Sinne. Hier sind u. a. zu nennen das Beamtenrechtsrahmengesetz, die Verwaltungsgerichtsordnung sowie einzelne Vorschriften anderer Bundesgesetze. Hierher gehören auch die Kulturabkommen des Bundes, die das Schulwesen und das Schulrecht der Länder zumindest mittelbar beeinflussen. Zunehmend Bedeutung gewinnt im Zuge der europäischen Integration das europäische Gemeinschaftsrecht (vgl. TZ 2.4).

1.333 Reichsrecht aus der Zeit vor 1945 gilt nach Art. 123 Abs. 1 GG fort, soweit es dem Grundgesetz nicht widerspricht. Noch heute sind von Bedeutung
– das Reichsgesetz über die religiöse Kindererziehung vom 15. 7. 1921, das gemäß Art. 125 Nr. 1 GG i.V.m. Art. 74 Nr. 1 GG als Bundesrecht fortgilt, sowie
– die Staatsverträge des Reiches, die sich auf Gegenstände beziehen, für die die Landesgesetzgebung zuständig ist. Sie bleiben nach Art. 123 Abs. 2 GG bis zu ihrem Ablauf oder bis zum Abschluß neuer Staatsverträge unter Vorbehalt aller Rechte und Einwendungen der Beteiligten in Kraft, wenn sie nach allgemeinen Rechtsgrundsätzen gültig sind und fortgelten. Das Reichskonkordat vom 20. 7. 1933 ist zwar in Kraft geblieben; die Landesge-

---

13 Vgl. die Zusammenstellung der wichtigsten Schulgesetze mit Nachweis der Fundstellen im Anhang 1.

Schulrecht

setzgebung ist jedoch an dessen Schulbestimmungen nicht gebunden[14]. Die Länder können also die bekenntnismäßige Gestaltung ihres Schulwesens im Rahmen der Art. 7 und 141 GG frei regeln.

1.334 Verwaltungsvorschriften[15] (Verwaltungsverordnungen, Richtlinien, Erlasse, Runderlasse) sind generell-abstrakte Anordnungen einer Behörde an nachgeordnete Behörden oder eines Vorgesetzten an die ihm unterstellten Bediensteten. Sie beruhen auf der Organisationsgewalt der Regierung und bedürfen daher im Unterschied zu den Rechtsverordnungen keiner gesetzlichen Ermächtigung. Es handelt sich um verwaltungsinterne Regelungen ohne unmittelbare Außenwirkung gegenüber dem Bürger. Soweit Verwaltungsvorschriften das Handeln der Behörden und ihrer Bediensteten bei der Ausübung des ihnen eingeräumten Ermessens steuern, gelangt jedoch der Gleichheitssatz (Art. 3 Abs. 1 GG) zur Anwendung. Dadurch kann eine mittelbare Außenwirkung eintreten. Führen die Verwaltungsvorschriften nämlich zu einer ständigen gleichmäßigen Verwaltungspraxis, ist die Behörde dadurch gebunden; sie darf in dem zu entscheidenden Fall ohne sachlichen Grund nicht von der durch die Verwaltungsvorschriften begründeten Praxis abweichen[16]. Diese *Selbstbindung der Verwaltung* tritt aber nur ein, wenn die Verwaltungsvorschriften geltendem Recht nicht widersprechen.

1.335 Die *Abkommen zwischen dem Bund und den Ländern* und die *Abkommen der Ministerpräsidenten der Länder* binden nur die vertragschließenden Parteien; der Bürger kann sich im allgemeinen nicht auf sie berufen. Die *Beschlüsse der Ständigen Konferenz der Kultusminister der Länder in der Bundesrepublik Deutschland (KMK)* sind in der Regel nichts anderes als – aufgrund von Vereinbarungen zustande gekommene – Empfehlungen an die Länder mit dem Ziel gleichartiger Behandlung und Regelung bestimmter Angelegenheiten (z. B. gegenseitige Anerkennung von Abschlüssen). Im Verhältnis zum Bürger erhalten die Ländervereinbarungen rechtliche Wirksamkeit erst dann, wenn sie förmlich durch Gesetz (oder durch Rechtsverordnung aufgrund gesetzlicher Ermächtigung) verbindlich gemacht worden sind[17].

---

14 So das Bundesverfassungsgericht in seinem Konkordats-Urteil, BVerfGE 6, 309 (330 ff., 340 ff.).
15 Zum Begriff der Verwaltungsvorschriften *Maurer*: Verwaltungsrecht, S. 598 f.; *Wolff/Bachof/Stober*: Verwaltungsrecht I, S. 254 ff.
16 *Maurer*: Verwaltungsrecht, S. 607 ff.
17 Vgl. aber OVG Lüneburg, NJW 1997, 3456 (3458), wonach das einem KMK-Beschluß widersprechende zeitliche Vorziehen einer bundeseinheitlich wirkenden schulpolitischen Maßnahme durch ein Land (im konkreten Fall: die vorzeitige Einführung der Rechtschreibreform durch das Kultusministerium in Niedersachsen) rechtswidrig ist, weil die Abweichung von dem vereinbarten Termin die Schüler in ihrem Recht auf Gleichbehandlung und Chancengleichheit verletze. Dazu, daß einem KMK-Beschluß unter bestimmten Voraussetzungen Rechtsverbindlichkeit beizumessen ist, s. TZ 17.322. Näheres zur rechtlichen Bedeutung der Ländervereinbarungen bei *Heckel* (Anm. 2), S. 16 f.; *Oppermann* (Anm. 11), S. 182 ff. S. auch Walter *Rudolf*: Kooperation im Bundesstaat, in: HdbStR IV, S. 1091 (1114 ff. Rn. 49 ff.); Hans-Jochen *Vogel*: Die bundesstaatliche Ordnung des Grundgesetzes, in: Ernst Benda/Werner Maihofer/Hans-Jochen Vogel (Hrsg.): Handbuch des Verfassungsrechts. 2. Aufl., Berlin 1994, S. 1041 (1093 ff.).

1.336 Die unterschiedliche rechtliche Bedeutung von formellen Gesetzen, Rechtsverordnungen, Satzungen und Verwaltungsvorschriften zeigt sich vor allem im gerichtlichen Verfahren. Die Gerichte sind an die Gesetze gebunden; halten sie ein Gesetz, auf dessen Gültigkeit es bei der Entscheidung ankommt, für verfassungswidrig, müssen sie es dem zuständigen Verfassungsgericht im Wege der konkreten Normenkontrolle zur Überprüfung vorlegen (vgl. Art. 100 Abs. 1 GG). Rechtsverordnungen und Satzungen, die gegen höherrangiges Recht verstoßen, sind nichtig, dürfen also von den Gerichten nicht angewendet werden. Verwaltungsvorschriften sind mangels ihrer unmittelbaren Außenwirkung für die Gerichte grundsätzlich nicht bindend, es sei denn, daß sie eine Selbstbindung der Verwaltung (vgl. TZ 1.334) zur Folge haben.

1.34 Geschichte[18]

Die reformatorischen und nachreformatorischen Ordnungen des Schulwesens durch Stadtmagistrate und Territorialherren, denen im 17. Jahrhundert die ersten Ansätze von Schulpflichtregelungen folgten, stehen am Anfang des Schulrechts. Die volle Schulrechtsentwicklung setzt aber erst mit den großen Kodifikationen um die Wende vom 18. zum 19. Jahrhundert ein, die, wie das Preußische Allgemeine Landrecht, die Schule zu einer Veranstaltung des Staates erklären und die Schulaufsicht des Staates begründen[19]. Mit der *allgemeinen Unterrichts- und Schulpflicht*, die der Wohlfahrts- und Polizeistaat

---

18 Zur Ergänzung dieses groben Umrisses einer Schulrechtsgeschichte sei verwiesen auf das Handbuch der deutschen Bildungsgeschichte (bislang erschienen: Bd. I: 15. bis 17. Jahrhundert, hrsg. von Notker *Hammerstein*, München 1996; Bd. III: 1800–1870, hrsg. von Karl-Ernst *Jeismann* und Peter *Lundgreen*, München 1987; Bd. IV: 1870–1918, hrsg. von Christa *Berg*, München 1991; Bd. V: 1918–1945, hrsg. von Dieter *Langewiesche* und Heinz-Elmar *Tenorth*, München 1989, und Bd. VI/1 und VI/2: 1945 bis zur Gegenwart, hrsg. von Christoph *Führ* und Carl-Ludwig *Furck*, München 1998); die einzelnen Bände enthalten die für die verschiedenen Epochen wichtige Literatur. Immer noch grundlegend Friedrich *Paulsen*: Das Deutsche Bildungswesen in seiner geschichtlichen Entwicklung, Leipzig 1906. Aus neuerer Zeit: Ludwig *von Friedeburg*: Bildungsreform in Deutschland. Geschichte und gesellschaftlicher Widerspruch, Frankfurt am Main 1989 (Taschenbuchausgabe mit einem Nachwort: Frankfurt am Main 1992). Unübertroffen in der Verarbeitung und Durchdringung einer überwältigenden Fülle bildungs- und schulgeschichtlicher Ereignisse: Ernst Rudolf *Huber*: Deutsche Verfassungsgeschichte seit 1789. 8 Bde., teilweise 2. oder 3. Aufl., Stuttgart 1960–1990; das Werk endet mit dem Untergang der Weimarer Republik. Die Bildungsgeschichte erschließt sich ferner aus Kurt G. A. *Jeserich*/Hans *Pohl*/Georg-Christoph *von Unruh* (Hrsg.): Deutsche Verwaltungsgeschichte. 4 Bde., Stuttgart 1983–1985. Jeder Band enthält einen Abschnitt, der sich mit schulgeschichtlichen Entwicklungen befaßt: Bd. 1: Vom Spätmittelalter bis zum Ende des Reiches, S. 383 ff. (Georg-Christoph *von Unruh*); Bd. 2: Vom Reichsdeputationshauptschluß bis zur Auflösung des Deutschen Bundes, S. 487 ff. (Georg-Christoph *von Unruh*); Bd. 3: Das Deutsche Reich bis zum Ende der Monarchie, S. 466 ff. (Lothar *Burchardt*); Bd. 4: Das Reich als Republik und in der Zeit des Nationalsozialismus, S. 349 ff. (Philipp *Eggers*).

19 Vgl. dazu Georg-Christoph *von Unruh*: Der bildungsrechtliche Gehalt des Preußischen Allgemeinen Landrechts von 1794 mit seinen geistigen und pragmatischen Grundlagen, RdJB 1995, 42.

des Absolutismus einführte, aber nicht voll durchzusetzen vermochte – das geschah erst in der ersten Hälfte des 19. Jahrhunderts –, entwickelten sich in den deutschen Bundesstaaten Ansätze eines staatlichen Schulmonopols, dem umfassende staatliche Aufsichts- und Gestaltungsrechte im Schulwesen entsprachen. Doch waren die Positionen des Staates von vornherein durch Rechte anderer beschränkt: Neben den Kirchen unterhielten die aufgrund der preußischen Kommunalreform in ihrer Selbstverwaltung gestärkten Gemeinden eigene Schulen. Der politische Liberalismus des 19. Jahrhunderts trug dazu bei, daß ein – im Vergleich zu ausländischen Entwicklungen allerdings sehr bescheidenes – privates Schulwesen entstand.

Die Schulverwaltung, die zunächst ein Glied der Kirchenverwaltung blieb und im 19. Jahrhundert erst allmählich aus ihr herausgelöst wurde, verlor in der Folgezeit teilweise den Anschluß an die klassischen Verwaltungszweige. Damit verlor das Schulrecht auch den Anschluß an die allgemeine Rechtsentwicklung; es blieb weitgehend unberührt von der Anwendung rechtsstaatlicher Grundsätze auf das Handeln der Verwaltung. Wollte man die Lage überspitzt charakterisieren, so könnte man sagen, Schulrecht und Schulverwaltung seien in Preußen vor den Stein-Hardenbergschen Reformen stehengeblieben[20]; sie behielten im großen und ganzen *Geist und Praxis des aufgeklärten absolutistischen Wohlfahrtsstaates* bei. Da es in Preußen bis 1918 nicht zu dem in der Verfassung von 1850 vorgesehenen umfassenden Schulgesetz kam – mehrere Anläufe, insbesondere unter den Kultusministern von Mühler und Falk, scheiterten –, hatte die Unterrichtsverwaltung relativ freie Hand bei der Gestaltung des Bildungswesens. Wenn das preußische Schulwesen um 1900 gleichwohl Weltgeltung gewann, dann ist dies nicht zuletzt die Leistung der zahlenmäßig kleinen, fachlich hervorragend entwickelten Unterrichtsverwaltung, die sich weitgehend frei von Partei- und Verbandsinteressen zu halten wußte. Ihr stand eine qualifizierte kommunale Selbstverwaltung zur Seite. Freilich kam die Demokratisierung des öffentlichen Schulwesens unter den Bedingungen der konstitutionellen Monarchie nur sehr allmählich zum Zuge. Dies änderte sich grundlegend nach 1918. Neben Preußen waren es vornehmlich die Länder Hamburg, Sachsen und Thüringen, die moderne Schulgesetze verabschiedeten und die gerichtliche Anfechtbarkeit schulischer Entscheidungen ermöglichten, das Schulrecht also justiziabel machten. Das Reich schuf das Grundschulgesetz und das Gesetz über die religiöse Kindererziehung (dazu TZ 1.333). Der Nationalsozialismus brachte, abgesehen von dem allerdings bedeutsamen Reichsschulpflichtgesetz, schulrechtlich wenig Neues, beseitigte vielmehr manche der in der Zeit der Weimarer Republik entwickelten positiven Ansätze wie etwa die Anerkennung des Elternrechts.

Hier führte im Westen der Neuaufbau der Demokratie nach 1945 unter der Ägide der Besatzungsmächte zu einem gründlichen Wandel. Das Bemühen, bisher Versäumtes nachzuholen und das Schulrecht der allgemeinen Entwick-

---

20 Vgl. zu den Stein-Hardenbergschen Reformen: Georg-Christoph *von Unruh*: Preußen – Die Veränderungen der Preußischen Staatsverfassung durch Sozial- und Verwaltungsreformen, in: Kurt G. A. Jeserich/ Hans Pohl/Georg-Christoph von Unruh (Hrsg.): Deutsche Verwaltungsgeschichte. Bd. 2, Stuttgart 1983, S. 399 ff.

lung des Rechts und des politischen Denkens anzupassen, erklärt daher die
Aktivitäten im Bereich der Schulgesetzgebung seit dieser Zeit.
Eine besondere Prägung erhält die Geschichte des Schulrechts durch die historisch begründete *Kulturautonomie der Länder* (vgl. TZ 2.1). Sie erklärt sich nicht zuletzt durch die konfessionelle Gliederung des Alten Reiches. Die deutschen Territorialstaaten besaßen die staatliche Schulhoheit und behielten sie auch im Kaiserreich von 1871. Die Weimarer Verfassung schuf – unter Rückgriff auf die Verfassungsdiskussion um 1848/49 – in Art. 143 bis 149 die Grundlagen eines gemeindeutschen Schulrechts[21] und gab überdies dem Reich das Recht, im Wege der Gesetzgebung Grundsätze für das Schulwesen aufzustellen und in deren Rahmen die Reichsaufsicht über die Länder auszuüben (Art. 10 Nr. 2, Art. 15 Abs. 1). Abgesehen von dem erwähnten Grundschulgesetz von 1920, gelang es dem Reich nicht, die ebenfalls in der Verfassung vorgesehene Regelung des Volks- und Berufsschulwesens sowie der Lehrerbildung auf den Weg zu bringen. Mehrere Versuche, das Reichsschulgesetz zu verabschieden, scheiterten. Deshalb und wegen fehlender Finanzmittel griff das Reich in die Kulturhoheit der Länder praktisch nicht ein, war aber darauf bedacht, auf dem Wege von Vereinbarungen eine gemeinsame Grundordnung zu sichern. Selbst der Nationalsozialismus, der ansonsten Vereinheitlichungen und Zentralisierungen im Verwaltungswege zu verwirklichen suchte und 1934 ein Reichserziehungsministerium errichtete, ließ die Unterrichtsverwaltungen der Länder bestehen und beschränkte sich darauf, die preußische Unterrichtsverwaltung mit der des Reiches zu vereinigen. Das *Grundgesetz* hat die Kulturhoheit der Länder wiederhergestellt (Art. 30 und 70 ff.) und sich in Art. 7, 141 mit einzelnen Regelungen des Schulrechts begnügt. Es hat insbesondere für den Bund auf das dem Reich nach der Weimarer Verfassung zustehende Recht der Rahmen-(Grundsatz-)Gesetzgebung im Schulwesen verzichtet. Die Länder haben von ihrer wiedererworbenen Kulturhoheit vor allem in den Anfangsjahren der Bundesrepublik mit Nachdruck Gebrauch gemacht.
Ganz anders waren die Ausgangsbedingungen in der *DDR*[22]. Schon in der Sowjetischen Besatzungszone begann eine tiefgreifende Umgestaltung des Schulwesens mit dem Gesetz zur Demokratisierung der deutschen Schule vom Mai 1946, das von der Berliner Zentralverwaltung erarbeitet worden war und als Grundlage für entsprechende Gesetze in den Ländern Thüringen, Sachsen, Sachsen-Anhalt, Brandenburg und Mecklenburg diente. Der Systemwandel fand seinen förmlichen Abschluß in dem Gesetz über das einheit-

---

21 Dazu *Püttner*: Schulrecht, S. 771 Rn. 220.
22 Dazu Bd. VI/2 des Handbuchs der deutschen Bildungsgeschichte (Anm. 18). Ferner: Hans *Döbert*: Das Bildungswesen der DDR in Stichworten. Inhaltliche und administrative Sachverhalte und ihre Rechtsgrundlagen, Neuwied 1995; Andreas *Fischer*: Das Bildungssystem der DDR. Entwicklung, Umbruch und Neugestaltung seit 1989, Darmstadt 1992, S. 1–48; Erinnerung für die Zukunft. Zur Geschichte der Volksbildung in der DDR. Bericht über eine Tagung im Pädagogischen Landesinstitut Brandenburg vom 9. bis 11. Januar 1992, Ludwigsfelde-Struveshof 1992; Erinnerung für die Zukunft. Das DDR-Bildungssystem als Geschichte und Gegenwart. Eine Tagung im Pädagogischen Landesinstitut Brandenburg 6. bis 8. Dezember 1995, Ludwigsfelde-Struveshof 1997. S. außerdem Oskar *Anweiler*/Hans-Jürgen *Fuchs*/Martina *Dorner*/Eberhard *Petermann* (Hrsg.): Bildungspolitik in Deutschland. Ein historisch-vergleichender Quellenband, Bonn 1992.

liche sozialistische Bildungswesen vom 25.2.1965. 1952 wurden die Landesregierungen und Landtage aufgehoben. Damit setzte sich der zentralistische Einheitsstaat durch, der mit dem Inkrafttreten der Sozialistischen Verfassung der DDR vom 6.4.1968 verfassungsrechtlich abgesegnet wurde. Der sog. demokratische Zentralismus prägte auch das Bildungswesen. Er durchzog als Herrschaftsform nicht nur seine wesentlichen Strukturen, sondern wirkte als Kontroll-, Überwachungs- und Reglementierungsmechanismus bis in jede einzelne Schule hinein[23]. Erst durch das Ländereinführungsgesetz der DDR vom 22.6.1990 wurden die Länder Brandenburg, Mecklenburg-Vorpommern, Sachsen, Sachsen-Anhalt und Thüringen errichtet, die sodann gemäß Art. 1 Abs. 1 des Einigungsvertrages Länder der Bundesrepublik wurden[24]. Damit haben diese Länder die Kulturautonomie auf dem Gebiet des Schulrechts wiedererlangt. Inzwischen ist auch dort der Aufbau eines modernen, leistungsfähigen und rechtsstaatlich ausgestalteten Schulwesens weitgehend zum Abschluß gekommen[25].

1.35 Schule und Gesellschaft

Die Schule ist eine der großen gesellschaftlichen Institutionen der Gegenwart. Jeder geht zumindest neun Jahre vollzeitlich und anschließend drei Jahre teilzeitlich zur Schule und erfährt dort entscheidende Einflüsse und Erlebnisse. Glück und Kummer zahlloser Kinder, Behagen und Unbehagen vieler Familien hängen davon ab, in welchem Klima sich Arbeit und Leben der Schule vollziehen. Durch Unterricht und Erziehung, durch Prüfungen, Versetzungen, Zeugnisse, Förderungs- und Lenkungsmaßnahmen wirkt die Schule prägend und gestaltend auf die geistige und menschliche Entwicklung, auf die späteren Berufs- und Lebensschicksale ein. Aber die Bedeutung der Schule erschöpft sich nicht im Persönlichen; sie wirkt darüber hinaus auf politische, gesellschaftliche und wirtschaftliche Prozesse ein. Auch heute, da vor allem die modernen Medien – Fernsehen, Video, Internet – die Erziehung beeinflussen, wird die heranwachsende Generation immer noch weitgehend von

---

23 Vgl. etwa Gert *Geißler*/Ulrich *Wiegmann*: Pädagogik und Herrschaft in der DDR: Die parteilichen, geheimdienstlichen und vormilitärischen Erziehungsverhältnisse, Frankfurt am Main 1996.
24 Ost-Berlin, vormals Hauptstadt der DDR, wurde Teil des Landes Berlin (Art. 1 Abs. 2 EVtr).
25 Zum Stand der Gesetzgebung in den ersten Jahren nach Errichtung der neuen Länder: Sönke *Anders*: Die Schulgesetzgebung der neuen Bundesländer. Eine verfassungsrechtliche Untersuchung über die vorläufige Schulgesetzgebung nach Maßgabe des Einigungsvertrags, München 1995. Über die weitere Entwicklung berichten: Klaus Detlef *Hanßen*: Entwicklung des Schulrechts im Land Brandenburg 1991 bis 1995, RdJB 1995, 493; Michael *Axnick*: Schulrechtsreport Mecklenburg-Vorpommern, RdJB 1997, 194; Ludwig *Niebes*: Die Entwicklung des Schulrechts im Freistaat Sachsen 1994 bis 1998, RdJB 1998, 390; Franz-Ludolf *Kramer*: Die Entwicklung des Schulrechts in Sachsen-Anhalt (1990 bis 1994), RdJB 1996, 125; Monika *Duchêne*: Entwicklung des Schulrechts in Thüringen von 1992 bis 1996, RdJB 1997, 200. S. auch Hans-Werner *Fuchs*/Lutz R. *Reuter* (Hrsg.): Bildungspolitik seit der Wende. Dokumente zum Umbau des ostdeutschen Bildungssystems (1989–1994), Opladen 1995, und Karl *Schmitt* (Hrsg.): Fünf Jahre Neugestaltung des Bildungssystems in den Neuen Bundesländern, Berlin 1996.

der Schule geprägt. Die Lehrerschaft ist eine der größten Gruppen des öffentlichen Dienstes, dazu weitgehend organisiert. Wirtschaftlich repräsentiert die Schule einen der bedeutendsten Ausgabeposten jedes Bundeslandes[26].

1.36 »Verrechtlichung«

Trotz der vitalen Bedeutung der Schule für den einzelnen und für die Gesellschaft insgesamt hat das Schul*recht* lange Zeit nur eine untergeordnete Rolle im Rechtssystem gespielt. Je mehr aber die Schule im Zuge der Bildungsreformen, etwa ab Mitte der sechziger Jahre, in ihrer sozialpolitischen Funktion als »Zuteilungsapparatur von Lebenschancen« (Schelsky) betrachtet wurde, je heftiger sich in den siebziger Jahren die bildungspolitischen Kontroversen zuspitzten, desto größer war die Herausforderung, diese Konflikte mit den Mitteln des Rechts zu bewältigen. So waren Rechtsprechung und Rechtswissenschaft gezwungen, sich intensiv mit dem bis dahin vernachlässigten Schulrecht zu beschäftigen. Von dieser Hinwendung zeugen heute eine Vielzahl von Gerichtsentscheidungen und Veröffentlichungen sowie eine emsige normative Tätigkeit der Parlamente und Kultusverwaltungen[27].

Seither pflegt man allenthalben von der »Verrechtlichung« der Schule zu sprechen. Dieser Begriff hat freilich eine ambivalente Bedeutung. Die einen verstehen darunter Formalisierung und Bürokratisierung; sie befürchten, daß die Schule vollends den Juristen überantwortet, daß ihr pädagogischer Freiraum durch eine Flut von Normen und Gerichtsentscheidungen weggespült wird. Die anderen begreifen demgegenüber Verrechtlichung als einen Prozeß, der die Schule stärker als bisher in die rechtsstaatlich-demokratische Ordnung einbindet, sie gerade dadurch von bürokratischer Gängelung befreit und somit überhaupt erst die Voraussetzung für rechtlich gesicherte pädagogische Eigenverantwortung schafft[28].

---

26 1997 wurden in den öffentlichen Haushalten 87,1 Mrd. DM für den Schulbereich aufgewendet. Das entspricht einem Anteil von 7,27 % am öffentlichen Gesamthaushalt und von 2,39 % am Bruttoinlandsprodukt (Zahlen nach Bundesministerium für Bildung und Forschung: Grund- und Strukturdaten 1998/99, Bonn 1998, S. 296, 305). Es nimmt daher nicht wunder, daß die Landesrechnungshöfe der Wirtschaftlichkeit der Mittelverwendung im Schulwesen zunehmend kritische Aufmerksamkeit widmen. Dazu Manfred *Weiß*: Zur »inneren Ökonomie« des Schulwesens. Anmerkungen zu einem aktuellen Thema unter besonderer Berücksichtigung der Kritik der Landesrechnungshöfe, RdJB 1992, 206. Vgl. auch *ders.*: Was unser Schulwesen heute kostet, in: Jens-Uwe Böttcher (Hrsg.): Sponsoring und Fundraising für die Schule, Neuwied 1999, S. 51 ff.
27 Vgl. dazu den informativen Abriß in *DJT-SchulGE*, S. 25 ff. Wenn auch in den 80er Jahren eine gewisse Konsolidierung eingetreten ist, so haben doch der deutsche Einigungsprozeß und die Entwicklung in der Europäischen Union die bildungspolitische Diskussion erneut belebt. Ein Beispiel hierfür ist die Einsetzung der Enquête-Kommission »Zukünftige Bildungspolitik – Bildung 2000« des Bundestages. Neue Herausforderungen auch und gerade an das Schulrecht hat in jüngster Zeit die Debatte über die sog. Schulautonomie (dazu TZ 6.23) ausgelöst; diese Diskussion ist nicht zuletzt durch die Denkschrift der Kommission »Zukunft der Bildung – Schule der Zukunft« beim Ministerpräsidenten des Landes Nordrhein-Westfalen, Neuwied 1995, bereichert worden.
28 Als hilfreich für das Verständnis des Verrechtlichungsphänomens erweist sich die Unterscheidung dreier Grundtypen der Verrechtlichung: Vergesetzlichung, Bürokratisier-

Dabei kommt der Judikatur des Bundesverfassungsgerichts und des Bundesverwaltungsgerichts große Tragweite zu. Während die überlieferte Lehre das Schulverhältnis als »besonderes Gewaltverhältnis« einstufte und mit dieser Konstruktion Eingriffe in die Rechte des Schülers auch ohne gesetzliche Grundlage legitimierte, hat die Rechtsprechung, gestützt und begleitet vom wissenschaftlichen Schrifttum[29], das Schulverhältnis als ein *Rechtsverhältnis* anerkannt (dazu TZ 24.1). Das bedeutet, daß die Schulverwaltung in die Rechts- und Freiheitssphäre des Schülers nur durch Gesetz oder aufgrund eines Gesetzes eingreifen darf. Das Bundesverfassungsgericht hat den *Gesetzesvorbehalt* indes nicht auf Eingriffshandlungen beschränkt, sondern ihm eine umfassende Funktion beigemessen. Danach verpflichten das Rechtsstaatsprinzip und das Demokratieprinzip den Gesetzgeber, die *wesentlichen* Entscheidungen im Schulwesen selbst zu treffen und nicht der Schulverwaltung zu überlassen (*Parlamentsvorbehalt*, dazu ausführlich TZ 15.3)[30]. Unter »wesentlich« werden dabei in erster Linie die Sachverhalte verstanden, die wesentlich für die Verwirklichung der Grundrechte sind. Was zum »Wesentlichen« rechnet und damit gesetzlicher Normierung bedarf, läßt sich nicht in abstrakten Formeln fassen, sondern nur schrittweise, im Wege der Konkretisierung, ermitteln. Die Parlamente der alten Länder sind nach und nach dazu übergegangen, den vom Bundesverfassungsgericht gestellten Anforderungen zur Beachtung des Parlamentsvorbehalts durch Novellierungen oder Neukodifizierungen ihrer Schulgesetze zumindest teilweise Rechnung zu tragen; die

---

ung und Justizialisierung. *Vergesetzlichung* meint die kontinuierlich ansteigende Zahl von Gesetzen – eine Entwicklung, die auf einem veränderten Verständnis der Staatsaufgaben und der Funktionen von Parlament und Gesetzgebung beruht. Unter *Bürokratisierung* ist die zunehmende Selbststeuerung der Verwaltung und die Setzung eigenen Rechts auf untergesetzlicher Ebene zu verstehen. *Justizialisierung* bedeutet die Verlagerung politischer Entscheidungsfunktionen auf die Gerichte. Dazu im einzelnen Rüdiger *Voigt*: Verrechtlichung in Staat und Gesellschaft, in· ders. (Hrsg.): Verrechtlichung, Königstein 1980, S. 15, bes. S. 18 ff. Vgl. auch Lutz-Rainer *Reuter*: Bildung zwischen Politik und Recht, in: Rüdiger Voigt (Hrsg.): Verrechtlichung, ebda., S. 116; Jürgen *Staupe*: Die »Verrechtlichung« der Schule, Leviathan 1982, S. 273; *Forschungsgruppe »Schulverwaltung und Unterricht«*: Schulrecht, Schulverwaltung und Unterricht, Weinheim, Basel 1983. Vgl. auch die Stellungnahme der KMK vom 23./24.6.1983 zu den Ursachen und Auswirkungen der Verrechtlichung im Schulwesen, RdJB 1983, 388. – Grundlegend zur Problematik der Verrechtlichung: Albert *Janssen*: Über die Grenzen des legislativen Zugriffsrechts, Tübingen 1990.

29 Beispielhaft genannt seien Hans-Ulrich *Evers*/Ernst-Werner *Fuß*: Verwaltung und Schule, VVDStRL 23 (1966), S. 147, 199; *Oppermann*: Gutachten, C 46 f.; Frank *Hennecke*: Staat und Unterricht. Die Festlegung didaktischer Inhalte durch den Staat im öffentlichen Schulwesen, Berlin 1972, S. 132 ff.; Bernd *Löhning*: Der Vorbehalt des Gesetzes im Schulverhältnis, Berlin 1974; *Niehues*: Schul- und Prüfungsrecht, S. 36–51 Rn. 62–87; Jürgen *Staupe*: Parlamentsvorbehalt und Delegationsbefugnis. Zur »Wesentlichkeitstheorie« und zur Reichweite legislativer Regelungskompetenz insbesondere im Schulrecht, Berlin 1986, S. 74 ff. Zuletzt Wolfgang *Kopke*: Rechtschreibreform und Verfassungsrecht, Tübingen 1995, S. 143 ff. Allgemein zur Problematik: Ernst-Wilhelm *Luthe*: Das besondere Gewaltverhältnis – Selbstregulationsmodell des öffentlichen Rechts, Frankfurt am Main 1989.

30 Vgl. BVerfGE 34, 165 (192 f.) – hess. Förderstufe; 41, 251 (259 f.) – Speyer-Kolleg; 45, 400 (470 f.) – hess. Oberstufenreform; 47, 46 (78 f.) – Sexualkunde; 58, 257 (269 f.) – Nichtversetzung.

Landtage der neuen Länder haben diese Aufgabe in weit kürzerer Zeit gemeistert.

1.37 Kommission Schulrecht des Deutschen Juristentages

In diesem Zusammenhang sind noch immer die Vorarbeiten der Kommission Schulrecht des Deutschen Juristentages hervorzuheben. Sie hatte im Anschluß an die Empfehlungen des 51. Deutschen Juristentages von 1976[31] den Entwurf für ein Landesschulgesetz vorgelegt[32]. Die Kommission gelangte in ihrem 1981 veröffentlichten Bericht zu der Auffassung, daß die Frage, was durch Gesetz zu regeln sei und was aufgrund gesetzlicher Ermächtigung durch Rechtsverordnung geregelt werden könne, für die einzelnen Bereiche des Schulrechts unter Berücksichtigung ihrer jeweiligen Besonderheiten unterschiedlich zu beantworten sei[33]. Dementsprechend weist der in 13 Teile und 119 Paragraphen gegliederte Gesetzentwurf Vorschriften unterschiedlichen Umfangs und unterschiedlicher Dichte auf.
Der Vorschlag der Schulrechtskommission verdient bis heute aus zwei Gründen Beachtung: Er bietet zum einen ein Gesamtkonzept zur Durchsetzung des Parlamentsvorbehalts im Schulwesen; zum anderen sucht er der Schule weitgehende Selbständigkeit und dem Lehrer ein Höchstmaß an pädagogischer Freiheit zu sichern. Der Entwurf ist bei Wissenschaftlern und Praktikern überwiegend auf positive Resonanz gestoßen; doch haben sich auch kritische Stimmen zu Wort gemeldet[34]. Das Bundesverfassungsgericht hat den Entwurf als einen »Orientierungsrahmen für weitere zukünftige Lösungsansätze« gewürdigt[35]. Mehrere Schulgesetze der jüngeren Zeit, so vor allem in Brandenburg, Hamburg, Hessen, Mecklenburg-Vorpommern, Niedersachsen und Schleswig-Holstein haben auf Regelungen des Entwurfs bis in einzelne Formulierungen hinein zurückgegriffen.

---

31 Ständige Deputation des Deutschen Juristentages (Hrsg.): Verhandlungen des 51. Deutschen Juristentages, Stuttgart 1976. Bd. II (Sitzungsbericht M), München 1976, M 230ff.
32 Deutscher Juristentag: Schule im Rechtsstaat. Bd. I: Entwurf für ein Landesschulgesetz. Bericht der Kommission Schulrecht des Deutschen Juristentages, München 1981. Zusammenfassend Raimund *Wimmer*: Konturen einer gerechten Schule, DVBl. 1981, 473. Wimmer hat als Initiator und Vorsitzender der Kommission maßgeblich zum Erfolg ihrer Bemühungen beigetragen.
33 *DJT-SchulGE*, S. 47.
34 Sehr informativ sind die in Heft 3/1981 von RdJB abgedruckten Stellungnahmen. Distanziert bis ablehnend äußerte sich die Kultusministerkonferenz (Beschluß vom 11./12.3.1982, abgedruckt in RdJB 1982, 252). Eine zusammenfassende Erörterung bietet Horst *Sendler*: Gesetzesrecht und Richterrecht im Schulwesen, DVBl. 1982, 381, der den SchulGE eine »insgesamt vorzügliche Diskussionsgrundlage« (S. 389) nennt. Zu den praktischen Auswirkungen des DJT-SchulGE: Bodo *Pieroth*: Von der Schwierigkeit des Reformierens im Schulrecht, Der Staat 1985, 101. Rückblickend äußert sich Helmut *Fetzer*: Der Schulgesetzentwurf des Deutschen Juristentages – Zehn Jahre danach, PädF 1990, 203. Vgl. auch Raimund *Wimmer*: Ein halbes Jahrhundert Gesetzesvorbehalt im Schulwesen, RdJB 1997, 15.
35 BVerfGE 58, 257 (270).

2. Kapitel: Verfassungsrecht und europäisches Gemeinschaftsrecht in ihrer Bedeutung für das Schulwesen

2.1 Kulturhoheit der Länder[1]

2.11 Bund und Länder

Die Bundesrepublik ist ein Bundesstaat (Art. 20 Abs. 1 GG), in dem die Gesetzgebungs- und Verwaltungskompetenzen für Schulangelegenheiten den Ländern zugewiesen sind (Art. 30 und Art. 70 ff. GG)[2]. Die *Kulturhoheit der Länder*[3] ist allerdings nicht unbegrenzt: Das Landesrecht darf dem Bundesrecht nicht widersprechen (Art. 31 GG: Bundesrecht bricht Landesrecht)[4]. Die in Art. 7 GG enthaltenen Regelungen zu einzelnen Fragen des Schulrechts binden den Landesgesetzgeber und sind bei der Auslegung schulrechtlicher Normen zu beachten. Gleiches gilt für die übrigen Vorschriften des Grundgesetzes. Hier ist außer den Grundrechten besonders Art. 28 Abs. 1 Satz 1 GG zu nennen, der die Länder auf die Grundsätze des demokratischen und sozialen Rechtsstaats verpflichtet; diese sind somit auch für die Landesschulgesetzgebung maßgeblich. Doch besteht der Vorrang des Bundesrechts gegenüber dem Landesrecht nicht ausnahmslos. Gemäß Art. 142 GG sind Grundrechtsbestimmungen der Landesverfassungen wirksam, soweit sie mit Grundrechtsbestimmungen des Grundgesetzes übereinstimmen; sie können sogar über diese hinausgehen, sofern sie grundrechtliche Positionen Dritter nicht stärker beschränken, als dies die im Grundgesetz gewährleisteten Grundrechte zulassen[5]. Darüber hinaus gilt ganz allgemein, daß das Bundesverfassungsrecht wegen des im Bundesstaat gebotenen Respekts vor einer Landesverfassung inhaltsgleiches Landesverfassungsrecht nicht bricht[6]. Überdies läßt Art. 141 GG dem vor dem 1. Januar 1949 entstandenen Landesrecht den Vorrang gegenüber Art. 7 Abs. 3 GG (sog. Bremer Klausel, TZ

---

1 Mit den Problemen des Bildungsföderalismus in der Bundesrepublik befassen sich: Peter *Glotz*/Klaus *Faber*: Richtlinien und Grenzen des Grundgesetzes für das Bildungswesen, in: Ernst Benda/Werner Maihofer/Hans-Jochen Vogel (Hrsg.): Handbuch des Verfassungsrechts der Bundesrepublik Deutschland. 2. Aufl., Berlin, New York 1994, S. 1363; Matthias *Herdegen*: Strukturen und Institute des Verfassungsrechts der Länder, HdbStR IV, S. 479 (507 ff. Rn. 54 ff.); Friedhelm *Hufen*: Kulturstaatlichkeit und Bundesstaat, in: Ernst Benda u. a. (Hrsg.): Probleme des Föderalismus, Tübingen 1985, S. 199; *ders.*: Gegenwartsfragen des Kulturföderalismus, BayVBl. 1985, 1, 37; *Oppermann*: Gutachten, C 64 ff. Immer noch lesenswert: Kurt *Frey*: Konstruktiver Föderalismus, Weinheim, Basel 1976.
2 Einfachrechtliches Schulrecht des Bundes gibt es nicht, von einzelnen Regelungen über das Berufsschulwesen und die Auslandschulen abgesehen. Vgl. *Püttner*: Schulrecht, S. 772 Rn. 221; Thomas *Oppermann*: Schule und berufliche Bildung, HdbStR VI, S. 329 (341 Rn. 26 ff.).
3 Kritisch zum Begriff der Kulturhoheit Max-Emanuel *Geis*: Die »Kulturhoheit der Länder«, DÖV 1992, 522 (524).
4 Zur Bedeutung des Art. 31 GG Jost *Pietzcker*: Zuständigkeitsordnung und Kollisionsrecht im Bundesstaat, HdbStR IV, S. 693 (704 ff. Rn. 24 ff.).
5 *Pietzcker*, HdbStR IV, S. 716 f. Rn. 50 ff.
6 BVerfGE 36, 342 (366).

4.121). Weiterhin bestimmt Art. 91 b GG, daß Bund und Länder bei der Bildungsplanung und bei der Förderung der wissenschaftlichen Forschung von überregionaler Bedeutung zusammenwirken können[7]. Zur Erfüllung dieser Gemeinschaftsaufgabe wurde im Jahre 1969 das Bundesministerium für Bildung und Wissenschaft (BMBW) errichtet. Im Zuge einer Kabinettsreform zu Beginn der Legislaturperiode 1994–98 wurde das BMBW mit dem Bundesministerium für Forschung und Technologie unter der Bezeichnung Bundesministerium für Bildung, Wissenschaft, Forschung und Technologie (BMBF) zusammengelegt. Seit 1998 heißt es *Bundesministerium für Bildung und Forschung*; das Kürzel »BMBF« wurde beibehalten.

2.12 Angleichungsschritte

2.121 Die durch die Kulturhoheit der Länder ermöglichte Mannigfaltigkeit im deutschen Schulwesen bedeutet – sieht man von den fünf neuen Ländern ab – nichts Neues. In den Jahren der Geltung der Weimarer Verfassung wurde sie durch Abkommen der Unterrichtsverwaltungen der Länder überbrückt, während des Nationalsozialismus durch Gleichschaltung verdrängt. Nach 1945 konnten sich in Westdeutschland die föderativen Kräfte, unterstützt von den Besatzungsmächten, zunächst unbeschränkt entfalten. Doch führte das Bedürfnis nach Angleichung sehr bald zu Maßnahmen der Koordinierung, die ein Auseinanderbrechen des Schulwesens verhindern sollten. Spätestens seit 1949 gab es ein von Öffentlichkeit und Presse, politischen Parteien, kulturellen Organisationen und Berufsverbänden gefördertes Bemühen um Überwindung der Zersplitterung. Die 1948 begründete *Ständige Konferenz der Kultusminister in der Bundesrepublik Deutschland (KMK)* – ein Beratungs-, Empfehlungs- und Beschlußgremium – zielt seither darauf ab, das Schulwesen in den Ländern durch Vereinbarungen anzugleichen (TZ 1.335)[8]. Auf der 251. Plenarsitzung der KMK am 6./7. 12. 1990 in Berlin erklär-

---

7 Willi *Blümel*: Verwaltungszuständigkeit, HdbStR IV, S. 857 (939 ff. Rn. 124 ff., insbes. S. 954 ff. Rn. 156 ff.); Fritz *Schaumann*: Zusammenarbeit von Bund und Ländern in der Bildungs- und Wissenschaftspolitik, RdJB 1995, 245. Insgesamt zum Einfluß des Bundesrechts und gesamtstaatlicher Kompetenzen Thomas *Köstlin*: Die Kulturhoheit des Bundes, Berlin 1989.

8 Besonders hinzuweisen ist auf die mehrbändige Loseblattausgabe »Sammlung der Beschlüsse der Ständigen Konferenz der Kultusminister der Länder in der Bundesrepublik Deutschland« im Luchterhand Verlag, Neuwied. – Informationen über die KMK finden sich neben den in Anm. 1 genannten Schriften bei *Sekretariat der Ständigen Konferenz der Kultusminister der Länder in der Bundesrepublik Deutschland* (Hrsg.): Einheit in der Vielfalt: 50 Jahre Kultusministerkonferenz 1948–1998, Neuwied 1998; Joachim *Schulz-Hardt*: Die Ständige Konferenz der Kultusminister der Länder in der Bundesrepublik Deutschland, in: Christian Flämig u. a. (Hrsg.): Handbuch des Wissenschaftsrechts. Bd. 2. 2. Aufl., Berlin 1996, S. 1655; vgl. auch Herbert *Bath*: Die Kultusministerkonferenz – ein nationaler Beitrag der Länder, Politik und Kultur 14 (1987), Heft 1, S. 61–73; Hans-Peter *Füssel*: Kooperativer Föderalismus im Bildungswesen. Über die Arbeit von Kultusministerkonferenz und Bund-Länder-Kommission für Bildungsplanung und Forschungsförderung, RdJB 1989, 430; Dieter *Breitenbach*: Wege der Selbstkoordination: Die Kultusministerkonferenz, in: Deutsche Gesellschaft für Bildungsverwaltung (Hrsg.): Föderalismus und Koordinierung im Bildungswesen. Dokumentation der 14. DGBV-

ten die Minister für Bildung, Wissenschaft und Kultur der fünf neuen Länder ihren Beitritt zur Kultusministerkonferenz; es war die erste gesamtdeutsche Kultusministerkonferenz seit 1948[9].
Angesichts des in der Öffentlichkeit verbreiteten Unwillens über den sog. Schulwirrwarr haben sich die *Ministerpräsidenten der Länder* ihrerseits um eine Vereinheitlichung des Schulwesens bemüht und am 17.2.1955 eine Vereinbarung getroffen, welche die ärgsten Mißstände beseitigen sollte. Dieses *Düsseldorfer Abkommen* regelte Schuljahresbeginn, Schulferien, Schul- und Klassenbezeichnungen, Bezeichnung der Notenstufen, Formen der Mittelschule und der höheren Schule sowie die gegenseitige Anerkennung von Prüfungen. Das Düsseldorfer Abkommen wurde am 28.10.1964 durch eine neue Vereinbarung der Ministerpräsidenten, das *Hamburger Abkommen*, ersetzt[10]. Dieses Abkommen bildet(e) neben den einschlägigen Vereinbarungen der Kultusministerkonferenz auch die Grundlage für die Neugestaltung des Schulwesens in den ostdeutschen Ländern und für die Anerkennung der in der DDR erworbenen schulrechtlichen Abschlüsse (Art. 37 Abs. 4 Satz 3 EVtr)[11].

2.122 Bund und Länder errichteten gemeinsam mehrere Beratungsgremien, die wichtige Reformpläne für das Bildungswesen erarbeiteten:
Den Anfang machte der *Deutsche Ausschuß für das Erziehungs- und Bildungswesen* (1953 bis 1965) mit seinen Empfehlungen für die Gestaltung des Schulwesens, deren wichtigste der »Rahmenplan zur Umgestaltung und Vereinheitlichung des allgemeinbildenden öffentlichen Schulwesens« (1959) war. Die Stelle des Deutschen Ausschusses – mit erweiterten Kompetenzen und Funktionen – übernahm in den Jahren 1965 bis 1975 der *Deutsche Bildungsrat*. Ihm war die Aufgabe zugewiesen, Bedarfs- und Entwicklungspläne für das deutsche Bildungswesen unter Berücksichtigung der Gegenwarts- und Zukunftserfordernisse zu entwerfen, Vorschläge für seine Struktur zu unterbreiten, den Finanzbedarf zu berechnen sowie Empfehlungen für langfristige Planungen auszusprechen. Unter den zahlreichen Veröffentlichungen der Bildungskommission des Bildungsrates ist der am 13.2.1970 verabschiedete Strukturplan für das Bildungswesen hervorzuheben[12].
Am 25.6.1970 schlossen die Regierungen des Bundes und der Länder auf der Grundlage des Art. 91b GG das Verwaltungsabkommen über die Errichtung einer gemeinsamen Kommission für Bildungsplanung. Diese Kommission –

Jahrestagung, Frankfurt am Main 1994, S. 19–28; Hans *Maier*: Die Kultusministerkonferenz im föderalen System, in: Einheit in der Vielfalt (s.o.), S. 21.
9 Über diese und die folgenden Plenarsitzungen der KMK berichtet Albert *Munding*: Die Kultusministerkonferenz im Prozeß der deutschen Einigung, Deutschland-Archiv 28 (1995), S. 507 (508 ff.).
10 I. d. F. vom 14.10.1971, KMK-BeschlS. Nr. 101.
11 Voraussetzung für die Anerkennung der in der DDR erworbenen Abschlüsse in den alten Ländern ist allerdings nach Art. 37 Abs. 1 Satz 2 EVtr, daß sie gleichwertig sind (dazu TZ 4.35). Zur Anerkennung von Lehramtsbefähigungen, die in der DDR erworben wurden, s. TZ 18.226.
12 *Deutscher Bildungsrat*: Strukturplan für das Bildungswesen, Stuttgart 1970; *ders.*: Bericht '75. Entwicklungen im Bildungswesen, Stuttgart 1975.

seit 1975 mit erweiterter Aufgabenstellung unter der Bezeichnung *Bund-Länder-Kommission für Bildungsplanung und Forschungsförderung (BLK)* – verabschiedete am 15.6.1973 den Bildungsgesamtplan, der Leitlinien für die künftige Gestaltung des Bildungswesens, insbesondere des Schulbereichs, bis zum Jahre 1985 enthielt[13]. Die Fortschreibung dieses Plans bis 1995 scheiterte nicht nur an unterschiedlichen bildungspolitischen Auffassungen, sondern auch an den nicht zu überbrückenden Meinungsdifferenzen zwischen Bildungs- und Finanzpolitikern.

2.123 Einen weiteren Anstoß zu übergreifenden Lösungen im Bildungswesen suchte die vom Deutschen Bundestag Ende 1987 eingesetzte Enquête-Kommission »Zukünftige Bildungspolitik – Bildung 2000« zu geben. Sie sollte der Frage nachgehen, wie die sich abzeichnenden Herausforderungen an der Jahrtausendwende bildungspolitisch zu meistern sind. Doch gelang es der Kommission nicht, bleibende Spuren zu hinterlassen. Nicht zuletzt wirkten sich die Meinungsverschiedenheiten zwischen Bund und Ländern über die Zuständigkeiten des Bundes im Bildungsbereich nachteilig auf ihre Arbeit aus[14].

2.124 Die Selbstkoordination der Länder (TZ 2.121) hat eine Zersplitterung des Schulrechts verhindert. Zudem führten technische und wirtschaftliche Entwicklungen zu einer Vereinheitlichung der Lebensverhältnisse, die sich auch auf das Schulwesen auswirkte. So ist das Schulrecht trotz mancher Abweichungen terminologischer, organisatorischer oder finanztechnischer Art gleichförmiger, als man gemeinhin denkt[15]. Die Bildungsziele, der Aufbau des Schulwesens und die Befugnisse der Schulaufsicht sind weitgehend ähnlich. Schulgeldfreiheit ist überall eingeführt. Vertretungen der Schüler und der Eltern, ihre Mitwirkung bei der Gestaltung des Schullebens sind trotz Divergenzen hinsichtlich des Umfangs der Beteiligungsrechte in sämtlichen Ländern gesichert. Selbst die Verschiedenheit der den Gemeinden und den Gemeindeverbänden im Schulwesen zustehenden Rechte, die sich aus der abweichenden Entwicklung der kommunalen Selbstverwaltung im 19. Jahrhundert erklärt, hat den Prozeß der Angleichung nicht gehemmt. Die weitgehende Gleichförmigkeit des Schulrechts ist aber nur zum Teil Folge bildungspolitischer Koordinierung. Vereinheitlichende Wirkungen gehen auch von

---

13 *Bund-Länder-Kommission für Bildungsplanung*: Bildungsgesamtplan. 2 Bde., Stuttgart 1973. Einen Überblick über Organisation, Aufgaben und Rechtsgrundlagen der BLK gibt die von ihr selbst herausgegebene und jeweils aktualisierte Broschüre »Informationen über die Bund-Länder-Kommission für Bildungsplanung und Forschungsförderung«; über die laufende Tätigkeit informieren die »Jahresberichte«. Hierzu auch Willi *Blümel*: Verwaltungszuständigkeit, HdbStR IV, S. 857 (954 ff. Rn. 156 ff. m. w. N.), Thomas *Oppermann*: Schule und berufliche Ausbildung, HdbStR VI, S. 329 (342 f. Rn. 28), und *Glotz/Faber* (Anm. 1), S. 1404 ff. Eine gemeinsame Bewertung der BLK sowie der KMK gibt *Füssel*, RdJB 1989, S. 438 f.

14 Zukünftige Bildungspolitik – Bildung 2000. Schlußbericht der Enquête-Kommission des 11. Deutschen Bundestags, Bonn 1990 (BT-Drucks. 11/5349).

15 So auch *Püttner*: Schulrecht, S. 774 Rn. 221. Einige Länder heben in ihren Schulgesetzen die Verpflichtung zur Wahrung der Einheit des deutschen Schulwesens ausdrücklich hervor, s. etwa § 3 Abs. 2 bw SchG, § 3 Abs. 13 HSchG, § 2 Abs. 2 saarl SchoG.

den Verwaltungsverfahrensgesetzen der Länder aus, die inhaltlich und auch in der Paragraphenfolge nahezu völlig übereinstimmen[16].
Vor allem aber ist die beherrschende Rolle des Grundgesetzes zu beachten, dessen Strukturprinzipien und grundrechtliche Normen auf das Schulrecht maßgebend einwirken[17] (Näheres TZ 2.2). Es ist nicht zuletzt das Verdienst der Rechtsprechung, insbesondere der des Bundesverfassungsgerichts, die Bedeutung des Grundgesetzes für das Schulrecht herausgestellt zu haben.

2.13 Kritische Bilanz

Der Kulturföderalismus ermöglicht die Berücksichtigung sozialer, historischer und regionaler, politischer und konfessioneller Besonderheiten und zugleich einen Wettbewerb zwischen Ländern mit unterschiedlichen bildungspolitischen Konzeptionen und Strukturen. Untragbar wäre andererseits eine Vielfalt, bei der die Länder die gebotene Rücksicht aufeinander vermissen ließen; das ginge vor allem zu Lasten der Schüler und Eltern, die unter den Folgen eines Schulwechsels von Land zu Land zu leiden hätten. Diese Sorge ist jedoch gegenwärtig nicht begründet. Man gewinnt eher den Eindruck, daß die Selbstkoordination der Länder zu einer wettbewerbsfeindlichen Konformität im Schulwesen geführt hat[18].
Über die vor zwei Jahrzehnten nachdrücklich erhobene Forderung, dem Bund über die durch Art. 91b GG abgedeckten Bereiche der Bildungsplanung hinaus zusätzliche bildungspolitische Kompetenzen einzuräumen, ist die Geschichte hinweggegangen. Heftige Kontroversen hatte damals vor allem der Bericht der Bundesregierung über die strukturellen Probleme des föderativen Bildungssystems vom 22.12.1978 ausgelöst[19]. Nach diesem »Mängelbericht« sollten dem Bund im Interesse der Aufrechterhaltung einheitlicher Lebensverhältnisse im gesamten Bundesgebiet durch eine Änderung des Grundgesetzes Gesetzgebungskompetenzen für folgende Bereiche eingeräumt werden: Dauer der Bildungspflicht, Gestaltung des Zugangs zu den einzelnen Stufen des Bildungssystems, Bewertung und Anerkennung von Abschlüssen, inhaltliche Ordnung der beruflichen Bildung, Lehrerausbildung. Die Kultusministerkonferenz, die Ministerpräsidenten der Länder und der Bundesrat widersetzten sich jedoch diesem Vorhaben. Tatsächlich bedarf

---

16 Eine Ausnahme macht lediglich Schleswig-Holstein, dessen Landesverwaltungsgesetz nicht nur in der Numerierung der Paragraphen, sondern auch im Inhalt einzelner Regelungen von den Verwaltungsverfahrensgesetzen des Bundes und der anderen Länder abweicht. Dazu *Maurer*: Verwaltungsrecht, S. 101.
17 In diesem Sinne auch Peter M. *Huber*: Erziehungsauftrag und Erziehungsmaßstab der Schule im freiheitlichen Verfassungsstaat, BayVBl. 1994, 545 (552); zur umfassenden Wirkung der Grundrechte im Bildungswesen s. *Glotz/Faber*: (Anm. 1), S. 1396 ff.
18 Vgl. Hermann *Avenarius*: Wieviel Eigengestaltung erlaubt das Grundgesetz, wieviel Einheitlichkeit verlangt es?, in: Deutsche Gesellschaft für Bildungsverwaltung (Hrsg.): Föderalismus und Koordinierung im Bildungswesen. Dokumentation der 14. DGBV-Jahrestagung, Frankfurt am Main 1994, S. 29 (31 ff.).
19 *Der Bundesminister für Bildung und Wissenschaft* (Hrsg.): Bericht der Bundesregierung über die strukturellen Probleme des föderativen Bildungssystems, München 1978 (auch als BT-Drucks. 8/1551); Kurzfassung in RdJB 1978, 223.

es einer Änderung der Aufgabenverteilung zwischen Bund und Ländern im Bildungswesen jedenfalls solange nicht, als es gelingt, durch Vereinbarungen im Rahmen der Kultusministerkonferenz die notwendige Einheitlichkeit des Bildungswesens zu sichern, ohne die Eigenrechte der Länder in Frage zu stellen[20].

2.2 Grundgesetz und Schule

2.21 Art. 7 GG[21]

Art. 7 GG als einziger *Schulartikel des Grundgesetzes*[22] enthält keine umfassende Ordnung des Schulwesens, sondern *regelt Einzelfragen*. Auch in den Schulbestimmungen der Weimarer Verfassung handelte es sich – wie heute wieder in den Landesverfassungen – um Ausschnitte aus dem Schulrecht, allerdings um wesentlich umfassendere Ausschnitte, als in Art. 7 GG enthalten. In diesem sind nur geregelt die Schulaufsicht des Staates (Abs. 1), der Religionsunterricht (Abs. 2 und 3), das Privatschulrecht (Abs. 4 und 5) sowie in Abs. 6 eine Einzelfrage des Schulaufbaues (Vorschulen bleiben aufgehoben)[23]. Dieser recht fragmentarische Inhalt des Art. 7 GG erklärt sich aus

---

20 Die Neuverteilung der (Gesetzgebungs-)Zuständigkeiten zwischen Bund und Ländern war nach dem Auftrag des Art. 5 des Einigungsvertrags ein zentrales Thema der Beratungen der Gemeinsamen Verfassungskommission von Bundestag und Bundesrat. Das auf diesen Beratungen beruhende Gesetz zur Änderung des Grundgesetzes vom 27.10.1994 hält bei der Neuregelung der kompetenzrechtlichen Vorschriften (insbes. Art. 72, 74 und 75 GG) im wesentlichen an den bisherigen Strukturen fest, konzentriert, präzisiert und verschärft jedoch die Voraussetzungen, unter denen der Bund ein Gesetzgebungsrecht in Anspruch nehmen kann. Dazu Hubertus *Rybak*/Hans *Hofmann*: Verteilung der Gesetzgebungsrechte zwischen Bund und Ländern nach der Reform des Grundgesetzes, NVwZ 1995, 230; Stephan *Rohn*/Rüdiger *Sannwald*: Die Ergebnisse der Gemeinsamen Verfassungskommission, ZRP 1994, 65. S. auch Bericht der Gemeinsamen Verfassungskommission, BT-Drucks. 12/6000, S. 5 ff., S. 32 ff.
21 Zu den Beratungen im Parlamentarischen Rat über den Art. 7 GG: Klaus-Berto *von Doemming*/Rudolf Werner *Füsslein*/Werner *Matz*: Entstehungsgeschichte der Artikel des Grundgesetzes, JöR n. F. 1 (1951), S. 101 ff. Zur Auslegung des Art. 7 GG vgl. die entsprechenden Passagen in den Grundgesetzkommentaren im Anhang 6.3. Zu den Gründen für den recht fragmentarischen Inhalt des Art. 7 GG auch Armin *Dittmann*: Erziehungsauftrag und Erziehungsmaßstab der Schule im freiheitlichen Verfassungsstaat, VVDStRL 54 (1995), S. 47 (54).
22 Sieht man von Art. 141 GG, einer Ausnahmebestimmung zu Art. 7 Abs. 3 Satz 1 GG, ab; dazu TZ 4.121.
23 Einen umfassend begründeten Vorschlag zu einer Ergänzung des Art. 7 GG macht Thilo *Ramm*: Bildung, Erziehung und Ausbildung als Gegenstand von Grundrechten, in: Hermann Avenarius u. a. (Hrsg.): Festschrift für Erwin Stein zum 80. Geburtstag, Bad Homburg 1983, S. 239. Für eine Reformierung der Vorschrift auch Frank-Rüdiger *Jach*: Schulverfassung und Grundgesetz – Plädoyer für eine Neufassung des Art. 7 GG, RdJB 1990, 300. Eine weitreichende Änderung der Bestimmung forderte schon zu Beginn der 70er Jahre Willi *Geiger*: Vorschlag zu einer Neufassung des Art. 7 GG, in: Theo Ritterspach/ Willi Geiger (Hrsg.): Festschrift für Gebhard Müller. Zum 70. Geburtstag des Präsidenten des Bundesverfassungsgerichts, Tübingen 1970, 107. – Auch in der Gemeinsamen Verfassungskommission, die die durch den Einigungsvertrag in Gang gesetzte Grundge-

der Entwicklung seit 1919 und aus der Tatsache, daß die zum Zeitpunkt der Verabschiedung des Grundgesetzes im Jahre 1949 in Kraft befindlichen Landesverfassungen bereits schulrechtliche Grundentscheidungen enthielten. Viele der in den Schulartikeln der Weimarer Verfassung niedergelegten Grundsätze waren inzwischen selbstverständlich geworden; sie kehren in den Landesverfassungen in manchmal erweiterter, manchmal abgewandelter Form wieder.

2.22 Strukturprinzipien der Verfassung und Grundrechte[24]

So dürftig die direkten Aussagen des Grundgesetzes zur Schule in Art. 7, so reichhaltig und ergiebig sind die indirekten Aussagen, die aus den im Grundgesetz verankerten Strukturprinzipien und aus den Grundrechten abzuleiten sind und die für die Einzelschule wie für das Schulwesen in seiner Gesamtheit jene überragende Geltung besitzen, die dem Verfassungsrecht zukommt. Quellen dieses mittelbar schulbezogenen Verfassungsrechts sind einerseits die Grundsätze des demokratischen und sozialen Rechtsstaats (Art. 20 und 28 GG), andererseits die im Grundgesetz gewährleisteten Grundrechte. Die sich daraus ergebenden Wertentscheidungen bestimmen den Erziehungs- und Bildungsauftrag der Schule[25].

---

setz-Reform vorbereitete, wurden Änderungen des Art. 7 GG erwogen. So beantragte der Abgeordnete Ullmann die Streichung des Art. 7 Abs. 2 und 3 GG, später eine vollständige Neufassung des Art. 7 GG (Kommissionsdrucksache Nr. 37 und 44 – vgl. BT-Drucks. 12/6000, S. 149, 150). Die SPD-Mitglieder der Gemeinsamen Verfassungskommission beantragten zunächst eine Ergänzung des Art. 7 Abs. 1 GG (Kommissionsdrucksache Nr. 73 – vgl. BT-Drucks. 12/6000, S. 155). Die Anträge des Abgeordneten Ullmann kamen entweder überhaupt nicht zur Abstimmung (Kommissionsdrucksache Nr. 37) oder wurden abgelehnt (Kommissionsdrucksache Nr. 44 – vgl. Gemeinsame Verfassungskommission, Protokoll der 17. Sitzung vom 11.2.1993, S. 21). Der Antrag der SPD-Mitglieder der Gemeinsamen Verfassungskommission wurde geändert: Statt einer Ergänzung des Art. 7 Abs. 1 GG wurde die Aufnahme eines Art. 2a in das Grundgesetz vorgeschlagen (Kommissionsdrucksache Nr. 93 – vgl. BT-Drucks. 12/6000, S. 159). Dieser Antrag erhielt nicht die erforderliche Mehrheit (vgl. Protokoll der 25. Sitzung vom 1.7.1993, S. 47). Kritisch zum Verzicht der Gemeinsamen Verfassungskommission, die Aufnahme kultureller Staatszielbestimmungen in das Grundgesetz zu empfehlen, Michael *Bothe*: Erziehungsauftrag und Erziehungsmaßstab der Schule im freiheitlichen Verfassungsstaat, VVDStRL 54 (1995), S. 7 (24); vgl. dazu auch Bodo *Pieroth*/Anja *Siegert*: Kulturelle Staatszielbestimmungen. Analyse der Beratungen der Gemeinsamen Verfassungskommission, RdJB 1994, 438.

24 Zu Inhalt und Bedeutung der Verfassungsprinzipien Rechtsstaat, Sozialstaat und Demokratie (Art. 20 GG) und der Grundrechte (insbes. Art. 1 bis 19 GG) vgl. die Darstellungen in den Grundgesetzkommentaren (Anhang 6.3) und Verfassungsrechtslehrbüchern (Anhang 6.2). Dort finden sich zahlreiche weiterführende Literatur- und Rechtsprechungshinweise. Sehr übersichtlich aufbereitet in bezug auf die Schule hat diese Problematik *Oppermann*: Gutachten, C 19 ff., C 81 ff. Vgl. auch Ingo *Richter*: Schule, Schulverfassung und Demokratie, RdJB 1987, 254.

25 Vgl. etwa § 4 Abs. 1 Satz 1 BbgSchulG, § 5 Abs. 1 BremSchulG, § 2 Abs. 2 HSchG, § 2 Abs. 1 Satz 1 SchulG M-V, § 2 Abs. 1 Satz 2 NSchG, § 1 Abs. 2 Satz 3 sächs SchulG, § 1 Abs. 1 Satz 1 SchulG LSA, § 4 Abs. 2 Satz 2 sh SchulG, § 2 Abs. 1 Satz 1 ThürSchulG.

2.221 Die Schule lebt im *Rechtsstaat*[26], d.h. in einem Staat, dessen Verwaltung und Rechtsprechung an Gesetz und Recht gebunden sind (Art. 20 Abs. 3 GG)[27], in dem jeder, der sich in seinen Rechten verletzt fühlt, Rechtsschutz vor unabhängigen Gerichten findet (Art. 19 Abs. 4 GG)[28], in dem Rechtssicherheit und damit ein unabdingbares Maß an Berechenbarkeit und Vorhersehbarkeit staatlicher Maßnahmen gewährleistet sind[29]. Die Schule erzieht ihre Schüler zu rechtsstaatlichem Denken vor allem dadurch, daß sie ihnen Gelegenheit gibt, die Schule als Institution zu erleben, in der es nach Möglichkeit gerecht zugeht[30]. Aber auch in der besten Schule muß man Irrtümer und Fehlurteile in Rechnung stellen; es wird immer wieder Fälle geben, in denen Rechte verletzt werden, in denen ungerecht entschieden wird. An dieser Stelle setzt die Wirkung des Rechtsstaats ein. Schüler, Eltern und sonstige Beteiligte sind den Maßnahmen und Entscheidungen der Schule nicht ausgeliefert; ihnen stehen, wenn sie sich in ihren Rechten verletzt fühlen, Beschwerde- und Rechtswege offen, und zwar nötigenfalls vor unabhängigen Gerichten (Art. 19 Abs. 4, 97, 101 Abs. 1, 103 Abs. 1 GG). Es mag für Schule und Lehrer nicht angenehm sein, wenn Irrtümer und Rechtsverletzungen durch Gerichte korrigiert werden. Doch kann die Schule von der Rechtskontrolle, der die öffentliche Verwaltung insgesamt unterliegt, nicht ausgenommen werden. Die Schule ist keine Insel im Rechtsstaat. Zum Rechtsschutz vgl. das 34. Kapitel.

2.222 Die Schule ist eingebunden in die *Demokratie*[31]. Das bedeutet zunächst, daß sie die Entscheidungen der demokratisch legitimierten Staatsorgane – des Parlaments, der Regierung und der Gerichte – zu befolgen hat[32]. Darüber hinaus ist es Aufgabe der Schule, die Schüler in demokratischem Geist zu erziehen[33]. Sie müssen lernen, daß im parlamentarisch-repräsentativen System der Bundesrepublik die Mehrheit entscheidet, es aber zugleich

---

26 Einführend zum Rechtsstaatsprinzip Eberhard *Schmidt-Aßmann*: Der Rechtsstaat, HdbStR I, S. 987.
27 Vgl. BVerfGE 6, 32 (43).
28 Vgl. BVerfGE 53, 115 (127).
29 Vgl. BVerfGE 2, 380 (403); 60, 253 (268 f.).
30 Zur Bedeutung des Rechtsstaatsprinzips als Erziehungsmaßstab *Huber*, BayVBl. 1994, 552; vgl. auch Gabriele *Behler*: Die Bedeutung der Schule für den Rechtsstaat, in: Franz Josef Düvell (Hrsg.): Anwalt des Rechtsstaates: Festschrift für Diether Posser zum 75. Geburtstag, Köln 1997, S. 309.
31 Einführend zum Demokratieprinzip sowie zur Bedeutung der Schule für die Demokratie Ernst-Wolfgang *Böckenförde*: Demokratie als Verfassungsprinzip, HdbStR I, S. 887 (931 f. Rn. 67). Grundlegend BVerfGE 5, 85 (197 ff., 204 ff.).
32 Zum Problem der demokratischen Legitimation BVerfGE 93, 37 (66 ff.) mit Nachw. der eigenen Rspr. Von den kritischen Kommentaren zu diesem Urteil seien erwähnt: Hans-Peter *Bull*: Hierarchie als Verfassungsgebot? Zur Demokratietheorie des Bundesverfassungsgerichts, in: Michael Th. Greven (Hrsg.): Bürgersinn und Kritik. Festschrift für Udo Bermbach zum 60. Geburtstag, Baden-Baden 1998, S. 241; Alfred *Rinken*: Demokratie und Hierarchie. Zum Demokratieverständnis des Zweiten Senats des Bundesverfassungsgerichts, KritVj 1996, 282.
33 Pointiert Josef *Isensee*: Grundrechtsvoraussetzungen und Verfassungserwartungen an die Grundrechtsausübung, HdbStR V, S. 353 (443 f. Rn. 178). Vgl. auch *Bothe*, VVDStRL 54 (1995), S. 30, 34; *Huber*, BayVBl. 1994, 551 f.

einen Schutz der Minderheit gibt[34]; daß die Demokratie einerseits von der offenen Auseinandersetzung, vom Konflikt lebt[35], andererseits des Interessenausgleichs und des Konsenses bedarf. Es gilt, die Fähigkeit der Schüler zu verantwortlicher Mitwirkung in Staat und Gesellschaft zu entwickeln. Ziel ist der mündige Bürger. Das setzt ein Schulklima voraus, das auf Toleranz und Offenheit angelegt ist. Der Erziehung im Geist der Demokratie entspricht es, wenn die Schulverfassung (vgl. Kapitel 6 bis 8) den Schülern und Eltern Mitwirkungsrechte einräumt. Vor Fehlschlüssen ist indes zu warnen. Das Demokratieprinzip des Grundgesetzes gebietet nicht, die Schule zu »demokratisieren«. Es verlangt vielmehr, daß die Willensbildung im *Staat* als dem Gemeinwesen *aller* Bürger demokratisch legitimiert ist. Die »Demokratisierung« der Schule darf nicht dazu führen, daß sich der Staat, der seine Verantwortung für das Schulwesen (Art. 7 Abs. 1 GG) im Interesse der Gesamtheit der Bürger, auch soweit sie schulisch nicht »betroffen« sind, wahrzunehmen hat, in politisch nicht mehr beeinflußbare Subsysteme auflöst und damit handlungsunfähig wird[36].

Das Demokratie- und das Rechtsstaatsprinzip haben im übrigen erhebliche Bedeutung für die Verteilung der staatlichen Kompetenzen. Sie verpflichten den Gesetzgeber, die wesentlichen Entscheidungen im Schulwesen selbst zu treffen und nicht der Schulverwaltung zu überlassen (Näheres TZ 15.3).

2.223 Die Schule ist schließlich eingebettet in den *Sozialstaat*, d. h. in einen Staat, der das gesellschaftliche Leben im Sinne sozialer Gerechtigkeit zu ordnen verpflichtet ist[37]. Das geschieht vor allem durch Maßnahmen zur Herbeiführung und Sicherung annähernd gleicher Lebens- und Entwicklungschancen – soweit Chancengleichheit überhaupt realisierbar ist – und durch Gewährung von Schutz und Lebenshilfe für die wirtschaftlich und sozial Schwachen. Im Schulbereich ergibt sich daraus die Aufgabe des Staates, für die Bereitstellung und Förderung der Schuleinrichtungen, für die allgemeine Öffnung des Zugangs zu ihnen und für ihre soziale Ausgestaltung zu sorgen. Der Verwirklichung dieser Aufgabe dienen Rechtsvorschriften und Verwaltungsmaßnahmen, die die Verpflichtung des Staates und der kommunalen

---

34 Vgl. zum Schutz von Opposition und parlamentarischer Minderheit BVerfGE 70, 324 (363) mit Nachw. der eigenen Rspr.
35 Zur Bedeutung der Meinungs- und Informationsfreiheit für die freiheitliche Demokratie BVerfGE 7, 198 (208); 27, 71 (81).
36 Hermann *Avenarius*: Schulische Selbstverwaltung – Grenzen und Möglichkeiten, RdJB 1994, 256 (263); *Niehues*, Schul- und Prüfungsrecht, S. 32 ff. Rn. 52 ff. Betont kritisch zu diesem Ansatz und die grundsätzliche Berechtigung staatlichen Schulhaltens anzweifelnd (ohne aber darzutun, warum andere Organisationsformen zu »besseren« Ergebnissen führen müßten): Erich *Bärmeier*: Über die Legitimität staatlichen Handelns unter dem Grundgesetz der Bundesrepublik Deutschland. Die Unvereinbarkeit staatlichen Schulehaltens mit den Verfassungsprinzipien der »Staatsfreiheit« und der »Verhältnismäßigkeit«, Frankfurt am Main u. a. 1992; *ders.*: Das Verfassungsprinzip der Verhältnismäßigkeit und die Unverhältnismäßigkeit staatlichen Schulehaltens, RdJB 1993, 80; *ders.*: Schule in der Demokratie: Von der staatlichen zur gesellschaftlichen Veranstaltung, in: Werner Link/Eberhard Schütt-Wetschky/Gesine Schwan (Hrsg.): Jahrbuch für Politik 1993, 239.
37 Einführend zum Sozialstaatsprinzip Hans F. *Zacher*: Das soziale Staatsziel, HdbStR I, S. 1045. Zur Bedeutung des Sozialstaatsprinzips für den Erziehungsauftrag der Schule *Bothe*, VVDStRL 54 (1994), S. 17 f., sowie *Huber*, BayVBl. 1994, 547 f.

Schulträger zur Schaffung und Unterhaltung von Schuleinrichtungen zum Gegenstand haben, die Erfüllung der Schulpflicht sichern und den Zugang zu weiterführenden Stufen des Schulwesens für jedermann, der geeignet ist, öffnen. Zu diesen Maßnahmen rechnen Unterrichtsgeld- und Lernmittelfreiheit, Erziehungs- und Ausbildungsbeihilfen, Fahrgelderstattungen, Schulgesundheitspflege und Unfallfürsorge.

2.224 Von großer Tragweite für das Schulverhältnis und für die Gestaltung des Schulwesens überhaupt sind die im Grundgesetz gewährleisteten *Grundrechte*. Sie wurzeln in der unantastbaren Würde des Menschen, die zu achten und zu schützen Verpflichtung aller staatlichen Gewalt ist (Art. 1 Abs. 1). Schulrechtlich relevante Grundrechte sind vor allem: die freie Entfaltung der Persönlichkeit (Art. 2 Abs. 1), die Gleichheit (Art. 3), die Glaubens- und Gewissensfreiheit (Art. 4 Abs. 1 und 2), die Meinungsfreiheit (Art. 5 Abs. 1 Satz 1), das Elternrecht (Art. 6 Abs. 2), die Privatschulfreiheit (Art. 7 Abs. 4) und die freie Wahl der Ausbildungsstätte (Art. 12 Abs. 1 Satz 1). Neben dem Grundgesetz enthält die Europäische Konvention zum Schutze der Menschenrechte und Grundfreiheiten vom 4.11.1950 Grundrechte, die innerstaatlich mit der Kraft eines einfachen Bundesgesetzes gelten; diese decken sich inhaltlich weitgehend mit den Grundrechten des Grundgesetzes. (Zu den Gewährleistungen des europäischen Gemeinschaftsrechts s. TZ 2.4.)

Die Grundrechte sind zunächst *Abwehrrechte* des Individuums gegen staatliche Übergriffe[38]. Sie bilden darüber hinaus *wertentscheidende Grundsatznormen*, aus denen sich die objektiv-rechtliche Verpflichtung des Staates ergibt, im Rahmen seiner Möglichkeiten alles zu tun, um den einzelnen in den Stand zu setzen, die Grundrechte auch tatsächlich in Anspruch zu nehmen. Diese objektiv-rechtliche Dimension der Grundrechte[39] hat gerade für den Schulbereich, der ganz überwiegend in den Händen des Staates liegt, erhebliches Gewicht.

Aus den Grundrechten als wertentscheidenden Grundsatznormen ergibt sich nicht nur ein – durch das Sozialstaatsprinzip zusätzlich abgesicherter – Verfassungsauftrag an den Staat, ein leistungsfähiges und sozial gerechtes Bildungswesen vorzuhalten. Er ist darüber hinaus verpflichtet, bei der inhaltlichen Ausgestaltung der Schule dem grundgesetzlich verankerten *Gebot der Toleranz* (vor allem Art. 2 Abs. 1, Art. 4 Abs. 1 und 2, Art. 6 Abs. 2, Art. 7 Abs. 2 und 3 GG) Rechnung zu tragen[40]. Die Schule muß daher eine »offene«

---

38 Zur Einführung Josef *Isensee*: Das Grundrecht als Abwehrrecht und als staatliche Schutzpflicht, HdbStR V, S. 143 (163 ff. Rn. 37 ff.).
39 Zu den objektiv-rechtlichen Grundrechtsgehalten Horst *Dreier*: Subjektiv-rechtliche und objektiv-rechtliche Grundrechtsgehalte, Jura 1994, 505 (509 ff.). Zur Einführung in die Problematik der objektiv-rechtlichen Grundrechtsgehalte vgl. Bernd *Jeand'Heur*: Grundrechte im Spannungsverhältnis zwischen subjektiven Freiheitsgarantien und objektiven Grundsatznormen, JZ 1995, 161 (162 ff.).
40 Dazu *Bothe*, VVDStRL 54 (1995), S. 29 f.; *Huber*, BayVBl. 1994, S. 553 f.; *Dittmann*, VVDStRL 54 (1995), S. 59; Bodo *Pieroth*: Erziehungsauftrag und Erziehungsmaßstab der Schule im freiheitlichen Verfassungsstaat, DVBl. 1994, 949 (960 f.); Jürgen *Kohl*: Schule und Eltern in der Rechtsprechung des Bundesverfassungsgerichts, in: Wolfgang Zeitler/Theodor Maunz/Gerd Roellecke (Hrsg.): Festschrift Hans Joachim Faller, München 1984, S. 201 (210 f.).

Schule im Sinne von Freiheitlichkeit und Pluralität sein. Eine Indoktrination der Schüler nach Maßgabe bestimmter Weltanschauungen, Lehrmeinungen und parteipolitischer Programme ist verfassungswidrig.
Umstritten ist, ob die Grundrechtsnormen in Verbindung mit dem Sozialstaatsgebot dem einzelnen auch Ansprüche auf staatliche Leistungen, sog. *Teilhaberechte*, einräumen[41] und ob sich daraus ein subjektives *Recht auf Bildung* ableiten läßt[42]. Dabei ist zwischen »derivativen« (abgeleiteten) und »originären« (ursprünglichen) Teilhaberechten zu unterscheiden. Das bedeutet: Soweit bereits öffentliche Bildungseinrichtungen bestehen, ergibt sich aus dem einschlägigen Freiheitsrecht (Art. 2 Abs. 1 oder Art. 12 Abs. 1 GG[43]) i.V.m. dem Gleichheitssatz (Art. 3 Abs. 1 GG) und dem Sozialstaatsgebot (Art. 20 Abs. 1 GG) ein Recht auf Bildung im Sinne eines *Anspruchs auf gleiche Teilhabe an den vorhandenen Bildungseinrichtungen*. Dagegen dürften »originäre« Teilhaberechte, die auf die Verpflichtung des Staates abzielen, bestimmte Einrichtungen zur Verfügung zu stellen, nur in seltenen Ausnahmefällen, bei evidenter Verletzung des verfassungsrechtlich Gebotenen, gegeben sein. Zwar ist der Staat verfassungsrechtlich verpflichtet, für ein leistungsfähiges und sozial gerechtes Bildungswesen Sorge zu tragen. Auf welchem Wege und mit welchen Mitteln er diese Verpflichtung erfüllt, ist aber in erster Linie von den staatlichen Organen, insbesondere vom Gesetzgeber, zu entscheiden. Ein dem individuellen Belieben anheimgestellter gerichtlich verfolgbarer Anspruch auf diese oder jene Bildungsmöglichkeit liefe auf ein Mißverständnis von Freiheit hinaus, bei dem verkannt würde, daß sich persönliche Freiheit auf die Dauer nicht losgelöst von Funktionsfähigkeit und Gleichgewicht des Ganzen verwirklichen läßt und daß ein unbegrenztes Anspruchsdenken auf Kosten der Allgemeinheit unvereinbar mit dem Sozialstaatsgedanken ist[44]. Von einem Recht auf Bildung kann daher allenfalls insoweit die Rede sein, als es einen Anspruch auf allgemeine und gleiche Bildungschancen vermittelt.
Entsprechendes gilt für das in verschiedenen Landesverfassungen gewährleistete Recht auf Bildung[45] wie auch für die Bestimmung in Art. 2 des Ersten

---

41 Zur Einführung Dietrich *Murswiek*: Grundrechte als Teilhaberechte, soziale Grundrechte, HdbStR V, S. 243 (245 ff. Rn. 5 ff.).
42 Zum Recht auf Bildung gibt es längst eine große Anzahl von Veröffentlichungen. In Auswahl sind zu nennen: *DJT-SchulGE* § 1 (S. 64), S. 126 ff.; *Niehues*: Schul- und Prüfungsrecht, S. 145 ff. Rn. 206 ff.; *Oppermann*: Gutachten, C 86 ff. Aus neuerer Zeit: *Bothe*, VVDStRL 54 (1995), S. 20 f. – mit Hinweisen auf andere europäische Verfassungen; *Huber*, BayVBl. 1994, 546 f.; Hans D. *Jarass*: Zum Grundrecht auf Bildung und Ausbildung, DÖV 1995, 674; Pieroth, DVBl. 1994, 957 f.
43 Art. 12 Abs. 1 GG (Recht auf freie Wahl der Ausbildungsstätte) ist jedenfalls dann einschlägig, wenn es sich um Schulen mit Berufsvorbereitungscharakter handelt. Dies ist hinsichtlich der berufsbildenden Schulen stets zu bejahen, dürfte aber auch für die weiterführenden allgemeinbildenden Schulen gelten. Nach Ansicht des BVerfG sprechen gewichtige Gründe dafür, das Gymnasium – vor allem nach der eine berufsbezogene Spezialisierung ermöglichenden und nahelegenden Oberstufenreform – zu den Ausbildungsstätten im Sinne des Art. 12 Abs. 1 GG zu rechnen (BVerfGE 58, 257 [273]). So auch VGH Mannheim, NVwZ-RR 1990, 246.
44 Vgl. BVerfGE 33, 303 (332 ff.).
45 Z. B. Art. 11 bw Verf., Art. 128 bay Verf., Art. 20 Abs. 1 Satz 1 bln Verf., Art. 29 Abs. 1 bbg Verf., Art. 8 Abs. 1 nrw Verf., Art. 20 Abs. 1 Satz 1 thür Verf.

Zusatzprotokolls zur Europäischen Konvention zum Schutze der Menschenrechte und Grundfreiheiten, wonach das Recht auf Bildung niemandem verwehrt werden darf. Im übrigen lassen sich subjektive Rechte des einzelnen unmittelbar nur aus den vom Gesetzgeber in Ausführung seiner verfassungsrechtlichen Verpflichtungen erlassenen Gesetzen herleiten[46].

2.225 Die Anwendung der Strukturprinzipien des Rechtsstaats, der Demokratie und des Sozialstaats sowie der Grundrechtsnormen auf das Schulwesen ermöglicht es, unter Einbeziehung der konkreten Inhalte des Art. 7 GG das Gerüst eines *materiellen Schulrechts mit Verfassungsqualität* zu entwickeln, das jeder gesetzlichen Regelung vorgegeben ist. Auf diesem einheitlich im gesamten Bundesgebiet geltenden schulrelevanten Verfassungsrecht vor allem beruht die oben erwähnte Gleichförmigkeit im Schulrecht der Bundesländer, die eine Gesamtdarstellung des deutschen Schulrechts ermöglicht und rechtfertigt.

2.3 Landesverfassungen[47]

Die Mehrzahl der Länder hat in ihre Verfassungen Normen über das Schulwesen aufgenommen; Ausnahmen bilden Hamburg (dessen Verfassung nur ein Organisationsgesetz darstellt), Berlin (dessen Verfassung vom 23. November 1995 zwar in Art. 20 ein Grundrecht auf Bildung[48], sonst aber keine speziellen Normen über das Schulwesen enthält) sowie Schleswig-Holstein (dessen Verfassung in Art. 8 nur wenige Einzelregelungen aufweist). Die übrigen Landesverfassungen enthalten mehr oder weniger ausführliche Grundsätze und Vorschriften, die mit relativ geringen Abweichungen, Auslassungen und Ergänzungen die Regelungen der Weimarer Verfassung übernehmen und sich daher nicht allzu sehr voneinander unterscheiden. Die Besonderheiten liegen vorwiegend in bestimmten weltanschaulichen und politischen Akzentsetzungen. Inhaltlich stimmen die Schulartikel der Landesverfassungen durchweg mit den Normen des Grundgesetzes überein; sie behalten daher ihre Geltung (vgl. TZ 2.11). Ausführlich zu den Bildungszielen der Schule TZ 4.111.

---

46 Aus der Grundrechtsliteratur s. vor allem Albert *Bleckmann*: Staatsrecht II – Die Grundrechte. 4. Aufl., Köln 1997, S. 1011.
47 Texte der Landesverfassungen, teilweise mit Erläuterungen, sind bei den jeweiligen Landeszentralen für politische Bildung erhältlich.
Zur Verfassungsgesetzgebung in den neuen Ländern Peter *Häberle*: Die Verfassungsbewegung in den fünf neuen Bundesländern, JöR n. F. 41 (1993), 69; Michael *Kilian*/Hartmut *Malinka*: Die Verfassungen der neuen Bundesländer im Spiegel der Kommentarliteratur, DÖV 1996, 265. Vgl. Joachim *Linck*: Die vorläufigen Verfassungen in den neuen Ländern, DÖV 1991, 730, und Klaus *Vogelgesang*: Die Verfassungsentwicklung in den neuen Bundesländern, DÖV 1991, 1045; Christoph *Feddersen*: Die Verfassungsgebung in den neuen Ländern: Grundrechte, Staatsziele, Plebiszite, DÖV 1992, 989; Peter *Häberle*: Das Problem des Kulturstaates im Prozeß der deutschen Einigung – Defizite, Versäumnisse, Chancen, Aufgaben, JöR n. F. 40 (1991/92), S. 291.
48 Zur rechtlichen Bedeutung des in einigen Landesverfassungen gewährleisteten Rechts auf Bildung s. TZ 2.224.

2.4 Europäisches Gemeinschaftsrecht[49]

Das Gemeinschaftsrecht hat *grundsätzlich Vorrang vor dem nationalen Recht*[50]. Die zuständigen staatlichen Organe sind verpflichtet, diesen Anwendungsvorrang vor dem innerstaatlichen Recht durch dessen Anpassung oder Aufhebung zu gewährleisten[51]. Der Vorrang des europäischen Gemeinschaftsrechts gilt aber nur insoweit, als es sich um Materien handelt, die in den Anwendungsbereich der Gemeinschaftsverträge fallen.

2.41 Europäisches Bildungsrecht »vor Maastricht«

Was die Bildungspolitik betrifft, so enthielt der EWG-Vertrag weder in der Präambel noch in den Bestimmungen über Ziele und Aufgaben der EWG (Art. 2 und 3) Hinweise auf Befugnisse der Gemeinschaftsorgane zu Aktivitäten auf diesem Gebiet[52]. Auch der *Europäische Gerichtshof* (EuGH) hat in einer nahezu klassisch gewordenen Wendung immer wieder *betont, daß die Organisation des Bildungswesens und die Bildungspolitik »als solche« nicht zu den Materien gehörten, die der EWG-Vertrag der Zuständigkeit der Gemeinschaftsorgane unterworfen habe*[53]. Trotzdem hat das Gemeinschaftsrecht seit etwa Anfang der 80er Jahre auf die innerstaatliche Bildungspolitik der EG-Mitgliedstaaten, also auch auf das Schulrecht der Bundesländer, in nicht

---

49 Angesichts immer wieder auftretender begrifflicher Ungenauigkeiten erscheinen folgende terminologische Klarstellungen angezeigt: Das europäische Gemeinschaftsrecht ist das Recht der drei Europäischen Gemeinschaften. Deren Bezeichnungen lauteten bis zum Inkrafttreten des Maastrichter Vertrags am 1.1.1993: Europäische Wirtschaftsgemeinschaft (EWG), Europäische Atomgemeinschaft (EURATOM) und Europäische Gemeinschaft für Kohle und Stahl (Montanunion). Für die drei Gemeinschaften bestehen als gemeinsame Organe das Europäische Parlament, der Rat (Ministerrat), die Kommission, der Europäische Gerichtshof und der Rechnungshof. Durch den Maastrichter Vertrag wurde die Europäische Union (EU) gegründet. Sie umfaßt die bisherigen drei Gemeinschaften, die mit ihren Organen auf ergänzter vertraglicher Grundlage weiterbestehen, und erstreckt sich außerdem auf eine gemeinsame Außen- und Sicherheitspolitik sowie auf die Zusammenarbeit in den Bereichen Justiz und Inneres. Der EWG wurden zusätzliche Aufgaben und Befugnisse zugewiesen. Wegen dieser Kompetenzerweiterung paßte die ursprüngliche Bezeichnung »Europäische Wirtschaftsgemeinschaft« nicht mehr. Sie wurde daher in »Europäische Gemeinschaft« umbenannt; der Gründungsvertrag heißt nunmehr »Vertrag zur Gründung der Europäischen Gemeinschaft« (kurz: EG-Vertrag oder EGV). Die Terminologie ist verwirrend, weil es neben dieser Europäischen Gemeinschaft – ohne Zusatzbezeichnung – noch zwei weitere Europäische Gemeinschaften – mit Zusatzbezeichnung – gibt.
50 BVerfGE 75, 223 (244f.); 85, 191 (204f.).
51 Armin *von Bogdandy*, in: Eberhard Grabitz/Meinhard Hilf (Hrsg.): Kommentar zur Europäischen Union (Loseblattsammlung), München 1983ff., Art. 5 EGV Rn. 38ff.
52 Ingo *Hochbaum*: Nationales und gemeinschaftliches Interesse. Die europäische Bildungspolitik von Rom bis Maastricht, RdJB 1992, 505.
53 S. insbesondere das Gravier-Urteil vom 13.2.1985, NJW 1985, 2085; seitdem in st. Rspr.

geringem Maße eingewirkt. Das Engagement der EG in Bildungsfragen hat sich geradezu »explosionsartig ausgeweitet«[54]. Hierbei hat insbesondere der EuGH eine Vorreiterrolle gespielt[55]. In seiner Rechtsprechung stützte sich der Gerichtshof zunächst auf die in Art. 48 EWGV gewährleistete *Freizügigkeit der Arbeitnehmer* und die Freizügigkeitsverordnung der EG[56], die eine Ungleichbehandlung der sog. Wanderarbeitnehmer und ihrer Kinder gegenüber Inländern beim Zugang zu den Bildungseinrichtungen verbieten. Bahnbrechend war sodann die sog. Gravier-Entscheidung vom 13.2.1985[57]. In diesem Urteil bezog sich der EuGH auf den damaligen Art. 128 EWGV, der dem Rat die Aufgabe zuwies, allgemeine Grundsätze zur Durchführung einer gemeinsamen Politik in bezug auf die Berufsausbildung aufzustellen. Diese gemeinsame Politik, die sich schrittweise entwickle, sei – so der EuGH – ein unentbehrlicher Bestandteil der Gemeinschaftstätigkeit, zu deren Zielen u. a. die Freizügigkeit, die Mobilität der Arbeitskräfte und die Verbesserung der Lebensbedingungen der Arbeitnehmer gehörten. Insbesondere der Zugang zur Berufsausbildung sei geeignet, die Freizügigkeit innerhalb der gesamten Gemeinschaft zu fördern. So hat der EuGH, gewissermaßen durch die Hintertür, die Politik auf dem Gebiet der Berufsausbildung in den Anwendungsbereich des EWG-Vertrags einbezogen. Im konkreten Fall kam

---

54 So bereits zu Beginn der 90er Jahre die Feststellung von Julian *Curall*: Bildung und Ausbildung im Recht der Europäischen Gemeinschaft, RdJB 1991, 139. Damit korrespondiert eine kaum noch übersehbare Diskussion im Schrifttum. Aus deutscher Sicht seien genannt: Hermann *Avenarius*: Zugangsrechte von EG-Ausländern im Bildungswesen der Bundesrepublik Deutschland. Zum Einfluß des europäischen Gemeinschaftsrechts auf das innerstaatliche Bildungsrecht, NVwZ 1988, 385; Frank *Fechner*: Einwirkungen des Europarechts auf die nationale Bildungsordnung, in: Rudolf Lassahn/Birgit Ofenbach (Hrsg.): Bildung in Europa, Frankfurt am Main 1994, S. 17 ff.; Stefan *Forch*: Freizügigkeit für Studienreferendare, NVwZ 1987, 27; Ingo *Hochbaum*: Politik und Kompetenzen der Europäischen Gemeinschaften im Bildungswesen, BayVBl. 1987, 481; Gerhard *Konow*: Bildungs- und Kulturpolitik in der Europäischen Gemeinschaft, RdJB 1989, 119; Thomas *Oppermann*: Europäisches Gemeinschaftsrecht und deutsche Bildungsordnung – »Gravier« und die Folgen, Bad Honnef 1987; ders.: Von der EG-Freizügigkeit zur gemeinsamen europäischen Ausbildungspolitik? Die »Gravier«-Doktrin des Gerichtshofes der Europäischen Gemeinschaften, Berlin, New York 1988; Andreas *Reichel*: Auswirkungen von EG-Kompetenzen auf Kompetenzen der Bundesländer, dargestellt am Beispiel der Beruflichen Bildung, Diss. jur., Köln 1994; Klaus *Sieveking*: Bildung im Europäischen Gemeinschaftsrecht, KritVj 1990, 344; Kathrin *Weber*: Die Bildung im Europäischen Gemeinschaftsrecht und der Kulturhoheit der deutschen Bundesländer, Baden-Baden 1993. Zur Bildungsrelevanz des Gemeinschaftsrechts äußern sich in größerem Zusammenhang Albert *Bleckmann*: Europarecht. 6. Aufl., Köln 1997, S. 937 ff. Rn. 2630 ff; Thomas *Oppermann*: Europarecht. 2. Aufl., München 1999, S. 825 ff. Rn. 1903 ff.; Michael *Schweitzer*/Waldemar *Hummer*: Europarecht. 5. Aufl., Neuwied 1996, S. 492 ff. Rn. 1626 ff. – Bildungsrelevante Quellen und Literatur aus neuerer Zeit finden sich bei Heinz *Bartel* unter Mitarbeit von Doris *Bambey*, Gertrud *Cseh* und Julia *Kreusch*: Bibliographie zur europäischen Dimension des Bildungswesens 1996/97 – Bibliography on the European Dimension of Education, Berlin 1998.
55 Bernd *Wittkowski*: Die Rechtsprechung des Europäischen Gerichtshofs zur Freizügigkeit und Gleichbehandlung von Angehörigen der EG-Mitgliedstaaten hinsichtlich des Besuchs von Ausbildungsstätten und deren Auswirkung für die Bundesrepublik Deutschland, Frankfurt am Main 1991, S. 37 ff.
56 Verordnung Nr. 1612/68 vom 15.10.1968, ABl. EG 1968 L 257/2.
57 EuGH, NJW 1985, 2085.

der Gerichtshof folgerichtig zu dem Ergebnis, daß eine Studiengebühr gegen das Diskriminierungsverbot des Art. 7 EWGV (jetzt: Art. 12 EGV[58]) verstoße, wenn sie von Studenten aus anderen Mitgliedstaaten, nicht aber von inländischen Studenten erhoben werde. Die *Kernaussage des Gravier-Urteils* liegt darin, *daß auch EG-Bürger, die sich lediglich zu Ausbildungszwecken in einen anderen Mitgliedstaat begeben* – sich also nicht als Arbeitnehmer, Selbständige oder deren Familienangehörige auf Freizügigkeit (Art. 48 EWGV, jetzt: Art. 39 EVG) oder Niederlassungsfreiheit (Art. 52 EWGV, jetzt: Art. 43 EGV) berufen können –, *Anspruch auf gleichberechtigten Zugang zu den Berufsbildungseinrichtungen des Aufnahmelandes haben.* Dabei hat der EuGH in seinem Gravier-Urteil und in späteren Entscheidungen den Begriff der Berufsausbildung sehr weit gefaßt. Er rechnete dazu »jede Form der Ausbildung, die auf eine Qualifikation für einen bestimmten Beruf oder eine bestimmte Beschäftigung vorbereitet oder die die besondere Befähigung zur Ausübung eines solchen Berufes oder einer solchen Beschäftigung verleiht, und zwar unabhängig vom Alter und vom Ausbildungsniveau der Schüler oder Studenten und selbst dann, wenn der Lehrplan auch allgemeinbildenden Unterricht enthält«[59]. Die Kommission sah sich nicht zuletzt durch diese Rechtsprechung ermuntert, die Zuständigkeiten der Gemeinschaft auszudehnen und sie auf den Bildungsbereich insgesamt zu erstrecken. So verwies sie in ihren »Mittelfristigen Leitlinien 1989–1992«[60] auf die enge Verknüpfung von allgemeiner und beruflicher Bildung und beanspruchte für den Bildungsbereich insgesamt eine Koordinator- und Katalysatorfunktion[61]. Sie interpretierte Art. 128 EWGV als Rechtsgrundlage für bildungspolitische Maßnahmen der EG, durch die die Mitgliedstaaten in die Pflicht genommen werden könnten; von dieser Zuständigkeit nahm sie nur den Bereich des allgemeinbildenden Schulwesens aus[62]. Mehrere Aktionsprogramme, die die Erziehung zu einem »Europa der Bürger« fördern sollten (z. B. ERASMUS, LINGUA, PETRA), wurden ins Leben gerufen[63].

Darüber hinaus hat der *EuGH* in mehreren Entscheidungen *klargestellt, daß das* in Art. 48 EWGV (Art. 39 EGV) gewährleistete *Arbeitnehmer-Freizügigkeitsrecht auch den Lehrern zugute kommt* (dazu des Näheren TZ 17.323 und 18.227).

---

58 Die Bestimmungen des EGV werden im folgenden nach Maßgabe der Umnumerierung durch den am 1.5.1999 in Kraft getretenen Vertrag von Amsterdam vom 2.10.1997 (BGBl. II S. 296) zitiert.

59 Rn. 30 der Entscheidungsgründe. In seiner weiteren Rechtsprechung ist der EuGH noch einen Schritt darüber hinausgegangen, indem er grundsätzlich jedes Hochschulstudium als Berufsausbildung erachtete.

60 Kommission der Europäischen Gemeinschaften: Mittelfristige Leitlinien 1989–1992. BR-Drs. 348/89, S. 1.

61 Dazu Ingeborg *Berggreen*: Das Bildungswesen in Europa nach Maastricht. Auswirkungen der Beschlüsse von Maastricht auf den deutschen Bildungsföderalismus, RdJB 1992, 436 (439).

62 Vgl. Gerhard *Konow*: Bildungspolitik nach »Maastricht«, RdJB 1992, 428 (429).

63 ERASMUS: Förderung der Mobilität von Studenten, LINGUA: Förderung der Fremdsprachenkenntnisse, PETRA: Förderung der beruflichen Erstausbildung.

2.42 Europäisches Bildungsrecht »nach Maastricht«

Angesichts des zunehmenden Einflusses der EG-Organe auf die Bildungspolitik der Mitgliedstaaten *fürchteten die Bundesländer, daß »Brüssel« ihnen mehr und mehr Zuständigkeiten entziehe und auf diesem Wege ihre Kulturhoheit bedrohe.* Diese Sorge war um so größer, als die Grundsätze des Art. 128 EWGV, auf die sich die Gemeinschaftsorgane stützten, mit einfacher Mehrheit des Rats beschlossen werden konnten.
Bei den Verhandlungen über den Maastrichter Vertrag haben die Bundesländer mit Unterstützung der Bundesregierung versucht, darauf hinzuwirken, einerseits eine klare Rechtsgrundlage für die Bildungsprogramme der EG zu schaffen, andererseits die Bildungspolitik der Länder vor zu weitgehenden Eingriffen der EG zu schützen. Diese Ziele konnten im wesentlichen erreicht werden[64]. Durch das am 1.11.1993 in Kraft getretene Abkommen[65] wurde mit den neuen Artikeln 126 und 127 (jetzt: Art. 149 und 150) erstmals ein *eigenes Bildungskapitel in den EG-Vertrag eingefügt*[66]. Art. 149 EGV stellt der Gemeinschaft auf dem Gebiet der allgemeinen Bildung einschließlich der Hochschulbildung die Aufgabe, zur Entwicklung einer qualitativ hochstehenden Bildung dadurch beizutragen, daß sie die Zusammenarbeit zwischen den Mitgliedstaaten fördert und die Tätigkeit der Mitgliedstaaten unter strikter Beachtung ihrer Verantwortung für die Lehrinhalte und die Gestaltung des Bildungssystems sowie der Vielfalt ihrer Kulturen und Sprachen erforderlichenfalls unterstützt und ergänzt. Art. 149 Abs. 4 EGV erlaubt zwar Fördermaßnahmen und darüber hinaus Empfehlungen, *schließt* aber entsprechend dem in Art. 5 EGV verankerten Subsidiaritätsprinzip *jegliche Harmonisierung der Rechts- und Verwaltungsvorschriften aus.* Die Kompetenzen der EG auf dem Gebiet der beruflichen Bildung (Art. 150 EGV) reichen weiter. Hier

---

64 So die Feststellung *Konows*, RdJB 1992, 429.
65 Das Bundesverfassungsgericht hat durch Urteil vom 12.10.1993, BVerfGE 89, 155, den Maastrichter Vertrag für verfassungsgemäß erklärt. Allerdings hat es einschränkend festgestellt, daß Rechtsakte europäischer Einrichtungen oder Organe, die von dem Vertrag, wie er dem deutschen Zustimmungsgesetz zugrunde liege, nicht mehr gedeckt wären, im deutschen Hoheitsbereich nicht verbindlich wären; das Gericht behält sich vor zu prüfen, ob solche Rechtsakte sich in den Grenzen der den europäischen Einrichtungen und Organen eingeräumten Hoheitsrechte halten oder aus ihnen ausbrechen (S. 188). Zu den Auswirkungen des Maastrichter Vertrages auf die grundgesetzliche Verfassungsordnung, insbesondere den Föderalismus, gab es eine intensive Diskussion im juristischen Schrifttum; sie wurden auch auf der Tagung der Vereinigung der Deutschen Staatsrechtslehrer 1993 in Mainz behandelt. Dazu die Beiträge von Meinhard *Hilf*, Torsten *Stein*, Michael *Schweitzer* und Dietrich *Schindler*, VVDStRL 53 (1994), S. 8, 27, 48 und 70. Vgl. ferner Ingolf *Pernice*: Europäische Union: Gefahr oder Chance für den Föderalismus in Deutschland, Österreich und der Schweiz?, DVBl. 1993, 909 (912 f. zur Bildungspolitik); Fritz *Ossenbühl*: Maastricht und das Grundgesetz – eine verfassungsrechtliche Wende?, DVBl. 1993, 629; Ulla *Kalbfleisch-Kottsieper*: Fortentwicklung des Föderalismus in Europa – vom Provinzialismus zur stabilen politischen Perspektive?, DÖV 1993, 541.
66 Zu den bildungspolitischen Auswirkungen des Maastrichter Vertrages s. insbes. das Themenheft 4/1992 von RdJB »Bildungspolitische Kompetenzen der EG nach 'Maastricht'« mit Beiträgen von Gerhard *Konow* (S. 428), Ingeborg *Berggreen* (S. 436), Rüdiger *Dohms* (S. 451), Jörg E. *Feuchthofen*/Hans-Jürgen *Brackmann* (S. 468), Armin *Dittmann*/Claus *Fehrenbacher* (S. 478), Frank-Rüdiger *Jach* (S. 493), Ingo *Hochbaum* (S. 505) und Josef *Falke* (S. 521).

hat die Gemeinschaft eine eigenständige politische Zuständigkeit (»führt eine Politik der beruflichen Bildung«); sie kann Maßnahmen, nicht nur Fördermaßnahmen ergreifen. Doch gilt auch für die Berufsbildung die Einschränkung, daß die EG die Politik der Mitgliedstaaten nur unterstützen und ergänzen darf und daß eine Harmonisierung der Rechts- und Verwaltungsvorschriften der Mitgliedstaaten ausgeschlossen ist. Die Fördermaßnahmen nach Art. 149 EGV werden im Verfahren des Art. 251 EGV getroffen; der Rat beschließt mit qualifizierter Mehrheit unter Mitentscheidung des Europäischen Parlaments. Für die Maßnahmen im Sinne des Art. 150 EGV genügt nach Art. 252 EGV die einfache Mehrheit des Rates; hier ist nur eine Zusammenarbeit mit dem Europäischen Parlament vorgesehen. Bei den Gemeinschaftsaktivitäten im Bildungsbereich geht es vor allem um die Förderung der Mobilität der Lehrenden und Lernenden[67]. In diesem Zusammenhang ist insbesondere auf die Bildungsprogramme SOKRATES und LEONARDO DA VINCI hinzuweisen[68]; erstmals wendet sich die Förderpolitik der Gemeinschaft im Rahmen von COMENIUS der Schulbildung in allen Schulstufen und Schulformen zu.
Es lohnt nicht, darüber zu streiten, ob die neuen Regelungen die bildungspolitischen Kompetenzen der Gemeinschaftsorgane erweitern[69], begrenzen[70] oder in ihrem Bestand festschreiben[71]. Wichtiger ist die Feststellung, daß der EG-Vertrag nunmehr eine – differenzierte – *Rechtsgrundlage für das Tätigwerden der Gemeinschaftsorgane im Bildungsbereich* enthält, ohne die *ausschließliche Zuständigkeit der Länder für Bildungsinhalte und Schulorganisation* anzutasten[72]. Im übrigen stärkt der neue Art. 23 GG auch innerstaatlich

---

67 S. die Richtlinie 89/48/EWG vom 21.12.1988 über eine allgemeine Regelung zur Anerkennung der Hochschuldiplome, die eine mindestens dreijährige Berufsausbildung abschließen (ABl. EG 1989 L 19/16). Diese Richtlinie ist inzwischen durch die Richtlinie 92/51/EWG des Rates vom 18.6.1992 über eine zweite allgemeine Regelung zur Anerkennung beruflicher Befähigungsnachweise (ABl. EG 1992 L 209/25) ergänzt worden; dazu Hans Georg *Fischer*: Europarecht. 2. Aufl., München 1997, S.332 ff. – Zur Anerkennung der in einem anderen Mitgliedstaat erworbenen Lehrbefähigung als Voraussetzung für die Mobilität der Lehrer s. TZ 18.227.
68 SOKRATES fördert die Zusammenarbeit der Mitgliedstaaten im Bereich der allgemeinen Bildung; das Programm umfaßt die Aktionsbereiche Hochschulbildung (ERASMUS), Schulbildung (COMENIUS) und bereichsübergreifende Aktionen wie LINGUA. LEONARDO dient insbesondere der Unterstützung der beruflichen Erstausbildung, der beruflichen Weiterbildung und der Zusammenarbeit zwischen beiden Bereichen. Dazu im einzelnen Gerhard *Uebersohn*: Europarechtliche Entwicklungen im Bildungsrecht und in der Bildungspolitik, RdJB 1995, 100; RdJB 1996, 131; RdJB 1997, 94, und RdJB 1998, 267.
69 Dirk *Staudenmayer*: Mittelbare Auswirkungen des Gemeinschaftsrechts auf das Bildungswesen, WissR 1994, 249.
70 Bernd *Wittkowski*: Bildungsrechtliche Folgen des Maastricht-Vertrages aus deutscher Sicht, RdJB 1994, 317 (321); Manfred *Zuleeg*: Die Stellung der Länder im europäischen Integrationsprozeß, DVBl. 1992, 1329 (1334).
71 So Ingo *Beckedorf*/Thomas *Henze*: Neuere Entwicklungen in der Bildungspolitik der Europäischen Gemeinschaft, NVwZ 1993, 125 (130).
72 »Die bildungsrechtlichen Harmonisierungsverbote (Art. 126 Abs. 4, Art. 127 Abs. 4 EGV) und ihre Bedeutung für die nationale 'Bildungshoheit'« heben Armin *Dittmann*/Claus *Fehrenbacher*, RdJB 1992, 478, hervor.

die Position der Länder[73], indem er ihnen in Angelegenheiten der Europäischen Union abgestufte Mitwirkungsrechte einräumt, die sie durch den Bundesrat wahrnehmen. In seinem Absatz 6 überträgt er die Wahrnehmung der der Bundesrepublik als Mitgliedstaat der Europäischen Union zustehenden Rechte – soweit sie in die ausschließliche Gesetzgebungskompetenz der Länder fallen – auf einen vom Bundesrat benannten Vertreter der Länder, der seine Aufgabe unter Beteiligung und in Abstimmung mit der Bundesregierung erfüllt. Allerdings kommen diese Regelungen eher der Stellung des Bundesrates zugute; im übrigen ist auf jeden Fall die gesamtstaatliche Verantwortung des Bundes zu wahren.

---

[73] Dazu der Bericht der Gemeinsamen Verfassungskommission, BT-Drucks. 12/6000, S. 1 (19 ff.).

3. Kapitel: Aufbau und Gliederung des Schulwesens[1]

3.1 Grundlegende Einteilungen

3.11 Öffentliche und private Schulen

Ein grundlegendes Ordnungsprinzip, das im Grundgesetz und in den Landesverfassungen angelegt ist und das Schulrecht aufgliedert, ist die Einteilung der Schulen in öffentliche und private[2]. Unbeschadet der das gesamte Schulwesen umfassenden Aufsicht des Staates und trotz des Umstands, daß das Schulwesen sich faktisch überwiegend in öffentlicher Hand befindet, besteht in der Bundesrepublik *kein öffentliches oder staatliches Schulmonopol*. Das Recht zur Errichtung und zum Betrieb privater Schulen ist durch Art. 7 Abs. 4 GG und entsprechende Vorschriften in den Landesverfassungen garantiert. Aber gerade die verfassungsrechtliche Gewährleistung macht den Ausnahmecharakter der Privatschule deutlich. Die öffentliche Schule ist in der deutschen bildungsgeschichtlichen Entwicklung die Regelschule geworden, wenngleich sich private Schulen in letzter Zeit zunehmender Beliebtheit erfreuen. Zwar hat das Grundgesetz darauf verzichtet, den Grundsatz der Weimarer Verfassung (Art. 143 Abs. 1) aufzunehmen, für die Bildung der Jugend sei durch »öffentliche Anstalten« zu sorgen. Doch läßt sich nicht übersehen, daß auch nach den Aussagen des Grundgesetzes die öffentliche Schule als Maßstab (Art. 7 Abs. 4) und Regel (Art. 7 Abs. 5) dient.

Die Schulgesetzgebung hat die in den Verfassungsbestimmungen nur mittelbar enthaltene Aussage, welche Schulen öffentliche und welche private sind, durch Bezug auf den Schulträgerbegriff (9. Kapitel) konkretisiert. *Öffentliche Schulen* sind die von den Gebietskörperschaften (Staat, Gemeinden, Gemeindeverbände) getragenen Schulen; in Nordrhein-Westfalen sind öffentliche Schulen auch die sog. Kammerschulen, deren Träger Innungen, Handwerkskammern, Industrie- und Handelskammern und Landwirtschaftskammern sind, in Schleswig-Holstein die Schulen der Landwirtschaftskammer sowie der Industrie- und Handelskammern und der Handwerkskammern, in Mecklenburg-Vorpommern die Schulen der Gesundheitsberufe der öffentlichen Krankenhausträger, in Hessen auch die vom Landeswohlfahrtsverband getragenen Schulen[3]. Alle sonstigen Schulen sind *Privatschulen*. Träger der Privatschulen können Einzelpersonen, Personenvereinigungen oder Stiftun-

---

1 Zum folgenden: *DJT-SchulGE*, §§ 15–33 (S. 71 ff.), S. 181 ff.; Christoph *Führ*: Deutsches Bildungswesen seit 1945. Grundzüge und Probleme, Bonn 1996, S. 85 ff., S. 97 ff.; *MPI-Bildungsbericht*, S. 178 ff.; Brigitte *Mohr*: Bildung und Wissenschaft in Deutschland West, Köln 1991, S. 20 ff.; Thomas *Oppermann*: Schule und berufliche Ausbildung, HdbStR VI, S. 329 ff., insbes. S. 351 ff. (Rn. 48–62); *Püttner*: Schulrecht, S. 769 (774 ff.); *Stein/Roell*, S. 26 ff. u. dort nachgewiesene Stichworteinträge (S. 113 ff.).
2 Zur Problematik dieser terminologischen Unterscheidung in den USA s. John E. *Coons*: Wahlfreiheit und Monopol in amerikanischen Schulen, RdJB 1994, 16 (17).
3 § 3 Abs. 2 Satz 1 nrw SchVG, § 70 Abs. 2–4 sh SchulG, § 103 Abs. 1 Satz 1 Nr. 3 SchulG M-V, § 139 HSchG.

gen des bürgerlichen Rechts, aber auch Korporationen des öffentlichen Rechts sein, insbesondere die Kirchen. Öffentliche und private Schulen unterscheiden sich in ihrer Rechtsstellung. Die öffentliche Schule als Anstalt des öffentlichen Rechts besitzt Behördencharakter; ihre Lehrer sind im Regelfall Beamte. Die Rechtsverhältnisse der Privatschulen dagegen werden teils vom Schulrecht als Teil des Verwaltungsrechts, teils von anderen Rechtsbereichen bestimmt (insbesondere bürgerliches Recht, Arbeitsrecht). Zur Stellung der Privatschulen und zum Privatschulrecht ausführlich das 12. und 13. Kapitel.

3.12 Schulstufen, Schularten

Das Schulwesen gliedert sich in Schulstufen (Schulbereiche) und Schularten (Schulformen)[4]. *Schulstufen* sind die Primarstufe (Grundschule), der der Elementarbereich (Kindergarten) vorgelagert ist, die Sekundarstufe I und die Sekundarstufe II. Unter den *Schularten* sind vor allem zu nennen Grundschule, Hauptschule, Realschule, Mittelschule (Sachsen), Sekundarschule (Sachsen-Anhalt) und Regelschule (Thüringen), Gymnasium, Gesamtschule, Berufsschule, Berufsfachschule, Fachschule, Sonderschule sowie die Schulen des Zweiten Bildungswegs für Berufstätige.

3.13 Allgemeinbildende und berufsbildende Schulen

Die verschiedenen Schularten können in zwei Gruppen, allgemeinbildende und berufsbildende Schulen, gegliedert werden[5]. Die *allgemeinbildenden Schulen* – dazu rechnen insbesondere die Grundschule, die Hauptschule, die Realschule, das Gymnasium und die Gesamtschule – verfolgen kein unmittelbares Berufsziel; das schließt nicht aus, daß die in ihnen erlangten Kenntnisse, Fertigkeiten und Fähigkeiten für die künftige Berufsausbildung und Berufstätigkeit von Bedeutung sind oder daß einzelne Unterrichtsgegenstände mit dem Ziel späteren beruflichen Nutzens gelehrt werden. *Berufsbildende Schulen* sind die Berufsschule als Teilzeitschule und die verschiedenen nach Fachrichtungen aufgegliederten Typen der berufsbildenden Vollzeitschulen (z.B. die Berufsfachschule). Die berufsbildenden Schulen zielen auf eine qualifizierte fachliche Ausbildung, darüber hinaus auf die weitere Vermittlung allgemeiner Bildung.

---

4 Die Begriffe Schulart und Schulform werden nicht immer synonym gebraucht, vgl. etwa § 2 Abs. 2 Nr. 4 und 5 BremSchulG, § 3 Abs. 1 ThürSchulG.
5 Vgl. Art. 6 Abs. 1 Satz 1 BayEUG, § 3 Abs. 2 Satz 1 saarl SchoG. Statistische Informationen über die allgemeinbildenden und berufsbildenden Schulen sind zu finden in: *Bundesministerium für Bildung und Forschung* (Hrsg.): Grund- und Strukturdaten 1998/99, Bonn 1998, S. 50 ff.

3.14 Studienqualifizierende und berufsqualifizierende Bildungsgänge

Die hergebrachten Grenzen zwischen den allgemeinbildenden und den berufsbildenden Schulen sind gelegentlich fließend (z. B. beim Fachgymnasium). Als hilfreicher erweist sich daher im Bereich der Sekundarstufe II ein formales Unterscheidungskriterium, das auf die Art der Abschlüsse abhebt: einerseits Schulen mit *studienqualifizierenden Bildungsgängen* (z. b. gymnasiale Oberstufe, Fachoberschule, Fachgymnasium), andererseits Schulen mit *berufsqualifizierenden Bildungsgängen* (z. B. Berufsschule, Berufsfachschule, Fachschule).
Die Darstellung des Aufbaus des Schulwesens, die in diesem Kapitel (TZ 3.2 bis 3.5) zugrunde gelegt wird, orientiert sich im wesentlichen am Gliederungsprinzip der Schulstufen und behandelt innerhalb der einzelnen Schulstufen die verschiedenen Schularten mit ihren Bildungsgängen[6]. Sonderschulen (TZ 3.6) und Einrichtungen des Zweiten Bildungswegs (TZ 3.7) werden je für sich erörtert.

3.15 Pflichtschulen, Wahlschulen

Als *Pflichtschulen* werden herkömmlich die Schulen bezeichnet, in denen der Schüler die Schulpflicht erfüllt (vgl. das 25. Kapitel). Dazu gehören die Grundschule, die schulartunabhängige Orientierungsstufe (soweit vorhanden), die Hauptschule und die Berufsschule. Im Bereich der weiterführenden Schulen kann die Schulpflicht wahlweise auch in der Realschule[7], im Gymnasium, in der Gesamtschule (statt in der Hauptschule) oder in berufsbildenden Vollzeitschulen (statt in der Berufsschule) erfüllt werden; man spricht deshalb von *Wahlschulen*. Die traditionelle Gegenüberstellung von Pflichtschulen einerseits, Wahlschulen andererseits hat in den neueren Schul- und Schulpflichtgesetzen insoweit an Bedeutung verloren, als sämtliche weiterführenden Schulen in gleicher Weise der Erfüllung der Schulpflicht dienen und sich im wesentlichen nur nach der Art der von ihnen verliehenen Abschlüsse voneinander abheben. Doch ist die Unterscheidung von Pflicht- und Wahlschulen unter einem anderen Gesichtspunkt weiterhin relevant. Danach sind Pflichtschulen solche Schulen, für die eine *Sprengelpflicht* besteht; der Schüler muß die Schule besuchen, in deren Schulbezirk er wohnt. Bei Wahl-

---

[6] Zur terminologischen Klarstellung sei darauf hingewiesen, daß der Begriff Schulart mit dem des Bildungsgangs nicht verwechselt werden darf. Ein Bildungsgang ist ein Bildungsangebot, dessen Unterrichtsorganisation und Anforderungen das Erreichen eines bestimmten Abschlusses bezwecken (vgl. z. B. § 11 Abs. 3 SchulG M-V). Demgemäß kann eine Schulart einen oder mehrere Bildungsgänge aufweisen. So fallen bei der Hauptschule, der Realschule und dem Gymnasium Schulart und Bildungsgang zusammen, während beispielsweise die Gesamtschule in der Sekundarstufe I mehrere Bildungsgänge umfaßt: den der Hauptschule, den der Realschule und den des Gymnasiums. Vgl. dazu die Vereinbarung der KMK über die Schularten und Bildungsgänge in der Sekundarstufe I vom 3. 12. 1993 i. d. F. v. 27. 9. 1996 (KMK-BeschlS. Nr. 102).

[7] In Sachsen, Sachsen-Anhalt und Thüringen sowie im Saarland sind Hauptschule und Realschule in einer beide Bildungsgänge übergreifenden Schulart zusammengefaßt; dazu TZ 3.44.

schulen gibt es solche örtlichen Zuständigkeitsgrenzen im allgemeinen nicht (TZ 4.34, 25.223).

3.16 Gliederungen innerhalb der Schule

Innerhalb der Schule ist in der Regel die *Jahrgangsstufe (Klasse)* die nach Alter und Leistungsstand der Schüler organisierte Grundeinheit. Die Schule baut sich aus den verschiedenen Jahrgangsstufen auf. Diese werden aufsteigend vom ersten Grundschuljahr an durchgezählt. Zur Grundschule gehören die Klassen 1 bis 4 (in Berlin und Brandenburg 1 bis 6), zur Hauptschule die Klassen 5 bis 9 (oder 10), zur Realschule die Klassen 5 bis 10 (in Bayern und Hamburg 7 bis 10)[8], zur Mittel-, Sekundar- bzw. Regelschule die Klassen 5 bis 9 (oder 10), zum Gymnasium die Jahrgangsstufen 5 bis 13 (in Sachsen und Thüringen 5 bis 12). Soweit eine schulartunabhängige Orientierungsstufe vorgehalten wird, umfaßt sie die Jahrgangsstufen 5 und 6. Eine Gesamtschule umgreift in der Regel die Jahrgangsstufen 5 bis 10, bei Einbeziehung der gymnasialen Oberstufe die Jahrgangsstufen 5 bis 13. In kleinen Schulen oder kleinen Klassen sind Zusammenfassungen (Kombinationen) möglich. Andererseits gibt es auch Gruppierungen innerhalb einer Klasse (Arbeitsgruppen, Arbeitsgemeinschaften) oder solche, die den Klassenrahmen sprengen (Lerngruppen, Leistungsgruppen und vor allem die Kurse im Rahmen der gymnasialen Oberstufe).

Man unterscheidet *ein- und mehrzügige Schulen*, wobei als Schulzug jede einzelne Reihe der Klassen von unten nach oben bezeichnet wird. Eine Schule ist zwei- oder mehrzügig, wenn die Schülerzahl die Teilung der Klassen und die Führung von Parallelzügen dauernd erfordert. Eine Zusammenfassung von Parallelklassen oder Parallelzügen in einzelnen Fächern ist möglich. Für einen *geordneten Schulbetrieb* wird je nach Schulart eine bestimmte Mindestanzahl von Zügen verlangt. Um die vorhandenen Schulen auch bei sinkenden Schülerzahlen nach Möglichkeit zu erhalten, haben mehrere Flächenländer in den letzten Jahren die Anforderungen herabgesetzt, so daß sie beispielsweise bei Grundschulen, schrittweise auch bei Hauptschulen Einzügigkeit genügen lassen[9]. Eine Sonderform der Teilung in Züge ist die *Gabelung* (vor allem in der Sekundarstufe I des Gymnasiums). Sie besteht darin, daß oberhalb eines gemeinsamen Unterbaues eine Teilung nach Schultypen (z. B. altsprachlicher, neusprachlicher, mathematisch-naturwissenschaftlicher Zweig) einsetzt; die Gabelung kann auf einzelne Fächer beschränkt sein.

---

8 In Bayern soll aufgrund der Ergebnisse eines 1992 begonnenen Schulversuchs die Realschule vom Schuljahr 2000/01 an schrittweise sechsstufig ausgebaut werden, also mit Klasse 5 beginnen. S. die Regierungserklärung der Bayerischen Staatsministerin für Unterricht und Kultus vom 11.2.1999, abgedruckt in SchVw BY 1999, 124 (128 ff.).

9 Vgl. etwa für Niedersachsen § 3 Abs. 1 der Verordnung zur Schulentwicklungsplanung; für Nordrhein-Westfalen § 16a Abs. 2 Satz 1, Abs. 4 Satz 2 SchOG; für Rheinland-Pfalz § 10 Abs. 1 und 4 SchulG; für das Saarland § 9 Abs. 2 Nr. 1 SchoG; für Schleswig-Holstein §§ 11 Abs. 2 Satz 2, 12 Abs. 2 Satz 3 SchulG.

3.2 Elementarbereich[10]

Der Elementarbereich umfaßt die Einrichtungen der Vorschulerziehung (nicht zu verwechseln mit den nach Art. 7 Abs. 6 GG unzulässigen Vorschulen), die Kinder im Alter von 3 bis 6 Jahren aufnehmen[11].

3.21 Kindergarten

Kindergärten sind *Einrichtungen der Jugendhilfe* zur Erziehung, Bildung und Betreuung von Kindern vom vollendeten dritten Lebensjahr bis zum Schulbesuch. Sie ergänzen und unterstützen die familiäre Erziehung und fördern die Gesamtentwicklung des Kindes durch allgemeine und gezielte erzieherische Hilfen und Bildungsangebote[12]. Die Kindergärten, deren Besuch freiwillig ist, erfüllen vor allem angesichts der wachsenden Zahl von Einzelkindern und der verbreiteten Berufstätigkeit beider Elternteile eine zunehmend wichtige Aufgabe. Darüber hinaus dienen sie dazu, schicht-, kultur-, sprach- und milieubedingte Benachteiligungen auszugleichen. Neben den Kindergärten bestehen vor allem in den neuen Ländern *Kinderkrippen* für Kinder unter drei Jahren.
Ein Kind im Kindergartenalter hat Anspruch auf den Besuch eines Kindergartens; für jüngere Kinder sind nach Bedarf Plätze in Kinderkrippen vorzuhalten (§ 24 SGB VIII)[13].
Die Kindergärten werden überwiegend von den Kirchen, im übrigen von den Gemeinden, gelegentlich auch von Privatpersonen getragen. Sie unterstehen der Aufsicht des Jugendamts. Ihre Rechtsverhältnisse sind bundesrechtlich durch das Achte Buch des Sozialgesetzbuches, also das Kinder- und Jugendhilfegesetz (insbesondere §§ 22–25), landesrechtlich durch Ausführungsgesetze zum KJHG oder durch spezielle Kindergartengesetze geregelt.

---

10 *Führ* (Anm. 1), S. 100 ff.; *MPI-Bildungsbericht*, S. 292 ff.
11 Die nach Art. 7 Abs. 6 GG verbotenen privaten und öffentlichen Vorschulen waren Unterrichtseinrichtungen, die auf den Besuch höherer Schulen vorbereiteten. Sie wurden schon durch die Weimarer Verfassung (Art. 145, 146 Abs. 1, 147 Abs. 3) für unzulässig erklärt; für alle Kinder galt die Pflicht zum achtjährigen Besuch der öffentlichen Volksschule vom 6. Lebensjahr an, sodann die Pflicht zum vierjährigen Besuch der anschließenden Fortbildungsschule (= Berufsschule) bis zum vollendeten 18. Lebensjahr. Eine Einschränkung dieser Pflichten bestand nur beim Übergang in die weiterführenden mittleren und höheren Schulen nach vierjährigem Grundschulbesuch. Dazu Ernst Rudolf *Huber*: Deutsche Verfassungsgeschichte seit 1789. Bd. 6, Stuttgart 1981, S. 941 f.; vgl. auch Rolf *Göschner*, in: Dreier: Grundgesetz. Kommentar, Art. 7 Rn. 106, und Arnulf *Schmitt-Kammler*, in: Sachs: Grundgesetz. Kommentar, Art. 7 Rn. 77.
12 Z. B. § 2 Abs. 1 hess Kindergartengesetz.
13 Zum Streit über die Kompetenz des Bundesgesetzgebers, einen Rechtsanspruch auf einen Kindergartenplatz zu begründen, einerseits (verneinend) Josef *Isensee*: Rechtsanspruch auf einen Kindergartenplatz – Ein Verfassungsproblem des Bundesstaates und der kommunalen Selbstverwaltung, DVBl. 1995, 1 (5 f.), andererseits (bejahend) Katharina *Harms*: Die Gesetzgebungskompetenz des Bundes zur Begründung eines Rechtsanspruchs auf einen Kindergartenplatz, RdJB 1996, 99.

3.22 Vorklasse und Schulkindergarten

Eine Übergangsstellung zwischen Elementarbereich und Primarstufe nehmen in einigen Ländern *Vorklassen* an Grundschulen ein, die 5jährige Kinder in Form spielerischen Lernens auf den Eintritt in die Grundschule vorbereiten. Auch ihr Besuch ist freiwillig. Verschiedentlich werden Vorklasse und Klasse 1 der Grundschule zu einer zweijährigen *Eingangsstufe* zusammengefaßt[14]. In den privaten *Montessori-Schulen* bilden Kindergarten und Schule von vornherein eine pädagogische und organisatorische Einheit.

Von den Vorklassen zu unterscheiden sind die in den meisten Ländern, insbesondere in Großstädten bestehenden, überwiegend der Grundschule zugeordneten *Schulkindergärten*, die schulpflichtige, aber noch nicht schulreife Kinder betreuen. Allerdings ist die Terminologie nicht einheitlich. So werden die Schulkindergärten z. B. in Baden-Württemberg als Grundschulförderklassen, in Berlin, Hessen, Mecklenburg-Vorpommern und Sachsen-Anhalt als Vorklassen, in Sachsen als Vorbereitungsklassen bezeichnet[15].

3.3 Primarstufe (Grundschule)[16]

Die Grundschule ist als erste Pflichtschule der für alle Kinder gemeinsame Unterbau des gesamten Schulwesens. Sie umfaßt die Klassen 1 bis 4, in Berlin und Brandenburg die Klassen 1 bis 6[17]. Die Grundschule vermittelt grundlegende Fähigkeiten und Fertigkeiten, ermöglicht eine allmähliche Einführung in den Fachunterricht und bereitet auf den Übergang in die Schularten der Sekundarstufe I vor; in den meisten Ländern kann ab Klasse 3 eine Fremdsprache angeboten werden. In Bayern bilden Grund- und Hauptschule als *Volksschule* eine organisatorische Einheit[18]. In den übrigen Ländern hat sich die Tendenz durchgesetzt, die Grundschule von der Hauptschule zu trennen. Die selbständige Grundschule ist in der Regel zweizügig.

Vor allem in den neuen Ländern stellen die Gemeinden für Grundschüler, teilweise auch für Schüler der Jahrgangsstufe 5 und 6 der weiterführenden

---

14 Z. B. § 18 Abs. 3 HSchG.
15 § 5a bw SchG, § 9 bln SchulG, § 18 Abs. 2 HSchG , § 14 Abs. 1 SchulG M-V, § 5 Abs. 3 sächs SchulG, § 4 Abs. 4 SchulG LSA.
16 Dazu die Empfehlungen der KMK zur Arbeit in der Grundschule vom 2.7.1970 i. d. F. v. 6.5.1994, KMK-BeschlS. Nr. 130.2; *Führ* (Anm. 1), S. 100 ff.; *MPI-Bildungsbericht*, S. 298 ff.
17 § 28 Abs. 1 Satz 1 bln SchulG, § 16 Abs. 1 Satz 2 BbgSchulG. In Hessen *kann* die Grundschule auch die Jahrgangsstufen 5 und 6 umfassen (§ 17 Abs. 1 Satz 2 HSchG). In Mecklenburg-Vorpommern haben sich die Regierungsparteien in der Koalitionsvereinbarung vom 2.11.1998 (auszugsweise abgedruckt in SchVw MO 1999, 23) darauf verständigt, die Grundschulzeit langfristig auf sechs Jahre zu erweitern; zunächst soll eine schulartübergreifende Orientierungsstufe für die Klassen 5 und 6 eingeführt werden.
18 Art. 7 Abs. 1 BayEUG.

Schulen *Horte* bereit, so daß die Kinder ganztägig betreut sind[19]. Der Besuch der Horte ist freiwillig. Die Erziehungsberechtigten müssen sich an den Kosten durch Elternbeiträge beteiligen.
Unabhängig von der außerunterrichtlichen Betreuung durch Horte sehen die Schulgesetze mehrerer (auch westdeutscher) Länder *Betreuungsangebote insbesondere für Grundschüler* vor, die von den Schulträgern eingerichtet werden können und der Verantwortung der Schule unterliegen. Sie sollen zu einer für die Eltern zeitlich verläßlichen »Grundversorgung« – bis hin zur Ganztagsschule (dazu TZ 4.33) – führen[20].

3.4 Sekundarstufe I[21]

Die Schularten der Sekundarstufe I vermitteln ein differenziertes Unterrichtsangebot, das die Schüler nach ihren Begabungen, Fähigkeiten und Neigungen auf die Fortsetzung des Bildungsgangs in den allgemein- und berufsbildenden Schulen der Sekundarstufe II vorbereiten soll. Zur Sekundarstufe I zählen in den meisten Ländern die Hauptschule, die Realschule, das Gymnasium und die Gesamtschule, in einzelnen Ländern die Orientierungsstufe oder Förderstufe (Bremen, Hessen, Niedersachsen, Sachsen-Anhalt), die Mittelschule (Sachsen), die Sekundarschule (Sachsen-Anhalt), die Regelschule (Thüringen), die verbundene Haupt- und Realschule (Hamburg, Hessen, Mecklenburg-Vorpommern), die Regionale Schule (Rheinland-Pfalz), die Erweiterte Realschule (Saarland) sowie die Wirtschaftsschule (Bayern).

3.41 Orientierungsstufe[22]

Die Jahrgangsstufen 5 und 6 bilden eine Phase der Beobachtung, Erprobung und Förderung. Ziel der Orientierungsstufe (Beobachtungs-, Förder-, Erprobungsstufe) ist es, die Entscheidung über die Schullaufbahn der Schüler bis zum Ende der Jahrgangsstufe 6 offenzuhalten, um sie auf eine verläßlichere Grundlage zu stellen[23]. Mit Ausnahme der Länder Bayern, Berlin und Brandenburg ist die Orientierungsstufe überall gesetzlich geregelt; in Berlin und Brandenburg erfüllen die Klassen 5 und 6 der Grundschule die Orientie-

---

19 Brandenburg: §§ 1 und 2 KitaG; Mecklenburg-Vorpommern: § 5 KitaG; Sachsen: §§ 1 Abs. 4, 2 Abs. 3 KitaG; Sachsen-Anhalt: §§ 1, 1 a Hortgesetz. In Thüringen sind Kinderhorte Einrichtungen für schulpflichtige Kinder (§ 1 Abs. 4 KitaG); sofern sie an den Grundschulen geführt werden, sind sie organisatorisch Teil der betreffenden Schule (§ 10 Abs. 1 ThürSchulG). In Baden-Württemberg ermöglicht seit dem Schuljahr 1991/92 der »Hort an der Schule«, der vor allem für Kinder zwischen 6 und 15 Jahren (!) bestimmt ist, eine außerschulische Betreuung während des Nachmittags; dazu Hans-Ingo *von Pollern*: Zukunftsorientierte Bildungspolitik in Baden-Württemberg (Teil 1). Die Veränderungen in den 90er Jahren, SchVw BW 1998, 7 (9).
20 Z. B. § 18 Abs. 2 bln SchulG, § 18 BbgSchulG, § 15 Abs. 1 HSchG, § 39 SchulG M-V, § 10 a rp SchulG, § 12 SchulG LSA, § 11 ThürSchulG.
21 Dazu Vereinbarung der KMK über die Schularten und Bildungsgänge im Sekundarbereich I vom 3. 12. 1993 (KMK-BeschlS. Nr. 102).
22 *Führ* (Anm. 1), S. 116 ff.; *MPI-Bildungsbericht*, S. 403 ff.
23 Beschluß der KMK v. 28. 2. 1974 (KMK-BeschlS. Nr. 148).

rungsfunktion. In den übrigen Ländern wird die Orientierungsstufe zumeist schulartbezogen – also innerhalb der verschiedenen Schularten der Sekundarstufe I – geführt[24]. Bremen, Niedersachsen und Hessen haben die Orientierungsstufe (Förderstufe) als eigenständige Schulart, unabhängig von den übrigen Schularten der Sekundarstufe I, organisiert[25]. In Sachsen-Anhalt ist die Förderstufe, die von allen Schülern besucht werden muß, Teil der Sekundarschule oder der Gesamtschule[26].

Das Bundesverfassungsgericht hat die Einführung der obligatorischen Förderstufe in Hessen als eine im Rahmen des Art. 7 Abs. 1 GG zulässige schulorganisatorische Maßnahme erachtet und eine Verletzung des verfassungsrechtlich verbürgten Elternrechts verneint[27].

3.42 Hauptschule[28]

Die Hauptschule umfaßt die Jahrgangsstufen 5 bis 9 (in den Ländern mit selbständiger Orientierungsstufe 7 bis 9, in Nordrhein-Westfalen 5 bis 10, in Berlin 7 bis 10)[29]. In Hamburg und Mecklenburg-Vorpommern kann sie nur ausnahmsweise – anstelle der verbundenen Haupt- und Realschule – eigenständig geführt werden[30]. Die Hauptschule vermittelt ihren Schülern eine grundlegende allgemeine Bildung, die sie entsprechend ihren Leistungen und Neigungen durch Schwerpunktbildung befähigt, nach Maßgabe der Abschlüsse ihren Bildungsweg vor allem in berufs-, aber auch in studienqualifizierenden Bildungsgängen fortzusetzen. Da die meisten Hauptschüler in eine

---

24 In Sachsen (§ 6 Abs. 2 Satz 2 SchulG) und in Thüringen (§ 6 Abs. 1 Satz 1, 2 ThürSchulG) haben die Klassen 5 und 6 der Mittel- bzw. der Regelschule Orientierungsfunktion für die Schüler dieser Schulart, also im Blick auf Hauptschul- oder Realschulabschluß. In Hamburg bildet die Beobachtungsstufe der Haupt- und Realschule, die die Klassen 5 und 6 umfaßt, nicht nur eine organisatorische, sondern auch eine pädagogische Einheit; sie kann aus Schulraumgründen ausnahmsweise einer Grundschule oder einer organisatorisch nicht verbundenen Hauptschule oder Realschule angegliedert sein (§ 16 Abs. 2 HmbSG).
25 § 19 Abs. 1 BremSchulG, § 7 Abs. 1 NSchG, § 21 Abs. 2 Nr. 1 HSchG. Gem. § 21 Abs. 3 HSchG können die Jahrgangsstufen 5 und 6 aber auch schulartbezogen (an Hauptschulen und Realschulen, die nicht miteinander verbunden sind, sowie an Gymnasien) angeboten werden.
26 §§ 5 Abs. 1 Satz 1, 5 a Abs. 1 Satz 1 SchulG.
27 BVerfGE 34, 165. Zur Einführung der flächendeckenden Förderstufe HessStGH, SPE n. F. 260 Nr. 17.
28 *Führ* (Anm. 1), S. 118 ff.; *MPI-Bildungsbericht*, S. 418 ff. – In Nordrhein-Westfalen ist die Hauptschule als Institution durch Art. 8 Abs. 2, Art. 12 Abs. 1 Verf. verfassungsrechtlich gewährleistet (NRWVerfGH, RdJB 1984, 466; dazu Bernhard *Losch*, RdJB 1985, 292). Die frühere Garantie der Hauptschule in Art. 27 Abs. 4 Satz 2 der Verfassung des Saarlandes ist durch verfassungsänderndes Gesetz vom 27. 3. 1996 (Amtsbl. S. 422) aufgehoben worden; neben den Gesamtschulen und den Gymnasien gibt es seitdem in der Sekundarstufe I nur noch die Erweiterten Realschulen (Art. 27 Abs. 3 Verf., § 3 a Abs. 2–5 SchoG).
29 Nach § 23 Abs. 2 HSchG kann auf Beschluß der Schulkonferenz ein 10. Schuljahr eingerichtet werden; dieser Beschluß bedarf der Zustimmung des Schulträgers und des Kultusministeriums, die doch nur erteilt werden darf, wenn zu erwarten ist, »daß für dieses Angebot die Mindestgruppengröße erreicht wird«.
30 § 16 Abs. 1 Satz 1 HmbSG; § 16 Abs. 1, 7 und 8 SchulG M-V. In Mecklenburg-Vorpommern umfaßt der Bildungsgang der Hauptschule die Jahrgangsstufen 5 bis 10.

Berufsausbildung eintreten, soll die Hauptschule die Jugendlichen insbesondere in die Arbeitswelt einführen und ihnen die Entscheidung bei der Berufswahl erleichtern; diesem Zweck dient vor allem der Unterrichtsbereich Arbeitslehre. In der Hauptschule wird eine Fremdsprache gelehrt (in der Regel Englisch). Der *Hauptschulabschluß*[31] befähigt zum Eintritt in die Berufsausbildung des dualen Systems und berechtigt zum Besuch der Berufsfachschule. In einigen Ländern kann bei Nachweis besonderer Leistungen ein qualifizierender (qualifizierter oder erweiterter) Hauptschulabschluß erworben werden; er berechtigt zum Besuch der 10. Klasse der Realschule. Darüber hinaus besteht in mehreren Ländern die Möglichkeit, nach (freiwilligem) Besuch eines 10. Hauptschuljahres den Realschulabschluß zu erreichen.

Die Hauptschule ist grundsätzlich zweizügig, in Ausnahmefällen – z.B. bei sonst unzumutbar langen Schulwegen – genügt ein Klassenzug[32].

3.43 Realschule[33]

Die Realschule umfaßt sechs oder vier Jahrgangsstufen. Die sechsklassige Realschule mit den Jahrgangsstufen 5 bis 10 schließt an die Grundschule an und bezieht die Orientierungsstufe ein[34]. Die vierklassige Realschule mit den Jahrgangsstufen 7 bis 10 baut auf der selbständigen Orientierungsstufe, in Berlin und Brandenburg auf Klasse 6 der Grundschule auf. Die Realschule vermittelt ihren Schülern eine über die Hauptschule hinausgehende Allgemeinbildung. Der *Realschulabschluß*[35] eröffnet den Zugang
– zur betrieblichen Berufsausbildung mit gleichzeitigem Berufsschulbesuch,
– zur Laufbahn des mittleren öffentlichen Dienstes mit gleichzeitigem Berufsschulbesuch,
– zu Schulen der Sekundarstufe II (z.B. zur Berufsfachschule, zur Fachoberschule sowie, bei Erfüllung besonderer Leistungsanforderungen, zur gymnasialen Oberstufe),
– zu Fachschulen, wobei jedoch zuvor in der Regel ein eineinhalb- bis zweijähriges »gelenktes Praktikum« oder eine Berufsausbildung zu absolvieren ist.

---

31 In Rheinland-Pfalz wird der Hauptschulabschluß als Berufsreife, in Brandenburg, wo der Bildungsgang der Hauptschule Teil der Gesamtschule ist, als erweiterte Berufsbildungsreife bezeichnet.
32 Vgl. z.B. §16a Abs. 4 Satz 2 nrw SchOG. Danach kann eine Hauptschule einzügig fortgeführt werden, wenn den betroffenen Schülern der Weg zu einer mehrzügigen Schule nicht zugemutet werden kann oder wenn sich aus dem Standort der Schule und dem Schulentwicklungsplan ergibt, daß ihre Fortführung für die soziale und kulturelle Entwicklung einer Gemeinde von entscheidender Bedeutung ist und diese Aufgabe von einer anderen weiterführenden Schule nicht übernommen werden kann.
33 *Führ* (Anm. 1), S. 128 ff.; *MPI-Bildungsbericht*, S. 456 ff.
34 Auch in Bayern wird die Realschule vom Schuljahr 2000/01 an sechs Jahrgangsstufen umfassen und damit die bisherige vierklassige Realschule, die an die Jahrgangsstufe 6 der Hauptschule anschließt, ablösen.
35 Einige Länder bezeichnen ihn als mittleren Schulabschluß (Bayern), als Fachoberschulreife (Brandenburg und Nordrhein-Westfalen), als qualifizierten Sekundarabschluß I (Rheinland-Pfalz) oder als mittleren Bildungsabschluß (Saarland).

3.44 Mittel-, Sekundar- bzw. Regelschule und entsprechende Schularten

Sachsen, Sachsen-Anhalt und Thüringen haben anstelle eigenständiger Hauptschulen und Realschulen eine neue Schulart eingeführt, die die Bildungsgänge dieser beiden Schularten zusammenfaßt[36]. Diese nichtgymnasiale Schulart (in Sachsen: Mittelschule, in Sachsen-Anhalt: Sekundarschule, in Thüringen: Regelschule) vermittelt den Hauptschul- oder den Realschulabschluß. Sie umfaßt die Klassen 5 bis 9 oder 10 und leitet nach einer Orientierungsphase in den Klassen 5 und 6 zu einer Differenzierung über[37]. Diese findet in Sachsen-Anhalt in integrierter Form statt. In Sachsen ist eine äußere Differenzierung in den Fächern Deutsch, Mathematik, erste Fremdsprache, Physik und Chemie vorgesehen. In Thüringen werden die Schüler je nach Entscheidung der Schulkonferenz integrativ (in Kursen) oder additiv (in getrennten Klassen) unterrichtet. Nach Klasse 9 können die Schüler den Hauptschul-, nach Klasse 10 den Realschulabschluß erwerben.

Auch in Hamburg, Hessen und Mecklenburg-Vorpommern sind Hauptschule und Realschule als verbundene Haupt- und Realschule zu einer organisatorischen (und pädagogischen) Einheit zusammengefaßt. Sie beginnen in den Jahrgangsstufen 5 und 6 mit einer Beobachtungs-, Förder- oder Orientierungsstufe; danach werden Haupt- und Realschule als aufeinander bezogene Schulzweige geführt[38]. Diesem Schultyp entspricht nunmehr im Saarland die Erweiterte Realschule[39].

3.45 Gymnasium[40]

Das Gymnasium, das zur Hochschulreife (Abitur) führt, umfaßt in den alten Ländern sowie in Brandenburg und Sachsen-Anhalt, künftig auch in Mecklenburg-Vorpommern neun oder sieben Jahrgangsstufen – je nach Dauer der Grundschule bzw. je nach Organisationsform der Orientierungsstufe – und verbindet somit Sekundarstufe I (bis Klasse 10) und Sekundarstufe II (Jahrgangsstufen 11 bis 13). In Sachsen und Thüringen führt das Gymnasium die Jahrgangsstufen 5 bis 12. Dieser Gymnasialtyp mit acht Schuljahrgängen ist in den beiden Ländern unterschiedlich strukturiert: Während in Sachsen die Klassen 5 bis 10 zur Sekundarstufe I zählen und die Sekundarstufe II aus den Jahrgangsstufen 11 und 12 besteht, beschränkt Thüringen die Sekundar-

---

36 Vgl. § 6 sächs SchulG, § 9 sächs Schulordnung Mittelschulen; § 5 SchulG LSA; § 6 ThürSchulG. Rheinland-Pfalz hat bei grundsätzlicher Beibehaltung der dreigliedrigen Sekundarstufe I eine Regionale Schule eingeführt, in der Haupt- und Realschule vereinigt sind (§ 6 Abs. 3 Nr. 3, § 7 Abs. 3 SchulG).
37 In Sachsen-Anhalt müssen alle Schüler die Klassen 5 und 6 der Sekundarschule (Förderstufe) besuchen, sofern sie nicht auf die Gesamtschule gehen.
38 § 16 HmbSG, § 23 Abs. 7 HSchG, § 16 SchulG M-V. Zu beachten sind aber die schulpolitischen Vorhaben der neuen Regierung in Mecklenburg-Vorpommern, die langfristig auf die Einführung der sechsklassigen Grundschule, übergangsweise auf die Erprobung einer schulartübergreifenden Orientierungsstufe abzielen.
39 § 3a Abs. 2 SchoG.
40 *Führ* (Anm. 1), S. 130 ff.; *MPI-Bildungsbericht*, S. 483 ff.

stufe I auf die Klassen 5 bis 9 und bezieht in die Sekundarstufe II die Jahrgangsstufen 10 bis 12 ein[41].
Das Gymnasium bereitet auf das wissenschaftliche Studium und auf Berufe vor, die, ohne ein Studium zu erfordern, erhöhte Anforderungen stellen; in der Praxis ist es heute vielfach Vorstufe vor allem einer kaufmännischen Berufsausbildung. Im Bereich der Sekundarstufe I vermittelt das Gymnasium eine breite Grundbildung für die in der Oberstufe (Sekundarstufe II) einsetzende individuelle Schwerpunktbildung. Die Gymnasien bieten ein gestuftes System von Wahlmöglichkeiten; häufig gliedern sie sich in der Sekundarstufe I in verschiedene Typen oder Zweige (z. B. altsprachliches, neusprachliches, mathematisch-naturwissenschaftliches, musisches Gymnasium). Die Vielfalt der Bildungsmöglichkeiten äußert sich in Zahl und Folge der Fremdsprachen: Der Unterricht in der ersten Fremdsprache beginnt in Klasse 5 (in der Regel Englisch, Französisch oder Latein), der Unterricht in der zweiten Fremdsprache in Klasse 7 (Latein, Französisch oder Englisch). Von der 9. Jahrgangsstufe an werden weitere Lernschwerpunkte eröffnet: entweder in Form einer dritten Fremdsprache (z. B. Griechisch, Spanisch, Italienisch oder Russisch) oder durch zusätzliche Unterrichtsangebote im mathematisch-naturwissenschaftlichen, wirtschaftswissenschaftlichen oder musischen Bereich. In Ostdeutschland knüpfen einige Länder an die DDR-Tradition der Spezialschulen an, indem sie Spezialgymnasien für Musik und Sport vorhalten[42]. Dank dieser Vielfalt der Angebote können die verschiedenen Begabungen und Neigungen der Schüler berücksichtigt werden.

3.46 Gesamtschule[43]

Die Gesamtschule führt in der Sekundarstufe I die Klassen bis zur Jahrgangsstufe 10. Sie beginnt mit Jahrgangsstufe 5, wenn sie die Orientierungsstufe einschließt, oder mit Jahrgangsstufe 7, sofern sie auf der sechsklassigen Grundschule (Berlin und Brandenburg) oder auf der selbständigen Orientierungsstufe aufbaut. Die Gesamtschule verbindet die Bildungsgänge der übrigen Schularten der Sekundarstufe I zu einer pädagogischen, organisatorischen und räumlichen Einheit mit dem Ziel, das Bildungsangebot nach den Fähigkeiten und Interessen der Schüler zu differenzieren und den Übergang zwischen den verschiedenen Bildungsgängen zu erleichtern. Dabei sind zwei Formen zu unterscheiden: die kooperative und die integrierte Gesamtschule. Die *kooperative (additive) Gesamtschule* bildet zwar ein einheitliches Ge-

---
41 Auch in denjenigen Ländern, die prinzipiell an der 13jährigen Schulzeit bis zum Abitur festhalten, ist manches in Bewegung geraten. So können in Baden-Württemberg begabte Schüler das Abitur schon nach acht Jahren erreichen. Bayern eröffnet diese Möglichkeit im Rahmen eines Modellversuchs. In Rheinland-Pfalz wird die Abiturprüfung in der 13. Jahrgangsstufe vorgezogen, so daß die Schüler das Abiturzeugnis spätestens Ende März erhalten und das Studium im darauf folgenden Sommersemester aufnehmen können; dadurch wird die Schulzeit auf $12\,^1/_2$ Jahre verkürzt. Einen entsprechenden Modellversuch hat nunmehr auch Sachsen-Anhalt eingerichtet, das noch kurz zuvor die Schulzeit von 12 auf 13 Jahre verlängert hatte.
42 Vgl. z. B. § 19 Abs. 2 SchulG M-V, § 7 Abs. 5 und 6 ThürSchulG.
43 *Führ* (Anm. 1), S. 136 ff.; *MPI-Bildungsbericht*, S. 517 ff.

samtsystem, doch behalten die darin zusammengefaßten Schularten (Hauptschul-, Realschul- und Gymnasialzweig) weitgehende Selbständigkeit. In der *integrierten Gesamtschule* werden demgegenüber die herkömmlichen Schularten zu einer Einheit verschmolzen; der Unterricht in den Jahrgangsstufen wird in gemeinsamen Kerngruppen sowie in nach Leistung, Begabung und Neigung differenzierten Kursgruppen erteilt.

Die meisten Länder haben die integrierte Gesamtschule neben Hauptschule, Realschule und Gymnasium (Brandenburg: neben Realschule und Gymnasium) als Regelschule eingeführt; in Sachsen und Thüringen besteht sie als Schulversuch[44]. Die Kontroverse um die integrierte Gesamtschule, gegen deren Einführung als Schulart mit Monopolcharakter verfassungsrechtliche Bedenken erhoben wurden (dazu TZ 24.335), konnte zunächst durch die Rahmenvereinbarung der Kultusministerkonferenz über die gegenseitige Anerkennung von Abschlüssen an integrierten Gesamtschulen vom Mai 1982, sodann durch die KMK-Vereinbarung über die Schularten und Bildungsgänge im Sekundarbereich I vom 3.12.1993[45] versachlicht werden. Danach muß der Unterricht in der integrierten Gesamtschule – wie auch in anderen Schulen, die mehrere Bildungsgänge in integrierter Form umfassen – auf mindestens zwei Anspruchsebenen erteilt werden, und zwar in Mathematik und erster Fremdsprache ab Jahrgangsstufe sieben, in Deutsch in der Regel ab Jahrgangsstufe acht (spätestens ab Jahrgangsstufe neun), in mindestens einem naturwissenschaftlichen Fach ab Jahrgangsstufe neun[46]. Im übrigen ist der Streit um die integrierte Gesamtschule auch deshalb abgeklungen, weil heute kaum noch jemand die das gegliederte Schulwesen verdrängende »flächendeckende« Einführung dieser Schulart beabsichtigt.

3.5 Sekundarstufe II

Zur Sekundarstufe II zählen die Schularten, die auf der Sekundarstufe I aufbauen. Sie bereiten entweder auf das Studium an einer wissenschaftlichen Hochschule bzw. an einer Fachhochschule oder auf einen Beruf vor. Mehrere Länder sehen die Möglichkeit *doppeltqualifizierender Bildungsgänge* vor, die gleichzeitig Studien- und Berufsqualifikationen vermitteln[47].

---

44 In Baden-Württemberg und Bayern haben die wenigen vorhandenen integrierten Gesamtschulen eine Bestandsgarantie erhalten; sie können als »Schulen besonderer Art« geführt werden (§ 107 bw SchG, Art. 126 BayEUG).
45 I. d. F. v. 27.9.1996 (KMK-BeschlS. Nr. 102). Durch diese Vereinbarung (Ziff. 9) wurde die Rahmenvereinbarung aus dem Jahr 1982 aufgehoben.
46 Ziff. 3.2 der KMK-Vereinbarung (Anm. 45).
47 S. etwa § 15 Abs. 4 BbgSchulG, § 31 BremSchulG, § 36 HSchG.

3.51 Studienqualifizierende Bildungsgänge

3.511 Die *gymnasiale Oberstufe*[48], deren Abschluß (*Abitur*) zur allgemeinen Hochschulreife führt, ist aufgrund der Vereinbarung der Kultusministerkonferenz zur Gestaltung der gymnasialen Oberstufe in der Sekundarstufe II vom 7.7.1972 in der Fassung vom 28.2.1997[49] umfassend reformiert worden. Ihre vor mehr als einem Vierteljahrhundert eingeleitete Neuordnung hat insgesamt der gerichtlichen Nachprüfung, insbesondere durch das Bundesverfassungsgericht, standgehalten; die Regelungen verletzen weder Grundrechte der Schüler noch Grundrechte der Eltern[50]. Die wichtigsten Bestimmungen der umfangreichen Vereinbarung lassen sich wie folgt zusammenfassen. Die Oberstufe ist nicht, wie früher, nach Gymnasialtypen (altsprachlich, neusprachlich, mathematisch-naturwissenschaftlich) gegliedert; der Unterricht wird vielmehr nach Begabung und Leistung differenziert. Die Schüler werden im Pflichtbereich und im Wahlbereich unterrichtet, und zwar in der Regel 30 Wochenstunden. Im *Pflichtbereich* erwerben oder erweitern die Schüler Kenntnisse, Fähigkeiten und Fertigkeiten in den vorgeschriebenen *Aufgabenfeldern*; im *Wahlbereich* können sie ihren Interessen und Neigungen ohne Bindung an festgelegte Aufgabenfelder nachgehen oder Schwerpunkte in Verbindung mit dem Pflichtbereich setzen. Der Pflichtbereich umfaßt das sprachlich-literarisch-künstlerische Aufgabenfeld, das gesellschaftswissenschaftliche Aufgabenfeld, das mathematisch-naturwissenschaftlich-technische Aufgabenfeld, Religionslehre (nach Maßgabe der landesrechtlichen Bestimmungen) und Sport. Nach einer einjährigen *Einführungsphase*, in der der Unterricht im Klassenverband oder in Kursen erteilt werden kann, setzt die zweijährige *Qualifikationsphase* ein, die im Kurssystem stattfindet. Dabei ist zwischen Grund- und Leistungskursen zu unterscheiden. Die *Grundkurse* dienen der Grundbildung, die *Leistungskurse* einer exemplarisch vertiefenden Bildung. Demgemäß stellen die Leistungskurse (mit mindestens fünf Wochenstunden) höhere Anforderungen als die Grundkurse (mit zwei bis drei Wochenstunden). Im Pflichtbereich belegen die Schüler der Qualifikationsphase je Schulhalbjahr etwa 20 Wochenstunden in Grund- und Leistungskursen. In den vier Halbjahren entfallen auf das sprachlich-literarisch-künstlerische Aufgabenfeld insgesamt mindestens 28 Wochenstunden, auf das gesellschaftswissenschaftliche Aufgabenfeld insgesamt mindestens 16 Wochenstunden, auf das mathematisch-naturwissenschaftlich-technische

---

48 Zu ihrer bisherigen Entwicklung *Führ* (Anm. 1), S. 146 ff.; *MPI-Bildungsbericht*, S. 496 ff.; Hanna-Renate *Laurien*: Abitur – eine endlose Geschichte, in: Sekretariat der Ständigen Konferenz der Kultusminister der Länder in der Bundesrepublik Deutschland (Hrsg.): Einheit in der Vielfalt: 50 Jahre Kultusministerkonferenz 1948–1998, Neuwied 1998, S. 35. Vgl. auch *Sekretariat der Ständigen Konferenz der Kultusminister der Länder in der Bundesrepublik Deutschland* (Hrsg.): Weiterentwicklung der Prinzipien der gymnasialen Oberstufe und des Abiturs. Abschlußbericht der von der Kultusministerkonferenz eingesetzten Expertenkommission, Kiel 1995.
49 KMK-BeschlS. Nr. 176.
50 BVerfGE 45, 400; a. A. HessStGH, RdJB 1982, 245, dessen Urteil im Schrifttum allerdings einhellig abgelehnt wurde; vgl. dazu die kritischen Beiträge in RdJB Heft 3/1982 von Erwin *Stein* (S. 178), Knut *Nevermann* (S. 184), Bertold *Huber* (S. 196); Hansjoachim *Hoffmann* (S. 206) und Frank *Hennecke* (S. 213).

Aufgabenfeld insgesamt mindestens 22 Wochenstunden, auf das Fach Sport mindestens 8 Wochenstunden; in den Ländern, in denen Religionslehre verbindliches Unterrichtsfach ist, richtet sich die Zahl der Wochenstunden nach den jeweiligen landesrechtlichen Bestimmungen. Die Fächer *Deutsch, Fremdsprache und Mathematik* sind während der Qualifikationsphase *durchgehend zu belegen*; hinzukommen müssen zwei literarische bzw. künstlerische Halbjahreskurse und vier Halbjahreskurse in den Naturwissenschaften. Auch Geschichte ist zu belegen: entweder als eigenständiges Fach oder im Rahmen der Gemeinschaftskunde mit festen Anteilen; sind keine festen Anteile für Geschichte vorgesehen, müssen mindestens zwei Halbjahreskurse Geschichte nachgewiesen werden. Sofern die in den Fächern Deutsch, Fremdsprache und Mathematik zu vermittelnden grundlegenden Kompetenzen in Grundkursen anderer Fächer curricular abgesichert und systematisch nachgewiesen sind[51], gilt eine Substitutionsregelung. Sie gestattet es einem Land, bis zu vier solcher Halbjahreskurse bei der Ermittlung der Gesamtqualifikation anzurechnen, in einem Fach jedoch nicht mehr als zwei Kurse. *Die Schüler müssen zwei Leistungsfächer wählen.* Davon ist eines entweder Deutsch oder eine Fremdsprache oder Mathematik oder eine Naturwissenschaft. Ist Deutsch erstes Leistungsfach, muß sich unter den vier Fächern der Abiturprüfung Mathematik oder eine Fremdsprache befinden. Es steht einem Land frei, darüber hinaus ein weiteres Leistungsfach vorzuschreiben und zusätzliche Bindungen für das zweite und dritte Leistungsfach sowie für Kurse und Kurskombinationen festzulegen.

Die Leistungen der Schüler werden mit Hilfe eines Punktsystems (0 bis 15 Punkte) bewertet, das die Notenstufen 1 bis 6 ersetzt (TZ 26.312). Grundkurse (insgesamt 22) werden einfach (0 bis 15 Punkte), Leistungskurse zweifach (0 bis 30 Punkte), die Leistungen in der Abiturprüfung sowie die Leistungen in den zwei Leistungskursen des Abschlußhalbjahres vierfach (0 bis 60 Punkte) gewichtet. Insgesamt kann der Schüler höchstens 840 Punkte erzielen. Voraussetzung für das Bestehen des Abiturs ist das Erreichen von mindestens 280 Punkten. Im Abitur werden die Schüler in vier Fächern geprüft, die die drei Aufgabenfelder abdecken müssen; im sprachlich-literarisch-künstlerischen Aufgabenfeld muß Deutsch oder eine Fremdsprache Prüfungsfach sein. Prüfungsfächer der schriftlichen Abiturprüfung sind die zwei Leistungsfächer sowie ein vom Schüler aus einem Aufgabenfeld des Pflichtbereichs gewähltes Fach. Prüfungsfach der mündlichen Abiturprüfung ist nach Wahl des Schülers ein wissenschaftliches oder künstlerisches Fach, das nicht schon schriftlich geprüft wurde. Im Rahmen der für die Abiturprüfung erreichbaren Gesamtpunktzahl können die Länder vorsehen, daß Schüler wahlweise eine besondere Lernleistung innerhalb eines mindestens zweisemestrigen Kurses in die Abiturprüfung einbringen; diese besondere Lernleistung wird mit einem Fünftel der in der Abiturprüfung erreichbaren Gesamtpunktzahl (höchstens 60 von maximal 300 Punkten) bewertet. Für jedes Prüfungsfach müssen ein von der Schulaufsichtsbehörde genehmigter und veröffentlichter Lehrplan und eine Prüfungsordnung vorliegen, die den »Ein-

---

51 Z.B. der Erwerb mathematischer Kompetenzen im Rahmen des Fachs EDV oder die Einübung der sonst im Deutschunterricht zu erlernenden literarischen Kenntnisse und interpretatorischen Fähigkeiten durch einen Kurs »Darstellendes Spiel«.

heitlichen Prüfungsanforderungen in der Abiturprüfung« entsprechen. Diese von der Kultusministerkonferenz verabschiedeten sog. Normenbücher[52] sollen nicht zuletzt im Hinblick auf den Numerus clausus (vgl. dazu TZ 4.22) zu einer Vergleichbarkeit der Leistungsbewertung im Abitur beitragen. Das nach einer Schulzeit von zwölf Jahren in Sachsen und Thüringen abgelegte Abitur wird von den anderen Ländern anerkannt, sofern ein Gesamtstundenvolumen von mindestens 265 Wochenstunden für die Sekundarstufe I und für die gymnasiale Oberstufe nachgewiesen wird; darauf können bis zu fünf Stunden Wahlunterricht angerechnet werden[53].

3.512 Die in den meisten Ländern, so z. B. in Baden-Württemberg, Rheinland-Pfalz, Sachsen, Sachsen-Anhalt, Schleswig-Holstein und Thüringen bestehenden *beruflichen Gymnasien* bzw. *Fachgymnasien*[54], deren Besuch den Realschulabschluß voraussetzt, spezialisieren sich auf bestimmte berufsbezogene Schwerpunkte, z. B. Wirtschafts- oder Ingenieurwissenschaften, Hauswirtschaft, Pädagogik[55]. Während sie ursprünglich nur eine fachgebundene Hochschulreife vermittelten, führen sie heute zur allgemeinen Hochschulreife. Das Kurssystem der gymnasialen Oberstufe (TZ 3.511) ist auch in dieser Schulart übernommen worden.

3.513 Die *Fachoberschule*[56] – mit dem Realschulabschluß oder einem gleichwertigen Abschluß als Eingangsvoraussetzung – umfaßt die Jahrgangsstufen 11 und 12. Sie deckt bestimmte Fachbereiche ab, insbesondere Ingenieurwesen, Wirtschaft, Sozialwesen, Gestaltung, Seefahrt. Ihr Abschluß vermittelt die Fachhochschulreife. In Baden-Württemberg erfüllt das *Berufskolleg* weitgehend die Funktion der Fachoberschule[57].

3.514 Die *Berufsoberschulen* (in Baden-Württemberg und Bayern) sind Vollzeitschulen[58], die eine allgemeine und fachtheoretische Bildung vermitteln und in mindestens zwei Jahren zur fachgebundenen Hochschulreife führen;

---

52 Vereinbarung über Einheitliche Prüfungsanforderungen in der Abiturprüfung vom 1.6.1979 i.d.F. vom 1.12.1989 (KMK-BeschlS. Nr.195). Die Prüfungsanforderungen für die einzelnen Fächer sind in der KMK-BeschlS. Nr.196.1 ff. festgehalten.
53 S. Ziff. 1 der KMK-Vereinbarung zur Gestaltung der gymnasialen Oberstufe in der Sekundarstufe II. Für Abiturienten in den Ländern Mecklenburg-Vorpommern, Sachsen, Sachsen-Anhalt und Thüringen gilt außerdem eine Übergangsregelung: Zeugnisse der allgemeinen Hochschulreife, die in diesen Ländern bis zum Jahr 2000 nach 12jähriger Schulzeit noch erworben werden oder noch erworben werden und der KMK-Vereinbarung zur Neugestaltung der gymnasialen Oberstufe in der früheren Fassung (vom 11.4.1988) entsprechen, werden gleichfalls von den anderen Ländern anerkannt. Vgl. dazu die KMK-Beschlüsse vom 21.2.1992 i.d.F. v. 12.3.1993 (KMK-BeschlS. Nr.234) und vom 25.2.1994 (KMK-BeschlS. Nr.234.1).
54 Dazu *Führ* (Anm. 1), S. 173 ff.
55 Aus diesem Grunde werden sie in den Schulgesetzen verschiedentlich auch den berufsbildenden Schulen zugeordnet, so z. B. § 8 Abs. 1 Nr. 5 ThürSchulG.
56 Dazu KMK-Rahmenvereinbarung über die Fachoberschule vom 6.2.1969 i.d.F. v. 26.2.1982 (KMK-BeschlS. Nr.418); *Führ* (Anm. 1), S. 172 f.
57 § 12 SchG.
58 In Bayern kann die Berufsoberschule auch in Teilzeitform geführt werden (Art.17 Abs.2 Satz 2 BayEUG).

Aufbau und Gliederung des Schulwesens

über eine Ergänzungsprüfung in der zweiten Fremdsprache kann der Schüler die allgemeine Hochschulreife erwerben. Die Berufsoberschulen bauen auf einer abgeschlossenen Berufsbildung bzw. einer entsprechenden Berufspraxis und dem Realschulabschluß auf.

3.52 Berufsqualifizierende Bildungsgänge[59]

Berufsqualifizierende Bildungsgänge sollen die Jugendlichen auf den Eintritt in bestimmte Berufe fachlich vorbereiten und zugleich ihre Persönlichkeitsentwicklung fördern. Berufsqualifikationen können in Berufsschulen parallel zur betrieblichen Ausbildung, also *teilzeitlich*, oder in beruflichen *Vollzeit*schulen (Berufsfachschule, Berufsaufbauschule und Fachschule) erworben werden.

3.521 Die *Berufsschule*[60] ist berufsbegleitende Pflichtschule für Jugendliche, die sich nach Erfüllung ihrer Vollzeitschulpflicht in der beruflichen Erstausbildung befinden. Da sie an zwei Lernorten (Betrieb und Berufsschule) ausgebildet werden, spricht man von einem *dualen System*[61]. Mit Rücksicht auf die betriebliche Ausbildung, die sich nach den Bestimmungen des Berufsbildungsgesetzes vollzieht[62], ist die Berufsschule im Unterschied zu fast allen anderen Schularten Teilzeitschule. Die Jugendlichen besuchen für drei Jahre die Berufsschule an einem oder an zwei Wochentagen; der Unterricht umfaßt zwölf Wochenstunden. Er besteht überwiegend aus berufsbezogenem, im übrigen aus allgemeinbildendem Unterricht. Entsprechend seiner Bedeutung für den jeweiligen Ausbildungsberuf soll der Fremdsprachenunterricht angemessen berücksichtigt werden. Statt des berufsbegleitenden Teilzeitunterrichts kann im Wechsel mit der betrieblichen oder einer überbetrieblichen Ausbildung auch Vollzeitunterricht in zusammenhängenden Zeitabschnitten

---

59 Vgl. *Führ* (Anm. 1), S. 159 ff.; *MPI-Bildungsbericht*, S. 573 ff., 585 ff.; ferner *Mohr* (Anm. 1), S. 33 ff.
60 Dazu KMK-Rahmenvereinbarung über die Berufsschule vom 15.3.1991 (KMK-BeschlS. Nr. 323). *Führ* (Anm. 1), S. 166 ff.; *MPI-Bildungsbericht*, S. 573 ff.
61 Die Zweiteilung bezieht sich nicht nur auf die beiden Lernorte – Betrieb und Schule –, sondern ebenso auf die Aufsicht über das berufliche Ausbildungswesen, die einerseits vom Staat, andererseits von den Selbstverwaltungsorganen der Wirtschaft ausgeübt wird. Innerhalb der staatlichen Aufsicht sind die Länder nach dem Grundsatz des Kulturföderalismus für den schulischen Teil der Berufsausbildung zuständig, während der Bund zusammen mit der Wirtschaft für den betrieblichen bzw. überbetrieblichen Bereich verantwortlich ist. Vgl. zu den (bildungspolitischen) Vorzügen des dualen Systems *Mohr* (Anm. 1), S. 33. Zu den Problemen bei der Einführung des dualen Systems in den neuen Ländern Winfried *Heidemann*: Berufsbildung in den neuen Bundesländern – gelungene Transformation?, RdJB 1994, 358.
62 Das Berufsbildungsgesetz schreibt vor, daß Jugendliche unter 18 Jahren grundsätzlich nur in anerkannten Ausbildungsberufen ausgebildet werden dürfen. Die Ausbildung richtet sich nach Ausbildungsordnungen, die der Bundeswirtschaftsminister oder der sonst zuständige Fachminister im Einvernehmen mit dem Bundesminister für Bildung und Forschung als Rechtsverordnung erläßt (§§ 28, 25 BBiG). Zur betrieblichen Berufsausbildung s. Hilmar *Götz*: Berufsbildungsrecht. Eine systematische Darstellung des Rechts der Berufsbildung, der beruflichen Fortbildung und der Umschulung, München 1992.

als *Blockunterricht* erteilt werden; das geschieht meist in Zentralberufsschulen, die die Auszubildenden aus Streu- und Splitterberufen erfassen. Der Unterricht soll in der Grundstufe (Berufsgrundbildungsjahr) eine berufliche Grundbildung auf Berufsfeldbreite[63], in der Fachstufe (in der Regel zwei Jahre) eine berufsbezogene Fachbildung vermitteln. Die Berufsschule ist nach Wirtschaftszweigen und Berufen gegliedert. Man unterscheidet kaufmännische, gewerbliche oder gewerblich-technische, hauswirtschaftlich-sozialpflegerische und landwirtschaftliche Fachrichtungen. Der Berufsschulabschluß vermittelt berufliche und allgemeine Qualifikationen. Nach den Bestimmungen des jeweiligen Landes kann in ihm ein Bildungsstand bestätigt werden, der in seinen Berechtigungen dem Hauptschulabschluß entspricht; er kann auch einen dem Realschulabschluß gleichwertigen Abschluß einschließen. In Verbindung mit dem Zeugnis über die Abschlußprüfung in der betrieblichen Ausbildung (Facharbeiter- bzw. Gesellenbrief) berechtigt der Berufsschulabschluß zum Besuch der Fachschule.
Der Berufsschulpflicht (dazu TZ 25.3) unterliegen auch Jugendliche, die in einem Arbeitsverhältnis stehen, sowie arbeitslose Jugendliche.

3.522 In zunehmendem Maße wird die Möglichkeit eröffnet, das *Berufsgrundbildungsjahr*[64] in vollzeitschulischer Form an der Berufsschule (*Berufsgrundschuljahr*) zu absolvieren. Das Berufsgrundschuljahr, das auf die Ausbildungszeit voll angerechnet wird und dem sich die Stufe der Fachbildung anschließt, zielt darauf ab, allgemeine fachtheoretische und fachpraktische Lerninhalte auf dem Gebiet des Berufsfeldes zu vermitteln. In den meisten Ländern besteht für Jugendliche ohne Ausbildungsplatz die Möglichkeit, verschiedentlich sogar die Pflicht zum Besuch eines einjährigen Vollzeitschuljahres an der Berufsschule (sog. *Berufsvorbereitungsjahr*).

3.523 Die *Berufsfachschule*[65] ist eine Vollzeitschule, an der der Jugendliche entweder eine volle Berufsqualifikation oder eine auf seine nachfolgende Ausbildung anrechenbare berufliche Teilqualifikation erwerben kann. Zulassungsvoraussetzung ist in der Regel der Hauptschul-, in einigen Fällen auch der Realschulabschluß, nicht dagegen eine abgeschlossene Berufsausbildung oder eine Berufstätigkeit. Der Schulbesuch dauert je nach Berufsart und Berufsziel ein bis drei Jahre. Drei Formen der Berufsfachschule sind zu unterscheiden:
– Schulen, die an die Stelle der Berufsausbildung im dualen System treten (z.B. Berufsfachschulen für Maschinenbau, Glas, Schmuck, Fotografie);

---

63 Berufsfelder sind u.a.: Wirtschaft und Verwaltung, Metalltechnik, Elektrotechnik, Bautechnik, Textiltechnik und Bekleidung, Drucktechnik, Ernährung und Hauswirtschaft. Zum Berufsfeld Elektrotechnik gehören beispielsweise folgende Ausbildungsberufe: Elektromechaniker, Elektroinstallateur, Radio- und Fernsehtechniker, Informationselektroniker.
64 Dazu die KMK-Rahmenvereinbarung über das Berufsgrundbildungsjahr vom 19.5.1978 (KMK-BeschlS. Nr. 321); *Führ* (Anm. 1), S. 168 f.
65 Dazu KMK-Rahmenordnung über die Berufsfachschulen vom 3.11.1971 (KMK-BeschlS. Nr. 401); *Führ* (Anm. 1), S. 169 f.

- Schulen, die zu einer nur an Schulen erreichbaren Berufsqualifikation führen (z. B. Berufsfachschulen für Fremdsprachen, Musik, technische Assistenten);
- Schulen, die auf eine nachfolgende Ausbildung in einem anerkannten Ausbildungsberuf vorbereiten und deren Besuch auf die Dauer der Berufsausbildung im dualen System angerechnet wird (z. B. Handelsschulen, Wirtschaftsschulen).

3.524 Die *Berufsaufbauschule*[66] vermittelt eine über das Ziel der Berufsschule hinausgehende allgemeine und fachtheoretische Bildung und führt zur Fachschulreife. Sie kann, je nach landesrechtlicher Regelung, während oder nach Abschluß der Berufsausbildung besucht werden. Der Unterricht findet in Teilzeitform (Dauer etwa drei Jahre bei zehn bis zwölf Wochenstunden) oder Vollzeitform (Dauer mindestens ein Jahr) statt.

3.525 Die *Fachschule*[67] dient einer vertieften beruflichen Fachbildung nach abgeschlossener Berufsausbildung oder ausreichender praktischer Berufstätigkeit. Sie bildet spezialisierte Fachkräfte der mittleren Ebene aus. Der Ausbildungsgang dauert je nach Berufsziel und Berufsart unterschiedlich lang. Er umfaßt bei Vollzeitunterricht in der Regel mindestens ein Jahr, bei Teilzeitunterricht einen entsprechend längeren Zeitraum. Gruppen und Typen der Fachschule:
- Schulen für *industrielle, technische und handwerkliche Berufe* (z. B. Bauschulen, Chemieschulen, Technikerschulen, Bergschulen, gewerbliche Fachschulen und Meisterschulen für verschiedene Handwerke und Berufe wie Maschinenbau, Elektroindustrie, Textilgewerbe, Bekleidungsindustrie, gestaltendes Handwerk);
- Schulen für *Handels-, Verkehrs- und Verwaltungsberufe* (z. B. Hotel- und Gaststättenschulen, Seefahrtschulen, Verwaltungs- und Sparkassenschulen);
- Schulen für *hauswirtschaftliche, soziale und pflegerische Berufe* (z. B. Krankenpflegeschulen, Hebammenschulen, Schulen für Sozialpädagogik[68]);
- Schulen für *landwirtschaftliche Berufe* (z. B. Landbauschulen, Landwirtschaftsschulen, Gartenbauschulen, Obst- und Weinbauschulen, Forstschulen).

---

66 Dazu KMK-Rahmenvereinbarung über die Ausbildung und Prüfung an Berufsaufbauschulen vom 25.6.1982 (KMK-BeschlS. Nr. 415); *Führ* (Anm. 1), S. 171 f.
67 Dazu die KMK-Rahmenvereinbarungen über die Ausbildung und Prüfung an Fachschulen für Heilpädagogik vom 12.9.1986 (KMK-BeschlS. Nr. 426), über Fachschulen mit einjähriger Ausbildungsdauer – Fachbereich Agrarwirtschaft – vom 9.12.1985 (KMK-BeschlS. Nr. 427), über die Ausbildung von Erziehern/Erzieherinnen vom 24.9.1982 (KMK-BeschlS. Nr. 428) und über Fachschulen mit zweijähriger Ausbildungsdauer vom 12.6.1992 (KMK-BeschlS. Nr. 429); *Führ* (Anm. 1), S. 175 f.
68 Die Fachschule für Sozialpädagogik, an der Erzieherinnen ausgebildet werden, erfordert keine berufliche Erstausbildung, wohl aber einen mittleren Schulabschluß und ein berufsbezogenes Praktikum. Die *Fachakademie* (nur in Bayern), die den Realschulabschluß sowie in der Regel eine einschlägige berufliche Ausbildung oder praktische Tätigkeit voraussetzt, bereitet auf gehobene Berufslaufbahnen vor (Art. 18 BayEUG).

3.6 Schulen für Schüler mit sonderpädagogischem Förderbedarf[69]

Sonderschulen (in Bayern, Brandenburg, Mecklenburg-Vorpommern, Sachsen und Thüringen Förderschulen genannt) sind Schulen für Kinder und Jugendliche, die wegen einer Behinderung der sonderpädagogischen Förderung bedürfen. Zu den Sonderschulen zählen Schulen für Lernbehinderte, Blinde, Sehbehinderte, Gehörlose, Schwerhörige, Sprachbehinderte, Körperbehinderte, Geistigbehinderte und Verhaltensgestörte[70]; sie bilden in ihren unterschiedlichen Ausprägungen eine eigene Schulart. Schüler, die für längere Zeit im Krankenhaus untergebracht sind, erhalten nötigenfalls Einzelunterricht (Haus- oder Bettunterricht). Sonderschulen sind häufig mit Heimen verbunden oder in Heimen eingerichtet. Für besonders befähigte Sonderschüler besteht in überregionalen Einrichtungen die Möglichkeit, den Realschulabschluß oder das Abitur zu erwerben (so z. B. im Realschulzweig an der Schule für Hörbehinderte in Frankfurt am Main, auf dem Gymnasium für Blinde in Marburg). In einigen Ländern gibt es für behinderte Schüler Berufsschulen oder besondere Berufsschulklassen und Berufsfachschulen; soweit die fachpraktische Ausbildung nicht in einem Betrieb ermöglicht werden kann, findet sie in Berufsbildungswerken oder ähnlichen Einrichtungen statt.

Bis vor wenigen Jahren war die sonderpädagogische Förderung behinderter Schüler ausschließlich den Sonderschulen zur Aufgabe gestellt; nach den übereinstimmenden schulgesetzlichen Vorschriften der Länder dienten sie der Unterrichtung und der Erziehung von Kindern und Jugendlichen, die wegen Beeinträchtigung oder Schädigung ihrer geistig-seelischen Anlage oder Entwicklung, wegen körperlicher Mängel oder Schäden, wegen Verhaltensstörungen in den allgemeinen Schulen (mit ihren an den Bedürfnissen nichtbehinderter Schüler orientierten Erziehungs- und Unterrichtsmethoden) nicht hinreichend gefördert werden konnten.

Im Interesse der gesellschaftlichen Integration behinderter Menschen wird indes schon seit längerem gefordert, *behinderte Schüler möglichst gemeinsam mit nichtbehinderten Schülern in den allgemeinen Schulen (Regelschulen) zu*

---

69 Dazu insbesondere die Empfehlungen der KMK zur sonderpädagogischen Förderung in den Schulen der Bundesrepublik Deutschland vom 6.5.1994 (KMK-BeschlS. Nr. 301). Vgl. auch *Führ* (Anm. 1), S. 181 ff., und *MPI-Bildungsbericht*, S. 345 ff. Zur Schulpflicht behinderter Kinder und Jugendlicher s. TZ 25.4.
70 Zu den verschiedenen Formen der Sonderschule – ihre Bezeichnungen in den einzelnen Ländern sind unterschiedlich – hat die KMK mehrere ins einzelne gehende Empfehlungen verabschiedet (KMK-BeschlS. Nr. 302 bis 315).

Aufbau und Gliederung des Schulwesens

unterrichten[71]. So hat sich etwa die Bildungskommission des Deutschen Bildungsrates bereits 1973 gegen die Überweisung behinderter und von Behinderung bedrohter Kinder und Jugendlicher an Sonderschulen ausgesprochen und statt dessen empfohlen, behinderte und nichtbehinderte Schüler soweit wie möglich gemeinsam zu unterrichten[72]. Demgemäß ist der Begriff des sonderpädagogischen Förderbedarfs in zunehmendem Maße an die Stelle des Begriffs Sonderschulbedürftigkeit getreten. *Der sonderpädagogische Förderbedarf* kann nicht nur an Sonderschulen, sondern auch an Regelschulen erfüllt werden; er *ist bei Kindern und Jugendlichen anzunehmen, die in ihren Bildungs-, Entwicklungs- und Lernmöglichkeiten so beeinträchtigt sind, daß sie im Unterricht der allgemeinen Schule ohne sonderpädagogische Unterstützung nicht hinreichend gefördert werden können*[73].
Den Staat trifft eine besondere Verantwortung für die Bildung und Erziehung behinderter Schüler. Diese ergibt sich nicht nur aus dem Recht des Schülers auf möglichst ungehinderte Entfaltung seiner Persönlichkeit (Art. 2 Abs. 1 GG) und dem elterlichen Erziehungsrecht (Art. 6 Abs. 2 GG), das dem Erziehungsauftrag des Staates nach Art. 7 Abs. 1 GG gleichgeordnet ist[74]. Sie beruht insbesondere auf Art. 3 Abs. 3 Satz 2 GG. Nach dieser 1994 in das Grundgesetz eingefügten Vorschrift darf niemand wegen seiner Behinderung benachteiligt werden. Das Bundesverfassungsgericht hat nachdrücklich betont, daß der Staat wegen der genannten Bestimmungen nicht nur grundsätzlich gehalten ist, für behinderte Kinder und Jugendliche schulische Einrichtungen bereitzuhalten, die auch ihnen eine sachgerechte Erziehung, Bildung und Ausbildung gewähren, sondern daß sich nach dem gegenwärtigen pädagogischen Erkenntnisstand ein genereller Ausschluß der gemeinsamen Erziehung und Unterrichtung behinderter mit nichtbehinderten Schülern verfassungsrechtlich nicht rechtfertigen läßt[75]. Zugleich hat das Gericht unter Verweis auf seine frühere Rechtsprechung verdeutlicht, daß der Staat seine Aufgabe, ein begabungsgerechtes Schulsystem bereitzustellen, von vornherein nur im Rahmen seiner finanziellen und organisatorischen Möglichkeiten erfüllen kann; dies erkläre sich daraus, daß der Gesetzgeber bei seinen Entscheidungen auch andere Gemeinschaftsbelange berücksichtigen und imstande sein

---

71 Hierzu das Themenheft 2/1996 von RdJB mit Beiträgen von Uwe *Berlit*: Rechtspolitik zur Gleichstellung behinderter Menschen, S. 145; Michael *Sachs*: Das Grundrecht der Behinderten aus Art. 3 Abs. 3 Satz 2 GG, S. 154; Alfred *Sander*: Neue Formen der sonderpädagogischen Förderung in deutschen Schulen, S. 174; Hans-Peter *Füssel*: Auf dem Weg zur Integration? Neue Ansätze in der Sonderpädagogik und deren rechtliche Folgen, S. 188. Vgl. auch Hans-Peter *Füssel*/Rudolf *Kretschmann*: Gemeinsamer Unterricht für behinderte und nichtbehinderte Kinder, Witterschlick/Bonn 1993 (mit einer ausführlichen Bibliographie). Ferner, aus pädagogischer Sicht, Dirk *Randoll*: Lernbehinderte in der Regelschule. Empirische Untersuchungen zu den Wirkungen der integrativen Beschulung Lernbehinderter auf ausgewählte Aspekte der Integration, Köln 1991.
72 *Deutscher Bildungsrat*: Empfehlungen der Bildungskommission: Zur pädagogischen Förderung behinderter und von Behinderung bedrohter Kinder und Jugendlicher, Bonn 1973.
73 So die Definition in den Empfehlungen der KMK zur sonderpädagogischen Förderung (Anm. 69) unter II.2.
74 BVerfGE 34, 165 (183), 52, 223 (236).
75 BVerfGE 96, 288 (304 f.).

müsse, die nur begrenzt verfügbaren öffentlichen Mittel für solche anderen Belange einzusetzen, wenn er dies für erforderlich halte[76].
Alle Länder haben inzwischen gesetzliche Regelungen erlassen, die es ermöglichen, behinderte Kinder und Jugendliche in den Unterricht der Regelschule zu integrieren. Das geschieht freilich in unterschiedlichem Maße. Berlin, Brandenburg, Bremen, Hamburg, Mecklenburg-Vorpommern, Niedersachsen und das Saarland erachten die Integration behinderter Schüler in die allgemeine Schule als vorrangige Form der sonderpädagogischen Förderung, allerdings zumeist mit dem Vorbehalt, daß die dafür erforderlichen organisatorischen, personellen und sächlichen Bedingungen erfüllt sein müssen[77]. Ähnlich ist die Rechtslage in Rheinland-Pfalz, Sachsen, Sachsen-Anhalt, Schleswig-Holstein und Thüringen; dort werden (nur) diejenigen Schüler an eine Sonderschule überwiesen, die in der Regelschule auch durch besondere Hilfen nicht oder nicht hinreichend gefördert werden können[78]. Hessen stellt die sonderpädagogische Förderung behinderter Schüler in Sonderschulen und in allgemeinen Schulen, an denen eine angemessene personelle, räumliche und sächliche Ausstattung vorhanden ist oder geschaffen werden kann, gleichrangig nebeneinander[79]. Baden-Württemberg sieht in der Förderung behinderter Schüler nicht nur eine Aufgabe der Sonderschulen, sondern auch der anderen Schularten; behinderte Schüler werden in allgemeinen Schulen unterrichtet, wenn sie aufgrund der gegebenen Verhältnisse dem jeweiligen gemeinsamen Bildungsgang in diesen Schulen folgen können[80]. Auch in Bayern können die allgemeinen Schulen Schüler mit sonderpädagogischem Förderbedarf unterrichten, wenn zu erwarten ist, daß die Schüler die Lernziele dieser Schulen erreichen und wenn der sonderpädagogische Förderbedarf in Zusammenarbeit mit den Mobilen Sonderpädagogischen Diensten erfüllt werden kann[81]. In Nordrhein-Westfalen können behinderte Kinder unter bestimmten Voraussetzungen – dazu gehört die erforderliche personelle und sächliche Ausstattung der allgemeinen Schulen – auch integrativ unterrichtet werden[82]. Zur Überweisung des schulpflichtigen Schülers mit sonderpädagogischem Förderbedarf an die Sonderschule oder an die allgemeine Schule TZ 25.413.

3.7 Zweiter Bildungsweg[83]

Der Zweite Bildungsweg bietet befähigten Berufstätigen die Möglichkeit, Bildungsabschlüsse nachzuholen. Zu nennen sind insbesondere das Kolleg

---

76 BVerfGE 96, 288 (305 f.).
77 § 10a bln SchulG; § 29 Abs. 2 BbgSchulG; § 35 Abs. 4 BremSchulG; §§ 12 Abs. 1, 19 Abs. 1 HmbSG; § 35 SchulG M-V; § 4 NSchG; § 4 Abs. 1 saarl SchoG.
78 § 7 Abs. 10 rp SchulG, § 13 Abs. 1 sächs SchulG, § 8 Abs. 2 SchulG LSA, § 25 Abs. 2 Satz 2 sh SchulG, § 1 Abs. 2 thür FörderschulG.
79 § 49 Abs. 2 HSchG.
80 § 15 Abs. 4 SchG.
81 Art. 21 Abs. 1, 19 Abs. 2 Nr. 4 BayEUG.
82 § 7 Abs. 2 und 3 SchPflG.
83 Vgl. *Führ* (Anm. 1), S. 178 ff.; *MPI-Bildungsbericht*, S. 492 ff.

(Institut zur Erlangung der Hochschulreife), das Abendgymnasium und die Abendrealschule.

Kolleg und *Abendgymnasium* (in Brandenburg: Abendschule der Sekundarstufe II) führen Personen, die älter als 18 Jahre sind und eine abgeschlossene Berufsausbildung oder eine mindestens dreijährige geregelte Berufstätigkeit nachweisen, zur Hochschulreife. In beiden Einrichtungen dauert der Bildungsgang drei, höchstens vier Jahre. Er beginnt mit einer Einführungsphase von zwei Halbjahren und wird danach in dem der gymnasialen Oberstufe (vgl. TZ 3.511) entsprechenden Kurssystem mit einer Dauer von vier Halbjahren fortgesetzt. Unterschiede zwischen Kolleg und Abendgymnasium zeigen sich in folgendem: Während des Kollegbesuchs darf der Studierende keine berufliche Tätigkeit ausüben; am Abendgymnasium muß er, außer in den letzten drei Halbjahren, berufstätig sein. Die Aufnahme ins Kolleg setzt das Bestehen einer Eingangsprüfung oder die erfolgreiche Teilnahme an einem mindestens halbjährigen Vorkurs voraus; von Bewerbern für das Abendgymnasium wird demgegenüber die Teilnahme an einem halbjährigen Vorkurs nur dann verlangt, wenn sie über keinen Realschulabschluß verfügen[84].

In einigen Ländern können Berufstätige an *Abendrealschulen* (in Brandenburg: Abendschule der Sekundarstufe I, im Saarland: Erweiterte Realschule in Abendform, in Sachsen: Abendmittelschule) den Realschulabschluß erwerben. In Bremen, Hessen und im Saarland gibt es darüber hinaus *Abendhauptschulen*.

Dem Zweiten Bildungsweg sind auch Lehrgänge des *Fernunterrichts* und der Volkshochschulen zuzurechnen, die auf die in den meisten Ländern vorgesehenen staatlichen *Schulfremdenprüfungen* (*Nichtschülerprüfungen*) zum Erwerb des Hauptschul- und Realschulabschlusses, der Hochschulreife und berufsqualifizierender Abschlüsse vorbereiten. (Zum Fernunterricht vgl. TZ 13.83, zu Schulfremdenprüfungen TZ 26.366.) Teilnehmer an Fernlehrgängen richten ihre Meldung zur Prüfung an die nach Landesrecht zuständige Prüfungsbehörde[85].

Für Berufstätige, die mindestens 25 Jahre alt sind und aufgrund ihrer Begabung, ihrer Persönlichkeit und ihrer Vorbildung für ein Hochschulstudium in Betracht kommen, besteht außerdem die Möglichkeit, die Prüfung für den *Hochschulzugang besonders befähigter Berufstätiger* abzulegen. Zulassungsvoraussetzung ist, daß die Bewerber nach abgeschlossener beruflicher Ausbildung und längerer Berufstätigkeit studienrelevante Kenntnisse und Fähigkeiten erworben haben und ihnen ein schulischer Bildungsgang oder die Teilnahme an einer Nichtschüler-Reifeprüfung nicht zugemutet werden kann. Die selbständige Führung eines Familienhaushalts mit mindestens drei Personen ist anderen Berufstätigkeiten gleichgestellt. Die Aufgaben in der Prü-

---

84 Vgl. im einzelnen die Vereinbarungen der KMK vom 21.6.1979 i.d.F. v. 2.2.1990 über die Neugestaltung der Kollegs (KMK-BeschlS. Nr. 248.1) und über die Neugestaltung der Abendgymnasien vom 21.6.1979 i.d.F. v. 10.11.1989 (KMK-BeschlS. Nr. 240.2).
85 Vgl. etwa § 1 der KMK-Vereinbarung über die Abiturprüfung für Nichtschüler entsprechend der Neugestaltung der gymnasialen Oberstufe in der Sekundarstufe II vom 13.9.1974 i.d.F. v. 24.10.1997 (KMK-BeschlS. Nr. 192.2).

fung, die aus einem schriftlichen und einem mündlichen Teil besteht, sollen die Berufserfahrung der Bewerber angemessen berücksichtigen[86].

3.8 Entwicklungen und Tendenzen

Aufbau und Gliederung des Schulwesens haben sich seit Erscheinen der 6. Auflage dieses Buches (1986) als weiterhin erstaunlich stabil erwiesen. Konzepte und Perspektiven, die noch zu Beginn der 80er Jahre auf einen tiefgreifenden Strukturwandel abzielten, haben die überkommene Organisation des Schulwesens keineswegs grundlegend zu ändern vermocht. Mancher mag gehofft (oder befürchtet) haben, daß die ostdeutschen Länder das Wagnis struktureller Neuerungen eingingen. Doch hat man auch dort den Aufbruch zu neuen Ufern gescheut und sich weitgehend den im Westen überkommenen Organisationsformen angeglichen. Immerhin ist es, gerade auch in Ostdeutschland, gelungen, die traditionellen Formen weiterzuentwickeln und veränderten Gegebenheiten anzupassen.

Zu den wichtigsten Errungenschaften der Sekundarstufe I gehört die stärkere *Öffnung und Durchlässigkeit der verschiedenen Schularten*. Dabei fällt freilich auf, daß die Gesamtschule, an die manche Reformer hohe Erwartungen geknüpft hatten, die herkömmlichen Schularten in der Regel keineswegs verdrängen konnte; statt dessen ist eine Verschiebung der Schülerströme zwischen den hergebrachten Schularten zu beobachten, und zwar von der Hauptschule zur Realschule und zum Gymnasium. Die bildungspolitischen Diskussionen konzentrieren sich hierbei in erster Linie auf die Frage, ob es wünschenswert sei, daß das Gymnasium immer mehr zur »heimlichen Hauptschule« mutiert. Möglicherweise bieten die in Sachsen, Sachsen-Anhalt und Thüringen anstelle der Hauptschule und der Realschule eingeführte Mittel-, Sekundar- bzw. Regelschule sowie die nunmehr im Saarland bestehende Erweiterte Realschule eine attraktive Alternative zu den bisherigen Schularten, die diesen Trend langfristig aufhalten könnte. In der Sekundarstufe II ist vor allem auf die Reform der gymnasialen Oberstufe, wiewohl immer noch umstritten, zu verweisen. In diesem Zusammenhang gewinnt der Streit um die Dauer des Schulbesuchs bis zum Abitur – zwölf Jahre wie in Sachsen und Thüringen oder 13 Jahre wie in den anderen Ländern – an Brisanz.

Insgesamt gewinnt man den Eindruck, daß die Zeit der zukunftsgewissen bildungspolitischen Entwürfe vorbei ist. Es sind heutzutage nicht so sehr Strukturfragen des Schulsystems, die im Vordergrund des Interesses stehen[87]. Weit

---

86 Einzelheiten regelt die KMK-Vereinbarung über die Prüfung für den Hochschulzugang von besonders befähigten Berufstätigen vom 27./28.5.1982 i.d.F. v. 6.4.1987 (KMK-BeschlS. Nr. 298). Zu den in einigen Ländern für Berufstätige bestehenden Möglichkeiten, auch ohne Prüfung den Hochschulzugang zu erreichen, s. Christoph *Ehmann*: Hochschulzugang ohne Abitur – Eine Zwischenbilanz, RdJB 1994, 364.
87 Auch die Denkschrift der Kommission »Zukunft der Bildung – Schule der Zukunft« beim Ministerpräsidenten des Landes Nordrhein-Westfalen, Neuwied 1995, hält sich mit Vorschlägen zu einer Neustrukturierung des Schulwesens zurück. Sie läßt es damit bewenden, für die Einführung der sechsjährigen Grundschule zu plädieren (S. 239, 281).

wichtiger erscheint die Frage, wie die Schule, gleich welcher Art, ihre Rolle als Erziehungs- und Bildungseinrichtung im Wettbewerb mit den übermächtigen Sozialisationsagenturen des Medienmarktes und angesichts nachlassender familiärer Erziehungskraft erfolgreich wahrnehmen kann.

4. Kapitel: Allgemeine pädagogische und schulorganisatorische Regelungen

4.1 Unterricht und Erziehung

4.11 Staatlicher Erziehungsauftrag, Bildungsziele, Lehrpläne, Rechtschreibung, Schulbücher[1]

4.111 Angesichts der divergierenden Wertvorstellungen, die in der pluralistischen Gesellschaft aufeinanderstoßen und miteinander konkurrieren, drängt sich die Frage auf, ob der Staat überhaupt berufen ist, durch seine Schulen zu erziehen. Die Bedenken gegen den staatlichen Erziehungsauftrag gründen etwa in dem Argument, dem Staat sei es wegen der ihm aufgegebenen religiös-weltanschaulichen Neutralität verwehrt, sich in der staatlichen Schule für bestimmte Werte einzusetzen[2]; in der Auffassung, die gegenwärtige Ausrichtung schulischer Erziehungsziele beruhe auf einem einseitigen Verständnis von Persönlichkeitsentfaltung, das die Grenze zulässiger Persönlichkeitsformung durch den Staat in einer pluralistischen Gesellschaft überschreite[3]; in der Ansicht, das Prinzip der »Staatsfreiheit«, das für den Bereich der individuellen und öffentlichen Meinungsbildung gelte, sei auch auf das öffentliche Schulwesen anzuwenden[4]. Demgemäß wird gefordert: Der Staat müsse sich in den öffentlichen Schulen nach Möglichkeit auf Wissensvermittlung beschränken[5]; er habe die inhaltliche Gestaltung des Unterrichts den Schulen

---

1 Zum Thema »Erziehungsauftrag und Erziehungsmaßstab der Schule im freiheitlichen Verfassungsstaat« die Berichte von Michael *Bothe*, VVDStRL 54 (1995), S. 7, und Armin *Dittmann*, VVDStRL 54 (1995), S. 47, sowie die Beiträge von Peter M. *Huber*, BayVBl. 1994, 545, und Bodo *Pieroth*, DVBl. 1994, 949. Dazu ferner Hans-Ulrich *Evers:* Verfassungsrechtliche Determinanten der inhaltlichen Gestaltung der Schule, in: Joseph *Krautscheidt*/Heiner *Marré* (Hrsg.): Essener Gespräche zum Thema Staat und Kirche Bd. 12, Münster 1977, S. 104; *ders.*: Die Befugnis des Staates zur Festlegung von Erziehungszielen in der pluralistischen Gesellschaft, Berlin 1979; Peter *Häberle*: Erziehungsziele und Orientierungswerte im Verfassungsstaat, Freiburg 1981; Frank *Hennecke*: Staat und Unterricht, Berlin 1972; Frank-Rüdiger *Jach*: Vom staatlichen Schulsystem zum öffentlichen Schulwesen. Erziehungsziele und Persönlichkeitsentwicklung in der Schule, Diss. jur., Bremen 1988; *Niehues*, Schul- und Prüfungsrecht, S. 181 ff. Rn. 271 ff.; Thomas *Oppermann*: Schule und berufliche Ausbildung, HdbStR VI, S. 329 (334 f. Rn. 9 f., 344 ff. Rn. 31–47); *ders.*: Öffentlicher Erziehungsauftrag – Eine Wiederbesichtigung nach der deutschen Einheit, in: Heiner Marré/Dieter Schümmelfeder/Burkhard Kämper (Hrsg.): Essener Gespräche zum Thema Staat und Kirche. Bd. 32, Münster 1998, S. 7; *Püttner*: Schulrecht, S. 800 ff. Rn. 321–327; *Stein/Roell*, S. 62 ff., 152 f., 226 f.
2 So z. B. Arnulf *Schmitt-Kammler*, in: Sachs: Grundgesetz. Kommentar, Art. 7 Rn. 26.
3 Frank-Rüdiger *Jach*: Schulvielfalt als Verfassungsgebot, Berlin 1991, S. 79.
4 Erich *Bärmeier*: Über die Legitimität staatlichen Handelns unter dem Grundgesetz der Bundesrepublik Deutschland. Die Unvereinbarkeit staatlichen Schulehaltens mit den Verfassungsprinzipien der »Staatsfreiheit« und der »Verhältnismäßigkeit«, Frankfurt am Main 1992, S. 141 ff., 150 ff.
5 So – insbesondere unter Berufung auf das den Eltern vorbehaltene Erziehungsrecht – Fritz *Ossenbühl*: Schule im Rechtsstaat, DÖV 1977, 801 (808).

Allgemeine pädagogische und schulorganisatorische Regelungen

als Selbstverwaltungsangelegenheit zu überlassen[6]; er solle die schulische Erziehungsaufgabe unabhängigen Einrichtungen zuweisen, unter denen die Eltern nach dem Marktmodell durch Einlösung staatlich finanzierter Bildungsgutscheine frei wählen könnten[7]. Diesen Einwendungen ist entgegenzuhalten, daß die in Art. 7 Abs. 1 GG statuierte Schulaufsicht des Staates nicht auf die äußere Organisation des Schulwesens beschränkt ist, sondern den Bildungs- und Erziehungsauftrag mit umfaßt. *Der staatliche Erziehungsauftrag ist dem elterlichen Erziehungsrecht nicht nach-, sondern gleichgeordnet*[8]. *Er bedeutet nicht nur Vermittlung von Wissensstoff, sondern hat auch zum Ziel, den einzelnen Schüler zu einem selbstverantwortlichen Mitglied der Gesellschaft heranzubilden*[9].

Zwölf Länder (Baden-Württemberg, Bayern, Brandenburg, Bremen, Hessen, Mecklenburg-Vorpommern, Nordrhein-Westfalen, Rheinland-Pfalz, das Saarland, Sachsen, Sachsen-Anhalt und Thüringen) haben die Erziehungs- und Bildungsziele der Schule in ihren Verfassungen mehr oder weniger umfangreich bestimmt[10]; Berlin, Hamburg, Niedersachsen und Schleswig-Holstein begnügen sich mit schulgesetzlichen Regelungen. Die Formulierungen in den Verfassungen sind bei Übereinstimmung im Grundsätzlichen nicht einheitlich; je nach politischem und weltanschaulichem Profil des Landes, nach

---

6 So – vor allem im Hinblick auf das kindliche Selbstentfaltungsrecht – Ekkehart *Stein*: Das Recht des Kindes auf Selbstentfaltung in der Schule, Neuwied 1967; ferner *Jach* (Anm. 3), S. 80; *Bärmeier* (Anm. 4), S. 413. S. jüngst wieder Frank-Rüdiger *Jach*: Schulverfassung und Bürgergesellschaft in Europa, Berlin 1999, eine breit angelegte international vergleichende Studie, in der der Autor mit Nachdruck die These vertritt, daß »allein eine bürgerschaftlich verfaßte Schule, in der Eltern und Lehrer auf der Basis einer gemeinsamen Grundüberzeugung im Rahmen gesamtgesellschaftlich verbindlicher Zielvorgaben ein bestimmtes pädagogisches Schulprogramm eigenverantwortlich gestalten, den Anforderungen einer wert- und leistungsorientierten Bildung in einer pluralistischen Gesellschaft entspricht« (S. 17.), und sich kritisch dazu äußert, daß die Pluralismusdebatte in Deutschland weitgehend auf die Frage nach dem verfassungsrechtlich zulässigen Umfang der Binnenpluralisierung staatlicher Schulen reduziert sei und den Aspekt der Außenpluralität durch Stärkung der Schulen in freier Trägerschaft vernachlässige (S. 262 ff.).
7 Theodor *Hanf*: Vom pädagogischen Kulturkampf und seiner Vergeblichkeit, in: Hermann Avenarius u. a. (Hrsg.): Festschrift für Erwin Stein zum 80. Geburtstag, Bad Homburg 1983, S. 421 (432 f.); Benediktus *Hardorp*: Neue Maßstäbe in der staatlichen Finanzhilfe für Freie Schulen? Zu den bildungsökonomischen Perspektiven des Finanzhilfe-Urteils, in: Friedrich Müller/Bernd Jeand'Heur (Hrsg.): Zukunftsperspektiven der Freien Schule. Dokumentation, Diskussion und praktische Folgen der Rechtsprechung des Bundesverfassungsgerichts seit dem Finanzhilfe-Urteil. 2. Aufl., Berlin 1996, S. 117 (157 ff.); Johann Peter *Vogel*: Der Bildungsgutschein – eine Alternative der Bildungsfinanzierung, Neue Sammlung 1972, 514; Matthias *Maurer*: Der Bildungsgutschein – Finanzierungsmodell für ein freies Bildungswesen, in: Frank-Rüdiger Jach/Siegfried Jenkner (Hrsg.): Autonomie der staatlichen Schule und freies Schulwesen. Festschrift zum 65. Geburtstag von J. P. Vogel, Berlin 1998, S. 189.
8 BVerfGE 34, 165 (183); 52, 223 (236); ebenso NdsStGH, NVwZ 1997, 267.
9 BVerfGE 47, 46 (71 f.). Zur Integrationsaufgabe des Staates in der pluralistischen Gesellschaft als Rechtfertigung eines eigenständigen staatlichen Erziehungsauftrags s. Ernst-Wolfgang *Böckenförde*: Elternrecht – Recht des Kindes – Recht des Staates, in: Joseph Krautscheidt/Heiner Marré (Hrsg.): Essener Gespräche zum Thema Staat und Kirche. Bd. 14, Münster 1980, S. 84; vgl. auch *Pieroth*, DVBl. 1994, 950.
10 Zu den in den Verfassungen der neuen Länder festgelegten Erziehungszielen Jörg-Detlef *Kühne*: Neue Länder – neue Erziehungsziele, RdJB 1994, 39.

Tendenz zur Bewahrung oder zur Veränderung und dem Zeitpunkt der Entstehung der Vorschriften stehen verschiedene Akzente im Vordergrund[11]. Die Kultusminister haben in ihrer Erklärung vom 25.5.1973[12] die inhaltlich übereinstimmenden Bildungsziele in neun Punkten zusammengefaßt:
»Die Schule soll
- Wissen, Fertigkeiten und Fähigkeiten vermitteln,
- zu selbständigem kritischem Urteil, eigenverantwortlichem Handeln und schöpferischer Tätigkeit befähigen,
- zu Freiheit und Demokratie erziehen,
- zu Toleranz, Achtung vor der Würde des anderen Menschen und Respekt vor anderen Überzeugungen erziehen,
- friedliche Gesinnung im Geist der Völkerverständigung wecken,
- ethische Normen sowie kulturelle und religiöse Werte verständlich machen,
- die Bereitschaft zu sozialem Handeln und zu politischer Verantwortlichkeit wecken,
- zur Wahrnehmung von Rechten und Pflichten in der Gesellschaft befähigen,
- über die Bedingungen der Arbeitswelt orientieren.«

Die so umschriebenen Bildungsziele enthalten einen ethischen, weltanschaulichen und politischen Mindestkonsens[13]; über diesen Mindestkonsens hinaus muß in einer freiheitlichen demokratischen Ordnung ein Pluralismus der Werte akzeptiert werden. Demgemäß muß das staatliche Erziehungsprogramm für die verschiedenen in der Gesellschaft vorhandenen Wertauffassungen offen sein, darf der Staat keine missionarische Schule betreiben[14]. Das schließt nicht aus, daß er mit dem schulischen Unterricht eine wertgebundene Erziehung anstrebt. Wenn er hierbei Erziehungsziele wie »Verantwortung vor Gott« oder »Geist christlicher Nächstenliebe«[15] verfolgt, verstößt er dadurch nicht gegen das Gebot staatlicher Neutralität; der Bezug auf christliche Elemente ist einschränkend dahin zu verstehen, daß er den prägenden Kultur- und Bildungswert der christlichen Religionen, nicht aber christliche Glaubenswahrheiten und ein entsprechendes Bekenntnis als Erziehungsziel meint[16]. Die auf dem Grundrecht der positiven wie negativen Religionsfreiheit beruhende staatliche Neutralitätspflicht gewährt keinen Anspruch darauf, »in der Schule von der Konfrontation mit christlichen Glaubensinhalten überhaupt verschont zu bleiben«[17]. Der Staat hat – in den Worten Adolf Arndts – zwei Grenzen zu beachten: »keine Ausschließlichkeit seines Wir-

---

11 Vgl. die Synopsen und Analysen der Erziehungsziele in den alten Bundesländern bei *Evers*: Die Befugnis des Staates (Anm. 1), S. 34 ff.
12 KMK-BeschlS. Nr. 824.
13 Zur Notwendigkeit eines Wertekonsenses s. auch Dian *Schefold*: Erziehung als Wertvermittlung im wertpluralistischen Staat, RdJB 1996, 309 (320 f.).
14 Nachdrückliche Betonung des »Grundrechts auf eine tolerante Schule« bei *Oppermann*, HdbStR VI, S. 346 Rn. 36; vgl. auch *ders.*: Gutachten, C 92 ff.; *Bothe*, VVDStRL 54 (1994), S. 29 ff.; *Evers*: Die Befugnis des Staates (Anm. 1), S. 82 ff.; *Huber*, BayVBl. 1994, 553 f. Aus der Rspr.: BVerfG, NVwZ 1990, 54; BVerwGE 79, 298 (307).
15 So z. B. Art. 12 Abs. 1 bw Verf.
16 BVerwG, DÖV 1998, 1058 (1060).
17 BVerwG, ebda.

kens im Erziehungswesen und keine Entfremdung von Wahrheiten, über die er nicht Richter ist«[18]. Umstritten ist, ob die verfassungsrechtlich fixierten Erziehungsziele justiziabel, also gerichtlich durchsetzbar sind[19]. Verfassungsnormen, die dem Staat ausdrücklich die Verfolgung bestimmter Bildungsziele vorgeben, sind Staatszielbestimmungen[20]. Als solche binden sie den Gesetzgeber, dem allerdings die Art und Weise ihrer Umsetzung vorbehalten bleibt; Gerichte und Behörden müssen sie bei der Auslegung des Rechts beachten[21]. In diesem beschränkten Rahmen sind sie auch justiziabel. Die Bedeutung der Erziehungsziele liegt weniger in der Steuerung des staatlichen Handelns als in der Begrenzung der staatlichen Handlungsfreiheit[22]. Sie können also vor allem dann relevant werden, wenn es darum geht, Fehlentwicklungen in der Bildungsarbeit der Schule, z. B. durch Mißachtung des Toleranzgebots, entgegenzuwirken. Die vom Gesetzgeber konkretisierten Bildungs- und Erziehungsziele sind finale Rechtsnormen (vgl. TZ 1.311), die der Schule und dem einzelnen Lehrer ein verpflichtendes Programm aufgeben, es ihnen aber überlassen, wie sie dieses Programm in der Unterrichts- und Erziehungsarbeit verwirklichen[23].

4.112 Die Bildungsziele werden – im Rahmen der für die verschiedenen Schularten und Schulstufen typusbestimmenden inhaltlichen Ausrichtung – durch *Lehrpläne* oder Richtlinien (*»Rahmenrichtlinien«*) für die einzelnen Fächer, Fächerkombinationen oder fächerübergreifenden Lernbereiche konkretisiert. Dabei folgen die Lehrpläne überwiegend dem *curricularen Ansatz*: Sie sind nicht an »Stoffen«, sondern an Lernzielen orientiert, weisen methodische Hilfen für das Lernverfahren auf, ermöglichen eine Erfolgskontrolle (Evaluation) und eine Rückkoppelung zum Zwecke der Korrektur (Curricu-

---

18 Adolf *Arndt*: Aufgaben und Grenzen der Staatsgewalt im Bereich der Schulbildung, in: Adolf Arndt: Politische Reden und Schriften, Berlin 1976, S. 203 (219).
19 Nach Gerd *Roellecke*: Erziehungsziele und der Auftrag der Staatsschule, in: Wolfgang Zeidler/Theodor Maunz/Gerd Roellecke (Hrsg.): Festschrift Hans Joachim Faller, München 1984, S. 187 (199), handelt es sich nicht einmal um Rechtssätze, sondern nur um »moralische Stützen der Lehrer im Unterricht«. Josef *Isensee*: Grundrechtsvoraussetzungen und Verfassungserwartungen an die Grundrechtsausübung, HdbStR V, S. 353 (444 Rn. 178), sieht in den Bildungszielen Verfassungserwartungen an die Schüler verkörpert; diese seien zwar »normative Determinanten des pädagogischen Ermessens«, nicht aber justiziable Rechtssätze. Demgegenüber erachtet sie Jörg-Detlef *Kühne*: Zum Vollzug landesverfassungsrechtlicher Erziehungsziele – am Beispiel Nordrhein-Westfalens, DÖV 1991, 763, als »geltendes und zu vollziehendes Verfassungsrecht«.
20 Zum Begriff der Staatszielbestimmungen vgl. *Der Bundesminister des Innern/Der Bundesminister der Justiz* (Hrsg.): Bericht der Sachverständigenkommission Staatszielbestimmungen – Gesetzgebungsaufträge, Bonn 1983, S. 13; Detlef *Merten*: Über Staatsziele, DÖV 1993, 368 (370 ff.).
21 Vgl. Konrad *Hesse*: Bedeutung der Grundrechte, in: Ernst Benda/Werner Maihofer/Hans-Jochen Vogel (Hrsg.): Handbuch des Verfassungsrechts. 2. Aufl., Berlin 1995, S. 127 (143 ff. Rn. 33 ff.).
22 Ingo *Richter*, in: AK-GG, Art. 7 Rn. 19; vgl. auch *Bothe*, VVDStRL 54 (1995), S. 27 ff., der zwischen der negativ-ausgrenzenden und der positiv-anleitenden Funktion der Erziehungsziele unterscheidet.
23 *Bothe*, VVDStRL 54 (1995), S. 25 ff., spricht von einem »Finalprogramm«.

lumrevision). Als offene Curricula verzichten sie auf eine Detailsteuerung des Unterrichts und räumen so dem Lehrer einen breiten Spielraum inhaltlicher und didaktischer Gestaltung ein.
Die Lehrpläne dürfen den Bildungsauftrag des Staates nicht verkürzen oder einseitig umsetzen. Sie sind an die Werteordnung der Verfassung, insbesondere an die freiheitliche demokratische Grundordnung als ihren Kernbestand gebunden[24]. Die Bejahung der Verfassung bedeutet indes nicht, daß die Schule zu Konformismus erziehen muß. Vielmehr geht es auch und gerade darum, daß die Schüler lernen, Konflikte tolerant zu ertragen und in fairer Auseinandersetzung zu bewältigen.
Zum Erlaß von Lehrplänen, die den genannten Anforderungen entsprechen, ist der Staat nicht nur befugt; er erfüllt damit vielmehr eine ihm durch das Grundgesetz (Art. 7 Abs. 1 GG) und entsprechende Vorschriften der Landesverfassungen auferlegte Pflicht. Deshalb darf er seiner Verantwortung im Erziehungswesen nicht ausweichen. Im »Kampf der geistigen Mächte um den Lehrplan« ist ihm als regulierender Instanz die beherrschende Rolle zugewiesen[25].
Zur Frage der Rechtsqualität der Lehrpläne und der Zuständigkeit zu ihrem Erlaß (Exekutive oder Legislative) vgl. TZ 15.361.

4.113 Zu den für den Unterricht in formeller Hinsicht maßgeblichen Regelungen gehören auch die *Rechtschreibregeln*. Sie werden vor allem den Leistungsbewertungen im Fach Deutsch zugrunde gelegt. Die bislang gültigen orthographischen Regeln gehen auf die Staatliche Orthographiekonferenz von 1901 zurück; sie wurden von der Redaktion des »Duden« schrittweise weiterentwickelt. 1955 beschloß die Kultusministerkonferenz, daß die in der Rechtschreibreform von 1901 und den späteren Verfügungen festgelegten Schreibweisen weiterhin für die deutsche Rechtschreibung verbindlich und Grundlage für den Schulunterricht seien; in Zweifelsfällen seien die im »Duden« gebrauchten Regeln verbindlich. Seit damals gibt es Bestrebungen zu einer Rechtschreibreform. Sie führten schließlich zur Orthographiekonferenz vom 12. bis 24.11.1994 in Wien, an der Fachleute und Vertreter staatlicher Stellen aus Deutschland, Österreich und der Schweiz sich auf eine neue Regelung der deutschen Rechtschreibung verständigten. Daraufhin beschloß die Kultusministerkonferenz am 1.12.1995, den überarbeiteten Neuregelungs-

---

24 Nach der Rechtsprechung des Bundesverfassungsgerichts »läßt sich die freiheitliche demokratische Grundordnung als eine Ordnung bestimmen, die unter Ausschluß jeglicher Gewalt- und Willkürherrschaft eine rechtsstaatliche Herrschaftsordnung auf der Grundlage der Selbstbestimmung des Volkes nach dem Willen der jeweiligen Mehrheit und der Freiheit und Gleichheit darstellt. Zu den grundlegenden Prinzipien dieser Ordnung sind mindestens zu rechnen: die Achtung vor den im Grundgesetz konkretisierten Menschenrechten, vor allem vor dem Recht der Persönlichkeit auf Leben und freie Entfaltung, die Volkssouveränität, die Gewaltenteilung, die Verantwortlichkeit der Regierung, die Gesetzmäßigkeit der Verwaltung, die Unabhängigkeit der Gerichte, das Mehrparteienprinzip und die Chancengleichheit für alle politischen Parteien mit dem Recht auf verfassungsmäßige Bildung und Ausübung einer Opposition« (BVerfGE 2, 1 [12 f.] – SRP-Urteil, BVerfGE 5, 85 [140] – KPD-Urteil).
25 So schon der Pädagoge Erich *Weniger*: Theorie der Bildungsinhalte und des Lehrplans (1930/1952), wieder abgedruckt in: *ders.*: Ausgewählte Schriften zur geisteswissenschaftlichen Pädagogik, Weinheim, Basel 1975, S. 199 (215 ff.).

Allgemeine pädagogische und schulorganisatorische Regelungen

vorschlag als verbindliche Grundlage für den Unterricht in allen Schulen einzuführen[26]. Die Kultusministerien haben den Beschluß zum 1.8.1998 für ihr jeweiliges Land in Kraft gesetzt. Während einer Übergangszeit, die am 31.7.2005 ausläuft, gelten bisherige Schreibweisen nicht als falsch, sollen aber als überholt gekennzeichnet und bei Korrekturen durch die neuen Schreibweisen ergänzt werden; zu diesem Zeitpunkt sollen auch alle Schulbücher in der neuen Schreibung vorliegen. Die Rechtschreibreform dient der Vereinfachung der komplizierten Regeln, wie sie die Duden-Redaktion im Laufe der Jahrzehnte entwickelt hat. Sie beschränkt sich auf wenige Neuerungen[27].

Die neuen Rechtschreibregeln sind gleichwohl auf heftige Kritik gestoßen. Die Reform hat auch die Verwaltungsgerichte und schließlich das Bundesverfassungsgericht beschäftigt. Die rechtlichen Auseinandersetzungen bezogen sich vor allem auf folgende Fragen: ob die Rechtschreibung überhaupt Gegenstand staatlicher Regelung sein könne, ob die Einführung der Reform in die Zuständigkeit der Länder und nicht kraft Natur der Sache in die Kompetenz des Bundes falle und ob für die Umsetzung der Reform der Erlaß einer Verwaltungsvorschrift genüge oder eine Regelung durch den Gesetzgeber erforderlich sei[28]. Das Bundesverfassungsgericht hat unter diese Auseinandersetzungen mit Urteil vom 14.7.1998[29] einen Schlußstrich gezogen.

Das Gericht betont, daß das Grundgesetz kein Verbot enthalte, die Rechtschreibung zum Gegenstand staatlicher Regelung zu machen; dabei sei der Staat nicht darauf beschränkt, nur nachzuzeichnen, was in der Sprachgemeinschaft ohne seinen Einfluß im Lauf der Zeit an allgemein anerkannter Schreibung entstanden sei. Für den Bereich der Schulen könne er sich zudem auf Art. 7 Abs. 1 GG berufen, der ihm mit der Aufsicht über das Schulwesen auch die Befugnis zuweise, Bestimmungen über Art und Inhalt des Unterrichts, einschließlich der Regeln der deutschen Rechtschreibung, zu treffen. Von Verfassungs wegen sei auch nicht zu beanstanden, daß Regelungen dieser Art von den Ländern und nicht vom Bund getroffen würden. Die Umsetzung der Rechtschreibreform an den Schulen beziehe sich auf einen Gegenstand des Schulwesens und sei folglich der Zuständigkeit der Länder zugeordnet. Einer Regelungsbefugnis der Länder stehe auch nicht entgegen, daß Schreibung als Kommunikationsmittel im gesamten Sprachraum ein hohes Maß an Einheitlichkeit voraussetze; den Ländern sei die Herstellung von Einheitlich-

---

26 KMK-Beschluß »Neuregelung der Rechtschreibung« (KMK-BeschlS. Nr. 661.1). – Zur Geschichte der Rechtschreibreform Wolfgang *Kopke*: Rechtschreibreform und Verfassungsrecht, Tübingen 1995, S. 33 ff.
27 Dazu gehören u. a. Neuschreibungen aufgrund des sog. Stammprinzips (z. B. »belämmert« statt »belemmert«); ß nur nach langem Vokal oder Diphtong (z. B. »Straße«), sonst ss (z. B. »Boss« statt »Boß«, »dass« statt »daß«); Schreibungen dreier Konsonanten hintereinander (z. B. »Betttuch« statt »Bettuch«).
28 Zum damaligen Stand der Kontroverse mit umfassenden Nachweisen aus Rspr. und Schrifttum Jörg *Menzel*: Sprachverständige Juristen. Ein Zwischenbericht zum Rechtsstreit um die Rechtschreibreform, RdJB 1998, 36; *ders.*: Von Richtern und anderen Sprachexperten – Ist die Rechtschreibreform ein Verfassungsproblem?, NJW 1998, 1177.
29 BVerfG, NJW 1998, 2515. Zu diesem Urteil Friedhelm *Hufen*: Rechtschreibreform: Karlsruhe locuta..., RdJB 1998, 472; Bernhard W. *Wegener*: Rechtschreibreform und Verfassungsrecht, Jura 1999, 185.

keit im Wege der Selbstkoordination möglich. Doch bedeute Einheitlichkeit nicht notwendig Übereinstimmung in allen Einzelheiten; deshalb habe das Ausscheren eines Beteiligten aus dem Kreis derjenigen, die sich zuvor auf gemeinsame Regeln verständigt haben, nicht notwendig die Unzulässigkeit der Neuordnung zur Folge, solange Kommunikation im gemeinsamen Sprachraum trotzdem weiterhin stattfinden könne[30]. Im übrigen habe es für die Einführung der Rechtschreibreform keiner Regelung durch den parlamentarischen Gesetzgeber bedurft (dazu ausführlich TZ 15.363).

4.114 Neben den Lehrplänen sind die *Schulbücher* die wichtigste inhaltliche Vorgabe für den Fachunterricht des einzelnen Lehrers. Sie füllen die Lücke zwischen seiner Bindung an den Lehrplan und seiner pädagogischen Freiheit[31]. Damit die staatliche Kontrolle der Unterrichtsinhalte nicht durch private Verlage unterlaufen wird, bedürfen Schulbücher einer ministeriellen Zulassung[32]. Die Genehmigung wird – meist nach Durchführung eines förmlichen Begutachtungsverfahrens – erteilt, wenn die Bücher allgemeinen Verfassungsgrundsätzen und Rechtsvorschriften nicht widersprechen[33], mit

---

30 Demgemäß ändert die Tatsache, daß in Schleswig-Holstein der Volksentscheid vom 27.9.1998 die durch Erlaß eingeführte Rechtschreibreform außer Kraft gesetzt hat, nichts an der Wirksamkeit der Reform in den übrigen Ländern. In Schleswig-Holstein wird aufgrund des Volksentscheids die »allgemein übliche Rechtschreibung« unterrichtet; als allgemein üblich gilt »diejenige Rechtschreibung, wie sie in der Bevölkerung seit langem anerkannt und in der Mehrzahl der lieferbaren Bücher verwendet wird« (so nunmehr § 4 Abs. 10 SchulG).
31 Zur Pflicht des Lehrers, ein auf Vorschlag der Fachkonferenz und auf Antrag der Gesamtkonferenz beschafftes Schulbuch im Unterricht zu verwenden, BVerwG, NVwZ 1994, 583. Zur Problematik ferner TZ 19.4.
32 *DJT-SchulGE*, S. 177. Vgl. Martin *Rehborn*: Rechtsfragen der Schulbuchprüfung, München 1986, *Püttner*: Schulrecht, S. 802 f. Rn. 325, und *Stein/Roell*, S. 307 f. Aus historischer Sicht: Michael *Sauer*: Von der »Negativkontrolle« zur »Schulbuchpolitik« – Schulbuchzulassung und -einführung in der preußischen Volksschule (19. Jh.), RdJB 1991, 182.
33 Prägnant BVerwGE 79, 298 (301) = BVerwG, SPE n. F. Nr. 5, S. 8 und wortgleich BVerwG, SPE n. F. 702 Nr. 6, S. 17: »Politischen, ideologischen oder weltanschaulichen Richtungen darf deshalb weder im Unterricht noch im Schulbuch gezielt parteiisch, gleichsam mit Missionstendenz das Wort geredet werden, in umstrittenen, die Öffentlichkeit berührenden Fragen nicht die eine Seite verteufelt, die andere verherrlicht werden. Das schließt nicht aus, daß auch extreme und von außenseiterischen Minderheiten vertretene Meinungen in einem Schulbuch zu Worte kommen dürfen. Entscheidend ist, daß Unterricht und Schulbuch nicht als Mittel verwendet werden, den Schüler politisch, ideologisch oder weltanschaulich zu indoktrinieren«. Das BVerwG verzichtet jedoch ausdrücklich darauf, »Ausgewogenheit« und »Binnenpluralität« für den Inhalt des einzelnen Schulbuchs zu fordern. Das BVerfG, NVwZ 1990, 54, hat die gegen das ersterwähnte Urteil des BVerwG gerichtete Verfassungsbeschwerde nicht zur Entscheidung angenommen. Zustimmung findet die Rspr. des BVerwG bei Frank-Rüdiger *Jach*: Die Bedeutung des Neutralitäts- und Toleranzgebotes bei der Entscheidung über die Zulassung eines Schulbuchs zum Unterrichtsgebrauch, RdJB 1989, 210, freilich mit der Einschränkung, daß in einem weltanschaulich neutralen Staat Toleranz gegenüber der Pluralität der Meinungen im Grunde nur durch strukturelle Schulvielfalt verwirklicht werden könne. Kritisch zum Urteil des BVerwG, weil es von der Überprüfung eines Schulbuchs am Kriterium der Ausgewogenheit absehe: Ingo *Richter*: Anmerkung zu BVerwG v. 3.5.1988, DÖV 1989, 315. Kritik auch bei Matthias *Jestaedt*: Anmerkung zu

den Lehrplänen vereinbar, didaktisch wie auch sprachlich geeignet und nicht zu teuer sind[34]. Über Auswahl und Einführung von Schulbüchern in den einzelnen Schulen entscheidet zumeist die Lehrerkonferenz (Gesamtkonferenz oder Fachkonferenz). Zur verfassungsrechtlichen Zulässigkeit des Genehmigungsverfahrens und zur Frage der Geltung des Gesetzesvorbehalts s. TZ 15.364.

4.12 Religionsunterricht, Ethikunterricht, Schulgebet, Kruzifix in der Schule

4.121 Nach Art. 7 Abs. 3 Satz 1 GG ist der *Religionsunterricht* an den öffentlichen Schulen mit Ausnahme der bekenntnisfreien Schulen *ordentliches Lehrfach*[35]. Er wird, unbeschadet des staatlichen Aufsichtsrechts, in Übereinstimmung mit den Grundsätzen der Religionsgemeinschaften erteilt (Art. 7

BVerwG v. 3.5.1988, JZ 1989, 140, mit dem Argument, dem Grundgesetz lägen unabdingbare ethisch-rechtliche Normen zugrunde, die den Kanon zulässiger Erziehungsziele vorschrieben und es dem Staat verwehrten, sich durch Zulassung eines Schulbuchs »in den Dienst eines ‚emanzipatorisch-progressiven' Erziehungsprogramms« zu stellen, sowie bei Albrecht *Friesecke*/Gisela *Friesecke*: Rechtliche Grenzen emanzipatorischer Erziehung im staatlichen Schulwesen, DÖV 1996, 629.

34 In diesem Sinne z. B. § 35a Nr. 2 bw SchulG, § 14 Abs. 2 und 3 BbgSchulG, § 10 Abs. 2 HSchG, § 122 Abs. 1 Satz 1, Abs. 2 Satz 2 sh SchulG. Vgl. auch die Richtlinien der KMK für die Genehmigung von Schulbüchern, Beschluß vom 29.6.1972 (BeschlS. Nr. 490). Bei der Zulassung von Schulbüchern steht der Unterrichtsverwaltung unter fachwissenschaftlichen und pädagogischen Gesichtspunkten ein Beurteilungsspielraum zu (VGH München, NVwZ-RR 1993, 357; vgl. auch BVerwGE 79, 298 [300]).

35 Hermann *Avenarius*: Aktuelle verfassungsrechtliche Fragen des Religionsunterrichts im öffentlichen Schulwesen, in: Peter A. Döring/Horst Weishaupt/Manfred Weiß (Hrsg.): Bildung in sozioökonomischer Sicht. Festschrift für Hasso von Recum zum 60. Geburtstag, Köln 1989, S. 47; Axel Freiherr *von Campenhausen*: Erziehungsauftrag und staatliche Schulträgerschaft, Göttingen 1967, S. 142 ff.; Martin *Heckel*: Religionsunterricht in Brandenburg. Zur Regelung des Religionsunterrichts und des Faches Lebensgestaltung – Ethik – Religionskunde (LER), Berlin 1998; Alexander *Hollerbach*: Freiheit kirchlichen Wirkens, HdbStR VI, S. 595 (613 ff. Rn. 32–43); Karl-Hermann *Kästner*: Religiöse Bildung und Erziehung in der öffentlichen Schule – Grundlagen und Tragweite der Verfassungsgarantie staatlichen Religionsunterrichts, in: Heiner Marré/Dieter Schümmelfeder/Burkhard Kämper (Hrsg.): Essener Gespräche zum Thema Staat und Kirche. Bd. 32, Münster 1998, S. 61; Christoph *Link*: Religionsunterricht, in: Joseph Listl/Dietrich Pirson (Hrsg.): Handbuch des Staatskirchenrechts der Bundesrepublik Deutschland. Bd. 2. 2. Aufl., Berlin 1995, S. 439; Hartmut *Maurer*: Die verfassungsrechtliche Grundlage des Religionsunterrichts, in: Franz Ruland/Hans-Jürgen Papier/Bernd Baron von Maydell (Hrsg.): Verfassung, Theorie und Praxis des Sozialstaats. Festschrift für Hans F. Zacher zum 70. Geburtstag, Heidelberg 1998, S. 577; Stefan *Mückl*: Staatskirchenrechtliche Regelungen zum Religionsunterricht, AöR 122 (1997), S. 513; Janbernd *Oebbecke*: Reichweite und Voraussetzungen der grundgesetzlichen Garantie des Religionsunterrichts, DVBl. 1996, 336; Wilhelm *Rees*: Der Religionsunterricht und die katechetische Unterweisung in der kirchlichen und staatlichen Rechtsordnung, Regensburg 1986; Ludwig *Renk*: Rechtsfragen des Religionsunterrichts im bekenntnisneutralen Staat, DÖV 1994, 27; *ders.*: Probleme des Thüringer Staatskirchenrechts, ThürVBl. 1996, 73 (75); Christoph Th. *Scheilke*: Religion in der Schule einer pluralen Gesellschaft, RdJB 1996, 340; immer noch nützlich Reinhard *Schmoeckel*: Der Religionsunterricht. Die rechtliche Regelung nach Grundgesetz- und Landesgesetzgebung, Berlin 1964.

Abs. 3 Satz 2 GG). Art. 7 Abs. 3 Satz 1 GG enthält eine *institutionelle Garantie*, d. h. die verfassungsrechtliche Gewährleistung einer öffentlich-rechtlichen Einrichtung, die nur im Wege der Verfassungsänderung beseitigt werden kann[36]; demgemäß muß der Religionsunterricht als selbständiges Fach in der öffentlichen Schule bestehen bleiben. Umstritten ist, ob die Vorschrift darüber hinaus ein Grundrecht der Schüler und Eltern auf Erteilung von Religionsunterricht umfaßt[37] und ob der Vorschrift ein subjektives öffentliches Recht der Religionsgemeinschaften auf Einrichtung von Religionsunterricht entnommen werden kann[38]. Bei den bekenntnisfreien, der Verpflichtung zur Erteilung von Religionsunterricht enthobenen Schulen handelt es sich entweder um weltliche Schulen mit betont laizistischer Tendenz oder um Weltanschauungsschulen[39]. Als ordentliches Lehrfach ist der Religionsunterricht Pflichtfach; im Kurssystem der gymnasialen Oberstufe ist er in sämtlichen Halbjahren zu belegen (s. aber TZ 28.151). Das Grundgesetz gebietet indes nicht, daß die Note im Religionsunterricht bei Versetzungen und Abschlüssen zu berücksichtigen ist, verbietet dies aber auch nicht, sondern beläßt den Ländern insoweit einen Spielraum; die Befreiungsmöglichkeit nach Art. 7 Abs. 2 GG steht der Zulässigkeit der versetzungserheblichen Benotung des Religionsunterrichts nicht entgegen[40]. Aus dem Charakter des Religionsunterrichts als eines ordentlichen Lehrfachs folgt außerdem, daß Religionslehrer Sitz und Stimme in der Lehrerkonferenz haben, und zwar auch dann, wenn ein im dienstrechtlichen Sinne nicht dem Kollegium angehörender Geistlicher oder Katechet mit der Erteilung betraut ist[41]. Schließlich darf der Religionsunterricht gegenüber anderen Fächern nicht diskriminiert werden. Es muß ihm daher eine angemessene Stundenzahl eingeräumt werden; es geht ferner nicht an, daß er durch prinzipielle Zuweisung von Eckstunden marginalisiert wird[42].

---

36 So die h. L., vgl. die Nachw. bei *Schmitt-Kammler*, in: Sachs: Grundgesetz. Kommentar, Art. 7 Rn. 43.
37 Befürwortend: *Heckel* (Anm. 35), S. 27 f.; *Kästner* (Anm. 35), S. 67 f.; *Mückl*, AöR 122 (1997), S. 521 f.; *Maurer* (Anm. 35), S. 584 ff.; Heinrich *de Wall*: Das Grundrecht auf Religionsunterricht: Zur Zulässigkeit der Verfassungsbeschwerden gegen das Brandenburgische Schulgesetz, NVwZ 1997, 465 (466). Ablehnend: *Hollerbach* (Anm. 35), S. 614 Rn. 34; *Jarass/Pieroth*: Grundgesetz. Kommentar, Art. 7 Rn. 10; Ludwig *Renck*: Zur grundrechtlichen Bedeutung von Art. 7 III GG, NVwZ 1992, 1171; ders., DÖV 1994, 31.
38 Bejahend *Kästner* (Anm. 35), S. 68; *Oebbecke* (Anm. 35), S. 339; *de Wall* (Anm. 37), S. 465 f. Verneinend *Maurer* (Anm. 35), S. 486.
39 Zur Begriffsgeschichte *Schmoeckel* (Anm. 35), S. 92 ff. Vgl. BVerwGE 89, 368 (372): Die Weltanschauungsschule ist eine Schule, in der »eine Weltanschauung die Schule sowie ihren gesamten Unterricht prägt«; sie ist »ein Unterfall der in Art. 7 Abs. 3 GG angesprochenen bekenntnisfreien Schule«.
40 BVerwGE 42, 346 (347 ff.); s. auch Friedrich *Müller*/Bodo *Pieroth*: Religionsunterricht als ordentliches Lehrfach, Berlin 1974, S. 22 ff. Nach *Link* (Anm. 35), S. 464 Anm. 103, ergibt sich aus dem wissenschaftlichen Charakter des Religionsunterrichts, daß er wie die übrigen wissenschaftlichen Fächer als versetzungserheblich angesehen werden muß; es sei daher fraglich, ob die Versetzungserheblichkeit durch Landesrecht beseitigt werden könne.
41 *Link* (Anm. 35), S. 462.
42 *Link* (Anm. 35), S. 461 f. Allerdings folgt daraus kein subjektives Recht der Schüler und Eltern auf eine bestimmte Stundenplangestaltung: BVerwG, NVwZ 1993, 355; VGH München, BayVBl. 1990, 244.

Die Vorschrift des Art. 7 Abs. 3 Satz 1 GG findet nach Art. 141 keine Anwendung in einem Land, in dem am 1.1.1949 eine andere landesrechtliche Regelung bestand (sog. *Bremer Klausel*). Die Bremer Klausel gilt für Bremen und Berlin; dort ist die Erteilung des Religionsunterrichts allein den Kirchen und den sonstigen Religionsgemeinschaften überlassen[43]. Die Garantie des Religionsunterrichts darf nicht dadurch unterlaufen werden, daß die nicht von der Bremer Klausel erfaßten Länder bekenntnisfreie Schulen zur Regelschule erheben[44]. Könnten alle Länder der Verpflichtung zur Erteilung von Religionsunterricht durch flächendeckende Einführung der bekenntnisfreien Schule entgehen, wäre die für Bremen und Berlin bestimmte Sonderregelung des Art. 141 GG entbehrlich[45].

Vor dem Hintergrund der deutschen Einigung ist die Bremer Klausel erneut in die staatskirchenrechtliche Diskussion geraten. Dabei ist umstritten, ob sich auch die neuen Länder zu Recht auf Art. 141 GG berufen können[46]. Von praktischer Bedeutung ist diese Streitfrage nur in Brandenburg, da die anderen neuen Länder eine dem Art. 7 Abs. 3 GG entsprechende Regelung in ihren Schulgesetzen, teilweise auch in ihren Landesverfassungen getroffen haben[47]. Brandenburg hat hingegen anstelle des Religionsunterrichts das

---

43 Der in Art. 32 Abs. 2 der Bremischen Verfassung vorgesehene Unterricht in Biblischer Geschichte ist kein Religionsunterricht: BVerfGE 30, 112 (113 f.); BremStGH, DÖV 1965, 812; *von Campenhausen* (Anm. 35), S. 145 Anm. 20 m. w. N.
44 *Link* (Anm. 35), S. 467; *von Mangoldt/Klein/von Campenhausen*: Grundgesetz. Kommentar, Art. 141 Rn. 3; Bernhard *Schlink*: Religionsunterricht in den neuen Ländern, NJW 1992, 1008 (1009 f.); *Heckel* (Anm. 35), S. 97.
45 So insbesondere *Schlink*, NJW 1992, S. 1009 f.
46 Für die Anwendbarkeit des Art. 141 in den neuen Ländern: Helmut *Goerlich*: Art. 141 GG als zukunftsgerichtete Garantie der neuen Länder und die weltanschauliche Neutralität des Bundes, NVwZ 1998, 819; Sven *Leistikow*/Hans-Jürgen *Krzyweck*: Der Religionsunterricht in den neuen Bundesländern, RdJB 1991, 308; Sighart *Lörler*: Verfassungsrechtliche Maßgaben für den Religionsunterricht in Brandenburg, ZRP 1996, S. 121; *Renck*, DÖV 1994, 31 f.; *ders.*: Religionsunterricht in Brandenburg?, LKV 1997, 81; *Schlink*, NJW 1992, 1009 f.; Hermann *Weber*: Die rechtliche Stellung der christlichen Kirchen im modernen demokratischen Staat, ZevKR 1991, 253 (268 f.); Hinnerk *Wißmann*: Art. 141 GG als »Brandenburger Klausel«? Die Regelung von Religionsunterricht und »Lebensgestaltung-Ethik-Religionskunde« im neuen brandenburgischen Schulgesetz, RdJB 1996, 368. Gegen die Anwendung des Art. 141: *von Mangoldt/Klein/von Campenhausen*: Grundgesetz. Kommentar, Art. 141 Rn. 7 f.; Michael *Frisch*: Die Bremer Klausel und die neuen Bundesländer, DtZ 1992, 144 (145); Andreas *Göschen*: Bremer Klausel und Blocksystem, LKV 1997, 320; *Heckel* (Anm. 35), S. 98 ff. *Kästner* (Anm. 35), S. 86 ff.; Holger *Kremser*: Das Verhältnis von Art. 7 Abs. 3 Satz 1 GG und Art. 141 GG im Gebiet der neuen Bundesländer, JZ 1995, 928 (929 ff.); *Link* (Anm. 35), S. 443; *Mückl*, AöR 122 (1997), S. 541; Stefan *Muckel*/Reiner *Tillmanns*: »Lebensgestaltung-Ethik-Religionskunde« statt Religionsunterricht? Zur Geltung des Art. 7 Abs. 3 GG im Bundesland Brandenburg, RdJB 1996, 360; Arndt *Uhle*: Die Verfassungsgarantie des Religionsunterrichts und ihre territoriale Reichweite – Ein Beitrag zum Verhältnis von Art. 7 Abs. 3 S. 1 GG zu Art. 141 GG –, DÖV 1997, 409; Jörg *Winter*: Zur Anwendung des Art. 7 III GG in den neuen Ländern der Bundesrepublik Deutschland, NVwZ 1991, 753 (754 f.).
47 Mecklenburg-Vorpommern: § 7 SchulG; Sachsen: Art. 105 Verf., § 18 SchulG; Sachsen-Anhalt: Art. 27 Abs. 3 Verf., § 19 SchulG; Thüringen: Art. 25 Verf., § 46 ThürSchulG.

Fach »Lebensgestaltung-Ethik-Religionskunde« (LER) als ordentliches Lehrfach eingeführt[48]. Auf den ersten Blick scheint einiges für die Anwendbarkeit der Bremer Klausel auf die neuen Länder und damit auch auf Brandenburg zu sprechen, galt doch dort zum Stichtag des 1.1.1949 »eine andere landesrechtliche Regelung«. Die Verfassung der damaligen Mark Brandenburg garantierte den Religionsunterricht nicht als ordentliches Lehrfach; sie gewährte den Religionsgemeinschaften nur das Recht auf Erteilung des Religionsunterrichts in den Räumen der Schule[49]. Andererseits sind die damaligen Länder in der Sowjetischen Besatzungszone durch die Entwicklung der DDR zum sozialistischen Zentralstaat und die damit verbundene Zerschlagung der Länderstrukturen nicht nur faktisch, sondern auch rechtlich untergegangen[50]. Es ist daher zweifelhaft, ob die durch das Ländereinführungsgesetz der DDR vom 22.7.1990[51] neu konstituierten Länder, die nach Art. 1 des Einigungsvertrags Länder der Bundesrepublik Deutschland wurden, mit den Anfang 1949 in der SBZ vorhandenen Ländern, ungeachtet geographischer und historischer Bezüge, identisch sind. Nur unter der Voraussetzung dieser Identität ist die Ausnahmeregelung des Art. 141 GG auf Brandenburg anwendbar[52].

Wo der Religionsunterricht ordentliches Lehrfach ist, untersteht er als Bestandteil des Schulunterrichts der *staatlichen Schulaufsicht*. Er ist also eine staatliche Lehrveranstaltung[53]. Der Staat ist verpflichtet, die Sach- und Personalkosten dieses Unterrichts zu tragen; soweit er durch kirchliche Bedienstete

---

48 Gem. §11 Abs. 2 Satz 2 BbgSchulG dient das Unterrichtsfach LER »der Vermittlung von Grundlagen für eine wertorientierte Lebensgestaltung, von Wissen über Traditionen philosophischer Ethik und Grundsätzen ethischer Urteilsbildung sowie über Religionen und Weltanschauungen«. Das Fach soll bekenntnisfrei, religiös und weltanschaulich neutral unterrichtet werden (§11 Abs. 3 Satz 1 BbgSchulG). §141 Satz 2 des Gesetzes eröffnet die Möglichkeit, sich bei Vorliegen eines wichtigen Grundes durch das staatliche Schulamt vom LER-Unterricht befreien zu lassen. Die Erteilung von Religionsunterricht bleibt demgegenüber den Kirchen und Religionsgemeinschaften überlassen. §9 Abs. 2 BbgSchulG räumt diesen das Recht ein, Schüler in den Räumen der Schule nach ihrem Bekenntnis durch selbstbeauftragte Personen zu unterrichten. An diesem Religionsunterricht nehmen Schüler teil, die oder deren Eltern eine entsprechende schriftliche Erklärung abgegeben haben (§9 Abs. 2 Satz 4 BbgSchulG).
49 Art. 66 der Verfassung für die Mark Brandenburg vom 6.1.1947 lautete:
»(1) Das Recht der Religionsgemeinschaften auf Erteilung von Religionsunterricht in den Räumen der Schule ist gewährleistet. Der Religionsunterricht wird von den durch die Kirchen ausgewählten Kräften erteilt. Niemand darf gezwungen oder gehindert werden, Religionsunterricht zu erteilen.
(2) Über die Teilnahme am Religionsunterricht bestimmen die Erziehungsberechtigten.«
50 Art. 47 der sozialistischen Verfassung der DDR vom 6.4.1968 (GBl. DDR S. 199) ersetzte das föderale Konzept der alten Verfassung aus dem Jahre 1949 durch das Prinzip des demokratischen Zentralismus. Da dieses Prinzip für die Existenz von Ländern als staatlicher Gebilde keinen Raum mehr ließ, fanden sie in der neuen Verfassung keine Erwähnung mehr. Dazu *Muckel/Tillmanns*, RdJB 1996, 363.
51 GBl. DDR S. 955.
52 Über die Verfassungsmäßigkeit der brandenburgischen Regelungen wird das BVerfG in einem durch die Mitglieder der CDU/CSU-Bundestagsfraktion eingeleiteten Normenkontrollverfahren sowie mehreren durch die evangelische und katholische Kirche und durch Eltern und Schüler in Gang gesetzten Verfassungsbeschwerdeverfahren entscheiden.
53 Dazu *Rees* (Anm. 35), S. 248 ff.

erteilt wird, sind der Religionsgemeinschaft die dabei anfallenden Personalkosten zu erstatten[54]. Der Religionsunterricht ist in Übereinstimmung mit den Grundsätzen der Religionsgemeinschaften (Art. 7 Abs. 3 Satz 2 GG), also in »konfessioneller Positivität und Gebundenheit« zu erteilen[55]. Er ist mithin »keine überkonfessionelle vergleichende Betrachtung religiöser Lehren, nicht bloße Morallehre, Sittenunterricht, historisierende und relativierende Religionskunde, Religions- oder Bibelgeschichte. Sein Gegenstand ist vielmehr der Bekenntnisinhalt, nämlich die Glaubenssätze der jeweiligen Religionsgemeinschaft. Diese als bestehende Wahrheiten zu vermitteln ist seine Aufgabe«[56]. Die Übereinstimmungsklausel sichert den Kirchen Mitwirkungsrechte bei der Ausgestaltung der Lehrpläne und Richtlinien sowie bei der Auswahl der Lehrbücher, ferner das Recht, ihre Beauftragten zu Unterrichtsbesuchen zu entsenden (Visitationsrecht), sowie Mitbestimmungsrechte bei Auswahl und Bestellung der Religionslehrer[57]. Letztere äußern sich in der Verleihung einer besonderen kirchlichen Bevollmächtigung (evangelisch: vocatio, katholisch: missio canonica), der eine entsprechende Überprüfung der Kandidaten vorausgeht. Dem Staat ist es untersagt, einen Lehrer mit dem Religionsunterricht zu betrauen, dessen Eignung von seiner Kirche nicht oder nicht mehr anerkannt wird. Kein Lehrer darf gegen seinen Willen verpflichtet werden, Religionsunterricht zu erteilen (Art. 7 Abs. 3 Satz 3 GG). Näheres zur Rechtsstellung des Lehrers in bezug auf den Religionsunterricht bei TZ 19.123. Außer Lehrern können auch Geistliche und Katecheten herangezogen werden.

Über die *Teilnahme des Kindes* am Religionsunterricht bestimmen die Eltern (Art. 7 Abs. 2 GG). Eigene Bestimmungsrechte des Kindes und des Jugendlichen ergeben sich aus dem Gesetz über die religiöse Kindererziehung (Näheres TZ 28.151).

In der umstrittenen Frage, ob sich aus der gebotenen Übereinstimmung des Religionsunterrichts mit den Grundsätzen der Religionsgemeinschaften das Prinzip einer *konfessionellen Schülerhomogenität* ergibt, ob also die Schüler dem jeweiligen Bekenntnis angehören müssen[58], hat das Bundesverfassungsgericht[59] klargestellt, daß durch die Teilnahme konfessionsfremder Schüler das Selbstbestimmungsrecht der Religionsgemeinschaft über Ziel und Inhalt des Unterrichts betroffen ist. Die Zusammensetzung des Teilnehmerkreises habe unmittelbare Rückwirkungen auf die Unterrichtsgestaltung. Demgemäß stehe die Entscheidung über die Zulassung solcher Schüler den Religi-

---

54 *Hollerbach*, HdbStR VI, S. 614 Rn. 35; *Link* (Anm. 35), S. 469; *Rees* (Anm. 35), S. 255 f.
55 So die klassische Formel von Gerhard *Anschütz*: Die Verfassung des Deutschen Reichs vom 11. August 1919. Kommentar. 14. Aufl., Berlin 1933, Art. 149 Anm. 4.
56 BVerfGE 74, 244 (252).
57 Zur Erteilung des Religionsunterrichts aufgrund sog. Gestellungsverträgen mit den Kirchen vgl. TZ 23.21 Anm. 16.
58 Zur Problematik der Teilnahme von Schülern am Religionsunterricht einer anderen Konfession s. die Rechtsgutachten von Christoph *Link* und Armin *Pahlke*, Joseph *Listl*, Ulrich *Scheuner*, Alexander *Hollerbach* in: Joseph Listl (Hrsg.): Der Religionsunterricht als bekenntnisgebundenes Lehrfach, Berlin 1983; Erwin *Fischer*: Teilnahme an konfessionsfremdem Religionsunterricht, NJW 1988, 879; *Hollerbach*, HdbStR VI, S. 595 (616 f. Rn. 40); *Rees* (Anm. 35) S. 284 ff.
59 BVerfGE 74, 244 (253 f.), in Bestätigung von BVerwGE 68, 16 (19 f.).

onsgemeinschaften zu. Ihnen dürfe kein Angehöriger einer anderen Konfession aufgezwungen werden. Vor allem in den neuen Ländern gewinnt die Frage, ob *konfessionslose Schüler* am Religionsunterricht teilnehmen dürfen, erhebliche praktische Bedeutung[60]. Auch hier ist die Einwilligung der betreffenden Kirche erforderlich[61]. Andererseits dürfen die Religionsgemeinschaften vom Staat nicht gehindert werden, bekenntnisfremde oder bekenntnislose Schüler zum Religionsunterricht zuzulassen[62].
Im Zeichen zunehmender Entchristlichung der Gesellschaft erscheint manchen das Beharren auf der konfessionellen Ausrichtung des Religionsunterrichts als nicht mehr zeitgemäß. Sie plädieren dafür, das Fach solle, von ökumenischem Geist geprägt, interkonfessionell unterrichtet werden. Diesem Postulat ist entgegenzuhalten, daß das Fach prinzipiell bekenntnisgebunden ist. Eine Umwandlung des bislang konfessionell veranstalteten in einen *überkonfessionellen Religionsunterricht* betrifft die Grundsätze der Religionsgemeinschaften. Sie ist dem religiös-weltanschaulich neutralen Staat verwehrt, der auch nicht dulden darf, daß etwa die Schulkonferenz (vgl. TZ 7.3) in Verkennung der Grenzen ihrer Befugnisse eine solche Entscheidung trifft. Es bleibt den Kirchen allerdings unbenommen, ihre Grundsätze in der Weise fortzubilden, daß das Fach in bestimmten Fällen, Klassen, Schulstufen oder Schularten fortan ganz oder teilweise auf ökumenischer Basis, auf der Grundlage der übereinstimmenden Lehren beider Kirchen, erteilt wird[63]. Dazu genügt freilich nicht eine Absprache der an der Schule tätigen Religionslehrer; auch die pragmatische Duldung der beteiligten Kirchen reicht nicht aus. Vielmehr sind ein förmliches Einvernehmen der Kirchen und eine förmliche Erklärung gegenüber der jeweiligen Landesregierung erforderlich, daß der interkonfessionelle Unterricht mit ihren Grundsätzen überstimmt[64].

4.122 Die Teilnahme am Religionsunterricht ist gemäß Art. 7 Abs. 2 freiwillig (dazu ausführlich TZ 28.151). Mehrere Länder (Baden-Württemberg, Bayern, Hessen, Rheinland-Pfalz, Saarland, Sachsen, Sachsen-Anhalt und Thüringen) haben für Schüler, die am Religionsunterricht nicht teilnehmen,

---

60 Dazu *Muckel/Tillmanns*, RdJB 1996, 366 f.
61 So die Regelungen in Bayern, Rheinland-Pfalz und Thüringen (§ 15 Abs. 3 Satz 1 bay Volksschulordnung; § 22 Abs. 3 Satz 1 bay Realschulordnung; § 21 Abs. 3 Satz 1 bay Gymnasialschulordnung; § 38 Abs. 2 Satz 1 rp Übergreifende Schulordnung; § 46 Abs. 3 Satz 1 ThürSchulG).
62 Vgl. VG Braunschweig, NVwZ 1991, 1113.
63 *Listl* (Anm. 58), S. 77; so schon Walter *Landé*: Die Schule in der Reichsverfassung, Berlin 1929, S. 201. Sowohl die evangelische als auch die katholische Kirche befürworten zwar eine Zusammenarbeit im ökumenischen Geiste, halten aber weiterhin an der Konfessionalität des Religionsunterrichts fest. Dazu: *Kirchenamt der EKD* (Hrsg.): Identität und Verständigung. Standort und Perspektiven des Religionsunterrichts in der Pluralität. Eine Denkschrift der Evangelischen Kirche in Deutschland. 2. Aufl., Gütersloh 1995; *Sekretariat der Deutschen Bischofskonferenz* (Hrsg.): Die bildende Kraft des Religionsunterrichts. Zur Konfessionalität des katholischen Religionsunterrichts, Bonn 1996.
64 *Avenarius* (Anm. 35), S. 52 f.

Ethikunterricht als verbindliches alternatives Unterrichtsfach eingeführt[65]. Die verfassungsrechtliche Zulässigkeit des Ethikunterrichts als »Ersatzfachs« für den Religionsunterricht ist gerade in neuerer Zeit wiederholt bestritten worden[66]; sie war Gegenstand mehrerer Gerichtsverfahren[67]. Dabei geht es im wesentlichen um die Frage, ob es dem Freiwilligkeitsgrundsatz entspricht, daß Schüler, die den Religionsunterricht nicht besuchen, verpflichtet werden, am Ethikunterricht teilzunehmen, und ob diese Verpflichtung, die aus der Entscheidung gegen den Religionsunterricht folgt, mit dem Diskriminierungsverbot des Art. 3 Abs. 3 Satz 1 GG (keine Benachteiligung wegen des Glaubens oder der religiösen Anschauungen) vereinbar ist. Das Bundesverwaltungsgericht hat den Streit durch Urteil vom 17. 6. 1998 entschieden[68]. Das Gericht hebt hervor, daß der Staat kraft der ihm durch Art. 7 Abs. 1 GG eingeräumten Gestaltungsfreiheit einen verpflichtenden Unterricht im Fach Ethik vorsehen könne. Dieser müsse weltanschaulich und religiös neutral sein; das schließe nicht aus, daß er die prägenden Kultur- und Bildungswerte der christlichen Religionen angemessen berücksichtige. Ethikunterricht als

---

65 § 100 a bw SchulG; Art. 137 Abs. 2 bay Verf., Art. 47 BayEUG; § 8 Abs. 4 HSchG; Art. 35 Abs. 2 rp Verf.; § 15 Abs. 1 Satz 2 und 3 saarl SchoG; Art. 105 Abs. 1 sächs Verf., § 18 sächs SchulG; Art. 27 Abs. 3 Verf. LSA, § 19 Abs. 2 SchulG LSA; Art. 25 Abs. 1 thür Verf., § 46 Abs. 4 ThürSchulG. In Niedersachsen sind Schüler, die nicht am Religionsunterricht teilnehmen, statt dessen zur Teilnahme am Unterricht Werte und Normen verpflichtet, wenn die Schule diesen Unterricht eingerichtet hat (§ 128 NSchG); in Schleswig-Holstein sollen sie »statt dessen anderen Unterricht« erhalten (§ 6 Abs. 3 Satz 3 SchulG), und zwar philosophische Propädeutik (Erlaß vom 11. 1. 1971, NBlKM S. 27); in Mecklenburg-Vorpommern gibt es für diese Schüler »im Primar- und Sekundarbereich I Unterricht im Philosophieren mit Kindern, im Sekundarbereich II Unterricht in Philosophie« (§ 7 Abs. 2 Satz 2 SchulG). In Hamburg wird Schülern, soweit in der Stundentafel vorgesehen, eine Wahlpflicht-Alternative zum Religionsunterricht in den Bereichen Ethik und Philosophie angeboten (§ 7 Abs. 4 HmbSG). Vgl. auch die Übersicht in: *Sekretariat der Ständigen Konferenz der Kultusminister der Länder in der Bundesrepublik Deutschland* (Hrsg.): Zur Situation des Ethikunterrichts in der Bundesrepublik Deutschland. Bericht der Kultusministerkonferenz vom 10. 7. 1998, Bonn 1998.
66 Die Verfassungsmäßigkeit des Ethikunterrichts als Ersatzfachs lehnen ab: Johann *Bader*: Zur Verfassungsmäßigkeit des obligatorischen Ethikunterrichts, NVwZ 1998, 256; Gerhard *Czermak*: Das Pflicht-Ersatzfach Ethikunterricht als Problem der Religionsfreiheit, des Elternrechts und der Gleichheitsrechte, NVwZ 1996, 450; Ludwig *Renck*: Verfassungsprobleme des Ethikunterrichts, BayVBl. 1992, 519; *ders.*: Nochmals: Verfassungswidriger Ethikunterricht? Eine Erwiderung auf Schockenhoff, BayVBl. 1994, 432; *ders.*, DÖV 1994, 32. Für die Zulässigkeit dieses Unterrichts: *Hollerbach*, HdbStR VI, S. 616 Rn. 39; *Link* (Anm. 35), 481 ff.; *Mückl*, AöR 122 (1997), S. 532 f.; *ders.*. Verfassungswidriger Ethikunterricht?, VBlBW 1998, 86; Martin *Schockenhoff*: Ist Ethikunterricht verfassungswidrig? Zugleich eine Erwiderung auf Renck, BayVBl. 1993, 737; Gitta *Werner*: Ethik als Ersatzfach, NVwZ 1998, 816.
67 VG Freiburg, NVwZ 1996, 507; VGH Mannheim, NVwZ 1998, 309 (Verfassungsmäßigkeit bejahend). Der Vorlagebeschluß des VG Hannover, NVwZ 1998, 316, wonach die gesetzliche Verpflichtung zur Teilnahme am Unterricht »Werte und Normen« als Ersatzfach für den Religionsunterricht verfassungswidrig sei, wurde vom BVerfG durch Beschluß vom 17. 2. 1999 (Az.: 1 BvL 26/97) als unzulässig verworfen.
68 BVerwG, DÖV 1998, 1058; dazu kritisch Johann *Bader*: Ist ein verpflichtender Ethikunterricht zulässig? – Zugleich eine Besprechung von BVerwG, DÖV 1998, 1058 –, DÖV 1999, 452. Die gegen das Urteil des BVerwG eingelegte Verfassungsbeschwerde wurde vom BVerfG nicht zur Entscheidung angenommen (Beschluß vom 18. 2. 1999, Az.: 1 BvL 1840/98).

verbindliche Alternative zum Religionsunterricht sei dann zulässig, wenn er als gleichwertiges Fach eingerichtet werde. Dies setze voraus, daß schwerpunktmäßig vergleichbare Erziehungsziele, wie die Erziehung zu verantwortungs- und wertbewußtem Verhalten, angestrebt würden und daß beide Fächer darauf angelegt seien, ethische Mindeststandards zu überliefern und mit pädagogischen Mitteln zu festigen. Seien diese Voraussetzungen erfüllt, werde das Gebot der Gleichbehandlung der Schüler nicht dadurch mißachtet, daß die am Religionsunterricht teilnehmenden Schüler vom Besuch des Ethikunterrichts freigestellt würden. Allerdings müsse sich die Gleichwertigkeit der Fächer auch in ihrer tatsächlichen Ausgestaltung niederschlagen; die Schüler müßten mit Rücksicht auf ihre Chancengleichheit mit jedem der beiden Fächer den vorgesehenen Schulerfolg erreichen können. Die Gleichwertigkeit könne im übrigen nicht mit dem Argument in Frage gestellt werden, daß es sich beim Ethikunterricht, nicht aber beim Religionsunterricht um ein wissenschaftliches Fach handele; auch der Religionsunterricht müsse als ordentliches Lehrfach wissenschaftlichen Ansprüchen genügen.
Ein Verstoß gegen Art. 3 Abs. 3 Satz 1 GG ist schon deshalb zu verneinen, weil die Verpflichtung, den Ethikunterricht zu besuchen, nicht an einen religiösen Tatbestand, sondern schlicht an die Erklärung des Schülers bzw. seiner Eltern anknüpft, nicht am Religionsunterricht teilnehmen zu wollen. Die Beweggründe für diese Entscheidung – die beispielsweise auch in der besseren Qualität des Ethikunterrichts liegen mögen – gehen die Schule nichts an (vgl. TZ 28.151).
Zum Gesetzesvorbehalt bei der Einführung des Ethikunterrichts TZ 15.362.

4.123 Die früher heftig umstrittene Frage nach der *Zulässigkeit des Schulgebets* an Gemeinschaftsschulen (zum Begriff vgl. TZ 5.421) ist 1979 durch das Bundesverfassungsgericht geklärt worden[69]. Während der Hessische Staatsgerichtshof das Schulgebet für unzulässig hielt, wenn auch nur ein Schüler oder sein Erziehungsberechtigter widerspreche[70], bejahte das Bundesverfassungsgericht in Übereinstimmung mit dem Bundesverwaltungsgericht die Zulässigkeit eines überkonfessionellen Schulgebets an den christlichen Gemeinschaftsschulen, sofern die Teilnahme freiwillig geschehe und der Schüler, der nicht an dem Gebet teilnehmen wolle, nicht in eine unzumutbare Ausnahmesituation gedrängt werde. Die Entscheidungen des Bundesverfassungsgerichts und des Bundesverwaltungsgerichts tragen dem Toleranzgebot der Verfassung in abgewogener Weise Rechnung. Ebenso wie kein positiver Bekenntniszwang ausgeübt werden darf, gibt die negative Bekenntnisfreiheit nicht das Recht, den Bekenntniswilligen am Schulgebet zu hindern. Andererseits darf kein Schüler zur Teilnahme am Gebet und kein Lehrer zur Abhaltung des Gebets gezwungen werden, auch nicht durch moralischen Druck[71].

---

69 BVerfGE 52, 223 (dazu die Diskussion zwischen Ernst-Wolfgang *Böckenförde* und Ulrich *Scheuner* »Zum Ende des Schulgebetsstreits«, DÖV 1980, 323, 513, 515); vgl. auch BVerwGE 44, 196; OVG Münster, SPE I A IX S. 1.
70 HessStGH, NJW 1966, 31.
71 Ernst-Wolfgang *Böckenförde*: Vorläufige Bilanz im Streit um das Schulgebet, DÖV 1974, 253.

Allgemeine pädagogische und schulorganisatorische Regelungen

4.124 Zuletzt hat der »*Kruzifix-Beschluß*« des Bundesverfassungsgerichts vom 16.5.1995[72] heftige Kontroversen ausgelöst. Das Gericht kam darin zu dem Ergebnis, daß die Anbringung eines Kreuzes oder Kruzifixes in den Unterrichtsräumen einer staatlichen Schule, die keine Bekenntnisschule ist, gegen Art. 4 Abs. 1 GG verstoße. Demzufolge erklärte es § 13 Abs. 1 Satz 3 der Schulordnung für die Volksschulen in Bayern (»In jedem Klassenzimmer ist ein Kreuz anzubringen«) für nichtig.
In der Begründung seines Beschlusses hält das Gericht zunächst ausdrücklich an seiner früheren Rechtsprechung, insbesondere zur christlichen Gemeinschaftsschule[73] und zum Schulgebet[74], fest: Der Landesgesetzgeber müsse bei der ihm durch Art. 7 Abs. 1 Grundgesetz aufgegebenen Gestaltung der öffentlichen Pflichtschule das unvermeidliche Spannungsverhältnis zwischen negativer und positiver Religionsfreiheit unter Berücksichtigung des Toleranzgebots lösen. Danach sei dem Landesgesetzgeber die Einführung »christlicher Bezüge« bei der Gestaltung der öffentlichen Volksschulen nicht schlechthin verboten, auch wenn Erziehungsberechtigte, die bei der Erziehung ihrer Kinder dieser Schule nicht ausweichen könnten, keine religiöse Erziehung wünschten. Voraussetzung sei jedoch, daß damit nur das unerläßliche Minimum an Zwangselementen verbunden sei. Die Bejahung des Christentums beziehe sich insofern auf die Anerkennung des »prägenden Kultur- und Bildungsfaktors«, nicht auf bestimmte Glaubenswahrheiten. Sodann aber gelangt das Gericht zu dem Schluß, die Anbringung von Kreuzen in Klassenzimmern überschreite die Grenze der zulässigen religiös-weltanschaulichen Ausrichtung der Schule. Das Kreuz sei ein spezifisches Glaubenssymbol des Christentums; es könne nicht auf ein allgemeines Zeichen abendländischer Kulturtradition reduziert werden[75]. Zusammen mit der allgemeinen Schulpflicht führten Kreuze in Unterrichtsräumen vielmehr dazu, daß die Schüler während des Unterrichts von Staats wegen und ohne Ausweichmöglichkeit mit diesem Symbol konfrontiert seien und gezwungen würden, »unter dem Kreuz« zu lernen[76].
Die Entscheidung des Bundesverfassungsgerichts ist im juristischen Schrifttum überwiegend auf Ablehnung gestoßen[77]. Insbesondere wird eingewandt,

---

72 BVerfGE 93, 1.
73 BVerfGE 41, 29; 41, 65; 41, 88.
74 BVerfGE 52, 223 (vgl. TZ 4.123).
75 BVerfGE 93, 1 (19 ff.). Das Gericht charakterisiert das Kreuz als Glaubenssymbol des »Opfertodes Christi«, seiner »Herrschaft über die Welt«, als »Sieg über Satan und Tod« u. a.
76 BVerfGE 93, 1 (18).
77 Aus der Vielzahl der kontroversen Stellungnahmen zur Entscheidung des BVerfG seien genannt: Peter *Badura*: Das Kreuz im Schulzimmer, BayVBl. 1996, 33; Ernst *Benda*: »Das Kruzifix-Urteil ist zu apodiktisch«, ZRP 1995, 427; *ders.*: Wirklich Götterdämmerung in Karlsruhe?, NJW 1995, 2470; Winfried *Brugger*/Stefan *Huster* (Hrsg.): Der Streit um das Kreuz in der Schule. Zur religiös-weltanschaulichen Neutralität des Staates, Baden-Baden 1998; Gerhard *Czermak*: Der Kruzifix-Beschluß des BVerfG, NJW 1995, 3348; Max-Emanuel *Geis*: Geheime Offenbarung oder Offenbarungseid? Anmerkungen zum »Kruzifix-Beschluß« des Bundesverfassungsgerichts, RdJB 1995, 373; Helmut *Goerlich*: Krieg dem Kreuz in der Schule?, NVwZ 1995, 1184; Martin *Heckel*: Das Kreuz im öffentlichen Raum. Zum »Kruzifix-Beschluß« des Bundesverfassungsgerichts, DVBl. 1996, 453; Friedhelm *Hufen*: Anbringen von Kruzifixen in staatlichen Pflichtschulen als Verstoß gegen Art. 4 Abs. 1 GG, JuS 1996, 258; Jörn *Ipsen*: Glaubensfreiheit als

es gehe nicht an, dem in Schulräumen angebrachten Kreuz oder Kruzifix Zwangscharakter beizulegen. Dem Gericht stehe im religiös neutralen Staat keine Definitionsmacht hinsichtlich der Bedeutung des Kreuzes zu. Dessen theologischen Gehalt zu bestimmen, bleibe allein den Kirchen aufgrund des ihnen gewährleisteten Selbstbestimmungsrechts (Art. 140 GG i.V.m. Art. 137 Abs. 3 WRV) vorbehalten. In der öffentlichen Pflichtschule, die nicht Bekenntnisschule ist, könne und dürfe das Kreuz nur »Kultur- und Bildungsfaktor« sein; es sei Ausdruck der vom Christentum mitgeprägten abendländischen Kultur und diene dazu, deren Werte und Normen in der Schule zu symbolisieren[78]. Schließlich setze sich das Bundesverfassungsgericht mit seinem Beschluß auch über das föderalistische Prinzip hinweg. Die Länder verfügten aufgrund ihrer Kulturhoheit über weitgehende Selbständigkeit bei der weltanschaulich-religiösen Gestaltung der öffentlichen Schulen. Wenn sie sogar die Bekenntnisschule als Regelform der Volksschule einführen könnten (vgl. Art. 7 Abs. 5 GG), dürfe ihnen auch die die Verwendung religiöser Bezüge in der christlichen Gemeinschaftsschule nicht verwehrt sein[79].

Inzwischen hat Bayern eine formell-gesetzliche Regelung getroffen, die bestimmt, daß in jedem Klassenraum der Volksschule ein Kreuz anzubringen ist, zugleich aber eine Widerspruchsmöglichkeit eröffnet[80].

Beeinflussungsfreiheit? – Anmerkungen zum »Kruzifix-Beschluß« des Bundesverfassungsgerichts –, in: Burkhardt Ziemske/Theo Langheid/Heinrich Wilms/Görg Haverkate (Hrsg.): Staatsphilosophie und Rechtspolitik. Festschrift für Martin Kriele zum 65. Geburtstag, München 1997, S. 301; Josef *Isensee*: Bildersturm durch Grundrechtsinterpretation. Der Kruzifix-Beschluß des BVerfG, ZRP 1996, 10; Karl-Hermann *Kästner*: Hypertrophie des Grundrechts auf Religionsfreiheit? Über das Verhältnis der Religions- und Weltanschauungsfreiheit zum Geltungsanspruch des allgemeinen Rechts, JZ 1998, 974 (976); Christoph *Link*: Stat Crux? Die »Kruzifix«-Entscheidung des Bundesverfassungsgerichts, NJW 1995, 3353; Ludwig *Renck*: Zum rechtlichen Gehalt der Kruzifix-Debatte, ZRP 1996, 16; Johannes *Rux*: Positive und negative Bekenntnisfreiheit in der Schule, Der Staat 1996, 523 (534ff.); Thomas *Würtemberger*: »Unter dem Kreuz« lernen, in: Detlef Merten/Reiner Schmitt/Rupert Stettner (Hrsg.): Der Verwaltungsstaat im Wandel. Festschrift für Franz Knöpfle zum 70. Geburtstag, München 1996, S. 397.
78 So vor allem *Heckel*, DVBl. 1996, 465.
79 *Heckel*, DVBl. 1996, 459; *Geis*, RdJB 1995, 385; *Isensee*, ZRP 1996, 14.
80 Art. 7 Abs. 3 BayEUG, eingefügt durch Gesetz vom 23. 12. 1995 (GVBl. S. 850): Wird der Anbringung des Kreuzes aus ernsthaften und einsehbaren religiösen oder weltanschaulichen Gründen durch die Erziehungsberechtigten widersprochen, versucht der Schulleiter eine gütliche Einigung. Scheitert diese, hat er eine Lösung zu suchen, die die Glaubensfreiheit des Widersprechenden achtet und die religiösen und weltanschaulichen Überzeugungen aller in der Klasse Betroffenen zu einem gerechten Ausgleich bringt; dabei ist auch der Wille der Mehrheit soweit möglich zu berücksichtigen. Die gegen diese Bestimmung gerichteten Popularklagen wurden vom BayVerfGH durch Urteil vom 1. 8. 1997 abgewiesen (NVwZ 1997, 3157). Kritik an dieser Entscheidung äußern Gerhard *Czermak*: Das bayerische Kruzifix-Gesetz und die Entscheidung des BayVerfGH vom 1. 8. 1997 – Religionsverfassung im Spannungsverhältnis von Bundesrecht, Landesrecht und Verfassungskultur –, DÖV 1998, 107, und Ludwig *Renck*: Der Bayerische Verfassungsgerichtshof und das Schulkreuz-Gesetz, NJW 1999, 994. Zustimmung findet das Urteil bei Ulf *Häußler*: »Schulkreuz« im säkularen Staat. Zum Verhältnis von Grundrechtsschutz und Neutralitätsprinzip, ZevKR 1998, 461. Vgl. auch Steffen *Detterbeck*: Gelten die Entscheidungen des Bundesverfassungsgerichts auch in Bayern? Zur prozessualen Bedeutung der Kruzifix-Entscheidung vom 16. 5. 1995 und zur Deutung von § 31 Abs. 1 BVerfGG, NJW 1996, 426, und *Badura*, BayVBl. 1996, 33. Der Streit betrifft

Allgemeine pädagogische und schulorganisatorische Regelungen

4.2 Berechtigungen

4.21 Notwendigkeit und Nutzen

Versetzung und erfolgreicher Abschluß der Schule (Schulart, Schulstufe) vermitteln dem Schüler die Berechtigung zum Zugang zur nächsthöheren Jahrgangsstufe, zum Besuch weiterführender Schularten und höherer Stufen des Bildungswesens, zum Eintritt in berufliche Laufbahnen oder zum Ergreifen bestimmter Berufe. Die Schule übernimmt mit der Vergabe von Berechtigungen die Rolle einer »Zuteilungsapparatur von Lebens-Chancen« (Schelsky). Das relativ starre Berechtigungswesen ist gewiß mit Nachteilen verbunden. Es kann pädagogisch schädliche Wirkungen auslösen, wie sie beispielsweise in dem durch den Numerus clausus verursachten Verteilungskampf um Noten und Punkte in der gymnasialen Oberstufe anschaulich zutage treten. Oft genug beeinträchtigt es überdies die Persönlichkeitsentwicklung derer, die sich im Beruf bewährt haben, denen jedoch die nötigen Berechtigungsnachweise fehlen; hier kann freilich der Zweite Bildungsweg Abhilfe schaffen (TZ 3.7). Die Mängel des Berechtigungswesens ändern indes nichts an seiner Notwendigkeit. Wenn auch das Versetzungs-, Abschluß- oder Prüfungszeugnis keinen absolut zuverlässigen Aufschluß über den Bildungs-, Reife- oder Intelligenzgrad gibt, so darf doch vermutet werden, daß jemand, der diesen Nachweis erbringt, für den Besuch weiterer Ausbildungsstufen oder für die Erfüllung bestimmter Berufsanforderungen geeignet ist. Die Berechtigungen enthalten schematisierte und formalisierte Eignungsvermutungen. Da individuelle Eignungserprobungen in einer Massengesellschaft nur begrenzt möglich sind, müssen solche Vermutungen als Notlösungen hingenommen werden; das grobe Ausleseverfahren mit Hilfe der Versetzungsentscheidungen und Schulabschlüsse ist immer noch besser als der Verzicht auf jede Auslese. Die Berechtigungen, die die verschiedenen Schularten und Schulstufen vermitteln, ergeben sich aus der Darstellung unter TZ 3.4 bis 3.7. Vgl. ferner das 26. und das 27. Kapitel.

---

vor allem die Frage, ob sich der bayerische Gesetzgeber über die Bindungswirkung des Kruzifix-Beschlusses des BVerfG (§ 31 Abs. 1 BVerfGG) hinweggesetzt habe und ob der BayVerfGH verpflichtet war, die Sache dem BVerfG gemäß Art. 100 Abs. 3 GG zur Entscheidung vorzulegen. Die gegen das Urteil des BayVerfGH erhobene Verfassungsbeschwerde wurde vom BVerfG, NJW 1999, 1020, nicht zur Entscheidung angenommen. Eine auf Entfernung der Kruzifixe in den Schulräumen zielende Klage haben die Verwaltungsgerichte in erster und zweiter Instanz (VGH München, SPE n.F. 276 Nr. 16) abgewiesen. Auf die Revision der klagenden Eltern hat das BVerwG durch Urteil vom 21.4.1999, NJW 1999, 3063, die gesetzliche Neuregelung zwar gebilligt, im konkreten Fall aber den Freistaat verpflichtet, die Kruzifixe in denjenigen Räumen abzunehmen, in denen das Kind der Kläger üblicherweise unterrichtet wird: Die Anforderungen an die Begründung des Widerspruchs dürften nicht überzogen werden; es genüge ein sachlicher Zusammenhang zwischen der Position der – atheistischen – Antragsteller und ihrem Verlangen nach Entfernung der Kreuze.

4.22 Numerus clausus[81]

Zu den wichtigsten von den Schulen erteilten Qualifikationen gehört die durch das Abitur vermittelte allgemeine Hochschulreife (vgl. TZ 3.511), durch deren Nachweis jeder Deutsche zu dem von ihm gewählten Hochschulstudium berechtigt ist. Die Verwirklichung dieses Rechts stößt angesichts der durch die Überfüllung der Hochschulen notwendig gewordenen Zulassungsbeschränkungen in mehreren Studienfächern auf Grenzen. In seinem grundlegenden Numerus-clausus-Urteil vom 18.7.1972[82] hat das Bundesverfassungsgericht einerseits ausgesprochen, daß aus dem in Art. 12 Abs. 1 Satz 1 GG gewährleisteten Recht auf freie Wahl des Berufs und der Ausbildungsstätte in Verbindung mit dem allgemeinen Gleichheitssatz und dem Sozialstaatsprinzip ein Recht auf Zulassung zum Hochschulstudium folgt. Es hat andererseits festgestellt, daß dieses Recht durch Gesetz oder aufgrund eines Gesetzes eingeschränkt werden kann; ein absoluter Numerus clausus für Studienanfänger sei jedoch an strenge Voraussetzungen gebunden und nur verfassungsmäßig, »wenn er (1.) in den Grenzen des unbedingt Erforderlichen unter erschöpfender Nutzung der vorhandenen, mit öffentlichen Mitteln geschaffenen Ausbildungskapazitäten angeordnet wird – und wenn (2.) Auswahl und Verteilung nach sachgerechten Kriterien mit einer Chance für jeden an sich hochschulreifen Bewerber und unter möglichster Berücksichtigung der individuellen Wahl des Ausbildungsortes erfolgen«[83].

Das gegenwärtig geltende Hochschulzulassungsrecht, das weitgehend auf das Numerus-clausus-Urteil des Bundesverfassungsgerichts zurückgeht, beruht auf dem (zwischenzeitlich mehrfach novellierten) Hochschulrahmengesetz vom 26.1.1976 (HRG)[84], dem Staatsvertrag über die Vergabe von Studienplätzen vom 12.3.1992 (StV) und der zwischen den Ländern vereinbarten bundeseinheitlich geltenden Vergabeverordnung (VergVO). Für die Vergabe von Studienplätzen in den Numerus-clausus-Fächern wurde die Zentralstelle für die Vergabe von Studienplätzen (ZVS) in Dortmund als rechtsfähige Anstalt des öffentlichen Rechts errichtet. Sie entscheidet darüber, ob ein Bewer-

---

81 Neben den allgemeinen Hinweisen zum Hochschulrecht im 1. Kapitel, Anm. 7, und den einschlägigen Erläuterungen in den Grundgesetzkommentaren zu Art. 12 (s. Anhang 6.3) sei vor allem verwiesen auf die umfassende und gründliche Erläuterung von Horst *Bahro*/Henning *Berlin*/Hubertus-Michael *Hübenthal*: Das Hochschulzulassungsrecht. Kommentar. 3. Aufl., Köln 1994 (darin u. a. Kommentierungen des Staatsvertrags, der Vergabeverordnung und der Kapazitätsverordnung). Zu den verfassungsrechtlichen Aspekten Rüdiger *Breuer*: Die Freiheit des Berufs, HdbStR VI, S. 877 (934 ff. Rn. 76–87), und Kay *Hailbronner*: Verfassungsrechtliche Fragen des Hochschulzugangs, WissR 1996, 1. Vgl. auch Werner *Thieme*: Deutsches Hochschulrecht. 2. Aufl., Köln 1986, S. 613 ff. In der NVwZ wird in unregelmäßigen Abständen über »Die Entwicklung des Hochschulzulassungsrechts« berichtet, zuletzt durch Robert *Brehm*/Wolfgang *Zimmerling*/Peter *Becker*, NVwZ 1996, 1173.
82 BVerfGE 33, 303 (329, 338); vgl. auch BVerfGE 37, 104; 43, 291; 85, 36 (53 f.), st. Rspr.
83 BVerfGE 33, 303 (338).
84 I.d.F.d. Bek. v. 19.1.1999 (BGBl. I S. 18)

Allgemeine pädagogische und schulorganisatorische Regelungen

ber einen Studienplatz im gewünschten Studiengang erhält und an welcher Hochschule er gegebenenfalls studieren kann[85].
Für Studiengänge, bei denen in den beiden vorangegangenen Semestern alle Bewerber aufgrund ihres Hauptantrags zugelassen werden konnten und die Zahl der eingeschriebenen Bewerber die Gesamtzahl der zur Verfügung stehenden Studienplätze nicht oder nicht wesentlich überschritten hat, soll ein *Verteilungsverfahren* stattfinden, es sei denn, daß aufgrund tatsächlicher Anhaltspunkte zu erwarten ist, daß die Zahl der Einschreibungen die Zahl der zur Verfügung stehenden Studienplätze wesentlich übersteigen wird. Im Verteilungsverfahren (§ 31 Abs. 2 HRG, Art. 8 Abs. 3, 9 Abs. 1, 10 StV) erhält jeder Bewerber, der den Studiengang im Hauptantrag genannt hat, einen Studienplatz möglichst nach seinem Ortswunsch.
Übersteigt die Zahl der zu berücksichtigenden Bewerber die Gesamtzahl der Studienplätze, findet eine Auswahl nach Maßgabe der §§ 32 bis 35 HRG statt (§ 31 Abs. 3 HRG). Im *allgemeinen Auswahlverfahren* (gegenwärtig noch in den Studiengängen Architektur, Betriebswirtschaft, Biologie, Haushalts- und Ernährungswissenschaft, Lebensmittelchemie, Pharmazie, Psychologie und Rechtswissenschaft) werden die Studienplätze nach Abzug bestimmter Vorabquoten (soziale Härtefälle, Ausländer[86] u. a.) im Verhältnis 60:40 nach Qualifikation und Wartezeit vergeben[87]. Die Qualifikation bestimmt sich nach der Durchschnittsnote des Reifezeugnisses. Die Länder tragen dafür Sorge, daß die Qualifikationsnachweise vergleichbar sind. Solange ein Notengefälle zwischen den Ländern besteht, werden Landesquoten gebildet. Die Quote eines Landes bemißt sich zu einem Drittel nach seinem Anteil an der Gesamtzahl der Bewerber für den betreffenden Studiengang (Bewerberanteil) und zu zwei Dritteln nach seinem Anteil an der Gesamtzahl der 18- bis 20jährigen (Bevölkerungsanteil); für die Stadtstaaten wird die Quote um 30 Prozent erhöht. Auf die Wartezeiten werden sog. Parkstudienzeiten nicht angerechnet; auf diese Weise soll vermieden werden, daß abgewiesene Bewerber durch ein Ausweichstudium Plätze in anderen Studiengängen blockieren (im einzelnen: § 32 HRG, Art. 13 StV, §§ 9 ff. VergVO).
In Fächern, in denen zu erwarten ist, daß das allgemeine Auswahlverfahren zu unvertretbar hohen Anforderungen an die Qualifikation führen würde, soll ein *besonderes Auswahlverfahren* durchgeführt werden (§ 33 HRG, Art. 14 StV, §§ 22 ff. VergVO): Von den nach Abzug von Vorabquoten (Ausländer, außergewöhnliche Härtefälle u. a.) verbleibenden Studienplätzen werden 10 Prozent aufgrund eines Eignungstests, 45 Prozent aufgrund einer Kombination von Testergebnis und Abiturnote vergeben; 20 Prozent entfal-

---

85 Zu den verschiedenen Verfahrensarten für die Vergabe von Studienplätzen in Studiengängen, die in das zentrale Vergabeverfahren der ZVS einbezogen sind, s. Peter *Großkreutz*, in: Kay Hailbronner (Hrsg.): Kommentar zum Hochschulrahmengesetz, Heidelberg (Loseblattausgabe, Stand: Juni 1999), § 31 Rn. 7 ff. Daneben gibt es auch örtliche Zulassungsbeschränkungen, bei denen die Hochschulen selbst über Auswahl und Zulassung von Bewerbern entscheiden. Allerdings sind sie hierbei in der Regel an die Kriterien des bundesweiten Auswahlverfahrens – Abiturnote und Wartezeit – gebunden.
86 Staatsangehörige eines anderen Mitgliedstaats der Europäischen Union sind den Deutschen gleichgestellt, wenn sie die für das Studium erforderlichen Sprachkenntnisse nachweisen (§ 27 Abs. 1 Satz 2 HRG).
87 Dazu *Großkreutz* (Anm. 85), § 32 Rn. 8 ff., Rn. 24 ff.

len auf Studierwillige, die eine Wartezeit vorweisen können, wobei eine einschlägige Berufsausbildung während dieses Zeitraumes besonders zu berücksichtigen ist; 15 Prozent werden im Rahmen von hochschulinternen Auswahlgesprächen zugewiesen[88].

4.3 Schulorganisation

4.31 Schuljahr und Ferien

Durch das Hamburger Abkommen (TZ 2.121) sind Schuljahr und Schulferien gleichmäßig geregelt. Das *Schuljahr* beginnt am 1. August und endet am 31. Juli des folgenden Jahres. Der tatsächliche *Unterrichtsbeginn* und das tatsächliche *Unterrichtsende* hängen von der Lage der Sommerferien ab. Die Gesamtdauer der Schulferien beträgt 75 Werktage (ohne Anrechnung der aus besonderen Gründen für schulfrei erklärten Tage). Die Sommerferien sollen in der Zeit zwischen 15. Juni und 10. September liegen. Sie werden regional gestaffelt; über die Festsetzung der Sommerferientermine in den einzelnen Ländern trifft die Kultusministerkonferenz für jedes Jahr eine Vereinbarung[89]. Weitere zusammenhängende Ferienabschnitte liegen zur Oster- und zur Weihnachtszeit. Kürzere Pfingst- und Herbstferien sowie einzelne bewegliche Ferientage zur Berücksichtigung besonderer örtlicher Verhältnisse sind zugelassen.

4.32 Unterrichtszeit

4.321 Die Anzahl der wöchentlichen Unterrichtsstunden und ihre Verteilung auf die verschiedenen Fächer ergeben sich aus den für die einzelnen Schularten und Klassen geltenden *Stundentafeln*[90]. Das Tageshöchstmaß beträgt in den allgemeinbildenden Schulen sechs, in Ausnahmefällen sieben hintereinander folgende Stunden von in der Regel 45 Minuten Dauer, zwischen denen ausreichende Pausen liegen müssen; doch ist auch die Zusammenfassung von zwei Unterrichtsstunden zu Blockstunden zulässig, oft sogar besonders fruchtbar[91]. Der *Stundenplan* wird vom Schulleiter festgelegt.

---

88 Das besondere Auswahlverfahren fand letztmalig für die medizinischen Studiengänge im WS 1997/98 statt.
89 Zur langfristigen Sommerferienregelung vgl. KMK-BeschlS. Nr. 106.3 und 106.4.
90 In einigen Ländern kann die Schulkonferenz in bestimmtem Rahmen über Abweichungen von der ministeriell festgelegten Stundentafel entscheiden (s. § 8 Abs. 4 Satz 2 HmbSG; §§ 129 Nr. 2, 9 Abs. 4 HSchG; § 9 Abs. 2 SchulG M-V). Dabei sind aber die Vorgaben der KMK zu beachten, die Grundlage der gegenseitigen Anerkennung von Abschlüssen sind.
91 Der 45-Minuten-Regelumfang einer Unterrichtsstunde ist zumeist durch Verwaltungsvorschrift oder Rechtsverordnung festgelegt. Vgl. etwa Nr. 2 Abs. 3 der bbg VV-Schulbetrieb vom 1.12.1997 (ABl. S. 894), g. d. VV v. 11.2.1998 (ABl. S. 111); § 1 Abs. 3 hess VO über die Stundentafeln vom 15.7.1998 (ABl. S. 517). In Thüringen gibt es eine gesetzliche Regelung (§ 46 Abs. 2 ThürSchulG). Die Unterrichtsstunde von 45 Minuten Dauer ist im allgemeinen auch die Maßeinheit für die Pflichtstundenzahl der Lehrer (dazu TZ 21.34). Die Regelungen erlauben zumeist Abweichungen vom 45-Minuten-Rhythmus, sofern die Vorgaben der Stundentafeln eingehalten werden.

Allgemeine pädagogische und schulorganisatorische Regelungen

- In der *Grundschule* beträgt die Zahl der wöchentlichen Unterrichtsstunden anfangs (1. Klasse) zwischen 18 und 21 und steigt auf 26 bis 28 Stunden an.
- In der *Hauptschule* steigt die wöchentliche Stundenzahl von 28 bis auf 30, 32 oder 34 Stunden (nach Ländern verschieden).
- In der *Realschule* nimmt die wöchentliche Stundenzahl von 29–32 (5. Schuljahr) bis 32–35 Stunden zu.
- Im *Gymnasium* steigt die wöchentliche Stundenzahl von 30–32 (5. Schuljahr) bis 32–34 Stunden (10. Schuljahr). Im Kurssystem der Oberstufe (TZ 3.511) richtet sich die Zahl der Wochenstunden nach der Zahl der Grundkurse, die der Schüler zusätzlich zu den Leistungskursen belegt hat; die für die vier Halbjahre der Qualifikationsphase insgesamt vorgeschriebene Mindestzahl an Wochenstunden darf dabei nicht unterschritten werden.
- Die Stundenzahl in der *Berufsschule* als Teilzeitschule beträgt zwölf Wochenstunden an einem oder an zwei Schultagen. Zur Möglichkeit des Blockunterrichts an Berufsschulen vgl. TZ 3.521.
- Die Stundenzahl in den *berufsbildenden Vollzeitschulen* schwankt nach Ausbau und Fachrichtung zwischen 30 und 48.

4.322 Abgesehen von Sonderstunden (z. B. Sport, Werken) oder Arbeitsgemeinschaften wird der *Unterricht grundsätzlich am Vormittag* erteilt; in der gymnasialen Oberstufe ist es allerdings wegen der komplizierten Verteilung der Kurse häufig unvermeidlich, auf den Nachmittag auszuweichen. Zur Ganztagsschule TZ 4.33.

4.323 Inzwischen hat sich in allen Ländern die *5-Tage-Woche* (Montag bis Freitag) durchgesetzt[92]. Mehrere Schulgesetze räumen der Schulkonferenz die Befugnis ein, über die Verteilung des Unterrichts auf sechs statt auf fünf Wochentage zu entscheiden[93].

---

[92] Nach BVerwGE 47, 201, genügte für die Einführung der 5-Tage-Woche (statt der früher üblichen 6-Tage-Woche) eine Verwaltungsvorschrift; so auch Peter *Lerche*: Bayerisches Schulrecht und Gesetzesvorbehalt. Rechtsgutachten erstattet im Auftrag des Bayerischen Staatsministeriums für Unterricht und Kultus, München 1981, S. 92. Demgegenüber fordert der *DJT-SchulGE* gesetzgeberische Leitentscheidungen zu Umfang und Verteilung der Unterrichtszeit auf die Wochentage sowie eine gesetzliche Regelung der Dauer der Ferien (S. 264 f.). Ausführlich zum Gesetzesvorbehalt TZ 15.3 (15.37). – Die Einführung eines unterrichtsfreien Tages hat keine Regelung der Arbeitszeit der Lehrer zum Gegenstand, sondern ist eine der Mitbestimmung des Personalrats entzogene Maßnahme der Schulorganisation. So das BVerwG, DVBl. 1983, 808. Entsprechendes muß gelten, wenn der Unterricht auf sechs statt auf fünf Wochentage verteilt wird.

[93] Z. B. § 91 Abs. 1 Satz 2 Nr. 5 BbgSchulG; § 129 Nr. 13, § 9 Abs. 4 HSchG.

4.33 Ganztagsschule, Grundschule mit festen Öffnungszeiten

In der *Ganztagsschule*[94] wird der Schüler nicht nur unterrichtet, sondern auch tagsüber erzieherisch betreut und verpflegt[95]. Die Ganztagsschule sorgt erzieherisch und pflegerisch nicht zuletzt für Schüler, deren Eltern berufstätig sind. Das wirft die Frage nach der Grenze zwischen staatlicher Schulhoheit und elterlichem Erziehungsrecht auf. Zwar kann der Staat den zeitlichen Umfang von Halbtagsschulen ausweiten. Da hierdurch aber das elterliche Erziehungsrecht (Art. 6 Abs. 2 GG) und das Recht des Schülers auf freie Persönlichkeitsentfaltung (Art. 2 Abs. 1 GG) erheblich betroffen werden, bedarf die Einführung der Ganztagsschule einer gesetzlichen Regelung, die auch ihre nähere Ausgestaltung festlegt[96]. Die Einheit von Schule und Tagesheim unterscheidet die Ganztagsschule vom Hort (TZ 3.3). In den meisten Ländern ist die Ganztagsschule nunmehr gesetzlich geregelt[97]; ihr Besuch ist im allgemeinen freiwillig[98]. In den übrigen Ländern wird sie im Rahmen von Schulversuchen erprobt. Obwohl die Ganztagsschule in vielen Fällen einem dringenden Bedürfnis Rechnung trägt, haben vor allem finanzielle Engpässe und Einsparungszwänge zu einer Stagnation ihrer Entwicklung geführt.

Um so wichtiger ist es, daß zumindest die Grundschule *feste Öffnungszeiten* hat, zu denen die Schüler beaufsichtigt sind (»*volle Halbtagsschule*«). Das er-

---

94 Stefan *Apel*/Georg *Rutz*: Handbuch Ganztagsschule. Konzeption, Einrichtung und Organisation, Schwalbach/Ts. 1998; Tino *Bargel*/Manfred *Kuthe*: Ganztagsschule. Untersuchungen zu Angebot und Nachfrage, Versorgung und Bedarf, Bonn 1991; Harald *Ludwig*: Reformpädagogik und moderne Ganztagsschule, Pädagogische Rundschau 1995, H. 1, S. 31–43. Hinweise auf die Stellung der Ganztagsschule in anderen Ländern Europas geben Monika *Renz*: Ganztagsschulen und Ganztagsbetreuung in den Mitgliedstaaten der Europäischen Gemeinschaft, Die Ganztagsschule 1991, H. 3/4, S. 181, und Gerlind *Schmidt*: Die Ganztagsschule in einigen Ländern Europas, in: Wolfgang Mitter/Botho von Kopp (Hrsg.): Die Zeitdimension in der Schule als Gegenstand des Bildungsvergleichs, Köln 1994, S. 1–10.
95 Begriffliche Parallelen sind insoweit zur sog. Betreuungsschule erkennbar – ein Terminus, der als Oberbegriff solche Einrichtungen bezeichnet, die den planmäßigen Unterricht durch zusätzliche Angebote ergänzen und von der Halbtags- über Zwischenformen bis zur Ganztagsschule reichen. Vgl. dazu Ursula *Fehnemann*: Betreuungsschule – rechtliche Voraussetzungen und Grenzen, ZfJ 1992, 503.
96 So der saarl VerfGH, SPE n. F. 280 Nr. 16, S. 4 (42 ff.).
97 S. etwa § 18 Abs. 2 bln SchulG (nur Grundschule), § 18 BbgSchulG, § 13 HmbSG, § 15 HSchG, § 39 Abs. 1 Satz 4 SchulG M-V, § 23 Abs. 1 und 2 NSchG, § 10 a rp SchulG, § 5 a saarl SchoG, § 16 sächs SchulG, § 12 Abs. 1 SchulG LSA, § 5 Abs. 4 und 5 sh SchulG, § 11 ThürSchulG.
98 In Hamburg, Niedersachsen, Rheinland-Pfalz und Schleswig-Holstein können Ganztagsschulen als freiwillig anzunehmendes ergänzendes Nachmittagsangebot oder als verpflichtendes Schulangebot eingerichtet werden.

Allgemeine pädagogische und schulorganisatorische Regelungen

leichtert den Eltern die Zeit- und Alltagsplanung und beugt der Gefahr vor, daß ihre Kinder bei Unterrichtsausfall alleingelassen sind[99].

4.34 Schulbezirk, Schuleinzugsbereich[100]

Die *Pflichtschulen* sind räumlich abgegrenzten Gebieten, sog. Schulbezirken (Schulsprengeln), zugeordnet, aus denen ihre Schülerschaft rekrutiert wird (vgl. TZ 3.15). Die Einteilung dient dazu, möglichst gleichmäßige Besucherzahlen sicherzustellen. Der Schulbezirk ist obligatorisch; der Pflichtschüler hat die Schule zu besuchen, in deren Schulbezirk er wohnt oder arbeitet (*Sprengelpflicht*). Ausnahmsweise, bei Vorliegen eines wichtigen Grundes, kann die Schulbehörde den Besuch einer anderen Schule gestatten[101]. Der Kreis der Pflichtschulen im Bereich von allgemeinbildenden und berufsbildenden Schulen ist von Land zu Land unterschiedlich weit gezogen. In Mecklenburg-Vorpommern umfaßt er sämtliche Schulen[102], in Baden-Württemberg, Bayern, Rheinland-Pfalz und Schleswig-Holstein (nur) Grundschulen, Hauptschulen und Berufsschulen[103], in Thüringen Grundschulen, Regelschulen und Berufsschulen[104], in Niedersachsen Schulen im Primarbereich und im Sekundarbereich I[105], in Brandenburg, Hessen, Nordrhein-Westfalen, im Saarland und in Sachsen Grundschulen und Berufsschulen[106], in Sachsen-Anhalt Grundschulen, Sekundarschulen und die Förderstufe an Gesamtschu-

---

99 § 17 Abs. 5 HSchG verpflichtet nunmehr die Grundschule zu festen Öffnungszeiten. Die verbindliche Schulzeit beträgt für Schüler der Klassen 1 und 2 20 Zeitstunden, der Klassen 3 und 4 23 Zeitstunden und der Klassen 5 und 6 (sofern die Grundschule diese Jahrgangsstufen umfaßt) 25 Zeitstunden wöchentlich. In Hamburg beträgt die Unterrichtszeit in der Grundschule i. d. R. jeweils fünf Zeitstunden an fünf Wochentagen (§ 14 Abs. 4 HmbSG). In Mecklenburg-Vorpommern, Niedersachsen und Sachsen-Anhalt *können* Grundschulen als volle Halbtagsschulen bzw. als Schulen mit festen Öffnungszeiten geführt werden (§ 39 Abs. 3 SchulG M-V, § 23 Abs. 3 NSchG, § 4 Abs. 6 SchulG LSA).
100 Dazu Günter *Püttner:* Die Sprengelpflicht, RdJB 1992, 230.
101 Vgl. z. B. § 76 Abs. 2 bw SchG, § 106 Abs. 3 Satz 4 und 5 BbgSchulG, § 41 Abs. 1 Satz 3, Abs. 2 Satz 2 SchulG LSA, § 19 Abs. 3 saarl SchoG, § 50 Abs. 2 Satz 2 rp SchulG, § 15 Abs. 1 ThürSchulG. Für eine solche Ausnahmegenehmigung ist weder das Einverständnis des »abgebenden« Schulträgers erforderlich, noch kann dieser eine Verletzung eigener Rechtspositionen geltend machen: VGH Mannheim, DVBl. 1989, 1267. In Hessen kann das Staatliche Schulamt nur »im Benehmen mit dem Schulträger« entscheiden (§ 66 SchulG).
102 § 46 SchulG M-V.
103 § 25 Abs. 1 bw SchG, Art. 42 BayEUG, § 50 Abs. 1 rp SchulG, § 44 Abs. 1 sh SchulG.
104 §§ 14, 17 Abs. 5 ThürSchulG.
105 § 63 Abs. 2 NSchG. Gem. § 63 Abs. 4 Nr. 1 und 3 NSchG besteht aber oberhalb der Grundschule Wahlfreiheit zwischen Gesamtschule einerseits und Orientierungsstufe, Hauptschule, Realschule und Gymnasium andererseits.
106 § 106 Abs. 1 BbgSchulG (Schulbezirk »für jede Grundschule und für jeden Bildungsgang an einem Oberstufenzentrum, in dem die Berufsschulpflicht erfüllt werden kann«); § 143 Abs. 1 und 2 HSchG; § 9 Abs. 1 nrw SchVG; § 19 Abs. 1 saarl SchoG; § 25 Abs. 1 sächs SchulG.

len[107], in Berlin und Hamburg nur die Grundschulen[108]. Sofern der Schulbezirk nicht bereits durch Gesetz festgesetzt ist[109], ist es im allgemeinen Aufgabe des Schulträgers, dessen Grenzen zu bestimmen[110]. Dabei bedarf er üblicherweise des Einvernehmens der Schulbehörde[111]. Für die Bildung und Änderung eines Schulbezirks genügt weder eine verwaltungsinterne Regelung noch ein Verwaltungsakt in Form einer Allgemeinverfügung; erforderlich ist vielmehr eine rechtssatzförmige Regelung[112]; Schulbezirke müssen daher entweder durch Satzung oder durch Rechtsverordnung[113] festgelegt oder geändert werden.

Für *Wahlschulen* können in einigen Ländern Schuleinzugsbereiche gebildet werden; die Aufnahme eines Schülers, der nicht im Einzugsbereich wohnt, kann abgelehnt werden, wenn keine besonderen Gründe für die Aufnahme bestehen[114] (dazu TZ 26.224).

4.35 Schulwechsel, Anerkennung von Abschlüssen

Durch einen Schulwechsel, etwa im Zusammenhang mit dem Umzug der Eltern, entstehen für den Schüler nicht selten erhebliche Schwierigkeiten. Häufig werden andere Schulbücher verwendet, bei einem Schulwechsel über Landesgrenzen hinweg auch andere Lehrpläne zugrunde gelegt. Der Leistungsstand der neuen Klasse unterscheidet sich zumeist vom bisherigen Niveau. Hinzu kommt, daß jede Schule eine individuelle Prägung hat, die den Schulwechsel sogar innerhalb derselben Stadt erschwert. Besondere Probleme ergeben sich durch das Kurssystem der gymnasialen Oberstufe, da die Kurse, die die Neigungen und Wünsche der Schüler berücksichtigen sollen, von Schule zu Schule unterschiedlich ausfallen.

Bei einem *Schulwechsel von Land zu Land* stellt sich die Frage, ob der Schüler den bisherigen Bildungsgang ohne weiteres fortsetzen und sich auf die ihm zuvor erteilten Berechtigungen berufen kann. Für die meisten Abschlüsse bestehen Vereinbarungen zwischen den Ländern, die ihre *wechselseitige Aner-*

---

107 § 41 Abs. 1 SchulG LSA.
108 § 8 Abs. 3 bln SchulG, § 42 Abs. 1 Satz 1 HmbSG.
109 So z. B. in Sachsen: i. d. R. das Gebiet des kommunalen Schulträgers (§ 25 Abs. 2 Satz 1 SchulG).
110 Vgl. § 143 Abs. 1 Satz 1 HSchG (für Grundschulen).
111 Vgl. § 63 Abs. 2 Satz 1 NSchG (mit Genehmigung der Schulbehörde); § 41 Abs. 1 Satz 1, Abs. 2 Satz 1 SchulG LSA, § 44 Abs. 1 Satz 3 sh SchulG (mit Zustimmung der Schulaufsichtsbehörde); § 14 Abs. 1 Satz 1 ThürSchulG (im Einvernehmen mit dem Kultusministerium). Anders ist die Rechtslage in Rheinland-Pfalz. Dort legt die Schulbehörde den Schulbezirk für Grund- und Hauptschulen im Einvernehmen, für Berufsschulen im Benehmen mit dem Schulträger fest (§ 50 Abs 1 SchulG). Im Saarland entscheidet über die Bildung von Schulbezirken das Ministerium im Benehmen mit dem Schulträger (§ 19 Abs. 1 SchoG).
112 So VGH Kassel, NVwZ 1984, 116 (117).
113 In Bremen regeln die Stadtgemeinden den Zugang zu den einzelnen Schulen durch Ortsgesetz (§ 6 Abs. 3 Satz 3 BremSchVwG).
114 S. etwa VG Kassel, NVwZ-RR 1990, 24.

Allgemeine pädagogische und schulorganisatorische Regelungen

kennung sicherstellen[115]. Schüler und Eltern können jedoch aus diesen Abkommen, die nur die beteiligten Ministerien binden, in der Regel keine unmittelbaren Rechte herleiten[116]. Ohnehin ist der Landesgesetzgeber frei, das schulische Berechtigungswesen nach eigenen Vorstellungen, also auch abweichend von den Regelungen anderer Länder, zu gestalten. Allerdings ergibt sich aus dem der bundesstaatlichen Ordnung des Grundgesetzes innewohnenden Grundsatz der Bundestreue ein Appell an die Länder, ihr Berechtigungswesen so aufeinander abzustimmen, daß effektive Freizügigkeit im ganzen Bundesgebiet möglich ist[117]. Im übrigen aber bleibt es jedem Land unbenommen, von allen Schülern, die zu einer bestimmten Stufe des Bildungssystems zugelassen werden wollen, die Erfüllung der vorgeschriebenen Eignungskriterien zu fordern; diese subjektiven Zulassungsvoraussetzungen, die dem Schutz wichtiger Gemeinschaftsgüter – hier: der Funktionsfähigkeit der Schule – dienen, sind mit Art. 12 Abs. 1 GG, Art. 2 Abs. 1 GG vereinbar. Verfügt der zugezogene Schüler aber über *gleichwertige* Berechtigungen, kann er aufgrund seines Rechts auf gleiche Teilhabe an den öffentlichen Bildungseinrichtungen (TZ 2.224) verlangen, in die entsprechende Klasse oder Schulart aufgenommen zu werden[118]. Geringfügige Unterschiede in der Vorbildung, z. B. nur drei statt vier Wochenstunden in einer Fremdsprache, dürfen nicht zu seinem Nachteil ausschlagen. Allerdings ist es im Streitfall Sache des Schülers, die Gleichwertigkeit seines Berechtigungsnachweises darzulegen; läßt sich diese nicht hinreichend sicher feststellen, kann er die Aufnahme in die gewünschte Klasse oder Schulart nicht erreichen[119].

Die Anerkennung der *in der DDR erworbenen schulischen Abschlüsse*[120] regelt Art. 37 Abs. 1 Einigungsvertrag. Nach Satz 1 der Vorschrift gelten sie im sog. Beitrittsgebiet (also in den neuen Ländern und in den östlichen Bezirken Berlins) weiter. Gemäß Art. 37 Abs. 1 Satz 2 und 3 EVtr stehen die im Beitrittsgebiet oder in den anderen Ländern der Bundesrepublik Deutschland einschließlich Berlin (West) abgelegten Prüfungen oder erworbenen Befähigungsnachweise einander gleich und verleihen die gleichen Berechtigungen, wenn sie gleichwertig sind; die Gleichwertigkeit wird auf Antrag von der je-

---

115 KMK-BeschlS. Nr. 138 ff., 179, 190 ff., 240 ff., 473 ff. Zu verweisen ist ferner auf das Hamburger Abkommen vom 28.10.1964 (KMK-BeschlS. Nr. 101). – Zur bundesweiten Anerkennung von Berechtigungen *DJT-SchulGE*, § 61 (S. 95), S. 281 ff. *Niehues*: Schul- und Prüfungsrecht, S. 235 ff. Rn. 355 ff.
116 Etwas anderes gilt dann, wenn die auf einer KMK-Vereinbarung beruhende Praxis der Anerkennung zu einer Selbstbindung der Verwaltung geführt hat (vgl. TZ 1.334).
117 Josef *Isensee*: Idee und Gestalt des Föderalismus im Grundgesetz, HdbStR IV, S. 517 (539 ff. Rn. 41 ff.).
118 So der VGH München, SPE II B III, S. 1, zur Gleichwertigkeit des Abschlusses der 10. Hauptschulklasse in Nordrhein-Westfalen mit dem Realschulabschluß in Bayern.
119 *Niehues*: Schul- und Prüfungsrecht, S. 237 ff. Rn. 355 c – § 61 *DJT-SchulGE* verschafft dem Schüler eine weit günstigere Ausgangsposition. Nach dieser Vorschrift darf die Anerkennung nur bei offensichtlicher Ungleichwertigkeit versagt werden; bloße Zweifel gehen daher zu Lasten der Schulbehörde des aufnehmenden Landes.
120 Die damit verbundenen Probleme dürften heute, fast zehn Jahre nach der Wiedervereinigung, kaum noch eine Rolle spielen; sie finden allerdings noch einen Nachhall in der Rspr. der OVG und des BVerwG.

weils zuständigen Stelle festgestellt[121]. Für die Feststellung der Gleichwertigkeit genügt die »Niveaugleichkeit« des DDR-Abschlusses; sie setzt keine inhaltlich voll gleichwertigen, sondern lediglich fachlich aneinander angenäherte Ausbildungen voraus[122].

4.36 Klassenstärken und Meßzahlen

4.361 Für organisatorische Entscheidungen (Klassenteilung oder -zusammenlegung, Einrichtung oder Abbau von Parallelzügen, Begründung neuer oder Zusammenlegung bestehender Schulen), für die Ermittlung des Unterrichtsbedarfs und die Errechnung der Zahl der erforderlichen Lehrer und der Höhe der aufzubringenden Personalkosten sind die jeweiligen Klassenstärken (Klassenbesuchszahlen, Klassenfrequenzen) bedeutsam. Für alle Schularten sind *Klassenhöchststärken (Schülerhöchstzahlen je Klasse)* festgesetzt, bei deren Überschreiten eine Klasse geteilt werden soll. Die Klassenhöchststärken sind am größten in der Grundschule; sie vermindern sich in der Realschule und im Gymnasium, in diesem wiederum von unten nach oben. In den Berufsfach- und Fachschulen sind die Klassenhöchststärken von den Unterrichtsmöglichkeiten der jeweiligen Fachrichtung und Ausbildungsart bestimmt. Die wirklichen Klassenstärken dürfen nur ausnahmsweise die Höchststärken überschreiten.

4.362 Der *Errechnung des Unterrichtsbedarfs*, d.h. der Zahl der erforderlichen Lehrer und Lehrstellen, liegen sog. *Meßzahlen* zugrunde. Die Meßzahlen sind *entweder* schematische Schüler-Lehrer-Relationen (Verhältniszahlen), die in der Regel von den festgelegten Klassenhöchstzahlen nicht allzu sehr nach unten abweichen (z.B. je 20 Schüler ein Lehrer), *oder* unter Zugrundelegung des Unterrichtsmaßes der Schüler und der Unterrichtsverpflichtung der Lehrer (einschließlich Stundenreserve) gewonnene Werte, die den Unterrichtsbedarf je Klasse wiedergeben (z.B. je Gymnasialklasse 1,7 Lehrer). Im ersten Fall werden die Gesamtzahlen der Schüler einer Schulart, Schulstufe oder Klassenstufe in Land, Kreis oder Gemeinde ermittelt und durch die Meßzahl (Verhältniszahl) geteilt. Im zweiten Fall wird die Zahl der im Land (Kreis, Gemeinde) je Schulart oder Stufe bestehenden Klassen, nötigenfalls korrigiert durch Berücksichtigung der Klassenhöchststärken, zugrunde gelegt und mit der Meßzahl (Lehrerbedarf je Klasse) multipliziert. Das Resultat ergibt die Zahl der erforderlichen Lehrer. Dieses Berechnungsverfahren ist differenzierter als das erste, berücksichtigt jedoch wie dieses nur den Normalfall und bedarf mancher Korrekturen, wenn den Besonderheiten einzelner Schulen oder Klassen Rechnung getragen werden soll.

---

121 Art. 37 Abs. 1 Satz 2 EVtr enthält die umfassende materiell-rechtliche Grundnorm für die Anerkennung von Abschlüssen in der DDR: BVerwG, DVBl. 1998, 1071. Sie wird daher durch Art. 37 Abs. 4 Satz 2 EVtr, wonach die Regelungen zur Anerkennung von Abschlüssen schulrechtlicher Art in der KMK vereinbart werden, nicht verdrängt; diese Vorschrift verweist lediglich darauf, daß die Länder in der KMK Vereinbarungen treffen können, ohne diesen selbst Rechtsnormqualität zu verleihen.
122 BVerwG, DVBl. 1998, 961 (962); vgl. auch OVG Weimar, DÖV 1996, 796 (nur Leitsatz).

Angesichts der schwierigen finanziellen Situation, der alle Länder ausgesetzt sind, kann jedoch dem bisher zugrundegelegten Lehrerbedarf der Schulen nicht mehr in vollem Umfang Rechnung getragen werden. Die alten Länder stehen vor dem Problem steigender Schülerzahlen in der Primarstufe, die sich zeitversetzt in den Sekundarstufen I und II auswirken. Neueinstellungen von Lehrern sind nur noch in geringem Umfang möglich; die Kultusministerien behelfen sich deshalb damit, die Klassenfrequenzen und/oder das Stundendeputat der Lehrer (dazu TZ 21.34) zu erhöhen[123]. Um dennoch auftretende Engpässe, insbesondere durch Erkrankung oder Erziehungsurlaub von Lehrern, zu überwinden, haben einige Länder Mittel im Haushaltsplan des jeweiligen Kultusministeriums ausgebracht, die für die befristete Beschäftigung von Aushilfskräften und für Mehrarbeitsvergütungen zur Verfügung gestellt werden (»Geld statt Stellen«)[124]. Anders sind die Probleme in den neuen Ländern. Dort gibt es, vor allem im Grundschulbereich, einen Überhang an Lehrkräften. Damit dort überhaupt noch junge Lehrer eingestellt werden können, ist man dazu übergegangen, die Arbeitszeit der Lehrkräfte ohne Lohnausgleich zu reduzieren (dazu TZ 23.12)[125].

4.37 Koedukation[126]

Während früher Mädchen und Jungen in getrennten Schulen unterrichtet wurden, hat sich seit den 50er Jahren schrittweise der Grundsatz der Koedukation durchgesetzt. Schon seit einiger Zeit werden aber Bedenken gegen die koedukative Schule geäußert[127]. Sie beruhen auf der Annahme, daß Mädchen bei gemeinsamer Unterrichtung mit Jungen vor allem in Mathematik und in den naturwissenschaftlich-technischen Fächern benachteiligt werden. Es gibt gleichwohl gute Argumente dafür, an dem Grundsatz der gemeinsamen Er-

---

123 Nach BVerwG, SPE n.F. 350 Nr. 21, ist die vorübergehende Ausweitung der in Organisationsrichtlinien vorgesehenen Bandbreite für Klassenfrequenzen, die dazu dient, einen erhöhten Schülerandrang zu bewältigen, keine mitbestimmungspflichtige Maßnahme zur Hebung der Arbeitsleistung im Sinne von § 85 Abs. 2 Nr. 2 bln PersVG (= § 76 Abs. 2 Satz 1 Nr. 5 BPersVG).
124 So z. B. in Nordrhein-Westfalen. Dazu Alfred *Möller*: »Geld statt Stellen«. Ein Projekt zur praxisgerechten Problembewältigung oder eine Scheinlösung?, SchVw NRW 1994, 233; Walter *Bröcker*/Horst *König*: »Geld statt Stellen«. Grundlagen in Fragen und Antworten, SchVw NRW 1995, 5.
125 Zur Entwicklung der Schülerzahlen, zum Lehrerbedarf und zu den Einstellungsmöglichkeiten für Lehrer s. den Bericht der Bund-Länder-Kommission für Bildungsplanung und Forschungsförderung »Langfristige Personalentwicklung im Schulbereich« vom September 1994 und den Bericht der KMK »Sicherung der Leistungsfähigkeit der Schulen in einer Phase anhaltender Haushaltsenge« vom September 1995.
126 Dazu *Bildungskommission NRW*: Zukunft der Bildung – Schule der Zukunft, Neuwied 1995, S. 126 ff.; ferner aus pädagogischer Sicht: Thomas *Schäfer*: Koedukation auf dem Prüfstand. Versuch einer Bestandsaufnahme und Vorschläge für pädagogisches Handeln, SchVw BY 1996, 217; aus psychologischer Perspektive: Sabine *Wesely*: Gleichberechtigungsgrundsatz und Koedukation. Gemeinsame Erziehung von Mädchen und Jungen, SchVw MO 1997, 11 m. w. N.
127 Vgl. Uta *Enders-Dragäser*/Claudia *Fuchs* (Hrsg.): Frauensache Schule, Frankfurt am Main 1990; Anna Maria *Kreienbaum* (Hrsg.): Frauen Bilden Macht, Dortmund 1989.

ziehung festzuhalten. Er ist seiner Intention nach darauf angelegt, Mädchen und Jungen nicht auf bestimmte traditionelle Rollenmuster festzulegen und so die Gleichberechtigung der Geschlechter auch im Schulwesen zu verwirklichen (Art. 3 Abs. 2 GG)[128]. Das ändert nichts daran, daß die Pflicht, am koedukativ erteilten Unterricht teilzunehmen, das Elternrecht und das Entfaltungsrecht der Schülerinnen und Schüler in nicht unerheblicher Weise tangiert. Wegen dieser Grundrechtsrelevanz ist eine gesetzliche Regelung erforderlich[129].

---

[128] Vgl. BayVerfGH, SPE n. F. 292 Nr. 1, wonach der Grundsatz der Gleichberechtigung zwar nicht zur Koedukation im schulischen Bereich verpflichtet, es aber untersagt, daß Jungen keinen Zugang zu dem seinerzeit bestehenden, auf die Ausbildung spezifischer weiblicher Fähigkeiten ausgerichteten Sozialwissenschaftlichen Gymnasium erhielten.

[129] Gesetzliche Bestimmungen finden sich gegenwärtig nur in § 19 bln SchulG, § 10 BremSchulG, § 3 Abs. 2 Satz 1 HmbSG, § 3 Abs. 4 Satz 2 und 3 HSchG, § 4 Abs. 6 SchulG M-V, § 5 Abs. 1 sh SchulG. Nach diesen Vorschriften werden Mädchen und Jungen grundsätzlich gemeinsam unterrichtet; sie können aber aus pädagogischen Erwägungen zeitweise auch getrennt unterrichtet werden.

5. Kapitel: Besondere Regelungen und Einrichtungen

5.1 Schulversuche[1]

Durch Schulversuche soll die Weiterentwicklung des Schulwesens gefördert werden[2]. Zu diesem Zweck werden vorhandene Modelle und Unterrichtsverfahren sowie neue pädagogische, didaktische und organisatorische Konzeptionen erprobt und überprüft. Schulversuche werden als Teilversuche (z. B. hinsichtlich bestimmter Fächer) in herkömmlichen Schulen oder als Gesamtversuche (z. B. Ganztagsschulen) in besonderen *Versuchsschulen* durchgeführt[3].

Die Durchführung von Schulversuchen ist überall an die *Genehmigung der obersten Schulbehörde* gebunden. Über den Antrag auf Genehmigung beschließt die Lehrerkonferenz oder die Schulkonferenz; je nach landesrechtlicher Regelung sind Schulelternbeirat und Schulträger zu beteiligen. In mehreren Ländern sind Schulversuche wissenschaftlich zu begleiten[4]. Versuche, die von der im Hamburger Abkommen vereinbarten Grundstruktur des Schulwesens abweichen, bedürfen außerdem einer vorherigen Empfehlung der Kultusministerkonferenz (§ 16 Hamburger Abkommen)[5]. Es gibt eine Vielzahl solcher Empfehlungen, in denen die Durchführung der Versuche und die Anerkennung der dabei erworbenen Abschlüsse geregelt sind[6]. Manche versuchsweise eingeführte Neuerung, wie etwa die Reform der gymnasialen Oberstufe, ist längst zur Regel geworden. Bund und Länder haben 1971

---

1 Dazu Ingo *Richter*: Versuch macht klug, in: Dietrich Goldschmidt/Peter Martin Roeder (Hrsg.): Alternative Schulen?, Stuttgart 1979, S. 63; *Stein/Roell*, S. 323 f.
2 § 22 Abs. 1 bw SchG, Art. 81 BayEUG, § 3 Abs. 1 Satz 1 bln SchulG, § 8 Abs. 1 Satz 1 BbgSchulG, § 13 Abs. 1 Satz 2 BremSchulG, § 10 Abs. 1 HmbSG, § 14 Abs. 1 HSchG, § 38 Abs. 1 Satz 1 SchulG M-V, § 22 Abs. 1 Satz 1 NSchG, § 4b Abs. 1 nrw SchVG, § 14 Abs. 1, Abs. 3 rp SchulG, § 5 Abs. 1 saarl SchoG, § 15 Abs. 1 sächs SchulG, § 11 Abs. 1 SchulG LSA, § 10 Abs. 1 Satz 2 sh SchulG, § 12 Abs. 1 Satz 1 ThürSchulG.
3 Die Terminologie in den Schulgesetzen ist nicht einheitlich. Zumeist wird, wie hier, der Terminus Schulversuch als Oberbegriff, die Bezeichnung Versuchsschule als besondere Art eines Schulversuchs verwendet. Gelegentlich wird zwischen Schulversuchen (innerhalb bestehender Schulen) und Versuchs- oder Modellschulen (als Abweichungen von den vorhandenen Schularten) unterschieden, so z. B. § 14 HSchG, § 34 *DJT-SchulGE*. In Thüringen werden Schulversuche an besonderen Versuchsschulen durchgeführt (§ 12 Abs. 1 Satz 2 ThürSchulG).
4 § 8 Abs. 3 Satz 2 BbgSchulG, § 13 Abs. 5 Satz 3 BremSchulG (für Versuchsschulen), § 14 Abs. 6 HSchG, § 28 Abs. 3 Satz 4 SchulG M-V, § 22 Abs. 2 Satz 1 NSchG (»nach Möglichkeit«), § 14 Abs. 4 rp SchulG (Sollvorschrift), § 15 Abs. 2 sächs SchulG (»in der Regel«), § 11 Abs. 2 Satz 2 SchulG LSA, § 12 Abs. 2 ThürSchulG.
5 Die KMK hat durch Beschluß vom 16. 2. 1990 (KMK-BeschlS. Nr. 472) das Verfahren vereinfacht. Schulversuche, die vom Hamburger Abkommen oder einzelnen Vereinbarungen der KMK abweichen, sind neun Monate vor dem geplanten Beginn den anderen Ländern und beim Sekretariat der KMK anzuzeigen. Wenn innerhalb von drei Monaten nach Eingang der Anzeige kein anderes Land besonderen Beratungsbedarf anmeldet, gilt der Schulversuch als zugelassen; andernfalls muß vor der Zulassung eine Beratung und Beschlußfassung in der KMK stattfinden.
6 Die entsprechenden Vereinbarungen sind in der KMK-BeschlS. unter Nr. 473 ff. abgedruckt.

eine Rahmenvereinbarung zur koordinierten Vorbereitung, Durchführung und wissenschaftlichen Begleitung von Modellversuchen im Bildungswesen getroffen, die auch die Voraussetzungen gemeinsamer Finanzierung festlegt[7]. Schulversuche bedürfen schon deshalb einer *gesetzlichen Grundlage*, weil sie von den allgemeingültigen Regelungen abweichen. Das gilt um so mehr, als sie häufig angesichts ihrer Auswirkungen auf die Wahl des Bildungsweges die Grundrechte der betroffenen Eltern und Schüler tangieren. Vor allem dann, wenn sie schrittweise irreversible Reformen einleiten, müssen sie wegen der Bedeutung der dadurch bewirkten Änderungen der Entscheidung des Parlaments vorbehalten bleiben[8] (dazu TZ 15.37). Die – gesetzliche – Verpflichtung zur Teilnahme am Schulversuch ist nur zulässig, wenn die Gewähr gegeben ist, daß die betroffenen Schüler gleiche oder gleichwertige Abschlüsse wie an anderen Schulen erwerben können. Eltern und Schüler haben in diesem Fall keinen Anspruch darauf, daß die vor dem Schulversuch bestehenden Organisationsformen aufrechterhalten werden[9]; allerdings muß es ihnen unbenommen bleiben, auf vorhandene Schulen des Regelsystems auszuweichen[10]. Es gibt weder ein Recht auf Unterlassung eines Schulversuchs noch einen Anspruch auf dessen Fortführung[11].

In Berlin und Hamburg sind nur solche Schüler zur Teilnahme an einem Schulversuch verpflichtet, deren Eltern ihr Einverständnis hierzu erteilen; in Bremen und Brandenburg ist der Besuch von Versuchsschulen freiwillig.

---

7 Die Rahmenvereinbarung vom 7.5.1971 ist abgedruckt in: Informationen über die Bund-Länder-Kommission für Bildungsplanung und Forschungsförderung (BLK), Bonn 1998, S. 29.
8 *Oppermann*: Gutachten, C 58; *DJT-SchulGE*, §§ 34–36 (S. 82 f.), S. 222. Der DJT-SchulGE verlangt deshalb für die Einführung flächendeckender Versuche ein besonderes Gesetz (§ 34 Abs. 4).
9 Vgl. etwa Art. 82 Abs. 1 BayEUG, § 14 Abs. 4 Nr. 1 HSchG, § 12 Abs. 4 ThürSchulG.
10 Vgl. BVerfGE 34, 165 (196 ff.).
11 Vgl. etwa Art. 82 Abs. 2 BayEUG, § 12 Abs. 4 ThürSchulG. BVerwG, DVBl. 1976, 635 mit Anm. von Roland *Voigt*: Aus Art. 2 Abs. 1 und Art. 6 Abs. 2 Satz 1 GG läßt sich kein Anspruch auf Fortführung eines Schulversuchs herleiten; Schüler und Eltern können nicht verlangen, daß der Staat eine ihren Wünschen entsprechende Schule zur Verfügung stellt.

5.2 Ausländer- und Aussiedlerkinder[12]

5.21 Probleme und Lösungsversuche

5.211 Die gesetzliche Schulpflicht erfaßt auch die Ausländer- und Aussiedlerkinder (TZ 25.1). Die Zahl der *ausländischen Schüler* belief sich 1997 auf 1,8 Mio.; ihr Anteil an der Gesamtschülerzahl (12,7 Mio.) betrug somit 9,3 Prozent[13]. In einigen Großstädten und Ballungsgebieten beträgt der Ausländeranteil in den Schulen zwischen 20 und 40 Prozent, in Stadtbezirken mit hoher Ausländerkonzentration steigt er auf 80 Prozent und mehr. Die schulische Bildung und Erziehung der Ausländerkinder stößt wegen des Sprachenproblems und wegen der (religiös-)kulturellen Verschiedenheiten auf erhebliche Schwierigkeiten[14]; das gilt vor allem hinsichtlich der türkischen Kinder, die mit mehr als 40 Prozent die stärkste Gruppe unter den ausländischen Schülern bilden.

Auch die Eingliederung der *Aussiedlerkinder*[15], die häufig mit der deutschen Sprache und Kultur wenig vertraut sind, ist mit erheblichen Problemen ver-

---

12 *Ausländerkinder*: KMK-Vereinbarung »Unterricht für Kinder ausländischer Arbeitnehmer« vom 8.4.1976 i. d. F. v. 26.10.1979 (KMK-BeschlS. Nr. 899.1). Einen Gesamtüberblick gibt Helga *Herrmann*: Ausländische Jugendliche in Schule, Ausbildung und Beruf, Köln 1993; vgl. auch Brigitte *Mohr*: Bildung und Wissenschaft in Deutschland West, Köln 1991, S. 96 ff. – Aus der juristischen Literatur: Gunther *Schwerdtfeger*: Welche rechtlichen Vorkehrungen empfehlen sich, um die Rechtsstellung von Ausländern in der Bundesrepublik Deutschland angemessen zu gestalten? Gutachten A zum 53. Deutschen Juristentag, München 1980, A 96 ff.; Christine *Langenfeld*: Integration und kulturelle Identität zugewanderter Minderheiten: Eine Herausforderung für das deutsche Schulwesen – Einführung in einige grundrechtliche Fragen, AöR 123 (1998), S. 375; Lutz R. *Reuter*: Schulrechtliche und schulpraktische Fragen der schulischen Betreuung von Kindern und Jugendlichen nichtdeutscher Erstsprache, RdJB 1999, 26. Zu verschiedenen Arten der Bewältigung von »Kulturkonflikten« im Schulwesen: Hans-Peter *Füssel*: Multikulturelle Erziehung in Deutschland, RdJB 1993, 228.
Aussiedlerkinder: Beschluß der KMK vom 3.12.1971 i. d. F. v. 12.9.1997 »Eingliederung von Berechtigten nach dem Bundesvertriebenengesetz (BVFG) in Schule und Berufsausbildung« (KMK-BeschlS. Nr. 901). Vgl. auch Gudrun *Friederichs*/Rolf *Eichholz*: Integration von Ausländer- und Aussiedlerkindern unter besonderer Berücksichtigung der polnischen Aussiedlerkinder, Frankfurt am Main 1992; Peter *Graf*: Modell: Integration von Aussiedlerkindern, sm Heft 3/1991, S. 22 ff.
13 Zahlen ermittelt aufgrund der Daten in: *Bundesministerium für Bildung und Forschung*: Grund- und Strukturdaten 1998/99, Bonn 1998, S. 50 ff., 74 f. Zur Verteilung der ausländischen Schüler auf die Bundesländer und auf die Herkunftsländer s. Christoph *Führ*: Deutsches Bildungswesen seit 1945. Grundzüge und Probleme, Bonn 1996, S. 31 f.
14 Zur Behebung dieser Schwierigkeiten hat die KMK mit Beschluß vom 25.10.1996 eine Empfehlung »Interkulturelle Bildung und Erziehung in der Schule« verabschiedet (KMK-BeschlS. Nr. 671.1); s. dazu Marcella *Heine*, SchVw BY 1997, 250.
15 Aussiedler sind deutsche Staatsangehörige oder Volkszugehörige, die das vor dem 8.5.1945 von ihnen bewohnte Herkunftsland – die früheren deutschen Ostgebiete oder andere in § 1 Abs. 2 Nr. 3 Bundesvertriebenengesetz genannten Staaten – nach Abschluß der allgemeinen Vertreibungsmaßnahmen verlassen haben.

bunden; allerdings ist ihr Anteil an der Gesamtschülerzahl geringer als der der ausländischen Schüler[16].

5.212 Die *Vereinbarung der Kultusministerkonferenz über den »Unterricht für Kinder ausländischer Arbeitnehmer«*[17] zielt darauf ab, die ausländischen Schüler zu befähigen, die deutsche Sprache zu erlernen und die deutschen Schulabschlüsse zu erreichen sowie die Kenntnisse in der Muttersprache zu erhalten und zu erweitern[18]. In der Empfehlung werden mehrere Maßnahmen genannt, die diesem Ziel dienen sollen. Eindeutige Festlegungen auf der Grundlage eines in sich geschlossenen Konzepts fehlen jedoch; überdies ist die Erprobung abweichender Formen schulischer Förderung von Ausländerkindern ausdrücklich gestattet. Den Ländern bleibt daher ein breiter Spielraum. Sie können frei entscheiden, ob sie sich stärker am Konzept der Assimilation der ausländischen Schüler orientieren oder den Akzent auf die Wahrung ihrer kulturellen Identität legen[19].

Der *Beschluß der Kultusministerkonferenz zur Eingliederung deutscher Aussiedler in Schule und Berufsausbildung*[20] betont u. a., daß Schüler der Jahrgangsstufen 1 bis 9 entweder durch Förderunterricht in der Schule oder durch Unterricht in besonderen Fördereinrichtungen auf die Eingliederung in die ihrem Alter oder ihrer Leistung entsprechenden Klassen der Grundschule oder der weiterführenden Schule vorbereitet werden. Da dieser Beschluß

---

16 Präzise Zahlen liegen nur für einzelne Bundesländer vor. So waren beispielsweise in Bayern im Schuljahr 1996/97 von 1.288.272 Schülern an allgemeinbildenden Schulen 8.031 (= 0,62 %) Aussiedlerkinder; demgegenüber belief sich die Zahl der ausländischen Schüler auf 113.678 (= 8,82 %) (errechnet nach Angaben des Bayerischen Landesamts für Statistik und Datenverarbeitung vom 30. 6. 1997). Dabei ist allerdings zu beachten, daß nur diejenigen Schüler als Aussiedlerkinder erfaßt sind, die während des dem Stichtag vorausgegangenen Jahres in die Bundesrepublik zugezogen waren. Ein anderes Bild ergibt sich, wenn man auch bei den Ausländerkindern nur die »Seiteneinsteiger« des jeweiligen Schuljahres erfaßt. Hier können Zahlen aus Hessen zugrunde gelegt werden (Hessisches Kultusministerium: Statistische Erhebung an den allgemeinbildenden und beruflichen Schulen in Hessen zur Erfassung der »Seiteneinsteiger« im Schuljahr 1995/96): Die 14.974 Seiteneinsteiger an allgemeinbildenden und beruflichen Schulen im Zeitraum 1. 8. 1995 bis 31. 7. 1996 verteilen sich zu 45,5 % (= 6.214) auf Aussiedlerkinder und zu 54,5 % (= 8.760) auf Ausländerkinder. Vergleichszahlen für die Vorjahre: 1994/95 43,0 % bzw. 57 %, 1993/94 41,3 % bzw. 58,7 %, 1992/93 37,7 % bzw. 62,3 %.
17 S. Anm. 12.
18 Hinzuweisen ist auch auf die Richtlinie 77/486/EWG über die schulische Betreuung der Kinder von Wanderarbeitnehmern vom 25. 7. 1977 (ABl. EG 1977, L 199/32). Danach soll diesen Kindern geeigneter Unterricht, der auch die Sprache des Aufnahmestaates umfaßt, erteilt werden, damit sie in das schulische Milieu bzw. in das Berufsausbildungssystem des Aufnahmestaates eingegliedert werden können; zugleich sollen sie in der Muttersprache und der heimatlichen Landeskunde unterwiesen werden, damit ihre etwaige Wiedereingliederung in den Herkunftsstaat erleichtert wird.
19 Den Gesichtspunkt der Wahrung kultureller Identität betonen die Länder Brandenburg und Sachsen auch im Blick auf Kinder und Jugendliche in den deutsch-sorbischen Gebieten. Gem. §§ 5, 4 Abs. 5 Satz 2 BbgSchulG, § 2 sächs SchulG ist diesen die Möglichkeit zu geben, die sorbische Sprache zu erlernen sowie in bestimmten Fächern und Klassenstufen in sorbischer Sprache unterrichtet zu werden; in sämtlichen Schulen sind ihnen Kenntnisse aus der Geschichte und Kultur der Sorben zu vermitteln.
20 Mit der Überschrift »Eingliederung von Berechtigten nach dem Bundesvertriebenengesetz (BVFG) in Schule und Berufsausbildung« (s. Anm. 12).

nur empfehlenden Charakter hat, sind die Länder nicht gehindert, davon abweichende Lösungen zu wählen.

5.22 Das Berliner und das Bayerische Modell

Es ist seit längerem gebräuchlich, für die unterschiedlichen Wege in der Ausländerbildungspolitik das Berliner und das Bayerische Modell gegenüberzustellen[21]; im Spektrum zwischen den beiden Enden finden sich die Konzepte der anderen Länder. Entsprechendes gilt für die schulische Bildung der Aussiedlerkinder[22].

5.221 Nach dem *Berliner Modell*[23] werden *ausländische Schüler* grundsätzlich gemeinsam mit deutschen Schülern unterrichtet (Regelklassen). Unzureichende Deutschkenntnisse sollen in Vorbereitungsklassen – Dauer bis zu zwei Jahren – oder durch zusätzlichen Förderunterricht ausgeglichen werden. Der Anteil ausländischer Schüler in Regelklassen darf in den Klassenstufen 1 und 7 nicht über 30 Prozent hinausgehen; sofern sie mehrheitlich ohne sprachliche Schwierigkeiten dem Unterricht folgen können, kann die Quote bis auf 50 Prozent angehoben werden. Über Ausnahmen im Einzelfall entscheidet die Senatsschulverwaltung. In den übrigen Klassenstufen soll der Anteil ausländischer Schüler 50 Prozent nicht überschreiten. Falls selbst mit schulübergreifenden Verteilungsmaßnahmen eine starke Ausländerkonzentration an einzelnen Schulen nicht zu vermeiden ist, können in Grund-, Haupt- und Berufsschulen besondere Klassen für Ausländer eingerichtet werden (Ausländer-Regelklassen). Auch in diesen Klassen ist der Unterricht in deutscher Sprache nach den für die Regelklassen geltenden Lehrplänen abzuhalten[24]. Muttersprachlicher und landeskundlicher Ergänzungsunterricht finden außerhalb der staatlichen Schulaufsicht in der Regie der Vertretungen der Entsendeländer statt (sog. Konsularunterricht); die Teilnahme ist freiwillig.

Aussiedlerkinder werden grundsätzlich in Regelklassen aufgenommen. Das gilt auch dann, wenn sie die deutsche Sprache nicht so beherrschen, daß sie dem Unterricht folgen können. Sie erhalten in ergänzenden Kursen Deutschunterricht, bei erheblichen Sprachschwierigkeiten statt dessen zusätzlichen Förderunterricht. Ist die Aufnahme dieser Schüler in die Regelklasse aus organisatorischen oder pädagogischen Gründen nicht möglich, werden sie für

---

21 *Schwerdtfeger* (Anm. 12), A. 99 f.; s. auch *Langenfeld*, AöR 123 (1998), S. 379 ff.
22 Die gesetzlichen Regelungen in Berlin und Bayern betreffen »Schüler nichtdeutscher Herkunftssprache« (§ 35 a bln SchulG) bzw. »Schüler mit nichtdeutscher Muttersprache« (Art. 89 Abs. 2 Nr. 6 BayEUG), also gleichermaßen Ausländer- und Aussiedlerkinder.
23 §§ 35 a, 15 bln SchulG; Ausführungsvorschriften über den Unterricht für ausländische Kinder und Jugendliche vom 24. 5. 1984 (ABl. S. 821); Ausführungsvorschriften über den Unterricht für Kinder und Jugendliche von deutschen Aussiedlern vom 4. 10. 1984 (ABl. S. 1511). Beide Ausführungsvorschriften sind aufgrund der Neufassung des § 35 a SchulG teilweise hinfällig.
24 In der Grundschule und in der Hauptschule werden Ausländerkinder auf Antrag der Erziehungsberechtigten von der Teilnahme am Unterricht in der ersten Fremdsprache befreit; sie erhalten statt dessen zusätzlichen Unterricht in Deutsch.

höchstens ein Jahr in altersgemäßen Förderklassen auf den Besuch der Regelklasse vorbereitet.

5.222 Nach dem *Bayerischen Modell*[25] werden *ausländische Schüler* an Volksschulen (Grund- und Hauptschulen), die dieselbe Muttersprache haben und die dem Unterricht in deutscher Sprache nicht zu folgen vermögen oder deren Erziehungsberechtigte sich für einen verstärkten Unterricht in der Muttersprache entscheiden, zweisprachigen Klassen zugewiesen. In diesen Klassen ist die Muttersprache Unterrichtssprache; Deutsch wird als Zweitsprache unterrichtet. Mit aufsteigender Jahrgangsstufe nimmt der Anteil der deutschen Sprache zu. Für Schüler, die einer zweisprachigen Klasse nicht zugewiesen werden können oder die erst in die Hauptschule eintreten, können Übergangsklassen gebildet werden. Scheitert auch die Einrichtung einer Übergangsklasse – vor allem in den dünn besiedelten ländlichen Gebieten dürfte es nicht immer möglich sein, solche Klassen einzurichten –, werden die ausländischen Schüler zwar einer deutschen Regelklasse zugewiesen, erhalten aber Intensivkurse in deutscher Sprache (bis zu zehn Wochenstunden) bei entsprechender Unterrichtsbefreiung in den übrigen Fächern. Verfügen die Schüler trotz dieser Maßnahmen noch nicht über ausreichende Kenntnisse der deutschen Sprache, kann außerdem ein besonderer Förderunterricht angeboten werden. Ist ein Schüler in der zweisprachigen Klasse soweit gefördert, daß er dem Unterricht in der deutschsprachigen Klasse folgen kann, setzt der Schulleiter die Eltern schriftlich von der Möglichkeit des Übertritts in die deutschsprachige Klasse in Kenntnis; auf ihren Antrag weist er den Schüler einer solchen Klasse zu[26].

Zur Eingliederung von *Aussiedlerschülern* werden besondere Klassen eingerichtet, die den Übergangsklassen für Ausländerkinder entsprechen; Aussiedlerkinder, die eine solche Klasse nicht besuchen, erhalten Intensivkurse oder Förderunterricht für das Fach Deutsch oder für das Fach Deutsch als Zweitsprache.

5.223 Über die bildungs- und gesellschaftspolitischen Vorzüge und Nachteile des Berliner und des Bayerischen Modells läßt sich trefflich streiten. Verfassungsrechtlich sind beide Wege zulässig. Das Gleichheitsgebot (Art. 3 Abs. 1 GG) wäre nur dann verletzt, wenn Kinder nichtdeutscher Muttersprache durch die eine oder andere Regelung willkürlich ungleich behandelt würden.

---

25 Art. 36 Abs. 3, 89 Abs. 2 Nr. 6 BayEUG; §§ 11, 12 Volksschulordnung; §§ 23, 24 Sondervolksschulordnung; § 25 Abs. 3 und 4 Realschulordnung; § 24 Abs. 3 Gymnasialschulordnung; Bek. vom 29.8.1984 (KMBl. I S. 510) »Unterricht für Kinder ausländischer Arbeitnehmer«, Bek. vom 28.12.1987 (KWMBl. I 1988, S. 8) »Eingliederung von Aussiedlerschülern in Bayern« (beide Erlasse sind durch Novellierung der Schulordnungen teilweise überholt).

26 An Volksschulen wird für Schüler nichtdeutscher Muttersprache, die eine deutschsprachige Klasse besuchen, muttersprachlicher Ergänzungsunterricht (bis zu fünf Wochenstunden) eingerichtet, dem die Schüler auf Antrag der Erziehungsberechtigten vom Schulleiter zugewiesen werden.

Davon kann indes nicht die Rede sein[27]. Beide Modelle verstoßen weder gegen das Grundrecht der Schüler auf freie Entfaltung (Art. 2 Abs. 1 GG) noch gegen das grundrechtlich geschützte Erziehungsrecht der Eltern (Art. 6 Abs. 2 GG): Schüler und Eltern nichtdeutscher Herkunftssprache haben ebensowenig wie deutschsprachige Schüler und Eltern das Recht auf eine gerade ihren Wünschen entsprechende Ausgestaltung der Schule[28]; vielmehr ist es Sache des Staates, das Schulwesen zu organisieren. Er verfügt hierbei über einen weiten Gestaltungsspielraum. Es ist grundsätzlich seiner Entscheidung überlassen, ob er Kinder nichtdeutscher Muttersprache vorrangig in eine deutsche »Lernkultur« einbindet oder ihnen einen ihrer Sprache und kulturellen Tradition angepaßten Unterricht anbietet. Wenn er daher im einen Fall – Berlin – deutsche Sprache und »deutsche« Lehrpläne für maßgeblich erklärt, im anderen Fall – Bayern – Schüler, die mit der deutschen Sprache nicht zurechtkommen, der zweisprachigen Klasse zuweist, handelt er gleichermaßen verfassungsmäßig[29]. Der gelegentlich vertretenen These, die Berliner Regelung sei verfassungswidrig, weil sie den Eltern keine Alternative zur deutschsprachigen Regelklasse einräume und ihren Kindern den Weg zur Vollintegration aufzwinge[30], ist entgegenzuhalten, daß der Staat nicht verpflichtet ist, sein Schulwesen nach den je besonderen kulturellen Traditionen

---

27 Auch bei Anwendung der »neuen Formel«, die das BVerfG in seiner Rechtsprechung zu Art. 3 Abs. 1 GG zugrunde legt (BVerfGE 55, 72 [88]; BVerfGE 74, 9 [29 f.]), ist ein Verstoß gegen den Gleichheitssatz nicht zu erkennen. Nach dieser Rspr. (dazu Friedrich *Schoch*: Der Gleichheitssatz, DÖV 1988, 749 [752]; Rudolf *Wendt*: Der Gleichheitssatz, NVwZ 1988, 778 [780 f.]) ist das Gleichheitsgrundrecht vor allem dann verletzt, wenn eine Gruppe von Normadressaten – hier: Schüler nichtdeutscher Muttersprache – im Vergleich zu anderen Normadressaten – hier: Schüler deutscher Muttersprache – anders behandelt wird, obwohl zwischen beiden Gruppen keine Unterschiede von solcher Art und solchem Gewicht bestehen, daß sie die ungleiche Behandlung rechtfertigen könnten. Die Regelungen in Berlin und in Bayern tragen den gravierenden Unterschieden der Sprachkenntnisse zwischen deutschen und ausländischen Schülern auf je besondere Weise Rechnung.
28 BVerfGE 45, 400 (415 f.).
29 S. aber *Langenfeld*, AöR 123 (1998), 395, die aus dem Elternrecht und dem Recht des Schülers auf Persönlichkeitsentfaltung die Pflicht des Staates herleitet, den Regelunterricht zumindest durch ein freiwilliges Angebot muttersprachlicher Unterweisung zu ergänzen.
30 So *Schwerdtfeger* (Anm. 12), A. 99, unter Berufung auf BVerfGE 45, 400 (416), wonach die Grenze des verfassungsrechtlich Zulässigen dort liege, »wo das Wahl- und Bestimmungsrecht der Eltern angesichts nur noch einer einzigen vorhandenen obligatorischen Schulform mit einem vom Staat einseitig festgelegten Bildungsziel obsolet wird und leerläuft«. Doch hat der Beschluß mit der schulischen Integration von Ausländerkindern nichts zu tun; er bezieht sich auf einen ganz anderen Gegenstand, nämlich auf die Verfassungsmäßigkeit des hessischen Gesetzes über die Neuordnung der gymnasialen Oberstufe vom 26. Oktober 1976 und hierbei insbesondere auf den von den beschwerdeführenden Eltern vorgetragenen Einwand, daß durch die Einführung der gymnasialen Oberstufe die bisherigen Gymnasialtypen (altsprachlich, neusprachlich, naturwissenschaftlich-mathematisch) beseitigt würden und der zuvor geltende auf eine breite Allgemeinbildung hinzielende Fächerkanon aufgelöst werde.

der verschiedenen fremdsprachigen Minderheiten auszurichten[31]. Allerdings muß er die Glaubens- und Gewissensfreiheit (Art. 4 Abs. 1 und 2 GG) der Schüler und Eltern aus anderen Kulturkreisen respektieren. Das Berliner Modell verstößt auch nicht gegen die EG-Richtlinie 77/486/EWG[32], die die EG-Mitgliedstaaten verpflichtet, dafür Sorge zu tragen, daß die Kinder von Wanderarbeitnehmern in der Muttersprache unterwiesen werden. Berlin erteilt zwar in seinen Schulen einen solchen Unterricht nicht, fördert diesen aber dadurch, daß es den von den Konsulaten der Herkunftsstaaten organisierten muttersprachlichen Ergänzungsunterricht finanziell unterstützt. Ebensowenig handelt das Land mit seinem Konzept völkerrechtlichen Normen zuwider. Zwar darf nach Art. 27 des Internationalen Pakts über bürgerliche und politische Rechte[33] in Staaten mit ethnischen, religiösen oder sprachlichen Minderheiten Angehörigen dieser Minoritäten nicht das Recht vorenthalten werden, gemeinsam mit anderen Angehörigen ihrer Gruppe ihr eigenes kulturelles Leben zu pflegen, ihre eigene Religion zu bekennen und auszuüben oder sich ihrer eigenen Sprache zu bedienen. Indem das Land Berlin die Kinder nichtdeutscher Muttersprache verpflichtet, in der Schule Deutsch als Unterrichtssprache zu verwenden, enthält es jedoch der jeweiligen Minderheitengruppe, der sie entstammen, keineswegs das Recht vor, sich ihrer eigenen Sprache zu bedienen, zumal der Gefahr der Entfremdung von der Kultur des Herkunftslandes durch Teilnahme am muttersprachlichen Ergänzungsunterricht entgegengewirkt werden kann.

Zur Möglichkeit der Errichtung ausländischer Privatschulen s. TZ 13.541.

5.224 Bedenklich am gegenwärtigen Rechtszustand ist die Tatsache, daß die meisten Länder ihr Konzept der schulischen Bildung der Kinder nichtdeutscher Herkunftssprache nicht in einem Gesetz niedergelegt haben[34]. Die Entscheidung für Vollintegration oder pluralistische Integration ausländischer Kinder – oder für eine zwischen beiden Lösungen liegende Variante – ist von großer Bedeutung für die gesellschaftlich-politische Zukunft des Landes; sie hat erhebliche Auswirkungen auf die Grundrechte der Schüler nichtdeutscher

---

31 Auch Art. 3 Abs. 3 Satz 1 GG, der eine Diskriminierung wegen der Sprache verbietet, verpflichtet den Staat nicht, im Schulwesen Vorkehrungen zum Ausgleich sprachbedingter Nachteile zu treffen. Nach dieser Bestimmung darf die Sprache nicht als Anknüpfungspunkt für eine *rechtliche* Ungleichbehandlung herangezogen werden (vgl. BVerfGE 64, 135 [156f.]). Daß allen Schülern Unterricht in Deutsch erteilt wird, ist für die Schüler nichtdeutscher Muttersprache zwar ein faktischer, nicht aber ein rechtlicher Nachteil. Wie hier *Langenfeld*, AöR 123 (1998), S. 400; Werner *Heun*, in: Dreier: Grundgesetz. Kommentar, Art. 3 Rn. 115. A. A. *von Mangoldt/Klein/Starck*: Grundgesetz. Kommentar, Art. 3 Rn. 115: Eine faktische Ungleichheit, die sich unmittelbar auf die Erfüllung staatlich verfügter Pflichten auswirke, sei durch entsprechende staatliche Maßnahmen zu kompensieren; daher müsse ausländischen Kindern für die Dauer der Schulpflicht Unterricht in ihrer Muttersprache angeboten werden.
32 Anm. 18.
33 BGBl. 1973 II, S. 1534. Zur Bedeutung des Völkerrechts für »Glaubensfreiheit und schulische Integration von Ausländerkindern« vgl. *Albers*, DVBl. 1994, 984.
34 Außer Bayern (Art. 36 Abs. 3 BayEUG) und Berlin (§ 35a SchulG) haben nur Hamburg (§ 3 Abs. 3 Satz 3 HmbSG) und Hessen (§ 3 Abs. 12, § 8a HSchG) gesetzliche Regelungen getroffen, aus denen sich Grundsätze für die Unterrichtung und Erziehung von Ausländer- und Aussiedlerkindern ergeben; in beiden Ländern wird die Zweisprachigkeit gefördert.

Besondere Regelungen und Einrichtungen

und deutscher Muttersprache wie auch ihrer Eltern. Deshalb gebieten das Demokratie- und das Rechtsstaatprinzip ein Tätigwerden des Gesetzgebers. (Zum Vorbehalt des Gesetzes TZ 15.3.) Die Landtage müssen daher selbst die Linie festlegen, an der sich die Schulbildung der Ausländer- und Aussiedlerkinder fortan zu orientieren hat[35].

5.23 Islamischer Religionsunterricht[36]

Zunehmend praktische Bedeutung erhält die Frage, ob Schülern mohammedanischen Glaubens, also vor allem den zahlreichen türkischen Kindern, islamischer Religionsunterricht erteilt werden muß[37]. Sofern eine ausreichende Zahl von Schülern dieses Bekenntnisses vorhanden ist, muß man die Frage prinzipiell bejahen. Allerdings kann der weltanschaulich neutrale Staat die zu vermittelnden Glaubensinhalte nicht bestimmen; er ist auf *islamische Religionsgemeinschaften* als Partner angewiesen, mit deren Grundsätzen der Religionsunterricht übereinstimmen muß (Art. 7 Abs. 3 Satz 2 GG). Es widerspricht aber gerade dem Selbstverständnis des Islam, der keinen Vermittler zwischen Gott und den Menschen zuläßt, eine Instanz zu akzeptieren, die über die zu lehrenden Inhalte mit verbindlicher Autorität entscheidet[38]. Eine

---

35 So schon *Schwerdtfeger* (Anm. 12), A. 99 f.; vgl. auch *Albers*, DVBl. 1994, 990.
36 Ibrahim *Çavdar*: Islamischer Religionsunterricht an deutschen Schulen, RdJB 1993, 265; Hans-Peter *Füssel*: Islamischer Religionsunterricht an deutschen Schulen, RdJB 1985, 74; ders./Tilman *Nagel*: Islamischer Religionsunterricht und Grundgesetz, EuGRZ 1985, 497; Klaus *Gebauer*: Islamische Unterweisung in deutschen Klassenzimmern, RdJB 1989, 263; Alexander *Hollerbach*: Freiheit kirchlichen Wirkens, HdbStR VI, 595 (617 Rn. 41); Stefan *Korioth*: Islamischer Religionsunterricht und Art. 7 III GG. Zu den Voraussetzungen religiöser Vielfalt in der öffentlichen Pflichtschule, NVwZ 1997, 1041; *Langenfeld*, AöR 123 (1998), 401 ff.; Christoph *Link*: Religionsunterricht, in: Joseph Listl/Dietrich Pirson (Hrsg.): Handbuch des Staatskirchenrechts der Bundesrepublik Deutschland. Bd. 2. 2. Aufl., Berlin 1995, S. 439 (500 ff.); Wolfgang *Loschelder*: Der Islam und die religionsrechtliche Ordnung des Grundgesetzes, in: Joseph Krautscheidt/Heiner Marré (Hrsg.): Essener Gespräche zum Thema Staat und Kirche. Bd. 20, Münster 1986, S. 168; Stefan *Mückl*: Staatskirchenrechtliche Regelungen zum Religionsunterricht, AöR 122 (1997), 513 (548 ff.); Norbert *Rixius*: Rechtliche Regelungen zur religiösen Unterweisung für Schüler islamischen Glaubens, Soest 1987. S. auch den Bericht der Kommission »Islamischer Religionsunterricht« der Kultusministerkonferenz vom 20. 3. 1984: Möglichkeiten religiöser Erziehung muslimischer Schüler in der Bundesrepublik Deutschland (nicht veröffentlicht).
37 Die in den Schulen mehrerer Länder (Bayern, Hessen, Niedersachsen, Nordrhein-Westfalen und Rheinland-Pfalz) im Rahmen des muttersprachlichen Ergänzungsunterrichts oder im Zusammenhang mit ihm angebotene islamische religiöse Unterweisung ist kein Religionsunterricht im Sinne des Art. 7 Abs. 3 GG, sondern eine Religionskunde (dazu *Langenfeld*, AöR 123 [1998], 382; zur Situation in Nordrhein-Westfalen *Mückl*, AöR 122 [1997], 548 f.). Bedenken gegen die islamische religiöse Unterweisung in staatlicher Verantwortung äußert *Korioth*, NVwZ 1997, 1044 f.: Der religiös neutrale Staat könne nicht darüber befinden, was den Lehren des Islam entspricht und was nicht.
38 Nach Auffassung *Links* (Anm. 36), S. 501, fehlt es an einer solchen Instanz nicht nur für den Islam als Ganzes, sondern auch für dessen konfessionelle Zweige, zumal für die in Deutschland dominierende Gruppe der Sunniten. Demgegenüber vertritt *Çavdar*, RdJB 1993, 267 ff., die Ansicht, es sei nicht erforderlich, daß eine Religionsgemeinschaft Organe aufweise, die mit amtlicher Verbindlichkeit gegenüber ihren Mitgliedern handelten; es

weitere Schwierigkeit besteht darin, daß es an *Lehrern* fehlt, die theologisch und didaktisch hinreichend kompetent sind. Sofern es gelingt, islamischen Religionsunterricht einzurichten, trägt der Staat kraft seines Aufsichtsrechts (Art. 7 Abs. 1 GG) die Verantwortung auch für dieses Fach. Er muß deshalb darauf achten, daß die in diesem Unterricht vermittelten Inhalte (z. B. über das Verhältnis von Mann und Frau) nicht den verfassungsrechtlich verankerten Bildungszielen der Schule, insbesondere dem Toleranzprinzip, widersprechen. Schon aus diesem Grunde sollte er darauf bestehen, daß der Unterricht, der nach den staatlich – allerdings in Übereinstimmung mit den Grundsätzen der jeweiligen islamischen Religionsgemeinschaft – festzulegenden Lehrplänen und nach den staatlich zu genehmigenden Schulbüchern zu erteilen ist, in deutscher Sprache abgehalten wird[39].

5.3 Schule und Heim[40]

5.31 Schülerheime

Schülerheime sind Einrichtungen zur Unterbringung und Erziehung von Schülern während der Schulzeit. Es gibt verschiedene Arten von Schülerheimen; für sie können neben schulrechtlichen Bestimmungen auch Regelungen aus dem Kinder- und Jugend(hilfe)recht, Gewerbe- sowie Polizei- und Ordnungsrecht maßgeblich sein. Schülerheime sind zu unterscheiden von Tagesheimschulen (Ganztagsschulen) (dazu TZ 4.33).

---

genüge nach Art. 140 GG i.V.m. Art. 137 Abs. 4 WRV, wenn die Gemeinschaften nach bürgerlichem Recht rechtsfähig seien. Daran gemessen, existierten in Deutschland mehrere islamische Vereinigungen, die Religionsgemeinschaften i. S. des Art. 7 Abs. 3 Satz 2 GG seien. Zu dem Problem, muslimischen Gemeinschaften Körperschaftsrechte zu verleihen, s. Stefan *Muckel*: Muslimische Gemeinschaften als Körperschaften des öffentlichen Rechts, DÖV 1995, 311. Dazu auch *Korioth*, NVwZ 1997, 1046 ff., der für die den Religionsunterricht verantwortenden Religionsgemeinschaften den Status der Körperschaft des öffentlichen Rechts i. S. des Art. 140 GG i.V.m. Art. 137 Abs. 5 WRV und somit eine besondere Zuwendung zum Staat als notwendig erachtet. – Gegenwärtig fordern vor allem die drei großen islamischen Dachverbände – der Zentralrat der Muslime in Deutschland, der Islamrat und der Verband der Islamischen Kulturzentren – die Einrichtung islamischen Religionsunterrichts und bieten sich den Ländern als Partner des Staates an. Das OVG Berlin hat durch Urteil vom 4.11.1998, DVBl. 1999, 554 m. Anm. v. Stefan *Muckel*, die Islamische Föderation als Religionsgemeinschaft anerkannt und ihr dadurch die Möglichkeit eröffnet, gemäß § 23 bln SchulG in den öffentlichen Schulen Berlins in eigener Verantwortung Religionsunterricht zu erteilen; dieser ist allerdings kein Religionsunterricht i. S. des Art. 7 Abs. 3 GG (dazu TZ 4.121).

39 Die Erteilung des islamischen Religionsunterrichts in deutscher Sprache ergibt sich nach *Mückl*, AöR 122 (1997), 550, zwingend aus dessen Charakter als eines ordentlichen Lehrfachs. Zur Frage, ob es einen verfassungsrechtlichen Anspruch der Schüler nichtdeutscher Herkunftssprache auf Berücksichtigung ihrer Muttersprache im Unterricht gibt, s. TZ 5.223.

40 Wilhelm *Steinbrecher*: Die Bildungssituation schulpflichtiger Kinder und Jugendlicher in Einrichtungen der öffentlichen Erziehung, Lübeck 1983; kurzer Überblick bei Thilo *Ramm*: Jugendrecht, München 1990, S. 357 ff.

Besondere Regelungen und Einrichtungen

5.311 Schülerheime als *selbständige Einrichtungen*, in denen minderjährige Schüler außerhalb des Schulunterrichts betreut werden, sind Einrichtungen im Sinne des § 45 Abs. 1 Satz 1 SGB VIII. Die Träger der Einrichtungen (z. B. Wohlfahrtsverbände, kirchliche Organisationen) bedürfen der Erlaubnis des Landesjugendamts und unterstehen seiner Aufsicht (§ 85 Abs. 2 Nr. 6 i.V.m. § 45 Abs. 1 Satz 1 SGB VIII). Dabei ist es in rechtlicher Hinsicht unerheblich, ob sie in Verbindung mit einer bestimmten Schule stehen oder nicht[41]. Davon zu unterscheiden sind Schülerheime, die nach Landesrecht der Schulaufsicht (zum Begriff s. das 16. Kapitel) unterstehen[42]; auf sie finden die Vorschriften des SGB VIII keine Anwendung (§ 45 Abs. 1 Satz 2 Nr. 2 SGB VIII).

5.312 Bei den *Erziehungshilfeheimen* (§ 34 SGB VIII) wird nicht das Heim von der Schule, sondern die Schule vom Heim her bestimmt (z. B. ein Heim für schwererziehbare Kinder mit angegliederter Sonderschule). Die Aufsicht über das Heim obliegt dem Landesjugendamt; die Schulbehörde bleibt auf die Schulaufsicht beschränkt.

5.32 Heimschulen

Heimschulen (Internatsschulen) sind Schulen, deren Unterrichts- und Erziehungsarbeit und Organisation darauf beruhen, daß alle Schüler oder wenigstens eine Mehrzahl von Schülern im Heim wohnen (z. B. Internatsschulen religiöser Orden, Landerziehungsheime)[43]; Schul- und Heimerziehung bilden eine pädagogische Einheit, Lehrer und Heimerzieher sind meist identisch. Schule und Heim befinden sich in der Hand desselben (öffentlichen oder privaten) Trägers; das Heim ist Bestandteil der Schule. Heimschulen unterstehen in ihrer Gesamtheit der Schulaufsicht[44]. Die Schulaufsichtsbehörden haben also das Recht und die Pflicht, im Zusammenhang mit der Schule auch das Heim und dessen Betrieb zu beaufsichtigen. Aus der organischen Verbindung des Heims mit der Schule folgt, daß für die Rechtsverhältnisse in den Heimschulen die Grundsätze des Schulrechts gelten. Die Lehrer, die in der Regel Funktionen als *Heimerzieher* übernehmen, werden in ihrem Stundenmaß entlastet. Der *Heimleiter* ist – je nach Schulverfassung – beauftragter Vertreter des Schulleiters oder der Lehrerkonferenz für die Erfüllung der Heimaufgaben. Zur Sonderstellung der Schüler in Heimschulen vgl. TZ 24.141.

---

41 Als Beispiel für rechtlich selbständige, aber jeweils einer bestimmten Schule zugeordnete Heime seien die Heime nach § 13 Abs. 2 sächs SchulG genannt. Danach hat der Schulträger einer Förderschule (= Sonderschule) unter den gesetzlich bestimmten Voraussetzungen dafür Sorge zu tragen, daß bei der Schule ein Heim, das nicht Bestandteil der Förderschule ist, eingerichtet wird; dort sollen die Schüler Unterkunft, Verpflegung, familiengemäße Betreuung und eine ihrer Behinderung entsprechende Förderung erhalten.
42 So in Bayern allgemein (Art. 107 Abs. 1 BayEUG); in Baden-Württemberg bei Heimen, die Aufbaugymnasien und Heimsonderschulen angegliedert sind (§ 32 Abs. 1 Satz 1 Nr. 6 SchG).
43 Zur Finanzierung einer Internatsunterbringung nach Maßgabe des Jugendhilferechts s. Reinhard *Wiesner*, SGB VIII. Kommentar, München 1995, § 34 Rn. 30.
44 Vgl. Art. 106 Abs. 2 Satz 3 BayEUG.

5.33 Schullandheime

Schullandheime sind Einrichtungen zur vorübergehenden klassenweisen Unterbringung, Verpflegung, Unterrichtung und Erziehung von Schülern einer oder mehrerer Schulen (meist Großstadtschulen) außerhalb des Schulortes in landschaftlich oder klimatisch besonders günstigen Gegenden. Ihr Zweck ist neben der Erholung die Vermittlung von Gemeinschafts- und Naturerlebnissen sowie die Förderung der Gemeinschaftserziehung. Die Landheime können im Eigentum des Schulträgers stehen; nicht selten gehören sie gemeinnützigen Vereinigungen der Schülereltern. Der Aufenthalt im Landheim gehört als Schulveranstaltung zum Schulbetrieb; der Unterricht wird im Heim weitergeführt, wenn auch meist in abgewandelter und verkürzter Form (vgl. TZ 28.223). Die Heime unterstehen deshalb der Schulaufsicht. Die Schullandheime dürfen nicht verwechselt werden mit den Landschulheimen (Landerziehungsheimen), die Heimschulen in ländlicher Umgebung sind (TZ 5.32).

5.4 Bekenntnis und Weltanschauung als Organisationsprinzipien[45]

5.41 Staat, Kirche, Schule

Die Rechtsbeziehungen zwischen Staat und Kirche beruhen auf den staatskirchenrechtlichen Bestimmungen der Art. 136, 137, 138, 139 und 141 WRV, die als Bestandteil des Grundgesetzes weitergelten (Art. 140 GG). Sie sind außerdem teils durch Konkordate mit der katholischen und durch Kirchenverträge mit der evangelischen Kirche[46], teils durch Gesetz geregelt. Das Verbot der Staatskirche (Art. 137 Abs. 1 WRV) untersagt einerseits die Erhebung einer einzelnen Religionsgemeinschaft zur Staatskirche oder Staatsreligion,

---

45 Axel Freiherr *von Campenhausen*: Erziehungsauftrag und staatliche Schulträgerschaft, Göttingen 1967, S. 109 ff.; Gerhard *Czermak*: Schule und Weltanschauungsfreiheit, Diss. jur., Würzburg 1972; Erwin *Fischer*: Volkskirche ade!, Aschaffenburg 1993; Alexander *Hollerbach*: Grundlagen des Staatskirchenrechts, HdbStR VI, S. 471, sowie *ders.*: Freiheit kirchlichen Wirkens, HdbStR VI, S. 595; Mathias *Jestaedt*: Das elterliche Erziehungsrecht im Hinblick auf Religion, in: Joseph Listl/Dietrich Pirson (Hrsg.): Handbuch des Staatskirchenrechts der Bundesrepublik Deutschland. Bd. 2. 2. Aufl., Berlin 1995, S. 415; Paul *Mikat*: Staat, Kirchen und Religionsgemeinschaften, in: Ernst Benda/Werner Maihofer/Hans-Jochen Vogel (Hrsg.): Handbuch des Verfassungsrechts. 2. Aufl., Berlin 1994, S. 1425; Eibe *Riedel* (Hrsg.): Öffentliches Schulwesen im Spannungsfeld von Staat und Kirche, Baden-Baden 1998. – Eine *Auswahlbibliographie* juristischer sowie historischer und gesellschaftswissenschaftlicher Literatur bietet Gerhard *Czermak*: Staat und Weltanschauung, Aschaffenburg 1993. – *Wichtige Rechtsprechung*: BVerfGE 6, 309 (Reichskonkordat); 41, 29; 41, 65; 41, 88 (Gemeinschaftsschulen in Baden-Württemberg, Bayern und Nordrhein-Westfalen); BVerwGE 17, 267 (Lehrkraft an kath. Bekenntnisschule); 19, 252 (Leiter einer kath. Bekenntnisschule); 42, 128 (zeitweise Befreiung vom Schulbesuch); 81, 22 (Lehrer an einer öffentlichen Gemeinschaftsschule). – Vgl. auch die Nachweise zum Religionsunterricht, zum Schulgebet und zum Kreuz in der Schule unter TZ 4.12.

46 Zu den Kirchenverträgen mit den neuen Bundesländern Axel Freiherr *von Campenhausen*: Vier neue Staatskirchenverträge in vier neuen Ländern, NVwZ 1995, 757.

andererseits die Errichtung einer Oberaufsicht des Staates über die Kirchen, wie sie bis 1918/19 als landesherrliches Kirchenregiment in den meisten evangelischen Landeskirchen existierte[47]. Es besteht eine organisatorische Trennung von Staat und Kirche, jedoch nicht (wie z. B. in Frankreich) im laizistischen Sinne, also nicht in der Weise, daß der Staat das öffentliche Wirken der Kirchen ablehnt und ihnen mit Indifferenz und Zurückweisung begegnet[48]. Vielmehr sucht er, in Wahrung der ihm auferlegten religiösen Neutralität, ihre Aktivitäten auch im öffentlichen Bereich zu fördern, ohne sich freilich mit ihnen zu identifizieren und ohne die eine oder andere Kirche zu bevorzugen.

In der Schule ist die Verbindung zwischen Staat und Kirche ohnehin enger als auf anderen Gebieten des öffentlichen Lebens. Der Religionsunterricht ist ordentliches Lehrfach (dazu TZ 4.121). Zwar können die Eltern weder aufgrund des Elternrechts (Art. 6 Abs. 2 GG) noch aufgrund anderer Vorschriften des Grundgesetzes die Errichtung von Schulen bestimmter religiöser oder weltanschaulicher Prägung verlangen. Wohl aber kann der Landesgesetzgeber, dem es aufgrund des Art. 7 GG überlassen bleibt, bei der Gestaltung der öffentlichen Schule das Christentum als prägenden Kultur- und Bildungsfaktor unter Beachtung der (positiven wie negativen) Religionsfreiheit zu berücksichtigen[49], den Eltern Mitwirkungs- und Mitbestimmungsrechte bei der bekenntnismäßigen Gestaltung der öffentlichen Schulen einräumen. In Niedersachsen und Nordrhein-Westfalen besteht die Möglichkeit, öffentliche, in Baden-Württemberg, Bayern, Niedersachsen und im Saarland die Möglichkeit, privilegierte private Bekenntnisschulen im Volksschulbereich einzurichten oder beizubehalten[50]. Doch haben auch diese Länder die Gemeinschaftsschule im öffentlichen Schulwesen zur Regelschule bestimmt.

5.42 Organisationsformen

Im Privatschulwesen kann die konfessionelle Einstellung des Schulträgers bei allen Schularten von Bedeutung sein. Im öffentlichen Schulwesen findet sich eine Gliederung nach Bekenntnis und Weltanschauung nur in der Grund- und Hauptschule und auch nur noch in den in TZ 5.41 genannten Ländern. Die Schulen aller anderen Schularten sind Gemeinschaftsschulen.

---

47 Vgl. Bernd *Jeand'Heur*: Der Begriff der »Staatskirche« in seiner historischen Entwicklung, Der Staat 1991, 442.
48 Athanasios *Gromitsaris*: Laizität und Neutralität in der Schule. Ein Vergleich der Rechtslage in Frankreich und Deutschland, AöR 121 (1996), S. 359.
49 BVerfGE 41, 29 (46). Das übersieht das BVerfG in seinem Kruzifix-Beschluß (BVerfGE 93, 1); dazu TZ 4.124.
50 Art. 15 Abs. 2 Satz 1 bw Verf., Gesetz zur Änderung der Verfassung des Landes Baden-Württemberg und zur Ausführung von Art. 15 Abs. 2 der Verfassung vom 8. 2. 1967 (bis 1973 wurden in Südwürttemberg-Hohenzollern öffentliche Bekenntnisschulen auf Antrag der Eltern unter bestimmten Voraussetzungen in »staatlich geförderte« private Bekenntnisschulen umgewandelt; allerdings mußte der Bestand mindestens einer öffentlichen Gemeinschaftsschule im Gebiet des Schulträgers gewährleistet bleiben); Art. 8 BayKonk, Art. 13 BayEvKV, Art. 92 Abs. 3 Satz 1 BayEUG; §§ 129 ff., 154 ff. NSchG; §§ 17 Abs. 3, 18 Abs. 2, 23 ff. nrw SchOG; §§ 8 Abs. 1, 32a saarl PSchG.

5.421 Die *Gemeinschaftsschule (Simultanschule)* ist die für alle gemeinsame, nach Bekenntnissen und Weltanschauungen der Lehrer und Schüler nicht getrennte Schule. Sie ist
- eine *auf allgemein-christlicher Grundlage beruhende Schule*, in der bekenntnisgebundener Religionsunterricht in Übereinstimmung mit den Grundsätzen der Religionsgemeinschaften als ordentliches Lehrfach erteilt wird (christliche Gemeinschaftsschule), oder
- eine Schule *ohne ausdrückliche christliche Bezüge*, in der gleichwohl der Religionsunterricht ordentliches Lehrfach ist.

Die christliche Gemeinschaftsschule ist mit dem Grundgesetz vereinbar. Sie ist einerseits offen für die christlichen Bekenntnisse, andererseits schaltet sie weltanschaulich-religiöse Zwänge so weit wie möglich aus und gibt unter Wahrung des Toleranzgebots Raum für eine sachliche Auseinandersetzung mit allen religiösen und weltanschaulichen Auffassungen. Deshalb führt sie weder Eltern und Kinder, die eine bekenntnisgebundene religiöse Erziehung wünschen, noch solche, die eine christlich-religiöse Erziehung durch die Schule ablehnen, in einen verfassungsrechtlich unzumutbaren Glaubens- und Gewissenskonflikt[51].

Die *bekenntnisfreie Gemeinschaftsschule*, in der Religionsunterricht als ordentliches Lehrfach nicht erteilt wird (vgl. Art. 7 Abs. 3 Satz 1 GG), hat Ausnahmecharakter. Die grundgesetzliche Garantie des Religionsunterrichts darf nicht dadurch umgangen werden, daß die nicht von der Sonderbestimmung des Art. 141 GG (»Bremer Klausel«) erfaßten Länder – also alle Länder außer Bremen und Berlin – bekenntnisfreie Schulen zur Regelschule erheben (vgl. TZ 4.121).

5.422 In der *Bekenntnisschule (Konfessionsschule)* gehören Lehrer und Schüler im allgemeinen demselben Bekenntnis an (formeller Sinn); darüber hinaus wird der gesamte Unterricht, nicht nur der Religionsunterricht, im Geist des Bekenntnisses erteilt (materieller Sinn). An dem Charakter der Bekenntnisschule ändert es nichts, wenn sie auch von Schülern anderer Bekenntnisse besucht wird oder wenn Lehrer anderer Bekenntnisse an ihr unterrichten[52]. Zur Stellung des Lehrers in der Bekenntnisschule vgl. TZ 5.43 und 18.228.

5.423 Weltanschauungsschulen sind Schulen, in denen eine Weltanschauung als subjektiv verbindliches Gedankensystem die Schule sowie ihren gesamten Unterricht nicht nur methodisch, sondern auch inhaltlich prägt[53]. Für sie gilt sinngemäß das in TZ 5.422 Gesagte (vgl. auch TZ 4.121). Die Errichtung von Weltanschauungsschulen ist nur noch in Nordrhein-Westfalen – unter den

---

51 Dazu vor allem die drei Entscheidungen BVerfGE 41, 29; 41, 65; 41, 88. Zur Verfassungsjudikatur und deren rechtspraktischer Umsetzung: Ludwig *Renck*: Verfassungsprobleme der christlichen Gemeinschaftsschule, NVwZ 1991, 116.
52 Zu den formellen wie materiellen Merkmalen einer Bekenntnisschule BVerwGE 90, 1 (3ff.). Zum Aufnahmeanspruch bekenntnisfremder Schüler BVerwG, DÖV 1982, 249; OVG Münster, RdJB 1979, 407; VG Gelsenkirchen, SPE I B IX S. 57 (türkische Schüler in kath. Bekenntnisschule). Vgl. auch Willi *Geiger*: Die Einschulung von Kindern verschiedenen Bekenntnisses in eine öffentliche Bekenntnisschule, Berlin 1980.
53 BVerwGE 89, 368 (370ff.); VGH München, NVwZ 1991, 1101.

gleichen Voraussetzungen wie für Bekenntnisschulen – gesetzlich vorgesehen[54].

5.424 Folgende Organisationsformen sind in den Ländern verwirklicht[55]:
Baden-Württemberg (Art. 15, 16 Verf.): Volksschulen sind christliche Gemeinschaftsschulen nach dem Muster der früheren badischen Simultanschule; die Schulen der anderen Schularten sind Gemeinschaftsschulen.
Bayern (Art. 135 Verf., Art. 7 Abs. 2 BayEUG; Art. 6 und 8 BayKonk, Art. 9 und 13 BayEvKV): Volksschulen sind christliche Gemeinschaftsschulen (»nach den gemeinsamen Grundsätzen der christlichen Bekenntnisse«) mit der Möglichkeit der Einrichtung von Bekenntnisklassen. Private (kirchliche) Grund-, Haupt- und Sonderschulen werden durch Erstattung des erforderlichen Aufwands besonders gefördert. Die Schulen der anderen Schularten sind Gemeinschaftsschulen.
Berlin (§§ 1, 23, 24 SchulG): Die Schule ist Gemeinschaftsschule ohne Religionsunterricht als ordentliches Lehrfach; allerdings ist den Kirchen die Möglichkeit geboten, in den Räumen der Schule Religionsunterricht zu erteilen.
Brandenburg (§§ 4, 9 Abs. 2 und 3, 11 Abs. 2 bis 4, 141 BbgSchulG): Die Schule ist Gemeinschaftsschule, in der das Fach Lebensgestaltung-Ethik-Religionskunde ordentliches Lehrfach ist, von dem die Schüler jedoch bei Vorliegen eines wichtigen Grundes befreit werden können; die Kirchen haben das Recht, in den Räumen der Schule Religionsunterricht zu erteilen[56].
Bremen (Art. 32 Verf., § 7 BremSchulG): Allgemeinbildende Schule sind Gemeinschaftsschulen »auf allgemein christlicher Grundlage«, in denen anstelle des Religionsunterrichts bekenntnismäßig nicht gebundener Unterricht in Biblischer Geschichte erteilt wird (vgl. TZ 4.121). Daneben bleibt es den Religionsgemeinschaften überlassen, Religionsunterricht außerhalb der Unterrichtszeit zu erteilen.
Hamburg (vgl. § 2 Abs. 1, § 3 Abs. 1 HmbSG): Die Schule ist Gemeinschaftsschule.
Hessen (Art. 56 Abs. 2 Verf., § 2 Abs. 1 HSchG): Die Schule ist Gemeinschaftsschule mit einem Bildungsauftrag, der auf humanistischer und christlicher Tradition beruht.
Mecklenburg-Vorpommern (§§ 2 ff. SchulG M-V): Die Schule ist Gemeinschaftsschule.
Niedersachsen (§§ 2 Abs. 1, 129 ff. NSchG): Die Schule ist Gemeinschaftsschule (»auf der Grundlage des Christentums, des europäischen Humanismus und der Ideen der liberalen, demokratischen und sozialen Freiheitsbewegungen«). Auf Antrag sind öffentliche Grundschulen als Bekenntnisschulen zu errichten, wenn daneben der Fortbestand oder die Errichtung mindestens einzügiger Gemeinschafts-Grundschulen mit zumutbaren Schulwegen möglich bleibt. Sonderregelungen gelten für den Bereich des ehemaligen Landes Oldenburg.

---

54 §§ 17 Abs. 1, 18 Abs. 2, 21 Abs. 1 und 2, 23 nrw SchOG.
55 Dazu *Oppermann*: Gutachten, C 76; Thilo *Ramm*: Bildung, Erziehung und Ausbildung als Gegenstand von Grundrechten, in: Hermann Avenarius u. a. (Hrsg.): Festschrift für Erwin Stein zum 80. Geburtstag, Bad Homburg 1983, S. 239 (256 f.).
56 Zur Frage, ob diese Regelungen grundgesetzkonform sind, s. TZ 4.121.

Nordrhein-Westfalen (Art. 12 Verf., §§ 16 ff. SchOG): Grund- und Hauptschulen sind Gemeinschaftsschulen, Bekenntnisschulen oder Weltanschauungsschulen. Gemeinschaftsschulen beruhen »auf der Grundlage christlicher Bildungs- und Kulturwerte in Offenheit für die christlichen Bekenntnisse und für andere religiöse und weltanschauliche Überzeugungen«; in Bekenntnisschulen werden Kinder des katholischen oder des evangelischen Glaubens oder einer anderen Religionsgemeinschaft »nach den Grundsätzen des betreffenden Bekenntnisses unterrichtet und erzogen«; Weltanschauungsschulen unterrichten und erziehen die Kinder »nach den Grundsätzen der betreffenden Weltanschauung«. Die *Grundschule* ist Gemeinschaftsschule, Bekenntnisschule oder Weltanschauungsschule nach Wahl der Erziehungsberechtigten. Die *Hauptschule* ist Gemeinschaftsschule; auf Antrag der Erziehungsberechtigten ist sie auch als Bekenntnisschule oder Weltanschauungsschule möglich; Vorschriften zugunsten der Sicherung eines geordneten Schulbetriebes durch Schaffung größerer schulorganissatorischer Einheiten sowie zum Schutz von Minderheiten erleichtern die Umwandlung von Bekenntnis- und Weltanschauungsschulen in Gemeinschaftsschulen und die Neuerrichtung von Gemeinschaftsschulen. Schulen, die keine Grund- oder Hauptschulen sind, sind Gemeinschaftsschulen.

Rheinland-Pfalz (Art. 29 Verf.): Grund-, Haupt- und Sonderschulen sind christliche Gemeinschaftsschulen; die Schulen der anderen Schularten sind Gemeinschaftsschulen.

Saarland: (Art. 27 Abs. 4 Verf.): Die Schulen sind christliche Gemeinschaftsschulen (»auf der Grundlage christlicher Bildungs- und Kulturwerte«).

Sachsen (Art. 101 Abs. 1 Verf.): Die Schulen sind Gemeinschaftsschulen.

Sachsen-Anhalt (Art. 26 Abs. 2 Verf.): Die Schulen sind Gemeinschaftsschulen (an denen »die Kinder aller religiösen Bekenntnisse und Weltanschauungen in der Regel gemeinsam erzogen« werden).

Schleswig-Holstein (Art. 8 Abs. 3 Verf.): Die Schule ist Gemeinschaftsschule (die Schüler »ohne Unterschied des Bekenntnisses und der Weltanschauung« zusammenfaßt)[57].

Thüringen (Art. 24 Abs. 2 Verf.): Die Schulen sind Gemeinschaftsschulen (in denen die Schüler »gemeinsam und ungeachtet des Bekenntnisses und der Weltanschauung unterrichtet« werden).

5.43 Parität der Lehrerstellen

Bei den Gemeinschaftsschulen erhebt sich im Zusammenhang mit der *Besetzung der Lehrerstellen* das Problem der Parität, d. h. der allgemeinen Gleichbehandlung der Bekenntnisse und Weltanschauungen. So soll bei der Besetzung der Lehrerstellen an Grund- und Hauptschulen einiger Flächenländer

---

57 Nach Art. 6 Abs. 1 des Vertrags mit den evangelischen Landeskirchen in Schleswig-Holstein sind sich die Vertragschließenden darin einig, daß die Gemeinschaftsschule christlichen Grundcharakter hat.

Besondere Regelungen und Einrichtungen

die Bekenntniszugehörigkeit der Schüler berücksichtigt werden[58]. Allerdings darf der Dienstherr auf dieses Kriterium nur insoweit abstellen, als Art. 33 Abs. 2 GG (Grundsatz der Bestenauslese) und Art. 33 Abs. 3 GG (Verbot der Diskriminierung aus religiösen und weltanschaulichen Gründen) dadurch nicht beeinträchtigt werden[59]. Daher muß z. B. auch ein konfessionsloser Lehrer an einer Gemeinschaftsschule Anstellung finden können. Anders ist die Rechtslage bei den Bekenntnisschulen, da sie Lehrer benötigen, die die Schüler nach den Grundsätzen des Bekenntnisses erziehen (dazu TZ 18.228).

---

58 Vgl. etwa Art. 16 Abs. 2 bw Verf., § 52 Abs. 5 NSchG, § 22 nrw SchOG und die häufig in Verträgen mit den Kirchen getroffenen Regelungen. Zur Verfassungsmäßigkeit dieser Bestimmungen s. BVerfGE 41, 29 (60); 41, 65 (87 f.).
59 Dies verdeutlicht erneut BVerwGE 81, 22 (24 ff.), wonach § 37 Abs. 7 (nunmehr § 52 Abs. 5) NSchG verfassungskonform dahin auszulegen ist, daß bei der Einstellung eines Lehrers an einer öffentlichen Gemeinschaftsschule die Auswahl auch unter gleich geeigneten Bewerbern nicht nach der Religionszugehörigkeit getroffen werden darf.

6. Kapitel: Schulverfassung I (Grundlagen)[1]

6.1 Schulverfassung als Organisationsbegriff

Als Schulverfassung bezeichnet man die Gesamtheit der Rechtsnormen, die die innere Organisation der Schule, ihre Organe und die Mitwirkung der an ihr beteiligten Personen regeln. Der Schulverfassungsbegriff setzt ein abgrenzbares, »verfaßtes« Gebilde voraus, wie es zunächst die *Einzelschule* darstellt. Wenn vom Schulwesen insgesamt die Rede ist, kann der Begriff nur insoweit sinnvoll gebraucht werden, als Abgrenzungen möglich sind (z.B. das Schulwesen einer Stadt, einer Region, des Landes).
Wenngleich sich der Begriff bislang nur in den gesetzlichen Vorschriften der Länder Berlin, Brandenburg, Hamburg, Hessen, Niedersachsen, Sachsen und Sachsen-Anhalt findet, ist die Schulverfassung als solche in allen Ländern, wenn auch in unterschiedlichem Umfang, gesetzlich geregelt. Bis vor wenigen Jahren war das Schulverfassungsrecht in seinen Grundzügen überall das gleiche, unterschieden freilich in seinen Akzentuierungen: hier mehr, dort weniger Eigenständigkeit der Schule; hier ein stärkerer Schulleiter, dort eine mit weitreichenden Zuständigkeiten ausgestattete Lehrerkonferenz; hier Mitwirkungsrechte der Schüler und Eltern bis hin zur Mitbestimmung, dort auf Anhörung oder Beratung beschränkte Beteiligung; hier Trennung, dort Verzahnung der Organe. Inzwischen sind einige Länder dazu übergegangen, ihr Schulverfassungsrecht zu reformieren, indem sie der Schule substantielle Selbstgestaltungsrechte zur Entfaltung eines eigenen pädagogischen Profils einräumen (dazu TZ 6.22, 6.23).

---

[1] Zur Einführung: *Niehues*: Schul- und Prüfungsrecht, S. 28 ff. Rn. 43 ff.; *Oppermann*: Gutachten, C 28 ff.; *Püttner*: Schulrecht, S. 783 ff. Rn. 261 ff.; *Wolff/Bachof/Stober*: Verwaltungsrecht II, S. 364 ff.; *Stein/ Roell*, S. 58 ff. – Vor allem in den 70er Jahren sind zahlreiche Veröffentlichungen zum Schulverfassungsrecht erschienen. Im folgenden wird nur eine Auswahl wichtiger Monographien zusammengestellt: Werner *Boppel*/Udo *Kollenberg*: Mitbestimmung in der Schule, Köln 1981; Lutz *Dietze*: Von der Schulanstalt zur Lehrerschule, Braunschweig 1976; Peter *Horn*: Partizipations- und Schulverwaltungsstruktur, Köln 1976; Adolf *Kell* (Hrsg.): Schulverfassung, München 1973 (Reader); Heinz *Kloss*: Lehrer, Eltern, Schulgemeinden, Stuttgart, Köln 1949 (Neudruck: Hildesheim, New York 1981); Ernst *Kuper*: Demokratisierung von Schule und Schulverwaltung, München 1977; Ingo *Richter*: Bildungsverfassungsrecht. 2. Aufl., Stuttgart 1977; *ders.*: Grundgesetz und Schulreform, Weinheim, Basel 1974; Martin *Stock*: Pädagogische Freiheit und politischer Auftrag der Schule, Heidelberg 1971. Aus neuerer Zeit: Hans-Peter *Füssel*/Achim *Leschinsky* (Hrsg.): Reform der Schulverfassung. Wieviel Freiheit braucht die Schule? Wieviel Freiheit verträgt die Schule?, Berlin (Max-Planck-Institut für Bildungsforschung) 1991; *MPI-Bildungsbericht*, S. 111 ff.

6.2 Rechtsstellung der Schule

6.21 Anstalts- und Behördencharakter

6.211 Die öffentliche Schule, nach ihrer Aufgabe eine Einrichtung des Unterrichts und der Erziehung, ist zugleich Teil der öffentlichen Verwaltung. Diese Doppelnatur ist der Schule nicht immer bekömmlich. Es droht die Gefahr, daß über der Verwaltungsfunktion die pädagogische Aufgabe zu kurz kommt; das Schlagwort von der »*verwalteten Schule*«[2] deutet eine Situation an, in der die Schule allzu sehr als Glied des Behördenapparates wahrgenommen wird und sich selbst in dieser Weise versteht. Andererseits darf nicht verkannt werden, daß die ordnungsgemäße Erfüllung der Verwaltungsfunktionen für die Sicherung von Unterricht und Erziehung notwendig ist. In einer »verwalteten Welt« kann sich die Schule nur behaupten, wenn sie, ohne der Bürokratisierung zu verfallen, ihre administrativen Aufgaben bewältigt. Ihre Doppelnatur – primär pädagogische Einrichtung, zugleich öffentliche Verwaltungsinstitution – schlägt sich auch im Rechtscharakter ihrer Maßnahmen und Entscheidungen nieder. Diese erfüllen zwar ganz überwiegend als pädagogische Handlungen des schulischen Tagesbetriebs öffentliche Leistungsaufgaben im tatsächlichen Bereich; sie werden in der verwaltungsrechtlichen Terminologie als *Realakte* bezeichnet[3]. Sofern aber eine Maßnahme der Schule einen Einzelfall mit unmittelbarer Rechtswirkung nach außen regelt (z. B. eine Versetzungsentscheidung), handelt es sich um einen *Verwaltungsakt*[4]. Die Unterscheidung zwischen Realakten und Verwaltungsakten hat vor allem Konsequenzen für die Ausgestaltung des Rechtsschutzes (Näheres im 34. Kapitel, insbesondere TZ 34.211, 34.212 und 34.3).

6.212 In allen Bundesländern ist *die einzelne Schule eine nichtrechtsfähige öffentliche Anstalt*[5]; die Schulen in kommunaler Trägerschaft (kommunale und staatlich-kommunale Schulen) sind unselbständige Gemeindeanstalten im Sinne des Kommunalrechts, die Schulen in staatlicher Trägerschaft (staatliche Schulen) sind unselbständige Staatsanstalten. Verwaltungsrechtlich ist eine öffentliche Anstalt – nach der klassischen Definition Otto Mayers – »ein Bestand von Mitteln, sächlichen wie persönlichen, welche in der Hand eines Trä-

---

2 Hierzu das Hellmut *Becker* zum 80. Geburtstag gewidmete Themenheft 2/1993 von RdJB »Die verwaltete Schule« mit dem Neuabdruck seines gleichnamigen Aufsatzes aus dem Jahre 1954, ebda., S. 130.
3 Zum Begriff des Realakts TZ 34.211. Vgl. auch *Maurer*: Verwaltungsrecht, S. 398; Hans-Uwe *Erichsen*: Das Verwaltungshandeln, in: ders. (Hrsg.): Allgemeines Verwaltungsrecht. 11. Aufl., Berlin 1998, S. 223 (449 f. Rn. 1); *Wolff/Bachof/Stober*: Verwaltungsrecht I, S. 845.
4 Zum Begriff des Verwaltungsakts TZ 34.211. Vgl. *Maurer*: Verwaltungsrecht, S. 180 ff.; *Erichsen* (Anm. 3), S. 265 Rn. 1 ff., 271 ff. Rn. 11 ff.
5 § 23 Abs. 1 Satz 1 bw SchG, Art. 3 Abs. 1 Satz 5 BayEUG, § 6 Satz 1 BbgSchulG, § 21 Abs. 1 Satz 1 BremSchVwG (dort allerdings nur die eigentümliche Feststellung, die Schule sei »nicht rechtsfähig«), § 111 Abs. 2 HmbSG, § 127 a Abs. 2 Satz 1 HSchG, § 52 Abs. 1 SchulG M-V, § 1 Abs. 3 Satz 2 NSchG, § 6 nrw SchVG, § 60 Satz 2 rp SchulG, § 16 Abs. 1 saarl SchoG, § 32 Abs. 1 Satz 1 sächs SchulG, § 2 Abs. 2 Satz 2 SchulG LSA, § 3 Abs. 1 sh SchulG, § 13 Abs. 1 Satz 2 ThürSchulG.

gers öffentlicher Verwaltung einem besonderen öffentlichen Zweck dauernd zu dienen bestimmt sind«[6]. Dabei besteht der Zweck vornehmlich in der Erbringung von Leistungen für den Bürger aufgrund eines Benutzungsverhältnisses[7]. Die Tatsache, daß es Ansätze zu einer teilweise körperschaftsähnlich strukturierten Organisationsform der Schule gibt[8], ändert an ihrem Anstaltscharakter nichts[9].
Die Errichtung und Änderung, Fortführung und Auflösung einer Schule ist Sache des Schulträgers und der staatlichen Schulaufsicht. Zu den Aufgaben des Schulträgers gehören ferner die Schulunterhaltung und die Sorge für Schulgrundstück, Schulgebäude und Inventar. Der Schulträger ist für die Verwaltung der äußeren Schulangelegenheiten (TZ 1.322) verantwortlich; er kann die Verwaltungsführung der Schulleitung überlassen. Die Schulen werden von ihren Trägern gerichtlich und außergerichtlich vertreten. Rechtsgeschäfte schließen sie nicht aus eigenem Recht, sondern in Vollmacht ihrer Träger ab, soweit sich diese den Abschluß nicht selbst vorbehalten haben. Im Zuge der Bestrebungen, den Schulen in höherem Maße wirtschaftliche Selbstverantwortung zu ermöglichen, haben einige Länder ihnen inzwischen weitreichende Entscheidungsbefugnisse und Vollmachten eingeräumt (dazu TZ 6.23). Der Schulträger ist Eigentümer der den Schulzwecken gewidmeten Vermögenswerte (Schulvermögen); die Schulgrundstücke sind im Grundbuch auf seinen Namen eingetragen. Schenkungen an die Schule und Stiftungen zugunsten der Schule werden zweckgebundenes Eigentum des Schulträgers (s. aber TZ 11.222/3). Über die Vermögenswerte, die der Schulträger selbst der Schule gewidmet hat, kann er verfügen, soweit dem Schulzweck nicht Abbruch getan wird; hat er z.B. einen Schulneubau an einer anderen Stelle errichtet, kann er das alte Grundstück für andere Zwecke verwenden. (Ausführlich zur Schulträgerschaft das 9. Kapitel.)

6.213 Der öffentlichen Schule kommt *Behördencharakter* zu[10]. Sie übt bestimmte *hoheitliche Befugnisse* aus; ihre Zeugnisse sind öffentliche Urkunden. Der Schulleiter führt das Dienstsiegel nach den im Lande geltenden Vorschriften über die Siegelführung (an sich das Dienstsiegel des Schulträgers, in einigen Ländern das Landessiegel). Jede Schule führt eine Bezeichnung, die Schulart, Schulstufe und Schulträger erkennen läßt und sich durch Zusätze

---

6 Otto *Mayer*: Deutsches Verwaltungsrecht. Bd. 2. 3. Aufl., München, Leipzig 1924 (unveränderter Nachdruck Berlin 1969), S. 268.
7 Dazu im einzelnen: *Wolff/Bachof/Stober*: Verwaltungsrecht II, S. 298 ff.; *Maurer*: Verwaltungsrecht, S. 586 ff.; Hans-Jürgen *Papier*: Recht der öffentlichen Sachen, in: Hans-Uwe Erichsen (Hrsg.): Allgemeines Verwaltungsrecht. 11. Aufl., Berlin 1998, S. 571 (590 ff. Rn. 27 ff.).
8 Vgl. *DJT-SchulGE*, S. 400.
9 Ingo *Richter*: Schule, Schulverfassung und Demokratie. Gibt es eine neue Demokratiediskussion um die Schule?, in: Hans-Peter de Lorent/Gudrun *Zimdahl* (Hrsg.): Autonomie der Schule, Hamburg 1993, S. 51 (52).
10 Vgl. etwa § 52 Abs. 2 Satz 1 SchulG M-V, § 16 Abs. 3 saarl SchoG, § 2 Abs. 2 Satz 3 sh SchulG. Nach diesen und entsprechenden Bestimmungen in anderen Ländern »gelten« die Schulen als untere bzw. unterste Landesbehörden.

(Eigennamen oder Ziffern) von der Bezeichnung der anderen am Ort befindlichen Schulen unterscheidet[11].

6.22 Pädagogische Eigenverantwortung

Als unterstes Glied in der Hierarchie der öffentlichen Schulverwaltung ist die Schule an Weisungen und Anordnungen der staatlichen Schulaufsicht und des Schulträgers gebunden, ebenso wie jede nachgeordnete Behörde ihren vorgesetzten Dienstbehörden gegenüber. Gleichwohl besitzt sie beachtliche *Freiheitsspielräume*, die es ihr ermöglichen, innerhalb der vorgegebenen Regelungen eigenverantwortlich zu handeln, und die der Aufsichtsbehörde oder dem Schulträger Grenzen setzen, wenn diese Aufgaben der Schule an sich ziehen oder ihre Selbständigkeit durch ein Übermaß an Weisungen und Richtlinien lähmen wollen[12]. (Zu Einschränkungen der Fachaufsicht vgl. TZ 16.212.) Die Schule hat vor allem in ihrer pädagogischen Arbeit weitgehende Freiheiten, aber auch in der Ordnung des Schullebens und der Fürsorge für die Schüler sowie bei Aufgaben, die eng damit zusammenhängen (Schüleraufnahme, Überwachung der Schulpflicht, Ordnungsmaßnahmen, Prüfungen, Laufbahnberatung). Die Wahrnehmung der schulischen Eigenverantwortung obliegt unmittelbar der Schulleitung und den Konferenzen, mittelbar jedem Lehrer in Ausübung seiner *pädagogischen Freiheit* (TZ 19.4).

---

11 Dazu § 24 bw SchG, Art. 29, 127 BayEUG, § 99 Abs. 3 BbgSchulG, § 142 HSchG, § 106 SchulG M-V, § 107 NSchG, § 7 nrw SchVG, § 79 Abs. 4 rp SchulG, § 18 saarl SchoG, § 64 Abs. 3 Satz 3 SchulG LSA, § 28 Abs. 1, 2 sh SchulG, § 13 Abs. 6 ThürSchulG. In Berlin gibt es ein Rundschreiben über die Benennung und Bezeichnung der Schulen vom 29. 8. 1996, in Bremen spezielle Richtlinien für die Bezeichnung von Sonderschulen vom 22. 6. 1989. Für die Namensgebung kann die Beteiligung schulischer Gremien erforderlich sein (vgl. § 47 Abs. 3 Nr. 4 a bw SchG, § 91 Abs. 1 Satz 2 Nr. 4 BbgSchulG, § 130 Abs. 1 Nr. 8 HSchG, § 53 Abs. 2 Nr. 4 HmbSG, § 76 Abs. 7 Nr. 5 c SchulG M-V, § 43 Abs. 2 Satz 1 Nr. 9 c sächs SchulG, § 64 Abs. 3 Satz 3 SchulG LSA, § 92 Abs. 1 Nr. 16 sh SchulG, § 13 Abs. 6 ThürSchulG). Zum Anhörungsrecht der Schulkonferenz s. VG Frankfurt am Main, SchuR 1999, 13.

12 Diese Freiheit der Schule ist in den gesetzlichen Vorschriften der Länder unter verschiedenen Bezeichnungen (»Selbständigkeit«, »Eigenständigkeit«, »Selbstverwaltung«, »Selbstverantwortung«, »Eigenverantwortung«) gewährleistet: § 23 Abs. 2 bw SchG; Art. 57 Abs. 2, 58 Abs. 3 BayEUG; § 9 Abs. 2 bln SchulVerfG; § 7 Abs. 1–3 BbgSchulG; § 9 BremSchulG, § 22 BremSchVwG; § 50 HmbSG; § 127 a HSchG; §§ 73 ff., 95 Abs. 2 Satz 2 SchulG M-V; § 32 NSchG; § 14 Abs. 3 Satz 2 nrw SchVG; § 18 rp SchulG; § 17 saarl SchoG; § 32 Abs. 2 sächs SchulG; § 24 SchulG LSA; § 3 Abs. 1 sh SchulG; § 3 Abs. 2 ThürSchAG.

6.23 »Schulautonomie«[13]

6.231 Die *Bildungskommission des Deutschen Bildungsrates* hatte zu Beginn der 70er Jahre vorgeschlagen, die Selbständigkeit der Schulen in den pädagogischen und administrativen Bereichen durch *Kompetenzverlagerung* nach unten zu verstärken. Die Empfehlungen zielten darauf ab, die Entscheidungsspielräume der Schule bei Planung und Gestaltung des Unterrichts zu erweitern, ihre Mitwirkung bei der zentralen Curriculum-Entwicklung zu institutionalisieren, ihnen finanzielle Mittel zur eigenen Bewirtschaftung zuzuweisen und sie als rechtlich selbständige Verwaltungseinheiten zu etablieren; die

---

13 Aus dem Schrifttum: Hermann *Avenarius*: Schulische Selbstverwaltung – Grenzen und Möglichkeiten, RdJB 1994, 256; *ders*.: Schulische Selbstverwaltung und Demokratieprinzip, in: Hans Eichel/Klaus-Peter Möller (Hrsg.): 50 Jahre Verfassung des Landes Hessen. Eine Festschrift, Wiesbaden 1997, S. 178; Hermann *Avenarius*/Jürgen *Baumert*/Hans Döbert/Hans-Peter *Füssel* (Hrsg.): Schule in erweiterter Verantwortung. Positionsbestimmungen aus erziehungswissenschaftlicher, bildungspolitischer und verfassungsrechtlicher Sicht, Neuwied 1998; darin die Einleitung der Herausgeber (S. 9) sowie die Beiträge von Jürgen *Oelkers*: Schulen in erweiterter Verantwortung – Eine Positionsbestimmung aus erziehungswissenschaftlicher Sicht (S. 23); Tom *Stryck*: Komplexität und Steuerung – Zu welchem Ende studiert man Schulautonomie? (S. 37); Wolfram *Höfling*: Die Bedingungen für eine Schule in erweiterter Verantwortung nach deutschem Verfassungsrecht (S. 51), ferner die auf ausländischen Erfahrungen beruhenden Berichte von Ernst *Buschor*: Schulen in erweiterter Verantwortung – Die Schweizer Anstrengungen und Erfahrungen (S. 67), Rosalind M. O. *Pritchard*: Die Autonomie der Schulen in Großbritannien (S. 89) und Elisabeth *Flitner*: Schulautonomie in Frankreich (S. 99); *Bildungskommission NRW*: Zukunft der Bildung – Schule der Zukunft, Neuwied 1995, S. 151 ff.; Peter *Daschner*/Hans-Günter *Rolff*/Tom *Stryck* (Hrsg.): Schulautonomie – Chancen und Grenzen, Weinheim, München 1995; Armin *Dittmann*: Schulautonomie in juristischer Sicht – Grundgesetzliche Grenzen schulischer Gestaltungsfreiheit der Länder, in: Lothar Beinke u. a. (Hrsg.): Zukunft der Bildung – Schule der Zukunft? Zur Diskussion um die Denkschrift der Bildungskommission NRW, Sankt Augustin 1996, S. 53; Wolfram *Höfling*: Demokratiewidrige Schulautonomie? Die bundesverfassungsgerichtliche Rechtsprechung zum Demokratieprinzip und die neuere Schulgesetzgebung, RdJB 1997, 361; Friedhelm *Hufen*: Verfassungsrechtliche Möglichkeiten und Grenzen schulischer Selbstgestaltung, in: Frank-Rüdiger Jach/Siegfried Jenkner (Hrsg.): Autonomie der staatlichen Schule und freies Schulwesen. Festschrift zum 65. Geburtstag von J. P. Vogel, Berlin 1998, S. 51; Günter *Püttner*: Schulautonomie und Verfassungsanspruch, in: Winfried Schlaffke/Klaus Westphalen (Hrsg.): Denkschrift NRW – Hat Bildung in Schule Zukunft?, Köln 1996, S. 147; Ingo *Richter*: Die Steuerung des Schulwesens durch Autonomie. Juristische und pädagogische Fragen im Zusammenhang einer betriebswirtschaftlichen Orientierung der Bildungspolitik, Neue Sammlung 39 (1999), 81; Klaus *Stern*: Autonomie der Schule?, in: Detlef Mertens/Reiner Schmidt/Rupert Stettner (Hrsg.): Der Verwaltungsstaat im Wandel. Festschrift für Franz Knöpfle zum 70. Geburtstag, München 1996, S. 333 (338 ff.). Aus bildungsökonomischer Perspektive: Manfred *Weiß*: Schulautonomie im Licht mikroökonomischer Bildungsforschung, in: Robert K. von Weizsäcker (Hrsg.): Deregulierung und Finanzierung des Bildungswesens, Berlin 1998, S. 15. – Eine Übersicht über die – nicht nur juristische – Literatur unter Einbeziehung ausländischer Publikationen bietet Renate *Martini*: »Schulautonomie«. Auswahlbibliographie 1989–1996, Frankfurt am Main 1997. Entwicklungen in West-, Mittel- und Osteuropa werden aufgegriffen in: Hans *Döbert*/Gert *Geißler* (Hrsg.): Schulautonomie in Europa. Umgang mit dem Thema, Theoretisches Problem, Europäischer Kontext, Bildungshistorischer Exkurs, Baden-Baden 1997.

Weisungsbefugnisse der Schulaufsicht sollten eingeschränkt werden[14]. Der Bildungsrat forderte darüber hinaus, die zentralen Lehrpläne als Rahmenrichtlinien zu erlassen, die es den Schulen ermöglichen sollten, eigene praxisnahe Curricula zu entwickeln[15].

Die *Schulgesetzgebung* hat einzelne Vorschläge aufgenommen, ist den Empfehlungen insgesamt aber zunächst nur zögernd gefolgt. Diese Zurückhaltung war vor allem in der Sorge begründet, daß eine zu weitgehende Verselbständigung der Schule die Wahrung einheitlicher Qualitätsstandards gefährden könnte. Inzwischen hat die Forderung nach »Schulautonomie«, nach mehr Selbständigkeit der Einzelschule in der Bildungspolitik und in der pädagogischen Diskussion erneut an Aktualität gewonnen[16]. Sie hat auch auf die Gesetzgebung mehrerer Länder – namentlich Brandenburg, Bremen, Hamburg, Hessen, Mecklenburg-Vorpommern, Niedersachsen, Nordrhein-Westfalen und Schleswig-Holstein – eingewirkt; in Schulversuchen werden Ansätze zur erweiterten Selbstverantwortung der Schule erprobt[17].

6.232 Zu den Kennzeichen der neuen Entwicklung gehört die gesetzliche Verpflichtung der Schule, sich ein Schulprogramm zu geben, in dem sie ihr *pädagogisches Profil* niederlegt[18]. Die Schulträger sollen den Schulen die zur Erfüllung ihrer Aufgaben erforderlichen Mittel für einen eigenen Haushalt zur Verfügung stellen (»*Budgetierung*«, dazu TZ 10.5)[19]. Sie können vom Schulträger auf der Grundlage einer allgemein erteilten Zustimmung ermächtigt werden, im Rahmen der ihnen zur Verfügung stehenden Mittel *Rechtsgeschäfte mit Wirkung für den Schulträger* abzuschließen und für diesen Verpflichtungen einzugehen[20]. Der Schule wird die Möglichkeit eingeräumt,

---

14 *Deutscher Bildungsrat*: Strukturplan für das Bildungswesen, Stuttgart 1970; *ders.*: Zur Reform von Organisation und Verwaltung im Bildungswesen Teil I: Verstärkte Selbständigkeit der Schule und Partizipation der Lehrer, Schüler und Eltern, Stuttgart 1973.
15 *Deutscher Bildungsrat*: Zur Förderung praxisnaher Curriculum-Entwicklung, Stuttgart 1974.
16 Vgl. *Bildungskommission NRW* (Anm. 13), S. 157 ff.
17 Vgl. Hermann *Avenarius*/Hans *Döbert* (Hrsg.): »Schule in erweiterter Verantwortung«. Ein Berliner Modellversuch (1995 bis 1998). Abschlußbericht der wissenschaftlichen Begleitung, Frankfurt am Main 1998.
18 § 9 Abs. 1 Satz 2 Nr. 1 BremSchulG, § 51 HmbSG, § 127 b Abs. 2–4 HSchG, § 3 Abs. 1 Satz 2 sh SchulG; § 8 Abs. 4 BbgSchulG (dort nur bei Schulen, die sich mit Genehmigung des Bildungsministeriums nach einem erfolgreichen Schulversuch als Schulen mit besonderer Prägung organisiert haben). Aber auch in Ländern, deren Schulgesetze ein Schulprogramm nicht ausdrücklich vorsehen, werden die Schulen, beispielsweise im Rahmen einer Pilotphase, aufgefordert, sich ein solches Programm zu geben; s. z. B. *Niedersächsisches Kultusministerium*: Schulprogrammentwicklung und Evaluation. Stand, Perspektiven und Empfehlungen, Hannover 1998, S. 33 ff.; *Ministerium für Schule und Weiterbildung NRW*: Entwicklung von Schulprogrammen, RdErl. vom 25.6.1997 (GABl. S. 171); *Kultusministerium LSA*: Profilbildung – ein Beitrag zur inneren Schulreform im Land Sachsen-Anhalt, Bek. vom 25.3.1996 (SVBl. S. 225). – Vgl. auch Erika *Risse* (Hrsg.): Schulprogramm – Entwicklung und Evaluation, Neuwied 1998.
19 § 7 Abs. 2 BbgSchulG, § 4 Abs. 3 BremSchVG, § 127 a Abs. 3 HSchG.
20 § 6 Satz 2 BbgSchulG, § 21 Abs. 1 BremSchVG, § 127a Abs. 2 Satz 2 HSchG, § 3 Abs. 2 sh SchulG.

an einer ihrem pädagogischen Profil entsprechenden *Personalentwicklung*, z. B. durch Stellenausschreibung, mitzuwirken[21].

6.233 Es ist hier nicht der Ort, die Frage zu klären, welche gesellschaftlichen Strukturveränderungen, welche (bildungs-)politischen und pädagogischen Neuerungen, ob und wieweit fiskalische Zwänge der Tendenz zu einer nachhaltigen – auch rechtlich verankerten – Erweiterung der pädagogischen und administrativen Eigenständigkeit der Schule zugrunde liegen[22]. Auch kann es an dieser Stelle nicht darum gehen, die zitierten Gesetzesbestimmungen im einzelnen zu kommentieren[23]. Unter *verfassungsrechtlichem Aspekt* ist darauf hinzuweisen, daß sich der Staat durch die den Schulen zugewiesenen Selbstgestaltungsrechte nicht der ihm übertragenen Aufgabe, die Aufsicht über das Schulwesen wahrzunehmen (Art. 7 Abs. 1 GG), entziehen darf[24]. Nach herrschender Meinung in Rechtsprechung und Literatur ist mit dem Schulaufsichtsbegriff weit mehr gemeint als Aufsicht im Sinne des allgemeinen Verwaltungsrechts. Sie umfaßt die »Gesamtheit der staatlichen Befugnisse zur Organisation, Planung, Leitung und Beaufsichtigung des Schulwesens«[25]. Aber auch dann, wenn man den Aufsichtsbegriff enger faßt, kann sich die

---

21 § 9 Abs. 3 BremSchVG; § 127 b Abs. 6 HSchG, Erlaß vom 10.12.1997 (Abl. 1998 S. 3) über das Einstellungsverfahren in den hessischen Schuldienst. S. auch das in Nordrhein-Westfalen praktizierte »schulscharfe Ausschreibungsverfahren« nach dem RdErl. vom 11.9.1997 (GABl. S. 230). Zur Personalauswahl durch die Schulen s. *Bildungskommission NRW* (Anm. 13), S. 330 ff.
22 Vgl. dazu *Avenarius*, RdJB 1994, 256 ff.; Ingo *Richter*: Theorien der Schulautonomie, und Tom *Stryck*: Autonomie und Schulträger, in: Daschner/Rolff/Stryck (Anm. 13): Schulautonomie – Chancen und Grenzen, S. 9 (13 ff.) bzw. S. 109 (110 ff.).
23 Zur Klarstellung sei darauf hingewiesen, daß die Schule als nichtrechtsfähige Anstalt keine Autonomie im Sinne des öffentlichen Rechts besitzt; diese steht nur juristischen Personen des öffentlichen Rechts zu, denen die Befugnis eingeräumt ist, ihre Angelegenheiten durch den Erlaß von Rechtsnormen selbst zu regeln. Zum Begriff der Autonomie im öffentlich-rechtlichen Sinn vgl. *Hufen* (Anm. 13), S. 61 f.; Fritz *Ossenbühl*: Rechtsquellen und Rechtsbindungen der Verwaltung, in: Erichsen (Anm. 3), S. 127 (160 Rn. 64); *Stern* (Anm. 13), S. 333.
24 Art. 7 Abs. 1 GG beschränkt sich nicht auf eine Kompetenzzuweisung, sondern verpflichtet den Staat, diese Kompetenz auch wahrzunehmen. Dazu Bodo *Pieroth*: Erziehungsauftrag und Erziehungsmaßstab der Schule im freiheitlichen Verfassungsstaat, DVBl. 1994, 949 (951).
25 BVerwGE 6, 101 (104) und st. Rspr. Ganz ähnlich formuliert es das Bundesverfassungsgericht: »Die Schulaufsicht im Sinne des Art. 7 Abs. 1 GG umfaßt die Befugnisse des Staates zur Planung und Organisation des Schulwesens mit dem Ziel, ein Schulsystem zu gewährleisten, das allen jungen Bürgern gemäß ihren Fähigkeiten die dem heutigen gesellschaftlichen Leben entsprechenden Bildungsmöglichkeiten eröffnet. Die organisatorische Gliederung der Schule und die strukturellen Festlegungen des Ausbildungssystems, das inhaltliche und didaktische Programm der Lernvorgänge und das Setzen der Lernziele sowie die Entscheidung darüber, ob und wieweit diese Ziele von dem Schüler erreicht worden sind, gehören zu dem staatlichen Gestaltungsbereich« (BVerfGE 59, 360 [377]). Es ist freilich zu beachten, daß die Rspr. des BVerfG und des BVerwG sich auf die Abgrenzung der Zuständigkeitsbereiche im Schulwesen zwischen Staat und Eltern, nicht aber auf das Verhältnis von staatlicher Schulaufsicht und Einzelschule bezieht. Die Frage, welche Hierarchieebene der staatlichen Exekutivzuständigkeiten im Einzelfall wahrzunehmen hat – das Kultusministerium, die ihm nachgeordneten Schulaufsichtsbehörden, die Schule selbst –, ist nicht Gegenstand dieser Rspr.

Schule keineswegs aus der Verantwortung des Staates lösen. »Schulautonomie« darf diesen insbesondere nicht daran hindern, für ein *leistungsfähiges und sozial gerechtes Schulwesen* zu sorgen und damit eine Verpflichtung zu erfüllen, die sich aus dem Sozialstaatsgebot (Art. 20 Abs. 1, 28 Abs. 1 GG) sowie aus dem Recht des Kindes auf gleiche Chancen bei der freien Entfaltung seiner Persönlichkeit und der freien Wahl der Ausbildungsstätte (Art. 2 Abs. 1, 12 Abs. 1 i.V.m. Art. 3 Abs. 1 GG) ergibt. Überdies muß der Staat mittels seiner Schulaufsicht darauf hinwirken, daß die *religiös-weltanschauliche Neutralität der öffentlichen Schule* gewahrt bleibt; Art. 4 Abs. 1 GG, der die Freiheit des Glaubens, des Gewissens und die Freiheit des religiösen und weltanschaulichen Bekenntnisses gewährleistet, verbietet es dem Staat zuzulassen, daß Schüler einer öffentlichen Schule für bestimmte weltanschauliche Tendenzen vereinnahmt werden.

Umstritten ist, ob die Übertragung wichtiger Entscheidungsbefugnisse an die Einzelschule mit dem *Demokratieprinzip* (Art. 20 Abs. 1 und 2, 28 Abs. 1 GG) vereinbar ist. Dieses gebietet nicht nur, daß die wesentlichen Entscheidungen im Schulbereich vom Parlament getroffen werden. Es verlangt darüber hinaus, daß der für das Schulwesen zuständige Minister gegenüber dem Parlament für das, was im Schulwesen geschieht, einsteht; dies wiederum setzt voraus, daß er überhaupt in der Lage ist, die Entscheidungen der Schule zu beeinflussen und dafür Verantwortung zu übernehmen. Die Schule übt, wenn sie die ihr gesetzlich übertragenen Aufgaben wahrnimmt, Staatsgewalt aus. Nach Auffassung des Bundesverfassungsgerichts muß bei Entscheidungen von Bedeutung für die Erfüllung eines Amtsauftrags »die Letztentscheidung eines dem Parlament verantwortlichen Verwaltungsträgers gesichert« sein[26]. Ob dieser Grundsatz gewahrt ist, wenn wichtige pädagogische Entscheidungen beispielsweise von einer drittelparitätisch zusammengesetzten Schulkonferenz getroffen werden – ohne Vetorecht der Lehrerkonferenz oder des Schulleiters, ohne Aufhebungsbefugnisse der Schulaufsicht –, mag zweifelhaft erscheinen. Andererseits ist die Tatsache zu berücksichtigen, daß die einzelne Schule ihre Erziehungsaufgabe unter den heute bestehenden Verhältnissen nicht hinreichend wahrnehmen kann, wenn sie ausschließlich zentral gesteuert wird und ihr nicht die Möglichkeit eröffnet ist, den besonderen Bedingungen vor Ort, die ihre Arbeit fördern oder beeinträchtigen, Rechnung zu tragen. So verfügt der einzelne Lehrer, der als Beamter oder Angestellter grundsätzlich weisungsgebunden ist, gleichwohl über *pädagogische Freiheit*, die ihm einen Gestaltungsraum eigenverantwortlicher Unterrichtung und Erziehung sichert (dazu ausführlich TZ 19.41). Die pädagogische Freiheit weist aber

---

26 So das BVerfG in seinem Beschluß vom 24. 5. 1995 – BVerfGE 93, 37 (70 ff.) – zum Schleswig-Holsteinischen Gesetz über die Mitbestimmung der Personalräte vom 11. 12. 1990. Diesem Beschluß kommt nicht nur als personalvertretungsrechtlicher Leitentscheidung, sondern auch als staatsorganisationsrechtlicher Grundentscheidung weichenstellende Bedeutung zu. Kritisch gegen die dem Beschluß zugrunde liegende »neoetatistische Sicht« Alfred *Rinken*: Demokratie und Hierarchie. Zum Demokratieverständnis des Zweiten Senats des Bundesverfassungsgerichts, KritVj 1996, 282; vgl. auch Hans-Peter *Bull*: Hierarchie als Verfassungsgebot? Zur Demokratie des Bundesverfassungsgerichts, in: Michael Th. Greven (Hrsg.): Bürgersinn und Kritik. Festschrift für Udo Bermbach zum 60. Geburtstag, Baden-Baden 1998, S. 241; im Blick auf das Schulwesen: *Höfling*, RdJB 1997, 363 ff.

auch eine institutionelle Dimension auf. Wie der Lehrer, so steht auch die Schule insgesamt vor der Aufgabe, situationsgerechte pädagogische Entscheidungen zu treffen. Das gilt nicht zuletzt für ihre Gremien. Aufgrund ihrer Nähe zur konkreten Situation der Schule, aufgrund der Vertrautheit ihrer Mitglieder mit den spezifischen Gegebenheiten des Schulalltags wird es der Schule ermöglicht, den ihr von der Verfassung zugewiesenen Erziehungsauftrag angemessen zu erfüllen[27]. Dabei ist zu beachten, daß auch die »Schule in eigener Verantwortung« der rechtlichen und fachlichen Letztverantwortung der Schulverwaltung unterliegt[28].

6.3 Partizipation

6.31 Entwicklung und gegenwärtiger Stand

6.311 Partizipation in der Schule bedeutet die *institutionalisierte Beteiligung der Lehrer, Schüler und Eltern* an den Handlungen und Entscheidungen der Schule. Sie gewinnt in dem Maße an Bedeutung, als der Schule wichtige Angelegenheiten zur selbständigen Erledigung überlassen werden. In nicht institutionalisierten Formen hat es eine solche Beteiligung immer gegeben. Für die Lehrer ist das ohnehin selbstverständlich; auch der »Schulmonarch« vergangener Zeiten war auf ihre Mitwirkung und ihr Urteil angewiesen. Individuelle Kontakte des Elternhauses zur Schule sind gleichfalls stets gepflegt worden, und gute Lehrer haben immer Wert darauf gelegt, die Eltern zu informieren und zu beraten. Selbst die Schüler waren niemals nur Objekte des Schulunterrichts und der Schulerziehung; durch ihr Verhalten haben sie Unterricht, Erziehung und Schulordnung mitbestimmt, Qualität und Stil der Schule mitgeprägt.

6.312 Die Tendenz, den Lehrern, Schülern und Eltern auch formell Mitwirkungsrechte einzuräumen, fand während der Weimarer Republik ein relativ

---

27 In diesem Zusammenhang sei auch auf den von Ernst-Wolfgang Böckenförde zur Diskussion gestellten Gedanken der autonomen Legitimation durch funktionale Selbstverwaltung verwiesen (*Böckenförde*: Demokratie als Verfassungsprinzip, HdbStR I, S. 887 [908 f. Rn. 33 f.]); vgl. ferner *Avenarius* (Anm. 13), S. 188 ff.

28 *Hufen* (Anm. 13), S. 66. Inzwischen haben sich zwei Landesverfassungsgerichte mit der Verfassungsmäßigkeit erweiterter schulischer Selbstverwaltung befaßt: Der BayVerfG hat in seiner Entscheidung vom 17.11.1994 (DVBl. 1995, 419) die gesetzlichen Voraussetzungen für die Zulassung eines Volksbegehrens über den Entwurf eines Gesetzes zur Änderung des BayEUG verneint, weil dessen Vorschriften gegen den staatlichen Erziehungsauftrag sowie gegen materiell-rechtliche Bestimmungen der Verfassung (Neutralitätsgebot, Gleichheitssatz, Demokratieprinzip u. a.) verstießen; dazu kritisch Raimund *Wimmer*: Die Volksbegehren zu Novellierungen des Bayerischen Gesetzes über das Erziehungs- und Unterrichtswesen, RdJB 1995, 340. Der HessStGH hat demgegenüber in seinem Urteil vom 4.10.1995 (HessStAnz. 1995 S. 3391), das im Verfahren der abstrakten Normenkontrolle erging, die entsprechenden Bestimmungen des Hessischen Schulgesetzes vom 17.6.1992 für verfassungsgemäß erklärt; dazu Günter *Püttner*: Weiches Recht hat Bestand, RdJB 1997, 40.

schwache Resonanz; sie setzte sich erst nach Gründung der Bundesrepublik Deutschland allgemein durch. Die *direktoriale Schulleitung* mit einem nahezu absolut regierenden Schulleiter wurde zunächst von der Lehrerseite her aufgebrochen und allmählich durch kollegiale Leitungsformen abgelöst, bei denen die Lehrerkonferenz der entscheidende Träger der Willensbildung in der Schule wurde; der Schulleiter stand nunmehr mit begrenzten eigenen Rechten neben der Konferenz und trug gemeinsam mit ihr die Verantwortung für die Schule und ihre Arbeit. Diese kollegial geprägte Schulleitung, zunächst in der Volksschule verwirklicht, hat allmählich auch Auswirkungen auf die Gymnasien und die berufsbildenden Schulen erlangt; auch bei förmlichem Fortbestand des Direktorialsystems verstärkte sich die Stellung der Lehrerkonferenz im Laufe der Zeit derart, daß ein sachlicher Unterschied zur kollegialen Schulleitung kaum mehr festzustellen blieb[29].

Etwas später als die Lehrer begannen auch die Eltern und Schüler ihre Ansprüche auf Mitwirkung in der Schule anzumelden. Die schwachen Ansätze der Weimarer Zeit (Elternbeiräte, Schulgemeinden) waren vom Nationalsozialismus mit seinem »Führerprinzip« zerschlagen worden. Nach 1945 setzte sich zunehmend die Überzeugung durch, daß die Schule in ihrer inneren Ordnung demokratischen Grundsätzen entsprechen müsse. Das führte zur Anerkennung von Mitwirkungsrechten der Schüler und Eltern bei der Gestaltung des Lebens und der Arbeit der Schule. Ende der 60er und Anfang der 70er Jahre wurde ihre inhaltliche und institutionelle Erweiterung unter dem Schlagwort »*Demokratisierung der Schule*« gefordert[30]. Ebenso wie die Lehrer verlangten die Schüler und Eltern über den Rahmen der einzelnen Schule hinaus Mitwirkungsrechte in Schulverwaltung und Bildungspolitik.

Diese Forderungen griff der *Deutsche Bildungsrat* auf. Die Empfehlungen der Bildungskommission von 1973 zur Reform von Organisation und Verwaltung im Bildungswesen zielten auf eine verstärkte Partizipation der Lehrer, Schüler und Eltern[31]. Kritische Stimmen hielten diesen Vorschlägen allerdings entgegen, daß die Vielzahl der vorgesehenen Gremien mit zahlreichen Kompetenzüberschneidungen und -verflechtungen die Funktionsfähigkeit der Schule gefährde[32].

Inzwischen sehen alle Bundesländer, auch die neuerrichteten Länder in Ostdeutschland, Beteiligungsrechte der Lehrer, Schüler und Eltern vor, und zwar entweder in ihren Schulgesetzen (so Baden-Württemberg, Bayern, Brandenburg, Hamburg, Hessen, Mecklenburg-Vorpommern, Niedersachsen, Rheinland-Pfalz, Schleswig-Holstein, Sachsen, Sachsen-Anhalt und Thüringen) oder in selbständigen Kodifikationen (so Berlin, Bremen, Nordrhein-Westfalen und das Saarland). Vergleicht man diese Regelungen, so zeigt sich eine

---

29 Zur Geschichte der Schulleitung eingehend das 2. Kapitel von Knut *Nevermann*: Der Schulleiter, Stuttgart 1982, bes. S. 109 ff.
30 Hierzu Ingo *Richter*: Schule, Schulverfassung und Demokratie, RdJB 1987, 254; *ders.*: Schule, Schulverfassung und Demokratie. Gibt es eine neue Demokratiediskussion um die Schule?, in: Hans-Peter de Lorent/Gudrun Zimdahl (Hrsg.): Autonomie der Schulen, Hamburg 1993, S. 51.
31 S. Anm. 14.
32 Vgl. das Minderheitsvotum und die Protokollerklärung in *Deutscher Bildungsrat*: Zur Reform von Organisation und Verwaltung im Bildungswesen (Anm. 14), A 139 (143 f.).

breite Palette von partizipationsfreundlichen bis hin zu eher zurückhaltenden Normierungen.

6.313 Ob und in welchem Umfang die institutionalisierte Partizipation verfassungsrechtlich geboten ist, ist umstritten[33]. Das Demokratieprinzip des Grundgesetzes (Art. 20 Abs. 1, 28 Abs. 1) verlangt jedenfalls nicht, die Schule zu »demokratisieren« (dazu TZ 2.222). Im Gegenteil: Nach der Rechtsprechung des Bundesverfassungsgerichts muß bei der Ausübung relevanter Staatsaufgaben – also auch schulischer Maßnahmen – die Letztentscheidung eines dem Parlament verantwortlichen Verwaltungsträgers gesichert sein[34] (dazu TZ 6.233). Auch das Elternrecht (Art. 6 Abs. 2 GG) und das Entfaltungsrecht des Schülers (Art. 2 Abs. 1 GG) bilden keine verfassungsrechtliche Grundlage für eine kollektive Mitwirkung der Eltern und Schüler, schließen sie aber auch nicht aus[35]. (Zum sog. kollektiven Elternrecht TZ 24.36.) Andererseits kann die Schule ihren durch Art. 7 Abs. 1 GG vorgegebenen Auftrag, die Schüler zur Übernahme von Mitverantwortung in Gesellschaft und Staat zu befähigen, nur dann erfüllen, wenn sie sie im Geist der Demokratie, der Toleranz und Offenheit erzieht; dem entspricht am ehesten eine Schulverfassung, die partizipatorisch ausgestaltet ist. Darüber hinaus kommt der Institutionalisierung von Mitwirkungsrechten erhebliche Bedeutung für den Schutz der Grundrechte zu, indem sie deren Ausübung durch Organisation und Verfahren zusätzlich absichert; man denke etwa an die Schlichtungsfunktion des Vermittlungsausschusses (TZ 7.322) oder an die Anhörung der Eltern- und Schülervertretung vor Anwendung schwerer Ordnungsmaßnahmen (TZ 30.25). Im übrigen ist darauf hinzuweisen, daß einige Landesverfassungen Partizipationsrechte ausdrücklich gewährleisten[36].

6.32 Partizipationsformen

6.321 Die wichtigsten Partizipationsformen sind
– *Mitwirkung.* Dazu gehören
- Recht auf Information,
- Recht auf Anhörung/Stellungnahme,
- einfaches Recht auf Erörterung,
- qualifiziertes Recht auf Erörterung (mit dem Ziel, zu einer Einigung zu gelangen [*Benehmen*]),
- Vorschlagsrecht,
- Einspruchsrecht (»Veto«).

---

33 Dazu *DJT-SchulGE*, S. 334 ff. m. w. N.
34 BVerfGE 93, 37 (70).
35 So zuletzt NdsStGH, NVwZ 1997, 267 (270); a. A. Frank-Rüdiger *Jach*: Mitwirkungsrechte von Eltern und Schülern. Partizipation zwischen Gesetzesvorbehalt und Schulaufsicht, PädF 1992, 137 (139), nach dessen Ansicht aus dem Grundrecht des Kindes auf möglichst ungehinderte Entfaltung seiner Persönlichkeit grundsätzlich ein Anspruch »auf aktives Mitwirken am schulischen Leben« folgt.
36 Z. B. Art. 17 Abs. 4 bw Verf., Art. 30 Abs. 2 Satz 2 bbg Verf., Art. 56 Abs. 6 hess Verf., Art. 10 Abs. 2 nrw Verf., Art. 104 Abs. 1 sächs Verf., Art. 29 Abs. 2 Verf. LSA, Art. 23 Abs. 3 thür Verf.

– *Mitbestimmung* (Mitentscheidung, Zustimmung, Einvernehmen, Einverständnis).

Hinzu kommen *stimmberechtigte Teilnahme an Wahlen* und *Vermittlung (Schlichtung)* in Konfliktfällen und bei Ordnungsmaßnahmen.

Doch sollte man sich nicht der Illusion hingeben, der tatsächliche Einfluß auf das Schulgeschehen hänge stets von den rechtlich gewährten Partizipationsbefugnissen ab. Einer Eltern- oder Schülervertretung, deren Mitglieder sich aus Desinteresse oder Trägheit passiv verhalten, bringt eine von Rechts wegen noch so starke Stellung nichts ein. Andererseits kann das beratende Mitglied ohne Stimmrecht mehr zur Entscheidungsfindung einer Konferenz beitragen als eine Mehrzahl der Stimmberechtigten. Ebensowenig spiegelt die Zusammensetzung eines Gremiums unbedingt die tatsächlichen Kräfteverhältnisse wider.

6.322 Wie auch immer die Partizipation der Lehrer, Schüler und Eltern ausgestaltet ist: die Funktionsfähigkeit der Schule und die Letztverantwortung der demokratisch legitimierten Amtsträger darf dadurch nicht gefährdet werden. So hoch die Interessen und Bedürfnisse zu veranschlagen sind, die Schüler und Eltern in den schulischen Gremien zur Geltung bringen, so müssen doch die Lehrer aufgrund ihrer Fachkompetenz, ihres Berufs- und Amtsethos in den pädagogisch wesentlichen Fragen den Ausschlag geben[37]. Im übrigen ist zu bedenken, daß Kollektivorgane – gerade auch, wenn Schüler und Eltern mitwirken – kaum zur Rechenschaft gezogen werden können. Um so wichtiger ist es, die individuelle Verantwortung zu betonen. Deshalb sollte dem Schulleiter eine herausgehobene Stellung eingeräumt werden. Es wäre von Vorteil, wenn er bei Fehlentwicklungen Gremienbeschlüsse nicht nur beanstanden, sondern unter bestimmten Voraussetzungen auch aufheben könnte. Auf diese Weise ließe sich die sonst unausweichliche Intervention der Schulaufsicht vermeiden. Ein starker Schulleiter stärkt auch die Eigenständigkeit der Schule[38].

---

37 Der NdsStGH hat mit Urteil vom 8.5.1996 (NVwZ 1997, 267 [269 ff.]) entschieden, daß der Gesetzgeber bei der Ausgestaltung von Mitbestimmungs- und Mitwirkungsrechten der Eltern- und Schülervertreter in schulischen Gremien zwar weitgehende Gestaltungsfreiheit habe, daß aber schulgesetzliche Regelungen, die diesen Vertretern Stimmrecht bei Entscheidungen über Zeugnisse, Versetzungen, Abschlüsse und Übergänge ermöglichen, verfassungswidrig seien, weil dadurch die Funktionsfähigkeit der staatlichen Schulaufsicht beeinträchtigt werde. Zu diesem Urteil die Anm. von Friedhelm *Hufen*, JuS 1998, 74.
38 *Avenarius*, RdJB 1994, 268 f.

7. Kapitel: Schulverfassung II (Schulleitung, Lehrerkonferenz, Schulkonferenz)

7.1 Schulleitung[1]

7.11 Allgemeine Rechtslage

Das gegenüber der Öffentlichkeit, aber auch gegenüber dem Schulträger und den Schulbehörden am deutlichsten in Erscheinung tretende Organ der Schule ist der *Schulleiter*. Statt einer Einzelperson kann die Schulleitung in seltenen Ausnahmefällen einem *Leitungskollegium* übertragen werden, das die Leitungsgeschäfte mit verteilten Rollen ausübt. Das Leitungskollegium hat einen Vorsitzenden, der wiederum die Bezeichnung Schulleiter führt und dem im Regelfall die wichtigsten Aufgaben des Einzelschulleiters vorbehalten bleiben. Die Leitung der Schule durch ein Leitungskollegium ist schon mehrfach in Reformempfehlungen – so z.B. des Deutschen Bildungsrates

---

1 Akademie für Lehrerfortbildung Dillingen (Hrsg.): Schulleitung. 2 Bde., Dillingen 1983; Richard *Bessoth*/Hans-Joachim *Schmidt* (Hrsg.): Schulleitung. Ein Lernsystem. 8 Ordner, Neuwied 1978 ff. (Loseblattausgabe, Stand: Juni 1999). Landesbezogene Loseblattsammlungen: Eiko *Jürgens*/Franz *Preuß*/Thomas *Böhm*: Schulleitung in den Ländern Brandenburg, Mecklenburg-Vorpommern, Sachsen, Sachsen-Anhalt und Thüringen. 2 Bde., Neuwied o.J., sowie Wilhelm *Habermalz*/Günter *Heizmann*/Rudolf *Kieslich*: Schulleitung und Schulaufsicht in Niedersachsen, Neuwied o.J.; Werner *Honal* (Hrsg.): Handwörterbuch der Schulleitung. Neuausgabe. 2 Bde., Landsberg am Lech 1986 ff. (Loseblattausgabe, Stand: Juli 1999); Walter A. *Fischer*/Michael *Schratz*: Schule leiten und gestalten. Mit einer neuen Führungskultur in die Zukunft, Innsbruck 1993; *DJT-SchulGE*, §§ 66–73, S. 57 ff., 98 ff., 297 ff.; Hans-Josef *Holtappels* (unter Mitarbeit von Georg *Bänder* u.a.): Die Schulleitung. Ein wertender Vergleich zwischen den Bundesländern, Essen 1991; *ders.*: Der Schulleiter zwischen Anspruch und Wirklichkeit, Essen 1989; Knut *Nevermann*: Der Schulleiter, Stuttgart 1982; Hasso *von Recum*/Peter A. *Döring* (Hrsg. bis Bd. 36): Schulleiter-Handbuch, Braunschweig 1977 ff.; nunmehr »SL Edition/Oldenbourg«, München (jährlich erscheinen 4 Bände), mit rechtlichen Fragen befassen sich bes. Bd. 14: Friedrich Wilhelm *Held*: Freiheit und Bindung der Schulleitung (1980), Bd. 30: Lutz *Dietze*: Rechtsargumentation für die Schulpraxis (1984); instruktiv auch Bd. 34: Sybille *Strutz*/Knut *Nevermann*: Schulleitung – historisch gesehen (1985), Gerald *Rieger*: Verwaltungsaufgaben für Schulleitung und Schulsekretariate (1994), Heinz S. *Rosenbusch*/Jochen *Wissinger*: Schule und Schulaufsicht – Wege zur Reform (1995).– Speziell auf Schulleiterbedürfnisse zugeschnitten sind die Zeitschriften »Pädagogische Führung«, »schul-management« sowie »SchulVerwaltung« (letztere mit ihren verschiedenen Landesausgaben). – Zahlreiche Schulleiter sind in Interessenverbänden auf Landesebene organisiert, die sich zur Arbeitsgemeinschaft der Schulleiterverbände Deutschlands – Verband Deutscher Schulleitungen (ASD) – zusammengeschlossen haben.

und der Schulrechtskommission des Deutschen Juristentags – vorgeschlagen worden[2]; bislang spielt sie aber nur in wenigen Ländern eine Rolle[3].

7.111 Schulleiter soll nur werden, wer die Befähigung zum Lehramt der betreffenden Schulart besitzt und seine Eignung durch Kenntnisse, Fähigkeiten, Leistung und charakterliche Bewährung bewiesen hat. Der Schulleiter führt eine besondere Amtsbezeichnung (Hauptlehrer, Rektor, Realschulrektor, Studiendirektor, Oberstudiendirektor). Für den verhinderten Schulleiter handelt sein ständiger Vertreter; ist kein solcher bestellt, ist die Vertretung Sache des dienstältesten Lehrers der Schule.

Der Schulleiter ist gegenüber den Lehrern und dem sonstigen Schulpersonal (Sekretärin, Hausmeister, technische Hilfskräfte u.a.) *weisungsbefugt*. Er besitzt also auch den Lehrern gegenüber die Befugnisse des *Vorgesetzten* (vgl. TZ 18.213). Mit den sich aus den Rechten der Konferenzen ergebenden Einschränkungen kann er ihnen gegenüber dienstliche Anordnungen und Entscheidungen treffen (z.B. einen Lehrer mit der Vertretung eines plötzlich erkrankten Kollegen beauftragen, kurzfristig Urlaub erteilen). Er kann den noch in der Ausbildung befindlichen Lehrern Anweisungen für ihre Unterrichts- und Erziehungsarbeit geben. Bei vollausgebildeten Lehrern ist er zwar zu *Unterrichtsbesuchen* berechtigt; doch soll er ihnen gegenüber mit Rücksicht auf ihre pädagogische Freiheit in die Unterrichts- und Erziehungsarbeit nur in Ausnahmefällen eingreifen (dazu TZ 19.422).

7.112 Der Schulleiter ist *Vorsitzender der Gesamtkonferenz* der Lehrer, die er einberuft und leitet (Näheres TZ 7.214). In allen Ländern gilt der Grundsatz, daß – mag die Eigenverantwortung des Schulleiters auch stärker oder schwächer betont sein[4] – das gesamte Kollegium die Verantwortung für die Unterrichts- und Erziehungsarbeit der Schule zumindest mitträgt. Andererseits wird das Prinzip der Kollegialität dadurch begrenzt, daß bestimmte Aufgaben (insbesondere die Vertretung der Schule nach außen und die Sorge für die Aufrechterhaltung der Ordnung und des laufenden Betriebes in der Schule) ausdrücklich dem Schulleiter übertragen sind.

---

2 *Deutscher Bildungsrat*: Zur Reform von Organisation und Verwaltung im Bildungswesen. Teil I: Verstärkte Selbständigkeit der Schule und Partizipation der Lehrer, Schüler und Eltern, Stuttgart 1973, S. 112 ff.; *DJT-SchulGE*, § 17 (S. 100), S. 312 ff.

3 § 87 HSchG; § 72 BbgSchulG (bei Schulen mit 25 Migliedern der Lehrerkonferenz aufgrund eines mit Zwei-Drittel-Mehrheit zu fassenden Beschlusses, der der Genehmigung des staatlichen Schulamts bedarf); § 64 BremSchVwG (sofern in der Satzung der Schule eine solche Regelung getroffen ist); § 97 HmbSG (im Rahmen eines auf Antrag der Schulkonferenz genehmigten Schulversuchs); § 44 NSchG (mit Genehmigung der Schulbehörde auf Antrag der Schule). Außer in Bremen bleiben in all diesen Fällen dem Schulleiter wichtige Aufgaben, vor allem die Gesamtverantwortung für die Schule, vorbehalten.

4 Dazu Wilhelm *Habermalz*: Die Stellung des Schulleiters. Eine Momentaufnahme, PädF 1991, 126.

7.12 Bestellung des Schulleiters

7.121 Die Ernennung des Schulleiters, der grundsätzlich eine Ausschreibung der freien Stelle vorauszugehen hat[5], ist *Sache der Schulaufsichtsbehörde.* Der Mitwirkung nichtstaatlicher Stellen – z.B. des Schulträgers, der Schulkonferenz, der Lehrerkonferenz, eines Findungsausschusses – bei der Auswahl des Schulleiters sind durch das Prinzip der repräsentativen Demokratie (Art. 20 Abs. 2, Art. 28 Abs. 1 GG) Grenzen gezogen. Eine dem Parlament verantwortliche Regierung kann die von ihr geforderte Verantwortung nur tragen, wenn sie über Mittel und Möglichkeiten verfügt, die ihr zugewiesenen Aufgaben auch tatsächlich zu erfüllen. Die Auslese der Beamten gehört zu den Kompetenzen, die wegen ihrer politischen Tragweite nicht generell der Regierungsverantwortung entzogen werden dürfen[6]. Das gilt in besonderem Maße für die Schulleiter, ohne die der Staat die ihm durch Art. 7 Abs. 1 GG zugewiesene Verantwortung für das Schulwesen nicht wahrnehmen könnte. Aus diesen Gründen wäre eine Wahl des Schulleiters durch nichtstaatliche Körperschaften und Gremien, bei der die Rolle der Schulbehörde auf den formalen Ernennungsakt beschränkt bliebe, verfassungsrechtlich unzulässig. Das schließt die Beteiligung des Schulträgers und schulischer Organe an der Personalauswahl nicht aus; gerade eine Schule, der Selbstverantwortung eingeräumt wird und die sich ein eigenes Profil geben soll, muß die Möglichkeit haben, bei der Auswahl des Schulleiters ein Wort mitzusprechen. Eine solche Beteiligung ist in den meisten Ländern, wenn auch in sehr unterschiedlicher Weise, vorgesehen: vom bloßen Anregungs-, Anhörungs-, Vorschlagsrecht über ein Einspruchs- oder Vetorecht bis hin zum Auswahl- und Benennungsrecht[7]. Die Grenze des verfassungsrechtlich Zulässigen ist dann überschritten, wenn der Behörde ein Kandidat gegen ihren Willen aufgezwungen werden kann. Es muß ihr zumindest freistehen, einen ihr als ungeeignet erscheinenden Bewerber zurückzuweisen[8]. Zu den Einzelheiten des Verfahrens bei Auswahl und Ernennung des Schulleiters vgl. TZ 10.6.

7.122 Nach bisherigem Recht wurde eine *Schulleiterstelle* üblicherweise im Wege der Beförderung besetzt; sie wurde dem Beamten somit *auf Lebenszeit übertragen.* Das Bundesverfassungsgericht hat in einem Beschluß aus dem

---

5 Hierbei verstößt eine von vornherein vorgesehene generelle und grundsätzliche Nichtberücksichtigung von Bewerbern aus dem Kollegium der betreffenden Schule gegen den in Art. 33 Abs. 2 GG verankerten Grundsatz der Bestenauswahl (Auswahl nach Eignung, Befähigung und fachlicher Leistung); so VGH Kassel, NVwZ-RR 1989, 30. Vgl. aber § 40 Abs. 3 Satz 2 bw SchG, wonach Schulkonferenz und Schulträger gehalten sind, bei ihren Besetzungsvorschlägen unter sonst gleichwertigen Bewerbern demjenigen den Vorzug zu geben, der der Schule nicht angehört.
6 BVerfGE 9, 268 (282 ff.); s. auch BVerfGE 93, 37 (66 ff.).
7 Eine knappe Darstellung der Mitwirkungsrechte in Baden-Württemberg gibt Georg *Wegge*: Mitwirkungsrechte bei der Bestellung von Schulleitern, VBlBW 1993, 168.
8 Selbst in Bremen, Hamburg und Hessen, wo nichtstaatliche Stellen einen nicht unerheblichen Einfluß auf die Auswahl des Schulleiters nehmen, braucht sich die Schulbehörde keinen Bewerber aufdrängen zu lassen. Vgl. im einzelnen § 70 Abs. 3 Satz 1 BremSchVwG, § 92 Abs. 7 Satz 1 HmbSG, § 89 Abs. 3 Satz 5 HSchG.

Jahre 1985 die Befristung der Amtszeit des Schulleiters[9] für unvereinbar mit der durch Bundesrecht (§ 18 BBesG) vorgeschriebenen Zuordnung von Funktionen zu Ämtern und von Ämtern zu Besoldungsgruppen sowie mit den bei der Regelung des öffentlichen Dienstrechts zu berücksichtigenden hergebrachten Grundsätzen des Berufsbeamtentums (Art. 33 Abs. 5 GG) erklärt[10].

Nunmehr eröffnet das Beamtenrechtsrahmengesetz in seiner durch das Gesetz zur Reform des öffentlichen Dienstrechts vom 24.2.1997[11] geänderten Fassung den Ländern folgende Möglichkeiten der vorläufigen oder zeitlich begrenzten Schulleiterbestellung: Nach § 12 a Abs. 1 BRRG können sie durch Gesetz bestimmen, daß ein *Amt mit leitender Funktion zunächst im Beamtenverhältnis auf Probe* übertragen wird. Die regelmäßige Probezeit beträgt zwei Jahre. Eine Verkürzung der Probezeit auf mindestens ein Jahr kann zugelassen werden; eine Verlängerung ist nicht möglich. Als Ämter im Sinne dieser Vorschrift können Ämter der Leiter von Behörden, also auch die der Schulleiter, bestimmt werden (vgl. § 12 a Abs. 6 BRRG)[12]. Gemäß § 12 b BRRG kann durch Gesetz außerdem bestimmt werden, daß ein *Amt mit leitender Funktion zunächst im Beamtenverhältnis auf Zeit* übertragen wird[13]. Eine weitere Amtszeit ist zulässig; beide Amtszeiten dürfen insgesamt die Dauer von zehn Jahren nicht überschreiten. Mit Ablauf der ersten Amtszeit kann dem Beamten das Amt auf Dauer im Beamtenverhältnis auf Lebenszeit übertragen werden; mit Ablauf der zweiten Amtszeit soll dies geschehen. Mit dem Ende des Beamtenverhältnisses auf Zeit endet der Anspruch auf Besoldung aus diesem Amt. Als Ämter im Sinne dieser Vorschrift kommen auch die der Besoldungsgruppe A 16 angehörenden Ämter von Behördenleitern, also

---

9 Wie es § 52 Abs. 1 BremSchVwG in der damals geltenden Fassung vorsah. Danach durften Schulleiter nur für die Dauer von acht Jahren bestellt werden.
10 BVerfGE 70, 251 (263 f.). Vgl. dazu Hans-Peter *Füssel*: Schulleiter auf Zeit: verfassungswidrig – das Beamtenrecht als Bremsklotz von Demokratisierung in der Schule?, DuR 1987, 81, und Lutz-Rainer *Reuter*: Die Übertragung der Schulleiterfunktion auf Zeit, ZBV 1986, H. 1, 18.
11 BGBl. I S. 322.
12 § 71 Abs. 1 BremSchVwG und § 94 Abs. 1 HmbSG sehen eine vorläufige Bestellung vor, die nach einer Bewährungszeit von zwei Jahren (Bremen) bzw. 18 Monaten (Hamburg) in eine endgültige Funktionszuweisung übergeht.
13 Nach h. M. ist allerdings die Übertragung von Leitungsfunktionen auf Zeit mit den hergebrachten Grundsätzen des Berufsbeamtentums (Art. 33 Abs. 5 GG) nicht vereinbar, weil sie dem Leistungsprinzip, dem Grundsatz amtsangemessener Alimentation und der durch das Lebenszeitprinzip gewährleisteten Unabhängigkeit des Beamten zuwiderläuft. So Ulrich *Battis*: Berufsbeamtentum und Leistungsprinzip, ZBR 1996, 193 (197 f.); Hellmuth *Günther*: Führungsamt auf Zeit: unendliche Geschichte?, ZBR 1996, 65 (71 ff.); Walter *Leisner*: Leitungsämter auf Zeit, ZBR 1996, 289 (290 ff.); Helmut *Schnellenbach*: Öffentliches Dienstrecht im Umbruch – Statusfragen und Leistungselement –, ZBR 1998, 223 (223 f.); Stefan *Studenroth*: Zeitlich begrenzte Ernennungen im Beamtenrecht – Zur Zulässigkeit und Notwendigkeit der Vergabe von Führungspositionen auf Zeit im Rahmen der Dienstrechtsreform –, ZBR 1997, 212; Rudolf *Summer*: Nochmals: Funktion auf Zeit, ZBR 1997, 119 (119 ff.). A. A. Monika *Böhm*: Besetzung von Spitzenpositionen auf Zeit, DÖV 1996, 403 (409): Soweit eine amtsangemessene Alimentation sichergestellt sei und nicht übermäßig viele Stellen betroffen seien, sei das Zeitbeamtenmodell mit Art. 33 Abs. 5 GG zu vereinbaren.

auch das Amt des Oberstudiendirektors, in Betracht (§ 12 b Abs. 5 BRRG)[14]. Darüber hinaus bestimmt § 12 Abs. 2 Satz 1 Nr. 4 BRRG, daß einem Beamten ein höherbewerteter Dienstposten erst übertragen werden darf, wenn seine Eignung in einer *Erprobungszeit* festgestellt worden ist, für die die Länder durch Rechtsvorschrift eine Dauer von mindestens drei Monaten festlegen müssen.

7.13 Aufgaben[15]

Der Aufgabenkreis der Schulleitung umfaßt die unmittelbare Führung im Unterrichts- und Erziehungs-, Verwaltungs- und Ordnungsbereich sowie die Vertretung der Schule nach außen. Die Aufgaben sind in den Schulgesetzen und Dienstordnungen der Länder katalogartig aufgezählt. Im einzelnen:

7.131 Hauptaufgabe des Schulleiters ist die *Sorge für die Unterrichts- und Erziehungsarbeit* der Schule und *für das hierzu erforderliche einheitliche Zusammenwirken* aller Kräfte (wofür jeder Lehrer in seinem Bereich und alle Lehrer im Gesamtbereich der Schule mitverantwortlich sind). Daraus erwächst eine Fülle pädagogischer[16] und administrativer Alltagsarbeit, die von der Aufstellung der Unterrichtsverteilung und der Stunden- und Aufsichtspläne, der Planung von Schulveranstaltungen, der Schülerbetreuung im weitesten Sinne, der Pflege der Beziehungen zur Elternschaft bis zur dienstlichen und menschlichen Betreuung der Lehrer reicht. Als dem Vorsitzenden der Gesamtkonferenz der Lehrer obliegt ihm in besonderem Maße die Sorge für die *Durchführung und Einhaltung der Konferenzbeschlüsse* (vgl. TZ 7.214)[17].

7.132 Neben der Unterrichts- und Erziehungsaufgabe und der Fürsorge für Schüler und Lehrer steht die *Sorge für einen geordneten Schulbetrieb*. Hierbei handelt es sich vorwiegend um die Durchsetzung der Schul- und Hausordnung im Schulalltag (Ausübung des Hausrechts, Erlaß der nötigen Einzelweisungen). Während die allgemeinen und grundsätzlichen Anordnungen von der Lehrer- oder Schulkonferenz oder doch mindestens unter ihrer Mitwir-

---

14 In Niedersachsen können die Mitglieder einer kollegialen Schulleitung im Sinne von § 44 Abs. 1 NSchG ihre höherwertigen Ämter gemäß § 44 Abs. 5 NSchG auf neun Jahre befristet erhalten. Diese Regelung ist nach Ansicht des NdsStGH, NVwZ 1997, 267 (271), mit der nds Verf. vereinbar; das Gericht betont allerdings, daß Prüfungsmaßstab nur die Landesverfassung gewesen sei und deshalb offen bleibe, ob § 44 Abs. 5 NSchG gegen Art. 33 Abs. 5 GG verstoße; die Landesverfassung enthalte keine dem Art. 33 Abs. 5 GG entsprechende Bestimmung. Da § 12 b BRRG die Übertragung eines Führungsamts auf Zeit erst ab BesGr. A 16 zuläßt, ist die nds Regelung jedenfalls insoweit mit Bundesrecht nicht vereinbar, als sie bestimmt, daß alle höherwertigen Ämter innerhalb der kollegialen Schulleitung, also auch solche einer BesGr. unterhalb A 16, auf Zeit vergeben werden können.
15 Dazu die Synopse »Aspekte des Schulleiterrechts im Ländervergleich« in *DJT-SchulGE*, S. 299 ff., sowie *Holtappels* (Anm. 1).
16 Dazu Jürgen *Röhling*: Die pädagogische Dimension der Arbeit des Schulleiters, SchVw BY 1991, 156.
17 Zur Rolle des Schulleiters als Vorgesetzten, in einigen Ländern auch als Dienstvorgesetzten der Lehrer TZ 18.213.

kung getroffen werden, ist die *Wahrung des Hausrechts* und die Sorge für die Ordnung im Einzelfall Sache des Schulleiters, nötigenfalls auch des einzelnen Lehrers.

7.133 Zu dem *Aufgabenkreis der äußeren Verwaltung*, der sich in mancher Hinsicht mit den Ordnungsaufgaben überschneidet, gehören vor allem (vgl. TZ 11.21):
- Sorge für Verwaltung, Pflege, Reinigung, Betriebs-, Feuer- und Verkehrssicherheit des Schulgrundstückes, Schulgebäudes und Schulinventars, ferner die Entscheidung über die Vermietung von Schulräumen für fremde Zwecke, soweit sich nicht der Schulträger diese Entscheidung vorbehalten hat;
- Dienstaufsicht über das Hilfspersonal der Schule (Sekretärin, Hausmeister, Reinigungspersonal);
- Bewirtschaftung der der Schule zur Verfügung stehenden Mittel, Anmeldung des finanziellen Bedarfs beim Schulträger, Kassen- und Rechnungsführung, soweit dem Schulleiter übertragen;
- Führung der laufenden Verwaltungsgeschäfte, insbesondere des Schriftverkehrs mit Schulträger, Schulaufsichtsbehörde und sonstigen Dienststellen, Eltern, Publikum.

Der Schulleiter kann im Benehmen mit der Konferenz Mitglieder des Lehrkörpers zu bestimmten Verwaltungsarbeiten heranziehen. Außerdem obliegen jedem Klassen- und Fachlehrer die mit der Klassenführung und der Fachbetreuung zusammenhängenden Verwaltungsarbeiten. Wo ein *ständiger Vertreter* bestellt ist, können diesem zwecks Entlastung des Schulleiters bestimmte Verwaltungsaufgaben oder sonstige Aufgaben der Schulleitung übertragen werden.

7.134 Die *allgemeine Vertretung der Schule nach außen* obliegt allein dem Schulleiter. Zur Auskunftserteilung gegenüber der Presse, den Gerichten, der Polizei u.a. vgl. die Ausführungen über die Amtsverschwiegenheit des Lehrers (TZ 21.22). Die laufende *Zusammenarbeit mit den Eltern* ist nicht nur Sache des Schulleiters, sondern Aufgabe jedes Lehrers in seinem eigenen Arbeitsbereich.

7.14 Konfliktmöglichkeiten

Bei der Wahrnehmung seiner vielfältigen Aufgaben kann der Schulleiter in Konflikte mit der Lehrerkonferenz geraten, deren Funktionen sich oft mit denen des Schulleiters überschneiden. Spannungen können sich auch mit einzelnen Lehrern ergeben, die seinen Weisungen ihre pädagogische Freiheit entgegensetzen. Konflikte sind außerdem im Verhältnis zu Eltern und Schülern möglich, deren Forderungen er die Rechte der Schule und der Lehrer entgegensetzen muß[18]. Solche Auseinandersetzungen sind im allgemeinen in

---

18 Hinzu kommen Pflichtenkollisionen, die sich aus der Verflochtenheit der inneren Schulangelegenheiten, die den staatlichen Schulaufsichtsbehörden zugeordnet sind, mit den äußeren Schulangelegenheiten ergeben können, die den Schulträger angehen. So

den zuständigen schulischen Gremien, vor allem in der Lehrerkonferenz und in der Schulkonferenz, auszutragen. Ist der Schulleiter dort nicht imstande, seine Auffassung durchzusetzen, kann er einen Gremienbeschluß, den er aufgrund seiner Gesamtverantwortung für die Schule für nicht vertretbar hält, unter bestimmten Voraussetzungen beanstanden (dazu im einzelnen TZ 7.214, 7.321).

7.2 Lehrerkonferenz[19]

7.21 Allgemeine Rechtslage

7.211 Die Lehrerkonferenz ist der maßgebliche Träger der Willensbildung in Angelegenheiten des Unterrichts und der Erziehung, soweit nicht der Schulleiter eigene Zuständigkeiten besitzt oder es sich um Gegenstände handelt, die zur Kompetenz der aus Lehrern, Schülern und Eltern zusammengesetzten Schulkonferenz gehören, und soweit nicht ihrer weitreichenden Bedeutung wegen die Schulbehörden zuständig sind. Man unterscheidet die *Gesamtkonferenz* mit dem Schulleiter als Vorsitzendem und allen Lehrern der Schule als Mitgliedern und die *Teilkonferenzen* (Stufen-, Jahrgangs- oder Klassen-, Fachkonferenzen, weiterhin bei berufsbildenden Schulen nach Berufsgruppen gegliederte Gruppenkonferenzen, ferner bei additiven Gesamtschulen Schulartkonferenzen). Leitung und Teilnehmerkreis der Teilkonferenzen ergeben sich aus deren jeweiligem Aufgabenbereich (z. B. gehören der Klassenkonferenz alle in der Klasse unterrichtenden Lehrer unter Vorsitz des Klassenlehrers an). In den großen Schulen stehen die Teilkonferenzen im Mittelpunkt des Schulalltages, während der Gesamtkonferenz die grundlegenden Entscheidungen vorbehalten bleiben, die den Lehrkörper in seiner Gesamtheit berühren.

7.212 In allen Ländern haben die hauptamtlichen Lehrer volles Stimmrecht in der Lehrerkonferenz; sie sind zur Teilnahme berechtigt und verpflichtet. Im übrigen aber sind *Zusammensetzung der Lehrerkonferenz* und *Stimmrechte* unterschiedlich geregelt. In einigen Ländern haben nebenamtlich und teilzeitbeschäftigte Lehrer sowie Referendare, pädagogische Mitarbeiter, Assistenten usw. (beschränktes) Teilnahme- und Stimmrecht, in anderen nicht. Teilweise gehören der Lehrerkonferenz nur Lehrer, teilweise auch Schüler- und Elternvertreter (mit oder ohne Stimmrecht) an. Auch die beratende Teilnahme von Vertretern des Schulträgers ist in einigen Ländern vorgesehen. Die Vertreter der Schulaufsichtsbehörden haben durchweg ein Teilnahme-

---

entscheidet nach § 5 Abs. 2 nrw ASchO der Schulleiter über die Aufnahme des Schülers in die Schule innerhalb des vom *Schulträger* für die Aufnahme festgelegten allgemeinen Rahmens, doch bleibt das Zuweisungsrecht der *Schulaufsichtsbehörde* unberührt.

19 *Bessoth/Schmidt* (Anm. 1), Lernbereich 16; Gerhard *Braune*: Die Leitung von Konferenzen, Braunschweig 1982 (Schulleiter-Handbuch. Bd. 21); Joachim *Dröge*: Konferenzarbeit, in: ders./Peter Pfeffer/Hans-Heinrich Thies: Aufgabenfelder der Schulleitung, Braunschweig 1992 (Schulleiter-Handbuch. Bd. 61), S. 17 ff. *DJT-SchulGE*, §§ 78–83, S. 56 ff., 105 ff., 343 ff.

recht. Übergroße Konferenzen können *Ausschüsse* bilden, denen die laufenden Entscheidungen, die Sorge für bestimmte Teilbereiche (z. B. die Orientierungsstufe), die ständige Beratung des Schulleiters, die Erfüllung bestimmter Aufgaben (z. B. Auswahl und Beschaffung von Lehrmitteln, Behandlung von Ordnungsverstößen) oder die Vorbereitung der Konferenzentscheidungen obliegen, so daß die Konferenz als solche nur zu besonders wichtigen Beratungen und Entscheidungen zusammentritt.

7.213 Die jeweils in den Konferenzordnungen der Länder enthaltenen Vorschriften gleichen einander weitgehend. Das gilt vor allem für die *Formvorschriften*, die die Modalitäten des Verfahrens betreffen (Einberufung, Beschlußfähigkeit, Fristen, Befangenheit, Abstimmungen, Protokoll usw.). Diese häufig als lästig empfundenen Verfahrensvorschriften sind kein »juristischer Formelkram«, sondern verwirklichen zentrale rechtsstaatliche Prinzipien; man denke nur an die Lebensbedeutung von Versetzungs- und Prüfungsentscheidungen. Ein (unnötig) hoher Anteil verwaltungsgerichtlicher Klagen ist allein wegen Nichtbeachtung von Formvorschriften erfolgreich, obwohl die Beschlüsse inhaltlich Bestand gehabt hätten[20]. Die Verhandlungen in den Konferenzen unterliegen der *Amtsverschwiegenheit* soweit sich aus der Sache nicht das Gegenteil ergibt. Grobe Verstöße können strafrechtlich (vgl. §§ 203 Abs. 2, 353 b StGB) und disziplinarrechtlich (nach den Vorschriften der jeweiligen Landesdisziplinarordnung) geahndet werden.

7.214 Der Schulleiter als Vorsitzender der Gesamtkonferenz (TZ 7.112) ist für den Vollzug ihrer Beschlüsse verantwortlich; er hat auch dafür zu sorgen, daß die Beschlüsse der Teilkonferenzen umgesetzt werden. Sofern und soweit er sich mit Rücksicht auf seine Verantwortlichkeit für die Schule, seine Dienstpflichten gegenüber Schulbehörde und Schulträger oder sonst aus Rechtsgründen außerstande sieht, einen *Konferenzbeschluß* durchzuführen, muß er ihn *beanstanden*, seine Durchführung aussetzen und nochmalige Beratung verlangen; erhält die Konferenz den beanstandeten Beschluß aufrecht, hat er die Entscheidung der Schulaufsicht einzuholen[21]. Auch den Lehrern steht vielfach das Recht zu, die Entscheidung der Schulbehörde gegen Konferenzbeschlüsse anzurufen. Erfüllt die Konferenz ihre Aufgabe nicht, erweist

---

20 Auf einen Verfahrensmangel kann sich nach § 46 VwVfG, der auch für die Tätigkeit der Schulen gilt (vgl. z. B. § 2 Abs. 2 Nr. 3 hess VwVfG, § 2 Abs. 3 Nr. 2 sächs VwVfG), der Kläger nur dann nicht berufen, wenn der Fehler auf die Entscheidung in der Sache *offensichtlich* keinen Einfluß gehabt hat. Gerade bei den von der Lehrerkonferenz zu treffenden Bewertungsentscheidungen (z. B. über Versetzung oder Nichtversetzung eines Schülers) kann aber nicht ausgeschlossen werden, daß die Konferenz bei Beachtung der Formvorschrift zu einem anderen Ergebnis gekommen wäre. Vgl. Friedhelm *Hufen*: Verwaltungsprozeßrecht. 3. Aufl., München 1998, S. 458.
21 Im Sinne einer Stärkung der Eigenverantwortung der Schule wäre es wünschenswert, wenn der Schulleiter aufgrund seiner Gesamtverantwortung für die Schule Beschlüsse der Lehrerkonferenz und anderer Gremien nicht nur beanstanden, sondern unter bestimmten Voraussetzungen auch aufheben könnte. Der Schulaufsicht bliebe dann immer noch die Möglichkeit zu intervenieren. Dazu Hermann *Avenarius*: Schulische Selbstverantwortung – Grenzen und Möglichkeiten, RdJB 1994, 256 (268 f.). S. auch TZ 6.322.

sie sich als arbeitsunfähig oder bringt sie es nicht fertig, die nötige Einheitlichkeit der Schularbeit zu sichern, kann die Schulaufsichtsbehörde dem Schulleiter die entsprechenden Befugnisse übertragen. Außerdem ist der Schulleiter als Konferenzvorsitzender im Rahmen seiner sog. *Eilkompetenz* zu allen vorläufigen Anordnungen, Entscheidungen und Maßnahmen befugt, die notwendig werden, ehe die Einberufung der Konferenz möglich ist (z. B. an Feiertagen, in den Ferien).

7.22 Aufgaben

Die Lehrerkonferenz (Gesamtkonferenz, Teilkonferenzen) berät und entscheidet in den *bedeutsamen Angelegenheiten des Unterrichts und der Erziehung*. Sie tritt vor allem dann in Funktion, wenn ein gleichgerichtetes und aufeinander abgestimmtes Handeln der Lehrer in der gesamten Schule oder im Aufgabenbereich einer Teilkonferenz erforderlich ist. Sie legt die Grundsätze fest, nach denen Schulleiter und Lehrer im Einzelfall verfahren sollen, und beschließt die für Arbeit und Leben der Schule verbindlichen allgemeinen Regelungen und Ordnungen. Die Gesamtkonferenz und die Teilkonferenzen treffen schließlich in abgestuften Zuständigkeiten jene Entscheidungen, deren Gewicht und deren Folgen die Verantwortungskraft des Schulleiters oder eines einzelnen Lehrers übersteigen und überfordern würden (z. B. Versetzungsentscheidungen, Verhängung von schwerwiegenden Ordnungsmaßnahmen). Zuständigkeiten und Aufgaben der Lehrerkonferenz sind in den Schulgesetzen oder in Konferenzordnungen katalogartig aufgezählt, häufig im Anschluß an eine Generalklausel. Die Durchführung der aus Konferenzbeschlüssen sich ergebenden Einzelmaßnahmen obliegt dem Schulleiter, soweit sie nicht Sache jedes einzelnen Lehrers ist. Die Verwaltungs- und Vertretungsfunktionen der Schulleitung (TZ 7.133 und 7.134) stehen nicht zur Disposition der Lehrerkonferenz.

7.23 Konfliktmöglichkeiten

Wie der Schulleiter kann auch eine Lehrerkonferenz leicht in Konfliksituationen geraten (vgl. TZ 7.14). Hier handelt es sich vor allem um den nicht selten auftretenden Gegensatz zwischen der *pädagogischen Eigenverantwortung und Freiheit des einzelnen Lehrers* und der *Bindung an Konferenzbeschlüsse*, die seinen pädagogischen Vorstellungen widersprechen. Der Lehrer ist in Aufgabe, Organisation und Ordnung der Schule eingefügt, der er angehört. Er ist daher auch an die Mehrheitsbeschlüsse der Konferenzen gebunden. So sehr es grundsätzlich seine eigene Sache ist zu bestimmen, wie er seine Ziele erreicht, muß er doch immer das Gesamtbild der Schule im Auge behalten.

Das bedeutet den notwendigen Verzicht auf Sonderwege und -methoden, die dem von der Konferenz festgelegten pädagogischen Grundkonzept der Schule widersprechen[22] (vgl. auch TZ 19.413).

7.3 Schulkonferenz[23]

7.31 Allgemeine Rechtslage

Der Wunsch, Vertreter der *Lehrer, Schüler und Eltern* zum Zusammenwirken im Interesse der Schule und ihrer Unterrichts- und Erziehungsarbeit organisatorisch zu vereinigen, hat außer in Niedersachsen und Sachsen-Anhalt dazu geführt, neben der Schulleitung und den Lehrerkonferenzen eine Schulkonferenz (in Bayern: Schulforum, in Rheinland-Pfalz: Schulausschuß) als zusätzliches Organ einzurichten (vgl. im einzelnen die Übersicht in TZ 8.3). Was die Zusammensetzung der Schulkonferenz betrifft, so legen die Länder unterschiedliche Modelle mit Abweichungen in den Einzelheiten zugrunde: Übergewicht der Lehrergruppe, einschließlich Schulleiter, gegenüber der Gesamtheit der Vertreter der Eltern und Schüler (Baden-Württemberg, Hessen, Mecklenburg-Vorpommern), Parität zwischen der Vertretung der Lehrer einerseits und der Vertretung der Eltern und Schüler andererseits (Bremen, Nordrhein-Westfalen, Sachsen)[24], Drittelparität zwischen Vertretern der Lehrer, Schüler und Eltern (Bayern, Berlin, Brandenburg, Hamburg, Rheinland-Pfalz, Saarland, Schleswig-Holstein, Thüringen)[25]. Die der Schulkonferenz angehörenden Lehrer, Schüler und Eltern werden jeweils von der Lehrerkonferenz, der Schülervertretung (TZ 8.1) und der Elternvertretung (TZ 8.2) gewählt. Bei berufsbildenden Schulen wird die Schulkonferenz nicht selten durch Beteiligung von Vertretern der Arbeitnehmer und Arbeitgeber oder der Ausbildenden und Auszubildenden erweitert. In den Ländern Nieder-

---

22 Wenn in mehreren Schulgesetzen der neueren Zeit die Selbstverantwortung der einzelnen Schule betont und ihr zur Pflicht gemacht wird, ihre Ziele in einem Schulprogramm niederzulegen, so hat das unausweichlich Auswirkungen auf den Umfang der pädagogischen Freiheit des einzelnen Lehrers. Zu diesem Problem Walter *Schmidt*: »Schulprogramm« und pädagogische Eigenverantwortung in der Schule. Schulrechtliche Entwicklungen am Beispiel der hessischen Schulgesetznovelle vom Dezember 1996, NVwZ 1997, 456

23 Vgl. die Hinweise in Anm. 19.

24 In Bremen bilden Vertreter der Lehrer und des nichtunterrichtenden Personals eine Gruppe.

25 Dabei wird entweder der Schulleiter, der der Schulkonferenz von Amts wegen als Vorsitzender angehört, der Lehrergruppe zugerechnet (Berlin, Brandenburg, Saarland, Thüringen) oder er hat als ihr Vorsitzender nur beratende Stimme. In Hamburg ist der Grundsatz der Drittelparität insoweit abgeschwächt, als die Schulkonferenz aus dem (stimmberechtigten) Schulleiter und einer gleichen Anzahl von gewählten Mitgliedern des Schülerrats, des Elternrats und der Lehrerkonferenz besteht (§ 55 Abs. 1 HmbSG). – »Zur Verfassungsmäßigkeit der Befugnisse von drittelparitätisch besetzten Schulkonferenzen« äußert sich Willi *Rickert*, RdJB 1997, 392.

sachsen und Sachsen-Anhalt, in denen es keine Schulkonferenz gibt, sind Eltern- und Schülervertreter an der Gesamtkonferenz der Lehrer mit Stimmrecht beteiligt (s. aber TZ 6.322).

7.32 Aufgaben

7.321 Die Schulkonferenz hat vor allem zwei Aufgaben: solche, bei denen es sich um Bestand, Gestalt, Ordnung und Betrieb, also um die *bedeutsamen Fragen der Arbeit und des Lebens der Schule in ihrer Gesamtheit* handelt (z. B. Schulversuche, interne Schulordnung, Hausordnung, Gestaltung der Hausaufgaben, Grundsätze der Raumverteilung, Sicherung des Schulweges) sowie solche, die *Einzelschicksale* nachhaltig berühren (tiefergreifende Konfliktsituationen, schwerwiegende Ordnungsmaßnahmen wie den Schulausschluß). Die Beteiligungs- und Mitwirkungsrechte, die der Schulkonferenz eingeräumt werden, sind je nach Land und nach Gegenstand verschieden. Sie reichen von der überall vorgesehenen Vermittlungs- und Schlichtungsfunktion über beratende Meinungsäußerung und das Recht, Empfehlungen auszusprechen (Bayern, Rheinland-Pfalz), bis hin zur Mitbestimmung (Baden-Württemberg, Sachsen) und, darüber hinaus, zu mehr oder weniger weitreichenden Entscheidungsbefugnissen (Berlin, Bremen, Brandenburg, Hamburg, Hessen, Mecklenburg-Vorpommern, Nordrhein-Westfalen, Saarland, Schleswig-Holstein, Thüringen)[26]. Soweit die Schulkonferenz Beschlüsse fassen kann, steht dem Schulleiter das Recht der Beanstandung zu (vgl. TZ 7.214)[27].
In jüngerer Zeit hat die Schulkonferenz in mehreren Ländern (Hessen, Bremen, Brandenburg, Hamburg) dadurch einen Bedeutungszuwachs erfahren, daß ihr die Aufgabe übertragen wurde, über das Profil der Schule in Form eines *Schulprogramms* – üblicherweise auf der Grundlage eines Vorschlags der Gesamtkonferenz – zu beschließen[28]. Diese Ausprägung der »Schulautonomie« darf nicht so weit gehen, daß die staatliche Verantwortung für das Schulwesen (Art. 7 Abs. 1 GG) ausgehöhlt wird (vgl. TZ 6.233). Der Staat hat insbesondere dafür Sorge zu tragen, daß die öffentlichen Schulen religiös-weltanschauliche Neutraliät wahren (Art. 4 Abs. 1 GG) und das Recht der Schüler auf gleiche Bildungschancen achten (Art. 3 Abs. 1 GG). Überdies muß das Handeln der Schulkonferenz im Einklang mit dem Demokratieprinzip (Art. 20 Abs. 1 und 2 GG) stehen; daher muß die Letztentscheidung eines dem Parlament verantwortlichen Verwaltungsträgers gewährleistet sein[29]:

---

26 Besonders weitreichende Entscheidungsrechte hat die Schulkonferenz in Hessen gemäß § 129 HSchG.
27 Zur Beteiligungsfähigkeit der Schulkonferenz an verwaltungsgerichtlichen Verfahren zur Durchsetzung von Mitwirkungsrechten bei schulorganisatorischen Maßnahmen: VG Bremen, NVwZ-RR 1989, 78; OVG Berlin, NVzW-RR 1990, 21; VG Frankfurt am Main, SchuR 1999, 13 (dazu TZ 34.343).
28 § 91 Abs. 2 Nr. 1 BbgSchulG, § 33 Abs. 2 Satz 4 Nr. 1 BremSchVwG, § 53 Abs. 1 HmbSG, § 129 Nr. 1 HSchG.
29 Vgl. BVerfGE 93, 37 (70).

Schulverfassung II (Schulleitung, Lehrerkonferenz, Schulkonferenz)

entweder in der Weise, daß das Schulprogramm der Genehmigung der Schulbehörde bedarf oder daß dieser die Befugnis eingeräumt bleibt, im Rahmen ihrer Fachaufsicht einzuschreiten. Zum Spannungsverhältnis zwischen dem von der Schulkonferenz beschlossenen Schulprogramm und der pädagogischen Freiheit des einzelnen Lehrers s. TZ 19.413.

7.322 Hervorzuheben ist die *Schlichtungs-, Vermittlungs- und Konfliktregelungsfunktion* der Schulkonferenz. Sie wird häufig durch ein besonderes Gremium, den *Vermittlungsausschuß*, erfüllt, dem Lehrer, Schüler und Eltern meist in paritätischer Zusammensetzung angehören. Auf diese Weise trägt die Schulkonferenz dazu bei, den Schulfrieden zu wahren und Härteentscheidungen der Lehrerkonferenz zu vermeiden; sie soll überdies dazu dienen, verwaltungsgerichtliche Verfahren möglichst überflüssig zu machen.

7.4 Konferenzen oberhalb der Schulebene

Oberhalb der Einzelschule ist das Schulverfassungsrecht relativ schwach ausgebildet (vgl. die Übersicht in TZ 8.3). Nur auf der organisatorisch durch das Kultusministerium (die Senatsverwaltung für Schule) repräsentierten Landesebene bestehen in 13 Ländern (nicht in Bremen, Nordrhein-Westfalen und Rheinland-Pfalz) Landesschulbeiräte (im Saarland: Landesschulkonferenz, in Sachsen: Landesbildungsrat)[30], deren Aufgabe es ist, die obersten Schulbehörden bei grundsätzlichen Maßnahmen und Entscheidungen sowie bei der Vorbereitung der Gesetzgebung zu beraten und ihnen Anregungen zu vermitteln; die Landesschulbeiräte haben ihrerseits einen Anspruch auf ausreichende Information. In die Landesschulbeiräte werden Vertreter aller gesellschaftlichen Gruppen berufen, die am Schulwesen interessiert sind; an erster Stelle Vertreter der Lehrer, Schüler und Eltern, sodann Vertreter von Wirtschaft und Gewerkschaften, Kirchen, kommunalen Spitzenverbänden, Hochschulen, Jugendverbänden sowie Einzelpersönlichkeiten[31].
In den Zwischeninstanzen (Stadt, Kreis, Region, Bezirk) fehlen, sieht man von den Bezirksschulbeiräten in Berlin[32], den Kreisschulbeiräten in Brandenburg[33] und den Schulregionkonferenzen des Saarlandes[34] ab, Gremien, die auf mittlerer Ebene der Schulkonferenz oder dem Landesschulbeirat entsprechen. Doch ist in diesem Zusammenhang auf die im 9. Kapitel behandelten

---

30 § 71 bw SchG; Art. 73 BayEUG; §§ 75 f. bln SchulVerfG; § 139 BbgSchulG; § 83 HmbSG; § 99 a HSchG; § 93 SchulG M-V; §§ 168 Abs. 1 Satz 2, 171 NSchG; §§ 58 ff. saarl SchumG; § 63 sächs SchulG; § 78 SchulG LSA; § 118 sh SchulG; § 39 ThürSchulG.
31 Der Umstand, daß es in Nordrhein-Westfalen keinen Landesschulbeirat gibt, entbindet den Kultusminister nicht von der Pflicht, in schulischen Angelegenheiten von allgemeiner und grundsätzlicher Bedeutung bestimmte Verbände und Organisationen zu beteiligen (§§ 16, 2 Abs. 4 SchumG).
32 §§ 72 f. bln SchulVerfG.
33 § 137 BbgSchulG.
34 §§ 54 ff. saarl SchumG.

Formen der Mitwirkung von Lehrern, Schülern und Eltern in den Organen der kommunalen Schulverwaltung (Schulbeiräte, Schuldeputationen, Schulausschüsse) hinzuweisen (TZ 9.52).

7.5 Besonderheiten der Länder

Die Besonderheiten der Schulverfassung in den einzelnen Ländern werden am Ende des 8. Kapitels unter TZ 8.3 im Überblick dargestellt.

8. Kapitel: Schulverfassung III (Schüler- und Elternvertretungen)

Neben Schulleitung, Lehrerkonferenz und Schulkonferenz gehören auch die Vertretungsorgane der Schüler und der Eltern zur rechtlich verfaßten Schule; sie werden nachfolgend im Grundmodell dargestellt. Die Schüler und Eltern treten in diesem Kapitel freilich nur in ihren Kollektivrollen in und gegenüber der Schule auf. Mit ihren individuellen Rechten und Pflichten im Rahmen des Schulverhältnisses befaßt sich der Dritte Teil des Buchs.
Besonderer Organe zur Wahrnehmung der schulbezogenen Lehrerinteressen bedarf es nicht, da die Lehrer in der Gesamtkonferenz und in den Teilkonferenzen hinlänglich zu Wort kommen. Ihre Beteiligung an den sie betreffenden personellen, sozialen und organisatorischen Angelegenheiten ist zudem durch die Personalvertretungsgesetze gewährleistet; darauf wird im Zweiten Teil im Zusammenhang mit der Rechtsstellung des Lehrers eingegangen (TZ 19.31).

8.1 Schülervertretung[1]

8.11 Allgemeine Rechtslage

8.111 Die Beteiligung der Schüler an den Maßnahmen und Entscheidungen der Schule war in den ersten beiden Jahrzehnten des Bestehens der Bundesrepublik Deutschland schwach entwickelt. Die *Schülermitverantwortung* oder *Schülermitverwaltung* (abgekürzt: SMV) war mit nur geringen Rechten und Zuständigkeiten ausgestattet. Seither, nicht zuletzt in der Nachwirkung der studentischen Protestbewegung, hat sich die Lage tiefgreifend geändert[2]. Die gewandelten Auffassungen schlugen sich bereits im Beschluß der Kultusministerkonferenz zur Schülermitverantwortung vom 3.10.1968[3] nieder. Darin wird die SMV als »ein grundlegendes Prinzip der Schule« bezeichnet;

---

[1] Neben der im 6. Kapitel genannten schulverfassungsrechtlichen Literatur sei verwiesen auf: Harald *Gampe*/Rudolf *Knapp*/Gerald *Rieger*: Lehrer, Schüler und Eltern gestalten Schule. Kommentar zum Schulmitwirkungsgesetz Nordrhein-Westfalen, Neuwied 1995; Frank-Rüdiger *Jach*: Mitwirkungsrechte von Eltern und Schülern, PädF 1992, 137; Wolfgang *Perschel*: Die Rechtslage der Schülermitverwaltung, Neuwied, Berlin 1966 (immer noch lesenswert); Wilhelm M. *Rißmann*: Schülervertretung in Niedersachsen. Historische Entwicklung und ihre Rolle bei den Beratungen zum niedersächsischen Schulgesetz, RdJB 1990, 23; Jobst *Werner*: Die Schülervertretung, SchVw MO 1997, 108; Theodor *Wilhelm* (Hrsg.): Demokratie in der Schule, Göttingen 1970; Georg *Wilmers*: Entwicklung und Rechtsfragen der Schülermitverantwortung und Schülervertretung. Diss. jur., Trier 1990. Kürzere Darstellungen bei Thilo *Ramm*: Jugendrecht, München 1990, S. 443 f.; *Stein/Roell*, S. 55 ff., 304; *Wolff/Bachof/Stober*: Verwaltungsrecht II, S. 368 ff.
[2] Dies bezweifelt *Jach*, PädF 1992, 139.
[3] KMK-BeschlS. Nr. 849.

Konflikte als Begleiterscheinungen auch des schulischen Lebens dürften weder harmonisiert noch unterdrückt, sie müßten vielmehr fair und rational ausgetragen werden. Die KMK-Empfehlung unterscheidet zwischen drei Aufgabenbereichen der SMV: selbstgewählten Aufgaben, Ordnungs- und Organisationsaufgaben und Vertretung von Schülerinteressen; zur letztgenannten Funktion rechnet die Kultusministerkonferenz die Teilnahme von Schülervertretern an Lehrerkonferenzen, das Informations- und Vertretungsrecht sowie die Beteiligung der Schülervertreter in altersgemäßer Weise an Planung und Gestaltung des Unterrichts. In ihrem Beschluß vom 25.5.1973 »Zur Stellung des Schülers in der Schule«[4] weist die Kultusministerkonferenz der Schülervertretung die Aufgabe zu, den Schülern Gelegenheit zur Teilnahme an der Willensbildung innerhalb der Schule zu geben. Als Wege hierzu werden u.a. genannt: die Teilnahme an Fach-, Klassen- und Gesamtkonferenzen und die Einrichtung von gemeinsamen Ausschüssen mit der Aufgabe, Regelungen der einzelnen Schule vorzubereiten und Konflikte zu schlichten. Alle Vorschriften über das Zusammenwirken von Schülern, Eltern und Lehrern müssen nach Auffassung der Kultusministerkonferenz einen Interessenausgleich der an der Schule beteiligten Gruppen zum Ziel haben und dürfen die Aufgabe der Schule nicht gefährden.

Heute ist die Mitwirkung der Schüler am Schulgeschehen in sämtlichen Bundesländern, wenn auch in unterschiedlichem Grade, anerkannt und zumindest in den Grundzügen fast überall gesetzlich geregelt. Die Landesgesetzgeber vermeiden inzwischen meist die herkömmliche Bezeichnung Schülermitverantwortung oder Schülermitverwaltung und ziehen es vor, von *Schülervertretung* (SV) zu sprechen.

8.112 Die *Organisationsformen* der Mitwirkung von Vertretungsorganen der Schülerschaft an der Gestaltung des Schullebens gleichen einander in den Ländern im großen und ganzen, weisen jedoch in Einzelheiten mannigfache Unterschiede auf. Da die Mitwirkung eine gewisse Reife voraussetzt, ist sie in ihren Intensitätsgraden *altersmäßig abgestuft*; bei Sonderschülern können sich auch aus der Art der Behinderung Einschränkungen ergeben. In der Grundschule finden sich Vorstufen in Form von Klassenämtern, die der Lehrer einzelnen Schülern überträgt.

Die Schülerschaft jeder Klasse vom 5. Schuljahr an (in Bremen, Hamburg und Schleswig-Holstein auch schon in den Klassen der Grundschule, in Brandenburg ab Jahrgangsstufe 4) wählt in geheimer Wahl den *Klassensprecher* (Klassenschülersprecher), in Berlin und Brandenburg zwei Klassenschülersprecher. Soweit die Schüler nicht in Klassen zusammengefaßt sind – dies gilt insbesondere für die gymnasiale Oberstufe –, werden Jahrgangsstufensprecher nach der Zahl der Schüler der Jahrgangsstufe (z.B. ein Vertreter je

---

4 KMK-BeschlS. Nr. 824.

20 Schüler) gewählt[5]. Die Gesamtheit der Klassen- und Jahrgangsstufensprecher bildet die Schülervertretung (Schülerrat, Schülerbeirat, Klassensprecherversammlung) einer Schule (Gesamtschülervertretung) oder auch einer Schulstufe (Teilschülervertretung). Dabei gibt es manche Besonderheiten. So sind z. B. in Baden-Württemberg und in Bayern auch die stellvertretenden Klassensprecher Mitglieder des Schülerrates (der Klassensprecherversammlung). Die Schülervertretung wählt in geheimer Wahl den oder die *Schülersprecher* (Stufensprecher, Schulsprecher), bei größeren Schulen auch einen *Verbindungslehrer* (Beratungs-, Vertrauenslehrer); in einigen Ländern kann der Schülersprecher auch von der gesamten Schülerschaft direkt gewählt werden. Die gewählten Sprecher bedürfen keiner Bestätigung seitens der Schulleitung. Sie sind an Aufträge und Weisungen ihrer Wähler nicht gebunden, es besteht also kein *imperatives Mandat*[6]; ein Schülervertreter kann jedoch unter bestimmten Voraussetzungen abgewählt werden, wenn er das Vertrauen der Mehrheit seiner Mitschüler verloren hat[7].

Außer durch die Wahl von Vertretern können sich die Schüler kollektiv auch in der Form von *Klassen-, Jahrgangs-, Stufen- und Schulversammlungen* (Vollversammlung) äußern; Schülerversammlungen sind allerdings in einigen Ländern (Baden-Württemberg, Bayern, Sachsen und Thüringen) nicht vorgesehen; in Schleswig-Holstein bedarf es einer entsprechenden Regelung im Statut der Schülervertretung.

Besondere Organisationsformen erfordern die *Berufsschulen* als Teilzeitschulen: Tagesschülervertretung, Tagesschülersprecher, Tagesschülerversammlung der Klassen, die jeweils an demselben Wochentag Unterricht haben.

8.113 Je nach den landesrechtlichen Regelungen nehmen die Schülervertreter an der *Lehrerkonferenz* und den *Teilkonferenzen* teil oder nur dann teil, wenn bestimmte Gegenstände zur Erörterung stehen, oder sie nehmen an bestimmten Konferenzen prinzipiell nicht teil (besonders an Zeugnis- und Versetzungskonferenzen), können aber hinzugezogen werden[8]. Der *Schulkonferenz* gehören Schülervertreter stets an. Der gewählte *Verbindungslehrer*, des-

---

5 Vereinzelt ist vorgeschrieben, daß auf (gleichmäßige) Vertretung durch Schülerinnen und Schüler hinzuwirken ist (§ 75 Abs. 2 BbgSchulG, § 50 Abs. 1 Satz 2 BremSchVwG, § 102 HmbSG, § 3 Abs. 4 hess VO über die Schülervertretungen und Studierendenvertretungen an den öffentlichen Schulen, § 72 Abs. 2 Satz 1 NSchG, § 3 Abs. 1 Satz 2 sh Musterstatut für Schülervertretungen); in Niedersachsen sollen ferner ausländische Schüler in angemessener Zahl berücksichtigt werden (§ 72 Abs. 2 Satz 2 NSchG).
6 Vgl. z. B. § 11 Satz 1 hess VO über die Schülervertretungen, § 25 Abs. 2 Satz saarl SchumG, § 1 Abs. 5 Satz 1 sächs SchülerMwVO, § 110 Abs. 1 Satz 1 sh SchulG.
7 In Niedersachsen, Sachsen-Anhalt und Schleswig-Holstein können Schülervertreter mit einer Mehrheit von zwei Dritteln der Wahlberechtigten, in Baden-Württemberg, Berlin, Bremen, Mecklenburg-Vorpommern und Sachsen durch konstruktives Mißtrauensvotum, also durch die Wahl eines Nachfolgers, abberufen werden (§ 75 Abs. 2 Nr. 1 NSchG, § 48 Abs. 2 Nr. 1 SchulG LSA, § 114 Abs. 2 sh SchulG; § 5 Abs. 3 Satz 1 bw SMV-VO, § 32 Abs. 4 Satz 3 und 4 bln SchulVerfG, § 82 Abs. 3 Satz 2 BremSchVwG, § 80 Abs. 8 SchulG M-V, § 6 Abs. 3 Satz 1 sächs SchülerMwVO).
8 Schulgesetzliche Regelungen, die Schüler- (und Eltern-) Vertretern Stimmrecht bei Entscheidungen über Zeugnisse, Versetzungen, Abschlüsse und Übergänge ermöglichen, sind verfassungswidrig. So NdsStGH, NVwZ 1997, 267 (269 ff.); vgl. auch TZ 6.322.

sen Aufgabe es ist, die Schülervertretung zu beraten und zu unterstützen und zwischen ihr, dem Schulleiter und der Lehrerkonferenz zu vermitteln, nimmt an den Sitzungen der Schülervertretung teil; die Funktionen des Verbindungslehrers sind häufig einem gemischten Ausschuß zugewiesen, der die Zusammenarbeit zwischen Schulleitung, Lehrerkonferenz(en) und Schülervertretung gewährleisten soll.

8.114 Die Schulgesetze und die zu ihrer Ausführung erlassenen Rechtsverordnungen enthalten im Kern übereinstimmende *formelle Vorschriften*. Diese regeln vor allem: das Wahlverfahren und die Dauer der Mandate; das Recht der gewählten Vertretungsorgane, sich Satzungen, Statuten, Geschäftsordnungen zu geben; die Verfahrensgrundsätze (z. B. Einberufung, Beschlußfähigkeit, Abstimmungen in den Gremien); die Bereitstellung von Schulräumen für Sitzungen und Veranstaltungen der Schülervertretung; die Unterrichtszeiten, die für Sitzungen der Schülervertretung und für Versammlungen wöchentlich oder monatlich freizuhalten sind; bei Berufsschulen auch den Umfang des Urlaubes, der den Schülervertretern von ihrer Ausbildungsstätte zur Wahrnehmung ihrer Funktionen zu gewähren ist. Einige Länder haben die Verfahrensvorschriften für alle an der Schule bestehenden Gremien generell und nach Möglichkeit einheitlich geregelt. Sonderbestimmungen gelten jeweils für die *Finanzierung* der Arbeit der Schülervertretung (durch das Land, den Schulträger oder durch Beiträge und Spenden) sowie für die Haushalts- und Kassenführung, deren Überwachung und Prüfung.

8.12 Aufgaben

Allgemeine Aufgabe der Organe der Schülervertretung ist die Förderung der Unterrichts- und Erziehungsarbeit der Schule, die Mitwirkung bei der Verwirklichung der Schulziele und die Vertretung der Schülerinteressen gegenüber Schulleitung, Lehrern und Schulbehörden. Doch können die Vertretungsorgane auch im außerschulischen Raum tätig werden und in die Öffentlichkeit hineinwirken.

8.121 Bei der *Vertretung der Schülerinteressen* im Schulbereich geht es vor allem um die Geltendmachung von Wünschen und Forderungen und um die Wahrnehmung von Rechten bei der Gestaltung des Unterrichts, der Auswahl der Lernstoffe und Lernmittel, der Gestaltung der Schul- und Hausordnung, der Regelung des Schulalltags sowie der Durchführung besonderer Veranstaltungen. Mit Rücksicht darauf stehen der Schülervertretung gegenüber dem Schulleiter Auskunfts- und Beschwerderechte zu. Besonders wichtig ist ihre *Mitwirkung in Konfliktfällen und bei Ordnungsmaßnahmen*, um z. B. den betroffenen Schüler vor allzu rigorosen Entscheidungen der Lehrerkonferenz zu schützen. Zur Vertretung der Schülerinteressen in und gegenüber der Öffentlichkeit gehört auch das Recht zur Abgabe von Erklärungen und zu Veröffentlichungen in der Presse.

8.122 Schülerschaft und Schülervertretung können sich *selbstgewählte Aufgaben* stellen, z. B. Durchführung von Veranstaltungen, Gründung von Schülervereinigungen, Bildung von Interessen-, Neigungs- und Diskussionsgruppen, Herausgabe und Redaktion einer Schülerzeitung (dazu ausführlich TZ 29.26), Hilfe für Mitschüler, aber auch Förderung internationaler Kontakte durch Schüleraustausch, Förderung sozialer Unterstützungsmaßnahmen, Dritte-Welt-Aktionen, Bildung von Diskussionsgruppen über Probleme von allgemeiner Bedeutung oder von politischem Interesse.

Was die *politische Rolle* der Schülervertretung angeht, so räumt Schleswig-Holstein ihr ausdrücklich das Recht ein, politische Bildungsarbeit zu betreiben[9]. Diese Zuständigkeit ergibt sich in anderen Ländern aus der Aufgabe, neben den fachlichen, kulturellen und sportlichen Interessen auch die politischen Belange der Schüler zu fördern (Baden-Württemberg, Nordrhein-Westfalen[10]), sonst aus der Mitwirkung der Schülervertretung am Bildungsauftrag der Schule, der die Erziehung der Schüler zu mündigen Staatsbürgern einschließt. Dabei ist allerdings stets zu beachten, daß die Schülervertretung Teil der Schule ist und deshalb wie diese in politischen Fragen neutral bleiben, also Einseitigkeiten vermeiden muß. Als Zwangsvertretung *aller* Schüler darf die Schülervertretung nur solche Aufgaben wahrnehmen, die vom Auftrag der Schule umfaßt sind. Stellungnahmen zu den in der Öffentlichkeit ausgetragenen politischen Kontroversen gehören nicht dazu; sie greifen in unzulässiger Weise in den individuellen Freiheitsbereich der Schüler mit abweichender Meinung ein. Deshalb hat die Schülervertretung *kein allgemeines politisches Mandat*[11]. Doch wird man ihr das Recht, schulpolitische Belange, also gruppenspezifische Interessen der Schüler, wahrzunehmen, nicht absprechen können; ein *schulpolitisches Mandat* der Schülervertretung ist in Nordrhein-Westfalen ausdrücklich anerkannt (§ 12 Abs. 2 SchMG). Die Grenzen zwischen schul- und allgemeinpolitischen Fragen lassen sich allerdings nicht exakt abstecken; im übrigen sollte man gerade unter erzieherischen Gesichtspunkten in diesem Bereich keine zu strengen Anforderungen stellen.

Bis auf Berlin, Sachsen und Sachsen-Anhalt haben die Länder Regelungen über die Betätigung *politischer Schülergruppen* getroffen. Während Baden-Württemberg, Bayern, Nordrhein-Westfalen und das Saarland sie in den au-

---

9 § 109 Abs. 1 Satz 3 SchulG.
10 § 7 Abs. 2 Satz 2 Nr. 1 bw SMV-VO, § 12 Abs. 1 Satz 2 Nr. 2 nrw SchMG.
11 So ausdrücklich § 63 Abs. 3 bw SchG, Nr. 1.7 nrw SV-Erlaß, § 12 Abs. 2 Satz 2 saarl ASchO, § 13 Abs. 2 Satz 2 sächs SchülerMwVO. – Das politische Mandat der Schülervertretung war eine der umstrittensten Fragen bei der Empfehlung der Bildungskommission des Deutschen Bildungsrates: Zur Reform von Organisation und Verwaltung im Bildungswesen. Teil 1: Verstärkte Selbständigkeit der Schule und Partizipation der Lehrer, Schüler und Eltern, Stuttgart 1973, S. 27, 98 f., 142 f., 151. Das BVerwG hat ein allgemeinpolitisches Mandat der Studentenschaft (BVerwGE 59, 231) und einer berufsständischen Kammer (BVerwGE 64, 298) verneint; für eine abweichende Rspr. in bezug auf die Schülervertretung sind keine Gründe ersichtlich. Mangels eines allgemeinpolitischen Mandats der Schülervertretung hat das VG Minden, NVwZ 1985, 679, einen Anspruch auf Erstattung von Kosten oder auf einen Zuschuß für die Fahrt zu einer Demonstration gegen geplante BAföG-Kürzungen verneint.

ßerschulischen Raum verweisen[12], räumen Brandenburg, Bremen, Hamburg, Hessen, Mecklenburg-Vorpommern, Niedersachsen, Rheinland-Pfalz, Schleswig-Holstein und Thüringen den Schülern die Möglichkeit ein, sich zu solchen Vereinigungen an der Schule zusammenzuschließen[13]; diese dürfen aber durch ihre Zielsetzung oder Tätigkeit nicht gegen die Rechtsordnung verstoßen, insbesondere nicht den Schulfrieden stören (TZ 29.25).

8.123 Die Schule (Schulleitung, Lehrerkonferenz, Schulkonferenz) kann der Schülervertretung (und einzelnen Schülern) mit deren Einwilligung *Aufgaben bei der Gestaltung des Schullebens* übertragen. In Frage kommen die Mitwirkung beim Ordnungs- und Aufsichtsdienst, bei der Verwaltung von Büchereien und Sammlungen und bei der Sorge für Sauberkeit im Schulgebäude, die Mitgestaltung von Schulveranstaltungen (Klassen- und Schulfesten, Wanderungen, Studienfahrten), die Mitarbeit bei einer Schulzeitung, der Schülerlotsendienst.

8.124 Mitglieder der Schülervertretung wirken nach Maßgabe der gesetzlichen Regelungen in den Organen der unmittelbaren Willensbildung mit (*Schulkonferenz*, *Lehrerkonferenz*, *Vermittlungsausschuß*). Die Schülervertretung ist außerdem – in den Ländern verschieden geregelt – vor bestimmten grundsätzlichen Entscheidungen der Schulleitung oder der Konferenzen zu hören, sofern solche Entscheidungen nicht sogar ihrer Zustimmung bedürfen[14].

8.13 Besondere Rechtsfragen

8.131 Die Organe der Schülervertretung sind Organe der Schule. *Veranstaltungen* der Schülervertretung sind daher Schulveranstaltungen[15], fallen also in den Verantwortungsbereich der Schule. In der Regel finden diese Aktivitäten auf dem Schulgelände, wenn auch meist außerhalb der Unterrichtszeit, statt (z.B. Arbeitsgemeinschaften am Nachmittag)[16]. Aus der Einbindung in die Schule folgt, daß derartige Veranstaltungen (z.B. Schülerversammlungen oder von der Schülervertretung initiierte Arbeitsgemeinschaften) mit dem Bildungs- und Erziehungsauftrag der Schule vereinbar sein müssen, daß sie

---

12 § 2 Abs. 1 bw SMV-VO; Art. 84 Abs. 2 BayEUG (Verbot politischer Werbung auf dem Schulgelände), Nr. 1.11 nrw SV-Erlaß, § 13 Abs. 1 Satz 2 saarl ASchO. – Zur verfassungsrechtlichen Problematik einer generellen Untersagung politischer Schülergruppen TZ 29.25.
13 § 49 BbgSchulG, § 52 BremSchVwG und die Erlasse vom 1.9.1987 über die »Meinungsfreiheit für Schülerinnen und Schüler« und das »Werbungsverbot in öffentlichen Schulen«, § 33 Abs. 2 HmbSG, § 126 Abs. 3 HSchG, § 84 SchulG M-V, § 86 NSchG, § 6 rp Übergreifende Schulordnung, § 117 sh SchulG, § 27 ThürSchulG.
14 So ist in Hessen für bestimmte Entscheidungen der Schulkonferenz (z.B. die Beschlußfassung über das Schulprogramm) die Zustimmung des Schülerrats erforderlich (§§ 122 Abs. 5 Satz 2, 110 Abs. 2, 129 Nr. 1 HSchG).
15 S. etwa § 80 Abs. 4 SchulG M-V, Nr. 6.1/6.2 nrw SV-Erlaß, § 33 Abs. 1 Satz 1 saarl SchumG.
16 Veranstaltungen, die außerhalb des Schulgeländes stattfinden, sind Schulveranstaltungen, wenn der Schulleiter vorher zugestimmt hat (vgl. § 37 Abs. 1 Satz 3 bln SchulVerfG, Nr. 6.2 nrw SV-Erlaß, § 33 Abs. 1 Satz 2 saarl SchumG).

Rechtsvorschriften nicht verletzen und die Sicherheit von Personen und Sachen nicht gefährden dürfen[17]. Aus der allgemeinen Verantwortung des Schulleiters und der Konferenzen für die Schule und für das Geschehen in ihr ergibt sich ferner, daß solche Veranstaltungen der generellen Zulassung oder Anerkennung durch diese Organe und im Einzelfall des Einvernehmens mit dem Schulleiter bedürfen, wenn Schulräume und Schuleinrichtungen in Anspruch genommen werden sollen[18]. Der Schulleiter kann die Bereitstellung von Schulraum verweigern und eine Veranstaltung verbieten (nötigenfalls auch abbrechen), wenn die genannten Voraussetzungen nicht oder nicht mehr gegeben sind, wenn von anerkannter Aufgabenstellung abgewichen wird oder wenn der Veranstaltungsleiter pflichtwidrig handelt.

Da die Veranstaltungen der Schülervertretung der schulischen Verantwortung unterliegen, muß die Schule ihrer *Aufsichtspflicht* (TZ 21.5) gerecht werden[19]. Doch ist es gerade hier angezeigt, den Schülern möglichst große Freiheit zu belassen. Der freien Stellung der Schülervertretung entspricht eine sinnvolle Beschränkung und Abstufung der Aufsicht nach Alter und Reife der Schüler, die sich möglichst auf gelegentliche Kontrollen beschränken sollte, vor allem, wenn es sich um ältere Schüler handelt und wenn nicht besondere Gefahren mit der Veranstaltung verbunden sind[20] (vgl. im übrigen TZ 21.57).

8.132 Für den Schaden aus einer *schuldhaften Pflichtverletzung eines Schülervertreters* haftet – sofern nicht die gesetzliche Schülerunfallversicherung aufkommt – das Land nach § 839 BGB i.V.m. Art. 34 GG. Das gleiche gilt, wenn ein Schüler, der im Auftrag der Schule tätig wird (vgl. TZ 8.123), seine Pflichten verletzt. (Ausführlich zu Haftungsfragen das 33. Kapitel.)

8.133 Eine auch in der Praxis wichtige Frage betrifft die Möglichkeit der *Absetzung eines Schülervertreters*, der den Schulfrieden nachhaltig stört. Da diese Maßnahme einen Eingriff in die Rechte des Gewählten und die Rechte seiner Wählerschaft bedeutet, bedarf sie einer gesetzlichen Grundlage. Sie gibt es derzeit nur in Nordrhein-Westfalen. Nach § 17 Abs. 2 Satz 2 Buchst. b nrw SchMG kann die untere Schulaufsichtsbehörde das Mitglied eines schulischen Mitwirkungsorgans, also auch einen Schülervertreter, abberufen, wenn dieses die ihm als Mitglied obliegenden Pflichten grob verletzt. (Zur Möglichkeit der Abwahl eines Schülervertreters s. TZ 8.112.)

---

17 S. etwa § 37 Abs. 1 Satz 2 bln SchulVerfG, § 33 Abs. 1 Satz 2 saarl SchumG; vgl. auch § 49 Satz 4 BbgSchulG.
18 Niedersachsen begnügt sich mit vorheriger Unterrichtung der Schulleitung und verlangt nur eine Abstimmung hinsichtlich Zeitpunkt, Art und Dauer der Benutzung (§ 81 Abs. 2 NSchG); ähnlich § 117 Abs. 1 sh SchulG.
19 Dazu *Perschel* (Anm. 1), S. 37 ff.
20 Nach § 26 Abs. 5 hess VO über die Schülervertretungen und die Studierendenvertretungen an öffentlichen Schulen können Schüler ab 16 Jahren vom Schulleiter mit der selbständigen Aufsichtsführung beauftragt werden, sofern die Eltern schriftlich zugestimmt haben.

8.134 Schüler dürfen wegen ihrer Tätigkeit in der Schülervertretung *weder bevorzugt noch benachteiligt* werden[21]. Ihre Rechte und Pflichten im Schulverhältnis werden weder verstärkt noch abgeschwächt. Ausnahmen gelten nur insoweit, als den Schülervertretern ausdrücklich bestimmte Funktionen zuerkannt sind, wie insbesondere das Recht der Teilnahme an Konferenzen und die Pflicht zur Verschwiegenheit. Der Schule ist es nicht verwehrt, die Mitarbeit in der Schülervertretung bei der Beurteilung der Gesamtpersönlichkeit des Schülers zu berücksichtigen[22].
Aus der fortbestehenden Einbindung in das Schulverhältnis folgt, daß der Schülervertreter verpflichtet bleibt, sich so zu verhalten, daß die Schule ihre Aufgabe erfüllen kann (dazu und zum folgenden das 29. Kapitel). Demzufolge verletzt er seine Pflichten aus dem Schulverhältnis, wenn er ausschließlich den Konflikt sucht und sich nicht bemüht, Konflikte konstruktiv zu lösen; auf der anderen Seite gibt ihm sein Mandat das Recht, die Schülerinteressen mit aller Entschiedenheit zu vertreten und unvermeidliche Konflikte auszutragen, sofern er die durch das Schulverhältnis gezogenen Schranken respektiert. Keinesfalls rechtfertigt sein Auftrag als Schülervertreter systematische Störungen des Unterrichts, Anstiftung zu Leistungsverweigerungen und Blockaden, Beschimpfungen in der Schülerzeitung oder verleumderische Mitteilungen an die örtliche Presse.

8.14 Schülervertretungen oberhalb der Schulebene

In den meisten Ländern bestehen örtliche und/oder überörtliche Schülervertretungen, verschiedentlich in Kreisen bzw. Städten (Brandenburg, Bremen, Hamburg, Hessen, Mecklenburg-Vorpommern, Niedersachsen, Sachsen, Sachsen-Anhalt, Schleswig-Holstein, Thüringen), vereinzelt auf Bezirksebene (Berlin, Rheinland-Pfalz), vor allem aber als *Landesschülervertretungen* (Landesschülerräte, -beiräte, -ausschüsse)[23]. In Rheinland-Pfalz, Saarland und Schleswig-Holstein sind die überschulischen Vertretungen nach Schularten aufgegliedert; in Hamburg gibt es überdies eine schulartübergreifende Schülerkammer[24]. In Schleswig-Holstein werden jeweils Landeschülervertretungen für Hauptschulen, Realschulen, Gymnasien, Gesamtschulen, berufliche Schulen und Sonderschulen gebildet, die sich zu einer gemeinsamen Landesschülervertretung zusammenschließen können. Die Mitglieder der Landesschülervertretungen werden von den Schülervertretungen der

---

21 S. etwa § 1 Abs. 6 Satz 1 bw SMV-VO, § 30 Abs. 3 bln SchulVerfG, § 12 Abs. 1 Satz 1 hess VO über die Schülervertretungen und die Studierendenvertretungen an den öffentlichen Schulen, § 80 Abs. 6 SchulG M-V, § 12 Abs. 10 Satz 1 nrw SchMG, § 1 Abs. 4 Satz 1 sächs SchülerMwVO, § 110 Abs. 1 Satz 2 sh SchulG.
22 So ausdrücklich § 12 Abs. 1 Satz 2 hess VO über die Schülervertretungen und die Studierendenvertretungen an den öffentlichen Schulen.
23 Bayern sieht für die Gymnasien das Amt des Bezirksschülersprechers und eine Landesarbeitsgemeinschaft Schülermitverantwortung vor, die aus den Bezirksschülersprechern und einer gleichen Anzahl vom Kultusministerium berufener Lehrer gebildet wird (§§ 107, 108 Gymnasialschulordnung).
24 Zu den Besonderheiten in den Stadtstaaten s. unten Anm. 73.

Einzelschulen teils unmittelbar (so z. B. im Saarland), teils mittelbar über Gremien der Zwischenebenen, gewählt.
Aufgabe der örtlichen und überörtlichen Vertretungsorgane ist es, die Arbeit der einzelnen Schülervertretungen zu unterstützen und die Interessen der von ihr repräsentierten Schüler geltend zu machen; die Landesschülervertretungen haben in wichtigen schulischen Angelegenheiten zumeist ein Anhörungsrecht gegenüber dem Kultusministerium.
Neben den gesetzlich vorgesehenen oder zugelassenen überschulischen Vertretungen gibt es freie Formen des Zusammenwirkens, etwa in Gestalt von Arbeitsgemeinschaften. Auf Bundesebene ist die Bundesschülervertretung zu nennen.

8.2 Elternvertretung[25]

8.21 Allgemeine Rechtslage

8.211 Dem organisierten Zusammenwirken von Schule und Eltern dient die seit 1918 bestehende, in der nationalsozialistischen Zeit vorübergehend gestörte Institutionalisierung elterlicher Mitwirkungsbefugnisse in der Schule durch entsprechende Organe (Elternbeiräte)[26]. Die elterlichen Beteiligungsrechte, die in den ersten Jahrzehnten nach dem Ende des Zweiten Weltkriegs erheblich größere Bedeutung hatten als die der Schüler, haben durch den Ausbau der Rechtspositionen der Schüler (TZ 8.111) und durch die Vorverlegung des Volljährigkeitsalters zwar nicht absolut, jedoch relativ an Gewicht eingebüßt. Die Mitwirkung der Eltern kommt vorwiegend bei den allgemeinbildenden Schulen zum Zuge. (Zur Elternvertretung an den berufsbildenden Schulen TZ 8.23.)

8.212 Nicht allein im Hinblick auf die Mitwirkung in der Elternvertretung, sondern für das Schulrecht insgesamt ist die Frage zu klären, was unter dem *Begriff »Eltern«* zu verstehen ist. Gemeint sind damit vor allem *diejenigen, denen nach bürgerlichem Recht die elterliche Sorge zusteht.* Die elterliche Sorge bezieht sich auf das minderjährige Kind; sie umfaßt, neben der Sorge für das Vermögen des Kindes, die Sorge für dessen Person (§ 1626 Abs. 1 BGB), also insbesondere Pflege, Erziehung und Beaufsichtigung des Kindes

---

25 Literatur in Auswahl: Harald *Achilles*: Mitarbeit von Eltern und anderen Personen in Unterricht und Schule, RdJB 1998, 345; Lutz *Dietze*: Elternrecht macht Schule. 2. Aufl., Düsseldorf 1987; *Gampe/Knapp/Rieger* (Anm. 1); Gerd *Hepp* (Hrsg.): Eltern als Partner und Mit-Erzieher in der Schule, Stuttgart 1990; s. auch Luise *Wagner-Winterhager*: Schule und Eltern in der Weimarer Republik, Weinheim, Basel 1979. Kürzere Hinweise bei *Ramm* (Anm. 1), S. 444 f.; *Stein/Roell*, S. 49 ff., 170 f.; *Wolff/Bachof/Stober*: Verwaltungsrecht II, S. 367 f. – Vgl. auch die Nachweise zum Schulverfassungsrecht im 6. Kapitel und die zum Verhältnis von Elternrecht und Schulhoheit bei TZ 24.3.
26 Zum Verhältnis von grundgesetzlichem Elternrecht (Art. 6 Abs. 2 Satz 1 GG) und gemeinschaftlicher Mitwirkung der Eltern in der Schule s. TZ 24.36.

(§ 1631 Abs. 1 BGB)[27]. Durch das am 1.7.1998 in Kraft getretene *Kindschaftsrechtsreformgesetz* vom 16.12.1997[28] ist die Zuordnung der elterlichen Sorge tiefgreifend verändert worden[29]. Dem Gesetz liegt das Ziel zugrunde, den überkommenen Statusunterschied zwischen ehelichen und nichtehelichen Kindern zu überwinden und *die gemeinsame elterliche Sorge bei allen Kindern* zu ermöglichen, gleichgültig, ob deren Eltern miteinander verheiratet sind, waren oder sein würden[30]. Der wesentliche Inhalt der Neuregelung läßt sich wie folgt zusammenfassen.
Die Eltern haben die gemeinsame Sorge, wenn sie miteinander verheiratet sind (§ 1626 Abs. 1 Satz 1 BGB i.V.m. dem Umkehrschluß aus § 1626a Abs. 1 BGB). Sind sie bei der Geburt des Kindes nicht miteinander verheiratet, erwerben sie die gemeinsame Sorge, abgesehen von der Möglichkeit der Heirat, dadurch, daß sie erklären, die Sorge gemeinsam übernehmen zu wollen (§ 1626a Abs. 1 BGB); die Sorgeerklärungen müssen von den Eltern selbst abgegeben werden, sind öffentlich zu beurkunden und dürfen nicht mit einer Bedingung oder Zeitbestimmung verbunden sein (§§ 1626 b ff. BGB). Nur dann, wenn die Eltern nicht heiraten und keine Sorgeerklärungen abgeben, hat die Mutter die alleinige Sorge (§ 1626b BGB). Auch eine Trennung oder Scheidung hat nicht die automatische Auflösung der gemeinsamen Sorge zur Folge. Allerdings kann das Familiengericht einem Elternteil auf dessen Antrag unter bestimmten Voraussetzungen die Alleinsorge übertragen (§ 1671 BGB). Praktische Schwierigkeiten können sich dann ergeben, wenn Eltern, denen die elterliche Sorge gemeinsam zusteht, getrennt leben. Für diesen Fall bestimmt das Gesetz, daß bei Entscheidungen in Angelegenheiten, die für das Kind von erheblicher Bedeutung sind, Einvernehmen erforderlich ist; im Streitfall überträgt das Familiengericht die Entscheidung auf die Mutter oder den Vater (§§ 1687 Abs. 1 Satz 1, 1628 BGB). Entscheidungen des täglichen Lebens – das sind solche, die häufig vorkommen und keine schwer abzuändernden Auswirkungen auf die Entwicklung des Kindes haben – trifft derjenige Elternteil, bei dem das Kind wohnt (§ 1687 Abs. 1 Satz 2 und 3 BGB). Besteht keine gemeinsame Sorge getrennter Eltern und wohnt das Kind bei dem nicht sorgeberechtigten Elternteil, so ist letzterer gleichfalls für die laufenden Angelegenheiten zuständig (§ 1687a BGB). Lebt das Kind für längere Zeit in sog. Familienpflege, sind die Pflegepersonen (z.B. Groß-

---

27 Im Verhältnis zur Schule geht es nahezu ausschließlich um Angelegenheiten, die sich aus der Personensorge, also dem Recht und der Pflicht der Eltern zur Erziehung des Kindes, ergeben. Deshalb werden die Begriffe »Eltern« und »Erziehungsberechtigte« zumeist synonym verwendet.
28 BGBl. I S. 2942.
29 Zu diesem Gesetz Dagmar *Coester-Waltjen*: Einführung in die Reform des Kindschaftsrechts, Jura 1998, 436; Uwe *Diederichsen*: Die Reform des Kindschafts- und Beistandsschaftsrechts, NJW 1998, 1977; vgl. auch Gerda *Graf*: Die Reform des Kindschaftsrechts. Inhalte des Kindschaftsrechtsreformgesetzes und dessen Bedeutung für die Schulen, SchVw BY 1999, 74; Johannes *Lambert*: Der Elternbegriff des Schulrechts und das neue Kindschaftsrecht, SchVw BW 1999, 42.
30 Zur Reform des Kindschaftsrechts sind wesentliche Anstöße vom BVerfG ausgegangen. Schon 1982 erklärte das Gericht den Ausschluß der gemeinsamen Sorge geschiedener Eltern für verfassungswidrig (BVerfGE 61, 358); 1991 beanstandete es den Ausschluß der gemeinsamen Sorge innerhalb nichtehelicher Lebensgemeinschaften (BVerfGE 84, 168; vgl. auch BVerfGE 92, 158).

eltern) berechtigt, in Fragen des täglichen Lebens zu entscheiden sowie den Inhaber der elterlichen Sorge insoweit zu vertreten; doch können sie rechtswirksame Handlungen nicht vornehmen, wenn der Inhaber der elterlichen Sorge im Einzelfall oder generell etwas anderes erklärt (§ 1688 BGB).
Für die Schule ist es wichtig zu wissen, wem das Sorgerecht zusteht und wer für Entscheidungen in Angelegenheiten des täglichen Lebens zuständig ist. Bei Kindern, deren Eltern nicht verheiratet sind oder die getrennt leben, kann die Schule von den Eltern eine Erklärung verlangen, ob Alleinsorge oder gemeinsame Sorge besteht. Wohnt das Kind bei einem Elternteil, der nicht (alleiniger) Erziehungsberechtigter ist, kann die Schule davon ausgehen, daß dieser befugt ist, in laufenden Angelegenheiten des Schulverhältnisses (z. B. Entschuldigung im Krankheitsfall, Mitwirkung in Arbeitsgemeinschaften u. ä.) zu handeln. In wichtigen Fragen (z. B. Wahl der Schulart, Teilnahme am Religions- oder Ethikunterricht, Einlegung eines Rechtsbehelfs) ist bei gemeinsamer Sorge stets einvernehmliches Handeln beider Eltern, sonst die Entscheidung des alleinsorgeberechtigten Elternteils erforderlich.
Einige Schulgesetze erweitern den durch die familienrechtlichen Regelungen des BGB bestimmten Kreis der Erziehungsberechtigten. So gilt in Bremen und Niedersachsen im Verhältnis zur Schule als erziehungsberechtigt u. a. auch, wer mit einem personensorgeberechtigten Elternteil verheiratet ist oder mit ihm in einer eheähnlichen Gemeinschaft zusammenlebt, wenn das Kind ständig im gemeinsamen Haushalt wohnt; das setzt allerdings voraus, daß die Personensorgeberechtigten dem zugestimmt haben[31]. In Hamburg und Hessen nehmen anstelle oder neben den Personensorgeberechtigten diejenigen die Rechte und Pflichten der Eltern gegenüber der Schule wahr, denen die Erziehung des Kindes mit Einverständnis der Personensorgeberechtigten anvertraut oder mitanvertraut ist; das Einverständnis ist der Schule schriftlich nachzuweisen[32].
Vor Inkrafttreten des Kindschaftsrechtsreformgesetzes trat immer wieder das Problem auf, ob *der Vater eines nichtehelichen Kindes*[33], der mit diesem und der Mutter in häuslicher Gemeinschaft lebt, die den Erziehungsberechtigten zustehenden schulverfassungsrechtlichen Mitwirkungsbefugnisse wahrnehmen, also z. B. zum Klassenelternvertreter gewählt werden kann. Für diesen Fall sahen (und sehen) die Schulgesetze mehrerer Länder unter bestimmten Voraussetzungen die Möglichkeit der Mitwirkung des Vaters vor. Nach Maßgabe der Neuregelungen im BGB ist der nicht mit der Mutter verheiratete Vater aufgrund der nunmehr möglichen gemeinsamen Sorge berechtigt, die schulverfassungsrechtlichen Mitwirkungsbefugnisse wahrzunehmen. Hat die Mutter die Alleinsorge, kann er sich nach den schulrechtlichen Bestimmun-

---

31 § 60 Abs. 1 BremSchulG, § 55 NSchG. Zu beachten ist, daß bei gemeinsamer Personensorge beide Eltern, also auch der getrennt lebende Elternteil, das Einverständnis erklären müssen.
32 § 68 Abs. 1 Nr. 2 HmbSG, § 100 Nr. 3 HSchG.
33 Die neue Terminologie des BGB verwendet den Begriff »nichteheliches Kind« nicht mehr, sondern spricht statt dessen von dem Kind, dessen Eltern nicht miteinander verheiratet sind.

gen dieser Länder mit deren Einverständnis an der Wahl der Elternvertretung beteiligen und Funktionen in schulischen Gremien ausüben[34].

8.213 Die kollektive Elternmitwirkung geht in der Regel von der Gemeinschaft der Eltern der Klasse aus (*Klassenelternschaft, Elternversammlung*), deren gewählte Sprecher, Vertreter oder Vorsitzende den Elternbeirat (Elternrat, Elternausschuß) der Klasse bilden. Soweit – wie insbesondere in der gymnasialen Oberstufe – keine Klassenverbände bestehen, wählen die Eltern *Jahrgangselternsprecher*, deren Zahl sich nach der Anzahl der minderjährigen Schüler der Jahrgangsstufe richtet (z. B. je 20 Schüler ein Elternvertreter). Die Gesamtheit der Klassenelternvertreter bildet oder wählt den *Elternbeirat* (Elternrat, Elternausschuß, Elternkonferenz) der Stufe (Teilelternvertretung) und/oder der Schule (Gesamtelternvertretung). An den zumeist einmal je Schulhalbjahr einzuberufenden Sitzungen der Klassenelternschaft (Elternabend) nehmen der Klassenlehrer oder alle Lehrer der Klasse mit beratender Stimme teil. An den Sitzungen des Elternbeirats der Schule und der Gesamtelternversammlung nehmen der Schulleiter sowie Vertreter der Lehrerschaft gleichfalls mit beratender Stimme teil. Zu den Sitzungen können Schülersprecher, Gemeindevertreter und andere Personen eingeladen werden[35]. Die Einzelheiten der Zusammensetzung der Gremien, der Wahl der Elternvertreter und des für die Gremien maßgeblichen Verfahrens sind jeweils im Schulgesetz, in einem besonderen Gesetz (Schulverfassungsgesetz, Schulmitwirkungsgesetz) sowie in Durchführungsverordnungen, Wahlordnungen u. a. festgelegt. Im übrigen gelten die Ausführungen über die Verfahrensvorschriften unter TZ 8.114 sinngemäß auch für die Elternvertretungen.
Einige Länder weisen Besonderheiten auf. *Baden-Württemberg* kennt keine Klassenelternversammlung, statt dessen wirken Eltern und Lehrer in *Klassenpflegschaften* zusammen; auf der Schulebene bestehen *Elternbeiräte* als Vertretungsorgane der Eltern wie in den übrigen Ländern[36]. In *Bayern* und *Rheinland-Pfalz* wird der Elternbeirat bzw. Schulelternbeirat unmittelbar von den Eltern der Schule gewählt; Klassenelternsprecher gibt es in Bayern nur an Volksschulen (Grund- und Hauptschulen)[37].

---

34 Z. B. § 1 bw ElternbeiratsVO, § 117 Abs. 11 bay Gymnasialschulordnung und die entsprechenden Vorschriften der übrigen bayerischen Schulordnungen, § 74 Abs. 2 BbgSchulG, § 32 Abs. 3 rp SchulG, § 2 Abs. 3 Satz 1 b saarl SchumG, § 2 Abs. 1 sächs ElternMwVO. Ohne diese Regelungen ist beispielsweise ein Vater, der mit der alleinsorgeberechtigten Mutter und dem Kind in häuslicher Gemeinschaft lebt, aber kein Sorgerecht hat, weder aktiv noch passiv wahlberechtigt. Er kann zwar über die das Kind betreffenden Angelegenheiten des täglichen Lebens entscheiden; das sind aber nach der gesetzlichen Definition nur solche, die häufig vorkommen *und* keine schwer abzuändernden Auswirkungen auf die Entwicklung des Kindes haben. Bei der Ausübung des Wahlrechts handelt es sich jedenfalls nicht um einen Vorgang, der häufig vorkommt. Vgl. *Graf*, SchVw BY 1999, 79.
35 Zur Untersagung der Anwesenheit von Schülern auf Elternversammlungen einer Klassenelternschaft OVG Lüneburg, DVBl. 1983, 599.
36 §§ 56, 57 bw SchG. – Den Pflegschaften in *Nordrhein-Westfalen* gehören demgegenüber ausschließlich Eltern als stimmberechtigte Mitglieder an (§§ 10, 11 SchMG).
37 Art. 64 ff. BayEUG, § 35 ff. rp SchulG. In Bayern besteht der Elternbeirat an kleineren Volksschulen (mit nicht mehr als neun Klassen) aus den Klassenelternsprechern; an den übrigen Volksschulen wählen die Klassenelternsprecher den Elternbeirat.

Hessen, Niedersachsen, Nordrhein-Westfalen, Rheinland-Pfalz und Sachsen-Anhalt tragen der besonderen Lage der *Ausländerkinder* (dazu TZ 5.2) Rechnung. *Hessen*: Beträgt der Anteil ausländischer Schüler an der Gesamtzahl der Schüler zwischen 10 und 50 Prozent, wählen deren Eltern in den Klassen 1 bis 10 für jeweils 25 Schüler und in den Jahrgangsstufen ab 11 für jeweils 20 Schüler Elternvertreter mit beratender Stimme in den Schulelternbeirat[38]. *Niedersachsen* und *Sachsen-Anhalt*: Wird eine Schule von mindestens zehn ausländischen Schülern besucht und gehört von deren Erziehungsberechtigten niemand dem Schulelternrat an, so können die Eltern der Ausländerkinder ein zusätzliches Mitglied dieses Gremiums wählen[39]. *Rheinland-Pfalz*: Bei einem Ausländeranteil von mindestens 10 Prozent an der Gesamtzahl der minderjährigen Schüler können die Eltern der Ausländerkinder, sofern sie nicht entsprechend ihrer Zahl im Schulelternbeirat vertreten sind, aus ihrer Mitte die entsprechende Anzahl zusätzlicher Vertreter in den Schulelternbeirat hinzuwählen; diese Mitglieder gehören dem Gremium allerdings nur mit beratender Stimme an[40]. *Nordrhein-Westfalen*: In Schulen mit einem Ausländeranteil von mehr als 20 Prozent ist ein ausländischer Erziehungsberechtigter von der Schulpflegschaft zu ihren Sitzungen mit beratender Stimme hinzuzuziehen, wenn diesem Gremium keine gewählten Eltern von Ausländerkindern angehören[41]. Mehrere Länder sind außerdem um eine *ausreichende Repräsentanz von Frauen* in der Elternvertretung bemüht: Frauen und Männer sollen in den Ämtern gleichermaßen vertreten sein[42]. Eine Abberufung von Elternvertretern ist in Berlin, Bremen, Mecklenburg-Vorpommern, Niedersachsen, Sachsen, Sachsen-Anhalt und Schleswig-Holstein ausdrücklich vorgesehen[43].

8.214 Das Landesrecht bestimmt im einzelnen, ob und bei welchen Themen Elternvertreter an *Lehrerkonferenzen* teilnehmen können und welche Beteiligungsrechte sie dort besitzen. In der Schulkonferenz sind die Eltern stets vertreten.

---

38 § 109 HSchG.
39 § 90 Abs. 2 NSchG (dabei ist zu beachten, daß nach § 88 Abs. 3 Satz NSchG Erziehungsberechtigte ausländischer Schüler in angemessener Zahl berücksichtigt werden sollen), § 11 Abs. 1 ElternwahlVO LSA.
40 § 35 b rp SchulG.
41 Nr. 17.1 der VV zum Schulmitwirkungsgesetz (RdErl. vom 29.7.1982 [GABl. S. 403], zul. g. d. RdErl. v. 10.3.1997 [GABl. S. 90]).
42 Z. B. § 75 Abs. 2 BbgSchulG, § 102 HmbSG, § 1 Abs. 3 Satz 2 hess Wahlordnung für die Wahl zu den Elternvertretungen, § 88 Abs. 3 Satz 1 NSchG.
43 In Niedersachsen, Sachsen-Anhalt und Schleswig-Holstein ist für die Abwahl Zwei-Drittel-Mehrheit erforderlich (§ 91 Abs. 3 Nr. 1 NSchG, § 58 Abs. 3 Nr. 1 SchulG LSA, § 107 Abs. 5 sh SchulG); in Berlin, Bremen, Mecklenburg-Vorpommern und Sachsen setzt die Abberufung voraus, daß die Mehrheit der Wahlberechtigten im Wege des konstruktiven Mißtrauensvotums einen Nachfolger für den Rest der Amtszeit wählt (§ 7 Abs. 2 Satz 1 bln WahlO-SchulVerfG, § 82 Abs. 3 Satz 2 BremSchVwG, § 86 Abs. 4 Satz 1 SchulG M-V, § 9 Abs. 2 Satz 1 sächs ElternMwVO).

8.215 Zur Vermeidung von Interessenkonflikten ist in der Mehrzahl der Länder bestimmt, daß die an der Schule tätigen Lehrer nicht zu Elternvertretern gewählt werden dürfen[44]. In Niedersachsen, Nordrhein-Westfalen und Sachsen-Anhalt ist auch das sonstige schulische Personal von der *Wählbarkeit* ausgeschlossen. Niedersachsen und Sachsen-Anhalt erstrecken den Ausschluß des passiven Wahlrechts überdies auf die für die Schule zuständigen Schulaufsichtsbeamten. Noch weiter gehen Baden-Württemberg und Sachsen: Dort sind auch die Ehegatten des Schulleiters, seines Stellvertreters und der die Klasse unterrichtenden Lehrer, sämtliche Schulaufsichtsbeamten des höheren Dienstes, die Ehegatten der für die Schule verantwortlichen Schulaufsichtsbeamten sowie die gesetzlichen Vertreter des Schulträgers, ihre Stellvertreter und die beim Schulträger für die Schulverwaltung zuständigen leitenden Beamten nicht wählbar.

In Nordrhein-Westfalen kann ein Elternvertreter wie jedes andere Mitglied eines Mitwirkungsorgans bei grober Verletzung der ihm obliegenden Pflichten durch die Schulaufsichtsbehörde *abgesetzt werden*[45]. Das ist nicht unproblematisch. Anders als die Schüler sind die Eltern nicht unmittelbar in die Schule eingebunden und keinem besonderen Rechtsverhältnis unterworfen; die Absetzung eines Schülervertreters, wie sie in Nordrhein-Westfalen vorgesehen ist (dazu TZ 8.133), erfüllt nicht zuletzt einen erzieherischen Zweck, der bei Elternvertretern entfällt. Keinesfalls geht es an, die Absetzbarkeit von Elternvertretern auch in den Ländern zuzulassen, die eine entsprechende gesetzliche Regelung nicht aufweisen.

8.216 Mit dem Eintritt der *Volljährigkeit des Schülers* endet die elterliche Sorge und damit grundsätzlich auch die Befähigung der Erziehungsberechtigten, Elternvertreter zu sein. Folgerichtig läßt Sachsen zu diesem Zeitpunkt die Amtszeit von Elternvertretern auslaufen[46]. Andere Länder ziehen aus praktischen Erwägungen eine typisierende Regelung vor: Dort scheiden Eltern volljähriger Schüler aus den Organen oder Gremien, in die sie gewählt wurden, am Ende des Schuljahres (Sachsen-Anhalt)[47] oder am Ende ihrer Amtszeit aus (Berlin, Bremen, Hamburg, Hessen, Niedersachsen, Schleswig-Holstein)[48]. Daneben gibt es zeitliche Differenzierungen nach der Art der

---

44 Z.B. §14 Abs.2 Nr.1 bw ElternbeiratsVO; §59 Abs.5 bay Volksschulordnung und entsprechende Vorschriften in den Schulordnungen für die übrigen Schularten; §68 Abs.2 Satz 2 HmbSG, §102 Abs.1 Satz 3 HSchG, §87 Abs.1 Satz 6 SchulG M-V, §91 Abs.1 Satz 2 NSchG, §17 Abs.1 Satz 2 nrw SchMG, §2 Abs.2 Satz 2 rp SchulWO, §7 Abs.2 Satz 2 Nr.1 sächs ElternMwVO, §1 Abs.3 ElternwahlVO LSA.
45 §17 Abs.2 Satz 2 Buchst. b nrw SchMG.
46 Nach §2 Abs.2 sächs ElternMwVO endet das elterliche Erziehungs- und Sorgerecht mit der Volljährigkeit des Schülers. Wegen des Wegfalls der Elterneigenschaft im Sinne dieser Verordnung entfällt daher die Wählbarkeit; das hat zur Folge, daß das Amt zu diesem Zeitpunkt erlischt (§9 Abs.1 der Verordnung). Allerdings führt der Klassenelternsprecher das Amt bis zur Wahl eines Nachfolgers geschäftsführend weiter (§8 Abs.3 der Verordnung).
47 §58 Abs.3 Nr.2 SchulG LSA.
48 §8 bln WahlO-SchulVerfG, §82 Abs.3 Satz 3 BremSchVwG, §68 Abs.3 Satz 2 HmbSG, §102 Abs.3 Satz 4 HSchG, §91 Abs.3 Nr.2 NSchG, §14 Abs.4 sh WahlO für Elternbeiräte.

Schulverfassung III (Schüler- und Elternvertretungen)

Ämter (z. B. Nordrhein-Westfalen, Rheinland-Pfalz)[49]. Diese Lösungen mögen unter dem Gesichtspunkt der Funktionsfähigkeit der Elternvertretung noch hinnehmbar sein. Bedenklich ist hingegen der von Baden-Württemberg, Bayern und vom Saarland eingeschlagene Weg. In diesen Ländern bleibt der Eintritt der Volljährigkeit folgenlos; die Eltern Volljähriger haben die gleichen Mitwirkungsrechte wie die Erziehungsberechtigten minderjähriger Schüler[50]. Auf diese Weise werden den Eltern im schulischen Bereich hinsichtlich der eigenen – aber auch fremder – Kinder Einflußrechte eingeräumt, die ihnen nach den familienrechtlichen Vorschriften nicht mehr zustehen[51]. Sieht man von Baden-Württemberg, Bayern und vom Saarland ab, so gibt es jedenfalls für Klassen mit ausschließlich volljährigen Schülern keine Elternvertretung. Infolgedessen sind diese Klassen im Elternbeirat (Elternrat) der Schule nicht vertreten. Die Eltern volljähriger Schüler können sich nur noch auf freiwilliger Basis außerhalb der institutionalisierten schulischen Elternvertretungen treffen; diese können jedoch die wegen der Volljährigkeit ihrer Kinder ausgeschiedenen Eltern als Gäste einladen[52].

8.22 Aufgaben

Die Aufgaben der von den Organen der Elternvertretung und von den Kollektivorganen der Elternschaft (Elternversammlungen) ausgeübten Beteiligungsrechte betreffen – ähnlich wie bei den Schülern (TZ 8.12) – die Gestaltung der schulischen Arbeit und die Verwirklichung der Schulziele. Hinzu kommen die Sicherung der elterlichen Rechte, die Wahrung der Interessen ihrer Kinder in und gegenüber der Schule sowie die Pflege einer – wünschenswerten, aber nicht immer gesicherten – Erziehungsgemeinschaft zwischen Elternhaus und Schule.

8.221 Bei der *Wahrnehmung der elterlichen Interessen* in und gegenüber der Schule handelt es sich im wesentlichen um die gleichen Gegenstände wie in TZ 8.121. Von besonderer Bedeutung ist auch hier die Mitwirkung in Konfliktfällen und bei Ordnungsmaßnahmen gegen Schüler. Ein allgemeinpolitisches Mandat kommt auch der Elternvertretung nicht zu[53].

8.222 Die gemeinsame Erziehungsaufgabe von Schule und Elternhaus kann nur dann gelingen, wenn sich beide wechselseitig unterstützen. So sind es vor allem die Elternabende, bei denen wichtige Vorgänge aus dem Leben der Schule erörtert werden; dazu gehört auch die Information über die Unter-

---

49 § 17 Abs. 2 Satz 2 Buchst. f nrw SchMG; §§ 8 Abs. 1 Nr. 2, 17 Abs. 1 Nr. 2, 22 Abs. 1 Nr. 3 Buchst. a rp SchulWO.
50 § 55 Abs. 3 bw SchG, Art. 65 Abs. 1 Satz 1 BayEUG, § 2 Abs. 3 Satz 2 saarl SchumG.
51 Dazu Ursula *Fehnemann*: Elternrecht und elterliche Rechte nach Volljährigkeit des Kindes?, ZblJugR 1980, 605.
52 § 6 Abs. 3 sächs ElternMwVO räumt diesen Eltern ein Recht auf Teilnahme mit beratender Stimme ein; ebenso § 41 Abs. 3 bln SchulVerfG, § 107 Abs. 3 Satz 4 HSchG, § 87 Abs. 1 Satz 5 SchulG M-V, § 11 Abs. 9 Satz 3 nrw SchMG.
53 VGH München, DÖV 1994, 921 (922).

richtsgestaltung[54] (vgl. TZ 28.122). Klassenelternschaften und Elternvertreter können ihrerseits die Arbeit der Schule durch vielfältige Aktivitäten fördern. Im einzelnen sind zu erwähnen
- Anregungen für die Erziehungs- und Unterrichtsarbeit der Schule;
- Sorge für behinderte und gefährdete Schüler, Unterstützung von Ausländerkindern, Förderung besonders Begabter, Übernahme von Betreuungsaufgaben außerhalb der Schule;
- Mitwirkung bei der Verbesserung der äußeren Schulangelegenheiten, Hilfe bei der Schaffung von Spielplätzen, Mitgestaltung von Schulfesten;
- Unterstützung der Schule gegenüber Schulträger und Öffentlichkeit.

8.223 Die Elternvertretung wirkt durch ihre gewählten Repräsentanten in den *Organen der unmittelbaren Willensbildung der Schule* mit (Schulkonferenz, Lehrerkonferenz, Vermittlungsausschuß). Die Eltern können durch die Beteiligung an diesen Konferenzen manchmal noch stärkeren Einfluß auf das schulische Geschehen ausüben als durch ihre Arbeit in der Elternvertretung. Die Elternvertretung, manchmal auch die Klassenelternversammlungen, sind außerdem – nach Ländern verschieden geregelt – vor bestimmten grundsätzlichen Entscheidungen zu hören. Das gilt vor allem für Entscheidungen schulorganisatorischer Art und für solche Maßnahmen, die für die Schüler von besonderer Bedeutung sind[55].

8.224 Vor allem *Hessen, Rheinland-Pfalz* und *Schleswig-Holstein* räumen der Elternvertretung erheblichen Einfluß auf die Gestaltung des schulischen Lebens ein. Am weitesten reichen ihre Befugnisse in *Hessen*. Dort bedürfen wichtige Beschlüsse der Schulkonferenz der Zustimmung des Schulelternbeirats; das betrifft u. a. Entscheidungen über das Schulprogramm, Abweichungen von der Stundentafel, die Zusammenfassung von Fächern zu Lernbereichen, die Auswahl der Fremdsprache und den Zeitpunkt ihrer Einführung in der Grundschule, Art, Umfang und Beginn der äußeren Fachleistungsdifferenzierung an Förderstufen und integrierten Gesamtschulen[56]. In *Rheinland-Pfalz* wird für die Einbeziehung der Schule in Schulversuche und die Aufstellung der Hausordnung das Benehmen mit dem Schulelternbeirat (also Erörterung mit dem Ziel der Einigung) gefordert; verschiedene Maßnahmen – Abweichungen von der Stundentafel, Aufstellung von Grundsätzen des unterrichtlichen Angebots, des Umfangs und der Verteilung von Hausaufgaben sowie der Durchführung von Schulfahrten, Einführung und Beendigung der Fünftagewoche – bedürfen der Zustimmung des Schulelternbeirats[57]. In *Schleswig-Holstein* muß der Schulelternbeirat u. a. folgenden Maßnahmen zustimmen: Festlegung der täglichen Unterrichtszeit, Entscheidung über die

---

54 S. z. B. § 96 Abs. 4 NSchG, § 59 Abs. 5 SchulG LSA.
55 Vgl. etwa § 96 Abs. 3 NSchG, § 59 Abs. 4 SchulG LSA.
56 § 110 Abs. 2 i.V.m. § 129 Nr. 1 bis 10 HSchG. Diese Regelungen sind sehr partizipationsfreundlich, haben aber ein außerordentlich aufwendiges Verfahren zur Folge: Zunächst entscheidet die Schulkonferenz, der ja bereits vom Schulelternbeirat und vom Schülerrat gewählte Eltern- und Schülervertreter angehören; sodann ist noch das Einvernehmen des Elternbeirats und des Schülerrats einzuholen.
57 § 35 Abs. 5 und 6 SchulG.

Zahl der unterrichtsfreien Sonnabende im Monat, Einführung des Ganztagsunterrichts und Durchführung von Schulversuchen[58].

In diesen drei Ländern ist insoweit die *Mitbestimmung der Eltern* verwirklicht, eingeschränkt allerdings durch ein Letztentscheidungsrecht der Schulbehörde, wenn bei den zustimmungsbedürftigen Maßnahmen ein Einvernehmen nicht erreicht werden kann. Dagegen ist die als solche bezeichnete Mitbestimmung der Eltern in *Berlin* und im *Saarland*[59], soweit sie nicht in der Schulkonferenz stattfindet, kaum mehr als das relativ unbedeutende Recht, angehört zu werden und beratend mitzuwirken.

8.225 Zu unmittelbaren *Eingriffen in den Schulbetrieb* sind die Elternvertretungen nicht befugt. Für die Gestaltung des Unterrichts und der Erziehung und für die Aufrechterhaltung ihrer Ordnung ist die Schule allein verantwortlich; kritische Stellungnahmen, Äußerungen von Wünschen und Anregungen bleiben den Eltern und den Elternvertretungen unbenommen[60]. In einigen Ländern haben Mitglieder der Elternbeiräte das Recht zum Besuch des Unterrichts nach Rücksprache mit Schulleiter und Klassenlehrer (TZ 28.122).

8.23 Elternvertretung und Beiräte an berufsbildenden Schulen

8.231 In den meisten Ländern finden die Regelungen über die Elternvertretung auch auf die berufsbildenden Schulen Anwendung, freilich in unterschiedlichem Ausmaß. In Bremen, Hamburg, Hessen, Niedersachsen, Nordrhein-Westfalen, Rheinland-Pfalz, im Saarland, in Sachsen, Sachsen-Anhalt, Schleswig-Holstein und in Thüringen gelten diese Bestimmungen unmittelbar, sinngemäß oder zumindest als Sollvorschriften für sämtliche berufsbildenden Schulen, in *Bayern* nur für Fachoberschulen und Berufsfachschulen[61]. *Baden-Württemberg* nimmt die Kollegs, die einjährigen Berufskollegs zum Erwerb der Fachhochschulreife, die Berufsoberschulen sowie die Fachschulen (mit Ausnahme der Fachschulen für Sozialpädagogik), *Berlin* nimmt die Berufsschulen und Fachoberschulen vom Anwendungsbereich dieser Bestimmungen aus[62]. Im übrigen gibt es zahlreiche Besonderheiten. So treten in den berufsbildenden Schulen *Hessens* an die Stelle der Klassenelternschaft Abteilungselternschaften[63], die einen Abteilungselternbeirat wählen; in den Berufsschulen können an den Sitzungen dieser Gremien Vertreter der jeweiligen Fachrichtung der Arbeitgeber- und Arbeitnehmerorganisationen beratend teilnehmen. In *Niedersachsen* werden in den verschiedenen Bereichen

---

58 § 101 Abs. 4 SchulG.
59 § 39 Abs. 1 bln SchulVerfG, § 35 Abs. 1 saarl SchumG.
60 Hierzu NdsStGH, NVwZ 1997, 267 (270 f.), wonach die Funktionsfähigkeit der staatlichen Schulaufsicht nicht mehr gewährleistet ist, wenn Vertreter der Erziehungsberechtigten (und der Schüler) bei Entscheidungen über Zeugnisse, Versetzungen, Abschlüsse und Übergänge mit Stimmrecht beteiligt sind.
61 Art. 64 Abs. 1 BayEUG.
62 § 59 Abs. 2 bw SchG, § 55 Abs. 3 Satz 1 bln SchulVerfG.
63 § 113 Abs. 1 HSchG.

einer Berufsschule Bereichselternräte gebildet, denen die Vorsitzenden der Klassenelternschaften angehören; die Klassenelternschaften des jeweiligen Bereichs werden zu einer Bereichselternschaft zusammengefaßt[64]. *Nordrhein-Westfalen* räumt den für die Berufserziehung Mitverantwortlichen, also insbesondere den Ausbildern, das Recht ein, an den Sitzungen der Klassen- und Jahrgangsstufenpflegschaften berufsbildender Schulen und Kollegschulen mit beratender Stimme teilzunehmen[65]; in *Baden-Württemberg* gehören die Ausbilder der Klassenpflegschaft einer Berufsschule oder der ersatzweise einzurichtenden Berufsgruppen- oder Abteilungspflegschaft mit vollem Stimmrecht an[66]. Das *Saarland* trifft für Elternvertretungen an Berufsschulen Regelungen, die denen für Schülervertretungen (TZ 8.112) entsprechen: Anstelle der Klassenelternsprecher können Tageselternsprecher gewählt, die Elternvertretung kann in Teilelternvertretungen gegliedert werden[67].

8.232 In Bayern und in den drei Stadtstaaten werden an den Berufsschulen überdies *Beiräte* gebildet, die die Schule beratend unterstützen und für eine enge Verbindung zwischen Schule und Berufswelt sorgen sollen[68]. Die Beiräte (in Bayern: Berufsschulbeirat, in Berlin: Fachbeirat, in Bremen: Ausbildungsbeirat, in Hamburg: Schulbeirat) sind paritätisch aus Vertretern der Arbeitgeber und Arbeitnehmer zusammengesetzt, wobei Vertreter der Lehrerschaft je nach landesrechtlicher Regelung mit oder ohne Stimmrecht an den Sitzungen teilnehmen. Als besondere Aufgaben der Beiräte sind zu nennen:
– Unterstützung der Schule bei der Sorge für die Schulpflichterfüllung;
– Klärung von Meinungsverschiedenheiten zwischen Schule und Betrieb sowie Förderung des Interesses der Betriebsleiter und Ausbilder für die Probleme der Schule und für Jugendfragen;
– Sorge für die Schüler außerhalb der Unterrichtszeit (Freizeitgestaltung, Jugendschutz);
– Mitwirkung bei der Verbesserung der Ausstattung der Schule;
– Unterstützung der Schule gegenüber Schulträger und Öffentlichkeit.

8.24 Elternvertretungen oberhalb der Schulebene

8.241 In den meisten Ländern gibt es Gremien der Elternvertretung auch oberhalb der Ebene der Einzelschule[69]. Es handelt sich dabei zumeist um einen *stufenförmigen Aufbau* nach folgendem Muster: Die Schulelternbeiräte entsenden ihre Vorsitzenden oder Delegierten in den *Kreis-* bzw. *Stadtelternbeirat* (Gesamtelternrat), in dem in der Regel alle im Landkreis oder in der

---

64 § 92 NSchG.
65 § 11 Abs. 4 Satz 1 nrwSchMG.
66 § 56 Abs. 3 Satz 1 i.V.m. § 59 Abs. 1 Nr. 1 bwSchG.
67 § 51 Abs. 2, 1 saarl SchumG.
68 Art. 70 f. BayEUG, §§ 56 ff. bln SchulVerfG, §§ 60 f. BremSchVwG, §§ 76 f. HmbSG.
69 In Bayern und Nordrhein-Westfalen sind diese Gremien privatrechtlich organisiert.

Schulverfassung III (Schüler- und Elternvertretungen)

Stadt vorhandenen Schularten vertreten sind. Die Kreis- bzw. Stadtgremien wiederum wählen den *Landeseltern(bei)rat* (in Hamburg: Elternkammer[70]). Im Saarland und in Schleswig-Holstein sind die überschulischen Elternvertretungen nach Schularten getrennt[71]. Rheinland-Pfalz kennt Elternbeiräte auch auf der Ebene der Regierungsbezirke[72]. In den Stadtstaaten ergeben sich durch die Kommunalstruktur bedingte Abwandlungen des Grundschemas[73].

8.242 Aufgabe der überschulischen Organe der Elternvertretung ist die Mitwirkung bei zentralen schulpolitischen Fragen, insbesondere bei der Gestaltung der Bildungs- und Lehrpläne. Die Mitwirkung besteht im allgemeinen in der Form der *Anhörung,* die es ermöglicht, Anregungen, Wünsche und Forderungen vorzutragen[74]. Eine Sonderstellung nehmen der Landeselternbeirat in Hessen und – in schwächerer Form – der Landeselternrat in Niedersachsen ein[75]. In *Hessen* bedürfen der Zustimmung des Landeselternbeirats bestimmte allgemeine Vorschriften und Richtlinien des Kultusministeriums. Allerdings gilt dieses auf Art. 56 Abs. 6 der Hessischen Verfassung beruhende Mitbestimmungsrecht des Landeselternbeirats nicht uneingeschränkt. Zustimmungspflichtige Maßnahmen sind zwischen Kultusministerium und Landeselternbeirat mit dem Ziel der Verständigung zu erörtern. Über den Antrag des Kultusministerium, einer Maßnahme zuzustimmen, muß der Landeselternbeirat binnen zehn Wochen entscheiden; bleibt er untätig, gilt die Zustimmung als erteilt. Verweigert er innerhalb dieser Frist die Zustimmung, findet eine erneute Beratung und Entscheidung innerhalb weiterer zehn Wochen statt. Hält der Landesbeirat an seiner Ablehnung fest, so entscheidet das Kultusministerium; wurde der zweite ablehnende Beschluß mit Zwei-Drittel-Mehrheit der gesetzlichen Mitglieder gefaßt, kann das Kultusministerium eine gegenteilige Entscheidung nur mit Zustimmung der Landesregierung treffen. Verweigert in *Niedersachsen* der Landeselternrat dem Erlaß allgemeiner Regelungen zu bestimmten im Gesetz aufgezählten Gegenständen die Zustimmung, ist die beabsichtigte Regelung binnen vier Wochen erneut mit ihm zu erörtern. Kommt dabei eine Einigung nicht zustande und lehnt der Landeselternrat in derselben Sitzung mit den Stimmen von mehr als zwei Dritteln seiner gesetzlichen Mitglieder die beabsichtigte Regelung nochmals ab, muß das Kultusministerium vor Erlaß der beabsichtigten Regelung die Landesregierung unterrichten.

8.243 Unabhängig von den gesetzlich vorgesehenen überschulischen Elternvertretungen haben sich freie Formen des Zusammenschlusses in einzelnen

---

70 § 81 HmbSG.
71 Im Saarland können sich die Vorsitzenden der nach Schularten gegliederten Elternvertretungen zu einer Gesamtlandeselternvertretung zusammenschließen (§ 66 a SchumG).
72 §§ 36 f. rp SchulG.
73 In Berlin Bezirks- und Landesausschüsse der Eltern (Lehrer und Schüler) entsprechend der Einteilung in Verwaltungsbezirke (§§ 71 Abs. 1 Satz 1, 74 Abs. 1 Satz 1 SchulVerfG); in Bremen Zentralelternbeiräte als Gesamtvertretungen der Eltern für die Stadtgemeinden Bremen und Bremerhaven (§ 78 BremSchVwG); in Hamburg Kreiselternräte für die Schulkreise (§ 75 HmbSG).
74 Z. B. § 79 Abs. 3 HmbSG.
75 §§ 116 ff. HSchG, § 169 NSchG.

Ländern und im Bundesgebiet entwickelt. Auf Bundesebene ist vor allem der *Bundeselternrat* zu nennen, eine Arbeitsgemeinschaft der öffentlich-rechtlich oder privatrechtlich organisierten Elternvertretungen. Daneben sind u. a. zu erwähnen: die Bundesvereinigung evangelischer Eltern und Erzieher, die Katholische Elternschaft Deutschlands, die Elternverbände der Waldorfschulen und der Landerziehungsheime.

8.3 Besonderheiten der Länder[76]

Baden-Württemberg
Schulkonferenz, die auch bei der Auswahl des Schulleiters mitwirkt (vgl. TZ 10.6). Klassenpflegschaft als Ausdruck der Erziehungsgemeinschaft von Elternhaus und Schule (Eltern und Lehrer), also keine Klassenelternschaft, wohl aber Elternbeirat[77].

Bayern
Starke Stellung des Schulleiters. Schulforum als paritätisch aus Lehrer-, Schüler- und Elternvertretern zusammengesetztes Organ mit begrenzten Befugnissen (u. a. Vermittlung in Konfliktfällen). Direkt gewählter Elternbeirat; keine Klassenelternschaften, keine Vertretungsorgane auf Landesebene[78].

Berlin
Mitwirkung der Gesamtkonferenz bei der Auswahl des Schulleiters (TZ 10.6). Aus Vertretern der Lehrer, Schüler und Eltern paritätisch gebildete Schulkonferenz; Vermittlungsausschuß. Ausschüsse der Lehrer, Schüler und Eltern auf Bezirksebene (Bezirksausschüsse) und auf Landesebene (Landesausschüsse); darüber hinaus Schulbeiräte aus Vertretern der Lehrer, Schüler und Eltern auf Bezirksebene (Bezirksschulbeiräte) und auf Landesebene (Landesschulbeirat unter Einbeziehung von Vertretern der Gewerkschaften, der Kammern und der Religionsgemeinschaften)[79].

Brandenburg
Drittelparitätisch zusammengesetzte Schulkonferenz mit weitreichenden Entscheidungs- und Anhörungsrechten, insbesondere im Verfahren der Bestellung des Schulleiters[80].

Bremen
Schulkonferenz, die zur Hälfte aus Mitgliedern der Gesamtkonferenz und des nichtunterrichtenden Personals im Verhältnis von 1:1 und zur anderen Hälfte aus Vertretern des Eltern- und des Schülerbeirats besteht; an berufsbildenden

---

76 Vgl. auch die Angaben zu den einzelnen Bundesländern im zweiten Teil des Schulrechtshandbuchs von *Stein/Roell*, jeweils unter dem Stichwort »Schulverfassung«.
77 §§ 47, 40 Abs. 1 Nr. 1, 56, 57 SchG.
78 Art. 57, 58 Abs. 5 BayEUG; §§ 24 ff. Lehrerdienstordnung; Art. 69, 65 ff. BayEUG.
79 §§ 23 Abs. 3, 50 ff., 71 ff. SchulVerfG.
80 §§ 90 f., 73 BbgSchulG.

Schulen sind zusätzlich vier Vertreter des Ausbildungsbeirats (TZ 8.232) stimmberechtigte Mitglieder der Schulkonferenz. Mitwirkung der Schulkonferenz bei der Auswahl des Schulleiters. Kein Landesschulbeirat. Gesamtvertretungen der Schüler und der Eltern in den Stadtgemeinden Bremen und Bremerhaven[81].

Hamburg
Schulkonferenz als oberstes Beratungs- und Beschlußgremium der schulischen Selbstverwaltung; sie besteht aus dem Schulleiter sowie aus einer gleichen Anzahl von gewählten Mitgliedern des Schülerrats, des Elternrats und der Lehrerkonferenz. Mitwirkung von gewählten Vertretern der Lehrerkonferenz und der Schulkonferenz bei der Auswahl des Schulleiters (Findungsausschuß). Auf Landesebene Schüler-, Eltern- und Lehrerkammer sowie Landesschulbeirat (bestehend aus dem Vorsitzenden und je zwei gewählten Vertretern der drei Kammern sowie aus Vertretern verschiedener gesellschaftlicher Gruppen)[82].

Hessen
Schulkonferenz mit weitreichenden Entscheidungs- und Anhörungsrechten, die aus dem Schulleiter sowie jeweils zur Hälfte aus Vertretern der Lehrer einerseits und der Personengruppen der Eltern und Schüler andererseits besteht. Beteiligung von Vertretern der Schulkonferenz an der Auswahl des Schulleiters. Mitbestimmungsrechte des Elternbeirats und der Schülervertretung. Mitbestimmung des Landeselternbeirats auf Landesebene[83].

Mecklenburg-Vorpommern
Aus Vertretern der Lehrer (einschließlich des Schulleiters), der Eltern und Schüler im Verhältnis 2:1:1 gebildete Schulkonferenz mit weitreichenden Entscheidungsbefugnissen. Anhörungsrecht der Schulkonferenz bei der Bestellung des Schulleiters[84].

Niedersachsen
Keine Schulkonferenz, dafür stimmberechtigte Mitwirkung von Schüler- und Elternvertretern in der Gesamtkonferenz und in den Teilkonferenzen. Mitbestimmungsbefugnisse des Landeselternrats (vgl. TZ 8.24)[85].

Nordrhein-Westfalen
Schulkonferenz. »Klassenpflegschaft« und »Schulpflegschaft«, ausschließlich mit Eltern als stimmberechtigten Mitgliedern. Kein Landesschulbeirat, aber

---
81 §§ 34 f., 67 ff., 77 ff. BremSchVwG.
82 §§ 52 ff., 92 f., §§ 79 ff. HmbSG.
83 §§ 128 ff., § 89, §§ 101 f., §§ 121 ff., §§ 116 ff. HSchG.
84 § 76 SchulG M-V.
85 §§ 36, 169 NSchG.

Beteiligungsrechte schulrelevanter Verbände auf Landesebene (insbesondere der privatrechtlich organisierten Landeseltern- und Landesschülervertretung)[86].

Rheinland-Pfalz
Schulausschuß (=Schulkonferenz), drittelparitätisch aus Vertretern der Lehrer, Schüler und Eltern zusammengesetzt, bei berufsbildenden Schulen zusätzlich mit je einem Vertreter der Arbeitnehmer und der Arbeitgeber. Bestellung des Schulleiters im Benehmen mit dem Schulausschuß. Abgestufte Mitwirkungsbefugnisse des Schulelternbeirats. Schüler- und Elternvertretungen auf Bezirks- und Landesebene[87].

Saarland
Schulkonferenz mit Entscheidungszuständigkeiten bei der Gestaltung des Schullebens und der Vermittlung in Konfliktsituationen (Vermittlungsausschuß). Schulregionkonferenzen; Landesschulkonferenz (=Landesschulbeirat)[88].

Sachsen
Aus sechs Vertretern der Lehrer sowie je drei Vertretern der Eltern und Schüler gebildete Schulkonferenz mit dem Schulleiter als Vorsitzendem ohne Stimmrecht. Beschlüsse der Lehrerkonferenz in wichtigen Angelegenheiten bedürfen des Einverständnisses der Schulkonferenz. Landesbildungsrat beim Kultusministerium, dem u. a. Vertreter der Lehrer, Eltern und Schüler angehören[89].

Sachsen-Anhalt
Keine Schulkonferenz, statt dessen stimmberechtigte Mitwirkung von Schüler- und Elternvertretern in der Gesamtkonferenz, beratende Mitwirkung in den Klassen- und Fachkonferenzen der Lehrer. Wahl des Schulleiters durch die Gesamtkonferenz aus dem Kreis der ihr von der Schulbehörde vorgeschlagenen Bewerber. Landeselternrat, Landesschülerrat und Landesschulbeirat (aus Vertretern der Lehrer, der Eltern, der Schüler und gesellschaftlicher Gruppen)[90].

Schleswig-Holstein
Drittelparitätisch zusammengesetzte Schulkonferenz mit wichtigen Entscheidungszuständigkeiten, wobei in grundlegenden pädagogischen und organisatorischen Angelegenheiten ein Beschluß nur zustande kommt, wenn die Mehrheit der der Schulkonferenz angehörenden Lehrer zustimmt. Mitbe-

---

86 §§ 4 f., §§ 10 f., § 16 i.V.m. § 2 Abs. 4 SchMG.
87 § 38, § 35, § 31, §§ 36 ff. SchulG.
88 §§ 44 ff., §§ 54 ff., §§ 58 ff. SchumG.
89 § 43, § 63 SchulG.
90 §§ 27 ff., § 31, §§ 75 ff. SchulG.

stimmungsbefugnisse des Schulelternbeirats (TZ 8.224). Schulleiterwahlausschuß, gebildet aus Vertretern des Schulträgers, der Lehrer, der Eltern und an Schulen mit Sekundarstufe II auch der Schüler[91].

Thüringen
Drittelparitätisch aus Lehrer-, Eltern- und Schülervertretern zusammengesetzte Schulkonferenz. Landesschulbeirat aus Vertretern der Eltern, Lehrer und Schüler u. a.[92].

---

91 §§ 91 f., § 101, § 88 SchulG.
92 §§ 38 f. ThürSchulG.

9. Kapitel: Schulträgerschaft, dienstrechtliche Zuordnung der Lehrer

9.1 Kommunale Schulträgerschaft als Regelform

9.11 Geschichte[1]

Die öffentliche Schule ist in Deutschland nie eine ausschließliche Angelegenheit des Staates gewesen. Seit jeher haben auch die kommunalen Gebietskörperschaften sich ihrer angenommen. Der Initiative der Kommunen sind vor allem im 19. und zu Beginn des 20. Jahrhunderts bedeutende Fortschritte im Schulwesen zu verdanken. Es waren die Städte, die seit Mitte des vorigen Jahrhunderts außer manchen berufsbildenden Schulformen die höheren Schulen des »realistischen Bildungsprinzips«, nämlich das Realgymnasium und die Oberrealschule, entwickelten und auf diese Weise das Bildungsprogramm des humanistischen Gymnasiums ergänzten. Darüber hinaus haben die Kommunen die Mittelschule[2] (heute: Realschule), die Hilfsschule (heute: Sonderschule) und verschiedene Institutionen der Mädchenbildung errichtet und unterhalten.

Doch hat der Staat dem Vordringen der Gemeinden im Schulbereich alsbald Grenzen gezogen. Zwar hat er nicht verhindert, daß die Gemeinden durch Entwicklung neuer Formen und durch zahlreiche Schulgründungen den Rahmen des bisherigen Schulsystems erweiterten. Er hat sich aber nicht zugunsten der kommunalen Selbstverwaltung zurückgezogen, sich nicht mit der Gesetzgebung, der Setzung allgemeiner Richtlinien und der Rechtsaufsicht begnügt; vielmehr hat er mit Hilfe der Schulaufsicht versucht, die Schule in ihren Bildungszielen und in ihrer Organisation allein zu bestimmen. So hat er – und das gilt mehr oder weniger für alle deutschen Länder – kommunale Selbstverwaltungsbefugnisse im Schulbereich nur zögernd anerkannt.

Keine geringe Rolle bei der Zurückdrängung des kommunalen Einflusses spielte das entschiedene Drängen *der Lehrerschaft* auf Beibehaltung oder Neubegründung ihrer Rechtsstellung als Landesbeamte. Diese Forderung war nicht nur standespolitisch bedingt, sondern beruhte auch auf schlechten Erfahrungen insbesondere der Kleinstadt- und Landlehrer mit kommunalen Dienstherren; die Großstadtlehrer, vor allem solche des beruflichen Schulwesens, standen dagegen ihren kommunalen Dienstherren meist aufgeschlossen gegenüber.

---

1 Dazu die Darstellungen in den Handbüchern, die in Anm. 18 des 1. Kapitels zitiert sind. Ferner: Hans *Heckel*: Die Städte und ihre Schulen, Stuttgart 1959; Eberhard *Jobst*: Die Kreise im Organisationssystem des Bildungswesens, in: Verein für die Geschichte der Deutschen Landkreise e. V. (Hrsg.): Der Kreis. Ein Handbuch. Bd. 4b, Köln 1986, S. 175 ff.; Franz *Skala*: Grund- und Hauptschulen, ebd., S. 187 ff.
2 Eine Bezeichnung, die in der »Mittelschule« Sachsens neuerdings wieder aufgelebt ist.

9.12 Spannungsfeld Staat – Kommune[3]

Einerseits weist das Grundgesetz dem *Staat die Aufsicht über die Schulen* zu (Art. 7 Abs. 1); diese umfaßt nach überkommener Auffassung »die Gesamtheit der staatlichen Befugnisse zur Organisation, Planung, Leitung und Beaufsichtigung des Schulwesens«[4]. Andererseits findet die staatliche Herrschaft über die Schule eine Grenze in dem Recht der Gemeinde, alle Angelegenheiten der örtlichen Gemeinschaft im Rahmen der Gesetze in eigener Verantwortung zu regeln (Art. 28 Abs. 2 Satz 1 GG). Mit dieser institutionellen Garantie ist den Gemeinden ein Kernbereich kommunaler Selbstverwaltung gewährleistet[5]. Dieser umfaßt jedoch keinen gegenständlich bestimmten oder nach feststehenden Merkmalen bestimmbaren Aufgabenkatalog, sondern nur die allgemeine Befugnis, sich aller Angelegenheiten der örtlichen Gemeinschaft anzunehmen, soweit sie nicht durch Gesetz einem anderen Träger der öffentlichen Verwaltung übertragen sind[6]. Allerdings besteht bei Aufgaben mit örtlichem Bezug eine Zuständigkeitspriorität zugunsten der Gemeinden. Der Gesetzgeber darf eine Aufgabe mit relevantem örtlichen Charakter der Gemeinde nur aus Gründen des Gemeininteresses entziehen, vor allem also dann, wenn anders die ordnungsgemäße Aufgabenerfüllung nicht sicherzustellen ist[7]. *Demgemäß darf den Gemeinden bei ausreichender Größe und Leistungsfähigkeit die Trägerschaft für Schulen mit örtlichem Einzugsbereich nicht entzogen werden.* So hat das Verfassungsgericht des Landes Brandenburg entschieden, neben den Landkreisen und kreisfreien Städten müsse auch kreisangehörigen Städten sowie anderen Gemeinden und deren Zusammenschlüssen vom Gesetzgeber die Möglichkeit eingeräumt werden, Träger von weiterführenden allgemeinbildenden Schulen zu sein, sofern die Schülerzahl für die Errichtung und Fortführung einer in der Schulentwicklungsplanung als notwendig ausgewiesenen Schule vorhanden oder innerhalb von fünf Jahren zu erwarten sei[8]. Das bedeutet umgekehrt: Wenn der örtliche Bezug der wahrzunehmenden Aufgabe fehlt, z. B. wegen eines über das Gemeindegebiet weit hinausreichenden Einzugsbereichs der Schule, oder wenn die

---

3 *DJT-SchulGE*, §§ 95–98 (S. 117 ff.), S. 359 ff.; Thomas *Oppermann*: Kulturverwaltungsrecht. Bildung – Wissenschaft – Kunst, Tübingen 1969, S. 248 ff.; *Püttner*: Schulrecht, S. 776 ff. Rn. 235 ff.; *Stein/Roell*, S. 30, 32, 36 f., 320; *Wolff/Bachof/Stober*: Verwaltungsrecht II, S. 370 ff. S. ferner die Ausführungen zu Art. 7 Abs. 1 und 28 Abs. 2 GG in den Grundgesetzkommentaren (Anhang 6.3). Dazu auch BVerfGE 25, 124; 26, 228 (239 ff.); BVerfG, NVwZ 1987, 42, und BVerwGE 6, 19; 6, 101; 18, 38; 23, 351.
4 BVerwGE 6, 101 (st.Rspr.); s. auch BVerfGE 34, 165 (182); 45, 400 (415); 59, 360 (377).
5 Nach h. M. enthält Art. 28 Abs. 2 Satz 1 GG nur eine institutionelle Garantie, also eine objektiv-rechtliche Gewährleistung des Bestands der kommunalen Selbstverwaltung, hingegen kein Grundrecht der Gemeinde auf Selbstverwaltung. Vgl. etwa Thomas *Clemens*: Kommunale Selbstverwaltung und institutionelle Garantie: Neue verfassungsrechtliche Vorgaben durch das BVerfG, NVwZ 1990, 834 (834 f.); a. A. Hartmut *Maurer*: Verfassungsrechtliche Grundlagen der kommunalen Selbstverwaltung, DVBl. 1995, 1038 [1041 f.]).
6 BVerGE 79, 127 (146). Demnach dürfte die frühere Feststellung des BVerfG, wonach die Trägerschaft öffentlicher Volksschulen zum Kernbereich der kommunalen Selbstverwaltung gehöre (BVerfGE 26, 228 [240]), überholt sein. Vgl. *Clemens*, NVwZ 1990, 438.
7 BVerfGE 79, 127 (153).
8 BbgVerfG, SPE n. F. 754 Nr. 6. Das BbgVerfG hat in diesem Urteil zugleich klargestellt, daß die Schülerbeförderung nicht zur gemeindlichen Selbstverwaltung gehört.

Gemeinden nicht über die für Errichtung und Unterhaltung von Schulen erforderliche Leistungskraft verfügen, ist der Gesetzgeber nicht gehindert, die Zuständigkeit für die Schulträgerschaft auf eine andere Ebene der öffentlichen Verwaltung, insbesondere die der Kreise und kreisfreien Städte, »hochzuzonen«.

Wird der kommunale Schulträger durch rechtswidrige Eingriffe der Schulbehörde in seinem Selbstverwaltungsrecht verletzt[9], kann er sich dagegen mit der verwaltungsgerichtlichen Anfechtungsklage zur Wehr setzen.

Die Abgrenzung zwischen (staatlicher) Schulaufsicht und (kommunaler) Schulträgerschaft beruht auf der herkömmlichen *Unterscheidung zwischen inneren und äußeren Schulangelegenheiten* (vgl. TZ 1.322)[10]. Während der Staat danach für die Lehr- und Lernprozesse und somit für Inhalte, Methoden und Strukturen der Schule verantwortlich ist, sorgen die Kommunen als Schulträger für die Errichtung, Organisation, Unterhaltung und Verwaltung der einzelnen Schule. Diese im Prinzip auch heute noch gültige Verteilung der schulrechtlichen Kompetenzen zwischen Kommune und Staat hat *Anschütz* auf die längst klassisch gewordene Formel gebracht: »Die Gemeinde baut als Trägerin der Schule das Haus, Herr im Haus aber ist der Staat«[11]. Zu den Ausnahmen von diesem Grundsatz TZ 9.31.

9.2 Aufgaben des Schulträgers

9.21 Übersicht über die Länder

Soweit die Länder in ihren gesetzlichen Regelungen die Begriffe »Schulträger« oder »Schulträgerschaft« verwenden, knüpfen sie zumeist an die erwähnte Unterscheidung zwischen inneren und äußeren Schulangelegenheiten an. Das findet seinen sichtbarsten Ausdruck in *Bremen*. Dort ist die Trägerschaft gleichbedeutend mit der äußeren Schulverwaltung; diese hat die äußeren Voraussetzungen für das Lehren und Lernen in der Schule zu schaffen[12]. Nichts anderes meinen § 101 Abs. 1 NSchG und § 13 Abs. 2 Satz 1 ThürSchulG, die Schulträgerschaft als Vorhalten des notwendigen Schulangebots und der erforderlichen Schulanlagen definieren, sowie § 2 Abs. 1 nrw SchVG, wonach Schulträger derjenige ist, der für die Errichtung, Organisation und Verwaltung der einzelnen Schule rechtlich unmittelbar die Verantwortung trägt und zur Unterhaltung der Schule eigene Leistungen erbringt. Diesen Definitionen entsprechen die Aufgabenzuweisungen in *Berlin, Brandenburg, Hessen, Mecklenburg-Vorpommern, Sachsen-Anhalt* und *Schleswig-Holstein*; danach gehören zu den Funktionen des Schulträgers die Errichtung, Änderung und

---

9 Z. B. durch die einer Nachbargemeinde erteilte Genehmigung zur Errichtung einer Schule. Dazu VG Potsdam, NVwZ-RR 1996, 332.
10 Hierzu auch BbgVerfG, SPE n. F. 754 Nr. 6, S. 30 f.
11 Gerhard *Anschütz*: Die Verfassung des Deutschen Reichs vom 11. August 1919. Kommentar. 14. Aufl., Berlin 1933, Art. 143 Anm. 2.
12 § 4 Abs. 2 BremSchVwG.

Aufhebung von Schulen sowie deren Unterhaltung und Verwaltung[13]. *Rheinland-Pfalz* bestimmt als Aufgabe der (kommunalen) Schulträger, das Verwaltungs- und Hilfspersonal sowie den Sachbedarf der Schule bereitzustellen, die hiermit verbundenen Kosten zu tragen sowie das Schulvermögen zu verwalten. Errichtung und Aufhebung von Schulen sind indes nicht Sache des Schulträgers, sondern der staatlichen Schulbehörde; sie bedarf allerdings zu diesen Maßnahmen grundsätzlich der Zustimmung des Schulträgers[14]. In *Baden-Württemberg*, im *Saarland* und in *Sachsen* gilt als Schulträger, wer die sächlichen Kosten der Schule trägt. Doch erschöpft sich in diesen Ländern die Trägerschaft keineswegs in der Verantwortung für den Sachaufwand; auch dort sind es in erster Linie die Schulträger, die die Schulen organisieren und verwalten[15]. *Bayern* verwendet eine abweichende Terminologie. Es unterscheidet zwischen staatlichen und kommunalen Schulen, je nachdem, wer Dienstherr des Lehrpersonals ist: bei staatlichen Schulen das Land, bei kommunalen Schulen die kommunale Körperschaft (Gemeinde, Landkreis, Bezirk oder Zweckverband)[16]. Eine staatliche Schule wird durch das Land, eine kommunale Schule durch die kommunale Körperschaft errichtet und aufgelöst. Vor Errichtung und Auflösung einer staatlichen Schule ist das Benehmen mit der Kommune herzustellen; die Errichtung einer kommunalen Schule ist der Schulaufsichtsbehörde vorher anzuzeigen[17]. Bei staatlichen Schulen trägt das Land den Personalaufwand (den Aufwand für Lehrkräfte und Verwaltungspersonal), die kommunale Körperschaft den Schulaufwand (den nicht zum Personalaufwand gehörenden übrigen Aufwand); bei kommunalen Schulen hat die kommunale Körperschaft sowohl den Personalaufwand als auch den Schulaufwand zu übernehmen[18].

9.22 Definition des Schulträgerbegriffs

Die Übersicht läßt erkennen, daß trotz einiger Besonderheiten der Aufgabenbereich des Schulträgers in den Ländern weitgehend gleichartig ist. Danach ergibt sich: 1. Der Schulträger ist für schulische *Organisationsmaßnahmen*, d. h. für Errichtung, Änderung und Aufhebung der Schulen, zuständig. 2. Er deckt den *Sachbedarf der Schule* (Gebäude, Innenausstattung, Lehrmittel) und stellt das *Verwaltungspersonal*[19]. 3. Er ist für die *laufende Verwaltung* der

---

13 § 2 Abs. 2 bln SchulG, § 99 Abs. 2 Satz 1 BbgSchulG, § 155 HSchG, § 102 Abs. 2 Satz 2 SchulG M-V, § 64 Abs. 1 Satz 1 SchulG LSA, § 53 Abs. 1 und 2 sh SchulG. Berlin unterscheidet zwischen dem Land als »Träger des öffentlichen Schul- und Unterrichtswesens« (§ 2 Abs. 1 Satz 1 SchulG) und den Bezirken als den Verwaltungseinheiten, die die Schulen »errichten und unterhalten« (§ 2 Abs. 2 Satz 2 SchulG).
14 §§ 61 Abs. 3 Satz 1, 62 Abs. 2, 76 Abs. 1, 79 Abs. 1 und 2 SchulG. Bei rein kommunalen Schulen steht dem Schulträger auch die Organisationsgewalt über die Schulen zu (§ 82 SchulG).
15 §§ 27 ff. bw SchG; §§ 16 Abs. 2, 37 ff. saarl SchoG; §§ 21 ff. sächs SchulG.
16 Art. 3 Abs. 1 Satz 2 und 3 BayEUG.
17 Vgl. Art. 26 Abs. 1, Art. 27 BayEUG. Die kommunale Körperschaft wird hinsichtlich der kommunalen Schulen ausdrücklich als Schulträger bezeichnet (Art. 27 Abs. 2 Satz 1, Art. 34 Abs. 2 Satz 3 BayEUG).
18 Art. 2, 3, 6, 8 und 15 BaySchFG.
19 Zur dienstrechtlichen Zuordnung der Lehrer s. TZ 9.6.

Schule verantwortlich. 4. Er trägt die mit den vorgenannten Aufgaben verbundenen Aufwendungen. Kurz: *Schulträger ist, wer die äußeren Schulangelegenheiten verwaltet und die sächlichen Schulkosten trägt.*

9.3 Kompetenzordnung der Schulträgerschaft[20]

9.31 Kommunale und staatliche Schulträgerschaft

Zwar hat sich in den Ländern die *kommunale Schulträgerschaft* der Gemeinden und Kreise *als Regelform herausgebildet* (s. TZ 9.12). Soweit es sich aber um *Schulen von überregionaler Bedeutung* handelt (insbesondere zentrale Berufsschulen für Auszubildende aus Streu- und Splitterberufen, bestimmte Fachschulen und Versuchsschulen, Kollegs), ist im allgemeinen dem *Staat (Land)* die *Schulträgerschaft* zugeordnet. Besonderheiten gelten in Bayern (TZ 9.21). Dort sind die Volksschulen (Grund- und Hauptschulen), die Volksschulen für Behinderte, die Berufsschulen und die Berufsschulen für Behinderte ausnahmslos staatliche Schulen[21]; die Schulen der übrigen Schularten können als kommunale oder als staatliche Schulen geführt werden[22]. In *Hamburg* ist die Unterscheidung der öffentlichen Schulen nach der Trägerschaft gegenstandslos, da Staat und Gemeinde identisch sind; demgemäß gibt es nur staatliche Schulen[23].

9.32 Ebenen kommunaler Schulträgerschaft (Gemeinde, Kreis, Zweckverband)[24]

Von der Kommunalorganisation, dem Einzugsbereich der Schulen und der Größe leistungsfähiger kommunaler Einheiten hängt es ab, welcher kommunalen Ebene der Gesetzgeber die Schulträgerschaft zuweist (vgl. TZ 9.12). Schulträger der *Grund- und Hauptschulen*, in den Flächenländern häufig auch der *Realschulen* sind die Stadt- und Landgemeinden oder Kommunalverbände (z.B. Samtgemeinden in Niedersachsen, Verbandsgemeinden in Rheinland-Pfalz, Zweck- oder Schulverbände). Das gilt für Baden-Württemberg, Brandenburg, Mecklenburg-Vorpommern, Niedersachsen (nur hinsichtlich der Grundschulen), Nordrhein-Westfalen, Rheinland-Pfalz, Saarland, Sachsen, Sachsen-Anhalt (nur hinsichtlich der Grundschulen) und

---

20 Dazu die Übersicht über die Länder unter TZ 10.6.
21 Art. 26 Abs. 1 BayEUG.
22 Die Errichtung einer kommunalen Schule ist gem. Art. 27 Abs. 1 Satz 1 BayEUG zulässig, wenn gewährleistet ist, daß die Ausbildung der Lehrer hinter der bei entsprechenden staatlichen Schulen eingesetzten Lehrer nicht zurücksteht und die Schulräume und -anlagen die Durchführung einwandfreien Schulbetriebs sicherstellen.
23 Vgl. § 111 HmbSG. In Berlin nehmen die Bezirke Schulträgerfunktionen wahr (§ 2 Abs. 2 SchulG); die Bezirke sind nichtrechtsfähige Verwaltungseinheiten (§ 2 Abs. 1 Bezirksverwaltungsgesetz), die ihre Aufgaben gleichwohl »nach den Grundsätzen der Selbstverwaltung« erfüllen (Art. 66 Abs. 2 Verf.).
24 Dazu *Püttner*: Schulrecht, S. 778 f. Rn. 241 f.

Schleswig-Holstein[25]. Träger der Schulen der *übrigen Schularten* sind in der Regel große kreisangehörige Städte und Gemeinden, Zweckverbände, die kreisfreien Städte und die Landkreise[26]; für die Schularten der Sekundarstufe II kommen fast nur Träger oberhalb der Ebene kreisangehöriger Gemeinden (also kreisfreie Städte und Landkreise) oder Zweckverbände in Betracht. In Bremen steht den Stadtgemeinden Bremen und Bremerhaven die Trägerschaft sämtlicher Schularten zu[27]. In Hessen und Thüringen sind grundsätzlich die kreisfreien Städte und Landkreise Schulträger; doch kann das Kultusministerium unter bestimmten Voraussetzungen von dieser Zuordnung abweichen und einer Gemeinde die Übernahme der Schulträgerschaft gestatten[28].

9.33 Sonstige Schulträger

Einige Länder kennen öffentliche Schulen, die weder in staatlicher noch in kommunaler Trägerschaft betrieben werden. Hierzu rechnen die *Kammerschulen* in *Nordrhein-Westfalen* und *Schleswig-Holstein* (berufsbildende Schulen einer Handwerkskammer, Industrie- und Handelskammer oder Landwirtschaftskammer) sowie die Sonderschulen von überregionaler Bedeutung des *Landeswohlfahrtsverbands Hessen*[29].

9.4 Kommunale Schulträger und Staat

Die mit der Schulträgerschaft verbundenen Aufgaben sind in der Regel *pflichtige Selbstverwaltungsaufgaben*: Sie gehören zwar zum eigenen Wirkungskreis der Kommunen; die Aufgabenwahrnehmung ist ihnen jedoch

---

25 § 28 Abs. 1, § 31 bw SchG; § 100 Abs. 1, § 101 BbgSchulG; § 103 Abs. 1 Satz 1 Nr. 1, § 104 Abs. 2 SchulG M-V; § 102 Abs. 1, § 104 NSchG; § 10 Abs. 1 und 2, § 11 nrw SchVG; § 63 Abs. 1 Satz 1 Nr. 1 und 2, § 66 rp SchulG; § 38 Abs. 1 und 2, § 39 saarl SchoG; § 22 Abs. 1 Satz 1 sächs SchulG; § 65 Abs. 1, § 66 SchulG LSA; §§ 67 f., 73 ff. sh SchulG.
26 In Baden-Württemberg sind Gemeinden und Gemeindeverbände auch Träger der Gymnasien und Sonderschulen. In Nordrhein-Westfalen sind die Gemeinden verpflichtet, Realschulen, Gymnasien und Gesamtschulen zu errichten und fortzuführen, wenn ein Bedürfnis dafür besteht. In Sachsen sind die Gemeinden Schulträger sämtlicher allgemeinbildenden Schulen, der entsprechenden Förderschulen und der Schulen des zweiten Bildungswegs. In Schleswig-Holstein sind die Gemeinden, die durch Verordnung der Landesregierung als zentrale Orte festgelegt wurden, Träger der Gymnasien und der Gesamtschulen. Im Saarland ist die Schulträgerschaft für Gymnasien, Abendgymnasien und das Saarland-Kolleg vom Land auf die Gemeindeverbände übergegangen. Dagegen erhob ein Landkreis wegen der Kostenbelastung Verfassungsbeschwerde, die vom Verfassungsgerichtshof des Saarlands als unbegründet zurückgewiesen wurde, weil die Verlagerung der Schulträgerschaft auf Gemeinden und Gemeindeverbände keine Einschränkung, sondern eine Erweiterung der kommunalen Selbstverwaltung bedeute (SaarlVerfGH, NVwZ-RR 1995, 153); dazu näher Hansgünter *Lang*: Die Entwicklung des Schulrechts im Saarland von 1985 bis 1996, RdJB 1996, 383 (387).
27 § 4 Abs. 1 BremSchVwG.
28 § 138 Abs. 1 HSchG, § 13 Abs. 2 Satz 3 ThürSchulG.
29 § 3 Abs. 2 Satz 1 nrw SchVG, § 70 Abs. 2 bis 4 sh SchulG, § 139 Abs. 1 HSchG.

nicht freigestellt, sondern durch Gesetz vorgeschrieben[30]. Manchmal handelt es sich um die Erfüllung *freiwillig* übernommener Selbstverwaltungsaufgaben. Beispiele hierfür: Gründung und Unterhaltung weiterführender Schulen ohne rechtliche Verpflichtung[31], zusätzliche Unterrichtsangebote, Förderung des Schulsports, Schulspeisung. Daneben findet sich in Ausnahmefällen die Übernahme sog. *Auftragsangelegenheiten*; hierbei handelt es sich um staatliche Aufgaben, die die kommunalen Schulträger nach staatlicher Weisung zu erfüllen haben[32] (s. auch TZ 16.52).

Die kommunalen Schulträger unterstehen nicht nur der allgemeinen Kommunalaufsicht, sondern auch der Schulaufsicht des Staates (dazu TZ 16.2). Darüber hinaus sind sie in die übergreifenden Regelungen und Planungen des Landes einbezogen. Das hat zur Folge, daß sie bei der Verwaltung der äußeren Schulangelegenheiten nicht über die unbeschränkten Befugnisse verfügen, die den Gemeinden und Gemeindeverbänden ihren sonstigen Einrichtungen gegenüber nach Kommunalrecht zustehen. Die Zugehörigkeit ihrer Schulen zum öffentlichen Schulwesen legt den Kommunen Pflichten und Einschränkungen auf, die teils auf rechtlichen Regelungen, teils auf Verwaltungsvorschriften der Schulaufsichtsbehörde beruhen. Dem Staat stehen hierbei vielfältige Steuerungsmöglichkeiten zur Verfügung, die den Gestaltungsspielraum der Kommunen auf schulischem Gebiet nicht unerheblich einschränken[33].

9.41 Einwirkungen des Staates auf Schulbau und Schulentwicklungsplanung

9.411 Die Schulträger sind verpflichtet, für das notwendige *Schulangebot* zu sorgen und es *nach Maßgabe des (öffentlichen) Bedürfnisses* zu gestalten[34]. Dabei ist die Errichtung neuer und die organisatorische Änderung oder Aufhebung bestehender Schulen an die *schulaufsichtliche Genehmigung* gebun-

---

30 S. etwa § 48 Abs. 1 bw SchG, § 99 Abs. 2 Satz 1 BbgSchulG, § 147 Satz 1 HSchG, § 102 Abs. 1 SchulG M-V, § 101 Abs. 2 NSchG, § 59 Satz 2 rp SchulG, § 51 saarl SchoG, § 23 Abs. 1 sächs SchulG, § 64 Abs. 3 Satz 1 SchulG LSA, § 52 sh SchulG. Zur Unterscheidung zwischen freiwilligen und pflichtigen Selbstverwaltungsangelegenheiten *Wolff/Bachof/Stober*: Verwaltungsrecht II, S. 56; Eberhard *Schmidt-Aßmann*: Kommunalrecht, in: ders. (Hrsg.): Besonderes Verwaltungsrecht. 11. Aufl., Berlin 1999, S. 1 (31 Rn. 35).
31 S. z. B. § 10 Abs. 7 Satz 1 nrw SchVG.
32 Dazu *Wolff/Bachof/Stober*: Verwaltungsrecht II, S. 89 f.
33 Dazu Ingo *Richter*: Gestaltungsspielräume der kommunalen Schulträger beim Schulangebot, DÖV 1992, 144.
34 S. etwa § 27 Abs. 2 bw SchG, § 104 Abs. 1 Satz 1 BbgSchulG, § 144 HSchG, § 106 Abs. 1 Satz 1 NSchG, § 10 Abs. 2 Satz 2 nrw SchVG, § 21 Abs. 2 sächs SchulG. Zur Frage, ob eine Gemeinde verpflichtet ist, eine Gesamtschule zu errichten, weil ein entsprechendes Bedürfnis besteht: OVG Münster, NVwZ 1987, 705; NVwZ 1991, 193; Städte- und Gemeinderat 5/1998, 120. Zur Bedeutung der Feststellung des öffentlichen Bedürfnisses für Einrichtung und (Teil-)Aufhebung einer Schule s. OVG Bautzen, Beschl. vom 24.10.1996 (Az. 2 S 485/96), wiedergegeben in SchVw MO 1997, 263; vgl. auch OVG Münster, SchVw NRW 1997, 188.

den[35]. Diese Bindung der Schulträger ergibt sich aus der in Art. 7 Abs. 1 GG gründenden Befugnis des Staates zur zentralen Ordnung und Organisation des Schulwesens mit dem Ziel, ein Schulsystem zu gewährleisten, das allen Bürgern gemäß ihren Fähigkeiten die dem heutigen gesellschaftlichen Leben entsprechenden Bildungsmöglichkeiten eröffnet[36].

9.412 Die staatlichen Vorgaben beeinflussen nicht zuletzt die kommunale *Schulentwicklungsplanung.* Soweit die Schulträger für die Aufstellung von Schulentwicklungsplänen überhaupt zuständig sind – so in Brandenburg, Hessen, Niedersachsen, Nordrhein-Westfalen, Sachsen-Anhalt und Thüringen –, haben sie die Festlegung höherrangiger Planungen, insbesondere die Ziele der Raumordnung und Landesplanung zu beachten[37]; außer in Nordrhein-Westfalen bedürfen die Schulentwicklungspläne überdies staatlicher Genehmigung.

9.413 Mehr noch als die Schulentwicklungsplanung ist die Ausführung der Baumaßnahmen von den Ländern bis ins einzelne durch *Schulbaurichtlinien* und *Raumprogramme* geregelt. Diese sind in den Amtsblättern der staatlichen Schulverwaltungen und der staatlichen Bauverwaltungen veröffentlicht. Bis 1984 bestand in Berlin ein von den Ländern gemeinsam finanziertes Schulbauinstitut, das die Schulträger beim Bau der Schulen zu beraten und die Entwicklung des in- und ausländischen Schulbaus zu beobachten hatte; dessen Aufgaben werden seither von einer der Kultusministerkonferenz angegliederten Zentralstelle für Normungsfragen und Wirtschaftlichkeit im Bildungswesen mit Sitz in Berlin wahrgenommen.

---

35 S. etwa § 30 Abs. 1 Satz 1, Abs. 3 Satz 1 bw SchG; § 104 Abs. 2 BbgSchulG; § 104 Satz 2 HSchG; § 106 Abs. 6 Satz 1 NSchG; § 8 Abs. 2 Satz 1 nrw SchVG; § 79 Abs. 1 Satz 2, Abs. 2 rp SchulG; § 40 Abs. 1 saarl SchoG; § 24 Abs. 1, Abs. 3 Satz 1 sächs SchulG; § 57 Abs. 3 sh SchulG; § 13 Abs. 3 Satz 1 ThürSchulG. In Bayern hingegen braucht die Errichtung einer kommunalen Schule der Schulaufsichtsbehörde nur angezeigt zu werden (vgl. TZ 9.21). Zur staatlichen Genehmigung als Voraussetzung für die sofortige Vollziehung eines Schulauflösungsbeschlusses s. OVG Münster, NVwZ-RR 1992, 21. Zur Versagung der staatlichen Ausnahmegenehmigung für die Einrichtung einer nur einzügigen 7. Jahrgangsstufe einer Realschule in Brandenburg: OVG Frankfurt (Oder), LKV 1998, 277.
36 BVerfGE 34, 165 (182); 59, 360 (377).
37 S. etwa § 102 BbgSchulG, § 145 HSchG, § 107 Abs. 3 SchulG M-V, § 26 NSchG, § 10 b nrw SchVG, § 22 SchulG LSA, § 41 ThürSchulG. Zur Rolle der Schulregionkonferenz bei der Schulentwicklungsplanung im Saarland s. § 57 Abs. 1 Satz 3 Nr. 1, Abs. 2 saarl SchumG. In Niedersachsen und Sachsen-Anhalt sind nur die Landkreise und kreisfreien Städte für die Schulentwicklungsplanung zuständig, nicht aber die Gemeinden, obwohl auch sie Schulträger sein können (§ 26 Abs. 2 Satz 1 NSchG, § 22 Abs. 2 Satz 1 SchulG LSA). Das Verfassungsgericht des Landes Brandenburg hat den früheren § 102 Abs. 4 Satz 1 BbgSchulG, der eine entsprechende Regelung enthielt, für unvereinbar mit dem durch die Landesverfassung gewährleisteten gemeindlichen Selbstverwaltungsrecht erklärt, »soweit er den Gemeinden – auch den leistungsfähigen und -willigen – jedwede Möglichkeit einer eigenen Schulentwicklungsplanung entzieht« (BbgVerfG, SPE 754 Nr. 6, S. 36); der Gesetzgeber hat durch eine Neufassung des Gesetzes die Konsequenzen aus diesem Urteil gezogen.

9.42 Sonstige Beschränkungen der kommunalen Schulträgerschaft

9.421 Soweit die Schüler nicht bestimmten Schuleinzugsbereichen oder Schulbezirken gesetzlich zugeordnet sind, besteht eine *Pflicht zur Schüleraufnahme* unabhängig von dem Wohnsitz des Aufzunehmenden; die Aufnahme darf nur abgelehnt werden, wenn die Kapazität der Schule erschöpft ist (im einzelnen TZ 26.22). Vorrangig sind solche Schüler aufzunehmen, die keine andere Schule erreichen können oder bei denen besondere Umstände den Besuch gerade dieser Schule notwendig machen.

9.422 Die kommunalen Schulträger sind an die *Allgemein- und Sonderanordnungen schulfachlicher Art* gebunden, welche die Schulaufsicht im Rahmen ihrer Befugnisse erläßt. Gliederung des Schulwesens, Klassenhöchstfrequenzen[38], Lehrpläne, Stundentafeln, Ferienordnungen, Prüfungs- und Versetzungsordnungen sind für Schulen in kommunaler Trägerschaft ebenso verbindlich wie für Schulen in staatlicher Trägerschaft.

9.423 Will der Schulträger der Schule einen *Namen* geben, so bedarf dieser Akt in den meisten Ländern schulaufsichtlicher Genehmigung[39].

9.424 Bei der Durchführung der *Lernmittelfreiheit* (TZ 31.42) dürfen die dafür zuständigen Kommunen nur solche Schulbücher anschaffen, die im ministeriellen Zulassungsverfahren gebilligt worden sind (TZ 4.114); hierbei überlassen sie in der Regel die Entscheidung darüber, welche Bücher gekauft werden sollen, der Einzelschule.

9.425 Organisation und Modalitäten der *Schülerbeförderung* (TZ 31.43) sind durch landesrechtliche Regelungen oft bis ins Detail vorgegeben. Sie legen die Voraussetzungen fest, die zur Teilnahme am kostenlosen Schülertransport oder zur Fahrkostenerstattung bei Benutzung öffentlicher oder privater Verkehrsmittel berechtigen; sie bestimmen Buskapazitäten, zulässige Fahrzeiten usw. Sind, wie in den meisten Ländern, die Kommunen (Landkreise und kreisfreie Städte) für die Organisation der Schülerbeförderung zuständig, können sie ggf. vom Land Erstattung ihrer Aufwendungen nur verlangen, soweit sie diese Richtlinien einhalten.

---

38 Zur Vereinbarkeit der Koordinierungsaufgabe der Schulaufsichtsbehörde (bei der Umsetzung von Klassenfrequenzrichtlinien) mit dem Selbstverwaltungsrecht des kommunalen Schulträgers s. NRWVerfGH, NVwZ-RR 1994, 158 (160).

39 S. etwa § 79 Abs. 4 Satz 2 rp SchulG, § 28 Abs. 2 sh SchulG, § 13 Abs. 6 ThürSchulG (»im Einvernehmen mit dem Kultusministerium«). In manchen Ländern ist der Schulträger verpflichtet, die Schulaufsichtsbehörde von der beabsichtigten Bezeichnung zu unterrichten; die Behörde kann unter bestimmten Umständen die Führung des Namens untersagen (z. B. § 24 Abs. 2 bw SchG, § 18 Abs. 2 saarl SchoG). Aus der Literatur: Helmut *Winkelmann*: Das Recht der öffentlich-rechtlichen Namen und Bezeichnungen – insbesondere der Gemeinden, Straßen und Schulen, Stuttgart 1985.

9.5 Organisation der kommunalen Schulverwaltung

9.51 Zuständigkeiten

Organe der kommunalen Schulverwaltung sind die gesetzlich bestimmten Vertretungs- und Verwaltungsorgane des Schulträgers (Gemeinderat, Verwaltungsausschuß, Schulausschuß, Schuldeputation, Verbandsausschuß, Bürgermeister, Landrat, Verbandsvorsteher u. a.). Die laufenden Verwaltungsaufgaben werden durch die damit betrauten Kommunalbeamten oder -angestellten wahrgenommen, in den größeren Kommunen durch fachlich vorgebildete Beamte (Stadt- oder Kreisschulrat, Schul- und Oberschulräte, Referenten). Die kommunale Schulverwaltung ist Bestandteil der gesamten Verwaltung des Schulträgers; als Kommunalbehörde arbeitet sie nach den Vorschriften und Grundsätzen des Kommunalrechts.

9.52 Organisatorische Besonderheiten

In mehreren Ländern sind für den schulischen Bereich der Kommunalverwaltung organisatorische Besonderheiten vorgesehen.

9.521 In *Baden-Württemberg* können die Schulträger einen *Schulbeirat* als beschließenden oder beratenden Ausschuß bilden, der in allen wichtigen Schulangelegenheiten zu hören ist. Mitglieder sind Vertreter der Schulleiter, der Lehrer, der Eltern, der Schüler, der Religionsgemeinschaften und, wenn auch berufliche Schulen beteiligt sind, Vertreter der für die Berufserziehung der Schüler Mitverantwortlichen[40]. In *Brandenburg* gibt es einen *Kreisschulbeirat*, der mit dem staatlichen Schulamt und dem Landrat bzw. Oberbürgermeister schulische Angelegenheiten des Kreises oder der kreisfreien Stadt berät; er ist bei der Schulentwicklungsplanung, der Errichtung, Änderung oder Auflösung von Schulen, der Festlegung und Veränderung von Schulbezirken, bei Schulbaumaßnahmen sowie bei Grundsätzen der Schülerbeförderung zu hören. Mitglieder des Kreisschulbeirats sind der Vorsitzende des Schulausschusses des Kreistags bzw. der Stadtverordnetenversammlung, je ein Vertreter der Schüler, Eltern und der Lehrer an Ersatzschulen sowie im Siedlungsgebiet der Sorben ein Vertreter dieser Bevölkerungsgruppe[41].

9.522 Die nach schulgesetzlichen Vorschriften der Länder *Hessen*, *Niedersachsen*, *Nordrhein-Westfalen* und *Rheinland-Pfalz* gebildeten und nach Kommunalverwaltungsrecht arbeitenden *Schulkommissionen* (Schulausschüsse, Schulträgerausschüsse) werden durch Lehrer- und Elternvertreter (in Nordrhein-Westfalen nur Lehrervertreter) erweitert. In Hessen und Niedersachsen gehören auch Vertreter der Schüler dem Schulausschuß an; in Rheinland-Pfalz können sie mit beratender Stimme hinzugezogen werden. Weitere Mitglieder des Schulausschusses sind in Hessen und Nordrhein-West-

---
40 §49 SchG.
41 §137 BbgSchulG.

falen Vertreter der Kirchen, in Niedersachsen und Rheinland-Pfalz Arbeitnehmer- und Arbeitgebervertreter, sofern auch berufsbildende Schulen zu den Schulen des Schulträgers gehören. In Niedersachsen müssen die Mitglieder der Vertretungskörperschaft des Schulträgers über die Mehrheit verfügen[42].

9.523 Trotz der Identität von Staat und Gemeinde im Stadtstaat *Berlin* (Art. 1 Abs. 1 Verf.) erwachsen praktische Verwaltungsprobleme daraus, daß den *Bezirken*, an sich Untergliederungen der Gesamtstadt, durch die Verfassung eine eingeschränkte Selbstverwaltung eingeräumt ist (Art. 66 Abs. 2, 67 Abs. 2), die sich auch auf die Verwaltung der äußeren Schulangelegenheiten erstreckt[43].

9.524 Die Schulträger werden in ihrer Arbeit durch die *überschulischen Vertretungsorgane* der Schüler und Eltern unterstützt (TZ 8.14, 8.24). Diese sind zwar nicht der kommunalen Schulverwaltung zuzurechnen, können aber durch ihr Gewicht die Entscheidungen des Schulträgers beeinflussen.

9.6 Dienstrechtliche Zuordnung der Lehrer[44]

Lehrer an öffentlichen Schulen können Bedienstete des Landes, des kommunalen oder eines sonstigen Schulträgers sein.

9.61 Lehrer als Landesbedienstete

In den meisten Ländern sind sämtliche Lehrer, also auch die Lehrer an Schulen in kommunaler Trägerschaft, Landesbedienstete. Demnach ist das Land zuständig für Anstellung, Beförderung, Versetzung und für alle sonstigen dienstrechtlichen Maßnahmen. Kommunale Mitwirkungsrechte bei der Auswahl der Schulleiter und Lehrer sind in verschiedenen Formen verwirklicht[45].

9.611 Bei den *Schulen in kommunaler Trägerschaft* ist im allgemeinen den Kommunen gesetzlich oder durch Verwaltungsübung das Recht zugebilligt, vor entscheidenden personalpolitischen Maßnahmen gehört zu werden. Die kommunale Mitwirkung läßt allerdings die Rechtsstellung der Lehrer unberührt; der kommunale Schulträger wird nicht Dienstherr des staatlichen Lehrers und nimmt auch an der staatlichen Dienstgewalt keinen Anteil[46].

---

42 § 148 HSchG, § 110 NSchG, § 12 nrw SchVG, § 78 rp SchulG.
43 § 2 Abs. 2–4 SchulG.
44 Dazu die Übersicht über die Länder unter TZ 10.6.
45 Helmut *Kauther*/Jochen *Stemplewski*: Kommunale Beteiligung an Personalentscheidungen und an der Schulaufsicht, RdJB 1988, 306; vgl. zu Nordrhein-Westfalen Joachim *Hoffmann*: Die Beteiligungsrechte kommunaler Schulträger an Personalentscheidungen des Landes, NWVBl 1992, 45.
46 Begeht die Kommune bei der Ausübung des ihr gesetzlich eingeräumten Vorschlagsrechts für eine Beförderungsstelle einen Ermessensfehler, so kann der übergangene Lehrer Schadensersatz wegen Amtspflichtverletzung verlangen (BGH, DVBl. 1994, 1065).

9.612 Bei der Auswahl der Lehrer an *Schulen in staatlicher Trägerschaft* entfällt die kommunale Mitwirkung.

9.62 Lehrer als Kommunalbedienstete

In *Bayern* sind die Lehrer an kommunalen Schulen ausnahmslos Bedienstete der kommunalen Körperschaft (dementsprechend die Lehrer an staatlichen Schulen stets Landesbeamte). In *Bremen* fallen (kommunale) Schulträgerschaft und Dienstherreneigenschaft zusammen; die Lehrer sind also Bedienstete der Stadtgemeinden Bremen und Bremerhaven[47]. In *Rheinland-Pfalz* sind die Lehrer an kommunalen beruflichen Vollzeitschulen gleichfalls Beamte des kommunalen Trägers[48].
Dienstvorgesetzter der als Kommunalbediensteten eingestellten Lehrer ist die durch das Kommunalverfassungsrecht des Landes bestimmte Stelle. Dabei bleibt die staatliche Schulaufsicht und damit die Verantwortung des Staates für die inneren Schulangelegenheiten unberührt. Die staatliche Schulbehörde hat die fachliche und pädagogische Eignung auch dieser Lehrer zu überprüfen. Sie hat die Mindestzahlen der Lehrer und der Lehrerstellen sowie das Verhältnis der Schülerzahl zur Lehrerzahl (Meßzahl) festzusetzen und den Umfang der *Lehrverpflichtung* (Pflichtstundenmaß, Regelstunden der Lehrer) zu bestimmen. Ferner sind Dienst- und Konferenzordnungen, Anordnungen über eine gesundheitliche Überwachung der Lehrer zum Schutz der Schüler vor Ansteckung usw. für den kommunalen Träger und die Lehrer bindend. Auch darf der kommunale Dienstherr, der über mehrere Schulen verfügt, Lehrer ohne schulaufsichtliche Zustimmung nicht von einer Schule zur anderen versetzen, weil die Schulaufsicht sonst für das Schulwesen insgesamt wie für die Arbeit der einzelnen Schule in Unterricht und Erziehung nicht mehr einstehen könnte.

9.63 Lehrer als Bedienstete sonstiger Träger

Die Lehrer an den Kammerschulen in Nordrhein-Westfalen (vgl. TZ 9.33) stehen im Dienst des jeweiligen Schulträgers[49].

---

47 § 4 Abs. 1 und 2, § 8 BremSchVwG.
48 In Rheinland-Pfalz werden die Schulen, bei denen die Kommune nicht nur Schulträger, sondern auch Dienstherr der Lehrer ist und sämtliche Personalkosten trägt, als kommunale Schulen bezeichnet; als solche kommen nur berufsbildende Vollzeitschulen in Betracht (§ 82 SchulG). Den Regelfall bilden wie anderswo die Schulen in kommunaler Trägerschaft, deren Lehrer im Dienste des Landes stehen und von diesem besoldet werden; sie heißen in Rheinland-Pfalz, wie auch in Thüringen, staatliche Schulen (§ 60 Satz 1 rp SchulG, § 13 Abs. 1 Satz 1 ThürSchulG).
49 § 22 Abs. 2 Satz 1 nrw SchVG.

10. Kapitel: Schulfinanzierung (Schulunterhaltung)[1]

Die bei der Finanzierung der öffentlichen Schulen anfallenden Kosten lassen sich nach Personal- und Sachkosten unterscheiden. Diese Unterscheidung ist für die Kostenträgerschaft bedeutsam.

10.1 Personalkosten

10.11 Kosten des lehrenden Personals

Die Kosten des lehrenden Personals sind vom Dienstherrn zu tragen. In der Regel übernimmt also das *Land* die Besoldung und Versorgung der Lehrer. Sofern ausnahmsweise kommunale oder sonstige nichtstaatliche Schulträger Dienstherren des Lehrpersonals sind (vgl. TZ 9.62, 9.63), kommen sie für die Kosten auf; die Ausgaben werden ihnen allerdings vom Land ganz oder teilweise erstattet.

10.12 Kosten des nichtlehrenden Personals

Der *Schulträger*, der das nichtlehrende Personal (Verwaltungspersonal, Hausmeister, Reinigungskräfte u.a.) zu stellen hat (vgl. TZ 9.22), trägt auch die dadurch entstehenden Kosten[2]. Unterschiedlich ist die Aufbringung der Kosten für die Bediensteten geregelt, die weder der Gruppe der Lehrer angehören noch dem Verwaltungs- und Hilfspersonal der Schule zuzurechnen sind (Schulpsychologen, Pädagogische Assistenten, Schulassistenten, Sozialpädagogen, Erziehungsberater u.a.). Teils – so in Bayern, Niedersachsen und Sachsen-Anhalt – fallen diese Ausgaben beim Land, teils – so etwa in Nordrhein-Westfalen – beim Schulträger an.

---

[1] *DJT-SchulGE*, §§ 99–103 (S. 119 ff.), S. 372 ff.; Detlef *Czybulka*: Rechtsprobleme des Schulfinanzierungsrechts, Berlin 1993; Rüdiger *Haug*: Die Ausgaben des staatlichen Schulwesens als Orientierungsrahmen für die öffentliche Finanzhilfe an Schulen in freier Trägerschaft, in: Friedrich Müller/Bernd Jeand'Heur (Hrsg.): Zukunftsperspektiven der Freien Schule. Dokumentation, Diskussion und praktische Folgen der Rechtsprechung des Bundesverfassungsgerichts seit dem Finanzhilfe-Urteil. 2. Aufl., Berlin 1996, S. 195 ff. Vgl. auch die Beiträge in RdJB Heft 1/1993: Rainer *Block*/Herbert *Ehsmajor-Griesmann*/Klaus *Klemm*: Perspektiven der Bildungsfinanzierung (S. 2), Günter *Püttner*: Grundbedingungen des Haushaltsrechts im Bildungswesen (S. 19), Christian *Jülich*: Finanzielle Grundsanierung des Schulwesens (S. 26), Rainer *Bölling*: Sparpolitik im Bildungswesen in historischer Perspektive (S. 57).

[2] Die Kosten für diese Personen werden landesrechtlich zumeist als Sachkosten bezeichnet (vgl. etwa § 113 Abs. 1 Satz 2 NSchG).

10.2 Sachkosten

Die Sachkosten werden von den *Schulträgern* aufgebracht[3]. Zu den Sachkosten gehören neben den Aufwendungen für die laufende Verwaltung, für die Innenausstattung und die Lehrmittel der Schule insbesondere die Schulbaukosten. Die Schulträger übernehmen ferner in manchen Ländern die Ausgaben zur Durchführung der Lernmittelfreiheit und der Schülerbeförderung. Schulbau, Bereitstellung der Lernmittel und Schülerbeförderung sind heute die kostenträchtigsten Aufgabenbereiche der kommunalen Schulträger. Gerade die Schülerbeförderung, die infolge der Konzentration der Schulversorgung (Auflösung kleiner wohnortnaher Schulen und ihre Ersetzung durch größere, wohnortferne Mittelpunktschulen) erheblich an Bedeutung gewonnen hat, belastet die kommunalen Haushalte stark. Für einige Aufwendungen der Kommunen, vor allem für die Kosten der Lernmittelfreiheit und der Schülerbeförderung, sind teilweise und unter bestimmten Voraussetzungen Erstattungen durch das Land vorgesehen. Überdies unterstützt der Staat leistungsschwache Schulträger durch einmalige Beihilfen zu größeren Bauvorhaben sowie durch besondere *Zuschüsse*[4] oder im Wege des Finanzausgleichs. Zu den verschiedenen Formen des Ausgleichs der Schullasten zwischen Land und kommunalen Schulträgern kommen *interkommunale Ausgleichszahlungen* durch Umlegung der Lasten nach bestimmten Schlüsseln, einmalige Baubeihilfen der Kreise für kreisangehörige Gemeinden und Gastschulbeiträge (Schulkostenbeiträge) der Wohnsitzgemeinden der Schüler – bei Berufsschulen der Arbeitsortsgemeinden – an den Schulträger (dazu die Übersicht in TZ 10.6).

10.3 Unterscheidung der Schulen nach der Kostenträgerschaft

Unter dem Gesichtspunkt der Kostenträgerschaft lassen sich die Schulen in staatliche, kommunale und staatlich-kommunale Schulen gliedern. Bei *staatlichen Schulen* ist das Land sowohl Schulträger als auch Dienstherr des Lehrpersonals; es bringt die gesamten dafür erforderlichen Mittel auf. Staatliche Schulen sind z. B. Kollegs (TZ 3.7). *Kommunale Schulen* sind solche, bei denen der kommunale Schulträger Dienstherr des lehrenden und nichtlehrenden Personals ist und überdies für den gesamten Personal- und Sachaufwand verantwortlich ist, so z. B. die Schulen in Bremen, zahlreiche Realschulen, Gymnasien und berufliche Schulen in Bayern und einige berufbildende Vollzeitschulen in Rheinland-Pfalz. Den Regelfall bilden die *staatlich-kommunalen Schulen*: Der (kommunale) Schulträger bringt die Sachkosten einschließ-

---

[3] Das gilt in Bayern auch hinsichtlich der staatlichen Schulen, die vom Land errichtet und aufgelöst werden. Hier kommt die kommunale Körperschaft für den Schulaufwand, d. h. den nicht zum Personalaufwand gehörenden übrigen Aufwand, auf (vgl. TZ 9.21).
[4] Zur Frage der Rechtmäßigkeit der Rückforderung staatlicher Zuschüsse zu kommunalen Schulbauvorhaben bei nachträglicher Zweckentfremdung OVG Koblenz, NVwZ 1988, 945 und 947.

lich der Aufwendungen für das nichtlehrende Personal auf; dem Staat als Dienstherrn der Lehrer obliegen die Kosten des Lehrpersonals[5].

10.4 Kultus- und Schulhaushalt[6]

Aufbringung, Bereitstellung und Bewirtschaftung der Mittel für das Schulwesen des Landes oder einer kommunalen Gebietskörperschaft richten sich nach den für alle öffentlichen Verwaltungen geltenden Grundsätzen des Haushalts- und Finanzrechts. Ein – für ein oder zwei Kalenderjahre maßgeblicher – *Haushaltsplan* wird im Entwurf aufgestellt, dem die Anforderungen der einzelnen Schule sowie schlüsselmäßige Ansätze der zentralen Verwaltungsstellen zugrunde liegen. Die Schulen melden ihre Schüler- und Klassenzahlen; danach werden Unterrichtsbedarf und Bedarf an Personalkosten aufgrund von Stundentafeln, Pflichtstunden der Lehrer, Klassenzahl usw. unter Berücksichtigung der Meßzahlen errechnet. Hierbei ergibt sich die Besonderheit, daß das Haushaltsjahr (1. 1. bis 31. 12.) und das jeweils zum 1. August beginnende Schuljahr nicht übereinstimmen; das hat zur Folge, daß der Bedarf weit im voraus ermittelt werden muß. Über den Haushaltsentwurf verhandeln zunächst Schul- und Finanzverwaltung. Sodann beschließt die Landesregierung – bei den kommunalen Gebietskörperschaften der Gemeindevorstand (z. B. der Magistrat) – über den Entwurf des Haushaltsplans, worauf dieser dem Landtag (der kommunalen Vertretungskörperschaft) zur Beratung und Entscheidung vorgelegt wird. Erst nach gesetzlicher bzw. satzungsrechtlicher Feststellung kann der Plan ausgeführt werden; ist er nicht rechtzeitig festgestellt, dürfen zunächst nur die notwendigen und unaufschiebbaren Ausgaben (z. B. für Gehälter) geleistet werden.

Die Verwaltungsorgane haben die Möglichkeit, die Mittel zentral zu bewirtschaften oder – was in der Regel den Vorzug verdient – *den Schulen Anteile* an den einzelnen Haushaltsansätzen *zur selbständigen Bewirtschaftung* zu überlassen (s. auch TZ 10.5). Im letzteren Fall pflegen die Verwaltungen *Zentralfonds* zu Ausgleichszwecken zurückzubehalten; daneben gibt es Haushaltspositionen, die aus der Natur der Sache zentral bewirtschaftet werden müssen (z. B. staatliche Beihilfen für Schulbaumaßnahmen). Verwaltungen wie Einzelschulen sind gehalten, den Rahmen der ihnen zur Verfügung stehenden Mittel nicht zu überschreiten und die Grundsätze der Wirtschaftlichkeit und Sparsamkeit zu beachten; sie unterliegen in ihrer Wirtschaftsführung der *Rechnungsprüfung*. Jeder Schulhaushalt ist ein *Defizithaushalt*; wenn überhaupt Einnahmen erzielt werden, sind sie gering im Vergleich zur Höhe der Ausgaben. Der Fehlbetrag wird aus den Gesamteinnahmen der Kostenträger gedeckt, also beim Staat aus Steuereinnahmen und Vermögenserträgen, bei den kommunalen Gebietskörperschaften aus Steuereinnahmen, Vermögenserträgen, Beihilfen, Zuschüssen und Gastschulbeiträgen, bei den Kammerschulen aus Mitgliedsbeiträgen und öffentlichen Beihilfen. Nicht zum öffentlichen Haushalt gehören Zuwendungen, die der Schule durch einen Förder-

---

5 Zu den staatlich-kommunalen Schulen in diesem Sinne gehören auch die »staatlichen« Schulen in Bayern, Rheinland-Pfalz und Thüringen.
6 Dazu *Püttner*, RdJB 1993, 19 ff.

verein zugute kommen; sie werden separat nach vereinsrechtlichen Grundsätzen vom Vorstand des Vereins oder, soweit es die Satzung bestimmt, vom Schulleiter verwaltet (TZ 11.222).

10.5 Budgetierung[7]

In einigen Ländern sind Schulträger nach dem Grundsatz der *dezentralen Ressourcenverantwortung* dazu übergegangen, den Handlungsspielraum der Einzelschule dadurch zu erhöhen, daß sie ihnen ein *Jahresbudget zu Selbstbewirtschaftung* von Sachmitteln zuteilen. Dieses Budget kann sämtliche Sachausgaben umfassen oder auf bestimmte Ausgabenarten (z. B. Beschaffung von Lehr- und Lernmitteln; Reinigung, Heizung, Strom; laufende Verwaltung) beschränkt sein. Es kann als Globalbudget ausgewiesen oder in einzelne, gegenseitig deckungsfähige Haushaltspositionen gegliedert sein. Außerdem wird den Schulen vielfach die Befugnis eingeräumt, nicht verbrauchte Mittel in das nächste Haushaltsjahr zu übertragen. Überdies gestatten manche Schulträger den Schulen, die ihnen zugewiesenen Gelder durch eigene Einnahmen zu erhöhen. Die Möglichkeit der Selbstbewirtschaftung von Haushaltsmitteln durch die Schule ist in den letzten Jahren durch schulgesetzliche Vorschriften verstärkt worden; nicht wenige Länder halten die Schulträger durch Sollvorschriften dazu an, den Schulen diese Befugnis einzuräumen[8].
Durch die Budgetierung wird die Schule in den Stand gesetzt, weitgehend selbst über den Einsatz der Mittel zu entscheiden und im Rahmen ihrer pädagogischen Eigenverantwortung (TZ 6.22 und 6.23) bedarfsgerecht besondere Akzente zu setzen (z. B. Einsparungen bei Bürokosten zugunsten der Förderung von Klassenfahrten). Dieses Verfahren dürfte auch der Wirt-

---

7 Dazu sehr informativ *Landesinstitut für Schule und Weiterbildung* des Landes Nordrhein-Westfalen (Hrsg.): Budgetierung und Schulentwicklung, Soest 1997 (Verfasser: Adolf *Bartz*); *Niedersächsischer Städte- und Gemeindebund* (Hrsg.): Budgetierung im Schulbereich – Handlungsempfehlungen und Arbeitshilfen, Hannover 1998; *Nordrhein-Westfälischer Städte- und Gemeindebund* (Hrsg.): Budgetierung im Schulbereich, Düsseldorf 1998, jeweils mit weiterführenden Literaturhinweisen. S. auch die Berichte der *Kommunalen Gemeinschaftsstelle*: Dezentrale Ressourcenverantwortung: Überlegungen zu einem neuen Steuerungsmodell, Köln 1991; Budgetierung: Ein neues Verfahren der Steuerung kommunaler Haushalte, Köln 1993; Neue Steuerung im Schulbereich, Köln 1996. Ferner der Erfahrungsbericht von Hermann *Janssen*/Horst-Dieter *Dropmann*: Flexible Haushaltsführung für Schulen. 10 Jahre Erfahrung in der Stadt Münster, SchVw NRW 1994, 236. Die mit der Budgetierung zusammenhängenden bildungsökonomischen Aspekte behandelt, auch unter Berücksichtigung ausländischer Erfahrungen, Manfred *Weiß*: Schulautonomie im Licht mikroökonomischer Bildungsforschung, in: Robert K. von Weizsäcker (Hrsg.): Deregulierung und Finanzierung des Bildungswesens, Berlin 1998, S. 15.
8 Im einzelnen: § 48 Abs. 2 Satz 2 bw SchG; Art. 14 Abs. 1 Satz 3 BaySchFG; § 18a Abs. 3 und 4 bln SchulG; § 7 Abs. 2 BbgSchulG (nach § 7 Abs. 3 des Gesetzes sollen darüber hinaus die staatlichen Schulämter den Schulen Entscheidungsbefugnisse über die Verwendung von Personalmitteln, mit der Möglichkeit der Selbstbewirtschaftung, einräumen); § 127a Abs. 3 HSchG; § 112 SchulG M-V; § 111 Abs. 1 NSchG; § 76 Abs. 3 rp SchulG; § 23 Abs. 2 Satz 2 sächs SchulG; § 64 Abs. 3 Satz 2 SchulG LSA; § 10 Abs. 1 Satz 3 ThürSchFG. In Bremen *müssen* die Stadtgemeinden den Schulen nach Maßgabe des Haushalts sowie nach nachvollziehbaren Kriterien die zur Erfüllung ihrer Aufgaben erforderlichen Haushaltsmittel zur Verfügung stellen (§ 4 Abs. 3 Satz 1 und Abs. 4 BremSchVwG).

schaftlichkeit und Sparsamkeit der Haushaltsführung zugute kommen, vor allem dann, wenn nicht verbrauchte Mittel auf das nächste Jahr ohne Reduzierung des zugewiesenen Haushalts übertragbar sind; dadurch wird der Versuchung entgegengewirkt, noch kurz vor Kassenschluß (»Dezemberfieber«) die Ausgabenpositionen zur Vermeidung von Kürzungen in den Folgejahren auszuschöpfen.
Mit der Budgetierung ist allerdings nicht nur ein höheres Maß an Gestaltungsfreiheit, sondern auch mehr Verantwortung und zusätzliche Arbeitsbelastung für den Schulleiter verbunden; die Schulen können diesen Aufgaben nur gerecht werden, sofern sie mit entsprechendem Verwaltungspersonal ausgestattet sind[9].

10.6 Schulträgerschaft, dienstrechtliche Zuordnung der Lehrer, Schulfinanzierung: Übersicht über die Länder

In der folgenden Übersicht werden in geraffter Form und unter Hinweis auf die maßgeblichen Vorschriften a) die Schulträgerschaft (TZ 9.1–9.5), b) die dienstrechtliche Zuordnung der Lehrer (TZ 9.6) und die Besonderheiten bei der Auswahl der Schulleiter (vgl. TZ 7.12) sowie c) die Schulfinanzierung (TZ 10.1–10.3) dargestellt.

Baden-Württemberg
a) §§ 27–31 SchG
Die Gemeinden sind Schulträger der Grund- und Hauptschulen, der Realschulen, der Gymnasien und der entsprechenden Sonderschulen. Die Landkreise sind Schulträger der beruflichen Gymnasien, der Berufsschulen, der Berufsfachschulen, der Berufskollegs, der Berufsoberschulen, der Fachschulen und der entsprechenden Sonderschulen; sie können unter bestimmten Voraussetzungen auch Träger von Realschulen, Gymnasien und Sonderschulen sein. Das Land ist Schulträger der Gymnasien in Aufbauform mit Heim, der Kollegs und der Heimsonderschulen; es kann Träger von Versuchsschulen und von Schulen besonderer pädagogischer Prägung oder besonderer Bedeutung sein.

b) §§ 38–40 SchG
Die Lehrer sind Landesbeamte.
Bei der Besetzung der Schulleiterstellen wirken Schulkonferenz und Schulträger mit. Das Oberschulamt ernennt den Schulleiter. Zuvor unterrichtet es Schulkonferenz und Schulträger über alle eingegangenen Bewerbungen. Schulkonferenz und Schulträger sind berechtigt, innerhalb von vier bzw. sechs Wochen Besetzungsvorschläge zu machen; sie sind gehalten, bei im übrigen

---

[9] Die Anweisung des Schulträgers an den Schulleiter, probeweise die Budgetierung in seiner Schule einzuführen, ist für diesen gem. § 20 Abs. 4 Satz 2 nrw SchVG verbindlich. Zwar können die Angelegenheiten der äußeren Schulverwaltung nicht vollständig auf den Schulleiter übertragen werden. Diese Grenze ist durch die Anordnung der Budgetierung trotz der damit verbundenen nicht unerheblichen Mehrbelastung und höheren Verantwortung nicht überschritten. So VG Gelsenkirchen, wiedergegeben in SchVw NRW 1998, 345.

gleich qualifizierten Bewerbern demjenigen den Vorzug zu geben, der nicht der Schule angehört. Entspricht das Oberschulamt den Vorschlägen nicht, setzt es sich mit der Schulkonferenz und dem Schulträger ins Benehmen. Kommt eine Einigung innerhalb von vier Wochen nicht zustande, entscheidet das Oberschulamt.

c) §§ 15 ff. des Gesetzes über den kommunalen Finanzausgleich in der Neufassung vom 26.9.1991 (GBl. S.657), zul. g. d. G. v. 11.2.1998 (GBl. S.57, 33); SchullastenVO i.d.F. v. 14.7.1998 (GBl. S.458); Drittes Gesetz über die Förderung des Schulhausbaues i.d.F. vom 30.5.1978 (GBl. S.286); § 94 SchG
Das Land trägt die persönlichen Kosten für die Lehrer. Die Schulträger bringen die übrigen Kosten auf. Sie erhalten für jeden Schüler mit Ausnahme der Grundschüler und Fachschüler einen Sachkostenbeitrag vom Staat. Zur Schaffung des erforderlichen Schulraums gewährt das Land den Schulträgern entsprechend ihrer Leistungsfähigkeit Zuschüsse in Höhe von 20 bis 45 Prozent der Baukosten. Die Schulträger kommen für die notwendigen Kosten der Schülerbeförderung abzüglich eines Eigenanteils der Erziehungsberechtigten auf. Diese Aufwendungen werden kreisangehörigen Schulträgern vom Landkreis aus pauschalen zweckgebundenen Zuweisungen des Landes erstattet. Der Schulträger überläßt den Schülern leihweise auf seine Kosten die notwendigen Lernmittel mit Ausnahme von Gegenständen geringen Werts und solcher Gegenstände, die auch außerhalb des Unterrichts gebräuchlich sind.

Bayern
a) Art. 3, 26 f., 32–34 BayEUG
Das Gesetz unterscheidet zwischen staatlichen und kommunalen Schulen, je nachdem, ob das Land oder eine kommunale Körperschaft (Gemeinde, Landkreis, Bezirk oder Schulverband) Dienstherr des Lehrpersonals ist. Bei staatlichen Schulen ist das Land, bei kommunalen Schulen die Kommune für die Errichtung und Auflösung zuständig. Volksschulen (= Grund- und Hauptschulen), Volksschulen für Behinderte sowie Berufsschulen und Berufsschulen für Behinderte sind stets staatliche Schulen; die übrigen Schulen können als staatliche oder als kommunale Schulen betrieben werden.

b) Art. 133 Abs. 2 Verf., Art. 3 Abs. 1 BayEUG
Die Lehrer an staatlichen Schulen sind Landesbeamte, die Lehrer an kommunalen Schulen sind Beamte der kommunalen Körperschaft.
Bei der Auswahl der Leiter staatlicher Schulen ist weder eine kommunale Beteiligung noch eine Mitwirkung schulischer Organe vorgesehen.

c) Bayerisches Schulfinanzierungsgesetz i.d.F. d.Bek. v. 7.7.1994 (GVBl. S.729), zul. g. d. G. v. 27.12.1997 (GVBl. S.853, 855); Gesetz über die Kostenfreiheit des Schulwegs i.d.F. d. Bek. v. 17.1.1984 (GVBl. S.13), zul. g. d. G. v. 12.6.1995 (KMBl. I. S.98)
Bei staatlichen Schulen trägt das Land den Aufwand für Lehrer und Verwaltungspersonal (Personalaufwand); den übrigen Aufwand (Schulaufwand), der den Sachaufwand – u. a. die Kosten für die Bereitstellung, Einrichtung, Ausstattung, Bewirtschaftung und Unterhaltung der Schulanlagen, für Lehr- und Lernmittel – sowie den Aufwand für das Hauspersonal umfaßt, trägt die kom-

munale Körperschaft. Bei kommunalen Schulen ist der Schulträger für den gesamten Aufwand verantwortlich; er erhält aber vom Staat einen Lehrpersonalzuschuß. Im übrigen gewährt das Land bei staatlichen wie bei kommunalen Schulen den zur Deckung des Sachaufwands verpflichteten Kommunen Finanzbeihilfen zu Baumaßnahmen. Außerdem sind für auswärtige Schüler Gastschulbeiträge der Wohnsitzkommune vorgesehen. Die Kommunen tragen die Kosten der Schülerbeförderung, zu denen der Staat pauschale Zuweisungen beisteuert. Sie erhalten ferner Zuschüsse in Höhe von zwei Dritteln des notwendigen Aufwands für die Beschaffung der Lernmittel.

Berlin
a) § 2 SchulG
Träger des öffentlichen Schul- und Unterrichtswesens ist das Land. Doch sind die Bezirke für die Errichtung und Unterhaltung der allgemeinbildenden Schulen und ihrer Einrichtungen zuständig; sie stellen die notwendige Ausstattung einschließlich der Lehr- und Lernmittel und das für die ordnungsgemäße Unterhaltung notwendige Personal. Hinsichtlich der berufsbildenden Schulen obliegen diese Aufgaben dem Landesschulamt. Über Gründung, Umwandlung und Aufhebung von allgemeinbildenden Schulen entscheiden die Bezirke mit Genehmigung der Senatsschulverwaltung; diese wiederum entscheidet über die Gründung, Umwandlung und Aufhebung berufsbildender Schulen.

b) Art. 77 Abs. 1 Satz 1 Verf., § 6 Abs. 1 Satz 2 LBG; Art. 1, § 1 Abs. 5 Satz 1, § 2 Abs. 1 des Gesetzes über die Neuorganisation der Schulaufsicht und die Errichtung eines Landesschulamts in Berlin vom 26.1.1995 (GVBl. S. 26), g. d. G. v. 12.10.1995 (GVBl. S. 664) i. V. m. Nr. 1 der Anlage 1 zu § 2 Abs. 1 des Gesetzes, §§ 23–25 SchulVerfG
Die Lehrer sind Landesbeamte[10]; sie werden vom Landesschulamt ausgewählt und eingestellt.
Schulleiter und ihre ständigen Vertreter werden im sog. Benennungsverfahren berufen: Ausschreibung, Vorschlag von mindestens zwei geeigneten Bewerbern (ausnahmsweise, bei überragender Eignung, nur ein Bewerber) durch das Landesschulamt, Mehrheitsentscheidung der Gesamtkonferenz (Benennung), Ernennung durch das Landesschulamt. Kommt innerhalb von zwei Wochen keine Mehrheitsentscheidung zustande, erlischt das Benennungsrecht der Gesamtkonferenz. Ist ausnahmsweise nur ein Bewerber vorgeschlagen worden, tritt an die Stelle der Benennung die Anhörung der Gesamtkonferenz.

c) § 4 Abs. 1 Satz 1 Allgemeines Zuständigkeitsgesetz (AZG) i. V. m. Nr. 16 der Anlage zu § 4 Abs. 1 AZG, Art. 85 Abs. 2 Verf., § 4 Bezirksverwaltungsgesetz vom 17.7.1989 (GVBl. S. 1494), zul. g. d. G. v. 25.6.1998 (GVBl. S. 179); § 18a SchulG
Soweit die Bezirke für die Wahrnehmung schulischer Angelegenheiten zuständig sind (dazu gehören auch die Aufwendungen für die Lernmittelfreiheit), bringen sie die hierfür erforderlichen Mittel aus dem Bezirkshaushalt

---
10 Zur Verbeamtung der Lehrer in den östlichen Bezirken Berlins s. TZ 23.12.

auf; dieser wird aus einer Globalsumme dotiert, die ihnen vom Land im Rahmen des Landeshaushaltsgesetzes zugewiesen wird. Im übrigen kommt das Land unmittelbar für die Kosten des Schulwesens auf.

Brandenburg
a) § 100 BbgSchulG
Die Gemeinden oder Gemeindeverbände (mit Ausnahme der Landkreise) sind Träger der Grundschulen, die Landkreise und kreisfreien Städte Träger der weiterführenden allgemeinbildenden Schulen, der Oberstufenzentren, der Förderschulen und der Abendschulen. Ausnahmsweise können auch kreisangehörige Gemeinden Träger weiterführender allgemeinbildender Schulen sein; das betrifft große und mittlere Städte, aber auch andere kreisangehörige Gemeinden sowie Gemeindezusammenschlüsse, wenn die Schülerzahl für die Errichtung oder Fortführung einer in der Schulentwicklungsplanung als notwendig bezeichneten weiterführenden allgemeinbildenden Schule vorhanden oder innerhalb von fünf Jahren zu erwarten ist. Das Land ist Träger des Kollegs, der Studienkollegs (für ausländische Studierende) und der Schulen oder Klassen in Justizvollzugsanstalten.

b) §§ 67 Abs. 1 Satz 2, 68 Abs. 2, 73 BbgSchulG
Die Lehrer und das weitere pädagogische Personal stehen in einem Dienstverhältnis zum Land, das sonstige Personal (z. B. Sekretärin, Hausmeister) in einem Dienstverhältnis zum Schulträger.
Stellen für Schulleiter und andere Mitglieder der Schulleitung sowie für Leiter von Schulstufen sind nach Anhörung des Schulträgers vom staatlichen Schulamt auszuschreiben. Dieses unterrichtet den Schulträger über die eingegangenen Bewerbungen. Nach dessen Anhörung benennt es alle Bewerber, die die erforderlichen Voraussetzungen erfüllen; die Benennung bedarf der vorherigen Bestätigung durch das Bildungsministerium. Der Schulträger kann sich für einen Bewerber aussprechen; das staatliche Schulamt kann erklären, welcher Bewerber nach seiner Ansicht als der geeignetste erscheint. Die Schulkonferenz hört die benannten Bewerber einzeln im Beisein eines Vertreters des Schulamts und des Schulträgers an und schlägt innerhalb einer Woche einen Kandidaten vor. Will das staatliche Schulamt von dem Vorschlag abweichen, muß es dies gegenüber der Schulkonferenz begründen. Bleibt die Schulkonferenz bei ihrem Vorschlag, so entscheidet das Bildungsministerium.

c) §§ 108 ff., 115 f. BbgSchulG; §§ 15, 28 Gemeindefinanzierungsgesetz vom 21.12.1998 (GVBl. I S. 289)
Das Land trägt die Personalkosten für die Lehrer und das sonstige pädagogische Personal. Die Kosten für das Verwaltungspersonal, für das nichtpädagogische Personal sowie die Sachkosten übernimmt der Schulträger. Zu den Sachkosten gehören die Kosten für die baulichen Maßnahmen zur Errichtung und Instandsetzung von Schulgebäuden sowie die laufenden Ausgaben. Die Schulträger übernehmen auch die Aufwendungen für die Schulspeisung, können aber von den Eltern eine Kostenbeteiligung verlangen. Die Schülerfahrtkosten sind von den Landkreisen und kreisfreien Städten zu tragen, die hierfür Zuweisungen vom Land erhalten. Das Land kann den Schulträgern Zu-

wendungen, u. a. für Bau- und Ausstattungsinvestitionen, gewähren. Es stellt überdies für den Schullastenausgleich einen Betrag zur Verfügung, der auf die Schulträger nach Zahl und Größe der Schulen je Schulart verteilt wird. Für auswärtige Schüler können die Schulträger einen Schulkostenbeitrag von denjenigen Schulträgern verlangen, auf deren Gebiet die Schüler wohnen.

Bremen
a) § 4 BremSchVwG
Die Stadtgemeinden Bremen und Bremerhaven sind Schulträger der in ihrem Gebiet gelegenen Schulen.

b) §§ 8, 67 ff. BremSchVwG
Die Lehrer, die übrigen mit der Wahrnehmung pädagogischer Funktionen betrauten Personen und die Schulpsychologen sind Bedienstete der Stadtgemeinden. Anstellung und Beförderung sind in der Stadtgemeinde Bremen Sache des Bildungssenators, in Bremerhaven Aufgabe des Magistrats.
Stellen für Schulleiter werden ausgeschrieben. Ein Findungsausschuß – er besteht aus je einem Vertreter der zuständigen Dienstbehörde und der Schulinspektion, einem Schulleiter aus der Region oder dem fachlichen Schwerpunkt der Schule, einem Mitglied des Personalrats sowie zwei Mitgliedern der Schulkonferenz – sichtet die von der Dienstbehörde vorgeprüften Bewerber und schlägt bis zu drei Kandidaten in einer Rangfolge für das weitere Auswahlverfahren vor. Sodann stimmen die Lehrerkonferenz, die Beiräte von Eltern, Schülern und des nichtunterrichtenden Personals über den Vorschlag des Findungsausschusses ab. Auf der Grundlage dieser Voten wählt die Schulkonferenz einen Bewerber aus, den sie der Dienstbehörde vorschlägt. Diese kann nach Anhörung des Findungsausschusses den Vorschlag der Schulkonferenz unter Angabe von Gründen zurückweisen; letztere kann daraufhin innerhalb von zwei Wochen einen erneuten Vorschlag unterbreiten. Kommt es zu keiner Einigung, entscheidet die Dienstbehörde. Der ausgewählte Bewerber wird vorläufig für die Dauer von zwei Jahren bestellt; die Bewährungszeit kann bis auf 12 Monate verkürzt werden. Stellt die Behörde die Bewährung fest, wird der Schulleiter endgültig bestellt.

c) § 4 Abs. 2 BremSchVwG; § 3 Abs. 1 des Gesetzes über Finanzzuweisungen an die Stadtgemeinden Bremen und Bremerhaven i. d. F. d. Bek. v. 16. 12. 1997 (GBl. 1998 S. 2)
Die Stadtgemeinden bringen die persönlichen und sächlichen Kosten des Schulwesens auf. Das Land gewährt zusätzlich zu den allgemeinen Zuweisungen besondere Zweckzuweisungen nach Maßgabe des Landeshaushalts (u. a. in Höhe von 95 Prozent der Personalausgaben für die Lehrer).

Hamburg
a) § 87 Abs. 3 Satz 1 HmbSG
Schulträger ist das Land (zugleich Gemeinde) Freie und Hansestadt Hamburg; die Errichtung, Schließung, Zusammenlegung, Umwandlung, Teilung und Verlegung von Schulen erfolgt durch Rechtsverordnung des Senats.

b) Art. 45 Verf., §§ 85 Abs. 1 Satz 2 Nr. 3, 88 ff. HmbSG
Die Lehrer sind Landesbeamte und unterstehen der Personalhoheit des Senats. Die Auswahl der Schulleiter erfolgt nach öffentlicher Ausschreibung der freien Stelle im Findungsverfahren: Der Findungsausschuß – Mitglieder: ein Vertreter der Schulbehörde, ein Schulleiter, eine von der Schulbehörde berufene, ihr nicht angehörende Person, ein von der Schulkonferenz aus ihrer Mitte gewählter Vertreter der Schüler oder Eltern, ein von der Lehrerkonferenz gewählter Lehrer und ein Mitglied des Personalrats – schlägt der Schulkonferenz mindestens zwei, höchstens drei Bewerber vor; Elternrat und Schülerrat – an beruflichen Schulen auch Schulbeirat – können dem Findungsausschuß Vorschläge unterbreiten. Kommt der Findungsausschuß nicht innerhalb von zwei Monaten nach seiner ersten Sitzung zu einem Vorschlag, so fällt das Vorschlagsrecht der Schulbehörde zu. Weist die Schulbehörde den Vorschlag des Findungsausschusses zurück, muß dieser innerhalb von drei Wochen erneut Beschluß fassen; hält er die Frist nicht ein oder weist die Schulbehörde auch den erneuten Vorschlag zurück, hat sie das Vorschlagsrecht. Die Schulkonferenz stimmt nach Anhörung der Lehrerkonferenz darüber ab, welchen der vorgeschlagenen Bewerber sie unterstützt. Stimmen die Empfehlung der Lehrerkonferenz und der Vorschlag der Schulkonferenz nicht überein, kann die Lehrerkonferenz mit Zwei-Drittel-Mehrheit ihrer Mitglieder eine eigene Empfehlung als zusätzlichen Vorschlag der Schulbehörde unterbreiten. Unter Einbeziehung des Votums der Schulkonferenz (und des ggf. abweichenden Votums der Lehrerkonferenz) wählt die Schulbehörde den geeignetsten Bewerber aus und bestellt ihn für eine Bewährungszeit von 18 Monaten vorläufig zum Schulleiter; sie kann die Bewährungszeit um sechs Monate verkürzen oder verlängern. Hat sich der Schulleiter bewährt, so bestellt die Schulbehörde den Schulleiter endgültig, und zwar nach Anhörung der Lehrerkonferenz und der Schulkonferenz, an beruflichen Schulen auch des Schulbeirats.

c) §§ 29 und 30 HmbSG
Die Kosten des Schulwesens einschließlich der Beschaffung der Lehr- und Lernmittel trägt das Land.

Hessen
a) §§ 137 ff. HSchG
Schulträger sind grundsätzlich die kreisfreien Städte und Landkreise; unter bestimmten Voraussetzungen können kreisangehörige Gemeinden die Schulträgerschaft übernehmen. Träger der Hessenkollegs und der landwirtschaftlichen Fachschulen ist das Land; das Land kann Träger von Versuchsschulen, von Schulen besonderer Aufgabenstellung und von Sonderschulen sein, die mit Universitätseinrichtungen verbunden sind. Der Landeswohlfahrtsverband ist subsidiär Träger der Sonderschulen von überregionaler Bedeutung einschließlich erforderlicher Schülerheime; er kann Träger von weiterführenden Sonderschulen sowie von Fachschulen für Sozialpädagogik sein.

b) §§ 86, 89 HSchG
Lehrer sind in der Regel Landesbeamte.

Zur Vorbereitung der Auswahl des Schulleiters wird an der Schule ein Findungsausschuß gebildet; er besteht aus einem Vertreter der Schulaufsichtsbehörde sowie vier Mitgliedern der Schulkonferenz (zwei Lehrer sowie zwei Elternvertreter, bei Schulen ab Jahrgangsstufe fünf oder sieben anstelle der beiden Elternvertreter ein Elternvertreter und ein Schülervertreter). Der Findungsausschuß schlägt innerhalb von sechs Wochen nach Eingang der Bewerbungsunterlagen drei Kandidaten in einer Rangfolge vor; der Vorschlag bindet die Schulaufsichtsbehörde nicht. Diese gibt dem Schulträger Gelegenheit zur Stellungnahme und bestellt sodann – wiederum nach Anhörung des Schulträgers – den Schulleiter zunächst vorläufig. Die endgültige Beauftragung erfolgt nach Anhörung der Schulkonferenz im Benehmen mit dem Schulträger; kommt es binnen drei Monaten nicht zu einer Verständigung, entscheidet die Schulaufsichtsbehörde.

c) §§ 151–165 HSchG; §§ 22, 22a Finanzausgleichsgesetz i. d. F. v. 18. 3. 1997 (GVBl. I S. 58), g. d. G. v. 18. 12. 1997 (GVBl. I S. 442)
Das Land trägt die Personalkosten der Lehrer, sozialpädagogischen Mitarbeiter und Schulpsychologen. Die Schulträger bringen die übrigen Kosten auf. Sie erhalten zum Ausgleich ihrer Belastungen vom Land einen jährlichen Schullastenausgleich, der sich überwiegend nach der Zahl der Schüler bemißt. Außerdem sind unter bestimmten Voraussetzungen Gastschulbeiträge für auswärtige Schüler vorgesehen. Zum Bau und zur Einrichtung von Schulen und Schülerheimen kann das Land Zuweisungen und Darlehen gewähren. Die Kosten der Schülerbeförderung sind von den Schulträgern aufzubringen. Die Lernmittel werden den Schülern vom Land unentgeltlich zum Gebrauch überlassen.

Mecklenburg-Vorpommern
a) §§ 103–105 SchulG
Die Gemeinden sind Schulträger der Grundschulen, der verbundenen Haupt- und Realschulen, der Hauptschulen und Realschulen. Die Landkreise und kreisfreien Städte sind Schulträger der Gymnasien, Progymnasien[11], beruflichen Schulen, Förderschulen, Gesamtschulen und Abendgymnasien; einer kreisangehörigen Gemeinde, die auf Dauer die Leistungsfähigkeit zur Unterhaltung der Schule besitzt, kann der Landkreis auf Antrag die Schulträgerschaft eines Gymnasiums, Progymnasiums oder einer Gesamtschule übertragen. Das Land ist Träger der landwirtschaftlichen Fachschulen und der Förderschulen mit überregionalem Einzugsbereich. Die Krankenhäuser in öffentlicher Trägerschaft sind Träger der Schulen der Gesundheitsberufe nach dem Krankenhausfinanzierungsgesetz.

b) §§ 100 Abs. 1 Satz 2, 101 Abs. 2 SchulG
Lehrer stehen in einem unmittelbaren Dienstverhältnis zum Land. Frei werdende Stellen für Schulleiter werden ausgeschrieben. Die Bestellung erfolgt nach Anhörung der Schulkonferenz und im Benehmen mit dem Schulträger.

---
11 Das Progymnasium umfaßt die Jahrgangsstufen 5 bis 9, ab 1. 8. 2000 5 bis 10 des gymnasialen Bildungsgangs (§ 20 SchulG).

c) §§ 109 ff., 54 Abs. 3, 39 Abs. 1 Satz 7 und Abs. 2 SchulG
Das Land trägt die Personalkosten der Lehrer und des an Förderschulen tätigen Personals mit sonderpädagogischen Aufgaben. Die übrigen Personalkosten und die Sachkosten werden von den Schulträgern aufgebracht. Sie erhalten vom Land Zuschüsse für Bau- und Ausstattungsinvestitionen sowie zu den Kosten der Lernmittelfreiheit, allerdings nur nach Maßgabe des Landeshaushalts. Die Schulträger tragen auch die Kosten für Ganztagsbetreuung und Schulspeisung, gemindert um die von den Eltern erhobenen Beiträge; an diesen Aufwendungen beteiligt sich das Land in Form einer Kostenerstattung. Die Schulträger können für auswärtige Schüler von dem Schulträger, in dessen Gebiet der Schüler wohnt, einen Schulkostenbeitrag verlangen. Die Landkreise übernehmen die bei der Schülerbeförderung anfallenden Kosten.

Niedersachsen
a) §§ 101–111 NSchG
Schulträger der Grundschulen sind die Gemeinden und die Samtgemeinden. Schulträger der übrigen Schulformen sind die Landkreise und die kreisfreien Städte. Soweit es der Schulentwicklungsplanung entspricht, überträgt die Schulbehörde kreisangehörigen Gemeinden und Samtgemeinden auf ihren Antrag die Trägerschaft für allgemeinbildende Schulformen. Das Land kann Schulträger von Schulen besonderer Bedeutung, insbesondere mit überregionalem Einzugsbereich, sein.

b) §§ 50 Abs. 2 Satz 1, 45, 48 f. NSchG
Die Lehrer stehen in einem unmittelbaren Dienstverhältnis zum Land. Die Stellen der Schulleiter werden ausgeschrieben; der Schulträger ist zur Bekanntgabe der Ausschreibung berechtigt. Schule und Schulträger sind über die Bewerbungen zu unterrichten und können Besetzungsvorschläge machen. Will die Schulbehörde dem Vorschlag nicht entsprechen oder wurde ihr kein Vorschlag unterbreitet, setzt sie sich vor Besetzung der Stelle mit Schule und Schulträger ins Benehmen. Kommt eine Einigung innerhalb von acht Wochen nicht zustande, entscheidet die Schulbehörde.

c) §§ 112–118 NSchG; §§ 3, 5 Niedersächsisches Gesetz über Lernmittelfreiheit vom 24.4.1991 (GVBl. S. 174), zul. g. d. G. v. 17.12.1994 (GVBl. S. 533)
Das Land trägt die persönlichen Kosten für Lehrer, Schulassistenten, pädagogische Mitarbeiter sowie das Betreuungspersonal. Die Schulträger kommen für die sächlichen Kosten einschließlich der nicht vom Land übernommenen Personalausgaben auf. Die Landkreise übernehmen in Höhe von 50 bis 80 Prozent die laufenden Kosten der Schulen der Sekundarbereiche, deren Träger kreisangehörige Gemeinden und Samtgemeinden sind. Das Land kann leistungsschwachen Schulträgern Zuwendungen zum Schulbau, zur Erstausstattung und zur Modernisierung gewähren. Zur Finanzierung des Schulbaus errichten die Landkreise eine Kreisschulbaukasse als zweckgebundenes Sondervermögen; daraus gewähren sie Zuweisungen oder Darlehen an kreisangehörige Gemeinden, Samtgemeinden und Zweckverbände: im Primarbereich mindestens ein Drittel, in den Sekundarbereichen mindestens die Hälfte der Schulbaukosten. Die Landkreise und kreisfreien Städte, denen die Schülerbeförderung obliegt, haben die dabei entstehenden Kosten zu tragen. Den

Schülern werden die erforderlichen Lernmittel leihweise überlassen; die Kosten trägt das Land.

Nordrhein-Westfalen
a) §§ 2 Abs. 1, 8 Abs. 1, 10, 11 SchVG
Die Gemeinden sind Schulträger der Grundschulen und Hauptschulen. Die Gemeinden, subsidiär die Kreise, sind bei Vorliegen eines Bedürfnisses zur Trägerschaft von Realschulen, Gymnasien und Gesamtschulen verpflichtet. Die Kreise und kreisfreien Städte sind Träger der Berufsschulen und bei Vorliegen eines Bedürfnisses zur Trägerschaft von anderen berufsbildenden Schulen verpflichtet. Die Gemeinden (ggf. im Zusammenwirken als Schulverband oder aufgrund öffentlich-rechtlicher Vereinbarung), subsidiär die Kreise, sind Träger der Schulen für Erziehungshilfe, Geistigbehinderte, Lernbehinderte und in der Primarstufe für Sprachbehinderte; Träger der übrigen Sonderschulen sind die Landschaftsverbände. Das Land kann Träger von Schulen mit besonderem Bildungsangebot oder überregionalem Einzugsbereich oder von Versuchsschulen sein. Zu den Kammerschulen s. TZ 9.33.

b) §§ 21 a, 22 SchVG
Die Lehrer – mit Ausnahme der Lehrer an Kammerschulen und an den Schulen der Landschaftsverbände – sind Bedienstete des Landes und in der Regel zu verbeamten.
Für die Besetzung der Stellen von Schulleitern und deren Stellvertretern hat der Schulträger ein Vorschlagsrecht; er soll sich zuvor mit der Schulaufsichtsbehörde beraten. Das Vorschlagsrecht erlischt, wenn der Schulträger sich nicht innerhalb von drei Monaten nach Aufforderung durch die Schulaufsichtsbehörde äußert. Diese hat den Vorschlag bei ihrer Entscheidung über die Besetzung zu würdigen; lehnt sie ihn ab, kann der Schulträger innerhalb von zwei Monaten einen zweiten Vorschlag unterbreiten. Das Vorschlagsrecht des Schulträgers entfällt, wenn die Schulaufsichtsbehörde die Stelle aus zwingenden dienstlichen Gründen »in Anspruch nimmt«.

c) §§ 2ff. Schulfinanzgesetz vom 17.4.1970 (GV. S. 288) zul. g. d. G. v. 25.11.1997 (GV. S. 430); SchülerfahrkostenVO i.d.F. v. 25.11.1997 (GV. S. 430); §§ 5ff. Gemeindefinanzierungsgesetz vom 21.12.1994 (GV. S. 1130); Lernmittelfreiheitsgesetz i.d.F. d. Bek. v. 24.3.1982 (GV. S. 165)
Das Land trägt die Personalausgaben für Lehrer, der Schulträger die Kosten des nichtlehrenden Personals; das Land erstattet den Trägern von Kammerschulen und den Landschaftsverbänden als Trägern ihrer Schulen die Personalausgaben, die sie für die zur Deckung des normalen Unterrichtsbedarfs erforderlichen Lehrer aufwenden. Für die Sachausgaben kommt der Schulträger auf. Durch allgemeine Zuweisungen im Rahmen des Finanz- und Lastenausgleichs des Staates mit den Gemeinden und den Gemeindeverbänden (Schlüsselzuweisungen nach dem Gemeindefinanzierungsgesetz) werden Belastungen und unterschiedliche Einnahmekraft der Schulträger ausgeglichen; außerdem ist ein interkommunaler Schullastenausgleich innerhalb der Schulverbände vorgesehen. Das Land stellt für Schulbauten und Ersteinrichtungen zweckgebundene Zuweisungen zur Verfügung. Die Schulträger übernehmen die Schülerfahrkosten; sofern sie durch diese Aufwendungen in besonderem

Maße belastet sind, erhalten sie Bedarfszuweisungen nach dem Gemeindefinanzierungsgesetz. Der Schulträger überläßt den Schülern auf seine Kosten nach Maßgabe bestimmter Durchschnittsbeträge abzüglich eines Eigenanteils Lernmittel zum befristeten Gebrauch.

Rheinland-Pfalz
a) §§ 63–83, 98 SchulG
Schulträger der staatlichen Schulen (= staatlich-kommunalen Schulen, vgl. TZ 10.3) sind: bei Grund- und Hauptschulen die Verbandsgemeinden, die verbandsfreien Gemeinden, die großen kreisangehörigen Städte oder die kreisfreien Städte; bei Realschulen, Regionalen Schulen, Kooperativen Regionalen Schulen und Sonderschulen für Lernbeeinträchtigte außerdem die Landkreise; bei Gymnasien, Kooperativen Gesamtschulen, Integrierten Gesamtschulen, berufsbildenden Schulen und den übrigen Sonderschulen die kreisfreien Städte oder Landkreise; bei Schulzentren (in denen räumlich zusammengefaßte Schulen der Sekundarstufen pädagogisch und organisatorisch zusammenwirken) sowie bei besonderen Versuchsschulen die örtlich zuständigen kreisfreien Städte und Landkreise; bei den Aufbaugymnasien und Kollegs, den berufsbildenden Schulen für Angehörige des öffentlichen Dienstes, den landwirtschaftlichen berufsbildenden Schulen sowie den Fachschulen, Sonderschulen und Gymnasien von überregionaler Bedeutung das Land. Berufliche Vollzeitschulen können von den kommunalen Gebietskörperschaften als kommunale Schulen errichtet werden. Der Bezirksverband Pfalz ist Träger der kommunalen Schule für Gehörlose und Schwerhörige in Frankenthal und der Berufsbildenden Schule in Kaiserslautern mit Schulformen und Bildungsgängen von überregionaler Bedeutung.

b) § 2 Abs. 2 und 3 LBG, §§ 20 Abs. 2, 21 Abs. 4, 82 Abs. 3 SchulG
Die Lehrer der staatlichen (= staatlich-kommunalen) Schulen stehen in einem Dienstverhältnis zum Land und sind in der Regel zu verbeamten.
Die Leiter dieser Schulen werden im Benehmen mit dem Schulträger und dem Schulausschuß (= Schulkonferenz) bestellt; stimmt der Schulträger nicht zu, hat die Schulbehörde den Vorschlag mit diesem zu erörtern. Die Anstellung von Lehrern sowie die Ernennung von Schulleitern an kommunalen Schulen bedürfen der Bestätigung durch die Schulbehörde.

c) §§ 61, 62, 75, 56, 57, 82 Abs. 1 Satz 2 SchulG; Finanzausgleichsgesetz vom 28.10.1977 (GVBl. S. 353) zul. g. d. G. v. 4.2.1999 (GVBl. S. 27)
Die Personal- und Sachausgaben kommunaler Schulen bringt der Schulträger auf. Bei den staatlichen (= staatlich-kommunalen) Schulen gilt folgendes: Das Land trägt die Personalkosten der Lehrer sowie der pädagogischen und technischen Fachkräfte. Der Schulträger, der das Verwaltungs- und Hilfspersonal, die an Ganztagsschulen in offener Form außerunterrichtlich eingesetzten Betreuungskräfte sowie den Sachbedarf der Schule bereitstellt, kommt für die hiermit verbundenen Kosten auf. Besondere Belastungen der kommunalen Träger von Gymnasien, Realschulen und berufsbildenden Schulen werden durch Schlüsselzuweisungen gemildert. Das Land gewährt bedürftigen Schulträgern Zuschüsse zu den Aufwendungen für Schulbau und -erstausstattung; die Landkreise sind bei Bauten im Kreisgebiet mit mindestens 10 Pro-

zent an den Kosten beteiligt. Landkreise und kreisfreie Städte tragen die Kosten der Schülerbeförderung; sie erhalten zum Ausgleich pauschale Zuweisungen des Landes. Die Beschaffung der Lernmittelfreiheit obliegt den Schulträgern; auch hierfür gewährt das Land pauschale Zuweisungen.

Saarland
a) §§ 16 Abs. 2, 37–40, 51 SchoG
Die Gemeinden sind Schulträger der Grundschulen. Die Gemeindeverbände sind Schulträger der sonstigen allgemeinbildenden Schulen in den Sekundarstufen I und II, der beruflichen Schulen (mit Ausnahme der Staatlichen Meisterschule und der Staatlichen Fachschule für Technik, deren Träger das Land ist) sowie der Schulen für Geistigbehinderte und für Lernbehinderte; Gemeinden können auf Antrag die Trägerschaft dieser Schulen erhalten. Das Land ist Träger der übrigen Sonderschulen.

b) §§ 27 Abs. 1, 21 Abs. 3 SchoG, § 17 SchumG
Die Lehrer stehen im Dienst des Landes.
Freie Schulleiterstellen sind auszuschreiben. Leiter von Schulen in der Trägerschaft der Kommunen werden im Benehmen mit dem Schulträger bestellt.

c) §§ 41–49 SchoG; Kommunalfinanzausgleichsgesetz v. 12.7.1983 (ABl. S. 462), zul. g. d. G. v. 10.12.1997 (ABl. S. 1375, 1380); Schülerförderungsgesetz vom 20.6.1984 (ABl. S. 661), zul. g. d. VO v. 6.8.1998 (ABl. S. 825)
Das Land trägt die Personalkosten für Lehrer und Lehrhilfskräfte, der Schulträger die Sachkosten einschließlich der Kosten des nichtlehrenden Personals. Gemeindeverbände als Schulträger von Gymnasien, Abendgymnasien, Berufsaufbauschulen und Fachschulen erhielten in den Jahren 1992 bis 1997 aus einem Ausgleichsstock Bedarfszuweisungen zu den Schulinvestitionen. Aus diesem Ausgleichsstock werden kommunalen Schulträgern der berufsbildenden Schulen und der Sonderschulen Zuweisungen für Gastschüler gezahlt. Die Schulträger übernehmen die Beförderungskosten für Grundschüler und behinderte Schüler; bedürftige Schüler anderer Schularten erhalten Fahrkostenzuschüsse vom Land. Darüber hinaus gewährt das Land bedürftigen Schülern Schulbuchzuschüsse.

Sachsen
a) § 22 SchulG
Die Gemeinden sind Träger der allgemeinbildenden Schulen, der entsprechenden Förderschulen und der Schulen des zweiten Bildungsweges. Die Landkreise und die kreisfreien Städte sind Schulträger der berufsbildenden Schulen und der entsprechenden Förderschulen; die Landkreise können bei überörtlicher Bedeutung der Schule auch Träger von differenzierten Mittelschulen, Gymnasien und den entsprechenden Förderschulen sowie der Schulen des zweiten Bildungsweges sein. Das Land kann Schulträger der Förderschulen mit Heim sowie von Versuchsschulen und Schulen besonderer pädagogischer Prägung oder besonderer Bedeutung sein.

b) §§ 40, 41 SchulG
Die Lehrer und das Betreuungspersonal an Förderschulen stehen im Dienst des Landes; sie werden nicht verbeamtet.
Schulleiter und stellvertretende Schulleiter werden nach Anhörung des Schulträgers und der Schulkonferenz vom Kultusministerium bestellt; sie werden ins Beamtenverhältnis berufen.

c) §§ 40 Abs. 1, 21 Abs. 1, 23 Abs. 2 bis 4, 38 Abs. 2 SchulG; §§ 6 ff., §§ 11 ff. Finanzausgleichsgesetz vom 8.12.1998 (GVBl. S.653); Schulbauförderrichtlinien vom 23.5.1997
Das Land trägt die Personalkosten der Lehrer, der Schulträger die sächlichen Kosten der Schule. Zur Schaffung des erforderlichen Schulraums im Rahmen der im Haushaltsplan ausgebrachten Mittel gewährt das Land den Schulträgern Zuwendungen. Aus einer Finanzausgleichsmasse erhalten die Schulträger außerdem Schlüsselzuweisungen. Die Schulträger stellen den Schülern (außer den Schülern an Fachschulen) die notwendigen Schulbücher leihweise zur Verfügung. Die Kosten der Schülerbeförderung, abzüglich eines Eigenanteils des Schülers oder der Eltern, werden von den Landkreisen und kreisfreien Städten übernommen.

Sachsen-Anhalt
a) § 65 SchulG
Schulträger der Grundschulen sind die Gemeinden. Schulträger der anderen Schularten sind die Landkreise und kreisfreien Städte; die Schulbehörde kann unter bestimmten Voraussetzungen einer kreisangehörigen Gemeinde auf deren Antrag und nach Anhörung des Landkreises die Trägerschaft für diese Schulen übertragen. Das Land kann Träger von Schulen besonderer Bedeutung sein.

b) §§ 30 Abs. 2 Satz 1, 31 SchulG
Die Lehrer stehen in einem unmittelbaren Dienstverhältnis zum Land.
Freie Schulleiterstellen werden öffentlich ausgeschrieben. Die Schulbehörde schlägt der Gesamtkonferenz zwei geeignete Bewerber zur Wahl vor; sie hört den Schulträger vor der Einreichung der Vorschläge an. Die Gesamtkonferenz wählt den Schulleiter aus dem Kreis der vorgeschlagenen Bewerber. Die Schulbehörde bestellt den Schulleiter.

c) §§ 69–74a SchulG; Finanzausgleichsgesetz vom 31.1.1995 (GVBl. S.41), zul. g. d. G. v. 21.1.1998 (GVBl. S.10)
Das Land trägt die Personalkosten für Lehrer, pädagogische Mitarbeiter und Betreuungspersonal. Die übrigen Personalkosten sowie die Sachkosten übernimmt der Schulträger. Schulträger von Schulen des Sekundarbereichs I oder II können für auswärtige Schüler von den an sich zuständigen Schulträgern einen kostendeckenden Beitrag verlangen. Das Land kann nach Maßgabe des Landeshaushalts Zuwendungen zur Förderung des Schulbaus gewähren. Die Landkreise können nach Anhörung der Gemeinden zur Finanzierung des Schulbaus eine Kreisschulbaukasse als zweckgebundenes Sondervermögen errichten und daraus auch den kreisangehörigen Gemeinden Zuwendungen als Zuschuß oder zinsloses Darlehen zu Schulbaukosten zuwenden. Sofern

eine kreisangehörige Gemeinde ausnahmsweise Träger einer Sekundarschule ist, erhält sie vom Landkreis zu ihren laufenden Kosten Zuweisungen in Höhe von 70 Prozent. Die Landkreise und kreisfreien Städte sind Träger der Schülerbeförderung, an deren Kosten sich das Land nach Maßgabe des Landeshaushalts beteiligt. Die Kosten für die Beschaffung der ausleihbaren Lernmittel trägt das Land.

Schleswig-Holstein
a) §§ 67–72 SchulG
Träger der Grundschulen und Hauptschulen sind die Gemeinden. Träger der Realschulen, der Gymnasien, der Gesamtschulen und der Förderschulen sind die Gemeinden, die zentrale Orte im Sinne des § 15 Abs. 2 Finanzausgleichsgesetz sind; doch kann bei Realschulen und Gesamtschulen von der zentralörtlichen Funktion einer Gemeinde als Voraussetzung der Schulträgerschaft abgesehen werden. Bei Gymnasien und Gesamtschulen kommt eine subsidiäre Trägerschaft des Kreises in Betracht. Träger der berufsbildenden Schulen sind die Kreise oder kreisfreien Städte. Das Land ist Träger der überregionalen (Heim-)Sonderschulen und der Kollegs. Zu den Kammerschulen s. TZ 9.33.

b) §§ 84, 87–90 SchulG
Die Lehrer stehen im Dienst des Landes.
Verfahren bei der Bestellung der Schulleiter: Ausschreibung; Vierervorschlag der Schulbehörde bei gleichmäßiger Berücksichtigung männlicher und weiblicher Bewerber; Wahl durch den vom Schulträger gebildeten Schulleiterwahlausschuß (zehn Vertreter des Schulträgers, je fünf gewählte Eltern- und Lehrervertreter; an Schulen mit Sekundarstufe II anstelle von zwei der fünf Elternvertreter zwei Schülervertreter); Ernennung des Gewählten durch die Schulbehörde.

c) §§ 85, 53, 76–80, 33 SchulG
Das Land trägt die persönlichen Kosten der Lehrkräfte. Der Schulträger trägt die Kosten für die Schulentwicklungsplanung, für Planung und Bau der Schulgebäude, für die Bereitstellung des Verwaltungs- und Hilfspersonals sowie für den Sachbedarf des Schulbetriebs, d. h. alle Kosten, die nicht persönliche Kosten der Lehrkräfte sind. Für auswärtige Schüler erhält der Schulträger von der Gemeinde oder dem Kreis des Wohnorts Schulkostenbeiträge. Zu den Schulbaukosten gewährt das Land den Schulträgern Zuschüsse nach Maßgabe der im Haushaltsplan bereitgestellten Mittel; kreisangehörige Schulträger erhalten außerdem Zuwendungen vom Kreis. Die Kosten der Schülerbeförderung tragen der Kreis zu zwei Dritteln und die Schulträger zu einem Drittel. Die Aufwendungen für die Gewährung der Lernmittelfreiheit bringen die Schulträger auf.

Thüringen
a) § 13 ThürSchulG
Schulträger der staatlichen (= staatlich-kommunalen) Schulen sind die Landkreise und die kreisfreien Städte. Kreisangehörige Gemeinden und Zweckverbände können auf Antrag Schulträger von Grund- und Regelschulen

sein; Voraussetzung ist der Nachweis ausreichender Finanzkraft. Das Land kann die Trägerschaft einer Schule von überregionaler Bedeutung übernehmen.

b) §§ 34 Abs. 1, 33 Abs. 2 ThürSchulG
Lehrer und Erzieher sowie sonderpädagogische Fachkräfte an Förderschulen sind Landesbedienstete.
Das Kultusministerium bestellt im Benehmen mit dem Schulträger und nach Stellungnahme der Schulkonferenz den Schulleiter; die Stellungnahme der Schulkonferenz erfolgt nach Anhörung des Bewerbers.

c) Thüringer Schulfinanzierungsgesetz vom 21.7.1992 (GVBl. S.366), zul. g. d. G. v. 16.12.1996 (GVBl. S.315); Thüringer Finanzausgleichsgesetz i.d.F. der Neubekanntmachung vom 9.2.1998 (GVBl. S.15); § 44 Abs.3 ThürSchulG
Das Land trägt den Personalaufwand für Lehrer und Erzieher einschließlich der Horte an Grund- und an Förderschulen. Den übrigen Schulaufwand übernehmen die kommunalen Schulträger. Diese können für jeden Gastschüler von dem an sich zuständigen Schulträger einen Gastschülerbeitrag verlangen. Die kommunalen Schulträger erhalten im Rahmen des Schullastenausgleichs einen Sachkostenbeitrag zu den laufenden sächlichen Schulkosten, der sich nach der Schülerzahl bemißt und für jede Schulart gesondert festgelegt wird. Schulaufsichtlich genehmigte Schulbaumaßnahmen werden durch staatliche Finanzhilfen gefördert. Die Schulträger bringen die Kosten der Schülerbeförderung und der Schulspeisung auf, werden hierbei aber durch pauschale staatliche Zuweisungen unterstützt; an den Verpflegungskosten können die Eltern beteiligt werden. Die Kosten der Lernmittelfreiheit trägt das Land nach Maßgabe des Haushalts.

11. Kapitel: Verwaltung der Einzelschule[1]

11.1 Allgemeines

Wenn von Schulverwaltung die Rede ist, denken Außenstehende in erster Linie an die staatlichen und kommunalen Behörden, denen die Verwaltung des Schulwesens anvertraut ist. Dabei bleibt oft außer acht, daß auch die Schule selbst mannigfache administrative Aufgaben zu bewältigen hat. Diese Verwaltung an der Basis ist für Schüler und Eltern im allgemeinen wichtiger als die sonstige Schulverwaltung, mit der sie in der Regel kaum in Berührung kommen.

Die Vielfalt der Verwaltungsaufgaben, die unmittelbar in der Schule anfallen und im wesentlichen der Schulleitung obliegen, teilweise aber auch von jedem einzelnen Lehrer innerhalb seines Arbeitsbereichs erfüllt werden müssen, ist bereits im 7. Kapitel bei der Darstellung der Aufgaben der Schulleitung aufgezeigt worden (TZ 7.13). Es handelt sich neben der äußeren Verwaltung der Schule um jene Verwaltungstätigkeit, die mit der Unterrichts- und Erziehungstätigkeit einhergeht. Erschwerend wirkt sich dabei aus, daß die administrative Ausstattung der Schulen zumeist unzulänglich und oft veraltet ist und daß vor allem die Schulleiter auf diese Aufgabe im allgemeinen nicht ausreichend vorbereitet sind.

11.2 Rechtliche Probleme

11.21 Hausverwaltung, Hausordnung, Hausrecht

11.211 Der Schulleiter ist dem Schulträger für *Pflege, Sicherheit und ordnungsgemäßen Zustand des Schulgrundstücks, Schulhauses und Schulinventars* verantwortlich. Die gleiche Verantwortung trägt er gegenüber jedem, der das Grundstück betritt, besonders gegenüber den Schülern (dazu TZ 21.58). Wenn auch die unmittelbare Sorge für Sauberkeit, Reinigung, Unfallsicherheit, ausreichende Lüftung, Beheizung, Beleuchtung und die Behebung kleinerer Schäden Aufgabe des Schulhausmeisters ist, trifft den Schulleiter als den Vertreter des Schulträgers und als denjenigen, der das Hausrecht ausübt,

---

[1] Dazu Werner *Honal* (Hrsg): Handwörterbuch der Schulleitung. Neuausgabe. 2 Bde., Landsberg am Lech 1986ff. (Loseblattausgabe); Richard *Bessoth*/Hans-Joachim *Schmidt* (Hrsg.): Schulleitung. Ein Lernsystem. 8 Ordner., Neuwied 1978ff. (Loseblattausgabe, Stand: Juni 1999); Alfred *Müller*/Harald *Gampe*/Gerald *Rieger*/Erika *Risse* (Hrsg.): Leitung und Verwaltung einer Schule. 8. Aufl., Neuwied 1997; Hasso *von Recum*/Peter A. *Döring* (Hrsg. bis Bd. 36): Schulleiter-Handbuch, Braunschweig 1977ff.; nunmehr »SL Edition/Oldenbourg«, München (jährlich erscheinen 4 Bde.). – Eine allgemeine Einführung in die Arbeitsweise öffentlicher Verwaltung geben Curt *Kreuser*/Kurt *Friedrich*: Organisations- und Bürokunde für die Verwaltung. 12. Aufl., Herford 1993. Hilfreich für das Verständnis des Gesamtzusammenhangs: Günter *Püttner*: Verwaltungslehre. 2. Aufl., München 1989, und Werner *Thieme*: Einführung in die Verwaltungslehre, Köln 1995.

Verwaltung der Einzelschule

doch eine *Aufsichtspflicht*, der er durch Stichproben, Kontrollgänge, Fragen und Anordnungen genügt. Im übrigen ist er an die Anordnungen und Weisungen des Schulträgers gebunden, dem das Schulgrundstück gehört[2]. Dieser führt die Aufsicht über die Hausverwaltungstätigkeit des Schulleiters, zu der auch die Sorge für die *Inventarisierung* der Einrichtungsgegenstände, Lehrmittel und Lernmittelbestände zählt.

11.212 Die Entscheidung über die *Überlassung von Schulräumen, -geräten oder des Schulhofs* an schulfremde Benutzer außerhalb der Schulzeit ist Sache des Schulträgers[3]. Hat er die Entscheidungsbefugnis nicht ohnehin auf den Schulleiter übertragen, so muß er sich jedenfalls mit diesem ins Benehmen setzen oder ihn zumindest vorher anhören[4]. Die Schulinteressen gehen immer vor, wenn beispielsweise die Schule ihre Räume nach Beendigung der üblichen Unterrichtszeit noch für Arbeitsgemeinschaften oder Schülergruppen benötigt. Ergeben sich aus der Überlassung durch den Schulträger Schwierigkeiten für den Schulbetrieb, die sich nicht einvernehmlich beheben lassen, kann der Schulleiter die Schulaufsichtsbehörde einschalten[5].

11.213 Die *Hausordnung (Benutzungsordnung)* wird je nach landesrechtlicher Regelung von einem Organ der Schule (Schulleiter, Gesamtkonferenz, Schulkonferenz), von der Schulaufsichtsbehörde oder vom Schulträger erlassen. Soweit sie von der Schule selbst oder von der Schulbehörde verabschiedet wird, findet sie ihre Rechtsgrundlage in einer besonderen gesetzlichen Ermächtigung[6], sonst in dem der Schule durch Gesetz allgemein zugewiesenen Bildungs- und Erziehungsauftrag. Die Schule (Schulbehörde) muß sich ihrerseits mit dem Schulträger als dem Eigentümer der Schulanlage und dem für die äußere Schulverwaltung Verantwortlichen abstimmen. Eine vom kommunalen Schulträger erlassene Benutzungsordnung – sie beruht auf ausdrücklicher gesetzlicher Ermächtigung, andernfalls auf der ihm allgemein eingeräumten Satzungsautonomie – darf den Unterrichts- und Erziehungszweck nicht beeinträchtigen[7]; daher ist zumindest das Benehmen mit der Schule her-

---

2 Die Rechtsstellung des Schulleiters als Landesbeamten wird bei staatlich-kommunalen Schulen nicht dadurch berührt, daß der kommunale Schulträger ihm für die Verwaltung der äußeren Schulangelegenheiten Weisungen erteilen kann; vgl. hierzu *Püttner*: Schulrecht, S. 779 Rn. 245.
3 Dazu Heinz *Michler*: Nutzung von Schulanlagen für außerschulische Zwecke, SchVw 1985, 96; Jürgen *Staupe*: Verwaltungsrecht für Schulleiter: Schulnutzung, sm 1/1981, S. 20. Das OVG Münster stellte fest, daß politische Parteien keinen Anspruch auf Benutzung eines Schulhofs für ein Kinderfest haben (NJW 1980, 901) und für private Volksbefragungen kein Schulgelände zur Verfügung gestellt werden muß (NVwZ 1984, 665); der VGH Mannheim hielt es für rechtlich bedenkenfrei, wenn eine Gemeinde die Überlassung von Schulhallen zu Übernachtungszwecken bei Veranstaltungen politischer Parteien generell ablehnt (SPE n. F. 716 Nr. 9).
4 Vgl. etwa § 51 Satz 2 bw SchG, § 54 Abs. 3 Satz 2 sh SchulG.
5 So z. B. § 77 Abs. 1 Satz 3 rp SchulG. In Baden-Württemberg entscheidet bei Meinungsverschiedenheiten die Rechtsaufsichtsbehörde (= Kommunalaufsichtsbehörde) im Einvernehmen mit der Schulaufsichtsbehörde (§ 51 Satz 3 SchG).
6 Z. B. §§ 45 Abs. 2, 47 Abs. 5 Nr. 1 bw SchG; § 53 Abs. 2 Satz 3 Nr. 5 bln SchulVerfG; § 53 Abs. 3 Nr. 1 HmbSG; § 45 Abs. 5 ThürSchulG.
7 Vgl. etwa § 54 Abs. 2 Satz 1 sh SchulG.

beizuführen. Nicht mit der Hausordnung (Ordnung auf dem Schulgrundstück) zu verwechseln sind die in einigen Ländern (z. B. Bayern, Nordrhein-Westfalen, Rheinland-Pfalz, Saarland, Sachsen und Thüringen) als Rechtsverordnungen erlassenen Schulordnungen, die die Rechte und Pflichten der Schüler und Eltern aus dem Schulverhältnis regeln[8].
Die Hausordnung ist für jeden, der das Schulgrundstück betritt, also auch für die Lehrer und für schulfremde Personen, verbindlich, soweit nicht Ausnahmen vorgesehen sind oder sich aus der Sache ergeben. Sie regelt insbesondere den Verkehr auf Treppen und Fluren, die Pflege und Sauberhaltung des Schulgebäudes, die Aufsicht im Gebäude und auf dem Hof, die Aufbewahrung der Kleidungsstücke und Fahrräder. Die Hausordnung bezeichnet die Räume, in denen geraucht werden darf. Sie regelt ferner u. a. das Betreten der Schule durch Fremde, das Verbot des Warenhandels und ungenehmigter Sammlungen im Schulgebäude.

11.214 Der Schulleiter ist *Vorgesetzter des Hausmeisters und des übrigen Hauspersonals* (z. B. der Schulsekretärin)[9].

11.215 Der Schulleiter übt das *Hausrecht* aus[10]. Das Hausrecht dient der *Abwehr von Störungen* des Schulbetriebs, *die von Schulfremden* innerhalb des räumlichen Bereichs der Schule *verursacht werden*[11]. Daher kann der Schulleiter Personen, die in der Schule nichts zu suchen haben, z. B. Passanten, die die sanitären Einrichtungen der Schule in Anspruch nehmen wollen, den Zugang zum Schulgrundstück untersagen oder sie vom Schulgrundstück verweisen. Gegen Lehrer und sonstiges Personal der Schule, gegen Schüler und Eltern kann das Hausrecht hingegen nicht eingesetzt werden[12]. Sofern sie Störungen auslösen, stützen sich die erforderlichen Gegenmaßnahmen auf andere rechtliche Grundlagen, die sich bei Lehrern und sonstigen Bediensteten aus dem Beamten- oder Arbeitsrecht, bei Schülern, ggf. auch bei Eltern, aus dem schulischen Ordnungsrecht bzw. aus der Hausordnung ergeben.

---

8 Die Terminologie ist gelegentlich verwirrend. Manchmal wird die Hausordnung als Schulordnung bezeichnet (so z. B. §129 Nr.14 HSchG, §43 Abs.2 Nr.5 NSchG). Andererseits enthalten die Schulordnungen nicht selten auch Vorschriften für die Ordnung auf dem Schulgelände (z. B. §§47, 48 nrw ASchO).
9 Gerald *Rieger*: Aufgaben des Schulsekretariats, Schulhaushalt, Schulhausmeister, in: Müller/Gampe/Rieger/Risse (Anm. 1), S. 273 ff.
10 Vgl. z. B. §41 Abs.1 Satz 3 bw SchG, §71 Abs.1 Nr.4 BbgSchulG, §90 Abs.1 Satz 3 HSchG, §111 Abs.2 Satz 1 NSchG, §20 Abs.2 Satz 7 nrw SchVG, §42 Abs.1 Satz 4 sächs SchulG, §26 Abs.6 Satz 1 SchulG LSA. – Inhalt, Zweck und Grundlagen des Hausrechts an öffentlichen Gebäuden sind umstritten. Vgl. Michael *Ronellenfitsch*: Das Hausrecht der Behörden, VerwArch. 1982, 465; Peter J. *Tettinger*: Hausrecht und Ordnungsgewalt in der Hochschule, WissR 1983, 221. Speziell zur Schule: Jürgen *Staupe*: Verwaltungsrecht für Schulleiter: Hausrecht, sm 1/1981, S.24.
11 Vgl. *Wolff/Bachof/Stober*: Verwaltungsrecht II, S. 320, nach denen sich das Hausrecht nicht gegen (interne) Nutzer, sondern nur gegen (externe) Besucher einer Anstalt richtet; *Staupe* sm 1/1981, S.24.
12 Ausnahmen gelten dann, wenn Lehrer, Schüler oder Eltern nicht in ihrer schulischen Rolle, sondern wie beliebige Dritte den Schulbetrieb beeinträchtigen, indem sie etwa bei Teilnahme an einer außerschulischen Veranstaltung, die nachmittags in einem Gymnasium stattfindet, den Unterricht in einem Oberstufenkurs stören.

Die Ausübung des Hausrechts ist nach h.M. dem öffentlichen Recht zuzurechnen[13]. Ein vom Schulleiter erteiltes Hausverbot ist ein Verwaltungsakt im Sinne des § 35 des jeweiligen Landes-Verwaltungsverfahrensgesetzes (VwVfG)[14]. Entfernt sich der Eindringling trotz des Hausverweises nicht, begeht er einen Hausfriedensbruch (§ 123 StGB) und damit zugleich eine Störung der öffentlichen Sicherheit, die die vom Schulleiter herbeigerufene Polizei zum Einschreiten berechtigt[15]. Darüber hinaus kann Antrag auf Strafverfolgung wegen Hausfriedensbruchs gestellt werden.

11.216 Gefundene Gegenstände sind durch Aushang bekanntzugeben. Die Rückgabe der *Fundsachen* darf nicht von der Zahlung einer Gebühr oder einer Spende abhängig gemacht werden[16]. Nach ergebnislosem Fristablauf ist der Gegenstand dem Schulträger zur Verwertung im Wege der Versteigerung (gemäß §§ 979 ff. BGB) abzuliefern, sofern dieser die Fundgegenstände nicht allgemein oder im Einzelfall der Schule überläßt. Von sich aus darf die Schule über Fundgegenstände nicht verfügen.

11.22 Haushalts- und Kassenführung[17]

11.221 Für die *Bewirtschaftung der Mittel* kann der Schulträger nach Maßgabe des kommunalen Haushaltsrechts zwischen zwei Verfahren wählen: Entweder bewirtschaftet er sämtliche Mittel zentral, oder er überläßt der Schule die benötigten Mittel ganz oder teilweise zur eigenen Bewirtschaftung. Inzwischen sind die meisten Länder dazu übergegangen, die Schulträger durch schulgesetzliche Sollvorschriften dazu anzuhalten, den Schulen die für ihre Aufgaben oder einen Teil ihrer Aufgaben erforderlichen Gelder zur eigenen Verfügung zuzuweisen (dazu TZ 10.5).
Soweit der Schulträger die Bewirtschaftung der Mittel selbst durchführt, muß der Schulleiter seine Anforderungen der Schulverwaltungsbehörde des

---

13 Das gilt jedenfalls dann, wenn und soweit es der Sicherung der öffentlich-rechtlichen Aufgabenerfüllung dient. *Maurer*: Verwaltungsrecht, S. 51; vgl. hierzu auch Dirk *Ehlers*: Verwaltung und Verwaltungsrecht im demokratischen und sozialen Rechtsstaat, in: Hans-Uwe Erichsen (Hrsg.): Allgemeines Verwaltungsrecht. 11. Aufl., Berlin, New York 1998, S. 1 (57 Rn. 59).
14 *Maurer*: Verwaltungsrecht, ebda.; a. A. *Wolff/Bachof/Stober*: Verwaltungsrecht II, ebda., nach denen Hausverbote keine Verwaltungsakte, sondern verwaltungsrechtliche Willensäußerungen sind.
15 Von Rechts wegen kann der Schulleiter das Hausverbot nach den Bestimmungen des jeweiligen Landes-Verwaltungsvollstreckungsgesetzes selbst vollziehen. Doch dürfte es ihm in der Regel nicht zumutbar sein, sich auf eine körperliche Auseinandersetzung einzulassen. Vgl. im einzelnen *Tettinger*, WissR 1983, 221 (230f.), und *Staupe* sm 1/1981, S. 27.
16 Hat ein Bediensteter der Schule die Sache gefunden, steht ihm kein Finderlohn zu (§ 978 Abs. 2 Satz 3 BGB).
17 Gerald *Rieger*: Verwaltungsaufgaben für Schulleitung und Schulsekretariate, Braunschweig 1994 (Schulleiter-Handbuch 72), S. 76ff., *ders*.: Aufgaben des Schulsekretariats, Schulhaushalt, Schulhausmeister, in: Müller/Gampe/Rieger/Risse (Anm. 1), S. 273 (281ff.); Hans-Joachim *Schmidt*/Horst *Stotz*: Haushalt und Schule. Budgetierung und Kostenrechnung für die Schule, Neuwied 1998.

Schulträgers oder dem zentralen Beschaffungsamt mitteilen und sich darum bemühen, daß seine Wünsche erfüllt werden. Darf jedoch der Schulleiter selbständig über einen eigenen Haushalt der Schule oder über einen Anteil am Gesamthaushalt des Schulträgers verfügen oder sind ihm wenigstens Mittel für kleine Beschaffungen und Reparaturen zur eigenen Bewirtschaftung überlassen (vgl. TZ 10.4 und 10.5), dann trägt er die Verantwortung für eine wirtschaftliche und sparsame Verwaltung seines Haushalts oder Haushaltsanteils. Hierzu bedarf es der Aufstellung eines *Wirtschaftsplans* zu Beginn des Rechnungsjahres und der laufenden Führung der Haushaltsüberwachungslisten als *Wirtschaftskontrollen*, in welche die Ausgaben, nach Sachtiteln geordnet, eingetragen werden. Die Einzelheiten der Haushaltsbewirtschaftung (z.B. Zweckbestimmung der Ausgaben nach Maßgabe der einzelnen Haushaltstitel, Unzulässigkeit von Haushaltsüberschreitungen, gegenseitige Deckungsfähigkeit, Behandlung der Belege und Verwendungsnachweise) ergeben sich aus der jeweiligen kommunalen Haushaltsverordnung und den dazu erlassenen Bewirtschaftungsvorschriften. Der Schulträger kann der Schule die Einrichtung eines *Girokontos* gestatten. Dadurch läßt sich der Verwaltungsaufwand verringern; doch ist jeweils zu prüfen, ob dieser Vorteil in einem angemessenen Verhältnis zu dem Zinsverlust steht, den der Schulträger durch die vorzeitige Überweisung von Haushaltsmitteln auf das Schulkonto erleidet.

11.222 Als Glied im Organismus des Schulträgers stehen der Schule keine eigenen *Einnahmen* zur freien Verfügung. Alle Einnahmen (z.B. aus Verwaltungsgebühren oder aus der Vermietung von Räumen) fließen grundsätzlich dem Schulträger zu, der sie allerdings der Schule zur Deckung zusätzlicher Mehrausgaben zur Verfügung stellen kann. Das gilt auch für zweckbestimmte *Zuwendungen von dritter Seite* in Geld oder Sachwerten (z.B. Büchern, Lehrmitteln), bei deren Annahme und Verwendung der Schulträger jedoch gehalten ist, die Zweckbestimmung des Spenders zu erfüllen (vgl. auch TZ 11.224). Im übrigen ist der Schulträger nicht gehindert, der Schule zu gestatten, selbständig über Einnahmen zu verfügen und sie sich ggf. auf einem Schulkonto gutschreiben zu lassen. Steht der Schule diese Möglichkeit nicht zu Gebote, erweist sich die Gründung einer *Vereinigung von Eltern, Freunden oder ehemaligen Schülern* als zweckmäßig, die in freier Form die Schulzwecke fördert und als Empfänger von Spenden und sonstigen Zuwendungen (z.B. Lehrmitteln) auftreten kann (Schulverein)[18].
Die Unterstützung von Schulen durch Geld oder geldwerte Leistungen kann zur Folge haben, daß die auf dem Gebiet des Schulträgers vorhandenen Schulen je nach der Spendenbereitschaft ihrer Klientel in unterschiedlichem Umfang gefördert werden. Das ist unter dem Gesichtspunkt der Chancengleichheit nicht unproblematisch. Dieser Nachteil läßt sich indes kaum vermeiden.

---

18 Hermann *Avenarius*/Berthold *Killait*: Gründung und Leitung eines Schulvereins, in: Bessoth/Schmidt (Anm. 1), Nr. 25.02 (unter Nr. 25.22 finden sich Muster von Satzungen und Formularen). Zum Vereinsrecht: Rudi W. *Märkle*: Der Verein im Zivil- und Steuerrecht. 9. Aufl., Stuttgart 1995; Eugen *Sauter*/Gerhard *Schweyer*: Der eingetragene Verein. 16. Aufl., München 1997. Zur steuerlichen Absetzbarkeit von Schulelternspenden FG Hessen, SPE II K I S.1.

Man kann nicht einerseits den Schulen mehr Eigenverantwortung auch in finanzieller Hinsicht geben und ihnen andererseits untersagen, sich zusätzliche Mittel zu beschaffen. Vorschläge, die etwa darauf abzielen, die Spenden in einem gemeinsamen Pool zu sammeln und gleichmäßig auf die verschiedenen Schulen zu verteilen, sind unrealistisch. Spender wollen nicht die am Ort vorhandenen Schulen insgesamt, sie wollen eine bestimmte Schule unterstützen[19].

11.223 Angesichts zunehmender Finanznöte der Kommunen machen immer mehr Schulen von der Möglichkeit des *Sponsoring* Gebrauch[20]. Sie lassen sich von Unternehmen Geld oder geldwerte Vorteile zuwenden; die Unternehmen betätigen sich dabei nicht völlig selbstlos, nutzen vielmehr die Spende zur Image- oder Produktwerbung. So stiftet z. B. die ortsansässige Sparkasse Trikots und T-Shirts mit dem Aufdruck ihres Logo für die Sieger schulischer Sportwettkämpfe; eine Computerfirma stellt der Schule kostenlos PCs zur Verfügung und erntet dafür große Anerkennung in der Lokalpresse. Nach früher geltendem Recht waren solche Werbeaktionen unzulässig. Inzwischen haben mehrere Länder das strenge Verbot gelockert[21]. Sie tragen damit nicht zuletzt der Tatsache Rechnung, daß Werbung heute eine alltägliche Realität ist, die auch an der Schule nicht vorübergeht. Um so wichtiger ist es, daß sich die Schule in ihrer Erziehungsarbeit mit diesem Phänomen auseinandersetzt. Grundsätzlich ist auf folgendes hinzuweisen: Die Schule als Teil der öffentlichen Verwaltung hat dem öffentlichen Interesse, also dem Gemeinwohl zu dienen[22]. Mit diesem Grundsatz verträgt es sich nicht, wenn sie für private Zwecke instrumentalisiert wird. Das Sponsoring darf nicht dazu führen, daß sich die Schule werbenden Unternehmen dienstbar macht, indem sie ihnen beispielsweise Einfluß auf die Unterrichtsinhalte einräumt. Wie für jede Verwaltungseinrichtung gilt auch für die Schule, daß sie unparteilich und sachgerecht handeln muß, daß sie nicht für weltanschauliche, partei- oder verbandspolitische Ziele in Anspruch genommen werden darf. Das alles gilt um so mehr, als die Schule an ihren Bildungs- und Erziehungsauftrag gebunden ist. Dieser darf durch das Sponsoring nicht beeinträchtigt werden. Deshalb ist z. B. Werbung für alkoholische Getränke und Zigaretten verboten. Im übrigen ist darauf zu achten, daß die Zuwendung der Schule in der Erfüllung ihrer Aufgaben tatsächlich zugute kommt. Der Nutzen für die Schule muß deshalb

---

19 Dazu Werner *Elser*: Wirtschaftliche Werbung in Schulen durch Spenden/Sponsoring, SchVw BW 1997, 129 (130).
20 Dazu Hermann *Avenarius*: Sponsoring in der Schule. Einige verfassungsrechtliche Anmerkungen, in: Wilfried Erbguth/Friedrich Müller/Volker Neumann (Hrsg.): Rechtstheorie und Rechtsdogmatik im Austausch. Gedächtnisschrift für Bernd Jeand'Heur, Berlin 1999, S. 321, mit zahlreichen Nachw.; *Elser* SchVw BW 1997, 129; Hans *Meyer-Albrecht*: Sponsoring und Werbung, SchVw MO 1996, 155 (Teil1); 1996, 221 (Teil 2).
21 Z. B. bw Verwaltungsvorschrift über Werbung, Wettbewerbe und Erhebung in Schulen vom 19.10.1995 (ABl. S. 554); § 123 Abs. 3 bay Gymnasialschulordnung; Allgemeine Anweisung über Werbung, Handel, Sammlungen und politische Betätigung mit Einrichtungen des Landes Berlin vom 10.6.1997 (ABl. S. 3074); § 10 Abs. 2 hess Dienstordnung für Lehrkräfte, Schulleiterinnen und Schulleiter und sozialpädagogische Mitarbeiterinnen und Mitarbeiter vom 8.7.1993 (ABl. S. 691), g.d.VO v. 22.7.1998 (ABl. S. 598).
22 Dieser selbstverständliche Grundsatz wird in den meisten Lehrbüchern des Verwaltungsrechts kaum mehr erwähnt. S. aber *Wolff/Bachof/ Stober*: Verwaltungsrecht I, S. 338 ff.

in einem angemessenen Verhältnis zum Nutzen für das werbende Unternehmen stehen; die Zuwendung darf nicht nahezu ausschließlich der Werbung für das Unternehmen dienen[23]. Darüber hinaus hat die Schule im Umgang mit werbenden Unternehmen den Gleichheitssatz zu beachten. Sie muß jedem Interessierten die gleichen Chancen einräumen. Das kann bedeuten, daß sie in dem einen Jahr der Sparkasse, im nächsten Jahr dem anderen am Ort ansässigen Kreditinstitut die Möglichkeit der Werbung einräumt. Der Schulleiter muß jeweils prüfen, ob eine geplante Werbeaktion die genannten Zulässigkeitsvoraussetzungen erfüllt. (Zur Frage der Chancengleichheit der durch Sponsoring geförderten Schulen s. TZ 11.222.)

Die Einnahmen, die die Schule durch Sponsoring erzielt, die Sachen, die sie erhält, werden Eigentum des Schulträgers (TZ 6.212). Dieser kann sie der Schule zur eigenen Bewirtschaftung überlassen und ihr außerdem gestatten, für das vereinnahmte Geld ein Schulkonto einzurichten (vgl. TZ 11.222). Sponsoringverträge sind privatrechtlicher Natur. Sie können nur im Namen des Schulträgers geschlossen werden und bedürfen jeweils im Einzelfall seiner Zustimmung, sofern diese nicht allgemein erteilt ist (vgl. TZ 6.212).

11.224 Die Führung sog. *schwarzer Kassen* oder »schwarzer Fonds«, d. h. verheimlichter öffentlicher Mittel, die an sich dem Schulträger gehören, ist verboten. Andererseits weiß jeder Schulleiter, daß er freie Mittel außerhalb des Haushalts für unvorhergesehene oder besondere Zwecke benötigt (z. B. für ein Geschenk, einen Blumenstrauß, eine kleine Feier). Eine der Schule verbundene Vereinigung (TZ 11.222) gibt dem Schulleiter die Möglichkeit, über Sondermittel zu verfügen, ohne gegen das Verbot der Führung schwarzer Kassen zu verstoßen. Um alle Mißdeutungen zu vermeiden, tut der Schulleiter überhaupt gut daran, Schenkungen und Spenden nicht selbst anzunehmen, sondern über eine Vereinigung der genannten Art abzuwickeln, deren Geschäftsführung ordnungsgemäß geprüft wird. Entsprechendes gilt für *Einnahmen aus freien Veranstaltungen*, z. B. für Überschüsse, die bei einem Schulfest erzielt werden. Als Schuleinnahmen stehen sie dem Schulträger zu (sofern dieser sie nicht der Schule selbst überlassen hat), als Einnahmen einer Vereinigung aber dieser. Zur Klarstellung sei darauf hingewiesen, daß eine private Ausflugskasse des Kollegiums oder eine Klassenkasse keine schwarze Kasse ist.

11.23 Urheberrecht[24]

Die Schule ist verpflichtet, die Vorschriften des Urheberrechtsgesetzes (UrhG) zu beachten. Das Gesetz schützt die Rechte der Urheber und Nut-

---

23 So zutreffend *Elser*, SchVw BW 1997, 129.
24 Julia *Hasselbring*: Der urheberrechtliche Schutz im Bildungswesen, RdJB 1996, 84; Hans *Meyer-Albrecht*: Urheberrecht im Schulalltag, SchVwMO 1996, 53; Till *Neumann*: Urheberrecht und Schulgebrauch. Eine vergleichende Untersuchung der Rechtsgrundlagen und der Wahrnehmungspraxis, Baden-Baden 1994; Friedrich *Fromm*/Wilhelm *Nordemann* u. a.: Urheberrecht. Kommentar. 9. Aufl., Stuttgart 1998; Ernst-Joachim *Mestmäcker*/Erich *Schulze* u. a. (Hrsg.): Kommentar zum deutschen Urheberrecht. 3 Bde., Neuwied (Losenblattausgabe, Stand: März 1999).

zungsberechtigten (z. B. Verlage) von Werken der Literatur, Wissenschaft und Kunst; dazu zählen u. a. Sprachwerke wie Schriften, Reden und Computerprogramme, Werke der Musik, Werke der bildenden Künste, Lichtbildwerke, Filmwerke, Darstellungen wissenschaftlicher oder technischer Art. Voraussetzung ist stets, daß es sich um persönliche geistige Schöpfungen handelt (§ 2 UrhG). Das Urheberrecht erlischt 70 Jahre nach dem Tod des Urhebers (§ 64 UrhG); bei Lichtbildern (Fotografien) beträgt die Schutzfrist 50 Jahre (§ 72 Abs. 3 UrhG). Erst danach wird ein Werk gemeinfrei. Im einzelnen:

11.231 Die *öffentliche Wiedergabe eines urheberrechtlich geschützten Musik- oder Sprachwerks* ist *nur mit Einwilligung des Komponisten oder Autors* zulässig (§ 15 Abs. 2 UrhG), wobei die Rechte der Urheber in der Regel von Verwertungsgesellschaften wahrgenommen werden[25]. Öffentlich ist die Wiedergabe, wenn sie für eine Mehrzahl von Personen bestimmt ist, es sei denn, daß der Kreis dieser Personen abgegrenzt ist und sie durch gegenseitige Beziehung oder durch Beziehung zur veranstaltenden Schule persönlich untereinander verbunden sind (vgl. § 15 Abs. 3 UrhG). Schulveranstaltungen mit musikalischen oder sonstigen Darbietungen, an denen ausschließlich Lehrer und Schüler derselben Schule teilnehmen, sind demnach nicht öffentlich[26]. Ausnahmsweise ist auch die öffentliche Wiedergabe eines Musikstücks – nicht hingegen die bühnenmäßige Aufführung eines Werks (z. B. Theaterstücks, Singspiels) oder eine Filmvorführung – ohne Einwilligung des Berechtigten zulässig, wenn die Schule keinen Erwerbszweck verfolgt, kein Eintrittsgeld erhebt (auch nicht in Form eines Unkostenbeitrags) und keinem der ausübenden Künstler ein Honorar bezahlt (§ 52 Abs. 1 Satz 1, Abs. 3 UrhG). Für die öffentliche Wiedergabe ist eine angemessene Vergütung zu entrichten (§ 52 Abs. 1 Satz 2 UrhG). Die Vergütungspflicht entfällt bei Schulveranstaltungen, die nach ihrer sozialen oder erzieherischen Zweckbestimmung nur einem abgegrenzten Personenkreis zugänglich sind (§ 52 Abs. 1 Satz 3 UrhG); dazu rechnen jedenfalls alle Veranstaltungen, die von der Schule oder von Schülern selbst im Rahmen der schulischen Aufgaben durchgeführt werden und die im Ablauf eines Schuljahrs üblich sind[27]. Dient die Veranstaltung dem Erwerbszweck eines Dritten (z. B. dem Vermieter des Saals), muß dieser die Vergütung zahlen (§ 52 Abs. 1 Satz 4 UrhG). Bedarf es bei einer Schulveranstaltung der Zustimmung des Berechtigten, so hat der Schulleiter zuvor die Einwilligung der zuständigen Verwertungsgesellschaft einzuholen, die für die Aufführung eine Vergütung in Rechnung stellt. Musikalische Darbietungen sind bei der GEMA (»Gesellschaft für musikalische Aufführungs-

---

25 Ferdinand *Melichar*: Die Wahrnehmung von Urheberrechten durch Verwertungsgesellschaften am Beispiel der VG WORT, München 1983.
26 *Hasselbring*, RdJB 1996, 95, erachtet nur solche Veranstaltungen als nicht öffentlich, die innerhalb einer Klasse oder innerhalb eines Jahrgangs abgehalten werden; bei größeren Schulveranstaltungen sei die nach § 15 Abs. 3 UrhG erforderliche persönliche Beziehung aller Beteiligten untereinander nicht gewährleistet.
27 Sind die teilnehmenden Personen durch gegenseitige Beziehung oder durch Beziehung zur Schule persönlich miteinander verbunden, entfällt die Vergütungspflicht schon deshalb, weil die Wiedergabe des Werks nicht öffentlich ist (s. o.).

und mechanische Vervielfältigungsrechte«)[28], Wiedergaben eines Sprachwerks sind bei der Verwertungsgesellschaft WORT[29] anzumelden.

11.232 Die Verwendung moderner Techniken für den Unterricht darf nicht zur Überschreitung der urheberrechtlichen Verbotsgrenzen führen. Daher ist es grundsätzlich unzulässig, ohne Einwilligung der GEMA bzw. der Verwertungsgesellschaft WORT *Rundfunksendungen oder Tonträger* zur Verwendung im Unterricht zu überspielen. Reden über Tagesfragen (z.B. Parlamentsdebatten) und Nachrichtensendungen sowie Schulfunksendungen dürfen überspielt und mitgeschnitten werden – Schulfunksendungen aber nur zur Verwendung bis zum Ende des der Sendung folgenden Schuljahres; danach sind sie zu löschen, oder es muß eine Vergütung bezahlt werden (§§ 47, 48 UrhG)[30].

11.233 Für die Verwendung von urheberrechtlich geschützten Werken in *Schulbüchern* hat der Gesetzgeber eine Sonderregelung getroffen (§ 46 UrhG). Danach ist eine Vervielfältigung zulässig, wenn Sprachwerke oder Werke der Musik von geringem Umfang, einzelne Werke der bildenden Künste oder einzelne Lichtbildwerke nach dem Erscheinen in einer Sammlung aufgenommen werden, die die Werke einer größeren Anzahl von Urhebern vereinigt und nach ihrer Beschaffenheit nur für den Schul- oder Unterrichtsgebrauch bestimmt ist[31]. Die geplante Vervielfältigung von Sammlungen für den Musikunterricht ist bei der GEMA, die Vervielfältigung von sonstigen Sammlungen bei der Verwertungsgesellschaft WORT anzumelden.

11.234 Bei Vervielfältigungen von urheberrechtlich geschützten Werken durch *Fotokopien* ist folgendes zu beachten.
Die Schulen dürfen ohne Einwilligung des Urhebers oder der Verwertungsgesellschaft WORT Vervielfältigungen von kleinen Teilen eines Druckwerks oder von einzelnen Beiträgen in Zeitungen oder Zeitschriften zum eigenen Gebrauch im Schulunterricht oder für Prüfungen in der erforderlichen Anzahl herstellen oder herstellen lassen, wenn und soweit die Vervielfältigung zu diesem Zweck geboten ist (§ 53 Abs. 3 UrhG). Keineswegs ist es dem Leh-

---

28 Die Veranstaltungen sind bei der örtlichen Bezirksdirektion oder Außenstelle der GEMA anzumelden; diese stellen auch die entsprechenden Formulare zur Verfügung. Ein Anschriftenverzeichnis ist beim Presserefat der GEMA, Rosenheimer Straße 11, 81667 München, erhältlich. Die GEMA pflegt bei Schulfeiern mit musikalischen Darbietungen und bei Schülerkonzerten reduzierte Vergütungssätze zu berechnen, die erheblich günstiger sind als die sonst üblichen Tarife.
29 Informationsmaterial stellt die VG WORT, Goethestraße 49, 80336 München, bereit.
30 Nach BVerfGE 31, 270 (272 ff.), verletzt die Regelung für Schulfunksendungen in § 47 UrhG keine Grundrechte der Urheber.
31 Das BVerfG (BVerfGE 31, 229) hat § 46 UrhG grundsätzlich als verfassungsgemäß beurteilt, jedoch eine Vergütungspflicht aufgestellt (nunmehr Abs. 4). – Eine Liedersammlung ist i.S. des § 46 Abs. 1 UrhG »nur« für den Schulgebrauch bestimmt, wenn die Beschaffenheit der Sammlung nach ihren äußeren und inneren Merkmalen objektiv erkennen läßt, daß der Schul- oder Unterrichtsgebrauch nach der Absicht der Herausgeber deren alleiniger Zweck ist (BGH, NJW 1992, 1686).

rer gestattet, ganze Bücher oder Zeitschriften zu vervielfältigen; die Kopien dürfen Lehr- und Lernmittel nicht ersetzen, sondern nur ergänzen. Das Kopieren von Musiknoten ist nur mit Einwilligung des Berechtigten zulässig (§ 53 Abs. 4 UrhG). Die Einwilligung ist nunmehr generell aufgrund der Vereinbarung erteilt, die die Länder inzwischen mit den Verwertungsgesellschaften abgeschlossen haben[32]. Dem Urheber eines vervielfältigten Werks steht gegen den Hersteller, Importeur oder Vertreiber eines Kopiergeräts ein Anspruch auf angemessene Vergütung zu (§ 54a Abs. 1 UrhG). Falls in der Schule selbst ein Kopiergerät aufgestellt ist, sind für jede DIN-A4-Seite der Ablichtung bei Vervielfältigungen aus amtlich zugelassenen Schulbüchern 0,05 DM, bei Vervielfältigungen sonstiger Kopiervorlagen 0,02 DM zu entrichten; bei Vervielfältigungsgeräten, mit denen mehrfarbige Ablichtungen hergestellt werden können, und bei mehrfarbigen Ablichtungen ist der doppelte Vergütungssatz anzuwenden (§ 54d Abs. 1 i. V. m. der Anlage zu § 54d Abs. 1 UrhG). Zur Zahlung der Vergütung ist neben dem Hersteller auch der Betreiber des Kopiergeräts, also in der Regel der Schulträger, verpflichtet (§ 54a Abs. 2 UrhG). Die Vergütung ist an die zuständige Verwertungsgesellschaft zu zahlen (§ 54h Abs. 1 UrhG).

11.235 Auch in der Schule gewinnt der Einsatz von Computern zunehmend an Bedeutung. Nach §§ 2 Abs. 1 Nr. 1 und 69a ff. UrhG sind *Computerprogramme* grundsätzlich urheberrechtlich geschützt[33]. Die folgenden Besonderheiten sind zu beachten[34]:
Dem Urheber (Rechtsinhaber) eines Computerprogramms steht das ausschließliche Recht zu, dessen Vervielfältigung, Übersetzung, Bearbeitung oder Verbreitung vorzunehmen oder zu gestatten (§ 69c UrhG); ausgenommen hiervon sind insbesondere Vervielfältigungen, Übersetzungen oder Bearbeitungen, die für eine bestimmungsgemäße Benutzung des Computerprogramms erforderlich sind, sowie das Erstellen einer Sicherungskopie (§ 69d Abs. 1, 2 UrhG). Der Rechtsinhaber kann vom Eigentümer oder Besitzer des Programms verlangen, daß alle rechtswidrig hergestellten Vervielfältigungsstücke vernichtet werden. Daraus folgt, daß Computerprogramme auch für Schulzwecke nicht, nicht einmal teilweise (vgl. § 69c Nr. 1 UrhG), vervielfältigt werden dürfen. Eine der Regelung für Fotokopien (TZ 11.234) entsprechende Bestimmung fehlt. Soll also ein Computerprogramm an mehreren Arbeitsplätzen in der Schule gleichzeitig eingesetzt werden, bedarf es hierfür regelmäßig einer Mehrplatz- oder Netzwerklizenz. Allerdings können

---

32 Gesamtvertrag vom 12.9.1996.
33 Die genannten Vorschriften sind durch das Zweite Gesetz zur Änderung des Urheberrechtsgesetzes vom 29.6.1993 (BGBl. I S. 910) geändert bzw. eingefügt worden.
34 Dazu Christa-Maria *von der Decken-Eckardt*: Urheberrecht und Software an Schulen, LOG IN 2/1990, S. 21; Michael *Lehmann*: Das neue Software-Vertragsrecht – Verkauf und Lizensierung von Computerprogrammen, NJW 1993, 1822; Jochen *Marly*: Der neue Urheberrechtsschutz für Computersoftware, NJW-CoR 4/1993, S. 21; vgl. ferner Ralph *Dierck*/Michael *Lehmann*: Die Bekämpfung der Produktpiraterie nach der Urheberrechtsnovelle, CR 1993, 537. S. auch Hans *Meyer-Albrecht*: Multimedia in der Schulpraxis. Rechtsfragen bei der Nutzung von Online-Diensten in der Schule, Neuwied 1998.

bisweilen vertragliche Sonderregelungen (§ 69 d Abs. 1 UrhG), vor allem in Gestalt der Sonderversionen für Forschung und Lehre (sog. F+L-Versionen), mit günstigen Nutzungsbedingungen Anwendung finden. Sofern Schüler oder Lehrer Programme auf der Grundlage installierter Programmsprachen entwickeln, sind sie jedenfalls dann als Urheber anzusehen, wenn das Programm das Ergebnis der eigenen geistigen Schöpfung ist (vgl. § 69 a Abs. 3 UrhG).

12. Kapitel: Die Stellung der Privatschule im Schulwesen[1]

Die Gliederung des Schulwesens in öffentliche und private Schulen bildet ein grundlegendes, das gesamte Schulrecht bestimmendes Ordnungsprinzip (vgl. TZ 3.11). *Die öffentliche Schule befindet sich in öffentlicher Hand und ist damit unmittelbar – als kommunale Schule mittelbar – ein Instrument des staatlichen Erziehungswillens. Die private Schule ist Schule in privater – d.h. weder unmittelbar noch mittelbar staatlicher – Trägerschaft.* Auch wenn sie öffentlichen Aufgaben dient (soweit in ihr z.B. die Schulpflicht erfüllt wird), ist sie Ausdruck des Gestaltungswillens ihrer Gründer und Träger. Dieser grundsätzlichen Unterscheidung entspricht die Unterscheidung des Rechts der öffentlichen Schule vom Privatschulrecht.

12.1 Begriffe der Privatschule

Die (Privat-)Schulgesetze der Länder definieren die Privatschule nach dem formalen Kriterium der Trägerschaft, und zwar entweder – negativ – in Abgrenzung zur öffentlichen Schule als Schulen, die nicht in öffentlicher Trägerschaft stehen[2], oder – positiv – durch Benennung der in Betracht kommenden Rechtsformen der Trägerschaft, nämlich einer natürlichen oder juristischen Person des Privatrechts oder einer Religionsgemeinschaft oder Weltanschauungsgemeinschaft, die die Rechte einer Körperschaft des öffentlichen Rechts besitzt[3]. Eine über diese formalen Merkmale hinausgehende Definition könnte lauten: *Die Privatschule ist eine von einem der genannten Träger errichtete und betriebene Schule, die Erziehung und Unterricht in eigener Verantwortung gestaltet und die von Eltern bzw. Schülern frei gewählt werden kann*[4]. Dem entspricht es, daß die Bezeichnung der Privatschulen als *Freier Schulen*

---

1 Johann Peter *Vogel*/Holger *Knudsen* (Hrsg.): Bildung und Erziehung in freier Trägerschaft (BEFT). 4 Ordner, Neuwied 1981 ff. (Loseblattausgabe, Stand: September 1999). Der erste Teil bietet Informationen über Privatschulverbände u.a.; der zweite Teil enthält einen Grundriß des Rechts der Bildung und der Erziehung in freier Trägerschaft; der dritte Teil umfaßt die einschlägigen Rechtsquellen, der vierte gerichtliche Entscheidungen. Der Grundriß von Johann Peter *Vogel* ist unter dem Titel »Das Recht der Schulen und Heime in freier Trägerschaft« separat veröffentlicht (3. Aufl., Neuwied 1997). Hinzuweisen ist ferner auf Hans *Heckel*: Deutsches Privatschulrecht, Köln 1955, und Friedrich *Müller*: Das Recht der Freien Schule nach dem Grundgesetz. 2. Aufl., Berlin 1982. Mit Entwicklungsmöglichkeiten des Privatschulwesens befassen sich die Beiträge in Friedrich *Müller*/Bernd *Jeand'Heur* (Hrsg.): Zukunftsperspektiven der Freien Schule. Dokumentation, Diskussion und praktische Folgen der Rechtsprechung des Bundesverfassungsgerichts seit dem Finanzhilfe-Urteil. 2. Aufl., Berlin 1996; s. auch Bodo *Pieroth*/Gunnar Folke *Schuppert* (Hrsg.): Die staatliche Privatschulfinanzierung vor dem Bundesverfassungsgericht. Eine Dokumentation, Baden-Baden 1988. – Zu allgemeinen Fragen des Privatschulbereichs: *Arbeitsgemeinschaft Freier Schulen* (Hrsg.): Handbuch Freie Schulen, Hamburg 1993.
2 Z.B. § 2 Abs. 2 Satz 1 bw SchG, § 1 Abs. 1 Satz 1 bln PSchG, § 1 Abs. 1 brem PSchG, § 36 Abs. 1 nrw SchOG, § 1 Abs. 1 saarl PrivSchG.
3 § 2 Nr. 3 BbgSchulG, § 1 Abs. 4 Satz 1 NSchG, § 2 Abs. 3 SchulG LSA, § 2 Abs. 3 sh SchulG.
4 Zum Privatschulbegriff auch Rolf *Gröschner*, in: Dreier: Grundgesetz. Kommentar, Art. 7

oder als *Schulen in freier Trägerschaft* mehr und mehr Anklang findet, so wie man auch von der freien Wohlfahrtspflege spricht. Damit soll nicht gesagt werden, daß die öffentliche Schule unfrei sei. Auch wird nicht geleugnet, daß die Schule in freier Trägerschaft ebenso wie die freie Wohlfahrtspflege vielfältig gebunden ist; aber die Bindung ist selbstbestimmt durch die religiös-weltanschauliche Orientierung oder durch ein besonderes Erziehungskonzept. Andererseits verwendet das Grundgesetz selbst die Bezeichnung »private Schule«, und die Gegenüberstellung von privatem und öffentlichem Recht durchzieht unsere gesamte Rechtsordnung[5]; es wird deshalb im folgenden die Bezeichnung Privatschule beibehalten[6].

12.2 Für und Wider der Privatschule[7]

Seit dem Entstehen des modernen Staates ist die Privatschule immer wieder heftig umstritten gewesen. Dem *Etatismus* gleich welcher Prägung erschien sie stets als Fremdkörper, als Gefährdung der Allzuständigkeit des Staates, auch und gerade im Bildungswesen. Teilweise wurzeln die Bedenken gegen die Privatschulen, die ganz überwiegend in kirchlicher, vor allem katholischer Trägerschaft geführt werden, in laizistisch-antiklerikalen Überzeugungen; damit mag es zusammenhängen, daß der politische *Liberalismus*, der nach seiner Staatsauffassung die Privatschule an und für sich befürworten müßte, ihr vielfach mit Vorbehalten begegnet ist. Überdies haben *sozialreformerische Bewegungen*, für die die öffentliche Schule ein wichtiges Instrument der sozialen Integration von Schülern unterschiedlicher Schichten und Weltanschauungen ist, die Privatschule häufig wegen ihrer tatsächlich oder vermeint-

---

Rn. 85 ff.; Arnulf *Schmitt-Kammler*, in: Sachs: Grundgesetz. Kommentar, Art. 7 Rn. 61; Theodor *Maunz*, in: Maunz/Dürig: Grundgesetz. Kommentar, Art. 7 Rn. 65 a.

5 Johann Peter *Vogel*: Ersatz- und Ergänzungsschule. Revisionsbedürftige Begriffe des Rechts der Schulen in freier Trägerschaft, DÖV 1992, 505, hat angeregt, die terminologische Unterscheidung zwischen *öffentlicher* und *privater* Schule zu überdenken, da sie an einer historisch überholten semantischen Fixierung ansetze und das heutige Wirklichkeitsverständnis bezüglich freier Schulen nachteilig präge. Die insoweit problematische Gleichsetzung von staatlichem mit öffentlichem Schulwesen verkenne, daß auch die Schulen in freier Trägerschaft öffentliche Aufgaben wahrnähmen. Dem ist freilich entgegenzuhalten, daß eine private Einrichtung nicht schon deshalb ihren privaten Charakter verliert, weil sie öffentliche Aufgaben wahrnimmt. Die Familie beispielsweise, Inbegriff der Privatheit, erfüllt zugleich öffentliche Aufgaben.

6 Auch das BVerfG und das BVerwG halten an der Bezeichnung Privatschule fest, s. etwa BVerfGE 75, 40 (56 ff.); 88, 40 (46 ff.) und 90, 107 (114 ff.); BVerwGE 104, 1 (4 ff.). Demgegenüber verwenden die Gesetze in den meisten Ländern inzwischen den Terminus »Schule in freier Trägerschaft«. Auch die Schulrechtskommission des Deutschen Juristentags hat sich mehrheitlich dafür ausgesprochen (*DJT-SchulGE*, § 104 [S. 121], S. 392). Kritisch dazu Ingo *Richter*: Die Freiheit der privaten Schulen, RdJB 1983, 220 (222); Michael *Kloepfer*/Klaus *Meßerschmidt*: Privatschulfreiheit und Subventionsabbau, DVBl. 1983, 193 (193 f.).

7 Dazu *Arbeitsgemeinschaft Freier Schulen* (Anm. 1), S. 25 ff.; Frank-Rüdiger *Jach*: Schulverfassung und Bürgergesellschaft in Europa, Berlin 1999, S. 84 ff.; Cornelia *Mattern*: Private Bildungsfinanzierung und Theorie der öffentlichen Güter, ZesF 1984, 69; Thomas *Oppermann*: Schule und berufliche Ausbildung, HdbStR VI, S. 329 (S. 338 ff. Rn. 17–22); *Püttner*: Schulrecht, S. 813 Rn. 361 f.

lich desintegrativen Tendenzen abgelehnt. Ein Umstand, der zusätzlich Widerspruch gegen die Institution der Privatschule zu erregen pflegt, ist der *privatkapitalistische Charakter* mancher Privatschule, durch den Kinder aus wohlhabenden Familien privilegiert werden. In neuerer Zeit wird die Sorge laut, daß das öffentliche Bildungsangebot mit verbreitetem Stundenausfall, überfüllten Klassen, Ausländerkindern, überforderten Lehrern und Schülern angesichts der mit den von diesen Schwierigkeiten weniger betroffenen Privatschulen Schaden nehmen könne. All diesen Bedenken ist entgegenzuhalten, daß die Privatschule die *Idee der Freiheit im Schulwesen* verwirklicht, wobei es nicht nur um die einzelne Schule, sondern um die Institution als solche geht. Das Bundesverfassungsgericht hat mehrfach deutlich gemacht, daß durch die Gewährleistung der Privatschule gemäß Art. 7 Abs. 4 GG einem staatlichen Schulmonopol eine Absage erteilt wird[8], zumal der weltanschaulich neutrale, säkularisierte Staat keine in sich geschlossene Bildungsidee, wie sie die Privatschule anzubieten vermag, haben kann. Der Staat muß den »schulischen Pluralismus auch gegen sich selbst« garantieren[9]. Dazu gehört, daß er private Initiativen im Bildungswesen zuläßt, daß er den Eltern, die andere Wege suchen als die der öffentlichen Schule, die freie Wahl hinsichtlich der Bildung ihrer Kinder beläßt. Deshalb ist es nur folgerichtig, daß das Grundgesetz in Art. 7 Abs. 4 die Freiheit der Privatschule gewährleistet.

Diese Freiheit erstreckt sich auch auf die *konfessionell geprägte Privatschule*, dies um so mehr, als es ein Gebot der Toleranz ist, daß denen, die eine an ihrem Bekenntnis orientierte Schulerziehung wünschen, eine Alternative zum öffentlichen Schulwesen ermöglicht wird. Im übrigen sind die Vorbehalte gegenüber der konfessionellen Privatschule immer mehr zurückgegangen. Im Zusammenhang mit dem Bestreben, den Charakter der öffentlichen Schule als Gemeinschaftsschule zu sichern, wird die private Konfessionsschule als Ausweg gesehen und aus diesem Grunde in einigen Ländern sogar besonders gefördert (vgl. TZ 5.41).

Zumindest von ihrem Anspruch her dienen die Privatschulen wie die öffentlichen Schulen der sozialen Integration der Schüler. Das gilt jedenfalls für die Ersatzschulen, denen es untersagt ist, eine Sonderung der Schüler nach den Besitzverhältnissen der Eltern zu fördern (Art. 7 Abs. 4 Satz 3 GG). Gerade deshalb sind die Privatschulen in der Regel auf *öffentliche Zuschüsse* angewiesen (dazu TZ 13.56).

Ein beliebtes Argument, um die Existenzberechtigung der Privatschule zu begründen, ist der Hinweis auf ihren pädagogischen Nutzen; die Bildungsgeschichte zeige, daß die Privatschule sich als natürliches Experimentierfeld und als *Schrittmacher des pädagogischen Fortschritts* erwiesen habe[10]. Diese These, die für die Vergangenheit zutrifft, hat für die Gegenwart an Gewicht verloren. Viele Reformen, die zunächst im Privatschulwesen initiiert worden waren, haben sich längst im öffentlichen Schulsystem durchgesetzt. Heute gewinnt die Privatschule ihre Anziehungskraft eher aus den oft behaupteten Mängeln der öffentlichen Schule: aus den verbreiteten Klagen über Leistungsschwäche, überfüllte Klassen, Unterrichtsausfall, gewalttätige Kon-

---

8 BVerfGE 75, 40 (61 ff.); 90, 107 (114, 116); s. bereits BVerfGE 27, 195 (200 f.).
9 BVerfGE 75, 40 (66).
10 *Oppermann,* HdbStR VI, S. 340 Rn. 22; *Püttner:* Schulrecht, S. 813 Rn. 361 f.

flikte, Anonymität und fortwährende Veränderungen. In den Augen nicht weniger Eltern zeichnet sich die Privatschule demgegenüber durch hohe Qualitätsstandards, eindeutige pädagogische oder weltanschauliche Orientierung, Verläßlichkeit, kooperative Atmosphäre, Überschaubarkeit und Beständigkeit aus.

Von jeher hat die Privatschule ihre Stärke daraus gezogen, Unzulänglichkeiten des öffentlichen Schulwesens auszugleichen. Das galt früher für die *Mädchenbildung*, das gilt noch heute für das *berufsbildende Schulwesen* (Berufsfachschulen, Fachschulen). Auch die *Heimschule* (Internatsschule) erfüllt Bedürfnisse, die im öffentlichen Bildungswesen nicht befriedigt werden; sie ersetzt weitgehend die familiäre Erziehung und bietet Waisen, Kindern aus gefährdeten oder zerrütteten Ehen (»Sozialwaisen«) sowie Kindern, die infolge mangelnder häuslicher Fürsorge geistig oder seelisch gefährdet oder die wegen Erkrankung zurückgeblieben sind, eine Heimat. Auf dem Gebiet der *Sonderpädagogik* erzielt die Privatschule ihres individuellen Charakters wegen beachtliche Erfolge.

12.3 Schularten

Aufs Ganze gesehen spielt die Privatschule quantitativ eine vergleichsweise geringfügige Rolle. 1997 besuchten 5,1 Prozent der Schüler an allgemeinbildenden und 6,2 Prozent der Schüler an berufsbildenden Schulen Privatschulen[11]. Indessen verschiebt sich das Bild, wenn man die einzelnen Schularten betrachtet[12]. *Grund-, Haupt- und Berufsschule* sind seit dem 18. Jahrhundert fast ganz in öffentlicher Hand. Die private Initiative in diesem Bereich ist überdies durch die besonderen Zulassungsvoraussetzungen für Volksschulen nach Art. 7 Abs. 5 GG erschwert. Es gibt daher verhältnismäßig wenige private Grund-, Haupt- und Berufsschulen (letztere als Werkschulen großer Betriebe). Die im Zuge der Entkonfessionalisierung der öffentlichen Volksschulen in Baden-Württemberg, Bayern, Niedersachsen und im Saarland ermöglichte Förderung der privaten Bekenntnisschule hat allerdings in diesen Ländern den Bestand an privaten Grund- und Hauptschulen erhöht. Weit zahlreicher sind die privaten *Sonderschulen*, weil hier ein Betätigungsfeld für karitative und kirchliche Initiativen besteht. Ihre größte Bedeutung hat die Privatschule im Bereich der weiterführenden Schule außerhalb von Hauptschule und Berufsschule. Bei *Realschulen* und *Gymnasien* spielte sie lange Zeit in der *Mädchenbildung*, die der Staat bis vor wenigen Jahrzehnten vernachlässigt hatte, eine hervorgehobene Rolle; der Umstand, daß es noch immer zahlreiche private Mädchenschulen, zumeist in kirchlicher Trägerschaft, gibt, zeigt, daß diese Tradition bis heute fortwirkt, neuerdings sogar aufgrund der Bedenken gegen die Koedukationsschule im öffentlichen Schulwesen

---

11 Zahlen nach: *Bundesministerium für Bildung und Forschung* (Hrsg.): Grund- und Strukturdaten 1998/99, Bonn 1998, S. 50 f. und 64 ff.
12 Nach Schularten aufgegliedert ergeben sich folgende Anteile: Grundschulen: 1,0 %, Hauptschulen: 1,7 %, Realschulen: 7,1 %, Gymnasien: 10,2 %, integrierte Gesamtschulen: 1,9 %, Abendschulen und Kollegs: 17,1 %, Sonderschulen: 13,3 %, Berufsschulen: 2,1 %, Berufsfachschulen: 16,2 %, Fachoberschulen: 4,3 %, Fachschulen: 50,5 %.

(vgl. TZ 4.37) an Bedeutung gewinnt. Im berufsbildenden Schulwesen sind es *Berufsfachschulen* und vor allem *Fachschulen*, die zu einem erheblichen Anteil von privaten Trägern betrieben werden. Daneben sind die Schulen zu nennen, die neue pädagogische Wege beschritten haben, insbesondere die *Freien Waldorfschulen* und die *Landerziehungsheime*, wie auch sonst die mit Internaten verbundenen, überwiegend konfessionellen Schulen.

12.4 Trägerorganisationen[13]

12.41 Evangelische Schulen

Die evangelischen Schulen (meist mit Heimen ausgestattete Realschulen und Gymnasien) in der Trägerschaft der Landeskirchen oder kirchlicher Organisationen sind in drei regional abgegrenzten Schulbünden organisiert: Nordwestdeutschland und neue Bundesländer (mit Ausnahme Sachsens), Südwestdeutschland sowie Bayern und Sachsen. Sie sind mit dem Christlichen Jugenddorfwerk Deutschlands in der Arbeitsgemeinschaft Evangelischer Schulbünde[14] zusammengefaßt.

12.42 Katholische Schulen[15]

Die häufig mit Internaten verbundenen katholischen Schulen sind zum großen Teil Ordensschulen; sie werden daneben vor allem von Diözesen betrieben. Die Ordensschulen sind in der Vereinigung Deutscher Ordensschulen und Internate (ODIV), Sektion Schule, zusammengefaßt. Auf Landesebene bestehen zumeist Arbeitsgemeinschaften katholischer Schulen in freier Trägerschaft. Dachorganisation der katholischen Privatschulen in der Bundesrepublik ist der Arbeitskreis Katholischer Schulen in freier Trägerschaft[16].

12.43 Waldorfschulen[17]

Auf der Pädagogik Rudolf Steiners beruhen als Schulen besonderer pädagogischer Prägung die Freien Waldorfschulen. Sie sind zwölfklassige Gesamtschulen mit eigenem Lehrplan und eigener Lehrerbildung, die ihre Schüler

---

13 Informationen über die einzelnen Schulen und Verbände enthält: *Arbeitsgemeinschaft Freier Schulen* (Anm. 1), S. 51 ff., 337 ff., 353 ff.; vgl. auch die Übersicht in *BEFT* (Anm. 1) unter 16.1; s. ferner Michael *Behr*: Freie Schulen und Internate. Pädagogische Programme und rechtliche Stellung, Düsseldorf 1988.
14 Arbeitsgemeinschaft Evangelischer Schulbünde e. V., c/o Heidehofgymnasium, Heidehofstraße 49–50, 70184 Stuttgart.
15 Rainer *Ilgner* (Hrsg.): Handbuch Katholische Schule. 6 Bde., Köln 1992.
16 Arbeitskreis Katholischer Schulen in freier Trägerschaft in der Bundesrepublik Deutschland, Kaiserstraße 163, 53113 Bonn.
17 Paul-Albert *Wagemann*: Wie frei ist die Waldorfschule? Geschichte und Praxis einer pädagogischen Utopie. 2. Aufl., Berlin 1993.

nach der 12. Klasse mit dem Waldorfabschluß entlassen; geeignete Schüler können in einem zusätzlichen 13. Jahrgang zur Abiturprüfung geführt werden[18]. Die Schulen haben sich im Bund der Freien Waldorfschulen[19] zusammengeschlossen.

12.44 Landerziehungsheime

Gleichfalls Schulen besonderer pädagogischer Prägung sind die Lietzschen Landerziehungsheime. Der Schulart nach handelt es sich um Gymnasien (meist in besondere Heime für Unterstufe, Mittelstufe und Oberstufe gegliedert). Einzelnen Landerziehungsheimen sind Grundschule, Hauptschule, Realschul- und Berufsfachschulzüge angegliedert. Die Lietzschen Landerziehungsheime sind in der Vereinigung Deutscher Landerziehungsheime[20] organisiert.

12.45 Bundesverband Deutscher Privatschulen

Die im Bundesverband Deutscher Privatschulen[21] vereinigten Schulen haben kein einheitliches Gepräge. Es handelt sich bei ihnen um allgemeinbildende und berufsbildende Schulen verschiedener Art. Unter den allgemeinbildenden Schulen gibt es solche besonderer pädagogischer Prägung, aber auch eine Reihe von Anstalten zur schulmäßigen Vorbereitung auf bestimmte Prüfungen oder zur Förderung von Schülern, die in öffentlichen Schulen zurückgeblieben sind (Vorbereitungsanstalten). Die berufsbildenden Schulen, die im Verband überwiegen, umfassen alle Bereiche der Berufsbildung; die Hauptgruppe bilden die kaufmännischen Schulen (Wirtschaftsschulen). Dem Verband gehören auch zahlreiche private Unterrichtseinrichtungen an. Träger sind teils Einzelpersonen – das gilt in der Regel für berufsbildende Schulen –, teils gemeinnützige Vereine oder sonstige gemeinnützige Organisationen.

12.46 Arbeitsgemeinschaft Freier Schulen

Die in TZ 12.41–12.45 genannten Trägerorganisationen haben sich in der Arbeitsgemeinschaft Freier Schulen[22] zusammengeschlossen.

---

18 In den Ländern Sachsen und Thüringen mit zwölfjähriger Schulzeit bis zum Abitur legen die Absolventen der Waldorfschulen die Abiturprüfung zeitgleich mit den Abiturienten an öffentlichen Schulen ab. Vgl. §3 sächs VO über die Abiturprüfung für Schüler staatlich genehmigter Waldorfschulen im Freistaat Sachsen vom 10.11.1995 (GVBl. S. 368), g. d. VO v. 20.9.1997 (GVBl. S. 561).
19 Bund der Freien Waldorfschulen e. V., Heidehofstraße 32, 70184 Stuttgart.
20 Vereinigung Deutscher Landerziehungsheime, Hedemannstraße 14, 10969 Berlin.
21 Bundesverband Deutscher Privatschulen – Bildungseinrichtungen in freier Trägerschaft e. V., Darmstädter Landstraße 85 A, 60598 Frankfurt am Main.
22 Arbeitsgemeinschaft Freier Schulen, Vereinigungen und Verbände gemeinnütziger Schulen in freier Trägerschaft, Am Schlachtensee 2, 14163 Berlin.

12.47 Sonstige Privatschulen

12.471 Zahlreiche Privatschulen arbeiten *ohne Bindung an eine Privatschulorganisation*, darunter jene, die von berufsständischen Fachorganisationen oder von Gewerkschaften zur beruflichen Aus- und Weiterbildung eingerichtet sind. Andere haben sich an nichtschulische Organisationen angelehnt; auch die von karitativen Organisationen betriebenen Schulen (meist Sonderschulen und Ausbildungsstätten für die sozialpädagogische Arbeit) sind den Privatschulverbänden in der Regel nicht angegliedert. Ebenso sind zahlreiche von Einzelunternehmern unterhaltene Schulen nicht organisiert.

12.472 In jüngerer Zeit sind neben den traditionellen Privatschulen sog. *Alternativschulen* entstanden, die überwiegend aus der antiautoritären Protestbewegung (»Kinderläden«) hervorgegangen sind. Sie wollen die Schule als eine möglichst angstfreie Institution erleben lassen und räumen daher der Selbstbestimmung der Kinder breite Entfaltungsmöglichkeiten ein. Beispielhaft seien die Glockseeschule Hannover und die Freie Schule Frankfurt genannt[23]. Die Alternativschulen haben sich zum Bundesverband der Freien Alternativschulen[24] zusammengeschlossen.

12.473 Eine Sonderstellung nehmen die *dänischen Privatschulen* in Schleswig ein; sie sind im dänischen Schulverein (Dansk Skoleforening)[25] in Flensburg organisiert. Zur Zeit besuchen über 5300 Schüler die 54 Schulen.

12.5 Gemeinnützigkeit[26]

Die meisten Privatschulen sind gemeinnützige Schulen, denen es nicht auf Gewinnerzielung, sondern auf Förderung religiöser, weltanschaulicher oder pädagogischer Ziele ankommt. Die gemeinnützigen Schulen können unter bestimmten Voraussetzungen staatliche Finanzhilfen erhalten (dazu TZ 13.56); sie sind steuerlich privilegiert. Daneben stehen jene Schulen, deren Träger eine Erwerbsabsicht verfolgen. Die Charakterisierung einer Privatschule als erwerbswirtschaftlich (Unternehmerschule) bedeutet kein Unwerturteil; es gibt unter ihnen solche, die Bestes leisten. Gemeinnützig sind durchweg die Schulen der in TZ 12.41–12.44 genannten Vereinigungen, ein Teil der dem Bundesverband Deutscher Privatschulen angehörenden Schulen (TZ 12.45), ferner jene nicht von Privatschulorganisationen erfaßten Schulen, die von politischen, berufsständischen oder sozialen Verbänden getragen werden (TZ 12.471), die Alternativschulen (TZ 12.472) sowie die dänischen Schulen (TZ 12.473).

---

23 Zur Freien Schule Frankfurt s. Hartmut *von Hentig*: Wie frei sind Freie Schulen?, Stuttgart 1985. Es ist die Buchfassung eines Gutachtens, das von Hentig im Auftrag des VGH Kassel erstellte; Anlaß war der Rechtsstreit um die Genehmigung der Freien Schule Frankfurt (dazu VGH Kassel, NVwZ 1984, 118).
24 Bundesverband der Freien Alternativschulen, Wiemelhauser Straße 270, 44799 Bochum.
25 Dansk Skoleforening for Sydslesvig, Stuhrs-Allee 22, 24937 Flensburg.
26 Dazu Christian *Kühr*: Steuerfragen bei Bildungseinrichtungen in freier Trägerschaft, in: BEFT (Anm. 1), Nr. 35, S. 5 ff.; *Vogel* (Anm. 1), S. 234 ff.

13. Kapitel: Überblick über das Privatschulrecht[1]

13.1 Rechtsgrundlagen

Wie das Recht der öffentlichen Schule ist auch das Privatschulrecht Landesrecht. Es ist allerdings an die in Art. 7 Abs. 4 Satz 1 GG enthaltene Gewährleistung des Grundrechts zur Errichtung von Privatschulen und an die übrigen Normierungen in Art. 7 Abs. 4 und 5 GG gebunden. Die Länder haben sich durch die Vereinbarung vom 10./11. 8. 1951[2] auf Grundsätze geeinigt, die zwar manche Übereinstimmungen, jedoch keine durchgreifende Vereinheitlichung der Privatschulgesetzgebung bewirkt haben[3].

13.2 Das Grundrecht der Privatschulfreiheit[4]

Mit dem in Art. 7 Abs. 4 Satz 1 GG gewährleisteten Grundrecht der Privatschulfreiheit ist zugleich eine *Garantie der Privatschule als Institution* verbun-

---

1 *Monographien*: Jochen Abr. *Frowein*: Zur verfassungsrechtlichen Lage der Privatschulen unter Berücksichtigung der kirchlichen Schulen, Berlin, New York 1979; Hans *Heckel*: Deutsches Privatschulrecht, Köln 1955; Friedrich *Müller*: Das Recht der Freien Schule nach dem Grundgesetz. 2. Aufl., Berlin 1982; Albrecht *Randelzhofer*/Michael *Wein*: Ausbildungsreform und Bestandsschutz im Privatschulbereich, Berlin 1989; Johann Peter *Vogel*: Das Recht der Schulen und Heime in freier Trägerschaft. 3. Aufl., Neuwied 1997. *Beiträge*: Frank-Rüdiger *Jach*: Privatschulfreiheit am Scheideweg – Vielfalt oder institutionelle Erstarrung?, DÖV 1990, 506; Karl-Heinz *Ladeur*: Genehmigung privater Konfessionsschulen, RdJB 1993, 282; Thomas *Oppermann*: Schule und berufliche Ausbildung, HdbStR VI, S. 329 (338 ff. Rn. 17 ff.); *Püttner*: Schulrecht, S. 811 ff. Rn. 354 ff.; Christian *Starck*: Die kirchlichen Privatschulen im Rahmen der verfassungsrechtlichen Normen über das Schulwesen, in: Dieter Schwab u. a. (Hrsg.): Staat, Kirche, Wissenschaft in einer pluralistischen Gesellschaft. Festschrift für Paul Mikat, Berlin 1989, S. 665; s. auch *Niehues*: Schul- und Prüfungsrecht, S. 102 ff. Rn. 158 ff. – Zur Konzeption der Schulrechtskommission vgl. *DJT-SchulGE*, §§ 104–112 (S. 121 ff.).
2 KMK-BeschlS. Nr. 484, abgedruckt auch in: Johann Peter *Vogel*/Holger *Knudsen* (Hrsg.): Bildung und Erziehung in freier Trägerschaft (BEFT). 4 Ordner, Neuwied 1981 ff. (Loseblattausgabe, Stand: September 1999), Nr. 40.1, S. 11.
3 Zur Entwicklung in den neuen Ländern s. Johann Peter *Vogel*: Das Recht der Schulen in freier Trägerschaft in den neuen Bundesländern, RdJB 1992, 305. – In Baden-Württemberg, Berlin, Bremen, Hamburg, Rheinland-Pfalz, im Saarland, in Sachsen und Thüringen gelten besondere Privatschulgesetze. Bayern, Brandenburg, Hessen, Mecklenburg-Vorpommern, Niedersachsen, Nordrhein-Westfalen, Sachsen-Anhalt und Schleswig-Holstein haben das Privatschulrecht in ihren allgemeinen Schulgesetzen geregelt.
4 Rolf *Gröschner*, in: Dreier: Grundgesetz. Kommentar, Art. 7 Rn. 85 ff.; Ulfried *Hemmrich*, in: von Münch/Kunig: Grundgesetz. Kommentar, Art. 7 Rn. 35 ff.; *Jarass*/*Pieroth*: Grundgesetz. Kommentar, Art. 7 Rn. 12 ff.; Theodor *Maunz*, in: Maunz/Dürig: Grundgesetz. Kommentar, Art. 7 Rn. 65 ff.; Ingo *Richter*, in: AK-GG, Art. 7 Rn. 25 ff.; Arnulf *Schmitt-Kammler*, in: Sachs: Grundgesetz. Kommentar, Art. 7 Rn. 61 ff.

den[5]. Das Grundgesetz räumt demnach nicht nur ein subjektives öffentliches Recht auf Errichtung und Betrieb einer Privatschule ein; es garantiert darüber hinaus der Privatschule als Institution ihren Bestand und eine ihrer Eigenart entsprechende Verwirklichung[6]. Diese Gewährleistung bindet Gesetzgebung, Verwaltung und Rechtsprechung (Art. 1 Abs. 3 GG). Gesichert ist für jedermann die *Freiheit, Privatschulen zu errichten,* auch wenn kein Bedürfnis für die Schulgründung besteht und die öffentliche Schule dadurch Schüler einbüßt. Ebensowenig kann die Schulverwaltung der Schließung einer Privatschule mit der Begründung widersprechen, daß dann eine öffentliche Schule errichtet werden müßte. Umgekehrt darf die Schule vom Staat weder geschlossen noch beschränkt werden, solange die Voraussetzungen für ihre Errichtung bestehen.

13.3 Freiheiten im Schulbetrieb[7]

Die Privatschulfreiheit beschränkt sich nicht auf die Errichtung, sondern erstreckt sich auch auf den Betrieb der Privatschule. Sie umfaßt daher das Recht der freien Gestaltung der Schule sowie das Recht der freien Lehrer- und Schülerwahl[8]. Diese Rechte sind bei Ersatzschulen durch die grundgesetzlichen Genehmigungsbedingungen eingeschränkt (TZ 13.52), bei staatlich anerkannten Schulen zusätzlich durch die mit der Anerkennung verbundenen Anforderungen begrenzt (TZ 13.55).

13.31 Freie Gestaltung der Schule

Die Privatschule hat das Recht, ihren inneren und äußeren Schulbetrieb nach eigenem pädagogischen, religiösen oder weltanschaulichen Leitbild frei zu gestalten. Grenzen der Gestaltungsfreiheit ergeben sich bei der Ersatzschule durch die Genehmigungsvoraussetzungen nach Art. 7 Abs. 4 GG, insbesondere durch das Postulat der Gleichwertigkeit.

---

5 Die meisten Landesverfassungen enthalten ebenfalls eine Gewährleistung der Privatschulfreiheit oder setzen sie voraus: Art. 14 Abs. 2 Satz 3 und 4 bw Verf., Art. 134 bay Verf., Art. 30 Abs. 6 bbg Verf., Art. 29 brem Verf., Art. 61 hess Verf., Art. 4 Abs. 3 nds Verf., Art. 8 Abs. 4 nrw Verf., Art. 30 rp Verf., Art. 28 saarl Verf., Art. 102 Abs. 3 sächs Verf., Art. 28 Verf. LSA, Art. 26 thür Verf.
6 BVerfGE 75, 40 (61 f.). Zu der Frage, ob und wieweit sich daraus eine Förderungspflicht des Staates für die Privatschule ergibt, TZ 13.561.
7 Dazu Bodo *Pieroth*/Bernhard *Schlink*: Grundrechte. Staatsrecht II. 14. Aufl., Heidelberg 1997, S. 167 Rn. 677 ff.
8 BVerfGE 27, 195 (200 f.); 75, 40 (62); 88, 40 (46); 90, 107 (114).

13.32 Freie Lehrerwahl[9]

13.321 Das Recht der freien Lehrerwahl bedeutet, daß die Privatschule grundsätzlich jede Person, die ihr geeignet erscheint, als Lehrer beschäftigen kann und daß ihr niemand als Lehrer aufgezwungen werden darf. Auch diese Freiheit hat Grenzen. Der Lehrer, den die Privatschule auswählt, muß die persönliche und fachliche Eignung für seine Aufgabe besitzen. Die persönliche Eignung (Zuverlässigkeit) wird im allgemeinen durch ein polizeiliches Führungszeugnis nachgewiesen. Die fachliche Eignung (Befähigung) liegt im Besitz der nötigen Kenntnisse und pädagogischen Erfahrung. Auch hier gilt bei der Ersatzschule das Prinzip der Gleichwertigkeit mit der öffentlichen Schule (dazu TZ 13.523).

13.322 Das Rechtsverhältnis zwischen der Privatschule und ihren Lehrern[10] richtet sich nach den Bestimmungen des bürgerlichen Rechts und des Arbeitsrechts. Da für den privaten Unterrichtsbereich keine Tarifverträge bestehen, werden den *Arbeits- und Dienstverträgen* meist Muster der Privatschulverbände zugrunde gelegt, die die Zustimmung der Aufsichtsbehörden gefunden haben. Streitigkeiten aus dem Arbeitsverhältnis werden vor dem Arbeitsgericht ausgetragen[11]. Die Lehrer sind nach den Bestimmungen des Sozialversicherungsrechts versicherungspflichtig und genießen Kündigungsschutz nach dem Kündigungsschutzgesetz. Das Betriebsverfassungsgesetz mit seinen Mitbestimmungsregelungen ist auf Privatschulen in kirchlicher Trägerschaft nicht anwendbar (§ 118 Abs. 2 BetrVG); dieser *Tendenzschutz* ist auch sonstigen Privatschulen insoweit zugebilligt, als ihre Eigenart der Anwendung des Betriebsverfassungsgesetzes entgegensteht (§ 118 Abs. 1 Satz 1 Nr. 1 BetrVG). Die Kirchen haben für ihren Bereich Regelungen zur Mitarbeitervertretung erlassen[12]. Die evangelischen Landeskirchen und mehrere katholische Diözesen haben einen Teil der Lehrer in den von ihnen getragenen Schulen verbeamtet; für sie gilt daher kirchliches Beamtenrecht. Bei den katholischen Ordensschulen gelten die Ordensangehörigen nicht als Arbeitnehmer und unterliegen nicht dem Arbeitsrecht.

---

9 *Vogel* (Anm. 1), S. 191; Ingo *Richter*, in: AK-GG, Art. 7 Rn. 60; Eckart *Pfau*: Die verfassungsrechtlichen Anforderungen an Ersatzschullehrer. Diss. jur., Hamburg 1995.
10 Zu den rechtlichen Bestimmungen: BEFT (Anm. 2), Nr. 53. – Vgl. im übrigen neben den Ausführungen im 23. Kapitel und der dort genannten arbeitsrechtlichen Literatur *Müller* (Anm. 1), S. 251 ff., 264 ff., 367 ff.; *Frowein* (Anm. 1), S. 40 ff.; *Vogel* (Anm. 1), S. 190 ff. – Zu den Auswirkungen kirchlicher Gebundenheit konfessioneller Privatschulen auf das Arbeitsverhältnis der bei ihnen angestellten Lehrer s. BAG, NJW 1980, 2211 und 2213; NJW 1985, 1855: Der katholischen Lehrerin an einer katholischen Privatschule kann aus personenbedingten Gründen i. S. v. § 1 Abs. 2 KSchG ordentlich gekündigt werden, wenn sie einen nicht laisierten katholischen Priester oder einen geschiedenen Mann heiratet oder wenn sie aus der Kirche ausgetreten ist. Zu den Rechten und Pflichten des Lehrers an einer katholischen Privatschule: Hermann *Avenarius*: Der Staat und die katholische Schule, in: Rainer Ilgner (Hrsg.): Handbuch Katholische Schule. Bd. 2. Heft 2, Köln 1992, S. 38 ff. m. w. N.
11 Es wird auf die Ausführungen unter TZ 23.243 verwiesen.
12 Mit Ausnahme der nordelbischen Landeskirche, in der das BetrVG angewandt wird. S. *Vogel* (Anm. 1), S. 210 f.

13.33 Freie Schülerwahl[13]

13.331 Das Recht der freien Schülerwahl bedeutet, daß die Privatschule in Abweichung von den Auslese- und Versetzungsgrundsätzen der öffentlichen Schule Schüler aufnehmen darf, soweit sie es erzieherisch verantworten kann, und daß ihr Schüler nicht gegen ihren Willen zugewiesen werden dürfen. Dieses Recht darf die Privatschule nicht mißbrauchen. Bei wahlloser Schüleraufnahme verletzt die Ersatzschule den Grundsatz der Gleichwertigkeit (dazu TZ 13.52), bei Aufnahme nur von Schülern wohlhabender Eltern das verfassungsrechtliche Gebot, eine Sonderung nach den Besitzverhältnissen der Eltern zu vermeiden (Art. 7 Abs. 4 Satz 3 GG). Anerkannte Ersatzschulen können durch das Landesrecht verpflichtet werden, die für entsprechende öffentliche Schulen geltenden Aufnahmebestimmungen zu beachten[14] (TZ 13.555). Die Ergänzungsschule (TZ 13.6) ist in der Aufnahme nicht mehr schulpflichtiger Schüler frei; was die Höhe des Schulgeldes betrifft, unterliegt sie nur den allgemeinen gesetzlichen Bindungen gegen Wucher (§ 138 Abs. 2 BGB).

13.332 Die *Rechtsbeziehungen der Schule zu Schülern (und Eltern)*[15] richten sich nach Privatrecht. Der *Schulvertrag (Beschulungsvertrag)* ist im allgemeinen ein Dienstvertrag gemäß §§ 611 ff. BGB. Er wird üblicherweise als Formularvertrag abgeschlossen, der zugleich Allgemeine Geschäftsbedingungen des Schulträgers enthält. Dabei sind die Vorschriften des Gesetzes zur Regelung des Rechts der Allgemeinen Geschäftsbedingungen (AGBG) zu beachten. Zweifel bei der Auslegung Allgemeiner Geschäftsbedingungen gehen zu Lasten des Schulträgers (§ 5 AGBG). Bestimmungen in Allgemeinen Geschäftsbedingungen sind unwirksam, wenn sie Eltern oder Schüler als Vertragspartner entgegen den Geboten von Treu und Glauben unangemessen benachteiligen (§ 9 Abs. 1 AGBG). Der Schulvertrag nimmt in der Regel Bezug auf die vom Schulträger erlassene Schulordnung, die die Rechte und Pflichten der Schüler sowie die Folgen von Pflichtverletzungen (z. B. Ordnungsmaßnahmen, im Extremfall auch Kündigung[16]) näher umschreibt; die Schulordnung wird damit Bestandteil des Vertragsverhältnisses. Für Streitigkeiten aus dem Schulvertrag sind die ordentlichen Gerichte zuständig. Soweit eine anerkannte Ersatzschule jedoch hoheitliche Maßnahmen trifft – so bei Prüfungs- und Versetzungsentscheidungen –, erläßt sie Verwaltungsakte, die

---

13 Dazu Ingo *Richter*, in: AK-GG, Art. 7 Rn. 60.
14 BVerfGE 27, 195 (209); BVerwGE 68, 185. So z. B. Art. 100 Abs. 2 Satz 1 BayEUG, § 173 Abs. 2 Satz 2 HSchG.
15 Peter *Gilles*/Holger *Heinbuch*/Georgios *Gounalakis*: Handbuch des Unterrichtsrechts, München 1988, S. 145 ff.; *Stein/Roell*, S. 108 f., 263 f.; Thilo *Ramm*: Jugendrecht, München 1990, S. 417 f., 426 ff.; *Vogel* (Anm. 1), S. 211 ff.; Hans-Gerd *Wienands*: Der private Unterrichtsvertrag, Neuwied 1996, S. 2 f., 6 ff., 46 ff.
16 Zur Kündigung des Schulvertrags s. *Wienands* (Anm. 15), S. 107 ff., 141 ff.; *Vogel* (Anm. 1), S. 212 ff.; vgl. auch *Gilles/Heinbuch/Gounalakis* (Anm. 15), S. 258 ff. – Zur (fristlosen) Kündigung eines Internatsschulvertrags: BGH, NJW 1984, 2091 und 2093, sowie Eduard *Picker*: Fristlose Kündigung und Unmöglichkeit, Annahmeverzug und Vergütungsgefahr im Dienstvertragsrecht, JZ 1985, 641 und 693.

vor dem Verwaltungsgericht angefochten werden können[17] (vgl. TZ 13.551, 34.432).

13.4 Allgemeine polizeirechtliche Anforderungen[18]

Die Privatschule hat die allgemeinen polizeirechtlichen Anforderungen zu beachten. Insoweit kann sie sich nicht auf die Privatschulfreiheit berufen. Diese Regelungen fallen nicht in den Schutzbereich des Grundrechts der Privatschulfreiheit[19]; hier gelten vielmehr die Schranken, die dem Grundrecht der freien Entfaltung der Persönlichkeit durch die verfassungsmäßige Ordnung (Art. 2 Abs. 1 GG) gezogen sind. So dürfen die äußeren Einrichtungen und der laufende Betrieb der Schule Sicherheit und Ordnung nicht gefährden, sind die Anforderungen der Bau- und Brandsicherheit, des Gesundheitsschutzes und des Jugendschutzes zu beachten. Erfüllt die Privatschule diese Voraussetzungen nicht, kann die zuständige Behörde auf Abhilfe drängen und nötigenfalls die Schule schließen.

13.5 Ersatzschulen[20]

Je nachdem, ob eine Privatschule einer vergleichbaren öffentlichen Schule entspricht oder nicht, handelt es sich um eine Ersatz- oder um eine Ergänzungsschule. An einer Ersatzschule kann die Schulpflicht erfüllt werden, an einer Ergänzungsschule nicht.

13.51 Akzessorietät der Ersatzschule zur öffentlichen Schule

Ersatzschulen sind Privatschulen, die nach dem mit ihrer Errichtung verfolgten Gesamtzweck als Ersatz für eine in dem Land vorhandene oder grundsätzlich vorgesehene öffentliche Schule dienen sollen[21]. Es besteht somit eine Akzessorietät der privaten Ersatzschule zur öffentlichen Schule[22]. Um Ersatzschule zu sein, muß die Privatschule in ihren wesentlichen Merkmalen einer vom öffentlichen Schulwesen vorgehaltenen Schulart entsprechen; ein Mindestmaß an Verträglichkeit mit den im öffentlichen Schulwesen vorhandenen Strukturen einschließlich der damit verfolgten Ziele ist erforderlich[23].

---

17 Dazu *Vogel* (Anm. 1), S. 65 ff.
18 *Vogel* (Anm. 1), S. 65 ff.; *Heckel* (Anm. 1), S. 236 ff.
19 *Müller* (Anm. 1), S. 129, der allerdings nicht von »Schutzbereich«, sondern von »Normbereich« spricht.
20 Dazu insbesondere *Müller* (Anm. 1), S. 121 ff.; ferner *Vogel* (Anm. 1), S. 81 ff.
21 BVerfGE 27, 195 (201 f.); 75, 40 (76); 90, 128 (139). BVerwGE 104, 1 (8); BVerwG, DÖV 1997, 1004.
22 BVerfGE 37, 314 (319). Zur Akzessorietät der Ersatzschule s. Hermann *Avenarius*: Gesetzesvorbehalt und Privatschulrecht, in: Schule im Rechtsstaat. Bd. 2. Gutachten für die Kommission Schulrecht des Deutschen Juristentages, München 1980, S. 153.
23 BVerwGE 104, 1 (7).

Dieses Verständnis der Ersatzschule legen auch die meisten (Privat-)Schulgesetze zugrunde[24]. Die Akzessorietät der Ersatzschule ist so lange unproblematisch, als der Staat im öffentlichen Schulwesen eine Vielfalt der Schularten bereithält. Schwierigkeiten können dann auftreten, wenn die Strukturen der öffentlichen Schulen verändert werden, z. B. durch flächendeckende Einführung der schulartunabhängigen Orientierungsstufe. In den neuen Ländern, in denen das Schulwesen von Grund auf umgestaltet wurde, müssen sich Ersatzschulen von vornherein an den dort vorhandenen oder vorgesehenen öffentlichen Schularten orientieren.

Vor allem im Land Brandenburg, dessen Gesetzgeber sich für die ausnahmslos sechsklassige Grundschule und für entsprechend verkürzte weiterführende Bildungsgänge der Sekundarstufe I entschieden hat[25], ist der Spielraum privater Ersatzschulen eingeschränkt. Ein privates Gymnasium oder eine private Realschule kann in diesem Land mit Rücksicht auf das Erfordernis der Akzessorietät grundsätzlich erst ab Klasse 7 errichtet werden. Nach Auffassung des Bundesverwaltungsgerichts[26] steht der Einbeziehung der Klassen 5 und 6 in ein privates Gymnasium nicht zuletzt Art. 7 Abs. 5 GG entgegen, der der staatlichen Grundschule einen besonderen Vorrang einräumt. Sofern die für die staatlichen Grundschulen maßgeblichen schulorganisatorischen Regelungen in ihrer Gesamtheit dem verfassungsrechtlichen Gebot eines differenzierten Unterrichts entsprechen, müssen sich private Schulen darauf einstellen, können also weiterführende Schulen erst ab Klasse 7 einrichten. Ausnahmen kommen nur dann in Betracht, wenn die pädagogischen Ziele, die

---

24 Lapidar § 36 Abs. 3 nrw SchOG: »Privatschulen sind Ersatzschulen, wenn im Lande entsprechende öffentliche Schulen allgemein bestehen oder grundsätzlich vorgesehen sind.« Häufig wird in den Gesetzen hinzugefügt, daß Abweichungen in den Unterrichts- und Erziehungsmethoden sowie in den Lehrstoffen unschädlich sind (z. B. § 142 Satz 2 NSchG, § 5 Satz 2 rp PrivSchG). Vgl. auch § 104 Abs. 2 *DJT-SchulGE*: »Ersatzschulen sind alle Schulen in freier Trägerschaft, die den in § 15 Abs. 3 genannten Schularten im Land vorhandenen Versuchsschulen entsprechen ...«. Erheblich weiter ist der Begriff der Ersatzschule in Art. 102 Abs. 3 Satz 2 sächs Verf. Danach sind Ersatzschulen solche Schulen in freier Trägerschaft, die Aufgaben von Schulen in öffentlicher Trägerschaft wahrnehmen; demgegenüber ist die Definition in § 3 Abs. 1 Satz 1 SächsFrTrSchulG (»Ersatzschulen sind Schulen in freier Trägerschaft, die in ihren Bildungs- und Erziehungszielen sowie ihren wesentlichen Lehrgegenständen im Freistaat Sachsen vorhandenen oder vorgesehenen öffentlichen Schulen gleichwertig sind«) verfehlt, da sie Akzessorietät und Gleichwertigkeit der Ersatzschule vermengt. – Auf der Grundlage eines begriffsgeschichtlich kritischen Ansatzes problematisiert Johann Peter *Vogel*: Ersatz- und Ergänzungsschule – Revisionsbedürftige Begriffe des Rechts der Schulen in freier Trägerschaft –, DÖV 1992, 505, die semantischen Implikationen des »Ersatz«schul-Begriffs, die leicht zu dem Vorurteil führten, den staatlichen Schulen stehe eine gewisse Vorrangsposition zu; tatsächlich aber »ersetzten« solche Schulen keine staatlichen Schulen, sondern dienten der verfassungsrechtlich gewollten Vielfalt der Schulen auf dem Niveau des staatlichen Schulwesens. Da von einer Vorrangstellung der staatlichen Schule nicht die Rede sein könne, plädiert Vogel für die Einführung des neutraleren Ausdrucks »genehmigungspflichtige Schule« in Abgrenzung zur bloß »anzeigepflichtigen« (Ergänzungs-)Schule.
25 § 16 Abs. 2 Nrn. 1 und 2, § 19 Abs. 2 Satz 1 BbgSchulG.
26 BVerwGE 104, 1 (7 ff.); vgl. dazu auch Arletta-Marie *Schröder*: Zur Zulassung von Privaten Volksschulen, RdJB 1998, 110 (112 ff.), und Johann Peter *Vogel*: Verwirrendes zum Ersatzschulbegriff – Neue Urteile des Bundesverwaltungsgerichts, SchuR 1999, 53.

speziell mit der sechsjährigen Grundschule verfolgt werden, auch in der Privatschule erfüllt werden können, indem beispielsweise das grundständige Gymnasium in besonderer Weise darauf angelegt ist, das Verständnis seiner Schüler für die jeweils anderen gesellschaftlichen Gruppen zu fördern und eine einseitige Zusammensetzung der Schülerschaft und der Lehrerschaft zu vermeiden. Doch bleibt auch in diesem Fall zu klären, ob das Privatgymnasium der staatlichen Grundschule leistungsstarke Schüler entzieht und dadurch deren spezifische Aufgabe, Schule für die Kinder aller Schichten und Begabungen zu sein, gefährdet (vgl. TZ 13.53).

13.52 Genehmigung der Ersatzschule[27]

Die Ersatzschule bedarf der staatlichen Genehmigung (Art. 7 Abs. 4 Satz 2 GG). Dadurch soll die Allgemeinheit vor unzureichenden Bildungseinrichtungen geschützt werden[28]. Die Genehmigungsvoraussetzungen sind in Art. 7 Abs. 4 Satz 3 und 4 GG abschließend aufgeführt[29]. Hierzu gehört vor allem die Forderung, daß die Schule in ihren Lehrzielen und Einrichtungen sowie in der wissenschaftlichen Ausbildung der Lehrkräfte nicht hinter der entsprechenden öffentlichen Schule zurückstehen darf[30]. Das »Nichtzurückstehen« der privaten Schule wird in der schulrechtlichen Literatur und in den Landesgesetzen vielfach als *Gleichwertigkeit* bezeichnet; damit soll zum Ausdruck gebracht werden, daß ihr *keine Gleichartigkeit* mit der öffentlichen Schule abverlangt werden kann. Der Begriff Gleichwertigkeit mag insoweit mißverständlich sein, als er den Schluß nahelegen könnte, daß die Privatschule, um genehmigt zu werden, ihre Gleichwertigkeit nachweisen müsse; demgegenüber ergibt sich aus dem Wortlaut der grundgesetzlichen Bestimmung, daß es Sache der Schulaufsichtsbehörde ist, den Ausnahmefall des Zurückstehens nachzuweisen, sofern die Schule ihre Gleichwertigkeit nur schlüssig dargelegt hat. Verbleibende Zweifel an der Gleichwertigkeit der Ersatzschule gehen daher zu Lasten des Staates, stehen also der Genehmigung der Ersatzschule nicht entgegen[31].

13.521 Gleichwertigkeit der Lehrziele bedeutet, daß sich die Ersatzschule die Bildungsziele der entsprechenden öffentlichen Schulart in ihren wesentlichen Merkmalen zu eigen machen muß. Eine strikte Bindung an die von der Schulverwaltung erlassenen *Lehrpläne* und *Stundentafeln* ist indes nicht geboten. Auch bei der *Auswahl der Schulbücher* ist die Privatschule frei. Ebenso kann sie in den *Unterrichtsmethoden* von den öffentlichen Schulen abweichen. Sie darf eigene Erziehungsziele verfolgen und ein spezifisches religiös-weltan-

---

27 Zur Genehmigung der Ersatzschule: BVerwGE 17, 236. – Aus der Literatur: *Müller* (Anm. 1), S. 121 ff. und passim; *Vogel* (Anm. 1), S. 81 ff.; s. auch *Avenarius* (Anm. 22), S. 162 ff.
28 BVerfGE 27, 195 (203).
29 BVerwGE 17, 236; 12, 349 (351). – Zu den zusätzlichen Anforderungen für die Zulassung privater Volksschulen nach Art. 7 Abs. 5 GG s. TZ 13.53.
30 Zu letzterem *Pfau* (Anm. 9), S. 20 ff., 70 ff.
31 Dazu *Müller* (Anm. 1), S. 137 ff. und passim; so auch BVerwG, RdJB 1993, 352 (360), auszugsweise abgedruckt in: BVerwGE 90, 1 (15).

schauliches Gepräge haben³², muß allerdings dabei der *Werteordnung der Verfassung*, insbesondere dem Toleranzgebot, der Achtung der Menschenwürde und den Grundrechten sowie den Verfassungsgrundsätzen des demokratischen und sozialen Rechtsstaats, Rechnung tragen³³. Gleichwertigkeit der Lehrziele besagt im übrigen, daß die Ersatzschule an die Grundsätze der für entsprechende öffentliche Schulen geltenden *Prüfungs- und Versetzungsordnungen* gebunden ist³⁴. Umstritten ist, ob die Regelung über den *Sexualkundeunterricht* an öffentlichen Schulen auch für die Ersatzschule gelten³⁵. Sofern sich die Schule auf ein weltanschaulich-religiös begründetes Erziehungskonzept beruft, kann sie schon mit Rücksicht auf Art. 4 Abs. 1 GG dazu nicht verpflichtet werden³⁶.

13.522 Gleichwertigkeit der Einrichtungen heißt, daß die Schule in ihrer Organisation und Ausstattung nicht hinter der entsprechenden öffentlichen Schule zurückstehen darf³⁷. Zu den Einrichtungen rechnen *Inventar* und *Sachmittel, Klassen- oder Kursgliederung, Schülerhöchstzahlen* je Klasse und Kurs, *Lehrer-Schüler-Relation, Ferienordnung*³⁸. Umstritten ist, ob die Privatschule eine Schulverfassung haben muß, die Eltern und Schülern die Mitwirkung an schulischen Angelegenheiten ermöglicht³⁹. Da die gesetzlich vorgeschriebenen Partizipationsstrukturen ein wesentliches Element der Einrichtungen öffentlicher Schulen bilden und dem für alle Schulen, also auch für die Ersatzschulen maßgeblichen staatsbürgerlichen Erziehungsauftrag dienen, sind grundsätzlich angemessene Formen der Mitwirkung vorzusehen⁴⁰.

---

32 Prägnant BVerwG, NVwZ 1990, 864 (865), wonach die Genehmigungsbedingungen des Art. 7 Abs. 4 Satz 3 GG nicht das von der Privatschulfreiheit umfaßte Recht des Ersatzschulträgers einschränken, »einen eigenverantwortlich gestalteten Unterricht frei von staatlichem Einfluß zu erteilen; unberührt bleiben insbesondere die Eigenständigkeit der Erziehungsziele, die weltanschauliche Basis, die Lehrmethode und die Lehrinhalte des Unterrichts an den privaten Schulen«.
33 BVerwGE 90, 1 (11 f.).
34 Zu den Einzelheiten der Gleichwertigkeit der Lehrziele: *Avenarius* (Anm. 22), S. 163 ff.; ausführlich *Müller* (Anm. 1), S. 128 ff.; *Niehues*: Schul- und Prüfungsrecht, S. 106 ff. Rn. 159b; *Vogel* (Anm. 1), S. 86 ff.; ferner Theodor *Maunz*, in: Maunz/Dürig: Grundgesetz. Kommentar, Art. 7 Rn. 75; Rolf *Gröschner*, in: Dreier: Grundgesetz. Kommentar, Art. 7 Rn. 93 ff.
35 Bejahend *DJT-SchulGE*, § 105 (S. 121), S. 394; *Niehues*: Schul- und Prüfungsrecht, S. 108 Rn. 159b. Verneinend *Avenarius* (Anm. 22), S. 165; *ders.*: Der Staat und die katholische Schule, in: Rainer Ilgner (Hrsg.): Handbuch Katholische Schule. Bd. 2, Köln 1992, S. 33 f.; *Frowein* (Anm. 1), S. 37 f.
36 Zum Religionsunterricht an privaten Ersatzschulen s. *Avenarius* (Anm. 22), S. 45 ff.; Ludwig *Renck*: Privatschulen und Religionsunterricht, BayVBl. 1993, 169 ff.
37 Zur Gleichwertigkeit der Einrichtungen im einzelnen: *Müller* (Anm. 1), S. 128 ff.; *Niehues*: Schul- und Prüfungsrecht, S. 108 f. Rn. 159b; *Vogel* (Anm. 1), S. 88 ff.
38 Nicht zu den Einrichtungen rechnen Maßnahmen, die zur Erfüllung polizeirechtlicher Bestimmungen zu treffen sind (vgl. TZ 13.4). Bei ihnen gilt nicht der Maßstab der Gleichwertigkeit; vielmehr müssen die polizeirechtlichen Vorschriften strikt befolgt werden.
39 Bejahend *Niehues*: Schul- und Prüfungsrecht, S. 109 Rn. 159b; so auch – im Sinne eines »Minimums an Mitbestimmung« – *DJT-SchulGE*, S. 395; verneinend *Müller* (Anm. 1), S. 237 ff.; *Frowein* (Anm. 1), S. 27 ff.
40 »Probleme der Schulverfassung aus der Sicht einer Privatschule« erörtert Gerold *Becker*,

13.523 Gleichwertigkeit der wissenschaftlichen Ausbildung der Lehrkräfte bedeutet, daß die an der Ersatzschule tätigen Lehrer in ihrer fachlichen, pädagogischen und unterrichtspraktischen Vor- und Ausbildung über die für die Schulart erforderliche Eignung verfügen[41]. Das ist immer dann der Fall, wenn sie die staatliche Lehrerausbildung durchlaufen haben. Die fachliche und pädagogische Eignung kann aber auch auf gleichwertigen sonstigen Leistungen, auch auf praktischer Bewährung beruhen[42]. Regelungen, nach denen Lehrkräfte und Leiter einer Ersatzschule zur Ausübung ihrer Tätigkeit einer besonderen Genehmigung der staatlichen Schulaufsichtsbehörde bedürfen, verstoßen nicht gegen das Grundrecht der Privatschulfreiheit[43].

13.524 Weitere Genehmigungsvoraussetzung ist, daß eine *Sonderung der Schüler nach den Besitzverhältnissen der Eltern nicht gefördert* wird. Dadurch soll der Gefahr vorgebeugt werden, daß sich Ersatzschulen zu »Standes- oder Plutokratenschulen« entwickeln. Nach Auffassung des Bundesverfassungsgerichts[44] muß die Schule grundsätzlich allen Bürgern ohne Rücksicht auf ihre persönlichen finanziellen Verhältnisse offenstehen. Diesem Grundsatz wird nicht schon dadurch Genüge getan, daß in Ausnahmefällen für besonders begabte oder besonders arme Kinder Schulgeldstipendien gewährt werden[45]. Vielmehr ist die Genehmigung zu versagen oder aufzuheben, wenn überhöhte Schulgelder eine Sonderung der Schüler nach den Besitzverhältnissen der Eltern auch nur fördern würden[46].

---

in: Hans-Peter Füssel/Achim Leschinsky (Hrsg.): Reform der Schulverfassung, Berlin 1991, S. 89 ff.
41 Dazu *Pfau* (Anm. 9), S. 20 ff.
42 So *Heckel* (Anm. 1), S. 281 ff.; vgl. im einzelnen *Müller* (Anm. 1), S. 143 ff.; *Niehues*: Schul- und Prüfungsrecht, S. 109 f. Rn. 159 b; Bodo *Pieroth*: Zulässige Eignungsanforderungen bei der Genehmigung von Lehrern an Ersatzschulen, NWVBl 1993, 201; *Vogel* (Anm. 1), S. 17 ff. Dazu BVerwG, NVwZ-RR 1988, 21.
43 BVerwG, NVwZ 1990, 864; vgl. auch Bernd *Petermann*: Die Genehmigung für Lehrkräfte im Privatschulwesen, NVwZ 1987, 205.
44 BVerfGE 75, 40 (63 ff.); 90, 107 (119).
45 Die Bestimmung des § 12 der KMK-Vereinbarung v. 10./11.8.1951 (vgl. TZ 13.1), wonach eine Sonderung der Schüler nach den Besitzverhältnissen der Eltern schon dann nicht gefördert wird, wenn für minderbemittelte Schüler die erforderlichen Erleichterungen durch Schulgeldnachlaß, Erziehungsbeihilfen, Geschwisterermäßigung usw. in angemessenem Umfang gewährt werden, ist daher ebensowenig verfassungskonform wie entsprechende gesetzliche Regelungen in einigen Bundesländern, z. B. Art. 96 BayEUG, § 37 Abs. 3 Buchst. c Satz 2 nrw SchOG.
46 Bis zu welcher Höhe Schulgelder verfassungsrechtlich unbedenklich erhoben werden dürfen, wurde in BVerfGE 75, 40 (64) ausdrücklich offengelassen. S. allerdings BVerfGE 90, 107 (119 f.): In dieser Entscheidung gelangt das BVerfG zu der Ansicht, daß Beträge in der Größenordnung von monatlich 170 bis 190 DM nicht von allen Eltern gezahlt werden können und daher mit dem Sonderungsverbot des Art. 7 Abs. 4 Satz 3 GG unvereinbar sind, wenn sie als Schulgeld entrichtet werden; das gelte jedoch nicht, wenn es sich bei diesen Summen um Beiträge zur Eigenleistung handelt, mit denen Eltern eine Schule nach ihren eigenen bildungspolitischen Vorstellungen gründen und tragen wollen.

13.525 Die Genehmigung der Ersatzschule ist zu versagen, wenn die wirtschaftliche und rechtliche Stellung der Lehrer nicht genügend gesichert ist[47]. Dadurch soll die Öffentlichkeit vor unzureichenden Bildungseinrichtungen geschützt werden[48]. Das heißt jedoch nicht, daß die Lehrer an einer Ersatzschule in Bezahlung und Arbeitsplatzsicherheit den Lehrern an öffentlichen Schulen gleichgestellt sein müssen, wohl aber, daß ihre Rechte und Pflichten in einem Arbeitsvertrag, der dem Mindeststandard des Arbeits- und Sozialrechts entspricht, geregelt sind und daß sie mit der ihnen gewährten Vergütung ein standesgemäßes Leben führen können[49].

13.53 Zulassung privater Volksschulen[50]

Bei privaten Volksschulen (Grund- und Hauptschulen[51]) beschränkt sich die staatliche Kontrolle nicht auf die Überprüfung der Genehmigungsvoraussetzungen des Art. 7 Abs. 4 GG. Ihre Zulassung ist nur bei Vorliegen der zusätzlichen Bedingungen des Art. 7 Abs. 5 GG möglich, nämlich dann, wenn die Schulbehörde ein besonderes pädagogisches Interesse anerkennt oder wenn die Eltern die Errichtung einer Gemeinschafts-, Bekenntnis- oder Weltanschauungsschule beantragen und eine öffentliche Schule dieser Art in der Gemeinde nicht besteht. Diese Einschränkung der Privatschulfreiheit liegt im Interesse der Zusammenfassung der Kinder aller Bevölkerungsschichten in der öffentlichen (Volks-)Schule. Sie bedeutet eine sozialstaatlichem und egalitär-demokratischem Gedankengut verpflichtete Absage an Klassen, Stände und sonstige Schichtung[52].

13.531 Das »*besondere pädagogische Interesse*« ist nicht mit dem jeweiligen Interesse des Schulträgers, der Eltern oder der Unterrichtsverwaltung gleichzusetzen[53]. Als Rechtfertigung für eine Ausnahme von dem Grundsatz der »Schule für alle« setzt es vielmehr nach Auffassung des Bundesverfassungs-

---

47 *Pfau* (Anm. 9), S. 49 ff.
48 *Müller* (Anm. 1), S. 157.
49 Dazu im einzelnen *Müller* (Anm. 1), S. 140 ff.; vgl. *Vogel* (Anm. 1), S. 105 ff. Aus der Rechtsprechung: OVG Münster, NVwZ-RR 1988, 80. Mit einem Spezialproblem, nämlich der Frage, ob der Träger einer staatlich anerkannten Ersatzschule zur Entrichtung von Beiträgen zur Insolvenzversicherung nach dem Gesetz zur Verbesserung der betrieblichen Altersversorgung verpflichtet ist, befaßt sich BVerwG, NVwZ-RR 1991, 249 (bejahend).
50 Bernd *Jeand'Heur*: Zulassung privater Grundschulen, in: Frank-Rüdiger Jach/Siegfried Jenkner (Hrsg.): Autonomie der staatlichen Schule und freies Schulwesen. Festschrift zum 65. Geburtstag von J. P. Vogel, Berlin 1998, S. 105.
51 Die von Gerhard *Eiselt*: Art. 7 Abs. 5 GG im System des Privatschulrechts, DÖV 1988, 211 (212), mit Blick auf die in den vergangenen Jahrzehnten vollzogenen schulorganisatorischen Änderungen (z. B. Gesamtschule, Verlängerung der Hauptschulzeit, Kurssystem) vertretene These, die Hauptschule sei damit gleichsam zu einer weiterführenden Schule modifiziert worden, so daß zweifelhaft sei, ob sie noch in den Regelungsbereich des Art. 7 Abs. 5 GG falle, hat sich bislang nicht durchgesetzt. S. etwa Paul *Theuersbacher*: Die Entwicklung des Schulrechts von 1984–1987, NVwZ 1988, 886 (892); Ulfried *Hemmrich*, in: von Münch/Kunig: Grundgesetz. Kommentar, Art. 7 Rn. 44.
52 BVerfGE 88, 40 (49 f.); so schon *Heckel* (Anm. 1), S. 290.
53 BVerfGE 88, 40 (51).

gerichts »eine sinnvolle Alternative zum bestehenden öffentlichen und privaten Schulangebot voraus, welche die pädagogische Erfahrung bereichert und der Entwicklung des Schulsystems insgesamt zugute kommt«[54]. Dazu ist nicht erforderlich, daß das der privaten Schule zugrunde liegende Konzept in jeder Hinsicht neu oder gar einzigartig ist; es reicht aus, daß es »wesentliche neue Akzente setzt oder schon erprobte Konzepte mit neuen Ansätzen von einigem Gewicht kombiniert«[55]. Die Tatsache, daß bereits eine größere Zahl privater Grundschulen einer bestimmten pädagogischen Richtung vorhanden ist, steht dem besonderen pädagogischen Interesses solange nicht entgegen, als weder landesweit noch regional Schulen dieser Prägung flächendeckend zugelassen sind[56]. In jedem Fall kommt aber eine Anerkennung nur in Betracht, wenn das pädagogische Interesse an der privaten Grundschule gegenüber dem grundsätzlichen verfassungsmäßigen Vorrang der öffentlichen Grundschule überwiegt[57].

Bei der Entscheidung über die Anerkennung des besonderen pädagogischen Interesses verfügt die Schulverwaltung nicht über einen umfassenden Beurteilungsspielraum. Vielmehr ist die Auslegung des Begriffs »besonderes pädagogisches Interesse« gerichtlich in vollem Umfang nachprüfbar[58]. Soweit der Privatschulträger die ablehnende Entscheidung der Behörde mit hinreichend gewichtigen Gründen in Zweifel zieht, kann das Verwaltungsgericht die umstrittenen Fragen mit Hilfe unabhängiger Sachverständiger klären[59]. Allerdings unterliegt die Entscheidung der Verwaltung nicht in jeder Hinsicht der gerichtlichen Kontrolle. Soweit es um die Bewertung des pädagogischen Konzepts im konkreten Fall und die Abwägung mit dem Vorrang der öffentlichen Volksschule geht, können die Gerichte ihre Auffassung nicht an die Stelle der behördlichen Entscheidung setzen. Bei dieser Gewichtung unterschiedlicher

---

54 BVerfGE 88, 40 (53).
55 BVerfGE 88, 40 (59).
56 So VGH München, DVBl. 1997, 1189 (1190); dazu *Schröder*, RdJB 1998, 113ff.
57 BVerfGE 88, 40 (55).
58 BVerfGE 88, 40 (56f.), mit Anm. von Helmut *Goerlich*, DVBl. 1993, 490; von Friedhelm *Hufen*, JuS 1994, 432; von Lutz-Rainer *Reuter*, RdJB 1993, 478. Vgl. auch VG Halle, LKV 1998, 495. Aus dem Schrifttum ferner: Max-Emanuel *Geis*: Die Anerkennung des »besonderen pädagogischen Interesses« nach Art. 7 Abs. 5 GG, DÖV 1993, 22; Jeand'Heur (Anm. 50), S. 114ff. Bodo *Pieroth*/Sigmar *Kemm*: Beurteilungsspielraum und verwaltungsgerichtliche Kontrolldichte bei der Anerkennung eines besonderen pädagogischen Interesses an privaten Grundschulen – BVerfGE 88, 40, JuS 1995, 780; Eberhard *Schmidt-Aßmann*/Thomas *Groß*: Zur verwaltungsgerichtlichen Kontrolldichte nach der Privatgrundschul-Entscheidung des BVerfG, NVwZ 1993, 617; Horst *Sendler*: Die neue Rechtsprechung des Bundesverfassungsgerichts zu den Anforderungen an die verwaltungsgerichtliche Kontrolle, DVBl. 1994, 1089 (1091ff.); Johann Peter *Vogel*: Zur Errichtung von Grundschulen in freier Trägerschaft, DÖV 1995, 587 (587ff.). – Demgegenüber erachtete die h.M. in Literatur und Rspr. früher das »besondere pädagogische Interesse« als einen unbestimmten Rechtsbegriff, bei dessen Konkretisierung der Schulbehörde ein gerichtlich nur beschränkt nachprüfbarer Beurteilungsspielraum eingeräumt wurde. So die Vorauflage (6. Aufl., 1986), S. 151; ferner *Heckel* (Anm. 1), S. 291; BVerwGE 75, 275 (279). Anders aber bereits VGH Kassel, RdJB 1983, 235; Ingo *Richter*/Bernd Martin *Groh*: Privatschulfreiheit und gemeinsame Grundschule, RdJB 1989, 276; Johann Peter *Vogel*: Zulassungsvoraussetzungen für private Volksschulen, RdJB 1989, 299.
59 BVerfGE 88, 40 (58).

Belange, für die Art. 7 Abs. 5 GG keine vollständige rechtliche Bindung vorgibt, erwächst der Verwaltung ein in eigener Verantwortung auszufüllender Handlungsspielraum[60].

13.532 Bei der Auslegung der zweiten Alternative des Art. 7 Abs. 5 GG ist zu beachten, daß die *Möglichkeit, private Volksschulen wegen ihrer weltanschaulichen oder religiösen Ausrichtung zuzulassen,* nur um der positiven Bekenntnisfreiheit willen besteht und nicht zu dem Zweck, vor (vermeintlichen) Verstößen gegen das Neutralitätsgebot in der Praxis der öffentlichen Regelschule auszuweichen[61]. Im übrigen darf auch die private Bekenntnis- oder Weltanschauungsschule[62] in ihren Lehrzielen nicht hinter den entsprechenden öffentlichen Schulen zurückstehen (Art. 7 Abs. 4 Satz 3 GG). Die private Ersatzschule muß daher auch als Bekenntnis- oder Weltanschauungsschule für eine Erziehung Sorge tragen, die dem Menschenbild des Grundgesetzes gerecht wird; das Gebot der Achtung der Menschenwürde und verbunden damit die Grundrechte sowie die in Art. 20 GG aufgeführten Verfassungsgrundsätze des demokratischen und sozialen Rechtsstaats sind mithin auch für diese Schule verpflichtend[63]. Dadurch dürfte zugleich der Gefahr vorgebeugt sein, daß Sekten ohne weiteres in den Genuß des in Art. 7 Abs. 5 GG verankerten Privilegs – und damit zugleich der staatlichen Finanzbeihilfe (dazu TZ 13.56) – kommen[64].
Sind die zusätzlichen Bedingungen des Art. 7 Abs. 5 GG erfüllt, *muß* die Schulbehörde die Zulassung (Genehmigung) erteilen, sofern die sonstigen Genehmigungsvoraussetzungen nach Art. 7 Abs. 4 GG vorliegen; das bedeutet beispielsweise, daß Eltern, die ihr Kind auf die Grundschule ihres Bekenntnisses oder ihrer Weltanschauung schicken wollen, Anspruch auf die Zulassung einer Privatschule haben, falls eine entsprechende öffentliche Schule in der Gemeinde nicht vorhanden ist.

---

60 BVerfGE 88, 40 (61); dazu kritisch *Pieroth/Kemm*, JuS 1995, 780 (783f.).
61 BVerwGE 89, 368 (378ff.).
62 Zum Begriff der Weltanschauungsschule BVerwGE 89, 368 (372ff.); s. auch TZ 5.423. Zur Maßgeblichkeit der Lehrziele der öffentlichen Schule auch für die private Bekenntnisschule s. BVerwGE 90, 1 (8ff.).
63 BVerwGE 90, 1 (12), ausführlicher in RdJB 1993, 352 (358); dazu auch Paul *Theuersbacher*: Die Entwicklung des Schulrechts in den Jahren 1991 und 1992, NVwZ 1993, 631 (635); *ders.*: Die Genehmigung von Privatschulen nach dem Vorläufigen Bildungsgesetz des Landes Thüringen, ThürVBl. 1992, 169 (175ff.); ferner Christoph Th. *Scheilke*: Im Zweifel für die freiheitliche Lösung?!, RdJB 1993, 275; Karl-Heinz *Ladeur*: Genehmigung privater Konfessionsschulen, RdJB 1993, 281; vgl. außerdem *Richter/Groh*, RdJB 1989, 290ff.; *Vogel*, RdJB 1989, 305ff.
64 Dazu Ingo *Richter*: Privatschulfreiheit für die Grundschulen von Sekten?, NVwZ 1992, 1162.

13.54 Ausländische Privatschulen und Schulen der dänischen Minderheit

13.541 Ausländische Privatschulen sind Schulen, die von Ausländern oder ausländischen Staaten in der Bundesrepublik betrieben werden. Ihnen fehlt im allgemeinen wegen ihrer Ausrichtung auf die Besonderheiten des heimatlichen Bildungssystems der Ersatzschulcharakter. Sie sind daher in der Regel Ergänzungsschulen (TZ 13.6)[65]. Ausländerkinder, die wie deutsche Schüler grundsätzlich zum Besuch einer deutschen Schule verpflichtet sind, können deshalb ihre Schulpflicht an einer ausländischen Privatschule nur mit Ausnahmegenehmigung der Schulaufsichtsbehörde erfüllen[66]. Diese wird bei Schülern, die sich nachweislich nur vorübergehend in Deutschland aufhalten, ohne weiteres erteilt. Vgl. im übrigen TZ 25.133.

13.542 In *Schleswig-Holstein* können nördlich der Linie, die längs der Eider von ihrer Mündung bis zur Gemeinde Nübbel und von dort längs des Nord-Ostsee-Kanals bis zu seiner Einmündung in die Ostsee verläuft, private Volksschulen mit dänischer Unterrichtssprache (*Schulen der dänischen Minderheit*) errichtet werden (§ 58 Abs. 4 Satz 1 SchulG)[67]. Der Besuch solcher Schulen steht den schulpflichtigen Kindern der dänischen Minderheit offen. Unter dänischer Minderheit werden diejenigen deutschen Staatsangehörigen verstanden, die sich zu ihr bekennen; das Bekenntnis zur Minderheit darf von Amts wegen weder nachgeprüft noch bestritten werden.

13.55 Anerkennung der Ersatzschule[68]

13.551 Die von der Ersatzschule erteilten *Zeugnisse und Abschlüsse* sind nicht ohne weiteres denen der öffentlichen Schule gleichgestellt. Die Ordnung des Berechtigungswesens, das in seinen Auswirkungen weit über den Schulbereich hinausgeht, ist dem Staat vorbehalten[69] (vgl. TZ 26.1). Erst durch die Anerkennung erhält die Schule die Befugnis, ihren Schülern Leistungsnachweise mit öffentlich-rechtlicher Wirkung selbst zu erteilen. Eine

---

65 Ob die sog. *Koranschulen* überhaupt Schulen im Rechtssinne (vgl. TZ 1.21) sind, läßt sich nur im Einzelfall feststellen. Im übrigen hat die Schulaufsichtsbehörde zu prüfen, ob die allgemeinen polizeirechtlichen Voraussetzungen, die bei jeder Privatschule erfüllt sein müssen (vgl. TZ 13.4), vorliegen. Eine Koranschule kann z. B. untersagt werden, wenn in ihr Kinder und Jugendliche körperlich gezüchtigt werden; sie kann sich insoweit nicht auf das Grundrecht der Religionsfreiheit berufen. Dazu im einzelnen: Martin *Stempel*: Schulaufsicht über Koranschulen, RdJB 1982, 58; vgl. ferner *Richter*, NVwZ 1992, 1162.
66 Vgl. z. B. § 1 Abs. 2 nrw SchPflG.
67 Die Einzelheiten ergeben sich aus dem Erlaß der Landesregierung vom 7.3.1950 (ABl. S. 150), zul. g. d. Erlaß vom 28.6.1973 (ABl. S. 570), und aus dem Erlaß vom 7.3.1950 zur Durchführung des Erlasses vom 7.3.1950 (ABl. S. 151).
68 *Müller* (Anm. 1), S. 353 ff.; *Vogel* (Anm. 1), S. 116 ff.; *Gröschner*, in: Dreier: Grundgesetz. Kommentar, Art. 7 Rn. 99 ff.; *Hemmrich*, in: von Münch/Kunig: Grundgesetz. Kommentar, Art. 7 Rn. 46 ff.; *Jarass/Pieroth*: Grundgesetz. Kommentar, Art. 7 Rn. 19; *Schmitt-Kammler*, in: Sachs: Grundgesetz. Kommentar, Art. 7 Rn. 71.
69 BVerfGE 27, 195 (206).

Ausnahme gilt in Nordrhein-Westfalen. Dort vermitteln Ersatzschulen bereits aufgrund der Genehmigung die gleichen Berechtigungen wie die ihnen entsprechenden öffentlichen Schulen[70], bedürfen also keiner besonderen Anerkennung; sie können mit gleicher Wirkung wie öffentliche Schulen Zeugnisse ausstellen und unter Vorsitz eines staatlichen Prüfungsleiters Prüfungen abhalten[71]. Zu den von Absolventen nichtanerkannter Ersatzschulen abzulegenden Fremdenprüfungen s. TZ 26.366.

13.552 Anerkannte Privatschulen werden juristisch als sog. *Beliehene* qualifiziert[72]. Darunter sind Privatpersonen zu verstehen, die aufgrund des Beleihungsakts (bei Privatschulen: der Anerkennung) mit der hoheitlichen Wahrnehmung bestimmter Verwaltungsaufgaben im eigenen Namen betraut sind. Sie bleiben also – in ihrem Status – Privatrechtssubjekte, sind aber – funktionell – in die Staatsverwaltung einbezogen. Beliehene sind Behörden im Sinne des § 1 Abs. 4 VwVfG und können im Rahmen ihrer Kompetenzen Verwaltungsakte erlassen und sonstige hoheitliche Maßnahmen treffen[73].

13.553 Der genehmigten Ersatzschule steht *kein verfassungsverbürgter Anspruch auf Anerkennung* zu[74]. Genehmigung und Anerkennung haben unterschiedliche Bedeutung: Mit der Genehmigung wird klargestellt, daß die Privatschule als Ersatzschule, an der die Schulpflicht erfüllt werden kann, geeignet ist; demgegenüber bewirkt die Anerkennung, daß die Privatschule darüber hinaus wie eine öffentliche Schule Berechtigungen vermitteln kann. Im einen Fall geht es um eine Unbedenklichkeitsbescheinigung, im anderen Fall um die Verleihung von Hoheitsrechten[75].

13.554 Die *Voraussetzungen der Anerkennung* sind in den Ländern unterschiedlich geregelt. In Berlin, Brandenburg, Hessen, im Saarland, in Sachsen-Anhalt und in Thüringen müssen die Ersatzschulen die Genehmigungsbedingungen, in den übrigen Ländern die an entsprechende öffentliche Schulen gestellten Anforderungen auf Dauer erfüllen[76]. Sind die Anerken-

---

70 Art. 8 Abs. 4 Satz 2 Verf.
71 § 37 Abs. 5 SchOG.
72 *Oppermann* (Anm. 1), S. 339 Rn. 20.
73 *Maurer*: Verwaltungsrecht, S. 592; *Wolff/Bachof/Stober*: Verwaltungsrecht II, S. 411; Dirk *Ehlers*: Verwaltung und Verwaltungsrecht im demokratischen und sozialen Rechtsstaat, in: Hans-Uwe Erichsen (Hrsg.): Allgemeines Verwaltungsrecht. 11. Aufl., Berlin 1998, S. 1 (9f. Rn. 16).
74 BVerfGE 27, 195 (208 f.).
75 BVerfGE 27, 195 (203 f.); BVerwGE 68, 185 (188); so auch *Avenarius* (Anm. 22), S. 182; *Niehues*: Schul- und Prüfungsrecht, S. 111 Rn. 159 c; *Stein/Roell*, S. 102 ff., 104 f., 188 ff.; *Theuersbacher*, NVwZ 1998, 892. Demgegenüber räumen *Müller* (Anm. 1), S. 353 ff., und *Vogel* (Anm. 1), S. 42 ff., den genehmigten Ersatzschulen einen Anspruch auf Anerkennung ein; so auch *Jarass/Pieroth*: Grundgesetz. Kommentar, Art. 7 Rn. 19.
76 Einerseits: § 7 Abs. 1 bln PSchG, § 123 Abs. 1 Satz 1 BbgSchulG, § 173 Abs. 1 HSchG, § 18 Abs. 1 saarl PrivSchG, § 17 Abs. 1 SchulG LSA, § 9 Abs. 1 Satz 1 ThürSchfTG, so auch § 107 DJT-SchulGE; in Berlin setzt die Anerkennung zusätzlich voraus, daß die Ersatzschulen »in ihren Leistungen den öffentlichen Schulen mindestens gleichwertig sind". Andererseits: § 10 Abs. 1 bwPSchG, Art. 100 Abs. 1 Satz 1 BayEUG, § 12 Abs. 1 BremPSchG, § 13 Abs. 1 hmb PrivSchulG, § 122 Abs. 1 SchulG M-V, § 148 Abs. 1 Satz 1

nungsvoraussetzungen gegeben, besteht nach den Regelungen in Baden-Württemberg, Bayern, Niedersachsen, Rheinland-Pfalz, im Saarland, in Sachsen und Sachsen-Anhalt ein Rechtsanspruch auf Anerkennung[77]; in den anderen Ländern ist sie in das Ermessen der Schulverwaltung gestellt.

13.555 Die anerkannte Ersatzschule ist verpflichtet, bei der Aufnahme und Versetzung der Schüler sowie bei der Abhaltung von Prüfungen die für entsprechende öffentliche Schulen geltenden Regelungen anzuwenden[78]. Doch muß auch der anerkannten Ersatzschule die Gestaltungsfreiheit erhalten bleiben; die Länder dürfen das Institut der Anerkennung nicht dazu benutzen, die Ersatzschulen zur Anpassung an die öffentlichen Schulen in einem der Sache nach nicht gebotenen Umfang zu veranlassen[79].

13.556 In mehreren Ländern sind die Leiter und Lehrer von (anerkannten) Ersatzschulen befugt, Amtsbezeichnungen (vgl. TZ 19.222) zu führen, die denen der Leiter und Lehrer an öffentlichen Schulen entsprechen[80].

13.56 Staatliche Finanzhilfe für Ersatzschulen[81]

13.561 Das große Problem der privaten Ersatzschule ist ihre Finanzierung. Wenn das Grundgesetz in Art. 7 Abs. 4 als Genehmigungsvoraussetzungen neben der Gleichwertigkeit fordert, daß eine Sonderung der Schüler nach den Besitzverhältnissen der Eltern nicht gefördert werden darf und die wirtschaftliche und rechtliche Stellung der Lehrer gesichert sein muß, so sind Pri-

---

NSchG, § 18 Abs. 1 rp PrivSchG, § 8 Abs. 1 SächsFrTrSchulG, § 123 Abs. 1 Satz 1 sh SchulG. – Soweit es keine spezielle gesetzliche Regelung gibt (wie sie z. B. in § 123 Abs. 1 Satz 2 und 3 BbgSchulG enthalten ist), wird in der Verwaltungspraxis der Länder zumeist verlangt, daß die Ersatzschule die ihr gestellten Anforderungen drei Jahre lang erfüllt hat, bevor sie anerkannt werden kann.
77 Zur Rechtslage in Bayern s. VGH München, NVwZ-RR 1996, 88.
78 BVerfGE 27, 195 (209). Bei der Aufnahme von Schülern ist die anerkannte Ersatzschule jedoch nur insoweit durch öffentlich-rechtliche Vorschriften gebunden, als diese die Zulassung zu einer öffentlichen Schule, z. B. zum Gymnasium, von einer förmlichen Eignungsfeststellung, etwa einer Aufnahmeprüfung, abhängig machen; dazu VGH Mannheim, NVwZ-RR 1990, 607.
79 BVerfGE 27, 195 (209).
80 Z. B. § 20 bw PSchG, Art. 100 Abs. 3 Satz 1 BayEUG, § 174 Abs. 4 Satz 1 HSchG (mit dem Zusatz »im Privatschuldienst«), § 153 NSchG, § 23 Abs. 6 rp PrivSchG, § 23 Abs. 6 saarl PrivSchG.
81 Aus der Literatur: Frank-Rüdiger *Jach*: Die Existenzsicherung der Institution Privatschulwesen in Zeiten knapper Haushaltsmittel – Umfang und Grenzen der Finanzhilfepflicht des Staates vor dem Hintergrund der Rechtsprechung des Bundesverfassungsgerichts, in: ders./Siegfried Jenkner (Hrsg.): Autonomie der staatlichen Schule und freies Schulwesen. Festschrift zum 65. Geburtstag von J. P. Vogel, Berlin 1998, S. 75; *Müller* (Anm. 1), S. 383 ff.; Friedrich *Müller*/Bodo *Pieroth*/Lothar *Fohmann*: Leistungsrechte im Normbereich einer Freiheitsgarantie, untersucht an der staatlichen Förderung Freier Schulen, Berlin 1982; *Vogel* (Anm. 1), S. 47 ff.; vgl. auch *Gröschner*, in: Dreier: Grundgesetz. Kommentar, Art. 7 Rn. 102 ff.; *Hemmrich*, in: von Münch/Kunig: Grundgesetz. Kommentar, Art. 7 Rn. 45; *Jarass/Pieroth*: Grundgesetz. Kommentar, Art. 7 Rn. 20; Ingo *Richter*, in: AK-GG, Art. 7 Rn. 26; *Schmitt-Kammler*, in: Sachs: Grundgesetz. Kommentar, Art. 7 Rn. 64 ff.

vatschulen bei dem heute bestehenden hohen Kostenniveau nicht mehr in der Lage, beide Bedingungen auf Dauer zu erfüllen. »Soll Art. 7 Abs. 4 Satz 1 GG nicht zu einem wertlosen Individualgrundrecht auf Gründung existenzunfähiger Ersatzschulen und zu einer nutzlosen institutionellen Garantie verkümmern, so muß diese Verfassungsnorm zugleich als eine Verpflichtung des Gesetzgebers verstanden werden, die privaten Ersatzschulen zu schützen und zu fördern«[82]. Die Schutzpflicht löst nach Auffassung des Bundesverfassungsgerichts aber erst dann eine Handlungspflicht des Staates aus, »wenn anderenfalls der Bestand des Ersatzschulwesens als Institution evident gefährdet wäre«[83]. Unabdingbare Voraussetzung einer Förderungspflicht sei die Bedürftigkeit der Ersatzschulen. Dabei erachtet das Gericht deren generelle Hilfsbedürftigkeit als einen empirisch gesicherten Befund; ungeachtet dessen bleibe es den Landesgesetzgebern im Rahmen ihrer Gestaltungsfreiheit unbenommen, die Förderung zusätzlich von der konkreten Hilfsbedürftigkeit jedes einzelnen privaten Schulträgers abhängig zu machen. Der Staat sei im übrigen nur verpflichtet, bis zur Höhe des Existenzminimums der Privatschulen für die Erfüllung der Genehmigungsvoraussetzungen des Art. 7 Abs. 4 GG Leistungen zu erbringen[84]; da die Schutzpflicht ihren Grund in der verfassungsrechtlichen Gewährleistung des Privatschulwesens, also in der Förderung individueller Freiheit finde, sei es auch selbstverständlich, die staatliche Hilfe von einer angemessenen Eigenleistung des Schulträgers abhängig zu machen[85]. In welcher Weise der Gesetzgeber seiner Förderungspflicht nachkomme – ob z. B. durch direkte finanzielle Förderung und/oder ein System von Personal- und Sachleistungen – sei gleichfalls der Entscheidung des Gesetzgebers überlassen[86]. Schließlich stehe die Förderungspflicht von vornherein »unter dem Vorbehalt dessen, was vernünftigerweise von der Gesellschaft erwartet werden kann«; darüber habe in erster Linie der Gesetzgeber in eigener Verantwortung unter Berücksichtigung auch anderer Gemeinschaftsbelange und der Erfordernisse des gesamtwirtschaftlichen Gleichgewichts zu

---

82 So das grundlegende Finanzhilfe-Urteil des Bundesverfassungsgerichts, BVerfGE 75, 40 (63, 67) = RdJB 1987, 386 mit Anm. von Jörg *Berkemann*. Eine Dokumentation der Entscheidung und ihrer Entstehungsgeschichte findet sich bei Bodo *Pieroth*/Gunnar Folke *Schuppert* (Hrsg.): Die staatliche Privatschulfinanzierung vor dem Bundesverfassungsgericht, Baden-Baden 1988; eine umfassende Auseinandersetzung mit dem Urteil enthalten die Beiträge in Friedrich *Müller*/Bernd *Jeand'Heur* (Hrsg.): Zukunftsperspektiven der Freien Schule. Dokumentation, Diskussion und praktische Folgen der Rechtsprechung des Bundesverfassungsgerichts seit dem Finanzhilfe-Urteil. 2. Aufl., Berlin 1996. Im Schrifttum wurde das Urteil besprochen von Gerhard *Eiselt*: Zur Privatschulsubventionierung, DÖV 1987, 557; Ludwig *Gramlich*: Neuere Probleme der Privatschulförderung, BayVBl. 1987, 490; ders.: Realförderung privater Schulen und eigentumsrechtliche Bestandsgarantie, NVwZ 1990, 32; Frank-Rüdiger *Jach*: Schulvielfalt als Verfassungsgebot, Berlin 1991, S. 53 ff.
83 BVerfGE 75, 40 (67). Ähnlich argumentierte bereits BVerwGE 70, 290 (292), das nicht auf die Not der einzelnen privaten Schule abhob, sondern dieser nur dann einen Anspruch einräumte, wenn es zur Erhaltung der Institution des Ersatzschulwesens insgesamt vonnöten sei.
84 BVerfGE 75, 40 (67).
85 BVerfGE 75, 40 (68).
86 BVerfGE 75, 40 (66 f.).

befinden[87]. Sofern der Gesetzgeber die Ersatzschulen durch finanzielle Zuwendungen fördert, muß er sie nach Maßgabe des Gleichheitssatzes berücksichtigen[88]. So sehr das Bundesverfassungsgericht eine objektiv-rechtliche Schutzpflicht des Staates bejaht, so lehnt es doch einen verfassungsunmittelbaren Anspruch auf Gewährung staatlicher Finanzhilfe ab. »Der grundrechtliche Schutzanspruch des einzelnen Ersatzschulträgers ist nur darauf gerichtet, daß der Gesetzgeber diejenigen Grenzen und Bindungen beachtet, die seinem politischen Handlungsspielraum durch die Schutz- und Förderpflicht gesetzt sind«; der gerichtliche Rechtsschutz beziehe sich unter diesen Umständen »auf die Prüfung einer Untätigkeit, einer groben Vernachlässigung und eines ersatzlosen Abbaues getroffener Maßnahmen«. Der konkrete Leistungsanspruch des einzelnen Ersatzschulträgers werde durch das Gesetz bestimmt[89].

13.562 Der von Verfassungs wegen bestehenden staatlichen Förderpflicht tragen die Länder gegenwärtig nur unzureichend Rechnung[90]. Mit der Rechtsprechung des Bundesverfassungsgerichts sind *Regelungen nicht vereinbar, die die Gewährung der Finanzhilfe den anerkannten Ersatzschulen vorbehalten* (so u. a. Bayern, Niedersachsen, Rheinland-Pfalz, Sachsen-Anhalt[91]). Auch geht es nicht an, die Förderung an die *Gemeinnützigkeit des Schulträgers im Sinne des Steuerrechts* zu knüpfen (so die Vorschriften in Bayern, Bremen, Hessen und Sachsen-Anhalt), sie mithin nur solchen Schulen zugute kommen zu lassen, die von juristischen Personen betrieben werden. Demgegenüber bleibt es den Ländern unbenommen, die Beihilfe vom Vorliegen der *privatschulrechtlichen Gemeinnützigkeit*, also davon abhängig zu machen, daß öffentliche Gelder nicht zur Erwirtschaftung privaten Gewinns verwendet werden[92].

---

87 BVerfGE 75, 40 (68) unter Verweis auf BVerfGE 33, 303 (333).
88 BVerfGE 75, 40 (71).
89 BVerfGE 90, 107 (117); vgl. auch SächsVerfGH, DÖV 1997, 205. – Zu den Grenzen der Subjektivierbarkeit der objektiv-rechtlichen Leistungspflicht im Sinne eines Leistungsanspruchs s. auch *Müller* (Anm. 1), S. 383, insbes. S. 429 ff.; *Müller/Pieroth/Fohmann* (Anm. 81) insbes. S. 167 ff.; Bernd *Jeand'Heur*: Methodenanalyse, freiheits- und leistungsrechtliche Konsequenzen des Finanzhilfe-Urteils, in: Friedrich Müller/Bernd Jeand'Heur (Anm. 82), S. 47 (60 ff.).
90 Eine Übersicht über die öffentliche Finanzhilfe für Privatschulen bietet *Vogel* (Anm. 1), S. 146 ff.; s. auch *ders*.: Etwas außerhalb der Verfassung. Die Finanzhilferegelungen für Ersatzschulen in den neuen Bundesländern, RdJB 1993, 443 (durch inzwischen eingetretene Gesetzesänderungen allerdings teilweise überholt).
91 Allerdings werden in diesen Ländern unter bestimmten Voraussetzungen auch nichtanerkannten Ersatzschulen, z. B. Waldorfschulen, Schulen besonderer pädagogischer Prägung u. a., Zuwendungen gewährt. Widersprüchlich sind die Bestimmungen in Niedersachsen: Nach Art. 4 Abs. 3 Satz 2 Verf. haben Ersatzschulen Anspruch auf staatliche Förderung, wenn sie »die Voraussetzungen für die Genehmigung auf Dauer erfüllen«; demgegenüber sind aber nach § 149 Abs. 1 NSchG anspruchsberechtigt nur die anerkannten Ersatzschulen und andere Ersatzschulen von besonderer pädagogischer Bedeutung.
92 So ausdrücklich BVerfGE 75, 40 (67 f.).

Die lange heftig umstrittene Frage, ob der Gesetzgeber *Wartefristen* bis zum Einsetzen der Regelförderung vorsehen darf[93], dürfte durch die Rechtsprechung des Bundesverfassungsgerichts nunmehr geklärt sein. Danach darf der Landesgesetzgeber zwar neu errichtete Privatschulen nicht völlig von der Förderung ausschließen mit der Folge, daß Neugründungen praktisch unmöglich würden; doch sind Wartefristen mit der staatlichen Schutz- und Förderpflicht grundsätzlich vereinbar. Sie haben den Zweck, den Einsatz öffentlicher Mittel an einen Erfolgsnachweis zu binden, der Aufschluß über die wirtschaftliche Solidität und pädagogische Bewährung des Schulträgers und damit über die effektive Verwendung öffentlicher Gelder gibt[94]. Wichtig ist schließlich die Feststellung des Bundesverfassungsgerichts, daß der Landesgesetzgeber bei der staatlichen Finanzhilfe die Kosten für die Beschaffung der erforderlichen Schulräume (z. B. durch Schulbaumaßnahmen) nicht völlig unberücksichtigt lassen darf[95].

13.563 Nach dem gegenwärtig geltenden Recht erhalten die (anerkannten) Ersatzschulen eine staatliche *Regelbeihilfe zu den laufenden Kosten des Schulbetriebs*, und zwar entweder *nach dem Bedarfs- oder Defizitdeckungsverfahren* (so Nordrhein-Westfalen und das Saarland, teilweise auch Berlin, Brandenburg, Mecklenburg-Vorpommern, Rheinland-Pfalz, Sachsen, Sachsen-Anhalt und Schleswig-Holstein)[96] oder *nach dem Pauschalverfahren* (so die übrigen Länder). Einige Länder stellen zusätzliche Leistungen bereit: Gewährung der Lernmittelfreiheit für Schüler von Ersatzschulen oder Zuschuß an den Schulträger zum Ausgleich der ihm durch die Lernmittelfreiheit entstehenden Aufwendungen (u. a. Baden-Württemberg, Bayern, Berlin, Brandenburg, Hessen, Niedersachsen, Nordrhein-Westfalen, Rheinland-Pfalz, Saarland), Erstattung der Schülerbeförderungskosten (Bayern, Berlin, Brandenburg, Hessen, Niedersachsen, Nordrhein-Westfalen, Rheinland-Pfalz, Sachsen und Thüringen). Teilweise können beamtete Lehrer zur Tätigkeit an Ersatzschulen beurlaubt oder diesen zugewiesen werden (Baden-Württemberg, Bayern, Hamburg, Hessen, Niedersachsen, Rheinland-Pfalz, Saarland, Sachsen-Anhalt, Schleswig-Holstein, Thüringen); die Zeiten der Beurlau-

---

93 Vgl. einerseits (verneinend) Frank-Rüdiger *Jach*: Privatschulfreiheit am Scheideweg – Vielfalt oder institutionelle Erstarrung? Verfassungsfragen neu gegründeter privater Ersatzschulen, DÖV 1990, 506 (507), mit dem Argument, Wartefristen kämen einer Errichtungssperre gleich; andererseits (bejahend) Hans-Ingo *von Pollern*: Das Privatschulwesen in Baden-Württemberg nach der Novelle vom Dezember 1989, DÖV 1992, 62 (66), mit der Begründung, Voraussetzung für die Gewährung öffentlicher Mittel sei, daß auch die neu gegründete Ersatzschule sich zunächst in fachlich-qualitativer Hinsicht bewähren und ihre Leistungsfähigkeit beweisen müsse.
94 BVerfGE 90, 128 (140 f.). Das BVerfG hält demgemäß eine Wartefrist von drei Jahren bis zum Einsatz der Regelförderung (so in Baden-Württemberg) für verfassungsgemäß (BVerfGE 90, 128); es hat sogar die bayerische Regelung, wonach Zuschüsse für private Realschulen, Gymnasien, berufliche Schulen und Schulen des Zweiten Bildungswegs erst gewährt werden, wenn die Schule in aufsteigenden Jahrgängen voll ausgebaut ist und Abschlußprüfungen in zwei aufeinanderfolgenden Schuljahren von mindesten zwei Dritteln der Schüler des letzten Ausbildungsabschnitts mit Erfolg abgelegt worden sind (Art. 38 Abs. 4 BaySchFG), gebilligt (BVerfGE 90, 107 [117 ff.]).
95 BVerfGE 90, 128 (131 ff.).
96 Zu den anrechenbaren Eigenleistungen einer Ersatzschule BVerwG, NVwZ-RR 1988, 22.

bung oder Zuweisung werden auf die Dienstzeit angerechnet[97]. Auch das Steuerrecht trägt den Bedürfnissen der gemeinnützigen Privatschule Rechnung[98].

13.6 Ergänzungsschulen[99]

13.61 Begriff

Privatschulen, die nicht als Ersatz für öffentliche Schulen dienen, sind Ergänzungsschulen. Sie haben nach Aufgabe, Lehrgegenstand und Organisationsform schulischen Charakter, doch entsprechen sie nicht den im Schulwesen des jeweiligen Landes vorhandenen oder grundsätzlich vorgesehenen Schularten; sie stehen außerhalb des allgemeinen Schulaufbaus. Es handelt sich fast ausschließlich um berufsbildende Schulen (z. B. in den meisten Ländern die Sprachschulen, in mehreren Ländern die Gymnastikschulen). Angesichts der Tendenz des öffentlichen Schulwesens, sich aller Berufsfelder zu bemächtigen, sind manche Schulen, die früher als Ergänzungsschulen galten, heute als Ersatzschulen anzusehen.

13.62 Rechtlicher Unterschied zur Ersatzschule

Während die Ersatzschule nach Art. 7 Abs. 4 GG der Genehmigung bedarf, kann die Ergänzungsschule *ohne Genehmigung* errichtet werden; es ist lediglich eine Anzeige über die Betriebsaufnahme erforderlich[100]. Im übrigen muß die Ergänzungsschule wie jede Privatschule den allgemeinen polizeirechtlichen Anforderungen entsprechen (dazu TZ 13.4); zur Abwendung von Schäden oder Gefahren, die den Schülern oder der Allgemeinheit drohen, kann die zuständige Behörde die Fortführung der Ergänzungsschule untersagen[101]. Anders als an der Ersatzschule kann an der Ergänzungsschule im allgemeinen die *Schulpflicht nicht erfüllt* werden; indes ermöglichen die (Privat-)Schulgesetze aller Länder die Befreiung von der Berufsschulpflicht oder ihr Ruhen, sofern eine geeignete Ergänzungsschule besucht wird[102].
Ergänzungsschulen können *keine Berechtigungen mit Außenwirkung* erteilen. Doch sehen einige Länder für bewährte Ergänzungsschulen – vor allem sol-

---

97 Zu den Formen der staatlichen Finanzhilfe *Vogel* in: BEFT (Anm. 1), Nr. 28; dort auch eine Übersicht über die zur Zeit noch maßgeblichen Regelungen in den verschiedenen Bundesländern.
98 Zu Steuerfragen vgl. Christian *Kühr*: Steuerfragen bei Bildungseinrichtungen in freier Trägerschaft, in: BEFT (Anm. 1), Nr. 35; die einschlägigen Rechtsvorschriften in: BEFT, Nr. 54; s. auch *Vogel* (Anm. 1), S. 234 ff.
99 *Vogel* (Anm. 1), S. 36 ff., 45 f., 133 ff.; *ders.*, DÖV 1992, 505; kurzer Überblick bei *Stein/Roell*, S. 100 f., 172 f.
100 S. z. B. § 13 Abs. 2 bw PSchG, Art. 102 Abs. 2 BayEUG, § 15 Abs. 2 hmb PSchG, § 175 Abs. 2 HSchG, § 10 Abs. 2 SächsFrTrSchulG, § 18 b Abs. 2 SchulG LSA.
101 Z. B. § 125 Abs. 3 BbgSchulG, § 175 Abs. 3 HSchG, § 18c SchulG LSA.
102 *Vogel* (Anm. 1), S. 40 ff.

che im berufsbildenden Bereich – die Möglichkeit der Anerkennung vor, sofern der Unterricht nach einem von der Schulaufsichtsbehörde genehmigten Lehrplan erteilt wird; mit der Anerkennung erhält die Ergänzungsschule das Recht, nach den ministeriell genehmigten Prüfungsvorschriften Prüfungen abzuhalten[103]. Die Ergänzungsschule hat *keinen Anspruch auf staatliche Finanzhilfe*; allerdings können Ergänzungsschulen in Baden-Württemberg, Rheinland-Pfalz, Sachsen-Anhalt und Thüringen unter bestimmten Voraussetzungen Zuschüsse nach Maßgabe des Haushaltsplans erhalten[104].

13.7 Schulaufsicht über die Privatschulen[105]

Gemäß Art. 7 Abs. 1 GG steht das gesamte Schulwesen unter der Aufsicht des Staates. Diese Aufsicht ist bei Privatschulen durch die Gewährleistung des Grundrechts der Privatschulfreiheit und die damit einhergehende Garantie der Privatschule als Institution eingeschränkt. Die staatliche Aufsicht hat bei sämtlichen Privatschulen sicherzustellen, daß die *allgemeinen gesetzlichen und polizeirechtlichen Anforderungen* beachtet werden (TZ 13.4). Bei *Ersatzschulen* ist der Rahmen der staatlichen Aufsicht im übrigen durch die Genehmigungsvoraussetzungen des Art. 7 Abs. 4 GG abgesteckt[106]. Die Schulbehörde hat darüber zu wachen, ob die Schule auch nach Erteilung der Genehmigung noch diesen Anforderungen entspricht. Soweit einer Ersatzschule durch *staatliche Anerkennung* Hoheitsrechte verliehen sind, ist es Aufgabe der Schulaufsicht zu gewährleisten, daß bei der Erteilung von Zeugnissen und der Abhaltung von Prüfungen die für öffentliche Schulen geltenden staatlichen Prüfungs- und Versetzungsvorschriften eingehalten werden. Hier kann die staatliche Kontrolle, über die bloße Rechtsaufsicht hinaus, bis in die Einzelheiten des Prüfungsstoffs und des Prüfungsablaufs hineinreichen[107].

13.8 Private Unterrichtserteilung[108]

Von den Privatschulen (Ersatz- und Ergänzungsschulen) sind die privaten Unterrichtseinrichtungen zu unterscheiden. Diese sind nicht Gegenstand des Privatschulrechts. Doch gibt es Berührungspunkte, die es rechtfertigen, sie im Zusammenhang mit den Privatschulen zu erörtern.

---

103 Z. B. § 15 bw PSchG, § 126 BbgSchulG, § 16 hmb PSchG, § 176 HSchG, § 161 NSchG, § 12 SächsFrTrSchulG, § 18 d SchulG LSA.
104 § 17 Abs. 3 Nr. 2 und 3 bw PSchG, § 28 Abs. 6 rp PrivSchG, § 32 saarl PrivSchG, § 18 d Abs. 4 SchulG LSA, § 21 ThürSchfTG.
105 *Frowein* (Anm. 1), S. 18 ff.; *Heckel* (Anm. 1), S. 315 ff.; *Jach* (Anm. 82), S. 57 ff.; *Müller* (Anm. 1), S. 76 ff., 190 ff. u. passim.
106 BVerwGE 12, 349 (351).
107 BVerfGE 27, 195 (206); *Frowein* (Anm. 1), S. 21 ff.; *Müller* (Anm. 1), S. 112 ff., 279 ff. u. a.; *Niehues*: Schul- und Prüfungsrecht, S. 11 f. Rn. 159c.
108 *Gilles/Heinbuch/Gounalakis* (Anm. 15); Georgios *Gounalakis*/Kathrin *Gounalakis*: Rechtsprobleme der Vertragsgestaltung bei privaten Unterrichtseinrichtungen, RdJB 1997, 229; *Heckel* (Anm. 1), S. 321 ff.; *Vogel* (Anm. 1), S. 141 ff.

13.81 Formen

Die private Unterrichtserteilung geschieht in Form von Lehrgängen (Kursen) und Privatunterricht. *Lehrgänge* sind Unterrichtsveranstaltungen von begrenzter Dauer, die Kenntnisse oder Fertigkeiten auf einzelnen Fachgebieten vermitteln. Von der Schule (Begriff TZ 1.21) unterscheiden sie sich dadurch, daß sie keine Bildungs- und Erziehungsziele verfolgen, keine Mehrzahl von Fächern umfassen und in einem vergleichsweise kurz bemessenen Zeitraum (wenige Tage, Wochen oder Monate) ablaufen[109]. Zu den privaten Unterrichtseinrichtungen, die Lehrgänge veranstalten, zählen z. B. juristische Repetitorien, ferner Fahrschulen, Tanzschulen, Reitschulen; hierher gehören außerdem Gymnastikkurse, Sprachkurse, Buchhaltungskurse, Computerkurse, selbst wenn solche Lehrgänge einer privaten Berufsfachschule angegliedert sind. Träger der privaten Einrichtungen können Einzelpersonen, aber auch Personenvereinigungen (Volkshochschulen, Gewerkschaften, Arbeitgeberorganisationen, Kirchen und sonstige Verbände) sein.

Privatunterricht (insbesondere Nachhilfeunterricht) ist die Unterrichtserteilung an einzelne Schüler oder an kleine Schülergruppen außerhalb der Organisationsform einer Schule. Er ist durch die persönlich-individuelle Beziehung zwischen Lehrendem und Lernendem charakterisiert; darin liegt der wesentliche Unterschied zur Schule, die eine vom Wechsel der Personen unabhängige Einrichtung ist[110].

13.82 Rechtsgrundlagen

Da die private Unterrichtserteilung keinen schulischen Charakter trägt, ist sie nicht durch die Gewährleistung des Art. 7 Abs. 4 GG geschützt[111]. Auf sie findet vielmehr Art. 12 Abs. 1 GG Anwendung. Nach dieser Bestimmung steht allen Deutschen das Grundrecht der freien Berufswahl zu; die Berufsausübung kann durch Gesetz oder aufgrund eines Gesetzes geregelt werden. Der Vorschrift ist ein einheitliches Grundrecht der Berufsfreiheit zu entnehmen; das Grundrecht soll die Freiheit des Individuums sichern, der Regelungsvorbehalt ausreichenden Schutz der Gemeinschaftsinteressen sicherstellen. Der Gesetzgeber kann die Freiheit der Berufsausübung beschränken, soweit vernünftige Erwägungen des Gemeinwohls es zweckmäßig erscheinen lassen; eine Einschränkung der Freiheit der Berufswahl ist hingegen nur

---

109 *Heckel* (Anm. 1), S. 322 ff.
110 *Heckel* (Anm. 1), S. 337; Georgios *Gounalakis*/Lydia *Klose-Mokroß*: Rechtsfragen des Nachhilfeunterrichts, RdJB 1994, 50.
111 Auch können Eltern ihr schulpflichtiges Kind nicht mit dem Argument von der Schule fernhalten, daß sie ihm die erforderlichen Fähigkeiten und Kenntnisse durch einen ihren Erziehungsvorstellungen entsprechenden Privatunterricht angedeihen lassen wollen. Dazu BVerfG, SPE n. F. 734 Nr. 8, wonach die allgemeine Schulpflicht in zulässiger Weise das elterliche Bestimmungsrecht über die Erziehung des Kindes beschränkt.

dann gerechtfertigt, wenn der Schutz besonders wichtiger Gemeinschaftsgüter es zwingend erfordert[112].
Mehrere Länder haben von ihrer Befugnis, die Berufsausübung in Gestalt der privaten Unterrichtserteilung zu regeln, Gebrauch gemacht. Teilweise ist vorgeschrieben, daß die Unterrichtseinrichtungen keine Bezeichnung führen und keine Zeugnisse erteilen dürfen, die eine Verwechslung mit öffentlichen Schulen hervorrufen können[113]. Verschiedentlich unterliegen die Einrichtungen, soweit sie gewerblich betrieben werden und vornehmlich von Jugendlichen in Anspruch genommen werden, einer Anzeigepflicht[114]; demgegenüber brauchen private Einrichtungen in Bremen weder genehmigt noch angezeigt zu werden[115]. In Rheinland-Pfalz ist unter bestimmten Voraussetzungen die Möglichkeit der staatlichen Anerkennung einer freien Unterrichtseinrichtung vorgesehen[116]. Die Unterrichtserteilung kann zur Abwehr von Schäden oder Gefahren, die den Lernenden oder der Allgemeinheit durch Mängel in der persönlichen oder fachlichen Zuverlässigkeit des Unterrichtenden drohen, untersagt werden[117].
Die Befugnis zum Einschreiten der Schul- oder einer anderen Behörde ergibt sich in den übrigen Ländern aus den gewerberechtlichen oder polizeirechtlichen Vorschriften.

---

112 BVerfGE 7, 377 (400 ff.) und st. Rspr.; Rüdiger *Breuer*: Die staatliche Berufsregelung und Wirtschaftslenkung, HdbStR VI, S. 957 (963 ff. Rn. 8 ff.); *Jarass/Pieroth*: Grundgesetz. Kommentar, Art. 12 Rn. 20 ff.; Erläuterungen zu dieser Rechtsprechung (»Stufentheorie«) bei *Pieroth/Schlink* (Anm. 7), S. 205 ff. Rn. 844 ff.; Joachim *Wieland*, in: Dreier: Grundgesetz. Kommentar, Art. 12 Rn. 101 ff.
113 § 16 bw PSchG, Art. 105 Satz 1 BayEUG, § 18 hmb PSchG, § 126 Satz 3 SchulG M-V, § 140 Abs. 2 NSchG, § 46 Abs. 2 Satz 1 i. V. m. § 44 Abs. 3 Satz 1 nrw SchOG, § 35 Abs. 1 Satz 3 rp PrivSchG, § 33 Abs. 2 saarl PrivSchG, § 13 Satz 2 SächsFrTrSchulG, § 14 Satz 3 ThürSchfTG.
114 § 10 bln PSchG, § 127 Abs. 1 BbgSchulG, § 35 Abs. 2 rp PrivSchG. Im Saarland ist auch der erwerbsmäßig an Jugendliche erteilte Privatunterricht anzeigepflichtig (§ 34 Abs. 2 PrivSchG); außerdem kann für einzelne Unterrichtszweige der Nachweis ausreichender fachlicher Vorbildung verlangt werden (§ 34 Abs. 3 PrivSchG). Vgl. auch § 177 Abs. 2 Satz 1 HSchG. – Nach Auffassung des BVerwGE 78, 6 (7 ff.), besteht für die gewerbsmäßige Durchführung von Schülernachhilfekursen sowie von Schreibmaschinen- und Sprachkursen eine Anzeigepflicht nach § 14 GewO. Zwar finde die Gewerbeordnung gemäß § 6 GewO keine Anwendung auf das Unterrichtswesen; unter diesen Begriff fielen indessen nur landesgesetzlich geregelte Unterrichtsveranstaltungen; diejenigen Unterrichtsveranstaltungen, für die das Landesrecht keine abschließende Regelung treffe, unterlägen daher der Gewerbeordnung vorausgesetzt, daß sie gewerblich betrieben würden. Vgl. *Gounalakis/Klose-Mokroß*, RdJB 1994, 50 (51 ff.).
115 § 15 Abs. 1 PSchG.
116 § 35 Abs. 5 Satz 1 PrivSchG.
117 S. z. B. Art. 105 Satz 2 i. V. m. Art. 103 BayEUG, § 12 Satz 2 bln PSchG, § 127 Abs. 3 Satz 2 BbgSchulG, § 15 Abs. 2 brem PSchG, § 177 Abs. 1 HSchG, § 35 Abs. 3 i. V. m. § 15 rp PrivSchG, § 35 Abs. 1 saarl PrivSchG.

13.83 Fernunterricht[118]

Zunehmende Bedeutung erhalten private Lehrgänge, die in Form des Fernunterrichts betrieben werden. Fernunterricht ist die auf vertraglicher Grundlage erfolgende entgeltliche Vermittlung von Kenntnissen und Fähigkeiten, bei der Lehrende und Lernende räumlich getrennt sind und der Lernerfolg überwacht wird (§ 1 Abs. 1 Fernunterrichtsschutzgesetz). Gegenstände des Fernunterrichts sind vor allem die Vorbereitung auf mittlere und gehobene technische und kaufmännische Berufe, auf das Abitur und den Realschulabschluß; der Fernunterricht erfüllt insoweit Funktionen des Zweiten Bildungsweges (vgl. TZ 3.7). Dazu kommen Sprachkurse und sonstige Kurse vielfältiger Art. Auch der Fernunterricht ist nicht Schule; ihm fehlt insbesondere die für den herkömmlichen Schulbegriff charakteristische unmittelbare und raumnahe Verbindung zwischen Lehrern und Schülern. Daran ändert die Tatsache nichts, daß der moderne Fernunterricht die Versendung von Fernbriefen durch ein intensives Korrektur- und Korrespondenzverfahren und durch Direktkurse (Wochenendseminare) ergänzt.

Die Rechtslage des Fernunterrichts ist grundsätzlich die gleiche wie die der übrigen Lehrgänge. Doch haben sich vor allem hier Maßnahmen zur Sicherung der Qualität und zum Schutz der Fernschüler vor ungeeigneten Anbietern und unsozialer Vertragsgestaltung als notwendig erwiesen. Das Fernunterrichtsschutzgesetz (FernUSG)[119] schreibt vor, daß Fernlehrgänge der Zulassung bedürfen. Die Zulassung ist bei Vorliegen bestimmter Mängel (fehlende Eignung des Fernlehrgangs, Verstoß gegen die öffentliche Sicherheit oder Ordnung, unzureichende Aufklärung des Teilnehmers über das Vertragsangebot, Unvereinbarkeit der Vertragsbedingungen mit den gesetzlichen Vorschriften u. a.) zu versagen (§§ 12 Abs. 2, 13 Abs. 1 FernUSG). Über die Zulassung entscheidet die *Staatliche Zentralstelle für Fernunterricht* (ZFU) mit Sitz in Köln, die aufgrund des von den Ministerpräsidenten der Länder abgeschlossenen *Staatsvertrages über das Fernunterrichtswesen* vom 16. 2. 1978[120] errichtet worden ist. Bei berufsbildenden Fernlehrgängen ist das Benehmen mit dem Bundesinstitut für Berufsbildung in Berlin herzustellen (§ 19 Abs. 2 FernUSG, Art. 9 Staatsvertrag über das Fernunterrichtswesen).

---

118 Die Rechtsquellen sind zu finden in: BEFT (Anm. 1), Nr. 46; dort unter Nr. 31 der Beitrag von Michael *Vennemann*: Das Recht des Fernunterrichts in freier Trägerschaft; ferner Klaus *Faber*/Rüdiger *Schade*: Fernunterrichtsschutzgesetz. Kommentar, München 1980; *Gilles/Heinbuch/Gounalakis* (Anm. 15); *Ramm* (Anm. 15), S. 426 ff. Heft 2/1989 von RdJB beschäftigt sich schwerpunktmäßig mit dem Fernunterrichtsschutzgesetz. Hinzuweisen ist außerdem auf den von der Staatlichen Zentralstelle für Fernunterricht und dem Bundesinstitut für Berufsbildung herausgegebenen »Ratgeber für Fernunterricht '99. Informationen und Empfehlungen«, Köln, Berlin 1999, sowie auf das von der Staatlichen Zentralstelle für Fernunterricht herausgegebene Amtliche Mitteilungsblatt (erscheint zweimal jährlich).
119 Vom 24. 8. 1976 (BGBl. I S. 2525), zul. g. d. G. v. 27. 4. 1993 (BGBl. I S. 509, 511).
120 Abgedruckt in BEFT (Anm. 1), Nr. 46.1, S. 12 ff. Die neuen Länder sind dem Vertrag durch »Staatsvertrag über die Änderung des Staatsvertrages über das Fernunterrichtswesen vom 16. Februar 1978« vom 16. 6. 1992 (abgedruckt in BEFT, Nr. 46.1, S. 19 ff.) beigetreten.

14. Kapitel: Deutsche Schulen im Ausland, Europäische Schulen

14.1 Deutsche Schulen im Ausland[1]

14.11 Begriff, Typen, allgemeine Rechtslage

14.111 Deutsche Auslandschulen sind Schulen, die der schulischen Bildung deutscher und deutschstämmiger Kinder sowie der Pflege deutscher Sprache und Kultur im Ausland dienen; darüber hinaus sollen sie die Begegnung mit der Kultur des Gastlandes fördern. Ihre Errichtung geht in der Regel auf die Initiative deutscher Einwanderer oder deutscher Staatsangehöriger, die sich für längere Zeit im Ausland aufhalten, zurück; daneben gibt es sog. Firmenschulen von Niederlassungen deutscher Unternehmen im Ausland.

Die Auslandschulen sind zumeist Privatschulen, und zwar in der Regel allgemeinbildender Art; doch gewinnen zunehmend auch berufliche Schulen und berufsbezogene Ausbildungsgänge an allgemeinbildenden Schulen an Gewicht. Die Schulen unterstehen dem Schulrecht und damit auch der Schulaufsicht des Sitzlandes. Träger sind Schulvereine, Stiftungen, Kirchengemeinden oder religiöse Orden. Die Schulen unterhalten sich selbst aus Schulgeldeinnahmen und freiwilligen Beiträgen. Sie werden finanziell vom Bund durch Zuwendungen aus dem Auslandschulfonds des Auswärtigen Amts, personell von den Bundesländern durch Freistellung von Lehrern unterstützt; überdies weist ihnen der Bund unentgeltlich Lehr- und Lernmittel zu[2].

14.112 Im wesentlichen lassen sich *drei Typen* unterscheiden: die deutschsprachige Auslandschule, die Begegnungsschule und die Sprachgruppenschule.

---

1 Zum Auslandschulwesen gibt es zahlreiche Beschlüsse der KMK, vgl. KMK-BeschlS., Gruppe III (Nr. 1001–1471.3). S. auch den von der Bundesregierung am 14.9.1978 vorgelegten »Rahmenplan für die auswärtige Kulturpolitik im Schulwesen – Auslandschulen, Sprachförderung und internationale Zusammenarbeit« (BT-Drucks. 8/2103) und die dazu ergangene Stellungnahme der KMK vom 18.1.1979 (KMK-BeschlS. Nr. 23); s. ferner den Bericht der Bundesregierung über Stand und Entwicklung der deutschen Schulen im Ausland vom 14.1.1988 (BT-Drucks. 11/1642); dazu die Entschließung des Deutschen Bundestags vom 7.3.1990 (BT-Drucks. 11/6478). Unter rechtlichem Aspekt besonders hervorzuheben ist Siegfried *Jutzi*: Die Deutschen Schulen im Ausland, Baden-Baden 1977. Eine Darstellung des Auslandschulwesens gibt Harry *Werner*: Das deutsche Auslandschulwesen, in: Walter Twellmann (Hrsg.): Handbuch Schule und Unterricht. Bd. 2, Düsseldorf 1981, S. 136; s. auch Joachim *Lauer*: Deutsche schulische Arbeit im Ausland, SchVw NRW 1998, 184. Eine Übersicht über die bestehenden Auslandschulen enthält das Auslandschulverzeichnis, das in unregelmäßigen Abständen vom Bundesverwaltungsamt – Zentralstelle für das Auslandschulwesen –, Barbarastraße 1, 50735 Köln, herausgegeben wird; die vorerst letzte Ausgabe erschien 1996. Hinzuweisen ist ferner auf die vom Auswärtigen Amt und vom Bundesverwaltungsamt zweimal jährlich herausgegebene Zeitschrift »Begegnung«.

2 Die Zuständigkeit des Bundes ergibt sich aus seiner Kompetenz für die auswärtigen Beziehungen (Art. 32 GG).

An der *deutschsprachigen Auslandschule (Expertenschule)* werden überwiegend Kinder der im Ausland lebenden deutschen Staatsangehörigen (Diplomaten, Geschäftsleute, Entwicklungshilfeexperten) unterrichtet. Die Schule ist auf die für deutsche Inlandschulen maßgebenden Bildungsziele ausgerichtet, verwendet ausschließlich deutsche Lehrpläne und übernimmt die in der Bundesrepublik geltenden Schulstrukturen; in der Regel umfaßt sie Grundschule mit angegliedertem Kindergarten, Sekundarstufe I und Sekundarstufe II mit reformierter gymnasialer Oberstufe. Unterrichtssprache ist Deutsch, daneben wird die Landessprache als Fremdsprache berücksichtigt. Die deutschsprachige Auslandschule schließt mit dem Abitur oder mit der Übergangsberechtigung zur Sekundarstufe II ab.

Begegnungsschulen werden von deutschen, vor allem aber von einheimischen Kindern besucht. Der Bund mißt diesem Schultyp bei der Förderung des Auslandschulwesens schon seit längerer Zeit Priorität zu[3]. Die besonderen Kennzeichen der Begegnungsschule sind intensiver Deutschunterricht für die fremdsprachigen Schüler sowie zweisprachiger Fachunterricht nach bilateral abgestimmten Lehrplänen. Die Schüler können einen zweisprachigen Abschluß mit Zuerkennung der Hochschulreife im Sitzland erlangen. Falls eine deutsche Abschlußprüfung nicht abgelegt werden kann, wird den fremdsprachigen Schülern Gelegenheit geboten, das »Deutsche Sprachdiplom der Kultusministerkonferenz« zu erwerben, dessen Stufe II als Nachweis der für ein Hochschulstudium in der Bundesrepublik erforderlichen Deutschkenntnisse gilt[4].

Sprachgruppenschulen (Volkstumsschulen) wurden meist von deutschen Einwanderern, insbesondere in Lateinamerika, im südlichen Afrika sowie in Ost- und Südosteuropa gegründet. Ziel dieser Schulen ist die Erhaltung und Pflege deutscher Sprache und Kultur innerhalb der deutschen Minderheit. Deutsch wird als Muttersprache unterrichtet und in gewissem Umfang als Unterrichtssprache verwendet. Die Schulen vergeben in der Regel landeseigene Abschlüsse.

14.113 Die *Förderung* der ausländischen Schulen durch den Bund fällt in die Zuständigkeit des *Auswärtigen Amts*; dessen Aufgaben werden zum größten Teil von der beim Bundesverwaltungsamt in Köln eingerichteten *Zentralstelle für das Auslandschulwesen* wahrgenommen. Die *Kultusministerkonferenz* (KMK) ist für die inneren Angelegenheiten der Auslandschulen (Lehrpläne, Prüfungs- und Zeugniswesen u. a.) zuständig und trifft einheitliche Regelungen für die in den Auslandschuldienst beurlaubten Lehrer. Kultusministerkonferenz und Auswärtiges Amt wirken bei der Förderung der Auslandschulen zusammen[5]. Ein Bund-Länder-Ausschuß behandelt die Bereiche der schulischen Arbeit im Ausland, welche der Abstimmung zwischen Bund und

---

3 S. den von der Bundesregierung im September 1978 verabschiedeten Rahmenplan für die auswärtige Kulturpolitik im Schulwesen, vgl. auch den Bericht der Bundesregierung über Stand und Entwicklung der deutschen Schulen im Ausland vom Januar 1988 (Anm. 1).
4 Beschluß der KMK über das Deutsche Sprachdiplom vom 16.3.1972 (KMK-BeschlS. Nr. 1471).
5 Beschluß der KMK über die Zuständigkeit des Auswärtigen Amts und der Kultusministerkonferenz für die deutschen Schulen im Ausland vom 4.2.1965 i.d.F. v. 8.10.1992 (KMK-BeschlS. Nr. 1001).

Ländern bedürfen. Der Ausschuß verabschiedet durch einstimmige Beschlüsse Empfehlungen, die den zuständigen Stellen des Bundes und der Länder zur Entscheidung vorgelegt werden. Wird keine Einstimmigkeit erzielt, befaßt sich ein Lenkungsausschuß mit der umstrittenen Frage; die von diesem getroffenen Vereinbarungen stehen unter dem Vorbehalt der Zustimmung der zuständigen Stellen des Bundes und der Länder[6].

14.114 Die Kultusministerkonferenz kann eine deutsche Schule im Ausland als *Deutsche Auslandschule anerkennen.* Die Anerkennung, ein durch Beschluß der KMK erlassener simultaner Verwaltungsakt der Kultusministerien der Länder, setzt voraus, daß sie von innerdeutschen Bildungszielen wesentlich bestimmt ist, in Unterrichtsstruktur und Lehrplänen vergleichbaren deutschen inländischen Schulen entspricht, eine ausreichende Zahl amtlich vermittelter deutscher Lehrer beschäftigt, ihre Arbeit auf pädagogisch geeignete Ordnungen stützt, deutschen bzw. deutschsprachigen Eltern eine angemessene Beteiligung an der Trägerschaft einräumt, wirtschaftlich gesichert ist und über die erforderlichen Räume, Einrichtungen und Ausstattungen verfügt. Die Folgen der Anerkennung (Beleihung) sind die gleichen wie bei einer anerkannten Ersatzschule in der Bundesrepublik (TZ 13.55): Die Schule erhält das Recht, Zeugnisse und Abschlüsse zu erteilen, die denen einer entsprechenden öffentlichen Schule in Deutschland gleichwertig sind[7].

---

6 Dazu im einzelnen die Vereinbarung zwischen dem Bundesminister des Auswärtigen und den Kultusministern der Länder in der Bundesrepublik Deutschland über die Einsetzung eines Bund-Länder-Ausschusses für schulische Arbeit im Ausland vom 16.11.1992 (KMK-BeschlS. Nr. 1002). – Zur verfassungsrechtlichen Verteilung der Zuständigkeiten für die Auslandschulen: *Jutzi* (Anm. 1), S. 53 ff.
7 Beschlüsse der KMK über die »Anerkennung deutscher Schulen im Ausland mit aufsteigenden Jahrgangsstufen bis zur deutschen allgemeinen Hochschulreife« vom 24.5.1991 und über die »Anerkennung deutscher beruflicher Schulen im Ausland« vom 24.5.1991 (KMK-BeschlS. Nr. 1052 und 1152). – Deutsche Auslandschulen haben u.a. folgende KMK-Beschlüsse zu beachten: die »Richtlinien für eine Schulordnung für deutsche Schulen im Ausland« vom 15.1.1982 (KMK-BeschlS. Nr. 1035); die »Richtlinien für eine Konferenzordnung für deutsche Schulen im Ausland« vom 7.5.1982 (Nr. 1036); die »Richtlinien für eine Dienstordnung für deutsche Schulleiter im Ausland« vom 19.3.1982 (Nr. 1037); den Beschluß über »Bildungsgänge und Abschlüsse im Sekundarbereich I an deutschen Schulen im Ausland« vom 24.5.1991 (Nr. 1052); die »Ordnung der deutschen Abiturprüfung im Ausland« vom 27.1.1995 (Nr. 1053) sowie die »Ordnung der Prüfung zur Erlangung eines Zeugnisses der deutschen allgemeinen Hochschulreife an deutschen Schulen im Ausland, die zum Sekundarschulabschluß nach den Landesbestimmungen führen« vom 27.1.1995 (Nr. 1060).

14.12 Lehrer im Auslandschuldienst[8]

Lehrer, die vorübergehend an deutschen Schulen im Ausland unterrichten wollen, werden von den Bundesländern unter Wahrung ihrer Beamtenrechte für den Auslandschuldienst beurlaubt. Die *Beurlaubung*, deren Zeit auf das Besoldungsdienstalter und als ruhegehaltfähige Dienstzeit gemäß § 28 Abs. 3 Satz 1 BBesG und § 6 Abs. 1 Satz 2 Nr. 5 BeamtVG voll angerechnet wird[9], erfolgt in der Regel zunächst für drei Jahre; sie kann, wenn alle Beteiligten einverstanden sind, bis auf insgesamt sechs Jahre (in Ausnahmefällen, etwa zur Wahrnehmung der Funktion des Schulleiters, auch darüber hinaus) verlängert werden. In dieser Zeit wird den Auslandlehrern eine Planstelle offengehalten. Auch im übrigen ist Vorsorge getroffen, daß ihnen während der Auslandstätigkeit und nach Rückkehr in die Heimat in dienstlicher Hinsicht keine Nachteile entstehen. Bei Dienstunfällen im Ausland werden die Vorschriften des jeweiligen Bundeslandes über die Unfallfürsorge angewendet.

Voraussetzungen einer *Bewerbung für den Auslandschuldienst* sind: erfolgreiche Ablegung der beiden Lehramtsprüfungen, mindestens zweijährige überdurchschnittliche Bewährung im Schuldienst, persönliche Eignung und Gesundheit, Eigenschaft als Beamter im inländischen Schuldienst (in den neuen Ländern: unbefristetes Anstellungsverhältnis), Höchstalter 45 Jahre (bei Bewerbern um Funktionsstellen: 57 Jahre). Die Bewerbung ist auf dem Dienstweg (TZ 19.52) an das Kultusministerium zu richten, dem der Lehrer untersteht; angenommene Bewerbungen werden an die Zentralstelle für das Auslandschulwesen weitergeleitet. Für eine im Auslandschuldienst zu besetzende Stelle wählt das Bundesverwaltungsamt in Köln aus den von den Ländern übermittelten Bewerbungen in der Regel drei Bewerber aus und schlägt sie der Auslandschule vor; diese trifft die endgültige Personalentscheidung.

---

8 Dazu das »Rahmenstatut für die Tätigkeit deutscher Lehrkräfte im Ausland«, eine Verwaltungsvereinbarung zwischen dem Bundesminister des Auswärtigen und den Kultusministern der Länder vom 21.12.1994 (KMK-BeschlS. Nr. 1324); Beschluß der KMK über die Beurlaubung von Lehrkräften für den Auslandschuldienst vom 14.2.1996 (KMK-BeschlS. Nr. 1310); KMK-Vereinbarung über die rechtliche Behandlung der Auslandlehrer vom 4.2.1965 (KMK-BeschlS. Nr. 1325) sowie das vom Bundesverwaltungsamt – Zentralstelle für das Auslandschulwesen – herausgegebene »Merkblatt für Lehrerinnen und Lehrer, die als Auslandsdienstlehrkräfte, auch in Wahrnehmung besonderer Funktionen bzw. als Fachberater(innen) für Deutsch, im Ausland tätig werden wollen« i. d. F. v. 16.4.1996 (abgedruckt in KMK-BeschlS. Nr. 1499). – Neben den in Anm. 1 genannten Titeln sei verwiesen auf Raimund *Wattler*: Die Rechtsstellung der vermittelten Lehrer an deutschen Schulen im Ausland aus der Gesamtschau des Auslandsschulwesens, Frankfurt am Main 1994. Ferner *Deutscher Lehrerverband* (Hrsg.): Jahrbuch der aus der Bundesrepublik Deutschland an Auslandsschulen vermittelten Lehrkräfte. – Kunzes Kalender für das Ausland (erscheint jährlich) sowie die vierteljährlich erscheinende Zeitschrift »Der deutsche Lehrer im Ausland« des Verbands deutscher Lehrer im Ausland.

9 § 5 Abs. 1 Satz 1 der KMK-Vereinbarung über die rechtliche Behandlung der Auslandlehrer (Anm. 8). – Waren Lehrer vor ihrer Berufung in das Beamtenverhältnis im öffentlichen oder nichtöffentlichen deutschen Schuldienst tätig, kann diese Zeit nach § 11 Nr. 1 b BeamtVG als ruhegehaltfähig berücksichtigt werden. Das gilt auch für Lehrer, die vor ihrer Berufung in das Beamtenverhältnis an einer deutschen Auslandsschule tätig waren, nicht aber für Lehrer, die an anderen Schulen im Ausland gearbeitet haben (BVerwG, RiA 1994, 192).

Der *Anstellungsvertrag* wird mit dem Vertretungsorgan des Schulträgers der Auslandschule unter Vermittlung der Zentralstelle abgeschlossen. Er begründet ein privates Anstellungsverhältnis zwischen Schulträger und Lehrer; der Lehrer tritt also nicht in den Dienst des Bundes. Lehrer im Auslandschuldienst erhalten von der Zentralstelle aus dem Haushalt des Auswärtigen Amts und nach dessen Richtlinien eine Zuwendung, auf die eine ggf. gezahlte Vergütung des Schulträgers angerechnet wird. Die Höhe der Zuwendung gewährleistet ihnen unter Berücksichtigung der wirtschaftlichen Lage im Gastland und der deutschen Besoldungsverhältnisse bzw. Vergütungsordnung eine ihrer Aufgabe entsprechende finanzielle Stellung und erlaubt eine angemessene Lebensführung; Schwankungen der Lebenshaltungskosten im Gastland werden im Rahmen der Richtlinien berücksichtigt. Hin- und Rückfahrt werden auch für die Angehörigen erstattet[10].

14.2 Europäische Schulen[11]

Die Europäischen Schulen dienten ursprünglich allein der schulischen Versorgung der Kinder von Bediensteten der Europäischen Gemeinschaften, haben sich aber inzwischen einem erweiterten Schülerkreis geöffnet. Ihr Rechtsstatus beruht auf dem Vertrag vom 12.4.1957 über die Satzung der Europäischen Schulen und dem Zusatzabkommen vom 15.7.1957 über die Prüfungsordnung der Europäischen Reifeprüfung[12]; danach sind sie *unselbständige Anstalten der Institution Europäische Schulen, die als öffentliche Anstalt internationalen Rechts Rechtspersönlichkeit besitzt*[13]. Diese wiederum ist

---

10 Die Einzelheiten ergeben sich aus dem Merkblatt für Lehrerinnen und Lehrer (Anm. 8).
11 Angaben über die einzelnen Schulen im Auslandschulverzeichnis (Anm. 1). – Die Europäischen Schulen sind zu unterscheiden von den in einigen Bundesländern bestehenden sog. Europaschulen; dazu der KMK-Beschluß »Europa im Unterricht« vom 8.6.1978 i.d.F. v. 7.12.1990 (KMK-BeschlS. Nr. 555).
12 *Christian Heinze*: Die Rechtsstellung der »Europäischen Schulen« und der an ihnen tätigen deutschen Lehrer, Jahrbuch für internationales Recht 14 (1968), 209; *Jutzi* (Anm. 1), S. 203 ff. – *Rechtsquellen*: Satzung der Europäischen Schulen vom 12.4.1957 mit Prüfungsordnung der Europäischen Reifeprüfung vom 15.7.1957 und Berichtigungsprotokoll vom 17.3.1961 (BGBl. II 1965 S.1042; die Satzung ist auch abgedruckt in KMK-BeschlS. unter Nr. 93); Protokoll über die Gründung Europäischer Schulen vom 13.4.1962 (BGBl. II 1969 S.1302); Zusatzprotokoll vom 15.12.1975 (BGBl. II 1978 S.994); Abkommen zur Änderung des Anhangs zur Satzung der Europäischen Schulen, der die Ordnung der Europäischen Abiturprüfung enthält (Neufassung) vom 11.4.1984 (BGBl. II 1988 S.795); vgl. ferner die Verordnung über die Gewährung von Vorrechten und Befreiungen an die Europäischen Schulen in Karlsruhe und München vom 12.8.1985 (BGBl. II 1985 S.999); Statut des abgeordneten Personals der Europäischen Schulen vom Januar 1998 (Az.: 1998-D-231).
13 Nach Auffassung des EuGH beruht die Gründung der Europäischen Schulen weder auf den Verträgen zur Gründung der Europäischen Gemeinschaften noch auf Handlungen der Gemeinschaftsorgane, sondern auf völkerrechtlichen Übereinkommen zwischen den Mitgliedstaaten: EuGH, Rs. 44/84 – Hurd ./. Jones – vom 15.1.1986, Slg. 1986, 47 (Nr. 20 der Urteilsgründe). Dazu die Besprechung der Entscheidung durch Joachim *Wuermeling*, EuR 1987, 237. Vgl. auch BVerwGE 91, 126 (128). – Streitigkeiten zwischen einer in Deutschland gelegenen Europäischen Schule und ihren Bediensteten unterliegen dem internen Organisationsrecht der Schule als zwischenstaatlicher Einrichtung; insoweit ist der

eine zwischenstaatliche Einrichtung im Sinne des Art. 24 Abs. 1 GG. Es gibt neun Europäische Schulen, und zwar in Bergen (Niederlande), Brüssel (zwei), Culham (Großbritannien), Karlsruhe, Kirchberg-Luxemburg, Mol (Belgien), München und Varese (Italien).

Das wichtigste für sämtliche Europäische Schulen gemeinsame Organ ist der *oberste Schulrat*, dem die zuständigen Minister der Mitgliedstaaten angehören[14]. Er trifft die wesentlichen Entscheidungen auf den Gebieten des Unterrichtswesens, des Haushalts und der Verwaltung. Zwei *Inspektionsausschüsse* – einer für Kindergärten und Grundschulen, der andere für die Höheren Schulen – nehmen Aufsichts- und Beratungsfunktionen war. Der *Verwaltungsrat* jeder einzelnen Schule ist für die örtlichen Haushalts- und Verwaltungsangelegenheiten zuständig. Der *Direktor* leitet die Schule in Alleinverantwortung.

Die vertikale Gliederung der Europäischen Schulen führt vom zweijährigen *Kindergarten* über die fünfjährige *Grundschule* zur siebenjährigen *Höheren Schule*, die mit der Reifeprüfung abschließt. In der Höheren Schule folgt auf die dreijährige gemeinsame Unterstufe die vierjährige spezialisierte Oberstufe mit altsprachlichem, neusprachlichem, mathematisch-naturwissenschaftlichem und wirtschafts-sozialwissenschaftlichem Zweig. Das Reifezeugnis berechtigt zum Studium an den Hochschulen sämtlicher Mitgliedstaaten und wird auch in anderen Ländern (z. B. in der Schweiz) anerkannt.

Die Schulen unterrichten in *neun Sprachabteilungen* (Deutsch, Französisch, Englisch, Italienisch, Niederländisch, Dänisch, Spanisch, Portugiesisch und Griechisch) nach vereinheitlichten Lehrplänen. Jeder Schüler lernt bereits im ersten Grundschuljahr intensiv eine Fremdsprache (Deutsch, Englisch, Französisch oder Spanisch) als sog. Ergänzungssprache; diese wird vom dritten Jahr der Höheren Schule an in einer Reihe von Fächern (z. B. Geschichte, Geographie) als Unterrichtssprache verwendet. Zu Beginn der Höheren Schule wählt der Schüler eine der neun Gemeinschaftssprachen als zweite Fremdsprache.

Die Beschäftigungsverhältnisse der an Europäischen Schulen tätigen Lehrer ist durch das Statut des abgeordneten Personals der Europäischen Schulen geregelt[15]. Die Lehrer werden von den Entsendestaaten zunächst für ein Probejahr beurlaubt. Bewähren sie sich, kann die Beurlaubung um vier Jahre verlängert werden; eine erneute Verlängerung um weitere vier Jahre ist möglich.

Rechtsweg zu den deutschen Gerichten nicht gegeben (BVerwGE 91, 126 [127 ff.], zur Europäischen Schule in Karlsruhe); so auch VGH München, SPE n. F. 719 Nr. 2 (in Abweichung von seiner früheren Rspr. [SPE n. F. 719 Nr. 1]).

14 Für die Bundesrepublik Deutschland sind dies der Bundesaußenminister und der Präsident der KMK.

15 Anm. 12. Soweit die Gehälter der Lehrer vom Entsendestaat gezahlt werden, unterliegen sie nur dort der Besteuerung; die darüber hinausgehende, dem Ausgleich besonderer Belastungen dienende, von den Europäischen Schule geleistete Zulage darf hingegen von keinem Mitgliedstaat besteuert werden, soweit dadurch im Ergebnis der Haushalt der Europäischen Gemeinschaft belastet wird: EuGH, Rs. 44/84 – Hurd ./. Jones vom 15. 1. 1986, Slg. 1986, 47.

15. Kapitel: Schulhoheit: Aufgaben und Kompetenzordnung

15.1 Doppelbedeutung des Schulaufsichtsbegriffes in Art. 7 Abs. 1 GG

15.11 Allgemeines[1]

Der in Art. 7 Abs. 1 GG – ebenso in Landesverfassungen und Schulgesetzen – enthaltene Grundsatz, daß das gesamte Schulwesen unter der Aufsicht des Staates steht, geht auf Ideen der Aufklärung und des Absolutismus, aber auch auf liberale Forderungen zurück. Damit sollte die Herrschaft der Kirche über die Schule ein für allemal beseitigt werden. Heute steht die kirchliche Schulaufsicht, deren letzte Ausläufer nach 1918 abgeschafft worden sind, nicht mehr zur Debatte. Der Grundsatz ist gleichwohl nicht gegenstandslos geworden. Das wäre der Fall, wenn das Schulwesen sich unmittelbar in staatlicher Hand befände und ein staatliches Schulmonopol bestünde. Die auf der Selbstverwaltungsgarantie des Art. 28 Abs. 2 GG beruhenden Formen der Mitwirkung kommunaler Schulträger an der Unterhaltung und Verwaltung der öffentlichen Schulen, die Tendenz zu einer gerade in jüngster Zeit zunehmenden Verselbständigung der Einzelschule sowie der Bestand eines grundgesetzlich garantierten Privatschulwesens geben jedoch der staatlichen Schulaufsicht weiterhin ihren Sinn. Sie gewährleistet, daß das Schulwesen nicht durch zentrifugale Kräfte zersplittert wird, daß seine Einheit im Gebiet des jeweiligen Landes gesichert bleibt. Eine »Vergesellschaftung« der Schule, durch die sie der staatlichen Verantwortung entzogen würde, ist deshalb unzulässig[2]. Von daher sind auch der »Autonomisierung« der Schule und der Partizipation der Schüler, Eltern und Lehrer Grenzen gezogen (dazu TZ 6.233, 6.322).

---

1 Einen *geschichtlichen Abriß* der Staatsaufsicht über das Schulwesen bieten Dietmar *Kurtz*: Zur Geschichte der Schulaufsicht im deutschsprachigen Raum. Diss. jur., Tübingen 1982; Knut *Nevermann*: Der Schulleiter, Stuttgart 1982, 2. Kapitel; Frank-Rüdiger *Jach*: Schulvielfalt als Verfassungsgebot, Berlin 1991, S. 19 ff. m. w. N.; Thomas *Oppermann*: Kulturverwaltungsrecht. Bildung – Wissenschaft – Kunst, Tübingen 1969, S. 40 ff.; *ders.*: Schule und berufliche Ausbildung, HdbStR VI, S. 329 (335 ff. Rn. 12–16). Als äußerst ertragreich erweist sich Ernst Rudolf *Huber*: Deutsche Verfassungsgeschichte seit 1789. 8 Bde., Stuttgart 1960–1990 (Bd. 8 enthält das Register), der dem Wandel der Rolle des Staates im Bildungswesen vom Zeitalter der Französischen Revolution bis zum Ende der Weimarer Republik große Aufmerksamkeit widmet, z. B. in den Ausführungen zur preußischen Bildungsreform unter Wilhelm von Humboldt (Bd. 1, S. 260 ff.). Vgl. auch die der Entwicklung der Schulverwaltung gewidmeten Abschnitte in Kurt G. A. *Jeserich*/Hans *Pohl*/Georg-Christoph *von Unruh* (Hrsg.): Deutsche Verwaltungsgeschichte. 6 Bde., Stuttgart 1983–1988 (Bd. 6 als Registerband), z. B. Lothar *Burchardt*: Kultur und Bildungswesen. Bd. 3, S. 466 ff. S. ferner Rolf *Gröschner*, in: Dreier: Grundgesetz. Kommentar, Art. 7 Rn. 1 ff.; Frank *Hennecke*: Schule zwischen Recht und Politik, Kaiserslautern 1985.

2 So schon Frank *Hennecke*: Staat und Unterricht, Berlin 1972, S. 186 ff.

In den letzten Jahren ist die Verfassungsmäßigkeit des staatlichen Schulehaltens nachdrücklich in Frage gestellt worden[3]. Dabei berufen sich die Kritiker nicht auf das Demokratieprinzip, das – so ein verbreitetes Mißverständnis in den 70er Jahren – die »Demokratisierung« der Schule gebiete (dazu TZ 2.222), sondern auf die These, die staatliche Herrschaft über die Schule sei zur Gewährleistung der Rechte der an der Schule Beteiligten und zur Befriedigung des Gemeinschaftsinteresses an einem funktionstüchtigen Bildungssystem weder geeignet noch erforderlich und daher ein unverhältnismäßiger Eingriff in Grundrechtspositionen[4]. Demgegenüber ergebe sich aus der Eigentümlichkeit des pädagogischen Prozesses und der auf Vielfalt angelegten Grundrechte die Notwendigkeit, das Schulwesen pluralistisch, im Sinne einer genossenschaftlich-autonomen Organisation, zu gestalten[5].
Dieser Auffassung ist entgegenzuhalten, daß eine umfassende Verlagerung der Verantwortung auf die Einzelschule Schüler, Eltern und Lehrer keineswegs vor Eingriffen in ihre Grundrechte schützt. Im übrigen sind pädagogisch umstrittene Entscheidungen, z. B. die Zusammenfassung von Fächern zu Lernbereichen, für die Betroffenen nicht schon deshalb erträglicher, weil sie nicht auf einem Erlaß der Schulbehörde, sondern auf einem von ihnen nicht mitgetragenen Mehrheitsbeschluß der Schulkonferenz beruhen[6]. Das gilt vor allem dann, wenn Schülern rechtlich (durch Verpflichtung zum Besuch der Schule des Schulbezirks) oder tatsächlich (unter dem Gesichtspunkt der wohnortnahen Schule) die Wahl der von ihnen gewünschten Schule versagt bleibt. Das heißt nicht, daß es dem Staat verwehrt wäre, der Schule einen eigenen Handlungsspielraum zu belassen. Er muß nur dafür Sorge tragen, daß er sich nicht seiner Verantwortung für die Inhalte und die Qualität der schulischen Arbeit begibt (vgl. TZ 6.233).
Bei alledem darf nicht außer acht gelassen werden, daß der Begriff der Schulaufsicht heute eine andere Bedeutung als früher hat. Im 19. Jahrhundert ver-

---

3 *Jach* (Anm. 1), S. 23 ff.; Erich *Bärmeier*: Über die Legitimität staatlichen Handelns unter dem Grundgesetz der Bundesrepublik Deutschland. Die Unvereinbarkeit staatlichen Schulehaltens mit den Verfassungsprinzipien der »Staatsfreiheit« und der »Verhältnismäßigkeit«, Frankfurt am Main 1992; *ders.*: Das Verfassungsprinzip der Verhältnismäßigkeit und die Unverhältnismäßigkeit staatlichen Schulehaltens, RdJB 1993, 80; kritische Stellungnahme zu Bärmeier bei Hagen *Weiler*: Erziehungs- und/oder Bildungsauftrag der staatlichen Schule?, RdJB 1993, 452, und die Erwiderung von Erich *Bärmeier*: Anmerkungen zu Hagen Weilers kritischer Rezension, RdJB 1993, 458.
4 So insbes. *Bärmeier*: Über die Legitimität staatlichen Handelns (Anm. 3), S. 361 ff.
5 *Bärmeier*: Über die Legitimität staatlichen Handelns (Anm. 3), S. 405 ff. Dabei fällt auf, daß *Bärmeier* sein Alternativkonzept nur skizzenhaft andeutet: »Ablösung des bisherigen Schulsystems durch genossenschaftliche oder kommunale Einrichtungen« (S. 405), »Prinzip der ‚genossenschaftlichen' (oder auch kommunalen) im Gegensatz zur staatlichen Schulverwaltung« (S. 407), »Bildung als Möglichkeit und Aufgabe freier gesellschaftlicher Entwicklung« (S. 426), »Überführung der überkommenen staatlichen Anstalt in eine gemeinsame Veranstaltung der Beteiligten« (S. 431).
6 Ohnehin ist die Gefahr nicht völlig von der Hand zu weisen, daß die Tendenz, in der öffentlichen Verwaltung neue Handlungsformen unter Beteiligung gesellschaftlicher Gruppen zu entwickeln, nicht selten weniger freiheitssichernde als vielmehr freiheitsbegrenzende Folgen nach sich zieht. Vgl. dazu Udo *Di Fabio*: Verwaltung und Verwaltungsrecht zwischen gesellschaftlicher Selbstregulierung und staatlicher Steuerung, VVDStRL 56 (1997), S. 235 (252 ff.).

stand man darunter die umfassende Bestimmungsgewalt der staatlichen Schulbehörden über das gesamte staatliche und nichtstaatliche, öffentliche und private Schulwesen. Diese seinerzeit in Schrifttum und Rechtsprechung herrschende Auffassung, die auf § 1 II 12 des preußischen Allgemeinen Landrechts von 1794 (»Schulen ... sind Veranstaltungen des Staates«) fußte und die Schulaufsicht als »uneingeschränkte Organisationsgewalt« oder »volle und alleinige Bestimmungsgewalt des Staates in der Schule« ansah[7], beruhte noch auf der Vorstellung von der Allmacht der Behörden im absoluten Staat. Diese Vorstellung läßt sich mit den Rechtspositionen der kommunalen Selbstverwaltung und der Privatschule nicht mehr in Einklang bringen. Sie verträgt sich zudem nicht mit den Grundrechten der Eltern, Schüler und Lehrer, die den staatlichen Einfluß beschränken.

15.12 Schulaufsicht als Oberbegriff[8]

Der Grundsatz des Art. 7 Abs. 1 GG »Das gesamte Schulwesen steht unter der Aufsicht des Staates« besagt, daß die Schule in diesem eingeschränkten Verständnis dem staatlichen Einflußbereich eingeordnet ist. Nach herrschender Meinung in Rechtsprechung und Schrifttum ist mit diesem Aufsichtsbegriff weit mehr gemeint, als Aufsicht im Sinne des allgemeinen Verwaltungsrechts. Er umfaßt – so das Bundesverwaltungsgericht – die »Gesamtheit der staatlichen Befugnisse zur Organisation, Planung, Leitung und Beaufsichtigung des Schulwesens«[9]. Ganz ähnlich formuliert es das Bundesverfassungsgericht: »Die Schulaufsicht im Sinne des Art. 7 Abs. 1 GG umfaßt die Befugnisse des Staates zur Planung und Organisation des Schulwesens mit dem Ziel, ein Schulsystem zu gewährleisten, das allen jungen Bürgern gemäß ihren Fähigkeiten die dem heutigen gesellschaftlichen Leben entsprechenden Bildungsmöglichkeiten eröffnet«[10].

Im folgenden werden die im Schulaufsichtsbegriff zusammengefaßten, ihrem Wesen nach jedoch verschiedenen Staatstätigkeiten auch in der Bezeichnung unterschieden. Unter Schulaufsicht (*Schulaufsicht im engeren Sinn*) wird die von den Schul(aufsichts)behörden ausgeübte Überwachung der inneren und äußeren Schulangelegenheiten verstanden (dazu das 16. Kapitel). Demgegenüber werden die von Parlament und Exekutive wahrzunehmenden Funk-

---

7 Gerhard *Anschütz* in seinem längst klassisch gewordenen Kommentar: Die Verfassung des Deutschen Reichs vom 11. August 1919. 14. Aufl., Berlin 1933, Art. 142; so schon ders.: Die Verfassungs-Urkunde für den Preussischen Staat vom 31. Januar 1850. Ein Kommentar, Berlin 1912, Art. 23.
8 Vgl. hierzu neben den in den folgenden Anm. genannten Nachweisen die Ausführungen zu Art. 7 Abs. 1 GG in den im Anhang 6.2 bzw. 6.3 genannten Staatsrechtslehrbüchern und Grundgesetzkommentaren sowie die Kommentierungen der einschlägigen Artikel der Landesverfassungen.
9 BVerwGE 6, 101 (104); 47, 201 (204); BayVerfGH, DVBl. 1995, 419. So auch Hans-Ulrich *Evers*: Die Befugnis des Staates zur Festlegung von Erziehungszielen in der pluralistischen Gesellschaft, Berlin 1979, S. 53.
10 BVerfGE 59, 360 (377); st. Rspr. Daß der Staat nicht nur berechtigt, sondern auch verpflichtet ist, die ihm durch Art. 7 Abs. 1 GG zugewiesenen Befugnisse wahrzunehmen, betont Bodo *Pieroth*: Erziehungsauftrag und Erziehungsmaßstab der Schule im freiheitlichen Verfassungsstaat, DVBl. 1994, 949 (951).

tionen der Organisation, Planung und Leitung des Schulwesens unter der alten Bezeichnung *Schulhoheit* erfaßt (dazu das Folgende)[11]. *Schulaufsicht im Sinne des Art. 7 Abs. 1 GG meint demnach sowohl Schulhoheit als auch Schulaufsicht im engeren Sinn.*

15.2 Aufgaben der Schulhoheit

Die staatliche Schulhoheit umfaßt die Organisation, Planung und Leitung des Schulwesens. Dazu gehören: die zentrale Organisationsplanung und -gestaltung, also Struktur, Aufbau und Trägerschaft des Schulwesens in seiner Gesamtheit; die inhaltliche Ausrichtung der Schule durch Normierung der Bildungsziele, Lernziele und -inhalte, durch Entwicklung und Revision verbindlicher Richtlinien und Lehrpläne; die Festlegung zentraler Leistungs- und Bewertungsstandards; die Ordnungen der Schulverfassung, der Rechtsstellung des Lehrers, der Schulpflicht und des Schulverhältnisses; die Zulassung von Schulbüchern, die Festlegung der Stundentafeln; die Bestimmung der Mindestanforderungen für Bau und Ausstattung der Schulen und zahlreiche andere Maßnahmen normierender und gestaltender Art[12].

15.3 Vorbehalt des Gesetzes[13]

15.31 Die Wesentlichkeitstheorie des Bundesverfassungsgerichts

Wenn Art. 7 Abs. 1 GG dem Staat die Schulhoheit zuweist, dann ist damit noch nicht die Frage beantwortet, welche staatliche Gewalt – Parlament oder Exekutive – zur Wahrnehmung der schulhoheitlichen Aufgaben im einzelnen berechtigt ist. War nach früherer Auffassung die Schulhoheit Sache der Verwaltung, so ist unter der Herrschaft des Grundgesetzes die auf dem Rechtsstaats- und dem Demokratieprinzip beruhende *Zuordnung der Staatsfunktionen* zu beachten. Wegen der weitreichenden Bedeutung der Schulbildung für das gesamte Gemeinwesen und seine Bürger ist der freiheitssichernde rechtsstaatliche Grundsatz der Gesetzmäßigkeit der Verwaltung,

---

11 Zu dieser Unterscheidung auch Theodor *Maunz*: Gestaltungsfreiheit des Lehrers und Schulaufsicht des Staates, in: Hartmut Maurer (Hrsg.): Das akzeptierte Grundgesetz. Festschrift für Günter Dürig zum 70. Geburtstag, München 1990, S. 269 (276); vgl. auch *Wolff/Bachof/Stober:* Verwaltungsrecht II, S. 374 ff.

12 Vgl. auch BVerfGE 59, 360 (377): »Die organisatorische Gliederung der Schule und die strukturellen Festlegungen des Ausbildungssystems, das inhaltliche und didaktische Programm der Lernvorgänge und das Setzen der Lernziele sowie die Entscheidung darüber, ob und wieweit diese Ziele von dem Schüler erreicht worden sind, gehören zu dem staatlichen Gestaltungsbereich«.

13 Zum Problembereich des Vorbehalts des Gesetzes gibt es inzwischen eine Flut von Rechtsprechung und Schrifttum. In der folgenden Literaturauswahl finden sich weitere Nachweise, insbes. auch zur Rechtsprechung. Allgemein zum Gesetzesvorbehalt: Ernst *Baader*: Parlamentsvorbehalt, Wesentlichkeitsgrundsatz, Delegationsbefugnis, JZ 1992, 394; Günter Cornelius *Burmeister*: Herkunft, Inhalt und Stellung des institutionellen

der die Vorhersehbarkeit und Berechenbarkeit staatlichen Handelns ermöglicht, auch auf das Schulverhältnis zu erstrecken. Außerdem gebietet das demokratische Prinzip, daß die Ordnung wichtiger Lebensbereiche wie des Schulwesens zumindest in den Grundzügen vom demokratisch unmittelbar legitimierten Gesetzgeber selbst verantwortet und in einem öffentlichen Willensbildungsprozeß unter Abwägung der verschiedenen, unter Umständen widerstreitenden Interessen gestaltet wird[14]. *Das Rechtsstaats- und das Demokratieprinzip des Grundgesetzes verpflichtet daher den Gesetzgeber, die wesentlichen Entscheidungen im Schulwesen selbst zu treffen und nicht der Schulverwaltung zu überlassen (Parlamentsvorbehalt)*[15]. Das gilt insbesondere für die der staatlichen Gestaltung offenliegende Rechtssphäre im Bereich der Grundrechte[16].

Die Bedeutung dieser vom Bundesverfassungsgericht entwickelten sog. *Wesentlichkeitstheorie* liegt einmal darin, daß sie dem Vorbehalt des Gesetzes auch im Schulverhältnis Geltung verschafft und damit die überkommene Lehre vom besonderen Gewaltverhältnis (dazu TZ 24.111) überwindet; sie besteht zum anderen darin, daß sie den Gesetzesvorbehalt, der ursprünglich auf Eingriffe in Freiheit und Eigentum des Bürgers beschränkt wurde, nicht

---

Gesetzesvorbehalts, Berlin 1991; Carl-Eugen *Eberle:* Gesetzesvorbehalt und Parlamentsvorbehalt, DÖV 1984, 485; Ulrich M. *Gassner:* Parlamentsvorbehalt und Bestimmtheitsgrundsatz, DÖV 1996, 18; Ulrich R. *Haltern*/Franz C. *Mayer*/Christoph R. *Möllers:* Wesentlichkeitstheorie und Gerichtsbarkeit. Zur institutionellen Kritik des Gesetzesvorbehalts, DV 1997, 51; Michael *Kloepfer:* Der Vorbehalt des Gesetzes im Wandel, JZ 1984, 685; Fritz *Ossenbühl:* Vorrang und Vorbehalt des Gesetzes, HdbStR III, S. 315 ff.; Frank *Rottmann:* Der Vorbehalt des Gesetzes und die grundrechtlichen Gesetzesvorbehalte, EuGRZ 1985, 277. – Schulrechtliche Literatur zum Gesetzesvorbehalt: *DJT-SchulGE,* S. 25 ff., 38 ff. (bes. 45 ff.); Sönke *Anders:* Die Schulgesetzgebung der neuen Bundesländer, Weinheim, München 1995, 245 ff.; Thomas *Clemens:* Grenzen staatlicher Maßnahmen im Schulbereich, NVwZ 1984, 65; Hans-Uwe *Erichsen:* Schule und Parlamentsvorbehalt, in: Dieter Wilke (Hrsg.): Festschrift zum 125jährigen Bestehen der Juristischen Gesellschaft in Berlin, Berlin, New York 1984, S. 113; *Hennecke* (Anm. 2), S. 105 ff., insbes. S. 132 ff.; Wolfgang *Kopke:* Rechtschreibreform und Verfassungsrecht, Tübingen 1995, S. 143 ff.; Peter *Lerche:* Bayerisches Schulrecht und Gesetzesvorbehalt, München 1981; Bernd *Löhning:* Der Vorbehalt des Gesetzes im Schulverhältnis, Berlin 1974; *Niehues:* Schul- und Prüfungsrecht, S. 42 ff. Rn. 64 ff. und passim; *Oppermann:* Gutachten, C 44 ff.; Ingo *Richter:* Gesetzesvorbehalt im Schulwesen – Zur Lateinentscheidung des Bundesverwaltungsgerichts, NVwZ 1982, 357; Christian *Starck:* Staatliche Schulhoheit, pädagogische Freiheit und Elternrecht, DÖV 1979, 269; Jürgen *Staupe:* Parlamentsvorbehalt und Delegationsbefugnis. Zur „Wesentlichkeitstheorie" und zur Reichweite legislativer Regelungskompetenz, insbesondere im Schulrecht, Berlin 1986; Paul *Theuersbacher:* Die Entwicklung des Schulrechts von 1984–1987, NVwZ 1988, 886 (887), von 1988–1990, NVwZ 1991, 125 (125 f.), in den Jahren 1991 und 1992, NVwZ 1993, 631 (631 f.) sowie in den Jahren 1993 und 1994, NVwZ 1995, 1178; Raimund *Wimmer:* Ein halbes Jahrhundert Gesetzesvorbehalt im Schulwesen, RdJB 1997, 15.

14 So BVerfGE 41, 251 (259 f.) in Zusammenfassung seiner vorausgegangenen Rspr.

15 St. Rspr. des BVerfG und des BVerwG. Neben der in Anm. 14 zitierten Entscheidung: BVerfGE 34, 165 (193); 45, 400 (417 f.); 47, 46 (78 f.); 58, 257 (268); BVerwGE 47, 194 (197 f.); 47, 201 (203); 56, 155 (157); 57, 360 (363); 64, 308 (310 f.) u. a.; so auch BayVerfGH, DVBl. 1995, 419 (420).

16 BVerfGE 34, 165 (192 f.); 45, 400 (417 f.); vgl. auch BVerfGE 83, 130 (142, 152); 85, 386 (403 f.).

auf Eingriffsakte begrenzt, sondern auf die gesamte organisierende, planende und leitende Tätigkeit des Staates im Schulwesen ausdehnt.

15.32 Grenzen der Parlamentszuständigkeit

Das Grundgesetz räumt dem Parlament keinen allumfassenden Vorrang bei grundlegenden Entscheidungen ein; aus dem Umstand, daß allein die Mitglieder des Parlaments unmittelbar vom Volk gewählt werden, folgt nicht, daß andere Institutionen und Funktionen der Staatsgewalt der demokratischen Legitimation entbehrten[17]. Wohl aber ist der Gesetzgeber verpflichtet, in grundlegenden *normativen* – also der Rechtsetzung vorbehaltenen – Bereichen alle wesentlichen Entscheidungen selbst zu treffen. Das Parlament hat daher die erforderlichen normativen Grundlagen für das Verwaltungshandeln zu schaffen, nicht aber die konkreten Einzelmaßnahmen der Exekutive, mögen sie noch so »wesentlich« sein, zu ersetzen oder gar überflüssig zu machen[18]. Zudem kann der Gesetzgeber der Schulverwaltung auch im normativen Bereich, jenseits des durch das Wesentliche abgesteckten Rahmens, einen nicht unerheblichen Gestaltungsspielraum belassen.

15.33 Kriterien zur Bestimmung des Wesentlichen[19]

15.331 Ob eine Maßnahme wesentlich ist und damit dem Parlament vorbehalten bleiben muß oder zumindest nur aufgrund einer inhaltlich bestimmten parlamentarischen Ermächtigung ergehen darf, richtet sich zunächst allgemein nach dem Grundgesetz. Dabei vermittelt der Schutz der Grundrechte einen wichtigen Gesichtspunkt. *Im grundrechtsrelevanten Bereich bedeutet »wesentlich« in der Regel »wesentlich für die Verwirklichung der Grundrechte«*[20]. Der Gesetzgeber ist vor allem dann verpflichtet, die für den fraglichen Lebensbereich erforderlichen Leitlinien selbst zu bestimmen, »wenn miteinander konkurrierende grundrechtliche Freiheitsrechte aufeinander treffen und deren jeweilige Grenzen fließend und nur schwer auszumachen sind«[21]. Doch ist wiederum zu beachten, daß nur solche Maßnahmen, die den Freiheits- und Gleichheitsbereich »wesentlich betreffen«, einer gesetzlichen Grundlage bedürfen[22]. So sind z.B. alltägliche Maßnahmen im Unterricht (der von einem Lehrer ausgesprochene Tadel, die Veränderung der Sitz-

---

17 So BVerfGE 49, 89 (124 ff.) – Kalkar; s. auch BVerfGE 68, 1 (86 f.).
18 *Niehues*: Schul- und Prüfungsrecht, S. 44 ff. Rn. 67 ff. Vgl. insbes. *Lerche* (Anm. 13), S. 37 ff.
19 Hans Herbert *von Arnim*: Zur »Wesentlichkeitstheorie« des Bundesverfassungsgerichts, DVBl. 1987, 1241; *Ossenbühl*, HdbStR III, S. 315 (342 ff. Rn. 41 ff.); Dieter C. *Umbach*: Das Wesentliche an der Wesentlichkeitstheorie, in: Wolfgang Zeidler/Theodor Maunz/Gerd Roellecke (Hrsg.): Festschrift für Hans Joachim Faller, München 1984, S. 111.
20 So BVerfGE 47, 46 (79 f.) in Zusammenfassung seiner vorherigen Rspr.; kritisch zum Kriterium der Grundrechtsrelevanz *Ossenbühl*, HdbStR III, S. 315 (339 Rn. 45).
21 BVerfGE 83, 130 (142).
22 BVerfGE 49, 89 (126); dazu eingehend *Lerche* (Anm. 13), S. 58 ff.

ordnung in der Klasse o.ä.) derart geringfügig, daß sie ohne gesetzliche Normierung ergehen können[23].

15.332 In den verschiedenen Regelungsbereichen des Schulrechts und von Fallgruppe zu Fallgruppe ist jeweils anhand der von der Rechtsprechung entwickelten Wesentlichkeitsmerkmale zu ermitteln, was der parlamentarischen Willensbildung als Leitentscheidung vorbehalten ist und was der Exekutive zur konkretisierenden Regelung übertragen werden darf[24]. Dabei ist es im Hinblick auf die Wesentlichkeitstheorie unerheblich, ob der Gesetzgeber der Verwaltung die seine Leitentscheidungen konkretisierenden Regelungskompetenzen durch Verordnungsermächtigung oder durch ausfüllungsbedürftige unbestimmte Rechtsbegriffe anvertraut; anders gewendet: ob der Exekutive der Erlaß von Rechtsverordnungen oder von Verwaltungsvorschriften ermöglicht wird[25]. Die Formenfreiheit findet nur dort ihre Grenze, wo – zur Begründung, Aufhebung oder Änderung von Rechten und Pflichten im Staat-Bürger-Verhältnis – eine Regelung durch Rechtssatz erforderlich ist; in solchen Fällen ist stets eine Rechtsverordnung vorzusehen[26].

Für die Rechtsverordnung spricht im übrigen der Gesichtspunkt erhöhter Transparenz: Sie muß im Unterschied zur Verwaltungsvorschrift förmlich verkündet, also im Gesetzblatt veröffentlicht werden.

15.34 Verordnungsermächtigungen

Soweit der Gesetzgeber die Exekutive zum Erlaß von *Rechtsverordnungen* ermächtigt, hat er Art. 80 Abs. 1 Satz 2 GG zu beachten. Danach muß er Inhalt, Zweck und Ausmaß der erteilten Ermächtigung im Gesetz bestimmen[27]. Die grundgesetzliche Vorschrift ist zwar nicht unmittelbar auf die Gesetzgebung der Länder anwendbar; soweit es an einer entsprechenden Bestimmung in den Landesverfassungen fehlt, ist dieser Grundsatz als Ausprägung des

---

23 *Niehues*: Schul- und Prüfungsrecht, S. 134 f. Rn. 180.
24 BVerfGE 58, 257 (274); dazu Hermann *Heußner*: Vorbehalt des Gesetzes und »Wesentlichkeitstheorie«, in: Hermann Avenarius u. a. (Hrsg.): Festschrift für Erwin Stein zum 80. Geburtstag, Bad Homburg 1983, S. 111 (S. 120 f.). S. auch Hans Joachim *Faller*: Bestand und Bedeutung der Grundrechte im Bildungsbereich in der Bundesrepublik Deutschland, EuGRZ 1981, 611 (624 ff.).
25 *Lerche* (Anm. 13), S. 72 ff.; *Niehues*: Schul- und Prüfungsrecht, S. 49 ff. Rn. 74. Zu den Begriffen Rechtsverordnung und Verwaltungsvorschrift s. TZ 1.331 und 1.334.
26 *Lerche* (Anm. 13), S. 72 ff.; vgl. auch Horst *Sendler*: Gesetzesrecht und Richterrecht im Schulwesen, DVBl. 1982, 381 (386).
27 Bernhard *Busch*: Das Verhältnis des Art. 80 Abs. 1 Satz 2 GG zum Gesetzes- und Parlamentsvorbehalt, Berlin 1992; Thomas *von Danwitz*: Die Gestaltungsfreiheit des Verordnungsgebers. Zur Kontrolldichte verordnungsgeberischer Entscheidungen, Berlin 1989; Wilhelm *Mößle*: Inhalt, Zweck und Ausmaß – Zur Verfassungsgeschichte der Verordnungsermächtigung, Berlin 1990; Michael *Nierhaus*: Bestimmtheitsgebot und Delegationsverbot des Art. 80 Abs. 1 Satz 2 GG und der Gesetzesvorbehalt der Wesentlichkeitstheorie, in: Joachim Burmeister (Hrsg.): Verfassungsstaatlichkeit. Festschrift für Klaus Stern zum 65. Geburtstag, München 1997, S. 717 (720 ff.); Fritz *Ossenbühl*: Rechtsverordnung, HdbStR III, S. 387 (390 ff. Rn. 8 ff.).

rechtsstaatlichen und demokratischen Verfassungssystems gleichwohl auch für die Landesgesetzgebung verbindlich[28].
Doch dürfen die Bestimmtheitsanforderungen nicht überspannt werden. Zur Klärung von Inhalt, Zweck und Ausmaß der Ermächtigung können der Sinnzusammenhang der Norm mit anderen Vorschriften und das mit der gesetzlichen Regelung verfolgte Ziel, aber auch die Entstehungsgeschichte der Norm berücksichtigt werden[29]. Worauf es ankommt, ist, daß das Parlament die Rechtsetzung der Exekutive so *programmiert*, daß schon aus der Ermächtigung erkennbar und *vorhersehbar* ist, was dem Bürger gegenüber zulässig sein soll[30]. Der Grad der Bestimmtheit muß sich insbesondere danach richten, wie intensiv die Regelung in die Rechtsstellung des Betroffenen eingreift. Zugleich ist aber der Besonderheit des jeweiligen Regelungsgegenstands Rechnung zu tragen. Bei vielgestaltigen und sich stetig ändernden Materien sind im Interesse sachgerechten und situationsbezogenen Verwaltungshandelns geringere Anforderungen an die Bestimmtheit der Verordnungsermächtigung zu stellen[31].

15.35 Unbestimmte Rechtsbegriffe, Verwaltungsvorschriften

Angesichts der auf die Schule einwirkenden gesellschaftlichen, wirtschaftlichen und pädagogischen Veränderungen erweist es sich unter dem Aspekt der Praktikabilität und Flexibilität vielfach als zweckmäßig, daß der Gesetz-

---

28 BVerfGE 55, 207 (226); 58, 257 (276 ff.) m. w. N.; vgl. auch *Heußner* (Anm. 24), S. 121 f., und *Lerche* (Anm. 13), S. 76 ff.
29 BVerfGE 8, 274 (307); 55, 207 (226 f.); 58, 257 (277).
30 BVerfGE 58, 257 (277); 78, 249 (272).
31 BVerfGE 58, 257 (277 f.). – Ob Unbestimmtheiten der gesetzlichen Ermächtigung zum Erlaß von Rechtsverordnungen dadurch ausgeglichen werden können, daß im ermächtigenden Gesetz ein Mitwirkungsrecht des Parlaments oder eines Parlamentsausschusses in Form eines Zustimmungsvorbehalts begründet wird (wie z. B. in § 26 Abs. 1 Satz 1 nrw SchVG hinsichtlich der vom Kultusminister zu erlassenden Allgemeinen Schulordnung), ist umstritten. Befürwortend Gunter *Kisker*: Zulässigkeit und Konsequenzen einer Mitwirkung des Parlaments beim Erlaß von Rechtsverordnungen, sowie Rupert *Scholz*/Hans *Bismark*: Schulrecht zwischen Parlament und Verwaltung, beide in: Schule im Rechtsstaat. Bd. II. Gutachten für die Kommission Schulrecht des Deutschen Juristentages, München 1980, S. 9 (bes. S. 39 ff.) bzw. S. 73 (bes. S. 112 ff., 121 ff., 133 ff.); *Ossenbühl*, HdbStR III, S. 387 (412 ff. Rn. 57 ff.); ablehnend: *DJT-SchulGE*, S. 50 ff.; *Lerche* (Anm. 13), S. 48 f.; *Niehues*: Schul- und Prüfungsrecht, S. 49 Rn. 74; Hans Heinrich *Rupp*: Rechtsverordnungsbefugnis des Deutschen Bundestages?, NVwZ 1993, 756. Das BVerfG nimmt in dieser Streitfrage eine vermittelnde Position ein: Zwar verstoße die Staatspraxis von parlamentarischen Zustimmungsvorbehalten bei Rechtsverordnungen nicht gegen das Grundgesetz; andererseits trage sie nicht zur klaren Abgrenzung der Verantwortung von Exekutive und Legislative bei. Zustimmungserfordernisse seien »jedenfalls für solche Sachbereiche mit dem Grundgesetz vereinbar, für die ein legitimes Interesse der Legislative anerkannt werden muß, zwar einerseits die Rechtsetzung auf die Exekutive zu delegieren, sich aber andererseits – wegen der Bedeutung der zu treffenden Regelungen – entscheidenden Einfluß auf Erlaß und Inhalt der Verordnungen vorzubehalten« (BVerfGE 8, 274 [321]).

geber *unbestimmte Rechtsbegriffe*[32] verwendet und es somit der Schulverwaltung überläßt, die jeweils erforderlichen Konkretisierungen durch *Verwaltungsvorschriften* vorzunehmen[33]. Das gilt insbesondere für die administrative Umsetzung der gesetzlich vorgegebenen Bildungsziele und Unterrichtsprogramme in Rahmenrichtlinien oder Lehrplänen[34]. Der Gebrauch unbestimmter Rechtsbegriffe liegt auch sonst immer dann nahe, wenn den der Exekutive zur Regelung überlassenen Materien zwar nicht unwesentliche, aber doch keine hochrangige Bedeutung zukommt[35]. Oft können auf diesem Wege gerade die Grundrechte der Schüler und Eltern besser gesichert werden als durch starre gesetzliche Detailregelungen, die die notwendige Anpassung an den Wandlungsprozeß, dem die Schule unterliegt, erschweren[36]. Das gilt um so mehr, als die Auslegung der unbestimmten Rechtsbegriffe im Einzelfall grundsätzlich der vollständigen gerichtlichen Nachprüfung unterliegt.

Die »Unbestimmtheit« der unbestimmten Rechtsbegriffe darf im übrigen nicht zu Fehlschlüssen verleiten. Sie findet stets ihre Grenze in dem auf dem Rechtsstaats- und dem Demokratieprinzip beruhenden Bestimmtheitsgebot. Das Parlament muß die administrative Normierung so weit vorprogrammieren, wie es nach der Sachstruktur des zu regelnden Gegenstands möglich ist.

---

32 Z.B. »geordneter Schulbetrieb«, »persönliche, sächliche und schulorganisatorische Voraussetzungen«, »Bedürfnis«, »öffentliches Interesse«, vor allem die Notenstufen von »sehr gut« bis »ungenügend« (TZ 27.11). – Zum unbestimmten Rechtsbegriff: *Wolff/Bachof/Stober*: Verwaltungsrecht I, S. 362 ff.; *Maurer*: Verwaltungsrecht, S. 132 f.; Fritz *Ossenbühl*: Rechtsquellen und Rechtsbindungen der Verwaltung, in: Hans-Uwe Erichsen (Hrsg.): Allgemeines Verwaltungsrecht. 11. Aufl., Berlin 1998, S. 127 (210 ff.).

33 Vgl. BVerfGE 49, 89 (135 ff.) hinsichtlich der sich wandelnden Sicherheitsanforderungen bei technischen Großanlagen (Atomkraftwerk Kalkar); s. außerdem *Lerche* (Anm. 13), S. 39 ff. und 50 ff. Zur Rechtsnatur der Verwaltungsvorschriften TZ 1.334.

34 Dazu Gerhard *Eiselt*: Richtlinien für Unterricht und Erziehung im Schulwesen als administrativ gesetztes Recht, DÖV 1980, 405; *Lerche* (Anm. 13), S. 39 ff. und 50 ff.; Hans-Ulrich *Evers*: Parlamentszuständigkeit zur inhaltlichen Gestaltung des Unterrichts, RdJB 1982, 227 (228 ff.); Knut *Nevermann*: Lehrplanrevision und Vergesetzlichung, VerwArch. 1980, 241 (249 ff.); *Stein/Roell*, S. 24 f., 339 ff. Die administrative Regelungskompetenz in diesem Bereich ist nach Lerche und Nevermann wegen der allein der Exekutive verfügbaren Praxisnähe und Flexibilität verfassungsrechtlich nicht nur zulässig, sondern sogar geboten (Lerche: »obligatorische exekutivische Eigenständigkeit«).

35 *Niehues*: Schul- und Prüfungsrecht, S. 51 Rn. 75.

36 Vgl. BVerfGE 49, 89 (137). Hierzu auch *Lerche* (Anm. 13), S. 39 ff., der zugleich auf die Notwendigkeit länderübergreifender Koordination hinweist; der Verfassungspflicht zu wechselseitiger Rücksichtnahme (Bundestreue) könne durch die Kultusverwaltungen besser als durch die Parlamente entsprochen werden.

15.36 Reichweite des Gesetzesvorbehalts bei der Bestimmung der Unterrichtsinhalte

15.361 Es besteht Einigkeit darüber, daß die grundlegenden Erziehungs- und Bildungsziele gesetzlich festgelegt sein müssen[37]. Dieser Forderung tragen heute alle Länder in ihren Verfassungen und/oder Schulgesetzen Rechnung[38]. Angesichts ihres hohen Abstraktionsgrades reichen indes diese Zielsetzungen allein zur gesetzlichen Steuerung des Unterrichts nicht aus. Es ist deshalb erforderlich, daß das Parlament darüber hinaus zumindest die typusbestimmenden inhaltlichen Merkmale der verschiedenen Schularten und Schulstufen, ihr Unterrichtsprogramm und ihr spezifisches Qualifikationsprofil, fixiert. Das gilt jedenfalls insoweit, als nicht ein allgemeiner Konsens über die charakteristischen Merkmale der jeweiligen Schulart herrscht[39].
Demgegenüber ist es nicht geboten, den für die einzelnen Schularten und Schulstufen maßgeblichen *Fächerkanon* und die *fachspezifischen Lernziele* gesetzlich zu bestimmen[40]. Der Erlaß von Rahmenrichtlinien bzw. Lehrplänen sollte daher der Schulverwaltung aus Gründen ihrer größeren Sachnähe und Flexibilität überlassen bleiben; dabei erweist sich die Rechtsform der Verwaltungsvorschrift als zweckmäßig[41].

15.362 Hingegen sind für Unterrichtsfächer und Unterrichtsbereiche, die, wie z. B. *Sexualerziehung* (TZ 28.143) und *Ethikunterricht* (TZ 4.122), eine

---

37 Vgl. BVerfGE 47, 46 (83); HessStGH, StAnz. 1995, 3391 (3415); BVerwG, DVBl. 1996, 1381 f.
38 Dazu, allerdings nur für die Länder der alten Bundesrepublik, die Übersicht bei *Evers*: Die Befugnis des Staates (Anm. 9), S. 34 ff.; zu den neuen Bundesländern s. Jörg-Detlef *Kühne*: Neue Länder – neue Erziehungsziele?, RdJB 1994, 39.
39 *Evers*, RdJB 1982, 235; *Niehues*: Schul- und Prüfungsrecht, S. 188 Rn. 291. Diesen Anforderungen dürften inzwischen die meisten Schulgesetze wenigstens annäherungsweise entsprechen; s. etwa §§ 3 ff. bw SchG, Art. 6 ff. BayEUG, §§ 15 ff. BbgSchulG, §§ 5 ff. NSchG, §§ 6 ff. rp SchulG, §§ 1 ff. saarl SchoG, §§ 4 ff. sächs SchulG, §§ 3 ff. SchulG LSA, §§ 7 ff. sh SchulG, §§ 4 ff. ThürSchulG; vgl. §§ 5 und 6 DJT-SchulGE. S. aber Raimund *Wimmer*: Ein halbes Jahrhundert Gesetzesvorbehalt im Schulwesen, RdJB 1997, 15 (17), der meint, es sei weder der Schulrechtskommission des Deutschen Juristentages gelungen noch gelinge es den Schulgesetzen, griffig zu definieren, was das Spezifikum der unterschiedlichen Schularten sei.
40 So aber die Empfehlungen des 51. Deutschen Juristentages, in: Verhandlungen des 51. Deutschen Juristentages. Bd. 2, München 1976, M 230; ferner *Bryde*: Neue Entwicklungen im Schulrecht, DÖV 1982, 661 (669); *Nevermann*, VerwArch. 1980, 241 (253); wie hier: *Eiselt*, DÖV 1980, 847; *Lerche* (Anm. 13), S. 87 f.; *Niehues*: Schul- und Prüfungsrecht, S. 188 Rn. 291. Dazu auch *Anders* (Anm. 13), S. 291 f.; *Staupe* (Anm. 13), S. 356 ff.
41 Vgl. demgegenüber *DJT-SchulGE*, §§ 7 ff. (S. 68 ff.): Der Kultusminister wird zum Erlaß von Lehrplänen durch Rechtsverordnung ermächtigt; für die Entwicklung der Lehrpläne wird ihm ein bestimmtes Verfahren (Einsetzung von Lehrplan-Kommissionen, öffentliche Auslegung der Lehrplanentwürfe, öffentliche Anhörung) vorgeschrieben; dazu *Bryde*, DÖV 1982, 671 f.. Nach § 4 Abs. 4 Satz 2 HSchG sind die den Unterricht ordnenden Rahmenpläne durch Rechtsverordnung zur Erprobung freizugeben oder für verbindlich zu erklären. S. auch *Wimmer*, RdJB 1997, 15 (17), der Rahmenpläne und Lehrpläne in Form von Verwaltungsvorschriften jedenfalls dann für problematisch hält, wenn sie Grundlage für spätere Prüfungsanforderungen sind. Allgemein zur Thematik Peter *Grauer*: Die Unterrichtsrichtlinien. Rechtsnatur, Bindungswirkung, Justiziabilität, Rheinfelden und Berlin 1988.

besondere Grundrechtsrelevanz im Spannungsverhältnis zwischen Elternrecht (Art. 6 Abs. 2 GG), Persönlichkeitsrechten des Schülers (Art. 2 Abs. 1 GG) und staatlicher Schulhoheit (Art. 7 Abs. 1 GG) aufweisen, formellgesetzliche Normierungen notwendig; diese müssen erkennen lassen, in welcher Weise das Unterrichtsziel angestrebt werden soll[42]. Gleiches gilt, wenn das herkömmliche schulartspezifische Unterrichtsprogramm durch *Einführung neuer Fächer, Änderung der Sprachenfolge* o.ä. wesentlich umgestaltet wird[43]. Für den *politischen Unterricht* (*Gemeinschaftskunde, Gesellschaftslehre,* dazu TZ 28.142) ergeben sich aus den verfassungsrechtlichen Strukturprinzipien und den Grundrechten (dazu TZ 2.22) sowie aus den in Verfassungen und Schulgesetzen explizit enthaltenen Bildungszielen hinlänglich klare Orientierungen. Das schließt nicht aus, daß das Parlament, um Fehlentwicklungen entgegenzuwirken oder vorzubeugen, zusätzlich verdeutlichende Richtlinien setzt[44].

15.363 In der Auseinandersetzung um die *Einführung der Rechtschreibreform* war umstritten, ob der Staat überhaupt befugt sei, die Rechtschreibung zu regeln, und, wenn ja, ob für diese Neuerung, soweit sie die Schule betrifft, die Länder oder der Bund zuständig seien (dazu TZ 4.113). Vor allem aber ging es in der Kontroverse um die Frage, ob für das Inkraftsetzen der Reform eine Regelung durch ministeriellen Erlaß genüge oder eine besondere Normierung durch den parlamentarischen Gesetzgeber notwendig sei[45]. Auch in-

---

42 Zur Sexualerziehung in der Schule: BVerfGE 47, 46 (78 f., 81 ff.); BVerwGE 57, 360 (362 ff.). Zu den grundrechtssensiblen Unterrichtsbereichen s. ferner *Lerche* (Anm. 13), S. 88 ff.; *Niehues:* Schul- und Prüfungsrecht, S. 191 Rn. 295.

43 *Niehues:* Schul- und Prüfungsrecht, S. 191 Rn. 295. Nach BVerwGE 64, 308 (310 ff.) ist für die Einführung von Englisch als einziger Fremdsprache in der bremischen Orientierungsstufe eine Entscheidung des Gesetzgebers erforderlich.

44 Vgl. etwa § 4 Abs. 9 sh SchulG, wonach die Schule Sachverhalte nicht politisch einseitig behandeln darf und sich parteipolitisch neutral verhalten muß. Nach Auffassung des VGH Mannheim, NJW 1987, 3274, ist der Gesetzgeber gehalten, ein förmliches Gesetz zur inhaltlichen Ausgestaltung des fächerübergreifenden Unterrichts »Friedenssicherung und Bundeswehr« zu erlassen, da insoweit sowohl rechtliche, politische als auch weltanschauliche, religiöse Bereiche und damit Grundrechte (Art. 4 Abs. 1 und 2, Art. 6 Abs. 2 Satz 1 GG) berührt würden. Allerdings hält der VGH eine Festlegung der Groblernziele für hinreichend, wobei geringere Anforderungen als beispielsweise im Rahmen des Sexualkundeunterrichts erfüllt werden müßten – zum einen, weil das Thema Friedenssicherung teilweise Parallelen zu sonstigen schulischen Unterrichtsgegenständen (Geschichte, Staatsbürgerkunde) aufweise, zum anderen, weil mit ihm nicht der sog. Intimbereich angesprochen werde. Unabdingbar sei jedenfalls eine legislative Verpflichtung der Einhaltung des Toleranzgebots bzw. des Indoktrinierungsverbots. Kritisch zu dieser Entscheidung *Theuersbacher*, NVwZ 1988, 886 (887), der dem VGH zwar eine methodisch einwandfreie, den Grundsätzen des Gesetzesvorbehalts entsprechende Argumentation bestätigt, zugleich aber bezweifelt, »ob nicht mit solchen Entscheidungen die Verrechtlichung im Schulbereich ohne zwingenden Grund weiter vorangetrieben wird als notwendig und tunlich«.

45 Eine gesetzliche Regelung für geboten erachtet insbesondere Wolfgang *Kopke*: Rechtschreibreform und Verfassungsrecht, Tübingen 1995, S. 177 ff.; *ders.:* Die verfassungswidrige Rechtschreibreform, NJW 1996, 1081; *ders.*: Rechtschreibreform auf dem Erlaßwege?, JZ 1997, 874; so auch Rolf *Gröschner/*Wolfgang *Kopke*: Die »Jenaer Kritik« an der Rechtschreibreform, JuS 1997, 298. A. A. Ulrich *Hufeld*: Verfassungswidrige Rechtschreibreform? – BVerfG, NJW 1996, 2221 –, JuS 1996, 1072; Wolfgang *Löwer*:

soweit hat das Urteil des Bundesverfassungsgerichts vom 14.7.1998 Klarheit gebracht[46].
Zwar werden nach Auffassung des Gerichts durch die neue Rechtschreibung Grundrechte der Eltern und Schüler berührt. Für die Ausübung des Elternrechts (Art. 6 Abs. 2 GG) sei die Neuregelung indessen nicht von wesentlicher Bedeutung. Die landesschulgesetzlichen Regelungen über die Bildungs- und Erziehungsziele der Schule und über die Aufgaben der jeweiligen Schulart seien eine ausreichende gesetzliche Grundlage für die Einführung der Rechtschreibreform; eine besondere gesetzliche Regelung sei nicht erforderlich. Bei der Unterrichtung nach den neuen Rechtschreibregeln handele es sich um wertfreie Wissensvermittlung, für die die Schule am ehesten geeignet sei; die Eltern seien bei der Vermittlung richtigen Schreibens, wenn überhaupt, nur begleitend und unterstützend tätig. Es sei nicht ersichtlich, daß die durch die Rechtschreibreform bewirkten geringfügigen Änderungen den Erziehungsplan der Eltern gefährden könnten. Ebensowenig sei mit der Neuregelung eine schulpolitische Grundsatzentscheidung verbunden, die der Änderung bisheriger oder der Festlegung neuer Groblernziele gleichkäme und deshalb eine Entscheidung des Gesetzgebers notwendig mache. Ohnehin seien die Schulverwaltungen dank ihrer fachlichen Kompetenz für die Beantwortung der mit der Einführung der Rechtschreibreform verbundenen pädagogischen, sprachwissenschaftlichen und schulpraktischen Fragen besser ausgerüstet als die Landesparlamente. Die Erteilung von Rechtschreibunterricht nach den neuen Regeln sei auch für die Grundrechtsausübung der Schüler nicht derart gewichtig, daß eine parlamentarische Leitentscheidung herbeigeführt werden müsse. Es könne dahingestellt bleiben, ob und inwieweit die Freiheit der Schüler zur Entfaltung ihrer Anlagen und Fähigkeiten (Art. 2 Abs. 1 GG) sowie ihr allgemeines Persönlichkeitsrecht (Art. 2 Abs. 1 i.V.m. Art. 1 Abs. 1 GG) durch die Reform überhaupt beeinträchtigt würde. Jedenfalls erleichtere die Neuregelung das Erlernen der Schriftsprache, gefährde nicht die Lesbarkeit und Verständlichkeit der nach den neuen Regeln geschriebenen Texte und stehe der Kommunikation der nach diesen Regeln ausgebildeten Schüler auch mit solchen Personen, die traditionelle Schreibweisen bevorzugen, nicht entgegen. Schließlich bedürften Einführung und Anwendung der neuen Regeln im Schulbereich auch im Hinblick auf die Grundrechtsausübung der Verlage und sonstigen Wirtschaftsunternehmen keiner spezialgesetzlichen Grundlage. In ihr Grundrecht der Berufsfreiheit (Art. 12 Abs. 1 GG) werde schon deshalb nicht eingegriffen, weil die Reform keine berufsregelnde Tendenz aufweise; gegen mittelbare Folgewirkungen der Neuregelung schütze das Grundrecht nicht. Die durch Art. 2 Abs. 1 GG gewährleistete wirtschaftliche Handlungsfreiheit der Unternehmer sei gleichfalls nicht betroffen, da die Einführung der Rechtschreibreform keine Maß-

---

Verfassungsrechtliche Thesen zur Rechtschreibreform, RdJB 1997, 226; Gerd *Roellecke*: Grundrecht auf richtiges Deutsch? Zur Unwesentlichkeit der Rechtschreibung, NJW 1997, 2500. S. auch die Darstellung der kontroversen Positionen in Rspr. und Schrifttum bei Jörg *Menzel*: Sprachverständige Juristen. Ein Zwischenbericht zum Rechtsstreit um die Rechtschreibreform, RdJB 1998, 36.
46 BVerfG, NJW 1998, 2515. Zu diesem Urteil Friedhelm *Hufen*: Rechtschreibreform: Karlsruhe locuta ..., RdJB 1998, 472; Bernhard W. *Wegener*: Rechtschreibreform und Verfassungsrecht, Jura 1999, 185.

nahme sei, die auf Beschränkung wirtschaftlicher Entfaltung und Gestaltung oder auf Ordnung und Lenkung des Wirtschaftslebens gerichtet sei oder sich in diesem Sinne auswirke.

15.364 Das Verfahren der *Schulbuchzulassung* (dazu TZ 4.114) ist zumindest in den Grundzügen gesetzlich zu regeln[47], da die Schulbuchgenehmigung die Presse- und Meinungsfreiheit (Art. 5 Abs. 1 GG), aber auch das Grundrecht der Berufsfreiheit der Verleger (Art. 12 Abs. 1 Satz 1 GG)[48] sowie das geistige Eigentum der Autoren (Art. 14 Abs. 1 Satz 1 GG) erheblich berührt und die Schulbücher überdies den Inhalt des Unterrichts nachhaltig – meist unmittelbarer und intensiver als die Lehrpläne – beeinflussen[49]. Bei alledem ist zu beachten, daß das staatliche Genehmigungsverfahren Ausfluß der Schulhoheit des Staates ist; dadurch wird verhindert, daß Schulbücher als Produkte privater Verlage die staatliche Kontrolle der Unterrichtsinhalte faktisch unterlaufen können[50].

15.37 Reichweite des Gesetzesvorbehalts bei der Regelung der Schulorganisation[51]

Auch bei der Anwendung des Gesetzesvorbehalts auf die Organisation des Schulwesens ist der Wesentlichkeitstheorie in differenzierter Weise Rechnung zu tragen. Soweit organisatorische Maßnahmen die Voraussetzungen für den Bildungsweg des Schülers betreffen, berühren sie unmittelbar die Grundrechtssphäre im Spannungsverhältnis zwischen Persönlichkeitsrecht

---

47 *Staupe* (Anm. 13), S. 361 f.; *Niehues*: Schul- und Prüfungsrecht, S. 227 Rn. 346 b; *Anders* (Anm. 13), S. 292 f.; *Wimmer*, RdJB 1997, 17 f.
48 Im Unterschied zur Neuregelung der Rechtschreibung (vgl. TZ 15.363) greift die Schulbuchzulassung in das Grundrecht der Berufsfreiheit ein: Die Entscheidung darüber, ob ein Schulbuch ministeriell genehmigt wird oder nicht, wirkt sich unmittelbar auf die beruflichen Aktivitäten der Schulbuchverleger aus.
49 Vgl. *DJT-SchulGE*, S. 177, und die in §§ 12–14 (S. 70 f.) vorgeschlagenen Bestimmungen. Die meisten Länder haben inzwischen entsprechende Vorschriften erlassen: u. a. § 35 a bw SchG, Art. 51 BayEUG, § 14 BbgSchulG, § 9 HmbSG, § 10 Abs. 2 und 5 HSchG, § 10 Abs. 1 SchulG M-V, § 29 Abs. 3 und 4 NSchG, § 84 Abs. 4 rp SchulG, § 17 a saarl SchoG, § 60 sächs SchulG, § 10 a Abs. 1 SchulG LSA, § 122 sh SchulG, § 2 Abs. 4 ThürSchAG und § 43 Abs. 2 und 3 ThürSchulG. – Nach *Wimmer*, RdJB 1997, 17 f., ist die gesetzliche Regelung der Schulbuchzulassung »noch nicht in dem Umfange geglückt, der persönliche Abhängigkeit vom Wohlwollen der jeweiligen Referatsleiters so weit wie möglich minimiert«.
50 So zutreffend *DJT-SchulGE*, § 12 (S. 70), S. 177. Aus der Rspr. grundlegend BVerwG, SPE I A VII, S. 53, wonach die Schulbuchzulassung als Bestandteil der staatlichen Schulhoheit i. S. des Art. 7 Abs. 1 GG zulässig ist; ferner BVerwGE 79, 298, und BVerfG, NVwZ 1990, 54.
51 Thomas *Clemens*: Grenzen staatlicher Maßnahmen im Schulbereich, NVwZ 1984, 65; Lutz *Dietze*: Zur Reform der Schulstrukturen im Lichte der Rechtsprechung, NVwZ 1984, 72; *Staupe* (Anm. 13), S. 346 ff.; *Anders* (Anm. 13), S. 288 ff.; Peter *Glotz*/Klaus *Faber*: Richtlinien und Grenzen des Grundgesetzes für das Bildungswesen, in: Ernst Benda/ Werner Maihofer/Hans-Jochen Vogel (Hrsg.): Handbuch des Verfassungsrechts. 2. Aufl., Berlin 1994, S. 1363 (1388 ff.); *Lerche* (Anm. 13), S. 53 ff., 90 ff.; *Niehues*: Schul- und Prüfungsrecht, S. 77 ff. Rn. 124 ff.; Ingo *Richter*: Stellung der Gesamtschule im Bildungswesen, NVwZ 1991, 138; *ders*.: Gestaltungsspielräume der kommunalen Schulträger beim Schulangebot, DÖV 1992, 144; *Theuersbacher*, NVwZ 1991, 126; 1993, 632; 1997, 745 f.

des Kindes, Elternrecht und staatlicher Schulhoheit. Außerdem wächst Organisationsregelungen, ungeachtet ihrer möglichen Grundrechtsrelevanz, immer dann erhebliche Bedeutung zu, wenn sie Ausdruck bildungspolitischer Grundentscheidungen sind oder wichtige Zuständigkeitsabgrenzungen enthalten. Kurzum: *Das Parlament muß die wesentlichen organisatorischen Entscheidungen selbst treffen, darf sie nicht der Exekutive oder den Schulträgern überlassen.*
Zu den wesentlichen Angelegenheiten der Schulorganisation rechnet insbesondere die *Struktur des Schulwesens* mit den für die einzelnen Schularten und -stufen typusbestimmenden inhaltlichen Kennzeichen (zu letzterem TZ 15.361). Die Anforderungen an die gesetzliche Regelungsdichte mögen geringer sein, sofern es sich um Schularten handelt, die – wie Grundschule, Hauptschule, Realschule, Gymnasium und Berufsschule – im allgemeinen Verständnis verhältnismäßig klare Konturen aufweisen. Bei *Strukturwandlungen* indes, die das überkommene Gefüge des Schulwesens durch neue Formen ersetzen oder ergänzen sollen, ist eine eindeutige Entscheidung der Legislative unabweisbar. Deshalb sind, waren zumindest seinerzeit die wesentlichen Merkmale der *Förderstufe* (*Orientierungsstufe*), der *reformierten gymnasialen Oberstufe*, der *integrierten Gesamtschule* gesetzlich zu bestimmen[52]. In den *neuen Ländern*, die das überkommene Schulsystem der DDR tiefgreifend umgestaltet haben – teils in Übereinstimmung mit, teils in Abweichung von den Schulstrukturen in den westdeutschen Ländern[53] –, erwies sich eine formellgesetzliche Regelung der neu eingeführten Schularten als unerläßlich; diesem Erfordernis tragen die Schulgesetze der ostdeutschen Länder Rechnung. Werden dagegen traditionelle Schularten unter Wahrung ihrer Eigenständigkeit organisatorisch zusammengefaßt, z. B. in einer additiven (kooperativen) Gesamtschule, liegt keine so wesentliche Umgestaltung vor, daß ein Eingreifen des Parlaments erforderlich wäre[54].

---

52 BVerfGE 34, 165 (192): hess Förderstufe; BVerfGE 45, 400 (417 ff.): hess Oberstufenreform. Nach Auffassung des BVerfG reichte es aus, daß das hessische Vorschaltgesetz zur Neuregelung der gymnasialen Oberstufe vom 26.10.1976 die Gliederung der Oberstufe in eine Eingangsphase und ein Kurssystem festlegte, als Ziel der Ausbildung den Erwerb der allgemeinen Hochschulreife oder die Vorbereitung auf eine berufliche Ausbildung bezeichnete und die Leistungsbewertung nach einem Punktsystem einführte (BVerfGE 45, 400 [419 ff.]). – Zum Gesetzesvorbehalt bei experimentellen Neuerungen (Schulversuchen) s. TZ 5.1, bei schulorganisatorischen Vorkehrungen für die Erziehung von Ausländer- und Aussiedlerkindern s. TZ 5.224.
53 So haben beispielsweise die Länder Sachsen, Sachsen-Anhalt und Thüringen an der Trennung von Hauptschule und Realschule, wie sie in den meisten westdeutschen Ländern üblich ist, nicht festgehalten, sondern statt dessen eine beide Bildungsgänge übergreifende Schulart – die Mittelschule (Sachsen), die Sekundarschule (Sachsen-Anhalt) und die Regelschule (Thüringen) – eingeführt.
54 BVerwG, DVBl. 1979, 354. Vgl. auch die Beschlüsse des HessStGH, RdJB 1983, 156 und 159: Aus der gesetzlichen Verpflichtung des Schulträgers, Gymnasien einzurichten und zu erhalten, folgt nicht, daß die gymnasiale Ausbildung in einer neunklassigen Schule angeboten werden muß. Der Schulträger ist nicht gehindert, das Gymnasium in eine additive Gesamtschule sowie eine selbständige Oberstufenschule umzuwandeln oder es in eine gymnasiale Sekundarstufenschule I mit den Klassen 5 bis 10 zu überführen und die Oberstufe schrittweise zugunsten selbständiger Oberstufenschulen abzubauen. S. auch HessStGH, StAnz. 1995, 3391 (3416).

Zur Einführung der *Ganztagsschule* ist mit Rücksicht auf die Zurückdrängung des elterlichen Erziehungsrechts eine gesetzliche Regelung erforderlich, die den Umfang und die Gestaltungsmöglichkeiten der auf den Nachmittag ausgedehnten Unterrichts- und Erziehungsarbeit, die vom Ganztagsunterricht erfaßten Schularten sowie den Pflicht- oder Angebotscharakter der Ganztagsschule bestimmt[55]. Der Gesetzgeber hat die allgemeinen Kriterien für die *Errichtung, Auflösung, Verlegung* und *Zusammenlegung von Schulen* (Mindestschülerzahlen, Mindestzügigkeit, zumutbarer Schulweg, Berücksichtigung pädagogischer und finanzieller Notwendigkeiten) festzusetzen[56].

Zu den Aufgaben des Parlaments gehört es ferner, die *Verantwortungsbereiche zwischen dem Staat und den (kommunalen) Schulträgern abzugrenzen* und die Schulfinanzierung zu regeln[57]. Es hat darüber hinaus die *Behördenorganisation der Schulaufsicht* in den Grundzügen auszugestalten. Auch die *Schulverfassung* bildet einen Bereich, der in seinen wesentlichen Ausprägungen vom Gesetzgeber zu ordnen ist. Dessen Aufgabe ist es zu bestimmen, welche Form die Schulleitung aufweisen soll und in welcher Weise die Lehrer, Schüler und Eltern an den schulischen Willensbildungsprozessen zu beteiligen sind.

Schulorganisatorische Maßnahmen, die sich nur geringfügig auf die Grundrechtssphäre auswirken und auch sonst keine wesentliche Bedeutung haben, kann und sollte das Parlament der Schulverwaltung, die über Praxisnähe und Flexibilität verfügt, zur Regelung – durch Rechtsverordnungen oder Verwaltungsvorschriften – überlassen. Der der Exekutive in den meisten Schulgesetzen ausdrücklich oder implizit erteilte Auftrag, für ein geordnetes Funktionieren der Schule Sorge zu tragen, räumt ihr die Befugnis ein, eine Fülle von Details durch Verwaltungsvorschriften zu normieren: Einführung der 5-Tage-Woche, Stundenplan, Ferienordnung, Pausenordnung, Festlegung von Schüler/Lehrer-Relationen, Ersetzung des Teilzeit- durch den Blockunterricht in der Berufsschule u.a. (vgl. TZ 4.32)[58].

---

55 VerfGH Saarland, SPE n.F. 280 Nr. 16, S. 42 ff.
56 Zur Schulschließung: BVerfGE 51, 268 (287); BVerwG, DVBl. 1978, 640, und DVBl. 1979, 352; OVG Bremen, SPE n.F. 132 Nr. 28 und Nr. 32; VGH Kassel, NVwZ 1989, 779 (780); OVG Koblenz, NVwZ-RR 1988, 82; OVG Münster, SPE n.F. 132 Nr. 39 und Nr. 41; OVG Münster, NVwZ-RR 1996, 90.
57 VerfGH NRW, DVBl. 1993, 1209 (1210): Eine gesetzliche Bestimmung, die den Kultusminister ermächtigt, Klassenrichtwerte nach den pädagogischen und verwaltungsmäßigen Bedürfnissen der einzelnen Schulformen, Schulstufen oder Klassen durch Rechtsverordnung festzusetzen, ist eine ausreichende Grundlage für die der Schulaufsichtsbehörde durch die Verordnung übertragene Aufgabe, die Entscheidung der Schulleitungen über die Aufnahme von Schülern unter Beteiligung des Schulträgers zu koordinieren, um möglichst gleich große Klassen zu bilden. – Zur Schulträgerschaft und zur Schulfinanzierung s. im übrigen das 9. und 10. Kapitel.
58 Zur 5-Tage-Woche: BVerwGE 47, 201 (203); zur Einführung des Blockunterrichts in den Berufsschulen: OVG Münster, SPE I D IX, S. 1.

15.38 Reichweite des Gesetzesvorbehalts bei der Regelung der Schulpflicht und des Schulverhältnisses

15.381 Für die Begründung und Ausgestaltung der *Schulpflicht* ist nach der Wesentlichkeitstheorie schon deshalb eine formellgesetzliche Regelung erforderlich, weil sie auf die Rechtssphäre der Schüler und Eltern unmittelbar einwirkt[59]. Sämtliche Bundesländer haben entsprechende gesetzliche Vorschriften erlassen, die zumeist an das Reichsschulpflichtgesetz aus dem Jahre 1938 anknüpfen (dazu das 25. Kapitel).

15.382 Das *Schulverhältnis* (TZ 24.1) selbst ist als Rechtsverhältnis in seinen wesentlichen Merkmalen gesetzlich auszugestalten; hierbei ergeben sich je nach Sachverhalt unterschiedliche Anforderungen an die Regelungsdichte. Da die *Schullaufbahn* für den künftigen Berufsweg vorentscheidend ist und Einschränkungen der Freiheit bei der Wahl der Schule sowohl in das Elternrecht als auch in das Recht des Schülers auf Bildung (im Sinne eines Anspruchs auf gleiche Teilhabe an den vorhandenen öffentlichen Bildungseinrichtungen, vgl. TZ 2.224) eingreifen, bedarf es zur Bestimmung der Voraussetzungen und Grenzen des *Zugangs zu weiterführenden Schulen* (TZ 26.21) einer gesetzlichen Grundlage. Das Parlament muß Kriterien für die zur Aufnahme in eine Schule erforderliche Eignung und für das bei eventuellen Kapazitätsengpässen anzuwendende Auswahlverfahren festlegen[60].

15.383 Der Gesetzgeber hat außerdem die wesentlichen Vorschriften über die *leistungsbedingte zwangsweise Schulentlassung* – ihre Voraussetzungen sowie die Zuständigkeiten und Verfahrensgrundsätze – selbst zu erlassen[61]. Für die *Nichtversetzung* in die nächsthöhere Jahrgangsstufe (TZ 26.34) – die eine

---

59 Im Ergebnis ebenso Paul *Theuersbacher*: Die Entwicklung des Schulrechts in den Jahren 1995 und 1996, NVwZ 1997, 744 (746). – Ob eine gesetzliche Regelung, die behinderte Kinder sofern sie nicht gemeinsam mit nichtbehinderten Kindern unterrichtet werden (dazu TZ 3.6) – zum Besuch »einer ihrer Eigenart entsprechenden Sonderschule« verpflichtet, ausreichend bestimmt, d.h. durch den Gesetzgeber selbst hinreichend konkretisiert ist, erscheint angesichts der gravierenden Unterschiede zwischen den verschiedenen Sonderschularten und der dadurch möglichen Auswirkungen auf die Persönlichkeitsentwicklung der betroffenen Kinder äußerst zweifelhaft; so VGH Kassel, NVwZ-RR 1989, 302 (303). Vgl. dazu auch *Niehues*: Prüfungsrecht, S. 28 f. Rn. 44; *Staupe* (Anm. 13), S. 342 f. – Nach OVG Hamburg, NordÖR 1999, 112, liegt es nahe, die Erweiterung der Wochenstundenzahl für die Schüler der ersten Klasse von bisher 19 auf 23 Unterrichtsstunden als eine Erweiterung der Schulpflicht anzusehen, die so wesentlich sei, daß sie nicht ohne besondere Entscheidung des Gesetzgebers vorgenommen werden dürfe.
60 *Niehues*: Schul- und Prüfungsrecht, S. 132 f. Rn. 175 ff.; *ders.*: Prüfungsrecht, S. 29 Rn. 46; vgl. auch *Lerche* (Anm. 13), S. 94, und Hermann *Avenarius/*Bernd *Jeand'Heur*: Elternwille und staatliches Bestimmungsrecht bei der Wahl der Schullaufbahn. Die gesetzlichen Grundlagen und Grenzen der Ausgestaltung von Aufnahme- bzw. Übergangsverfahren für den Besuch weiterführender Schulen, Berlin 1992, S. 20 ff. Aus der Rspr.: VGH Kassel, NVwZ 1988, 949 (951); OVG Koblenz, NVwZ-RR 1993, 143; VGH München, BayVBl. 1997, 431 (432); OVG Weimar, ThürVBl. 1997, 42 (43). Nach Auffassung des OVG Bremen, NVwZ-RR 1989, 546, bedarf die Einführung von Zugangsbeschränkungen (Tests) zu einer besonders ausgelegten Orientierungsstufe, die auf den Besuch eines bilingualen Gymnasiums speziell vorbereiten soll, gesetzlicher Regelung.
61 BVerfGE 58, 257 (275).

erheblich weniger einschneidende Maßnahme mit vorrangig pädagogischer Zielrichtung ist – genügt es hingegen, wenn der Gesetzgeber den Begriff »Versetzungen« verwendet und die Exekutive zur Regelung der näheren Einzelheiten ermächtigt. Das Parlament wäre überfordert, müßte es die Voraussetzungen für die Versetzung/Nichtversetzung mit der für die praktische Anwendung notwendigen Bestimmtheit und Klarheit selbst regeln. Im übrigen hat das Institut der Versetzung aufgrund langjähriger Praxis eine Ausformung erhalten, die auf dem Leistungsprinzip beruht und vom Erreichen des jeweiligen Ausbildungsziels abhängt; die gesetzliche Ermächtigung würde durch allgemeine Formulierungen, die das Verhältnis von Leistung und Versetzung umschreiben, keine weitere inhaltliche Konkretisierung erfahren[62]. Daher braucht der Gesetzgeber auch die Ermittlung der Zeugnisnote aus schriftlichen und mündlichen Leistungsnachweisen in einem versetzungsrelevanten Fach nicht selbst zu regeln[63].

15.384 Für schulische *Prüfungen* (TZ 26.36), die wie z.B. die Abiturprüfung unmittelbar auf den Schutzbereich des Art. 12 GG einwirken, ist eine formellgesetzliche Grundlage erforderlich[64]. Dabei empfiehlt es sich, daß der Gesetzgeber Anforderungen, Bewertungsmaßstäbe, Verfahren und Zuständigkeiten in den Grundzügen selbst festlegt[65]. Doch dürfte er seiner richtungweisenden Funktion auch dadurch genügen, daß er der Exekutive einen klar umrissenen Regelungsauftrag erteilt[66].

15.385 Bei *Ordnungsmaßnahmen* (TZ 30.2), die intensiv die Freiheitssphäre des Schülers beschränken (zeitweiliger Ausschluß vom Unterricht oder von sonstigen Schulveranstaltungen, Überweisung in eine Parallelklasse, Ausschluß von der besuchten Schule oder von allen Schulen des Landes einschließlich der Androhung der genannten Sanktionen), ist eine Regelung durch Gesetz oder aufgrund eines Gesetzes durch Rechtsverordnung erforderlich; soweit es sich um den zwangsweisen Ausschluß von der Schule handelt, muß das Parlament die Voraussetzungen, die Zuständigkeiten und Ver-

---

62 BVerfGE 58, 257 (275 ff.); ebenso *Niehues*: Prüfungsrecht, S.26 f. Rn.41, S.28 Rn.43.
63 BVerwG, DVBl. 1998, 969: Dies gilt sogar dann, wenn die Erteilung einer unzureichenden Zeugnisnote am Anfang einer Kausalkette steht, die zur Nichtversetzung und – bei wiederholter Nichtversetzung – zur Schulentlassung führt; es fehlt in einem solchen Fall dasjenige Maß an Grundrechtsrelevanz, das eine Detailregelung des Gesetzgebers hinsichtlich der Notenvergabe gebietet.
64 *Niehues*: Schul- und Prüfungsrecht, S.242 ff. Rn.356 ff.; ders.: Prüfungsrecht, S.19 ff. Rn.25 ff.; Wolfgang *Zimmerling*: Prüfungsrecht, Köln 1998, S.3 ff.; ferner Peter *Becker*: Der Parlamentsvorbehalt im Prüfungsrecht, NJW 1990, 273 (276 ff.).
65 Vgl. etwa Art. 52 ff. BayEUG, § 27 Abs. 2–5 bln SchulG, *DJT-SchulGE*, § 60 (S. 94 f.). – Nach Auffassung von *Wimmer*, RdJB 1997, 18, entsprechen die Schulgesetze in manchem bis heute nicht der Pflicht der Landesgesetzgeber, das wirklich Wesentliche zu regeln.
66 Z.B. § 81 Nr.2 HSchG, wonach in den vom Kultusministerium als Rechtsverordnung zu erlassenden Prüfungsordnungen insbesondere zu regeln sind: der Zweck der Prüfung, die Prüfungsgebiete und Prüfungsanforderungen, das Prüfungsverfahren einschl. Zulassungsvoraussetzungen, Zusammensetzung der Prüfungsausschüsse sowie die mit der erfolgreich abgelegten Prüfung erworbenen Berechtigungen. Ähnlich: § 89 Abs.3 bw SchG, § 26b Abs.1 Satz 3 nrw SchVG, § 42 Abs.3 rp SchulG.

fahrensgrundsätze selbst regeln⁶⁷. Demgegenüber ist für Maßnahmen, die in erster Linie pädagogische Zwecke verfolgen und die Grundrechte des Schülers wie auch das Elternrecht nur geringfügig tangieren (vorübergehendes Hinausweisen eines störenden Schülers aus dem Unterrichtsraum, Eintragung ins Klassenbuch, Nachsitzen zur Kompensation von Lernrückständen u. ä.), eine formellgesetzliche Präzisierung nicht erforderlich; für solche *Erziehungsmaßnahmen* ⁶⁸ reicht es aus, daß die Legislative die Schule mit der Wahrnehmung der Erziehungs- und Bildungsaufgabe beauftragt⁶⁹.

Einschränkungen der *Meinungsfreiheit der Schüler*, vor allem bei der Veröffentlichung von *Schülerzeitungen*, bedürfen, soweit sie verfassungsrechtlich überhaupt zulässig sind (dazu TZ 29.2, vor allem TZ 29.26), einer Grundlegung durch förmliches Gesetz⁷⁰.

15.39 Stand der Gesetzgebung, Übergangsfristen

15.391 Die Rechtsprechung des Bundesverfassungsgerichts zur Wesentlichkeitstheorie, der sich die Landesverfassungsgerichte, das Bundesverwaltungsgericht und die übrigen Verwaltungsgerichte angeschlossen haben, hat die Schulgesetzgebung der alten Bundesländer in den vergangenen zwei Jahrzehnten erheblich beeinflußt. Teils geschah die Rezeption schrittweise, in Novellierungsschüben, teils führte sie, wie in Bayern, Bremen, Hamburg, Hessen und Niedersachsen, zur Verabschiedung völlig neuer Gesetze. Auch die neuen Länder haben inzwischen ihre Gesetzgebung den Grundsätzen der Wesentlichkeitslehre angepaßt.

Das Schulverhältnis ist jetzt bundesweit als Rechtsverhältnis anerkannt, wenngleich seine Ausgestaltung hie und da immer noch rechtsstaatliche Defizite erkennen läßt. Die Bildungsziele sind gesetzlich geregelt. Gleiches gilt für die Grundsätze der Sexualerziehung. Die unterschiedlichen Schularten und Schulstufen, vor allem soweit sie neuartigen Charakter tragen, sind zumeist in ihren wesentlichen inhaltlichen und organisatorischen Merkmalen von den Parlamenten normiert worden. Für grundrechtsrelevante Ordnungsmaßnahmen ist überall die erforderliche gesetzliche Grundlage geschaffen

---

67 Zum zwangsweisen Ausschluß von einer Einrichtung des Zweiten Bildungswegs (Speyer-Kolleg): BVerfGE 41, 251 (259 ff., insbes. 265); vgl. *DJT-SchulGE*, § 65 (S. 96 f.), S. 289 f.; *Lerche* (Anm. 13), S. 96 ff.; *Niehues*: Schul- und Prüfungsrecht, S. 131 f. Rn. 173 f.; S. 173 ff. Rn. 253 ff.; Anke *Peters*: Grundrechtseingriffe durch schulische Erziehungs- und Ordnungsmaßnahmen, RdJB 1994, 229. Aus der Gesetzgebung der Länder: § 90 bw SchG, Art. 86 ff. BayEUG, §§ 55 f. bln SchulG, 63 f. BbgSchulG, §§ 46 f. BremSchulG, § 49 HmbSG, § 82 HSchG, § 60 SchulG M-V, § 61 NSchG, § 26 a nrw SchVG, § 32 saarl SchoG, § 39 sächs SchulG, § 44 SchulG LSA, § 45 sh SchulG, §§ 51 f. ThürSchulG.
68 Für die Unterscheidung zwischen Ordnungsmaßnahmen und Erziehungsmaßnahmen kommt es nicht auf die Terminologie des Gesetzes an. Was der Gesetzgeber als »Erziehungsmaßnahme« bezeichnet, kann sehr wohl eine Ordnungsmaßnahme sein (vgl. VG Koblenz, SPE n. F. 902 Nr. 2), und umgekehrt. Dazu TZ 30.23.
69 *Niehues*: Schul- und Prüfungsrecht, S. 134 f. Rn. 180.
70 BayVerfGH, DVBl. 1995, 419 (423 f.); *Lerche* (Anm. 13), S. 99; *Niehues*: Schul- und Prüfungsrecht, S. 135 Rn. 181; s. auch *Anders* (Anm. 13), S. 297 f.

worden. Auch in der Ausformung des Berechtigungswesens (Leistungsbewertungen, Prüfungen) ist der Vorbehalt des Gesetzes weit stärker als zuvor zur Geltung gelangt.
Doch wäre es verfehlt, diesen Prozeß als abgeschlossen, die Regelungslücken allesamt als behoben zu betrachten. Immer wieder werden, wie manches verfassungs- und verwaltungsgerichtliche Verfahren erkennen läßt, Mängel in der rechtlichen Ausgestaltung des Schulwesens offenkundig[71].

15.392 So drängt sich die Frage auf, ob Normen, die der erforderlichen gesetzlichen Form entbehren, trotz dieses Verfassungsverstoßes für eine *Übergangszeit* weitergelten können[72]. Dies ist mit dem Bundesverfassungsgericht nur dann zu bejahen, wenn sich allein auf diesem Wege eine sonst eintretende Funktionsunfähigkeit der Schule vermeiden läßt. Während der Übergangszeit bleibt allerdings die bisherige Regelung nicht ohne weiteres so anwendbar, als sei sie verfassungsrechtlich unbedenklich. Bis zur Herstellung eines verfassungsgemäßen Zustands durch den Gesetzgeber dürfen vielmehr die Behörden und Gerichte nur soweit in verfassungsrechtlich geschützte Positionen eingreifen, als es im konkreten Fall für die geordnete Weiterführung eines funktionsfähigen Betriebs unerläßlich ist. Dabei ist insbesondere zu prüfen, ob nicht auch schonendere Maßnahmen ausreichen, die Funktionsfähigkeit sicherzustellen[73].
Im übrigen läßt sich die Weitergeltung formell verfassungswidriger Normen während einer Übergangsfrist mit fortschreitender Zeit immer weniger rechtfertigen. Das gilt jedenfalls für die alten Bundesländer. Mehr als zwanzig Jahre nach Beginn der Rechtsprechung des Bundesverfassungsgerichts zum Vorbehalt des Gesetzes kann der Staat, der trotz Kenntnis des gewandelten Verfassungsverständnisses die notwendigen gesetzlichen Regelungen unterlassen hat, nur noch in äußerst gravierenden Ausnahmefällen von den nachteiligen Folgen seiner Säumnis freigestellt werden.

---

71 Zu den immer noch vorhandenen Defiziten *Wimmer,* RdJB 1997, 17 f.
72 *Dazu Niehues*: Schul- und Prüfungsrecht, S. 57 ff. Rn. 85 ff.; *ders.*: Prüfungsrecht, S. 30 ff. Rn. 48 ff., S. 39 ff. Rn. 67 ff., jeweils m. w. N. aus der Rspr. Vgl. auch BVerfGE 73, 40 (101 f.), und 85, 264 (327 f.) zur Notwendigkeit von Übergangsregelungen bei der Anwendung verfassungswidriger Rechtsnormen im Steuerrecht (Parteienfinanzierung).
73 BVerfGE 41, 251 (267); 58, 257 (280 f.). Danach ist z. B. die als Ordnungsmaßnahme verfügte zwangsweise Entlassung eines Schülers während der Übergangszeit in der Regel unzulässig (vgl. BVerfGE 41, 251 [266 f.], ebenso BayVerfGH, DÖV 1982, 691 [695]). Anders ist die Situation zu beurteilen, wenn ein Schüler aufgrund einer dem Vorbehalt des Gesetzes nicht genügenden Verordnungsregelung wegen wiederholter Nichtversetzung aus der Schule mit Wirkung für alle Schulen derselben Schulart des Landes entlassen wird. Ein solcher Ausschluß ist für einen funktionsfähigen Schulbetrieb unerläßlich, da die Schulen über Mittel verfügen müssen, ungeeignete Schüler aus dem Schulverhältnis zu entlassen (BVerfGE 58, 257 [281 f.]).

16. Kapitel: Schulaufsicht[1]

Im folgenden wird ausschließlich die *Schulaufsicht im engeren Sinne*, also die von staatlichen Schulbehörden ausgeübte Überwachung der inneren und äußeren Schulangelegenheiten erörtert[2].

16.1 Schulaufsicht und Schulverwaltung

Die Schulaufsicht im engeren Sinne ist Sache der staatlichen Schulverwaltung, deren Aufgabenbereich allerdings über aufsichtliche Tätigkeiten weit hinausgeht, indem sie planende, regulierende und beratende Funktionen ausübt und den Schulen das Lehrpersonal zuweist. Das ändert nichts daran, daß die Wahrnehmung der Schulaufsicht den Kernbereich der staatlichen Schulverwaltung bildet.

16.2 Fach-, Dienst- und Rechtsaufsicht

Die Schulaufsicht umfaßt die Fachaufsicht über die Schulen, die Dienstaufsicht über die Lehrer und das sonstige pädagogische Personal sowie die Rechtsaufsicht über die Schulträger hinsichtlich der äußeren Schulverwaltung[3].

16.21 Fachaufsicht[4]

16.211 Schulaufsicht ist in erster Linie Fachaufsicht über die Unterrichts- und Erziehungsarbeit der Schulen. Sie erstreckt sich im Grundsatz auf die *rechtmäßige und zweckmäßige Wahrnehmung* der den Schulen zugewiesenen Aufgaben. Die Schulaufsichtsbeamten betreuen die Schulen und fördern ihre pädagogische Qualität, indem sie darüber wachen, daß die Rechts- und Verwaltungsvorschriften eingehalten werden und daß Unterricht und Erziehung

---

1 Zu Beginn dieses Kapitels sei nochmals auf die in TZ 15.1 dargelegte Doppelbedeutung des Schulaufsichtsbegriffs hingewiesen.
2 Zur Schulaufsicht im engeren Sinne Jürgen *Baumert*: Bürokratie und Selbständigkeit – Zum Verhältnis von Schulaufsicht und Schule, RdJB 1980, 437; Gerhard *Eiselt*: Schulaufsicht im Rechtsstaat, DÖV 1981, 821; Harald *Gampe*: Kooperation zwischen Schulaufsicht und Schule – Untersuchungen zur pädagogischen und rechtlichen Schulratsfunktion, Neuwied 1994; *ders*./Dieter *Margies*: Staatliche Schulaufsicht, in: Alfred Müller/Harald Gampe/Gerald Rieger/Erika Risse (Hrsg.): Leitung und Verwaltung einer Schule. 8. Aufl., Neuwied 1997, S. 437 ff.; Christel *Hopf*/Knut *Nevermann*/Ingo *Richter*: Schulaufsicht und Schule, Stuttgart 1980; Knut *Nevermann*: Der Schulleiter, Stuttgart 1982, S. 231 ff.; *Oppermann*: Schule und berufliche Ausbildung, HdbStR VI, S. 329 (335 ff. Rn. 12–16); *Püttner*: Schulrecht, S. 786 ff. Rn. 274–284; *Stein/Roell*, S. 33 f., 306 f.
3 S. etwa § 130 Abs. 1 BbgSchulG, § 92 Abs. 3 HSchG, § 95 Abs. 1 SchulG M-V, § 58 Abs. 2 sächs SchulG, § 83 Abs. 3 und 4 SchulG LSA, § 120 Abs. 4 sh SchulG.
4 Beispiele für gesetzliche Regelungen: § 12 BremSchVwG, § 93 HSchG.

den fachlich-inhaltlichen und fachdidaktischen Anforderungen entsprechen. Zu diesem Zweck können die Schulbehörden Schulleitern und Lehrern Anweisungen erteilen. Die Fachaufsicht besteht gegenüber allen öffentlichen Schulen in gleichem Umfang, unabhängig davon, wer Schulträger ist.

16.212 Die Schulbehörden müssen bei der Ausübung der Fachaufsicht der Besonderheit des schulischen Bildungs- und Erziehungsauftrags Rechnung tragen. Die Schule kann ihre Aufgabe nur dann erfolgreich meistern, wenn sie und ihre Lehrer über den erforderlichen Freiraum verfügen. Daher setzen die *pädagogische Eigenverantwortung der Schule* (TZ 6.22) und die *pädagogische Freiheit der Lehrer* (TZ 19.4) der Betätigung der Fachaufsicht Grenzen[5]. Die Länder haben die Einwirkungsmöglichkeiten der Fachaufsicht in unterschiedlichem Umfang eingegrenzt. Nahezu überall sind die Schulbehörden gesetzlich verpflichtet, die pädagogische Eigenverantwortung der Schule und des Lehrers zu respektieren[6]. Gelegentlich werden sie überdies durch Gesetz dazu angehalten, die Schulen bei der Wahrnehmung ihrer Aufgaben *im Rahmen der Selbstverwaltung* zu beraten und zu unterstützen[7]. Einige Länder schützen die pädagogische Eigenverantwortung der Schule und die pädagogische Freiheit des Lehrers außerdem noch durch das Verbot »unnötiger oder unzumutbarer« Eingriffe[8]. Doch ist kein Land dem Vorschlag der Schulrechtskommission des Deutschen Juristentags gefolgt, Eingriffe der Schulaufsicht in die Unterrichtsarbeit des Lehrers nur zuzulassen, wenn dieser gegen *Rechts*vorschriften verstoßen hat[9].

---

5 Zu diesem Spannungsverhältnis Peter *Fauser*: Pädagogische Freiheit in Schule und Recht, Weinheim, Basel 1986; Theodor *Maunz*: Gestaltungsfreiheit des Lehrers und Schulaufsicht des Staates, in: Hartmut Maurer (Hrsg.): Das akzeptierte Grundgesetz. Festschrift für Günter Dürig zum 70. Geburtstag, München 1990, S. 269 ff.; *Püttner*: Schulrecht, S. 788 ff. Rn. 280–284. In breiterem Kontext der Beiträge in Heft 2/1993 von RdJB, das Hellmut Becker zum 80. Geburtstag unter dem Titel »Die verwaltete Schule« gewidmet ist.
6 Z. B. § 9 Abs. 2 bln SchulVerfG und § 67 Abs. 2 saarl SchuMG: Die Schulaufsichtsbehörden *sollen* in die Arbeit der einzelnen Schulen nur dann eingreifen, »wenn es zur rechtmäßigen, sachgerechten und geordneten Durchführung von Unterricht und Erziehung ... geboten ist«; § 130 Abs. 2 Satz 1 BbgSchulG: »Die Schulaufsicht hat die Selbständigkeit der Schule zu achten«, ähnlich § 93 Abs. 2 Satz 5 HSchG, § 121 Abs. 1 Satz 1 NSchG, § 14 Abs. 3 Satz 2 nrw SchVG, § 83 Abs. 3 Satz 2 SchulG LSA, § 3 Abs. 2 ThürSchAG; vgl. auch § 85 Abs. 1 Satz 2 HmbSG (»unter Beachtung der Grundsätze der Selbstverwaltung«).
7 § 129 Abs. 1 Satz 2, Abs. 3 BbgSchulG; § 85 Abs. 2 Satz 2 HmbSG; § 92 Abs. 2 Satz 2 HSchG; § 2 Abs. 2 Satz 2 Nr. 3 ThürSchAG. Für diese Beratungsaufgabe besteht in Bremen eine gesonderte *Schulinspektion* beim Senator für Bildung und Wissenschaft (§ 13 BremSchVwG). Vgl. auch § 99 b HSchG, wonach dem Hessischen Landesinstitut für Pädagogik (HELP), einer nachgeordneten Behörde des Kultusministeriums, u. a. die Aufgabe zugewiesen ist, die Schulen in ihrer Selbstverwaltung, Qualitätsentwicklung und internen Evaluation sowie bei der Erarbeitung und Umsetzung der Schulprogramme zu unterstützen und sie systembezogen zu beraten.
8 Z. B. § 67 Abs. 2 Satz 2 BbgSchulG, § 59 Abs. 2 Satz 2 BremSchulG, § 86 Abs. 2 Satz 2 HSchG, § 100 Abs. 2 Satz 4 SchulG M-V im Rückgriff auf § 66 Abs. 2 Satz 2 *DJT-SchulGE* (»Die für die Unterrichts- und Erziehungsarbeit des Lehrers erforderliche pädagogische Freiheit darf durch Rechtsvorschriften und Konferenzbeschlüsse nicht unnötig oder unzumutbar eingeengt werden«).
9 So § 73 Abs. 2 Satz 4 *DJT-SchulGE*.

Soweit es sich um *pädagogische Bewertungen sowie um unterrichtliche und erzieherische Maßnahmen* der Schule handelt, haben Hessen, Mecklenburg-Vorpommern und Niedersachsen die Befugnisse der Fachaufsicht in Anlehnung an die von der früheren verwaltungsgerichtlichen Rechtsprechung entwickelten Grundsätze über die gerichtliche Anfechtbarkeit schulischer Leistungsbewertungen noch stärker eingeengt: Die Schulbehörde kann diese Entscheidungen nur aufheben oder abändern, wenn sie gegen Rechts- oder Verwaltungsvorschriften verstoßen, auf unrichtigen Voraussetzungen oder sachfremden Erwägungen beruhen oder wenn sie allgemein anerkannte pädagogische Grundsätze oder Bewertungsmaßstäbe verletzen[10].

16.213 Im übrigen wird sich die Rolle der Schulaufsicht in dem Maße ändern, in dem die einzelne Schule an Selbständigkeit und Eigenverantwortung gewinnt (vgl. TZ 6.23). Die Schulverwaltung kann es dann nicht mehr mit einer »input«-Steuerung durch Vorschriften und Anordnungen, mit gelegentlichen Überprüfungen und Interventionen bewenden lassen. Sie muß einerseits sich sehr viel stärker darum bemühen, klare und verbindliche Qualitätsstandards zu setzen, und andererseits Rechenschaft von der Schule verlangen, indem sie deren »output« durch systematische Erfolgskontrolle (*»Evaluierung«*) überprüft[11].

16.22 Dienstaufsicht

16.221 Die zweite Säule der Schulaufsicht ist die Dienstaufsicht über die Lehrer und das sonstige pädagogische Personal[12]. Hinsichtlich *der Lehrer, die Landesbeamte sind* – und das ist, jedenfalls in den westdeutschen Ländern, die ganz überwiegende Mehrzahl –, ergibt sie sich bereits aus dem allgemeinen öffentlichen Dienstrecht und umfaßt somit als personalrechtliche Aufsicht über die Pflichterfüllung des Lehrers auch die Ausübung der Disziplinargewalt; deshalb sehen die Gesetze einiger Länder, in denen alle Lehrer staatliche Bedienstete sind, die Dienstaufsicht nicht als Bestandteil der Schulaufsicht an. Gegenüber den *kommunalen Lehrern* beschränkt sich die Dienstaufsicht darauf, ihre fachliche und persönliche Eignung zu überwachen sowie ihnen die für einen geordneten Schulbetrieb erforderlichen Weisungen zu er-

---

10 § 93 Abs. 3 HSchG, § 95 Abs. 4 SchulG M-V, § 121 Abs. 2 NSchG. Die hessische Regelung ist in soweit bedenklich, als die staatliche Schulaufsicht nur bei Verstößen gegen *»wesentliche«* Verfahrens- und Rechtsvorschriften eingreifen darf; diese zusätzliche Einschränkung könnte eine wirksame Kontrolle der Einhaltung der rechtlichen Bindungen der Schule gefährden. – Zur Frage, ob die Schulbehörde Leistungsbewertungen des Lehrers von sich aus ändern darf, TZ 27.42, TZ 19.423.
11 Zu dieser neuen Rolle der Schulaufsicht Tom *Stryck*: Komplexität und Steuerung – Zu welchem Ende studiert man Schulautonomie?, in: Hermann *Avenarius*/Jürgen *Baumert*/Hans *Döbert*/Hans-Peter *Füssel* (Hrsg.): Schule in erweiterter Verantwortung. Positionsbestimmungen aus erziehungswissenschaftlicher, bildungspolitischer und verfassungsrechtlicher Sicht, Neuwied 1998, S. 37ff.; zu Entwicklungen im Ausland Theo M. E. *Liket*: Freiheit und Verantwortung. Das niederländische Modell des Bildungswesens, Gütersloh 1993, S. 123 ff. Vgl. auch Heinz S. *Rosenbusch*/Elisabeth *Schlemmer*: Die Rolle der Schulaufsicht bei der pädagogischen Entwicklung von Einzelschulen, sm 6/1997, 9.
12 Zur Unterscheidung von Dienst- und Fachaufsicht s. *Maurer*: Verwaltungsrecht, S. 542.

teilen. Hier gehen Dienst- und Fachaufsicht ineinander über, lassen sich daher nur schwer gegeneinander abgrenzen.

16.222 Der Dienstaufsicht verwandt ist die *Aufsicht über die Organe der Schule* und die Mitglieder dieser Organe. Das zeigt sich besonders deutlich bei der Aufsicht über Schulleitung und Lehrerkonferenzen. Hingegen sind die Aufsichtsbefugnisse der Schulbehörde über die Vertretungsorgane der Schüler und der Eltern auf eine Rechtmäßigkeitskontrolle beschränkt (vgl. auch TZ 8.133 und 8.215).

16.23 Rechtsaufsicht

Zur Schulaufsicht gehört ferner die Rechtsaufsicht. Diese wendet sich im Gegensatz zur Fachaufsicht nicht an die Schule, sondern an den (kommunalen) Schulträger. Die äußere Schulverwaltung ist Selbstverwaltungsaufgabe des Schulträgers; deshalb darf die Schulaufsicht, die hier auf die Unterstützung durch die *Kommunalaufsicht* angewiesen ist, ebenso wie diese selbst nur die Rechtmäßigkeit, nicht auch die Zweckmäßigkeit des Handelns des kommunalen Schulträgers überwachen, soweit nicht nach Landesrecht ohnehin die Kommunalaufsicht zuständig ist. Als Rechtsaufsicht darf sie grundsätzlich nicht unmittelbar in die kommunale Selbstverwaltung eingreifen; sie darf beispielsweise nicht das eigene Ermessen an die Stelle des Ermessens des Schulträgers setzen. Handelt es sich um Fragen, die sich nicht auf äußere Schulangelegenheiten (Rechtsaufsicht) beschränken, sondern zugleich innere Schulangelegenheiten (Fachaufsicht) betreffen[13], ist die Schulbehörde befugt, die Grenzen der Rechtsaufsicht zu überschreiten und sachliche Anordnungen zu erlassen und durchzusetzen (vgl. auch die Ausführungen in TZ 9.4 über staatliche Beschränkungen der kommunalen Schulträgerschaft).

16.3 Aufsicht über Privatschulen und private Unterrichtseinrichtungen

Der staatlichen *Aufsicht über die Privatschulen* sind durch die Gewährleistung des Grundrechts der Privatschulfreiheit und die damit einhergehende Garantie der Privatschule als Institution Schranken gezogen (dazu TZ 13.7). Die Schulaufsicht bezieht sich auf das Schulwesen, nicht auf das Unterrichtswesen schlechthin. Die *Aufsicht über den Unterricht außerhalb des Schulwesens* (dazu TZ 13.82) beruht auf polizeirechtlichen (ordnungsrechtlichen) oder gewerberechtlichen Vorschriften; das schließt nicht aus, daß sie den Schulbehörden zur Wahrnehmung übertragen ist[14]. Zur Aufsicht über Schülerheime und Heimschulen vgl. TZ 5.311 bzw. 5.32.

---

13 Zur Unterscheidung von inneren und äußeren Schulangelegenheiten TZ 1.322.
14 So z. B. in Berlin (§ 12 PSchG) und in Rheinland-Pfalz (§ 35 PrivSchG).

16.4 Staatliche Schulbehörden

16.41 Allgemeiner Aufbau

16.411 Die Schulaufsicht wird von den Behörden der staatlichen Schulverwaltung (*Schulbehörden, Schulaufsichtsbehörden*) wahrgenommen. Sie ist heute in den meisten Ländern *zweistufig* organisiert. Das Kultusministerium übt die *oberste Schulaufsicht* aus; ihm sind die Behörden der *unteren Schulaufsicht* nachgeordnet. Eine dreistufige Gliederung gibt es nur noch in Baden-Württemberg, Bayern und Nordrhein-Westfalen. Bremen und Hamburg haben jeweils nur eine einzige Schulbehörde: den Senator für Bildung und Wissenschaft (Bremen) bzw. die Behörde für Schule, Jugend und Berufsbildung (Hamburg). *Untere Schulbehörden* sind die zumeist auf Kreisebene bestehenden Schulämter, in Niedersachsen und Rheinland-Pfalz die Bezirksregierungen, in Berlin das der Senatsverwaltung für Schule, Jugend und Sport nachgeordnete Landesschulamt[15]. In denjenigen Ländern, die an der dreistufigen Schulaufsicht festhalten, obliegt den Schulbehörden der mittleren Ebene in erster Instanz die Aufsicht über die Schulen der Sekundarstufe II und über die Schulen der Sekundarstufe I, soweit sie von der unteren Schulaufsicht nicht erfaßt werden (Gymnasien, häufig auch Realschulen, berufsbildende Schulen)[16]; in zweiter Instanz führen sie die Schulaufsicht über die Schulen, die in erster Instanz den Schulämtern und den Schulräten unterstehen, dazu die Aufsicht über die Schulbehörden der unteren Ebene. Für die Behördenorganisation auf der Mittelstufe der Verwaltung haben diese Länder unterschiedliche Lösungen gewählt: In Bayern und Nordrhein-Westfalen sind die Behörden der allgemeinen Verwaltung, also die Bezirksregierungen, zugleich Schulbehörden, während in Baden-Württemberg Oberschulämter als von der Allgemeinen Verwaltung getrennte Sonderbehörden bestehen. Eine Über-

---

15 In *Rheinland-Pfalz* sollen nach der Koalitionsvereinbarung für die 13. Wahlperiode des Landtags die Bezirksregierungen zugunsten einer Stärkung der kommunalen Ebene aufgelöst werden. Künftig soll es nur noch eine einzige untere Schulaufsichtsbehörde für das ganze Land mit Sitz in Trier und mit Außenstellen in Neustadt a. d. W. und Koblenz geben. Dazu Manfred *Bitter*: Notwendige staatliche Repräsentanz in der Fläche – Beitrag zur Reformdiskussion in Rheinland-Pfalz –, DÖV 1997, 855 (861). – Das Landesschulamt in *Berlin* wurde durch das Gesetz über die Neuorganisation der Schulaufsicht und die Errichtung eines Landesschulamts in Berlin vom 26. 1. 1995 (GVBl. S. 26), g. d. G. v. 12. 10. 1995 (GVBl. S. 664), errichtet. Seitdem sind die Schulaufsichtsbeamten (wie auch die Schulleiter und Lehrer) nicht mehr Dienstkräfte der Bezirke, sondern des Landesschulamts. Ein im Verfahren der Normenkontrolle von 18 Bezirken beim Verfassungsgerichtshof des Landes Berlin erhobener Antrag auf Feststellung der Nichtigkeit des Gesetzes wurde durch Urteil vom 10. 5. 1995 zurückgewiesen (BlnVerfGH, LKV 1995, 367). Zur Rechtslage in Berlin vor und nach Inkrafttreten dieses Gesetzes s. Hermann *Avenarius*/Hans *Döbert* (Hrsg.): »Schule in erweiterter Verantwortung«. Ein Berliner Modellversuch (1995 bis 1998). Abschlußbericht der wissenschaftlichen Begleitung, Frankfurt am Main 1998, S. 3 ff., 7 ff.
16 In Bayern sind die Gymnasien, Realschulen, die Fachoberschulen und Berufsoberschulen dem Kultusministerium direkt unterstellt, das die unmittelbare Aufsicht durch Ministerialbeauftragte bei den Regierungen ausübt (Art. 114 Abs. 1 Nr. 1, Art. 116 Abs. 4 BayEUG).

sicht über die staatlichen Schulbehörden findet sich am Ende dieses Kapitels (TZ 16.6). Zur Mitwirkung der Kommunalaufsicht vgl. TZ 16.5.

16.412 Der Bund besitzt im Schulwesen keine unmittelbaren Kompetenzen (vgl. TZ 2.11); dem *Bundesministerium für Bildung und Forschung* stehen Aufsichtsfunktionen im Schulbereich nicht zu. Die *Kultusministerkonferenz* ist zwar ein für die Selbstkoordination der Länder im Bildungswesen überaus wichtiges Beratungs-, Empfehlungs- und Beschlußgremium (TZ 2.121); Aufsichtsbefugnisse besitzt sie indes nicht. Die Umsetzung der Empfehlungen der *Bund-Länder-Kommission für Bildungsplanung und Forschungsförderung* ist im Schulbereich ausschließlich Sache der Länder. Auch der *Schulausschuß des Deutschen Städtetages* ist nur ein Beratungsorgan dieser kommunalen Spitzenorganisation.

16.42 Schulaufsichtsbeamte[17]

Mit der Ausübung der Schulaufsicht sind fachlich vorgebildete, hauptamtlich tätige Beamte (*Schulräte*) zu betrauen. Diese Qualifikationsbedingungen, die auf Art. 144 der Weimarer Verfassung zurückgehen, sind in den Verfassungen oder Schulgesetzen zahlreicher Länder verankert[18]. Für besondere Aufgaben der Aufsicht, meist der Fachaufsicht, oder für den Vorsitz bei Prüfungen können geeignete *Fachberater* oder *Ministerialbeauftragte* bestellt werden. Der Amtsführung des Schulaufsichtsbeamten kommt es zugute, wenn er über ein hinlängliches Maß an Verwaltungserfahrung verfügt. Für die in den Schulbehörden tätigen verwaltungsfachlichen Beamten des höheren Dienstes – zumeist *Juristen* – bestehen keine spezifischen pädagogischen Qualifikationsanforderungen.

16.5 Kommunale Mitwirkung

Durch Art. 7 Abs. 1 GG, der dem Staat die Aufsicht über das gesamte Schulwesen zuspricht, werden Schulaufsichtsrechte anderer Stellen ausgeschlos-

---

17 In den meisten Bundesländern gibt es Vereinigungen von Schulaufsichtsbeamten, die sich zur »Konferenz der Schulräte in der Bundesrepublik Deutschland (KSD)« zusammengeschlossen haben. Die KSD gibt nützliche Broschüren zur Schulaufsicht in den einzelnen Ländern (Aufgaben, Organisation, personelle Rekrutierung) heraus. Auf europäischer Ebene besteht eine »Standing International Conference of Central and General Inspectorates of Education«, in der aus Deutschland Vertreter der für das Schulwesen zuständigen Ministerien Bayerns, Hessens und Nordrhein-Westfalens mitwirken; dazu Georg *Knauss*/Barbara *Loos*: Die Zusammenarbeit der europäischen Schulinspektorate hat begonnen, SchVw HE 1999, 209. – Einen EU-weiten Vergleich der rechtlichen Zuständigkeiten und konkreten Aufgaben der Schulaufsichtsbediensteten enthält die mehrbändige Studie von Clive *Hopes* (Hrsg.): School Inspectorates in the Member States of the European Community, Frankfurt am Main 1991.
18 Z. B. Art. 17 Abs. 2 bwVerf., § 32 Abs. 3 bw SchG; § 94 Abs. 2 Satz 1 HSchG; Art. 8 Abs. 3 Satz 3 nrw Verf., § 14 Abs. 5 Satz 1 nrw SchVG; § 53 Abs. 1 saarl SchoG; § 2 Abs. 5 Satz 1 ThürSchAG.

sen[19]. Doch besteht die in Art. 144 der Weimarer Verfassung vorgesehene Möglichkeit, die Gemeinden an der Ausübung der Schulaufsicht zu beteiligen, trotz des Schweigens des Grundgesetzes zu dieser Frage unbestritten fort. Eine solche Beteiligung ist nichts Einmaliges. Der Staat bedient sich auch sonst zur Erfüllung seiner Aufgaben der Gemeinden und Kreise, die in seinem Auftrag oder nach seiner Weisung wirken; er kann deshalb auch Schulaufsichtsbefugnisse mit Hilfe von Kommunalbeamten wahrnehmen. Die Beteiligung an der Ausübung der Schulaufsicht kommt in verschiedenen Formen zum Ausdruck. Entweder werden Mischbehörden aus staatlichen und kommunalen Beamten gebildet, oder Aufgaben der Schulaufsicht werden kommunalen Beamten (Stadtschulräten) durch besonderen Auftrag übertragen. In jedem Fall handelt es sich um die *Übertragung staatlicher Aufgaben »zur Erfüllung nach Weisung«*. Der Gemeinde- oder Kreisbedienstete, der Aufgaben der Schulaufsicht erfüllt, handelt als Beauftragter des Staates und hat den Weisungen der übergeordneten Schulaufsichtsbehörden Folge zu leisten.

16.51 Schulämter

Die untere Schulaufsicht in den Landkreisen und in den kreisfreien Städten der Flächenländer obliegt in Bayern, Brandenburg, Nordrhein-Westfalen, Schleswig-Holstein und dem Saarland den Schulämtern, die aus staatlichen Schulräten und kommunalen Verwaltungsbeamten bestehen (TZ 16.511). Die Schulämter in Baden-Württemberg, Hessen, Mecklenburg-Vorpommern, Sachsen, Sachsen-Anhalt und Thüringen sind demgegenüber reine Staatsbehörden, arbeiten aber mit den Kreisen zusammen (TZ 16.512).

16.511 Die Schulämter in *Bayern* und *Nordrhein-Westfalen* führen die Schulaufsicht über die Grundschulen, Hauptschulen und die entsprechenden Sonderschulen[20], im *Saarland* und in *Schleswig-Holstein* außerdem über die Realschulen[21], in *Brandenburg* über alle in ihrem Gebiet liegenden Schulen[22]. Sie bestehen aus dem Landrat (Oberkreisdirektor) bzw. – bei den kreisfreien

---

19 Indem Art. 144 WRV, auf den Art. 7 Abs. 1 GG zurückgeht, das Schulwesen der Aufsicht des Staates unterstellte, war insbesondere die geistliche Schulaufsicht in jedweder Form, auch in Gestalt staatlicher Auftragsverwaltung, unstatthaft geworden. Dazu Ernst-Rudolf *Huber*: Deutsche Verfassungsgeschichte seit 1789. Bd. 6, Stuttgart 1981, S. 942 f. – Zu den kirchlichen Mitwirkungsrechten bei der Ausübung der Aufsicht über den Religionsunterricht vgl. TZ 4.121.
20 Bayern: Art. 114 Abs. 1 Nr. 5 (über Sonderschulen [Förderschulen] nur, soweit ihnen die Schulaufsicht vom Kultusministerium durch Rechtsverordnung übertragen ist); Nordrhein-Westfalen: §§ 15 Abs. 3 Satz 2, 18 SchVG (über Sonderschulen mit Ausnahme der Sonderschulen für Blinde und der Sonderschulen für Gehörlose).
21 Saarland: § 55 Abs. 1 und 3 SchoG, § 1 Abs. 1 der VO über die Errichtung und Organisation der Schulämter (über sämtliche Schulen mit Ausnahme der Gymnasien und der beruflichen Schulen, deren Beaufsichtigung dem Ministerium vorbehalten ist); Schleswig-Holstein: § 125 Abs. 2 Nrn. 1 und 2 SchulG.
22 § 131 Abs. 2 Satz 3 und 4 BbgSchulG.

Städten – aus dem Oberbürgermeister (Oberstadtdirektor)[23] und dem staatlichen Schulrat oder mehreren staatlichen Schulräten (in Bayern auch dem beauftragten Stadtschulrat, vgl. TZ 16.52). Die Schulämter sind selbständige Dienststellen neben den Kreis- oder Stadtverwaltungen. Ihre Mitglieder sind kollegial gleichgeordnet; als Landesbeamter behält der staatliche Schulrat in jedem Fall die volle Verantwortung gegenüber der Unterrichtsverwaltung und damit seine Selbständigkeit gegenüber der Stadt- oder Kreisverwaltung. Die Schulämter *in den Landkreisen* sind dadurch gekennzeichnet, daß sie die Arbeit der Schule nicht nur fachlich beaufsichtigen, sondern durch den Landrat (Oberkreisdirektor) *auch die Rechtsaufsicht* über die kreisangehörigen Schulträger ausüben. Dem Schulrat obliegen im Schulamt die Angelegenheiten fachlicher Natur (die inneren Schulangelegenheiten), dem Landrat (Oberkreisdirektor) die Angelegenheiten verwaltungs- und haushaltsrechtlicher Art (die äußeren Angelegenheiten); gemischte Angelegenheiten werden von beiden gemeinsam erledigt[24].

16.512 In Baden-Württemberg, Hessen, Mecklenburg-Vorpommern, Sachsen, Sachsen-Anhalt und Thüringen wird die untere Schulaufsicht von rein staatlichen Behörden ausgeübt. In der dreistufigen Organisation der Schulaufsicht *Baden-Württembergs* ist das mit Schulräten besetzte staatliche Schulamt in den Stadt- und Landkreisen für die Fach- und Dienstaufsicht über die Grund-, Haupt-, Real- und Sonderschulen (mit Ausnahme der Heimsonderschulen) zuständig[25]. Die Aufsicht über die Erfüllung der den Schulträgern obliegenden Aufgaben ist dem Landratsamt und dem staatlichen Schulamt gemeinsam übertragen; das gilt für alle Gemeinden im Landkreis mit Ausnahme der »Großen Kreisstädte«, bei denen ebenso wie bei den kreisfreien Städten und den Landkreisen das Regierungspräsidium die Rechtsaufsicht wahrnimmt[26]. In *Hessen, Mecklenburg-Vorpommern, Sachsen, Sachsen-Anhalt und Thüringen* sind die Schulämter grundsätzlich für die *Fach- und Dienstaufsicht* über sämtliche in ihrem Bezirk liegenden Schulen zuständig[27]. In Sachsen, Sachsen-Anhalt und Thüringen üben sie auch die *Rechtsaufsicht* über die kommunalen Schulträger aus; in Thüringen sind allerdings nur die

---

23 Soweit in den kommunalen Gebietskörperschaften Nordrhein-Westfalens zwischenzeitlich die »Doppelspitze« durch das eingleisige Modell abgelöst wurde, tritt der Landrat bzw. Oberbürgermeister an die Stelle des bislang zuständigen Oberkreisdirektors bzw. Oberstadtdirektors.
24 In den Stadtschulämtern kann der Oberbürgermeister (Oberstadtdirektor) nicht die Rechtsaufsicht über seine Stadt (und damit über sich selbst) ausüben. In den äußeren Angelegenheiten wird er daher nicht als Aufsichtsorgan, sondern als Repräsentant des Schulträgers tätig.
25 § 33 Abs. 1 SchG.
26 §§ 33 Abs. 2 Nr. 3, 36 SchG, § 119 Gemeindeordnung, § 51 Abs. 1 Landkreisordnung.
27 Hessen: § 95 Abs. 2 HSchG (gegenüber den Berufsfach- und Fachschulen für die musikalische Berufsausbildung [»Musikakademien«] nur die Fachaufsicht). Mecklenburg-Vorpommern: § 95 Abs. 1 Nrn. 1 und 2 i. V. m. § 96 Abs. 1 Nrn. 2 und 3 SchulG M-V (nicht gegenüber landwirtschaftlichen Fachschulen). Sachsen: § 59 Abs. 2 Nrn. 1 und 2, Abs. 6 SchulG (mit Ausnahme der Fachschulen in den Berufen der Land-, Forst- und Hauswirtschaft sowie des Garten- und Landschaftsbaus). Sachsen-Anhalt: §§ 82 Abs. 3 Nr. 2, 83 Abs. 3 Satz 1 SchulG. Thüringen: § 2 Abs. 2 Satz 2 Nr. 4 und 5, § 4 Abs. 3 Satz 1, Abs. 5 ThürSchAG (nicht gegenüber land- und hauswirtschaftlichen Fachschulen).

Kommunalaufsichtsbehörden befugt, Maßnahmen gegenüber den Schulträgern zur Durchsetzung der diesen obliegenden Aufgaben zu treffen[28]. In Hessen ist nicht das Staatliche Schulamt, sondern die Kommunalaufsichtsbehörde mit der Rechtsaufsicht über die Schulträger betraut; stellt das Schulamt fest, daß ein Schulträger seiner Verpflichtung nicht nachkommt, unterrichtet es die zuständige Kommunalaufsichtsbehörde, die sodann im Benehmen mit ihm darüber entscheidet, ob und welche Aufsichtsmaßnahmen ergriffen werden sollen[29]. Auch in Mecklenburg-Vorpommern fällt die Wahrnehmung der Rechtsaufsicht über die kommunalen Schulträger nicht in die Zuständigkeit des Schulamts, sondern in den Verantwortungsbereich des Landrats (gegenüber kreisangehörigen Schulträgern) bzw. des Kultusministeriums (gegenüber Landkreisen und kreisfreien Städten)[30].

16.52 Beauftragung kommunaler Fachbeamter

In *Bayern* können Bedienstete des kommunalen Schulträgers – der Leiter der Schulverwaltung (Stadtschulrat), aber auch einzelne seiner fachlich vorgebildeten Mitarbeiter – mit der Wahrnehmung der unteren Schulaufsicht beauftragt werden. Der Beauftragte übt die Funktionen eines staatlichen Schulrats im Wege der Organleihe aus[31]. *Rheinland-Pfalz* sieht die Möglichkeit vor, einzelne Aufgaben der Schulaufsicht den Kreisverwaltungen als unteren Landesbehörden und den kreisfreien Städten als Auftragsangelegenheiten zu übertragen[32].

Die Bestellung zum Schulaufsichtsbeamten setzt fachliche Eignung voraus; zuständig für die Funktionsübertragung ist die oberste Schulaufsichtsbehörde (Kultusministerium). Ein Anspruch auf Bestellung besteht nicht.

16.6 Übersicht über die Schulbehörden in den Ländern

In der folgenden Darstellung des Behördenaufbaus werden jeweils unter a) die unteren Schulbehörden, unter b) bei dreistufig organisierter Schulaufsicht die Schulbehörden der Mittelstufe (obere Schulbehörden), unter c) die Schulbehörde der Ministerialstufe (oberste Schulbehörde) aufgeführt[33]. Zur *sachlichen Zuständigkeit* der Schulbehörden vgl. ergänzend TZ 16.41 und 16.51.

---

28 § 59 Abs. 2 Nr. 3 sächs SchulG (unklar ist allerdings, wie sich die Rechtsaufsichtskompetenz des Regionalschulamts zur rechtsaufsichtlichen Zuständigkeit der kommunalen Aufsichtsbehörde nach §§ 111 ff. sächs Gemeindeordnung verhält); § 83 Abs. 4 SchulG LSA; § 4 Abs. 3 Satz 2 ThürSchAG.
29 §§ 94 Abs. 1 Satz 2, 97 HSchG.
30 § 96 Abs. 2 Satz 2 und Abs. 3 SchulG M-V.
31 Art. 116 Abs. 1 und 2 BayEUG.
32 § 86 Abs. 1 SchulG.
33 Die Anschriften der zuständigen Ministerien und Senatsverwaltungen finden sich im Anhang 3.

Baden-Württemberg[34]
a) Staatliche Schulämter (Aufsicht über die Erfüllung der dem Schulträger obliegenden Angelegenheiten gemeinsam mit der Kommunalaufsichtsbehörde)
b) Oberschulämter[35]
c) Ministerium für Kultus, Jugend und Sport[36]

Bayern[37]
a) Staatliche Schulämter
b) Regierungen für Oberbayern in München, Niederbayern in Landshut, Oberpfalz in Regensburg, Oberfranken in Bayreuth, Mittelfranken in Ansbach, Unterfranken in Würzburg, Schwaben in Augsburg[38]
c) Bayerisches Staatsministerium für Unterricht und Kultus[39]

Berlin[40]
a) Landesschulamt als untere Schulaufsichtsbehörde mit 12 Außenstellen
b) ...
c) Senatsverwaltung für Schule, Jugend und Sport

Brandenburg[41]
a) Staatliche Schulämter (dem Landkreis oder der kreisfreien Stadt zugeordnet)
b) ...
c) Ministerium für Bildung, Jugend und Sport

Bremen[42]
Einzige Schulbehörde: Senator für Bildung und Wissenschaft[43]

Hamburg[44]
Einzige Schulbehörde: Behörde für Schule, Jugend und Berufsbildung

---

34 §§ 32 ff. SchG.
35 Für die landwirtschaftlichen Fachschulen ist obere Schulaufsichtsbehörde das Regierungspräsidium (§ 110 Abs. 1 Satz 1 SchG).
36 Oberste Schulaufsichtsbehörde für die landwirtschaftlichen Fachschulen ist das Ministerium Ländlicher Raum (§ 110 Abs. 1 Satz 1 SchG).
37 Art. 111 ff. BayEUG.
38 Die Regierungen sind in erster Instanz u. a. zuständig für berufsbildende Schulen mit Ausnahme der Fachoberschulen und Berufsoberschulen (Art. 114 Abs. 1 Nr. 4 und Nr. 1 BayEUG).
39 Die unmittelbare Schulaufsicht über landwirtschaftliche Fachschulen obliegt dem Staatsministerium für Ernährung, Landwirtschaft und Forsten (Art. 114 Abs. 1 Nr. 2 BayEUG).
40 Art. 67 Abs. 1 Verf., § 4 Allgemeines Zuständigkeitsgesetz (AZG) i. V. m. Nr. 16 der Anlage zu § 4 Abs. 1 Satz 1 AZG, § 5 Abs. 3 und 4 SchulG.
41 §§ 129 ff. BbgSchulG.
42 §§ 11 ff. BremSchVwG.
43 Die Rechtsaufsicht in Angelegenheiten der den Stadtgemeinden obliegenden äußeren Schulverwaltung wird durch den Senat wahrgenommen (§ 11 Abs. 2 Satz 1 BremSchVwG).
44 § 85 HmbSG.

Hessen[45]
a) Staatliche Schulämter[46]
b) ...
c) Hessisches Kultusministerium[47]

Mecklenburg-Vorpommern[48]
a) Schulämter in Greifswald, Neubrandenburg, Rostock und Schwerin[49]
b) ...
c) Kultusministerium[50]

Niedersachsen[51]
a) Bezirksregierungen als nachgeordnete Schulbehörden in den Regierungsbezirken Braunschweig, Hannover, Lüneburg und Weser-Ems[52]
b) ...
c) Niedersächsisches Kultusministerium

Nordrhein-Westfalen[53]
a) Schulämter

---

45 §§ 92 ff. HSchG.
46 Durch Art. 4 § 1 des Gesetzes zur Änderung des Hessischen Schulgesetzes und anderer Gesetze und zur Neugliederung der Staatlichen Schulämter vom 15. 5. 1997 (GVBl. I S. 86) wurden 15 Staatliche Schulämter gebildet, deren Dienstbezirk teils das Gebiet eines Landkreises oder einer kreisfreien Stadt (Landkreis Fulda, Landkreis Marburg-Biedenkopf, Main-Kinzig-Kreis, Stadt Frankfurt am Main) ist, teils die Gebiete zweier Kreise zusammenfaßt. Die Fach- und Dienstaufsicht über die landwirtschaftlichen Fachschulen übt das Hessische Landesamt für Regionalentwicklung und Landwirtschaft aus (§ 95 Abs. 5 HSchG). Die Rechtsaufsicht über die kommunalen Schulträger nehmen nicht die Schulämter, sondern die jeweils zuständigen kommunalen Aufsichtsbehörden wahr (§ 94 Abs. 1 Satz 2 HSchG). Einzelnen Schulämtern – wie auch Regierungspräsidien – kann die Wahrnehmung überregionaler und zentraler Aufgaben durch Rechtsverordnung übertragen werden (§ 95 Abs. 1 Satz 2 HSchG).
47 Soweit nicht das Ministerium für Wissenschaft und Kunst zuständig ist (§§ 94 Abs. 1 Satz 3, 96 Abs. 2 HSchG).
48 §§ 95 ff. SchulG M-V.
49 §§ 2 f. SchulaufsichtsVO vom 8. 8. 1996 (Mittbl. S. 376), g. d. VO v. 11. 6. 1998 (Mittbl. S. 413). Für die Rechtsaufsicht über die kreisangehörigen Schulträger ist der Landrat, für die Rechtsaufsicht über die Landkreise und kreisfreien Städte ist das Kultusministerium zuständig (§ 96 Abs. 3 und Abs. 2 Satz 2 SchulG).
50 Schulaufsichtsbehörde für die landwirtschaftlichen Fachschulen ist das Ministerium für Landwirtschaft und Naturschutz (§ 96 Abs. 1 Nr. 3 SchulG).
51 §§ 119 ff. NSchG.
52 Die früheren Schulaufsichtsämter in den Landkreisen und kreisfreien Städten wurden mit Wirkung vom 1. 2. 1997 aufgelöst (dazu der Beschluß der Niedersächsischen Landesregierung zur Neuordnung der staatlichen Schulverwaltung v. 5. 3. 1996 [SVBl. S. 85]).
53 §§ 15 ff. SchVG.

b) Bezirksregierungen in Arnsberg, Detmold, Düsseldorf, Köln und Münster[54]; für die bergmännischen berufsbildenden Schulen das Landesoberbergamt in Dortmund
c) Ministerium für Schule und Weiterbildung, Wissenschaft und Forschung

Rheinland-Pfalz[55]
a) Bezirksregierungen in Koblenz, Neustadt a. d. W. und Trier[56]
b) ...
c) Ministerium für Bildung, Wissenschaft und Weiterbildung[57]

Saarland[58]
a) Schulämter; für die bergbaulichen Schulen das Oberbergamt in Saarbrücken
b) ...
c) Ministerium für Bildung, Kultur und Wissenschaft

Sachsen[59]
a) Regionalschulämter in Bautzen, Dresden, Leipzig, Chemnitz und Zwickau[60]
b) ...
c) Sächsisches Staatsministerium für Kultus

Sachsen-Anhalt[61]
a) Staatliche Schulämter[62]
b) ...
c) Kultusministerium

---

54 Das Ministerium kann einer Bezirksregierung die Ausübung der Schulaufsicht in einem bestimmten Aufgabengebiet auch für den Bereich einer oder mehrerer anderer Bezirksregierungen durch Rechtsverordnung im Einvernehmen mit dem Landtagsausschuß für Landesplanung und Verwaltungsreform übertragen (§ 16 Abs. 5 SchVG).
55 §§ 85 f. SchulG.
56 Zur geplanten Auflösung der Bezirksregierungen s. Anm. 15.
57 Bei landwirtschaftlichen berufsbildenden Schulen wirken das für das Schulwesen zuständige Ministerium und das für Landwirtschaft, Weinbau und Forsten zuständige Ministerium zusammen (§ 85 Abs. 3 SchulG).
58 §§ 55 ff. SchoG; VO über die Errichtung und Organisation der Schulämter vom 26.5.1970 (Amtsbl. S. 611), zul. g. d. VO v. 9.3.1997 (Amtsbl. S. 341).
59 § 59 SchulG.
60 VO über die Amtsbezirke der Regionalschulämter im Freistaat Sachsen vom 1.12.1998 (GVBl. S. 639). – Bis zum 31.12.1998 hatte Sachsen in Anlehnung an den Aufbau der Schulaufsicht in Baden-Württemberg eine dreistufige Gliederung der Schulaufsichtsbehörden mit 20 staatlichen Schulämtern als unteren Schulaufsichtsbehörden, drei Oberschulämtern als oberen Schulaufsichtsbehörden und dem Staatsministerium für Kultus als oberste Schulaufsichtsbehörde. Die staatlichen Schulämter und Oberschulämter wurden zu Regionalschulämtern verschmolzen. Dazu Peter *Musall*: Die Neustrukturierung der Schulaufsicht im Freistaat Sachsen, SächsVBl. 1998, 301, sowie Peter *Potrawke*: Umstrukturierung der Schulaufsicht in Sachsen, SchVw MO 1999, 61.
61 §§ 82 f. SchulG.
62 In Gardelegen, Magdeburg, Staßfurt, Halberstadt, Halle, Eisleben, Weißenfels, Dessau und Gräfenhainichen; dazu der RdErl. vom 19.8.1997 (SVBl. S. 246).

Schleswig-Holstein[63]
a) Staatliche Schulämter[64]
b) ...
c) Ministerium für Bildung, Wissenschaft, Forschung und Kultur[65]

Thüringen[66]
a) Staatliche Schulämter[67]
b) ...
c) Thüringer Kultusministerium[68]

---

63 §§ 120 ff. SchulG. Die Aufsicht über die Berufsfach- und Fachschulen, deren Träger die Landwirtschaftskammer ist, nimmt die Ministerin oder der Minister für Ernährung, Landwirtschaft, Forsten und Fischerei wahr (§ 125 Abs. 5 SchulG).
64 Das Ministerium für Bildung, Wissenschaft, Forschung und Kultur kann durch Verordnung einzelne Aufgaben der obersten Schulbehörde auf die Schulämter übertragen.
65 Die Aufsicht über die Berufsfach- und Fachschulen mit landwirtschaftlichem Schwerpunkt nimmt das Ministerium für ländliche Räume, Landwirtschaft, Ernährung und Tourismus wahr (§ 125 Abs. 5 SchulG).
66 §§ 2 ff. ThürSchAG.
67 Das Kultusministerium kann im Benehmen mit dem Innenministerium die Schulaufsicht für das Gebiet mehrerer Landkreise und kreisfreier Städte festlegen (§ 5 Satz 2 ThürSchAG). Von dieser Ermächtigung hat das Ministerium durch Organisationsverfügung vom 22.12.1993 (GABl. 1994 S. 2) Gebrauch gemacht und die Schulaufsicht für 17 Landkreise und 5 kreisfreie Städte auf 13 Staatliche Schulämter verteilt; dazu Monika *Duchêne*: Entwicklung des Schulrechts in Thüringen von 1992 bis 1996, RdJB 1997, 200 (201 f.).
68 Die Schulaufsicht über die landwirtschaftlichen, gärtnerischen sowie städtisch- und ländlich-hauswirtschaftlichen Fachschulen wird vom Ministerium für Landwirtschaft, Naturschutz und Umwelt und dem Landesverwaltungsamt ausgeübt (§ 4 Abs. 5 ThürSchAG).

Zweiter Teil: Lehrer

17. Kapitel: Lehrerbildung[1]

Die Lehrerbildung, die die Lehrerausbildung (TZ 17.1–17.3) sowie die Lehrerfort- und -weiterbildung (TZ 17.4) umfaßt, ist in Bayern, Berlin, Brandenburg, Bremen, Hessen, Nordrhein-Westfalen und im Saarland durch besonderes Gesetz geregelt (Lehrerbildungsgesetz, Lehrerausbildungsgesetz, Lehramtsgesetz)[2]. Die übrigen Länder haben sie durch Rechtsverordnungen normiert; entsprechende Ermächtigungen sind im jeweiligen Landesbeamtengesetz[3] oder Schulgesetz[4] enthalten.

17.1 Lehrerausbildung für Lehrämter

17.11 Allgemeines[5]

Voraussetzung für die Ausbildung zum Lehrer ist im Regelfall die – zumeist durch das Abitur nachgewiesene – allgemeine Hochschulreife[6]; das gilt nicht für die Ausbildung zum Fachlehrer für musisch-technische Fächer, zum Lehrer für Fachpraxis usw. (TZ 17.2). Die Lehrerausbildung ist in *zwei Phasen*

---

1 *Bildungskommission NRW*: Zukunft der Bildung – Schule der Zukunft, Neuwied 1995, S. 306 ff.; vgl. auch Hans-Alfred *Hansch*: Der Lehrer und das Schulrecht – Schul- und Lehrerberufsrecht in der Lehreraus-, -fort- und -weiterbildung, Hamburg 1988.
2 Bay Lehrerbildungsgesetz (BayLBG) i.d.F.d.Bek.v. 12.12.1995 (GVBl. 1996 S. 16, 40); bln Lehrerbildungsgesetz (LBiG) vom 13.2.1985 (GVBl. S. 434, 948), zul. g. d. G. v. 12.3.1997 (GVBl. S. 69); Bbg Lehrerbildungsgesetz vom 25.6.1999 (GVBl. I S. 242); Brem Lehrerausbildungsgesetz vom 2.7.1974 (GBl. S. 279); hess Gesetz über das Lehramt an öffentlichen Schulen i. d. F. v. 3.3.1992 (GVBl. S. 106), g. d. G. v. 15.5.1997 (GVBl. I S. 143); nrw Lehrerausbildungsgesetz (LABG) i.d.F. vom 23.6.1989 (GV. S. 421), zul. g. d. G. v. 23.6.1998 (GV. S. 466); Saarländisches Lehrerbildungsgesetz (SLBiG) vom 12.7.1978 (Amtsbl. S. 709), zul. g. d. G. v. 26.1.1994 (Amtsbl. S. 509).
3 S. etwa § 18 Abs. 2 und 3 bwLBG, § 202 Abs. 1 Nds BG.
4 S. etwa § 93 rp SchulG, § 40 Abs. 3 sächs SchulG, § 30 Abs. 5 Satz 4 SchulG LSA, § 35 Abs. 3 ThürSchulG.
5 *Sekretariat der Ständigen Konferenz der Kultusminister der Länder in der Bundesrepublik Deutschland*: Rahmenvereinbarungen über die Ausbildung und Prüfung für Lehrämter in der Bundesrepublik Deutschland, Bonn 1997. In dieser Broschüre sind, außer den Rahmenvereinbarungen (S. 17), auch die Stellungnahme der KMK zur Studienstrukturreform für die Lehrerausbildung vom 12.5.1995 (S. 5) sowie eine Übersicht »Lehrämter in der Bundesrepublik Deutschland« (Stand: Mai 1997, S. 73) enthalten. Die Rahmenvereinbarungen sind in der KMK-BeschlS. abgedruckt unter Nr. 743, 745, 748, 750, 781 und 775, die Stellungnahme zur Studienstrukturreform für die Lehrerausbildung unter Nr. 813. Vgl. auch den KMK-Bericht »Die Beschlußlage der Kultusministerkonferenz zur Lehrerbildung« (KMK-Beschluß vom 25./26.6.1992, nicht veröffentlicht). Die »Neue(n) KMK-Rahmenvereinbarungen zur Lehrerausbildung« erläutern Christoph *Leusmann*/Ekkehart *Glässner* in SchVw NI 1997, 144.
6 Zum Problem der Anerkennung von im Ausland erworbenen Reifezeugnissen als Voraussetzung für die Zulassung zum Studium s. Holger *Conrad*: Rechtsprobleme bei der Anerkennung ausländischer Zeugnisse und Examina, RdJB 1995, 292 (294 ff.).

gegliedert: das *Studium* an einer wissenschaftlichen Hochschule (Universität, Pädagogische Hochschule) oder an einer Kunst- oder Musikhochschule und den der schulpraktischen Ausbildung dienenden *Vorbereitungsdienst*; die zweiphasige Struktur der Lehrerausbildung ist auch in den neuen Ländern übernommen worden[7]. Die Ausbildung wird durch zwei *Prüfungen* abgeschlossen, von denen die erste nach dem Studium, die zweite am Ende des Vorbereitungsdienstes abgelegt wird. In den Prüfungen haben die Bewerber den Nachweis zu erbringen, daß sie über die wissenschaftliche Vorbildung und die praktische Befähigung verfügen, die der Lehrerberuf erfordert[8]. Die Prüfungsleistungen werden einzeln durch Noten bewertet, die im Prüfungszeugnis zu einem Gesamturteil zusammengefaßt sind. In § 19 Abs. 1 des Hamburger Abkommens (TZ 2.121) wurden einheitliche Noten für die Prüfungszeugnisse aller Lehramtsprüfungen im Bundesgebiet festgesetzt.

Die nähere Ausgestaltung der Lehrerausbildung orientiert sich an Lehrämtern. Früher pflegte man zwischen fünf *schulartbezogenen Lehrämtern* zu unterscheiden: den Lehrämtern an Grund- und Hauptschulen, an Realschulen, an Gymnasien, an berufsbildenden Schulen und an Sonderschulen[9]. Aufgrund der zunehmenden Ausdifferenzierung der Schulstruktur hat sich auch die Zahl der schulartbezogenen Lehrämter erhöht, so z.B. um die Lehrämter an Mittelschulen (Sachsen), an Sekundarschulen (Sachsen-Anhalt) und an Regelschulen (Thüringen). Andere Länder haben die Lehrerausbildung nach *stufenbezogenen Lehrämtern* eingeführt (z.B. Lehrämter für die Primarstufe, für die Sekundarstufe I und für die Sekundarstufe II). So gibt es heute eine verwirrende Vielzahl von Lehramtsbezeichnungen, die sich auch auf die Lehrerausbildung auswirken. Doch darf diese Vielfalt nicht darüber hinwegtäuschen, daß es trotz aller Unterschiede eine gemeinsame Grundstruktur der Lehrerausbildung gibt, die sich in einer Typologie der Lehrämter verdeutlichen läßt. Die Kultusministerkonferenz hat sich in diesem Sinne auf *sechs Lehramtstypen* verständigt und für diese Lehramtstypen Rahmenvereinbarungen über die Ausbildung und Prüfung geschlossen[10]. Soweit das Landesrecht diesen Vereinbarungen (noch) nicht entspricht, ist es den darin enthaltenen »Eckwerten« anzupassen.

---

7 Vgl. dazu Empfehlungen des Wissenschaftsrats zur Lehrerbildung in den neuen Ländern vom Juli 1997, in: *Wissenschaftsrat*: Empfehlungen zur künftigen Struktur der Hochschullandschaft in den neuen Ländern und im Ostteil von Berlin – Teil I –, Köln 1992, S. 81 ff.; s. auch Christoph *Führ*: Die Empfehlungen des Wissenschaftsrates zur Lehrerbildung in den neuen Ländern. Ihre Entstehung und ihre Zielsetzungen, in: Peter Dudek/H.-Elmar Tenorth (Hrsg.): Transformationen der deutschen Bildungslandschaft. Lernprozeß mit ungewissem Ausgang, Weinheim, Basel 1994, S. 195.
8 Befähigung zur Erteilung des Religionsunterrichts vgl. TZ 4.121.
9 Vgl. etwa KMK-Beschluß »Gegenseitige Anerkennung von Lehramtsprüfungen und Lehramtsbefähigungen« vom 5.10.1990, Anlage 1 (KMK-BeschlS. Nr. 715).
10 Rahmenvereinbarungen über die Ausbildung und Prüfung für Lehrämter in der Bundesrepublik Deutschland vom 6.5.1994, vom 12.5.1995 und vom 28.2.1997 (Anm. 5).

Die folgende Übersicht faßt die wichtigsten Merkmale der verschiedenen Lehramtstypen (LAT) zusammen.

LAT	Bezeichnung	Regelstudienzeit (Sem.)	Dauer des Vorbereitungsdienstes
1	Lehrämter der Grundschule bzw. Primarstufe[11]	7	mind. 18, höchstens 24 Monate
2	Übergreifende Lehrämter der Primarstufe u. aller oder einzelner Schularten der Sekundarstufe I[12]	7–9	mind. 18, höchstens 24 Monate
3	Lehrämter für alle oder einzelne Schularten der Sekundarstufe I[13]	7–9	mind. 18, höchstens 24 Monate
4	Lehrämter für die Sekundarstufe II (allgemeinbildende Fächer) oder für das Gymnasium[14]	9	24 Monate
5	Lehrämter für die Sekundarstufe II (berufliche Fächer) oder für die beruflichen Schulen[15]	9	24 Monate
6	Sonderpädagogische Lehrämter[16]	9	mind. 18, höchstens 24 Monate

11 Lehramt an Grundschulen in Bayern, Hessen, Sachsen, Sachsen-Anhalt und Thüringen; Lehramt für die Primarstufe in Brandenburg und Nordrhein-Westfalen; Lehramt der Primarstufe im Saarland.
12 Lehramt an Grund- und Hauptschulen in Baden-Württemberg, Mecklenburg-Vorpommern, Niedersachsen, Rheinland-Pfalz; Amt des Lehrers in Berlin; stufenübergreifendes Lehramt für die Sekundarstufe I/Primarstufe in Brandenburg; Lehramt an öffentlichen Schulen in Bremen; Laufbahn der Grund- und Hauptschullehrerinnen und der Grund- und Hauptschullehrer in Schleswig-Holstein.
13 Lehramt an Hauptschulen in Bayern; Lehramt an Realschulen in Baden-Württemberg, Bayern, Niedersachsen, Rheinland-Pfalz; Lehramt an Volks- und Realschulen in Hamburg; Amt des Lehrers mit fachwiss. Ausbildung in zwei Fächern in Berlin; Lehramt für die Sekundarstufe I in Brandenburg, Nordrhein-Westfalen; Lehramt an Haupt- und Realschulen in Hessen, Mecklenburg-Vorpommern; Lehramt an Mittelschulen in Sachsen; Lehramt Haupt- und Realschule an Sekundarschulen in Sachsen-Anhalt; Lehramt an Regelschulen in Thüringen; Lehramt an Hauptschulen und Gesamtschulen sowie an Realschulen und Gesamtschulen im Saarland; Laufbahn der Realschullehrerinnen und Realschullehrer in Schleswig-Holstein.
14 Lehramt an Gymnasien in Baden-Württemberg, Bayern, Hamburg, Hessen, Mecklenburg-Vorpommern, Niedersachsen, Rheinland-Pfalz, Sachsen, Sachsen-Anhalt, Thüringen; Amt des Studienrats in Berlin; Lehramt für die Sekundarstufe II in Brandenburg und Nordrhein-Westfalen; Laufbahn der Studienrätinnen und Studienräte an Gymnasien in Schleswig-Holstein.
15 Lehramt an beruflichen Schulen in Bayern, Hessen, Mecklenburg-Vorpommern, Saarland; Lehramt an berufsbildenden Schulen in Hamburg, Niedersachsen, Rheinland-Pfalz, Sachsen, Sachsen-Anhalt, Thüringen; Laufbahn des höheren Schuldienstes an beruflichen Schulen in Baden-Württemberg; Laufbahn der Studienrätinnen und Studienräte an berufsbildenden Schulen in Schleswig-Holstein; Amt des Studienrats in Berlin; Lehramt für die Sekundarstufe II (berufsbildend) in Brandenburg, Nordrhein-Westfalen.
16 Lehramt an Sonderschulen in Baden-Württemberg, Bayern, Hamburg, Hessen, Niedersachsen, Rheinland-Pfalz, Sachsen-Anhalt; Lehramt für Sonderpädagogik in Brandenburg, Mecklenburg-Vorpommern, Nordrhein-Westfalen, Saarland; Lehramt an Förderschulen in Sachsen, Thüringen; Laufbahn der Sonderschullehrerinnen und Sonderschullehrer in Schleswig-Holstein.

17.12 Studium

Die Regelstudienzeit[17] beträgt je nach landesrechtlicher Regelung und Art des angestrebten Lehramts sieben, acht oder neun Semester. Die in den Prüfungs- und Studienordnungen enthaltenen Vorgaben sollen 20 Semesterwochenstunden je Studiensemester nicht überschreiten; demgemäß hat die Kultusministerkonferenz die Obergrenzen bei sieben Semestern Regelstudienzeit auf 120 Semesterwochenstunden, bei acht Semestern auf 140, bei neun Semestern auf 160 Semesterwochenstunden festgelegt, wobei jeweils ein vorlesungsfreies Prüfungssemester berücksichtigt ist. Das Studium umfaßt erziehungswissenschaftliche sowie fachwissenschaftliche und fachdidaktische Studien in mindestens zwei Fächern; die Länder können Fächerkombinationen festlegen oder ausschließen[18]. Das Studium, das sich in Grund- und Hauptstudium gliedert, schließt ein mehrwöchiges Schulpraktikum ein; beim Lehramtstyp 5 ist zugleich eine fachpraktische Tätigkeit von mindestens einjähriger Dauer vorgeschrieben. Die das Studium abschließende Erste Staatsprüfung (Erste Lehramtsprüfung) besteht aus schriftlicher Hausarbeit (mit einer Bearbeitungszeit von in der Regel drei Monaten), Klausuren und ggf. praktischen Prüfungen[19].

17.13 Vorbereitungsdienst

Wer die Erste Staatsprüfung bestanden hat, kann auf seinen Antrag zum Vorbereitungsdienst zugelassen werden. Aufgabe dieses Ausbildungsabschnitts ist die auf dem Hochschulstudium aufbauende schulpraktische Ausbildung sowie die Vorbereitung der angehenden Lehrer auf ihre Tätigkeit und Verantwortung als Lehrende und Erziehende. Der Lehramtsanwärter wird einem Seminar (Studienseminar, Ausbildungsseminar)[20] zugewiesen. Die theoretische Ausbildung in Pädagogik und Fachdidaktik findet am Seminar, die praktische Ausbildung an einer Schule unter Anleitung eines zum Betreuungslehrer (Mentor) bestellten Lehrers statt. Verantwortlich für die gesamte Ausbildung und Vorgesetzter des Lehramtsanwärters ist der Leiter des Seminars, der in dieser Aufgabe durch Fachleiter und Mentoren unterstützt wird. Die den Vorbereitungsdienst abschließende Zweite Staatsprüfung (Zweite Lehr-

---

17 Regelstudienzeit ist diejenige Studienzeit, in der ein berufsqualifizierender Abschluß erworben werden kann (§ 10 Abs. 2 HRG).
18 Für die Lehrämter der Lehramtstypen 1 und 2 reicht es in einigen Ländern aus, wenn neben Didaktik der Grundschule bzw. der Primarstufe ein Fach studiert wird. Für den Lehramtstyp 5 wird i. d. R. zur Hälfte das vertiefte Studium einer beruflichen Fachrichtung sowie, zur anderen Hälfte, das erziehungswissenschaftliche Studium und das Studium eines berufsfeldübergreifenden oder eines allgemeinbildenden Unterrichtsfachs verlangt. Das Studium für ein Lehramt des Lehramtstyps 6 umfaßt zur einen Hälfte das Studium der Sonderpädagogik, zur anderen Hälfte das erziehungswissenschaftliche Studium und die unterrichtsfachlichen Studien.
19 Das gilt vor allem für Prüfungen in den Fächern Musik, Bildende Kunst, Sport, Arbeitslehre.
20 Die Seminare sind zumeist nichtrechtsfähige Anstalten des jeweiligen Bundeslandes und unterstehen der Aufsicht des Kultusministeriums.

amtsprüfung, Laufbahnprüfung, Anstellungsprüfung) besteht aus schriftlicher (Haus-)Arbeit, Prüfungslehrproben und mündlicher Prüfung. Die bestandene Prüfung ist Voraussetzung für die endgültige Anstellung. Zu rechtlichen Problemen des Vorbereitungsdienstes s. TZ 17.3.

17.2 Ausbildung sonstiger Lehrkräfte

Neben den an wissenschaftlichen Hochschulen ausgebildeten Lehrern, die sich für ein Lehramt qualifiziert haben, gibt es verschiedene Lehr- und pädagogische Hilfskräfte, die aufgrund berufspraktischer Erfahrungen oder besonderer Fähigkeiten in der Schule eingesetzt werden. Sie sind Beamte in der Laufbahngruppe des mittleren oder gehobenen Dienstes (vgl. TZ 18.212), sofern sie nicht als Angestellte beschäftigt werden. Ihre Ausbildung ist nicht in den Lehrerbildungsgesetzen (soweit vorhanden), sondern in Rechtsverordnungen geregelt, zu deren Erlaß der Kultusminister durch das Landesbeamtengesetz ermächtigt ist[21].

17.21 Fachlehrer für musisch-technische Fächer

Mehrere Flächenländer haben eine besondere Ausbildung für technische und künstlerische Fächer (insbesondere Werken, Kunst, Musik, Hauswirtschaft, Handarbeit, Sport) geschaffen, die nicht das Abitur, sondern den Realschul- oder einen gleichwertigen Bildungsabschluß voraussetzt. Die Ausbildung findet in *pädagogischen Fachinstituten (Seminaren, Fachseminaren)* statt; sie dauert – je nach Fachrichtung und Land – zwei, drei oder vier Jahre. Die Absolventen werden nach einer oder zwei staatlichen Prüfungen als Fachlehrer in der Primarstufe, in der Sekundarstufe I oder an berufsbildenden Schulen eingesetzt.

---

21 S. beispielsweise Baden-Württemberg: VO über die Ausbildung und Prüfung von Fachlehrern für musisch-technische Fächer vom 12.2.1997 (GBl. S. 103). Bayern: VO über die Zulassung und Ausbildung der Fachlehrer musischer und technischer Fächer vom 29.1.1975 (GVBl. S. 20), zul. g. d. VO. v. 2.9.1991 (GVBl. S. 334); Prüfungsordnung für die Anstellungsprüfung (II. Lehramtsprüfung) der Fachlehrer vom 12.12.1996 (GVBl. S. 562), Berichtigung vom 27.1.1997 (GVBl. S. 23). Hessen: VO über die Berufspädagogische Ausbildung und die Prüfung zum Erwerb der Lehrbefähigung in arbeitstechnischen Fächern vom 6.9.1995 (GVBl. I S. 465), g. d. VO. v. 6.3.1998 (GVBl. I S. 59). Mecklenburg-Vorpommern: Ausbildungs- und PrüfungsVO für Fachlehreranwärter für den praktischen Unterricht an beruflichen Schulen vom 23.6.1994 (GVOBl. S. 685). Niedersachsen: VO über die Ausbildung und die Laufbahnprüfung für Lehrer für Fachpraxis an berufsbildenden Schulen im Lande Niedersachsen i. d. F. d. VO v. 31.3.1981 (GVBl. S. 95). Nordrhein-Westfalen: §§ 58 ff. Laufbahnverordnung.

17.22 Lehrer für Fachpraxis[22]

An *berufsbildenden Schulen*, vorzugsweise an Vollzeitschulen, unterrichten Lehrer für Fachpraxis (Technische Lehrer, Werkstattlehrer), deren Aufgabe es ist, berufspraktische Kenntnisse und Fertigkeiten zu vermitteln. Nach Abschluß der Realschule oder nach einem als gleichwertig anerkannten Bildungsabschluß haben sie entweder die Meisterprüfung abgelegt oder eine mindestens dreisemestrige Fachschule absolviert. In jedem Fall verfügen sie über mehrjährige berufspraktische Erfahrungen. Ihre pädagogische Ausbildung erhalten sie, zumeist im Rahmen eines einhalb- bis zweijährigen Vorbereitungsdienstes als Beamte auf Widerruf, in staatlichen *Seminaren* (berufspädagogischen Fachseminaren) oder *Staatsinstituten*.

17.23 Sozialpädagogische Fachkräfte

Bei den sozialpädagogischen Fachkräften, die im Rahmen der dem Schulbereich ein- und zugeordneten Vorschulerziehung (Schulkindergärten und Vorklassen) tätig sind, handelt es sich um *Kindergärtnerinnen* und *Jugendleiterinnen* mit entsprechender Ausbildung, um *Erzieher* (Realschulabschluß, Praktikum und entsprechende Fachschulausbildung) und *Sozialpädagogen* (Fachhochschulreife und Studium an einer Fachhochschule für Sozialarbeit bzw. Sozialpädagogik). Erzieher, Sozialpädagogen und sonstige Mitarbeiter sind ferner an Horten und Ganztagsschulen, in Heimen und auf dem Gebiet der Sonderpädagogik tätig. Soweit erforderlich, erhalten sie eine zusätzliche Ausbildung an entsprechenden *berufspädagogischen Fachseminaren*.

17.24 Pädagogische Assistenten

Einige Länder bilden pädagogische Assistenten aus, die Schulleiter und Lehrer bei der Vorbereitung und Durchführung ihrer Unterrichts- und Verwaltungsarbeit unterstützen und entlasten sollen[23]. Ihnen können in gewissem Umfang auch selbständige Aufgaben übertragen werden (z. B. Betreuung von Schülergruppen, Aufsichtsfunktionen und technische Aufgaben).

---

22 Vgl. die Rahmenordnung der KMK für die Ausbildung und Prüfung der Lehrer für Fachpraxis im beruflichen Schulwesen vom 6.7.1973 (KMK-BeschlS. Nr. 786).
23 So z.B. in Bayern die »Förderlehrer« nach Art. 60 Abs. 1 BayEUG (nicht zu verwechseln mit den Lehrern an Förderschulen gemäß Art. 19ff. BayEUG) und in Niedersachsen die »Schulassistenten« (§ 53 NSchG).

17.3 Rechtsfragen des Vorbereitungsdienstes der Lehramtsanwärter[24]

17.31 Rechtsstatus des Lehramtsanwärters

Bei seiner Einstellung in den Vorbereitungsdienst wird der Lehramtsanwärter in das Beamtenverhältnis auf Widerruf berufen[25]. Als Widerrufsbeamter kann er grundsätzlich jederzeit entlassen werden (§ 23 Abs. 4 Satz 1 BRRG). Der Dienstherr darf die Entlassung allerdings nur aus sachlichen Gründen aussprechen[26]. Sein Ermessen ist zusätzlich dadurch eingeschränkt, daß der Vorbereitungsdienst als Ausbildungsstätte von der Schutzwirkung des Art. 12 Abs. 1 GG erfaßt wird (vgl. TZ 17.32). Dem Widerrufsbeamten im Vorbereitungsdienst soll Gelegenheit gegeben werden, den Vorbereitungsdienst abzuleisten und die Prüfung abzulegen (§ 23 Abs. 4 Satz 2 BRRG). Sein Beamtenverhältnis endet kraft Gesetzes mit dem Ablegen der Prüfung (§ 22 Abs. 3 BRRG[27]) oder mit dem endgültigen Nichtbestehen der Prüfung[28]. Die Lehramtsanwärter erhalten keine Dienstbezüge, sondern *Anwärterbezüge* gemäß § 59 BBesG (TZ 20.121).

17.311 Die sich aus Art. 33 Abs. 5 GG als hergebrachter Grundsatz des Berufsbeamtentums ergebende *Verfassungstreuepflicht* (dazu TZ 18.224) gilt für

---

24 Hermann *Avenarius*: Rechtsfragen des Vorbereitungsdienstes der Lehramtsanwärter, RdJB 1984, 258; *Hansch* (Anm. 1), S. 79 ff.; *Stein/Roell*, S. 343 ff.
25 Vgl. etwa § 1 Abs. 3 Satz 1 hess Lehramtsgesetz. Auch den neuen Ländern sind dazu übergegangen, die Anwärter zu verbeamten: Brandenburg: § 3 Abs. 1 der Ordnung für den Vorbereitungsdienst vom 17.5.1994 (GVBl. II S. 342); Mecklenburg-Vorpommern: § 5 Abs. 1 Satz 1 Nr. 4 Buchst. a LBG M-V (»in der Regel«); Sachsen-Anhalt: Ziff. I.3. der Ausbildungsordnung für Lehrämter, RdErl. vom 12.6.1996 (SVBl. S. 258); Thüringen: § 6 Abs. 1 VO über die Ausbildung und Zweite Staatsprüfung für die Lehrämter vom 14.8.1995 (GVBl. S. 285). Uneinheitlich sind die Regelungen in Sachsen. Dort werden Anwärter für die Lehrämter an Mittelschulen und berufsbildenden Schulen als Angestellte auf Zeit in den Staatsdienst übernommen (§ 7 Abs. 1 VO über den Vorbereitungsdienst und die Zweite Staatsprüfung für das Lehramt an Mittelschulen, § 7 Abs. 1 VO über den Vorbereitungsdienst und die Zweite Staatsprüfung für das Höhere Lehramt an beruflichen Schulen), während die Anwärter für die Lehrämter an Grundschulen und Gymnasien grundsätzlich zu Beamten auf Widerruf ernannt werden (§ 7 Abs. 1 Satz 1 VO über den Vorbereitungsdienst und die Zweite Staatsprüfung für das Lehramt an Grundschulen, § 7 Abs. 1 Satz 1 VO über den Vorbereitungsdienst und die Zweite Staatsprüfung für das Höhere Lehramt an Gymnasien).
26 Z.B. bei einem Lehramtsanwärter, der permanent seine Pflichten verletzt (OVG Schleswig, ZBR 1992, 186) oder der wegen unerlaubten Besitzes von Betäubungsmitteln verurteilt wurde (VGH München, NVwZ-RR 1994, 222).
27 Z.B. Art. 43 Abs. 2 Satz 2 Nr. 1 BayBG.
28 Z.B. § 13 Abs. 5 Satz 1 bw LVO.

jedes Beamtenverhältnis, also auch für das Beamtenverhältnis auf Widerruf[29]. Bestehen ernsthafte und begründete Zweifel an der Verfassungstreue des Bewerbers, darf er nicht als Beamter auf Widerruf eingestellt werden[30]. Da der Vorbereitungsdienst aber zugleich Voraussetzung für eine spätere Berufstätigkeit außerhalb des öffentlichen Dienstes ist[31], *muß der Staat aufgrund des Art. 12 Abs. 1 GG solchen Bewerbern, die nicht die Gewähr bieten, jederzeit für die freiheitliche demokratische Grundordnung einzutreten, und deshalb nicht als Beamte eingestellt werden können, die Möglichkeit der Ausbildung außerhalb des Beamtenverhältnisses eröffnen*[32].

17.312 Dem Staat steht es frei, den Vorbereitungsdienst für alle Bewerber so zu organisieren, daß er in einem privatrechtlichen Anstellungsverhältnis oder in einem besonderen öffentlich-rechtlichen Ausbildungsverhältnis (Praktikantenverhältnis) abzuleisten ist[33]. § 14 Abs. 1 Satz 1 Halbsatz 2 BRRG[34] stellt nunmehr klar, daß der Vorbereitungsdienst, soweit er Voraussetzung für die Ausübung eines Berufs außerhalb des öffentlichen Dienstes ist, auch in einem öffentlich-rechtlichen Ausbildungsverhältnis außerhalb des Beamtenverhältnisses abgeleistet werden kann. Ein Bewerber, der den Vorbereitungsdienst nicht im Beamtenverhältnis durchläuft, braucht sich nicht aktiv für den Staat und seine Verfassung einzusetzen. Es genügt, daß er eine *gleichsam neutrale Haltung* einnimmt, daß er im Unterricht die Grundwerte der Verfassung nicht in Zweifel zieht und daß er nicht darauf abzielt, die freiheitliche demokratische Grundordnung zu beeinträchtigen oder gar zu beseitigen[35].

---

29 BVerfGE 39, 334. Für die Übernahme eines Bewerbers in den Vorbereitungsdienst reicht allerdings nach Auffassung des BVerfG eine gewissermaßen »vorläufige« Beurteilung seiner politischen Loyalität aus; systematische Ermittlungen durch die Staatsschutzbehörden und die Speicherung ihrer Ergebnisse für Zwecke der Einstellungsbehörden seien mit den im Rechtsstaatsprinzip verankerten Gebot der Verhältnismäßigkeit kaum zu vereinbaren (356f.).
30 BVerfGE 39, 334 (351 ff.).
31 Z. B. als Lehrer an einer Privatschule.
32 BVerfGE 39, 334 (371 ff.); BAGE 54, 340 (343) m. w. N. aus der Rspr. des BAG.
33 Dazu auch BAGE 62, 210 (214 f.).
34 Neugefaßt durch Art. 1 Nr. 5 des Gesetzes zur Reform des öffentlichen Dienstrechts vom 24.2.1997 (BGBl. I S. 322).
35 BAG, NJW 1983, 779 (781); BAG, NJW 1982, 2396 (2398), s. auch BAGE 54, 340 (345 ff.). BVerfGE 46, 43 (52): Wer die freiheitliche demokratische Grundordnung bekämpft, darf auch dann nicht in den Vorbereitungsdienst aufgenommen werden, wenn dieser außerhalb des Beamtenverhältnisses abgeleistet werden soll. – Zum Begriff der freiheitlichen demokratischen Grundordnung BVerfGE 2, 1 (12 f.); 5, 85 (140); 69, 315 (345 f.); TZ 4.112 Anm. 24. Erhard *Denninger*: »Streitbare Demokratie« und Schutz der Verfassung, in: Ernst Benda/Werner Maihofer/Hans-Jochen Vogel (Hrsg.): Handbuch des Verfassungsrechts. 2. Aufl., Berlin 1995, S. 675 (692 ff. Rn. 33 ff.).

17.32 Zugang zum Vorbereitungsdienst

Da der Vorbereitungsdienst der Ausbildung für einen Beruf dient, ist er eine Ausbildungsstätte im Sinne des Art. 12 Abs. 1 Satz 1 GG[36]. Der Zugang zum Vorbereitungsdienst ist daher durch das jedem Deutschen zustehende Grundrecht der freien Wahl der Ausbildungsstätte geschützt[37].

17.321 Der Grundrechtsschutz erschöpft sich nicht in der den Freiheitsrechten herkömmlich beigemessenen Abwehrfunktion gegen Eingriffe der öffentlichen Gewalt. Nach der Rechtsprechung insbesondere des Bundesverfassungsgerichts gewährleistet Art. 12 Abs. 1 Satz 1 GG i. V. m. dem Gleichheitssatz (Art. 3 Abs. 1 GG) und dem Sozialstaatsgebot zugleich ein Recht des die subjektiven Zulassungsvoraussetzungen erfüllenden Bewerbers auf Teilhabe an den faktisch in alleiniger staatlicher Verantwortung betriebenen Ausbildungseinrichtungen[38]. Wegen dieses staatlichen Ausbildungsmonopols muß auch eine *muslimische Bewerberin* deutscher Staatsangehörigkeit, *die darauf besteht, in der Schule ein Kopftuch zu tragen*, zum Vorbereitungsdienst zugelassen werden. Sofern sie durch das Tragen des Kopftuchs ihrem Glauben Ausdruck verleiht, kann sie sich auf das Grundrecht der Religionsfreiheit (Art. 4 GG) berufen. Zwar ist dieses Grundrecht durch die gleichfalls verfassungsrechtlich verankerte Pflicht des Beamten, sich im Dienst religiös neutral zu verhalten, eingeschränkt; dem Grundrecht der freien Wahl der Ausbildungsstätte ist jedoch in diesem Fall höheres Gewicht als der Neutralitätspflicht beizumessen[39].

Kapazitätsbedingte Zulassungsbeschränkungen beim Zugang zum Vorbereitungsdienst sind nur unter strengen formellen und materiellen Voraussetzungen statthaft. Sie bedürfen einer gesetzlichen Grundlage und sind nur in den Grenzen des unbedingt Erforderlichen unter erschöpfender Nutzung der vorhandenen, mit öffentlichen Mitteln geschaffenen Ausbildungskapazitäten zulässig. Allerdings hat der Gesetzgeber bei seiner Haushaltswirtschaft auch andere Gemeinschaftsbelange zu berücksichtigen; das Teilhaberecht auf Zulassung zur Ausbildungsstätte steht unter dem Vorbehalt des Möglichen im Sinne dessen, was der einzelne vernünftigerweise von der Gesellschaft beanspruchen kann[40]. Der Staat genügt dem verfassungsrechtlichen Kapazitätserschöpfungsgebot, wenn er dafür Sorge trägt, daß nach vertretbarer Prognose für die abgewiesenen Bewerber zum Vorbereitungsdienst Wartezeiten von

---

36 BVerfGE 39, 334 (373); BVerwGE 47, 330 (332 f.); 64, 153 (159). Vgl. Joachim *Wieland*, in: Dreier: Grundgesetz. Kommentar, Art. 12 Rn. 55; *Jarass/Pieroth*: Grundgesetz. Kommentar, Art. 12 Rn. 44 a; Peter J. *Tettinger*, in: Sachs: Grundgesetz. Kommentar, Art. 12 Rn. 67; Manfred *Gubelt*, in: von Münch/Kunig: Grundgesetz. Kommentar, Art. 12 Rn. 26.
37 Wegen des Gleichbehandlungsgebots des Art. 39 Abs. 2 EGV (früher: Art. 48 EGV) können sich auch die Staatsangehörigen eines anderen Mitgliedstaats der EU auf Art. 12 Abs. 1 GG berufen (vgl. TZ 17.323).
38 Grundlegend BVerfGE 33, 303 (330 ff.). Vgl. auch Rüdiger *Breuer*: Freiheit des Berufs, HdbStR VI, S. 877 (932 ff. Rn. 75 ff.); Peter J. *Tettinger*, in: Sachs: Grundgesetz. Kommentar, Art. 12 Rn. 11, 131 ff.; Joachim *Wieland*, in: Dreier: Grundgesetz. Kommentar, Art. 12 Rn. 161 ff.; *Jarass/Pieroth*: Grundgesetz. Kommentar, Art. 12 Rn. 47.
39 Zur Neutralitätspflicht des im Schuldienst tätigen vollausgebildeten Lehrers s. TZ 19.123.
40 BVerfGE 33, 303 (338).

höchstens zwei Jahren entstehen[41]. Wird das Grundrecht der Bewerber auf Zulassung zum Vorbereitungsdienst durch Kapazitätsengpässe eingeschränkt, muß ein *Auswahlverfahren* durchgeführt werden, das allen Antragstellern die Möglichkeit des Zugangs wahrt[42]. Als eines der Auswahlkriterien kommt das *Ergebnis der Ersten Staatsprüfung* in Betracht. Damit auch den Bewerbern mit schlechteren Prüfungsnoten eine Ausbildungschance erhalten bleibt, bietet sich daneben die *Wartezeit* als taugliches Auswahlkriterium an; sie ermöglicht es, daß Antragsteller, deren Studienabschluß längere Zeit zurückliegt, bevorzugt berücksichtigt werden. Aufgrund des Sozialstaatsgebots ist ein Teil der Ausbildungsplätze für *Härtefälle* zu reservieren, also zum Ausgleich schwerwiegender sozialer, familiärer oder gesundheitlicher Benachteiligungen[43].

In Anwendung dieser Grundsätze hat die Kultusministerkonferenz in ihrem Beschluß vom 20.11.1975[44] einheitliche Kriterien für die Aufnahme von Lehramtsanwärtern in den Vorbereitungsdienst festgelegt und in Nr.5 der Empfehlung folgende Quotierung vorgesehen: 1. in der Regel 10 Prozent für Härtefälle, 2. die überwiegende Zahl der Ausbildungsplätze nach der durch die Zeugnisnote der Ersten Staatsprüfung nachgewiesenen Qualifikation, 3. bis höchstens 35 Prozent nach der Wartezeit, wobei dem Bewerber aufgrund der Zahl der erfolglosen Bewerbungen ein Zuschlag zu seiner Zeugnisnote gewährt wird. Eine Bevorzugung von Landeskindern wird als unzulässig erachtet (Nr.7 des Beschlusses).

Wegen der einschneidenden Bedeutung der Auswahlregelung ist das jeweilige Landesparlament aufgrund des Vorbehalts des Gesetzes (TZ 15.3) verpflichtet, zumindest die Art der anzuwendenden Auswahlkriterien und deren Rangverhältnis untereinander selbst festzulegen[45]. Die gesetzgebenden Körperschaften der Länder haben entsprechende Vorschriften – im Landesbeamtengesetz, im Lehrerbildungsgesetz oder in einem besonderen Zulassungsgesetz – erlassen, dabei aber den KMK-Beschluß nicht einheitlich umgesetzt[46].

---

41 So VGH Mannheim, DÖV 1998, 209. Die auf verwaltungspraktischen Erwägungen beruhende Festsetzung von Einstellungsterminen ist keine Zulassungsbeschränkung, da sie den Normbereich des Art. 12 Abs. 1 GG solange nicht berührt, als ein Bewerber bei typisierender Betrachtung den Zeitraum zwischen Erster Staatsprüfung und Einstellung in den Vorbereitungsdienst finanziell überbrücken und trotz der Unterbrechung noch substantiell an seinen Bildungsstand anknüpfen kann. So Helmut *Schnellenbach*: Beamtenrecht in der Praxis. 4. Aufl., München 1998, S. 10 Rn. 11; vgl. auch VG Berlin, NVwZ-RR 1999, 181 (182).
42 Vgl. dazu und zum folgenden BVerfGE 33, 303 (338 f., 348 ff., 351 ff.).
43 Vgl. etwa § 125b Abs. 1 BRRG, wonach Änderungen der Einstellungsvoraussetzungen während des Mutterschutzes bzw. des Erziehungsurlaubs nicht zum Nachteil der Bewerberin ausschlagen dürfen. Durch die Härtefallklausel muß vor allem erreicht werden, daß die Benachteiligung von Behinderten vermieden wird (Art. 3 Abs. 3 Satz 2 GG).
44 KMK-BeschlS. Nr. 734.
45 BVerfGE 33, 303 (345 f.).
46 So sieht z. B. Baden-Württemberg eine Relation von mindestens 65 % nach Eignung und Leistung, mindestens 10 % nach der Wartezeit und höchstens 10 % für Härtefälle vor (§ 23 Abs. 3 Nr. 2 LBG), während Bremen das Rangverhältnis mit mindestens 40 zu höchstens 45 zu höchstens 15 bestimmt (§ 2 Abs. 1 Vorbereitungsdienst-Zulassungsgesetz).

17.322 Immer wieder treten Fälle auf, in denen Bewerber nicht zum Vorbereitungsdienst zugelassen werden, weil sie das *Erste Staatsexamen in einem anderen Bundesland* abgelegt haben. Die Nichtanerkennung der Prüfung wird meist damit begründet, daß die Vorbildung des Antragstellers in Qualität, Fächerwahl oder Lehramtsbezug nicht den Bestimmungen des aufnehmenden Landes entspreche[47].
Der Landesgesetzgeber ist berechtigt, den Zugang zum Vorbereitungsdienst bei allen Bewerbern, auch bei solchen aus anderen Bundesländern, von der Erfüllung bestimmter Anforderungen an die Vorbildung abhängig zu machen; diese subjektiven Zulassungsvoraussetzungen, die dem Schutz wichtiger Gemeinschaftsgüter – hier der staatlichen Schulerziehung – dienen, sind mit Art. 12 Abs. 1 GG vereinbar. Daher kann ein Antragsteller, der mit seiner in einem anderen Bundesland erworbenen Qualifikation diese Voraussetzungen nicht oder nur teilweise erfüllt, aus dem Grundrecht auf freie Wahl der Ausbildungsstätte keinen Anspruch auf Zulassung zum Vorbereitungsdienst herleiten[48].
Ein Anspruch auf Aufnahme als Lehramtsanwärter ergibt sich aber in der Regel aus § 122 Abs. 1 BRRG[49]. Nach dieser einheitlich und unmittelbar in allen Ländern geltenden Vorschrift darf die Zulassung zum Vorbereitungsdienst einer Laufbahn nicht deshalb abgelehnt werden, weil der Bewerber die für seine Laufbahn vorgeschriebene Vorbildung im Bereich eines anderen Dienstherrn erworben hat. § 122 Abs. 1 BRRG liefe weitgehend leer, wenn man den Begriff »vorgeschriebene Vorbildung« dahin verstünde, daß die Vorbildung des Bewerbers mit einer im aufnehmenden Land verlangten Vorbildung in jeder Hinsicht identisch sein müßte. Vielmehr kommt es darauf an, daß sie geeignet ist, in Verbindung mit der Ausbildung im Vorbereitungsdienst die Befähigung für die dem angestrebten Lehramt zugeordnete Laufbahn zu vermitteln; mit dieser *Maßgabe muß die Vorbildung gleichwertig sein* (vgl. § 13 Abs. 3 Satz 2 und 3 BRRG). Dazu genügt es allerdings nicht, daß das vorausgegangene Lehrerstudium in seinen äußeren Merkmalen – Dauer, allgemeine Fachrichtung, Abschluß durch Erste Staatsprüfung – Übereinstimmungen aufweist. Die Vorbildung muß vielmehr den Anforderungen des aufnehmenden Landes auch inhaltlich im wesentlichen entsprechen. Zu diesem Zweck sind die für den betreffenden Studiengang und Bildungsabschluß maßgeblichen Anforderungen des Herkunftslandes mit denen des aufnehmenden Landes zu vergleichen; Gewichtung und Einordnung der einzelnen Vorbil-

---

47 Zur Anerkennungspraxis der Bundesländer s. ausführlich Hermann *Avenarius*/Hans *Döbert*/Peter *Döbrich*/Angelika *Schade*: Mobilitätschancen für Lehrer in Deutschland und Europa. Wie verfahren die Länder in der Bundesrepublik Deutschland bei der Anerkennung von Lehramtsprüfungen, die in anderen Bundesländern und in anderen Mitgliedstaaten der Europäischen Union abgelegt wurden?, Baden-Baden 1996. Zu den dabei auftretenden Rechtsfragen Hermann *Avenarius*: Gegenseitige Anerkennung von Lehramtsprüfungen zwischen den Ländern in der Bundesrepublik Deutschland, DÖV 1997, 485.
48 So BVerwGE 64, 142 (143 f.).
49 Dazu und zum folgenden BVerwGE 64, 142 (144 ff.); vgl. ferner LAG Köln, ZBR 1990, 333.

dungselemente müssen hierbei berücksichtigt werden[50]. Demgemäß hat die Behörde, die über die Zulassung zum Vorbereitungsdienst entscheidet, einen Beurteilungsspielraum, in dessen Rahmen sie die Gleichwertigkeit der Vorbildung des Bewerbers zu überprüfen hat[51]. Den Ländern bleibt es im übrigen unbenommen, über den Anwendungsbereich des § 122 Abs. 1 BRRG hinaus innerhalb der geltenden rahmenrechtlichen Bindungen eine in einem anderen Bundesland erworbene Vorbildung trotz mangelnder Gleichwertigkeit für die Zulassung zum Vorbereitungsdienst als ausreichend zu erachten[52]. Einige Länder haben diese Möglichkeit in Form von Ermessensvorschriften in ihrem jeweiligen Lehrerbildungsrecht bzw. Laufbahnrecht eröffnet[53].

Durch Beschluß vom 5.10.1990 hat die Kultusministerkonferenz die Voraussetzungen der gegenseitigen Anerkennung von Lehramtsprüfungen näher bestimmt[54]. Nach diesem Beschluß werden die Ersten Staatsprüfungen grundsätzlich gegenseitig anerkannt, sofern bestimmte Mindestnormen (d.h. die für einzelne Lehrämter festgelegte Anzahl von Semesterwochenstunden) eingehalten wurden und die Prüfungen den einschlägigen Vereinbarungen der Kultusministerkonferenz entsprechen. Der Grundsatz der Anerkennung gilt nicht, wenn die Lehrämter nicht übereinstimmen, wenn der Bewerber nicht wenigstens zwei Fächer bzw. Fachrichtungen nachweist, wenn ein Fach oder beide Fächer in der Schulart oder Schulstufe nicht vorgesehen sind oder wenn der Bewerber nicht über die im Aufnahmeland vorgeschriebene Fächerkombination verfügt. Liegt einer der genannten Ausnahmetatbestände vor, ist der Bewerber gleichwohl nicht von vornherein chancenlos. Die Länder sind nämlich in einem solchen Fall keineswegs gehindert, die Prüfung dennoch anzuerkennen; sie können freilich die Anerkennung von der Erbringung zusätzli-

---

50 Gem. § 18 Abs. 1 des Hamburger Abkommens (TZ 2.121) werden die nach Maßgabe der Empfehlungen der Kultusministerkonferenz durchgeführten Lehramtsprüfungen von den Ländern gegenseitig anerkannt. Das Hamburger Abkommen verpflichtet indes die Länder schon deshalb nicht zur gegenseitigen Anerkennung – noch weniger gewährt es dem Bewerber einen Anspruch auf Anerkennung –, weil sich diese Vereinbarung auf die Lehramtsprüfungen nach damaligem Recht bezog und die seither eingetretene grundlegende Neuordnung der Lehrerbildung und der Staatsexamina nicht erfaßt (vgl. VGH München, SPE n. F. 390 Nr. 17). Im übrigen betrifft die Vorschrift nur die jeweils durch die Lehramtsprüfung erlangte Berechtigung, enthält also keine Regelung der Frage, ob Vorbildung bzw. Lehrbefähigung den Laufbahnanforderungen im aufnehmenden Land entspricht (so das BVerwG, SPE n. F. 190 Nr. 22, im Hinblick auf die Anerkennung der Zweiten Lehramtsprüfung).
51 In Anlehnung an die zu berufsbezogenen Prüfungen ergangene Rechtsprechung des BVerfG (BVerfGE 84, 34 [46ff.]) und des BVerwG (BVerwGE 92, 132 [136ff.] und seitdem st. Rspr.) muß der Bewerber auch im Verfahren, in dem über die Anerkennung seiner Ersten Staatsprüfung entschieden wird, das Recht haben, substantiierte Einwände gegen die Einschätzung seiner im Herkunftsland abgelegten Lehramtsprüfung als nicht gleichwertig rechtzeitig und wirkungsvoll vorzubringen und derart ein »Überdenken« dieser Beurteilung zu erreichen (vgl. TZ 27.121).
52 BVerwGE 64, 142 (150 f.); 64, 153 (158).
53 Z.B. § 16 Abs. 1 bln LBiG, § 14 Abs. 2 Brem Lehrerausbildungsgesetz, §§ 11 Abs. 2, 12 Abs. 2, 13 Abs. 2 HmbLLVO, § 18 Abs. 1 und 2 nrw LABG, § 6 Abs. 4 SLBiG.
54 Beschluß über die gegenseitige Anerkennung von Lehramtsprüfungen und Lehramtsbefähigungen (KMK-BeschlS. Nr. 715). Dem Beschluß sind inzwischen auch die neuen Länder beigetreten; demgemäß ist die Anlage 2 des Beschlusses durch Beschluß vom 8.12.1995 ergänzt worden.

cher Leistungen abhängig machen. In Anlage 2 des Beschlusses hat jedes Land im einzelnen bestimmt, ob es bei Vorliegen eines Ausnahmefalls zusätzliche Leistungen als Anerkennungsvoraussetzungen verlangt und worin diese ggf. bestehen sollen. Die in dieser Anlage enthaltenen Bedingungen sind abschließend; es dürfen deshalb über den darin festgelegten Katalog hinaus keine weiteren Leistungen verlangt werden.
Der KMK-Beschluß vom 5. 10. 1990 ist mehr als eine bloße politische Willensbekundung, mehr auch als eine rechtlich nicht verbindliche Empfehlung an die Länder, im Sinne dieses Beschlusses zu handeln. Gegen eine solche Zuordnung spricht schon der Umstand, daß der Beschluß als »Vereinbarung« bezeichnet ist, die zu einem bestimmten Zeitpunkt, nämlich am 15. Oktober 1990,»in Kraft tritt«. Auch die Tatsache, daß der Beschluß die Voraussetzungen, unter denen eine Lehramtsprüfung anerkannt wird, präzise festlegt, ist ein deutliches Indiz für seine Rechtsverbindlichkeit; die Länder haben sich insoweit wechselseitig verpflichtet, bei der Anerkennung von andernorts abgelegten Lehramtsprüfungen nur die im Beschluß enthaltenen Kriterien und Bedingungen zugrunde zu legen. Für die *Rechtsverbindlichkeit des Beschlusses* spricht ferner der Umstand, daß die Länder den sie jeweils betreffenden Teil der Anlage 2 – in dem sie die zusätzlichen Leistungen bestimmen, die für eine im zweiten Anlauf zu erreichende Anerkennung erforderlich sind – keineswegs einseitig, sondern nur in Abstimmung mit den übrigen Ländern ändern können. Vor einer Änderung dieser Bedingungen – etwa als Folge einer Neuordnung der Lehrerbildung in dem jeweiligen Land – ist gemäß §13 Abs. 3 Satz 4 BRRG ein Konsultationsverfahren in Gang zu setzen, an dem die zuständigen Stellen des Bundes und der Länder zu beteiligen sind. Zwar können die Minister sich durch diese Vereinbarung nicht über die verfassungsrechtlichen Zuständigkeiten anderer Organe ihres Landes hinwegsetzen. Sie können also insbesondere den Landesgesetzgeber nicht präjudizieren; dieser ist nicht gehindert, ein Gesetz zu erlassen, das von den Regelungen des Beschlusses abweicht. Im übrigen aber bleibt es dabei, daß die Länder gegenseitig verpflichtet sind, nach den Bestimmungen der KMK-Vereinbarung zu verfahren. Diese schränkt den Beurteilungsspielraum der Behörden bei der Überprüfung der Gleichwertigkeit von Lehramtsprüfungen ein. Das bedeutet: Die in einem anderen Bundesland abgelegte Staatsprüfung wird als *gleichwertig im Sinne des §13 Abs. 3 Satz 3 BRRG* erachtet, wenn der Bewerber von vornherein sämtliche Voraussetzungen des Beschlusses erfüllt oder aber sich im zweiten Anlauf gemäß den für das Aufnahmeland geltenden Bedingungen nachqualifiziert hat. Die Gleichwertigkeit der Ersten Staatsprüfung hat zur Folge, daß dem Bewerber die Zulassung zum Vorbereitungsdienst nicht deshalb verweigert werden darf, weil er die Vorbildung außerhalb des Aufnahmelands absolviert hat (§ 122 Abs. 1 BRRG).

17.323 Ein *Ausländer*, der die Erste Staatsprüfung für ein Lehramt abgelegt hat, *hat grundsätzlich keinen Anspruch darauf, zum Vorbereitungsdienst zugelassen zu werden*; das Grundrecht auf freie Wahl der Ausbildungsstätte (Art. 12 Abs. 1 GG) steht allein den Deutschen zu.
Etwas anderes gilt jedoch für *Ausländer, die Angehörige von Mitgliedstaaten der Europäischen Union (EU) sind*. Sie genießen Freizügigkeit im Sinne des Art. 39 (früher: 48) EGV. Diese Freizügigkeit umfaßt nach Art. 39 Abs. 2

EGV die Abschaffung jeder auf der Staatsangehörigkeit beruhenden Diskriminierung in bezug auf Beschäftigung, Entlohnung und sonstige Arbeitsbedingungen. Sie gilt auch für Ausbildungsverhältnisse wie den Vorbereitungsdienst der Lehramtsanwärter. Dem steht Art. 39 Abs. 4 EGV, wonach die Beschäftigung in der öffentlichen Verwaltung von der Freizügigkeit ausgenommen ist, nicht entgegen. Zwar ist der Lehramtsanwärter, wenn er Unterricht erteilt, nach deutschem Recht hoheitlich tätig (vgl. TZ 18.21). Doch findet die Ausnahmevorschrift des Art. 39 Abs. 4 EGV auf Lehramtsanwärter keine Anwendung[55]. Sie betrifft nur diejenigen Stellen des öffentlichen Dienstes, deren Inhaber als Richter, Polizisten, Diplomaten u. ä. an der Ausübung substantieller hoheitlicher Befugnisse und an der Wahrung der allgemeinen Staatsbelange teilnehmen[56]. Infolgedessen ist die Nichtzulassung eines EU-Ausländers als Lehramtsanwärters allein aus Gründen der Staatsangehörigkeit mit dem Gemeinschaftsrecht unvereinbar. Bewerber aus anderen EU-Mitgliedstaaten, die die Erste Staatsprüfung bestanden haben, haben somit einen mit ihren deutschen Mitbewerbern gleichrangigen Anspruch auf Zugang zu den im Vorbereitungsdienst verfügbaren Stellen.

Früher war ihnen eine Übernahme in das Beamtenverhältnis (auf Widerruf) versagt, weil dieses allein den Deutschen vorbehalten war. Ob diese Vorgehensweise dem Anspruch der EU-Ausländer auf gleiche Arbeitsbedingungen hinreichend Rechnung trug, stieß schon damals auf Zweifel[57]. Die Bedenken sind inzwischen gegenstandslos geworden. Aufgrund der Novellierung des Beamtenrechtsrahmengesetzes durch das Zehnte Gesetz zur Änderung dienstrechtlicher Vorschriften vom 20.12.1993[58] steht das Beamtenverhältnis nunmehr auch Staatsangehörigen eines anderen Mitgliedstaats der Europäischen Gemeinschaften offen (§ 4 Abs. 1 BRRG)[59].

---

55 So der EuGH in seinem Grundsatzurteil vom 3.7.1986 in der Rechtssache 66/85 (Lawrie-Blum), Slg. 1986, 2121 (= NJW 1987, 1138). Die Entscheidung fand im Schrifttum ein durchweg positives Echo; vgl. nur Hermann *Avenarius*: Zugangsrechte von EG-Ausländern im Bildungswesen der Bundesrepublik Deutschland, NVwZ 1988, 385 (391 ff.); Stefan *Forch*: Freizügigkeit für Studienreferendare, NVwZ 1987, 27, und Heinz *Putzhammer*: EG-Ausländer im deutschen öffentlichen Dienst?, RdJB 1989, 157 (161 ff.), jeweils m. w. N. Zu der europäischen Dimension künftiger Bildungspolitik s. oben TZ 2.4. Vgl. auch Bernd *Wittkowski*: Die Rechtsprechung des Europäischen Gerichtshof zur Freizügigkeit und Gleichbehandlung von Angehörigen der EG-Mitgliedstaaten hinsichtlich des Besuchs von Ausbildungsstätten und deren Auswirkung für die Bundesrepublik Deutschland, Frankfurt am Main 1991. Das Urteil des EuGH ist von weittragender Bedeutung. Obgleich es sich unmittelbar nur auf Studienreferendare bezieht, gilt es gleichermaßen für alle übrigen Lehramtsanwärter. Inzwischen hat der EuGH, NVwZ 1992, 1181, entschieden, daß die Tätigkeit als Lehrer für das höhere Lehramt keine Beschäftigung in der öffentlichen Verwaltung i. S. des Art. 48 Abs. 4 EWGV (= Art. 39 Abs. 4 EGV) darstellt.
56 So schon EuGH, Slg. 1980, S. 3881 (= NJW 1980, 2635); dazu Ernst *Steindorff*: Ausbildungsrechte im EG-Recht, NJW 1983, 1231 (1232).
57 Zu dieser Frage *Avenarius*, NVwZ 1988, 392.
58 BGBl. I S. 2136.
59 Die Länder haben inzwischen die rahmenrechtliche Vorschrift in das jeweilige Landesbeamtengesetz umgesetzt, z. B. § 6 Abs. 1 Nr. 1 bwLBG; Art. 9 Abs. 1 Nr. 1 BayBG; § 9 Abs. 1 Nr. 1 blnLBG; § 9 Abs. 1 Satz 1 Nr. 1 bbgLBG; § 6 Abs. 1 Nr. 1 HmbBG; § 7 Abs. 1 Nr. 1 HessBG; § 8 Abs. 1 Nr. 1 LBG M-V; § 9 Abs. 1 Nr. 1 Nds BG; § 6 Abs. 1 Nr. 1 nrwLBG;

17.33 Soziale Absicherung der Lehramtsanwärter

Noch immer gibt es eine große Zahl von Lehramtsanwärtern, die nach der Zweiten Staatsprüfung damit rechnen müssen, nicht in den Schuldienst aufgenommen zu werden[60]. Damit stellt sich die Frage, wie sie gegen *die Folgen der Arbeitslosigkeit* rechtlich abgesichert sind. Einen Anspruch auf Übernahme in das Beamtenverhältnis auf Lebenszeit haben sie nicht. Da sie als Lehramtsanwärter keine Dienst-, sondern nur Anwärterbezüge erhalten, steht ihnen nach der Entlassung aus dem Vorbereitungsdienst auch *kein Übergangsgeld* zu, wie es anderen Beamten gewährt wird (vgl. TZ 20.24). Ebensowenig können sie *Arbeitslosengeld* verlangen. Als Beamte sind sie keine Arbeitnehmer. Sie unterliegen folglich nicht der Beitragspflicht zur Bundesanstalt für Arbeit und können deshalb die Anwartschaftszeit, deren Erfüllung eine der Anspruchsvoraussetzungen für die Gewährung von Arbeitslosengeld ist, nicht nachweisen (§§ 117 Abs. 1 Nr. 3, 123 f. SGB III)[61]. Allerdings steht ihnen *Arbeitslosenhilfe* zu (§ 190 Abs. 1 SGB III). Zwar ist hierfür grundsätzlich erforderlich, daß der Arbeitslose in der Vorfrist mindestens fünf Monate beitragspflichtig beschäftigt war; doch werden in diesem Fall, anders als beim Arbeitslosengeld, Beschäftigungszeiten im Rahmen eines öffentlich-rechtlichen Dienstverhältnisses angerechnet (§§ 192, 191 Abs. 1 Nr. 2, Abs. 2 Nr. 1 SGB III). Die Arbeitslosenhilfe, die längstens für ein Jahr bewilligt werden soll, beträgt bei einem Arbeitslosen mit Kind 57 Prozent, sonst 53 Prozent der um die Steuern verminderten Anwärterbezüge (§ 195 i. V. m. § 129 Nr. 1 SGB III). Sie wird nur bei Bedürftigkeit gewährt (§ 190 Abs. 1 Nr. 5 SGB III); nicht bedürftig ist ein Arbeitsloser, solange mit Rücksicht auf das Vermögen des Ehegatten oder des nichtehelichen Partners die Gewährung von Arbeitslosenhilfe nicht gerechtfertigt ist (§ 193 Abs. 2 SGB III).

Beamte auf Widerruf im Vorbereitungsdienst, die nach dem Abschluß der Ausbildung nicht in den Schuldienst übernommen werden, sind nach § 8 Abs. 2 Satz 1 Nr. 2 SGB VI in der gesetzlichen Rentenversicherung für Angestellte nachzuversichern (vgl. TZ 18.313).

---

§ 9 Abs. 1 Nr. 1 rp LBG; § 7 Abs. 1 Nr. 1 SaarlBG; § 6 Abs. 1 Satz 1 Nr. 1 SächsBG; § 7 Abs. 1 Nr. 1 BG LSA; § 9 Abs. 1 Nr. 1 sh LBG; § 6 Abs. 1 Nr. 1 ThürBG.

60 1997 waren 24.783 vollausgebildete Lehrer, davon 16.793 Frauen, arbeitslos. Die Arbeitslosigkeit betrug bei 41,6 % weniger als drei Monate, bei 13,7 % drei bis sechs Monate, bei 19,9 % sechs bis 12 Monate, bei 24,7 % mehr als 12 Monate. Zahlen nach: *Sekretariat der Ständigen Konferenz der Kultusminister der Länder in der Bundesrepublik Deutschland* (Hrsg.): Statistische Veröffentlichungen der Kulturministerkonferenz. Sonderheft 92: Arbeitslose Lehrer 1990 bis 1997, Bonn 1999, S. 35.

61 Eine Verfassungsbeschwerde gegen den Ausschluß der Gerichtsreferendare von der Arbeitslosenversicherung hat das BVerfG, NJW 1977, 1816, mangels hinreichender Erfolgsaussicht nicht zur Entscheidung angenommen. Diese Versicherung sei wie jede andere gesetzliche Versicherung, die auf dem Solidarprinzip beruhe, darauf angewiesen, daß ihre Mitglieder ihr grundsätzlich auf Dauer angehörten und durch dauerhafte Beitragsleistung gewährleisteten, daß die durchschnittliche Beitragsberechnung den durchschnittlichen Risiken gerecht werde. Damit sei die Zugehörigkeit eines Personenkreises schwer vereinbar, der wie die Referendare nach der Ausbildung zu einem erheblichen Teil der Arbeitslosenversicherung nicht angehören werde.

17.4 Lehrerfort- und -weiterbildung[62]

Die *Lehrerfortbildung* dient dazu, dem Lehrer den Anschluß an die wissenschaftliche Entwicklung in den von ihm studierten und unterrichteten Fächern, unter Einbeziehung gesellschaftlicher wie bildungspolitischer Veränderungen, zu ermöglichen und ihn mit neueren pädagogischen und didaktischen Erkenntnissen vertraut zu machen (Qualifikationserhaltung). Demgegenüber zielt die *Lehrerweiterbildung* auf die Vermittlung zusätzlicher Qualifikationen, entweder durch Erwerb der Lehrberechtigung für ein weiteres Fach oder durch Aufstieg in ein höher dotiertes Lehramt (Qualifikationserweiterung). Die Begriffe lassen sich freilich nicht trennscharf unterscheiden, zumal sie in der Praxis häufig synonym verwendet werden.

Die Lehrerfort- und -weiterbildung ist zur Sicherung der Leistungsfähigkeit der Schule und zur Umsetzung von inhaltlichen, methodischen und organisatorischen Neuerungen im Schulwesen nicht zuletzt deshalb unerläßlich, weil in den vergangenen Jahren zu wenig junge Lehrer eingestellt wurden. Sie gewinnt um so mehr an Bedeutung, als sich das für den Beruf des Lehrers relevante Wissen sowohl qualitativ als auch quantitativ in immer kürzeren Zeitabständen verändert. Da sich der Lehrer als Beamter mit voller Hingabe seinem Beruf zu widmen hat (§ 36 Satz 1 BRRG), ist er auch zur Fortbildung verpflichtet. Dieser Fortbildungspflicht, die zudem in allen Ländern ausdrücklich durch Gesetz oder Rechtsverordnung statuiert ist[63], entspricht die Pflicht des Dienstherrn, für die Fortbildung seiner Beamten zu sorgen[64]. Wer als beamteter Lehrer schuldhaft die Pflicht zur Fortbildung verletzt, begeht ein Dienstvergehen, das disziplinarrechtlich geahndet werden kann[65]. Heute gibt es in allen Ländern *Einrichtungen der Lehrerfort- und -weiterbildung*, die Lehrgänge, Arbeitsgemeinschaften und Tagungen von zumeist mehrtägiger Dauer veranstalten oder auch schulinterne Fortbildung und Beratung anbieten. Die Einzelheiten über Anmeldung, Zulassung und Beurlaubung zu den

---

62 *Hansch* (Anm. 1), S. 96 ff., 120 ff., 139 ff.; Günter *Heizmann*: Fortbildung von Lehrpersonen und Schulleitungen, in: Alfred Müller/Harald Gampe/Gerald Rieger/Erika Risse (Hrsg.): Leitung und Verwaltung einer Schule. 8. Aufl., Neuwied 1997, S. 259 ff.; Wolfgang *Schönig*: Schulinterne Lehrerfortbildung als Beitrag zur Schulentwicklung, Freiburg 1990. Zur »Lehrerfortbildung in den neuen Bundesländern« s. Elisabeth *Fuhrmann*/Roswita *Röpke*, RdJB 1995, 29.
63 § 54 Abs. 1 bw LVO; Art. 20 Abs. 2 Satz 1 BayLBG, § 15a Abs. 2 Satz 1 bln LBiG; § 67 Abs. 3 Satz 1 BbgSchulG; § 59 Abs. 4 BremSchulG, § 11 Abs. 3 Satz 2 Brem Lehrerausbildungsgesetz; § 88 Abs. 4 Satz 1 HmbSG; § 86 Abs. 2 Satz 3 HSchG; § 100 Abs. 5 SchulG M-V; § 51 Abs. 2 NSchG, § 41 Abs. 2 nds LVO; § 20 Abs. 7 rp SchulG; § 29 Abs. 3 Satz 1 saarl SchoG, § 9 Abs. 2 SLBiG; § 30 Abs. 4 Satz 1 SchlG LSA; § 30 Abs. 1 sh LandesVO über die Laufbahn der Lehrerinnen und Lehrer; § 55 Abs. 2 Thür LaufbahnVO.
64 Bietet der Staat Weiterbildungskurse an, die der Erweiterung der Lehrbefähigung dienen, und läßt er einen Lehrer uneingeschränkt einen solchen Kurs absolvieren, so hat dieser grundsätzlich einen Anspruch auf Zulassung zu der entsprechenden Prüfung. So VG Meiningen, LKV 1998, 286 (287).
65 Das VG Koblenz – Kammer für Dienstordnungsverfahren –, RdJB 1984, 155, mit Anm. von Hans-Peter *Füssel*, hat gegen einen Realschullehrer, dessen Unterricht erhebliche Mängel aufwies, eine Gehaltskürzung verfügt, weil er es unterlassen hatte, sich zur Aufbesserung seiner methodischen und didaktischen Kenntnisse um Fortbildung zu bemühen.

Fortbildungsveranstaltungen sind durch Erlasse geregelt[66]. Die – genehmigte – Teilnahme an einer Fortbildungsveranstaltung ist Bestandteil der dienstlichen Tätigkeit. Dem Lehrer werden in der Regel die Fahrtkosten (zumindest teilweise) ersetzt; zumeist muß er einen Beitrag zu den Verpflegungskosten leisten. Für die Dauer des Lehrgangs einschließlich Hin- und Rückreise wird ihm Unfallfürsorge gewährt.

---

66 Zu den Mitwirkungsrechten des Personalrats s. VGH Mannheim, SPE n. F. 492 Nr. 55.

18. Kapitel: Das Beamtenverhältnis des Lehrers[1]

18.1 Allgemeines

18.11 Rechtsgrundlagen

Lehrer an öffentlichen Schulen stehen im Dienst des Landes oder einer kommunalen Gebietskörperschaft; sie sind in der Regel Beamte (TZ 18.21). Da das Recht des öffentlichen Dienstes der Länder und Gemeinden wegen der föderativen Ordnung der Bundesrepublik grundsätzlich in die Gesetzgebungszuständigkeit der Länder fällt (Art. 70 GG), gehört auch die Gestaltung des Lehrerrechts zu ihrem Aufgabenbereich. Das gilt um so mehr, als das Lehrerrecht zugleich Teil des Schulrechts ist und damit der Kulturhoheit der Länder (TZ 2.1) unterliegt. Demgemäß ist die Rechtsstellung der Lehrer durch die *Landesbeamtengesetze* geregelt.

Die Gesetzgebungskompetenz der Länder auf dem Gebiet des Beamtenrechts ist indes durch die beamtenverfassungsrechtlichen Bestimmungen des Grundgesetzes (insbesondere Art. 33 Abs. 2 bis 5) und durch sonstige beamtenrechtliche Vorschriften des Bundes eingeschränkt. *Art. 33 GG* eröffnet jedem Deutschen nach Eignung, Befähigung und fachlicher Leistung und ohne Rücksicht auf religiöses Bekenntnis oder Weltanschauung gleichen Zugang zu den öffentlichen Ämtern (Abs. 2 und 3), behält die Ausübung hoheitlicher Funktionen für den Regelfall den Beamten vor (Abs. 4) und gebietet, das Recht des öffentlichen Dienstes unter Berücksichtigung der hergebrachten

---

1 Hans Walter *Scheerbarth*/Heinz *Höffken*/Hans-Joachim *Bauschke*/Lutz *Schmidt*: Beamtenrecht. 6. Aufl., Siegburg 1992; Helmut *Schnellenbach*: Beamtenrecht in der Praxis. 4. Aufl., München 1998; Fritjof *Wagner*: Beamtenrecht. 5. Aufl., Heidelberg 1997. Ulrich *Battis*: Beamtenrecht, in: Norbert Achterberg/Günter Püttner (Hrsg.): Besonderes Verwaltungsrecht. Bd. 1, Heidelberg 1990, S. 899; Josef *Isensee*: Öffentlicher Dienst, in: Ernst Benda/Werner Maihofer/Hans-Jochen Vogel (Hrsg.): Handbuch des Verfassungsrechts. 2. Aufl., Berlin 1995, S. 1527; Klaus *Köpp*: Öffentliches Dienstrecht, in: Udo Steiner (Hrsg.): Besonderes Verwaltungsrecht. 6. Aufl., Heidelberg 1999, S. 381; Philip *Kunig*: Das Recht des öffentlichen Dienstes, in: Eberhard Schmidt-Aßmann (Hrsg.): Besonderes Verwaltungsrecht. 11. Aufl., Berlin 1999, S. 627; Helmut *Lecheler*: Der öffentliche Dienst, HdbStR III, S. 717; Detlef *Merten*: Das Recht des öffentlichen Dienstes in Deutschland, in: Siegfried Magiera/Heinrich Siedentopf (Hrsg.): Das Recht des öffentlichen Dienstes in den Mitgliedstaaten der Europäischen Gemeinschaft, Berlin 1994, S. 181; *Wolff/Bachof/Stober*: Verwaltungsrecht II, S. 511 ff. – *Lehrbücher* zum Beamtenrecht und *BBG-Kommentare* sind im Anhang 5 zusammengestellt. Diese Kommentare können auch für das jeweilige Landesrecht herangezogen werden, da sich die Regelungen von Bund und Ländern nicht grundlegend unterscheiden. – Informationen über aktuelle Entwicklungen des Beamtenrechts (Gesetzgebung, Schrifttum, Rechtsprechung) bieten Überblicksaufsätze in den juristischen Zeitschriften: Ulrich *Battis*, zuletzt NJW 1999, 987; Axel *Claus*, zuletzt ZBR 1999, 37; speziell zum Recht des öffentlichen Dienstes im Bildungswesen: Christian *Koch*, zuletzt RdJB 1998, 217. – Eine Zusammenstellung der den Lehrer betreffenden *Rechtsprechung* enthält die SPE, Gruppe VI, und SPE n.F. 388–398. – Zur *historischen* Entwicklung vgl. die umfassende Monographie von Hans *Hattenhauer*: Geschichte des Beamtentums. 2. Aufl., Köln 1993.

Grundsätze des Berufsbeamtentums zu regeln (Abs. 5). *Art. 75 Abs. 1 Satz 1 Nr. 1 GG* gibt dem Bund unter den Voraussetzungen des Art. 72 GG das Recht, die Rechtsverhältnisse der im öffentlichen Dienst der Länder, Gemeinden und anderen Körperschaften des öffentlichen Rechts stehenden Personen durch Rahmenvorschriften zu ordnen. Von dieser Befugnis hat der Bund mit dem *Beamtenrechtsrahmengesetz (BRRG)* Gebrauch gemacht. Das Gesetz enthält verbindliche Vorschriften für die Gestaltung des Beamtenrechts, beläßt den Ländern jedoch bei der Ausfüllung dieser Bestimmungen einen Regelungsspielraum[2]. Die Landesbeamtengesetze unterscheiden sich, aufs Ganze gesehen, allerdings nur wenig voneinander, stimmen zudem mit dem Bundesbeamtengesetz (BBG) im wesentlichen überein[3]. Durch *Art. 74a Abs. 1 GG* hat der Bund überdies das Recht erhalten, die Beamtenbesoldung und -versorgung bundeseinheitlich zu regeln. Auf dieser Grundlage beruhen das *Bundesbesoldungsgesetz (BBesG)* und das *Beamtenversorgungsgesetz (BeamtVG)*. Diese Gesetze haben der Zersplitterung des Besoldungs- und Versorgungsrechts durch umfassende, für Beamte in Bund, Ländern und Gemeinden übereinstimmend und unmittelbar geltende Kodifikationen entgegengewirkt; seitdem ist auch die Lehrerbesoldung weitgehend vereinheitlicht. Neben den nach Maßgabe des Beamtenrechtsrahmengesetzes ergangenen Landesbeamtengesetzen sowie dem Bundesbesoldungsgesetz und dem Beamtenversorgungsgesetz gibt es auf Landesebene verschiedene beamtenrechtlich bedeutsame Sondergesetze (z. B. Personalvertretungsgesetze, Reisekosten- und Umzugskostengesetze), Rechtsverordnungen (z. B. Laufbahnverordnungen, Beihilfeverordnungen) und Verwaltungsvorschriften.

Die *Wiedervereinigung* machte Übergangsregelungen für den öffentlichen Dienst in Ostdeutschland erforderlich. Mit dem Einigungsvertrag zwischen der Bundesrepublik Deutschland und der Deutschen Demokratischen Republik vom 31.8.1990 wurde das Ziel verfolgt, die Beschäftigten im öffentlichen Dienst der DDR weitgehend in den öffentlichen Dienst der Bundesrepublik zu integrieren[4]. Nach Art. 20 Abs. 2 EVtr ist die Wahrnehmung von hoheitsrechtlichen Befugnissen im Sinne von Art. 33 Abs. 4 GG »sobald wie möglich« Beamten zu übertragen; doch wird das Beamtenrecht nach Maßgabe der in Anlage I vereinbarten Regelungen nur schrittweise eingeführt. Die Einzelheiten ergeben sich aus Kapitel XIX Sachgebiet A Abschnitt III Nr. 2 i. V. m.

---

2 Zur Wahrung dieses Regelungsspielraums ist der Bund durch den dem Art. 75 GG 1994 eingefügten Abs. 2 verpflichtet, wonach Rahmenvorschriften nur in Ausnahmefällen in Einzelheiten gehende oder unmittelbar geltende Regelungen enthalten dürfen.

3 Im folgenden werden jeweils die einschlägigen Vorschriften des BRRG und ggf. auch die des BBG zitiert. Der Hinweis auf die Bestimmungen des BBG erleichtert die Benutzbarkeit der zu diesem Gesetz vorliegenden Kommentare, die auch als Erläuterungen der entsprechenden Vorschriften in den Landesbeamtengesetzen bedeutsam sind. In den BBG-Kommentaren und in den Lehrbüchern des Beamtenrechts sind zumeist Synopsen enthalten, die das Auffinden der landesrechtlichen Parallelnormen erleichtern, z. B. *Battis*: Bundesbeamtengesetz. Kommentar, S. XXIV-XXXIII; *Schnellenbach* (Anm. 1), S. 393 ff.; *Scheerbarth/Höffken/Bauschke/Schmidt* (Anm. 1), Anhang: Schaubild 34.

4 Vgl. BVerfGE 92, 140 (154).

Nr. 3 dieser Anlage[5]. Für die im staatlichen Schuldienst der DDR beschäftigten Lehrer galt danach folgendes: Sie konnten bis Ende 1996 (nur) zu Beamten auf Probe ernannt werden. Auf den Vorbereitungsdienst und die Zweite Staatsprüfung wurde verzichtet; statt dessen hatten sie die Möglichkeit, sich in dreijähriger Probezeit zu bewähren. An deren Ende entschied das Kultusministerium, ob sich der Lehrer bewährt und somit die Laufbahnbefähigung erworben hatte[6]. Fiel die Entscheidung positiv aus, standen der Übernahme in das Beamtenverhältnis auf Lebenszeit keine Hinderungsgründe entgegen[7]. Zur Auswirkung früherer politischer Aktivitäten in der DDR auf die Beurteilung der Verfassungstreue eines Lehrers vgl. TZ 18.224.

18.12 Entwicklungstendenzen im öffentlichen Dienstrecht

Die Diskussion über eine *Reform des öffentlichen Dienstrechts*, die schon während der Weimarer Republik geführt worden war, setzte nach Gründung der Bundesrepublik erneut ein[8]. Dabei ging und geht es vor allem um die Frage, ob die überkommene Struktur des öffentlichen Dienstes mit seiner Unterscheidung zwischen Beamten und Arbeitnehmern[9] den Anforderungen an die Leistungsfähigkeit der Verwaltung einerseits und den berechtigten Interessen der Beschäftigten andererseits noch hinlänglich Rechnung trägt. Die vom Bundesminister des Innern 1970 auf Ersuchen des Bundestags eingesetzte *Studienkommission für die Reform des öffentlichen Dienstrechts* hat sich in ihrem 1973 vorgelegten Bericht[10] für ein *einheitliches Dienstrecht* ausgesprochen, das die bisherigen Unterschiede zwischen Beamten, Angestell-

---

5 Helmut *Fetzer*: Wegweiser durch die Verträge zur Einheit Deutschlands für die Sachgebiete Bildung und öffentlicher Dienst, in: Deutsche Gesellschaft für Bildungsverwaltung (Hrsg.): Das Bildungswesen im künftigen Deutschland – Eine Herausforderung für Bildungspolitik und Bildungsverwaltung, Frankfurt am Main 1991, S. 187 (219 ff.); Hartmut *Krüger*: Die Wiedereinführung des Berufsbeamtentums nach Maßgabe des Einigungsvertrages, ThürVBl. 1992, 193; Helmut *Lecheler*: Der öffentliche Dienst in den neuen Bundesländern – Die Lösung neuer Aufgaben mit alten Strukturen?, ZBR 1991, 48; Hans-Joachim *Niksch*: Die Einführung des Berufsbeamtentums im Gebiet der früheren DDR nach dem Einigungsvertrag, DtZ 1990, 340; Klaus *Pohl*: Grundlagen des Beamtenrechts im Beitrittsgebiet, RiA 1992, 159; Günter *Püttner*: Der öffentliche Dienst im geeinten Deutschland, DVBl. 1992, 204; Hans-Dietrich *Weiß*: Wiedereinführung des Berufsbeamtentums im beigetretenen Teil Deutschlands – Entwicklung und Darstellung des seit dem 3. Oktober 1990 geltenden Beamtenrechts auf der Grundlage des Einigungsvertrages, ZBR 1991, 1.
6 S. auch die Vorschriften in den Beamtengesetzen der ostdeutschen Länder, wonach bis zum 31.12.1996 auf Bewerber, die die übliche Laufbahnbefähigung nicht vorweisen konnten, die Sonderregelungen in Anlage I des Einigungsvertrags Anwendung fanden (z. B. § 153 bbg LBG, § 10 Abs. 1 Nr. 3 b LBG M-V, § 168 SächsBG).
7 Doch ergibt sich aus dem Einigungsvertrag kein Anspruch angestellter Lehrer auf Verbeamtung: VG Berlin, DÖD 1997, 91 (93).
8 Rudolf *Morsey*: Gefährdung und Sicherung des Berufsbeamtentums – Entwürfe und Reformkonzepte für den öffentlichen Dienst 1945–1953, DÖV 1992, 1061 (1066 ff.).
9 Dazu Heinz B. *Becker*: Die funktionelle und berufsethische Abgrenzung der Beamten und Arbeitnehmer im öffentlichen Dienst, Münster 1988, S. 81 ff.
10 *Studienkommission für die Reform des öffentlichen Dienstrechts*: Bericht der Kommission, Baden-Baden 1973.

ten und Arbeitern beseitigt und Differenzierungen allein nach funktionalen Bedürfnissen vornimmt. Kein Einvernehmen konnte die Kommission darüber erzielen, durch wen (Kompetenz) und in welcher Form (Gesetz, Tarifvertrag) das Dienstrecht künftig normiert werden sollte. Eine knappe Mehrheit entschied sich dafür, das Dienstrecht durch den Gesetzgeber regeln zu lassen – mit der Folge, daß ein Streik im öffentlichen Dienst insgesamt unzulässig gewesen wäre. Die Minderheit schlug hingegen, in Übereinstimmung mit den Forderungen der Gewerkschaften, vor, Bezahlung, Urlaub und Arbeitszeit durch Tarifvertrag, die übrigen Gegenstände des Dienstrechts durch Gesetz zu ordnen – mit der Konsequenz, daß Streiks in den tarifvertraglich bestimmten Angelegenheiten erlaubt gewesen wären. Die von der Kommission einmütig empfohlene Vereinheitlichung des öffentlichen Dienstrechts ist nicht zuletzt an diesem unüberbrückbaren Gegensatz gescheitert. Infolgedessen blieb die durch Art. 33 Abs. 4 und 5 GG vorgegebene Differenzierung zwischen Beamten und Arbeitnehmern weiterhin bestehen.

Gerade in jüngster Zeit haben sich aber, vor allem durch das am 1.7.1997 in Kraft getretene *Dienstrechtsreformgesetz* vom 24.2.1997[11], wichtige Änderungen des Statusrechts der Beamten ergeben[12]. Zwar scheiterten Bestrebungen, die auf dem Wege einer Verfassungsänderung (Art. 33 Abs. 5 GG) das Berufsbeamtentum innerhalb des öffentlichen Dienstes marginalisieren wollten. Doch enthält das Beamtenrechtsrahmengesetz nunmehr Öffnungsklauseln, die es den Landesgesetzgebern freistellen, Spitzenpositionen wie die des Schulleiters auf Probe oder auf Zeit zu vergeben (dazu TZ 7.122) und die Möglichkeiten der Teilzeitbeschäftigung zu erweitern (dazu TZ 18.211). Darüber hinaus wurden die Voraussetzungen für Abordnung und Versetzung erleichtert (TZ 18.24) und die Antragsaltersgrenze (TZ 18.331) auf die Vollendung des 63. (statt des bisher maßgeblichen 62.) Lebensjahres angehoben. Außerdem besteht nunmehr die Möglichkeit, Leistungsprämien und Leistungszulagen zur Abgeltung herausragender besonderer Leistungen zu gewähren (vgl. TZ 20.114)[13].

Wenngleich die – von den einen geforderte, von den anderen abgelehnte – Vereinheitlichung des Dienstrechts für Beamte und Arbeitnehmer nicht erreicht worden ist, so haben sich doch die Unterschiede zwischen beiden Bedienstetengruppen, insbesondere zwischen Beamten und Angestellten, im Laufe der Jahre stark abgeschwächt. Das früher den Beamten vorbehaltene

---

11 BGBl. I S. 322.
12 Dazu Ulrich *Battis*: Das Dienstrechtsreformgesetz, NJW 1997, 1033; Hans-Bernd *Beus*/Knut *Breckensick*: Das Gesetz zur Reform des öffentlichen Dienstrechts, ZBR 1997, 201; Helmut *Lecheler*: Zu den »Februar-Reformen« des öffentlichen Dienstrechts, ZBR 1997, 206; Jürgen *Lorse*: Was leistet das Reformgesetz?, RiA 1998, 1; Helmut *Schnellenbach*: Das Gesetz zur Reform des öffentlichen Dienstrechts (Reformgesetz), NVwZ 1997, 521; *ders.*: Öffentliches Dienstrecht im Umbruch – Statusfragen und Leistungselemente –, ZBR 1998, 223; Burkhardt *Ziemske*: Öffentlicher Dienst zwischen Bewahrung und Umbruch, DÖV 1997, 605. Zur Bedeutung dieser sog. kleinen Dienstrechtsreform für den Schulbereich s. auch Edgar *Reiners*: »Gesetz zur Reform des öffentlichen Dienstrechts (Reformgesetz)« und Schule – Teil I, SchVw RPSL 1997, 84; Teil II, a.a.O., S. 102; Dieter *Koch*/Alexander *Sutor*: Gesetz zur Reform des öffentlichen Dienstrechts (Reformgesetz), SchVw NI 1997, 131; *Koch*, RdJB 1997, 72 ff.
13 Zu den durch die Dienstrechtsreform bewirkten Änderungen des Besoldungsrechts und des Versorgungsrechts s. das 20. Kapitel.

Privileg der Unkündbarkeit steht heute auch den Angestellten zu, sofern sie 15 Jahre bei demselben Arbeitgeber im öffentlichen Dienst beschäftigt sind und ein Mindestalter von 40 Jahren erreicht haben; auch die Angestellten erhalten – in Annäherung an das beamtenrechtliche Alimentationsprinzip – ein nach Alter, Familienstand und Kinderzahl gestaffeltes Einkommen; ihre durch Zusatzversorgung aufgestockte Altersrente stellt sie nach Beendigung der aktiven Dienstzeit finanziell nicht schlechter als die Ruhestandsbeamten. Umgekehrt gibt es auch im Beamtenrecht längst den Anspruch auf Mutterschutz und Mutterschaftsurlaub, wird auch hier – in Auflockerung des Alimentationsprinzips – Mehrarbeitsvergütung gewährt, kommt auch für den Beamten Teilzeitbeschäftigung in Betracht.

18.2 Der Lehrer als Berufsbeamter

18.21 Allgemeines

Gemäß Art. 143 Abs. 3 Weimarer Reichsverfassung hatten die Lehrer an öffentlichen Schulen die Rechte und Pflichten der Staatsbeamten. Das Grundgesetz enthält keine entsprechende Vorschrift. Dennoch war es bis vor wenigen Jahren kaum umstritten, daß Lehrer auch nach dem Grundgesetz Beamte sein müssen[14]. Diese nach wie vor herrschende Auffassung stützt sich auf Art. 33 Abs. 4 GG, der bestimmt, daß die hoheitsrechtlichen Befugnisse, soweit sie eine ständige Aufgabe darstellen, in der Regel durch Berufsbeamte wahrzunehmen sind (sog. *Funktionsvorbehalt*). Indem Lehrer prüfen, Noten geben, über Versetzungen entscheiden, die Disziplin in der Schule aufrechterhalten, üben sie hoheitliche Funktionen aus[15]. Darüber hinaus erfüllen sie durch ihre Unterrichts- und Erziehungsarbeit eine für das Gemeinwohl bedeutsame Aufgabe, die dem staatlichen Ziel der Integration und Konsensbildung dient; sie verlangt den Beamtenstatus, der Amtsethos, Rechtsbindung und Zuverlässigkeit in besonderem Maße sicherstellt[16].

Allerdings hat die Tendenz, Lehrer als Angestellte zu beschäftigen, in den letzten Jahren zugenommen; das gilt vor allem für die neuen Länder, die die Lehrer nur zögernd verbeamten oder sie mit Ausnahme der Schulleiter von vornherein nicht ins Beamtenverhältnis übernehmen (Sachsen). Auch Bremen stellt Lehrer nur noch im Angestelltenverhältnis ein; ebenso verfuhr bis 1999 Schleswig-Holstein[17]. Die »Entbeamtung« der Lehrer wird mit dem Argument gerechtfertigt, der Beamtenstatus sei auf den Kernbereich hoheitli-

---

14 Ulrich *Battis*/Hans Dieter *Schlenga*: Die Verbeamtung der Lehrer, ZBR 1995, 253; *Isensee* (Anm. 1), S. 1554; *ders.*: Affekt gegen Institutionen – überlebt das Berufsbeamtentum? Die neue Legitimationskrise, ZBR 1998, 295 (307); Walter *Leisner*: Müssen Lehrer Beamte sein?, ZBR 1981, 361; Franz *Ruland*: Verfassungsrecht und Beamtenrecht, ZRP 1983, 278; Helmut *Schnellenbach*: Funktionsvorbehalt und Monopolausbildung, ZBR 1996, 327; Werner *Thieme*: Müssen Lehrer eigentlich Beamte sein?, RdJB 1980, 2.
15 So auch *Battis/Schlenga*, ZBR 1995, 257.
16 *Isensee* (Anm. 1), S. 1554.
17 Die frühere Bestimmung des § 5 Abs. 2 shLBG, wonach die Lehrtätigkeit an Schulen und Hochschulen als hoheitliche Aufgabe galt, wurde 1996 im Zuge einer Novellierung des

cher Tätigkeiten in Polizei, Justiz und Teilen der Steuerverwaltung zu beschränken; die Lehrer erbrächten demgegenüber »Fürsorgeleistungen des Staates«, die nicht zu diesem Kernbereich zählten[18].
Die eigentliche Ursache des Streits über den Beamtenstatus der Lehrer dürfte indessen die stetig wachsende Pensionslast der öffentlichen Hand sein[19]. Vor allem in den neuen Ländern spielt außerdem der Umstand eine Rolle, daß die von den Landesregierungen mit den Lehrerverbänden vereinbarten Personalkonzepte, insbesondere die darin enthaltenen Teilzeit- und Gehaltsregelungen, sich jedenfalls bis zu der am 1. 7. 1997 in Kraft getretenen Dienstrechtsreform (TZ 18.12) nur auf der Basis der Beschäftigung der Lehrer im Angestelltenverhältnis verwirklichen ließen[20].
Mit der herrschenden Meinung wird daran festgehalten, daß die Lehrer in der Regel zu verbeamten sind; das gilt jedenfalls dann, wenn sie auf Dauer (»ständig«) beschäftigt werden sollen. Zwar können Lehrer ausnahmsweise auch als Angestellte eingesetzt werden (dazu das 23. Kapitel); der Grundsatz des Beamtenstatus darf dadurch jedoch nicht ausgehöhlt werden.
Als Berufsbeamte stehen die Lehrer in einem *öffentlich-rechtlichen Dienst- und Treueverhältnis*. Ihr *Dienstherr* ist entweder das Land oder eine andere Gebietskörperschaft (Gemeinde, Kreis, Zweckverband). Näheres zur dienstrechtlichen Zuordnung der Lehrer (Lehrer als Landes- oder als Kommunalbedienstete) vgl. TZ 9.6; zur Rechtslage in den einzelnen Ländern TZ 10.6 (jeweils unter b).

Landesbeamtengesetzes gestrichen. Inzwischen ist Schleswig-Holstein wieder dazu übergegangen, die Lehrer zu verbeamten.
18 Erhard *Denninger*/Günter *Frankenberg*: Grundsätze zur Reform des öffentlichen Dienstrechts, Baden-Baden 1997, S. 17 ff.; *Bildungskommission NRW*: Zukunft der Bildung – Schule der Zukunft, Neuwied 1995, S. 327 ff. Vgl. ferner Peter M. *Huber*: Das Berufsbeamtentum im Umbruch. Grundsätzliche Überlegungen unter besonderer Berücksichtigung der neuen Länder, DV 29 (1996), S. 437 (457 ff.), der je nach der vom Landesgesetzgeber definierten Lehrerrolle die Notwendigkeit der Verbeamtung bejaht oder verneint: bei Ausstattung des Lehrers mit Eingriffsbefugnissen in substantiellem Umfang: ja; bei Vorherrschen der Funktion eines pädagogischen Dienstleisters, der lediglich als Verwaltungshelfer des Schulleiters oder des Schulamts eingesetzt wird: nein.
19 *Battis/Schlenga*, ZBR 1995, 253. Ob die Beamten den Staat tatsächlich teurer zu stehen kommen als die Angestellten des öffentlichen Dienstes, erscheint allerdings zweifelhaft. S. etwa *Der Präsident des Bundesrechnungshofs als Bundesbeauftragter für die Wirtschaftlichkeit in der Verwaltung*: Beamte oder Arbeitnehmer. Vergleichende Untersuchung über Auswirkungen der alternativen Verwendung von Beamten oder von Arbeitnehmern im Bundesdienst. Bd. 6 der Schriftenreihe des Bundesbeauftragten für die Wirtschaftlichkeit in der Verwaltung, Bonn 1996; Thorolf *Stegmann*: Beamte oder Angestellte? – Anmerkungen zu einem Kostenvergleich in Baden-Württemberg –, ZBR 1996, 6; ferner Friedrich *von Zezschwitz*: Sozialrenten und Beamtenpensionen im Vergleich der letzten 20 Jahre, ZBR 1995, 157.
20 Bis vor wenigen Jahren wurde die Überführung der Lehrer in das Angestelltenverhältnis auch damit begründet, daß nur auf diese Weise eine diskriminierungsfreie Beschäftigung von EU-Ausländern im Schuldienst möglich sei (so z. B. Helmut *Goerlich*/Peter *Bräth*: Zur europäischen Freizügigkeit im öffentlichen Sektor, NVwZ 1989, 330 [331]). Dieses Argument ist dadurch gegenstandslos geworden, daß nunmehr auch Staatsangehörige eines Mitgliedstaats der EU Beamte werden können (dazu TZ 18.227).

18.211 In den letzten Jahren hat das *Teilzeitbeamtenverhältnis* mehr und mehr an Bedeutung gewonnen[21]. Es besitzt gerade für Lehrer große praktische Bedeutung[22].
Nach früherem Recht gab es eine familienpolitisch begründete Teilzeit zur Betreuung eines Kindes oder zur Pflege eines Angehörigen (§ 48a BRRG a.F.) und eine auf arbeitsmarktpolitische Erwägungen gestützte Teilzeitbeschäftigung (§ 44a BRRG a.F.). Aufgrund des Gesetzes zur Reform des öffentlichen Dienstrechts vom 24.2.1997 ist eine neue Rechtslage eingetreten. § 44b BRRG n.F. regelt nur noch den *unbezahlten Urlaub* auf Antrag des Beamten: einerseits in Bereichen des öffentlichen Dienstes, in denen wegen der Arbeitsmarktsituation ein außergewöhnlicher Bewerberüberhang besteht und deshalb ein dringendes öffentliches Interesse an der Einstellung von Beamten gegeben ist (Abs. 1 und 2); andererseits für die Betreuung eines Kindes unter 18 Jahren oder eines pflegebedürftigen sonstigen Angehörigen, sofern zwingende dienstliche Belange nicht entgegenstehen (Abs.3). Urlaub aus arbeitsmarktpolitischen Gründen *kann* bis zur Dauer von insgesamt sechs Jahren, nach Vollendung des 55. Lebensjahres für die Zeit bis zum Beginn des Ruhestands, bewilligt werden; dem Antrag darf nur entsprochen werden, wenn der Beamte auf entgeltliche Nebentätigkeit verzichtet und sich verpflichtet, genehmigungsfreie entgeltliche Nebentätigkeit in Form von schriftstellerischen, wissenschaftlichen, künstlerischen oder Vortragsaktivitäten nur in dem Umfang auszuüben, wie er sie bei Vollzeitbeschäftigung ohne Verletzung dienstlicher Pflichten ausüben könnte (vgl. TZ 21.44). Urlaub aus den genannten familiären Gründen *muß* bewilligt werden. Die Dauer dieses Urlaubs darf, auch zusammen mit einem arbeitsmarktbezogenen Urlaub, insgesamt zwölf Jahre nicht überschreiten.
Hinsichtlich der *Teilzeitarbeit* bestimmt § 44a BRRG n.F. nunmehr lapidar: »Teilzeitbeschäftigung für Beamte ist durch Gesetz zu regeln«[23]. Der jeweilige Landesgesetzgeber muß selbst darüber entscheiden, in welchem Umfang er von der rahmengesetzlichen Ermächtigung Gebrauch macht und welches verfassungsrechtliche Risiko er dabei eingeht. Alle Länder halten in ihren Beamtengesetzen daran fest, daß einem Beamten auf Antrag Teilzeitbeschäftigung bis zur Hälfte der regelmäßigen Arbeitszeit zur Erfüllung familiärer Pflichten für einen Zeitraum zu gewähren ist, in dem die geforderten Bedingungen – Betreuung eines Kindes unter 18 Jahren oder eines sonstigen pfle-

---

21 Zur Vereinbarkeit des Teilzeitbeamtenverhältnisses mit den hergebrachten Grundsätzen des Berufsbeamtentums (Art.33 Abs.5 GG) s. *Scheerbarth/Höffken/Bauschke/Schmidt* (Anm. 1), S.55ff.; *Battis*: Bundesbeamtengesetz. Kommentar, § 72a Rn.6ff.
22 Zur quantitativen Bedeutung der Teilzeitarbeit für Lehrer Peter *Krauss*: Teilzeitarbeit in deutschen Schulen: Chance oder Dilemma?, RdJB 1997, 286.
23 Im Gesetzgebungsverfahren hatte der Bundesrat die Einführung der sog. Einstellungsteilzeit (»Zwangsteilzeit«) gefordert, die dem Dienstherrn die Möglichkeit eröffnet, Teilzeitbeschäftigungsverhältnisse auch für Beamte und nicht nur für Angestellte zu begründen. Die Bundesregierung hatte diese Forderung mit dem Argument zurückgewiesen, daß die obligatorische Teilzeit mit den hergebrachten Grundsätzen des Berufsbeamtentums nicht vereinbar sei. Zum Gesetzgebungsverfahren s. Ehrhart *Körting*: Teilzeitbeschäftigung für Beamte in den Ländern nach dem Reformgesetz vom 24.2.1997. Dargestellt am Beispiel des Landes Brandenburg, LKV 1998, 41; *Schnellenbach*, NVwZ 1997, 523f.; *ders.*, ZBR 1998, 225f.

gebedürftigen Angehörigen – tatsächlich gegeben sind. In Berlin, Hamburg und Sachsen kann einem Beamten auf Antrag bei einem durch die Arbeitsmarktsituation bedingten außergewöhnlichen Bewerberüberhang für eine begrenzte Zeit (bis zu insgesamt 15 Jahren) Teilzeitbeschäftigung, gleichfalls bis zur Hälfte der regelmäßigen Arbeitszeit, bewilligt werden[24]. Die anderen Länder gehen einen Schritt weiter. Dort können Beamte auf Antrag, ohne weitere Voraussetzungen erfüllen zu müssen, auf unbegrenzte Dauer mit mindestens der Hälfte der regelmäßigen Arbeitszeit teilzeitbeschäftigt werden, wenn dienstliche Belange nicht entgegenstehen (sog. *voraussetzungslose Teilzeitbeschäftigung*)[25]. Darüber hinaus haben Brandenburg, Bremen, Hamburg, Hessen, Niedersachsen, Nordrhein-Westfalen, das Saarland, Sachsen-Anhalt und Thüringen die sog. *Einstellungsteilzeit* eingeführt[26]. In diesen Ländern können Bewerber auch gegen ihren Willen ab einer bestimmten Besoldungsgruppe des gehobenen Dienstes in ein Teilzeitbeamtenverhältnis berufen werden, wenn wegen der Arbeitsmarktsituation mehr Bewerber als Stellen vorhanden sind und ein dringendes öffentliches Interesse daran besteht, verstärkt Bewerber im öffentlichen Dienst zu beschäftigen. Die Arbeitszeit darf allerdings ein Mindestmaß (je nach landesrechtlicher Regelung zwei Drittel, drei Viertel oder vier Fünftel der regelmäßigen Arbeitszeit) nicht unterschreiten. Im übrigen gelten die Bestimmungen über die Einstellungsteilzeit außer in Hessen nur für einen begrenzten Zeitraum[27].

---

24 § 35a bln LBG, § 76a HmbBG, § 143 Sächs BG.
25 § 135f bw LBG, Art. 80a BayBG, § 39 bbg LBG, § 85a Abs. 1 bis 3 Hess BG, § 79 Abs. 1 bis 3 LBG M-V, § 80a Nds BG, § 78b nrw LBG, § 80a rp LBG, § 87a Saarl BG, § 72a BG LSA, § 88a Abs. 1 sh LBG, § 76 Abs. 1 bis 3 ThürBG.
26 §§ 39a, 39b bbg LBG; § 71f. Brem BG; § 76b HmbBG; § 85c Hess BG; § 80b Nds BG; § 87b Saarl BG, § 72c BG LSA; § 76a ThürBG. – Die Einstellungsteilzeit (obligatorische Teilzeitbeschäftigung) wird im Schrifttum überwiegend als mit den hergebrachten Grundsätzen des Berufsbeamtentums (Art. 33 Abs. 5 GG) unvereinbar angesehen. Vgl. etwa Ulrich *Battis*/Klaus Joachim *Grigoleit*: Zur Öffnungsklausel des § 44a BRRG. Bedeutung – Zulässigkeit Rechtsfolgen, ZBR 1997, 237 (246f.); dies.: Zulässigkeit und Grenzen von Teilzeitbeamtenverhältnissen, in: Arbeitsgemeinschaft der Verbände des höheren Dienstes (Hrsg.): Verantwortung und Leistung, Heft 30/Februar 1997. – Das VG Frankfurt am Main, NVwZ-RR 1999, 325 (327ff.), hat die Regelung der Einstellungsteilzeit nach § 85c Hess BG für nicht anwendbar erklärt, weil sie »mit dem Recht auf Arbeit und dem ergänzenden Recht auf gerechte und günstige Arbeitsbedingungen in der Europäischen Sozialcharta und im Internationalen Pakt über wirtschaftliche, soziale und kulturelle Rechte unvereinbar und damit nach Art. 67 Satz 2 HV nicht gültig« sei. (Gem. Art. 67 Satz 2 hess Verf. ist kein Gesetz gültig, das mit den Regeln des Völkerrechts oder mit einem Staatsvertrag in Widerspruch steht.)
27 S. z.B. die Regelungen in Brandenburg: Dort können nach § 39a LBG Bewerber der Laufbahnen des gehobenen und höheren Dienstes bis zum 31.12.2006 in ein Teilzeitbeamtenverhältnis berufen werden; die Arbeitszeit muß ab der Besoldungsgruppe A 11 mindestens zwei Drittel der regelmäßigen Arbeitszeit betragen. Diese Einstellungsteilzeit ist jedoch nicht zulässig, wenn aufgrund der Arbeitsmarktlage ein außergewöhnlicher Bewerberüberhang besteht und wenn nicht wegen einer infolge der Herstellung der deutschen Einheit bedingten Personalstruktur eine Vollzeitbeschäftigung nicht angeboten werden kann und deshalb ein dringendes öffentliches Interesse an der Begründung eines Teilzeitbeamtenverhältnisses zu bejahen ist. Der Ausnahmecharakter der Einstellungsteilzeit wird auch dadurch unterstrichen, daß höchstens 33% aller Planstellen der Laufbahnen des gehobenen und höheren Dienstes für diese Form des Beamtenverhältnisses genutzt werden dürfen. Die Einstellungsteilzeit kommt vor allem für bereits als

Mehrere Länder, darunter Brandenburg, Bremen, Hessen und Nordrhein-Westfalen, haben inzwischen die *Altersteilzeit*, die zuvor den Arbeitnehmern im öffentlichen Dienst kraft tarifrechtlicher Regelung vorbehalten war (dazu TZ 23.22), auch für Beamte eingeführt[28]. Danach kann einem Beamten, der das 55. Lebensjahr vollendet hat und in den letzten fünf Jahren insgesamt mindestens drei Jahre vollzeitbeschäftigt war, auf Antrag Teilzeitbeschäftigung mit der Hälfte der regelmäßigen Arbeitszeit bewilligt werden, sofern dringende dienstliche Belange nicht entgegenstehen. Die Teilzeitbeschäftigung muß sich auf die Zeit bis zum Beginn des Ruhestands erstrecken. Sie kann in der Weise bewilligt werden, daß der Beamte durchgehend Teilzeitarbeit mit der Hälfte der regelmäßigen Arbeitszeit leistet (Teilzeitmodell) oder die insgesamt anfallende Arbeitszeit vollständig in der ersten Hälfte des Bewilligungszeitraums erbringt und anschließend vom Dienst freigestellt wird (Blockmodell). Zu den Auswirkungen auf die Besoldung des in Altersteilzeit beschäftigten Beamten s. TZ 20.11. Zum Teilzeitbeamtenverhältnis bei partieller Dienstunfähigkeit s. TZ 18.332.

Alle westdeutschen Länder sowie Berlin und Brandenburg eröffnen Lehrern die Möglichkeit des Teilzeitbeamtenverhältnisses in Form eines *Freistellungsjahres* (*Sabbatjahr*), sofern dienstliche Belange nicht entgegenstehen[29]. Die auf das Freistellungsjahr entfallende Arbeitszeit muß im allgemeinen in den vorausgehenden Jahren »vorgearbeitet« werden; der Bewilligungszeitraum kann – je nach landesrechtlicher Regelung – zwei bis acht Jahre umfassen. So kann der Lehrer z. B. für die Dauer von vier Jahren bei drei Vierteln der Dienstbezüge drei Jahre lang vollbeschäftigt tätig sein und im vierten Jahr völlig freigestellt werden.

18.212 Innerhalb des Berufsbeamtentums unterscheidet man je nach Vor- und Ausbildung sowie nach wahrzunehmender Funktion vier *Laufbahngruppen*: den einfachen, mittleren, gehobenen und höheren Dienst (§ 11 Abs. 2 BRRG, §§ 16 ff. BBG). In dieses Schema sind auch die Lehrer eingegliedert. Die Lehrer an Grund- und Hauptschulen, Realschulen und Sonderschulen gehören zur Laufbahngruppe des *gehobenen Dienstes*, die Lehrer an Gymnasien und berufsbildenden Schulen (Studienräte) zur Laufbahngruppe des *höheren Dienstes*[30]. Auch das Bundesbesoldungsgesetz geht von unterschiedlich

---

Angestellte beschäftigte Lehrer in Betracht: Sofern sie noch nicht 45 Jahre alt sind, können sie bis Ende 1999 in ein Teilzeitbeamtenverhältnis berufen werden. Voraussetzung dafür ist, daß wegen einer einigungsbedingten erheblichen Veränderung des Personalbedarfs aus öffentlichen Interessen bei der Übernahme in ein Beamtenverhältnis eine volle Beschäftigung auf Dauer nicht angeboten werden kann (§ 39 b LBG, sog. Umwandlungsteilzeit). *Körting*, LKV 1998, 45, hält die Einführung der Einstellungsteilzeit in Brandenburg im Hinblick auf die heutige Arbeitsmarktsituation für verfassungsrechtlich unbedenklich, sofern gewährleistet ist, daß der eingestellte Beamte mit seinen aufgrund der Teilzeitbeschäftigung geminderten Dienstbezügen noch einen angemessenen Lebensunterhalt erhält.

28 § 39 Abs. 5 bbg LBG, § 71 b Brem BG, § 85 b Hess BG, § 78 d nrw LBG. Landesrechtliche Regelungen dieses Inhalts sind durch § 44 a Abs. 5 BRRG ermöglicht worden.

29 Vgl. etwa § 153 e bw LBG, Art. 80 b BayBG, § 39 Abs. 4 bbg LBG, § 80 Abs. 4 Nds BG, § 78 b Abs. 3 nrw LBG.

30 Die Fachlehrer und die Lehrer für Fachpraxis rechnen zumeist zum gehobenen, manchmal auch zum mittleren Dienst.

zu bewertenden Lehrämtern aus und stuft diese nach den verschiedenen Schularten ein. So sind Lehrer an Grund- und Hauptschulen der Besoldungsgruppe A 12, Lehrer an Realschulen der Besoldungsgruppe A 13 und Studienräte an Gymnasien und berufsbildenden Schulen der Besoldungsgruppe A 13 mit Zulage zugewiesen[31]. Dazu ausführlich TZ 20.111.

18.213 Die Schule ist in die Hierarchie der Unterrichtsverwaltung mit ihren Über- und Unterordnungsverhältnissen eingegliedert (TZ 6.21). Dabei ist zwischen dem Vorgesetzten und dem Dienstvorgesetzten zu unterscheiden. Der Schulleiter ist unmittelbarer *Vorgesetzter* der Lehrer seiner Schule (TZ 7.111). Als solcher ist er befugt, ihnen für ihre dienstliche Tätigkeit Anordnungen zu erteilen (vgl. § 3 Abs. 2 Satz 2 BBG), z. B. die kurzfristige Übertragung einer Krankheitsvertretung.
Vom Vorgesetzten ist der *Dienstvorgesetzte* zu unterscheiden, der dazu berufen ist, über die persönlichen Angelegenheiten der ihm nachgeordneten Beamten zu entscheiden (vgl. § 3 Abs. 2 Satz 1 BBG), z. B. Gewährung von Urlaub, Genehmigung einer Nebentätigkeit, dienstliche Beurteilung. Der Dienstvorgesetzte ist immer unmittelbarer oder mittelbarer Vorgesetzter, der Vorgesetzte aber nicht immer Dienstvorgesetzter. Nächster Dienstvorgesetzter der Lehrer und Schulleiter, die Landesbeamte sind, ist der Leiter der Behörde, die die unmittelbare Schulaufsicht ausübt (Schulrat, Regierungspräsident, Leiter des Oberschulamts usw.); in einigen Ländern nimmt der Schulleiter einzelne Aufgaben des Dienstvorgesetzten gegenüber den Lehrern wahr[32]. Höchster Dienstvorgesetzter ist stets der Kultusminister (Schulsenator) als Leiter der obersten Dienstbehörde. Die Übersicht über die staatlichen Schulbehörden im 16. Kapitel (TZ 16.6) läßt erkennen, wer jeweils unmittelbarer und höherer Dienstvorgesetzter ist[33].

18.22 Begründung des Beamtenverhältnisses[34]

18.221 Das Beamtenverhältnis des Lehrers wird wie das jedes anderen Beamten dadurch begründet, daß ihm eine *Ernennungsurkunde* ausgehändigt wird, die die Worte enthält: »... unter Berufung in das Beamtenverhältnis« mit dem die Art des Beamtenverhältnisses bestimmenden Zusatz, z. B. »auf Lebenszeit«, »auf Probe«, »auf Widerruf« (§ 5 Abs. 2 Satz 2 Nr. 1 BRRG, § 6

---

31 Obwohl die Realschullehrer zum gehobenen Dienst zählen, werden sie nach der an sich dem höheren Dienst zugeordneten Besoldungsgruppe A 13 besoldet.
32 Z.B. in Hessen (§ 88 Abs. 1 Satz 4 HSchG, § 16a Dienstordnung für Lehrkräfte, Schulleiterinnen und Schulleiter und sozialpädagogische Mitarbeiterinnen und Mitarbeiter); dazu Wolfgang *Bott*: Der Schulleiter als Dienstvorgesetzter, SchuR 1999, 69. In Bayern ist der Schulleiter an Realschulen, beruflichen Schulen und Gymnasien einschließlich der entsprechenden Schulen für Behinderte Dienstvorgesetzter aller ihm nachgeordneten Beamten (§ 24 Abs. 1 Satz 2 Lehrerdienstordnung).
33 Zur Rechtstellung der Lehrer, die Kommunalbeamte sind, vgl. TZ 9.62.
34 *Battis* (Anm. 1), S. 917 ff. Rn. 60 ff.; *Köpp* (Anm. 1), S. 425 ff. Rn. 71 ff.; *Kunig* (Anm. 1), S. 664 ff. Rn. 68 ff.; *Merten* (Anm. 1), S. 214 ff.; *Scheerbarth/Höffken/Bauschke/Schmidt* (Anm. 1), S. 244 ff.; *Schnellenbach* (Anm. 1), S. 1 ff. Rn. 1 ff.; *Wolff/Bachof/Stober*: Verwaltungsrecht II, S. 535 ff.

Abs. 2 Satz 2 Nr. 1 BBG). Nur der Lehrer, der eine Urkunde dieses Wortlauts erhalten hat, ist Beamter geworden. Diese zwingende Formvorschrift schafft Klarheit darüber, ob im Einzelfall ein Beamtenverhältnis begründet worden ist. Die Ernennung ist ein mitwirkungsbedürftiger Verwaltungsakt; der Lehrer muß also der Ernennung zustimmen[35]. Die Zustimmung liegt üblicherweise in der vorbehaltlosen Entgegennahme der Urkunde. Aus technischen Gründen wird die Urkunde nicht immer sogleich am Tag des Eintritts in den Schuldienst ausgehändigt. In der Zwischenzeit besteht noch kein Beamtenverhältnis. Ist allerdings durch das Verschulden des noch nicht beamteten Lehrers ein Schüler zu Schaden gekommen, so haftet gleichwohl der Staat für ihn (§ 839 BGB i. V. m. Art. 34 GG)[36].

Bei der Einstellung wird zunächst nur ein aufhebbares Beamtenverhältnis begründet. Als Lehramtsanwärter (Referendar) im Vorbereitungsdienst wird der Bewerber zum *Beamten auf Widerruf* ernannt (dazu TZ 17.31). Soll er nach der Zweiten Staatsprüfung in das Beamtenverhältnis übernommen werden, wird er zum *Beamten auf Probe* ernannt. Die Probezeit, die für Lehrer zweieinhalb Jahre (gehobener Dienst) oder drei Jahre (höherer Dienst) beträgt, unter bestimmten Voraussetzungen aber abgekürzt oder verlängert werden kann, dient dazu, die Eignung und Befähigung des Bewerbers für eine Berufung in das Beamtenverhältnis auf Lebenszeit festzustellen[37]. Bewährt sich der Beamte auf Probe nicht, kann er entlassen werden (§ 23 Abs. 3 Nr. 2 BRRG, § 31 Abs. 1 Nr. 2 BBG). Die Beamten auf Probe führen als Dienstbezeichnung die Amtsbezeichnung des Eingangsamts ihrer Laufbahn mit dem Zusatz »zur Anstellung« – z. B. Studienrat z.A. *Ein Rechtsanspruch auf Übernahme in ein Beamtenverhältnis besteht grundsätzlich nicht*; Ausnahmen gelten u. a. für die Aufnahme als Widerrufsbeamter in den Vorbereitungsdienst (TZ 17.31) und für die Umwandlung eines Beamtenverhältnisses auf Probe in ein solches auf Lebenszeit (TZ 18.225). Zur Übertragung von Leitungsfunktionen im Beamtenverhältnis auf Probe oder im Beamtenverhältnis auf Zeit s. TZ 7.122.

Fehler der Ernennung können zur Folge haben, daß die *Ernennung nichtig* ist – beispielsweise wenn sie von einer sachlich unzuständigen Behörde ausgesprochen wurde –, daß sie *zurückgenommen werden muß* – falls sie z. B. durch Zwang, arglistige Täuschung oder Bestechung herbeigeführt wurde – oder daß sie *zurückgenommen werden kann* – sofern nicht bekannt war, daß der Ernannte in einem Disziplinarverfahren aus dem Dienst entfernt oder zum Verlust der Vorsorgungsbezüge verurteilt war – (im einzelnen §§ 8, 9 BRRG, §§ 11, 12 BBG).

---

35 Zur Beteiligung des Personalrats TZ 19.311, zur Beteiligung der Frauenbeauftragten TZ 19.122.
36 Falls nicht ohnehin die gesetzliche Schülerunfallversicherung für den Schaden aufkommt (TZ 33.21).
37 Zu den Besonderheiten der Verbeamtung der früher in der DDR beschäftigten Lehrer s. TZ 18.11, 18.224 und 18.226. Für sie betrug die Probezeit – unabhängig davon, welcher Laufbahngruppe sie angehören – einheitlich drei Jahre; doch konnte die Probezeit bis auf mindestens zwei Jahre abgekürzt werden (Anl. I zum Einigungsvertrag Kap. XIX Sachgeb. A Abschn. III Nr. 2 Buchst. a sowie Nr. 3 Buchst. b und c).

18.222 Persönliche Voraussetzungen für die Ernennung zum Beamten sind grundsätzlich die Eigenschaft als Deutscher im Sinne des Art. 116 GG oder die Staatsangehörigkeit eines anderen Mitgliedstaats der Europäischen Gemeinschaften, gesundheitliche Eignung (Nachweis durch amtsärztliche Bescheinigung[38]), charakterliche Eignung (im allgemeinen genügt die Vorlage eines polizeilichen Führungszeugnisses) und fachliche Eignung (durch entsprechende Vorbildung, in Ausnahmefällen durch Lebens- und Berufserfahrung – sog. Außenseiter – nachgewiesen), ferner Fehlen schwerer Vorstrafen; der Bewerber muß außerdem die Gewähr dafür bieten, daß er jederzeit für die freiheitliche demokratische Grundordnung eintritt (§ 4 Abs. 1 BRRG, § 7 Abs. 1 BBG; TZ 18.224). Zur Frage, ob einer muslimischen Lehrerin deutscher Staatsangehörigkeit, die darauf besteht, in der Schule ein Kopftuch zu tragen, die Übernahme in den Schuldienst wegen mangelnder Eignung verweigert werden darf, s. TZ 19.123.

18.223 Bei der Einstellung von Beamten muß der Dienstherr den *Grundsatz der Bestenauslese* beachten, der gebietet, daß jeder Deutsche nach seiner Eignung, Befähigung und fachlichen Leistung gleichen Zugang zu jedem öffentlichen Amt hat (Art. 33 Abs. 2 GG). Bei der Auswahl der in den Schuldienst zu übernehmenden Lehrer pflegen die Schulbehörden das Leistungsprinzip

---

38 Noch vor wenigen Jahren war heftig umstritten, ob die Einstellung von Beamtenbewerbern vom negativen Ausgang eines HIV-Tests – wie er in Bayern vorgeschrieben ist – abhängig gemacht werden darf. Dabei ist von einer Interessenkollision auszugehen: Auf der einen Seite steht der vom Staat garantierte Schutz nichtinfizierter Menschen vor möglichen Gesundheitsschäden (Art. 2 Abs. 2 Satz 1 GG) durch Amtshandlungen HIV-Infizierter bzw. AIDS-kranker Beamter und der Schutz staatlicher Belange, wie z. B. die Vermeidung finanzieller Belastungen durch Versorgungsleistungen für AIDS-kranke Beamte; auf der anderen Seite bedeutet ein HIV-Test einen Eingriff in die durch Art. 2 Abs. 1 i. V. m. Art. 1 Abs. 1 geschützte Privat- und Intimsphäre sowie eine Einschränkung des durch Art. 33 Abs. 2 i. V. m. Art. 12 Abs. 1 GG garantierten gleichen Zugangs zum öffentlichen Dienst. Es ist fraglich, ob sich ein Testzwang angesichts der vergleichsweise geringen Zahl von AIDS-Erkrankungen und des geringen Infektionsrisikos mit dem verfassungsrechtlichen Grundsatz der Verhältnismäßigkeit vereinbaren läßt. Die Tatsache, daß der Streit kaum noch eine Rolle spielt, spricht für die Vermutung eines relativ geringen Gefährdungspotentials durch AIDS-Erkrankungen. Aus der Literatur: Manfred *Bruns*: Öffentliches Dienstrecht und Aids, in: Cornelius Prittwitz (Hrsg.): Aids, Recht und Gesundheitspolitik, Berlin 1990, S. 255 ff.; Peter *Lichtenberg*/Werner *Winkler*: Die Immunschwäche AIDS und das Beamtenrecht unter besonderer Berücksichtigung des HIV-Antikörpertests als Einstellungsvoraussetzung, DVBl. 1990, 10; Wolf-Rüdiger *Schenke*: Die Bekämpfung von AIDS als verfassungsrechtliches und polizeirechtliches Problem, in: Bernd Schünemann/Gerd Pfeiffer (Hrsg.): Die Rechtsprobleme von AIDS, Baden-Baden 1988, S. 103 (131 ff.); Manfred *Seume*: Der HIV-Antikörpertest bei Einstellungsuntersuchungen von Beamtenbewerbern, BayVBl. 1988, 359; Otfried *Seewald*: Zur Zulässigkeit von Gesundheitsuntersuchungen, insbesondere von HIV-Tests, bei Beamtenbewerbern, VerwArch. 1989, 163.

in der Weise anzuwenden, daß sie die zu besetzenden Stellen ausschreiben[39], die Bewerber nach den Ergebnissen der beiden Staatsprüfungen in eine Rangfolge bringen und sie sodann nach Fächern und Fachrichtungen in lehramtsspezifischen Ranglisten erfassen. Je mehr die Schulen sich ein eigenes, durch ein Schulprogramm ausgewiesenes Profil geben, desto mehr benötigen sie Lehrer, die zu diesem Konzept passen. Insoweit sind bei der Ausschreibung der Stellen und bei der Auswahl der dafür in Betracht kommenden Bewerber die besonderen Bedürfnisse der jeweiligen Schule zu berücksichtigen (vgl. TZ 6.232)[40]; doch darf dabei der Grundsatz der Bestenauslese nicht ausgehöhlt werden. Hat der Dienstherr gegen diesen Grundsatz verstoßen, kann der unterlegene Bewerber seine Rechte gerichtlich geltend machen (Konkurrentenstreit, dazu TZ 19.535).

18.224 Nur dann, wenn der Bewerber die Gewähr dafür bietet, daß er jederzeit für die freiheitliche demokratische Grundordnung eintritt (§ 4 Abs. 1 Nr. 2 BRRG, § 7 Abs. 1 Nr. 2 BBG), kann er die jedem Beamten als Dienstpflicht obliegende *Verfassungstreuepflicht (politische Treuepflicht)* erfüllen. Die Verfassungstreuepflicht, die für jedes Beamtenverhältnis gilt, ist als hergebrachter Grundsatz des Berufsbeamtentums (Art. 33 Abs. 5 GG) von Verfassungs wegen zu beachten. Sie fordert mehr als nur eine formal korrekte, im übrigen uninteressierte, kühle, innerlich distanzierte Haltung gegenüber Staat und Verfassung; sie fordert vom Beamten insbesondere, daß er sich eindeutig von Gruppen und Bestrebungen distanziert, die diesen Staat, seine verfassungsmäßigen Organe und die geltende Verfassungsordnung angreifen, bekämpfen und diffamieren[41]. *Bestehen ernsthafte und begründete Zweifel an der Verfassungstreue des Beamtenbewerbers, darf er nicht eingestellt werden.* Solche Zweifel können auch auf der Mitgliedschaft in einer nicht verbotenen,

---

39 Die Ermittlung der Bewerber durch öffentliche Ausschreibung ist in den Beamtengesetzen der meisten Länder vorgeschrieben, s. etwa § 11 Abs. 2 bw LBG, § 13 Abs. 1 bbg LBG, § 8 Abs. 2 Satz 1 Hess BG, § 9 Abs. 2 LBG M-V, § 8 Abs. 1 Satz 1 BG LSA, § 10 Abs. 2 sh LBG, § 8 Abs. 1 Satz 1 ThürBG. In Bayern, Hamburg und Sachsen ist eine Stellenausschreibung nur erforderlich, wenn dies im besonderen dienstlichen Interesse liegt (Art. 12 Abs. 1 BayBG, § 7 Abs. 2 HmbBG, § 12 Abs. 2 SächsBG). – Vgl. Karl-Heinz *Ladeur*: Öffentliche Stellenausschreibung als Gewährleistung des Rechts auf gleichen Zugang zum öffentlichen Dienst, Jura 1992, 77. – Die gelegentlich zu beobachtende Praxis, anläßlich eines (langjährigen) Bewerberüberhangs sog. Wartelisten für Lehramtsbewerber einzuführen, ist zulässig. Zu deren Voraussetzungen sowie zu den Rechtsschutzmöglichkeiten gegen die eine Aufnahme in die Warteliste ablehnende Entscheidung s. BVerwG, NVwZ-RR 1990, 619.

40 In Hessen und Nordrhein-Westfalen wird den Schulen die Möglichkeit eingeräumt, sich an der Stellenausschreibung und an der Auswahl der Lehrer zu beteiligen. S. im einzelnen Erlaß über das Einstellungsverfahren in den hessischen Schuldienst vom 10.12.1997 (ABl. 1998 S. 3); RdErl. über die Einstellung von Lehrerinnen und Lehrern in den öffentlichen Schuldienst des Landes Nordrhein-Westfalen vom 12.9.1997 (GABl. S. 230).

41 BVerfGE 39, 334 (348), die grundlegende »Radikalen«-Entscheidung. Aus der Literatur: *Battis*: BBG. Kommentar, § 7 Rn. 7 ff.; *Köpp* (Anm. 1), S. 407 ff. Rn. 37 ff.; *Kunig* (Anm. 1), S. 667 ff. Rn. 76 ff.; *Lecheler* (Anm. 1), S. 754 ff. Rn. 96 ff.; *Merten* (Anm. 1), S. 218 ff.; *Scheerbarth/Höffken/Bauschke/Schmidt* (Anm. 1), S. 81 ff.; *Schnellenbach* (Anm. 1), S. 12 ff. Rn. 15 ff.

aber verfassungsfeindliche Ziele verfolgenden Partei beruhen[42]. Gerade von Lehrern ist ein positives Verhältnis zur Verfassung zu verlangen. In Wahrnehmung des verfassungsrechtlich vorgegebenen Erziehungsauftrags erfüllen sie Aufgaben von hoher staatspolitischer Bedeutung; sie müssen daher von der Richtigkeit dieses Auftrags überzeugt und imstande sein, die Erziehungsziele einschließlich der Grundwerte und Grundentscheidungen der Verfassung den Schülern glaubhaft zu vermitteln. Das gilt um so mehr, als die pädagogische Freiheit ein besonders hohes Maß an Vertrauen in die Verfassungstreue der Lehrer voraussetzt[43].

Die Behörde, die über den Antrag auf Übernahme in das Beamtenverhältnis entscheidet, verfügt über einen Beurteilungsspielraum. Lehnt sie den Bewerber wegen fehlender Verfassungstreue ab, hat sie in ihrem Bescheid die Umstände darzulegen, auf die sie die Ablehnung stützt. Der abgewiesene Bewerber kann hiergegen vor dem Verwaltungsgericht Anfechtungsklage erheben. Das Gericht seinerseits darf das prognostische Urteil der Einstellungsbehörde nicht durch die eigene Beurteilung ersetzen. Die gerichtliche Kontrolle beschränkt sich vielmehr darauf zu prüfen, ob die Behörde von einem unrichtigen Sachverhalt ausgegangen ist[44], ob sie die anzuwendenden Begriffe und die Grenzen des Beurteilungsspielraums verkannt, allgemeingültige Bewertungsmaßstäbe nicht beachtet, sachfremde Erwägungen angestellt oder gegen Verfahrensvorschriften verstoßen hat[45]. Obsiegt der Bewerber, kann das Gericht die Verwaltung nicht zu seiner Übernahme in das Beamtenverhältnis

---

42 S. aber das Urteil des Europäischen Gerichtshofs für Menschenrechte (EGMR) vom 26.9.1995 (NJW 1996, 375), wonach die Bundesrepublik Deutschland dadurch gegen Art. 10 EMRK (Recht der freien Meinungsäußerung) und Art. 11 EMRK (Versammlungs- und Vereinigungsfreiheit) verstoßen hat, daß eine niedersächsische Lebenszeitbeamtin wegen ihrer Mitgliedschaft und entsprechender politischer Aktivitäten in der DKP im Disziplinarverfahren aus dem Dienst entfernt wurde: Die Tätigkeit der Beamtin sei mit keinem Sicherheitsrisiko verbunden gewesen. Daß sie ihre Schüler indoktriniert habe, sei ihr nicht vorgeworfen worden. Es sei auch kein Nachweis dafür erbracht worden, daß sie sich außerhalb der Schule gegen die Grundlagen der Verfassung ausgesprochen habe. Die DKP sei auch nicht vom Bundesverfassungsgericht verboten worden. Im Lichte dieser Erwägungen seien die von der Bundesregierung für die Entlassung genannten Gründe nicht schwerwiegend genug, um in überzeugender Weise zu begründen, daß es in einer demokratischen Gesellschaft notwendig war, sie zu entlassen. Mit dieser Entscheidung befassen sich Ulrich *Häde*/Monika *Jachmann*: Mitglieder extremistischer Parteien im Staatsdienst. Zum Urteil des Europäischen Gerichtshofs für Menschenrechte vom 26. September 1995 (Vogt gegen Deutschland), ZBR 1997, 8, sowie Helmut *Rittstieg*: Der Radikalenerlaß in europäischer Sicht. Zum Urteil des Europäischen Gerichtshofs für Menschenrechte vom 26.9.1995 in der Sache Dorothea Vogt, RdJB 1996, 492.
43 BVerwGE 47, 330 (343).
44 Die Einstellungsbehörde muß gerichtsverwertbare Tatsachen vorbringen; bloße Andeutungen und durch Fakten nicht belegte Behauptungen genügen nicht.
45 Die neuere Rspr. des BVerfG (insbesondere BVerfGE 84, 34 und 59), die den Beurteilungsspielraum bei Prüfungsentscheidungen eingeschränkt und die gerichtliche Kontrolle deutlich verstärkt hat (dazu TZ 27.121), ist für die Einschätzung der Verfassungstreue von Beamtenbewerbern durch die Einstellungsbehörde nicht einschlägig, da sie sich auf Meinungsverschiedenheiten zwischen Prüfer und Prüfling über die fachliche Richtigkeit oder doch Vertretbarkeit einer vom Prüfling gegebenen Antwort bezieht. Vgl. aber *Kunig* (Anm. 1, S. 671 f. Rn. 84), der dafür eintritt, die Beurteilung der Verfassungstreue des Bewerbers durch die Einstellungsbehörde der vollen gerichtlichen Überprüfung zu unterwerfen.

verurteilen, sondern nur den Ablehnungsbescheid aufheben und dadurch die Behörde verpflichten, über den Antrag auf Zulassung zum öffentlichen Dienst erneut zu entscheiden[46].

Neue Aktualität hat die Frage der *Verfassungstreuepflicht bei der Verbeamtung von DDR-Lehrern* in den ostdeutschen Ländern gewonnen. Hier geht es um die Frage, wie die Mitgliedschaft in der SED oder in einer der von ihr gelenkten Parteien und Massenorganisationen zu bewerten ist. Dabei können die Grundsätze, die das Bundesverfassungsgericht in seinem Radikalen-Beschluß für die Beurteilung von Bewerbern aus der Bundesrepublik Deutschland entwickelt hat[47], nicht rückwirkend auf das Verhalten im Dienst der DDR angewandt werden[48], zumal nicht außer acht gelassen werden darf, daß nahezu jeder Beschäftigte im öffentlichen Dienst der DDR Parteimitglied war und demgemäß eine verbal kämpferische Haltung gegenüber der Grundordnung der Bundesrepublik einnehmen mußte. Unter diesen Umständen kommt es vor der Ernennung des Beamten auf Probe (TZ 18.221) auf die Prognose des Dienstherrn an, ob der Bewerber sich unter den neuen Verhältnissen als verfassungstreu erweisen wird. Die bloße Mitgliedschaft in der SED oder einer Massenorganisation allein begründet keine ernsthaften Zweifel an seiner Verfassungstreue[49]. Es ist vielmehr auf die Prüfung des Einzelfalls abzustellen, die die besonderen Gegebenheiten in der DDR zu berücksichtigen hat. Im übrigen ist zu beachten, daß seit der deutschen Einigung nahezu zehn Jahre vergangen sind; die Prognoseentscheidung muß auch das Verhalten des Bewerbers in diesem Zeitraum mit in die Bewertung einbeziehen[50].

---

46 BVerfGE 39, 334 (354); vgl. auch BVerwGE 61, 176 (185).
47 BVerfGE 39, 334 (348).
48 BVerfGE 92, 140 (156).
49 *Battis*: Bundesbeamtengesetz. Kommentar, §7 Rn. 18; Ulrich *Karpen*/Volker *Maaß*: Der schwierige Weg zur Einheit. Die Umsetzung der beamtenrechtlichen Regelungen des Einigungsvertrages in der Praxis, NVwZ 1992, 942 (946).
50 BVerfGE 92, 140 (154 ff.) zur Anwendung des Sonderkündigungstatbestands in Anlage I Kapitel XIX Sachgebiet A Abschnitt III Nr. 1 Abs. 4 Nr. 1 EVtr. (Die Geltungsdauer der darin aufgeführten Kündigungsgründe war zunächst bis zum 2.10.1992 befristet; sie wurde durch Gesetz vom 20. 8. 1992 [BGBl. I S. 1546] bis zum 31. 12. 1993 verlängert.) BVerfGE 96, 152 (164 ff.): Die auf das Kriterium mangelnder Eignung gestützte Kündigung von Lehrern, die in der DDR als Parteisekretäre oder Schuldirektoren tätig waren, war wegen Verstoßes gegen die Berufsfreiheit (Art. 12 Abs. 1 i. V. m. Art. 33 Abs. 2 GG) unzulässig, wenn sie sich nicht in besonderer Weise mit den Zielen der SED identifiziert hatten. BVerfGE 96, 171 (186 ff.); BVerfG, NZA 1998, 1329: Auch Tätigkeiten für das Ministerium für Staatssicherheit (MfS), die vor dem Jahre 1970 abgebrochen wurden, taugen wegen des erheblichen Zeitabstands nicht mehr als Indiz für mangelnde Eignung. Fragen nach solchen Vorgängen verletzen das allgemeine Persönlichkeitsrecht des Beschäftigten; wurden sie unzutreffend beantwortet, dürfen daraus keine arbeitsrechtlichen Folgerungen gezogen werden. BVerfG, ZBR 1999, 120: Die Grundrechte der Art. 12 Abs. 1, 33 Abs. 2 und 2 Abs. 1 GG begrenzen die Rechte des Arbeitgebers der öffentlichen Hand, sich von Mitarbeitern wegen länger zurückliegender Aktivitäten für das MfS zu trennen. In Konsequenz dieser Rechtsprechung kann ein Beamtenbewerber nicht schon deshalb wegen mangelnder Verfassungstreue zurückgewiesen werden, weil er früher solche Funktionen oder Tätigkeiten ausgeübt hat.

18.225 Für die als *Anstellung* bezeichnete Berufung in das *Beamtenverhältnis auf Lebenszeit* müssen weitere Voraussetzungen erfüllt sein, die in § 6 Abs. 1 BRRG (§ 9 Abs. 1 BBG) aufgeführt sind. Gefordert wird ein Mindestalter (Vollendung des 27. Lebensjahres); zumeist ist auch eine Höchstaltersgrenze bestimmt, nach deren Erreichen der Bewerber grundsätzlich nicht mehr in das Beamtenverhältnis berufen werden darf[51]. Ferner werden die Ableistung des Vorbereitungsdienstes und die Ablegung der Zweiten Lehramtsprüfung verlangt. In der Regel ist eine Probezeit zu absolvieren (TZ 18.221); spätestens nach fünf Jahren muß der Beamte auf Probe zum Beamten auf Lebenszeit ernannt werden, sofern er die beamtenrechtlichen Voraussetzungen hierfür erfüllt (§ 6 Abs. 2 Satz 1 BRRG). Haushaltsrechtliche Voraussetzung für die Ernennung zum Beamten auf Lebenszeit ist die schriftliche Einweisung in eine im Haushaltplan ausgebrachte *Planstelle*; er wird damit zum planmäßigen Beamten. (Die Beamten auf Probe und auf Widerruf haben als nichtplanmäßige Beamte keine Planstelle.)

18.226 Will ein Bewerber, der seine *Zweite Staatsprüfung in einem anderen Bundesland* bestanden hat, in den Schuldienst aufgenommen werden, so stellt sich die Frage, ob die Schulverwaltung seinen Antrag allein deshalb ablehnen darf, weil er die Lehrerausbildung nicht im aufnehmenden Land durchlaufen hat[52]. Art. 33 Abs. 2 GG räumt keinen Anspruch auf Übernahme in ein öffentliches Amt[53], auch nicht auf Einstellung in den Schuldienst eines anderen Landes ein[54]. Zwar hat gemäß dieser Vorschrift jeder Deutsche nach seiner Eignung, Befähigung und fachlichen Leistung gleichen Zugang zu jedem öffentlichen Amt. Allein wegen des Umstands, daß er die maßgeblichen Qualifikationsnachweise bei einem anderen als dem um Einstellung angegangenen Dienstherrn erworben hat, darf ein Bewerber daher nicht abgewiesen werden. Wohl aber ist die Einstellungsbehörde berechtigt, die Übernahme in das Beamtenverhältnis deshalb abzulehnen, weil die im anderen Land erworbene Lehrbefähigung den im aufnehmenden Land geltenden Anforderungen an die vergleichbare Lehrbefähigung nicht entspricht. Auch aus § 122 Abs. 2 BRRG ergibt sich kein Anspruch auf Anerkennung der in einem anderen Land abgelegten zweiten Lehramtsprüfung. Nach dieser Vorschrift besitzt die Befähigung für entsprechende Laufbahnen bei allen Dienstherren im Bundesgebiet, wer unter den Voraussetzungen der §§ 13, 14, 14a und 14b BRRG die Befähigung für eine Laufbahn erworben hat. Daraus folgt insbesondere: Die Vorbildung muß geeignet sein, in Verbindung mit der berufspraktischen Ausbildung im Vorbereitungsdienst die Befähigung für die ent-

---

51 S. etwa Art. 10 Abs. 1 BayBG, § 10 Abs. 1 bbg LBG, § 9 Abs. 1 Nr. 3 rp LBG: 45 Jahre; Ausnahmen von der Altersgrenze kann nur die oberste Dienstbehörde mit Zustimmung des Landespersonalausschusses zulassen. In anderen Ländern ziehen haushalts- und laufbahnrechtliche Vorschriften eine Höchstaltersgrenze. So ist z. B. in Nordrhein-Westfalen die Einstellung von Bewerbern in den Landesdienst nur mit Einwilligung des Finanzministers zulässig, wenn der Bewerber das 45. Lj. vollendet hat (vgl. VV Nr. 1 zu § 49 nrw LHO).
52 Dazu Hermann *Avenarius*: Gegenseitige Anerkennung von Lehramtsprüfungen zwischen den Ländern in der Bundesrepublik Deutschland, DÖV 1997, 485.
53 BVerfGE 39, 334 (354); BVerwGE 68, 109 (110).
54 BVerwGE 75, 133 (135).

sprechende Laufbahn zu vermitteln (§ 13 Abs. 3 Satz 2 BRRG)[55]; sie muß im Aufnahmeland für gleich zu bewertende Befähigungen gleichwertig sein (§ 13 Abs. 3 Satz 3 BRRG). Nur mit dieser Maßgabe besitzt der Laufbahnbewerber die Laufbahnbefähigung für eine entsprechende Laufbahn bei allen Dienstherren im Bundesgebiet[56]. Hätte der Gesetzgeber die Laufbahnbefähigung ohne jegliche weitere Überprüfungsmöglichkeit stets als Befähigung für entsprechende Laufbahnen in anderen Ländern gewertet wissen wollen, wäre der Hinweis auf die Voraussetzungen der §§ 13ff. BRRG überflüssig[57]. Der einstellenden Behörde ist somit ein Beurteilungsspielraum eröffnet, der es ihr ermöglicht, bei Bewerbern, die ihr Zweites Staatsexamen in einem anderen Land abgelegt haben, zu prüfen, ob ihre Befähigung der angestrebten Laufbahn gleichzustellen ist[58]. Demgemäß lösen weder Verfassungsrecht noch einfachgesetzliche Normen einen Anerkennungsautomatismus aus[59]. Soweit aber die Gleichwertigkeit der Prüfungen zu bejahen ist, dürfen sich die Länder die gegenseitige Anerkennung nicht versagen. Dabei sind sie durch den Beschluß der Kultusministerkonferenz vom 5. 10. 1990[60] gebunden, der für erheblich mehr Klarheit und Verläßlichkeit in der Anerkennungspraxis gesorgt hat[61] (dazu TZ 17.322).
Anerkennungsprobleme haben sich nach der Wiedervereinigung vor allem hinsichtlich der *in der DDR erworbenen Lehrbefähigungen* ergeben[62]. Die Lehrämter nach dem Recht der DDR unterschieden sich substantiell von den in den westlichen Ländern und in Berlin (West) vorhandenen Lehrämtern. Die Unterschiede bestehen insbesondere darin, daß es weder eine dem Vorbereitungsdienst entsprechende unterrichtspraktische Ausbildungsphase noch eine die Lehrbefähigung erst vermittelnde zweite Lehramtsprüfung gab. Vor allem die Lehrämter des Unterstufenlehrers in der DDR und des Grundschullehrers (Primarstufenlehrers) in der früheren Bundesrepublik wi-

---

55 Es handelt sich nicht um einander entsprechende Laufbahnen, wenn erheblich unterschiedliche Anforderungen an das Studium, z.B. die Zahl der zu studierenden Fächer, oder erhebliche Unterschiede in der Länge des Vorbereitungsdienstes bestehen (BVerwG, SPE n.F. 390 Nr. 22); das BVerwG hat beispielsweise festgestellt, daß die bremische Laufbahn des Lehrers an öffentlichen Schulen mit dem stufenbezogenen Schwerpunkt Sekundarstufe I nicht der Laufbahn des Realschullehrers in Baden-Württemberg entspricht (SPE n.F. 390 Nr. 23).
56 Vgl. BVerfG, Beschl. v. 28. 9. 1987 – 2 BvR 173/87 – (nicht veröffentlicht).
57 BVerwGE 75, 133 (138). Das Urteil bezieht sich zwar auf das BRRG in der zum Zeitpunkt der ablehnenden Behördenentscheidung geltenden Fassung vom 3. 1. 1977 (BGBl. I S. 21); seine grundsätzlichen Aussagen werden aber durch die seither eingetretenen Änderungen des Gesetzes nicht berührt.
58 OVG Lüneburg, NVwZ 1995, 803 (804); OVG Münster, DÖD 1992, 42 (43).
59 Auch § 18 Abs. 2 des Hamburger Abkommens (TZ 2.121), wonach die zweiten Lehramtsprüfungen aller vertragschließenden Länder gegenseitig anerkannt werden, begründet keine entsprechende Verpflichtung der Länder.
60 Beschluß über die gegenseitige Anerkennung von Lehramtsprüfungen und Lehramtsbefähigungen, ergänzt und geändert durch Beschluß vom 8. 12. 1995 (KMK-BeschlS. Nr. 715).
61 Zu diesem Beschluß und zu seinen Auswirkungen Hermann *Avenarius*/Hans *Döbert*/Peter *Döbrich*/Angelika *Schade*: Mobilitätschancen für Lehrer in Deutschland und Europa. Wie verfahren die Länder der Bundesrepublik Deutschland bei der Anerkennung von Lehramtsprüfungen, die in anderen Bundesländern und in anderen Mitgliedstaaten der Europäischen Union abgelegt wurden?, Baden-Baden 1996.
62 Dazu *Avenarius*, DÖV 1997, 491 ff.

chen voneinander ab: Während für das Amt des Grundschullehrers Abitur, Hochschulstudium und Referendariat Laufbahnvoraussetzungen waren und sind, genügten für die Lehrbefähigung als Unterstufenlehrer der Abschluß der zehnjährigen Polytechnischen Oberschule und eine Fachschulausbildung. Mit der Errichtung der neuen Länder mußte Klarheit darüber gewonnen werden, wie die DDR-Lehrämter überzuleiten waren. Soweit die ostdeutschen Länder DDR-Lehrer in den Schuldienst übernahmen, mußten sie einerseits über die funktionale Zuordnung der früher wahrgenommenen Lehrämter zu den Schularten bzw. Schulstufen in einem neuen, ganz andersartigen Schulsystem entscheiden[63]. Andererseits war die besoldungsrechtliche Eingruppierung der Lehrer zu klären. In ihrem Greifswalder Beschluß[64] kam die Kultusministerkonferenz darin überein, daß die in der DDR erworbenen Lehrbefähigungen in den neuen Ländern und in Berlin als gültige Lehrbefähigungen anerkannt werden und daß die DDR-Lehrer ohne zusätzliche Qualifikationsmaßnahmen – allein aufgrund der DDR-Lehrbefähigung und der Bewährung im Unterricht – auch künftig in den Schulen der ostdeutschen Länder unterrichten können; Vorbereitungsdienst und Zweite Staatsprüfung wurden durch Bewährung in der Tätigkeit als Lehrer ersetzt (dazu TZ 18.11)[65].

Für die Anerkennung einer DDR-Lehrbefähigung in den alten Ländern enthält Art. 37 Abs. 1 Satz 2 EVtr die umfassende materiell-rechtliche Grundnorm[66]. Nach dieser Vorschrift stehen die im sog. Beitrittsgebiet oder in den anderen Ländern der Bundesrepublik einschließlich Berlin (West) abgelegten Prüfungen oder Befähigungsnachweise einander gleich und verleihen die gleichen Berechtigungen, wenn sie gleichwertig sind; die Gleichwertigkeit wird auf Antrag von der jeweils zuständigen Stelle des aufnehmenden Landes festgestellt. Auf diese Weise sollten nach einem weniger strengen Maßstab als dem des § 122 Abs. 2 BRRG Freizügigkeit und Mobilität gefördert werden. Eine äußere Grenze ist allerdings dort zu ziehen, wo in einem auch durch das Wiedervereinigungsgebot und seine Umsetzung im Einigungsvertrag nicht mehr gerechtfertigten Umfang von den durch Art. 33 Abs. 5 GG gebotenen beamtenrechtlichen Strukturen des Laufbahnrechts abgewichen würde. Demgemäß ist zwar eine in der DDR erworbene Lehrbefähigung mangels Vorbereitungsdienstes und Zweiter Staatsprüfung mit einer Laufbahnbefähigung in den alten Ländern nicht gleichwertig. Die Laufbahnbefähigung kann aber nach Maßgabe der Übergangsregelungen des Einigungsvertrages[67] durch Bewährung auf einem Dienstposten der angestrebten Laufbahn ersetzt werden; das wiederum setzt voraus, daß die Bewährung von der obersten

---

63 Hierzu der KMK-Beschluß »Vereinbarung über die Anerkennung und Zuordnung der Lehrerausbildungsgänge der ehemaligen DDR zur herkömmlichen Laufbahn« vom 7.5.1993 (sog. Greifswalder Beschluß), KMK-BeschlS. Nr. 719.
64 S. Anm. 63.
65 Vgl. Christoph *Leusmann*: Anerkennung und Zuordnung der Lehrerausbildungsgänge der ehemaligen DDR zu herkömmlichen Laufbahnen, SchVw NRW 1993, 216; Wolfgang *Kroll*: Die Besoldung der Lehrer in den neuen Ländern, ZBR 1994, 299. Zu den besoldungsrechtlichen Konsequenzen des Beschlusses TZ 20.111.
66 BVerwG, DVBl. 1998, 1071.
67 Anl. I Kap. XIX Sachgeb. A Abschn. III Nr. 2 Buchst. a sowie Nr. 3 Buchst. b und c.

Dienstbehörde des ostdeutschen Landes, also dem dortigen Kultusministerium, festgestellt worden ist[68].

18.227 Die durch Art. 39 (Art. 48 a. F.) EGV gewährleistete Freizügigkeit der Arbeitnehmer kommt auch *Lehrern* zugute, *die ihre Lehrbefähigung in einem anderen Mitgliedstaat der Europäischen Union erworben haben.* Die Ausnahmeregelung des Art. 39 Abs. 4 EGV, wonach die Beschäftigung in der öffentlichen Verwaltung von der Freizügigkeit ausgenommen ist, findet auf die Lehrerschaft keine Anwendung. Das hat der EuGH in ständiger Rechtsprechung klargestellt (dazu TZ 17.323)[69].

Um zu vermeiden, daß die Mitgliedstaaten mit Hilfe ihrer jeweiligen Rechts- und Verwaltungsvorschriften die Anerkennung eines in einem anderen Mitgliedstaat erworbenen akademischen Diploms, also auch einer dort erlangten Lehrbefähigung, verhindern und auf diese Weise die gemeinschaftsrechtlich gewährleistete Freizügigkeit praktisch unterlaufen, hat der Rat der Europäischen Gemeinschaften die »*Richtlinie 89/48/EWG vom 21.12.1988 über eine allgemeine Regelung zur Anerkennung der Hochschuldiplome, die eine mindestens dreijährige Berufsausbildung abschließen* (EG-RL)«[70] erlassen. Diese zielt darauf ab, die Mobilität zwischen den Mitgliedstaaten der Europäischen Union auch für die akademischen Berufe zu fördern[71].

---

68 So BVerwG, DVBl. 1998, 1071. Nach Auffassung des Gerichts ist Art. 37 Abs. 2 EVtr, wonach für Lehramtsprüfungen das in der KMK übliche Anerkennungsverfahren gilt und die KMK entsprechende Übergangsregelungen trifft, keine Art. 37 Abs. 1 Satz 2 EVtr verdrängende Sondervorschrift; die Bestimmung verweise lediglich darauf, daß die Länder beim Abschluß von Vereinbarungen, auch für Übergangsregelungen, das bisher übliche Verfahren einer Einigung im Rahmen der KMK anwenden sollten, ohne diesen selbst Rechtsnormqualität zu verleihen.

69 Zur Frage der Auswirkungen des europäischen Gemeinschaftsrechts auf das deutsche öffentliche Dienstrecht gibt es eine Vielzahl von Meinungsäußerungen im Schrifttum. Eine Auswahl: Ulrich *Battis* (Hrsg.): Europäischer Binnenmarkt und nationaler öffentlicher Dienst, Regensburg 1989; Heinz B. *Becker*: Europäisches Gemeinschaftsrecht und deutsches Berufsbeamtentum, Münster 1992; Lutz Michael *Büchner*/Ludwig *Gramlich*: Das Beamtenrecht im internationalen, vor allem europäischen Kontext, RiA 1992, 110; Harald *Eschmann*: Die Freizügigkeit der EG-Bürger und der Zugang zur öffentlichen Verwaltung, Baden-Baden 1992; Ingo *Hochbaum*/Claus *Eiselstein*: Die Freizügigkeitsrechte des Art. 48 EWG-Vertrag und der öffentliche Dienst, in: Arbeitsgemeinschaft der Verbände des höheren Dienstes (Hrsg.): Verantwortung und Leistung, Heft 17/Mai 1998; Ingo *Hochbaum*: Die Liberalisierung des öffentlichen Dienstes im Binnenmarkt, Der Staat 1990, 577; Helmut *Lecheler*: Die Interpretation des Art. 48 Abs. 4 EWGV und ihre Konsequenzen für die Beschäftigung im (nationalen) öffentlichen Dienst, Berlin 1990; Thomas *Oppermann*: Europarecht. 2. Aufl., München 1999, S. 628 ff. Rn. 1499 ff.; Reinhard *Riegel*: Die gescheiterte Neuregelung des Zugangs zum öffentlichen Dienst in der Bundesrepublik Deutschland – Zugleich ein Beitrag zum Verhältnis von europäischem Gemeinschaftsrecht und mitgliedstaatlichem Dienstrecht, ZTR 1992, 135; Kathrin *Weber*: Auswirkungen des Gemeinschaftsrechts auf die Zugangsvoraussetzungen für das Lehramt in der Bundesrepublik Deutschland, RdJB 1990, 67; Jan *Ziekow*: Die Freizügigkeit nach europäischem Gemeinschaftsrecht im Bereich des öffentlichen Dienstes, DÖD 1992, 11.

70 ABl. EG 1989, Nr. L 19/16.

71 Hermann *Avenarius*/Angelika *Schade*: Rechtsfragen der Anerkennung der in einem anderen Mitgliedstaat der Europäischen Union erworbenen Lehrbefähigungen, NVwZ 1998, 475.

Nach Art. 3 Buchst. a EG-RL kann der Zugang zu einem reglementierten Beruf oder dessen Ausübung im Aufnahmestaat einem Angehörigen eines Mitgliedstaats nicht wegen mangelnder Qualifikation verweigert werden, wenn er ein Diplom besitzt, das in einem anderen Mitgliedstaat erforderlich ist, um denZugang zu diesem Beruf in dessen Hoheitsgebiet zu erhalten oder ihn dort auszuüben. Unter »Diplom« ist ein von der zuständigen Stelle ausgestellter Befähigungsnachweis zu verstehen, aus dem hervorgeht, daß der Diplominhaber ein mindestens dreijähriges Studium an einer Hochschule oder an einer anderen Ausbildungseinrichtung mit gleichwertigem Niveau abgeschlossen hat und daß er über die Voraussetzungen zur Ausübung des Berufs verfügt (Art. 1 Buchst. a EG-RL). Art. 3 hindert den Aufnahmestaat indessen nicht, von einem Antragsteller, dessen Ausbildung sich wesentlich von der im Aufnahmestaat unterscheidet, Ausgleichsmaßnahmen zu verlangen, und zwar nach seiner Wahl entweder einen höchstens dreijährigen Anpassungslehrgang oder eine Eignungsprüfung (Art. 4 Abs. 1 Buchst. b EG-RL). Darüber hinaus kann er vom Antragsteller den Nachweis von Berufserfahrung fordern, sofern die Dauer der nachgewiesenen Ausbildung um mindestens ein Jahr unter der im Aufnahmestaat vorgeschriebenen Ausbildungsdauer liegt. In diesem Fall darf die Dauer der verlangten Berufserfahrung – höchstens vier Jahre – das Doppelte der fehlenden Ausbildungszeit nicht überschreiten (Art. 4 Abs. 1 Buchst. a EG-RL). Der Aufnahmestaat kann jedoch von beiden Möglichkeiten (Anpassungslehrgang bzw. Eignungsprüfung einerseits, Nachweis von Berufserfahrung andererseits) nicht zugleich Gebrauch machen (Art. 4 Abs. 2 EG-RL).

Soweit es die Lehrer betrifft, war es Sache der Bundesländer, die Richtlinie für ihren jeweiligen Hoheitsbereich umzusetzen. Sie haben inzwischen die Richtlinie transformiert, die meisten allerdings erst nach Ablauf der dafür in Art. 12 EG-RL bestimmten Frist, also erst nach dem 4.1.1991[72]. Dabei haben sie im wesentlichen die inhaltlichen Kriterien zugrunde gelegt, die die Kultusministerkonferenz in ihrem Beschluß vom 14.9.1990 festgelegt hatte[73].

Umstritten ist, ob die inhaltlichen Anforderungen, von deren Erfüllung die Länder die Anerkennung der in einem anderen Mitgliedstaat erworbenen

---

[72] Bei der Art und Weise der Umsetzung der Richtlinie sind die Länder verschiedene Wege gegangen. So haben Bayern, Hessen und das Saarland durch eine Vorschrift in ihrem jeweiligen Lehrerbildungs- bzw. Lehramtsgesetz die Geltung der Richtlinie angeordnet und die Einzelheiten in einer Rechtsverordnung geregelt, zu deren Erlaß das Kultusministerium in dem Gesetz ermächtigt worden ist. Andere Länder haben die Richtlinie in Landesrecht transformiert, indem sie in ihr jeweiliges Beamtengesetz eine Bestimmung aufgenommen haben, wonach die Laufbahnbefähigung auch aufgrund der EG-Richtlinie erworben werden kann (z.B. Brandenburg, Bremen, Niedersachsen). Wiederum andere Länder haben das Nähere in einer Rechtsverordnung bestimmt, die auf der Grundlage des Schulgesetzes ergangen ist (z.B. Mecklenburg-Vorpommern, Thüringen). In Berlin, Hamburg, Sachsen und Schleswig-Holstein ist die Anerkennung von Lehrbefähigungen im Sinne der Richtlinie in einem besonderen Gesetz und einer darauf gestützten Rechtsverordnung geregelt. Allen Ländern ist gemeinsam, daß sie sich nicht für eine ressortübergreifende Regelung, die sämtliche Angehörigen des öffentlichen Dienstes erfaßt, entschieden haben, sondern für eine sektorale Lösung, die auf die spezifische Situation des Lehrerberufs zugeschnitten ist.

[73] Beschluß zur Umsetzung der Richtlinie 89/48/EWG in innerstaatliches Recht für die Berufe der Lehrer (KMK-BeschlS. Nr. 718).

Lehrbefähigung abhängig machen, sämtlich mit der Richtlinie vereinbar sind[74]. So treten immer wieder Schwierigkeiten bei solchen EU-Ausländern auf, die ihre *Lehrerausbildung* nicht an einer wissenschaftlichen Hochschule, sondern *in einer Einrichtung außerhalb des Hochschulbereichs* absolviert haben. Die Länder weigern sich, die Lehrbefähigung dieser Bewerber anzuerkennen, weil sie die Auffassung vertreten, bei diesen außeruniversitären Ausbildungsstätten handle es sich nicht um Einrichtungen mit gleichwertigem Niveau im Sinne des Art. 3 Unterabsatz 1 Buchst. b EG-RL. Wegen dieser Weigerung der Länder hat die EG-Kommission ein Vertragsverletzungsverfahren gegen die Bundesrepublik Deutschland nach Art. 169 (jetzt: Art. 226) EGV eingeleitet[75]. Dem Standpunkt der Kommission hält die Bundesregierung entgegen, daß es nicht der Definition des Entsendestaats überlassen bleiben dürfe, ob eine außeruniversitäre Einrichtung als gleichwertig anzusehen sei; die Bewertung müsse sich an einem gemeinschaftsrechtlich zu ermittelnden Qualitätsmaßstab einer Hochschulausbildung orientieren[76].

Als besonders problematisch erweist es sich, daß die Länder – hierbei einer Empfehlung der Kultusministerkonferenz[77] folgend – als eine der Anerkennungsbedingungen eine Lehramtsbefähigung des Bewerbers verlangen, die sich auf *mindestens zwei Unterrichtsfächer* erstreckt. Ist diese Voraussetzung nicht erfüllt, wird die Anerkennung abgelehnt, ohne daß der Bewerber den Mangel durch Teilnahme an einem Anpassungslehrgang oder durch das Ablegen einer Eignungsprüfung ausgleichen könnte. Dagegen bestehen aus der Sicht des Gemeinschaftsrechts tiefgreifende Bedenken. In den anderen Mitgliedstaaten werden Lehrer üblicherweise nur in einem Unterrichtsfach ausgebildet. Sie hätten folglich kaum eine Chance, den Lehrerberuf in Deutschland auszuüben – dies um so weniger, als die meisten Bundesländer nicht nur eine Lehrerausbildung in zwei Unterrichtsfächern (bzw. Fachrichtungen) fordern, sondern in der Regel zusätzlich verlangen, daß es sich um solche Fächer handelt, die für das jeweilige Lehramt vorgeschrieben sind. Diese Bedingung können Bewerber aus anderen Mitgliedstaaten nur ausnahmsweise erfüllen. Da es ihnen durch die Zwei-Fächer-Bedingung faktisch unmöglich gemacht wird, von ihrem durch die Richtlinie konkretisierten Freizügigkeitsrecht des Art. 39 EGV Gebrauch zu machen, dürfte ein Fall versteckter Diskriminierung vorliegen, die nach der Rechtsprechung des *EuGH* unzulässig ist[78].

18.228 Bei der Entscheidung über die Einstellung eines Lehrers an einer Gemeinschaftsschule darf die *Auswahl unter den Bewerbern nicht nach der Reli-*

---

74 Vgl. *Avenarius/Döbert/Döbrich/Schade* (Anm. 61), mit einer Darstellung der Anerkennungspraxis der 16 Bundesländer.
75 S. dazu die mit Gründen versehene Stellungnahme der Kommission betreffend die Vereinbarkeit der deutschen Verwaltungspraxis bei der Auslegung und Anwendung der Gemeinschaftsvorschriften über die Anerkennung von ausländischen Lehrerdiplomen mit der Richtlinie 89/48/EWG vom 13.3.1998 (Dok. K [1998] 400 endg.).
76 Mitteilung der Regierung der Bundesrepublik Deutschland an die Europäische Kommission vom 8.7.1996.
77 Im Beschluß zur Umsetzung der Richtlinie (Anm. 73) unter Ziff. 1, vorletzter Spiegelstrich Abs. 1 sowie unter Ziff. 2 A. I. Nr. 3.
78 Hildegard *Schneider:* Die Anerkennung von Diplomen in der Europäischen Gemeinschaft, Antwerpen 1995, S. 384, m. w. N.

gionszugehörigkeit getroffen werden[79]. Maßgebliche Kriterien sind allein Eignung, Befähigung und fachliche Leistung (Art. 33 Abs. 2 GG). Der Behörde ist es durch Art. 33 Abs. 3 GG überdies ausdrücklich untersagt, die Übernahme eines Bewerbers in den Schuldienst vom religiösen Bekenntnis abhängig zu machen oder ihn, trotz vorhandener Eignung, wegen der Nichtzugehörigkeit zu einem Bekenntnis abzulehnen. Auf die konfessionelle Zusammensetzung der Schülerschaft darf die Behörde daher bei der Besetzung von Lehrerstellen nur insoweit Rücksicht nehmen, als Art. 33 Abs. 2 und 3 GG dadurch nicht beeinträchtigt werden[80]. Daher muß auch ein konfessionsloser Lehrer an einer christlichen Gemeinschaftsschule Anstellung finden können.

Anders ist die Rechtslage zu beurteilen, wenn es sich um Lehrer handelt, die an einer Bekenntnisschule (TZ 5.422) eingesetzt werden sollen. An ihr können in der Regel nur solche Lehrer unterrichten, die die entsprechenden persönlichen Voraussetzungen erfüllen, also geeignet und bereit sind, die Schüler nach den Grundsätzen des Bekenntnisses zu erziehen[81]. Dies bedeutet zwar auch eine Einschränkung des verfassungsrechtlichen Diskriminierungsverbots. Da aber das Grundgesetz die öffentliche Bekenntnisschule als zulässig voraussetzt (Art. 7 Abs. 5), muß es erlaubt sein, einer solchen Schule bekenntnisgebundene Lehrer zuzuweisen[82].

18.229 Die Lehrer sind in ihrer überwiegenden Mehrzahl Landesbeamte; bei ihrer Ernennung (und Beförderung) ist der Landespersonalausschuß (in Hessen: Landespersonalamt und Landespersonalkommission, in Schleswig-Holstein: Landesbeamtenausschuß) insbesondere dann zu beteiligen, wenn Ausnahmen von den laufbahnrechtlichen Vorschriften zugelassen werden sollen. Darüber hinaus hat der Landespersonalausschuß – eine unabhängige, an Weisungen nicht gebundene Stelle (§ 61 Abs. 1 Satz 1 BRRG) – u. a. bei der Vorbereitung allgemeiner Regelungen der Beamtenverhältnisse mitzuwirken, über die allgemeine Anerkennung von Prüfungen zu entscheiden und Vorschläge zur Beseitigung von Mängeln in der Anwendung beamtenrechtlicher Vorschriften zu unterbreiten.

---

79 BVerwGE 81, 22 (24 ff.). S. auch Michael *Sachs*: Zur Bedeutung der grundgesetzlichen Gleichheitssätze für das Recht des öffentlichen Dienstes, ZBR 1994, 133 (135 f.); Otto *Wenger*: Berücksichtigung der Religionszugehörigkeit bei der Einstellung von Lehrern, SchVw BY 1991, 119.
80 Vgl. etwa § 52 Abs. 5 NSchG: »Die Besetzung der Stellen der Lehrkräfte an öffentlichen Grundschulen, Orientierungsstufen und Hauptschulen richtet sich unbeschadet des Artikels 3 Abs. 3, des Artikels 7 Abs. 3 Satz 3 und des Artikels 33 Abs. 2 und 3 des Grundgesetzes nach der bekenntnismäßigen Zusammensetzung der Schülerschaft«. Durch diesen Hinweis auf das Grundgesetz ermöglicht der Landesgesetzgeber von vornherein eine verfassungskonforme Auslegung (so das BVerwGE 81, 22 [24] hinsichtlich der inhaltsgleichen Vorschrift des früheren § 37 Abs. 7 NSchG).
81 Zu dieser Problematik die beiden Entscheidungen des BVerwGE 17, 267; 19, 252.
82 So *Theodor Maunz*, in: Maunz/Dürig: Grundgesetz. Kommentar, Art. 33 Rn. 30; ebenso Helmut *Ridder*, in: AK-GG, Art. 33 Abs. 1–3 Rn. 74.

18.23 Beförderung[83]

Beförderung ist die Ernennung unter Verleihung eines anderen Amts mit höherem Endgrundgehalt und einer anderen Amtsbezeichnung (§ 5 Abs. 1 Nr. 4 BRRG, § 6 Abs. 1 Nr. 4 BBG; vgl. die nachfolgende Übersicht über die Beförderungsmöglichkeiten der wichtigsten Lehrergruppen). Sie geschieht durch Aushändigung einer Ernennungsurkunde, die die neue Amtsbezeichnung enthalten muß (§ 5 Abs. 2 Satz 2 Nr. 3 BRRG, § 6 Abs. 2 Satz 2 Nr. 3 BBG). Beförderungsstellen werden in der Regel ausgeschrieben. Ein Rechtsanspruch auf Beförderung besteht nicht, auch nicht für den, der eine Beförderungsstelle kommissarisch verwaltet hat. Wenn der Beamte die dienstlichen Obliegenheiten des Amtes einer höheren Besoldungsgruppe längere Zeit wahrnehmen muß (z. B. ein Studiendirektor verwaltet eine freie Schulleiterstelle, ohne zum Oberstudiendirektor ernannt zu werden), erhält er nach Ablauf einer Übergangsfrist von 18 Monaten eine *Zulage* in Höhe der Differenz zwischen seinen Dienstbezügen und denen der höheren Besoldungsgruppe, sofern die haushaltsrechtlichen und laufbahnrechtlichen Voraussetzungen für die Übertragung dieses Amtes erfüllt sind (§ 46 Abs. 1 Satz 1, Abs. 2 BBesG). Als Beförderung ist eine derartige zeitlich begrenzte Wahrnehmung höherwertiger Ämter nicht anzusehen[84].

Auch für die Beförderung sind allein Eignung, Befähigung und fachliche Leistung maßgeblich (Art. 33 Abs. 2 GG, vgl. §§ 23, 8 Abs. 1 Satz 2 BBG)[85]. Wird gegen dieses Leistungsprinzip verstoßen, kann der unterlegene Bewerber seine Rechte im Wege des Konkurrentenstreits geltend machen (dazu TZ 19.535) [86].

---

83 *Battis* (Anm. 1), S. 921 ff. Rn. 71 ff.; *Köpp* (Anm. 1), S. 445 ff. Rn. 110; *Kunig* (Anm. 1), S. 683 f. Rn. 107 ff.; *Scheerbarth/Höffken/Bauschke/Schmidt* (Anm. 1), S. 290 ff.; *Schnellenbach* (Anm. 1), S. 35 ff. Rn. 56 ff.; *Wolff/Bachof/Stober*: Verwaltungsrecht II, S. 551 ff. Eine praxisnahe Darstellung mit Abdruck der wichtigsten Gerichtsentscheidungen gibt Volker *Klinkhardt*: Dienstliche Beurteilungen, Beförderungsentscheidungen, Dienstpostenbewertungen. 3. Aufl., Bonn 1987. S. auch Jens *Martens*: Wettbewerb bei Beförderungen, ZBR 1992, 129.

84 Die Regelung zielt im Gegenteil gerade auf solche Fälle, in denen die Beförderung durch eine einstweilige Anordnung blockiert ist, die ein konkurrierender Bewerber erstritten hat; vgl. Rudolf *Summer*, in: Bruno Schwegmann/Rudolf Summer: Bundesbesoldungsgesetz. Kommentar, 5 Ordner, München (Loseblattausgabe. Stand: April 1999), § 46 Rn. 2. Anders ist die Rechtslage, wenn das Amt des Schulleiters im Beamtenverhältnis auf Probe oder im Beamtenverhältnis auf Zeit übertragen wird (dazu TZ 7.122); der so Ernannte hat einen Rechtsanspruch auf Besoldung aus dem höheren Amt nach § 19 Abs. 1 Satz 1 BBesG.

85 Daher darf das Dienstalter nur berücksichtigt werden, wenn es im Einzelfall Rückschlüsse auf besondere, für die Wahrnehmung des Beförderungsamts notwendige oder förderliche Erfahrungen zuläßt oder wenn mehrere gleich qualifizierte Bewerber miteinander konkurrieren; vgl. *Schnellenbach* (Anm. 1), S. 35 f. Rn. 57.

86 Anlaß zu gerichtlichen Streitigkeiten gibt immer wieder die Frage der korrekten Beurteilung verschiedener Bewerber. Nach OVG Hamburg, DÖV 1992, 274, erfordert eine Beförderungsentscheidung, die der Dienstherr maßgeblich auf einen Vergleich der letzten dienstlichen Beurteilungen stützt, daß bei allen in Betracht kommenden Bewerbern in gleicher Weise zeitnahe Beurteilungen zugrunde gelegt werden müssen, die einen aktuellen Überblick über Leistung, Eignung und Befähigung vermitteln. Verstößt die Behörde im Rahmen der Beförderungsentscheidung gegen diese Auslesekriterien, besteht grundsätzlich ein Schadensersatzanspruch zugunsten eines benachteiligten Beamten. Ein

Sprungbeförderung (z. B. vom Studienrat zum Oberstudiendirektor) und Eilbeförderung (während der Probezeit und vor Ablauf eines Jahres seit der Anstellung oder der letzten Beförderung) sind nur ausnahmsweise zulässig (§ 12 Abs. 2 BRRG, § 24 BBG). Innerhalb von zwei Jahren vor Erreichen der Altersgrenze dürfen Lehrer nur noch aus zwingenden dienstlichen Gründen befördert werden[87]. Eine generelle Regelung, wonach von der Beförderung eines Lehrers zum Leiter der eigenen Schule grundsätzlich Abstand genommen werden soll, ist mit dem verfassungsrechtlichen Grundsatz der Bestenauslese nicht vereinbar[88] (vgl. auch TZ 7.121).

Übersicht über die Beförderungsmöglichkeiten im Schuldienst

Grund- und Hauptschulen	Realschulen	Gymnasien und berufsbildende Schulen
Lehrer Hauptlehrer Konrektor Rektor	Realschullehrer Realschulkonrektor Realschulrektor	Studienrat Oberstudienrat Studiendirektor Oberstudiendirektor

18.24 Versetzung, Umsetzung, Abordnung[89]

18.241 Versetzung ist die auf Dauer angelegte Überweisung des Beamten an eine andere Dienststelle desselben oder eines anderen Dienstherrn. Der Lehrer kann an eine andere Schule versetzt werden, wenn er es beantragt oder wenn ein dienstliches Bedürfnis besteht (§ 18 Abs. 1 Satz 1 BRRG, § 26 Abs. 1 Satz 1 BBG). Die Versetzung bedarf nicht seiner Zustimmung, falls das neue Amt zum Bereich desselben Dienstherrn gehört, derselben Laufbahn angehört wie das bisherige Amt und mit mindestens demselben Endgrundgehalt verbunden ist; der Verlust einer Stellenzulage steht der zustimmungsfreien Versetzung nicht entgegen (§ 18 Abs. 1 Satz 2 BRRG, § 26 Abs. 1 Satz 2 BBG). Das Dienstrechtsreformgesetz (TZ 18.12) hat mehr Mobilität und Flexibilität im Personaleinsatz ermöglicht. So kann ein Beamter nunmehr ohne seine Zustimmung in ein Amt einer gleichwertigen oder anderen Laufbahn, auch bei einem anderen Dienstherrrn, versetzt werden, wenn dienstliche Gründe dies rechtfertigen und das neue Amt mit demselben Endgrundgehalt verbunden ist wie das bisherige Amt; er muß ggf. an Umschulungsmaßnahmen teilnehmen (s. im einzelnen § 18 Abs. 2, 3 und 4 BRRG, § 26 Abs. 2 und 3 BBG). Das bedeutet, daß ein Lehrer nötigenfalls auch gegen seinen Willen an die Schule einer anderen Schulart (z. B. von einem Gymnasium an eine

---
solcher Anspruch setzt allerdings voraus, daß der Verstoß adäquat kausal zur Nichtbeförderung geführt hat, daß die Behörde also ohne den Verstoß voraussichtlich zugunsten des Beamten entschieden hätte (so BVerwG, NJW 1992, 927).
87 Vgl. z. B. § 19 Abs. 2 Nr. 3 HessBG; §§ 10 Abs. 2 c, 84 Abs. 1 Satz 1 Nr. 4 nrw LVO.
88 VGH Kassel, DVBl. 1988, 1071.
89 Zur Einführung *Battis* (Anm. 1), S. 924 ff. Rn. 77 ff.; *Köpp* (Anm. 1), S. 451 ff. Rn. 118 ff.; *Kunig* (Anm. 1), S. 685 ff. Rn. 112 ff.; *Scheerbarth/Höffken/Bauschke/Schmidt* (Anm. 1), S. 391 ff.; *Schnellenbach* (Anm. 1), S. 57 ff. Rn. 84 ff.; *Wolff/Bachof/Stober*: Verwaltungsrecht II, S. 555 ff.

Realschule) versetzt werden kann[90]. Verringern sich die Dienstbezüge des Lehrers wegen der Versetzung, erhält er eine ruhegehaltfähige Ausgleichszulage in Höhe der Differenz zwischen den Dienstbezügen aus dem neuen Amt und den Bezügen, die ihm bei Fortführung des bisherigen Amts zugestanden hätten (§ 13 Abs. 1 BBesG).

Aus der Gehorsamspflicht des Beamten folgt, daß der Lehrer einer Versetzungsverfügung Folge leisten muß, auch wenn sie seinen Wünschen nicht entspricht. Andererseits muß die Schulbehörde bei ihrer Entscheidung schwerwiegende persönliche Umstände, die der Versetzung möglicherweise entgegenstehen (z. B. hohes Alter, beeinträchtigte Gesundheit), berücksichtigen. Die Versetzung ist ein Verwaltungsakt. Der Beamte kann dagegen Widerspruch und Anfechtungsklage erheben, die jedoch keine aufschiebende Wirkung haben (§ 126 Abs. 3 Nr. 3 BRRG, vgl. TZ 19.532). Zum Anspruch des Lehrers auf Erstattung der Umzugskosten vgl. TZ 20.321.

18.242 Keine Versetzung, sondern eine *Umsetzung* des Beamten ist die dauernde oder zeitweilige Übertragung eines anderen Aufgabenbereichs innerhalb derselben Dienststelle[91]. Bei der gesetzlich nicht geregelten Umsetzung handelt es sich nicht um einen Verwaltungsakt, sondern um eine innerbehördliche Maßnahme, deren Zulässigkeit aus der Organisationsgewalt der öffentlichen Verwaltung und dem Weisungsrecht des Dienstvorgesetzten folgt[92]; die Zustimmung des Beamten ist nicht erforderlich[93].

18.243 Von der Versetzung ist die *Abordnung* (§ 17 BRRG, § 27 BBG) zu unterscheiden. Der Lehrer kann, wenn ein dienstliches Bedürfnis besteht, vorübergehend ganz oder teilweise zu einer seinem Amt entsprechenden Tätigkeit an eine andere Schule abgeordnet werden (z. B. als Studienrat vom Gymnasium X an das Gymnasium Y). Auch die Voraussetzungen der Abordnung sind durch das Dienstrechtsreformgesetz von 1997 erleichtert worden: Aus

---

90 Auch hierbei gelten Stellenzulagen wie die für Studienräte (TZ 20.113) nicht als Bestandteile des Grundgehalts (§ 18 Abs. 2 Satz 1 Halbsatz 2 BRRG, § 26 Abs. 2 Satz 1 Halbsatz 2 BBG).
91 Nach § 28 Abs. 1 Satz 3 HessBG gelten Schulen innerhalb einer Gemeinde als eine Dienststelle. Daraus haben die hessischen Schulbehörden gelegentlich den Schluß gezogen, die Überweisung eines Lehrers an eine andere Schule desselben Dienstorts sei als bloße Umsetzung anzusehen – mit der nicht unbedeutenden Konsequenz, daß die Mitbestimmung des Personalrats entfiele (vgl. § 77 Abs. 1 Nr. 1 Buchst. d Hess PersVG). Diese Rechtsauffassung ist indessen durch das Beamtengesetz nicht gedeckt, da § 28 HessBG ausschließlich die (vorübergehende) Abordnung (dazu TZ 18.243) nicht die Umsetzung regelt. Wird ein Lehrer auf Dauer einer anderen Schule, gleich ob innerhalb oder außerhalb der Gemeinde, zugewiesen, handelt es sich stets um eine Versetzung (vgl. VGH Kassel, HessVGRspr. 1983, 87). Das gilt auch für die übrigen Flächenländer (vgl. etwa OVG Münster, RiA 1983, 198; VGH Mannheim, ZBR 1987, 63). – In Berlin ist nicht die einzelne Schule, sondern das Landesschulamt Dienststelle (§ 2 Abs. 1 Landesschulamtsgesetz), in Hamburg ist es die Behörde für Schule, Jugend und Berufsbildung (§ 4 Abs. 1 und Abs. 2 Nr. 2 des Gesetzes über Verwaltungsbehörden); deshalb ist in diesen beiden Ländern die Zuweisung eines Lehrers an eine andere Schule keine Versetzung, sondern eine Umsetzung (vgl. OVG Hamburg, NVwZ-RR 1998, 54 [55]).
92 BVerwGE 60, 144 (146 ff.).
93 BVerwG, NVwZ 1992, 572.

dienstlichen Gründen kann ein Beamter ohne seine Zustimmung für die Dauer von bis zu zwei Jahren zu einer seinem bisherigen Amt nicht entsprechenden, auch unterwertigen Tätigkeit abgeordnet werden; allerdings muß ihm die neue Tätigkeit aufgrund seiner Vorbildung oder Berufsausbildung zumutbar sein. Die Schulbehörde kann demgemäß beispielsweise einen Realschullehrer für ein oder zwei Schuljahre einer Grundschule zuweisen, um dem dort bestehenden Lehrermangel abzuhelfen[94]. Die Abordnung ist ein Verwaltungsakt; doch haben Widerspruch und Anfechtungsklage wie im Fall der Versetzung keine aufschiebende Wirkung.

18.244 Lehrer, die in den Schuldienst eines anderen Landes übertreten wollen, müssen das Einverständnis ihrer Heimatbehörde und des neuen Dienstherrn herbeiführen; sie werden dann vom abgebenden in das aufnehmende Land versetzt (§ 123 i. V. m. § 18 BRRG)[95]. In diesem Fall wird das bestehende Beamtenverhältnis mit dem neuen Dienstherrn nach den im aufnehmenden Land geltenden beamten- und besoldungsrechtlichen Vorschriften fortgesetzt. Der aufnehmende Dienstherr ist nicht verpflichtet, sein Einverständnis mit der beantragten Versetzung zu erklären; für die Erteilung bzw. Verweigerung des Einverständnisses sind diejenigen Grundsätze heranzuziehen, die auch für die erstmalige Begründung eines Beamtenverhältnisses gelten[96] (vgl. TZ 18.226).
Infolgedessen können die Länder die Gleichwertigkeit der Ausbildung auswärtiger Bewerber auch im Verfahren des Lehreraustausches überprüfen. Die Kultusministerkonferenz hat durch Vereinbarung vom 10.6.1976 *einheitliche Regelungen für den Lehreraustausch zwischen den Ländern* getroffen[97]; das Verfahren hat sie durch einen weiteren Beschluß im einzelnen festgelegt[98]. Danach gilt folgendes: Der Lehreraustausch dient vor allem der Familienzusammenführung. Jedes Land übernimmt grundsätzlich so viele Lehrer aus anderen Ländern, wie Stellen durch Abgabe von Lehrern freigemacht werden können. Das führt gelegentlich dazu, daß die zuständigen Behörden bei der Überprüfung der Gleichwertigkeit der Ausbildung im Interesse ihrer wanderungswilligen Lehrer großzügiger als bei erstmaliger Einstellung eines Bewerbers verfahren[99]. Bei der Auswahl der Bewerber wird im wesentlichen

---

94 Nach VG Göttingen, NVwZ-RR 1998, 667, kann ein schwer alkoholabhängiger Leiter einer kleinen Grundschule (BesGr. A 13), der durch sein Verhalten den Schulfrieden erheblich und nachhaltig stört, gegen seinen Willen für die Dauer von bis zu zwei Jahren an eine größere Grundschule eines anderen Orts abgeordnet und dort mit der Wahrnehmung der Dienstgeschäfte eines Konrektors (BesGr. A 12) beauftragt werden. Die Abordnung ist durch dienstliche Gründe gerechtfertigt; sie ist auch zumutbar.
95 Andreas *Haratsch:* Die Rechtsfolgen einer dienstherrenübergreifenden Versetzung eines Beamten, ZBR 1998, 277.
96 BVerwGE 75, 133 (135); OVG Münster, DVDl. 1985, 1247. Vgl. hierzu auch Hermann *Avenarius*/Peter *Döbrich*/Wolfgang *Huck:* Zur Praxis der gegenseitigen Anerkennung von Lehramtsprüfungen zwischen den Ländern in der Bundesrepublik Deutschland, Baden-Baden 1989, S. 26 ff.
97 KMK-BeschlS. Nr. 711.
98 Beschluß vom 16.2.1978 i. d. F. vom 14.1.1988 (BeschlS. Nr. 712).
99 Dabei ist darauf hinzuweisen, daß die Länder rahmenrechtlich nicht verpflichtet sind, die Übernahme von Bewerbern an die Voraussetzung der Gleichwertigkeit der Ausbildung zu knüpfen. Sie können es, müssen es aber nicht.

auf die Gesichtspunkte Bedarf (fächerspezifisch, regional), Eignung, persönlicher Härtefall und Wartezeit abgehoben. Der Austausch findet zum 1. August, evtl. zusätzlich zum 1. Februar, eines jeden Jahres statt. Der Versetzungsantrag ist auf einheitlichem Formular spätestens bis zum 1. Februar bei der zuständigen Dienstaufsichtsbehörde des abgebenden Landes auf dem Dienstweg (vgl. TZ 19.52) einzureichen.

18.3 Beendigung des Beamtenverhältnisses

Das Beamtenverhältnis endet außer durch Tod durch Entlassung, Verlust der Beamtenrechte, Entfernung aus dem Dienst und Eintritt in den Ruhestand (§ 21 BRRG, §§ 28 ff. BBG).

18.31 Entlassung

18.311 Der Beamte kann jederzeit seine Entlassung beantragen (§ 23 Abs. 1 Nr. 3 BRRG, § 30 Abs. 1 Satz 1 BBG). Der *Antrag* kann innerhalb von zwei Wochen ohne, später nur mit Zustimmung der Dienstbehörde zurückgenommen werden (vgl. § 30 Abs. 1 Satz 3 BBG). Diese kann die Entlassung so lange hinausschieben, bis der Lehrer seine Amtsgeschäfte ordnungsgemäß erledigt hat (vgl. § 30 Abs. 2 BBG), d. h. in der Regel bis zum Ende des Schuljahres.

18.312 Das Beamtenrecht kennt auch eine Entlassung *ohne Antrag*. So muß der Beamte entlassen werden, wenn er sich weigert, den Diensteid zu leisten (§ 23 Abs. 1 Nr. 1 BRRG, § 28 Nr. 1 BBG; vgl. dazu TZ 21.11). Die Verletzung der Verfassungstreuepflicht (TZ 18.224 und 21.11) oder eine sonstige Pflichtverletzung kann nur im Wege eines förmlichen Disziplinarverfahrens zur Entlassung führen. Die Entlassung tritt automatisch ein, wenn der Beamte die Eigenschaft als Deutscher oder die Staatsangehörigkeit eines anderen Mitgliedstaats der Europäischen Gemeinschaften verliert oder in den Dienst eines anderen Dienstherrn tritt, ohne abgeordnet zu sein (§ 22 BRRG, § 29 BBG). Gleiches gilt, wenn der Lehrer als Berufssoldat oder Soldat auf Zeit zur Bundeswehr überwechselt (§ 125 Abs. 1 Satz 1 BRRG)[100]. Der als Beamter auf Probe beschäftigte Lehrer kann außerdem wegen unwürdigen Verhaltens, mangelnder Bewährung[101] oder Dienstunfähigkeit entlassen werden, ferner bei Auflösung, Zusammenlegung oder wesentlichen Strukturveränderungen der Schule, sofern eine anderweitige Verwendung nicht möglich ist (§ 23 Abs. 3 BRRG, § 31 BBG). (Zur Möglichkeit, den Probebeamten bei Dienstunfähigkeit in den Ruhestand zu versetzen, TZ 18.333.) Der Beamte

---

100 Dagegen läßt die Einberufung zur Ableistung des Wehrdienstes oder einer Wehrübung das Beamtenverhältnis unberührt; der Lehrer ist im einen Fall ohne, im anderen mit Bezügen beurlaubt (§ 9 ArbPlSchG).
101 Zur Entlassung eines Probebeamten wegen MfS-Tätigkeit: OVG Greifswald, LKV 1998, 30. Hierzu auch Andreas *Patermann*: Entlassung von Beamten wegen einer Tätigkeit für das MfS, DtZ 1997, 242 m.w.N. Zur Entlassung eines Berufsschullehrers im Beamtenverhältnis auf Probe wegen charakterlicher Eignungsmängel (Mitgesellschafter einer Sexfilmbar): VGH Kassel, ZBR 1992, 115.

auf Widerruf kann jederzeit entlassen werden (§ 23 Abs. 4 Satz 1 BRRG, § 32 Abs. 1 BBG; vgl. jedoch TZ 17.31).

18.313 Der entlassene Beamte hat Anspruch auf Erteilung eines *Dienstzeugnisses* (vgl. § 92 BBG). Er darf seine *Amtsbezeichnung* mit dem Zusatz »außer Dienst« (a. D.) oder ihm im Zusammenhang mit dem Amt verliehene Titel nur mit Erlaubnis der obersten Dienstbehörde weiterführen (vgl. § 81 Abs. 4 BBG). Auf Dienstbezüge und Versorgung hat er keinen Anspruch. Wird er nicht auf eigenen Antrag, aber in Ehren entlassen, enthält er ein *Übergangsgeld* (TZ 20.24). Der Dienstherr muß für die Zeit der Beschäftigung im öffentlichen Schuldienst die Beiträge in der gesetzlichen Rentenversicherung für Angestellte nachentrichten, wenn der Lehrer ohne Gewährung eines Übergangsgeldes aus dem (sozialversicherungsfreien) Beamtenverhältnis ausscheidet (§ 8 Abs. 1 Nr. 1 und Abs. 2 Satz 1 Nr. 1, §§ 181 ff. SGB VI). Die Nachversicherung ist insbesondere im Hinblick auf Lehramtsanwärter von Bedeutung, die nach dem Zweiten Staatsexamen nicht als Beamte übernommen werden (TZ 17.33).

18.32 Verlust der Beamtenrechte und Entfernung aus dem Dienst

Der Beamte, der im ordentlichen *Strafverfahren* wegen vorsätzlich begangener Tat zu einer Freiheitsstrafe von mindestens einem Jahr oder wegen vorsätzlicher hochverräterischer, staatsgefährdender oder landesverräterischer Handlungen zu einer Freiheitsstrafe von mindestens sechs Monaten verurteilt wird, verliert mit der Rechtskraft des Urteils alle Beamtenrechte, insbesondere die Ansprüche auf Dienstbezüge und Versorgung; er darf die Amtsbezeichnung nicht mehr führen (§ 24 Abs. 1 Satz 1 BRRG, §§ 48, 49 BBG). Eine Milderung der Folgen ist im Gnadenweg möglich (vgl. § 50 BBG). Wird im Wiederaufnahmeverfahren das Urteil aufgehoben, gilt das Beamtenverhältnis als nicht unterbrochen (§ 24 Abs. 2 BRRG, § 51 BBG). Die Entfernung aus dem Dienst im *förmlichen Disziplinarverfahren* (TZ 22.2) hat die gleichen Folgen.

18.33 Ruhestand[102]

Durch den Eintritt in den Ruhestand wird das aktive Beamtenverhältnis beendet und in das Ruhestandsbeamtenverhältnis umgewandelt.

18.331 Der Beamte auf Lebenszeit *tritt* mit dem Ende des Monats *in den Ruhestand*, in dem er das 65. Lebensjahr vollendet (§ 25 BRRG, § 41 Abs. 1 BBG); für den Lehrer ist jedoch die *Altersgrenze* zur Vermeidung von Beeinträchtigungen des Unterrichtsbetriebs auf das Ende des dem 65. Lebensjahr vorausgehenden oder folgenden Schuljahres bzw. Schulhalbjahres festge-

---

102 Günter *Püttner*: Altersgrenzen im Beamtenrecht, DVBl. 1997, 259.

legt[103]. Beamte können auf eigenen Wunsch nach Vollendung des 63. Lebensjahres ohne Nachweis der Dienstunfähigkeit in den Ruhestand versetzt werden (§ 26 Abs. 4 Nr. 2 BRRG, § 42 Abs. 4 Satz 1 Nr. 2 BBG)[104]; in manchen Ländern können sie bei dringenden dienstlichen Rücksichten jeweils für ein weiteres Jahr, höchstens aber bis zur Vollendung des 68. Lebensjahres, im Amt belassen werden (vgl. § 25 Abs. 2 Satz 1 BRRG)[105].

18.332 Der Beamte *wird in den Ruhestand versetzt,* wenn er infolge eines körperlichen Gebrechens oder wegen Schwäche seiner körperlichen oder geistigen Kräfte *dauernd dienstunfähig* ist (§ 26 Abs. 1 Satz 1 BRRG, § 42 Abs. 1 Satz 1 BBG). Ob Dienstunfähigkeit vorliegt, hängt jeweils auch von der Art der ausgeübten Tätigkeit ab; beim Lehrer kommt es darauf an, ob er noch ordnungsgemäß unterrichten kann. Als dauernd dienstunfähig kann der Beamte auch dann angesehen werden, wenn er infolge Erkrankung innerhalb von sechs Monaten mehr als drei Monate keinen Dienst getan hat und wenn keine Aussicht besteht, daß er innerhalb weiterer sechs Monate wieder voll dienstfähig wird (vgl. § 42 Abs. 1 Satz 2 BBG). Die Dienstbehörde kann den Beamten verpflichten, sich ärztlich untersuchen und, falls ein Amtsarzt dies für erforderlich hält, auch beobachten zu lassen (vgl. § 42 Abs. 1 Satz 3 BBG). Die Zurruhesetzung wegen Dienstunfähigkeit wird *auf Antrag des Beamten oder als Zwangspensionierung von Amts wegen* verfügt. Von der Pensionierung wegen Dienstunfähigkeit soll abgesehen werden, wenn dem Beamten ein anderes Amt derselben oder einer anderen Laufbahn übertragen werden kann (§ 26 Abs. 3 BRRG, § 42 Abs. 3 BBG) oder wenn er unter Beibehaltung des Amtes seine Arbeit mit mindestens halbem Umfang verrichten kann (*begrenzte Dienstfähigkeit,* § 26 a BRRG)[106].
Erhebt der Beamte Einwendungen gegen eine Zwangspensionierung, so ist darüber in einem förmlichen Verfahren zu entscheiden (§ 26 Abs. 2 BRRG,

---

103 *Berlin, Hessen* und *Thüringen:* mit dem Ende des Schuljahres, in dem das 65. Lebensjahr vollendet wird (§ 76 Abs. 1 Satz 4 bln LBG, § 50 Abs. 2 Nr. 1 Hess BG, § 45 Abs. 2 Thür BG); *Baden-Württemberg, Bayern, Bremen, Nordrhein-Westfalen, Rheinland-Pfalz* und *Sachsen:* mit dem Ende des Schuljahres, in dem das 64. Lebensjahr vollendet wird (§ 50 Abs. 2 bw LBG, Art. 55 Abs. 1 Satz 2 BayBG, § 42 Abs. 1 Satz 2 brem BG, § 44 Abs. 1 Satz 2 nrw LBG, § 54 Abs. 1 Satz 1 und 2 rp LBG, § 49 Abs. 2 Sächs BG); *Brandenburg, Hamburg, Mecklenburg-Vorpommern, Niedersachsen* und *Schleswig-Holstein* mit dem Ende des Schulhalbjahres, in dem das 65. Lebensjahr vollendet wird (§ 110 Abs. 1 Satz 2 bbg LBG, § 45 Abs. 2 HmbBG, § 44 Abs. 1 und 2 Satz 4 LBG M-V, § 51 Abs. 1 Satz 2, Abs. 2 Nds BG, § 53 Abs. 1 Satz 5 sh LBG); *Saarland:* sofern das 65. Lebensjahr in der ersten Hälfte des Schuljahres vollendet wird, mit dem Ende des vorhergehenden Schulhalbjahres, sonst mit dem Ende des Schuljahres (§ 51 Abs. 2 Satz 2 Saarl BG). – Es ist mit den hergebrachten Grundsätzen des Berufsbeamtentums (Art. 33 Abs. 5 GG) und dem Gleichheitssatz (Art. 3 Abs. 1 GG) vereinbar, die Altersgrenze für Lehrer abweichend von der Regelaltersgrenze festzusetzen (BVerfG, SPE n. F. 656 Nr. 3).
104 Die Antragsaltersgrenze ist aufgrund des Dienstrechtsreformgesetzes von 1997 (TZ 18.12) und durch die bis zum 31.12.1998 ergangenen Umsetzungsregelungen der Länder (Art. 15 § 4 Dienstrechtsreformgesetz) vom 62. auf das 63. Lebensjahr angehoben worden.
105 Z. B. § 51 Satz 1 bw LBG; Art. 55 Abs. 5 Satz 1 BayBG; § 50 Satz 1 Sächs BG; § 53 Abs. 2 Satz 1 und Abs. 3 Satz 1 sh LBG.
106 § 26 a BRRG wurde mit Wirkung vom 1.1.1999 durch das Versorgungsreformgesetz vom 29.6.1998 (BGBl. I S. 1666) in das Rahmengesetz eingefügt. Dadurch soll der vorzeitigen Pensionierung wegen Dienstunfähigkeit entgegengewirkt werden.

§ 44 BBG); gegen die Entscheidung steht der Rechtsweg zum Verwaltungsgericht offen.

18.333 Der *Beamte auf Probe* wird in den Ruhestand versetzt, wenn er infolge einer Krankheit dienstunfähig geworden ist, die er sich ohne grobes Verschulden bei Ausübung oder aus Anlaß des Dienstes zugezogen hat; falls er aus anderen Gründen dienstunfähig geworden ist, *kann* ihn die Dienstbehörde, statt ihn zu entlassen (TZ 18.312), in den Ruhestand versetzen (§ 27 BRRG, § 46 BBG).

18.334 Beamtete Lehrer, die *in den Bundestag oder einen Landtag gewählt* werden, treten im ersten Fall stets, im zweiten Fall nur in einzelnen Ländern in den Ruhestand (Näheres TZ 19.336).

18.335 Der Ruhestandsbeamte erhält *Versorgungsbezüge* nach den Vorschriften des Beamtenversorgungsgesetzes (§ 30 BRRG, § 47 Abs. 3 BBG; s. TZ 20.211). Bestimmte *Rechte und Pflichten* aus dem aktiven Beamtenverhältnis wirken fort. So darf der Ruhestandsbeamte seine letzte Amtsbezeichnung mit dem Zusatz »a. D.« und die ihm im Zusammenhang mit seinem Amt verliehenen Titel weiterführen (vgl. § 81 Abs. 3 BBG); er ist auch weiterhin zur Verfassungstreue und zur Wahrung der Amtsverschwiegenheit verpflichtet (§ 45 Abs. 2 BRRG, § 77 Abs. 2 BBG; § 39 BRRG, § 61 BBG).

19. Kapitel: Nichtvermögenswerte Rechte des Lehrers[1]

19.1 Grundrechte[2]

19.11 Allgemeines

Die Grundrechte stehen auch dem Beamten zu. Ihre Ausübung unterliegt aber insoweit Einschränkungen, als Sinn und Zweck des Beamtenverhältnisses (Art. 33 Abs. 4 und 5 GG) und die Erfüllung des staatlichen Erziehungsauftrags (Art. 7 Abs. 1 GG) dies notwendig machen.

19.12 Einzelne Grundrechte

19.121 Das Grundrecht auf *freie Entfaltung der Persönlichkeit* (Art. 2 Abs. 1 GG) sichert Handlungsfreiheit im umfassenden Sinn[3]. Diese ist nicht auf den Kernbereich der Persönlichkeit reduziert, sondern schließt die gesamte Lebensführung ein. Daher schützt das Grundrecht auch die freie wirtschaftliche Betätigung und die freie Verwertung der Arbeitskraft (was insbesondere für das Nebentätigkeitsrecht bedeutsam ist). Aus Art. 2 Abs. 1 GG in Verbindung mit der in Art. 1 Abs. 1 GG zum obersten Schutzgut der Verfassung erhobenen Menschenwürde leitet das Bundesverfassungsgericht ein allgemeines Persönlichkeitsrecht ab, dessen Aufgabe es ist,»im Sinne des obersten Konstitutionsprinzips der ‚Würde des Menschen' (Art. 1 Abs. 1 GG) die engere

---

1 Hans Walter *Scheerbarth*/Heinz *Höffken*/Hans-Joachim *Bauschke*/Lutz *Schmidt:* Beamtenrecht. 6. Aufl., Siegburg 1992, S. 436 ff.; Helmut *Schnellenbach*: Beamtenrecht in der Praxis. 4. Aufl., München 1998, S. 129 ff., 201 ff., 237 ff., 275 ff. Ulrich *Battis*: Beamtenrecht, in: Norbert Achterberg/Günter Püttner (Hrsg.): Besonderes Verwaltungsrecht. Bd. 1, Heidelberg 1990, S. 899 (944 ff. Rn. 126 ff., 952 ff. Rn. 147 ff.); Klaus *Köpp*: Öffentliches Dienstrecht, in: Udo Steiner (Hrsg.): Besonderes Verwaltungsrecht. 6. Aufl., Heidelberg 1999, S. 381 (401 f. Rn. 33 f., 437 f. Rn. 98 f.); Philip *Kunig*: Das Recht des öffentlichen Dienstes, in: Eberhard Schmidt-Aßmann (Hrsg.): Besonderes Verwaltungsrecht. 11. Auf., Berlin 1999, S. 627 (705 ff. Rn. 148 ff.); Detlef *Merten*: Das Recht des öffentlichen Dienstes in Deutschland, in: Siegfried Magiera/Heinrich Siedentopf (Hrsg.): Das Recht des öffentlichen Dienstes in den Mitgliedstaaten der Europäischen Gemeinschaft, Berlin 1994, S. 181 (229 ff.); *Wolff/Bachof/Stober*: Verwaltungsrecht II, S. 594 ff.
2 Einführendes Schrifttum: Hans-Ulrich *Gallwas*: Grundrechte. 2. Aufl., Neuwied 1995; Jörn *Ipsen*: Staatsrecht II (Grundrechte), Neuwied 1997; Bodo *Pieroth*/Bernhard *Schlink*: Grundrechte – Staatsrecht II. 14. Aufl., Heidelberg 1998. Zur Vertiefung: Albert *Bleckmann*: Staatsrecht II – Die Grundrechte. 4. Aufl., Köln 1997; Klaus *Stern*: Das Staatsrecht der Bundesrepublik Deutschland. Bd. III. 1. Halbband, München 1988; Bd. III. 2. Halbband, München 1994.
3 BVerfGE 6, 32 (36 f.); 80, 137 (152 ff.). Dazu auch Philip *Kunig*: Der Reiter im Walde (BVerfGE 80, 137), Jura 1990, 523.

persönliche Lebenssphäre und die Erhaltung ihrer Grundbedingungen zu gewährleisten«[4].
Die Handlungsfreiheit und das allgemeine Persönlichkeitsrecht sind aber nur insoweit gewährleistet, als nicht die Rechte anderer verletzt werden und nicht gegen die verfassungsmäßige Ordnung oder das Sittengesetz verstoßen wird. Dabei meint »verfassungsmäßige Ordnung« nicht nur die elementaren Verfassungsgrundsätze, sondern alle formell und materiell verfassungsmäßigen Rechtsnormen. Die freie Entfaltung der Persönlichkeit des Lehrers wird insbesondere durch die beamtenrechtliche Gehorsamspflicht (TZ 21.12) eingeschränkt; deshalb kann die Ausübung von Nebentätigkeiten untersagt oder begrenzt werden, soweit sie dienstlichen Interessen entgegensteht (ausführlich TZ 21.4).

19.122 Aufgrund des Gebots der *Gleichberechtigung von Mann und Frau* (Art. 3 Abs. 2 GG) ist die Rechtsstellung der Lehrerin die gleiche wie die ihrer männlichen Kollegen. Sie hat die gleiche Zahl von Unterrichtsstunden zu erteilen und erhält die gleichen Dienstbezüge. Besonderheiten ergeben sich durch die beamtenrechtlichen Vorschriften über den Mutterschutz (TZ 19.212).
Nahezu alle Länder haben Gesetze erlassen, die die Verwirklichung der Gleichberechtigung von Frauen und Männern im öffentlichen Dienst, insbesondere eine Erhöhung des Anteils der Frauen, soweit sie in einzelnen Bereichen gegenüber Männern unterrepräsentiert sind, bezwecken[5]. Nach dem jeweiligen Gleichberechtigungsgesetz (Gleichstellungsgesetz, Frauenfördergesetz) sind die Dienststellen[6] verpflichtet, *Frauenförderpläne* mit verbindlichen Zielvorgaben zur Erhöhung des Frauenanteils aufzustellen. Personalstellen sind grundsätzlich für Frauen und Männer auszuschreiben; bei teilzeitfähigen Stellen ist in der Ausschreibung auf die Möglichkeit der Teilzeitbeschäftigung hinzuweisen. Die Dienststellen müssen eine *Frauenbeauftragte* (Gleichstellungsbeauftragte) bestellen, die die Durchführung des Gesetzes überwacht und die Dienststelle bei dessen Vollzug unterstützt. Sie hat das Recht, an der Aufstellung des Frauenförderplans und an allen gleichstel-

---

4 BVerfGE 54, 148 (153); 72, 155 (170). Vgl. Dieter *Leuze*: Das allgemeine Persönlichkeitsrecht des Beamten, ZBR 1998, 187 (insbes. 190 ff.).
5 S. etwa bw Landesgleichberechtigungsgesetz vom 21.12.1995 (GBl. S. 890); Bay Gleichstellungsgesetz vom 24.5.1996 (GVBl. S. 186); bln Landesgleichstellungsgesetz vom 31.12.1990 (GVBl. 1991 S. 8), zul. g. d. G. v. 10.6.1998 (GVBl. S. 132); bbg Landesgleichstellungsgesetz vom 4.7.1994 (GVBl. I S. 254); brem Landesgleichstellungsgesetz vom 10.11.1990 (GBl. S. 433), g. d. G. v. 3.2.1998 (GBl. S. 25); Hess Gleichberechtigungsgesetz vom 21.12.1993 (GVBl. I S. 279), g. d. G. v. 7.7.1998 (GVBl. I S. 260); Gleichstellungsgesetz M-V vom 27.7.1998 (GVOBl. S. 697); Nds Gleichberechtigungsgesetz vom 15.6.1994 (GVBl. S. 246); rp Landesgleichstellungsgesetz vom 11.7.1995 (GVBl. S. 209); Sächs Frauenförderungsgesetz vom 31.3.1994 (GVBl. S. 684); Frauenfördergesetz LSA vom 27.5.1997 (GVBl. S. 516); sh Gleichstellungsgesetz vom 13.12.1994 (GVOBl. S. 562); Thüringer Gleichstellungsgesetz vom 3.11.1998 (GVBl. S. 309). NRW hat ein durch Verwaltungsvorschriften in Kraft gesetztes Frauenförderungskonzept (RdErl. vom 9.11.1993 [GABl. 1994 S. 41]), ergänzt durch Hinweise für den Schulbereich (RdErl. vom 24.9.1997 [GABl. S. 233]).
6 Im Schulbereich sind Dienststellen im Sinne der Gleichberechtigungsgesetze nicht die einzelnen Schulen, sondern die als Dienstbehörden fungierenden staatlichen Schulämter (vgl. etwa § 2 Abs. 4 Nr. 6 Hess Gleichberechtigungsgesetz i. V. m. § 91 Abs. 2 Hess PersVG).

lungsrelevanten Vorhaben beteiligt zu werden. In die dafür maßgeblichen Unterlagen kann sie Einsicht nehmen. Über geplante Maßnahmen ist sie rechtzeitig und umfassend zu unterrichten. Verstoßen diese gegen das Gleichberechtigungsgesetz, hat sie ein Widerspruchsrecht[7]. Die Frauenbeauftragte, die der Dienststellenleitung untersteht, ist in der Erfüllung ihrer Aufgaben weisungsfrei[8].

Umstritten ist, ob und unter welchen Voraussetzungen *Frauenquoten*, durch die der Frauenanteil im öffentlichen Dienst erhöht werden soll, mit dem Grundgesetz und dem europäischen Gemeinschaftsrecht vereinbar sind. Zweck solcher Quotenregelungen ist es, weibliche gegenüber männlichen Bewerbern bei gleicher Eignung, Befähigung und fachlicher Leistung bevorzugt einzustellen und zu befördern, soweit im jeweiligen Bereich des öffentlichen Dienstes Frauen unterrepräsentiert sind. Die Länder haben unterschiedliche Arten von Frauenquoten eingeführt[9]. Zwar setzt die Bevorzugung von Frauen bei Einstellungen und Beförderungen überall gleiche Qualifikation wie die der männlichen Bewerber voraus; doch unterscheiden sich die Regelungen insoweit, als in einigen Ländern gleichqualifizierten Frauen automatisch der Vorrang gegenüber männlichen Konkurrenten eingeräumt wird[10], während andere Länder eine Härte- oder Öffnungsklausel vorsehen, wonach das Gebot der Einzelfallgerechtigkeit zu wahren ist[11] oder die Bevorzugung von Frauen nicht stattfindet, wenn in der Person eines Mitbewerbers liegende

---

7 Kann die Frauenbeauftragte ihren Standpunkt im Widerspruchsverfahren nicht durchsetzen, ist sie nach hessischem Recht nicht befugt, eine vermeintliche Verletzung ihres Beteiligungsrechts im gerichtlichen Verfahren geltend zu machen: VGH Kassel, RiA 1998, 152.
8 Iris *Bednarz-Braun*: Kooperationen zwischen Frauenbeauftragten und Personalvertretungen, PersR 1995, 121; Christine *Dering*: Die Rechte der Frauenbeauftragten in den Gleichstellungsgesetzen der Länder und ihre Stellung zum Personalrat, PersR 1994, 97; Marion *Eckatz-Höfer*: Frauengleichstellungsgesetze des Bundes und der Länder, AuR 1997, 470; Michaela *Maier-Simon*/Achim *Thannheiser*: Frauenbeauftragte – Rechte, Pflichten, Durchsetzungsmöglichkeiten und Zusammenarbeit mit Personalräten, PersR 1998, 43; Elke *Schnitger*: Frauenbeauftragte an Schulen. Umsetzung des Gleichberechtigungsgesetzes in den Schulen des Landes Niedersachsen, SchVw NI 1996, 82.
9 S. dazu die vergleichenden Darstellungen von Hans-Werner *Laubinger*: Die »Frauenquote« im öffentlichen Dienst – Teil 1 –, VerwArch. 1996, 169; – Teil 2 –, VerwArch. 1996, 473; Andrea *Ott*: Die Frauenförderungsgesetze der Länder und des Bundes am Maßstab der Kalanke-/Marschall-Rechtsprechung des EuGH, ZBR 1998, 121.
10 So § 5 Satz 1 Nds Gleichberechtigungsgesetz. Im Ergebnis auch §§ 5, 10 Hess Gleichberechtigungsgesetz. Danach ist für jede Dienststelle ein Frauenförderplan aufzustellen, der für jeweils zwei Jahre verbindliche Zielvorgaben zur Erhöhung des Frauenanteils in Bereichen, in denen Frauen unterrepräsentiert sind, enthalten muß. In dem Frauenförderplan sind jeweils mehr als die Hälfte der zu besetzenden Personalstellen zur Besetzung durch Frauen vorzusehen; nur wenn glaubhaft dargelegt ist, daß nicht genügend Frauen mit der notwendigen Qualifikation zu gewinnen sind, können entsprechend weniger Stellen zur Besetzung durch Frauen vorgesehen werden.
11 S. etwa § 8 Abs. 1 und 2 bln Landesgleichstellungsgesetz, § 4 Abs. 2 Satz 2 bbg Landesgleichstellungsgesetz.

Gründe überwiegen¹². Wiederum andere Länder lassen es mit flexiblen Zielvorgaben bewenden; danach wird die Erhöhung des Frauenanteils zumeist im Rahmen eines Frauenförderplans bzw. eines Gleichstellungskonzepts angestrebt[13].

Die verwaltungsgerichtliche Rechtsprechung hat bislang ganz überwiegend den Standpunkt vertreten, Quotenregelungen jedweder Art seien mit dem *Grundgesetz* unvereinbar[14]. Sie verstießen gegen Art. 33 Abs. 2 und Art. 3 Abs. 2 und 3 GG. Art. 33 Abs. 2 GG gebiete die Gleichbehandlung von Männern und Frauen bei der Personalauswahl und lasse eine Bevorzugung des weiblichen Geschlechts gerade nicht zu. Die Einräumung eines Vorrangs für Frauen lasse sich auch nicht unter Berufung auf Art. 3 Abs. 2 Satz 1 GG (»Männer und Frauen sind gleichberechtigt«) rechtfertigen; die Vorschrift schütze nicht nur Frauen, sondern auch Männer vor rechtlicher Diskriminierung. Darin habe sich durch die Einfügung des Satzes 2 in Art. 3 Abs. 2 GG durch das 42. Gesetz zur Änderung des Grundgesetzes vom 27. 10. 1994 nichts geändert. Ziel dieser Regelung sei es, dem Gleichberechtigungsgrundsatz zur stärkeren Durchsetzung in der Lebenswirklichkeit zu verhelfen; daraus ergebe sich aber keine staatliche Verpflichtung zur faktischen Gleichstellung der Frauen. Überdies würde eine generelle Bevorzugung von Frauen wegen früherer Benachteiligung anderer Frauen das Grundrecht auf Gleichberechtigung als Individualgrundrecht in ein von der Verfassung nicht gewährleistetes Gruppenrecht ummünzen. Härte- oder Öffnungsklauseln vermögen nach dieser Rechtsprechung an der Verfassungswidrigkeit von Quotenregelungen nichts zu ändern[15].

Demgegenüber vertreten die Arbeitsgerichte zumeist die Ansicht, Quotenregelungen seien grundgesetzkonform[16]. Art. 33 Abs. 2 GG werde dadurch nicht berührt, weil Frauen nur bei gleicher Qualifikation bevorzugt würden; bei Gleichwertigkeit mehrerer Bewerber seien daher andere als die in dieser Vor-

---

12 So nunmehr §4 Abs.1 und 2 Satz 1 brem Landesgleichstellungsgesetz; ferner §5 Abs. 1–3 Gleichstellungsgesetz M-V; §§8 Abs.4 Satz 2, 25 Abs.5 nrw LBG; §§4 Abs.2, 5 Abs.1 Frauenfördergesetz LSA. In Hamburg ist von der Bevorzugung von Frauen nur dann abzusehen, wenn in der Person eines Mitbewerbers »schwerwiegende Gründe sozialer Art vorliegen« (§8 Abs.2 Gleichstellungsgesetz), in Rheinland-Pfalz nur, »wenn in der Person eines Mitbewerbers so schwerwiegende Gründe vorliegen, daß sie auch unter Beachtung des Gebotes zur Gleichstellung der Frauen überwiegen« (§9 Landesgleichstellungsgesetz), in Schleswig-Holstein nur, »wenn in der Person eines Mitbewerbers so schwerwiegende Gründe vorliegen, daß seine Nichtberücksichtigung auch unter Beachtung des Gebots zur Gleichstellung der Frauen eine unzumutbare Härte bedeuten würde« (§6 Gleichstellungsgesetz).
13 Z.B. §9 Abs.1 bw Landesgleichberechtigungsgesetz; Art. 2 Abs. 1, Art. 5 Abs. 3, Art. 8 Abs. 1 Bay Gleichstellungsgesetz; §8 Sächs Frauenförderungsgesetz; §7 Abs. 1 Thür Gleichstellungsgesetz.
14 S. insbes. OVG Lüneburg, NVwZ 1996, 497; OVG Münster, NVwZ 1996, 495; VGH Kassel, NVwZ 1994, 1229. A. A. VG Bremen, NJW 1988, 3224; neuerdings auch OVG Lüneburg, ZBR 1997, 188. Zur Frage der Vereinbarkeit von Frauenquoten mit dem europäischen Gemeinschaftsrecht s. weiter unten.
15 Die Verwaltungsgerichte sind darüber hinaus mehrheitlich der Auffassung, Quotenregelungen verstießen auch gegen §7 BRRG, wonach Ernennungen ohne Rücksicht auf das Geschlecht vorzunehmen sind.
16 So insbes. das BAG, NZA 1994, 77; ferner LAG Bremen, RiA 1993, 82; LAG Hamm, NZA 1994, 178.

schrift normierten Maßstäbe erforderlich, um überhaupt eine sachliche Auswahlentscheidung treffen zu können. Die Diskriminierung männlicher Konkurrenten werde durch den in Art. 3 Abs. 2 Satz 2 GG enthaltenen Auftrag gerechtfertigt, die tatsächliche Gleichberechtigung der Geschlechter zu verwirklichen.
Im juristischen Schrifttum sind die Meinungen zur Verfassungsmäßigkeit von Quotenregelungen geteilt[17].
Es bleibt abzuwarten, ob das Bundesverfassungsgericht Gelegenheit erhält, die Vereinbarkeit von Frauenquoten mit dem Grundgesetz zu prüfen. Bisherige Entscheidungen des Gerichts legen die Vermutung nahe, daß es eher der Linie der arbeitsgerichtlichen Rechtsprechung folgen wird. So hat es insbesondere in seinem sog. Nachtarbeitsbeschluß[18] ausgeführt, der über das Diskriminierungsverbot des Art. 3 Abs. 3 GG hinausreichende Regelungsgehalt des Art. 3 Abs. 2 (Satz 1) bestehe darin, »daß er ein Gleichberechtigungsgebot aufstellt und dieses auch auf die gesellschaftliche Wirklichkeit erstreckt«. Der Satz »Männer und Frauen sind gleichberechtigt« wolle nicht nur Rechtsnormen beseitigen, die Vor- oder Nachteile an Geschlechtsmerkmale anknüpfen, sondern für die Zukunft die Gleichberechtigung der Geschlechter durchsetzen. Er ziele auf die Angleichung der Lebensverhältnisse. Faktische Nachteile, die typischerweise Frauen träfen, dürften wegen des Gleichberechtigungsgebots des Art. 3 Abs. 2 (Satz 1) durch begünstigende Regelungen ausgeglichen werden. Da Art. 3 Abs. 2 GG inzwischen durch den erwähnten Satz 2 ergänzt worden ist, spricht manches dafür, daß das Bundesverfassungsgericht jedenfalls solche Quotenregelungen als verfassungskonform hinnehmen wird, die mit einer Härteklausel verbunden sind.
Die Vereinbarkeit von Frauenquoten im öffentlichen Dienst mit dem *europäischen Gemeinschaftsrecht* bestimmt sich nach dem Maßstab der »Richtlinie

---

17 Die Veröffentlichungen zu diesem Thema sind kaum noch überschaubar; die folgenden Hinweise erfassen daher nur einen sehr begrenzten Ausschnitt aus der Literatur. Die Verfassungsmäßigkeit von Frauenquoten *bejahen*: Christine *Fuchsloch*: Erforderliche Beseitigung des Gleichberechtigungsdefizits oder verfassungswidrige Männerdiskriminierung?, NVwZ 1991, 442; Heide M. *Pfarr*: Die Frauenquote, NZA 1995, 809; Ulrich *Maidowski*: Umgekehrte Diskriminierung, Berlin 1989; Sibylle *Raasch*: Frauenquoten und Männerrechte, Baden-Baden 1991; Ute *Sacksofsky*: Das Grundrecht auf Gleichberechtigung, Baden-Baden 1991; Frank *Schwidden*: Regelungen zur Förderung von Frauen im öffentlichen Dienst, RiA 1996, 105 (hinsichtlich leistungsbezogener Quoten mit Härtefallklauseln); Vera *Slupik*: Die Entscheidung des Grundgesetzes für die Parität im Geschlechterverhältnis, Berlin 1988. Die Verfassungsmäßigkeit wird *verneint* von: Hans Joachim *Becker*: Aktuelle Entwicklungen und Probleme im Beamtenrecht, RiA 1991, 178 (182 f.); *ders.*: Frauenquoten im öffentlichen Dienst?, RiA 1991, 292; Hans *Hofmann*: Bevorzugung von Frauen bei Stellenbesetzungen?, NVwZ 1995, 662; Monika *Jachmann*: Die Quotenregelung im öffentlichen Dienst – Chancengleichheit, fürsorgliche Diskriminierung oder ungerechtfertigte Bevorzugung der Frau im Beruf?, ZBR 1996, 161; *Laubinger*, VerwArch. 1996, 504 ff.; Wolfgang *Rüfner*, in: Bonner Kommentar zum Grundgesetz, Art. 3 Abs. 2 und 3, Rn. 763 ff. *Differenzierend* Lerke *Osterloh*, in: Sachs: Grundgesetz. Kommentar, Art. 3 Rn. 283, 286 ff., die Quotenregelungen mit der generellen Zielsetzung paritätischer Repräsentanz von Frauen für verfassungswidrig hält, sie aber als quantifizierten Hilfsmaßstab zur Bemessung desjenigen Anteils von Frauen für zulässig erachtet, der sich bei diskriminierungsfreier Auswahl unter dem qualifizierten Bewerberpotential ergäbe.

18 BVerfGE 85, 191 (206 f.).

76/207/EWG zur Verwirklichung des Grundsatzes der Gleichbehandlung von Männern und Frauen hinsichtlich des Zugangs zur Beschäftigung, zur Berufsbildung und zum beruflichen Aufstieg sowie in bezug auf die Arbeitsbedingungen« vom 9.2.1976[19]. Nach Art. 2 Abs. 1 der Richtlinie beinhaltet der Grundsatz der Gleichbehandlung im Sinne der nachstehenden Bestimmungen, daß keine unmittelbare oder mittelbare Diskriminierung aufgrund des Geschlechts – insbesondere unter Bezugnahme auf den Ehe- oder Familienstand – erfolgen darf. Gemäß Art. 2 Abs. 4 steht die Richtlinie den Maßnahmen zur Förderung der Chancengleichheit für Männer und Frauen, insbesondere durch Beseitigung der tatsächlich bestehenden Ungleichheiten, die die Chancen der Frauen beeinträchtigen, nicht entgegen. In seiner Entscheidung vom 17.10.1995, dem sog. *Kalanke-Urteil*, kam der EuGH zum Ergebnis, daß eine nationale Regelung, wie die des damaligen § 4 des bremischen Landesgleichstellungsgesetzes, nach der gleich qualifizierten weiblichen Bewerbern bei einer Beförderung automatisch der Vorrang eingeräumt wird, eine Diskriminierung der Männer aufgrund des Geschlechts bewirkt und deshalb mit dem Gemeinschaftsrecht unvereinbar ist[20]. Der EuGH hat seine Rechtsprechung im sog. *Marschall-Urteil* vom 11.11.1997[21] differenziert. Hier ging es um die Vereinbarkeit des § 25 Abs. 5 nrw LBG, der für den Fall der Unterrepräsentanz des weiblichen Geschlechts die bevorzugte Beförderung von Frauen bei gleicher Eignung, Befähigung und fachlicher Leistung gebietet, »sofern nicht in der Person eines Mitbewerbers liegende Gründe überwiegen«. Zwar hält der EuGH an dem im Kalanke-Urteil enthaltenen Grundsatz fest, daß es keine automatische Bevorzugung von Frauen geben dürfe. Doch könne eine innerstaatliche Regelung, die eine Öffnungsklausel enthalte, gerechtfertigt sein. Sie könne dazu beitragen, ein Gegengewicht gegen die nachteiligen Auswirkungen zu schaffen, die sich für weibliche Bewerber aus der traditionell praktizierten Bevorzugung von Männer ergäben, und dadurch in der sozialen Wirklichkeit bestehende faktische Ungleichheiten zu verringern. Die nordrhein-westfälische Regelung sei mit der Gleichbehandlungsrichtlinie des Gemeinschaftsrechts vereinbar, weil die Öffnungsklausel garantiere, daß eine Einzelfallprüfung der Qualifikation stattfinde und der den weiblichen Bewerbern eingeräumte Vorrang entfalle, wenn eines oder mehrere der die

---

19 ABl. EG Nr. L 39/40.
20 EuGH, NJW 1995, 3109.
21 EuGH, NJW 1997, 3429 = JZ 1998, 139 m. Anm. von Christian *Starck* = DVBl. 1998, 183 m. Anm. von Michael *Sachs*.

Person betreffenden Kriterien zugunsten des männlichen Bewerbers überwögen[22].

19.123 Die *Glaubens- und Bekenntnisfreiheit* (Art. 4 Abs. 1 und 2 GG) schützt die Freiheit des Glaubens und die Freiheit des religiösen und weltanschaulichen Bekenntnisses sowie die ungestörte Religionsausübung. Das Grundrecht ist vorbehaltlos garantiert, kann also gesetzlich nicht begrenzt werden[23]. Gleichwohl darf der Lehrer seine religiösen und weltanschaulichen Überzeugungen nicht zur Indoktrination der Schüler einsetzen. Dem steht insbesondere das verfassungsrechtliche Gebot der religiös-weltanschaulichen Neutralität des Staates im öffentlichen Schulwesen (Art. 7 Abs. 1 i. V. m. Art. 4 Abs. 1 GG) entgegen. Als Bediensteter, der in einem öffentlich-rechtlichen Dienst- und Treueverhältnis zum Staat steht, ihn in der Schule repräsentiert, ist der Lehrer seinerseits zu religiös-weltanschaulicher Neutralität verpflichtet[24]. *Umstritten ist, ob einer muslimischen Lehrerin das Tragen des Kopftuchs in der Schule untersagt werden darf* und ob einer Bewerberin, die auf der Verwendung dieses Kleidungsstücks im Unterricht beharrt, die Übernahme in den

---

22 Nach OVG Schleswig, DÖV 1998, 554 (556), handelt es sich bei der Härteklausel des § 6 sh Gleichstellungsgesetz (Anm. 12) nicht um eine der Rspr. des EuGH entsprechende Öffnungsklausel, weil diese Bestimmung eine Ausnahme vom Vorrang gleichqualifizierter Frauen nur dann zulasse, wenn in der Person des männlichen Mitbewerbers so schwerwiegende Gründe vorliegen, daß seine Nichtberücksichtigung auch unter Beachtung des Gebots zur Gleichstellung der Frauen eine unzumutbare Härte bedeutete; diese Härteklausel sei eine Ausnahmeregelung mit äußerst eng begrenztem Anwendungsbereich, die die erforderliche Berücksichtigung sämtlicher traditionell anerkannten Hilfskriterien gerade nicht gebiete. – Zur Rspr. des EuGH s. Bettina *Graue*: Das EuGH-Urteil vom 17.10.1995 zu leistungsabhängigen Quoten im öffentlichen Dienst des Landes Bremen, RiA 1996, 80; *Jachmann*, ZBR 1996, 173 ff.; Carl Otto *Lenz*: Konsequent und auf der Linie der Mehrheit: Zum Urteil Marschall des EuGH, NJW 1998, 1619; Petra *Kodré*: Zum Verhältnis von europäischer und deutscher Gleichstellungspolitik am Beispiel der Urteile Kalanke und Marschall, KJ 1998, 335; *Laubinger*, VerwArch. 1996, 510 ff.; *Ott*, ZBR 1998, 125 ff.; Dagmar *Schiek*: Die EuGH-Entscheidung »Kalanke«, PersR 1995, 512; Oliver *Suhr*: Grenzen der Gleichbehandlung: Zur Vereinbarkeit von Frauenquoten mit dem Gemeinschaftsrecht. Anm. zu dem Urteil des EuGH im Fall Marschall (EuGRZ 1997, 563), EuGRZ 1998, 121.
23 Der Gesetzgeber kann bei einem vorbehaltlos gewährleisteten Grundrecht nur die verfassungsimmanenten Grenzen, wie sie sich beispielsweise aus der staatlichen Pflicht zur Achtung und zum Schutz der Menschenwürde (Art. 1 Abs. 1 GG) ergeben, deklaratorisch feststellen. Dazu Konrad *Hesse*: Grundzüge des Verfassungsrechts der Bundesrepublik Deutschland. 20. Aufl., Heidelberg 1995, S. 140 Rn. 312; vgl. auch *Pieroth/Schlink* (Anm. 2), S. 61 Rn. 260.
24 Dazu Hans W. *Alberts*: Neue Religionen und Beamtenrecht – Sannyasin als Lehrer?, NVwZ 1985, 92; Peter *Badura*: Der Schutz von Religion und Weltanschauung durch das Grundgesetz. Verfassungsfragen zur Existenz und Tätigkeit der neuen »Jugendreligionen«, Tübingen 1989; Bernd Martin *Groh*: Lehrer und Jugendreligionen, RdJB 1984, 109. – Die Rechtsprechung hat mit Rücksicht auf die weltanschaulich-religiöse Neutralität des Staates das einem Lehrer erteilte schulbehördliche Verbot, im Dienst die bei Bhagwanjüngern übliche Kleidung und die Mala (Holzkette mit dem Bild des Bhagwan) zu tragen, für rechtens erklärt: VG Hamburg, SPE VI A VI S. 11; OVG Hamburg, DVBl. 1985, 456; VG München, RiA 1985, 116; VGH München, NVwZ 1986, 405; BVerwG, NVwZ 1988, 937.

Schuldienst wegen mangelnder Eignung verweigert werden kann[25]. Soweit es sich dabei um den Ausdruck heimatlicher Kleidungstradition handelt, ist eine solche Kopfbedeckung nicht zu beanstanden. Falls aber eine Lehrerin durch das Tragen des Kopftuchs eine Signalwirkung auslöst mit der Folge, daß das Kleidungsstück von Schülern und Eltern nicht nur als ein religiöses Symbol, sondern auch als ein politisches Zeichen kultureller Abgrenzung interpretiert werden muß, verletzt sie ihre Neutralitätspflicht sowie das Grundrecht der Religionsfreiheit der Schüler (Art. 4 GG) und das Recht der Eltern, ihre Kinder nach den eigenen religiös-weltanschaulichen Überzeugungen zu erziehen (Art. 6 Abs. 2 i. V. m. Art. 4 GG)[26]; sie verstößt überdies gegen die auf dem staatlichen Erziehungsauftrag beruhende Integrationsaufgabe der öffentlichen Schule. Dabei ist auch zu berücksichtigen, daß Schülerinnen islamischen Glaubens von den Eltern um so leichter gezwungen werden können, ein Kopftuch zu tragen, wenn sogar ihre muslimische Lehrerin diese Kleidung verwendet; sind sie religionsmündig (vgl. TZ 28.151), wird ihnen durch den elterlichen Druck die freie Entscheidung in glaubensrelevanten Fragen erschwert.

Mit dem Grundrecht der (negativen) Religionsfreiheit des Lehrers[27] ist es nicht vereinbar, daß er zur Abhaltung von Religionsunterricht gezwungen wird. Deshalb bestimmt Art. 7 Abs. 3 Satz 3 GG ausdrücklich, daß kein Lehrer gegen seinen Willen verpflichtet werden darf, Religionsunterricht zu erteilen; er ist jederzeit berechtigt, die Durchführung von Religionsunterricht abzulehnen (TZ 4.121). Dagegen darf er sich bei entsprechender fachlicher Vorbildung nicht weigern, Ethikunterricht (TZ 4.122) zu erteilen.

19.124 Die durch Art. 5 Abs. 1 Satz 1 GG gewährleistete *Meinungsfreiheit* gibt dem Lehrer das Recht, seine Meinung in Wort, Schrift und Bild frei zu äußern und zu verbreiten. Dieses Grundrecht hat für eine freiheitliche demo-

---

25 Auslöser dieser Kontroverse war die vom baden-württembergischen Kultusministerium bestätigte Entscheidung des Oberschulamts Stuttgart, eine islamische Lehramtsbewerberin deutscher Staatsangehörigkeit, die darauf bestand, auch in der Schule ein Kopftuch zu tragen, nicht in den Schuldienst zu übernehmen, weil sie als Lehrerin nicht geeignet sei. S. die Pressemeldung des bwMinisteriums für Kultus, Jugend und Sport vom 13.7.1998, abgedruckt in DVBl. 1998, A 222.
26 So im wesentlichen die Begründung des bwKultusministeriums im o. g. Fall (Anm. 25), in der ausdrücklich darauf hingewiesen wird, daß diese Entscheidung nur für den konkreten Fall gelte und daß sich daraus kein generelles Kopftuchverbot an öffentlichen Schulen und Hochschulen herleiten lasse. Dazu Ulrich *Battis*: Kopftuchverbot im Schuldienst, ZTR 1998, 529, der der Entscheidung des bwKultusministeriums im konkreten Fall nicht zuletzt wegen der der Verwaltung eingeräumten Einschätzungsprärogative beipflichtet, und Johann *Bader*: Darf eine muslimische Lehrerin in der Schule ein Kopftuch tragen?, VBlBW 1998, 361, der das Tragen des Kopftuchs generell als mit dem Gebot staatlicher Neutralität unvereinbar ansieht. S. demgegenüber Ulf *Häußler*: Religion und Integration, ZAR 1999, 32, nach dessen Auffassung ein Lehrer seiner Religiosität in zurückhaltender Weise Ausdruck geben dürfe, solange er die Bildungsziele beachte und es nicht unternehme, die Schüler zu indoktrinieren oder zu manipulieren; das Kopftuchverbot habe im übrigen zur Folge, daß man muslimischen Lehramtsbewerbern eine einbürgerungs- und verfassungsrechtlich gerade nicht verlangte Assimilation aufnötige.
27 Also mit dem Recht, keinen Glauben zu haben, sich zu keinem Glauben bekennen zu müssen.

kratische Staatsordnung schlechthin konstituierende Bedeutung[28]. Die Freiheit der Meinungsäußerung umfaßt die Meinungsäußerung selbst und die mit ihr bezweckte Meinungsbildung. Darunter fallen sowohl Meinungen im Sinne von Werturteilen als auch Tatsachenbehauptungen, soweit sie Voraussetzung für die Bildung von Meinungen sind[29]. Nicht geschützt sind jedoch Tatsachenbehauptungen, die bewußt oder erwiesenermaßen unwahr sind[30]. Die Meinungsfreiheit findet ihre Schranken in den Vorschriften der allgemeinen Gesetze[31], den gesetzlichen Bestimmungen zum Schutz der Jugend und dem Recht der persönlichen Ehre (Art. 5 Abs. 2 GG). Zu den allgemeinen Gesetzen gehören insbesondere die Beamtengesetze, die dem Lehrer bestimmte Verhaltenspflichten (Verfassungstreue, Mäßigung und Zurückhaltung bei politischer Betätigung u. a.) auferlegen[32]. Allerdings müssen die allgemeinen Gesetze »in ihrer das Grundrecht der Meinungsfreiheit beschränkenden Wirkung ihrerseits im Lichte des Grundrechts gesehen und so interpretiert werden, daß der besondere Wertgehalt dieses Rechts, der in der freiheitlichen Demokratie zu einer grundsätzlichen Vermutung für die Freiheit der Rede in allen Bereichen ... führen muß, auf jeden Fall gewahrt bleibt«[33]. Im einzelnen TZ 19.33, insbesondere 19.331.

19.125 Das Grundrecht der *Versammlungsfreiheit* (Art. 8 Abs. 1 GG) gibt allen Deutschen das Recht, sich ohne Anmeldung oder Erlaubnis friedlich und ohne Waffen zu versammeln, also z. B. an Demonstrationen, Kundgebungen oder Protestmärschen teilzunehmen. Für Versammlungen unter freiem Himmel kann dieses Recht durch Gesetz oder aufgrund eines Gesetzes beschränkt werden (Art. 8 Abs. 2 GG). Vgl. TZ 19.334.

19.126 Das Grundrecht der *Vereinigungsfreiheit* (Art. 9 Abs. 1 GG) garantiert allen Deutschen das Recht, Vereinigungen und Gesellschaften zu bilden, ihnen beizutreten, sich in ihnen zu betätigen, aber auch ihnen fernzubleiben oder aus ihnen auszutreten. Vereinigungen, deren Zwecke oder deren Tätigkeit den Strafgesetzen zuwiderlaufen oder die sich gegen die verfassungsmäßige Ordnung oder gegen den Gedanken der Völkerverständigung richten, sind hingegen verboten (Art. 9 Abs. 2 GG). Das Recht, einer Partei beizutreten und in ihr zu wirken, ist durch die Freiheit zur Gründung von Parteien (Art. 21 Abs. 1 Satz 2 GG) besonders gewährleistet. Vgl. TZ 19.335.

19.127 Nach Art. 9 Abs. 3 GG besteht für jedermann und für alle Berufe, also auch für die Angehörigen des öffentlichen Dienstes, *Koalitionsfreiheit*. Das

---

28 Grundlegend BVerfGE 7, 198 (208).
29 S. zuletzt BVerfGE 94, 1 (7).
30 BVerfGE 85, 1 (15); 90, 241 (247 f.).
31 Allgemeine Gesetze sind Rechtsnormen, »die sich nicht gegen die Äußerung einer Meinung als solche richten, die vielmehr dem Schutz eines schlechthin, ohne Rücksicht auf eine bestimmte Meinung, zu schützenden Rechtsgutes dienen« (BVerfGE 7, 198 [209]; 62, 230 [244]; 71, 162 [175]; BVerwGE 93, 323 [325]).
32 Dazu Walter *Rudolf*: Meinungs- und Pressefreiheit in der »verwaltungsrechtlichen Sonderbindung« der Soldaten, Beamten und Richter, in: Peter Selmer/Ingo von Münch (Hrsg.): Gedächtnisschrift für Wolfgang Martens, Berlin 1987, S. 199 (205 ff.).
33 BVerfGE 7, 198 (208).

Grundrecht schützt die Bildung einer Koalition, den Verbleib und die Betätigung in ihr wie auch den Austritt und die Entscheidung, einer Koalition fernzubleiben. Der Beamte kann sich daher einer Gewerkschaft oder einem Berufsverband anschließen (s. auch § 57 BRRG). Zur Koalitionsfreiheit des Beamten, die das Streikrecht nicht einschließt, TZ 19.32.

19.2 Rechte aus dem Beamtenverhältnis[34]

19.21 Fürsorge und Schutz

19.211 Das Beamtenverhältnis ist ein *gegenseitiges Treueverhältnis*. Die Treue des Dienstherrn besteht in der Fürsorge und im Schutz für den Beamten. Der Dienstherr hat für das Wohl des Beamten und seiner Familie zu sorgen und ihn bei seiner amtlichen Tätigkeit und in seiner Stellung als Beamter zu schützen; Fürsorge und Schutz sind auch den Ruhestandsbeamten sowie den Hinterbliebenen zu gewähren (§ 48 BRRG, § 79 BBG). Zur *Fürsorge* des Dienstherrn gehört es, den Beamten wohlwollend und gerecht zu behandeln, keine unbilligen oder gar unzulässigen Anforderungen an ihn zu stellen, seine Fortbildung zu fördern und ihm zu helfen, wenn er unverschuldet in Not gerät[35]. Mit der Fürsorgepflicht verträgt es sich beispielsweise nicht, wenn ein Lehrer durch die ihm übertragene Ausbildung von Lehramtsanwärtern dermaßen zusätzlich belastet wird, daß ihn die Wahrnehmung der insgesamt zu erfüllenden Aufgaben überfordert[36].

Schulräume und Lehrerzimmer müssen so eingerichtet sein, daß Gesundheits- und Vermögensschäden vermieden werden. Lehrer, die sich durch Tabakrauch im Lehrerzimmer beeinträchtigt fühlen, können aufgrund der Fürsorgepflicht des Dienstherrn den Erlaß eines *Rauchverbots* verlangen, sofern keine Möglichkeit besteht, getrennte Bereiche für Raucher und Nichtraucher einzurichten[37].

---

34 Dazu *Battis* (Anm. 1), S. 899 (944 ff. Rn. 126 ff.); *Köpp* (Anm. 1), S. 437 f. Rn. 98 f.; *Kunig* (Anm. 1), S. 705 ff. Rn. 148 ff.; *Merten* (Anm. 1), S. 229 ff.; *Scheerbarth/Höffken/Bauschke/ Schmidt* (Anm. 1), S. 437 ff.; *Schnellenbach* (Anm. 1), S. 201 ff. Rn. 354 ff.
35 Rudolf *Summer*: Neue Aspekte zur Fürsorgepflicht – Einerseits Entzauberung, andererseits weitere Anwendungen, ZBR 1998, 151.
36 BVerwG, ZBR 1978, 373 (374).
37 OVG Münster, ZBR 1988, 67; vgl. auch BAG, NJW 1999, 162: Arbeitnehmer haben aufgrund der Pflicht des Arbeitgebers, die Arbeitsräume so einzurichten, daß der Arbeitnehmer gegen Gefahr für Leben und Gesundheit nach Möglichkeit geschützt ist (§ 618 BGB), einen Anspruch auf einen tabakrauchfreien Arbeitsplatz, wenn das für sie aus gesundheitlichen Gründen geboten ist. Zum Nichtraucherschutz Angela *Faber*: Gesundheitliche Gefahren des Tabakrauchens und staatliche Schutzpflichten, DVBl. 1998, 745; Ralf *Jahn*: (Nicht-)Raucherschutz als Grundrechtsproblem, DÖV 1989, 850 m.w.N.; Jochen *Leßmann*: Rauchverbote am Arbeitsplatz. Rechtliche Grundlagen – Betriebliche Gestaltungsmöglichkeiten – Maßnahmen des Nichtraucherschutzes, Stuttgart 1991. Nach BVerfG, NJW 1998, 2961, ist es von Verfassungs wegen nicht zu beanstanden, daß der Gesetzgeber derzeit eine Verstärkung des Nichtraucherschutzes nicht für geboten erachtet.

Gegenüber unberechtigten Angriffen kann der Beamte den *Schutz seiner vorgesetzten Behörde in Anspruch nehmen*[38], die – z.B. wenn er beleidigt wird – neben ihm selbst befugt ist, Strafantrag zu stellen (§§ 185, 194 Abs. 3 StGB).

19.212 Der Anspruch jeder Mutter auf Schutz und Fürsorge der Gemeinschaft (Art. 6 Abs. 4 GG) wird durch Landesverordnungen über den *Mutterschutz* für Beamtinnen konkretisiert[39]. Sobald einer schwangeren Lehrerin ihr Zustand bekannt wird, soll sie den Dienstvorgesetzten unterrichten und dabei den mutmaßlichen Tag der Entbindung angeben. In den letzten sechs Wochen vor und in den ersten acht Wochen nach der Entbindung besteht ein *Beschäftigungsverbot*; die Dienst- oder Anwärterbezüge werden weitergezahlt. Schon vor Beginn der Schutzfrist ist die schwangere Lehrerin vom Dienst freizustellen, soweit nach ärztlichem Zeugnis Leben oder Gesundheit von Mutter oder Kind gefährdet ist. Außerdem hat die Lehrerin während der Schwangerschaft und Stillzeit Anspruch auf Beschäftigungserleichterung[40]. Eine Beamtin auf Probe oder auf Widerruf darf während der Schwangerschaft und innerhalb von vier Monaten nach der Entbindung nicht gegen ihren Willen entlassen werden; eine in Unkenntnis der Schwangerschaft oder Entbindung verfügte Entlassung ist zurückzunehmen, sofern sie dem Dienstvorgesetzten binnen zwei Monaten mitgeteilt wird.

Lehrerinnen (oder Lehrer) haben nach den Erziehungsurlaubsverordnungen der Länder[41] Anspruch auf *Erziehungsurlaub* bis zur Vollendung des dritten

---

38 S. den Fall in BVerwGE 99, 56: Der Leiter eines Gymnasiums wurde zu Unrecht beschuldigt, er habe Lehrer seiner Schule, die ein kritisches Buch über die Geschichte des Gymnasiums in der Zeit des Nationalsozialismus geschrieben hatten, bei der Erstellung der Broschüre behindert. Der Kultusminister hatte sich diese Vorwürfe in einer Rede zu eigen gemacht. Das BVerwG verurteilte den Minister, gegenüber dem Veranstalter der Tagung, bei der er aufgetreten war, schriftlich klarzustellen, daß im Zusammenhang mit den in der Rede angesprochenen Vorgängen dem Schulleiter weder eine Verletzung seiner Dienstpflichten zur Last gelegt noch sonst seine Amtsführung beanstandet wird.

39 Z.B. bw VO der Landesregierung über den Mutterschutz für Beamtinnen und Richterinnen i. d. F. v. 16. 7. 1992 (GBl. S. 575), g. d. VO vom 23. 3. 1998 (GBl. S. 213); VO der Bay Staatsregierung über den Mutterschutz vom 13. 9. 1966 (GVBl. S. 315), zul. g. d. VO v. 21. 10. 10. 1997; hess VO über den Mutterschutz für Beamtinnen vom 19. 12. 1991 (GVBl. 1992 I S. 1), zul. g. d. G. v. 15. 7. 1997 (GVBl. I S. 217, 221); nrw VO über den Mutterschutz für Beamtinnen im Lande NRW i. d. F. vom 4. 7. 1968 (GV. S. 231), zul. g. d. VO v. 2. 9. 1997 (GV. S. 314); sächs MutterschutzVO vom 1. 2. 1993 (GVBl. S. 121), zul. g. d. VO v. 22. 12. 1997 (GVBl. 1998 S. 5). – Das Mutterschutzgesetz (des Bundes) i. d. F. v. 17. 1. 1997 (BGBl. I S. 22), berichtigt am 31. 1. 1997 (BGBl. I S. 293), gilt nur für Arbeitnehmerinnen.

40 Der Lehrerin ist auf ihr Verlangen zum Stillen des Kindes täglich eine Unterrichtsstunde freizugeben. Das gilt jedoch nur dann, wenn die Lehrerin ihr Kind während der festgesetzten Dienststunden stillt (vgl. BVerwG, DVBl. 1988, 1064). Andererseits darf für die in die Dienstzeit fallende Stillzeit nicht ein den Arbeitsausfall ausgleichendes Nacharbeiten angeordnet werden (OVG Lüneburg, ZBR 1992, 253). Der Anspruch auf Dienstbefreiung zum Stillen besteht nur für eine gewisse Zeit nach der Entbindung, jedenfalls dann nicht mehr, wenn das Kind schon drei Jahre alt ist (OVG Lüneburg vom 1. 9. 1983, Az.: II B 36/83).

41 Z.B. bw Erziehungsurlaubsverordnung vom 1. 12. 1992 (GBl. S. 751); bay UrlaubsVO vom 24. 6. 1997 (GVBl. S. 173), Abschnitt III; hess Erziehungsurlaubsverordnung vom 31. 10. 1986 (GVBl. I S. 298); zul. g. d. VO v. 17. 9. 1996 (GVBl. I S. 385); nrw Erziehungsurlaubsverordnung i. d. F. vom 22. 7. 1992 (GV. S. 320), zul. g. d. VO v. 10. 2. 1998 (GV. S. 146); rp UrlaubsVO i. d. F. vom 17. 3. 1971 (GVBl. S. 126), zul. g. d. VO v. 30. 9. 1997

Lebensjahres ihres Kindes; sie müssen den Anspruch mindestens vier Wochen vorher unter Angabe des Zeitraums geltend machen. Während des Erziehungsurlaubs sind sie beihilfeberechtigt (vgl. TZ 20.331). Außerdem steht ihnen nach dem Bundeserziehungsgeldgesetz vom Tag der Geburt bis zur Vollendung des 24. Lebensmonats des Kindes *Erziehungsgeld* in Höhe von 600 DM monatlich zu (§§ 1 Abs. 1, 4 Abs. 1 Satz 2, 5 Abs. 1 BErzGG), auf das allerdings bei Beamtinnen die in den ersten acht Wochen nach der Entbindung zu zahlenden Dienst- oder Anwärterbezüge angerechnet werden (§ 7 Abs. 1 Satz 2 BErzGG). Vom siebten Lebensmonat an wird das Erziehungsgeld gemindert, sofern das Einkommen bestimmte Grenzen übersteigt[42].

Einer Frau, deren *Bewerbung um Einstellung in den öffentlichen Dienst sich nur wegen der Geburt eines Kindes verzögert* hat, darf aus der Tatsache, daß die Eignungsanforderungen zwischenzeitlich gestiegen sind, kein Nachteil erwachsen. Wenn sie sich innerhalb von zwei Jahren nach der Geburt oder sechs Monate nach Abschluß der für die Einstellung erforderlichen Ausbildung bewirbt, ist der Grad ihrer fachlichen Eignung nach den Anforderungen zu bemessen, die zu einem Zeitpunkt bestanden haben, zu dem sie sich ohne die Geburt des Kindes hätte bewerben können. Stellt sich dabei heraus, daß sie ohne diese Verzögerung eingestellt worden wäre, kann sie vor anderen Bewerbern eingestellt werden (im einzelnen § 125 b Abs. 1 BRRG).

Zur Teilzeitbeschäftigung und Beurlaubung aus familiären Gründen s. TZ 18.211.

19.213 Für *schwerbehinderte Lehrer*[43] gelten neben den Vorschriften des Schwerbehindertengesetzes besondere dienstrechtliche Bestimmungen. Sie unterliegen bei Einstellung, Prüfung und dienstlicher Beurteilung erleichterten Anforderungen[44]. Die Pflichtstundenzahl ist ermäßigt. Ihre berechtigten Wünsche sind bei der Stundenplangestaltung und Pausenaufsicht weitgehend

---

(GVBl. S. 407), III. Abschnitt, sächs Erziehungsurlaubsverordnung vom 16. 3. 1993 (GVBl. S. 241). In Berlin, Niedersachsen und Sachsen-Anhalt sind die Vorschriften der Erziehungsurlaubsverordnung des Bundes i. d. F. vom 25. 4. 1997 (BGBl. I S. 983), g. d. G. v. 29. 6. 1998 (BGBl. I S. 1666, 1687) entsprechend anzuwenden (§ 42 Abs. 5 Satz 1 bln LBG, § 88 Abs. 1 Nds BG, § 80 BG LSA).

42 Die Minderung beginnt bei einem Jahreseinkommen von 29.400 DM (bei verheirateten und bei in einer eheähnlichen Gemeinschaft lebenden Eltern) bzw. 23.700 DM (bei Alleinerziehenden); diese Beträge erhöhen sich um 4.200 DM für jedes weitere Kind. Das Erziehungsgeld wird um ein Zwölftel von 40 % des Freigrenze übersteigenden Einkommens gemindert (§ 5 Abs. 2 Satz 2 und 3, Abs. 3 BErzGG). Bei einem Jahreseinkommen von mehr als 100.000 DM bzw. mehr als 75.000 DM, zuzüglich 4.200 DM für jedes weitere Kind, entfällt das Erziehungsgeld bereits in den ersten sechs Lebensmonaten des Kindes (§ 5 Abs. 2 Satz 1 BErzGG).

43 Schwerbehinderte sind Personen mit einem Grad der Behinderung von wenigstens 50 % (§ 1 SchwbG). Personen, deren Behinderungsgrad weniger als 50 %, aber mindestens 30 % beträgt, sollen Schwerbehinderten gleichgestellt werden, wenn sie infolge ihrer Behinderung ohne die Gleichstellung einen geeigneten Arbeitsplatz nicht erlangen oder nicht behalten können (§ 2 Abs. 1 Satz 1 SchwbG). Behinderung ist die Auswirkung einer nicht nur vorübergehenden Funktionsbeeinträchtigung, die auf einem körperlichen, geistigen oder seelischen Zustand beruht, der von dem für das Lebensalter typischen Zustand abweicht (§ 3 Abs. 1 SchwbG).

44 Vgl. z. B. § 13 nrw LVO.

zu berücksichtigen. Die Leitung von Schulwanderungen, Schullandaufenthalten und Studienfahrten kann ihnen nur mit ihrer ausdrücklichen Zustimmung übertragen werden[45].

19.22 Rechte mit Bezug auf das Amt

19.221 Der Beamte hat ein Recht auf *Amtsausübung*. Der Dienstherr muß ihm daher Aufgaben zuweisen, die seiner Vorbildung, Laufbahn und Besoldungsgruppe entsprechen; eine unterwertige Beschäftigung des Beamten ist grundsätzlich unzulässig (s. aber TZ 18.241, 18.243).

19.222 Der Beamte ist berechtigt, innerhalb und außerhalb des Dienstes seine *Amtsbezeichnung* zu führen (vgl. § 81 Abs. 2 Satz 1 BBG). Er kann aber nicht verlangen, mit der Amtsbezeichnung angeredet zu werden[46]. Die Amtsbezeichnungen sind überwiegend in den Besoldungsordnungen der Besoldungsgesetze, also insbesondere des Bundesbesoldungsgesetzes, festgelegt. Die konkrete Amtsbezeichnung des einzelnen Beamten ergibt sich in der Regel aus der Ernennungsurkunde. Beamtinnen führen die Amtsbezeichnung grundsätzlich in der weiblichen Form[47].
Bei der Festsetzung von Amtsbezeichnungen darf sich der Gesetzgeber nicht über Art. 33 Abs. 5 GG hinwegsetzen. Aus dieser Vorschrift ergibt sich als hergebrachter Grundsatz des Berufsbeamtentums, daß die einem Beamten zugewiesene Amtsbezeichnung angemessen sein muß. Angemessen ist sie nur, wenn sie wirklichkeitsgerecht erkennen läßt, wo das Amt im Ämtergefüge einzuordnen ist. Mit diesem Grundsatz läßt es sich nicht vereinbaren, daß Amtsbezeichnungen von Lehrern, die qualitativ andersartige Lehrämter wahrnehmen und sich in Vorbildung und Besoldungsgruppe voneinander unterscheiden, nivelliert werden[48].
Der Ruhestandsbeamte darf seine letzte Amtsbezeichnung mit dem Zusatz »außer Dienst« (a. D.) beibehalten (vgl. § 81 Abs. 3 BBG). Auch dem in Ehren entlassenen Beamten kann durch Verfügung der obersten Dienstbehörde die Erlaubnis zur Führung der Amtsbezeichnung mit dem Zusatz »a. D.« erteilt werden (vgl. § 81 Abs. 4 BBG). Neben der Amtsbezeichnung darf der Beamte nur staatlich verliehene *Titel* und *akademische Grade*, dagegen *keine Berufsbezeichnungen* (z. B. Baumeister, Architekt usw.) führen. Da der Beamte kei-

---

45 Vgl. etwa die Richtlinien zur Durchführung des Schwerbehindertengesetzes im öffentlichen Dienst im Lande Nordrhein-Westfalen, RdErl. des IM vom 11.11.1994 (Mbl. S. 1522); dazu auch der RdErl. des KM vom 31.5.1989 (GABl. S. 300), zul. g. d. RdErl. v. 4.4.1996 (GABl. S. 83).
46 So ausdrücklich § 105 Abs. 1 Satz 2 bwLBG, § 51 Abs. 3 Satz 2 bbgLBG, § 92 Abs. 2 Satz 2 nrwLBG, § 106 Abs. 1 Satz 2 SächsBG.
47 Nr. 1 Abs. 1 der Vorbemerkungen zu den Bundesbesoldungsordnungen A und B (Anlage 1 zum BBesG).
48 Demgemäß hat das BVerfG entschieden (BVerfGE 62, 374 = RdJB 1984, 162 mit Anm. v. Ulrich *Battis*), daß die vom bremischen Gesetzgeber eingeführte Amtsbezeichnung »Lehrer für das Lehramt an öffentlichen Schulen« für einen Lehrer mit der Befähigung für die Sekundarstufe II gegen Art. 33 Abs. 5 GG verstößt. Ähnlich auch BVerfGE 64, 323, für die Amtsbezeichnung von Hochschullehrern: »Professor« allein genügt nicht.

nen Rechtsanspruch auf dauernde Beibehaltung seiner Amtsbezeichnung hat, muß er sich bei deren Änderung der neuen Form bedienen. Die unbefugte Führung von Amtsbezeichnungen oder Titeln ist strafbar (§ 132a Abs. 1 Nr. 1 StGB).

19.223 Aus Anlaß seines 25-, 40- und 50jährigen *Dienstjubiläums* erhält der Beamte nach den Vorschriften mehrerer Länder eine Ehrenurkunde und eine Jubiläumszuwendung (Ehrengabe)[49].

19.23 Urlaub, Sonderurlaub

19.231 Dem Beamten steht alljährlich ein *Erholungsurlaub* unter Fortzahlung der Dienstbezüge zu (§ 55 BRRG, § 89 Abs. 1 BBG). Die Einzelheiten ergeben sich aus den Urlaubsverordnungen der Länder. Die Urlaubsdauer ist nach dem Lebensalter des Beamten gestaffelt[50]. Der Urlaub des Lehrers wird *durch die Ferien abgegolten*[51]; er kann also nicht Erholungsurlaub zu einem von ihm gewünschten Zeitpunkt verlangen. Der Lehrer hat nur Anspruch auf Urlaub von gleicher Dauer wie die übrigen Beamten; darüber hinaus muß er der Schule oder der Schulbehörde auch während der Ferien zur Verfügung stehen. Er hat dafür zu sorgen, daß ihm während dieser Zeit Mitteilungen der Dienstbehörde zugeleitet werden können. Aus der Abgeltung des Urlaubs durch die Ferien folgt, daß der Lehrer bei *Erkrankung* während der Ferien keinen Nachurlaub fordern kann[52]. Andererseits bedarf er bei Erkrankung während der Schulzeit keines Urlaubs. Jede Erkrankung ist unverzüglich dem Vorgesetzten zu melden; bei längerer Krankheit oder auf Verlangen des Vorgesetzten ist ein ärztliches Zeugnis beizubringen[53]. Wenn der erkrankte Lehrer seinen Wohnort verlassen will (etwa zu einer Spezialbehandlung, zu einer Kur u. dgl.), muß er Urlaub beantragen.

19.232 Während der Schulzeit kann der Lehrer auf Antrag ausnahmsweise *Dienstbefreiung* (*Sonderurlaub*) erhalten (z. B. aus Anlaß familiärer Ereignisse, zur Teilnahme an kirchlichen, gewerkschaftlichen oder anderen Veranstaltungen, zur Wahrnehmung eines Mandats in der kommunalen Vertre-

---

49 Vgl. z. B. § 2 Abs. 1 nds DienstjubiläumsVO: Die Ehrengabe beträgt bei einer Dienstzeit von 25 Jahren 600 DM, von 40 Jahren 800 DM, von 50 Jahren 1.000 DM. Die hess DienstjubiläumsVO gleichen Inhalts wurde durch Art. 10a des 3. Rechts- und Vereinfachungsgesetzes vom 17. 12. 1998 (GVBl. I S. 582) aufgehoben.
50 In Baden-Württemberg, Berlin und Schleswig-Holstein erhalten Beamte von der BesGr. A 15 an aufwärts zwischen der Vollendung des 30. und 40. Lebensjahres einen zusätzlichen Arbeitstag als Urlaub.
51 § 6 Abs. 4 nrw ErholungsurlaubsVO, § 2 Abs. 8 Satz 1 SächsUrlVO.
52 S. aber § 3 Abs. 4 Satz 3 bay UrlaubsVO: Bleiben bei einer Erkrankung während der Schulferien die dienstfreien Ferientage hinter der Zahl der zustehenden Urlaubstage zurück, so ist insoweit Erholungsurlaub außerhalb der Schulferien zu gewähren.
53 Dazu Helmut *Lopacki*: Anordnung der Attestvorlage durch den Dienstvorgesetzten bei häufiger Dienstabwesenheit des Beamten infolge Krankheit, ZBR 1992, 193.

tungskörperschaft)⁵⁴. Bei Beurlaubung bis zu drei Tagen ist in der Regel der Schulleiter, bei längerem Sonderurlaub oder Urlaub im Anschluß an die Ferien ist die vorgesetzte Behörde zuständig. Der Schulleiter erhält kurzfristigen Urlaub oder Dienstbefreiung von der Schulaufsichtsbehörde, sofern er nicht befugt ist, sich selbst (meist bis zu drei Tagen) zu beurlauben; dies ist dann jeweils dem Dienstvorgesetzten mitzuteilen. Wird der Lehrer im unmittelbaren dienstlichen Interesse beurlaubt (z. B. zu Studienzwecken), können die Dienstbezüge während der Beurlaubung oder eines Teils dieser Zeit ganz oder teilweise weitergewährt werden. Eine Anrechnung der Zeit der Beurlaubung auf das Besoldungsdienstalter ist möglich. Zum Urlaub aus familiären oder arbeitsmarktpolitischen Gründen s. TZ 18.211. Zum Erziehungsurlaub s. TZ 19.212. Zur Beurlaubung für den Dienst an deutschen Auslandschulen s. TZ 14.12.

19.233 Der Lehrer, der zum *Grundwehrdienst* oder zu einer *Wehrübung* einberufen wird, ist für die Dauer des Grundwehrdienstes ohne Dienstbezüge (Anwärterbezüge), für die Dauer einer Wehrübung mit Dienstbezügen (Anwärterbezügen) beurlaubt. Aus der durch den Wehrdienst veranlaßten Abwesenheit dürfen ihm keine dienstlichen Nachteile erwachsen. Vorbereitungsdienst und Probezeiten werden jedoch um die Zeiten des Grundwehrdienstes und sechs Wochen im Jahr überschreitende Übungen verlängert (vgl. im einzelnen § 9 ArbPlSchG). Diese Bestimmungen gelten entsprechend, wenn Zivildienst anstelle des Wehrdienstes geleistet wird (§ 78 Abs. 1 Nr. 1 ZDG).

19.24 Dienstliche Beurteilung, Dienstzeugnis

19.241 Eignung, Befähigung und fachliche Leistung des Beamten sind in regelmäßigen Abständen, im übrigen aus besonderem Anlaß (z. B. vor einer Beförderung) *dienstlich zu beurteilen*⁵⁵. Die Beurteilung bildet die wesentli-

---

54 Die Einzelheiten ergeben sich aus den Urlaubsverordnungen, teilweise aus speziellen Verordnungen (z. B. bln VO über den Urlaub der Beamten und Richter aus besonderen Anlässen; nds VO über Sonderurlaub für Beamte und Richter; nrw VO über den Sonderurlaub der Beamtinnen und Beamten und Richterinnen und Richter im Lande Nordrhein-Westfalen). – Aus der Rechtsprechung: BVerwGE 42, 79: kein Sonderurlaub für einen Lehrer zwecks Teilnahme an einer Demonstration; BVerwG, SPE n. F. 806 Nr. 3; Hess StGH, NVwZ 1991, 157; VGH Kassel, NVwZ 1990, 857, und OVG Lüneburg, SPE VI A VIII S. 351: kein Sonderurlaub für einen als Mitglied kommunaler Gremien tätigen Lehrer durch Verringerung der Pflichtstundenzahl (a. A. OVG Münster, SPE VI A IX S. 171); BVerwG, NVwZ 1987, 699: kein Sonderurlaub für Teilnahme an Tagungen privatrechtlicher Religionsgesellschaften; dazu kritisch Ludwig *Renck*: Sonderurlaub für Veranstaltungen von Bekenntnisgemeinschaften, NVwZ 1987, 669.
55 S. etwa § 104 Abs. 1 nrw LBG, § 115 Abs. 1 SächsBG. – Zur dienstlichen Beurteilung umfassend mit Abdruck einschlägiger Gerichtsentscheidungen Frank *Bieler*: Die dienstliche Beurteilung – Beamte, Angestellte und Arbeiter im öffentlichen Bereich, Berlin 1998; Volker *Klinkhardt*: Dienstliche Beurteilungen, Beförderungsentscheidungen, Dienstpostenbewertungen. 3. Aufl., Bonn 1987; Helmut *Schnellenbach*: Die dienstliche Beurteilung der Beamten und der Richter. 2. Aufl., Heidelberg 1995. Ferner Herbert *von Golitschek*: Die dienstliche Beurteilung der Beamten im Spiegel der Rechtsprechung, ThürVBl. 1994, 249 und 276; Peter M. *Huber*: Verfahrensrechtliche Anforderungen an die

che Grundlage für die dienstliche Verwendung des Beamten und für sein berufliches Fortkommen; sie ist außerdem für eine am Leistungsprinzip orientierte Auswahl bei Personalentscheidungen maßgeblich. Bei Lehrern ist sie zumeist an einen Unterrichtsbesuch gebunden. Sie gibt Aufschluß über die Eignung, Befähigung und Leistung des Lehrers bei der Wahrnehmung des Bildungs- und Erziehungsauftrags der Schule innerhalb und außerhalb des Unterrichts. Die Beurteilung, die dem Lehrer im Wortlaut zu eröffnen und mit ihm zu erörtern ist, wird zu den Personalakten genommen. Zuständig für die Abgabe dienstlicher Beurteilungen ist in den meisten Ländern der unmittelbare Dienstvorgesetzte, also der Leiter der zuständigen Schulaufsichtsbehörde[56]; der Schulleiter kann mit der Berichterstattung beauftragt sein[57].
Da die Beurteilung keine Regelung mit unmittelbaren Rechtswirkungen nach außen trifft, handelt es sich nicht um einen – mit der Anfechtungsklage angreifbaren – Verwaltungsakt (zum Begriff des Verwaltungsakts TZ 34.211)[58]. Dennoch kann eine rechtswidrige dienstliche Beurteilung den Beamten in seinen Rechten verletzen mit der Folge, daß ihm wegen der Rechtsweggarantie des Art. 19 Abs. 4 GG verwaltungsgerichtlicher Rechtsschutz in Form der allgemeinen Leistungsklage (TZ 19.534) zu gewähren ist. Allerdings sind dienstliche Beurteilungen als Akte wertender Erkenntnis gerichtlich nur begrenzt nachprüfbar. Die gerichtliche Rechtmäßigkeitskontrolle beschränkt sich darauf zu überprüfen, ob die Verwaltung gegen Verfahrensvorschriften verstoßen, einen unrichtigen Sachverhalt zugrundegelegt, allgemeingültige

---

Erstellung dienstlicher Regelbeurteilungen, ZBR 1993, 361; Veith *Mehle*: Das dienstliche Beurteilungswesen vor der Herausforderung des administrativen Modernisierungsprozesses, ZBR 1998, 229; Werner *Rob*: Das Recht der dienstlichen Beurteilung, PersV 1993, 241; Joachim *Spors*: Die dienstliche Beurteilung der Beamten im Freistaat Sachsen, SächsVBl. 1994, 257. – Speziell für Lehrer: Fritz *Bedal*/Hedda *Jungfer*: Die dienstliche Beurteilung von Lehrpersonen an den Volksschulen, Realschulen und Gymnasien Bayerns – eine empirische Untersuchung, DÖD 1997, 266; Richard *Bessoth*: Lehrerberatung – Lehrerbeurteilung. 3. Aufl., Neuwied 1994; Gregor C. *Biletzki*: Überprüfung dienstlicher Beurteilungen von Lehrkräften, sm Heft 3/1997, S. 8.

56 Anders in Bayern, Hessen und Rheinland-Pfalz: In Bayern ist der Schulleiter an Realschulen, beruflichen Schulen und Gymnasien als Dienstvorgesetzter für die dienstliche Beurteilung der Lehrer zuständig (§§ 24 Abs. 1 Satz 3, 28 Abs. 1 Sätze 1 und 2 Lehrerdienstordnung); in Hessen ist der Schulleiter an sämtlichen Schulen mit der dienstlichen Beurteilung der Lehrer betraut (§ 88 Abs. 1 Satz 4 HSchG i. V. m. § 16 a Nr. 8 Dienstordnung für Lehrkräfte, Schulleiterinnen und Schulleiter und sozialpädagogische Mitarbeiterinnen und Mitarbeiter); in Rheinland-Pfalz »stellt« der Schulleiter die dienstlichen Beurteilungen der Lehrer (Nr. 2.6 Abs. 2 Dienstordnung für die Leiter und Lehrer an öffentlichen Schulen in Rheinland-Pfalz).

57 So z. B. in Baden-Württemberg und Sachsen. In diesen Ländern ist der Schulleiter ermächtigt (in Sachsen auch verpflichtet), dienstliche Beurteilungen über die Lehrer für die Schulaufsichtsbehörde abzugeben (§ 41 Abs. 2 Satz 2 bw SchG, § 42 Abs. 2 Satz 2 sächs SchulG). Diese Regelungen stehen im Einklang mit der st. Rspr. des BVerwG, wonach die dienstliche Beurteilung nicht notwendigerweise auf persönlichen Eindrücken des beurteilenden Beamten beruhen muß; dieser kann sich die erforderlichen Kenntnisse auf andere Weise, z. B. durch schriftliche oder mündliche Auskünfte des Vorgesetzten, verschaffen (s. etwa BVerwGE 62, 135 [139 f.]).

58 So BVerwGE 28, 191; 49, 351. Demgegenüber stellt die Ablehnung eines Antrags des Beamten auf Änderung der Beurteilung einen Verwaltungsakt dar.

Bewertungsmaßstäbe mißachtet oder sachfremde Erwägungen angestellt hat[59].

19.242 Dem Beamten wird nach Beendigung des Beamtenverhältnisses auf Antrag ein *Dienstzeugnis* über Art und Dauer der von ihm bekleideten Ämter erteilt; anstelle dieses sog. einfachen Zeugnisses ist ihm auf Verlangen ein (qualifiziertes) Dienstzeugnis über die von ihm ausgeübte Tätigkeit und seine Leistungen auszustellen (vgl. § 92 BBG)[60]. In einigen Ländern kann der Beamte auch schon vor Beendigung des Beamtenverhältnisses ein Zeugnis beantragen, wenn er ein berechtigtes Interesse nachweist, z. B. zum Zweck der Bewerbung um eine Stelle außerhalb des öffentlichen Dienstes[61]. Das Dienstzeugnis muß wahr sein und alle wesentlichen Tatsachen und Bewertungen enthalten, die für die Gesamtbeurteilung des Beamten von Bedeutung sind. Es soll zugleich von verständigem Wohlwollen für den Beamten getragen sein, um ihm sein Fortkommen nicht unnötig zu erschweren. Das Dienstzeugnis erteilt der Dienstvorgesetzte, nach Beendigung des Beamtenverhältnisses der letzte Dienstvorgesetzte.

19.25 Personalakten

Das Personalaktenrecht ist 1992 bundesrechtlich durch Novellierung des Beamtenrechtsrahmengesetzes (§§ 56–56f) und des Bundesbeamtengesetzes (§§ 90–90g) neu geordnet worden[62]; die Landesbeamtengesetze enthalten nunmehr entsprechende Vorschriften. Die Neuregelung geht nicht zuletzt auf das Volkszählungsurteil des Bundesverfassungsgerichts vom 15.12.

---

59 BVerwGE 21, 127; 60, 245; 62, 135; 80, 224. An dieser Rspr. hält das BVerwG auch nach den prüfungsrechtlichen Beschlüssen des BVerfG vom 27.4.1991 (BVerfGE 84, 34; 84, 59) mit der Begründung fest, daß diese Entscheidungen sich auf Prüfungen bezögen, die für den Berufszugang relevant seien und schon deshalb auf dienstliche Beurteilungen innerhalb eines bestehenden Beamtenverhältnisses nicht übertragen werden könnten. Im übrigen befaßten sich die Beschlüsse allein mit Meinungsverschiedenheiten zwischen Prüfer und Prüfling über die fachliche Richtigkeit oder doch Vertretbarkeit einer vom Prüfling gegebenen Antwort; die hierzu aufgezeigten Gesichtspunkte könnten bei dienstlichen Beurteilungen nur insoweit in Betracht kommen, als es ausnahmsweise um die fachliche Richtigkeit oder Vertretbarkeit der Beantwortung bestimmter Fragen durch den Beamten im Rahmen seiner Diensttätigkeit gehen sollte (BVerwG, DÖV 1993, 1051; vgl. auch BVerwG, ZBR 1995, 145). Hinzuzufügen ist, daß die dienstliche Beurteilung einen längeren Beurteilungszeitraum erfaßt, also im Unterschied zu einer Prüfung nicht die Bewertung einer ad hoc zu erbringenden Leistung darstellt. – Zu den Auswirkungen der prüfungsrechtlichen Beschlüsse des BVerfG auf die Bewertung von Schülerleistungen s. das 27. Kapitel.
60 »Rechtsprobleme des Dienstzeugnisses« erörtert Peter *Müssig*, ZBR 1992, 136.
61 § 116 Abs. 1 Satz 2 bw LBG, § 110 Satz 1 LBG M-V, § 110 Abs. 2 Saarl BG, § 116 Abs. 1 Satz 2 SächsBG.
62 Neuntes Gesetz zur Änderung dienstrechtlicher Vorschriften vom 11.6.1992 (BGBl. I S. 1030). Dazu Ulrich *Battis*: Das neunte Gesetz zur Änderung dienstrechtlicher Vorschriften, NVwZ 1992, 956; Peter *Gola*: Der »neue« Personaldatenschutz für Beamte, DÖD 1992, 221; Wolfgang *Kunz*: Personalaktenrecht des Bundes, ZBR 1992, 161; Christian *Streit*: Das neue Personalaktenrecht, DÖD 1992, 269.

1983[63] und die darin entwickelten Grundsätze zum *Recht auf informationelle Selbstbestimmung* zurück.

19.251 Über jeden Beamten, also auch über den Lehrer, wird eine Personalakte geführt, die vertraulich zu behandeln und vor unbefugter Einsicht zu schützen ist; die darin enthaltenen Daten dürfen nur für Zwecke der Personalverwaltung oder Personalwirtschaft verwendet werden, es sei denn, der Beamte willigt in eine anderweitige Verwendung ein. Zur Personalakte gehören alle, auch die in Dateien gespeicherten Unterlagen, soweit sie mit dem Dienstverhältnis des Beamten in einem unmittelbaren inneren Zusammenhang stehen, z. B. dienstliche Beurteilungen, ärztliche Gutachten, nicht hingegen Prüfungs-, Sicherheits- und Kindergeldakten. Die Personalakte kann nach sachlichen Gesichtspunkten in *Grundakte* und *Teilakten* gegliedert werden; Teilakten können bei der für den betreffenden Aufgabenbereich zuständigen Behörde geführt werden. Unterlagen über Beihilfen sind stets als Teilakten und getrennt von der übrigen Personalakte aufzubewahren; sie sollen in einer separaten Organisationseinheit bearbeitet werden. *Nebenakten* (d. h. Unterlagen, die sich auch in der Grundakte oder in Teilakten befinden) dürfen nur geführt werden, wenn die personalverwaltende Behörde (z. B. Bezirksregierung) nicht zugleich Beschäftigungsbehörde (z. B. Staatliches Schulamt) ist oder wenn mehrere personalverwaltende Behörden zuständig sind; die Führung geheimer Nebenakten, die dem Beamten aus welchen Gründen auch immer vorenthalten werden sollen, ist unzulässig. Zugang zu Personalakten dürfen nur Beschäftigte haben, die in der Personalverwaltung mit der Bearbeitung von Personalangelegenheiten beauftragt sind, und nur soweit dies zu Zwecken der Personalverwaltung oder der Personalwirtschaft erforderlich ist.

19.252 Der Beamte muß zu Beschwerden, Behauptungen und Bewertungen, die für ihn ungünstig sind oder ihm nachteilig werden können, vor Aufnahme in die Personalakte *gehört werden*; seine Äußerung muß zur Personalakte genommen werden. Zu jeder Zeit, auch nach Beendigung des Beamtenverhältnisses, besteht ein Recht auf Einsicht in die vollständige Personalakte; die Einsicht ist auch einem bevollmächtigten Vertreter des Beamten, z. B. einem Rechtsanwalt oder einem Beauftragten einer Gewerkschaft oder eines Berufsverbandes, gestattet, soweit dienstliche Gründe nicht entgegenstehen. Die Behörde, die die Personalakten führt, bestimmt, wo die Einsicht gewährt wird. Soweit dienstliche Gründe nicht entgegenstehen, können Auszüge oder Kopien gefertigt werden; dem Beamten ist auf Verlangen ein Ausdruck der zu seiner Person automatisiert gespeicherten Personalaktendaten zu überlassen. Die Personalakte darf auch ohne Einwilligung des Beamten für Zwecke der Personalverwaltung oder Personalwirtschaft der obersten Dienstbehörde oder einer im Rahmen der Dienstaufsicht weisungsbefugten Behörde vorgelegt werden. Dagegen sind Auskünfte an Dritte nur mit seiner Einwilligung zulässig, es sei denn, daß die Abwehr einer erheblichen Beeinträchtigung des Gemeinwohls oder der Schutz berechtigter, höherrangiger Interessen des

---

63 BVerfGE 65, 1.

Dritten die Auskunftserteilung zwingend erfordert; Inhalt und Empfänger der Auskunft sind dem Beamten schriftlich mitzuteilen.

19.253 Mitteilungen über Disziplinarmaßnahmen sind nach den in der Disziplinarordnung festgelegten Fristen zu tilgen. Inhalte, die sich als unbegründet oder falsch erwiesen haben, sind mit Zustimmung des Beamten unverzüglich aus der Personalakte zu entfernen und zu vernichten; Inhalte, die für den Beamten ungünstig sind oder ihm nachteilig werden können (mit Ausnahme dienstlicher Beurteilungen), und Mitteilungen in Strafsachen sind auf Antrag des Beamten nach drei Jahren zu entfernen und zu vernichten.

19.3 Sonstige Rechte des Beamten

19.31 Mitwirkung in Personalvertretungen[64]

19.311 Den Betriebsräten in der privaten Wirtschaft entsprechen in der öffentlichen Verwaltung die *Personalräte*. Ihre Aufgabe ist die Sicherung einer angemessenen Mitwirkung der Angehörigen des öffentlichen Dienstes bei *sozialen Maßnahmen* (z. B. Gesundheitsfürsorge, Unfallverhütung), in *personellen Angelegenheiten* (insbesondere bei Einstellung, Beförderung, Versetzung und Entlassung, in einzelnen Ländern auch auf Antrag des Betroffenen bei Disziplinarmaßnahmen) und bei der *Gestaltung des inneren Dienstbetriebes*. Die Personalräte sollen darüber wachen, daß alle Bediensteten gleichmäßig und gerecht behandelt und die zu ihren Gunsten bestehenden Vorschriften durchgeführt werden; sie sollen in Zusammenarbeit mit den Gewerkschaften und Berufsverbänden die Interessen der Bediensteten vertreten, Beschwerden entgegennehmen und beratend und ausgleichend wirken[65]. Die Beteili-

---

64 Ulrich *Battis*: Personalvertretungsrecht, in: Norbert Achterberg/Günter Püttner (Hrsg.): Besonderes Verwaltungsrecht. Bd. I, Heidelberg 1990, S. 993; Walter *Grabendorff*/Clemens *Windscheid*/Wilhelm *Ilbertz*/Ulrich *Widmaier*: Bundespersonalvertretungsgesetz mit Wahlordnung unter Einbeziehung der Landespersonalvertretungsgesetze. Kommentar. 8. Aufl., Stuttgart 1995; Wilhelm *Ilbertz*: Personalvertretungsrecht des Bundes und der Länder. 10. Aufl., Bonn 1997; Wolfgang *Koberski*/Werner *Plaggemeier*/Gerhard *Vohs*: Personalratspraxis von A bis Z. Das Handwörterbuch für die Personalratsarbeit, Köln 1996; Dieter *Meurer*: Bundespersonalvertretungsrecht. 2. Aufl., Neuwied 1992. Eine umfassende Sammlung von Vorschriften, Entscheidungen und Literatur findet sich bei Robert *Weis* (Hrsg.): Personalvertretungsrecht. 11 Bde., Frankfurt am Main 1969ff. (Loseblattausgabe). »Zur Entwicklung des Personalvertretungsrechts in den neuen Bundesländern«: Veronica *Jäger*, RdJB 1991, 135.
65 Zu den verfassungsrechtlichen Grenzen der Mitbestimmung BVerfGE 93, 37 (66ff.). Das BVerfG betont in diesem Beschluß, daß die Ausübung von Staatsgewalt demokratischer Legitimation (Art. 20 Abs. 1 und 2 GG) bedarf, die grundsätzlich nur durch eine ununterbrochene Legitimationskette vom Volk über Parlament und Regierung zu dem jeweiligen Amtsträger sicherzustellen ist. Auf dieser Grundlage entwickelt das Gericht ein Drei-Stufen-Modell: Bei Angelegenheiten, die in ihrem Schwerpunkt die Beschäftigten in ihren Beschäftigungsverhältnissen betreffen, typischerweise aber nicht oder nur unerheblich die Wahrnehmung von Amtsaufgaben gegenüber dem Bürger berühren (z. B. soziale Angelegenheiten), gestattet das Demokratieprinzip eine weitreichende Mitwirkung der

gung der Personalräte geschieht teils in der Form echter Mitbestimmung, teils durch eine auf Verständigung zielende rechtzeitige und eingehende Erörterung der beabsichtigen Maßnahme (Mitwirkung); teils können sie nur verlangen, angehört oder unterrichtet zu werden[66].
Wegen der Einzelheiten muß auf die *Personalvertretungsgesetze der Länder* verwiesen werden. Diese sind an die Rahmenvorschriften der §§ 95–106 BPersVG gebunden; die §§ 107–109 BPersVG gelten in den Ländern unmittelbar. Die den Lehrern aufgrund von Gesetzen, Konferenzordnungen oder Dienstanweisungen zustehenden Rechte bleiben in jedem Falle unberührt.

19.312 In der mehrstufigen Schulverwaltung der Flächenländer bestehen als *Stufenvertretungen* die *Personalräte* bei den Dienststellen, ggf. die *Bezirkspersonalräte* bei den Mittelbehörden (Baden-Württemberg, Bayern und Nordrhein-Westfalen) und die *Hauptpersonalräte* bei der obersten Dienstbehörde. Dienststelle der ersten Stufe ist in Bayern, Hessen, Mecklenburg-Vorpommern, Niedersachsen, Rheinland-Pfalz, Sachsen-Anhalt, Schlewig-Holstein und Thüringen die Einzelschule, in Brandenburg das Staatliche Schulamt, in Nordrhein-Westfalen die für die jeweilige Schulart zuständige Schulaufsichtsbehörde (Schulamt, Bezirksregierung). In Baden-Württemberg sind die Staatlichen Schulämter Dienststellen für die Lehrer an Grund-, Haupt-, Real- und Sonderschulen, in Sachsen für die Lehrer an Grund-, Mittel- und

---

Beschäftigten. Sofern es um Maßnahmen geht, die zwar den Binnenbereich des Beschäftigungsverhältnisses betreffen, die Wahrnehmung des Amtsauftrags jedoch typischerweise nicht nur unerheblich berühren (z. B. Einrichtungen zur Verhaltens- und Leistungskontrolle), erfordert die Beteiligung des Personalrats ein höheres Maß an demokratischer Legitimation; die Kompetenz einer Einigungsstelle zur abschließenden Entscheidung kann nur unter der Voraussetzung hingenommen werden, daß die Mehrheit ihrer Mitglieder uneingeschränkt demokratisch legitimiert ist und die Entscheidung darüber hinaus von einer Mehrheit der so legitimierten Mitglieder getragen wird (Prinzip der sog. doppelten Mehrheit). Innerdienstliche Maßnahmen, die schwerpunktmäßig die Erfüllung von Amtsaufgaben betreffen, unvermeidlich aber auch die Interessen der Beschäftigten berühren (z. B. Maßnahmen, die den Rechtsstatus der Bediensteten betreffen), sind stets von so großer Bedeutung für die Erfüllung des Amtsauftrags, daß die parlamentarische Verantwortlichkeit der Regierung keine substantielle Einschränkung erfahren darf; die Einbindung der Personalvertretung und der Einigungsstelle in die Entscheidungsfindung kann allenfalls in Form der sog. eingeschränkten Mitbestimmung geschehen; die Entscheidung der Einigungsstelle darf nur den Charakter einer Empfehlung an die zuständige Dienstbehörde haben.

66 Aus der Rechtsprechung: BVerwG, PersR 1995, 426; 1996, 149: Eine geringfügige Erhöhung der Klassenstärke wie auch die Streichung von Ermäßigungsstunden für Klassenlehrer und die Kürzung von Anrechnungsstunden für Schulleiter und andere Funktionsträger sind keine mitbestimmungspflichtigen »Maßnahmen zur Hebung der Arbeitsleistung« i. S. des § 85 Abs. 2 Nr. 2 bln PersVG (= § 76 Abs. 2 Nr. 5 BPersVG), da die Mehrbelastung nicht unausweichlich ist, sondern durch die Art und Weise der Gestaltung des Unterrichts ausgeglichen werden kann. Zu diesen Entscheidungen Udo *Dirnaichner*: Das Wesen der Arbeitsleistung der Lehrer, SchVw BY 1998, 198. BVerwGE 99, 295: Die Asbestsanierung von Schulräumen ist zwar an sich eine mitbestimmungspflichtige »Maßnahme zur Verhütung von Gesundheitsschädigungen« i. S. des § 85 Abs. 1 Nr. 7 bln PersVG (= § 75 Abs. 3 Nr. 11 BPersVG); wegen ihrer erheblichen organisatorischen Bedeutung, die über den innerdienstlichen Bereich hinausgeht, unterliegt sie indes nicht der Mitbestimmung; ebenso BVerwG, NVwZ 1997, 553, zur Asbestsanierung von Schulen in Hessen.

Förderschulen, während die übrigen Schulen eigene Dienststellen bilden; ähnlich ist die Rechtslage im Saarland. In den Bezirkspersonalräten und den Hauptpersonalräten ist die Personalvertretung aller der Mittelinstanz bzw. dem Ministerium unterstehenden Schulen zusammengefaßt; für die Wahlen werden Gruppen gebildet, damit die verschiedenen Schularten angemessen vertreten sind.
In den Stadtstaaten gibt es keine Stufenvertretungen der beschriebenen Art. - Dort sind die Personalräte an den Einzelschulen (Bremen), auf der unteren Ebene der Schulaufsicht (Berlin: beim Landesschulamt) oder bei der obersten Schulaufsichtsbehörde (Hamburg: beim Amt für Schule in der Behörde für Schule, Jugend und Berufsbildung[67]) eingerichtet.

19.313 Die Beschäftigten der Dienststelle bilden die *Personalversammlung*, die mindestens einmal jährlich einberufen wird, um den Tätigkeitsbericht des Personalrats entgegenzunehmen, Anträge zu stellen und Anregungen geben zu können; die Personalversammlung findet grundsätzlich außerhalb der Unterrichtszeit statt[68].

19.314 Für die Personalräte gelten in allen Ländern annähernd gleiche *Verfahrensvorschriften*. Wahlberechtigt sind alle Lehrer (Sondervorschriften für abgeordnete Lehrer und für Beamte im Vorbereitungsdienst). Die Wählbarkeit setzt in der Regel einjährige Zugehörigkeit zum öffentlichen Dienst und (bzw. oder) sechsmonatige Tätigkeit bei der Dienststelle (Schule) voraus. Die Wahlen sind geheim; die Amtszeit beträgt in den meisten Ländern vier Jahre. Die Zahl der Mitglieder ist von Land zu Land verschieden. Die Sitzungen der Personalräte sind nicht öffentlich; für die Mitglieder besteht Schweigepflicht (§ 101 Abs. 1 und 2 BPersVG). Personalakten dürfen Mitgliedern der Personalvertretungen nur mit Zustimmung des betroffenen Beamten vorgelegt werden (§ 101 Abs. 3 Satz 2 BPersVG).

19.315 Personalratsmitglieder sind ehrenamtlich tätig (§ 100 Abs. 1 BPersVG). Sie dürfen in ihrer Tätigkeit nicht behindert und wegen ihrer Tätigkeit weder begünstigt noch benachteiligt werden (§ 107 BPersVG). Gegen ihren Willen sind sie nur dann versetzbar, wenn die Versetzung aus wichtigen dienstlichen Gründen unvermeidbar ist und der Personalrat zustimmt (§ 99 Abs. 2 BPersVG). Die durch die Wahl und Tätigkeit der Personalvertretungen entstehenden Aufwendungen trägt die Verwaltung (§ 100 Abs. 3 BPersVG). Personalratsmitglieder sind unter Fortzahlung der Bezüge für einschlägige Schulungs- und Bildungsveranstaltungen, z. B. eines Lehrerverbandes, freizustellen; die Dienststelle hat die dabei anfallenden Kosten zu tragen[69].

---

67 In Hamburg wird je ein besonderer Personalrat für die verschiedenen Schularten gewählt: für Volks-, Real- und Sonderschulen, für Gymnasien, für Gesamtschulen und für berufsbildende Schulen. Daneben besteht die *Lehrerkammer*, die als Beratungsorgan der Schulbehörde eine Sonderstellung einnimmt (§ 82 HmbSG).
68 So ausdrücklich § 93 Abs. 1 Hess PersVG, § 100 Satz 1 Nds PersVG.
69 Vgl. BVerwGE 58, 54; 97, 166.

19.32 Koalitionsfreiheit, Streikverbot

19.321 Das durch Art. 9 Abs. 3 GG gewährleistete *Grundrecht der Koalitionsfreiheit* steht auch den Lehrern zu. Sie können sich in Gewerkschaften oder Berufsverbänden zusammenschließen und diese mit der Vertretung ihrer Interessen beauftragen[70]. Wegen der Betätigung für seine Gewerkschaft oder seinen Berufsverband darf der Beamte dienstlich nicht gemaßregelt oder benachteiligt werden; soweit es die schulischen Belange gestatten, wird ihm Dienstbefreiung gewährt. Die Verteilung von Werbe- und Informationsschriften einer Gewerkschaft oder eines Berufsverbandes an Kollegen auch während der Dienstzeit ist durch Art. 9 Abs. 3 GG geschützt[71].

19.322 Während das Koalitionsrecht bei den übrigen Bediensteten *ein Streikrecht* einschließt, steht dieses Recht *den Beamten nicht zu*. Das Beamtenverhältnis als öffentlich-rechtliches Treueverhältnis ist mit einer Dienstverweigerung oder Arbeitsniederlegung unvereinbar[72]. Daher gelten schon der Aufruf zum Streik, aber auch streikähnliche Maßnahmen – z. B. Bummelstreik (Dienst nach Vorschrift)[73], Demonstrationsstreik[74] – als Verletzung der Treuepflicht, die disziplinarrechtliche Folgen nach sich zieht[75].

---

70 Die meisten Lehrer sind in einem der drei großen Lehrerverbände organisiert: der Gewerkschaft Erziehung und Wissenschaft (GEW), dem Deutschen Lehrerverband (DL) oder dem Verband Bildung und Erziehung (VBE). Zum DL gehören der Deutsche Philologenverband, der Bundesverband der Lehrer an beruflichen Schulen, der Verband Deutscher Realschullehrer und der Bundesverband der Lehrer an Wirtschaftsschulen. Die GEW ist dem Deutschen Gewerkschaftsbund (DGB), DL und VBE sind dem Deutschen Beamtenbund angeschlossen.
71 Nach der früheren Rspr. des BVerfG war gewerkschaftliche Werbung in der Dienststelle und während der Dienstzeit nur vor Personalratswahlen grundsätzlich zulässig (BVerfGE 19, 303 [319 ff.]); in BVerfGE 93, 352 (357 ff.) hat das Gericht den Schutz des Art. 9 Abs. 3 GG auf alle koalitionsspezifischen Verhaltensweisen, zu denen es auch die Mitgliederwerbung rechnet, erstreckt.
72 BVerfGE 8, 1 (17); 44, 249 (264); BVerwGE 73, 97 (102). Aus der Literatur *Köpp* (Anm. 1), S. 410 ff. Rn. 42 ff., und *Kunig* (Anm. 1), S. 716 Rn. 173, jeweils m. w. N.
73 BVerwG, NJW 1978, 178 (179); NJW 1980, 1809; BVerwGE 63, 158 (161).; vgl. auch VG Münster, NVwZ-RR 1996, 264, zu einem von Lehrern entgegen ausdrücklicher Weisung des Dienstvorgesetzten veranstalteten »Verwaltungstag«, an dem sie, statt Unterricht zu erteilen, Verwaltungsarbeit erledigen.
74 VG Hannover, RdJB 1984, 150 (mit krit. Anm. v. Karl-Jürgen *Bieback*).
75 Der Dienstherr kann gegen die Durchführung einer Urabstimmung und eines Streiks eine Unterlassungsverfügung unter Festsetzung eines Zwangsgelds erlassen: OVG Hamburg, NJW 1989, 2705.

19.33 Politische Betätigung[76]

19.331 Die Grundrechte der Meinungsfreiheit (Art. 5 Abs. 1 Satz 1 GG), der Versammlungsfreiheit (Art. 8 Abs. 1 GG) und der Vereinigungsfreiheit (Art. 9 Abs. 1 GG) gewährleisten dem Lehrer die Freiheit, sich politisch zu betätigen. Dabei hat er aber die Grenzen einzuhalten, die sich aus seinem besonderen Status als Beamter und aus seiner Mitwirkung am staatlichen Erziehungsauftrag ergeben (TZ 19.11). Der Lehrer befindet sich demnach in einer Doppelstellung: Einerseits ist er Bürger, der sich gegenüber dem Staat auf seine Freiheitsrechte berufen kann; andersseits ist er Beamter, dem besondere Pflichten gegenüber dem Staat obliegen. Dieses Spannungsverhältnis ist in der Weise auszugleichen, »daß die für die Erhaltung eines intakten Beamtentums unerläßlich zu fordernden Pflichten des Beamten die Wahrnehmung von Grundrechten durch den Beamten einschränken«[77]. Das bedeutet insbesondere: Der Lehrer muß, auch wenn er politisch tätig wird, sich durch sein gesamtes Verhalten zur freiheitlichen demokratischen Grundordnung im Sinne des Grundgesetzes bekennen und für deren Erhaltung eintreten (*Verfassungstreuepflicht*); er hat Mäßigung und Zurückhaltung zu wahren (*Mäßigungspflicht*); er ist verpflichtet, durch sein Verhalten innerhalb und außerhalb des Dienstes dem Vertrauen, das seinem Beruf entgegengebracht wird, gerecht zu werden. Für den Lehrer kommt hinzu, daß von ihm wegen seiner Erziehungsaufgabe ein besonderes Maß an *Toleranz, Sachlichkeit und Besonnenheit* gefordert wird. Diese dem Lehrerstatus innewohnenden Pflichten sind in den Beamtengesetzen konkretisiert (vgl. §§ 35, 36 BRRG) und durch die in Verfassungen und Schulgesetzen enthaltenen Erziehungsziele untermauert. Sie engen damit vor allem das *Recht der freien Meinungsäußerung* ein, das seine Schranken in den allgemeinen Gesetzen findet (Art. 5 Abs. 2 GG). Zum Verhältnis zwischen der Meinungsfreiheit und den sie einschränkenden allgemeinen Gesetzen s. TZ 19.124.

Dabei ist zu unterscheiden: *Innerhalb des Dienstes*, bei der Wahrnehmung der ihm zugewiesenen Aufgaben, ist der Beamte durch seine beamtenrechtlichen Pflichten weitgehend gebunden. Hier handelt er als Amtsträger, nicht als Privatperson, so daß der politischen Betätigung enge Grenzen gezogen sind. *Außerhalb des Dienstes* ergibt sich hingegen ein relativ großer Freiraum für politische Aktivitäten. Sie sind grundsätzlich zulässig, jedoch im Inhalt durch die Verfassungstreuepflicht, in der Form durch die Mäßigungspflicht beschränkt.

---

76 Aus der Literatur (mit jeweils umfangreichen Nachweisen der Rspr.) seien genannt: Christoph *Degenhart*, in: Bonner Kommentar zum Grundgesetz. Art. 5 Abs. 1 und 2 Rn. 199 ff.; Hermann *von Mangoldt*/Friedrich *Klein*/Christian *Starck*: Grundgesetz. Kommentar, Art. 5 Abs. 1, 2 Rn. 156 f.; *Schnellenbach* (Anm. 1), S. 138 ff. Rn. 227 ff.; Helmuth *Schulze-Fielitz*, in: Dreier: Grundgesetz. Kommentar, Art. 5 I, II Rn. 149 ff.; Edzard *Schmidt-Jortzig*: Meinungs- und Informationsfreiheit, HdbStR VI, S. 635 (663 Rn. 50 f.); Rudolf *Wendt*, in: von Münch/Kunig: Grundgesetz. Kommentar, Art. 5 Rn. 85 ff. Speziell zur politischen Betätigung von Lehrern: Joachim *Hoffmann*: Zur Meinungsfreiheit des Lehrers, RdJB 1984, 98; Günter *Metz*: Meinungsfreiheit – auch für Lehrer?, PädF 1991, 222; Christos *Patunas*: Die politische Meinungsfreiheit der Lehrer, München 1988; Otto *Wenger*: Politische Meinungsäußerung eines Lehrers, SchVw BY 1992, 179; *Stein/Roell*, S. 45 f.

77 BVerfGE 39, 334 (367).

Zurückhaltung muß der Lehrer vor allem dann üben, wenn seine Äußerungen im Zusammenhang mit dienstlichen Angelegenheiten stehen. Die Leugnung der systematischen Tötung von Juden unter der NS-Gewaltherrschaft (sog. *Auschwitzlüge*) ist *durch Art. 5 Abs. 1 Satz 1 GG nicht geschützt*. Da es sich hierbei um eine Tatsachenbehauptung handelt, die erwiesen unwahr ist, tritt die Meinungsfreiheit in diesem Fall hinter den Persönlichkeitsschutz der als Personengruppe beleidigten Juden zurück[78]. Ein Lehrer, der – gleichgültig, ob innerhalb oder außerhalb des Dienstes – die These von der Auschwitzlüge vertritt, begeht einen so schweren Verstoß gegen seine beamtenrechtlichen Pflichten, daß er für seinen Dienstherrn untragbar und mithin seine Entlassung aus dem Dienst gerechtfertigt ist[79].

19.332 Im Unterricht muß der Lehrer politische Sachverhalte ausgewogen und behutsam behandeln[80]. Er braucht mit seiner eigenen Überzeugung nicht hinter dem Berge zu halten, darf sie aber den Schülern nicht aufdrängen; insbesondere hat er dafür zu sorgen, daß auch andere Auffassungen zur Geltung gelangen. Das Klassenzimmer darf nicht zur Arena politischer Auseinandersetzungen umfunktioniert werden. Außerdem legen pädagogische Gesichtspunkte Behutsamkeit nahe. Nur zu leicht ist ein politisch einseitig engagierter Lehrer dem Verdacht ausgesetzt, sich bei der Bewertung von Klassenarbeiten oder bei der Erteilung von Zeugnisnoten von sachfremden Erwägungen leiten zu lassen.
Auch bei *sonstigen dienstlichen Verrichtungen* – z. B. Teilnahme an Lehrerkonferenzen und Elternabenden – ist der Lehrer zur Zurückhaltung verpflichtet; er darf nicht einseitig für bestimmte politische Richtungen Partei ergreifen. Dagegen ist es ihm unbenommen, im privaten Gespräch mit Kollegen auch während der Dienstzeit seinen politischen Standpunkt zu vertreten, ohne allerdings seine Meinungsbekundungen in eine das Betriebsklima beeinträchtigende Agitation ausarten zu lassen. Das *Tragen von Plaketten* mit politisch umstrittenen Inhalten ist dem Lehrer in der Schule untersagt[81]. Als Erzieher muß er sich, zumal bei den in der öffentlichen Diskussion heftig umstrittenen Fragen, jeder einseitigen Einflußnahme enthalten. Dagegen steht es dem Lehrer außerhalb der Schule frei, seine politische Auffassung auch durch das Anstecken von Plaketten kundzutun. Dem Lehrer ist es nicht gestattet, *Flugblätter* politischen Inhalts in der Schule zu verteilen, weil die Er-

---

78 BVerfGE 90, 241 (246 ff.).
79 Vgl. BVerfG, NJW 1991, 997, zum entsprechenden Fall eines Bundeswehroffiziers. S. auch BayVerfGH, NJW 1992, 226, der die Verharmlosung des Judenmords und die Verbreitung rechtsradikaler Kriegsschuldthesen durch einen Studiendirektor als schwerwiegendes Disziplinarvergehen erachtet, das zur Versetzung in das Amt eines Oberstudienrats berechtigt. »Meinungsfreiheit und das Verbot rechtsradikaler Äußerungen« erörtert Max-Emanuel *Geis* in RdJB 1994, 218 auch im Blick auf Meinungsäußerungen im schulischen Bereich.
80 VGH Mannheim, NJW 1985, 1661. Vgl. auch die einschlägigen schulrechtlichen Vorschriften, z. B. § 10 Abs. 2 bln SchulVerfG, § 35 Abs. 3 nrw ASchO, § 4 Abs. 9 sh SchulG.
81 BVerwGE 84, 292 (293 ff.); so auch BAG, NJW 1982, 2888 (zu Lehrern im Angestelltenverhältnis). Ebenso *Hoffmann*, RdJB 1984, 98 (104 ff.); a. A. Wolfgang *Hoffmann-Riem*, in: AK-GG, Art. 5 Abs. 1, 2 Rn. 67.

ziehungsaufgabe der Schule beeinträchtigt würde, wenn Lehrkräfte sie als Kampfplatz politischer Kontroversen benutzten[82].

19.333 Anders ist die Rechtslage zu beurteilen, wenn Lehrer sich durch *Anzeigen, Leserbriefe, Flugblätter* oder auf andere Weise in der Öffentlichkeit äußern. Hier tritt die Pflichtgebundenheit des Beamten gegenüber der Meinungsfreiheit des Bürgers deutlich zurück. Allerdings darf der Lehrer sich in seinen Verlautbarungen nicht über die Verfassungstreuepflicht hinwegsetzen. Er muß überdies, bei aller erlaubten Schärfe der Meinungsäußerung, ein gewisses Maß an Zurückhaltung und Takt wahren. Mit anderen Worten: Der Lehrer darf kritisieren und polemisieren, aber nicht diffamieren. Deshalb handelt beispielsweise ein Lehrer, der in einem Leserbrief die Bildungspolitik seines Kultusministers heftig attackiert, nicht rechtswidrig, sofern er sich nicht zu krassen Entgleisungen hinreißen läßt[83]. Doch verlassen Kritik und Polemik den verfassungsrechtlich geschützten Bereich der Meinungsfreiheit, wenn sie den Adressaten in seiner persönlichen Ehre herabzusetzen versuchen. Dem Schutz der persönlichen Ehre, der der freien Meinungsäußerung durch Art. 5 Abs. 2 GG als Schranke gesetzt ist, kommt bei der Abwägung zwischen Grundrecht und Mäßigungspflicht wesentliche Bedeutung zu. Unterzeichnen Lehrer einen als Anzeige veröffentlichten Aufruf, so erscheint die Verwendung der Amtsbezeichnung jedenfalls dann als bedenklich, wenn sie dazu benützt wird, die vermeintliche Qualität der in der Erklärung vertretenen politischen Aussage zu unterstreichen; hier wird der Hinweis auf das Amt, das dem Lehrer im Dienst an der Allgemeinheit verliehen ist, für private politische Aktivitäten mißbraucht[84].

Der Lehrer überschreitet ferner den Rahmen zulässiger politischer Betätigung, wenn er in Leserbriefen, Flugblättern, Aufrufen usw. zu demagogischen Mitteln greift. Wer als Beamter nur seine eigene Ansicht als rechtmäßig gelten läßt, abweichende Meinungen hingegen schlechthin als verfassungswidrig

---

82 Doch überschreiten Lehrer die Grenze zulässiger politischer Betätigung nicht, wenn sie nach Schulschluß an den Schulausgängen an die Oberstufenschüler ein Flugblatt verteilen, in dem sie sich für eine Friedenssicherung ohne Nachrüstung aussprechen. So VGH Mannheim, SPE n. F. 418 Nr. 12.
83 Vgl. BVerfGE 28, 55, das einem Soldaten das Recht zugebilligt hat, die anläßlich einer Rekrutenvereidigung gehaltene, öffentlich bekannt gewordene Rede seines Bataillonskommandeurs in einem Leserbrief an die örtliche Zeitung zu kritisieren. Demgegenüber hat das BVerfG die Disziplinarverfügung gegen einen Soldaten, der eine »Solidaritätsadresse von Soldaten der Immendinger Kaserne an die Kaiserstühler Bevölkerung« gegen den Bau des Atomkraftwerks in Wyhl initiiert und in der Kommunistischen Volkszeitung veröffentlicht hatte, für verfassungsmäßig erklärt, weil die Meinungsfreiheit des Soldaten durch das in § 15 Abs. 2 Soldatengesetz enthaltene Gebot der politischen Zurückhaltung in zulässiger Weise eingeschränkt sei: BVerfGE 44, 197 (201 ff.) mit abweichenden Meinungen der Richter *Rottmann* (205 ff.), *Geiger* (209) und *Hirsch* (209 f.).
84 VGH Mannheim, SPE n. F. 418 Nr. 17. Dazu Helmut *Lecheler:* Der öffentliche Dienst, HdbStR III, S. 717 (758 Rn. 106). Vgl. auch BVerwGE 78, 216 (222), wonach ein Richter das Gebot der Mäßigung und Zurückhaltung verletzt, wenn er bei der Teilnahme am politischen Meinungskampf das Richteramt ausdrücklich in Anspruch nimmt und einsetzt, um seiner Auffassung größere Beachtung und Überzeugungskraft zu verschaffen. Dazu auch Horst *Sendler:* Was dürfen Richter in der Öffentlichkeit sagen?, NJW 1984, 689 (697).

bezeichnet[85]; wer politisch Andersdenkenden die intellektuelle und moralische Qualifikation rundweg abspricht[86], der verletzt die Pflicht zur Mäßigung. Im übrigen ist zu beachten: Je näher die politische Betätigung des Beamten in einen Zusammenhang mit dienstlichen Angelegenheiten im Umfeld seines Amtes rückt, um so mehr muß er Zurückhaltung üben. Die Grenze des Zulässigen ist überschritten, wenn ein Lehrer in einem Zeitungsaufruf unter Nennung des Namens, der Amtsbezeichnung und des Dienstortes die Öffentlichkeit gegen die Entlassung eines Kollegen oder gegen »Berufsverbote« mit falschen Angaben zur Sache und unter verzerrender Darstellung der Rechtslage mobilisiert[87].

19.334 Der Lehrer kann außerhalb des Dienstes an *Demonstrationen* teilnehmen. Diese Form der politischen Betätigung ist ihm durch die Grundrechte der Versammlungsfreiheit (Art. 8 Abs. 1 GG) und der Meinungsfreiheit (Art. 5 Abs. 1 Satz 1 GG) verbürgt; allerdings muß er auch hierbei die ihm als Beamten obliegende Mäßigungspflicht beachten[88]. Demgegenüber ergeben sich für Demonstrationen während der Unterrichtszeit weitreichende Einschränkungen. So darf der Lehrer nicht den Unterricht ausfallen lassen, um sich – möglicherweise sogar gemeinsam mit seinen Schülern – einem Protestmarsch anzuschließen[89]. Ebensowenig kann er in der Regel verlangen, wegen Teilnahme an einer Demonstration vom Dienst befreit zu werden[90].

19.335 Durch die verfassungsrechtlich geschützte Vereinigungsfreiheit (Art. 9 Abs. 1 GG) und durch die für Parteien garantierte Gründungsfreiheit (Art. 21 Abs. 1 Satz 2 GG) ist dem Lehrer das *Recht zur Mitgliedschaft und Mitwirkung in Parteien* und sonstigen politischen Zusammenschlüssen gewährleistet. Die Verfassungstreuepflicht fordert jedoch von ihm, daß er sich eindeutig von Gruppen und Bestrebungen distanziert, die den Staat, seine verfassungsmäßigen Organe und die geltende Verfassungsordnung angreifen, bekämpfen und diffamieren (dazu TZ 18.224).

19.336 Dem Beamten, der sich für ein Parlament zur Wahl stellt, ist auf Antrag innerhalb der letzten zwei Monate vor dem Wahltag der zur Vorbereitung seiner Wahl erforderliche Urlaub unter Wegfall der Dienstbezüge zu gewähren (§ 33 Abs. 1 BRRG, vgl. auch Art. 48 Abs. 1 GG, § 3 Abs. 1 Abgeordnetengesetz). Ist er gewählt und hat er die Wahl angenommen, kann er während der Parlamentszugehörigkeit sein Amt in der Regel nicht ausüben.

---

85 Vgl. Nds. Dienstgerichtshof für Richter beim OLG Celle, DRiZ 1982, 429, hinsichtlich politischer Betätigung von Richtern.
86 Dazu und zu weiteren Beispielen aus dem Bereich der Richterschaft: *Sendler*, NJW 1984, 697; s. auch *Hoffmann*, RdJB 1984, 101 f.
87 VGH Mannheim, NJW 1983, 1215 und SPE n. F. 418 Nr. 17.
88 Vgl. BVerwGE 83, 60 zur Teilnahme eines Stabsoffiziers in Zivil an einem »Oster-Sternmarsch«.
89 S. aber den Runderlaß des nds. Kultusministeriums vom 18. 1. 1991 (Az.: 3084), wonach die Teilnahme von Schülern und Lehrern an spontanen Demonstrationen in den ersten Tagen des Golfkriegs wegen der außergewöhnlichen Situation nicht als Schul- bzw. Dienstpflichtverletzung zu ahnden sei (s. auch TZ 29.242).
90 BVerwGE 42, 79.

Die Rechte und Pflichten aus dem Dienstverhältnis eines in den *Bundestag* gewählten Beamten ruhen für die Dauer der Parlamentszugehörigkeit mit Ausnahme der Pflicht zur Amtsverschwiegenheit und des Verbots der Annahme von Belohnungen und Geschenken (vgl. §5 Abs.1 Satz 1 Abgeordnetengesetz). Bei der Wahl in einen *Landtag* tritt der Beamte entweder in den Ruhe- oder Wartestand oder gilt automatisch als beurlaubt; in einigen Ländern darf der Gewählte sein Amt weiterversehen und erhält den zur Ausübung des Mandats nötigen Urlaub. Nach der Beendigung der Tätigkeit als Abgeordneter kann er wieder in das aktive Beamtenverhältnis eintreten; das ihm zu übertragende Amt muß derselben oder einer gleichwertigen Laufbahn angehören wie das zuletzt bekleidete Amt und mit mindestens demselben Endgrundgehalt ausgestattet sein (vgl. §6 Abs.1 Satz 3 Abgeordnetengesetz). Die Zeit der Parlamentsmitgliedschaft wird auf laufbahnrechtliche Dienstzeiten, mit Ausnahme der Probezeit, voll angerechnet; beim Besoldungsdienstalter und bei der Dienstzeit im Sinne des Versorgungsrechts wird sie hingegen nicht berücksichtigt (vgl. §7 Abgeordnetengesetz)[91]. Einer *kommunalen Vertretungskörperschaft* (Gemeinderat, Kreistag) darf der Lehrer angehören, ohne aus dem Amt ausscheiden zu müssen[92]. Wenn es sich um die Vertretungskörperschaft seines Dienstherrn handelt (z. B. ein als Kommunalbeamter tätiger Lehrer wird Mitglied der Stadtverordnetenversammlung), können Sonderregelungen eingreifen.

19.34 Publikationsfreiheit

Daß der Lehrer seine Ansichten und Erkenntnisse, ob politischer Natur oder nicht, frei in Zeitungen, Zeitschriften, Büchern und auf sonstige Weise veröffentlichen kann, folgt aus seinem Grundrecht der Meinungsäußerungsfreiheit (Art. 5 Abs. 1 Satz 1 GG). Soweit er wissenschaftliche Ergebnisse publiziert, kommt ihm das Grundrecht der Wissenschaftsfreiheit (Art. 5 Abs. 3 GG) zugute. Allerdings sind in diesem Zusammenhang die *urheberrechtlichen Besonderheiten* zu beachten[93]: An einem Werk, das der Lehrer in Erfüllung seiner dienstrechtlichen Verpflichtungen geschaffen hat, erwirbt nach §43 UrhG der Dienstherr die ausschließlichen Nutzungsrechte[94]. Ein bloßer Zusammenhang mit den dienstlichen Pflichten genügt indes nicht, um die Nutzungsrechte auf den Dienstherrn übergehen zu lassen. So kann ein Lehrer, der eine von ihm vorbereitete Unterrichtseinheit schriftlich ausformuliert hat,

---

91 Ein Abgeordneter, der bei seinem Ausscheiden weder eine Anwartschaft noch einen Anspruch auf Altersentschädigung für seine Mitgliedschaft im Bundestag erworben hat, erhält für die Zeit der Parlamentszugehörigkeit auf Antrag eine Versorgungsabfindung; er kann statt dessen verlangen, daß die Zeit der Parlamentszugehörigkeit als Dienstzeit im Sinne des Besoldungs- und Versorgungsrechts berücksichtigt wird (§23 Abgeordnetengesetz).
92 Zur Freistellung für die Ausübung eines kommunalen Mandats s. TZ 19.232.
93 Dieter *Leuze*: Urheberrecht im Beamtenverhältnis, ZBR 1997, 37; Otfried *Seewald/* Gabriele *Freudling*: Der Beamte als Urheber, NJW 1986, 2288; s. ferner Manfred *Rehbinder*: Urheberrecht. 9. Aufl., München 1996, S. 243 ff.; Haimo *Schack*: Urheber- und Urhebervertragsrecht, Tübingen 1997, S. 408 ff. Rn. 976 ff.
94 Vgl. *Leuze*, ZBR 1997, 40 ff., insbes. 44 f.

diese ohne weiteres in einer Zeitschrift oder als »graue Literatur« veröffentlichen; die schriftliche Ausarbeitung gehört nicht zu seinen Dienstpflichten und bleibt daher seiner freien Disposition vorbehalten. Anders ist die Rechtslage, wenn der Lehrer, etwa im Rahmen einer vom Kultusministerium eingesetzten Projektgruppe, den dienstlichen Auftrag erhalten hat, an der Entwicklung einer neuen Fachdidaktik mitzuwirken. Das Veröffentlichungsrecht steht in diesem Fall im allgemeinen dem Dienstherrn zu. Die Einschränkung der Publikationsfreiheit des Lehrers durch die Vorschrift des § 43 UrhG darf allerdings nur so weit gehen, als schutzwürdige Belange der Schulverwaltung berührt werden. Falls daher die Veröffentlichung keinerlei Interessen des Dienstherrn beeinträchtigt, ist der Lehrer berechtigt, die von ihm erarbeiteten Texte der Allgemeinheit zugänglich zu machen. Wegen seiner Gehorsamspflicht (TZ 21.12) darf er sich aber über ein Publikationsverbot des Dienstherrn nicht einfach hinwegsetzen; er muß dessen Erlaubnis nötigenfalls im Klageweg einholen.

19.4 Pädagogische Freiheit[95]

19.41 Rechtsgrundlagen, Inhalt, Grenzen

Die Lehrer unterliegen wie die übrigen Beamten der Gehorsamspflicht (dazu TZ 21.12). Doch sichert ihnen die pädagogische Freiheit einen *Gestaltungsraum eigenverantwortlicher Unterrichtung und Erziehung*. Die pädagogische Freiheit ist ein die beamtenrechtliche Stellung des Lehrers ergänzendes und zugleich modifizierendes Prinzip[96]. Sie ist der Sache nach in den Schulgeset-

---

95 Aus der Literatur: Brun-Otto *Bryde*: Neue Entwicklungen im Schulrecht, DÖV 1982, 669; Thomas *Burmeister*: Die »pädagogische Freiheit« – ein klagloses Recht?, RdJB 1989, 415; Peter *Fauser*: Pädagogische Freiheit in Schule und Recht, Weinheim 1986; Frank *Hennecke*: Versuch einer juristischen Begründung von pädagogischer Freiheit, RdJB 1986, 233; Wolfram *Höfling*: Öffentliches Schulwesen und pädagogische Autonomie. Eine Skizze der schulrechtlichen Diskussion und schulgesetzlichen Entwicklung, DÖV 1988, 416; Theodor *Maunz*: Gestaltungsfreiheit des Lehrers und Schulaufsicht des Staates, in: Hartmut Maurer (Hrsg.): Das akzeptierte Grundgesetz. Festschrift für Günter Dürig zum 70. Geburtstag, München 1990, S. 269; Fritz *Ossenbühl*: Die pädagogische Freiheit und die Schulaufsicht, DVBl. 1982, 1157; Eckardt *Pieske*: Gesetzesvorbehalt im schulrechtlichen Bereich unter besonderer Berücksichtigung der pädagogischen Freiheit, DVBl. 1979, 329; Christian *Starck*: Staatliche Schulhoheit, pädagogische Freiheit und Elternrecht, DÖV 1979, 269; Martin *Stock*: Pädagogische Freiheit und politischer Auftrag der Schule, Heidelberg 1971; vgl. auch ders.: Die pädagogische Freiheit des Lehrers im Lichte des schulischen Bildungsauftrags, RdJB 1986, 212.
96 Dabei kann es dahingestellt bleiben, ob sie zugleich einen hergebrachten Grundsatz des Berufsbeamtentums bildet. So Ingo *Richter*: Die gesetzliche Regelung des Lehrerstatus, RdJB 1979, 250 (254 ff.).

zen sämtlicher Länder anerkannt[97] und wird in der Rechtsprechung als selbstverständlicher Grundsatz vorausgesetzt[98].

19.411 Die pädagogische Freiheit ist eine pflichtgebundene Freiheit, die ihren Grund und ihre innere Rechtfertigung in der Erziehungsaufgabe des Lehrers findet. Sie ist ihm nicht um seiner selbst, sondern um seiner Funktion, seines Amtes willen gewährleistet[99]. Es handelt sich also nicht um eine personale, sondern um eine auf den Schulzweck, auf die Bildungsinteressen der Schüler bezogene Freiheit[100].
Damit ist auch ihr *verfassungsrechtlicher Standort* bestimmt: Die pädagogische Freiheit wurzelt in der vorrangig durch den Lehrer wahrzunehmenden *Staatsaufgabe, erfolgreich Schule zu halten* (Art. 7 Abs. 1 GG), und in dem *Recht der Schüler auf ihre vom Lehrer zu fördernde Selbstentfaltung* (Art. 2 Abs. 1 GG)[101]. Frühere Versuche, die pädagogische Freiheit in der Lehrfreiheit des Art. 5 Abs. 3 Satz 1 GG zu verankern[102], müssen als gescheitert gelten[103]. Die herrschende Meinung beschränkt die Lehre im Sinne des Art. 5 Abs. 3 GG auf die Übermittlung der durch eigene Forschung gewonnenen Erkenntnisse, also vor allem auf den Hochschulbereich[104]; sie schließt den schu-

---

97 Allerdings nur in Brandenburg, Hessen, Mecklenburg-Vorpommern und Sachsen-Anhalt unter der Bezeichnung »pädagogische Freiheit«, wobei die Schulgesetze in Brandenburg und Mecklenburg-Vorpommern die Begriffe »pädagogische Freiheit« und »eigene (pädagogische) Verantwortung« synonym verwenden (§ 67 Abs. 2 BbgSchulG, § 86 Abs. 2 Satz 2 HSchG, § 100 Abs. 2 SchulG M-V, § 30 Abs. 1 Satz 1 SchulG LSA). Die Gesetze der übrigen Länder bezeichnen die pädagogische Freiheit als »eigene Verantwortung« des Lehrers (§ 10 Abs. 1 bln SchulVerfG, § 59 Abs. 2 Satz 1 BremSchulG, § 88 Abs. 2 HmbSG, § 28 Abs. 1 Satz 1 saarl SchoG), als »eigene pädagogische Verantwortung« (§ 50 Abs. 1 Satz 1 NSchG, § 83 Abs. 1 Satz 1 sh SchulG, § 20 Abs. 1 Satz 1 rp SchulG mit der Hinzufügung »frei«, § 34 Abs. 2 Satz 1 ThürSchulG), als »unmittelbare pädagogische Verantwortung« (§ 38 Abs. 2 bw SchG, Art. 59 Abs. 1 Satz 1 BayEuG, § 40 Abs. 2 sächs SchulG) oder als »pädagogische Selbstverantwortung« (§ 14 Abs. 3 Satz 2 nrw SchVG).
98 Vgl. z. B. BVerfGE 47, 46 (83).
99 *Gerhard Eiselt*: Schulaufsicht im Rechtsstaat, DÖV 1981, 821 (825); *Ossenbühl*, DVBl. 1982, 1159; *Starck*, DÖV 1979, 273.
100 Hans-Ulrich *Evers*: Verwaltung und Schule, VVDStRL 23 (1966), S. 147 (181).
101 *Eiselt*, DÖV 1981, 825. Ähnlich *Niehues*: Schul- und Prüfungsrecht, S. 199 Rn. 308, und *Hennecke*, RdJB 1986, 240.
102 So insbes. Ekkhard *Beck*: Die Geltung der Lehrfreiheit des Art. 5 III GG für die Lehrer an Schulen. Diss. jur., Bonn 1975; Lutz *Dietze*: Von der Schulanstalt zur Lehrerschule, Braunschweig 1976, S. 141 ff.; Andreas *Laaser*: Wissenschaftliche Lehrfreiheit in der Schule, Königstein 1981 (vor allem die historische Dimension aufarbeitend); Wolfgang *Perschel*: Die Lehrfreiheit des Lehrers, DÖV 1970, 34; Ilse *Staff*: Schulaufsicht und pädagogische Freiheit des Lehrers, DÖV 1969, 627; Hagen *Weiler*: Wissenschaftsfreiheit des Lehrers im politischen Unterricht, Königstein 1979.
103 *Eiselt*, DÖV 1981, 825; *Ossenbühl*, DVBl. 1982, 1160; *Pieske*, DVBl. 1979, 331; *Richter*, RdJB 1979, 251; *Starck*, DÖV 1979, 273 f.
104 Vgl. BVerfGE 35, 79 (112 f.); 90, 1 (11 ff.).

lischen Unterricht aus dem Geltungsbereich der (»akademischen«) Lehrfreiheit aus[105].

19.412 Von daher zeichnen sich auch die *Grenzen der pädagogischen Freiheit* ab. Sie dient weder dazu, den individuellen Ansichten und Überzeugungen des Lehrers zu Lasten des vorgeschriebenen Bildungskanons freien Lauf zu lassen, noch gibt sie ihm die Befugnis, im Unterrichtsniveau die vorgegebenen Qualitätsanforderungen zu unterschreiten. Kurz: *Die pädagogische Freiheit endet dort, wo die Leistungsfähigkeit des öffentlichen Schulwesens und die Bildungsinteressen der Schüler beeinträchtigt werden.* Deshalb darf die pädagogische Freiheit den Schutz der Schüler vor Willkür, Ungerechtigkeit und Indoktrination sowie ihren Anspruch auf sach- und fachgerechten Unterricht nicht gefährden. Die Befugnisse der *Fachaufsicht* müssen daher in einem gewissen Umfang bestehen bleiben (dazu TZ 16.21). Der Lehrer hat Verfassung, Gesetze und sonstige Rechtsvorschriften zu beachten; er ist ferner an die Richtlinien, zentralen Reformmaßnahmen, Lehrpläne[106], Lernzielorientierungen und sonstigen curricularen Anordnungen der Schulbehörde gebunden, auch soweit sie die Unterrichtsinhalte und ihre Verteilung auf die Schuljahrgänge festlegen[107].

19.413 Die pädagogische Freiheit wirkt sich in der Ausgestaltung der *Formen der Unterrichts- und Erziehungstätigkeit* aus. Wenn sie freilich nur als methodische und didaktische Freiheit des Lehrers interpretiert wird, ist dies einerseits zu eng, andererseits zu weit. *Zu eng,* da die pädagogische Freiheit in dem soeben abgesteckten Rahmen auch die Wahl der Unterrichtsinhalte und

---

105 Herbert *Bethge*, in: Sachs: Grundgesetz. Kommentar, Art. 5 Rn. 212; *Jarras/Pieroth*: Grundgesetz. Kommentar, Art. 5 Rn. 78; *von Mangoldt/Klein/Starck*: Grundgesetz. Kommentar, Art. 5 Abs. 3 Rn. 228; Ingolf *Pernice*, in: Dreier: Grundgesetz. Kommentar, Art. 5 Abs. 3 (Wissenschaft) Rn. 26; Rupert *Scholz*, in: Maunz/Dürig: Grundgesetz. Kommentar, Art. 5 Abs. III Rn. 107; Rudolf *Wendt*, in: von Münch/Kunig: Grundgesetz. Kommentar, Art. 5 Rn. 103.
106 Dazu OVG Schleswig, SPE n. F. 480 Nr. 13: »Die vom Gesetzgeber betonte pädagogische Verantwortung für den eigenen Unterricht entbindet den Lehrer nicht von den Vorgaben des Lehrplans«.
107 Nach § 66 Abs. 2 Satz 2 *DJT-SchulGE* darf die pädagogische Freiheit jedoch nur durch Rechtsvorschriften, zu denen allerdings die Lehrpläne rechnen (§ 7 Abs. 1 *DJT-SchulGE*), und durch Konferenzbeschlüsse eingeschränkt werden, dies wiederum nur im Rahmen des Erforderlichen und Zumutbaren. Mehrere neue Schulgesetze lehnen sich an die Formulierung des § 66 Abs. 2 Satz 2 *DJT-SchulGE* an: § 67 Abs. 2 Satz 2 BbgSchulG, § 59 Abs. 2 Satz 2 BremSchulG, § 100 Abs. 2 Satz 4 SchulG M-V. Sie verpflichten zwar den Lehrer, außer Rechtsvorschriften und Konferenzbeschlüssen auch Verwaltungsvorschriften zu beachten; zugleich verbieten sie aber wie der *DJT-SchulGE* eine Begrenzung der pädagogischen Freiheit, die über das Nötige und Erforderliche hinausgeht. Dazu auch TZ 16.212. – *Niehues*: Schul- und Prüfungsrecht, S. 203 f. Rn. 312, will, wie der *DJT-SchulGE*, der pädagogischen Freiheit nur diejenigen Grenzen ziehen, die sich aus den zulässigerweise gesetzten rechtlichen Schranken ergeben. Doch rechnet er zu diesen Schranken u. a. auch die allgemein anerkannten pädagogischen Grundsätze. Außerdem hebt er die Möglichkeit der Schulaufsicht hervor, die geltenden Rechtsnormen, vor allem im Interesse einheitlicher Handhabung, »amtlich« zu interpretieren und durch solche – wenngleich nur deklaratorische – Regelungen erheblichen Einfluß auf die Schulpraxis zu gewinnen (S. 313 f. Rn. 313, bes. Anm. 83).

-stoffe umfassen kann; der Lehrer kann z. B. ein Thema exemplarisch behandeln und dafür anderes beiseite lassen, er kann innerhalb eines Lektürekanons auswählen. *Zu weit,* da der Lehrer auch Vorschriften und Anweisungen befolgen muß, die ihm etwa die Anwendung veralteter Unterrichts- oder Erziehungsmethoden oder den Einsatz schulfremder Personen im Unterricht ohne Zustimmung des Schulleiters untersagen[108]; auch allgemein anerkannte Ergebnisse der pädagogischen Forschung setzen seiner Freiheit Grenzen. Eingeschränkt wird die pädagogische Freiheit ferner durch das Gebot, im Schulalltag mit den anderen Lehrern der Schule zusammenzuarbeiten, und durch das Bestreben, daß jede Schule in Zielsetzung und Haltung ein möglichst einheitliches und geschlossenes Gefüge darstellen soll. Der einzelne Lehrer muß sich den ordnungsgemäß zustande gekommenen *Konferenzentscheidungen* fügen und nötigenfalls auf Sonderwege verzichten[109]; andererseits sind Schulkonferenz und Lehrerkonferenz verpflichtet, jedem Lehrer den erforderlichen Spielraum seiner pädagogischen Möglichkeiten zu belassen.

Die sich ausbreitende Tendenz, die Schulen gesetzlich zu verpflichten, sich ein *eigenes Profil* zu geben und dieses in einem von der Schule zu beschließenden *Schulprogramm* festzulegen (dazu TZ 6.232), dürfte sich auch auf das Spannungsverhältnis zwischen pädagogischer Freiheit des Lehrers und pädagogischer Eigenverantwortung der Schule als Ganzer auswirken[110]. Das gilt jedenfalls dann, wenn Lehrer mit dem Schulprogramm nicht einverstanden sind. Eine Schule, die ein bestimmtes Profil aufweist, braucht Lehrer, die dazu passen. Das ist schon deshalb wichtig, weil sie nur dann engagiert mitwirken, wenn sie das Bildungs- und Erziehungskonzept ihrer Schule bejahen. Um Konflikte zwischen schulischen Gremien und einzelnen Lehrern gering zu halten, sollte die Schulverwaltung bei der Zuweisung von Lehrern die Personalwünsche der Schule im Rahmen des Möglichen berücksichtigen[111] (s. auch TZ 18.223).

19.42 Einzelprobleme

19.421 Anordnungen der Schulaufsicht – etwa des den Unterricht besuchenden Schulrats – sind für den Lehrer verbindlich. Doch gebieten schon Vernunft und pädagogische Einsicht dem Schulaufsichtsbeamten, sich auf Ratschläge, Hinweise und Anregungen zu beschränken. Im übrigen soll die

---

108 Zu letzterem VGH Kassel, NVwZ-RR 1993, 483.
109 So ist er verpflichtet, ein bestimmtes, auf Vorschlag der Fachkonferenz und auf Antrag der Gesamtkonferenz beschafftes Schulbuch im Unterricht zu verwenden: BVerwG, NVwZ 1994, 583, in Bestätigung der Vorinstanz OVG Lüneburg, RdJB 1994, 147 mit krit. Anm. von Martin *Stock*.
110 Kritisch zu den entsprechenden Regelungen in Hessen Walter *Schmidt*: »Schulprogramm« und pädagogische Eigenverantwortung in der Schule, NVwZ 1997, 456: Das von der Schule zu entwickelnde Schulprogramm verenge den früher vorhandenen Spielraum der Erziehungs- und Unterrichtsarbeit der einzelnen Lehrer; ein öffentliches Interesse, das diese Begrenzung rechtfertige, sei nicht erkennbar.
111 Dazu Hermann *Avenarius*: Schulische Selbstverwaltung – Grenzen und Möglichkeiten, RdJB 1994, 256 (267).

Schulaufsicht auch von Rechts wegen nur dann durch Anordnungen und sonstige Maßnahmen in die Unterrichtsgestaltung eingreifen, wenn es zur rechtmäßigen, sachgerechten oder geordneten Durchführung von Bildung und Erziehung geboten ist[112]. Fühlt sich der Lehrer durch eine Weisung des Schulaufsichtsbeamten zu Unrecht in seiner Freiheit eingeschränkt, kann er bei diesem Gegenvorstellungen erheben und sich, sofern der Schulrat die Anordnung aufrechterhält, an den nächsthöheren Dienstvorgesetzten wenden (vgl. TZ 21.12). Eine Klage kommt hingegen nicht in Betracht, da der Lehrer durch die Anordnung der Schulaufsicht nicht als Träger eigener Rechte betroffen ist[113].

19.422 Die vorstehenden Überlegungen gelten auch für das Verhältnis des Lehrers zum *Schulleiter*, der sein Vorgesetzter ist und im Rahmen seiner pädagogischen und administrativen Gesamtverantwortung für die Schule Weisungsbefugnisse besitzt (TZ 7.111). Aus dieser Gesamtverantwortung folgt, daß er sich über den Stand der Arbeiten in den Klassen auf dem laufenden halten muß, daß er auch den Unterricht der Lehrer seiner Schule besuchen darf[114]. In den Unterricht der voll ausgebildeten Kollegen soll er nur eingreifen, wenn es zur rechtmäßigen oder sachgerechten Durchführung von Unterricht und Erziehung, insbesondere aus Gründen der Wahrung des Gleichheitsgrundsatzes, geboten ist[115].

19.423 Auch bei der *Bewertung von Schülerleistungen* (z. B. durch Zeugnisnoten oder Versetzungsentscheidungen) handelt der Lehrer in eigener Verantwortung. Diese beruht jedoch nicht auf seiner pädagogischen Freiheit, sondern ergibt sich aus der Eigenart der Wertung, soweit sie ein höchstpersönliches Fachurteil enthält[116]. Die Schulbehörde darf daher die Bewertung des Lehrers nicht durch die eigene Beurteilung ersetzen[117] (vgl. TZ 27.42).

19.424 Die pädagogische Freiheit geht nicht so weit, daß der Lehrer den Unterricht in bestimmten Klassen oder Jahrgangsstufen seiner Schule verweigern dürfte. Doch ist er *grundsätzlich nicht verpflichtet, Unterricht in Fächern*

---

112 Vgl. etwa § 9 Abs. 2 bln SchulVerfG, § 67 Abs. 2 saarl SchumG.
113 OVG Münster, NVwZ-RR 1991, 72: Die pädagogische Selbstverantwortung begründet kein gegenüber der Schulaufsicht einklagbares subjektives öffentliches Individualrecht des Lehrers; so auch OVG Lüneburg NVwZ 1998, 94, und VGH Mannheim, VBlBW 1998, 108. A. A. *Niehues*: Schul- und Prüfungsrecht, S. 200 ff. Rn. 310. *Burmeister*, RdJB 1989, 420, hält den pädagogischen Freiraum des Lehrers insoweit für rechtlich geschützt und damit auch einklagbar, als es sich um die Abwehr »individualisierender Einmischung« handelt.
114 Z. B. § 41 Abs. 2 Satz 2 bw SchG, § 42 Abs. 2 Satz 2 sächs SchulG.
115 So § 22 Abs. 3 bln SchulVerfG; vgl. auch § 71 Abs. 2 Satz 2 BbgSchulG, § 88 Abs. 4 Satz 3 HSchG, § 16 Abs. 4 saarl SchumG.
116 Dazu *Niehues*: Schul- und Prüfungsrecht, S. 287 ff. Rn. 395; *Ossenbühl*, DVBl. 1982, 1163.
117 A. A. VGH Mannheim, NVwZ-RR 1989, 305: Der Schulleiter kann im Rahmen seiner Verantwortlichkeit für die Einhaltung der für die Notengebung allgemein geltenden Grundsätze dem Lehrer im Einzelfall eine Weisung für die Benotung einer Klassenarbeit erteilen und im Fall der Nichtausführung der Weisung die vom Lehrer erteilte Note durch eine andere Note ersetzen. Ähnlich auch OVG Lüneburg, NVwZ 1999, 94.

zu erteilen, für die er keine Lehrbefähigung besitzt. Bei dringenden dienstlichen Erfordernissen (z. B. krankheitsbedingtem Ausfall eines Lehrers) muß er allerdings vorübergehend auch fachfremden Unterricht erteilen[118]. Dies gilt jedoch nicht für Fächer, die Gefährdungen für die Schüler mit sich bringen können (z.B. Sport). Hier kann ein Lehrer, der sich nicht sicher fühlt, die Unterrichtserteilung auch in schulischen Ausnahmesituationen ablehnen; er schützt damit Leben und Gesundheit der Schüler[119]. Zu den Besonderheiten beim Religionsunterricht s. TZ 19.123. Zum Verbot der unterwertigen Beschäftigung des Lehrers vgl. TZ 19.221.

19.5 Rechtsschutz im Beamtenverhältnis[120]

Der Beamte steht seinem Dienstherrn nicht schutzlos gegenüber. Er kann seine Interessen *sowohl gerichtlich als auch außergerichtlich* geltend machen. Der Lehrer hat ein Anhörungsrecht in allen ihn betreffenden Fragen; er kann Anträge stellen, sich beschweren und gegebenenfalls den Dienstherrn verklagen, wenn er seine Rechte verletzt glaubt. Im Disziplinarverfahren (TZ 22.22) wird ihm ausreichende Möglichkeit der Verteidigung geboten; um Verdacht oder unberechtigte Angriffe abzuwehren, kann er ein solches Verfahren gegen sich selbst beantragen. Durch Zusammenschluß mit anderen Angehörigen des öffentlichen Dienstes kann er seine Rechtsposition stärken und mit Hilfe der Gewerkschaften und Standesorganisationen das Parlament und die Presse zum Schutz seiner Rechte in Anspruch nehmen.

19.51 Anhörungsrecht

Der Beamte muß zu Beschwerden, Behauptungen und Bewertungen, die für ihn ungünstig sind oder ihm nachteilig werden können, vor deren Aufnahme in die Personalakte gehört werden (TZ 19.252). *Dienstliche Beurteilungen* sind dem Lehrer vor Einordnung in die Personalakte zu eröffnen und mit ihm zu erörtern (TZ 19.241).

19.52 Formlose Rechtsbehelfe

Der Beamte kann, ohne an Fristen und Formen gebunden zu sein, *Anträge und Beschwerden* vorbringen (§ 60 BRRG, § 171 BBG). Anträge zielen auf

---

118 § 66 Abs. 3 *DJT-SchulGE*; vgl. auch § 51 Abs. 1 Satz 2 NSchG. Zur Problematik: *Ossenbühl*, DVBl. 1982, 1162 f.
119 Allerdings kann der Lehrer auch in solchen Fällen den ihm auferlegten Unterricht nicht einfach verweigern; er muß vielmehr gegen die rechtswidrige Anordnung des Schulleiters Gegenvorstellungen erheben (»remonstrieren«) und sich ggf. an die vorgesetzte Schulbehörde wenden (vgl. TZ 21.12).
120 Dazu *Scheerbarth/Höffken/Bauschke/Schmidt* (Anm. 1), S. 488 ff.; *Schnellenbach* (Anm. 1), jeweils am Ende des fünften bis elften Teils; *Battis* (Anm. 1), S. 961 ff. Rn. 172 ff.; *Köpp* (Anm. 1), S. 469 ff. Rn. 146 ff; *Kunig* (Anm. 1), S. 716 ff. Rn. 175 ff.; *Wolff/Bachof/Stober*: Verwaltungsrecht II, S. 615 ff.

den Erlaß einer künftigen, Beschwerden auf die Beseitigung einer bereits getroffenen Maßnahme. Die *Einhaltung des Dienstweges* ist zwingend vorgeschrieben (vgl. § 171 BBG); insoweit ist das allgemeine *Petitionsrecht* (Art. 17 GG) eingeschränkt. Das Dienstwegprinzip bedeutet, daß der Beamte die Eingabe, auch wenn sie an eine höhere Stelle gerichtet ist, beim unmittelbaren Vorgesetzten einzureichen hat. Der Dienstweg verläuft über die jeweils nächsthöheren Vorgesetzten bis zur obersten Dienstbehörde. Über die Eingabe entscheidet diejenige Stelle, deren Entscheidung der Beamte beantragt hat. Richtet sich eine Beschwerde gegen den unmittelbaren Vorgesetzten, kann sie ausnahmsweise beim nächsthöheren Vorgesetzten eingereicht werden.

Die Eingaben müssen sachlich formuliert, sie dürfen nicht ehrenrührig gehalten sein. Die zuständige Behörde ist verpflichtet, Anträge und Beschwerden entgegenzunehmen und zu beantworten; der Beamte ist zumindest über die Art der Erledigung zu unterrichten. Der Lehrer handelt pflichtwidrig, wenn er sich bei außenstehenden Stellen über seinen Vorgesetzten beschwert oder gar die Flucht in die Öffentlichkeit antritt. Es bleibt ihm jedoch unbenommen, Anregungen und Beschwerden beim *Personalrat* (TZ 19.31) einzubringen; erscheinen diese dem Personalrat berechtigt, ist es dessen Aufgabe, durch Verhandlung mit der Dienststellenleitung auf ihre Erledigung hinzuwirken (vgl. § 68 Ab. 1 Nr. 3 BPersVG). Darüber hinaus sind Eingaben an den *Landespersonalausschuß* gestattet, sofern sie Angelegenheiten von grundsätzlicher Bedeutung und nicht etwa persönliche Wünsche des Einsenders zum Gegenstand haben. Außerdem kann sich der Beamte an den *Landesbeauftragten für den Datenschutz* wenden, wenn er sich bei der Verarbeitung seiner personenbezogenen Daten in seinen Rechten verletzt glaubt (TZ 32.352). Wie jedem anderen Bürger steht es dem Beamten frei, Bitten und Beschwerden an den *Petitionsausschuß des Landtages* zu richten. Soweit es sich allerdings um Fragen handelt, die seinen Amtsbereich betreffen, muß er dabei den Dienstweg einhalten.

19.53 Förmliche Rechtsbehelfe

19.531 Für alle Klagen aus dem Beamtenverhältnis, sowohl solche des Beamten als auch solche des Dienstherrn, ist der *Verwaltungsrechtsweg* gegeben (§ 126 Abs. 1 und 2 BRRG). Die besondere disziplinargerichtliche Zuständigkeit wird dadurch nicht berührt (TZ 22.222). Die Zivilgerichte, und zwar die Landgerichte, sind nur noch für Schadensersatzforderungen des Beamten gegen den Dienstherrn aus Amtspflichtverletzungen und für Rückgriffsansprüche des Dienstherrn gegen den Beamten wegen einer von diesem begangenen Amtspflichtverletzung zuständig (Art. 34 Satz 3 GG, § 71 Abs. 2 Nr. 2 GVG).

19.532 Zum Verfahren vor den Verwaltungsgerichten wird zunächst auf die allgemeinen Ausführungen über Vorverfahren, Klagearten, Rechtsmittelfristen, Rechtsmittelbelehrung und sonstige Verfahrensbestimmungen im 34. Kapitel (insbesondere TZ 34.3) verwiesen. Für das verwaltungsgerichtliche Verfahren in Beamtenrechtssachen gilt die Besonderheit, daß *vor Erhebung jeder Klage* – also nicht nur bei Anfechtungs- und Verpflichtungsklagen, sondern auch bei Feststellungs- und Leistungsklagen – *ein Vorverfahren (Widerspruchsverfahren)* durchzuführen ist; eines Vorverfahrens bedarf es im Gegensatz zu sonstigen Verwaltungsstreitigkeiten auch dann, wenn der angegriffene Verwaltungsakt von der obersten Dienstbehörde erlassen worden ist (§ 126 Abs. 3 Nr. 1 BRRG). Richten sich Widerspruch und Anfechtungsklage gegen eine Versetzung (TZ 18.241) oder eine Abordnung (TZ 18.243), haben sie keine aufschiebende Wirkung (§ 126 Abs. 3 Nr. 3 BRRG).

19.533 Die Klage ist gegen den Dienstherrn, im allgemeinen also gegen das Land, nicht gegen die Dienstbehörde zu richten[121]. Der Dienstherr wird durch die oberste Dienstbehörde, das Kultusministerium, vertreten; diese kann die Vertretung einer anderen Behörde, z. B. der Bezirksregierung, übertragen[122]. *Örtlich zuständig* ist das Verwaltungsgericht, in dessen Bezirk der Beamte seinen dienstlichen Wohnsitz hat; liegt dieser nicht im Zuständigkeitsbereich der Behörde, die den Erstbescheid erlassen hat, ist dasjenige Verwaltungsgericht zuständig, in dessen Bezirk diese Behörde ihren Sitz hat (§ 52 Nr. 4 VwGO).

19.534 Die Klage ist nur zulässig, wenn der Lehrer geltend macht, durch eine Maßnahme des Dienstherrn (wenigstens auch) in seinen Rechten verletzt zu sein. Der Beamte darf also durch das Handeln oder Unterlassen der Behörde nicht lediglich in seiner Stellung als weisungsgebundener Amtswalter, er muß vielmehr als Träger eigener Rechte betroffen sein. Das ist insbesondere bei belastenden Verwaltungsakten (z. B. falsche Festsetzung des Besoldungsdienstalters, besoldungsrechtliche Rückstufung, Entlassung) zu bejahen, die der Lehrer mit der *Anfechtungsklage* angreifen kann. Auch auf Erlaß eines beantragten, durch Weigerung oder Untätigkeit der Behörde unterbliebenen Verwaltungsaktes (z. B. Genehmigung einer Nebentätigkeit) kann geklagt werden (*Verpflichtungsklage*), ferner bei Vorliegen eines berechtigten Interesses auf *Feststellung* des Bestehens oder Nichtbestehens eines Rechtsverhältnisses (z. B. der Berechtigung zum Führen einer Amtsbezeichnung oder der Unzulässigkeit der Erweiterung des Umfangs der Arbeitszeit[123]). Handelt es sich um eine Entscheidung, die im *Ermessen der Behörde* liegt, erstreckt sich die verwaltungsgerichtliche Kontrolle nur darauf, ob die Verwaltung ihr Ermessen überschritten, unterschritten oder mißbraucht hat (letzteres z. B., wenn sie einen Lehrer willkürlich, also ohne sachlichen Grund, versetzt). *Innerbehördliche Maßnahmen* ohne Verwaltungsaktqualität (z. B. Beauftragung des Lehrers mit der Führung einer bestimmten Klasse, Umsetzung eines Beamten) unterliegen grundsätzlich nicht der gerichtlichen Nachprüfung. Ausnahmen gelten dann, wenn sie trotz behördeninternen Charakters individuelle Rechte des Beamten verletzen[124]; in solchen Fällen kommt die *allge-*

---

121 Anders aufgrund landesrechtlicher Bestimmungen gemäß § 61 Nr. 3 VwGO in Brandenburg, Mecklenburg-Vorpommern, Niedersachsen, Nordrhein-Westfalen, Sachsen-Anhalt, Schleswig-Holstein und im Saarland (s. im einzelnen TZ 34.343).
122 In Baden-Württemberg wird das Land durch das zuständige Oberschulamt vertreten (§ 11 Satz 1 i. V. m. § 10 Abs. 2 Nr. 8 BeamtenzuständigkeitsVO).
123 Dazu OVG Koblenz, DVBl. 1997, 382.
124 Z. B. durch Nichteinhaltung einer Zusage oder durch Verletzung der Fürsorgepflicht. Hier muß wegen Art. 19 Abs. 4 GG der Rechtsweg eröffnet sein; vgl. BVerwG, DVBl. 1981, 495.

meine Leistungsklage in Betracht, die auch sonst immer dann zulässig ist, wenn der Beamte in anderer Weise als durch den Erlaß oder die Unterlassung eines Verwaltungsakts in seinen Rechten beeinträchtigt wird (z.B. zur Geltendmachung von Schadensersatzansprüchen wegen Fürsorgepflichtverletzung, zur Durchsetzung des Rechts auf Einsicht in die Personalakten)[125].

19.535 Von erheblicher Bedeutung in der verwaltungsgerichtlichen Praxis ist der beamtenrechtliche *Konkurrentenstreit*, ein Verfahren, in dem sich Bewerber, die bei der Einstellung oder Beförderung gegenüber anderen Bewerbern den kürzeren gezogen haben, gegen die Auswahlentscheidung zur Wehr setzen[126]. Zwar besteht grundsätzlich kein Recht auf Übernahme in ein Beamtenverhältnis oder auf Beförderung (vgl. TZ 18.221). Wohl aber hat ein Stellenbewerber Anspruch darauf, daß der Dienstherr die Auslese unter den Konkurrenten im Rahmen seines pflichtgemäßen Ermessens ausschließlich sachbezogen nach Eignung, Befähigung und fachlicher Leistung trifft (Art. 33 Abs. 2 GG)[127]. Hat die Behörde gegen diese Grundsätze verstoßen, kann der unterlegene Bewerber mit einer Klage auf Neubescheidung Rechtsschutz gegen die Ablehnung seiner Bewerbung in Anspruch nehmen; im Verwaltungsstreitverfahren ist sodann die zugrundeliegende Auswahlentscheidung zu überprüfen[128]. Die Klage kann jedoch nach der endgültigen Besetzung der umstrittenen Planstelle durch einen Mitbewerber keinen Erfolg haben, da sich dessen Ernennung nicht mehr rückgängig machen läßt[129]. In diesem Fall bleibt dem übergangenen Bewerber nur die Möglichkeit, Schadensersatz zu verlangen. Er kann beim Landgericht eine *Amtshaftungsklage*

---

125 Im übrigen ist es für den gerichtlichen Rechtsschutz unerheblich, ob es sich bei der streitigen Maßnahme um einen Verwaltungsakt handelt oder nicht. Vielmehr kommt es entscheidend darauf an, ob der Beamte durch die Maßnahme (auch) in seinen eigenen Rechten betroffen ist. In jedem Fall, also auch bei Fehlen eines Verwaltungsakts, muß der Klage ein Vorverfahren vorangehen (vgl. TZ 19.532).
126 Aus der Literatur: Walter *Frenz*: Verwaltungsgerichtlicher Rechtsschutz in Konkurrenzsituationen, Berlin 1999; Uwe *Kernbach*: Die Konkurrentenklage im Beamtenrecht, Aachen 1995; Gregor C. *Biletzki*: Rechtsschutzmöglichkeiten bei der Bewerbung um Schulleiterstellen, sm Heft 2/1997, 8; Detlef *Czybulka*/Henning *Biermann*: Amtshaftung des Dienstherrn bei voreiliger Stellenbesetzung – BGH, NJW 1995, 2344, JuS 1998, 601; Olaf *Deinert*: Frauenförderung beim Zugang zu Ämtern: Beamtenrechtlicher Konkurrentenstreit als Möglichkeit des Rechtsschutzes für nichtberücksichtigte Bewerber?, RiA 1996, 5; *Köpp* (Anm. 1), S. 434 ff. Rn. 94 ff.; *Kunig* (Anm. 1), S. 677 f. Rn. 91 f.; Michael *Ronellenfitsch*: Der vorläufige Rechtsschutz im beamtenrechtlichen Konkurrentenstreit, VerwArch. 1991, 121; *Schnellenbach* (Anm. 1), S. 26 ff. Rn. 38 ff., S. 47 ff. Rn. 73 ff.; *ders.*: Zum vorläufigen Rechtsschutz bei der Einstellungs- und Beförderungsamts-Konkurrenz, NVwZ 1990, 637; Bernd *Wittkowski*: Die Konkurrentenklage im Beamtenrecht (unter besonderer Berücksichtigung des vorläufigen Rechtsschutzes), NJW 1993, 817; *ders.*: Ansätze zur Lösung praktischer Probleme bei beamtenrechtlichen Konkurrentenanträgen, NVwZ 1995, 345.
127 Vgl. VGH München, DVBl. 1997, 380.
128 Der Verwaltungsrechtsweg ist in entsprechender Anwendung des § 126 Abs. 1 BRRG auch dann eröffnet, wenn der Bewerber noch nicht im Beamtenverhältnis steht, sondern auf erstmalige Ernennung klagt: *Schnellenbach* (Anm. 1), S. 25 Rn. 35.
129 Vgl. BVerwGE 80, 127 (130); BVerfG, NJW 1990, 501; BGH, NJW 1995, 2344.

gemäß Art. 34 GG i. V. m. § 839 BGB geltend machen (vgl. TZ 34.44). Dabei muß er beweisen, daß ihm durch die amtspflichtwidrige Nichtberücksichtigung ein Schaden entstanden ist. Doch kommen dem Kläger Beweiserleichterungen zugute: Stehen die Amtspflichtverletzung und die zeitlich nachfolgende Schädigung fest, hat der Dienstherr nachzuweisen, daß der Schaden nicht auf die Amtspflichtverletzung zurückzuführen ist[130]. Bei einer unterbliebenen Beförderung kommt außerdem eine *beamtenrechtliche Schadensersatzklage* in Betracht, die vor dem Verwaltungsgericht zu erheben ist. Sie zielt darauf, den Beamten laufbahn-, besoldungs- und versorgungsrechtlich so zu stellen, als ob er zum Zeitpunkt der Aushändigung der Ernennungsurkunde an den Mitbewerber befördert worden wäre. Der Klage ist stattzugeben, wenn der Dienstherr eine eigene, in einem öffentlich-rechtlichen Dienstverhältnis wurzelnde (quasi-vertragliche) Verbindlichkeit verletzt hat und dadurch den Schaden des Beamten adäquat kausal verursacht hat[131]; der Anspruch setzt ein Verschulden bei der Auswahlentscheidung voraus[132].

Der bei der Auswahl unterlegene Bewerber ist jedoch nicht auf die Geltendmachung eines Schadensersatzanspruchs beschränkt. Er kann die Schaffung vollendeter Tatsachen von vornherein dadurch verhindern, daß er gegen den Ablehnungsbescheid Widerspruch einlegt und mit dem Antrag auf Erlaß einer einstweiligen Anordnung nach § 123 VwGO *vorläufigen Rechtsschutz* in Anspruch nimmt (vgl. TZ 34.36). Das setzt allerdings voraus, daß er innerhalb einer für seine Rechtsschutzentscheidung ausreichenden Zeitspanne vor der Ernennung des Konkurrenten durch eine Mitteilung der Behörde Kenntnis vom Ausgang des Auswahlverfahrens erlangt; zu dieser Mitteilung ist der Dienstherr gemäß Art. 33 Abs. 2 i. V. m. Art. 19 Abs. 4 GG verpflichtet[133]. Die Mitteilung darf sich nicht auf den Hinweis beschränken, daß die Auswahl nicht auf den Bewerber gefallen ist, sondern muß auch das positive Ergebnis der beabsichtigten Stellenbesetzung umfassen. Die Behörde muß dem Bewerber die für die Auswahl maßgeblichen tatsächlichen und rechtlichen Gründe mitteilen (§ 39 Abs. 1 Satz 1 VwVfG). Dieser hat das Recht, Einsicht in die das Verfahren betreffenden Akten zu nehmen (§ 29 Abs. 1 VwVfG). Dazu gehören auch die Personalakten des erfolgreichen Bewerbers; doch ist das Einsichtsrecht auf die Teile beschränkt, die für die Auswahl wesentlich waren, also vor allem die letzten dienstlichen Beurteilungen. Der Antrag auf Erlaß einer einstweiligen Anordnung ist darauf zu richten, der Behörde zu untersagen, den von ihr ausgewählten Bewerber bis zum Abschluß eines neu durchzuführenden Auswahlverfahrens zu ernennen[134]. Um seine Rechte zu wahren, muß der Bewerber darüber hinaus Klage mit dem Ziel erheben, den Dienstherrn zu verpflichten, über seine Bewerbung aufgrund eines solchen

---

130 BGH, NJW 1995, 2344 (2345). Zu diesem Urteil *Czybulka/Biermann*, JuS 1998, 601.
131 BVerwGE 80, 123 (125).
132 BVerwG, DVBl. 1999, 320.
133 BVerfG, NJW 1990, 501. *Schnellenbach*, NVwZ 1990, 638, hält eine Zweiwochenfrist für ausreichend.
134 Doch kann der bei der Auswahl unterlegene Bewerber der Behörde nicht verbieten, die freie Stelle kommissarisch mit einem anderen Bewerber zu besetzen; so HessStGH, NVwZ-RR 1999, 386.

Auswahlverfahrens erneut zu entscheiden (*Neubescheidungsklage*). Die Klage ist begründet, wenn das Ergebnis des zuvor durchgeführten Auswahlverfahrens wegen eines Verfahrensverstoßes (z.B. Unterbleiben der gebotenen Stellenausschreibung) oder wegen eines materiell-rechtlichen Fehlers (insbesondere Nichtberücksichtigung des Grundsatzes der Bestenauslese) rechtswidrig ist.

20. Kapitel: Vermögenswerte Rechte des Lehrers[1]

Die vermögenswerten Rechte des Lehrers bestehen vor allem in seinem Anspruch auf Besoldung und Versorgung. Daneben erhält er Bezüge zum Ausgleich von Sonderbelastungen (z.B. Reisekostenvergütung, Beihilfen). Die Verpflichtung des Dienstherrn zu amtsangemessener Besoldung und Versorgung (*Alimentationspflicht*) gehört zu den hergebrachten Grundsätzen des Berufsbeamtentums (Art. 33 Abs. 5 GG)[2]. Nach diesem Alimentationsprinzip sind Besoldung und Versorgung nicht als Entgelt im Sinne einer Entlohnung für konkrete Dienste zu verstehen, sondern als Sicherung des amtsangemessenen Unterhalts für den Beamten selbst und für seine Familie[3].
Die Dienstbezüge sowie die Alters- und Hinterbliebenenversorgung sind so zu bemessen, daß sie der Bedeutung des Amtes entsprechen und mit der Entwicklung der allgemeinen Lebensverhältnisse Schritt halten[4].

20.1 Besoldung[5]

Die Besoldung der Beamten ist bundeseinheitlich durch das *Bundesbesoldungsgesetz*[6] geregelt (§ 1 Abs. 1 Nr. 1 BBesG). Sonderregelungen, insbeson-

---

1 Hans Walter *Scheerbarth*/Heinz *Höffken*/Hans-Joachim *Bauschke*/Lutz *Schmidt:* Beamtenrecht. 6. Aufl., Siegburg 1992, S. 548 ff.; Ulrich *Battis*: Beamtenrecht, in: Norbert Achterberg/Günter Püttner (Hrsg.): Besonderes Verwaltungsrecht. Bd. 1, Heidelberg 1990, S. 899 (946 ff. Rn. 130 ff.); Klaus *Köpp*: Öffentliches Dienstrecht, in: Udo Steiner (Hrsg.): Besonderes Verwaltungsrecht. 6. Aufl., Heidelberg 1999, S. 381 (440 ff. Rn. 102 ff.); Philip *Kunig*: Das Recht des öffentlichen Dienstes, in: Eberhard Schmidt-Aßmann (Hrsg.): Besonderes Verwaltungsrecht. 11. Auf., Berlin 1999, S. 627 (708 ff. Rn. 157 ff.); Detlef *Merten*: Das Recht des öffentlichen Dienstes in Deutschland, in: Siegfried Magiera/Heinrich Siedentopf (Hrsg.): Das Recht des öffentlichen Dienstes in den Mitgliedstaaten der Europäischen Gemeinschaft, Berlin 1994, S. 181 (225 ff.); Fritjof *Wagner*: Beamtenrecht. 5. Aufl., Heidelberg 1997, S. 124 ff.; *Wolff/Bachof/Stober*: Verwaltungsrecht II, S. 606 ff.
2 BVerfGE 8, 1 (16); 11, 203 (216); 21, 329 (345); 39, 196 (200 f.); 44, 249 (263 f.); 61, 43 (56 ff.); 71, 39 (57 ff.); 76, 256 (298); 81, 363 (375); 81, 363 (375); 83, 89 (98). Das BVerfG hält den Alimentationsgrundsatz für so bedeutsam, daß er nicht nur zu berücksichtigen, sondern – über den Wortlaut des Art. 33 Abs. 5 GG hinaus – zu *beachten* ist (vgl. etwa BVerfGE 8, 1 [16]; 61, 43 [57 f.]; 81, 363 [375]).
3 *Battis*: Bundesbeamtengesetz. Kommentar, § 83 Rn. 2, stellt fest, daß angesichts der durch Rspr. und Gesetzgebung betriebenen Fortentwicklung des Alimentationsgrundsatzes die Auseinandersetzung um dessen Berechtigung unergiebig sei.
4 BVerfGE 44, 249 (265); 81, 363 (375 ff.).
5 *Kommentare* (sämtlich als Loseblattausgaben): Horst *Clemens*/Christian *Millack*/Helmut *Engelking*/Heinrich *Lantermann*/Karl-Heinz *Henkel*: Besoldungsrecht des Bundes und der Länder. 3 Bde. Stuttgart (Stand: November 1998); Manfred-Carl *Schinkel*/Klaus *Seifert*: Besoldungsrecht des Bundes und der Länder, Berlin (Stand: Mai 1999); Franz *Isensee*/Adolf *Weber*/Jürgen *Kaatz*/Severin *Martin*/Heinz *Sundermann*: Die Besoldung der Beamten, Richter und Soldaten. 4 Bde., Köln (Stand: März 1999); Bruno *Schwegmann*/Rudolf *Summer*: Bundesbesoldungsgesetz. 5 Bde., München (Stand: November 1998). – Zur Einführung *Scheerbarth/Höffken/Bauschke/Schmidt* (Anm. 1), S. 565 ff.; Ursula *Ziegler*: Grundlagen des Besoldungsrechts der Beamten, RiA 1991, 105.
6 In der Neufassung vom 3.12.1998 (BGBl. I S. 3434).

dere hinsichtlich der Höhe der Besoldung, gelten nach der Zweiten Besoldungs-Übergangsverordnung[7] für die Beamten in den fünf neuen Ländern und in den östlichen Bezirken Berlins (TZ 20.116). Die Besoldung wird durch Bundesgesetz regelmäßig angepaßt (§ 14 BBesG). § 14a BBesG sieht nunmehr bei Bund und Ländern die Bildung von *Versorgungsrücklagen* vor; zur Finanzierung dieser Rücklagen wird die Anpassung der Besoldung und Versorgung, bei der im allgemeinen der Tarifabschluß für die Arbeitnehmer des öffentlichen Dienstes auf die Beamten übertragen wird, in der Zeit vom 1.1.1999 bis zum 31.12.2013 in der Regel um 0,2 Prozent vermindert[8].
Der Beamte kann auf die ihm gesetzlich zustehende Besoldung weder ganz noch teilweise verzichten; ausgenommen sind die vermögenswirksamen Leistungen (§ 2 Abs. 3 BBesG). Der Anspruch auf Besoldung entsteht mit dem Tag, an dem die Ernennung wirksam wird (§ 3 Abs. 1 Satz 2 BBesG); er endet mit Ablauf des Tages, an dem der Beamte aus dem Dienstverhältnis ausscheidet (§ 3 Abs. 3 BBesG). Zur Besoldung gehören Dienstbezüge und sonstige Bezüge (§ 1 Abs. 2, Abs. 3 BBesG).

20.11 Dienstbezüge

Die Lehrer erhalten Dienstbezüge, die sich aus Grundgehalt und Familienzuschlag zusammensetzen; unter bestimmten Voraussetzungen kommen Zulagen und Vergütungen hinzu (§ 1 Abs. 2 BBesG). Bei *Teilzeitbeschäftigung* (vgl. TZ 18.211) werden die Dienstbezüge im gleichen Verhältnis wie die Arbeitszeit gekürzt (§ 6 Abs. 1 BBesG). Soweit das Landesrecht die Möglichkeit der *Altersteilzeit* einräumt, erhalten Beamte, die davon Gebrauch machen, einen nicht ruhegehaltfähigen Zuschlag zu den Dienstbezügen bis zu 83 Prozent der Nettobezüge bei Vollzeitbeschäftigung (§ 6 Abs. 2 BBesG[9]).
Die Dienstbezüge werden monatlich im voraus gezahlt (§ 3 Abs. 5 Satz 1 BBesG). Fallen Dienstbezüge nur für einen Monatsteil an, werden für jeden Tag je nach Dauer des Monats 1/31 oder 1/30, im Februar 1/28 (in einem Schaltjahr 1/29) der Monatsbezüge gezahlt (§ 3 Abs. 4 BBesG). Werden Bezüge erst nach dem Tag der Fälligkeit geleistet, hat der Lehrer keinen Anspruch auf Verzugszinsen (§ 3 Abs. 6 BBesG). Ein Lehrer, der ohne Genehmigung schuldhaft dem Dienst fernbleibt, verliert für die Dauer des Fernbleibens seine Bezüge (§ 9 BBesG). *Abtretung oder Verpfändung* der Dienstbezüge ist nur möglich, soweit sie der Pfändung unterliegen (§ 11 Abs. 1 BBesG). Der Anspruch auf Dienstbezüge verjährt in vier Jahren (§ 197 BGB). *Zuviel gezahlte Bezüge* brauchen nicht zurückgezahlt zu werden, sofern der Empfänger glaubhaft macht, das Geld im Rahmen seiner Le-

---

7 In der Neufassung vom 27.11.1997 (BGBl. I S. 2764), zul. g. d. VO vom 6.8.1998 (BGBl. I S. 2026, 2027). Die VO beruht auf der Ermächtigung des § 73 BBesG.
8 Dazu Helmut *Lecheler*/Lothar *Determann*: Verfassungswidrigkeit einer Beitragspflicht zur Beamtenversorgung. Anmerkung zum Entwurf eines Versorgungsreformgesetzes 1998, ZBR 1998, 1; Friedrich *von Zezschwitz*: Versorgungsbeiträge der Beamtenschaft? Verfassungswidrigkeit des geplanten § 14a Bundesbesoldungsgesetz?, ZBR 1998, 115; Herwig *von Zwehl*: Versorgungsrücklagen zur Sicherung der Beamtenversorgung, ZBR 1998, 403.
9 S. im einzelnen die AltersteilzeitzuschlagsVO vom 21.10.1998 (BGBl. I S. 3191).

bensführung verbraucht zu haben; auf den Wegfall der Bereicherung kann sich der Beamte jedoch nicht berufen, wenn er die Überzahlung erkannte oder wegen Offensichtlichkeit hätte erkennen müssen (§ 12 Abs. 2 Satz 1 und 2 BBesG). Von der Rückforderung kann im übrigen aus Billigkeitsgründen ganz oder teilweise abgesehen werden (§ 12 Abs. 2 Satz 3 BBesG).

20.111 Das *Grundgehalt* ist der Teil der Dienstbezüge, der die Bedeutung des Amtes in der Ämterhierarchie und die erforderliche Vor- und Ausbildung berücksichtigt[10]. Es bestimmt sich nach der *Besoldungsgruppe* des dem Lehrer verliehenen Amtes (§ 19 Abs. 1 Satz 1 BBesG). Die Einstufung der Lehrämter in die verschiedenen Besoldungsgruppen ergibt sich aus der Bundesbesoldungsordnung A als Anlage I zum Bundesbesoldungsgesetz (vgl. § 20 Abs. 2 Satz 1 BBesG), ausnahmsweise aus den Landesbesoldungsordnungen A[11]. Die Lehrer an Grund- und Hauptschulen sind in Besoldungsgruppe A 12 eingestuft, Realschullehrer und Sonderschullehrer sowie Studienräte an Gymnasien und beruflichen Schulen in Besoldungsgruppe A 13, letztere mit ruhegehaltfähiger Stellenzulage (vgl. TZ 20.113)[12]. Besonderheiten gelten für *Lehrer mit einer Lehrbefähigung nach dem Recht der DDR*[13] (vgl. TZ 18.226). Gemäß Nr. 16 b der Vorbemerkungen zu den Bundesbesoldungsordnungen A und B werden sie landesrechtlich eingestuft unter Berücksichtigung der Ämter für Lehrer, die in der Bundesbesoldungsordnung A und in den Landesbesoldungsordnungen A ausgewiesen sind. Die ostdeutschen Länder sind dabei weitgehend nach gleichem Muster verfahren[14]. So gehören z. B. Unterstufenlehrer[15] in der Regel der Besoldungs-

---

10 Vgl. *Scheerbarth/Höffken/Bauschke/Schmidt* (Anm. 1), S. 566.
11 S. die Nrn. 16a, 16b, 17 und 18 der Vorbemerkungen zu den Bundesbesoldungsordnungen A und B.
12 Bei stufenbezogenen Lehrämtern gilt folgendes: Das Amt des Lehrers mit der Befähigung für das Lehramt der Primarstufe und das Eingangsamt des Lehrers mit der Befähigung für das Lehramt der Sekundarstufe I sind in Besoldungsgruppe A 12, das Amt des Studienrats mit der Befähigung für das Lehramt der Sekundarstufe II bei entsprechender Verwendung in der Besoldungsgruppe A 13 (mit Stellenzulage) eingestuft. In Bremen und Hamburg dürfen landesgesetzlich Lehrer mit der Befähigung für das Lehramt der Primarstufe und der Sekundarstufe I (höchstens) in die Besoldungsgruppe A 13 eingestuft werden (Nr. 16 a der Vorbemerkungen zu den Bundesbesoldungsordnungen A und B); von dieser Ermächtigung haben beide Länder in ihrer jeweiligen Besoldungsordnung A Gebrauch gemacht.
13 Zur Entwicklung des Besoldungsrechts für diese Lehrer: Hermann *Avenarius*: Gegenseitige Anerkennung von Lehramtsprüfungen zwischen den Ländern in der Bundesrepublik Deutschland, DÖV 1997, 485 (491 ff.); Wolfgang *Kroll*: Die Besoldung der Lehrer in den neuen Ländern, ZBR 1994, 299; Christoph *Leusmann*: Anerkennung und Zuordnung der Lehrerausbildungsgänge der ehemaligen DDR zu herkömmlichen Laufbahnen, SchVw NRW 1993, 216.
14 Die Einzelheiten ergeben sich aus den Landesbesoldungsordnungen der ostdeutschen Länder. S. auch die bbg VO zur Überleitung von Lehrämtern vom 23.5.1996 (GVBl. II S. 403).
15 Unterstufenlehrer bzw. Lehrer für die unteren Klassen hatten nach dem Abschluß der zehnjährigen Polytechnischen Oberschule (POS) vier Jahre an einer Fachschule, und zwar an einem Institut für Lehrerbildung, studiert; sie unterrichteten in den Klassen 1 bis 4 der POS.

gruppe A 11 an. Diplomlehrer[16] für zwei Fächer der Klassen 5 bis 10 sind grundsätzlich in A 12 eingestuft; Diplomlehrer mit einer Lehrbefähigung für zwei Fächer für die Oberstufe der allgemeinbildenden Schulen, die ein Lehramt an Gymnasien innehaben oder Unterricht in der Sekundarstufe II erteilen, werden nach A 13 besoldet. Soweit die Lehrer in den ostdeutschen Ländern (noch) nicht verbeamtet sind, gilt für sie die der jeweiligen Besoldungsgruppe entsprechende Vergütungsgruppe des BAT-Ost (vgl. dazu TZ 23.2).
Bei den in den Besoldungsordnungen ausgewiesenen Lehrämtern handelt es sich um das jeweilige *Eingangsamt*, aus dem der Lehrer in eine höhere Besoldungsgruppe aufsteigen kann, wenn er befördert wird (z. B. der Studienrat [A 13] zum Oberstudienrat [A 14]). Die Eingangsämter für Lehrer weichen teilweise von den Regellaufbahnen der Beamten ab (vgl. § 24 Abs. 1 Satz 1 Nr. 1 BBesG). So ist beispielsweise der Realschullehrer, wiewohl der Laufbahngruppe des gehobenen Dienstes zugehörig, in der der Laufbahngruppe des höheren Dienstes zugeordneten Besoldungsgruppe A 13 eingestuft. Zur Zuordnung der Lehrer zu den verschiedenen Laufbahngruppen vgl. TZ 18.212; zu den Beförderungsämtern im Schuldienst vgl. TZ 18.23.
Das Grundgehalt wird nach *Stufen* bemessen und steigt bis zur fünften Stufe im Abstand von zwei Jahren, bis zur neunten Stufe im Abstand von drei Jahren und darüber hinaus im Abstand von vier Jahren (§ 27 Abs. 1 Satz 1, Abs. 2 BBesG). Das Aufsteigen in den Stufen bestimmt sich nach dem Besoldungsdienstalter und der Leistung (§ 27 Abs. 1 Satz 2 BBesG); bei dauerhaft herausragenden Leistungen kann die nächsthöhere Stufe vorweg festgesetzt werden (*Leistungsstufen*), jedoch frühestens nach Ablauf der Hälfte des Zeitraumes bis zu ihrem Erreichen und in einem Kalenderjahr nur bei höchstens zehn Prozent der Landesbeamten in den Besoldungsgruppen der Besoldungsordnung A (§ 27 Abs. 3 Sätze 1 und 2 BBesG)[17]. Das *Besoldungsdienstalter* beginnt am Ersten des Monats, in dem der Beamte das 21. Lebensjahr vollendet hat (§ 28 Abs. 1 BBesG). Sofern ein Lehrer nach dem 31. Lebensjahr keine Bezüge für eine hauptberufliche Tätigkeit im öffentlichen Dienst erhalten hat – z. B. wegen späterer Einstellung oder wegen Beurlaubung –, wird der Beginn des Besoldungsdienstalters um ein Viertel der Zeit bis zum vollendeten 35. Lebensjahr und um die Hälfte der weiteren Zeit hinausgeschoben; bei Lehrern mit einem Eingangsamt der Besoldungsgruppe A 13 tritt an die Stelle des 31. das 35. Lebensjahr (§ 28 Abs. 2 BBesG). Diese Regelung gilt gemäß § 28 Abs. 3 BBesG nicht für Zeiten, in denen der Lehrer Kinder betreut hat

---

16 Diplomlehrer für zwei Fächer der Klassen 5 bis 10 bzw. 5 bis 12 waren nach dem Abitur, also in der Regel nach dem erfolgreichen Abschluß der zweijährigen Erweiterten Oberschule (EOS), in einem fünfjährigen Studium an einer Universität oder Pädagogischen Hochschule ausgebildet worden; sie unterrichteten an der POS oder, sofern sich ihre Lehrbefähigung auch auf die Klassen 11 und 12 erstreckte, an der EOS.

17 Bundesregierung und Landesregierungen sind durch § 27 Abs. 3 Satz 5 BBesG ermächtigt, jeweils für ihren Bereich nähere Regelungen durch Rechtsverordnung zu treffen. S. z. B. Hess LeistungsstufenVO vom 4. 11. 1998 (GVBl. I S. 470), deren Anwendung auf Landesbeamte jedoch zunächst ausgesetzt wurde (s. § 6 der VO). Die VO kann daher bis auf weiteres nur für den kommunalen Bereich Bedeutung gewinnen; allerdings besteht die Möglichkeit, die VO in Teilbereichen der Landesverwaltung probeweise anzuwenden.

(je Kind höchstens drei Jahre)[18] oder in denen er ohne Dienstbezüge beurlaubt war, wenn die oberste Dienstbehörde schriftlich anerkannt hat, daß der Urlaub dienstlichen Interessen oder öffentlichen Belangen dient. Das Hinausschieben des Beginns des Besoldungsdienstalters kann vor allem für frühere DDR-Lehrer, die in das Beamtenverhältnis übernommen werden, nachteilige Konsequenzen haben. Zeiten einer Tätigkeit, die ihnen aufgrund einer besonderen persönlichen Nähe zum System der DDR übertragen war, sind nicht als Dienstzeiten zu berücksichtigen. Waren sie beispielsweise in der DDR hauptamtlich an Bildungseinrichtungen der staatstragenden Parteien oder einer Massen- oder gesellschaftlichen Organisation tätig, so wird die Systemnähe widerlegbar vermutet (§ 30 Abs. 2 Nr. 3 BBesG).

Das Besoldungsdienstalter ist nicht identisch mit der für die Höhe des Ruhegehalts maßgeblichen ruhegehaltfähigen Dienstzeit (dazu TZ 20.211). Berechnung und Festsetzung des Besoldungsdienstalters sind dem Lehrer schriftlich mitzuteilen (§ 28 Abs. 4 BBesG); bei der Festsetzung handelt es sich um einen anfechtbaren Verwaltungsakt. Die Höhe des jeweiligen Grundgehalts ergibt sich aus Anlage IV des Bundesbesoldungsgesetzes.

20.112 Der *Familienzuschlag* (früher: Ortszuschlag) soll unterschiedlichen Belastungen aufgrund des Familienstands Rechnung tragen, hat also eine soziale Ausgleichsfunktion[19]. Seine Höhe, die sich aus Anlage V des Bundesbesoldungsgesetzes ergibt, richtet sich nach der Besoldungsgruppe des Beamten und nach der Stufe, die seinen Familienverhältnissen entspricht (§ 39 Abs. 1 BBesG). Verheiratete, verwitwete und geschiedene Beamte gehören zur Stufe 1, wenn sie aus der Ehe zum Unterhalt verpflichtet sind (§ 40 Abs. 1 Nr. 1 bis 3 BBesG)[20]. Der Familienzuschlag der Stufe 2 und der folgenden Stufen wird kindergeldberechtigten Beamten gewährt; die Stufe richtet sich nach der Zahl der berücksichtigungsfähigen Kinder (§ 40 Abs. 2 BBesG). Steht auch der Ehegatte des Beamten im öffentlichen Dienst, so wird der Familienzuschlag der Stufe 1 zur Hälfte gezahlt (§ 40 Abs. 4 Satz 1 BBesG)[21].

---

18 BVerwGE, NVwZ-RR 1997, 107: Kinderbetreuungszeiten i. S. des § 28 Abs. 2 BBesG sind Zeiten, in denen sich die Beamtin oder der Beamte anstelle der Dienstausübung ganz oder überwiegend der Kinderbetreuung widmet, womit gleichzeitig ein entsprechender Wegfall der Bezüge verbunden ist. Entsprechendes gilt für Zeiten, in denen die Beamtin oder der Beamte noch nicht verbeamtet war. Daher steht eine gleichzeitige vollberufliche Tätigkeit vor Begründung des Beamtenverhältnisses der Annahme einer Kinderbetreuung entgegen.
19 Der Begriff Ortszuschlag war insoweit irreführend. Vgl. *Schwegmann/Summer* (Anm. 5), § 39 Anm. 1.
20 Zur Stufe 1 des Familienzuschlags gehören ferner Beamte, die eine andere Person nicht nur vorübergehend in ihre Wohnung aufgenommen haben und ihr Unterhalt gewähren, weil sie gesetzlich oder sittlich dazu verpflichtet sind oder aus beruflichen oder gesundheitlichen Gründen ihrer Hilfe bedürfen (§ 40 Abs. 1 Nr. 4 BBesG). Eine nichteheliche Lebensgemeinschaft begründet keine sittliche Verpflichtung zur Gewährung von Unterbringung und Unterhalt, weil sie jederzeit einseitig gelöst werden kann (vgl. BVerwG, NJW 1982, 2885; NVwZ-RR 1991, 309; DÖV 1994, 303). Anders OVG Schleswig, NJW 1992, 258; sehr kritisch dazu Bernd *Rüthers*: Die Verbindlichkeit des Unverbindlichen, NJW 1992, 879; hiergegen wiederum Christian *Meier*/Roland *Schimmel*: Die »Verbindlichkeit« des »Unverbindlichen«? Zur besoldungsrechtlichen Bedeutung nichtehelicher Lebensgemeinschaften, NVwZ 1993, 41.
21 Die darüber hinausgehenden Beträge der Stufe 2 und der folgenden Stufen verbleiben dem kindergeldberechtigten Ehegatten in voller Höhe.

20.113 Für herausgehobene Funktionen können Amtszulagen und Stellenzulagen vorgesehen werden (§ 42 Abs. 1 BBesG). So erhalten z. B. Studiendirektoren als Leiter oder ständige Vertreter des Leiters bestimmter Gymnasien und beruflicher Schulen Amtszulagen[22], Studienräte an Gymnasien und beruflichen Schulen Stellenzulagen[23]. *Amtszulagen* sind unwiderruflich und ruhegehaltfähig; sie gelten als Bestandteil des Grundgehalts (§ 42 Abs. 2 BBesG). Demgegenüber dürfen *Stellenzulagen* nur für die Dauer der Wahrnehmung der herausgehobenen Funktion gewährt werden; sie sind widerruflich und nur ruhegehaltfähig, wenn dies gesetzlich bestimmt ist (§ 42 Abs. 3 Satz 1, Abs. 4 BBesG)[24]. Zur Zulage für die vorübergehende Wahrnehmung eines höherwertigen Amtes vgl. TZ 18.23.

20.114 § 42 a BRRG ermächtigt Bundesregierung und Landesregierungen, jeweils für ihren Bereich zur Abgeltung von herausragenden besonderen Leistungen durch Rechtsverordnung die Gewährung von Leistungsprämien und Leistungszulagen an Beamte in Besoldungsgruppen der Besoldungsordnung A zu regeln[25]. Die *Leistungsprämie* ist eine einmalige Zahlung, die der Anerkennung einer bereits erbrachten Leistung dient; sie darf das Anfangsgrundgehalt der Besoldungsgruppe des Beamten nicht übersteigen. Mit der *Leistungszulage* soll eine über einen mindestens dreimonatigen Zeitraum erbrachte und auch für die Zukunft zu erwartende Leistung anerkannt werden; sie beträgt höchstens sieben Prozent des Anfangsgrundgehalts und darf längstens für einen zusammenhängenden Zeitraum von einem Jahr gewährt werden[26]. Auch bei Leistungsprämien und -zulagen gilt die Einschränkung, daß sie im Laufe eines Kalenderjahres nur bis zu zehn Prozent der Landesbeamten gewährt werden dürfen. Leistungsprämien und -zulagen sind nicht ruhegehaltfähig; erneute Bewilligungen sind möglich.

20.115 Erteilt der Lehrer im Rahmen seiner Lehrbefähigung Unterricht über die Pflichtstundenzahl hinaus (vgl. TZ 21.345), kommt eine *Mehrarbeitsvergütung* in Betracht. Die Gewährung dieser Vergütung setzt voraus, daß die Mehrarbeit schriftlich angeordnet oder genehmigt wurde, daß sie die Pflichtstundenzahl um mehr als drei Unterrichtsstunden monatlich übersteigt und daß sie aus zwingenden dienstlichen Gründen nicht durch Dienstbefreiung

---

22 Anmerkung 7 zur Besoldungsgruppe A 15 (Anlage I BBesG).
23 Nr. 27 Abs. 1 Buchst. c der Vorbemerkungen zu den Bundesbesoldungsordnungen A und B.
24 Die Stellenzulage für Studienräte an Gymnasien und beruflichen Schulen (BesGr A 13) ist gem. Nr. 27 Abs. 1 Buchst. c der Vorbemerkungen zu den Bundesbesoldungsordnungen A und B als das Grundgehalt ergänzend und als ruhegehaltfähig ausgewiesen. Sie nimmt wie die Amtszulagen an den allgemeinen Besoldungsanpassungen teil. Art. 10 des Versorgungsreformgesetzes 1998 vom 29. 6. 1998 (BGBl. I S. 1666) findet auf sie keine Anwendung, da diese Vorschrift nur solche Stellenzulagen von der Dynamisierung ausschließt, die nicht als das Grundgehalt ergänzend ausgewiesen sind.
25 Von dieser Ermächtigung hat z. B. Hessen durch die Leistungsprämien- und -zulagenVO vom 4. 11. 1998 (GVBl. I S. 472) Gebrauch gemacht, die Anwendung der Verordnung auf die Landesbeamten jedoch wiederum sogleich ausgeschlossen, aber auch hier die Möglichkeit der Erprobung in Teilbereichen der Landesverwaltung eröffnet (§ 6 der VO).
26 Vgl. zu den Einzelheiten die insoweit übereinstimmenden Regelungen in der Leistungsprämien- und -zulagenVO des Bundes vom 1. 7. 1997 (BGBl. I S. 1598) und in der entsprechenden hess VO (s. Anm. 25).

innerhalb von drei Monaten ausgeglichen werden kann (§ 44 BRRG, § 72 Abs. 2 BBG, § 48 BBesG)[27].

20.116 Für Lehrer, die von ihrer erstmaligen Ernennung an in einem der neuen Länder oder im Ostteil Berlins verwendet werden, betragen die Dienstbezüge seit dem 1.9.1998 86,5 Prozent der für das bisherige Bundesgebiet geltenden Dienstbezüge (§ 2 Abs. 1 2. BesÜV)[28].

20.12 Sonstige Bezüge

Zu den sonstigen Bezügen gehören die Anwärterbezüge, ferner Sonderzuwendungen, vermögenswirksame Leistungen und Urlaubsgeld (§ 1 Abs. 3 BBesG).

20.121 Lehramtsanwärter erhalten als Beamte auf Widerruf im Vorbereitungsdienst keine Dienstbezüge, sondern *Anwärterbezüge* (§§ 59 ff. BBesG)[29]. Dazu rechnet insbesondere der Anwärtergrundbetrag, der nach den Besoldungsgruppen der Eingangsämter abgestuft ist[30]. Außerdem steht dem Lehramtsanwärter der Familienzuschlag (TZ 20.112) zu; auch dieser bemißt sich nach der Besoldungsgruppe des späteren Eingangsamts (§ 39 Abs. 1 Satz 3 BBesG). Für Lehramtsanwärter in den neuen Ländern und in den östlichen Bezirken Berlins betragen Anwärtergrundbetrag und Familienzuschlag 86,5 Prozent der für das bisherige Bundesgebiet maßgeblichen Anwärterbezüge (§ 3 Abs. 2 2. BesÜV). Lehramtsanwärter, die über die im Rahmen der Ausbildung vorgeschriebene Zahl von zehn Unterrichtsstunden hinaus selbständig Unterricht erteilen, können unter bestimmten Voraussetzungen zusätzlich zu den Anwärterbezügen eine *Unterrichtsvergütung* erhalten (§ 64 BBesG). Diese darf die für das angestrebte Lehramt festgesetzten Beträge

---

27 Zu § 48 BBesG s. die bundeseinheitlich geltende VO der Bundesregierung über die Gewährung von Mehrarbeitsvergütung für Beamte i.d. F. der Bek. v. 13.3.1992 (BGBl. I S. 528), zul.g.d.G.v. 6.8.1998 (BGBl. I S. 2026, 2028), sowie die zu der VO ergangene Allgemeine Verwaltungsvorschrift vom 6.8.1974 (GMBl. S. 386). Die Mehrarbeitsvergütung beträgt z. Z. je Unterrichtsstunde für Lehrer an Grund- und Hauptschulen 31,70 DM, für Real- und Sonderschullehrer 37,64 DM, für Studienräte, Oberstudienräte usw. 43,96 DM (§ 4 Abs. 3 MehrarbeitsvergütungVO). Nr. 1.3.1 der Allgemeinen Verwaltungsvorschrift stellt klar, daß vergütbare Mehrarbeit nur bei zusätzlicher Beanspruchung durch *Unterrichtstätigkeit* vorliegt; für die Mitwirkung an schulischen und außerschulischen Veranstaltungen, die kein Unterricht sind (z. B. Teilnahme an Konferenzen, Schulfesten, Schulwanderungen, Erledigung von Verwaltungsarbeit) wird keine Mehrarbeitsvergütung gewährt.
28 Demgegenüber erhalten die in den östlichen Bezirken Berlins als Angestellte beschäftigten Lehrer aufgrund des bln Einkommensangleichungsgesetzes vom 7.7.1994 die gleichen Bezüge wie ihre Kollegen im Tarifgebiet West (dazu TZ 23.251, Anm. 49).
29 BVerwG, ZBR 1992, 248: Der Anspruch eines Anwärters auf Anwärterbezüge wird durch eine gleichzeitige Tätigkeit als Angestellter im öffentlichen Dienst mit halber Arbeitszeit nicht ausgeschlossen.
30 S. im einzelnen Anlage VIII des BBesG. Der Anwärtergrundbetrag wurde durch Art. 5 Nr. 25 des Versorgungsreformgesetzes 1998 (Anm. 24) i. V. m. Anlage 1 dieses Gesetzes um etwa 5 % abgesenkt.

der Mehrarbeitsvergütung nicht überschreiten (vgl. TZ 20.115); ihre Höhe bestimmt sich nach Landesrecht[31]. Zur sozialen Absicherung der Lehramtsanwärter s. TZ 17.33.

20.122 Zusätzlich zu ihren Dienst- oder Anwärterbezügen erhalten Beamte Sonderzuwendungen, vermögenswirksame Leistungen und Urlaubsgeld (§§ 67, 68, 68a, 59 Abs. 2 Satz 2 BBesG). Die jährliche *Sonderzuwendung* wird in Höhe der für den Monat Dezember maßgebenden Bezüge (in den neuen Ländern gemäß § 3 Abs. 3 2. BesÜV: 75 Prozent dieser Bezüge) gewährt; ein Sonderbeitrag für Kinder kommt hinzu. Die Zuwendung ist mit den Dezemberbezügen zu zahlen. Scheidet der Beamte vor dem 31. März des folgenden Jahres aus einem von ihm zu vertretenden Grund aus dem Dienst aus, entfällt die Zuwendung oder sie ist zurückzuzahlen[32]. (Zur *Jubiläumszuwendung* vgl. TZ 19.223). Die *vermögenswirksame Leistung* beträgt im gesamten Bundesgebiet je Kalendermonat 13 DM, bei teilzeitbeschäftigten Beamten 6,50 DM[33]. Das *jährliche Urlaubsgeld*, das mit den laufenden Bezügen für den Monat Juli gezahlt wird, beläuft sich auf 500 DM; teilzeitbeschäftigte Lehrer erhalten ein entsprechend verringertes Urlaubsgeld[34].

20.2 Versorgung[35]

Die Versorgungsbezüge sollen, anstelle oder zusätzlich zu der Besoldung, den angemessenen Lebensunterhalt des Beamten, seiner Familienangehörigen und Hinterbliebenen gewährleisten[36]. Die Beamtenversorgung ist durch das *Beamtenversorgungsgesetz* für die Beamten in Bund, Ländern und Kommu-

---

31 Die Einzelheiten ergeben sich aus der VO des Bundesinnenministers über die Gewährung einer Unterrichtsvergütung für Lehramtsanwärter vom 18.7.1976 (BGBl. I S. 1828) und aus den ergänzenden landesrechtlichen Vorschriften. Ist das dienstrechtlich vorgeschriebene Unterrichtsdeputat höher als 10 Wochenstunden, dürfen nur die darüber hinausgehenden Stunden vergütet werden.
32 S. das Gesetz über die Gewährung einer jährlichen Sonderzuwendung i. d. F. v. 23.5.1975 (BGBl. I S. 1238), zul. g. d. Art. 11 Versorgungsreformgesetz 1998 (Anm. 24), § 3 Abs. 3 2. BesÜV.
33 Im einzelnen das Gesetz über vermögenswirksame Leistungen für Beamte, Richter, Berufssoldaten und Soldaten auf Zeit i. d. F. der Bek. v. 23.5.1975 (BGBl. I S. 1173), zul. g. d. Art. 12 Versorgungsreformgesetz 1998 (Anm. 24), § 3 Abs. 4 2. BesÜV.
34 Gesetz über die Gewährung eines jährlichen Urlaubsgeldes vom 15.11.1977 (BGBl. I S. 2120), zul. g. d. Art. 13 Versorgungsreformgesetz 1998 (Anm. 24), § 3 Abs. 5 2. BesÜV.
35 Hierzu Wilhelm *Kümmel*: Kommentar zum Beamtenversorgungsgesetz. 7 Bde., Hannover (Loseblattausgabe, Stand: Mai 1999); Manfred *Stegmüller*/Rudolf *Schmalhofer*/Erwin *Bauer*: Beamtenversorgungsgesetz. 3 Bde., München (Loseblattausgabe, Stand: März 1999). – Zur Einführung: Theo *Murmann*: Grundlagen des Beamtenversorgungsrechts, RiA 1991, 231.
36 Vgl. *Battis* (Anm. 1), S. 946 f. Rn. 133.

nen einheitlich und unmittelbar geregelt (§ 1 Abs. 1 BeamtVG)[37]. Die wichtigsten *Arten der Versorgung* sind: Ruhegehalt oder Unterhaltsbeitrag, Hinterbliebenenversorgung, Unfallfürsorge und Übergangsgeld (§ 2 Abs. 1 BeamtVG). Zur Versorgung gehören ferner die jährliche Sonderzuwendung (dazu TZ 20.122) und der Kindererziehungszuschlag[38] (§ 2 Abs. 2 BeamtVG).

20.21 Ruhegehalt und Unterhaltsbeitrag

20.211 Der Beamte, der in den Ruhestand getreten ist oder in den Ruhestand versetzt wurde (TZ 18.33), erhält bis an sein Lebensende *Ruhegehalt* (§ 30 BRRG, § 47 Abs. 3 BBG). Voraussetzung ist, daß der Lehrer eine Dienstzeit von wenigstens fünf Jahren abgeleistet hat; die Mindestdienstzeit wird nicht gefordert, wenn der Beamte infolge Krankheit, Verwundung oder sonstiger Beschädigung, die er sich ohne grobes Verschulden bei Ausübung oder aus Veranlassung des Dienstes zugezogen hat, dienstunfähig geworden ist (§ 4 Abs. 1 Satz 1 Nr. 1 und 2 BeamtVG). Das Ruhegehalt richtet sich nach der Höhe der ruhegehaltfähigen Dienstbezüge und der Dauer der *ruhegehaltfähigen Dienstzeit*, die der Lehrer vom Tag seiner ersten Berufung ins Beamtenverhältnis an im Dienst eines öffentlich-rechtlichen Dienstherrn oder in einer sonstigen anrechenbaren Tätigkeit (z. B. Privatschuldienst[39]) verbracht hat (§ 4 Abs. 3, §§ 5 ff. BeamtVG). Die ruhegehaltfähige Dienstzeit errechnet sich also anders als das Besoldungsdienstalter. Bei einem in das Beamtenverhältnis übernommenen *DDR-Lehrer* werden Zeiten, die er bis zum 2. 10. 1990 hauptberuflich im öffentlichen Dienst zurückgelegt hat, nicht als ruhegehaltfähige Dienstzeit angerechnet, sofern die allgemeine Wartezeit für die gesetzliche Rentenversicherung erfüllt ist und diese Zeiten als rentenrechtliche Zeiten berücksichtigungsfähig sind; ihm steht insoweit ein Anspruch auf Rente aus der gesetzlichen Rentenversicherung zu (vgl. TZ 23.261). Sofern die allgemeine Wartezeit für die gesetzliche Rentenversicherung nicht erfüllt ist, können die früheren Dienstzeiten bis zu fünf Jahren als ruhegehaltfähig berücksichtigt werden (§ 12 b Abs. 2 BeamtVG); das gilt jedoch nicht für Zeiten, in denen der Beamte eine »systemnahe« Tätigkeit ausgeübt hat (§ 12 a BeamtVG i. V. m. § 30 Abs. 2 BBesG, vgl. TZ 20.111). *Dienstzeiten während einer Teilzeitbeschäftigung* (dazu TZ 18.211) sind nur zu dem Teil ruhegehaltfähig,

---

37 Das BeamtVG regelt die Versorgung abschließend. Deshalb ist § 104 bw SchG, wonach Lehrern an privaten Heimsonderschulen unter bestimmten Voraussetzungen die Versorgungsberechtigung eines entsprechenden Lehrers an öffentlichen Schulen verliehen werden kann, auf einen beurlaubten beamteten Sonderschullehrer nicht anwendbar; da er trotz seiner Beurlaubung Beamter geblieben ist, richten sich seine Versorgungsansprüche ausschließlich nach dem BeamtVG (so BVerwGE 98, 54 [56 f.]).
38 Der Kindererziehungszuschlag entspricht der Erziehungszeitenrente; er ist in dem Kindererziehungszuschlagsgesetz vom 29. 7. 1998 (BGBl. I S. 1684) geregelt. Das Kindererziehungszuschlagsgesetz wurde als Art. 8 des Versorgungsreformgesetzes (Anm. 24) verkündet; es trat gem. Art. 24 Abs. 2 Nr. 4 dieses Gesetzes mit Wirkung vom 1. 7. 1998 in Kraft.
39 Nicht anrechenbar i. S. des § 11 Nr. 1 Buchst. b BeamtVG ist eine Tätigkeit im ausländischen nichtöffentlichen Schuldienst (so BVerwG, ZBR 1993, 334).

der dem Verhältnis der ermäßigten zur regelmäßigen Arbeitszeit entspricht (§ 6 Abs. 1 Satz 3 BeamtVG).

Ruhegehaltfähige Dienstbezüge sind das Grundgehalt, das dem Beamten zuletzt zugestanden hat, der Familienzuschlag der Stufe 1 und die für ruhegehaltfähig erklärten sonstigen Dienstbezüge (§ 5 Abs. 1 Satz 1 BeamtVG). Doch muß er diese Bezüge mindestens drei Jahre vor Eintritt in den Ruhestand erhalten haben; andernfalls sind nur die Bezüge des vorher bekleideten Amts maßgeblich (§ 5 Abs. 3 BeamtVG). Das Ruhegehalt beträgt für jedes Jahr ruhegehaltfähiger Dienstzeit 1,875 Prozent der ruhegehaltfähigen Dienstbezüge bis zum Höchstbetrag von 75 Prozent (§ 14 Abs. 1 Satz 1 BeamtVG)[40].

Vorzeitige Pensionierung führt zu *Versorgungsabschlägen*. Vom 1. 1. 2000 an gilt dabei folgende Regelung. Nach § 14 Abs. 3 Satz 1 Nr. 2 BeamtVG vermindert sich das Grundgehalt um 3,6 Prozent für jedes Jahr, um das der Beamte auf eigenen Wunsch (also nicht bei Dienstunfähigkeit oder als Schwerbehinderter) vor Vollendung des 65. Lebensjahres – frühestens mit 63 Jahren – in den Ruhestand versetzt wird (vgl. TZ 18.331)[41]. Wer wegen Dienstunfähigkeit, die nicht auf einem Dienstunfall beruht, vorher pensioniert wird, muß für jedes vorangehende Jahr gleichfalls einen Abschlag von 3,6 Prozent hinnehmen; doch darf die Minderung 10,8 Prozent nicht übersteigen (§ 14 Abs. 3 Satz 1 Nr. 3 BeamtVG). Das Ruhegehalt beläuft sich auf mindestens 35 Prozent der ruhegehaltfähigen Dienstbezüge oder, wenn dies günstiger ist, auf 65 Prozent der ruhegehaltfähigen Dienstbezüge aus der Endstufe der Besoldungsgruppe A 4 (§ 14 Abs. 4 BeamtVG). Ist der Ruhestandsbeamte geschieden, wird das Ruhegehalt mit Rücksicht auf den Versorgungsausgleich gekürzt (s. im einzelnen § 57 BeamtVG).

Mit Rücksicht auf den Vertrauensschutz der bereits am 31. 12. 1991 vorhandenen Beamten bleibt der zu diesem Zeitpunkt erreichte Ruhegehaltsatz gewahrt; er steigt mit jedem Jahr danach um 1 Prozent der ruhegehaltfähigen Dienstbezüge bis zur Höchstgrenze von 75 Prozent (§ 85 Abs. 1 BeamtVG); die Minderung des Ruhegehalts bei Beamten, die auf Antrag nach Vollendung des 63. Lebensjahres pensioniert werden, wird stufenweise verwirklicht (§ 85 Abs. 5 BeamtVG)[42].

---

40 Die gleichmäßig um 1,875 % je Jahr der ruhegehaltfähigen Dienstzeit ansteigende Ruhegehaltskala wurde durch das Gesetz zur Änderung des BeamtVG und sonstiger dienst- und versorgungsrechtlicher Vorschriften vom 18. 12. 1989 (BGBl. I S. 2218) eingeführt. Sie ersetzte die zuvor geltende degressive Ruhegehaltskala (35 % für die ersten 10 Dienstjahre, je 2 % für die folgenden 15 Dienstjahre sowie je 1 % für weitere 10 Dienstjahre). Die Neuregelung hat zur Folge, daß der Höchstruhegehaltsatz von 75 % erst nach 40 statt früher nach 35 Dienstjahren erreicht wird. – Dazu ausführlich Harald *Strötz:* Beamtenversorgungsreform '92, ZBR 1991, 230.

41 Wer sich z. B. bereits mit 63 Jahren pensionieren läßt, erhält nur 92,8 % des Ruhegehalts, das ihm bei Pensionierung nach Vollendung des 65. Lebensjahres zugestanden hätte.

42 Kein Abschlag, wenn das 63. Lebensjahr vor dem 1. 1. 1998 vollendet wurde; wird diese Altersgrenze 1999 erreicht, ist das Ruhegehalt um 0,6 % zu kürzen, danach um jeweils weitere 0,6 % jährlich bis zum Höchstsatz von 3,6 % nach dem 31. 12. 2002.

20.212 Einem wegen Dienstunfähigkeit entlassenen Beamten auf Probe (TZ 18.312) kann ein *Unterhaltsbeitrag* bis zur Höhe des Ruhegehalts bewilligt werden (§ 15 Abs. 2 BeamtVG).

20.22 Hinterbliebenenversorgung

Stirbt der Lehrer, verbleiben den Erben die *Bezüge für den Sterbemonat* (§ 17 Abs. 1 BeamtVG). Der überlebende Ehegatte und die Abkömmlinge des Beamten erhalten *Sterbegeld* in Höhe des Zweifachen der Dienst- bzw. Anwärterbezüge oder des Ruhegehalts des Verstorbenen (§ 18 BeamtVG). Die Witwe bezieht ein *Witwengeld* in Höhe von 60 Prozent des Ruhegehalts (§§ 19 Abs. 1 Satz 1, 20 Abs. 1 BeamtVG); der Witwer einer verstorbenen Beamtin erhält *Witwergeld* (§ 28 BeamtVG). Der Anspruch entfällt bei einer reinen Versorgungsehe, die weniger als drei Monate gedauert hat, und bei einer erst nach Eintritt in den Ruhestand und Vollendung des 65. Lebensjahres geschlossenen Ehe; im letztgenannten Fall ist die Bewilligung eines *Unterhaltsbeitrags* möglich (§§ 19 Abs. 1 Satz 2 Nrn. 1 und 2, 22 Abs. 1 BeamtVG). Das Witwengeld wird gekürzt, wenn die Witwe mehr als 20 Jahre jünger als der Verstorbene war. Die Kürzung findet nicht statt, sofern aus der Ehe ein Kind hervorgegangen ist; sie vermindert sich oder fällt fort, wenn die Ehe mindestens fünf Jahre gedauert hat (§ 20 Abs. 2 BeamtVG). Im Fall ihrer Wiederverheiratung erhält die Witwe statt des Witwengelds eine *Abfindung* (§§ 61 Abs. 1 Satz 1 Nr. 2, 21 Abs. 1 BeamtVG). Die *geschiedene Ehefrau* eines verstorbenen Beamten erhält einen Unterhaltsbeitrag, soweit sie Anspruch auf schuldrechtlichen Versorgungsausgleich hatte; der Unterhaltsbeitrag wird aber nur gewährt, wenn sie berufs- oder erwerbsunfähig ist, mindestens ein waisengeldberechtigtes Kind erzieht, für ein gebrechliches Kind sorgt oder das 60. Lebensjahr vollendet hat (§ 22 Abs. 2 BeamtVG).
Der Gesetzgeber hat Vorkehrungen zur *Einschränkung der Doppelversorgung* getroffen. Bezieht z. B. die Witwe selbst Erwerbseinkommen oder tritt sie ihrerseits in den Ruhestand, wird das Witwengeld nur bis zu einer Höchstgrenze gezahlt (im einzelnen §§ 53 und 54 BeamtVG). Höchstgrenzen gelten nach § 55 BeamtVG auch für das Zusammentreffen von beamtenrechtlichen Versorgungsbezügen mit Renten.
Kinder erhalten *Waisengeld* (§ 23 BeamtVG). Für Halbwaisen werden 12 Prozent, für Vollwaisen 20 Prozent des Ruhegehalts gewährt (§ 24 BeamtVG). Witwen- und Waisengeld dürfen weder einzeln noch zusammen den Betrag des Ruhegehalts übersteigen (§ 25 Abs. 1 BeamtVG).

20.23 Unfallfürsorge

Wird der Beamte durch einen Unfall verletzt, der in Ausübung oder infolge des Dienstes eingetreten ist (*Dienstunfall*), erhalten er und seine Hinterbliebenen Unfallfürsorge (§§ 30 ff. BeamtVG). Zum Dienst des Lehrers gehören die Teilnahme an Wanderungen und sonstigen Schulveranstaltungen, amtlich angeordneten Lehrgängen, Übungen, Besichtigungen sowie der Weg zur und von der Schule (nicht aber ein Umweg aus privaten Gründen)[43]. Ein Dienstunfall liegt auch dann vor, wenn der Lehrer außerhalb der Unterrichtszeit von einem rabiaten Vater aus Verärgerung über die seinem Kind erteilte schlechte Zeugnisnote tätlich angegriffen und verletzt wird. Die Unfallfürsorge umfaßt das *Heilverfahren* sowie die *Erstattung von Sachschäden* und besonderen Aufwendungen, evtl. ein *Unfallruhegehalt* oder einen *Unterhaltsbeitrag*, eine *Hinterbliebenenversorgung* und einmalige *Unfallentschädigung*. Ein *Unfallausgleich* wird neben den Dienst- bzw. Anwärterbezügen oder dem Ruhegehalt gewährt, wenn der Beamte infolge des Unfalls in seiner Erwerbstätigkeit länger als sechs Monate wesentlich beschränkt ist.

Erleidet der Lehrer auf dem Schulgrundstück einen Schaden, der nicht auf einen Dienstunfall zurückzuführen ist, haftet in der Regel der Schulträger; soweit der Lehrer dabei seinerseits die im Verkehr erforderliche Sorgfalt außer acht gelassen hat, muß er sich sein Mitverschulden nach § 254 BGB anrechnen lassen.

20.24 Übergangsgeld

Wird ein Lehrer mit Dienstbezügen nicht auf Antrag, aber in Ehren entlassen (TZ 18.313), erhält er ein Übergangsgeld (§ 47 BeamtVG)[44]. Es wird nach vollendeter einjähriger Beschäftigungszeit gewährt, und zwar gestaffelt nach der Beschäftigungsdauer zwischen dem Einfachen und dem Sechsfachen der Dienstbezüge des letzten Monats. Einem wegen Dienstunfähigkeit entlassenen Beamten auf Probe, dem ein Unterhaltsbeitrag bewilligt worden ist (TZ 20.212), wird das Übergangsgeld nicht gewährt (§ 47 Abs. 3 Nr. 2 BeamtVG).

20.3 Bezüge zum Ausgleich von Sonderbelastungen

Diese Bezüge dienen der Unterstützung des Beamten aus Anlaß dienstlich bedingter Mehraufwendungen (z. B. durch Dienstreisen oder Umzüge) oder wegen persönlicher Belastungen (z. B. Krankheit).

---

43 Der Verkehrsunfall eines Lehrers, der sich in einer Buchhandlung über ein Fachbuch für den Unterricht in seinem Fach informieren will, kann ein Dienstunfall sein (so OVG Lüneburg, ZBR 1996, 98).
44 Lehramtsanwärtern steht ein Übergangsgeld nicht zu, weil sie keine Dienst-, sondern Anwärterbezüge erhalten.

20.31 Reisekostenvergütung[45]

20.311 Aufwendungen anläßlich von *Dienstreisen* werden nach den Bestimmungen der Landesreisekostengesetze erstattet[46]. Dienstreisen sind Reisen zur Erledigung von Dienstgeschäften außerhalb des Dienstortes, die vom Dienstvorgesetzten schriftlich angeordnet oder genehmigt worden sind. Die Beamten werden durch eine *Reisekostenvergütung* für die ihnen entstandenen Aufwendungen entschädigt. Die Reisekostenvergütung umfaßt insbesondere Fahrtkostenerstattung, Tagegeld, Übernachtungsgeld und Ersatz der Nebenkosten. Nur die wirklich entstandenen Auslagen an Fahrt- und Nebenkosten werden ersetzt, während die Aufwendungen für Verpflegung und Unterkunft durch Tage- und Übernachtungsgelder pauschal abgegolten werden; sind jedoch die nachgewiesenen Übernachtungskosten höher als das Übernachtungsgeld, wird der Mehrbetrag bis zu einer Höchstgrenze erstattet. Sonderregelungen bestehen für Beamte, denen ein Amtsbezirk zugewiesen ist (z. B. Schulrat) oder die bestimmte wiederkehrende Dienstreisen zu demselben Ort oder in demselben Bezirk ausführen müssen (z. B. Lehrer, die in verschiedenen ländlichen Gemeinden unterrichten).

20.312 Lehrer, die aus dienstlichen Gründen an eine auswärtige Beschäftigungsstelle ohne Zusage der Umzugskostenvergütung (dazu TZ 20.321) abgeordnet werden, erhalten für ihre notwendigen Auslagen unter Berücksichtigung der häuslichen Ersparnisse eine *Trennungsentschädigung*. Die Einzelheiten sind in Rechtsverordnungen der Landesfinanzministerien geregelt.

20.313 Bei Dienstreisen aus Anlaß von *Schulwanderungen und Schulfahrten* erhalten Lehrer aufgrund besonderer Vorschriften der Länder[47] anstelle von Tage- und Übernachtungsgeldern eine niedriger bemessene Aufwandsvergütung. Bei Reisen zu *Fortbildungsveranstaltungen*, die teilweise im dienstlichen Interesse liegen, können je nach landesrechtlicher Regelung die Auslagen für Verpflegung und Unterkunft bis zur Höhe des bei Dienstreisen zustehenden Tage- und Übernachtungsgeldes sowie die notwendigen Fahrt- und Nebenkosten erstattet werden; liegt die Teilnahme an der Fortbildungsmaßnahme im ausschließlichen dienstlichen Interesse, erhält der Lehrer die ihm nach dem jeweiligen Reisekostengesetz zustehende Reisekostenvergütung. Für die Teilnahme an sonstigen Fortbildungsveranstaltungen werden keine Auslagen erstattet.

---

45 Dazu Alfred *Drescher*/Gerd *Schmidt*: Das Reise- und Umzugskostenrecht des Bundes und der Länder. Kommentar. 3 Ordner, Neuwied (Loseblattausgabe, Stand: Dezember 1998); Alfons *Kopicki*/Willi *Irlenbusch*/Rolf *Biel*: Reisekostenrecht des Bundes. Kommentar, Siegburg (Loseblattausgabe, Stand: Januar 1999); Paul *Meyer*/Otto *Fricke* u. a.: Reisekosten im öffentlichen Dienst. Kommentar. 2 Bde., Heidelberg (Loseblattausgabe, Stand: Januar 1999); Wolfhart *Schulz*: Reisekostenrecht, 10. Aufl., Heidelberg 1994.
46 In mehreren Ländern (z. B. Berlin, Niedersachsen, Sachsen-Anhalt) werden die bundesrechtlichen Vorschriften, insbesondere das Bundesreisekostengesetz, entsprechend angewendet, wobei einige dieser Länder teilweise einschränkende Regelungen erlassen haben.
47 Z. B. nrw VO über die Festsetzung von Aufwandsvergütungen für Lehrer bei Schulwanderungen und Schulfahrten vom 4.10.1978 (GV. S.544).

20.32 Umzugskostenvergütung und Trennungsgeld[48]

Aufwendungen des Beamten, die durch einen Umzug oder durch getrennte Haushaltsführung bedingt sind, können unter bestimmten Voraussetzungen nach den Umzugskostengesetzen der Länder erstattet werden[49].

20.321 Umzugskostenvergütung darf nur gewährt werden, wenn sie vorher schriftlich zugesagt worden ist. Die Zusage muß erteilt werden bei einer Versetzung aus dienstlichen Gründen und bei einer Anweisung des Dienstvorgesetzten, die Wohnung innerhalb bestimmter Entfernung von der Dienststelle zu nehmen oder eine Dienstwohnung zu beziehen. Die Zusage kann erteilt werden u. a. aus Anlaß der Einstellung, Abordnung oder aus Anlaß eines gesundheitsbedingten Wohnungswechsels. Die Umzugskostenvergütung umfaßt die notwendigen Auslagen für die Beförderung des Umzugsgutes, die Reisekosten des Beamten und seiner Familie und die notwendigen ortsüblichen Wohnungsvermittlungsgebühren. Die sonstigen Umzugsauslagen werden gegen Nachweis erstattet oder durch eine nach Besoldungsgruppe, Familienstand und Kinderzahl gestaffelte Pauschalvergütung abgegolten.

Wenn bei einer Versetzung, Einstellung oder Abordnung mit Zusage der Umzugskostenvergütung wegen des Umzugs an den neuen Dienstort ein Kind aus zwingenden Gründen außerhalb des Elternhauses untergebracht werden muß oder wenn tägliche Fahrten zwischen Wohn- und Schulort notwendig sind, die größere Kosten verursachen, können Landesbedienstete auf Antrag unter bestimmten Voraussetzungen eine *Schulbeihilfe* erhalten[50].

20.322 Der Lehrer muß sich nach seiner Versetzung um eine Wohnung bemühen. Sofern er wegen Wohnungsmangels am neuen Dienstort nicht umhin kommt, die bisherige Wohnung beizubehalten, erhält er für die durch die getrennte Haushaltsführung entstehenden Mehrkosten vorübergehend ein *Trennungsgeld* (eine Trennungsentschädigung)[51]. Ihm können statt dessen nach besonderen Richtlinien *Beiträge zum Instandsetzen und Beschaffen von Wohnungen* gewährt werden[52].

---

48 Alfons *Kopicki*/Willi *Irlenbusch*/Rolf *Biel*: Umzugskostenrecht des Bundes. Kommentar. 2 Ordner, Siegburg (Loseblattausgabe, Stand: März 1999); Paul *Meyer*/Otto *Fricke* u. a.: Umzugskosten im öffentlichen Dienst. Kommentar. 2 Ordner, Heidelberg (Loseblattausgabe, Stand: Januar 1999).
49 In einigen Ländern (z. B. Berlin, Hamburg, Mecklenburg-Vorpommern, Niedersachsen, Nordrhein-Westfalen, Sachsen-Anhalt) gilt kraft Verweisung das Bundesumzugskostengesetz.
50 Die Einzelheiten sind in Richtlinien geregelt, so z. B. in den nrw Richtlinien über die Gewährung von Schulbeihilfen an Landesbedienstete (RdErl. des Finanzministers i. d. F. v. 26. 5. 1975, MBl. S. 1094).
51 S. dazu die Trennungsgeldverordnungen der Länder, z. B. nrw Trennungsentschädigungs-VO vom 29. 4. 1988 (GV. S. 226), zul. g. d. VO vom 12. 11. 1993 (GV. S. 964). In einigen Ländern (z. B. Brandenburg, Niedersachsen, Sachsen-Anhalt) gilt die TrennungsgeldVO des Bundes entsprechend.
52 Z. B. nrw VO über die Gewährung von Beiträgen zum Instandsetzen und Beschaffen von Wohnungen für Trennungsentschädigungsempfänger vom 1. 6. 1966 (GV. S. 553).

20.33 Beihilfen, Unterstützungen, Vorschüsse

20.331 In Krankheits-, Geburts- und Todesfällen sowie bei Maßnahmen der Gesundheitsvorsorge hat der Beamte Anspruch auf *Beihilfen*[53]. Dieses Recht ist höchstpersönlicher Natur, daher nicht übertragbar und nicht pfändbar; es ist nicht zulässig, gegen Beihilfeansprüche aufzurechnen[54]. Der Beihilfeanspruch, der aus der beamtenrechtlichen Fürsorgepflicht folgt, ist in den meisten Landesbeamtengesetzen ausdrücklich anerkannt. Die Einzelheiten (beihilfeberechtigte und berücksichtigungsfähige Personen, beihilfefähige Aufwendungen, Bemessung der Beihilfe, Verfahren) sind in Beihilfevorschriften festgelegt[55]. Soweit die Länder die Beihilfevorschriften des Bundes zugrunde legen, beträgt die Beihilfe 50 Prozent der beihilfefähigen Aufwendungen für den Beamten (bei mindestens zwei Kindern 70 Prozent), 70 Prozent für den Ruhestandsbeamten, 70 Prozent für den Ehegatten, 80 Prozent für ein Kind. Für Aufwendungen des nicht selbst beihilfeberechtigten Ehegatten, dessen Einkünfte im Vorjahr 35.000 DM übersteigen, wird grundsätzlich keine Beihilfe gezahlt. Die Beihilfe darf zusammen mit den Leistungen aus einer Krankenversicherung die beihilfefähigen Aufwendungen nicht überschreiten[56]. Beihilfen werden aus Anlaß einer Krankheit, ferner bei Sanatoriumsbehandlung, Heilkur, dauernder Pflegebedürftigkeit, Vorsorgemaßnahmen, Geburt und in Todesfällen gewährt; doch sind die beihilfefähigen Aufwendungen häufig der Höhe nach begrenzt (z. B. für zahntechnische Leistungen und Heilkuren). Die Beihilfe ist innerhalb eines Jahres nach Entstehung der Aufwendungen oder der Ausstellung der Rechnung zu beantragen; die geltend gemachten Aufwendungen müssen insgesamt mehr als 200 DM betragen. Auf eine zu erwartende Beihilfe können Abschlagszahlungen geleistet werden.

20.332 Gerät ein Beamter unverschuldet in eine außerordentliche finanzielle Notlage, aus der er sich aus eigener Kraft nicht zu befreien vermag, kann ihm der Dienstherr auf Antrag im Rahmen seiner Fürsorgepflicht eine *einmalige Unterstützung* gewähren. Einen Unterstützungsantrag können auch Ruhestandsbeamte, Witwen und Waisen stellen. Hinterbliebene und frühere Lehrer, die keinen Anspruch auf Versorgung haben, können *laufende Unterstüt-*

---

53 Hierzu Julius *Crisolli*/Heinrich *Hußmann*/Gottfried *Nitze*: Hessische Beihilfenverordnung. Kommentar, Mainz (Loseblattausgabe, Stand: Februar 1999); Leo *Köhnen*/Gerhard *Schröder*/Uwe *Amelunk*: Beihilfevorschriften. Kommentar. 2 Ordner, Siegburg (Loseblattausgabe, Stand: Juni 1999); Peter *Schadewitz*/Paul *Röhrig*/Alfred *Seifener*: Beihilfevorschriften. Kommentar. 4 Ordner, Heidelberg (Loseblattausgabe, Stand: März 1999).
54 BVerwG, NJW 1997, 3256.
55 In den meisten Ländern gelten kraft Verweisung die – als Verwaltungsvorschriften ergangenen – Beihilfevorschriften des Bundes in ihrer jeweiligen Fassung. Einige Länder (Baden-Württemberg, Hessen, Nordrhein-Westfalen, Rheinland-Pfalz, Saarland) regeln die Beihilfen durch Rechtsverordnung. Monika *Jachmann*: Zur Rechtsnatur der Beihilfevorschriften, ZBR 1997, 342.
56 Nach Auffassung des BVerfG verstößt die Einführung der 100%-Erstattungsgrenze im Beihilferecht nicht gegen die hergebrachten Grundsätze des Berufsbeamtentums (Art. 33 Abs. 5 GG), insbesondere nicht gegen das Alimentationsprinzip und die Fürsorgepflicht des Dienstherrn; sie ist auch mit dem allgemeinen Gleichheitssatz (Art. 3 Abs. 1 GG) vereinbar (BVerfGE 83, 89 [98 ff., 107 ff.]).

zung erhalten, wenn sie nicht in der Lage sind, selbst für ihren Lebensunterhalt aufzukommen[57].

20.333 Gehaltsvorschüsse können unter besonderen Umständen zinslos bis zum Zweifachen oder Dreifachen der monatlichen Bruttobezüge bewilligt werden, insbesondere bei Wohnungswechsel aus zwingendem Anlaß, Beschaffung einer Wohnung durch Verheiratete, Aufwendungen aus Anlaß der Eheschließung, bei schweren Erkrankungen oder Todesfällen in der Familie, ungedecktem Verlust von Hausrat, Wäsche, Bekleidung (z. B. Brandschaden). Der Vorschuß ist in gleichen Monatsraten zu tilgen[58].

---

57 Z. B. bw Unterstützungsgrundsätze v. 10.2.1997 (ABl. S.60); nrw Unterstützungsgrundsätze i.d.F. vom 7.2.1977 (MBl. S.236).
58 Z.B. bw Vorschußrichtlinien vom 22.9.1993 (GABl. S.1058); nrw Vorschußrichtlinien vom 2.6.1976 (MBl. S.1235), g. d. RdErl. v. 16.5.1994 (MBl. S.686).

21. Kapitel: Pflichten des Lehrers

21.1 Allgemeine Pflichten[1]

21.11 Treue

Als Beamter steht der Lehrer in einem öffentlich-rechtlichen Dienst- und Treueverhältnis (Art. 33 Abs. 4 GG, § 2 Abs. 1 BRRG). Grundlegende beamtenrechtliche Pflicht ist daher die Treuepflicht. In Erfüllung dieser Pflicht *dient der Beamte dem ganzen Volk*, nicht einer Interessengruppe, Partei oder Konfession (§ 35 Abs. 1 Satz 1 BRRG, § 52 Abs. 1 Satz 1 BBG). Der Lehrer hat seine volle Arbeitskraft der Schule zu widmen (*Dienstleistungspflicht*, § 36 Satz 1 BRRG, § 54 Satz 1 BBG) und seine Aufgaben *unparteiisch* und *gerecht* zu erfüllen (§ 35 Abs. 1 Satz 2 BRRG, § 52 Abs. 1 Satz 2 BBG). Insbesondere ist er verpflichtet, sich durch sein gesamtes Verhalten zu der freiheitlichen und demokratischen Grundordnung im Sinne des Grundgesetzes zu bekennen und für deren Erhaltung einzutreten (*Verfassungstreuepflicht, politische Treuepflicht*)[2]; wenn er sich politisch betätigt, muß er die Mäßigung und Zurückhaltung wahren, die sich aus seiner Stellung gegenüber der Allgemeinheit und der Rücksicht auf seine Amtspflichten ergeben (§ 35 Abs. 1 Satz 3, Abs. 2 BRRG, §§ 52 Abs. 2, 53 BBG). Zur Verfassungstreuepflicht TZ 18.224; zur politischen Betätigung TZ 19.33.

Die Treuepflicht wird bei Begründung des Beamtenverhältnisses durch den *Diensteid* bekräftigt (§ 40 BRRG, § 58 BBG). Durch ihn verpflichtet sich der Beamte zu Treue gegenüber der Verfassung, Gehorsam gegenüber den Gesetzen und gewissenhafter Erfüllung seiner Amtspflichten. Der Eid kann mit oder ohne religiöse Formel geleistet werden. Verweigerung der Eidesleistung führt zur Entlassung (vgl. TZ 18.312).

---

1 Hans Walter *Scheerbarth*/Heinz *Höffken*/Hans-Joachim *Bauschke*/Lutz *Schmidt*: Beamtenrecht. 6. Aufl., Siegburg 1992, S. 405 ff.; Ulrich *Battis*: Beamtenrecht, in: Norbert Achterberg/ Günter Püttner (Hrsg.): Besonderes Verwaltungsrecht. Bd. 1, Heidelberg 1990, S. 899 (938 ff. Rn. 112 ff.); Klaus *Köpp*: Öffentliches Dienstrecht, in: Udo Steiner (Hrsg.): Besonderes Verwaltungsrecht. 6. Aufl., Heidelberg 1999, S. 381 (448 ff. Rn. 114 ff.); Philip *Kunig*: Das Recht des öffentlichen Dienstes, in: Eberhard Schmidt-Aßmann (Hrsg.): Besonderes Verwaltungsrecht. 11. Aufl., Berlin 1999, S. 627 (693 ff. Rn. 128 ff.); Detlef *Merten*: Das Recht des öffentlichen Dienstes in Deutschland, in: Siegfried Magiera/Heinrich Siedentopf (Hrsg.): Das Recht des öffentlichen Dienstes in den Mitgliedstaaten der Europäischen Gemeinschaft, Berlin 1994, S. 181 (223 ff.); Fritjof *Wagner*: Beamtenrecht. 5. Aufl., Heidelberg 1997, S. 95 ff. Rn. 195 ff.; *Wolff/Bachof/Stober*: Verwaltungsrecht II, S. 571 ff.; Meinrad *Fleig*: Aktuelle Fragen aus dem Bereich der Beamtenpflichten, RiA 1996, 226.

2 Während der *Beamtenbewerber* für die Aufnahme in das Beamtenverhältnis berechtigte Zweifel des Dienstherrn an seiner Verfassungstreue zu widerlegen hat, muß bei einem *bereits eingestellten Beamten* der Dienstherr die Gründe für eine Entlassung aus dem Dienst nachweisen.

21.12 Gehorsam

Der Lehrer muß in seiner schulischen Tätigkeit die geltenden Vorschriften beachten und die Anordnungen seiner Vorgesetzten befolgen (vgl. § 37 Satz 2 BRRG, § 55 Satz 2 BBG)[3]; doch eröffnet ihm die pädagogische Freiheit einen Spielraum eigenverantwortlicher Gestaltung in Unterricht und Erziehung (TZ 19.4). Gehorsam bedeutet im übrigen nicht blinden Gehorsam; der Lehrer soll vielmehr mitverantwortlich handeln, indem er seine Sachkenntnis und seine Erfahrungen zur Verfügung stellt, Schulleiter und Schulbehörde berät und, falls erforderlich, Einwände erhebt (vgl. § 37 Satz 1 BRRG, § 55 Satz 1 BBG).
Der Beamte ist *für die Rechtmäßigkeit seiner Amtsführung verantwortlich* (§ 38 Abs. 1 BRRG, § 56 Abs. 1 BBG); Gehorsam wird nur den rechtmäßigen Vorschriften und Anordnungen geschuldet. Doch darf der Beamte die Ausführung einer dienstlichen Weisung nicht schon deshalb ablehnen, weil er sie für rechtswidrig hält. Er muß vielmehr Bedenken gegen die Rechtmäßigkeit unverzüglich bei seinem Vorgesetzten und, wenn dieser die Anordnung bestätigt, bei seinem nächsthöheren Vorgesetzten geltend machen (sog. *Remonstrationspflicht*). Erhält auch dieser die Anordnung aufrecht, hat der Beamte sie auszuführen; er ist dann von der eigenen Verantwortung befreit. Sofern aber das ihm aufgetragene Verhalten – für ihn erkennbar – strafbar oder ordnungswidrig ist oder die Menschenwürde verletzt, muß er die Ausführung verweigern (§ 38 Abs. 2 BRRG, § 56 Abs. 2 BBG). In einem solchen Fall ist der Ungehorsam Beamtenpflicht.

21.13 Verhalten innerhalb und außerhalb des Dienstes

Das Verhalten des Lehrers innerhalb und außerhalb des Dienstes muß der Achtung und dem Vertrauen gerecht werden, die sein Beruf erfordert (§ 36 Satz 3 BRRG, § 54 Satz 3 BBG)[4]. Der Zweck dieser Generalklausel besteht darin, die sachgerechte Erfüllung der dem Beamten obliegenden Pflichten zu gewährleisten[5]. Der Lehrer muß sich demgemäß so verhalten, daß die Schule ihren Bildungs- und Erziehungsauftrag erfüllen kann.

21.131 Im Dienst soll der Lehrer ein Vorbild sein. Er muß pünktlich und vorbereitet zum Unterricht erscheinen, den Schülern gegenüber höflich auftreten. Gegenüber den Vorgesetzten hat er sich respektvoll, nicht aber devot zu benehmen. Im Umgang mit den Kollegen sind Kooperationsbereitschaft und Takt geboten. Den Eltern hat der Lehrer vertrauensvoll und aufgeschlossen zu begegnen. Bei dienstlichen Äußerungen muß er sich an die Wahrheit halten und darf wesentliche Tatsachen nicht verschweigen; das gilt auch für dienstrechtlich bedeutsame persönliche Angelegenheiten, über die er Aus-

---

3 Gegen diese Gehorsamspflicht verstoßen Lehrer, die einen »Verwaltungstag« organisieren, an dem sie entgegen der ausdrücklichen Weisung des Vorgesetzten keinen Unterricht erteilen, sondern Verwaltungsarbeit verrichten (VG Münster, NVwZ-RR 1996, 264).
4 Gregor C. *Biletzki*: Beamtenrechtliche Pflicht zu würdevollem Verhalten?, ZBR 1994, 84.
5 *Wolff/Bachof/Stober*: Verwaltungsrecht II, S. 582.

kunft erteilen muß (z.B. seine Schulden). Besonders sorgfältig ist Geld zu verwalten, das der Lehrer zur Durchführung von Veranstaltungen, für Anschaffungen usw. erhalten hat. Genaue Buchführung ist erforderlich; das vorhandene Geld muß jederzeit vorgewiesen werden können und darf auch nicht vorübergehend für private Belange in Anspruch genommen werden. Zweckmäßig ist es, Eltern oder ältere Schüler an Kassenführung und -prüfung zu beteiligen (vgl. auch TZ 11.224).

Der Lehrer muß auch im *äußeren Erscheinungsbild* seiner erzieherischen Aufgabe Rechnung tragen, also ordentlich gekleidet sein und auf Körperpflege achten. Nach den heute vorherrschenden Anschauungen handelt er dieser Pflicht nicht schon dadurch zuwider, daß er im Dienst einen Ohrstekker oder lange Haare trägt[6].

21.132 Auch *außerhalb des Dienstes* muß sich der Lehrer seiner besonderen Stellung und Verantwortung bewußt sein. An den Erzieher werden in mancher Hinsicht höhere Anforderungen gestellt als an andere Beamte; sein Verhalten wird von der Öffentlichkeit, besonders von Eltern und Schülern, beobachtet. Die Anforderungen an das außerdienstliche Verhalten können freilich unterschiedlich sein. Verhaltensformen, die in der Großstadt ohne weiteres hingenommen werden, sind in der Überschaubarkeit des Dorfes nicht immer gleichermaßen akzeptiert. Jedenfalls darf der Lehrer durch seinen Lebenswandel die Glaubwürdigkeit als Erzieher nicht aufs Spiel setzen. Er handelt pflichtwidrig, wenn er leichtfertig Schulden macht, seine berufliche Stellung für private Vorteile ausnützt, sich herabsetzend über Schüler oder Kollegen äußert. Unwürdiges außerdienstliches Verhalten des Lehrers ist jedoch nur dann ein disziplinarrechtlich zu ahndendes Dienstvergehen, wenn es nach den Umständen des Einzelfalles in besonderem Maße geeignet ist, Achtung und Vertrauen in einer für sein Amt oder das Ansehen des Beamtentums bedeutsamen Weise zu beeinträchtigen (§45 Abs.1 Satz2 BRRG, §77 Abs.1 Satz2 BBG). Eine außerdienstliche Pflichtverletzung, die disziplinarrechtlich ohne Folgen bleibt, kann aber andere Nachteile für den Lehrer mit sich bringen, z.B. Nichtberücksichtigung bei Beförderung.

---

6 Zum äußeren Erscheinungsbild des Beamten BVerwG 84, 287 (290ff.): Das generelle Verbot für männliche Zollbeamte, zur Dienstkleidung Ohrschmuck zu tragen, ist rechtmäßig. Demgegenüber BVerwG, NJW 1999, 1985: Das Verbot von Ohrschmuck und langen Haaren schränkt das Recht männlicher Polizeibeamter auf freie Entfaltung der Persönlichkeit (Art.2 Abs.1 GG) ein; die Anordnung des Vorgesetzten, die Haare bis auf Hemdkragenlänge zu kürzen und während der Dienstzeit keinen Ohrschmuck zu tragen, ist nur zulässig, wenn die oberste Dienstbehörde durch eine generell, einheitlich und nachvollziehbar getroffene Entscheidung entsprechende Bestimmungen erlassen hat. Vgl. auch VGH Kassel, NJW 1996, 1164: Die dienstliche Weisung an einen Polizeivollzugsbeamten, während des Tragens der Uniform keinen sog. Lagerfeld-Zopf zu tragen, kann nur durch einen Haarschnitt befolgt werden und betrifft daher auch die private Lebensgestaltung; darin liegt ein unzulässiger Eingriff in das Recht auf freie Persönlichkeitsentfaltung.

21.2 Einzelpflichten als Beamter

21.21 Wohnung

Als Beamter muß der Lehrer eine Einschränkung des Grundrechts der Freizügigkeit (Art. 11 Abs. 1 GG) hinnehmen. Wenn auch heute *keine* allgemeine *Residenzpflicht* mehr besteht (gesetzliche Pflicht, am Dienstort zu wohnen)[7], so hat der Lehrer seine Wohnung doch so zu wählen, daß er in der ordnungsmäßigen Wahrnehmung des Dienstes nicht beeinträchtigt wird (vgl. § 74 Abs. 1 BBG). Da er im Interesse eines auf den örtlichen Gegebenheiten aufbauenden Unterrichts und aus erzieherischen Gründen die Verhältnisse seines Schulorts und seiner Schüler kennen und auch außerhalb des Unterrichts für Schulveranstaltungen, Konferenzen, Rücksprachen mit den Eltern usw. zur Verfügung stehen muß, ist es erforderlich, daß er zumindest in erreichbarer Nähe zum Schulort wohnt.

21.22 Amtsverschwiegenheit

21.221 Die Pflicht zur Amtsverschwiegenheit (§ 39 Abs. 1 BRRG, § 61 Abs. 1 BBG), die auch nach Beendigung des Beamtenverhältnisses bestehen bleibt, dient dem Interesse des Staates, der unmittelbar Betroffenen, aber auch des Beamten selbst. Sie bezieht sich auf die dem Lehrer bei seiner dienstlichen Tätigkeit in Unterricht, Konferenzen, Aussprachen mit Schülern und Eltern bekannt gewordenen Angelegenheiten. Ausgenommen sind Tatsachen, die offenkundig sind oder ihrem Wesen nach keiner Geheimhaltung bedürfen. Die Verschwiegenheitspflicht besteht gegenüber jedermann, auch gegenüber den Kollegen; ausgenommen sind Vorgänge, auf die sich der Informationsanspruch der Eltern bezieht[8]. Angelegenheiten, die der Amtsverschwiegenheit unterliegen, dürfen nur im dienstlichen Verkehr erörtert werden. Die Pflicht zur Amtsverschwiegenheit besteht *auch gegenüber den Gerichten*, gleichgültig, ob der Lehrer als Zeuge, Sachverständiger, Kläger oder Beklagter eine Erklärung abgeben soll; unter Berufung auf diese Pflicht muß er vor Gericht die Aussage verweigern, bis der Dienstvorgesetzte ihn von der Pflicht zur Amtverschwiegenheit entbunden und ihm *Aussagegenehmigung* erteilt hat (§ 39 Abs. 2 BRRG, § 61 Abs. 2 BBG). Das gleiche gilt gegenüber der Polizei, die bei ihren Ermittlungen im Jugendstrafverfahren oft Auskünfte von den Schulen anfordern muß; in einzelnen Ländern ist den Schulen (Schulleitern und Lehrern) die erforderliche Aussagegenehmigung für den Verkehr mit der

---

7 VGH Mannheim, SPE n. F. 728 Nr. 21, bestätigt durch BVerwG, RdJB 1992, 108. Die Residenzpflicht kann auch nicht durch eine vom Dienstherrn veranlaßte Erklärung des Beamten, er sei bereit, zum Dienstort umzuziehen, begründet werden; ein solches Vorgehen ist rechtswidrig. – S. auch Hellmuth *Günther*: Residenzpflicht, ZBR 1993, 225.
8 Zu dem von der Pflicht zur Amtsverschwiegenheit nicht berührten Anspruch der Eltern auf Informationen über die Leistungen und das Verhalten ihres Kindes in der Schule vgl. TZ 24.35.

Polizei allgemein erteilt worden[9]. Manchmal allerdings kann die Pflicht zur Warnung oder Anzeige einen höheren Rang als die Verschwiegenheitspflicht besitzen, vor allem dann, wenn Leben oder Gesundheit von Menschen auf dem Spiel steht. Um die Amtsverschwiegenheit sicherzustellen, muß der Lehrer amtliche Schriftstücke und private Aufzeichnungen über dienstliche Vorkommnisse auf Verlangen herausgeben; die gleiche Verpflichtung trifft seine Hinterbliebenen (vgl. §61 Abs.3 BBG). Die Verletzung der Verschwiegenheitspflicht ist mit Strafe bedroht (§§203 Abs.2, 353b StGB).

21.222 Eine besondere Verschwiegenheitspflicht gilt für *Schulpsychologen* sowie für Erziehungs- und Jugendberater in öffentlich anerkannten Beratungsstellen hinsichtlich der ihnen in ihrer Arbeit von den Schülern und Eltern aus ihrem persönlichen Lebensbereich anvertrauten Geheimnisse. §203 Abs.1 Nrn.2 und 4 StGB schützt diese Verschwiegenheitspflicht durch Strafandrohung. Vgl. auch TZ 31.33.

21.223 Im Zusammenhang mit der Pflicht zur Amtsverschwiegenheit bestehen immer wieder Unklarheiten über die Zulässigkeit einer *Auskunftserteilung an Presse, Rundfunk und Fernsehen*. Die Medien haben im demokratischen Staat wichtige Aufgaben zu erfüllen; sie können die Schule unterstützen, indem sie Eltern und Öffentlichkeit mit der Situation der Schule vertraut machen. Informationen über das Schulprogramm und seine Verwirklichung, über Schulveranstaltungen, Sportfeste, Projekte und Arbeitsgemeinschaften können (und sollten) jederzeit der Öffentlichkeit mitgeteilt werden. Im allgemeinen ist der Schulleiter für die Auskunfterteilung zuständig (vgl. §63 BBG); im Einzelfall kann er einen Lehrer (z.B. bei Sportfesten den Sportlehrer) beauftragen. Dagegen dürfen Auskünfte über interne Vorgänge (z.B. strafrechtliche Verfehlungen, Gründe für die Versetzung eines Lehrers) nicht gegeben werden, vor allem dann nicht, wenn die Verletzung der *Persönlichkeitsrechte* eines Betroffenen droht. Der Schulleiter sollte in solchen Fällen an seine vorgesetzte Behörde verweisen und diese vorab von der Anfrage unterrichten.

21.23 Annahme von Geschenken

21.231 Die Annahme von Belohnungen oder Geschenken, die dem Beamten in bezug auf sein Amt gewährt werden, widerspricht seiner Pflicht zu unparteiischer und gerechter Amtsführung. Sie ist nur mit vorheriger Zustimmung der zuständigen Dienstbehörde zulässig; das gilt auch für die Zeit nach Beendigung des Beamtenverhältnisses (§43 BRRG, §70 BBG). Belohnungen und Geschenke sind alle wirtschaftlichen Vorteile, die dem Beamten unmittelbar oder mittelbar (z.B. seinen Angehörigen) zugewendet werden, ohne daß er

---

[9] So z.B. in Schleswig-Holstein durch den gemeinsamen Erlaß des Kultusministers und des Innenministers vom 12.8.1959 (ABl. S.442). Dort dürfen die Schulen auch Auskünfte an Jugendämter, Gerichte und Staatsanwaltschaften erteilen (Erlaß vom 8.7.1960 [ABl. S.376]).

darauf einen Anspruch hat[10]. Darunter fallen auch Einladungen zu Mahlzeiten, vergünstigte oder kostenlose Mitnahme auf Urlaubsreisen, unentgeltliche Heranziehung von Schülern zu privaten Dienstleistungen. In bezug auf das Amt wird ein Geschenk oder eine Belohnung dann gewährt, wenn der Grund hierfür darin liegt, daß der Beamte ein bestimmtes Amt innehat oder innehatte (die Eltern machen dem Lehrer ein Geschenk, um sein Wohlwollen für ihr leistungsschwaches Kind zu gewinnen) oder daß er eine bestimmte Amtshandlung vornimmt, vorgenommen hat, vornehmen kann oder unterläßt (ein Kfz-Händler gewährt dem Lehrer beim Verkauf des Autos einen großzügig bemessenen Rabatt, um für seinen Sohn eine günstige Zeugnisnote zu erreichen).
Der Schulleiter darf Geld oder geldwerte Leistungen, die Eltern der Schule als *Spende an den Schulverein* oder im Wege des *Sponsoring* zukommen lassen (vgl. TZ 11.222/3), nicht annehmen, wenn sie dadurch eine bevorzugte Behandlung ihres Kindes erreichen wollen.

21.232 Der Lehrer kann in Konflikte kommen, wenn ihm ein *Schüler oder die Klasse* etwas schenken will. Die strikte Ablehnung selbst kleiner Aufmerksamkeiten, die ihm beispielsweise aus Anlaß seines Geburtstages zugewendet werden, wäre seiner pädagogischen Aufgabe abträglich. Geringwertige Geschenke, z.B. ein Blumenstrauß oder eine selbstgefertigte Schülerarbeit, kann er ohne Bedenken annehmen. Insoweit ist die erforderliche behördliche Zustimmung stillschweigend erteilt[11].

21.233 Die Annahme von Geschenken oder Belohnungen kann als Vorteilsannahme oder Bestechlichkeit bestraft werden (§§ 331, 332 StGB).

21.3 Einzelpflichten als Lehrer

21.31 Unterricht und Erziehung

21.311 Zur Erfüllung seiner *Dienstleistungspflicht* gehört, daß der Lehrer jede Stunde sorgfältig vorbereitet, sich um die Nachbereitung (Korrektur

---

10 In den meisten Ländern bestehen detaillierte Regelungen über das Verbot der Annahme von Belohnungen oder Geschenken durch Landesbedienstete. S. z.B. die Gem. Bek. der Bay Staatskanzlei, der Bay Staatsministerien usw. über das Verbot der Annahme von Belohnungen oder Geschenken durch die Bediensteten des Freistaates Bayern vom 7.11.1995 (KWMBl. I 1996, S.83); die Verwaltungsvorschrift über die Annahme von Belohnungen und Geschenken durch Beschäftigte des Landes Brandenburg vom 12.4.1996 (ABl. S.418); Hess Merkblatt für Beschäftigte des Landes über Annahme von Belohnungen und Geschenken vom 3.1.1996 (ABl. S.202); Gem. Bek. der Thüringer Staatskanzlei, der Thüringer Ministerien usw. vom 15.8.1996 (StAnz. S.1663): Verbot der Annahme von Belohnungen oder Geschenken durch die Bediensteten des Freistaates Thüringen.
11 S. etwa Abschn. III Nr. 5 der bay Gem. Bek. (Anm. 10); Abschn. I Nr. 4 Buchst. a der Gem. Bek. in Thüringen (Anm. 10), die die Grenze der zulässigen Annahme von Belohnungen und Geschenken bei 20 DM zieht.

Pflichten des Lehrers

von Schülerarbeiten, Auswertung der gewonnenen Erfahrungen zur Verbesserung der Unterrichtsgestaltung) kümmert, die Unterrichts- und Erziehungsarbeit mit den anderen Lehrern der Jahrgangsstufe und der Schule insgesamt abstimmt[12] und seine Pflichten zur *Fort- und Weiterbildung* (vgl. TZ 17.4) ernst nimmt. Bei der Auswahl der Hausaufgaben ist Rücksicht auf die Leistungsfähigkeit und Belastbarkeit der Schüler zu nehmen; auch sollte ihnen genügend Zeit für die Wahrnehmung ihrer persönlichen Interessen bleiben (TZ 28.16). Beim Unterricht in Fächern, in denen die Schüler besonderen Gefährdungen ausgesetzt sind (z. B. Sport, Werken, Chemie), sind alle gebotenen Vorsichtsmaßnahmen zu treffen (TZ 21.5).

21.312 Die Pflicht des Lehrers zu *unparteiischer und gerechter Amtsführung* bedeutet insbesondere, daß er keinen Schüler wegen seiner persönlichen oder weltanschaulichen Überzeugungen, wegen seiner sozialen Stellung oder aus Sympathie bzw. Abneigung bevorzugen oder benachteiligen darf[13]. Falls es vermeidbar ist, sollte einem Lehrer kein Unterricht in einer Klasse übertragen werden, zu der sein eigenes Kind gehört[14].

21.313 Der Lehrer hat die Schüler als Menschen zu achten und auf ihre Empfindungen Rücksicht zu nehmen. Angsteinflößende Verhaltensweisen – etwa durch Anschreien und Einschüchtern der Schüler – sind nicht nur pädagogisch verfehlt, sondern auch rechtswidrig[15]. Körperliche Züchtigung ist unzulässig (TZ 30.33).

21.32 Fürsorge für die Schüler

Die Verantwortung des Lehrers erstreckt sich nicht nur auf den Unterricht und die Erziehung; sie schließt auch Pflichten der Fürsorge für die Schüler ein. Die Fürsorgepflichten der Schule und der Lehrer werden zusammenhängend im 31. Kapitel behandelt; die Aufsichtspflichten des Lehrers sind unter TZ 21.5 gesondert dargestellt.

---

12 In einigen Schulgesetzen wird die Pflicht des Lehrers zur fachlichen und pädagogischen Kooperation ausdrücklich betont, s. z. B. § 88 Abs. 3 HmbSG.
13 Begünstigung mit Rücksicht auf den sozialen Status kann sich darin äußern, daß Mittelschichtkinder bevorzugt, Unterschichtkinder (z. B. Ausländer) diskriminiert werden. Manchmal geschieht indes das genaue Gegenteil, gewissermaßen eine individuelle Anwendung des Prinzips der »affirmative action«. So kommt es vor, daß Leistungen eines Schülers allein deshalb besser benotet werden, weil er sozial benachteiligt ist. Auch das verstößt gegen den Grundsatz unparteiischer und gerechter Amtsführung; es ist überdies mit dem besonderen Gleichheitsrecht des Art. 3 Abs. 3 Satz 1 GG (Verbot der unterschiedlichen Behandlung nach der »Herkunft«) nicht vereinbar.
14 So ausdrücklich Nr. 7.12 Satz 6 Dienstordnung für die Leiter und Lehrer an öffentlichen Schulen in Rheinland-Pfalz; § 4 Abs. 3 Satz 1 saarl Allgemeine Dienstordnung für Lehrer.
15 Dazu OVG Münster, NVwZ-RR 1995, 668: Der Bildungsanspruch des Schülers berechtigt ihn zur Ablehnung eines Unterrichts, der ihn wegen des einschüchternden Lehrerverhaltens in schwerwiegender Weise gesundheitlich schädigt; er kann verlangen, einer Parallelklasse zugewiesen zu werden. Im zugrunde liegenden Fall hatte der Lehrer Kinder einer Grundschulklasse durch Schreien derart drangsaliert, daß diese sich aus Angst unter den Schulbänken versteckten.

21.33 Zusammenarbeit mit Schülervertretung, Eltern und Ausbildern

Zu den Erzieherpflichten des Lehrers gehört eine aufgeschlossene Haltung gegenüber den Organen der Schülervertretung. (Zur Rolle des Verbindungslehrers vgl. TZ 8.113.) Auch die Zusammenarbeit mit den Eltern und ihren Vertretungen rechnet zu den Amtspflichten des Lehrers (vgl. TZ 24.35). Er soll Verbindung zu den Eltern halten, sie beraten und über die Schüler erschöpfend und wahrheitsgemäß informieren[16]. Für die Lehrer an berufsbildenden Schulen gilt Entsprechendes im Verhältnis zu Ausbildern, Arbeitgebern, Vertretern der Wirtschaft und der Gewerkschaften. An den Sitzungen der Elternvertretungen und der Beiräte der berufsbildenden Schulen sollen die Lehrer nach Möglichkeit teilnehmen. Vgl. im übrigen das 8. Kapitel.

21.34 Arbeitszeit[17]

21.341 Im Unterschied zu den übrigen Beamten bemißt sich die Arbeitszeit der Lehrer im allgemeinen nicht nach Zeit-, sondern nach Unterrichtsstunden mit einem Umfang von je 45 Minuten. Die Zahl der Unterrichtsstunden, die der Lehrer wöchentlich zu erteilen hat (*Pflichtstunden, Regelstunden*), ist von Land zu Land verschieden[18]. Legt man die herkömmlichen Schularten zu-

---

16 Zum Spannungsfeld zwischen dem Informationsanspruch der Eltern und der Schweigepflicht von Schülerberatern vgl. TZ 31.332.
17 Ernst *Benda*/Dieter C. *Umbach*: Die Arbeitszeit der Lehrer. Zur Überprüfung der Pflichtstundenanhebung für Lehrkräfte in Nordrhein-Westfalen. Rechtsgutachten im Auftrag des Philologen-Verbandes Nordrhein-Westfalen, Düsseldorf 1998; Peter *Döbrich*: Gründe für eine Veränderung der Lehrerarbeitszeit. Bericht für das Hessische Kultusministerium, Frankfurt am Main 1994; Ulrich *Haug*: Lehrerarbeitszeit und Gleichbehandlungsgrundsatz, RdJB 1984, 125; *ders.*: Arbeitszeitrechtliche Probleme bei Lehrern, ZBR 1984, 285; Peter *Krauss*: Lehrerarbeitszeit in der Retrospektive. Zur Entwicklung der Lehrerarbeitszeit in Deutschland, RdJB 1997, 60; *ders.*: Die Entwicklung der Lehrerarbeitszeit im 19. und 20. Jahrhundert, SchVw NRW 1998, 198; Hans-Joachim *Schmidt*: Die Arbeitszeit der Lehrer, in: Richard Bessoth/Hans-Joachim Schmidt (Hrsg.): Schulleitung. Ein Lernsystem, Neuwied (Loseblattausgabe). Nr. 33.02. S. auch das Themenheft des journal für schulentwicklung, Heft 2/1998 zu »Lehrerarbeit, Zeit und Schulentwicklung« mit Beiträgen von Peter *Daschner* (Lehrerarbeit und Schulreform, S. 4), Klaus *Klemm* (Zeit, Lehrerarbeit und Schulentwicklung, S. 18), Peter *Döbrich*/Armin *Lohmann* (Arbeitsplatzuntersuchung als Teil von Schulentwicklung. Ein Praxisbericht, S. 25), Hans-Georg *Schönwälder* (Probleme der Arbeitsbelastung im Lehrerberuf. Darstellung und Bewertung vorliegender empirischer Untersuchungen, S. 34); Klaus *Klemm*: Zur neueren Debatte um die Arbeitszeit von Lehrerinnen und Lehrern, SchVw HE 1997, 77. – Zur Klageart bei Klage auf Reduzierung der Pflichtstundenzahl VG Gelsenkirchen, ZBR 1983, 34.
18 Die Länder haben die Pflichtstundenzahl teils durch Gesetz (so Bremen), teils durch Rechtsverordnung (Berlin, Brandenburg, Hamburg, Hessen, Niedersachsen, Nordrhein-Westfalen, Saarland, Sachsen-Anhalt), teils durch Verwaltungsvorschrift (Baden-Württemberg, Bayern, Mecklenburg-Vorpommern, Rheinland-Pfalz, Sachsen, Schleswig-Holstein, Thüringen) festgesetzt. Ob eine Regelung durch Verwaltungsvorschrift angesichts ihrer tiefgreifenden Bedeutung für die Arbeitssituation des Lehrers dem Grundsatz des Vorbehalts des Gesetzes (vgl. TZ 15.3) genügt, ist zweifelhaft. Bedenken bei Haug, RdJB 1984, 127. Demgegenüber halten jedoch BVerwG, SPE n. F. 500 Nr. 34, VGH Mannheim, NVwZ-RR 1990, 357 (358), NVwZ-RR 1998, 49 (50), OVG Koblenz, NVwZ-

grunde, so beträgt die Bandbreite der Pflichtstundenzahl für Lehrer an
Grundschulen: 27–28 Unterrichtsstunden,
Hauptschulen: 26–28 Unterrichtsstunden,
Realschulen: 24–27 Unterrichtsstunden,
Gymnasien: 23–26 Unterrichtsstunden,
berufsbildenden Schulen: 23–26 Unterrichtsstunden,
Sonderschulen (Förderschulen): 25–27 Unterrichtsstunden.
Das Stundenmaß der Fachlehrer für musisch-technische Fächer, der Lehrer für Fachpraxis usw. ist jeweils um zwei bis vier Stunden höher. Lehrer, die ein bestimmtes Alter erreicht haben (im allgemeinen das 50., 55. bzw. 60. Lebensjahr, nach Ländern verschieden), erhalten *Pflichtstundenermäßigung*[19]. Ferner werden die Pflichtstundenzahlen für die Schulleiter je nach Schulart und Größe der Schule mehr oder weniger herabgesetzt. Darüber hinaus werden Stundenermäßigungen (Entlastungsstunden, Anrechnungsstunden) gewährt für die Ausübung von Verwaltungsfunktionen (z.B. ständige Vertretung des Schulleiters, Planung und Koordination des Kursprogramms der gymnasialen Oberstufe, Betreuung von Werkstätten, Laboreinrichtungen und Bibliotheken), für die Wahrnehmung von Sonderaufgaben (z.B. Lehrerbildung, Tätigkeit als Beratungslehrer) sowie für außergewöhnliche unterrichtliche Belastungen (z.B. Unterricht in Ausländerklassen, an Abendgymnasien oder Kollegs)[20]. Schwerbehinderte haben Anspruch auf Reduzierung der Pflichtstundenzahl. Kann der Lehrer das Regelstundenmaß an der Schule, der er zugewiesen ist, nicht ausfüllen, ist er verpflichtet, Unterrichtsstunden auch an einer anderen Schule zu erteilen[21].

Da die Schülerzahlen in Westdeutschland in den letzten Jahren erheblich gestiegen sind und voraussichtlich bis zum Schuljahr 2012/13 weiter steigen werden – während sie in Ostdeutschland stark abgenommen haben – und angesichts der Sparmaßnahmen in den öffentlichen Haushalten, die Neueinstel-

---

RR 1998, 52 (52f.) und OVG Lüneburg, NVwZ-RR 1994, 598, eine Normierung der Pflichtstundenzahl durch Rechtsverordnung nicht für erforderlich; das BVerwG räumt allerdings ein, daß eine Regelung durch Rechtsverordnung »rechtstaatlicher sein mag« (BVerwG, NVwZ 1990, 771 [772]). – Kritisch zur Tatsache, daß zwar die Besoldung, nicht aber die Arbeitszeit der Beamten und damit auch der Lehrer bundeseinheitlich geregelt ist, Werner *Thieme*: Die Verlängerung der beamtenrechtlichen Arbeitszeit durch Landesverordnung, RdJB 1995, 6 (7ff.).

19 Allerdings ist es nicht rechtswidrig, wenn eine Pflichtstundenkürzung auf die Altersermäßigung angerechnet wird: OVG Münster, RiA 1994, 47. – Eine Regelung, die vollzeitbeschäftigten Lehrern vom 55. Lj. an eine Wochenstunde Ermäßigung gewährt, teilzeitbeschäftigten Lehrern hingegen nicht, ist mit dem Gleichheitssatz (Art.3 Abs.1 GG) vereinbar. Eine solche Differenzierung ist nicht willkürlich, sondern aus sachlichen Gründen gerechtfertigt. Denn der Dienstherr geht in rechtlich nicht zu beanstandender Weise davon aus, daß eine Unterrichtsplanung mit 0,5 Wochenstunden für die Schulleitung ungleich schwieriger und aufwendiger zu handhaben ist als eine Planung mit vollen Wochenstunden, weil der Ausgleich von Stundenbruchteilen nur über mehrere Schulhalb- oder Schuljahre zu bewältigen ist. So VGH Mannheim, NVwZ-RR 1998, 49 (51).

20 Dagegen besteht kein Anspruch des Lehrers darauf, für die Wahrnehmung eines kommunalpolitischen Mandats einen pauschalen Ausgleich durch generelle Ermäßigung der Pflichtstundenzahl zu erhalten. So VGH Kassel, SPE n.F. 500 Nr.35, bestätigt durch HessStGH, SPE n.F. 500 Nr.36.

21 In diesem Fall ist die Schule, der er zugewiesen ist, als Stammschule für seine dienstrechtlichen Verhältnisse zuständig.

lungen von Lehrern nur in begrenztem Maße zulassen, sind fast alle (westdeutschen) Länder dazu übergegangen, die Zahl der Pflichtstunden anzuheben und die der Ermäßigungsstunden herabzusetzen. Einige Länder (Baden-Württemberg, Berlin, Nordrhein-Westfalen, Saarland) haben ein sog. *Arbeitszeitkontomodell* (Vorgriffsstundenmodell) eingeführt, durch das die Lehrerarbeitszeit den sich ändernden Schülerzahlen flexibel angepaßt werden soll. Danach müssen die Lehrer in einem mehrjährigen Zeitraum eine Stunde zusätzlichen Unterricht erteilen; um diese Stunde wird ihre Arbeitszeit später verringert[22]. In anderen Ländern sind ähnliche Modelle geplant. Bayern und Rheinland-Pfalz eröffnen diese Möglichkeit den Lehrern auf freiwilliger Basis.

21.342 Die Arbeitszeit des Lehrers ist erheblich umfangreicher als die Pflichtstundenzahl. Hinzu kommen häusliche Vorbereitung des Unterrichts, Korrekturen, Elternbesuche und Elternsprechstunden sowie die sonstige Mitarbeit in der Schule (Konferenzen, Elternabende, Arbeitsgemeinschaften usw.)[23]. So ergibt sich angeblich eine Gesamtbelastung, die der von den übrigen Beamten einzuhaltenden Wochenarbeitszeit – in den ostdeutschen Ländern 40, in den meisten westdeutschen Ländern 38,5 Stunden – entspricht[24]. Dabei wird jedoch nicht berücksichtigt, daß die Pflichtstundenzahlen festgesetzt wurden, als die Arbeitszeit im öffentlichen Dienst vielfach noch 48 Stunden betrug; sie sind seitdem noch erhöht worden. Gleichwohl verstößt der Dienstherr nicht gegen den *Gleichheitssatz* (Art. 3 Abs. 1 GG), wenn er davon absieht, das Regelstundenmaß in Anpassung an die Arbeitszeitverkürzung bei den sonstigen Beamten herabzusetzen. Da sich die durchschnittliche Gesamtarbeitszeit der Lehrer nicht präzise durch Normen steuern läßt, verfügt er bei der Festlegung der Pflichtstundenzahl über einen Gestaltungsspielraum, der gerichtlich nur in engen Grenzen nachprüfbar ist. Der Gleichheits-

---

22 Nach VGH Mannheim, SPE n. F. 500 Nr. 48, ist das zum Schuljahr 1998/99 in Baden-Württemberg eingeführte Vorgriffsstundenmodell mit Art. 3 Abs. 1 GG nicht vereinbar, weil der Stundenausgleich in der „Rückgabephase" denjenigen Lehrern ganz oder teilweise vorenthalten bleibe, die in dieser Zeit aus dem Dienst ausschieden, sich beurlauben ließen oder Teilzeitbeschäftigung wählten.

23 Hessen hat aus dieser Tatsache für Lehrer an Grundschulen die Konsequenz gezogen, die Arbeitszeit nicht mehr nach Unterrichts-, sondern nach Zeitstunden zu bemessen: Die Lehrer müssen 26 volle Stunden wöchentlich in der Schule präsent sein; davon entfallen 22,5 Stunden auf unterrichtliche und betreuende Tätigkeiten (§ 5 hess VO über die Umsetzung der Arbeitszeit der Lehrkräfte auf die Tätigkeit an der Schule vom 9. 7. 1998 [ABl. S. 506]). In Bremen und Niedersachsen können Schulen ein Arbeitszeitmodell erproben, das bei der Aufteilung der Arbeitszeit der Lehrer nicht von der herkömmlichen Pflichtstundenzahl, sondern von der Jahresarbeitszeit der Lehrer ausgeht. S. im einzelnen Kooperationsvertrag zwischen dem Senator für Bildung und Wissenschaft, Bremen, und der Gewerkschaft Erziehung und Wissenschaft, Landesverband Bremen, vom 3. 5. 1995; nds Bek. über »Entwicklung und Erprobung von Arbeitszeitmodellen für Lehrkräfte« vom 10. 4. 1997 (SVBl. S. 128).

24 In Baden-Württemberg, Bayern und Rheinland-Pfalz wurde die Arbeitszeit der Landesbeamten von 38,5 auf 40 Stunden wöchentlich ohne Besoldungsausgleich verlängert, obwohl die für Arbeitnehmer des öffentlichen Dienstes geltende Arbeitszeit nur 38,5 Stunden beträgt. Diese Regelung verstößt nicht gegen höherrangiges Recht, insbesondere nicht gegen den Gleichbehandlungsgrundsatz des Art. 3 Abs. 1 GG. So BVerwG, ZBR 1995, 146; BayVerfGH, ZBR 1995, 379, und VerfGH RP DVBl. 1997, 997.

satz wäre nur dann verletzt, wenn die Lehrer durch die ihnen auferlegte Arbeitsbelastung gegenüber den anderen Beamten offensichtlich benachteiligt würden. Berücksichtigt man die Besonderheiten des Lehrerberufs (andersartiger Arbeitsrhythmus, weitgehende Freiheit in der Einteilung der Arbeitszeit, Schulferien), so ist ein Verstoß gegen das Gleichheitsgebot nicht erkennbar[25]. Ebensowenig gebietet die *Fürsorgepflicht* des Dienstherrn, die Pflichtstundenzahl der Lehrer generell zu kürzen; es liegen keine Anhaltspunkte dafür vor, daß ihre physische und psychische Gesundheit durch das geltende Regelstundenmaß beeinträchtigt würde[26]. Die jüngsten Anhebungen des Regelstundenmaßes werfen freilich die Frage auf, ob die dem Lehrer zumutbare Belastungsgrenze vor allem in Fächern, die intensiver Vor- und Nachbereitung bedürfen, nicht doch überschritten ist[27].

21.343 Die *Festsetzung verschieden hoher Pflichtstundenzahlen für einzelne Lehrergruppen* ist im Hinblick auf den Gleichheitssatz dann gerechtfertigt, wenn sie auf die unterschiedliche Arbeitsbelastung der Gruppen abstellt[28]. Eine Differenzierung der Pflichtstundenzahlen allein mit Rücksicht auf unterschiedliche Laufbahn- oder Besoldungsgruppen ist unzulässig; Unterschieden der Vorbildung und der Laufbahn ist bei der Einstellung, Beförderung und Besoldung, nicht bei der Arbeitszeit Rechnung zu tragen. Demgegenüber bildet die Verschiedenartigkeit der Ausbildungsziele der einzelnen Schularten und Schulstufen, die sich auf die Arbeitszeit des Lehrers außerhalb der Unterrichtsstunden auswirkt (unterschiedliche Anforderungen an Unterrichtsvor- und -nachbereitung), ein im Rahmen der unvermeidlichen Generalisierungen und Typisierungen sachgerechtes Differenzierungsmerkmal. Infolgedessen bestehen keine Bedenken dagegen, daß der Dienstherr den Lehrern an Grund- und Hauptschulen eine höhere Pflichtstundenzahl als den Lehrern an Gymnasien abverlangt. Die Festlegung abweichender Regelstundenzahlen ist auch dann zulässig, wenn sich aus der Andersartigkeit der unterrichteten Fächer Unterschiede der typischen Arbeitsbelastung ergeben (z. B. Unterricht in allgemeinbildenden Fächern einerseits, in Sport andererseits). Unterschiede der Lehrbefähigung bieten hingegen keinen geeigneten Anknüpfungspunkt für eine differenzierende Regelung, sofern sie sich in der tatsächlichen Arbeitsleistung gerade nicht niederschlagen. Deshalb darf die Pflichtstundenzahl für die an einer Orientierungsstufe oder an einer integrier-

---

25 So die Rspr.: Hess StGH, StAnz. 1990, 1960 (1963); BVerwG, RiA 1990, 194; RiA 1993, 95; VGH Mannheim, SPE n. F. 500 Nr. 47; OVG Koblenz, SPE n. F. 500 Nr. 42.
26 *Haug*, RdJB 1984, 129.
27 Die Belastungsgrenze ist jedenfalls dann überschritten, wenn der Rektor einer Grundschule, die zugleich Standort für zentralen muttersprachlichen Unterricht für ausländische Schüler ist, wegen dieser zusätzlichen Aufgabe erheblich mehr Arbeit als seine Kollegen leisten muß. Er kann aufgrund der Fürsorgepflicht des Dienstherrn und des Gleichbehandlungsgebots (Art. 3 Abs. 1 GG) verlangen, daß der Umfang seiner dienstlichen Verpflichtungen demjenigen anderer Grundschulleiter angeglichen wird. So VGH Kassel, HessVG Rspr. 1996, 89.
28 Zu dieser Problematik *Haug*, RdJB 1984, 129 ff. Aus der Rspr.: BVerwGE 59, 142; BVerwG, RdJB 1984, 144; HessStGH, RdJB 1984, 145; VGH Mannheim, RdJB 1991, 219, bestätigt durch BVerwG, NVwZ 1990, 771; OVG Koblenz, DÖD 1997, 280 (282); OVG Lüneburg, NVwZ-RR 1994, 598 (601); OVG Schleswig, SPE n. F. 500 Nr. 40.

ten Gesamtschule mit gleichen Tätigkeitsmerkmalen beschäftigten Lehrer nicht nach ihrer unterschiedlichen Lehrbefähigung bestimmt werden[29]. Ebensowenig darf dem Fachlehrer an einer Berufsschule, dessen Arbeit sich in keiner Weise von der der übrigen Berufsschullehrer unterscheidet, eine höhere Regelstundenzahl auferlegt werden[30].

21.344 Zur *Teilzeitbeschäftigung* von Lehrern, insbesondere zur Möglichkeit der Bewilligung eines sog. *Sabbatjahres* vgl. TZ 18.211.

21.345 Der Beamte ist verpflichtet, über die regelmäßige wöchentliche Arbeitszeit hinaus Dienst zu tun, wenn zwingende dienstliche Gründe es erfordern (§ 44 Satz 1 BRRG, § 72 Abs. 2 Satz 1 BBG)[31]. *Mehrarbeit im Schuldienst* liegt vor, wenn dem Lehrer Unterricht über die Pflichtstundenzahl hinaus an der eigenen Schule oder an einer anderen Schule derselben Schulart übertragen wird[32]. Teilzeitbeschäftigte Lehrer leisten Mehrarbeit, sofern sie über das reduzierte Stundenmaß hinaus unterrichten. Mehrarbeit darf nur zur Erteilung von Pflichtunterricht angeordnet oder genehmigt werden, der nach Ausschöpfung aller Möglichkeiten andernfalls ausfallen müßte; sie ist tunlichst gleichmäßig auf die Lehrer zu verteilen. Die Mehrarbeit soll 24 Unterrichtsstunden im Kalendermonat nicht überschreiten[33]. Zur *Mehrarbeitsvergütung* vgl. TZ 20.115.

---

29 OVG Lüneburg, DVBl. 1980, 487; so auch *Haug*, RdJB 1984, 130 f.. A. A. der HessStGH, RdJB 1984, 145 (146), der es nicht für gleichheitswidrig hält, daß Lehrer mit unterschiedlicher Lehrbefähigung, die einer integrierten Gesamtschule zugewiesen sind, eine verschieden hohe Pflichtstundenzahl zu unterrichten haben; nach Auffassung des Gerichts ist die Begünstigung von Lehrern mit der Befähigung zum Lehramt an Gymnasien schon wegen der bloßen Möglichkeit ihres Einsatzes an der gymnasialen Oberstufe sachlich begründet.
30 OVG Lüneburg, RdJB 1984, 147.
31 Dazu OVG Münster, NVwZ-RR 1998, 665.
32 Nr. 1.3.1 der Allgemeinen Verwaltungsvorschrift vom 6.8.1974 (GMBl. S. 386) zur VO der Bundesregierung über die Gewährung von Mehrarbeitsvergütung für Beamte vom 13.3.1992 (BGBl. I S. 528), zul. g. d. G. v. 6.8.1998 (BGBl. I S. 2026, 2028).
33 Diese Höchstgrenze folgt mittelbar aus § 3 Abs. 2, § 5 Abs. 2 Nr. 2 der MehrarbeitsvergütungsVO (Anm. 32), wonach eine Mehrarbeitsvergütung für höchstens 24 zusätzliche Unterrichtsstunden gewährt wird.

21.4 Nebentätigkeit[34]

21.41 Allgemeines

21.411 Aus der Pflicht des Lehrers, seine volle Arbeitskraft der Schule zu widmen, ergeben sich Beschränkungen für die Übernahme von Nebentätigkeiten. Nebentätigkeit ist die Ausübung eines Nebenamtes oder einer Nebenbeschäftigung. Beim *Nebenamt* handelt es sich um ein öffentliches Amt im Dienst des Landes, der Gemeinden oder anderer öffentlich-rechtlicher Körperschaften, das neben dem Hauptamt ausgeübt wird. *Nebenbeschäftigung* ist jede sonstige nicht zu einem Hauptamt gehörende Tätigkeit innerhalb oder außerhalb des öffentlichen Dienstes. Die nebenamtliche Tätigkeit wird also im Rahmen eines öffentlich-rechtlichen Dienst- oder Amtsverhältnisses wahrgenommen, während die Nebenbeschäftigung eine privatrechtliche Tätigkeit ist, die freiberuflich oder aufgrund besonderen Vertragsverhältnisses ausgeübt wird[35].

21.412 Der Beamte ist *verpflichtet*, auf Verlangen der obersten Dienstbehörde *Nebenämter oder Nebenbeschäftigungen im öffentlichen Dienst zu übernehmen*, sofern sie seiner Vorbildung oder Berufsausbildung entsprechen und ihn nicht über Gebühr in Anspruch nehmen (vgl. § 64 BBG). *Nebentätigkeiten*, die der Beamte nicht auf Verlangen seiner Dienstbehörde, sondern *in seinem privaten Interesse ausübt, bedürfen* abgesehen von bestimmten Ausnahmen (s. TZ 21.432) *der Genehmigung des Dienstvorgesetzten* (§ 42 Abs. 1 Satz 1 BRRG, § 65 Abs. 1 Satz 1 BBG). Hierbei ist zu berücksichtigen, daß das Grundrecht der freien Entfaltung der Persönlichkeit (Art. 2 Abs. 1 GG), das grundsätzlich das Recht auf (entgeltliche und unentgeltliche) Verwertung der Arbeitskraft umfaßt, auch dem Beamten zusteht (vgl. TZ 19.121)[36]. Dieses Recht wird aber durch die verfassungsmäßige Ordnung begrenzt, zu der die hergebrachten Grundsätze des Berufsbeamtentums (Art. 33 Abs. 5 GG) und die Vorschriften des Beamtenrechts gehören[37]. Zu den hergebrachten Grundsätzen ist die Pflicht des Beamten zu rechnen, sich mit voller Hingabe dem Hauptamt zu widmen. Seine Freizeit darf er, neben der Erholung, auch für eine Nebentätigkeit verwenden. Die Genehmigung der Nebentätigkeit darf

---

34 Soweit das BRRG und das BBG keine entsprechenden Regelungen enthalten, ist auf die Beamtengesetze und die Nebentätigkeitsverordnungen der Länder zu verweisen. – Aus der Literatur: Fritz *Ossenbühl*/Matthias *Cornils*: Nebentätigkeit und Grundrechtsschutz, Köln 1999; Helmut *Schnellenbach*: Beamtenrecht in der Praxis. 4. Aufl., München 1998, S. 150 ff. Rn. 242 ff; Ulrich *Battis*: Das Zweite Nebentätigkeitsbegrenzungsgesetz, NVwZ 1998, 34; Rudolf *Summer*: Rechtes Augenmaß – rechtes Verfassungsmaß – eine Studie zum neuen Nebentätigkeitsrecht –, ZBR 1988, 1; Roland *Wörz*: Das neue Nebentätigkeitsrecht, SchVw BW 1998, 123.
35 *Scheerbarth/Höffken/Bauschke/Schmidt* (Anm. 1), S. 420.
36 Bei wissenschaftlicher oder künstlerischer Nebentätigkeit ist auf das Grundrecht des Art. 5 Abs. 3 GG abzustellen, bei freiberuflicher Tätigkeit zusätzlich auf das Grundrecht der Berufsfreiheit (Art. 12 Abs. 1 GG).
37 BVerwGE 31, 241 (247 ff.); 35, 201 (205); 60, 254 (255 f.); 67, 287 (294).

der Dienstvorgesetzte nur versagen, wenn zu besorgen ist, daß die durch die hergebrachten Grundsätze geschützten Interessen des öffentlichen Dienstes beeinträchtigt werden[38]. Doch bleibt es dem Gesetzgeber unbenommen, dem Anreiz zur Übernahme von Nebenbeschäftigungen dadurch entgegenzuwirken, daß er Regelungen trifft, die die Höhe der Nebentätigkeitsvergütungen begrenzen[39].

21.413 Nebentätigkeiten von Ruhestandsbeamten sind nicht genehmigungspflichtig[40]. Für eine Nebentätigkeit im öffentlichen Dienst wird eine Vergütung grundsätzlich nicht gewährt (Ausnahmen bei nebenamtlichem Unterricht und nebenamtlichen Prüfungen). Nebentätigkeiten im privaten Interesse des Lehrers dürfen grundsätzlich nur außerhalb der Arbeitszeit ausgeübt werden (§ 42 Abs. 3 BRRG, § 65 Abs. 3 BBG). Die Inanspruchnahme von Einrichtungen, Personal oder Material der Schule ist nur bei Vorliegen eines öffentlichen oder wissenschaftlichen Interesses und nur gegen Zahlung eines angemessenen Nutzungsentgelts zulässig (§ 42 Abs. 4 BRRG, § 65 Abs. 5 BBG).

21.42 Lehr- und Prüfungstätigkeit

Wird der Lehrer *im Rahmen der Pflichtstundenzahl* auch an anderen Schulen derselben Schulart eingesetzt, ist die gesamte Unterrichtserteilung Tätigkeit im *Hauptamt*, so daß eine gesonderte Vergütung schon deshalb nicht in Betracht kommt. Unterrichtet der Lehrer über die Pflichtstundenzahl hinaus an einer anderen Schule derselben Schulart, leistet er *Mehrarbeit* (vgl. TZ 21.345). Anders ist es, wenn der Lehrer zusätzlichen Unterricht an der Schule einer anderen Schulart hält (z. B. der Realschullehrer unterrichtet Sozialkunde an einer Berufsschule). Dann handelt es sich um einen mit Genehmigung oder auf Anordnung erteilten *nebenamtlichen Unterricht*, für den eine Vergütung nach den jeweiligen Landesrichtlinien bezahlt wird. Zusätzliche *Unterrichtstätigkeit an einer Privatschule* dagegen ist eine genehmigungspflichtige Nebenbeschäftigung. Zur Lehrtätigkeit an einer Volkshochschule vgl. TZ 21.434.

---

38 BVerfGE 55, 207 (238); BVerwGE 31, 241 (244, 248); 35, 201 (205); 60, 254 (256); 84, 299 (301 ff.).
39 BVerfGE 55, 207 (238).
40 Allerdings muß ein pensionierter Beamter, der nach Beendigung des Dienstes mit Vollendung des 65. Lj. innerhalb eines Zeitraums von drei Jahren – bei früherem Ausscheiden: fünf Jahre – außerhalb des öffentlichen Dienstes eine Beschäftigung aufnimmt, die mit seiner Tätigkeit in den letzten fünf Jahren vor der Pensionierung zusammenhängt und durch die dienstliche Interessen beeinträchtigt werden können, die Beschäftigung der letzten obersten Dienstbehörde anzeigen (§ 42a Abs. 1 BRRG, § 69a Abs. 1 BBG). Es ist aber kaum vorstellbar, daß ein pensionierter Lehrer, der Nachhilfestunden gibt oder in einer Privatschule unterrichtet, durch eine solche Tätigkeit dienstlichen Belangen schadet.

21.43 Außerschulische Nebentätigkeiten

21.431 Die Genehmigung für außerschulische Nebentätigkeiten muß versagt werden, wenn zu befürchten ist, daß durch die Nebentätigkeit dienstliche Interessen beeinträchtigt werden (§ 42 Abs. 2 BRRG, § 65 Abs. 2 BBG). So darf die Nebentätigkeit beispielsweise nicht zu der Sorge Anlaß geben, daß der Lehrer in einen Widerspruch zu seinen dienstlichen Pflichten gerät, seine Unparteilichkeit oder Unbefangenheit verliert oder dem Ansehen der Schule schadet. Das wäre etwa der Fall, wenn er Schülern der eigenen Schule Nachhilfeunterricht erteilte. Die Nebentätigkeit darf vor allem dann nicht genehmigt werden, wenn sie nach Art und Umfang die Arbeitskraft des Lehrers so stark in Anspruch nimmt, daß die ordnungsgemäße Erfüllung seiner dienstlichen Pflichten behindert werden kann; diese Voraussetzung gilt in der Regel als erfüllt, wenn die zeitliche Beanspruchung durch die Nebentätigkeit – und andere bereits ausgeübte Nebentätigkeiten – ein Fünftel der regelmäßigen wöchentlichen Arbeitszeit überschreitet (sog. *Fünftelvermutung*, § 42 Abs. 2 Satz 3 BRRG, § 65 Abs. 2 Satz 4 BBG)[41]. Der Antrag auf Erteilung der Genehmigung bedarf der Schriftform. Er muß die für die Entscheidung erforderlichen Nachweise enthalten, insbesondere über Art und Umfang der Nebentätigkeit sowie über die Entgelte und geldwerten Vorteile hieraus; jede Änderung ist unverzüglich anzuzeigen (§ 42 Abs. 5 BRRG, § 65 Abs. 6 BBG). Ergibt sich eine Beeinträchtigung dienstlicher Interessen nach Erteilung der Genehmigung, so ist diese zu widerrufen. Sofern ein Versagungsgrund nicht vorliegt, hat der Lehrer einen Anspruch auf Erteilung der Genehmigung. Er kann in diesem Fall gegen die Verweigerung der Genehmigung Verpflichtungsklage, gegen den Widerruf der Genehmigung Anfechtungsklage vor dem Verwaltungsgericht erheben.

Die Genehmigung der Übernahme von *Nebenbeschäftigungen geringen Umfangs*, die außerhalb der Dienstzeit ausgeübt werden, gilt allgemein als erteilt[42]. Allerdings ist auch diese Nebentätigkeit, sofern sie nicht nur gelegentlich ausgeübt wird, dem Dienstvorgesetzten *anzuzeigen*. Das ist vor allem wichtig für die Erteilung von *Nachhilfe- und Privatunterricht*, die an sich genehmigungspflichtig ist.

---

41 Bei der Bemessung des Fünftels ist auch bei Lehrern von der für Beamte allgemein maßgeblichen Arbeitszeit, in den meisten Ländern also 38,5 Stunden wöchentlich, auszugehen, so daß für sie die Grenze bei ca. 7 ³/₄ Stunden in der Woche liegt. Problematisch ist insoweit die Bestimmung in § 3 Abs. 10 Satz 2 der Dienstanweisung für Lehrer der Stadtgemeinde Bremen und Referendare, wonach eine entgeltliche Nebentätigkeit sechs Unterrichtsstunden wöchentlich nicht überschreiten darf.

42 Die meisten Länder ziehen die Grenze bei 200 DM; in einigen Ländern, z.B. Berlin, Nordrhein-Westfalen und Saarland, liegt sie bei 100 DM.

21.432 Bestimmte Nebentätigkeiten sind *nicht genehmigungspflichtig* (§ 42 Abs. 1 Satz 3 BRRG, § 66 Abs. 1 BBG), nämlich
– eine unentgeltliche Nebentätigkeit (mit bestimmten Ausnahmen[43]);
– die Verwaltung eigenen Vermögens und des Vermögens des Ehegatten und der Kinder;
– eine *schriftstellerische, wissenschaftliche, künstlerische oder Vortragstätigkeit*;
– die mit Lehr- oder Forschungsaufgaben zusammenhängende selbständige Gutachtertätigkeit der Hochschullehrer und der Beamten an wissenschaftlichen Instituten und Anstalten;
– die Tätigkeit zur Wahrung von Berufsinteressen in Gewerkschaften, Berufsverbänden oder Selbsthilfeeinrichtungen der Beamten.

Die *Wahrnehmung öffentlicher Ehrenämter* sowie einer unentgeltlichen Vormundschaft, Betreuung oder Pflegschaft eines Angehörigen gelten nicht als Nebentätigkeit, sind also *genehmigungsfrei*; ihre Übernahme ist dem Dienstvorgesetzten zuvor schriftlich anzuzeigen (§ 42 Abs. 1 Satz 2 BRRG, § 65 Abs. 1 Satz 2 BBG).

Auch die genehmigungsfreien Nebentätigkeiten dürfen nicht zur Vernachlässigung des Hauptamtes führen und dürfen das Ansehen des Lehrers nicht beeinträchtigen. Der Dienstvorgesetzte ist verpflichtet, Mißbräuchen durch einschränkende oder untersagende Anordnungen entgegenzutreten (§ 42 Abs. 1 Satz 6 BRRG, § 66 Abs. 2 Satz 3 BBG). Besteht Anlaß zu der Annahme, daß durch die Ausübung der Nebentätigkeit dienstliche Interessen beeinträchtigt werden, kann er Auskunft über Art und Umfang, auch über die Höhe der Vergütung verlangen (§ 42 Abs. 1 Satz 5 BRRG, § 66 Abs. 2 Satz 2 BBG)[44]. Vergütungen für Nebentätigkeiten, die der Beamte im öffentlichen Dienst oder auf Verlangen der obersten Dienstbehörde ausübt, muß er nach den Vorschriften der jeweiligen Nebentätigkeitsverordnung an seinen Dienstherren abführen, soweit sie eine bestimmte Höchstgrenze im Jahr überschreiten[45].

21.433 Die wirtschaftliche Betätigung des *Ehegatten* bedarf keiner Genehmigung. Die Verwertung einer eigenen *Erfindung* durch Lizenzvergabe ist keine gewerbliche Tätigkeit und deshalb genehmigungsfrei. Der *Vertrieb eigener Werke* wie auch die Übernahme der *Schriftleitung einer Zeitschrift* sind dagegen genehmigungspflichtig.

---

43 Auch bei unentgeltlicher Nebentätigkeit sind nach § 42 Abs. 1 Satz 3 Nr. 1 BRRG, § 66 Abs. 1 Nr. 1 BBG genehmigungspflichtig: die Übernahme eines Nebenamtes, einer Testamentsvollstreckung oder die Wahrnehmung einer Vormundschaft, Betreuung oder Pflegschaft für eine Person, die nicht zu den Angehörigen des Beamten zählt; die Übernahme einer gewerblichen Tätigkeit, die Ausübung eines freien Berufes (z. B. als Musiker) oder die Mitarbeit bei einer dieser Tätigkeiten; der Eintritt in den Vorstand oder ein sonstiges Organ eines wirtschaftlichen Unternehmens (z. B. einer privaten Versicherungsgesellschaft).
44 § 42 Abs. 1 Satz 4 BRRG ermächtigt den Bundes- und die Landesgesetzgeber, für genehmigungsfreie Nebentätigkeiten eine generelle Anzeigepflicht vorzuschreiben, die auch auf die Entgelte und geldwerten Vorteile erstreckt werden kann. Von dieser Ermächtigung hat bislang nur der Bund in § 66 Abs. 2 Satz 1 BBG Gebrauch gemacht.
45 Die Höchstgrenze beläuft sich im allgemeinen für Beamte der Besoldungsgruppen A 9 bis A 12 auf 8400 DM, für Beamte der Besoldungsgruppen A 13 und höher auf 9600 DM jährlich. So z. B. § 13 Abs. 1 nrwNtV, § 8 Abs. 2 ThürNVO.

21.434 Die Mitarbeit des Lehrers in der Weiterbildung (Erwachsenenbildung) ist genehmigungsfrei, wenn es sich um reine *Vortragstätigkeit* handelt (TZ 21.432). Dagegen bedarf die entgeltliche *Lehr- und Unterrichtstätigkeit an Volkshochschulen* der Genehmigung, sofern sie nicht ihres geringen Umfangs wegen genehmigungsfrei ist (TZ 21.431). Lehr- und Unterrichtstätigkeit unterscheidet sich von der Vortragstätigkeit dadurch, daß von den Hörern ein Mitarbeiten verlangt wird, das in Fragen und Abfragen, im Unterrichtsgespräch und in schriftlichen Ausarbeitungen seinen Ausdruck findet.

21.44 Nebentätigkeit bei Teilzeitbeschäftigung

Bundes- und Landesgesetzgeber haben Vorkehrungen dagegen getroffen, daß teilzeitbeschäftigte Beamte ihre freie Arbeitskraft für die Ausübung von Nebentätigkeiten verwenden. (Zum Teilzeitbeamtenverhältnis TZ 18.211.) Wird einem Beamten *Teilzeitbeschäftigung* oder *Urlaub aus familiären Gründen* gewährt, dürfen ihm während der Zeit der Freistellung vom Dienst nur solche Nebentätigkeiten genehmigt werden, die dem Zweck der Freistellung nicht zuwiderlaufen (§ 72a Abs. 6 BBG). Durch diesen Versagungsgrund soll verhindert werden, daß der Beamte die ihm zur Betreuung versorgungsbedürftiger Familienangehöriger eingeräumte Dienstbefreiung für andere Tätigkeiten nutzt.

Sehr viel weiter schränken einige Landesbeamtengesetze die Nebentätigkeit bei Lehrern ein, denen *Teilzeitbeschäftigung* oder *Urlaub mit Rücksicht auf die Arbeitsmarktlage* bewilligt wird. Sie müssen auf die Ausübung genehmigungspflichtiger entgeltlicher Nebentätigkeiten verzichten und dürfen genehmigungsfreie Nebentätigkeiten (z.B. Vorträge) gegen Entgelt nur in dem Umfang ausüben, wie es ihnen bei Vollzeitbeschäftigung ohne Verletzung dienstlicher Pflichten gestattet wäre[46]. Solche Regelungen sind vor allem im Hinblick auf den Gleichheitssatz bedenklich, weil sie diese teilzeitbeschäftigten Lehrer gegenüber den vollzeitbeschäftigten insoweit benachteiligen, als ihnen die Möglichkeit, eine genehmigte Nebentätigkeit auszuüben, gänzlich versagt bleibt.

Bei der *voraussetzungslosen Teilzeitbeschäftigung* sind die Grenzen für eine Nebentätigkeit weniger eng gezogen: Der Teilzeitbeamte darf Nebentätigkeiten unter den Voraussetzungen und in dem Umfang ausüben, wie dies nach den nebentätigkeitsrechtlichen Bestimmungen den vollzeitbeschäftigten Beamten gestattet ist; hinsichtlich der Fünftelvermutung (TZ 21.431) ist von der regelmäßigen wöchentlichen Arbeitszeit eines vollzeitbeschäftigten Beamten auszugehen[47].

Beamte, die im Rahmen der *Einstellungsteilzeit* beschäftigt sind, dürfen Nebentätigkeit unter den gleichen Voraussetzungen wie die vollzeitbeschäftigten Beamten verrichten; was die Fünftelvermutung betrifft, wird der zeitliche

---

46 § 35a Abs. 2 bln LBG, § 76a Abs. 2 HmbBG, § 143 Abs. 2 SächsBG.
47 § 153f. Abs. 2 bw LBG, Art. 80a Abs. 2 BayBG, § 39 Abs. 2 bbg LBG, § 85a Abs. 2 Hess BG, § 79 Abs. 2 LBG M-V, § 80a Nds BG, § 76b Abs. 2 nrw LBG, § 80a Abs. 2 rp LBG, § 87a Abs. 2 Saarl BG, § 72a Abs. 2 LBG LSA, § 88a Abs. 4 sh LBG, § 76 Abs. 2 ThürBG.

Umfang um die Differenz zwischen der regelmäßigen und der verringerten Arbeitszeit erhöht[48].

21.5 Aufsichtspflicht[49]

21.51 Inhalt

21.511 Aufgrund des staatlichen Erziehungsauftrags (Art. 7 Abs. 1 GG) sind Schule und Lehrer verpflichtet, die ihnen anvertrauten *Schüler vor Schaden zu bewahren*, aber auch zu *verhindern, daß andere Personen durch sie einen Schaden erleiden*[50]. Diese Aufsichtspflicht darf freilich nicht überdehnt werden. Mit einer Erziehung zu Freiheit, Selbständigkeit und Selbstverantwortung verträgt es sich nicht, daß der Schüler als hilfloses oder gefährliches Wesen erachtet wird, das ständig beschützt oder bewacht werden muß. Andererseits genügen Warnungen und Weisungen allein niemals. Der Lehrer muß immer mit Überraschungen rechnen und deshalb die Einhaltung seiner Weisungen laufend überwachen. Eine lückenlose Aufsicht wird hingegen nicht verlangt[51]. Vor wirtschaftlichen Nachteilen ist der Lehrer durch die *gesetzliche Schülerunfallversicherung* (TZ 33.21) und die *Amtshaftung* (TZ 22.32) geschützt, sofern ihm nicht unverantwortliches oder gar strafbares Handeln oder Unterlassen zur Last gelegt werden muß. Der Lehrer, der alles tut, was ein verantwortungsbewußter Mensch tun würde, dem junge Menschen anver-

---

48 S. etwa § 39a Abs. 6 bbg LBG, § 85c Abs. 2 Hess BG, § 80b Abs. 4 Nds BG, § 87b Saarl BG, § 72c Abs. 4 BG LSA, § 76a Abs. 3 Satz 2 ThürBG.
49 Vgl. hierzu die in der Entscheidungssammlung SPE, Gruppen II H I und VI F, sowie in SPE n. F. 136 bis 144 abgedruckten Gerichtsentscheidungen. Aus der Literatur: Thomas *Böhm*: Aufsicht und Haftung in der Schule. Schulrechtlicher Leitfaden, Neuwied 1998, S. 1 ff.; Helmut *Fetzer*: Die Aufsichtspflicht der Lehrkräfte oder: Wir stehen immer mit einem Bein im Gefängnis, Pädagogik Heft 9/1994, 49; Dieter *Margies*/Gerald *Rieger*: Aufsichtspflicht der Schule – Organisationsverantwortung der Schulleitung, in: Alfred Müller/Harald Gampe/Gerald Rieger/Erika Risse (Hrsg.): Leitung und Verwaltung einer Schule. 8. Aufl., Neuwied 1997, S. 370; Roland *Wörz*: Aufsichtspflicht während des allgemeinen Schulbetriebs, SchVw BW 1997, 51.
50 BGH, SPE VI F I S. 1. So gehört es beispielsweise zur Aufsichtspflicht der Lehrer zu verhindern, daß Schüler bei einer Schulfeier in einem kommunalen Saal den dort aufgestellten Konzertflügel des örtlichen Gesangvereins mutwillig beschädigen (OLG Hamm, SPE n. F. 138 Nr. 10). Ähnlich OLG Celle SPE n. F. 140 Nr. 7, hinsichtlich eines in Schulnähe geparkten Pkw: Es ist durch genügende Aufsicht sicherzustellen, daß nicht in den Schulbetrieb integrierte Personen durch Schüler während der Schulzeit vom Schulgelände aus keinen Schaden erleiden, also auch nicht an ihrem Eigentum geschädigt werden. Dagegen soll die Aufsichtspflicht nach Auffassung desselben OLG, NVwZ-RR 1996, 153, nur im Interesse der Schüler bestehen, nicht hingegen im Interesse der Teilnehmer des allgemeinen Straßenverkehrs, der durch das Verhalten der Schüler möglicherweise beeinträchtigt werden kann (entschieden auf die Schadensersatzklage des Halters eines Kfz., das dadurch beeinträchtigt wurde, daß zwei Schüler einer Sonderschule an einer Schulhaltestelle nach Aussteigen aus dem Schulbus auf die Straße gelaufen und dort mit dem Pkw des Klägers zusammengestoßen waren).
51 OLG Karlsruhe, SPE II H I S. 301.

traut sind, erfüllt seine Pflicht; wenn dann doch ein Unfall eintreten sollte, kann er dafür nicht zur Rechenschaft gezogen werden.

21.512 Der *Inhalt der Aufsichtspflicht* läßt sich nur allgemein umschreiben. Der Lehrer muß alle Maßnahmen, Vorkehrungen und Anordnungen (Gebote und Verbote) treffen, die zur Schadensverhütung notwendig sind, und deren Befolgung laufend überwachen. Was er im einzelnen zu tun und zu lassen hat, muß er aufgrund der allgemeinen Lebenserfahrung, seiner besonderen Erfahrung als Erzieher und nach der jeweiligen Lage entscheiden, wobei es nicht zuletzt auf Zahl, Alter, Disziplin und Reife der Schüler, die örtlichen Verhältnisse und die Einschätzung der eigenen Eingriffsmöglichkeiten ankommt. Zu beachten sind neben den allgemeinen Regelungen über die Aufsichtspflicht[52] die besonderen *Schutzvorschriften*, die die meisten Unterrichtsverwaltungen für das Verhalten bei Sport, Baden, Wanderungen, im Schullandheim usw. erlassen haben. Zwar können diese Vorschriften nicht jeden denkbaren Fall regeln; sie enthalten aber Grundsätze, an denen sich der Lehrer in solchen Fällen orientieren kann. Auch nach einem harmlos aussehenden Unfall sollte der Lehrer zum Schutz des Verunglückten und zur eigenen Entlastung einen Arzt hinzuziehen (TZ 31.133).

21.52 Grenzen

21.521 Die Grenzen der Aufsichtspflicht werden durch das praktische Leben gesetzt; die Aufsicht läßt sich nur *im Rahmen des Möglichen* wahrnehmen. So kann der Lehrer z. B. bei Wanderungen, bei der Pausenaufsicht, im Gruppenunterricht nicht an allen Stellen zugleich sein. Er erfüllt seine Pflicht, wenn er *Stichproben* vornimmt, von Zeit zu Zeit seinen Platz wechselt, bei einer wandernden Gruppe einmal vorn, einmal in der Mitte, einmal hinten ist und im übrigen das Gesamtgeschehen im Auge behält, so daß bei den Schülern niemals das Gefühl aufkommen kann, sie seien völlig unbeaufsichtigt und könnten machen, was sie wollen. Was von dem Lehrer im Einzelfall gefordert wird, ergibt sich aus den Umständen und der besonderen Situation, aus der pädagogischen Aufgabe und der allgemeinen Fürsorgepflicht für die Schüler. Dabei wird die Verantwortlichkeit der Schule in gewisser Weise durch den Umstand eingeschränkt, daß sie nicht die einzige, nicht einmal die primäre Erziehungseinrichtung ist. Es ist Aufgabe der *häuslichen Erziehung*, dem Kind die Grundregeln zwischenmenschlichen Verhaltens beizubringen; fehlen diese Grundlagen, trifft die Verantwortung für unvorhersehbares Fehlverhalten nicht den Lehrer, sondern die Eltern, die ihre Erziehungspflicht gröblich vernachlässigt haben.

21.522 Gegenüber *volljährigen Schülern* ist die Aufsichtspflicht stark eingeschränkt. Zwar sind auch bei ihnen alle nötigen Sicherheitsvorkehrungen zu treffen und die geltenden Schutzvorschriften zu beachten, damit Schädigun-

---

52 Z. B. Hess VO über die Aufsicht über Schüler vom 28.3.1985 (ABl. S.185), zul. g. d. VO v. 14.9.1998 (ABl. S.683); m-v Erlaß »Die Aufsichtspflicht der Schule« vom 20.3.1996 (MittBl. S.110).

gen der Schüler oder anderer Personen vermieden werden; darüber hinaus jedoch ist es angesichts der Selbstverantwortung dieser Schüler ausreichend, sie über die etwa anstehenden Gefahren zu *belehren*. Mangelnde Disziplinbereitschaft eines Volljährigen kann nicht zu Lasten des Lehrers gehen; der volljährige Schüler hat für sich selbst einzustehen. Allerdings muß der Lehrer dafür sorgen, daß *jüngere Schüler* nicht durch ältere Schüler gefährdet oder zu Verstößen gegen die Schulordnung verleitet werden.

21.523 Zeitlich und räumlich beschränkt sich die Aufsichtspflicht auf schulische Veranstaltungen und die Orte, wo diese sich abspielen. Sie setzt eine angemessene Zeit vor Schulbeginn ein und endet eine angemessene Zeit nach Beendigung des Unterrichts. Für Fahrschüler verlängern sich diese Zeiten. Das außerschulische Leben des Schülers unterliegt nicht der Aufsichtspflicht des Lehrers; das gilt auch für die Zeit, in der der Schüler seine Hausaufgaben erledigt (vgl. TZ 21.536). *Außerhalb der Schule* ist der Lehrer Privatmann, als Beamter allerdings auch dienstlich zu einem seiner Amtsstellung entsprechenden Verhalten verpflichtet. Wenn er außerhalb schulischer Veranstaltungen Minderjährige betreut (z. B. als Leiter einer Wandergruppe, die sich ihm freiwillig in den Ferien angeschlossen hat), ist das seine Privatangelegenheit. Aber auch hier sind ihm, wenngleich aus anderem Rechtsgrund, Kinder und Jugendliche anvertraut; wegen seiner Erfahrung als Erzieher wird gerade von ihm größte Sorgfalt erwartet.

21.524 Die Frage, ob sich der Lehrer durch *Heranziehung anderer* von seiner Aufsichtspflicht entlasten kann, ist nur für den konkreten Einzelfall zu beantworten. Wenn er zu seiner Unterstützung auf Wanderungen Eltern mitnimmt, wenn er Schüler zur Hilfe bei der Pausenaufsicht heranzieht, so kann seine Verantwortlichkeit dadurch gemindert, jedoch nicht aufgehoben werden. Kommt der Lehrer in die Lage, seine Schüler vorübergehend verlassen zu müssen, dann bleibt ihm nichts anderes übrig, als vertrauenswürdige Personen (z. B. einen andcren Lehrer, den Hausmeister, geeignete Schüler) mit der Aufsicht zu beauftragen; für die Auswahl bleibt er verantwortlich[53]. Irrtümer in der Beurteilung der Lage und der Menschen begründen aber dann keine Verletzung der Aufsichtspflicht, wenn dem Lehrer bei vernünftiger und lebensnaher Beurteilung des Sachverhalts kein Vorwurf zu machen ist.

21.53 Aufsicht während des Unterrichts

21.531 Daß der Lehrer während des *Unterrichts im Klassenzimmer* seine Aufsichtspflicht verletzt, kommt wohl kaum vor. Er braucht nicht ständig die gesamte Klasse im Auge zu behalten, kann sich also einem einzelnen Schüler oder einer Schülergruppe widmen und die anderen zeitweise selbständig ar-

---

53 Vgl. § 62 Abs. 2 NSchG, wonach geeignete Mitarbeiter der Schule, z. B. Schulassistenten, und geeignete Eltern mit der Wahrnehmung von Aufsichtspflichten betraut werden können; das gilt auch für Schüler, sofern die Erziehungsberechtigten einverstanden sind.

beiten lassen. Besondere Sorgfaltspflichten treffen den Lehrer in *gefahrengeneigten*, vor allem in den *naturwissenschaftlichen Unterrichtsfächern*[54].

21.532 Zeitweiliges Verlassen des Klassenzimmers durch den Lehrer während des Unterrichts ist im allgemeinen nicht zulässig. Aus persönlichen Gründen darf er die Klasse nur bei plötzlicher Erkrankung und in ähnlicher Zwangslage unbeaufsichtigt zurücklassen; im privaten Interesse, etwa um sich schnell etwas zu besorgen, darf er sich niemals entfernen. Ob er das Klassenzimmer aus unaufschiebbaren dienstlichen Gründen verlassen darf, ist nach den Umständen zu beurteilen, wobei es insbesondere auf das Alter der Schüler, ihre Disziplin, ihr bisheriges Betragen und die Zusammensetzung der Klasse ankommt. Eine ihm noch unbekannte Klasse, von der er nicht weiß, wie sie sich verhalten wird, darf der Lehrer auf keinen Fall allein lassen. Die Entscheidung liegt stets bei ihm selbst; auch der Schulleiter kann ihm die Verantwortung nicht abnehmen. Bestellt ihn der Schulleiter während der Unterrichtszeit zu sich, braucht er die Anordnung nur dann zu befolgen, wenn er es verantworten kann. Es empfiehlt sich, einen Schüler mit der Aufsicht zu betrauen, von dem anzunehmen ist, daß er sich bei seinen Mitschülern durchsetzen wird. Zweckmäßig ist die zusätzliche Bitte an einen Kollegen, die Klasse mit zu betreuen; dieser Ausweg bietet allerdings keine volle Sicherheit, wenn der andere Lehrer gleichzeitig in seiner Klasse beschäftigt ist. Doch wird schon ein gelegentliches Hineinschauen die Schüler daran erinnern, daß sie nicht unbeaufsichtigt sind. In den Jahrgangsstufen der *Sekundarstufe II* sind die Anforderungen an die Aufsichtspflicht erheblich geringer.

21.533 Das *Hinausweisen eines störenden Schülers* aus der Klasse ist als Erziehungsmaßnahme (vgl. TZ 30.12) grundsätzlich zulässig[55]. Doch ist dabei zu überlegen, ob der Schüler unbeaufsichtigt womöglich größeres Unheil stiften kann, als wenn er in der Klasse verbleibt. Dann ist es immer noch besser, ihn nach Hause zu schicken. Die Annahme, dies sei unzulässig, weil der Lehrer den Schüler hindere, seine Schulpflicht zu erfüllen und seinen Bildungsanspruch wahrzunehmen, oder weil er gegen das Elternrecht verstoße, trifft nicht zu. Die Schulpflicht verlangt mehr als physische Präsenz (vgl. TZ 28.111). Wer den Unterricht stört, handelt der Schulpflicht zuwider und hindert den Lehrer, die ihm übertragene Unterrichts- und Erziehungsaufgabe ordnungsgemäß wahrzunehmen. Der Lehrer, der den Schüler in einem solchen Fall heimschickt und ihm dadurch sein Fehlverhalten vor Augen führt, beeinträchtigt daher nicht den mit der Schulpflicht zu erreichenden Zweck, sondern fördert ihn. Ebensowenig verstößt er gegen das Recht des Schülers auf Bildung. Dieses Recht (dazu TZ 2.224 und 24.21) unterliegt den in Art. 2 Abs. 1 GG gezogenen Schranken, die es insbesondere nicht zulassen, daß der Schüler die für den geordneten Unterrichtsablauf unerläßlichen Spielregeln mißachtet. Auch das Elternrecht (dazu 24.3) geht nicht so weit, daß die Erziehungsberechtigten gegenüber der Schule einen Anspruch darauf hätten, ihr Kind auch dann in der Klasse zu belassen, wenn es den Unterricht stört. Al-

---

54 Dazu die Empfehlung der KMK für Richtlinien zur Sicherheit im naturwissenschaftlichen Unterricht vom 30.12.1985 (KMK-BeschlS. Nr. 616).
55 Vgl. OLG Stuttgart, SPE VI F I S. 201.

Aufsichtspflicht

lerdings ist den besonderen Umständen des Einzelfalls Rechnung zu tragen. So darf der Lehrer ein betreuungsbedürftiges Kind (etwa in der Grundschule) nicht nach Hause schicken, wenn es wegen der vorzeitigen Entlassung aus der Schule besonderen Gefährdungen auf dem Schulweg ausgesetzt ist oder wenn es daheim nicht beaufsichtigt werden kann (z. B. aufgrund berufsbedingter Abwesenheit beider Eltern).

21.534 Hat der Lehrer den (minderjährigen) Schüler auf Antrag der Eltern *kurzfristig vom Unterricht befreit*, so ist er während der Abwesenheit des Kindes von der Aufsichtspflicht entbunden[56].

21.535 Der moderne Unterricht kennt im Hinblick auf die Erziehung zu Selbständigkeit und Selbstverantwortung *Formen freier Unterrichtsgestaltung*, die eine ständige Beaufsichtigung der Schüler unmöglich machen (z. B. Gruppenarbeit in verschiedenen Räumen oder im Freien). Solche Unterrichtsformen setzen voraus, daß die Schüler möglichen Gefährdungen gewachsen sind. Da man davon ausgehen kann, daß Kinder ihrem Alter entsprechend auch von den Eltern allein gelassen, zu Besorgungen fortgeschickt und zu selbständigen Arbeiten herangezogen werden, ist in der Regel gegen die Arbeit in *selbständigen Schülergruppen* nichts einzuwenden. Gelegentliche Beaufsichtigung stellt sicher, daß die Schüler sich nicht völlig unkontrolliert fühlen. Geschieht bei der Erfüllung solcher Aufträge den Schülern selbst etwas oder verursachen sie den Unfall einer anderen Person, kann man dem Lehrer keinen Vorwurf machen, es sei denn, ihm war bekannt, daß es sich um besonders ungeschickte oder undisziplinierte Schüler handelt[57]. Das alles gilt selbstverständlich nur für Aufträge, die sich im Rahmen der Erziehungs- und Bildungsaufgabe der Schule halten. Für private Zwecke darf der Lehrer einen Schüler nicht in Anspruch nehmen (vgl. TZ 21.231).

21.536 Für die Durchführung der *Hausaufgaben* tragen die Eltern die Verantwortung, nicht die Schule[58]. Die Aufgaben dürfen allerdings keine besonderen Gefährdungen mit sich bringen, denen der Schüler sonst nicht ausge-

---

56 Einen krimireifen Sachverhalt hatte OLG Schleswig, NJW 1990, 913, zu entscheiden. Dort hatten Dritte die Schule angerufen, sich als Eltern einer achtjährigen Schülerin ausgegeben und um eine kurzfristige »Beurlaubung« gebeten, da unerwarteter Besuch eingetroffen sei. Die Schulbediensteten, darunter die Fachlehrerin, befreiten das Kind daraufhin für ein bis zwei Stunden vom Unterricht und begleiteten es bis zum Ausgang des Schulgebäudes. Wenige Meter vom Schulgebäude entfernt wurde die Schülerin von den Anrufern entführt. Die von ihnen erpreßten Eltern zahlten ein hohes Lösegeld. Nach der Befreiung des Kindes verlangten sie einen wesentlichen Teil der Summe vom Land wegen Amtspflichtverletzung zurück. Die Schadensersatzklage wurde vom Gericht als unbegründet abgewiesen, da sich aus den konkreten Umständen der Beurlaubung kein pflichtwidriges Verhalten der Schulbediensteten ersehen ließ.
57 Vgl. hierzu die Entscheidung des BGH, SPE VI F V S. 1, in der es um einen Unfall anläßlich der Vorbereitung einer Theateraufführung geht.
58 Allerdings muß der Lehrer darauf achten, daß die Schüler die Hausaufgaben tatsächlich erledigt haben (s. etwa § 9 Abs. 1 Satz 2 nrw Allgemeine Dienstordnung für Lehrer und Lehrerinnen, Schulleiter und Schulleiterinnen an öffentlichen Schulen; §§ 6 Abs. 2, 9 Abs. 4 Satz 2 Dienstordnung für Lehrer, Erzieher und sonderpädagogische Fachkräfte an den staatlichen Schulen in Thüringen).

setzt wäre. Nicht zu verantworten ist es beispielsweise, einem Schüler aufzugeben, zu Hause Experimente durchzuführen, die zu Unfällen führen können.

21.537 Zum *Verhalten beim Auftreten übertragbarer Krankheiten* vgl. TZ 31.115.

21.54 Aufsicht beim Schulweg, Haus- und Pausenaufsicht

21.541 Der tägliche *Schulweg* zwischen Wohnung und Schule unterliegt grundsätzlich nicht der Aufsichtspflicht der Schule. Werden Schüler mit dem *Schulbus* befördert, ist die Aufsichtspflicht Sache des Schulträgers[59]. Das gilt auch für die Endhaltestelle in Schulnähe. Der Schulträger ist berechtigt, einen Schüler, der den Schülertransport trotz wiederholter Ermahnungen in sicherheitsgefährdender Weise durch sein Verhalten stört, zeitweise von der Beförderung auszuschließen[60]. Die Schulbehörde muß die Einhaltung der Aufsichtsverpflichtung des Schulträgers überwachen und bei unzureichenden Sicherheitsvorkehrungen für Abhilfe sorgen[61]. Zum Umfang der Aufsichtspflicht bei *Unterrichtswegen* zwischen Schule und Sportplatz usw. TZ 21.552. Die Aufsichtspflicht der Schule beschränkt sich im übrigen auf das Schulgrundstück. Sie beginnt und endet eine angemessene Zeit vor und nach dem Unterricht. Wird ein vorzeitiges Betreten des Schulgrundstücks gestattet, besteht auch für diese Zeit eine Aufsichtspflicht. Nach Schluß des Unterrichts ist zu kontrollieren, ob das Schulgebäude geräumt wurde. Zweckmäßig ist es, wenn der Lehrer als letzter den Klassenraum verläßt und ihn nötigenfalls abschließt. Sammeln sich die Schüler vor Beginn des Unterrichts auf dem Schulhof, gelten die gleichen Regeln wie bei der Pausenaufsicht (TZ 21.542). Werden die Schüler in die Klassenräume hineingelassen, dürfte im allgemeinen ein aufsichtführender Lehrer für jedes Stockwerk genügen.

Wird die Schule von *Fahrschülern* besucht, muß ihnen ein Aufenthaltsraum zur Verfügung gestellt werden. Dort braucht nicht dauernd ein Lehrer anwesend zu sein, wohl aber ist durch Stichproben für Ordnung zu sorgen. Der Hausmeister oder ein älterer Schüler kann zur Aufsicht unterstützend mit herangezogen werden[62].

---

59 Das setzt allerdings voraus, daß den Schulträger eine Pflicht zur Beförderung der Kinder trifft. Ist der Schulträger nach den Vorschriften des Landes nur verpflichtet, die Fahrtkosten der Schüler einer von ihm getragenen Schule zu übernehmen, so erwächst daraus gegenüber dem durch Beförderungsvertrag berufenen privaten Busunternehmer keine Amtspflicht, dafür Sorge zu tragen, daß der Schulbus durch die beförderten Schüler nicht beschädigt wird. Allerdings kann der Schulträger aufgrund des Beförderungsvertrags für einen Schaden haftbar gemacht werden, der dadurch entstanden ist, daß die von ihm eingesetzten Begleitpersonen ihre Aufsichtspflicht verletzt haben. So BGH, NVwZ 1992, 92.
60 Dazu VG Braunschweig, NJW 1994, 1549.
61 BGH, NJW 1982, 37.
62 Vgl. VGH Mannheim, SPE n. F. 140 Nr. 9.

21.542 Bei der *Pausenaufsicht*[63] auf dem Schulhof und im Schulgebäude darf es keine ständig aufsichtsfreien Bereiche geben, von denen die Schüler wissen, daß sie dort unkontrolliert sind. Dem aufsichtführenden Lehrer dürfen nicht gleichzeitig andere Pflichten obliegen, die ihn in der Aufsicht behindern. Kann ein Pausenhof nur von mehreren aufsichtführenden Lehrern überblickt werden, so liegt eine schuldhafte Amtspflichtverletzung des Schulleiters vor, wenn er nur einen Lehrer zur Pausenaufsicht einteilt[64]. Das *Verbleiben einzelner Schüler* während der großen Pause *in der Klasse* sollte nur im Ausnahmefall erlaubt werden; doch ist auch dann eine Beaufsichtigung, zumindest durch gelegentliche Kontrollen, erforderlich. Einem Schüler darf es nicht gestattet werden, während der Pause das *Schulgrundstück zu verlassen*; dieses Verbot gilt nicht gegenüber Schülern der Sekundarstufe II[65]. Volljährige Schüler dürfen sich auch ohne besondere Erlaubnis in den Pausen oder während anderer unterrichsfreier Zeiten vom Schulgelände entfernen. Auch während der *Freistunden* dürfen Schüler nicht unbeaufsichtigt bleiben. Doch genügt im allgemeinen eine weniger intensive, auf Stichproben beschränkte Aufsicht.

21.55 Aufsicht bei Sport, Unterrichtswegen, Wanderungen, Besichtigungen

21.551 Besondere Richtlinien gelten dem *Sportunterricht*[66]. Sie verpflichten den Sportlehrer zur laufenden Überprüfung der Geräte, des Zustands der Turnhalle und des Sportplatzes und enthalten Anweisungen für einzelne Übungen. Wer keine Fachausbildung als Sportlehrer besitzt, muß besonders vorsichtig sein oder auf bestimmte Übungen verzichten. Eine gewisse Gefahr wird vor allem beim *Turnen* immer bestehen bleiben. Hier sind die nötigen Sicherheitsvorkehrungen, wie Mattenlegen und Hilfeleistung, zu treffen. Auch für *Baden und Schwimmen*[67] gibt es Richtlinien, die bestimmen, daß der Lehrer sich über den Zustand des Badeplatzes und dessen mögliche Gefahren vorweg zu unterrichten hat; er muß feststellen, welche Schüler schwimmen können und welche nicht. Er hat dafür zu sorgen, daß die Schüler sich vor dem Baden abkühlen, nicht zu lange im Wasser bleiben, daß Herzkranke nicht baden. Der Lehrer, der die Schüler baden und schwimmen läßt, muß selbst schwimmen und retten können und ständig schwimm- und rettungsbereit sein. Nach Beendigung des Schwimmens muß er sich davon überzeugen, daß alle Schüler das Wasser verlassen haben.

21.552 Nicht immer befinden sich Turnhallen, Sportplätze und Schwimmbäder unmittelbar neben der Schule. Es entstehen dadurch *Unterrichtswege* zwischen Schule und Sportstätte, auf denen die Schüler zu beaufsichtigen sind.

---

63 Hierzu die Entscheidungen in der SPE VI F I S. 1 ff. und in der SPE n. F. 140.
64 So OLG Celle, SPE n. F. 140 Nr. 7.
65 Vgl. § 62 Abs. 1 Satz 2 NSchG, § 14 Abs. 4 Satz 2 saarl ASchO.
66 Dazu die Entscheidungen SPE VI F II S. 1 ff.
67 Vgl. dazu BGH, SPE VI F II S. 11.

Der Lehrer muß die Klasse grundsätzlich geschlossen zum Sportplatz und wieder zurück führen. Ist das nicht möglich (z.B. wenn der Sportlehrer auf dem Sportplatz bleiben muß, um die nächste Klasse zu übernehmen), können ältere Schüler den Unterrichtsweg auch allein zurücklegen. Beginnt oder endet der Unterricht an der Sportstätte, kann der Lehrer die Schüler zum Sportplatz oder ins Schwimmbad bestellen und von dort entlassen. Das gleiche gilt für zusätzliche Sport- und Spielstunden an den Nachmittagen. In diesen Fällen ist die Gefahr nicht größer, als wenn die Schüler sich in der schulfreien Zeit allein auf der Straße bewegen. Auch kann mit den Verkehrserfahrungen der Schüler gerechnet werden; der Lehrer kann ihnen gestatten, Wege zurückzulegen, die vernünftige Eltern ihren Kindern unter Berücksichtigung ihres Alters, ihrer Reife und der Verkehrslage zumuten würden. Eine besondere Überwachung ist nicht nötig[68].

21.553 Schulwanderungen, Studienfahrten und Schullandheimaufenthalte[69] (TZ 28.22) können den Schülern nur dann ein besonderes Erlebnis vermitteln, wenn ihnen hinlängliche Freiheit zugestanden wird. Damit wird die Aufsicht für den Lehrer erschwert. Eine Hilfe bieten ihm Dienstanweisungen, die eine gründliche Vorbereitung vorschreiben, vor längeren Aufenthalten in Heimen oder anderen Unterkünften ärztliche Untersuchung verlangen, eine Überanstrengung der Schüler und das Trampen ausdrücklich untersagen. Jeder Lehrer tut gut daran, einen Wanderführerlehrgang mitzumachen. Erforderlich sind Kenntnisse in Erster Hilfe. Die Durchführung von Schulwanderungen, Landheimaufenthalten u. a. gehört zu den Amtspflichten des Lehrers; er kann sie nicht im Hinblick auf die erschwerte Aufsichtspflicht ablehnen. Doch ist die Durchführung mehrtägiger Wanderungen und Studienfahrten im allgemeinen freiwillig.
Treffpunkt und Entlassungsort sind so zu wählen, daß den Schülern die Wege von und zur Wohnung unter Berücksichtigung ihres Alters und ihrer Reife und nach Lage der Verkehrsverhältnisse zugemutet werden können. Auf der Wanderung darf der Lehrer den Schülern nicht den Eindruck vermitteln, sie könnten tun und lassen, was sie wollen; er muß deshalb den Platz innerhalb der Gruppe von Zeit zu Zeit wechseln. Ein Sportlehrer, der die Leistungsfähigkeit seiner Schüler abzuschätzen weiß, kann ihnen mehr Freiheiten gewähren als ein Lehrer, dem die Klasse noch unbekannt ist. Bei großen Klassen kann die Mitnahme eines zweiten Lehrers notwendig sein.
Ob bei mehrtägigen Schulfahrten oder Schullandheimaufenthalten älteren Schülern *Zeiten zum freien Ausgang* eingeräumt werden dürfen, ist nach pflichtgemäßem Ermessen zu entscheiden; dabei spielen die Reife des Schülers und die Art der beabsichtigten Freizeitgestaltung eine wichtige Rolle. *Volljährigen Schülern* muß man jedenfalls einen aufsichtsfreien Bereich zuge-

---

68 BGH, SPE VI F V S. 51. Anders bei *Fortsetzung* des Unterrichts an anderer Stelle, da dann praktisch die ganze Klasse den Weg geschlossen zurücklegt. Nach Ansicht des LG Hamburg, NJW 1992, 377, liegt hierin eine Steigerung der Gefahr unkontrollierter Handlungen, die je nach Altersstufe (im entschiedenen Fall Schüler von 9 bis 10 Jahren) eine Aufsicht geboten sein läßt.
69 Dazu Christian *Jülich*: Rechtsprobleme bei Schülerfahrten, RdJB 1986, 76.

stehen (vgl. TZ 21.522). Bei minderjährigen Schülern empfiehlt es sich, vor Antritt der Fahrt die *schriftliche Einwilligung der Eltern* einzuholen.
Für das *Baden auf Wanderungen* gilt das oben (TZ 21.551) Gesagte im besonderen Maße. Der Umfang der nötigen Vorsichtsmaßregeln hängt weitgehend davon ab, ob in einer Badeanstalt oder in freien Gewässern gebadet wird, ob der Lehrer den Badeplatz kennt oder nicht, ob die Schüler Schwimmer oder Nichtschwimmer sind. In jedem Fall muß, wenn auf Wanderungen gebadet werden soll, die schriftliche Zustimmung der Eltern vorher eingeholt werden[70].
Besondere Bestimmungen gelten zumeist für *Radwanderungen* (schriftliche Zustimmung der Eltern; Verpflichtung, sich vor Beginn und laufend vom ordnungsgemäßen Zustand der Räder zu überzeugen sowie davon, daß die Schüler die Verkehrsregeln beherrschen). Mit jüngeren Schülern sind Radausflüge heute kaum noch zu verantworten.
Bei Ausflügen mit dem *Omnibus* oder der *Bahn* gehört zur Erfüllung der Aufsichtspflicht, daß der Lehrer seine Schüler über die Beförderungsvorschriften belehrt und ihre Einhaltung überwacht[71]. Für *Berg- und Skifahrten* ist eine besondere Ausbildung des Lehrers vorgeschrieben; nötigenfalls ist ein Bergführer oder Skilehrer hinzuzuziehen.

21.554 Zu einem modernen Unterricht, vor allem bei älteren Schülern, gehören auch *Besichtigungen* von Bauwerken, Museen und Betrieben. Hier gelten die gleichen Grundsätze wie bei Wanderungen. Die Leitung der besuchten Einrichtung ist dafür verantwortlich, daß sie ihre Gebäude, Maschinen, Einrichtungen hinlänglich in Ordnung hält und sichert[72]. Wer eine Besichtigung seines Betriebes gestattet, kann seine Haftung nicht durch Vereinbarung mit dem Lehrer oder der Schulleitung ausschließen; weder der Lehrer noch die Schulleitung ist zur Abgabe einer solchen Verzichtserklärung befugt.

21.555 In diesem Zusammenhang ist nochmals darauf hinzuweisen, daß der Lehrer nicht nur dafür zu sorgen hat, daß seinen Schülern nichts geschieht, sondern daß es seine Aufgabe ist, auch *andere Personen vor Schaden zu bewahren*. So muß er etwa darauf achten, daß bei Ballspielen nicht Passanten oder Zuschauer verletzt, daß die Schüler auf Ausflügen keinen Flurschaden anrichten, keinen Waldbrand verursachen, bei Betriebsbesichtigungen nicht

---

70 S. aber OLG Köln, SPE n. F. 138 Nr. 11: Bei einem Klassenausflug zu einem Baggersee genügt die schriftliche Bestätigung von Eltern, daß ihr Kind schwimmen könne, nicht ohne weiteres, um Lehrern die Gewißheit ausreichender Schwimmfähigkeit der Schüler zu verschaffen.
71 Völlig überzogen ist jedoch die Verfügung der Bezirksregierung Köln vom 10.12.1997 (auszugsweise abgedruckt in SchuR 1998, 84), wonach sich der Lehrer vor Fahrtantritt den Fahrtenschreiber des Vortags zeigen lassen und prüfen soll, ob das Fahrpersonal eine entsprechende Ruhezeit eingehalten hat; bei der Vergabe des Fahrauftrags soll, ggf. durch Einschaltung einer Fachbehörde, geprüft werden, ob ein zweiter Fahrer erforderlich ist. Dazu Peter Paul *Cieslik*: Schulfahrten – eine umfassende Dienstleistung von Lehrkräften, SchuR 1998, 83.
72 Zur Aufsichtspflicht eines Unternehmers bei einem Betriebspraktikum ArbG Hagen, SPE VI F III S. 11.

Pflichten des Lehrers

Maschinen in Gang setzen, beim Besuch von Museen keine Ausstellungsgegenstände beschädigen (s. auch TZ 33.313).

21.56 Aufsicht bei Schulfesten

Auch bei Schulfesten ist in geeigneter Weise dafür Sorge zu tragen, daß die Schüler beaufsichtigt werden. Das gilt vor allem dann, wenn die Feier geselligen Charakter hat, z. B. als Tanzveranstaltung oder Diskothek. Der Schulleiter trägt die Verantwortung für die Organisation der Aufsicht; er muß insbesondere Vorkehrungen dafür treffen, daß die Bestimmungen des Gesetzes zum Schutz der Jugend in der Öffentlichkeit eingehalten werden. Nehmen Eltern und ehemalige Schüler an dem Schulfest teil, erstreckt sich die Aufsichtspflicht nur auf diejenigen Schüler, die der Schule angehören[73].

21.57 Aufsicht bei Veranstaltungen der Schülervertretung

Veranstaltungen der Schülervertretung sind Schulveranstaltungen und unterliegen der Verantwortung der Schule (vgl. TZ 8.131). Art und Umfang der Aufsicht bei derartigen Veranstaltungen sind unter Berücksichtigung des Alters und der Reife der teilnehmenden Schüler sinnvoll abzustufen. Ein Mindestmaß an Überwachung und Kontrolle gehört zu den Aufsichtspflichten des Schulleiters und der beteiligten Lehrer; gelegentliche Kontrollen dürften jedoch genügen. Finden solche Veranstaltungen außerhalb des Schulgrundstücks und außerhalb der Schulzeit statt, entfällt die Aufsichtspflicht, es sei denn, daß die Schule die Veranstaltung ausdrücklich als Schulveranstaltung anerkannt hat. Diese Grundsätze gelten nicht für Aktivitäten, die unabhängig von der Schülervertretung durchgeführt werden, wie etwa die Versammlung einer Schülervereinigung[74] (TZ 29.25).

21.58 Zustand des Schulgrundstücks

Für den ordnungsgemäßen Zustand des Schulgebäudes und der Schulanlagen ist der *Schulleiter verantwortlich*. Er muß dafür sorgen, daß z. B. ein Brunnen im Schulhof zugedeckt, ein Holzstoß beseitigt wird, die Treppe in Ordnung

---

73 OLG Hamm, SPE n. F. 138 Nr. 10; in dem dem Urteil zugrundeliegenden Fall war bei einem von Schülern und anderen Personen besuchten Schulfest ein dem örtlichen Gesangverein gehörender Konzertflügel schwer beschädigt worden. Da sich nicht feststellen ließ, ob der Aufsicht unterliegende Schüler oder andere Festteilnehmer den Schaden verursacht hatten, wies das Gericht die auf Verletzung der Aufsichtspflicht gestützte Klage des Gesangvereins gegen das Land als Dienstherrn der Lehrer ab. Zu diesem Urteil Udo *Dirnaichner*: Umfang der Aufsichtspflicht von Lehrkräften bei Schulfesten, SchVw NI 1995, 262.
74 Vgl. aber §§ 117 Abs. 2 Satz 1, 36 Abs. 2 sh SchulG, wonach Schülergruppen außerhalb der Unterrichtszeiten Räume in der Schule kostenlos zur Verfügung gestellt werden sollen; dabei ist eine Aufsicht durch Lehrkräfte zu gewährleisten.

und beleuchtet ist[75], splitternde Glastüren gesichert werden, bei Glatteis gestreut wird, damit weder Schüler noch Lehrer, weder Schulbesucher noch Straßenpassanten zu Schaden kommen. Auch die Lehrer sind verpflichtet, Gefahrenquellen für die Schüler zu erkennen und auf ihre Behebung hinzuwirken. Anzeige beim Schulträger befreit noch nicht von der Verantwortung. Der Schulleiter muß vielmehr für verstärkte Aufsicht an der gefährlichen Stelle sorgen, sich immer wieder um die Beseitigung der Gefahr bemühen, den Hausmeister kontrollieren, nötigenfalls die Aufsichtsbehörden, die Elternschaft, die Öffentlichkeit mobilisieren.

Der Schulleiter hat ferner im Zusammenwirken mit dem Schulträger dafür zu sorgen, daß die von den Schülern mitgebrachten Sachen, vor allem *Kleidungsstücke und Fahrräder*, so aufbewahrt werden können, daß sie nicht abhanden kommen oder beschädigt werden. Die Schule genügt ihrer Obhutspflicht für das Eigentum der Schüler nicht, wenn die Kleider im Flur jedermann zugänglich sind, insbesondere wenn Fremde das Schulgebäude während der Schulzeit unkontrolliert betreten und verlassen können. Für die Fahrräder ist ein geeigneter Platz zur Verfügung zu stellen (dazu TZ 33.223). Daneben ist es Sache der Schüler, auch ihrerseits die nötigen Sicherheitsvorkehrungen zu treffen, z. B. Geld nicht im Mantel stecken zu lassen oder die Fahrräder abzuschließen[76] (TZ 33.222 und 33.223).

Diese Hinweise gelten sinngemäß für *Veranstaltungen in schulfremden Räumen*. Auch hier trifft den Lehrer bzw. den Schulleiter eine entsprechende Fürsorgepflicht.

---

75 Hierzu gehören auch Vorkehrungen gegen das Hinunterrutschen auf dem Treppengeländer; so BGH, SPE VI F VI S. 201.
76 Für abhanden gekommenen Schmuck vgl. BGH, NJW 1964, 1670; ebenso LG Kiel, SPE VI F II S. 161; für entwendeten Mantel BGH, SPE VI F VI S. 11; für entwendete Armbanduhr LG Braunschweig, SchVw NI 1996, 94.

22. Kapitel: Folgen von Pflichtverletzungen[1]

22.1 Strafrechtliche Folgen[2]

Wer als Lehrer eine Straftat begeht, muß mit strafrechtlichen Sanktionen rechnen. Manche Straftaten werden schwerer geahndet, wenn sie im Amt begangen werden (z. B. Körperverletzung nicht nach § 223 StGB, sondern nach § 340 StGB); andere können überhaupt nur von Amtsträgern begangen werden (z. B. Vorteilsannahme und Bestechlichkeit, §§ 331, 332 StGB). Bestimmte strafgerichtliche Urteile haben mit Rechtskraft automatisch den Verlust der Beamtenrechte zur Folge (vgl. TZ 18.32).

Beim Lehrer sind es vor allem Körperverletzungen und Sexualdelikte, deren er beschuldigt werden kann. Ereignet sich unter seiner Aufsicht ein schwerer Unfall, kann ihm ein Strafverfahren wegen *fahrlässiger Körperverletzung* (§ 230 StGB) oder wegen *fahrlässiger Tötung* (§ 222 StGB) drohen. Es handelt sich in diesen Fällen um sog. unechte Unterlassungsdelikte (§ 13 StGB): Zwar hat der Lehrer die Körperverletzung bzw. den Tod nicht selbst durch aktives Tun herbeigeführt; er hat es aber fahrlässig unterlassen, das schädigende Ereignis zu verhindern, obwohl er dazu aufgrund seiner mit dem Lehramt verbundenen »Garantenstellung« verpflichtet war. Bei einer körperlichen Züchtigung kommt ein Strafverfahren wegen *Körperverletzung im Amt* (§ 340 StGB) in Betracht. Der Lehrer, der gegen das Züchtigungsverbot (TZ 30.33) verstößt, macht sich überdies eines Dienstvergehens schuldig und kann disziplinarisch belangt werden, auch wenn eine strafrechtliche Verfolgung unterbleibt oder mit Freispruch endet.

Besonders leicht ist der Lehrer Verdächtigungen im Bereich der *Sexualdelikte*[3] ausgesetzt. Unzufriedene und mißgünstige Eltern sowie Außenstehende sind manchmal schnell bereit, phantasievollen Erzählungen pubertierender Schüler Glauben zu schenken und ein sexuelles Vergehen des Lehrers zu unterstellen[4]. Deshalb sind größte Vorsicht und Zurückhaltung geboten; der

---

1 Hans Walter *Scheerbarth*/Heinz *Höffken*/Hans-Joachim *Bauschke*/Lutz *Schmidt*: Beamtenrecht. 6. Aufl., Siegburg 1992, S. 475 ff.; Ulrich *Battis*: Beamtenrecht, in: Norbert Achterberg/Günter Püttner (Hrsg.): Besonderes Verwaltungsrecht. Bd. 1, Heidelberg 1990, S. 899 (937 ff. Rn. 162 ff.); Klaus *Köpp*: Öffentliches Dienstrecht, in: Udo Steiner (Hrsg.): Besonderes Verwaltungsrecht. 6. Aufl., Heidelberg 1999, S. 381 (459 ff. Rn. 127 ff.); Philip *Kunig*: Das Recht des öffentlichen Dienstes, in: Eberhard Schmidt-Aßmann (Hrsg.): Besonderes Verwaltungsrecht. 11. Aufl., Berlin 1999, S. 627 (700 ff. Rn. 140 ff.); *Wolff/Bachof/Stober*: Verwaltungsrecht II, S. 584 ff.; Joachim *Hoffmann*: Dienst- und Arbeitsrecht, in: Alfred Müller/Harald Gampe/Gerald Rieger/Erika Risse (Hrsg.): Leitung und Verwaltung einer Schule. 8. Aufl., Neuwied 1997, S. 473 (481 ff.); Otto *Wenger*: Aufsichtspflicht, Haftung und Rechtsschutz in der Schule. 4. Aufl., München 1996.

2 Eingehende Erläuterungen zu den in Betracht kommenden strafrechtlichen Tatbeständen in den Kommentaren zum Strafgesetzbuch von Herbert *Tröndle*/Thomas *Fischer*, 49. Aufl., München 1999; Karl *Lackner*, 22. Aufl., München 1997; Adolf *Schönke*/Horst *Schröder*, 25. Aufl., München 1997.

3 Zu denken ist insbesondere an die Straftatbestände des sexuellen Mißbrauchs von Schutzbefohlenen, von Kindern oder von Jugendlichen (§§ 174, 176 bzw. 182 StGB).

4 Vgl. dazu VG Hannover, Beschluß vom 19.5.1998 (Az.: 6 B 2226/98), und den Bericht von

Lehrer ist gut beraten, verfängliche Situationen gar nicht erst entstehen zu lassen.
Der Lehrer, der mit dem Strafgesetz in Konflikt kommt, kann keine Ausnahmestellung beanspruchen. Aber er braucht sich nicht schutzlos zu fühlen. Seine Dienstbehörde kann ihn einem Strafverfahren nicht entziehen; aufgrund ihrer Fürsorgepflicht ist sie jedoch gehalten, dem nach ihrer Überzeugung nicht oder nur geringfügig schuldigen Lehrer beizustehen, indem sie bei Staatsanwaltschaft und Gericht ihren Sachverstand zur Geltung bringt und dadurch zu seiner Entlastung beiträgt.

22.2 Disziplinarrechtliche Folgen[5]

Hat der Lehrer ein Dienstvergehen begangen, kann gegen ihn eine Disziplinarmaßnahme verhängt werden. Während das Strafrecht der Abschreckung und Besserung sowie der Sühne und Vergeltung für begangenes Unrecht dient, bezweckt das Disziplinarrecht die Aufrechterhaltung eines geordneten Dienstbetriebs; es soll der durch ein Dienstvergehen verursachten Störung eines beamtenrechtlichen Dienstverhältnisses mit dem Ziel begegnen, Integrität und Leistungsfähigkeit des öffentlichen Dienstes zu erhalten[6]. Hierbei ist zwischen materiellem und formellem Disziplinarrecht zu unterscheiden.

22.21 Materielles Disziplinarrecht

Das materielle Disziplinarrecht betrifft die Frage, welches Verhalten als Dienstvergehen anzusehen ist und welche Disziplinarmaßnahmen in Betracht kommen. Es ist in den Beamtengesetzen, den die Beamtenpflichten konkretisierenden Lehrerdienstordnungen und sonstigen Anordnungen sowie in den Disziplinarordnungen (Dienstordnungsgesetzen) der Länder[7] geregelt.

Herbert *Woltering*: Vorwurf der sexuellen Belästigung gegen einen Sportlehrer. Schüler von der Schule verwiesen, SchVw NI 1998, 254.
5 Hans Rudolf *Claussen*/Peter *Czapski*: Das förmliche Disziplinarverfahren. 4. Aufl., Köln 1998; Hans Rudolf *Claussen*/Friedhelm *Benneke*: Das nichtförmliche Disziplinarverfahren. 3. Aufl., Köln 1996; Hans Rudolf *Claussen*: Handbuch für Untersuchungsführer in Disziplinarverfahren. 2. Aufl., Köln 1978; *ders*./Friedhelm *Benneke*: Vorermittlungen im Disziplinarverfahren. 4. Aufl., Köln 1985; Hans Rudolf *Claussen*/Werner *Janzen*: Bundesdisziplinarordnung. Kommentar. 8. Aufl., Köln 1996; Heinz *Köhler*/Günter *Ratz*: BDO – Bundesdisziplinarordnung und materielles Disziplinarrecht. 2. Aufl., Köln 1994; Thomas *Stiller*: Disziplinarrecht des Bundes und der Länder, Regensburg 1991; Hans-Dietrich *Weiß*: Gesamtkommentar Öffentliches Dienstrecht. Bd. 2: Disziplinarrecht des Bundes und der Länder, Berlin (Loseblattausgabe, Stand: Juli 1999). – Stefan *Burk*: Disziplinarverfahren im Lehrerbereich. Ein Überblick, SchVw BW 1998, 184; Stefan *Braun*: Ablauf und Probleme des Disziplinarverfahrens, RiA 1998, 228; Joachim *Hoffmann*: Disziplinarfälle im Schuldienst, SchVw NRW 1997, 221; Heribert *Pöttgen*: Wenn Lehrer ihre Pflicht verletzen: Praxis und Rechtsprechung im Disziplinarrecht, SchuR 1999, 19.
6 BVerwGE 83, 1 (4f.); BVerwG, RiA 1982, 197.
7 Im folgendem wird, soweit einschlägig, die Bundesdisziplinarordnung (BDO) zitiert, deren Vorschriften in den Landesdisziplinarordnungen weitgehend inhaltsgleiche Entsprechungen finden.

22.211 Ein *Dienstvergehen ist die schuldhafte* (vorsätzliche oder fahrlässige) *Verletzung der dem Beamten obliegenden Pflichten* (§ 45 Abs. 1 Satz 1 BRRG, § 77 Abs. 1 Satz 1 BBG). Bei Ruhestandsbeamten gelten nur bestimmte Pflichtwidrigkeiten als Dienstvergehen (z. B. Verletzung der Pflicht zur Amtsverschwiegenheit, Verstoß gegen das Verbot der Annahme von Geschenken: im einzelnen § 45 Abs. 2 BRRG, § 77 Abs. 2 BBG). Außerdienstliches Fehlverhalten des Beamten ist nur dann ein Dienstvergehen, wenn es nach den Umständen des Einzelfalls in besonderem Maße geeignet ist, Achtung und Vertrauen in einer für sein Amt oder das Ansehen des Beamtentums bedeutsamen Weise zu beeinträchtigen (§ 45 Abs. 1 Satz 2 BRRG, § 77 Abs. 1 Satz 2 BBG, dazu TZ 21.132). Deshalb kann der Beamte wegen geringfügiger Straftaten, z. B. wegen leichter Fahrlässigkeitsdelikte im Straßenverkehr, in der Regel disziplinarisch nicht belangt werden[8].

22.212 Disziplinarmaßnahmen zur Ahndung von Dienstvergehen sind in aufsteigender Stufenfolge: der Verweis, die Geldbuße, die Gehaltskürzung, die Versetzung in ein Amt derselben Laufbahn mit geringerem Endgrundgehalt (Rangherabsetzung, Degradierung) und die Entfernung aus dem Dienst[9], bei Ruhestandsbeamten die Kürzung und die Aberkennung des Ruhegehalts; bei Beamten auf Probe und auf Widerruf sind nur Verweis und Geldbuße zulässig (§ 5 Abs. 1 BDO). *Verweis* ist der Tadel eines bestimmten Verhaltens; mißbilligende Äußerungen des Dienstvorgesetzten (Zurechtweisungen, Ermahnungen, Rügen), die nicht ausdrücklich als Verweis bezeichnet werden, sind keine Disziplinarmaßnahmen (§ 6 BDO). Die *Geldbuße* darf die einmonatigen Dienstbezüge nicht übersteigen. Gegenüber Lehramtsanwärtern, die keine Dienstbezüge, sondern Anwärterbezüge erhalten, darf die Geldbuße höchstens 500 DM betragen (§ 7 BDO). Die *Gehaltskürzung* besteht in der bruchteilsmäßigen Verminderung der Dienstbezüge um höchstens ein Fünftel und auf längstens fünf Jahre (§ 9 BDO). Durch die *Rangherabsetzung* verliert der Beamte alle Rechte aus seinem bisherigen Amt, einschließlich der damit verbundenen Dienstbezüge und der Befugnis, die bisherige Amtsbezeichnung zu führen (§ 10 Abs. 1 Satz 1 BDO). Die *Entfernung aus dem Dienst* bewirkt den Verlust sämtlicher Beamtenrechte. Ist gegen den Beamten bereits eine Strafe oder Ordnungsmaßnahme verhängt worden, darf wegen desselben Sachverhalts ein Verweis nicht ausgesprochen werden; Geldbuße, Gehaltskürzung und Kürzung des Ruhegehalts dürfen nur verhängt werden, wenn das zusätzlich erforderlich ist, um den Beamten zur Erfüllung seiner Pflichten anzuhalten und das Ansehen des Beamtentums zu wahren (§ 14 BDO). Verweis und Geldbuße stehen einer Beförderung nicht entgegen (§ 8 BDO); während der Dauer einer Gehaltskürzung hingegen darf der Beamte überhaupt nicht, nach Rangherabsetzung nur bei Bewährung und frühestens fünf Jahre nach Rechtskraft des Urteils wieder befördert werden (§ 9 Abs. 3, § 10 BDO). Ein Beamter, der aus dem Dienst entfernt worden ist, darf im allgemeinen nicht wieder ins Beamtenverhältnis berufen und auch nicht als Angestellter oder Arbeiter im Landesdienst beschäftigt werden.

---

8 Anders bei wiederholter Trunkenheitsfahrt; dazu BVerwG, NJW 1998, 2463.
9 Zusätzlich zu diesen Disziplinarmaßnahmen sehen einige Länder die *Warnung* als schwächste Sanktion vor (z. B. § 6 Abs. 1 DO NRW).

22.22 Formelles Disziplinarrecht

Das formelle Disziplinarrecht umfaßt das in den Disziplinarordnungen geregelte *Disziplinarverfahrensrecht*. Die Disziplinarbefugnisse werden von den Dienstvorgesetzten (TZ 18.213) und den Disziplinargerichten ausgeübt (§ 15 Abs. 1 BDO). Disziplinargerichte sind die Disziplinarkammer beim Verwaltungsgericht und in zweiter Instanz der Disziplinarhof als besonderer Senat des Oberverwaltungsgerichts (Verwaltungsgerichtshofs)[10]. Im Verfahren gegen einen Lehrer soll der Disziplinarkammer möglichst ein Lehrer als Beisitzer angehören. Werden Tatsachen bekannt, die den Verdacht eines Dienstvergehens rechtfertigen, muß der Dienstvorgesetzte Vorermittlungen veranlassen; dabei sind die belastenden, die entlastenden und die für die Bemessung der Disziplinarmaßnahme bedeutsamen Umstände zu ermitteln (*Legalitätsprinzip*, § 26 Abs. 1 BDO). Ob sodann disziplinarisch eingeschritten wird, bestimmt die Behörde nach pflichtgemäßem Ermessen (*Opportunitätsprinzip*, § 3 BDO).

22.221 Im *nichtförmlichen Disziplinarverfahren* kann der Dienstvorgesetzte durch *Disziplinarverfügung* einen Verweis aussprechen oder eine Geldbuße verhängen (§ 29 BDO)[11]. Hiergegen kann der Beamte binnen zwei Wochen nach Zustellung schriftlich Beschwerde einlegen (§ 31 Abs. 1 BDO)[12]. Bleibt die Beschwerde erfolglos, hat der Beamte die Möglichkeit, die Entscheidung der Disziplinarkammer zu beantragen; diese kann die Disziplinarverfügung aufrechterhalten, mildern, aufheben oder das Disziplinarverfahren einstellen (§ 31 Abs. 3, 4 BDO)[13].

22.222 Hält der Dienstvorgesetzte nach dem Ergebnis der Vorermittlungen seine Disziplinarbefugnis für nicht ausreichend, sieht er also die Pflichtverletzung als so schwerwiegend an, daß eine Disziplinarverfügung nicht genügen würde, veranlaßt er die Einleitung des *förmlichen Disziplinarverfahrens*[14]. Dieses gliedert sich in die *Untersuchung* und das *Verfahren vor den Diszipli-*

---

10 Bei Bundesbeamten entscheidet das Bundesdisziplinargericht im ersten und das Bundesverwaltungsgericht im zweiten Rechtszug (§ 41 BDO).
11 Geldbußen können von der obersten Dienstbehörde (Kultusministerium, Senatsverwaltung) bis zum zulässigen Höchstbetrag, von dem der obersten Dienstbehörde unmittelbar nachgeordneten Dienstvorgesetzten bis zur Hälfte, vom unmittelbaren Dienstvorgesetzten bis zu einem Viertel des Höchstbetrags verhängt werden (vgl. § 29 Abs. 2 BDO).
12 In einigen Länder beträgt die Frist einen Monat (z. B. Art. 32 Abs. 1 BayDO, § 31 Abs. 1 DO NRW, § 32 Abs. 1 HmbDO).
13 Das Gericht kann das Disziplinarverfahren auch aus Zweckmäßigkeitsgründen einstellen, wenn es zwar ein Dienstvergehen für erwiesen, nach dem gesamten Verhalten des Beamten eine Disziplinarmaßnahme aber nicht für angebracht erachtet (§ 31 Abs. 4 Satz 5 BDO).
14 Wird in den Vorermittlungen nicht zweifelsfrei der Verdacht ausgeräumt, daß der Beamte schuldhaft gegen das Verbot der Annahme von Belohnungen und Geschenken (dazu TZ 21.23) verstoßen oder fortgesetzt und vorwerfbar seiner Dienstleistungspflicht (dazu TZ 21.11) zuwidergehandelt hat, so ist nunmehr nach § 28 Abs. 2 BDO zwingend das förmliche Disziplinarverfahren einzuleiten. Diese Verschärfung geht auf das Gesetz zur Reform des öffentlichen Dienstrechts vom 24.2.1997 (TZ 18.12) zurück. Einige Landesgesetzgeber sind inzwischen dem Beispiel des Bundes gefolgt (s. etwa § 24 Abs. 2 Hess DO).

nargerichten (§§ 33 BDO). Der Beamte kann auch selbst die Einleitung des förmlichen Verfahrens gegen sich beantragen, um sich vom Verdacht eines Dienstvergehens zu reinigen (sog. *Selbstreinigungsverfahren*, § 34 BDO). Das förmliche Disziplinarverfahren beginnt mit der Einleitungsverfügung der Einleitungsbehörde; das ist in der Regel die Behörde, die den Beamten ernannt hat. Diese kann den Lehrer vorläufig des Dienstes entheben und einen Teil der Dienstbezüge einbehalten (§§ 91 ff. BDO). Zur Durchführung der Ermittlungen im Untersuchungsverfahren bestellt die Einleitungsbehörde einen Beamten oder Richter als Untersuchungsführer, der unabhängig und nicht an Weisungen gebunden ist (§§ 56 ff. BDO). Aufgrund des Abschlußberichts des Untersuchungsführers stellt die Einleitungsbehörde das Verfahren entweder ein oder übersendet der Disziplinarkammer eine Anschuldigungsschrift. Das Gericht kann eine Disziplinarmaßnahme verhängen, auf Freispruch erkennen oder das Verfahren einstellen[15]. In einem auf Entfernung aus dem Dienst oder auf Aberkennung des Ruhegehalts lautenden Urteil kann die Disziplinarkammer einen *Unterhaltsbeitrag* auf bestimmte Zeit bewilligen, wenn der Verurteilte der Unterstützung bedürftig und würdig ist (§ 77 Abs. 1 BDO). Gegen das Urteil der Disziplinarkammer ist *Berufung* an den Disziplinarhof zulässig. Der Disziplinarhof entscheidet endgültig.

22.223 Das Disziplinarverfahren wird bis zur Beendigung eines laufenden Strafverfahrens ausgesetzt und erst nach dessen Abschluß fortgeführt; es *kann* ausgesetzt werden, wenn in einem anderen gesetzlich geordneten Verfahren (z. B. Bußgeldverfahren) über eine Frage zu entscheiden ist, deren Beurteilung für die Entscheidung im Disziplinarverfahren von wesentlicher Bedeutung ist (§ 17 BDO)[16]. Die tatsächlichen Feststellungen eines rechtskräftigen Urteils im Straf- oder Bußgeldverfahren sind für die Organe der Disziplinargewalt, also auch für die Disziplinargerichte, grundsätzlich bindend (§ 18 Abs. 1 BDO). Die Verfolgung eines Dienstvergehens, das höchstens eine Geldbuße gerechtfertigt hätte, *verjährt* in zwei, bei möglicher Gehaltskürzung oder Kürzung des Ruhegehalts in drei Jahren (§ 4 BDO)[17]. In jeder Lage des Verfahrens kann sich der Beschuldigte des Beistands eines *Verteidigers* (Rechtsanwalts, Rechtslehrers an einer wissenschaftlichen Hochschule, Vertreters einer Beamtengewerkschaft) bedienen (§ 40 BDO). Die *Kosten des Verfahrens* trägt der Verurteilte; bei Freispruch werden ihm die notwendigen Auslagen erstattet (§ 111 ff. BDO). *Eintragungen in den Personalakten* (TZ 19.25) über Verweis und Geldbuße *sind* nach drei, über Gehaltskürzungen nach fünf Jahren *zu tilgen*. Nach Ablauf der Fristen dürfen diese Maßnahmen bei weiteren Disziplinarmaßnahmen nicht mehr berücksichtigt werden; der Beamte gilt als von Disziplinarmaßnahmen nicht betroffen (§ 119 BDO).

---

15 Das Verfahren ist z. B. einzustellen, wenn der Beamte aus dem Beamtenverhältnis ausgeschieden ist oder entlassen worden ist (§§ 76 Abs. 3, 64 Abs. 1 BDO). Eine Einstellung aus Zweckmäßigkeitsgründen ist nach Anhängigkeit des förmlichen Disziplinarverfahrens vor dem Disziplinargericht nicht mehr möglich (vgl. § 64 Abs. 2 BDO).
16 In Bayern *muß* bei einem anhängigen Bußgeldverfahren das Disziplinarverfahren ausgesetzt werden (Art. 17 Abs. 1 BayDO).
17 In einigen Ländern gelten abweichende Verjährungsfristen.

22.3 Haftungsrechtliche Folgen[18]

Eine vermögensrechtliche Haftung des Beamten auf Schadensersatz kann sich daraus ergeben, daß er unmittelbar den Dienstherrn geschädigt hat, oder darauf beruhen, daß er einem Dritten Schaden zugefügt hat und der Dienstherr, der dem Dritten den Schaden ersetzt hat, gegen den Beamten Rückgriff nimmt.

22.31 Unmittelbare Schädigung des Dienstherrn

22.311 Schädigt der Lehrer das Eigentum oder das Vermögen des Dienstherrn, braucht er den Schaden nur insoweit zu ersetzen, als ihm Vorsatz oder grobe Fahrlässigkeit zur Last fällt (§ 46 Abs. 1 Satz 1 BRRG, § 78 Abs. 1 Satz 1 BBG). *Vorsatz* setzt voraus, daß der Beamte bewußt und gewollt den Tatbestand verwirklicht, der eine Pflichtverletzung darstellt, und sich auch der Pflichtwidrigkeit seines Verhaltens bewußt ist[19]. *Grobe Fahrlässigkeit* liegt vor, wenn der Beamte die verkehrserforderliche Sorgfalt in besonders schwerem Maße verletzt[20], wenn der Lehrer etwa gleichgültig gegen Gefahren und Sicherheitsmaßnahmen handelt. Hat beispielsweise die staatliche Schulbehörde dem Lehrer ein Laborgerät für Unterrichtszwecke überlassen, kann er für einen durch bloße Ungeschicklichkeit ausgelösten Defekt nicht haftbar gemacht werden. Die beamtenrechtlichen Haftungsvorschriften finden auch dann Anwendung, wenn der Lehrer nicht das Eigentum des Dienstherrn, sondern des kommunalen Schulträgers beschädigt (z. B. durch nachlässigen Umgang mit Lernmitteln oder durch Verlust des zu einem Schließsystem gehörenden Schlüssels); auch in einem solchen Fall haftet daher der Lehrer nur bei grober Fahrlässigkeit[21].

---

18 Dazu Bernhard *Hofmann*: Zur Haftung von Beamten und Tarifkräften des öffentlichen Dienstes im Verhältnis zum Dienstgeber, ZTR 1995, 99; Jochen *Möx*: Die Haftung Bediensteter von Bundesbehörden nach § 78 Bundesbeamtengesetz, RiA 1993, 105; Günther *Schnupp*: Neuerungen im Haftungsrecht der Beamten – Inanspruchnahme und Rückgriff nicht mehr bei einfacher Fahrlässigkeit, PersV 1994, 66 (71 ff.); Robert *Simianer*: Vermögensrechtliche Haftung des Beamten dem Dienstherrn gegenüber, ZBR 1993, 33; vgl. auch Ulrich *Battis*: Entwicklung des Beamtenrechts im Jahre 1992, NJW 1993, 1040.
19 BVerwGE 70, 296 (299).
20 *Möx*, RiA 1993, 106 f.; *Simianer*, ZBR 1993, 40 ff.
21 So BGH, NJW 1973, 1461. Danach kann als Dienstherr im Sinne der beamtenrechtlichen Haftungsvorschriften auch ein anderer als die Anstellungskörperschaft in Betracht kommen, sofern der Beamte nur dessen Aufgaben wahrgenommen hat und dieser dadurch einen Schaden erlitten hat (vgl. § 46 Abs. 1 Satz 1 BRRG, § 78 Satz 1 BBG). Nach der abweichenden Auffassung des VGH Mannheim, SPE n. F. 304 Nr. 9 (bestätigt durch BVerwG NVwZ 1985, 904 [905]) nimmt hingegen der im Dienst des Landes stehende Lehrer keine Aufgaben des kommunalen Schulträgers wahr. Deshalb könne die Kommune nicht als Dienstherr des Lehrers betrachtet werden und keinen auf die beamtenrechtliche Schadensersatzregelung gestützten Anspruch gegen ihn erheben; wohl aber könne das Land als Dienstherr den der Kommune entstandenen Schaden bei dem Lehrer im Wege der sog. Drittschadensliquidation geltend machen. So auch OVG Lüneburg, NVwZ 1987, 522. Zu dieser besonderen Haftungsproblematik s. Roland *Wörz*: Haftungsfragen bei Beschädigung von Eigentum des kommunalen Schulträgers durch Lehrer an öffentlichen Schulen,

22.312 Der Dienstherr kann einen Schadensersatzanspruch durch *Leistungsklage* vor dem Verwaltungsgericht durchsetzen. Er hat außerdem die Möglichkeit, einen *Leistungsbescheid* zu erlassen[22]; gegen diesen Verwaltungsakt kann der Beamte Anfechtungsklage erheben[23]. Der Ersatzanspruch *verjährt* in drei Jahren von dem Zeitpunkt an, zu dem der Dienstherr von dem Schaden und der Person des ersatzpflichtigen Beamten Kenntnis erlangt hat, spätestens aber in zehn Jahren nach dem Schadensereignis (§ 46 Abs. 2 Satz 1 BRRG, § 78 Abs. 2 Satz 1 BBG).

22.32 Schädigung eines Dritten

22.321 Verletzt der Lehrer in Ausübung des Amtes schuldhaft die ihm einem Dritten (z. B. einem Schüler) gegenüber obliegende Amtspflicht, so trifft die Verantwortlichkeit den Dienstherrn (§ 839 BGB i. V. m. Art. 34 Satz 1 GG). Der Geschädigte kann also nicht den Beamten, er muß den Staat[24] auf Schadensersatz in Anspruch nehmen (*Amtshaftung, Staatshaftung*)[25]. Diese Regelung ist vor allem bei Schadensfällen durch Verletzung der Aufsichtspflicht (TZ 21.5) bedeutsam. Der Lehrer braucht also nicht zu befürchten, von dem geschädigten Schüler persönlich zur Kasse gebeten zu werden. Für Körperschäden von Schülern infolge eines Schulunfalls kommt ohnehin die gesetzliche Unfallversicherung auf (Näheres unter TZ 33.21). Hat der Dienstherr in den Fällen, in denen die Unfallversicherung nicht eintritt (also bei Personenschäden schulfremder Personen oder bei Sachschäden), Schadensersatz leisten müssen, kann er gegen den Lehrer nur dann *Rückgriff* (*Regreß*) nehmen, wenn dieser vorsätzlich oder grob fahrlässig gehandelt hat (Art. 34 Satz 2 GG, § 46 Abs. 1 Satz 1 BRRG, § 78 Abs. 1 Satz 1 BBG)[26].

ZBR 1987, 237; Karl *Kaiser*: Schädigung des gemeindlichen Schulvermögens durch Lehrer, SchVw BY 1992, 33.

22 Außerdem bleibt es dem Dienstherrn unbenommen, mit seiner Schadensersatzforderung gegen die Dienstbezüge des Beamten, soweit sie pfändbar sind, aufzurechnen (§ 11 Abs. 2 Satz 1 BBesG i. V. m. §§ 387 ff. BGB); bei einem Schadensersatzanspruch wegen vorsätzlicher unerlaubter Handlung des Beamten entfällt die Begrenzung der Aufrechnung auf den pfändbaren Teil der Dienstbezüge (§ 11 Abs. 2 Satz 2 BBesG).

23 Die Geltendmachung des Schadensersatzanspruchs durch Leistungsbescheid wird vom BVerwG mit dem Argument gerechtfertigt, daß im öffentlich-rechtlichen Dienstverhältnis die Unterordnung des Beamten seine Inanspruchnahme durch Verwaltungsakt legitimiere (BVerwGE 19, 243 [246]; 21, 270 [272]; 27, 350). Dem hält *Kunig* (Anm. 1), S. 704 f. Rn. 147, entgegen, ein einseitiges Handeln gegenüber dem Beamten sei unzulässig, da es einer gesetzlichen Grundlage entbehre; vgl. auch *Wolff/Bachof/Stober*: Verwaltungsrecht II, S. 831 f.

24 Bei kommunalen Beamten die kommunale Gebietskörperschaft (Gemeinde, Kreis, Zweckverband).

25 In Brandenburg, Mecklenburg-Vorpommern und Thüringen besteht neben der Haftung für schuldhafte Amtspflichtverletzung eine verschuldensunabhängige Staatshaftung, die auf das Staatshaftungsgesetz der DDR zurückgeht. Dazu TZ 33.221.

26 Soweit die gesetzliche Unfallversicherung für den Schaden aufzukommen hat, kann der Versicherungsträger bei dem Lehrer, der vorsätzlich oder grob fahrlässig gehandelt hat, bzw. bei dessen Dienstherrn Rückgriff nehmen (§ 110 Abs. 1 Satz 1 SGB VII); er kann allerdings nach billigem Ermessen, insbes. unter Berücksichtigung der wirtschaftlichen Verhältnisse des Lehrers, auf diesen Ersatzanspruch verzichten (§ 110 Abs. 2 SGB VII).

22.322 Der Dienstherr muß seine Rückgriffsforderung vor dem ordentlichen Gericht, und zwar vor dem Landgericht, geltend machen (Art. 34 Satz 3 GG, § 71 Abs. 2 Nr. 2 GVG), so daß die letzte Entscheidung nicht der Behörde, sondern unabhängigen Richtern zugewiesen ist[27]. Für die Verjährung des Regreßanspruchs gelten die gleichen Fristen wie beim Ersatzanspruch des unmittelbar geschädigten Dienstherrn (TZ 22.312); die Verjährung beginnt in diesem Fall von dem Zeitpunkt an, in dem der Ersatzanspruch des Dritten durch Anerkenntnis oder rechtskräftiges Urteil endgültig feststeht (§ 46 Abs. 2 Satz 2 BRRG, § 78 Abs. 2 Satz 2 BBG).

---

27 Allerdings besteht auch hier die Möglichkeit, daß der Dienstherr mit seiner Regreßforderung gegen die Bezüge des Beamten in Höhe ihres pfändbaren Teils aufrechnet.

23. Kapitel: Der Lehrer als Angestellter[1]

23.1 Allgemeines

23.11 Das Angestelltenverhältnis als Ausnahmetatbestand

Lehrer müssen nach h.M. grundsätzlich Beamte sein; nur ausnahmsweise können sie als Angestellte beschäftigt werden (vgl. TZ 18.21, ferner TZ 23.12 zu den besonderen dienstrechtlichen Verhältnissen der Lehrer in den ostdeutschen Ländern). Ausnahmen sind vor allem dann gerechtfertigt, wenn die für die Übernahme in das Beamtenverhältnis erforderlichen beamtenrechtlichen Voraussetzungen fehlen. Das gilt etwa für Ausländer, die nicht die Staatsangehörigkeit eines anderen Mitgliedstaats der Europäischen Union besitzen (vgl. TZ 18.222), für Personen, die die durch Landesrecht vorgeschriebene Höchstaltersgrenze überschritten haben (TZ 18.225), und für solche Bewerber, die keine Laufbahnbefähigung erworben haben (z.B. Naturwissenschaftler ohne Lehramtsprüfung). Ein Angestelltenverhältnis kommt außerdem dann in Betracht, wenn der Lehrer von vornherein nur vorübergehend beschäftigt werden soll; das Beamtenverhältnis auf Zeit ist im Schulbereich nicht vorgesehen[2]. Umstritten ist, ob fiskalische Erwägungen und das mit dem Anstellungsverhältnis gegebene höhere Maß an Flexibilität, insbesondere hinsichtlich der Teilzeitbeschäftigung, die »Entbeamtung« der Lehrer rechtfertigen (dazu TZ 18.21). Zur Befristung eines Arbeitsverhältnisses TZ 23.232.

---

1 Lehr- und Handbücher zum Arbeitsrecht: Hans *Brox*/Bernd *Rüthers*: Arbeitsrecht. 13. Aufl., Stuttgart 1997; Wolfgang *Däubler*: Das Arbeitsrecht. Bd. 1. 15. Aufl., Reinbek 1998, Bd. 2. 11. Aufl., Reinbek 1998; Wilhelm *Dütz*: Arbeitsrecht. 4. Aufl., München 1999; Wolfgang *Gitter*: Arbeitsrecht. 4. Aufl., Heidelberg 1997; Peter *Hanau*/Klaus *Adomeit*: Arbeitsrecht. 11. Aufl., Neuwied 1994; Manfred *Lieb*: Arbeitsrecht. 6. Aufl., Heidelberg 1997; Hansjörg *Otto*: Einführung in das Arbeitsrecht. 2. Aufl., Berlin 1997; Günter *Schaub*: Arbeitsrechts-Handbuch. 8. Aufl., München 1996 (Ergänzungsheft 1999); Alfred *Söllner*: Grundriß des Arbeitsrechts. 12. Aufl., München 1998; Wolfgang *Zöllner*/Karl-Georg *Loritz*: Arbeitsrecht. 5. Aufl., München 1998. – Speziell zum Arbeitsrecht im öffentlichen Dienst: Ulrich *Battis*: Arbeiter und Angestellte im öffentlichen Dienst, in: Norbert Achterberg/Günter Püttner (Hrsg.): Besonderes Verwaltungsrecht. Bd. I, Heidelberg 1990, S. 971; Peter *Freitag*: Arbeitnehmer im öffentlichen Dienst, in: Reinhard Richardi/Otfried Wlotzke (Hrsg.): Münchener Handbuch zum Arbeitsrecht. Bd. 2, München 1993, S. 1074 (zu angestellten Lehrern: S. 1123); Bernd *Müller*: Arbeitsrecht im öffentlichen Dienst. 3. Aufl., München 1995. – Speziell zum Angestelltenverhältnis des Lehrers: Hellmuth *Amberg*/Werner *Schiedermair*: Der Lehrer im Angestelltenverhältnis an der öffentlichen Schule, in: Werner Honal (Hrsg.): Handwörterbuch der Schulleitung. Bd. 2, Landsberg am Lech (Loseblattausgabe, Stand: Juli 1999), Kap. L.

2 Zum Sonderfall der Übertragung eines Amtes mit leitender Funktion zunächst im Beamtenverhältnis auf Zeit s. TZ 7.122.

23.12 Lehrerdienstverhältnisse in den neuen Ländern und im Ostteil Berlins[3]

Für die Lehrer im sog. Beitrittsgebiet galten zunächst die *Sondervorschriften des Einigungsvertrags*, die die Voraussetzungen für die Weiterbeschäftigung von Arbeitnehmern im öffentlichen Dienst regelten (Anlage I Kap. XIX Sachgeb. A. Abschn. III EVtr). Aufgrund dieser Bestimmungen wurden die früher in der DDR beschäftigten Lehrer mit dem Inkrafttreten des Einigungsvertrags Arbeitnehmer des jeweiligen Landes (Abschn. III Nr. 1 Abs. 3). Ihr Arbeitsverhältnis konnte bis Ende 1993 wegen mangelnder fachlicher Qualifikation oder persönlicher Eignung, wegen mangelnden Bedarfs oder bei Auflösung der Schule durch ordentliche *Kündigung* beendet werden (Abschn. III Nr. 1 Abs. 4)[4]. Die auf das Kriterium mangelnder persönlicher Eignung gestützte Kündigung von Lehrern, die in der DDR als Parteisekretäre oder Schuldirektoren tätig waren, war wegen Verstoßes gegen die Berufsfreiheit (Art. 12 Abs. 1 i. V. m. Art. 33 Abs. 2 GG) unzulässig, es sei denn, daß sie sich in besonderer Weise mit den Zielen der SED identifiziert hatten[5]. Selbst hohe Ränge im öffentlichen Dienst der DDR sind nicht mehr als ein Indiz für die fehlende Eignung. Letztlich kommt es immer auf den Einzelfall an; dabei darf die Entwicklung, die der Bedienstete seit der Wiedervereinigung genommen hat, nicht ausgeblendet werden[6]. Über den 31.12.1993 hinaus besteht ein Recht zur außerordentlichen Kündigung, wenn der Lehrer gegen die Grundsätze der Menschlichkeit oder Rechtsstaatlichkeit verstoßen hat oder für das Ministerium für Staatssicherheit (MfS) tätig war und deshalb ein Festhalten am Arbeitsverhältnis unzumutbar erscheint (Abschn. III Nr. 1

---

3 Hermann *Avenarius*/Hans *Döbert*/Peter *Döbrich*/Angelika *Schade*: Mobilitätschancen für Lehrer in Deutschland und Europa, Baden-Baden 1996, S. 28 ff.; Heinz *Putzhammer*: Die Rechtsstellung der Lehrkräfte in den neuen Ländern, RdJB 1995, 16.
4 Die Geltungsdauer dieses Sonderkündigungstatbestands war zunächst bis zum 2.10.1992 befristet; sie wurde durch Gesetz vom 20.8.1992 (BGBl. I S. 1546) bis zum 31.12.1993 verlängert.
5 So BVerfGE 96, 152 (164 ff.). Das BVerfG betont in diesem Zusammenhang, bei der Auslegung von Abs. 4 Nr. 1, der bei mangelnder persönlicher Eignung die ordentliche Kündigung rechtfertigt, dürfe nicht die dem Einigungsvertrag zugrundeliegende Absicht außer acht gelassen werden, die DDR-Bediensteten weitgehend in den öffentlichen Dienst der Bundesrepublik Deutschland einzugliedern und ihre Arbeitsverhältnisse aufrechtzuerhalten (BVerfGE 96, 152 [165]); so auch BVerfGE 92, 140 [154]; 96, 171 [183 f.]). BAGE 75, 46 (55 ff.): Eine frühere Freundschaftspionierleiterin ist nicht allein wegen dieser Tätigkeit für die Aufgabe des Lehrers persönlich ungeeignet; für die Annahme, sie habe sich besonders mit dem SED-Staat identifiziert, bedarf es vielmehr zusätzlicher Umstände. »Die Rechtsprechung zur Kündigung von Lehrern aus der ehemaligen DDR« erörtert Günter *Püttner*, RdJB 1995, 22.
6 BVerfGE 92, 140 (154 ff.).

Abs. 5)⁷. Diese Regelung hat in Sachsen Verfassungsrang (Art. 119 der Verfassung). Besondere Bedeutung ist hierbei dem (freilich eingeschränkten) Beweiswert der vom Bundesbeauftragten für die Unterlagen des Staatssicherheitsdienstes der ehemaligen DDR geprüften Materialien beizumessen⁸.
Die neuen Länder wie auch Berlin (für die östlichen Bezirke) sind inzwischen dazu übergegangen, Schulleiter und stellvertretende Schulleiter zu verbeamten. Was die übrigen Lehrer betrifft, verfolgen sie unterschiedliche Ansätze. Sachsen schließt eine Verbeamtung dieser Personengruppe gänzlich aus; Lehrer werden nur im Angestelltenverhältnis beschäftigt. Brandenburg geht schrittweise dazu über, Bewerber für ein Lehramt in ein Teilzeitbeamtenverhältnis zu übernehmen⁹. Berlin hatte die Verbeamtung von Lehrern mit einer Lehrbefähigung nach DDR-Recht aus arbeitsmarktpolitischen und fiskalischen Gründen zunächst zurückgestellt, durch Senatsbeschluß vom 5.11.1996¹⁰ aber der Verbeamtung derjenigen Lehrer aus den östlichen Bezirken zugestimmt, bei denen durch zuvor gegebene Zusagen eine rechtliche Bindung bestand; über die Fälle dieser Zusagen hinaus blieb und bleibt es bei der von der Regierungskoalition vereinbarten Aussetzung der Verbeamtung. Mecklenburg-Vorpommern, Sachsen-Anhalt und Thüringen halten zwar grundsätzlich am Ziel der Verbeamtung der Lehrer fest¹¹. Da diese Länder aber vor der Notwendigkeit stehen, den Lehrerbestand dem massiven Rückgang der Schülerzahlen anzupassen, beschäftigen sie die Lehrer bis auf weiteres im Angestelltenverhältnis. Um Entlassungen nach Möglichkeit zu vermeiden, streben sie auf der Grundlage von *Lehrerpersonalkonzepten*, die sie mit den Gewerkschaften und Lehrerverbänden vereinbart haben (sog. Beschäftigungspakte), eine Ausweitung der *Teilzeitarbeit* (vgl. TZ 23.22) an; Lehrern, die sich auf eine Verringerung der Arbeitszeit und entsprechend niedrigere Vergütung einlassen, wird für die Dauer der Teilzeitarbeit Schutz vor be-

---

7 Doch kann nur eine bewußte, finale Mitarbeit für das MfS die Entlassung rechtfertigen (BAGE 70, 309 [317]; 323 [327]). Für die Feststellung, ob das Festhalten am Arbeitsverhältnis unzumutbar erscheint, bedarf es einer Prüfung der Umstände des Einzelfalls (BAGE 70, 309 [317, 319]). Tätigkeiten für das MfS, die vor dem Jahre 1970 abgebrochen wurden, taugen wegen des erheblichen Zeitabstands nicht mehr als Indiz für mangelnde Eignung. Fragen nach solchen Vorgängen verletzen das allgemeine Persönlichkeitsrecht des Beschäftigten; wurden sie unzutreffend beantwortet, dürfen daraus keine arbeitsrechtlichen Konsequenzen gezogen werden (BVerGE 96, 171 [186 ff.]; BVerfG, NZA 1998, 1329). Vgl. auch Andreas *Patermann*: Entlassung von Beamten wegen einer Tätigkeit für das MfS, DtZ 1997, 242, m.w.N.
8 Dazu *Patermann*, DtZ 1997, 246.
9 Und zwar Berufsanfänger bis Ende 2006 im Rahmen der sog. Einstellungsteilzeit gem. §39a LBG, als (Teilzeit-)Angestellte beschäftigte Lehrer bis Ende 1999 im Rahmen der sog. Umwandlungsteilzeit nach §39b LBG. Hierzu auch Rundschreiben 44/98 des Ministeriums für Bildung, Jugend und Sport vom 25.7.1998 (ABl. S. 489) zur »Verbeamtungskonzeption im Bereich des Schuldienstes«. Zur Teilzeitbeschäftigung im Rahmen der (obligatorischen) Einstellungsteilzeit s. TZ 18.211.
10 Beschluß Nr. 459/96 »Verbeamtung von Lehrern im Ostteil«.
11 Z.B. LehrerlaufbahnVO M-V vom 17.12.1996 (GVOBl. S. 673); dazu Thomas *Jackl*: Lehrerlaufbahnrecht in Mecklenburg-Vorpommern, SchVw MO 1997, 210. S. ferner die VO über die Laufbahn des Schul- und Schulaufsichtsdienstes des Landes Sachsen-Anhalt vom 20.9.1992 (GVBl. S. 698), g.d. VO v. 4.6.1997 (GVBl. S. 548).

triebsbedingter Kündigung zugesichert[12]. Zwar steht es den Ländern nach der neuen Vorschrift des § 44a BRRG seit dem 1.7.1997 frei, gesetzliche Regelungen zu treffen, wonach das Beamtenverhältnis von vornherein in Teilzeit begründet werden kann (TZ 18.211); von dieser Ermächtigung zur obligatorischen Einstellungsteilzeit haben in Ostdeutschland Brandenburg, Sachsen-Anhalt und Thüringen Gebrauch gemacht[13]. Doch hat die Einstellungsteilzeit gegenüber dem Teilzeit-Angestelltenverhältnis den Nachteil, daß sie einen Mindestumfang nicht unterschreiten darf[14] und daß sie bestimmten Differenzierungen der Teilzeitbeschäftigung, wie sie etwa das Thüringer Modell »Floating und Swing« enthält[15], kaum zugänglich ist. Berücksichtigt man darüber hinaus den Umstand, daß eine generelle Verbeamtung von Lehrern, die das 45. Lebensjahr vollendet haben, an beamtenrechtlichen oder haushaltsrechtlichen Vorschriften scheitert (vgl. TZ 18.225), so nimmt es nicht wunder, daß auch in Mecklenburg-Vorpommern, Sachsen-Anhalt und Thüringen die Beschäftigung von Lehrern im Angestelltenverhältnis die Regel ist.

23.2 Die Rechtsstellung des angestellten Lehrers

23.21 Rechtsnatur des Angestelltenverhältnisses

Das Angestelltenverhältnis des Lehrers ist *privatrechtlicher Natur*. Der Lehrer ist nicht Beamter, sondern *Arbeitnehmer*, die Anstellungskörperschaft (Staat, Kommune) nicht Dienstherr, sondern *Arbeitgeber*[16]. Gleichwohl ste-

---

12 Zu diesen Beschäftigungspakten im einzelnen Heiner *Ridder*: Arbeitszeitverkürzungen anstelle von Entlassungen. Ein wirksames Instrument zur Beschäftigungssicherung in Zeiten rückläufiger Schülerzahlen, SchVw MO 1997, 195.
13 §§ 39a und 39b bbgLBG, § 72c BG LSA, § 76a ThürBG.
14 In Brandenburg drei Viertel bzw. in Sachsen-Anhalt drei Viertel, in Thüringen zwei Drittel der regelmäßigen Arbeitszeit.
15 Das *Floating-Modell* sieht ein nach Schularten unterschiedliches Absinken und Ansteigen des Beschäftigungsumfangs bis hin zur Vollzeitbeschäftigung vor. So reduziert sich z. B. der Beschäftigungsumfang der Grundschullehrer im Schuljahr 1997/98 auf 80 % eines vollbeschäftigten Lehrers, in den Folgejahren um je weitere 10 % bis zu einem Umfang von 50 % in den Schuljahren 2001/2 bis 2003/4; vom Schuljahr 2005/6 an steigt der Beschäftigungsumfang schrittweise, bis im Schuljahr 2010/11 Vollzeitbeschäftigung erreicht ist. Mit dem *Swing-Modell* soll Lehrern aller Schulen die Möglichkeit eröffnet werden, vorübergehend in Schularten mit noch erhöhtem Lehrerbedarf in denjenigen Fächern Unterricht zu erteilen, zu dem sie aufgrund ihrer Lehrbefähigung oder Berufserfahrung in der Lage und bereit sind.
16 Nicht im Angestelltenverhältnis zum Land, sondern im Dienst ihrer Kirchen stehen jene *Religionslehrer*, die den Ländern von den Kirchen zur Erteilung des Religionsunterrichts an öffentlichen Schulen gestellt werden. Die entsprechenden *Gestellungsverträge*, die verschiedene Länder mit den evangelischen Landeskirchen und den katholischen Bistümern abgeschlossen haben, sollen der Behebung oder Verminderung des Mangels an Religionslehrern dienen. Die von den Kirchen gestellten Religionslehrer erhalten ihre Bezüge von den Kirchen, die sie beauftragen; das Land erstattet den Kirchen ihre Aufwendungen für die Besoldung der Religionslehrer und beteiligt sich an den Versorgungslasten (z. B. § 61 Abs. 2 rp SchulG). Vgl. TZ 4.121. Gestellungsverträge haben inzwischen auch die ostdeutschen Länder Mecklenburg-Vorpommern, Sachsen, Sachsen-

hen auch die angestellten Lehrer als Angehörige des öffentlichen Dienstes in einem dem Beamtenverhältnis vergleichbaren Dienst- und Treueverhältnis[17]. Auf ihr Arbeitsverhältnis findet in den westlichen Ländern und in West-Berlin der Bundes-Angestelltentarifvertrag (BAT)[18], in den neuen Ländern und in den östlichen Bezirken Berlins der weithin mit dem BAT übereinstimmende Tarifvertrag zur Anpassung des Tarifrechts – Manteltarifliche Vorschriften – (BAT-O)[19] Anwendung. Diese Verträge gelten für Gewerkschaftsmitglieder unmittelbar, für sonstige Lehrer aufgrund ausdrücklicher Vereinbarung im Arbeitsvertrag. BAT und BAT-O regeln die wesentlichen Fragen des Arbeitsverhältnisses. Zusätzliche Tarifverträge – z. B. über (Weihnachts-) Zuwendung, Urlaubsgeld, vermögenswirksame Leistungen – sichern weitgehend die Gleichstellung der Angestellten mit den Beamten. Hinzu kommen die Sonderregelungen für Angestellte als Lehrkräfte (SR 2 l I BAT bzw. SR 2 l I BAT-O). Nur soweit keine tarifrechtlichen Normen getroffen sind, gelten die Vorschriften des bürgerlichen Rechts über den Dienstvertrag (§§ 611 ff. BGB).

Verschiedene arbeitsrechtliche Einzelgesetze schützen die Arbeitnehmer, also auch die angestellten Lehrer, vor unbilligen Nachteilen; zu nennen sind insbesondere das Kündigungsschutzgesetz (KSchG), das Mutterschutzgesetz (MuSchG), das Schwerbehindertengesetz (SchwbG), das Arbeitsplatzschutzgesetz (ArbPlSchG) bzw. das Zivildienstgesetz (ZDG).

Anhalt und Thüringen mit den Kirchen abgeschlossen, s. z. B. den Vertrag über die Gestellung von Lehrkräften im kirchlichen Dienst für den Religionsunterricht an öffentlichen Schulen im Freistaat Sachsen vom 7.9.1994 (ABl. S. 581). Am 3.3.1997 haben die Evangelische Kirche in Berlin-Brandenburg und das Ministerium für Bildung, Jugend und Sport des Landes Brandenburg »unter Wahrung der unterschiedlichen Rechtsauffassungen und daraus abgeleiteter Positionen zum Evangelischen Religionsunterricht« eine Vereinbarung über die Durchführung des evangelischen Religionsunterrichts gem. § 9 Abs. 2 und 3 des Brandenburgischen Schulgesetzes getroffen (abgedruckt in LKV 1997, 323).

17 Philip *Kunig*: Das Recht öffentlichen Dienstes, in: Eberhardt *Schmidt-Aßmann* (Hrsg.): Besonderes Verwaltungsrecht. 11. Aufl., Berlin 1999, S. 627 (724 Rn. 191).
18 Zum BAT vgl. die folgenden Kommentare in Loseblattausgaben: Walter *Böhm*/Hans *Spiertz*/Franz *Steinherr*/Wolfdieter *Sponer*: BAT. Kommentar. 9 Ordner, Heidelberg (Stand: März 1999); Horst *Clemens*/Ottheinz *Scheuring*/Werner *Steingen*/Friedrich *Wiese*: Kommentar zum Bundes-Angestelltentarifvertrag (BAT). 6 Ordner, Stuttgart (Stand: Juni 1999); Julius *Crisolli*/Ludwig *Ramdohr*: Das Tarifrecht der Angestellten im öffentlichen Dienst. Kommentar. 6 Ordner, Neuwied (Stand: Februar 1999); Sigmund *Uttlinger*/Alfred *Breier*/Karl-Heinz *Kiefer*/Horst *Hoffmann*/Karl-Peter *Pühler*: BAT. Bundes-Angestelltentarifvertrag. Kommentar. 4 Bde., München (Stand: 1. Juli 1999). Eine »Entscheidungssammlung zum Bundesangestelltentarifvertrag (EzBAT)« gibt Ludwig *Ramdohr* heraus (9 Ordner. Neuwied, Stand: Juni 1999); ferner Detlev *Bruse* u. a.: BAT und BAT-Ost. Kommentar der Praxis. 2. Aufl., Köln 1993.
19 Dazu u. a. Sigmund *Uttlinger*/Alfred *Breier*/Horst *Hoffmann*/Karl-Heinz *Pühler*: Arbeits- und Tarifrecht der Angestellten in den neuen Bundesländern – BAT-O –, Ergänzungsband zum Kommentar (Anm. 18). Loseblattausgabe, München (Stand: Juli 1999); Ludwig *Ramdohr*/Uwe *Bauer*: BAT-Ost/Mt Arb-O. Textsammlung. 3 Ordner. Loseblattausgabe, Neuwied (Stand: August 1999).

23.22 Begründung des Arbeitsverhältnisses

Das Arbeitsverhältnis wird durch schriftlichen *Arbeitsvertrag* begründet (§ 4 BAT/BAT-O). Dieser verpflichtet den Lehrer zur Arbeitsleistung, den Arbeitgeber zu Beschäftigung und Vergütung. Nebenabreden sind nur wirksam, wenn sie schriftlich vereinbart werden. Sie dürfen nicht im Widerspruch zu den tarifvertraglichen Vorschriften stehen, es sei denn, daß sie zugunsten des Arbeitnehmers davon abweichen (§ 4 Abs. 3 TVG). Die ersten sechs Monate der Beschäftigung gelten als *Probezeit* (§ 5 BAT/BAT-O).

Arbeitgeber und Arbeitnehmer können von vornherein oder im Laufe des Arbeitsverhältnisses *Teilzeitbeschäftigung (Teilzeitarbeit)* vereinbaren; sie unterliegen dabei nicht den Einschränkungen, die für das Teilzeitbeamtenverhältnis gelten (TZ 18.211). Nach dem *Altersteilzeitgesetz*[20] fördert die Bundesanstalt für Arbeit die Teilzeitarbeit älterer Arbeitnehmer, um ihnen einen gleitenden Übergang vom Erwerbsleben in die Altersrente zu ermöglichen. Noch günstiger für die im öffentlichen Dienst Beschäftigten ist der auf der Grundlage des Altersteilzeitgesetzes geschlossene *Tarifvertrag zur Regelung der Altersteilzeitarbeit* vom 5.5.1998. Danach kann der Arbeitgeber mit vollbeschäftigten Arbeitnehmern, die das 55. Lebensjahr vollendet haben, die Umwandlung des Arbeitsverhältnisses in ein Teilzeitarbeitsverhältnis vereinbaren. Voraussetzung ist, daß die Arbeitnehmer in den letzten fünf Jahren vor Beginn der Altersteilzeit an mindestens 1080 Kalendertagen mit der regelmäßigen wöchentlichen Arbeitszeit beschäftigt waren. Vom 60. Lebensjahr an haben Arbeitnehmer einen Anspruch auf eine solche Vereinbarung. Während des Teilzeitarbeitsverhältnisses beträgt die durchschnittliche wöchentliche Arbeitszeit die Hälfte der regelmäßigen tariflichen Arbeitszeit (Teilzeitmodell); doch kann die während der Gesamtdauer der Altersteilzeit insgesamt zu leistende Arbeit so verteilt werden, daß der Arbeitnehmer zunächst in Vollzeit weiterarbeitet und anschließend von der Arbeit freigestellt wird (sog. Blockmodell). Während der Dauer des Teilzeitarbeitsverhältnisses erhält der Lehrer eine Vergütung von mindestens 83 Prozent des Nettobetrags des Vollzeitarbeitsentgelts. Außer den für die Altersteilzeitbezüge zu entrichtenden Sozialversicherungsbeiträgen zahlt der Arbeitgeber zusätzliche Beiträge zur gesetzlichen Rentenversicherung (vgl. TZ 23.261), und zwar für den Unterschiedsbetrag zwischen den Altersteilzeitbezügen und 90 Prozent des Vollzeitarbeitsentgelts bis zur Beitragsbemessungsgrenze[21].

---

20 Vom 23.7.1986 (BGBl. I S. 1078), zul. g. d. G. v. 6.4.1998 (BGBl. I S. 688, 690).
21 Da der Tarifvertrag zur Regelung der Altersteilzeitarbeit nur auf vollbeschäftigte Lehrer im Angestelltenverhältnis anwendbar ist, hat z. B. Thüringen für teilzeitbeschäftigte Lehrer eine entsprechende Tarifvereinbarung getroffen: Tarifvertrag zur Regelung von Altersteilzeit im Geschäftsbereich des Thüringer Kultusministeriums vom 18.1.1999.

23.23 Beendigung des Arbeitsverhältnisses

Das Arbeitsverhältnis endet außer durch Tod und Auflösungsvereinbarung[22] durch Kündigung, Zeitablauf (bei Befristung) oder Erreichen der Altersgrenze.

23.231 Die *Kündigung*, die der Schriftform bedarf (§ 57 BAT/BAT-O), ist in zwei Formen, als ordentliche oder als außerordentliche Kündigung, möglich. Bei der *ordentlichen Kündigung* sind bestimmte, nach der Beschäftigungszeit gestaffelte Fristen zu beachten (§ 53 Abs. 2 BAT/BAT-O)[23]. Innerhalb der Probezeit beträgt die Kündigungsfrist zwei Wochen zum Monatsschluß (§ 53 Abs. 1 BAT/BAT-O). In den alten Ländern ist der Lehrer, der ein Mindestalter von 40 Jahren erreicht hat, nach einer Beschäftigungszeit von 15 Jahren unkündbar, sofern die arbeitsvertraglich vereinbarte durchschnittliche regelmäßige wöchentliche Arbeitszeit mindestens die Hälfte der regelmäßigen Arbeitszeit eines vollbeschäftigten Lehrers beträgt (§ 53 Abs. 3 BAT); der BAT-O enthält für Angestellte in den neuen Ländern und in den östlichen Bezirken Berlins keine entsprechende Regelung. Arbeitgeber und Arbeitnehmer können jederzeit aus wichtigem Grund fristlos kündigen; diese *außerordentliche Kündigung* setzt voraus, daß dem Kündigenden die Fortsetzung des Arbeitsverhältnisses aufgrund bestimmter Tatsachen unzumutbar geworden ist (§ 54 BAT/BAT-O). Zu den besonderen Gründen, die eine außerordentliche Kündigung von Lehrern im Beitrittsgebiet rechtfertigen, s. TZ 23.12. An einer Kündigung durch den Arbeitgeber muß der Personalrat nach den Vorschriften des jeweiligen Personalvertretungsgesetzes beteiligt werden. Im Fall der

---

22 Auflösungsvereinbarungen spielen besonders in den ostdeutschen Ländern wegen des starken Lehrerüberhangs eine erhebliche Rolle. Aus diesem Grunde bieten die meisten Landesregierungen älteren Lehrern Aufhebungsverträge unter Zahlung einer Abfindung an. Ist das Arbeitsverhältnis durch den mit Zahlung einer Abfindung verbundenen Auflösungsvertrag ohne Einhaltung einer der ordentlichen Kündigungsfrist des Arbeitgebers entsprechenden Frist beendet worden, ruht der Anspruch auf Arbeitslosengeld bis zum Ende dieser Frist, längstens ein Jahr (§ 143a SGB III).
23 *Beschäftigungszeit* ist die bei demselben Arbeitgeber nach Vollendung des 18. Lj. in einem Arbeitsverhältnis zurückgelegte Zeit, auch wenn sie unterbrochen ist; übernimmt ein Arbeitgeber eine Dienststelle oder geschlossene Teile einer Dienststelle von einem Arbeitgeber, der vom BAT oder BAT-O erfaßt wird oder diesen oder einen Tarifvertrag wesentlich gleichen Inhalts anwendet, so werden die bei der Dienststelle bis zur Übernahme zurückgelegten Zeiten als Beschäftigungszeit angerechnet (§ 19 BAT, § 19 BAT-O). Bei Lehrern im sog. Beitrittsgebiet ist zu beachten, daß auch Zeiten der Tätigkeit im öffentlichen Dienst der DDR als Beschäftigungszeit gelten, soweit das Land, bei dem sie nunmehr beschäftigt sind, diese Aufgaben übernommen hat; ausgeschlossen sind jedoch Zeiten jeglicher Tätigkeit für das Ministerium für Staatssicherheit, Zeiten einer Tätigkeit als Angehöriger der DDR-Grenztruppen und die Zeiten einer Tätigkeit, die aufgrund einer besonderen persönlichen Systemnähe übertragen worden war (so die Übergangsvorschriften zu § 19 BAT-O für Zeiten vor dem 1. Januar 1991).
Von der Beschäftigungszeit ist die nur in § 20 BAT geregelte *Dienstzeit* zu unterscheiden; sie umfaßt auch die Zeiten einer früheren Beschäftigung bei einem anderen Arbeitgeber des öffentlichen Dienstes, soweit diese nicht schon bei der Berechnung der Beschäftigungszeit berücksichtigt sind. Die Dienstzeit ist heute nur noch übergangsweise für die Dauer der Krankenbezüge, im übrigen weiterhin für die Höhe der Jubiläumszuwendung maßgeblich (TZ 23.252).

Kündigung hat der Lehrer Anspruch auf unverzügliche Ausstellung eines vorläufigen *Zeugnisses* über Art und Dauer seiner Tätigkeit (§ 61 BAT/BAT-O); es ist bei Beendigung des Arbeitsverhältnisses gegen ein endgültiges Zeugnis umzutauschen, das sich auf Antrag auch auf Führung und Leistung erstrecken muß (qualifiziertes Dienstzeugnis). Darüber hinaus kann der Lehrer eine Bescheinigung über die Vergütungsgruppe und die zuletzt bezogene Grundvergütung verlangen.

Der Lehrer genießt *Kündigungsschutz* nach dem Kündigungsschutzgesetz. Hat sein Arbeitsverhältnis ohne Unterbrechung länger als sechs Monate bestanden[24], *ist die Kündigung rechtsunwirksam, wenn sie sozial ungerechtfertigt ist*, also weder auf Gründen beruht, die in der Person oder dem Verhalten des Arbeitnehmers liegen, noch durch dringende betriebliche Erfordernisse bedingt ist (§ 1 Abs. 1 und 2 KSchG). Die Rechtsunwirksamkeit der Kündigung muß innerhalb von drei Wochen nach Zustellung durch Feststellungsklage beim Arbeitsgericht geltend gemacht werden (§ 4 KSchG). Für Personalratsmitglieder und Schwerbehinderte besteht ein zusätzlicher Kündigungsschutz (§ 15 Abs. 2 KSchG, §§ 15 ff. SchwbG). Die Kündigung einer Lehrerin während der Schwangerschaft und bis zum Ablauf von vier Monaten nach der Entbindung ist unzulässig, wenn dem Arbeitgeber zur Zeit der Kündigung die Schwangerschaft oder Entbindung bekannt war oder innerhalb von zwei Wochen nach Zugang der Kündigung mitgeteilt wird (§ 9 Abs. 1 MuSchG). Darüber hinaus darf einer Lehrerin nicht wegen Fehlzeiten gekündigt werden, die auf einer durch die Schwangerschaft verursachten Krankheit beruhen[25]. Während des Wehrdienstes, einer Wehrübung oder des Zivildienstes darf einem Lehrer nicht gekündigt werden (§ 2 Abs. 1 ArbPlSchG, § 78 Abs. 1 Nr. 1 ZDG).

23.232 Die *Befristung eines Arbeitsverhältnisses*[26] ist unwirksam, wenn dadurch Kündigungsschutzbestimmungen umgangen werden und für die Befristung kein sachlicher Grund vorliegt[27]. Bereits bei Abschluß des Arbeitsvertrags muß ersichtlich sein, daß sowohl die Befristung als auch die Zeitdauer

---

24 Dabei sind Zeiten eines früheren Arbeitsverhältnisses mit demselben Arbeitgeber anzurechnen, wenn das neue Arbeitsverhältnis in einem engen sachlichen Zusammenhang mit dem früheren Arbeitsverhältnis steht; abzustellen ist insbesondere auf Anlaß und Dauer der Unterbrechung sowie auf die Art der Weiterbeschäftigung (so BAG, ZTR 1999, 43 f.; ZTR 1999, 44 f.).
25 So EuGH, EuroAS 1998, 98. Der EuGH stützt seine Entscheidung auf Art. 2 Abs. 1 und Art. 5 Abs. 1 der »Richtlinie 76/207/EWG zur Verwirklichung des Grundsatzes der Gleichbehandlung von Männern und Frauen hinsichtlich des Zugangs zur Beschäftigung, zur Berufsbildung und zum beruflichen Aufstieg sowie in bezug auf die Arbeitsbedingungen« vom 9.2.1976 (ABl. EG Nr. L 39/40); da eine solche Entlassung nur Frauen treffen könne, sei sie als eine unmittelbare Diskriminierung aufgrund des Geschlechts anzusehen.
26 Bei befristeten Arbeitsverhältnissen sind im Geltungsbereich des BAT die Sonderregelungen der Anlage 2y (SR 2y BAT) zu beachten. Dazu BAG, SPE n. F. 124 Nr. 15.
27 BAG (Großer Senat), NJW 1961, 798; seitdem in st. Rspr. Zur Zulässigkeit befristeter (Ketten-)Arbeitsverträge mit Lehrern liegen mehrere höchstrichterliche Entscheidungen vor: BAG, NJW 1982, 1173; zwei Grundsatzurteile vom 14.1.1982, NJW 1982, 1475 und 1478 (Anm. von Thomas *Vogt*, RdJB 1982, 397); s. ferner BAG, SPE n. F. 124 Nr. 13, NZA 1988, 392, AP Nr. 37 zu § 620 BGB (Befristeter Arbeitsvertrag). – Die Rechtsprechung des BAG zur Befristung von Arbeitsverhältnissen untersucht Hans-Harald *Sowka*: Befriste

des Vertrags nach den konkreten, sich auf das jeweilige Arbeitsverhältnis auswirkenden Umständen des Einzelfalls sachlich gerechtfertigt sind[28]. Ein vorübergehender Mehrbedarf an Lehrkräften stellt nicht von vornherein einen sachlichen Grund für die Befristung dar; es muß vielmehr mit einiger Sicherheit anzunehmen sein, daß die Arbeitsleistung nach Zeitablauf nicht mehr benötigt wird[29] (so z. B. bei Aushilfskräften zur Vertretung beurlaubter oder erkrankter Lehrer[30], bei zeitlich begrenzten Schulversuchen). Mit zunehmender Gesamtdauer der Beschäftigung bei demselben Arbeitgeber steigen die Anforderungen an den Sachgrund der Befristung[31]. Der Abschluß von Zeitverträgen aus der ganz allgemeinen Erwägung, künftigen Lehramtsbewerbern Arbeitsplätze zu erhalten, ist unzulässig und daher unwirksam[32]. Ebensowenig bilden haushaltsrechtliche Gesichtspunkte einen sachlichen Grund für die Befristung eines Arbeitsverhältnisses; etwas anderes gilt dann, wenn der Arbeitnehmer aus einer bestimmten Haushaltsstelle vergütet wird, die nur für einen begrenzten Zeitraum bewilligt worden ist[33], oder wenn der Haushaltsgesetzgeber vorsieht, daß die infolge der vorübergehenden Beurlaubung ständigen Lehrpersonals freiwerdenden Haushaltsmittel für die Einstellung von Hilfs- oder Aushilfslehrkräften zu verwenden sind[34]. Ein sachlicher Grund für eine Befristung ist stets gegeben, wenn ein Arbeitnehmer zur Vertretung eines anderen Arbeitnehmers für die Zeiten eines Beschäftigungsverbots nach dem Mutterschutzgesetz, eines Erziehungsurlaubs oder einer sonstigen Beurlaubung wegen Kinderbetreuung eingestellt wird; in diesen Fällen bedarf es keiner kalendermäßigen Angabe des Beschäftigungsendes (§ 21 BErzGG). Darüber hinaus gelten bis Ende des Jahres 2000 gemäß § 1 *Beschäftigungsförderungsgesetz*[35] Sonderregelungen, die den Abschluß befristeter Arbeitsverhältnisse erleichtern. Danach ist auch ohne Vorliegen eines sachlichen Grundes eine Befristung bis zur Dauer von zwei Jahren zulässig; innerhalb dieses Zeitraums darf ein befristetes Arbeitsverhältnis bis zu dreimal verlängert werden[36]. Bei Arbeitnehmern, die das 60. Lebensjahr vollendet haben, entfallen sogar diese Einschränkungen.

23.233 Das Arbeitsverhältnis *endet* mit dem Ablauf des Schulhalbjahres (31. Januar bzw. 31. Juli), in dem der Lehrer das 65. Lebensjahr vollendet hat[37]. Will der Lehrer von der Möglichkeit der vorgezogenen Altersgrenze in der Rentenversicherung Gebrauch machen (mit Vollendung des 63. Le-

---

Arbeitsverhältnisse. Eine Bestandsaufnahme unter Berücksichtigung des Beschäftigungsförderungsgesetzes, BB 1994, 1001.
28 BAG, NJW 1982, 1475; AP Nr. 77 zu § 620 BGB (Befristeter Arbeitsvertrag).
29 BAG, NJW 1982, 1475.
30 BAG, NJW 1984, 752.
31 BAG, ZTR 1992, 427; ZTR 1996, 422; NZA 1996, 878.
32 BAG, NJW 1982, 1475 (1477).
33 BAG, NJW 1982, 1475 (1476).
34 BAG, SPE n. F. 124 Nr. 13.
35 Gesetz über arbeitsrechtliche Vorschriften zur Beschäftigungsförderung vom 26. 4. 1985 (BGBl. I S. 710), zul. g. d. G. v. 25. 9. 1996 (BGBl. I S. 1476).
36 Dazu im einzelnen Hans-Harald *Sowka*: Befristete Arbeitsverträge nach dem Beschäftigungsförderungsgesetz, BB 1997, 677.
37 Nr. 6 SR 2 II BAT/BAT-O.

bensjahres, schwerbehinderte sowie weibliche Angestellte mit Vollendung des 60. Lebensjahres[38]), muß er das Arbeitsverhältnis unter Einhaltung der vorgeschriebenen Fristen kündigen[39].

23.24 Rechte und Pflichten des Lehrers

Die Rechte und Pflichten des angestellten Lehrers sind denen des Lehrers im Beamtenverhältnis weitgehend angeglichen.

23.241 Er hat Anspruch auf *Fürsorge und Schutz* durch den öffentlichen Arbeitgeber (vgl. TZ 19.211). Das gilt insbesondere für Lehrerinnen vor und nach der Entbindung, die *Mutterschutz* nach dem Mutterschutzgesetz genießen (TZ 19.212)[40], und für *Schwerbehinderte*, auf die neben den Vorschriften des Schwerbehindertengesetzes die einschlägigen dienstrechtlichen Bestimmungen der Länder anzuwenden sind (TZ 19.213). Allerdings hat der Angestellte in der Regel *kein Recht auf eine Amtsbezeichnung*; er führt vielmehr die Berufsbezeichnung »Lehrer im Angestelltenverhältnis«. Ebensowenig ist *eine dienstliche Beurteilung* im Sinne einer Regelbeurteilung *vorgesehen*; das schließt Leistungsbewertungen aus besonderem Anlaß, z.B. vor einer geplanten Höhergruppierung, nicht aus. Angestellte Lehrer erhalten den gleichen *Urlaub* wie ihre beamteten Kollegen[41]; das bedeutet insbesondere, daß der Erholungsurlaub durch die Schulferien abgegolten wird (TZ 19.231). Sie können *Einsicht in die Personalakten* verlangen (§ 13 Abs. 1 BAT/BAT-O) und müssen über nachteilige Behauptungen tatsächlicher Art vor Aufnahme in die Personalakten gehört werden (§ 13 Abs. 2 BAT/BAT-O; vgl. TZ 19.252). Das Recht auf *Mitwirkung in Personalvertretungen* ist ihnen durch die Personalvertretungsgesetze genauso wie den Beamten gesichert (TZ 19.31). Ihnen steht das Grundrecht der *Koalitionsfreiheit*, im Unterschied zu den Beamten auch das *Streikrecht* zu (vgl. TZ 19.32). Die *pädagogische Freiheit* eröffnet jedem Lehrer unabhängig davon, ob er Angestellter oder Beamter ist, einen Gestaltungsspielraum eigenverantwortlicher Unterrichtung und Erziehung (TZ 19.4).

---

38 Für die in der gesetzlichen Rentenversicherung Versicherten, die nach dem 31.12.1936 bzw. 1939 geboren sind, wird die Altersgrenze von 60 bzw. 63 Jahren schrittweise angehoben (§ 41 SGB VI).
39 Vom 1.1.2000 an gilt nach Art. 14, 15 und 16 des Rentenreformgesetzes 1999 vom 16.12.1997 (BGBl. I S. 2998) in der gesetzlichen Rentenversicherung folgendes: Versicherte können die sog. Altersrente für langjährig Versicherte (ab Vollendung des 65. Lj.) vorzeitig mit 62 Jahren in Anspruch nehmen, wenn sie die Wartezeit von 35 Jahren erfüllt haben (§ 36 SGB VI); Schwerbehinderte, denen die Altersrente bei Erfüllung der 35jährigen Wartezeit mit 63 Jahren zusteht, können die vorzeitige Altersrente vom 60. Lj. an beanspruchen (§ 37 SGB VI). Allerdings hat die frühere Verrentung einen Rentenabschlag zur Folge; für jeden Monat der vorzeitigen Altersgrenze mindert sich die Rente um 0,3 % (§ 77 Abs. 2 Nr. 1 SGB VI).
40 Die Vorschriften des Mutterschutzgesetzes stimmen mit den Regelungen der ihnen nachgebildeten Landesverordnungen über den Mutterschutz für Beamtinnen im wesentlichen überein.
41 Nr. 5 Abs. 1 SR 2 I I BAT/BAT-O.

23.242 Zwar unterliegen Angestellte im öffentlichen Dienst nicht generell der gesteigerten *Verfassungstreuepflicht*, die den Beamten unabhängig von seinen konkret wahrgenommenen Funktionen trifft; sie schulden nur diejenige politische Loyalität, die für eine funktionsgerechte Amtsausübung unverzichtbar ist[42]. Als Lehrer müssen sie jedoch die Erziehungsziele einschließlich der Grundwerte und Grundentscheidungen der Verfassung den Schülern glaubhaft vermitteln. Insoweit gelten auch für sie die Maßstäbe, die an die Beamten anzulegen sind (vgl. TZ 18.224). Im übrigen hat sich der angestellte Lehrer so zu verhalten, wie es von Angehörigen des öffentlichen Dienstes erwartet wird (§ 8 Abs. 1 Satz 1 BAT/BAT-O). Das betrifft sein gesamtes *Verhalten innerhalb und außerhalb des Dienstes* (TZ 21.13), vor allem seine *Aufgaben in Unterricht und Erziehung* (dazu TZ 21.31), auch seine *Aufsichtspflicht* (TZ 21.5). Wie der Beamte ist er zu *Gehorsam* (§ 8 Abs. 2 BAT/BAT-O; vgl. TZ 21.12) und *Verschwiegenheit* (§ 9 BAT/BAT-O; vgl. TZ 21.22) verpflichtet. *Belohnungen und Geschenke* in bezug auf seine dienstliche Tätigkeit darf er nur mit Zustimmung des Arbeitgebers annehmen (§ 10 BAT/BAT-O; vgl. TZ 21.23). Die *Arbeitszeit* des angestellten Lehrers entspricht der des Lehrers im Beamtenverhältnis[43] (vgl. TZ 21.34). Er ist unter den gleichen Voraussetzungen wie dieser zur *Mehrarbeit* (Überstunden) verpflichtet. Auf die *Nebentätigkeit* der Angestellten finden die beamtenrechtlichen Vorschriften sinngemäß Anwendung (§ 11 BAT/BAT-O; TZ 21.4). Aus dienstlichen Gründen kann der Angestellte auch gegen seinen Willen *versetzt* oder *abgeordnet* werden (§ 12 BAT/BAT-O; vgl. TZ 18.24).
Der angestellte Lehrer hat die gewissenhafte Diensterfüllung und die Wahrung der Gesetze zu geloben (§ 6 BAT, § 6 BAT-O); weigert er sich, das *Gelöbnis* abzulegen, kann ihm aus wichtigem Grund fristlos gekündigt werden.

23.243 Aufgrund des allgemeinen Petitionsrechts (Art. 17 GG) kann der Angestellte seine Interessen durch *Anträge und Beschwerden* geltend machen, muß dabei aber den Dienstweg einhalten (vgl. TZ 19.52). Für Streitigkeiten aus dem Arbeitsverhältnis ist der *Rechtsweg zu den Arbeitsgerichten* eröffnet (§ 2 Abs. 1 Nr. 3 ArbGG). Für das arbeitsgerichtliche Urteilsverfahren gelten im allgemeinen die Vorschriften der Zivilprozeßordnung (ZPO) entsprechend (§§ 46 Abs. 2, 64 Abs. 6, 72 Abs. 5 ArbGG). Doch enthält das Arbeitsgerichtsgesetz[44] einige Besonderheiten, die der Beschleunigung und Vereinfachung dienen. Vorab wird eine gütliche Einigung angestrebt (Güteverhandlung, § 54 ArbGG). Der Lehrer kann den Rechtsstreit vor dem Arbeitsgericht selbst führen, kann sich aber auch durch einen Rechtsanwalt oder durch einen Vertreter seiner Gewerkschaft bzw. seines Lehrerverbands vertreten lassen; vor dem Landesarbeitsgericht als Berufungsinstanz ist diese Vertretung vor-

---

42 BVerwGE 81, 212 (214 ff.) = JuS 1989, 1012 m. Anm. von Friedhelm *Hufen*.
43 Nr. 3 SR 2 I BAT/BAT-O. Gibt es, wie in Sachsen, keine Bestimmungen für die beamteten Lehrer, so ist die Arbeitszeit im Arbeitsvertrag zu regeln. – Zur Verpflichtung eines teilzeitbeschäftigten Lehrers, auch Tätigkeiten außerhalb des Unterrichts (Klassenfahrt) wahrzunehmen, BAG, NZA 1997, 885.
44 Claas-Hinrich *Germelmann*/Hans-Christoph *Matthes*/Hanns *Prütting*: Arbeitsgerichtsgesetz. Kommentar. 3. Aufl., München 1999.

geschrieben; im Revisionsverfahren vor dem Bundesarbeitsgericht herrscht Anwaltszwang (§ 11 ArbGG).

23.25 Vermögenswerte Rechte

Der angestellte Lehrer hat Anspruch auf eine Vergütung, ferner auf Sozialbezüge, Reisekostenvergütung, Umzugskostenvergütung und Trennungsentschädigung, zusätzliche Alters- und Hinterbliebenenversorgung sowie Übergangsgeld.

23.251 Er erhält zum 15. jeden Monats eine *Vergütung*, die aus Grundvergütung und Ortszuschlag besteht (§§ 26 Abs. 1, 36 Abs. 1 Satz 1 BAT/BAT-O). Die Höhe der *Grundvergütung* bemißt sich nach der Vergütungsgruppe (z. B. BAT IIa), die nach Lebensaltersstufen alle zwei Jahre bis zur Endgrundvergütung ansteigt (§ 27 BAT/BAT-O). Der *Ortszuschlag* richtet sich nach der Tarifklasse, der die Vergütungsgruppe des Angestellten zugeteilt ist[45], und nach der Stufe, die den Familienverhältnissen des Angestellten entspricht (§ 29 BAT/BAT-O). Zur Stufe 1 zählen ledige und geschiedene Angestellte, zur Stufe 2 verheiratete und verwitwete Angestellte sowie geschiedene Angestellte, die aus der Ehe zum Unterhalt verpflichtet sind. Der Ortszuschlag der Stufe 3 und der folgenden Stufen wird kindergeldberechtigten Angestellten gewährt; die Stufe richtet sich nach der Zahl der berücksichtigungsfähigen Kinder. Steht auch der Ehegatte im öffentlichen Dienst, erhält der Angestellte den Unterschiedsbetrag zwischen Stufe 1 und 2 des für ihn maßgebenden Ortszuschlags.
Teilzeitbeschäftigte Lehrer erhalten den Teil der Vergütung des vollbeschäftigten Lehrers, der der Zahl der von ihnen zu erteilenden Pflichtstunden im Verhältnis zur vollen Pflichtstundenzahl entspricht (vgl. § 34 Abs. 1 Satz 1 BAT/BAT-O)[46].
Für die Eingruppierung der Lehrkräfte in die verschiedenen Vergütungsgruppen gelten besondere Richtlinien der Tarifgemeinschaft deutscher Länder (TdL)[47]. Lehrer, die die fachlichen und pädagogischen Voraussetzungen für die Übernahme in das Beamtenverhältnis erfüllen, werden in die Vergütungs-

---

45 So gehört z. B. die Vergütungsgruppe BAT IIa zur Tarifklasse Ib.
46 LAG Düsseldorf, ZTR 1999, 41: Die Erhöhung der Pflichtstundenzahl für angestellte Lehrer an Gymnasien in NRW von bisher 23,5 auf 24,5 Unterrichtsstunden führt bei teilzeitbeschäftigten Lehrern mit gleichbleibender Pflichtstundenzahl zu einer bruchteilmäßigen Verringerung ihrer monatlichen Vergütung.
47 Im Geltungsbereich des BAT: Richtlinien über die Eingruppierung der im Angestelltenverhältnis beschäftigten Lehrkräfte i. d. F. v. 1.2.1992, zul. g. d. Beschl. v. 4./5.9.1997; im Geltungsbereich des BAT-O: Richtlinien über die Eingruppierung der im Angestelltenverhältnis beschäftigten Lehrkräfte (Ost) vom 22.6.1995, g. d. Richtlinien vom 5.9.1997. Die von der Mitgliederversammlung der TdL beschlossenen Richtlinien müssen von den einzelnen Ländern unter Berücksichtigung des jeweiligen Landesbesoldungsrechts konkretisiert werden.

gruppe eingruppiert, die der vergleichbaren Besoldungsgruppe beamteter Lehrkräfte entspricht:

Besoldungsgruppe	Vergütungsgruppe
A 10	IVb
A 11	IVa
A 12	III
A 13	IIa
A 14	Ib
A 15	Ia
A 16	I

Die Vergütung wird durch eine allgemeine Zulage ergänzt[48]. In den neuen Ländern beträgt die Gesamtvergütung seit dem 1.9.1998 86,5 Prozent der für das Tarifgebiet West maßgeblichen Beträge[49]. Für Lehrer im Geltungsbereich des BAT gilt darüber hinaus folgendes: Ist die Endgrundvergütung der jeweiligen Vergütungsgruppe niedriger als das Endgrundgehalt der vergleichbaren beamteten Lehrkraft zuzüglich etwaiger Amts- oder Stellenzulagen, kann dem Lehrer von einem bestimmten Lebensalter an eine widerrufliche Zulage bis zur Höhe des Unterschiedsbetrags gewährt werden[50]. Lehrer, die an einer anderen als der ihrer Lehrbefähigung entsprechenden Schulart tätig sind, werden entsprechend ihrer Lehrbefähigung vergütet, jedoch nicht höher als die Lehrkräfte der Schulform, an der sie beschäftigt sind[51]. Für die Eingruppierung der Lehrer, die die fachlichen und pädagogischen Voraussetzungen für eine Verbeamtung nicht erfüllen, gelten abweichende Bestimmungen (niedrigere Vergütungsgruppen mit der Möglichkeit, nach einer Bewährungszeit in die nächsthöhere Vergütungsgruppe aufzusteigen).

Der angestellte Lehrer wird *nicht befördert*, sondern bei Ausübung einer höherwertigen Tätigkeit in die entsprechend höhere Vergütungsgruppe eingereiht (*Höhergruppierung*, §23 BAT/BAT-O). Darüber hinaus kommt ihm der *Bewährungsaufstieg* zugute, der – ohne Änderung der Tätigkeitsmerkmale – nach Ablauf bestimmter Bewährungszeiten zur Einstufung in die nächsthöhere Vergütungsgruppe führt (§23a BAT/BAT-O).

Angestellte Lehrer, die Überstunden leisten, haben nach den für die Beamten geltenden Bestimmungen Anspruch auf *Mehrarbeitsvergütung* (TZ 20.115)[52]. Sie erhalten außerdem unter den gleichen Voraussetzungen und in derselben

---

48 §2 Abs.3 des Tarifvertrags über Zulagen an Angestellte vom 17.5.1982, zul. g. d. Änderungstarifvertrag Nr. 16 v. 5.5.1998 (Tarifgebiet West); §1 Abs. 1 Nr. 2 des Tarifvertrags über Zulagen an Angestellte vom 8.5.1991, zul. g. d. ÄndTV Nr. 5 v. 5.5.1998 (Tarifgebiet Ost).

49 Vergütungstarifvertrag Nr. 5 zum BAT-O vom 5.5.1998. In den östlichen Bezirken Berlins erhalten die im öffentlichen Dienst des Landes Berlin beschäftigten Arbeitnehmer seit dem 1.10.1996 nach dem Einkommensangleichungsgesetz des Landes Berlin vom 7.7.1994 (GVBl. S. 225) die gleichen Bezüge wie die Arbeitnehmer im Tarifgebiet West. Berlin ist deshalb 1994 aus der TdL ausgeschlossen worden. Doch gilt der BAT-O im Ostteil der Stadt gemäß §3 Abs.3 TVG weiter. Demgegenüber erhalten die in den östlichen Bezirken Berlins als Beamte beschäftigten Lehrer wie die Beamten in den neuen Ländern gem. §2 Abs.1 2. BesÜV Dienstbezüge nur in Höhe von 86,5 % der für das bisherige Bundesgebiet geltenden Dienstbezüge (vgl. TZ 20.116).

50 A. 3. Lehrer-Richtlinien der TdL (Anm. 47).

51 A. 4. Lehrer-Richtlinien der TdL; ebenso Lehrer-Richtlinien-O der TdL.

52 Nr.3 SR 2 l I BAT/BAT-O.

Höhe wie die Beamten eine *(Weihnachts-)Zuwendung*[53], *Urlaubsgeld*[54] und *vermögenswirksame Leistungen*[55] (vgl. TZ 20.122).

23.252 Zu den *Sozialbezügen* des Lehrers gehören Krankenbezüge, Jubiläumszuwendungen, Beihilfen, Unterstützungen und Sterbegeld. Er erhält bei einer durch Krankheit verursachten Arbeitsunfähigkeit bis zur Dauer von sechs Wochen *Krankenbezüge* in Höhe der Urlaubsvergütung, die ihm zustünde, wenn er Erholungsurlaub hätte (§ 37 BAT/BAT-O). Nach Ablauf der Sechs-Wochen-Frist zahlt ihm die gesetzliche Krankenversicherung (TZ 23.262) ein Krankengeld von 70 Prozent des Regelarbeitsentgelts, das jedoch 90 Prozent des Nettoarbeitsentgelts nicht übersteigen darf (§ 47 SGB V); der Arbeitgeber stockt das Krankengeld durch einen Krankengeldzuschuß bis zur Höhe der Nettourlaubsvergütung auf, und zwar bei einer Beschäftigungszeit von mehr als einem Jahr bis zum Ende der 13. Krankheitswoche, bei einer Beschäftigungszeit von mehr als drei Jahren bis zum Ende der 26. Woche[56].
Die Angestellten im öffentlichen Dienst erhalten *Jubiläumszuwendungen*; die Höhe dieser Zuwendung richtet sich im Tarifgebiet West nach der Dauer der Dienstzeit, im Tarifgebiet Ost nach der Dauer der Beschäftigungszeit (§ 39 BAT/BAT-O; vgl. TZ 19.223). Im Tarifgebiet West, nicht aber im Tarifgebiet Ost stehen den angestellten Lehrern *Beihilfen* (TZ 20.331) und *Unterstützungen* (TZ 20.332) zu (§ 40 BAT). Hinsichtlich der Beihilfen gelten allerdings Besonderheiten. Angestellte, die einer gesetzlichen Krankenkasse als Pflichtmitglieder angehören, sind ausschließlich auf die Sachleistungen der Krankenkasse angewiesen, können also keine Beihilfe beanspruchen. Die Krankheitsaufwendungen freiwillig versicherter Angestellter, denen der Arbeitgeber nach § 257 SGB V einen Zuschuß zu den Versicherungsbeiträgen leistet, sind nur insoweit beihilfefähig, als sie durch die Ersatzkasse nicht gedeckt werden[57].
Beim Tod des Angestellten erhalten die Hinterbliebenen für die restlichen Kalendertage des Sterbemonats und für weitere zwei Monate die Vergütung des Verstorbenen als *Sterbegeld* (§ 41 BAT/BAT-O).

---

53 Tarifvertrag über eine Zuwendung für Angestellte vom 12.10.1973 (Tarifgebiet West), zul. g. d. ÄndTV v. 5.5.1998; Tarifvertrag über eine Zuwendung für Angestellte vom 10.12.1990 (Tarifgebiet Ost), zul. g. d. ÄndTV v. 15.12.1995.
54 Tarifvertrag über ein Urlaubsgeld für Angestellte vom 16.3.1977 (Tarifgebiet West) i.d.F. v. 26.5.1992; Tarifvertrag über ein Urlaubsgeld für Angestellte vom 10.12.1990 (Tarifgebiet Ost), zul. g. d. TV v. 1.2.1996.
55 Tarifvertrag über vermögenswirksame Leistungen an Angestellte vom 17.12.1970 (Tarifgebiet West) i.d.F. v. 31.5.1995, Tarifvertrag über vermögenswirksame Leistungen an Angestellte vom 8.5.1991 (Tarifgebiet Ost) i.d.F. v. 1.2.1996.
56 Für Angestellte im Tarifgebiet West, die am 30.6.1994 in einem Arbeitsverhältnis gestanden haben, das am 1.7.1994 zu demselben Arbeitgeber fortbestanden hat, gilt eine Übergangsregelung: Sie erhalten je nach Dienstzeit Krankenbezüge in Höhe der Urlaubsvergütung mindestens bis zum Ende der 9., höchstens bis zum Ende der 26. Woche (§ 71 BAT).
57 Rdschr. des Bundesministers des Innern vom 17.2.1971 (GMBl. S.111), vom 10.5.1971 (GMBl. S. 217) und v. 26.9.1985 (GMBl. 1986 S. 159).

23.253 Für die Gewährung von *Reisekostenvergütung, Umzugskostenvergütung* und *Trennungsentschädigung* sind die beamtenrechtlichen Regelungen sinngemäß anzuwenden (§§ 42 und 44 BAT/BAT-O; vgl. TZ 20.31 und 20.32).

23.254 Der angestellte Lehrer hat Anspruch auf Versicherung zum Zweck einer *zusätzlichen Alters- und Hinterbliebenenversorgung* (§ 46 BAT/BAT-O). Der Arbeitgeber muß ihn bei der Versorgungsanstalt des Bundes und der Länder (VBL) versichern[58].

23.255 Scheidet ein vollbeschäftigter Lehrer nach mindestens einjähriger ununterbrochener Zugehörigkeit zu demselben Arbeitgeber aus dem Arbeitsverhältnis aus, erhält er ein *Übergangsgeld* (§ 62 BAT/BAT-O), dessen Höhe sich nach der Vergütung und nach der Dauer der ununterbrochenen Zugehörigkeit zum öffentlichen Dienst richtet (§ 63 BAT/BAT-O). Das Übergangsgeld wird dann nicht gewährt, wenn der Angestellte das Ausscheiden verschuldet, wenn er selbst gekündigt oder das Arbeitsverhältnis durch Auflösungsvertrag beendet hat.

23.26 Sozialversicherung[59]

Für die Versorgung des angestellten Lehrers nach Erreichen der Altersgrenze, bei Invalidität, Krankheit, Pflegebedürftigkeit, Arbeitsunfällen sowie im Fall der Arbeitslosigkeit kommt – anders als bei den Beamten – nicht der Dienstherr, sondern die gesetzliche Sozialversicherung auf[60]. Diese gliedert sich in die Versicherungszweige der Renten-, Kranken-, Pflege-, Unfall- und Arbeitslosenversicherung. Die Beiträge zu den Versicherungen – außer zur Unfallversicherung – werden von Arbeitnehmer und Arbeitgeber je zur Hälfte aufgebracht und von letzterem gemäß § 28i SGB IV an die Träger der gesetzlichen Krankenversicherung als Einzugsstellen abgeführt.

23.261 Die gesetzliche *Rentenversicherung*[61], die im Sechsten Buch des Sozialgesetzbuchs geregelt ist, gewährt insbesondere Renten bei Erreichen der Altersgrenze und bei Invalidität sowie Renten an die Hinterbliebenen verstorbener Versicherter. Als Arbeitnehmer ist der Lehrer versicherungspflichtig (§ 1 Satz 1 Nr. 1 SGB VI). Ruhestandsbeamte, die als angestellte Lehrer beschäftigt werden, sind versicherungsfrei (§ 5 Abs. 4 Nr. 2 SGB VI). Träger der Rentenversicherung ist die Bundesversicherungsanstalt für Angestellte in Berlin. Der Beitragssatz beläuft sich z. Z. (seit dem 1.4.1999) auf 19,5 Pro-

---

58 Die Einzelheiten sind im Versorgungs-Tarifvertrag vom 4.11.1966, zul.g.d. 23. ÄndTV vom 26.6.1997, und in der Satzung der VBL geregelt. Hierzu Andreas *Meist*: Die Einführung der Zusatzversorgung im öffentlichen Dienst der neuen Länder. Auswirkungen auf Rechte und Pflichten der Arbeitnehmer und Arbeitgeber, SchVw MO 1997, 77.
59 Eberhard *Eichenhofer*: Sozialrecht. 2. Aufl., Tübingen 1997, S. 136ff. Rn. 258ff.
60 Zur Versorgung der Beamten s. TZ 20.2.
61 Rolf *Kreikebohm* (Hrsg.): Sozialgesetzbuch – Gesetzliche Rentenversicherung – SGB VI. Kommentar, München 1997 (Nachtrag 1998); Wolfgang *Pelikan*: Rentenversicherung. SGB VI. 9. Aufl., München 1998; Bertram *Schulin* (Hrsg.): Handbuch des Sozialversicherungsrechts. Bd. 3: Rentenversicherungsrecht, München 1999.

zent der Bezüge bis zur jährlich neu festzusetzenden Höchstgrenze (1999: 8.400 DM, in den neuen Ländern: 7.000 DM).
Das SGB VI findet in ganz Deutschland Anwendung. Für das Beitrittsgebiet gelten allerdings aufgrund des Renten-Überleitungsgesetzes vom 25. 7. 1991[62] Übergangsbestimmungen. Sie betreffen nicht zuletzt die Umstellung der Renten aus Zusatz- und Sonderversorgungssystemen der DDR. Ihre Höhe richtet sich nach der Dauer der Erwerbstätigkeit und dem erzielten Arbeitsentgelt. Diese Berechnungsgrundlage gilt für solche Personengruppen nicht, die einen erheblichen Beitrag zur Stärkung oder Aufrechterhaltung des politischen Systems der DDR geleistet haben oder eine systemfördernde Stellung (z. B. im Staatssicherheitsdienst) innehatten; für sie sind Höchstgrenzen vorgesehen[63].
Die Altersrente aus der gesetzlichen Rentenversicherung wird durch die Versorgungsrente der VBL (vgl. TZ 23.254) ergänzt[64].

23.262 Die gesetzliche *Krankenversicherung*[65] ist im Fünften Buch des Sozialgesetzbuchs geregelt. Sie gewährt ihren Mitgliedern, deren Ehegatten und Kindern Sach- und Dienstleistungen zur Verhütung von Krankheiten, zur Früherkennung von Krankheiten sowie Leistungen bei Krankheit (Krankenbehandlung und Krankengeld). Der angestellte Lehrer ist Pflichtmitglied der Krankenversicherung, sofern seine Vergütung eine bestimmte Höchstgrenze (75 Prozent der Beitragsbemessungsgrenze in der Rentenversicherung) nicht übersteigt (§ 6 Abs. 1 Nr. 1 SGB V). Für den Beitrag zur Krankenversicherung sind ca. 13,5 Prozent des Arbeitsentgelts bis zu dieser Höchstgrenze aufzubringen. Angestellte, die wegen Überschreitens der Verdienstgrenze nicht versicherungspflichtig, aber freiwillig in der gesetzlichen Krankenversicherung versichert sind, erhalten vom Arbeitgeber einen Zuschuß zu ihrem Versicherungsbeitrag in Höhe des bei Krankenversicherungspflicht zu zahlenden Arbeitgeberanteils, jedoch nicht mehr als die Hälfte des tatsächlich geleisteten Versicherungsbeitrags (§ 257 SGB V)[66]. Träger der Krankenversicherung sind vornehmlich die Ortskrankenkassen und die Ersatzkassen, zwischen denen die Versicherungspflichtigen frei wählen können.

---

62 BGBl. I S. 1606, zul. g. d. G. v. 15. 12. 1995 (BGl. I S. 1824).
63 Die Einzelheiten ergeben sich aus dem Anspruchs- und Anwartschaftsüberführungsgesetz vom 25. 7. 1991 (BGBl. I S. 1677), das in Art. 3 des Renten-Überleitungsgesetzes normiert ist. Über die Verfassungsmäßigkeit des Gesetzes entscheidet demnächst das BVerfG.
64 Dazu *Meist*, SchVw MO 1997, 77.
65 Dieter *Krauskopf*/Günther *Schroeder-Printzen* (Hrsg.): Soziale Krankenversicherung, Pflegeversicherung. Kommentar. Loseblattausgabe, München (Stand: März 1999); Klaus *Straub*: Gesetzliche Krankenversicherung. SGB V, München 1997 (mit Nachtrag 1997).
66 Statt freiwilliger Versicherung in der gesetzlichen Krankenversicherung kommt auch eine Versicherung in einer privaten Krankenversicherung in Betracht. In diesem Fall beläuft sich der Zuschuß des Arbeitgebers auf die Hälfte des Betrags, der sich unter Anwendung des durchschnittlichen allgemeinen Beitragssatzes der gesetzlichen Krankenkassen ergibt.

23.263 Die soziale *Pflegeversicherung*[67], geregelt im Elften Buch des Sozialgesetzbuchs, gewährt pflegebedürftigen Personen, die je nach Hilfebedarf drei Pflegestufen zugeordnet sind, Leistungen für die häusliche, stationäre und vollstationäre Pflege. Sie erfaßt sämtliche Personen, die in der gesetzlichen Krankenversicherung versichert sind. Der Beitragssatz beträgt 1,7 Prozent des Arbeitsentgelts bis zu der für die gesetzliche Krankenversicherung maßgeblichen Höchstgrenze[68]. Träger der Pflegeversicherung sind die den gesetzlichen Krankenkassen zugeordneten Pflegekassen.

23.264 Die gesetzliche *Unfallversicherung*[69] – Rechtsgrundlage ist das Siebte Buch des Sozialgesetzbuchs – bietet insbesondere Schutz bei Arbeitsunfällen; dazu gehören auch die Unfälle, die sich auf dem Weg zur Schule und von der Schule ereignen (§ 8 Abs. 2 SGB VII). Als Arbeitnehmer ist der Lehrer kraft Gesetzes versichert (§ 2 Abs. 1 Nr. 1 SGB VII). Durch die Unfallversicherung wird die Haftung des Arbeitgebers und der Arbeitskollegen für Körperschäden ausgeschlossen, es sei denn, daß der Unfall vorsätzlich herbeigeführt wurde oder bei der Teilnahme am allgemeinen Verkehr eingetreten ist (s. §§ 104 ff. SGB VII). Träger der Unfallversicherung sind die Unfallkassen der Länder; die Mittel werden nicht durch Beiträge der Versicherten, sondern durch Umlagen der Arbeitgeber aufgebracht. Vgl. auch die Ausführungen zur gesetzlichen Schülerunfallversicherung (TZ 33.21).

23.265 Die *Arbeitsförderung*, die im Dritten Buch des Sozialgesetzbuchs geregelt ist[70], soll durch Maßnahmen der Arbeitsvermittlung und aktiven Arbeitsförderung darauf hinwirken, daß Zeiten der *Arbeitslosigkeit* sowie des Bezugs von Arbeitslosengeld und Arbeitslosenhilfe vermieden oder verkürzt werden (§ 1 Abs. 1 SGB III). Das ändert nichts an der Tatsache, daß den Entgeltleistungen (vor allem Arbeitslosengeld und Arbeitslosenhilfe) angesichts anhaltend hoher Arbeitslosigkeit herausragende Bedeutung zukommt. Die Arbeitsförderung erfaßt alle Arbeitnehmer als Pflichtversicherte (§ 24 SGB III).

---

67 Gerhard *Igl*: Das neue Pflegeversicherungsrecht, München 1995; Bertram *Schulin* (Hrsg.): Handbuch des Sozialversicherungsrechts. Bd. 4: Pflegeversicherungsrecht, München 1997; Peter *Udsching*: SGB XI. Soziale Pflegeversicherung. Kommentar, München 1995 (mit Nachtrag 1996).
68 Auch hier tragen Arbeitnehmer und Arbeitgeber den Beitrag je zur Hälfte, sofern der Beschäftigungsort in einem Bundesland liegt, das – zum Ausgleich der mit den Arbeitgeberbeiträgen verbundenen Belastungen der Wirtschaft – einen landesweiten Feiertag aufgehoben hat, der, wie der Buß- und Bettag, stets auf einen Werktag fällt. Wenn, wie in Sachsen, ein solcher Feiertag nicht abgeschafft worden ist, beläuft sich der Arbeitnehmeranteil auf 1,35 %, der Arbeitgeberanteil auf 0,35 %.
69 Horst *Kater*/Konrad *Leube*: Gesetzliche Unfallversicherung. SGB VII. Kommentar, München 1997; Jochem *Schmitt*: SGB VII. Gesetzliche Unfallversicherung. Kommentar, München 1998.
70 Werner *Hennig*/Norbert *Henke*/Reiner *Schlegel*/Walter *Theuerkauf*/Martin *Estelmann*: Sozialgesetzbuch Drittes Buch (SGB III) – Arbeitsförderung –, Kommentar. 2 Bde., Neuwied (Losenblattausgabe, Stand: Juni 1999); Gemeinschaftskommentar zum Arbeitsförderungsrecht (GK-SGB III). 3 Bde., Neuwied (Losenblattausgabe, Stand: Juli 1999); *Eichenhofer* (Anm. 59), S. 228 ff. Rn. 445 ff.

Wird der Lehrer arbeitslos, hat er Anspruch auf *Arbeitslosengeld*, wenn er innerhalb der letzten drei Jahre mindestens zwölf Monate in einem versicherungspflichtigen Arbeitsverhältnis gestanden hat; er muß sich persönlich beim Arbeitsamt arbeitslos melden (§§ 117 ff. SGB III). Das Arbeitslosengeld beträgt für Arbeitslose mit mindestens einem Kind 67, sonst 60 Prozent des um die gesetzlichen Abzüge geminderten bisherigen Arbeitsentgelts. Es wird für die Dauer von wenigstens sechs Monaten gezahlt; je nach Dauer des Beschäftigungsverhältnisses und des Lebensalters erstreckt sich der Zeitraum auf bis zu 32 Monate. Der Anspruch ruht während einer Sperrzeit von zwölf Wochen, wenn der Arbeitslose sein Beschäftigungsverhältnis von sich aus aufgegeben, eine angebotene Beschäftigung nicht angenommen oder eine berufliche Eingliederungsmaßnahme abgelehnt oder abgebrochen hat. Ein bedürftiger Arbeitsloser, der mangels Erfüllung der Anwartschaftszeit oder wegen Überschreitens der Höchstdauer keinen Anspruch auf Arbeitslosengeld (mehr) hat, erhält gemäß §§ 190 ff. SGB III *Arbeitslosenhilfe* (57 Prozent für Arbeitslose mit mindestens einem Kind, sonst 53 Prozent des Nettoarbeitsentgelts). Voraussetzung ist, daß er innerhalb eines Jahres vor der Arbeitslosmeldung entweder Arbeitslosengeld bezogen oder mindestens fünf Monate eine entlohnte Beschäftigung ausgeübt, in einem öffentlich-rechtlichen Dienstverhältnis (z. B. als Referendar) oder im Wehr- oder Zivildienst gestanden hat. Die Leistungen der Arbeitsförderung werden durch Beiträge der Versicherungspflichtigen sowie durch Umlagen, Bundesmittel und sonstige Einnahmen finanziert. Der Beitragssatz beträgt 6,5 Prozent des Arbeitsentgelts bis zu der in der Rentenversicherung geltenden Beitragsbemessungsgrenze (§ 341 SGB III). Träger der Arbeitslosenversicherung und der übrigen Maßnahmen der Arbeitsförderung ist die Bundesanstalt für Arbeit in Nürnberg, der die Landesarbeitsämter und die Arbeitsämter unterstehen.

23.266 Für öffentlich-rechtliche Streitigkeiten in Angelegenheiten der Sozialversicherung ist der *Rechtsweg zu den Sozialgerichten* eröffnet[71].

23.27 Folgen von Pflichtverletzungen

23.271 Als Amtsträger (§ 11 Abs. 1 Nr. 2 Buchst. b StGB) muß sich der Lehrer im Angestelltenverhältnis *strafrechtlich* genauso wie der beamtete Lehrer verantworten (TZ 22.1).

23.272 Dem Arbeitsrecht, und damit auch dem Recht der angestellten Lehrer, ist die dem Beamtenrecht eigene disziplinarrechtliche Ahndung von Pflichtverletzungen fremd. Dem Arbeitgeber bleibt es aber unbenommen, gegen Pflichtwidrigkeiten durch *Mahnung, Belehrung* und *Rüge* einzuschreiten. In schweren Fällen kommt eine Kündigung in Betracht (TZ 23.231); ihr muß eine förmliche Abmahnung vorausgehen.

---

71 Zum Verfahren vor dem Sozialgericht vgl. die Ausführungen unter TZ 34.5.

23.273 Hinsichtlich der *vermögensrechtlichen Haftung* ist der Angestellte den Beamten gleichgestellt: Fügt der Lehrer bei Ausübung hoheitlicher Tätigkeit einem Dritten Schaden zu, haftet der Arbeitgeber nach § 839 BGB i. V. m. Art. 34 GG, sofern nicht die gesetzliche Schülerunfallversicherung aufkommt; bei unmittelbarer Schädigung des Arbeitgebers finden die beamtenrechtlichen Vorschriften entsprechende Anwendung (§ 14 BAT/BAT-O). Vgl. im einzelnen TZ 22.3.

23.3 Lehrer mit geringfügiger Beschäftigung

23.31 Arbeitsrechtliche Besonderheiten

Auf das Arbeitsverhältnis des Lehrers, der im Sinne des § 8 SGB IV geringfügig beschäftigt ist, finden die Vorschriften des BAT/BAT-O keine Anwendung (§ 3 Buchst. n BAT/BAT-O). *Geringfügig* ist die Beschäftigung, wenn sie weniger als 15 (Zeit-)Stunden in der Woche ausgeübt wird und das Arbeitsentgelt 630 DM monatlich nicht übersteigt; dabei sind mehrere geringfügige Beschäftigungen sowie geringfügige und nicht geringfügige Beschäftigungen zusammenzurechnen (§ 8 Abs. 1 Nr. 1 und Abs. 2 SGB IV)[72].
Die Rechtsstellung des geringfügig beschäftigten Lehrers bestimmt sich nach den *Vorschriften des bürgerlichen Rechts über den Dienstvertrag* (§§ 611 ff. BGB). Alle anderen teilzeitbeschäftigten Lehrer unterfallen dem BAT/BAT-O. Ihnen ist aufgrund des Diskriminierungsverbots in § 2 Abs. 1 Beschäftigungsförderungsgesetz die anteilige tarifliche Vergütung zu zahlen.

23.32 Sozialversicherungsrechtliche Besonderheiten

Zwar sind auch teilzeitbeschäftigte Lehrer grundsätzlich in der gesetzlichen Renten-, Kranken- und Pflegeversicherung versicherungspflichtig[73]; das gilt jedoch nicht für geringfügig beschäftigte Lehrer (§ 5 Abs. 2 Satz 1 Nr. 1 SGB VI, § 7 SGB V, § 20 Abs. 1 Satz 1 SGB XI i. V. m. § 7 SGB V, § 27 Abs. 2 Satz 1 SGB III). Allerdings muß der Arbeitgeber für sie einen Beitrag zur Rentenversicherung in Höhe von 12 Prozent und einen Beitrag zur Krankenversicherung in Höhe von 10 Prozent des Arbeitsentgelts abführen (§ 172 Abs. 3 SGB VI, § 249b SGB V)[74]. Der geringfügig beschäftigte Lehrer kann durch schriftliche Erklärung gegenüber dem Arbeitgeber auf die Versicherungsfreiheit in der Rentenversicherung verzichten (§ 5 Abs. 2 Satz 2 SGB VI); in diesem Fall werden die vom Arbeitgeber zu entrichtenden 12 Prozent des Ar-

---

72 Eine geringfügige Beschäftigung liegt daher nicht vor, wenn sie zusätzlich zu einem anderen Beschäftigungsverhältnis ausgeübt wird.
73 Teilzeitbeschäftigte, die weniger als die Hälfte der regelmäßigen Arbeitszeit tätig sind, dürfen im Hinblick auf den allgemeinen Gleichheitssatz (Art. 3 Abs. 1 GG) von einer zusätzlichen Altersversorgung nicht ausgeschlossen werden (BVerfG, NJW 1998, 1215).
74 Das Arbeitsentgelt aus einer geringfügigen Beschäftigung ist einkommensteuerfrei, wenn die Summe der anderen Einkünfte des Arbeitnehmers nicht positiv ist (§ 3 Nr. 39 EStG).

beitsentgelts durch einen Arbeitnehmeranteil von 7,5 Prozent ergänzt (§ 168 Abs. 1 Nr. 1 b SGB VI). Der Schutz der gesetzlichen Unfallversicherung (TZ 23.264) besteht unabhängig von Art und Umfang des Arbeitsverhältnisses, erstreckt sich daher auch auf die geringfügig beschäftigten Lehrer.

Dritter Teil: Schüler und Eltern

24. Kapitel: Schulverhältnis, Rechtsstellung des Schülers, Elternrecht[1]

24.1 Das Schulverhältnis als Rechtsverhältnis[2]

24.11 Allgemeines

24.111 Das Schulverhältnis, das mit der Aufnahme des Schülers in die Schule beginnt und mit seiner Entlassung aus der Schule endet, umfaßt die Gesamtheit der rechtlichen Beziehungen zwischen der Schule einerseits, dem Schüler (und seinen Eltern) andererseits. Früher wurde es als *besonderes Gewaltverhältnis* klassifiziert. Dieser Begriff, der auf die Staats- und Verwaltungslehre des ausgehenden 19. Jahrhunderts (Paul Laband, Otto Mayer) zurückgeht, grenzte die Sonderverhältnisse der Beamten, Soldaten, Strafgefangenen und eben auch der Schüler gegen das allgemeine Gewaltverhältnis ab, in dem jeder Bürger zum Staat steht. Im Unterschied zu diesem wurde das besondere Gewaltverhältnis als ein verwaltungsinterner Bereich erachtet, der dem Einfluß des Parlaments entzogen und der ausschließlichen Regelungskompetenz der Exekutive zugewiesen war. Der Schüler unterlag demnach der nahezu unbegrenzten Anstaltsgewalt der Schule. Die Rechtsfigur des besonderen Gewaltverhältnisses diente dazu, Eingriffe in die Grundrechte der Schüler zu rechtfertigen, ohne daß es einer gesetzlichen Grundlage bedurfte.

---

1 Zur kollektiven Interessenvertretung der Eltern und Schüler TZ 8.1 und 8.2.
2 Hans-Uwe *Erichsen*: Gesetzesvorbehalt, Schulverhältnis, Recht auf Bildung, VerwArch. 1976, 93; Monika *Franke*: Grundrechte des Schülers und Schulverhältnis, Neuwied 1974; Frank *Hennecke*: Staat und Unterricht. Die Festlegung didaktischer Inhalte durch den Staat im öffentlichen Schulwesen, Berlin 1972, S. 132 ff.; Bernd *Löhning*: Der Vorbehalt des Gesetzes im Schulverhältnis, Berlin 1974; *Püttner*: Schulrecht, S. 790 ff. Rn. 285–296, 305–307; Thilo *Ramm*: Jugendrecht, München 1990, S. 446 ff. – Speziell zum besonderen Gewaltverhältnis: Albert *Bleckmann*: Staatsrecht II – Die Grundrechte. 4. Aufl., Köln 1997, S. 439 ff.; Norbert *Klein*: Grundrechte und Wesensgehaltsgarantie im besonderen Gewaltverhältnis, DVBl. 1987, 1102; Wolfgang *Loschelder*: Vom besonderen Gewaltverhältnis zur öffentlich-rechtlichen Sonderbindung, Köln 1982; ders.: Grundrechte im Sonderstatus, HdbStR V, S. 805 ff.; Ernst-Wilhelm *Luthe*: Das besondere Gewaltverhältnis – Selbstregulationsmodell des öffentlichen Rechts, Frankfurt am Main 1989; *Maurer*: Verwaltungsrecht, S. 115 ff., 169 ff.; Jürgen *Staupe*: Parlamentsvorbehalt und Delegationsbefugnis. Zur »Wesentlichkeitstheorie« und zur Reichweite legislativer Regelungskompetenz, insbesondere im Schulrecht, Berlin 1986, S. 72 ff.; Klaus *Stern*: Das Staatsrecht der Bundesrepublik Deutschland. Bd. III/1, München 1988, S. 1376 ff.

Diese Lehre vom besonderen Gewaltverhältnis ist mit dem Rechtsstaats- und dem Demokratieprinzip des Grundgesetzes nicht vereinbar[3]. Das Bundesverfassungsgericht hat 1972 in seinem Strafvollzugsbeschluß[4] klargestellt, daß die Einschränkung von Grundrechten stets nur in den verfassungsrechtlich vorgesehenen Formen durch Gesetz oder aufgrund eines Gesetzes zulässig ist; es hat diesen Grundsatz in mehreren Entscheidungen auf das Schulverhältnis übertragen[5]. Auch für das Schulverhältnis gilt somit der *Vorbehalt des Gesetzes*. Maßnahmen der Schule und der Schulbehörden ergehen nicht in einem gesetzesfreien Raum. Sie bedürfen, soweit sie die Rechts- und Freiheitssphäre der Schüler und Eltern wesentlich berühren, der gesetzlichen Legitimation. *Das Schulverhältnis ist* daher *ein* gesetzlich geordnetes *öffentlichrechtliches Rechtsverhältnis*. Das heißt nicht, daß das Gesetz dieses Rechtsverhältnis in allen Einzelheiten normieren muß. Das Parlament kann und soll nicht sämtliche Details festlegen. Im Gegenteil, die Schule verträgt eine gesetzliche Regelung nur in den Grundzügen. Die Ausgestaltung der Einzelheiten des Schulverhältnisses – durch Rechtsverordnungen und Verwaltungsvorschriften wie auch durch selbstgesetzte Regeln der schulischen Organe – gehört zu den Aufgaben der Schulverwaltung und der Schule. (Ausführlich zum Vorbehalt des Gesetzes TZ 15.3.)

24.112 Eingriffe in Grundrechte des Schülers bedürfen auch dann einer gesetzlichen Grundlage, wenn er *das Schulverhältnis nach Erfüllung der Schulpflicht freiwillig fortsetzt* oder neu begründet. Von echter Freiwilligkeit kann bei der Entscheidung, Schulen über die Schulpflicht hinaus zu besuchen, nicht gesprochen werden, hängt doch der Zugang zu den Hochschulen und zu den Berufen vom erfolgreichen Abschluß weiterführender Schulen ab. Im übrigen steht der freiheitssichernde Grundsatz des Vorbehalts des Gesetzes ohnehin nicht zur Disposition des Schülers und seiner Eltern, da er nicht allein dem Schutz des einzelnen, sondern auch dem öffentlichen Interesse dient[6].

---

3 Demgegenüber kann nach Auffassung einiger Autoren – so etwa *Stern* (Anm. 2), S. 1379 ff. m. w. N. – auf die Rechtsfigur des besonderen Gewaltverhältnisses nicht verzichtet werden. Es handele sich dabei um spezifische Beziehungen, die eine gewisse Eigengesetzlichkeit aufwiesen und wegen dieser Eigengesetzlichkeit besonderer Regelungen bedürften. Doch müssen auch diese Regelungen den rechtstaatlichen Anforderungen entsprechen, insbesondere durch Gesetz oder aufgrund eines Gesetzes ergehen und mit den Grundrechten im Einklang stehen. Schon zur Vermeidung von Mißverständnissen empfiehlt es sich daher, auf den Begriff des besonderen Gewaltverhältnisses zu verzichten. So zutreffend *Maurer*, Verwaltungsrecht, S. 172, der auch den Versuch, den Begriff durch eine neue Terminologie (»verwaltungsrechtliche Sonderverhältnisse«, »Sonderstatusverhältnisse« u. a.) zu ersetzen, für verfehlt erachtet, weil dies die Gefahr in sich berge, daß doch wieder traditionelle Vorstellungen des besonderen Gewaltverhältnisses Eingang fänden.
4 BVerfGE 33, 1 (9 ff.); s. auch BVerfGE 40, 237 (253 f.).
5 BVerfGE 41, 251 (259 f.); 45, 400 (417 f.); 47, 46 (78 f.); 58, 257 (268).
6 Das öffentliche Interesse liegt in der Bedeutung der Schulbildung für das gesamte Gemeinwesen und seine Bürger (vgl. BVerfGE 41, 251 [259 f.]).

24.12 Inhalt des Schulverhältnisses

Die beiderseitigen Rechte und Pflichten im Schulverhältnis ergeben sich aus den Schulgesetzen und den sie ergänzenden Rechtsvorschriften.

24.121 Aufgabe und Pflicht der Schule ist es, durch Unterricht und Erziehung dazu beizutragen, daß der Schüler seine geistigen, seelischen und körperlichen Anlagen entfaltet (TZ 24.21). Allerdings hat die Schule kein Erziehungs-, nicht einmal ein Unterrichtsmonopol. Auf dem Gebiet der *Erziehung* nimmt sie zwar einen eigenständigen Auftrag wahr; hierbei ist sie aber im Unterschied zu den Eltern, die für den »Gesamtplan« der Erziehung verantwortlich sind, auf den schulischen Bereich beschränkt (TZ 24.32). Demgegenüber kommt der Schule als Stätte des *Unterrichts* eine Vorrangstellung gegenüber allen anderen Einrichtungen zu. Große Bedeutung gewinnt die Schule im Rahmen ihrer unterrichtenden Tätigkeit dadurch, daß sie Berechtigungen (z. B. Versetzungen, Abschlüsse) zuerkennt, die die Rechtsstellung und die Lebenschancen des Schülers wesentlich beeinflussen (vgl. TZ 4.21, ferner das 26. und 27. Kapitel). Um ihre Erziehungs- und Unterrichtsfunktion wirksam ausüben zu können, muß die Schule Maßnahmen zur Aufrechterhaltung der Ordnung sowie zur Förderung und zum Schutz der Schüler treffen.

24.122 Die Pflichten der Schule dienen der Aufgabe, das Recht des Schülers auf Persönlichkeitsentfaltung zu verwirklichen. Die *Pflichten der Gegenseite* bestehen vor allem in Verhaltenspflichten. Die Schule kann von den Schülern *aktive Mitarbeit und Disziplin*, von den Eltern Unterstützung ihrer Arbeit verlangen (TZ 29.11). Dazu gehört auch die Duldung rechtmäßiger Erziehungs- und Ordnungsmaßnahmen (30. Kapitel). Im Rahmen der Schulverfassung stehen den Schülern und Eltern Vertretungs- und Beteiligungsrechte zu (vgl. das 8. Kapitel).

24.13 Schranken des Schulverhältnisses

Die öffentliche Schule ist eine mächtige, von Schülern und Eltern oft als erdrückend empfundene Institution. Daher sind die der Schule vom Recht gesetzten Schranken von besonderer Bedeutung.

24.131 Die grundrechtlich geschützten *Freiheiten des Schülers* dürfen von der Schule nur nach Maßgabe des Gesetzes begrenzt werden. Stets ist das rechtsstaatliche *Übermaßverbot* zu beachten. Das heißt, daß die Schule bei Eingriffen in die Grundrechtssphäre des Schülers unter mehreren möglichen Maßnahmen nur diejenige treffen darf, die geeignet ist, das angestrebte Ziel zu erreichen (*Geeignetheit*), die den Schüler möglichst wenig belastet (*Erforderlichkeit*) und bei der die Vorteile insgesamt die Nachteile überwiegen (*Verhältnismäßigkeit*)[7]. Das Übermaßverbot gilt vor allem für Ordnungsmaßnahmen sowie für solche schulischen *Entscheidungen, durch die der künftige Be-*

---

[7] Grundlegend zum Übermaßverbot: Peter *Lerche*: Übermaß und Verfassungsrecht, Köln 1961.

rufs- und Lebensweg des Schülers bestimmt wird (wie z. B. bei Versetzung, Prüfung, leistungsbedingtem Ausschluß aus der Schule).

24.132 Grenzen werden der Schule durch das *Elternrecht* gezogen. Sie muß die Verantwortung der Eltern für den Gesamtplan der Erziehung ihres Kindes achten (dazu TZ 24.3).

24.133 Nur was dem Unterricht und der Erziehung, der Ordnung in der Schule und der Fürsorge für die Schüler dient, was also vom *Bildungs- und Erziehungsauftrag der Schule* umfaßt ist, kann im Schulverhältnis den Schülern und Eltern zur Pflicht gemacht werden. Wenn es sich um Maßnahmen handelt, die nicht durch diesen Auftrag gedeckt sind, ist die Schule auf freiwillige Mitwirkung angewiesen.

24.134 Die Zuständigkeit der Schule ist *räumlich und zeitlich beschränkt*. Grundsätzlich ist die Schule nur auf dem *Schulgelände* – sowie auf den vorübergehend benutzten Grundstücken (z. B. Sportplatz, gemietete Räume) – und während der *Unterrichts- und Betreuungszeit* verantwortlich. Doch kann sie auch auf das außerschulische Leben des Schülers einwirken, insbesondere dadurch, daß sie ihm *Hausaufgaben* stellt (vgl. TZ 28.16). Überdies ist der *Schulweg* dem schulischen Bereich zugeordnet; die Schülerunfallversicherung trägt dem Rechnung, indem sie Unfälle auf dem Schulweg als Schulunfälle wertet (vgl. TZ 33.21).

24.14 Das Schulverhältnis in Heimen und Privatschulen

24.141 Schicken die Eltern ihr Kind in eine offene Schule, üben sie außerhalb der Schule ihr elterliches Erziehungsrecht uneingeschränkt aus. Anders ist es, wenn sie das Kind in einem *Schülerheim* oder einer *Heimschule* untergebracht und damit die Ausübung eines Teils ihrer Erziehungsrechte und -pflichten dem Heim übertragen haben. Insoweit tritt das Heim weitgehend an die Stelle der Eltern. Die *Heimerziehung* geht über die Schulerziehung hinaus, weil sie auch das außerschulische Alltagsleben bestimmt, das der Schule verschlossen bleibt. Handelt es sich um eine Heimschule, bei der Schule und Heim organisch verbunden sind (TZ 5.32), erweitert sich das Schulverhältnis um das Heimerziehungsverhältnis; die Heimschule verfügt ihren Schülern gegenüber über stärkere Rechte als die offene Schule, deren Schüler nach Beendigung des Unterrichts in das Elternhaus zurückkehren. Das gilt erst recht für ein *Erziehungsheim*, in das der junge Mensch aufgrund einer Entscheidung des Familiengerichts eingewiesen ist (§ 34 SGB VIII, § 1631 b BGB)[8]. Andererseits darf – abgesehen von dem Fall, daß den Eltern das Sorgerecht für ihr Kind durch das Familiengericht entzogen worden ist (§ 1666 BGB) – das Heim das Elternrecht nicht beeinträchtigen. Deshalb wäre es unzulässig, wenn das Heim den schriftlichen Verkehr zwischen Eltern

---

8 Zur Rechtsstellung von Kindern und Jugendlichen im Erziehungsheim s. Reinhard *Wiesner*, in: ders./Ferdinand *Kaufmann*/Helga *Oberloskamp*/Jutta *Struck*: SGB VIII: Kinder- und Jugendhilfe. Kommentar, München 1995, § 34 Rn. 54 ff.

und Kindern beschränkte oder einer Zensur unterwürfe. Bei volljährigen Schülern in einem Schülerheim oder einer Heimschule kann von Erziehung im engeren Sinne nicht mehr die Rede sein. Doch bindet die Heimordnung auch den *volljährigen Heimbewohner*, der sie zumindest stillschweigend anerkannt hat. Verstößt der Volljährige gegen die Heimordnung, kann die Heimleitung zur Sicherung der Ordnung die erforderlichen Maßnahmen ergreifen. Die vorstehenden Überlegungen gelten sinngemäß für den Aufenthalt in *Schullandheimen* und für *mehrtägige Schulwanderungen* mit auswärtiger Übernachtung. Zur Beschränkung der Aufsichtspflicht gegenüber volljährigen Schülern vgl. TZ 21.522.

24.142 Die für das Schulverhältnis an öffentlichen Schulen geltenden Grundsätze können auf *Privatschulen* im allgemeinen nicht übertragen werden. Die Eltern schließen hier einen Schulvertrag (Beschulungsvertrag) des Privatrechts ab, der ihre und ihrer Kinder Rechtsbeziehungen zur Schule regelt. Die wechselseitigen Rechte und Pflichten im einzelnen ergeben sich üblicherweise aus der Schulordnung des Schulträgers, die Bestandteil des Schulvertrags ist (dazu TZ 13.332).
Für die rechtliche Beurteilung der Unterrichts- und Erziehungstätigkeit der *anerkannten Ersatzschulen* reichen der Schulvertrag und die Vorschriften des Privatrechts aber nicht aus. Diese Schulen treffen, soweit sie Berechtigungen vermitteln oder vorenthalten (z. B. durch Entscheidungen über Versetzung oder Nichtversetzung, Bestehen oder Nichtbestehen von Prüfungen), hoheitliche Maßnahmen, die als Verwaltungsakte anzusehen sind (vgl. TZ 13.55 und 34.432). Insoweit gelten die gleichen Grundsätze wie für das Schulverhältnis an öffentlichen Schulen (dazu insbesondere das 26. und 27. Kapitel).

24.2 Der Schüler als Träger von Grundrechten[9]

24.21 Allgemeines

Aus dem Schulverhältnis als einem Rechtsverhältnis ergibt sich, daß der Schüler nicht Objekt der Schule ist. »Die Schule ist um des Schülers willen da«[10]. Mag der Schüler noch so unreif, unfähig, uneinsichtig oder eigenwillig sein: er ist in seiner Menschenwürde (Art. 1 Abs. 1 GG) und als Träger von Grundrechten zu respektieren.
Zur Bedeutung der Grundrechte für das Schulverhältnis und für die Gestaltung des Schulwesens wird zunächst auf die Ausführungen in TZ 2.224 ver-

---

9 *Oppermann*: Gutachten, C 81 ff.; Wolfgang *Perschel*: Die Meinungsfreiheit des Schülers, Berlin 1962; Bodo *Pieroth*: Erziehungsauftrag und Erziehungsmaßstab der Schule im freiheitlichen Verfassungsstaat, DVBl. 1994, 949 (957 ff.); *ders.*/Ulrich *Schürmann*: Rechte und Pflichten des Schülers, VR 1981, 373 (376 ff.); *Püttner*: Schulrecht, S. 796 ff. Rn. 308–314; Ekkehart *Stein*: Das Recht des Kindes auf Selbstentfaltung in der Schule, Neuwied 1967. Vgl. auch den Beschluß der KMK vom 25. 5. 1973 »Zur Stellung des Schülers in der Schule« (KMK-BeschlS. Nr. 824).
10 *Hennecke* (Anm. 2), S. 125.

wiesen[11]. Von besonderem Gewicht ist das Recht des Schülers auf freie Entfaltung seiner Persönlichkeit (Art. 2 Abs. 1 GG)[12]. Der Schule ist es mit Rücksicht darauf verwehrt, den jungen Menschen nach wie auch immer gearteten Doktrinen auszurichten, ihn für »reine Lehren«, gleich welcher Ausrichtung, zu vereinnahmen[13].

Allerdings kann der Schüler seine Entfaltungsfreiheit nicht in Form eines ungebrochenen, rücksichtslosen Individualismus auf Kosten anderer, sondern nur gemeinsam mit Mitschülern und Lehrern verwirklichen. Insoweit ist das Grundrecht durch die Rechte anderer eingeschränkt (Art. 2 Abs. 1 GG). Der Schüler muß deshalb die für einen geordneten Ablauf des Schulbetriebs unvermeidlichen Spielregeln beachten[14], zumal seine Freiheit ohnehin durch die verfassungsmäßige Ordnung im Sinne des Art. 2 Abs. 1 GG begrenzt ist. Diese umfaßt alle formell und materiell verfassungsgemäßen Rechtsnormen[15]. Dazu gehören z. B. die gesetzlichen Vorschriften über den Bildungsauftrag der Schule und die Schulpflicht, aber auch die als Rechtsverordnungen erlassenen Bestimmungen, die das Verhalten der Schüler in der Schule regeln[16] (dazu vor allem das 29. Kapitel).

24.22 Minderjährige und volljährige Schüler

24.221 Die Grundrechte stehen auch dem minderjährigen Schüler zu. Zu ihrer Ausübung bedarf er keiner »Grundrechtsmündigkeit«. Dem Wortlaut der grundrechtlichen Bestimmungen läßt sich eine solche Kategorie nicht entnehmen[17]. Daher kann der Schüler die Grundrechte selbst geltend machen, sich

---

11 Dort auch zur Frage, ob sich aus den Grundrechten ein »Recht auf Bildung« ableiten läßt, und zur Bedeutung des Art. 12 Abs. 1 GG (Recht auf freie Wahl der Ausbildungsstätte) für das Schulverhältnis.
12 Dazu Hans Joachim *Faller*: Bestand und Bedeutung der Grundrechte im Bildungsbereich in der Bundesrepublik Deutschland, EuGRZ 1981, 611 (611 f.); Frank-Rüdiger *Jach*: Schulvielfalt als Verfassungsgebot, Berlin 1991, S. 59 ff.; *Oppermann*: Gutachten, C 82 ff.; *Stein* (Anm. 9), S. 37 ff.
13 Zur ideologischen Okkupation des Bildungswesens durch Staat und Staatspartei im Nationalsozialismus: Thilo *Ramm* (Anm. 2), S. 78 ff., in der SBZ/DDR: Oskar *Anweiler*/Hans-Jürgen *Fuchs*/Martina *Dorner*/Eberhard *Petermann*: Bildungspolitik in Deutschland 1945–1990, Bonn 1992, S. 378 ff.; Andreas *Fischer*: Das Bildungssystem der DDR. Entwicklung, Umbruch und Neugestaltung seit 1989, Darmstadt 1992, S. 6 ff.; Gert *Geißler*/Ulrich *Wiegmann*: Pädagogik und Herrschaft in der DDR. Die parteilichen, geheimdienstlichen und vormilitärischen Erziehungsverhältnisse, Frankfurt am Main 1996; *Ministerium für Bildung, Jugend und Sport des Landes Brandenburg* (Hrsg.): Geschichte, Struktur und Funktionsweise der DDR-Volksbildung. 3 Bde., Berlin 1996.
14 *Niehues*: Schul- und Prüfungsrecht, S. 154 ff. Rn. 219 ff.
15 BVerfGE 6, 32 (37 f.); seither st. Rspr.
16 Insoweit sind auch die »Rechte anderer« bereits in der verfassungsmäßigen Ordnung enthalten, vgl. *Jarras/Pieroth*: Grundgesetz. Kommentar, Art. 2 Rn. 15.
17 Die Frage, ob es eine spezifische Grundrechtsmündigkeit gibt, wird heute überwiegend verneint. Dazu Ursula *Fehnemann*: Die Innehabung und Wahrnehmung von Grundrechten im Kindesalter, Berlin 1983, S. 14 ff.; Karl-Heinz *Hohm*: Grundrechtsträgerschaft und »Grundrechtsmündigkeit« Minderjähriger am Beispiel öffentlicher Heimerziehung, NJW 1986, 3107; Fritz *Ossenbühl*: Das elterliche Erziehungsrecht im Sinne des Grundgesetzes, Berlin 1981, S. 54; Bodo *Pieroth*/Bernhard *Schlink*: Grundrechte. Staatsrecht II. 14. Aufl.,

beispielsweise gegenüber dem Lehrer auf seine Meinungsfreiheit berufen. Diese Befugnis wird aber mit Rücksicht auf den Schutz Minderjähriger durch gesetzliche Regelungen, insbesondere durch die Verwaltungverfahrensgesetze der Länder, begrenzt. Im Verwaltungsverfahren ist gemäß der gleichlautenden Vorschrift des § 12 Abs. 1 Nr. 1 VwVfG[18], die auch für die Verwaltungstätigkeit der Schulen gilt, im allgemeinen nur handlungsfähig, wer nach bürgerlichem Recht geschäftsfähig, wer also volljährig ist (§§ 2, 106 BGB)[19]. Ein minderjähriger Schüler kann daher gegenüber der Schule grundsätzlich keine rechtswirksamen Handlungen vornehmen[20]. Ein Verwaltungsakt der Schule (z. B. die Entscheidung über eine Nichtversetzung oder über das Nichtbestehen einer Prüfung) ist deshalb nicht ihm, sondern seinen Eltern als gesetzlichen Vertretern (§ 1629 BGB) bekanntzugeben; nicht er, sondern nur die Eltern vermögen hiergegen einen Rechtsbehelf einzulegen[21]. Auch der Antrag auf Erlaß eines Verwaltungsakts (z. B. auf Befreiung des Schülers vom Unterricht) ist von den Eltern zu stellen[22]. Im übrigen ist aber auch ein minderjähriger Schüler, sofern er das 7. Lebensjahr vollendet hat, unter bestimmten Voraussetzungen befugt, im Verwaltungsverfahren gegenüber der Schule selbständig zu handeln, und zwar dann, wenn er für die Sache, um die es geht, durch Vorschriften des öffentlichen Rechts als handlungsfähig anerkannt ist (§ 12 Abs. 1 Nr. 2 VwVfG)[23]. Hier ist vor allem auf § 5 RKEG hinzuweisen. Danach ist ein Schüler vom 14. Lebensjahr an berechtigt, allein über die Teilnahme am Religionsunterricht zu entscheiden (dazu TZ 28.151). Dar-

---

Heidelberg 1998, S. 32 ff. Rn. 123 ff.; Gerhard *Robbers*: Partielle Handlungsfähigkeit Minderjähriger im öffentlichen Recht, DVBl. 1987, 708 (713 ff.); Monika *Roell*: Die Geltung der Grundrechte für Minderjährige, Berlin 1984, S. 32 ff.; Carl Hermann *Ule*/Hans-Werner *Laubinger*: Verwaltungsverfahrensrecht. 4. Aufl., Köln 1995, S. 183 f. S. auch Uwe *Diederichsen*, in: Otto Palandt: Bürgerliches Gesetzbuch. Kommentar. 58. Aufl., München 1999, Einführung vor § 1626 Rn. 6.

18 Mit Ausnahme Schleswig-Holsteins. Dort entspricht § 77 Landesverwaltungsgesetz der Vorschrift des § 12 VwVfG des Bundes und der übrigen Länder.

19 Darüber hinaus ist ein Minderjähriger im Verwaltungsverfahren insoweit handlungsfähig, als ihm durch bürgerlich-rechtliche Vorschriften (§§ 112, 113 BGB) Handlungsfähigkeit zuerkannt ist. Eine Übersicht über die wichtigsten gesetzlich geregelten eigenen Zuständigkeiten des Minderjährigen gibt Manfred *Hinz*, in: Kurt Rebmann/Franz Jürgen Säcker (Hrsg.): Münchener Kommentar zum Bürgerlichen Gesetzbuch. Bd. 8: Familienrecht II. 3. Aufl., München 1992, § 1626 Rn. 24, 44 ff., 57 ff.; vgl. auch Roland *Proksch*: Die Rechte junger Menschen in ihren unterschiedlichen Altersstufen, RdJB 1996, 473.

20 Anders aber in schulischen Angelegenheiten einfacherer Art. Daher ist z. B. ein beschränkt geschäftsfähiger minderjähriger Schüler verfahrenshandlungsfähig, wenn gegen ihn ein zweistündiges Nachsitzen angeordnet wird; er kann in diesem Fall das Anhörungsrecht selbständig ausüben. So VGH Mannheim, DVBl. 1985, 65 (66). Zustimmend: Ferdinand O. *Kopp*: Verwaltungsverfahrensgesetz. Kommentar. 6. Aufl., München 1996, § 12 Rn. 6; Cornel-Rupert *Meyer*: Die Stellung des Minderjährigen im öffentlichen Recht, Berlin 1988, S. 147 f., und *Robbers*, DVBl. 1998, 713 ff.; ablehnend: *Ule/Laubinger* (Anm. 17), S. 183.

21 So *Robbers*, DVBl. 1987, 709, für den Fall der Anfechtung einer Prüfungsentscheidung; *Kopp* (Anm. 20), § 12 Rn. 6.

22 Zur Möglichkeit, Verfahrenshandlungen von oder gegenüber Handlungsunfähigen durch Genehmigung des gesetzlichen Vertreters zu heilen, vgl. die Lehrbücher zum Allgemeinen Verwaltungsrecht und die Kommentare zum VwVfG im Anhang 6.4, z. B. *Kopp* (Anm. 20), § 12 Rn. 12 f.

23 Vgl. dazu OVG Bremen, NJW 1998, 3583.

über hinaus ist den schulrechtlichen Vorschriften zu entnehmen, ob und in welchem Umfang minderjährige Schüler handlungsfähig sind[24]. Die Befugnis des minderjährigen Schülers, seine Grundrechte im Schulverhältnis auszuüben, ist im übrigen nicht nur durch § 12 Abs. 1 Nr. 1 VwVfG begrenzt. Sie wird auch durch das Erziehungsrecht der Eltern verdrängt[25].
Soweit sich aber aus der Vorschrift des § 12 Abs. 1 VwVfG oder aus Erziehungsmaßnahmen der Eltern nichts Gegenteiliges ergibt, kann der Schüler seine Rechte nach eigenem Willen und eigener Vorstellung geltend machen. In der schulischen Alltagswirklichkeit, fern des unmittelbaren Einflusses des Elternhauses, ist er bei der Ausübung von Grundrechten ohnehin zumeist auf sich selbst gestellt.

Darüber hinaus ist zu beachten, daß die *Grundrechte des minderjährigen Schülers und das Elternrecht* nicht gegeneinander wirken, sondern sich grundsätzlich als gebündelte Rechte in gleicher Weise gegen staatliche Eingriffe richten[26]. Insoweit stimmen auch die individuellen Befugnisse, die sich aus den beiden Grundrechtspositionen ergeben, überein[27]. Die Schule hat dieser Kongruenz Rechnung zu tragen. Sie darf Kindesgrundrechte nicht gegen Elternrechte ausspielen, sich nicht zum Vormund des Schülers gegen seine Eltern aufschwingen[28]. Daran vermag auch der richtige und wichtige Gesichtspunkt nichts zu ändern, daß die Eltern im Interesse des Kindeswohls die wachsende Reife und Einsichtsfähigkeit des Minderjährigen berücksichtigen, ihn in seiner Selbstentfaltung fördern müssen (§ 1626 Abs. 2 BGB). *Wie* sie das tun, bleibt grundsätzlich ihnen überlassen. Es ist nicht Sache der Schule, in diesen familieninternen Erziehungsprozeß zu intervenieren (s. aber TZ 31.332/3). Zum Verhältnis von Elternrecht und staatlicher Schulhoheit s. TZ 24.3.

24.222 Bei den *volljährigen Schülern* entfallen die Einschränkungen der Grundrechtsausübung, denen der Minderjährige unterliegt. Der Schüler tritt der Schule eigenverantwortlich gegenüber und nimmt seine Rechte selbst wahr. Die gegenseitigen Rechte und Pflichten der Schule und des Schülers im Schulverhältnis werden durch den Eintritt der Volljährigkeit an sich nicht berührt, können jedoch Modifikationen erfahren (z. B. vermindert sich die Aufsichtspflicht der Schule, s. TZ 21.522). Vgl. auch die Hinweise auf die besondere Situation des volljährigen Schülers in den folgenden Kapiteln.

---

24 Hier ist etwa hinzuweisen auf die Mitwirkung minderjähriger Schülervertreter an Beschlüssen schulischer Gremien oder auf die den Schülern in einigen Ländern eingeräumte Befugnis, ihre Rechte auf Auskunft und Akteneinsicht nach den datenschutzrechtlichen Bestimmungen bereits mit Vollendung des 14. Lj. selbständig geltend zu machen (z. B. § 5a Abs. 4 bln SchulG, § 40 Abs. 6 Satz 2 SchulG M-V).
25 Zu dem bei Erziehungsversagen der Eltern wahrzunehmenden staatlichen Wächteramt s. TZ 24.31.
26 *Niehues*: Schul- und Prüfungsrecht, S. 17 Rn. 28.
27 Wegen der Gleichgerichtetheit von Kindesgrundrechten und Elternrechten kann hinsichtlich der auf Grundrechte gestützten einzelnen Befugnisse des minderjährigen Schülers gegenüber der Schule auf die Ausführungen zum Elternrecht (TZ 24.32–24.35) verwiesen werden.
28 Dazu vor allem *Ossenbühl* (Anm. 17), S. 53 ff.

Mit dem Eintritt der Volljährigkeit *erlöschen die Vertretungsrechte der Eltern*[29]. Aber es erlischt deshalb nicht ihr Interesse an der schulischen Situation ihres nunmehr volljährigen Kindes, zumal – von seltenen Ausnahmefällen abgesehen – die Unterhaltspflicht fortbesteht: Nach §§ 1601, 1610 Abs. 2 BGB tragen die Eltern auch weiterhin die Kosten der Schulerziehung und der Berufsausbildung. Der volljährige Schüler entscheidet zwar selbst über seinen weiteren Werdegang; er meldet sich in der Schule selbst an und ab, entschuldigt sich selbst für Versäumnisse, stellt selbst die erforderlichen Anträge (z. B. auf Beurlaubung), er ist auch Adressat der Schulzeugnisse und sonstiger Mitteilungen (z. B. über die vorzeitige Entlassung aus der Schule). Im Hinblick auf seine regelmäßig *fortdauernde Bindung an das Elternhaus* kann die Schule jedoch davon ausgehen, daß er die Eltern über die ihn betreffenden schulischen Vorgänge laufend informiert; bis zur ausdrücklichen Erklärung des Gegenteils kann sie sein Einverständnis unterstellen, daß zumindest ihre wichtigeren Mitteilungen auch den Eltern zugehen sollen und daß sie diesen auf ihr Verlangen Auskünfte erteilen darf. Zu den Folgen der Volljährigkeit für die Elternvertretung vgl. TZ 8.216.

24.3 Elternrecht und staatliche Schulhoheit

24.31 Inhalt und Schranken des Elternrechts[30]

Nach Art. 6 Abs. 2 GG sind »Pflege und Erziehung der Kinder das natürliche Recht der Eltern und die zuvörderst ihnen obliegende Pflicht. Über ihre Be-

---

29 Ursula *Fehnemann*: Elternrecht und elterliche Rechte nach Volljährigkeit des Kindes?, ZblJugR 1980, 605; vgl. auch OVG Münster, NJW 1996, 1769.
30 Ernst-Wolfgang *Böckenförde*: Elternrecht – Recht des Kindes – Recht des Staates, in: Joseph Krautscheidt/Heiner Marré (Hrsg.): Essener Gespräche zum Thema Staat und Kirche. Bd. 14, Münster 1980, S. 54; Lutz *Dietze*: Elternrecht macht Schule. 2. Aufl., Düsseldorf 1987; Hans-Uwe *Erichsen*: Elternrecht – Kindeswohl – Staatsgewalt, Berlin 1985; Ursula *Fehnemann*: Zur näheren Bestimmung des grundgesetzlichen Elternrechts, DÖV 1982, 353; Matthias *Herdegen*: Die Aufnahme besonderer Rechte des Kindes in die Verfassung, FamRZ 1993, 374 (375 ff.); Frank-Rüdiger *Jach*: Elternrecht, staatlicher Schulerziehungsauftrag und Entfaltungsfreiheit des Kindes, KritJ 1984, 35; Bernd *Jeand'Heur*: Verfassungsrechtliche Schutzgebote zum Wohl des Kindes und staatliche Interventionspflichten aus der Garantienorm des Art. 6 Absatz 2 GG, Berlin 1993; Matthias *Jestaedt*: Das elterliche Erziehungsrecht im Hinblick auf Religion, in: Joseph Listl/Dietrich Pirson (Hrsg.): Handbuch des Staatskirchenrechts der Bundesrepublik Deutschland. Bd. 2. 2. Aufl., Berlin 1995, S. 371; Jürgen *Kohl*: Schule und Eltern in der Rechtsprechung des Bundesverfassungsgerichts, in: Wolfgang Zeidler/Theodor Maunz/Gerd Roellecke (Hrsg.): Festschrift Hans Joachim Faller, München 1984, S. 201; Olaf *Miehe*: Erziehung unter dem Grundgesetz, in: Reinhard Mußgnug (Hrsg.): Rechtsentwicklung unter dem Bonner Grundgesetz, Heidelberg 1990, S. 249; *Ossenbühl* (Anm. 17); Bodo *Pieroth*: Erziehungsauftrag und Erziehungsmaßstab der Schule im freiheitlichen Verfassungsstaat, DVBl. 1994, 949 (955 ff.); Erwin *Stein*: Die rechtsphilosophischen und positiv-rechtlichen Grundlagen des Elternrechts, in: ders./Wilfried Jost/Hans Dombois: Elternrecht. Studien zu seiner rechtsphilosophischen und evangelisch-theologischen Grundlegung, Heidelberg 1958, S. 5 ff.; *Zacher*: Elternrecht, HdbStR VI, S. 265 ff.

tätigung wacht die staatliche Gemeinschaft«[31]. *Die Eltern können somit die Erziehung des Kindes nach ihren eigenen Vorstellungen, frei von staatlichen Einflüssen, gestalten.*
Eltern im Sinne des Art. 6 Abs. 2 GG sind die Eltern je für sich einschließlich der Adoptiveltern, nicht aber die Pflegeeltern. Der verfassungsrechtliche Elternbegriff schließt auch den nicht personensorgeberechtigten Elternteil ein. Auch der nichteheliche Vater ist Träger des Grundrechts aus Art. 6 Abs. 2 GG[32].
Von allen anderen Grundrechten unterscheidet sich das Elternrecht dadurch, daß es *pflichtgebunden* ist[33]. Es ist also nicht um der Selbstverwirklichung der Eltern willen, sondern *zum Wohl des Kindes* verbürgt[34].
Das Kindeswohl bildet auch die Richtschnur für die Ausübung des *staatlichen Wächteramts*[35]. Der Staat ist zwar aufgrund seines Wächteramts nicht selbst zur Erziehung berufen; die Eltern müssen es aber hinnehmen, daß er ihr erzieherisches Verhalten überwacht und daß er, soweit sie dem Erziehungsanspruch ihrer Kinder nicht gerecht werden, durch die Jugendbehörden und das Familiengericht die unzureichende elterliche Erziehung ergänzt oder ersetzt (§ 1 Abs. 3 SGB VIII, § 1666 BGB). Das Recht der elterlichen Sorge ist im einzelnen im Bürgerlichen Gesetzbuch (bes. §§ 1626 ff.) geregelt. Dazu und zum teilweise weiterreichenden schulrechtlichen Elternbegriff s. TZ 8.212.

24.32 Der Staat als Erziehungsträger

Im Schulbereich bleibt der Staat nicht auf sein Wächteramt nach Art. 6 Abs. 2 Satz 2 GG beschränkt. Hier hat er im Rahmen seiner Schulhoheit (Art. 7 Abs. 1 GG) einen *eigenständigen Erziehungsauftrag*, der – wie das Bundesverfassungsgericht hervorgehoben hat – »in seinem Bereich dem elterlichen Er-

---

31 Die Landesverfassungen enthalten ähnliche Bestimmungen, z. B. Art. 15 Abs. 3 bw Verf., Art. 126 Abs. 1 Satz 1 bay Verf., Art. 12 Abs. 3 bln Verf., Art. 27 Abs. 2 Satz 2 bbg Verf., Art. 55 Satz 1 hess Verf., Art. 8 Abs. 1 Satz 2 nrw Verf., Art. 22 Abs. 3 sächs Verf., Art. 11 Abs. 1 Satz 1 Verf. LSA, Art. 18 Abs. 1 thür Verf. – Zur Auslegung des Art. 6 Abs. 2 GG vgl. die Kommentare zum Grundgesetz (Anhang 6.3).
32 Vgl. *Jarras/Pieroth*: Grundgesetz. Kommentar, Art. 6 Rn. 31 mit Nachw. aus der Rspr.
33 BVerfGE 24, 119 (143). Zur Besonderheit dieser Pflichtbindung im Unterschied zur Sozialbindung des Eigentums (Art. 14 Abs. 2 GG) s. Hans H. *Klein*: Über Grundpflichten, Der Staat 1975, 153 (157). Zur Einführung in die Problematik der Grundpflichten s. Hasso *Hofmann*: Grundpflichten und Grundrechte, HdbStR V, S. 321 (332 ff. Rn. 17 ff.).
34 BVerfGE 59, 360 (376); 72, 122 (137). Deshalb wird das Elternrecht häufig als fiduziarisches Recht, als treuhänderische Freiheit bezeichnet, vgl. etwa *Oppermann*: Gutachten, C 100; *Ossenbühl* (Anm. 17), S. 50 ff.; dazu kritisch: *Fehnemann*, DÖV 1982, 353 (356 ff.) – Zur Bedeutung des Kindeswohls s. Michael *Coester*: Das Kindeswohl als Rechtsbegriff. Die richterliche Entscheidung über die elterliche Sorge beim Zerfall der Familiengemeinschaft, Frankfurt am Main 1983; *Jeand'Heur* (Anm. 30), S. 17 ff.
35 Dazu Albert *Bleckmann*: Staatsrecht II – Die Grundrechte. 4. Aufl., Köln 1997, S. 898; Jörn *Ipsen*: Staatsrecht II (Grundrechte), Neuwied 1997, S. 102 f. Rn. 328; Stefan *Engels*: Kinder- und Jugendschutz in der Verfassung – Verankerung, Funktion und Verhältnis zum Elternrecht, AöR 122 (1997), 212 (232 ff.); Matthias *Jestaedt*: Staatliche Rollen in der Eltern-Kind-Beziehung, DVBl. 1997, 693 (696 f.).

ziehungsrecht nicht nach-, sondern gleichgeordnet ist«[36]. Dabei sind die elterliche Verantwortung für die Entwicklung des eigenen Kindes einerseits und die Verantwortung des Staates für die Gesamtheit der ihm anvertrauten Kinder und gegenüber der staatlichen Gemeinschaft andererseits aufeinander abzustimmen[37]. Die Befugnisse des Staates reichen um so weiter, je mehr die Bildung und Erziehung der nachwachsenden Generation in der modernen demokratischen Industriegesellschaft zur Aufgabe gestellt ist, wo es also um die staatsbürgerliche Erziehung und die Vorbereitung auf das Berufsleben geht. Die Reichweite des staatlichen Erziehungsauftrags ist dagegen um so begrenzter, je mehr die »Richtung«, die das einzelne Kind in seiner Entwicklung nehmen soll, zur Entscheidung steht.

Zum staatlichen, der elterlichen Bestimmung grundsätzlich entzogenen Verantwortungsbereich gehören die Organisation des Schulwesens nach Schularten und Schulstufen, die Festlegung der Unterrichtsinhalte und -methoden sowie die Ausgestaltung des Berechtigungswesen[38]. Die Eltern haben also grundsätzlich keinen Anspruch darauf, daß die Schule eine bestimmte innere oder äußere Gestalt aufweist; sie können insbesondere nicht verlangen, daß der Staat

---

36 BVerfGE 34, 165 (183) (hess Förderstufe). Das Verhältnis von Elternrecht und schulischem Erziehungsrecht war vor allem in den 70er und 80er Jahren und ist noch heute eines der meistbehandelten Themen der schulrechtlichen Rechtsprechung und Literatur. Nachfolgend kann nur eine Auswahl der wichtigsten Nachweise wiedergegeben werden: Aus der *Rechtsprechung* (neben der eingangs zitierten Entscheidung) BVerfGE 45, 400 (hess Oberstufenreform I); 47, 46 (Sexualerziehung); 52, 223 (Schulgebet); 53, 185 (hess Oberstufenreform II); 59, 360 (Informationsanspruch der Eltern); BVerfG, NJW 1987, 180 (Einschränkung des Elternrechts durch allgemeine Schulpflicht); BVerfGE 93, 1 (Kreuz in der Schule). BayVerfGH, NVwZ 1987, 215 (kein Elternrecht auf Bestimmung von Unterrichtsinhalten). BVerwGE 57, 360 (Sexualerziehung); BVerwG, NJW 1981, 1056 (Mengenlehre); NJW 1982, 250 (verbalisierte Zeugnisse); BVerwGE 64, 308 (Pflichtfremdsprache); BVerwGE 79, 298 (Zulassung von Schulbüchern); BVerwG, NVwZ-RR 1993, 355 (Stundenplangestaltung). VGH München, NVwZ-RR 1990, 478 (Ethik- und Religionsunterricht); NVwZ-RR 1993, 355 (Klasseneinteilung). – Aus dem *Schrifttum*: Hans-Uwe *Erichsen*: Verstaatlichung der Kindeswohlentscheidung? 2. Aufl., Berlin, New York 1979; Hans-Ulrich *Evers*: Die Befugnis des Staates zur Festlegung von Erziehungszielen in der pluralistischen Gesellschaft, Berlin 1979, S. 67 ff.; Ursula *Fehnemann*: Bemerkungen zum Elternrecht in der Schule, DÖV 1978, 489; *dies.*: Die Bedeutung des grundgesetzlichen Elternrechts für die elterliche Mitwirkung in der Schule, AöR 105 (1980), 529; *Jach* (Anm. 12), S. 34 ff.; *Kohl* (Anm. 30), S. 201; *Niehues*: Schul- und Prüfungsrecht, S. 23 ff. Rn. 37 ff., S. 87 ff. Rn. 142 ff.; *Oppermann*: Gutachten, C 98 ff.; *Ossenbühl* (Anm. 17); Ingo *Richter*: Bildungsverfassungsrecht. 2. Aufl., Stuttgart 1977, S. 44 ff.; Hans-Walter *Schlie*: Elterliches Erziehungsrecht und staatliche Schulaufsicht im Grundgesetz. Ein Beitrag zum Verhältnis elterlicher und staatlicher Verantwortung für das Kind und die Gemeinschaft, Frankfurt am Main 1986; Arnulf *Schmitt-Kammler*: Elternrecht und schulisches Erziehungsrecht nach dem Grundgesetz, Berlin 1983; Christian *Starck*: Staatliche Schulhoheit, pädagogische Freiheit und Elternrecht, DÖV 1979, 269.

37 *Fehnemann*, AöR 105 (1980), 563.

38 BVerfGE 34, 165 (182); 45, 400 (415); 53, 185 (196); 59, 360 (377).

eine an ihren Wünschen orientierte Schulart bereitstellt oder beibehält[39] (vgl. aber TZ 24.338). Ebensowenig können sie dem Staat die Einrichtung von Schulen bestimmter religiöser oder weltanschaulicher Prägung zur Pflicht machen (vgl. TZ 5.41). Andererseits muß der Staat »in der Schule die Verantwortung der Eltern für den Gesamtplan der Erziehung ihrer Kinder achten und für die Vielfalt der Anschauungen in Erziehungsfragen soweit offen sein, als es sich mit einem geordneten staatlichen Schulsystem verträgt«[40]. Die Eltern sind daher dem Staat in der Schule nicht ausgeliefert. Sie haben das Recht, den Bildungsweg (die Schullaufbahn) des Kindes zu bestimmen (TZ 24.33). Gegen schulische Maßnahmen, die mit der ihnen vorbehaltenen Erziehungsverantwortung kollidieren, können sie sich zur Wehr setzen (TZ 24.34). Ihnen steht gegenüber der Schule ein Anspruch auf Information zu (TZ 24.35).

24.33 Elternrecht als Recht auf Bestimmung des Bildungswegs des Kindes

Dem Staat ist es untersagt, die Schullaufbahn des Kindes und damit seinen späteren Lebensweg durch dirigistische Verfahren zu steuern. Er darf »nie den ganzen Werdegang des Kindes regeln wollen«. Seine Aufgabe ist es, »im Rahmen seiner finanziellen und organisatorischen Möglichkeiten ein Schulsystem bereitzustellen, das den verschiedenen Begabungsrichtungen Raum zur Entfaltung läßt, sich aber von jeder 'Bewirtschaftung des Begabungspotentials' freihält«[41]. *Es ist Sache der Eltern, den Bildungsweg des Kindes zu bestimmen*[42].

---

39 BVerfGE 45, 400 (415f.); 53, 185 (196); OVG Bremen, NVwZ 1986, 1038; OVG Koblenz, NVwZ 1986, 1036. – A. A. der HessStGH, RdJB 1982, 245, in seinem Urteil zur damaligen hessischen gymnasialen Oberstufe. Er sah in dem Elternrecht des Art. 55 Satz 1 hess Verf. ein Grundrecht, das sich im Unterschied zu Art. 6 Abs. 2 GG nicht in einem Abwehrrecht gegen staatliche Übergriffe und in einem Wahlrecht zwischen verschiedenen Schularten erschöpfe, sondern darüber hinaus einen Anspruch auf eine bestimmte inhaltliche Gestaltung der Schule im Sinne einer aus Art. 55 Satz 1 und Art. 56 Abs. 4 und 5 hess Verf. abgeleiteten »umfassenden Allgemeinbildung« einschließe. Mit einem so verstandenen Elternrecht waren nach Ansicht des HessStGH die damaligen hessischen Regelungen über das Kurssystem der gymnasialen Oberstufe nicht vereinbar. Dieses Urteil ist seinerzeit von der Literatur zu Recht durchweg äußerst kritisch aufgenommen worden. Dazu die Beiträge von Frank *Hennecke*, Hansjoachim *Hoffmann*, Berthold *Huber*, Knut *Nevermann* und Erwin *Stein* in RdJB Heft 3/1982.
40 BVerfGE 34, 165 (183); 47, 46 (75).
41 BVerfGE 34, 165 (183f.).
42 Zum Verhältnis von Schulorganisation und Elternrecht eingehend mit umfangreichen Nachweisen der Rspr. *Niehues*: Schul- und Prüfungsrecht, S. 87 ff. Rn. 142 ff. Außerdem Brun-Otto *Bryde*: Neue Entwicklungen im Schulrecht, DÖV 1982, 661 (664 ff.); Thomas *Clemens*: Grenzen staatlicher Maßnahmen im Schulbereich, NVwZ 1984, 65 (69 ff.); Lutz *Dietze*: Zur Reform der Schulstrukturen im Lichte der Rechtsprechung, NVwZ 1984, 72; Gerhard *Eiselt*: Die Begrenzung schulorganisatorischer Entscheidungen von Legislative und Exekutive durch Kindes- und Elternrechte, DÖV 1979, 845; *Fehnemann*, AöR 105 (1980), 540; Karl-Heinz *Ladeur*: Elternrecht, kulturstaatliches Vielfaltgebot und gesetzliche Regelung der Schulschließung, DÖV 1990, 945; *Ossenbühl* (Anm. 17), S. 122 ff.

24.331 Die Eltern haben die Wahl zwischen der öffentlichen Schule und der privaten (Ersatz-)Schule. Die durch Art. 7 Abs. 4 GG gewährleistete Existenz privater Schulen ermöglicht die Realisierung ihrer Wünsche, wenn sie, aus welchen Gründen auch immer, ihr Kind einer öffentlichen Schule nicht anvertrauen wollen. Vgl. im einzelnen das 12. und 13. Kapitel.

24.332 Innerhalb des öffentlichen Schulwesens können die Eltern *zwischen den verschiedenen Bildungsgängen und Schularten*[43], die der Staat im Anschluß an die für alle Kinder gemeinsame Grundschule zur Verfügung stellt, bei entsprechender Eignung des Schülers *frei wählen*[44]. Zur »positiven Auslese« (durch die Eltern) und zur »negativen Auslese« (durch die Schule) vgl. TZ 26.211.

24.333 Folgt auf die Grundschule zunächst die schulartübergreifende *Orientierungsstufe (Förderstufe)* – mit der Konsequenz, daß das Wahlrecht zwischen den verschiedenen Schularten um zwei Jahre hinausgeschoben wird –, müssen Schule und Eltern bei der Einstufung des Schülers im Kurssystem zusammenwirken. Die Schule hat die Eltern über die beabsichtigte Ein- und Umstufung rechtzeitig und ausreichend zu informieren und sich mit ihnen abzustimmen. »Sie muß dem Elternwunsch soweit wie möglich entsprechen und darf davon nur abweichen, wenn ihm mangelnde Eignung entgegensteht«[45]. Im übrigen dürfen die Eltern nicht gehindert werden, für ihr Kind anstelle der Orientierungsstufe den Bildungsgang mit den herkömmlichen Jahrgangsstufen 5 und 6 in einer öffentlichen Schule außerhalb des Gebiets des Schulträgers oder in einer privaten Ersatzschule zu wählen[46].

24.334 Das Bestimmungsrecht der Eltern wird nicht dadurch beeinträchtigt, daß der Staat die weiterführenden Schularten unter Wahrung ihrer pädagogischen Eigenständigkeit in der *kooperativen (additiven) Gesamtschule* als einziger Regelschule zusammenfaßt[47]. Hier bleibt den Erziehungsberechtigten die Wahl zwischen mehreren Alternativen in der Schullaufbahn des Kindes gesichert.

24.335 Umstritten ist bis heute, ob der Staat dem Elternrecht noch hinreichend Raum gibt, wenn er die *integrierte Gesamtschule* als Schulart mit Mo-

---

43 Zu den Begriffen Bildungsgang und Schulart s. TZ 3.14 Anm. 6.
44 Dazu Hermann *Avenarius*/Bernd *Jeand'Heur*: Elternwille und staatliches Bestimmungsrecht bei der Wahl der Schullaufbahn. Die gesetzlichen Grundlagen und Grenzen der Ausgestaltung von Aufnahme- bzw. Übergangsverfahren für den Besuch weiterführender Schulen, Berlin 1992. Zum Bestimmungsrecht der Eltern bei der sonderpädagogischen Förderung ihres Kindes Hans-Peter *Füssel*: Das Recht der Eltern auf Sonderung – das Recht der Eltern auf Integration, RdJB 1985, 187; *ders.*: Elternrecht und Sonderschule: Ein Beitrag zum Umfang des Elternrechts in der Schule für Lernbehinderte, Berlin 1987.
45 BVerfGE 34, 165 (192). S. ferner – aus landesrechtlicher Sicht, jedoch mit verallgemeinerungsfähigen Erwägungen – Ursula *Fehnemann*: Das hessische Förderstufen-Abschlußgesetz. Unter dem Aspekt der landesverfassungsrechtlichen Elternrechtsgarantie, RdJB 1985, 459.
46 BVerfGE 34, 165 (196 ff.); VGH Kassel, NVwZ-RR 1995, 33 (34).
47 HessStGH, StAnz. 1982, 2432 (2435 ff.); VGH Kassel, NVwZ 1991, 189 (192).

nopolcharakter – also nicht nur als Ergänzung des dreigliedrigen Schulsystems – vorhält[48]. Die verfassungsrechtliche Zulässigkeit der flächendeckend eingeführten integrierten Gesamtschule setzt jedenfalls voraus, daß sie ein nach den verschiedenen Begabungsrichtungen der Schüler differenziertes Unterrichtssystem aufweist, welches den Eltern die effektive Ausübung ihres Bestimmungsrechts und damit die Wahrnehmung ihrer Verantwortung für den »Gesamtplan der Erziehung ihrer Kinder« ermöglicht[49]. Mit Art. 6 Abs. 2 Satz 1 GG wäre es nicht vereinbar, daß »das Wahl- und Bestimmungsrecht der Eltern angesichts nur noch einer einzigen vorhandenen obligatorischen Schulform mit einem vom Staat einseitig festgelegten Bildungsziel obsolet wird und leerläuft«[50].

---

48 Der Gestaltungsfreiheit des Staates in der Organisation der Sekundarstufe I können schon durch landesverfassungsrechtliche Bestandsgarantien für herkömmliche Schularten Grenzen gezogen sein. So haben die Landesverfassungsgerichte Nordrhein-Westfalens und des Saarlands eine institutionelle Garantie der Hauptschule angenommen (VerfGH NRW, RdJB 1984, 245 m. Anm. von Karl-Heinz *Ladeur*, RdJB 1984, 466, und Bernhard *Losch*, RdJB 1985, 292, sowie SaarlVerfGH, RdJB 1988, S. 349 m. Anm. von Frank J. *Hennecke*). Die Entscheidung des SaarlVerfGH hatte eine Änderung der saarl Verf. zur Folge; nach Art. 27 Abs. 3 der Verf. besteht die Sekundarstufe I nunmehr aus der Erweiterten Realschule, der Gesamtschule und dem Gymnasium. S. dazu Hansgünter *Lang*: Die Entwicklung des Schulrechts im Saarland von 1985 bis 1996, RdJB 1996, 383.
49 *Böckenförde* (Anm. 30), S. 86 f.; *Fehnemann*, AöR 105 (1980), 542 m. w. N.; *Ossenbühl*, DÖV 1977, 801; *Starck*, DÖV 1979, 275; vgl. auch *Niehues*: Schul- und Prüfungsrecht, S. 92 f. Rn. 147 c.
50 BVerfGE 45, 400 (416); s. auch BVerfGE 34, 165 (187), wonach es dem Staat verwehrt ist, »die Kinder übermäßig lange in einer Schule mit undifferenziertem Unterricht festzuhalten«. – Der VGH Kassel, NVwZ 1991, 189 (190 ff.), sprach – nach dem damals geltenden hess SchVG – den Eltern das Recht auf die Wahl eines gymnasialen Bildungswegs zu, das an einem traditionellen Gymnasium oder am gymnasialen Zweig einer kooperativen Gesamtschule, nicht aber an einer integrierten Gesamtschule mit gymnasialer Oberstufe wahrgenommen werden könne. Dazu Ingo *Richter*: Stellung der Gesamtschule im Bildungswesen, NVwZ 1991, 138; Helmut *Fetzer*: Die integrierte Gesamtschule als eigenständiger Bildungsweg, PädF 1991, 228. Nach Auffassung des BVerwG, DVBl. 1995, 430 (432 f.), kann es mit Rücksicht auf die Ausstrahlungen des Art. 2 Abs. 1, Art. 6 Abs. 2 und Art. 12 Abs. 1 GG einen Unterschied machen, ob z. B. der gymnasiale Bildungsgang in einer schulartübergreifenden Orientierungsstufe oder in einem grundständigen Gymnasium verfolgt wird. Eine Identität dieser Bildungsgänge sei um so weniger anzunehmen, je deutlicher Unterschiede zutage träten, die für eine spätere berufliche Ausbildung von voraussichtlich erheblicher Bedeutung sein könnten. Hierbei spielten auch schulorganisationsrechtliche Elemente und die Zusammensetzung von Lehrerschaft und Schülerschaft eine Rolle. Schließlich komme es auch darauf an, ob und wieweit die Differenzierung in der Orientierungsstufe tatsächlich genutzt werde. Zu diesem im Zusammenhang des Schülerbeförderungsrechts ergangenen Urteil s. TZ 31.433 Anm. 96. S. auch VG Potsdam, LKV 1997, 138 (139), wonach sich das Wahlrecht der Eltern nicht allein auf den Bildungsgang, sondern darüber hinaus auch auf die Schulform (= Schulart) bezieht. Anders der HessStGH, StAnz. 1995, 3391 (3405 f.): Selbst dann, wenn in erreichbarer Nähe lediglich eine integrierte Gesamtschule zur Verfügung stünde, führte dies nicht zu einer verfassungswidrigen Beeinträchtigung des elterlichen Erziehungsrechts; Voraussetzung sei allerdings, daß die i. d. R. schulstufenbezogen festzulegenden Rahmenpläne eine Differenzierung hinsichtlich des Anspruchsniveaus der verschiedenen Bildungsgänge aufwiesen; diese Voraussetzung sei durch § 4 Abs. 2 Satz 1 HSchG gesichert, wonach die Rahmenpläne »unter Berücksichtigung des jeweiligen Bildungsgangs« zu erlassen sind. Dazu kritisch Günter *Püttner*: Weiches Recht hat Bestand. Anmerkungen

24.336 Zur Vereinbarkeit von *Schulversuchen* mit dem Elternrecht s. TZ 5.1.

24.337 Nach Art. 7 Abs. 2 GG in Verbindung mit dem Gesetz über die religiöse Kindererziehung haben die Eltern das *Recht, über die Teilnahme ihres Kindes am Religionsunterricht zu bestimmen* (TZ 28.151). Darüber hinaus können sie in jenen Ländern, in denen es noch öffentliche Bekenntnisschulen gibt, darüber entscheiden, ob sie ihr Kind einer Gemeinschafts- oder einer Bekenntnisschule zuführen oder deren Errichtung fordern wollen (vgl. TZ 5.4 und 26.223).

24.338 Die Entscheidung des Staates für ein differenziertes Schulsystem bedarf der Umsetzung durch *konkrete Organisationsmaßnahmen des Schulträgers*[51]. Die Eltern haben *Anspruch auf ein ausreichendes tatsächliches Angebot der gesetzlich vorgesehenen Regelschulen*. Angesichts sinkender Schülerzahlen – generell in den ostdeutschen Ländern, hinsichtlich einzelner Schularten, vor allem der Hauptschule, aufgrund des veränderten Elternwahlverhaltens auch in Westdeutschland – sind die Schulträger jedoch vielfach außerstande, Schulen aller vorhandenen Schularten im bisherigen wohnortnahen Umfang aufrechtzuerhalten. So müssen sie *vorhandene Schulen auflösen* oder zusammenlegen – mit nicht unerheblichen Auswirkungen auf die Länge des Schulwegs für zahlreiche Schüler[52]. Sofern der Schulträger nicht bereits durch Gesetz, beispielsweise wegen Unterschreitens der vorgeschriebenen Mindestzügigkeit, zur Schließung einer bestimmten Schule verpflichtet ist[53], hat er bei solchen Entscheidungen im Rahmen der *Schulentwicklungsplanung* das bei jeder Planung zu wahrende Abwägungsgebot zu beachten. Er muß die für und wider die Planung sprechenden öffentlichen und privaten

---

zum Urteil des Hessischen Staatsgerichtshofs vom 4. Oktober 1995 (Hess. StaatsAnz. 1995, S. 3391 ff.), RdJB 1997, 40 (43 f.). – In der Literatur wird die Verfassungsmäßigkeit der integrierten Gesamtschule verneint von *Clemens*, NVwZ 1984, 65 (69), und von *Eiselt*, DÖV 1979, 845 (850), mit dem Argument, daß diese Schulart den Eltern nicht genügend Wahlmöglichkeiten biete, ferner von *Ladeur*, DÖV 1990, 945 (949), mit dem Hinweis auf den dem Elternrecht innewohnenden Anspruch auf Erhaltung schulischer Vielfalt. Die Verfassungsmäßigkeit wird bejaht von Peter *Glotz*/Klaus *Faber*: Richtlinien und Grenzen des Grundgesetzes für das Bildungswesen, in: Ernst Benda/Werner Maihofer/Hans-Jochen Vogel (Hrsg.): Handbuch des Verfassungsrechts der Bundesrepublik Deutschland. 2. Aufl., S. 1363 (1384 ff. Rn. 24 ff.), mit der Erwägung, daß das vom BVerfG geforderte Differenzierungsgebot sich auch in dieser Schulart erfüllen lasse.

51 Wobei überall ein Zusammenwirken mit der Schulaufsicht, meist in Form eines Genehmigungsvorbehalts, vorgeschrieben ist. S. z. B. §§ 27 Abs. 3, 30 Abs. 1 Satz 1, Abs. 3 Satz 1 bw SchG; § 8 Abs. 1 und 2 nrw SchVG; § 24 Abs. 1 Satz 1, Abs. 3 sächs SchulG.
52 Zur Rechtsnatur dieser Schulorganisationsakte TZ 34.211 und 34.326. Vgl. auch Günter *Erbel*: Die Auflösung kommunaler (öffentlicher) Schulen als verwaltungs- und verfassungsrechtliches Problem, DV 1972, 173 (184 ff.).
53 Vgl. etwa § 16 a Abs. 2, Abs. 4 Satz 2 nrw SchOG (dazu OVG Münster, NVwZ 1996, 90 [91]) und § 10 Abs. 2 und 5 rp SchulG (dazu OVG Koblenz, SPE n. F. 132 Nr. 37).

Belange sorgfältig gewichten und gerecht gegeneinander abwägen[54]. Hat der Schulträger zwar die Folgen einer Planung für die Gesamtheit der Kinder, nicht aber die für jeden einzelnen Schüler auftretenden Probleme berücksichtigt, so liegt darin allein noch kein Planungsfehler. Doch können die Eltern, deren Kind aufgrund der Organisationsänderung unzumutbare Nachteile, z. B. wegen der Länge des Schulwegs, erleidet, die Aufhebung der Maßnahme, soweit sie betroffen sind, zumindest solange verlangen, bis zumutbare Verhältnisse geschaffen sind (z. B. durch Bereitstellung eines Schulbusses, Einrichtung eines Lotsendienstes u. a.). Die Organisationsmaßnahme insgesamt können sie dagegen nicht zu Fall bringen[55]. Verletzt hingegen der Schulträger das bei der Planung zu beachtende Gebot gerechter Abwägung, indem er z. B. das Interesse der Eltern an einer kontinuierlichen Erziehung ihrer Kinder gänzlich unberücksichtigt läßt, und führt dies zu einer übermäßigen und damit unzumutbaren Zurückdrängung des Elternrechts – z. B. durch erhebliche Verkehrsgefährdung von Grundschülern auf dem Weg zur neuen Schule –, so können die Erziehungsberechtigten verlangen, daß die bisherige Schulorganisation zumindest vorläufig aufrechterhalten bleibt[56].

Demgegenüber berühren innerschulische Organisationsakte, wie z. B. die Zusammenlegung von Klassen derselben Schule, die Zuweisung eines Schülers zu einer anderen Klasse derselben Jahrgangsstufe desselben Bildungsgangs oder die Gestaltung des Stundenplans, *das Elternrecht grundsätzlich nicht*[57]. Sie müssen von den Betroffenen im Interesse der Funktionsfähigkeit der Schule hingenommen werden. Beeinträchtigungen der individuellen Rechtssphäre sind allerdings bei Überschreiten der Zumutbarkeitsgrenze möglich, z. B. dann, wenn in einer übergroßen Klasse ein geordneter Unterricht nicht

---

54 BVerwG, NJW 1979, 28; BVerwG, DVBl. 1992, 1026; OVG Münster, NVwZ-RR 1996, 90 (92); OVG Münster, NVwZ 1997, 816 (dazu Thorsten *Kingreen*: Schulvielfalt, Elternwille und Bürgerwille, NVwZ 1997, 756). Aus der Literatur: Reinhart *Binder*: Die Schulschließung als Planungsentscheidung, Pfaffenweiler 1985, insbes. S. 83 ff.; *Bryde*, DÖV 1982, 664; Georg *Hermes*/Ralf *Leimkühler*: Schulschließung und Schulaufnahme, Jura 1996, 374 (378). *Niehues*: Schul- und Prüfungsrecht, S. 93 ff. Rn. 148. S. auch Ingo *Richter*: Gestaltungsspielräume der kommunalen Schulträger beim Schulangebot, DÖV 1992, 144, ferner Angelika *Leppin*: Schulentwicklungspläne – Rechtsnatur und Justiziabilität –, NordÖR 1999, 90. – Nach Auffassung *Ladeur*s, DÖV 1990, 951 ff., ist die Schulauflösung nicht als planerische Entscheidung anzusehen, weil die Betroffenen, um deren Belange es gehe, relativ homogene, nach allgemeinen Kriterien beschreibbare Gruppen seien und weil es sich demzufolge nicht um situativ geprägte Konfliktlagen handele. Aus dem Elternrecht folge das Gebot, ein regional und lokal gleichmäßig vielfältiges Schulangebot zu gewährleisten; dieses sei prozedural und materiell in gesetzlicher Form zu regeln. Dabei seien insbesondere die Verwendung unbestimmter Rechtsbegriffe und die Schaffung von Ermessensspielräumen aufeinander abzustimmen.
55 BVerfG, NJW 1979, 828; OVG Koblenz, SPE n. F. 132 Nr. 37; OVG Münster, NVwZ-RR 1992, 21. Vgl. auch VGH Mannheim, NVwZ-RR 1996, 89 (90), zur Verlegung einer Schule.
56 OVG Koblenz, NVwZ 1986, 1036; vgl. auch OVG Münster, NVwZ-RR 1996, 90 (92); dazu Paul *Theuersbacher*: Die Entwicklung des Schulrechts in den Jahren 1995 und 1996, NVwZ 1997, 744 (745 f.).
57 *Niehues*: Schul- und Prüfungsrecht, S. 120 Rn. 163. Beispiele: Verlegung einer Schule in ein anderes Schulgebäude (dazu OVG Bremen, SPE n. F. 132 Nr. 33, 896 Nr. 4; BVerwG, SPE n. F. 896 Nr. 5); Zusammenlegung von Klassen (dazu OVG Münster, NWVBl 1991, 86; VGH München, NVwZ 1993, 355); Stundenplangestaltung hinsichtlich des Religionsunterrichts (dazu BVerwG, NVwZ 1993, 355).

mehr gewährleistet ist[58] oder wenn der Schüler einer Grundschule durch das rüde Verhalten des Lehrers in schwerwiegender Weise gesundheitlich geschädigt wird[59].

24.34 Elternrecht als Abwehrrecht

Abwehransprüche auf der Grundlage des Elternrechts sind immer dann gegeben, wenn die Schule durch ihr Tun oder Unterlassen in die den Eltern vorbehaltene Erziehungsverantwortung eingreift.

24.341 Die Eltern brauchen eine *körperliche Züchtigung* (TZ 30.33) ihres Kindes oder eine *Freiheitsentziehung durch Arrest* (TZ 30.32) nicht zu dulden. Sie können ferner von der Schule verlangen, daß sie gegen *körperliche und seelische Mißhandlungen des Kindes durch Mitschüler* im Rahmen ihrer Aufsichtspflicht einschreitet.

24.342 Eingriffe in die durch Art. 2 Abs. 1 i. V. m. Art. 1 Abs. 1 GG und durch Art. 6 Abs. 1 GG geschützte *Privatsphäre des Schülers und des Elternhauses* sind der Schule grundsätzlich *untersagt*. Gegen eine Ausforschung der familiären Verhältnisse durch den Lehrer – möglicherweise mit dem Ziel, eine vermeintlich falsche häusliche Erziehung zu »korrigieren« – können sich die Eltern außergerichtlich und gerichtlich zur Wehr setzen. Zum *Datenschutz* das 32. Kapitel; zur Anwendung *psychodiagnostischer Verfahren* TZ 31.22.

24.343 Die Eltern haben ein *Recht darauf, daß die Schule die von ihnen getroffenen Erziehungsmaßnahmen respektiert*. Falls sie ihrem Kind die Teilnahme an freiwilligen Schulveranstaltungen (z. B. einer Theater-AG), die Betätigung als Klassensprecher, die Mitwirkung in der Redaktion der Schülerzeitung untersagen, darf sich die Schule über diese Entscheidungen, mögen sie aus ihrer Sicht dem Interesse des Schülers noch so sehr zuwiderlaufen, nicht hinwegsetzen. Entziehen sich die Eltern jedoch der Verantwortung für das Kind, beispielsweise dadurch, daß sie es völlig vernachlässigen oder gar mißhandeln, muß der Schulleiter das Jugendamt einschalten, dessen Aufgabe es ist, Minderjährige vor Gefahren für ihr Wohl zu schützen (vgl. § 1 Abs. 3 Nr. 3 SGB VIII).

24.344 Zum Elternrecht als Abwehrrecht gehört schließlich die *Befugnis der Erziehungsberechtigten*, einem Mißbrauch des staatlichen Erziehungsauftrags durch *Indoktrinationsversuche* von Lehrern *Einhalt zu gebieten*. Die Schule

---
58 *Eiselt*, DÖV 1979, 851.
59 In diesem Fall besteht ein Anspruch auf Zuweisung des Schülers in eine Parallelklasse (so OVG Münster, NVwZ-RR 1995, 666).

muß in ihrer Unterrichtsgestaltung das Toleranzgebot wahren[60]; sie muß für die Vielfalt der Anschauungen in Erziehungsfragen soweit offen sein, als es sich mit einem geordneten staatlichen Schulsystem verträgt[61]. Das gilt vor allem bei solchen Inhalten, die wegen ihrer weltanschaulich-religiösen oder ethischen Dimension zugleich das Grundrecht der Religions- und Gewissensfreiheit (Art. 4 Abs. 1 GG) berühren; sie verlangen vom Lehrer ein hohes Maß an Sensibilität und Zurückhaltung. Ein Lehrer, der das Toleranzprinzip mißachtet, verletzt deshalb die Rechte der Eltern und Schüler. Hiergegen können die Erziehungsberechtigten nötigenfalls rechtliche Schritte unternehmen[62].

24.35 Elternrecht als Informationsrecht

Die gemeinsame Erziehungsaufgabe von Elternhaus und Schule läßt sich nur in einem sinnvollen Zusammenwirken erfüllen[63]. Dazu bedarf es der gegenseitigen Verständigung. Die Schule kann die »Verantwortung der Eltern für den Gesamtplan der Erziehung« nur achten, wenn sie diesen kennt. Die Eltern wiederum müssen über die wichtigen Geschehnisse in der Schule unterrichtet sein. Nur so können sie ihr Erziehungsrecht wirksam wahrnehmen, können sie Anregungen und Kritik gegenüber der Schule vorbringen. Deshalb ist aus Art. 6 Abs. 2 Satz 1 GG das *Recht der Eltern »auf Unterrichtung über Vorgänge in der Schule abzuleiten, deren Verschweigen die Ausübung des individuellen elterlichen Erziehungsrechts beeinträchtigen könnte«*[64]. Dazu gehören Informationen über Leistung und Verhalten des Kindes sowie über inhaltliche, methodische und pädagogische Aspekte der schulischen Arbeit und

---

60 Zum Toleranzprinzip s. TZ 2.224. Vgl. auch BVerfGE 41, 29 (49); 47, 46 (77); 52, 223 (247); BVerwGE 79, 298 (300 ff.). Aus der Literatur: Michael *Bothe* und Armin *Dittmann*: Erziehungsauftrag und Erziehungsmaßstab der Schule im freiheitlichen Verfassungsstaat, VVDStRL 54 (1995), S. 7 (29 f.) bzw. S. 47 (59); Gerhard *Eiselt*: Zur Sicherung des Rechts auf eine ideologisch tolerante Schule, DÖV 1978, 866; Peter M. *Huber*: Erziehungsauftrag und Erziehungsmaßstab der Schule im freiheitlichen Verfassungsstaat, BayVBl. 1994, 545 (553); *Kohl* (Anm. 30), S. 210 f.; *Oppermann*: Gutachten, C. 92 ff. (»Grundrecht auf eine ideologisch tolerante Schule«); *ders.*: Schule und berufliche Ausbildung, HdbStR VI, S. 329 ff. (365 Rn. 86); Ulrich K. *Preuß*: Lehrplan und Toleranzgebot, RdJB 1976, 267, mit der Entgegnung von *Oppermann*: Grundrecht auf eine tolerante Schule, RdJB 1976, 44, und der Replik von *Preuß*: Zum Grundrecht auf eine tolerante Schule, RdJB 1977, 114; *Pieroth*, DVBl. 1994, 960 f.; Günter *Püttner*: Toleranz und Lehrpläne für Schulen, DÖV 1974, 656.
61 BVerfGE 34, 165 (183); 47, 46 (75).
62 *Niehues*: Schul- und Prüfungsrecht, S. 210 f. Rn. 321; vgl. auch TZ 34.325.
63 BVerfGE 34, 165 (183). Ingo *Richter*: Eignungsbegutachtung von Schülern, NVwZ 1990, 35, spricht von einem »freundlichen Miteinander« von Elternhaus und Schule.
64 BVerfGE 59, 360 (381), unter Verweis auf *Fehnemann*, AöR 105 (1980), 543. Vgl. auch *Niehues*: Schul- und Prüfungsrecht, S. 97 Rn. 150; *Ossenbühl* (Anm. 17), S. 150 ff. – Die gemeinsame Erziehungsaufgabe von Elternhaus und Schule und die Pflicht zur wechselseitigen Information sind zumeist einfachgesetzlich geregelt, z. B. §§ 55 f. bw SchG, Art. 74 ff. BayEUG, §§ 39 ff. bln SchulVerfG, § 72 HSchG, § 30 Abs. 2 a SchulG LSA, § 31 ThürSchulG.

über die äußere Organisation[65]. Die Eltern müssen vor allem dann unterrichtet werden, wenn sensible weltanschaulich-religiöse oder ethische Bereiche berührt sind. Hier erstarkt der Anspruch auf Information zum Recht auf Anhörung und Mitsprache[66]. Das gilt beispielsweise für das Gebiet der Sexualerziehung (TZ 28.143). Zu den sonstigen Gegenständen, auf die sich das Informationsrecht der Eltern erstreckt, vgl. TZ 26.214 (Wahl der Schulart, Einsicht in Schulgutachten), TZ 26.323, 26.335, 26.346 (Leistungsbewertungen), TZ 26.368 (Einsicht in Prüfungsakten), TZ 28.122 (Unterrichtsinhalte und -methoden). Wie die Schule ihren Auskunftspflichten nachkommt – durch Sprechstunden, Elternabende usw. –, hängt von den Umständen des Einzelfalls ab und bleibt im übrigen gesetzlicher Regelung vorbehalten[67].

Lehrer, Schulpsychologen und Schülerberater können sich gegenüber dem Informationsanspruch der Eltern hinsichtlich ihres Kindes nicht auf die *Verschwiegenheitspflicht* (TZ 21.221/2) berufen. Besteht jedoch eine Ausnahmesituation, in der die Unterrichtung der Eltern aller Wahrscheinlichkeit nach die unmittelbare und gegenwärtige Gefahr körperlicher oder seelischer Schädigung des Kindes auslösen würde, sind sie von ihrer Mitteilungspflicht befreit (vgl. TZ 31.332).

24.36 Elternrecht und gemeinschaftliche Mitwirkung in der Schule

Entgegen einer früher in der Literatur verbreiteten Meinung bildet das *grundgesetzliche Elternrecht* – im Unterschied zu den Vorschriften einzelner Landesverfassungen[68] – *keine Grundlage für die kollektive Mitwirkung der Eltern in der Schule*[69]. Aus Art. 6 Abs. 2 Satz 1 GG ergibt sich ein *Individualrecht der Eltern*, das auf das einzelne Kind bezogen ist. Es kann nicht durch Mehrheitsbildung ausgeübt werden[70]. Das schließt die gleichgerichtete und gleichzeitige Geltendmachung der individuellen Rechte, z.B. des Anspruchs auf Information über den Leistungsstand der Kinder, nicht aus; doch bleibt dabei der individuelle Charakter des Grundrechts unberührt[71]. Im übrigen steht es dem Landesgesetzgeber frei, im Interesse eines gedeihlichen Zusammenwirkens von Schule und Elternhaus Elterngremien mit Mitwirkungsrechten zu versehen, wie es in allen Ländern, wenn auch in unterschiedlicher Ausgestaltung und mit unterschiedlichem Umfang, geschehen ist[72] (dazu TZ 8.2). Die

---

65 *Fehnemann*, AöR 105 (1980), 543. Zur Frage, ob und unter welchen Voraussetzungen die Eltern den Unterricht der Schulklasse ihres Kindes besuchen dürfen, TZ 28.122.
66 *Böckenförde* (Anm. 30), S. 92.
67 BVerfGE 59, 360 (382). Vgl. etwa § 53 *DJT-SchulGE*; ferner § 46 BbgSchulG, § 72 HSchG.
68 Z.B. Art. 17 Abs. 4 bw Verf., Art. 30 Abs. 2 Satz 2 bbg Verf., Art. 56 Abs. 6 hess Verf., Art. 10 Abs. 2 nrw Verf., Art. 104 sächs Verf., Art. 29 Abs. 2 Verf. LSA.
69 Dazu *Fehnemann*, AöR 105 (1980), 545 ff.; ferner *Zacher* (Anm. 30), S. 271 Rn. 9, S. 307 f. Rn. 87 f.
70 BVerfGE 47, 46 (76); 59, 360 (380 f.); *Fehnemann*, AöR 105 (1980), 545 ff.; *Zacher*, HdbStR VI, S. 307 Rn. 88.
71 *Fehnemann*, AöR 105 (1980), 557.
72 Zur Rechtslage in Hessen s. Harald *Achilles*: Mitarbeit von Eltern und anderen Personen in Unterricht und Schule, RdJB 1998, 345.

Mitwirkung der Eltern darf jedoch nicht so weit gehen, daß das individuelle Elternrecht zur Disposition der jeweiligen Mehrheit gestellt würde[73].

24.4 Sonstige Erziehungsträger

Eltern und Staat sind die Erziehungsträger, denen jeder junge Mensch begegnet; sie sind aber nicht die einzigen. Als sonstige Erziehungsträger kommen insbesondere die Kirchen, die Berufsausbilder und die Jugendverbände in Betracht.

24.41 Kirchen

Die Kirchen sind durch das Grundgesetz trotz ihres Öffentlichkeitsstatus (Art. 140 GG i. V. m. Art. 137 Abs. 5 WRV) nicht mit einem eigenständigen Erziehungsauftrag ausgestattet[74]. Da sie im Unterschied zu den Eltern nicht für die Gesamterziehung der Kinder verantwortlich sind, beschränkt sich ihr unmittelbarer Einfluß innerhalb der Schule auf den Religionsunterricht[75]. Darüber hinaus spielen sie im Privatschulwesen eine erhebliche Rolle. Außerhalb des Schulbereichs wirken sie vor allem in der Jugendarbeit der kirchlichen Gemeinden und in den kirchennahen Jugendverbänden. In den Verfassungen Baden-Württembergs (Art. 12 Abs. 2), Bayerns (Art. 127, 133 Abs. 1 Satz 3), Rheinland-Pfalz' (Art. 26) und des Saarlands (Art. 26 Abs. 2) sind Kirchen und Religionsgemeinschaften als Erziehungsträger ausdrücklich anerkannt.

24.42 Berufsausbilder

Mit 15 oder 16 Jahren, vielfach auch im Anschluß an das Abitur tritt ein Großteil der Jugendlichen in das Berufsleben ein. Im Rahmen des Berufsausbildungsverhältnisses haben sie die Pflichten nach § 9 Berufsbildungsgesetz zu erfüllen, insbesondere den ihnen vom Ausbilder erteilten Weisungen zu folgen. Darüber hinaus gibt es auch Verbindungen zwischen Berufswelt und (beruflicher) Schule, so z. B. bei der Erfüllung der Schulpflicht an Berufsschulen (TZ 25.132) oder in Form der Mitwirkungsrechte von Arbeitgeber- und Arbeitnehmervertretern im Rahmen der Schulverfassung (TZ 8.23).

---

73 *Niehues*, Schul- und Prüfungsrecht, S. 58 f. Rn. 58; *Zacher*, HdbStR VI, S. 307 f. Rn. 88.
74 *Böckenförde* (Anm. 30), S. 75.
75 *Pieroth*, DVBl. 1994, 961.

24.43 Jugendverbände

Auch die Jugendorganisationen leisten immer noch einen wichtigen Beitrag zur Erziehung der nachwachsenden Generation[76]. Sie treten in ihrer Bedeutung freilich mehr und mehr hinter anderen Einflußagenturen, vor allem den Medien (Fernsehen, Video, Internet) zurück, die die Entwicklung junger Menschen oft nachhaltiger beeinflussen als die traditionellen Erziehungsträger.

---

76 Die bw Verfassung erkennt die »in ihren Bünden gegliederte Jugend« ausdrücklich als Erziehungsträger an (Art. 12 Abs. 2).

25. Kapitel: Schulpflicht[1]

25.1 Allgemeines

Die Schulpflicht ist in den meisten Landesverfassungen ausdrücklich angeordnet[2]. Umstritten ist, ob sie sich auch aus dem Grundgesetz ergibt[3]. Die Klärung dieser Frage ist deshalb wichtig, weil die Schulpflicht mit dem durch Art. 4 Abs. 1 GG vorbehaltlos gewährleisteten Grundrecht der Gewissensfreiheit kollidieren kann, dessen Schranken allein aus dem Grundgesetz herzuleiten sind. Berufen sich Eltern, die erreichen wollen, daß ihr Kind vom Schulbesuch freigestellt wird, auf dieses bundesverfassungsrechtlich verbürgte Grundrecht, kann ihnen die Schulpflicht nur dann entgegengehalten werden, wenn sie ihrerseits bundesverfassungsrechtlich, also im Grundgesetz, verankert ist[4]. Für das Bundesverfassungsgericht ergibt sich die Schulpflicht aus dem »verfassungsrechtlich anerkannten staatlichen Erziehungsauftrag«, also aus Art. 7 Abs. 1 GG[5]; das Bundesverwaltungsgericht spricht von »der durch Art. 7 Abs. 1 GG gedeckten Begründung einer allgemeinen Schulpflicht«[6]. Die Fundierung der Schulpflicht in Art. 7 Abs. 1 GG wird durch Art. 7 Abs. 2 GG bestätigt, wonach die Eltern berechtigt sind, über die Teilnahme ihres Kindes am Religionsunterricht zu bestimmen. Daraus folgt zugleich, daß der in Art. 7 Abs. 1 GG wurzelnde staatliche Bildungs- und Erzie-

---

1 Umfassend und immer noch grundlegend Hartwig *Ihlenfeld*: Pflicht und Recht zum Besuch öffentlicher Schulen nach deutschem Bundes- und Landesrecht, Hamburg 1971; ferner *Niehues*: Schul- und Prüfungsrecht, S. 131 Rn. 172, S. 137 ff. Rn. 185 ff. – Die wichtigste Rechtsprechung ist in der SPE, Gruppe II A, sowie in der SPE n. F. unter 734 zusammengestellt.
2 Zumeist mit der lakonischen Formel »Es besteht allgemeine Schulpflicht«: Art. 4 Abs. 1 bw Verf., Art. 129 Abs. 1 bay Verf. (»Alle Kinder sind zum Besuch der Volksschule und der Berufsschule verpflichtet«), Art. 30 Abs. 1 bbg Verf., Art. 30 brem Verf., Art. 56 Abs. 1 Satz 1 hess Verf., Art. 15 Abs. 2 Satz 2 m-v Verf., Art. 4 Abs. 2 Satz 1 nds Verf., Art. 8 Abs. 2 nrw Verf. (»Es besteht allgemeine Schulpflicht; ihrer Erfüllung dienen grundsätzlich die Volksschule und die Berufsschule«), Art. 102 Abs. 1 Satz 2 sächs Verf., Art. 25 Abs. 2 Verf. LSA, Art. 8 Abs. 1 sh Verf., Art. 23 Abs. 1 thür Verf.
3 Bejahend Helmut *Fetzer*: Die Zulässigkeit der Schulpflicht nach Art. 7 Abs. 1 Grundgesetz, RdJB 1993, 91; Rolf *Gröschner*, in: Dreier: Grundgesetz. Kommentar, Art. 7 Rn. 22 ff.; Hasso *Hofmann*: Grundpflichten und Grundrechte, HdbStR V, S. 321 Rn. 19; Josef *Isensee*: Die verdrängten Grundpflichten des Bürgers – Ein grundgesetzliches Interpretationsvakuum –, DÖV 1982, 609 (617 f.); verneinend *Ihlenfeld* (Anm. 1), S. 89; Rolf *Stober*: Grundpflichten und Grundgesetz, Berlin 1979, S. 37 ff.; zweifelnd Arnulf *Schmitt-Kammler*, in: Sachs: Grundgesetz. Kommentar, Art. 7 Rn. 12 ff.
4 So zutreffend *Fetzer*, RdJB 1993, 94.
5 BVerfG, RdJB 1993, 113.
6 BVerwG, RdJB 1993, 113 m. Anm. von Friedhelm *Hufen*, JuS 1993, 156. S. auch BVerwGE 94, 82 (84): »Damit der Staat seinen Bildungs- und Erziehungsauftrag ... wirksam und umfassend wahrnehmen kann, darf er eine allgemeine Schulpflicht einführen ...«.

hungsauftrag im Regelfall die Pflicht zum Schulbesuch einschließt[7]. Im übrigen wird die Spannung zwischen Art. 4 Abs. 1 und Art. 7 Abs. 1 GG dadurch entschärft, daß Eltern, die ihr Kind aus religiös-weltanschaulichen Gründen von der öffentlichen Schule fernhalten möchten, aufgrund der Privatschulfreiheit (Art. 7 Abs. 4 und 5 GG) eine ihren Auffassungen entsprechende private Ersatzschule wählen können[8]. Indem der Staat Schulpflicht anordnet, ist er seinerseits verpflichtet, die Voraussetzungen für ihre Erfüllung zu schaffen. Durch Bereitstellung der erforderlichen Schulen muß er oder müssen die kommunalen Schulträger dafür sorgen, daß die Schulpflichtigen eine öffentliche Schule besuchen können (*Beschulungspflicht*).

Über Beginn und Dauer der Schulpflicht ist dem Grundgesetz und den Landesverfassungen nichts zu entnehmen[9]. Nach den gesetzlichen Regelungen der Länder *müssen Kinder und Jugendliche vom 6. Lebensjahr an mindestens zwölf Jahre die Schule besuchen*; unter bestimmten Voraussetzungen können auch Volljährige, die sich in der Berufsausbildung befinden, schulpflichtig sein[10]. Da die Schulpflicht nicht von der Staatsangehörigkeit abhängt[11], sind ihr auch Ausländer und Staatenlose unterworfen[12]; Ausnahmen gelten, soweit völkerrechtliche Grundsätze oder zwischenstaatliche Vereinbarungen entge-

---

7 *Fetzer*, RdJB 1993, 94 f.; ähnlich *Gröschner* (Anm. 3), Art. 7 Rn. 24. Andere Autoren leiten die bundesverfassungsrechtlich begründete Schulpflicht aus Art. 7 Abs. 5 GG ab, wonach eine private Volksschule auf Antrag der Erziehungsberechtigten zuzulassen ist, wenn sie als Gemeinschaftsschule, als Bekenntnis- oder Weltanschauungsschule errichtet werden soll und eine öffentliche Volksschule dieser Art in der Gemeinde nicht besteht. So *Isensee*, DÖV 1982, 617 f., und ihm folgend *Hofmann* (Anm. 3), S. 333 Rn. 19.
8 BVerwG, RdJB 1993, 113 (114).
9 Vgl. BVerfGE 34, 165 (187).
10 Die verfassungsrechtliche Zulässigkeit der Schulpflicht für Volljährige bezweifelt Wolfram *Höfling*: Berufsschulpflicht für Erwachsene? – Eine verfassungsrechtliche Anfrage, NVwZ 1985, 550: Wenn das Elternrecht mit der Volljährigkeit des Kindes ende, erscheine es systemwidrig, dem Staat weiterhin ein Erziehungsmandat zuzubilligen. Kritisch auch Paul *Theuersbacher*: Die Entwicklung des Schulrechts von 1984–1987, NVwZ 1988, 886 (890), der auf die nicht unerhebliche Einschränkung der Grundrechte der Berufsschulpflichtigen aus Art. 2 Abs. 1 und 12 Abs. 1 GG hinweist: Die Volljährigen »können, insbesondere wenn sie als Ungelernte ins Arbeitsleben eintreten wollen, wegen der zeitlichen Erfüllung der Berufsschulpflicht in Schwierigkeiten mit ihren Arbeitgebern geraten, u. U. den Arbeitsplatz verlieren«.
11 *Hofmann* (Anm. 3), S. 341 Rn. 35.
12 Vgl. Beschluß der KMK vom 8. 4. 1976 i. d. F. v. 26. 10. 1979 über den »Unterricht für Kinder ausländischer Arbeitnehmer« (KMK-BeschlS. Nr. 899.1). Nach den (weithin übereinstimmenden) gesetzlichen Regelungen der Länder sind aber nur diejenigen ausländischen Kinder und Jugendlichen schulpflichtig, die im jeweiligen Land ihren Wohnsitz oder gewöhnlichen Aufenthalt oder ihre Ausbildungs- oder Arbeitsstätte haben (z. B. Art. 35 Abs. 1 Satz 1 BayEUG, § 1 Abs. 2 Satz 1 nrw SchpflG, § 26 Abs. 1 Satz 1 sächs SchulG). Das bedeutet, daß die Schulpflicht diejenigen Ausländer nicht erfaßt, die als Asylbewerber oder Bürgerkriegsflüchtlinge im Lande leben und keine Ausbildungs- oder Arbeitsstätte haben (dazu VGH München, DÖV 1997, 76 [77 f.]). Demgegenüber bestimmen § 15 Abs. 1 bln SchulG und § 36 Abs. 2 BbgSchulG, daß auch ausländische Kinder und Jugendliche, denen aufgrund eines Asylantrags der Aufenthalt im Land gestattet ist oder die hier geduldet werden, grundsätzlich der Schulpflicht unterliegen. Im übrigen ist die Rechtslage im Heimatland für die Geltung der Schulpflicht in Deutschland unerheblich (OVG Münster, SPE II A IX S. 53).

genstehen (z. B. bei Diplomatenkindern). Zur Beschulung von Ausländerkindern TZ 5.2; vgl. auch TZ 25.143.

25.11 Geschichte[13]

Die Schulpflicht entstand im Zuge der Aufklärung und des Absolutismus. Der absolute Staat, der die Bestimmungsgewalt über die Bildungseinrichtungen beanspruchte, wollte durch die Einführung der Schulpflicht seine Untertanen in dem Erwerb nützlicher Kenntnisse unterweisen. Die Weimarische Schulordnung (1619) und der Gothaische Schulmethodus (1648) können als die ersten deutschen Schulpflichtgesetze bezeichnet werden. Doch galt bis 1919 lediglich eine Unterrichtspflicht (Bildungspflicht); die Pflicht zum Schulbesuch bestand nur insoweit, als die nötigen Mindestkenntnisse nicht auf andere Weise, etwa durch häuslichen Privatunterricht, vermittelt wurden[14]. Erst Art. 145 der Weimarer Reichsverfassung begründete anstelle der früheren Unterrichtspflicht die Verpflichtung, in bestimmtem Umfang Schulen zu besuchen. Diese Vorschrift wurde durch das Grundschulgesetz vom 28. April 1920 konkretisiert, das alle Kinder in der gemeinsamen öffentlichen Grundschule zusammenführte. Das Reichsschulpflichtgesetz vom 6. Juli 1938 regelte die Schulpflicht reichseinheitlich. Die heute geltenden Schulpflichtbestimmungen der Länder lehnen sich weitgehend an dieses Gesetz an. Da sie überdies der Vereinheitlichungsbestimmung in § 2 des Hamburger Abkommens (TZ 2.121) Rechnung tragen, ist die Schulpflicht – abgesehen von vergleichsweise geringfügigen, manchmal nur terminologischen Abweichungen – in den Ländern einheitlich gestaltet.

25.12 Rechtsgrundlagen

Die Schulpflicht greift nachhaltig in die Grundrechte der Schüler und Eltern (Art. 2 Abs. 1, Art. 12 Abs. 1 und Art. 6 Abs. 2 Satz 1 GG) ein. Sie hat zugleich hohe staats- und gesellschaftspolitische Bedeutung. Deshalb bedarf sie – über die nur sehr allgemein gehaltenen Verfassungsbestimmungen hinaus – jeden-

---

13 Zur Geschichte der Schulpflicht in Deutschland: Handbuch der deutschen Bildungsgeschichte. Bd. III (1800–1870), S. 125 ff., 147 und passim; Bd. IV (1870–1918), S. 192 f. und passim; Werner *Conze*: Sozialgeschichte 1800–1850, Sozialgeschichte 1850–1918, in: Hermann Aubin/Wolfgang Zorn (Hrsg.): Handbuch zur deutschen Wirtschafts- und Sozialgeschichte. Bd. 2, Stuttgart 1976, S. 426 (484 ff.) bzw. S. 602 (670 ff.); ferner: Ludwig *von Friedeburg*: Bildungsreform in Deutschland – Geschichte und gesellschaftlicher Widerspruch, Frankfurt am Main 1989, S. 32; Manfred *Heinemann*: Schule im Vorfeld der Verwaltung. Die Entwicklung der preußischen Unterrichtsverwaltung von 1717–1800, Göttingen 1974; Hubert *Hettwer*: Herkunft und Zusammenhang der Schulordnungen, Mainz 1956; Ernst Rudolf *Huber*: Deutsche Verfassungsgeschichte seit 1789. Bd. 1. 2. Aufl., Stuttgart 1960, S. 262 f.; Albrecht *Mors*: Die Entwicklung der Schulpflicht in Deutschland, Diss. phil., Tübingen 1986.
14 Z. B. Art. 21 Abs. 2 der revidierten Verfassung für den Preußischen Staat vom 31. Januar 1850: »Eltern und deren Stellvertreter dürfen ihre Kinder oder Pflegebefohlenen nicht ohne den Unterricht lassen, welcher für die öffentlichen Volksschulen vorgeschrieben ist.«

falls in den Grundzügen der Regelung durch förmliches Gesetz[15]. (Zum verfassungsrechtlichen Grundsatz des Vorbehalts des Gesetzes s. TZ 15.3.) Die Voraussetzungen und Grenzen der Schulpflicht sowie die Art ihrer Erfüllung sind in allen Ländern durch formell-gesetzliche Vorschriften festgelegt. Nordrhein-Westfalen und das Saarland haben besondere Schulpflichtgesetze erlassen; die übrigen Länder regeln die Materie im Rahmen des allgemeinen Schulgesetzes[16].

25.13 Inhalt und Erfüllung

25.131 Die Schulpflicht erstreckt sich auf die regelmäßige Teilnahme am Unterricht und an den übrigen verbindlichen Veranstaltungen der Schule[17]. Veranstaltungen außerhalb der Unterrichtszeit dürfen nur insoweit für verbindlich erklärt werden, als sie den Schülern und Eltern zumutbar sind, also z. B. keine außergewöhnlichen finanziellen Belastungen verursachen[18]. Falls die Schule aufgrund ihrer besonderen Aufgabenstellung Schüler außerhalb der Unterrichtszeit betreut (z. B. eine Ganztagsschule), besteht auch insoweit Teilnahmepflicht[19].

25.132 Die Eltern müssen minderjährige[20] Schulpflichtige zum Besuch der Schule anmelden und dafür sorgen, daß sie am Unterricht und an den sonstigen verbindlichen Schulveranstaltungen teilnehmen. Die gleiche Verpflichtung trifft Ausbilder und Arbeitgeber, die Berufsschulpflichtige beschäftigen, unabhängig davon, ob diese minderjährig oder volljährig sind[21].

25.133 Die Schulpflicht ist durch Besuch einer (inländischen) deutschen Schule zu erfüllen, die entweder öffentliche Schule oder staatlich genehmigte

---

15 VGH Kassel, SPE II A VII S. 111: Auch die Verweisung von einer Sonderschule in eine andere bedarf einer hinreichenden gesetzlichen Grundlage; vgl. auch VGH Kassel, SPE n. F. 800 Nr. 14.
16 §§ 72 ff., 87, 89 bw SchG; Art. 35 ff. BayEUG; §§ 7 ff. bln SchulG; §§ 36 ff. BbgSchulG; §§ 52 ff. BremSchulG; §§ 37 ff. HmbSG; §§ 56 ff. HSchG; §§ 41 ff. SchulG M-V; §§ 63 ff. NSchG; §§ 4 und 44 ff. rp SchulG, § 26 ff. sächs SchulG, §§ 36 ff. SchulG LSA; §§ 40 ff. sh SchulG, § 17 ff. ThürSchulG (alle mit ergänzenden Rechtsverordnungen und Verwaltungsvorschriften, die u. a. Einschulungsverfahren, Schulreifetests, Früheinschulung, Zurückstellung betreffen).
17 Vgl. § 72 Abs. 3 Satz 1 bw SchG, § 12 Satz 1 bln SchulG, § 52 Abs. 1 rp SchulG, § 26 Abs. 2 Satz 1 sächs SchulG.
18 Vgl. z. B. II. 6. der bw Verwaltungsvorschrift über außerunterrichtliche Veranstaltungen der Schulen vom 19.10.1995 (ABl. S.554), g.d. VV vom 16.9.1997 (ABl. S.164): »Die für Schüler entstehenden Kosten sind so niedrig wie möglich zu halten, müssen in einem vertretbaren Verhältnis zum Nutzen der Veranstaltung stehen und dürfen die Eltern nicht in unzumutbarem Maße belasten«.
19 Vgl. § 12 Satz 2 bln SchulG.
20 Die Pflicht der Eltern, für den Schulbesuch ihres Kindes zu sorgen, endet erst mit dessen Volljährigkeit: OLG Zweibrücken, NStZ 1985, 179.
21 S. etwa § 85 Abs. 2 bw SchG, Art. 35 Abs. 4 BayEUG, § 16 nrw SchpflG, § 31 sächs SchulG; vgl. auch § 6 Abs. 1 Nr. 4 BBiG.

private Ersatzschule ist[22]. Der Besuch einer nicht als Ersatzschule genehmigten ausländischen Privatschule im Inland (TZ 13.541) bedarf einer Ausnahmegenehmigung der Schulaufsichtsbehörde[23].

25.14 Befreiung von der Schulpflicht

25.141 In *Berlin, Brandenburg, Bremen, Hamburg, Mecklenburg-Vorpommern* und *Rheinland-Pfalz* ist die Schulaufsichtsbehörde gesetzlich ermächtigt, Schulpflichtige ausnahmsweise von der Schul(besuchs)pflicht zu befreien[24].

25.142 Früher waren in den meisten Ländern diejenigen Kinder und Jugendlichen von der Schulpflicht befreit, die körperlich, geistig oder seelisch so behindert sind, daß sie auch in einer Sonderschule oder durch Sonderunterricht nicht gefördert werden können (sog. *Schulunfähigkeit* oder Bildungsunfähigkeit). Eine Befreiung aus diesem Grunde gibt es nur noch in Rheinland-Pfalz und im Saarland[25]. In Baden-Württemberg, Nordrhein-Westfalen und Sachsen ruht in solchen Fällen die Schulpflicht, in Hessen und Thüringen kann sie

---

22 Dazu VGH München, NVwZ 1992, 1224. Zur Erfüllung der Schulpflicht in einer privaten Ergänzungsschule vgl. TZ 13.62.
23 Z.B. § 72 Abs. 4 Satz 2 bw SchG, § 56 Abs. 2 HSchG, § 1 Abs. 2 Satz 2 nrw SchpflG, § 26 Abs. 3 Satz 2 sächs SchulG. – Daß auch Ausländerkinder aus EU-Mitgliedstaaten grundsätzlich zum Besuch einer deutschen Schule verpflichtet sind, steht im Einklang mit dem europäischen Gemeinschaftsrecht, insbesondere mit der Richtlinie 77/486/EWG über die schulische Betreuung der Kinder von Wanderarbeitnehmern vom 25.7.1977 (ABl. EG 1977, L 199/32). Die Richtlinie zielt auf eine Integration der ausländischen Schüler in das Regelschulsystem des Aufenthaltstaats (vgl. TZ 5.21). Demgemäß wies das VG Frankfurt am Main eine Klage auf Erteilung der Genehmigung zum Besuch einer als Ergänzungsschule betriebenen griechischen Grundschule ab. Zwar könne in besonders gelagerten Einzelfällen, z.B. bei nur kurzer Aufenthaltsdauer, die Schulpflicht ausnahmsweise auch an einer in der Sprache des Herkunftslandes unterrichtenden Ergänzungsschule erfüllt werden; doch habe die Pflicht zum Besuch einer öffentlichen oder staatlich genehmigten Privatschule regelmäßig Vorrang. Bezüglich der Schulpflicht von Ausländerkindern weist Paul *Theuersbacher*: Die Entwicklung des Schulrechts von 1988–1990, NVwZ 1991, 125 (127f.), zu Recht darauf hin, es handele sich hierbei um eine potentiell wichtiger werdende Frage, »wenn die Zahl der Ausländer zunehmen sollte, die nicht bereit sind, ihre Kinder in das inländische Bildungssystem zu integrieren«.
24 Berlin: §§ 13 Abs. 3 Satz 1, 14 Abs. 4 Satz 1 Nr. 4 SchulG (»in besonderen Fällen, insbesondere zur Vermeidung von Härten«). Brandenburg: § 38 Abs. 2 Satz 1 BbgSchulG (»wenn ein wichtiger Grund dies rechtfertigt und hinreichender Unterricht oder eine gleichwertige Förderung anderweitig gewährleistet ist«); so auch Hamburg (§ 38 Abs. 6 HmbSG) und Mecklenburg-Vorpommern (§ 48 Abs. 2 SchulG). Bremen: § 57 Abs. 2 BremSchulG (»nur in besonderen Ausnahmefällen«). In Rheinland-Pfalz ist vom Schulbesuch befreit, wer nach Feststellung der Schulbehörde anderweitig hinreichend ausgebildet ist (§ 48 Abs. 2 Nr. 4 SchulG).
25 § 48 Abs. 1 Nr. 1 rp SchulG, § 13 Abs. 1 saarl SchPflG. Nach der saarländischen Regelung sind aber nur solche Kinder, Jugendlichen und Heranwachsenden nicht förderungsfähig, die außerstande sind, über die Sprache Verbindung aufzunehmen, und von denen anzunehmen ist, daß sie durch eine schulische, sonderpädagogische Betreuung nicht zu sinnvoller Tätigkeit und ausreichender sozialer Anpassung geführt werden können.

ruhen[26]. Die Schulaufsichtsbehörde entscheidet aufgrund eines medizinischen und/oder pädagogisch-psychologischen Gutachtens; die Entscheidung ist in bestimmten Abständen zu überprüfen. In den anderen Ländern hat auch eine schwerwiegende körperliche, geistige oder seelische Behinderung weder eine Befreiung von der Schulpflicht noch ihr Ruhen zur Folge.

25.143 In einigen Ländern kann die Schulaufsichtsbehörde *ausländische Jugendliche* vom 14. Lebensjahr an in besonderen Härtefällen auf Antrag von der Schulbesuchspflicht zeitweilig oder auf Dauer befreien, vor allem dann, wenn wegen der Kürze der verbleibenden Schulbesuchszeit eine sinnvolle Förderung nicht zu erwarten ist[27].

25.144 Eine generelle *Befreiung von der Schulpflicht aus religiösen Gründen* ist nicht zulässig (dazu bereits TZ 25.1 am Anfang)[28]. Die Schulpflicht, die im staatlichen Bildungs- und Erziehungsauftrag (Art. 7 Abs. 1 GG) verankert ist, erfaßt Angehörige aller Religionen und Weltanschauungen. Daher müssen etwa Kinder islamischen Glaubens sich in einer Gemeinschaftsschule auf christlicher Grundlage unterrichten und erziehen lassen. Wegen des für jede Schule maßgeblichen Toleranzprinzips (TZ 2.224, 24.344) liegt darin keine Verletzung der Freiheit des religiösen Bekenntnisses (Art. 4 GG)[29]. Andererseits ist es der Schule nicht verwehrt, Schülern mit Rücksicht auf ihre religiöse Überzeugung *Befreiung von der Schulpflicht an bestimmten Tagen* zu gewähren. Sie muß dann allerdings den Gleichheitssatz beachten. Wenn sie beispielsweise Schüler, die einer jüdischen Gemeinde angehören, wegen des von ihnen zu erfüllenden Gebots der Sabbatheiligung vom Schulbesuch am Samstag befreit, ist sie verpflichtet, gegenüber Mitgliedern einer anderen Re-

---

26 § 82 Abs. 3 Satz 1 Nr. 2 bw SchG, § 65 Abs. 2 HSchG, § 15 nrw SchpflG, § 29 Abs. 1 sächs SchulG, § 18 Abs. 1 ThürSchulG.
27 § 72 Abs. 1 Satz 2 bw SchG; ähnlich § 36 Abs. 5 BbgSchulG und § 40 Abs. 3 sh SchulG. In Niedersachsen kann die Schulbehörde für schulpflichtige Jugendliche, die eine Schule im Ausland besucht haben und einer besonderen Förderung in der deutschen Sprache bedürfen, für die Dauer der Teilnahme an den erforderlichen Sprachkursen das Ruhen der Schulpflicht anordnen (§ 70 Abs. 1 NSchG). In Berlin besuchen ausländische Jugendliche, die bei ihrem Zuzug aus dem Ausland 14 oder 15 Jahre alt sind und nach ihrem Bildungsstand den Hauptschulabschluß innerhalb von zwei Jahren nicht erreichen können, bis zu zwei Jahre dauernde Eingliederungslehrgänge der Oberschule. Der Pflicht zur Teilnahme an einem solchen Eingliederungslehrgang unterliegt nicht, wer beim Zuzug 15 Jahre alt ist und an einem berufsvorbereitenden Lehrgang teilnimmt (s. im einzelnen § 15 Abs. 3 und 4 SchulG).
28 Vgl. neben der unter TZ 25.1 zitierten Rspr. auch VGH München, BayVBl. 1992, 343 (344), und AG Bonn, RdJB 1993, 116.
29 OVG Münster, SPE II A IX S. 53. Angesichts der wachsenden Zahl ausländischer Schüler mit einem von unserem Kulturkreis abweichenden religiösen Bekenntnis gebietet das Toleranzgebot eine sensible Umsetzung der vielfach auf christlicher Grundlage beruhenden Bildungs- und Erziehungsziele. Beispielhaft formuliert etwa Art. 76 Abs. 2 und 3 hess Verf. die Aufgabe, Kinder aller religiösen Bekenntnisse gemeinsam nach dem Prinzip der gegenseitigen Duldsamkeit zu erziehen – ein Postulat, das mit Blick auf die allerorten aufbrechenden ethnischen, kulturellen und religiösen Auseinandersetzungen nicht hoch genug eingeschätzt werden kann. Das ändert nichts daran, daß es dem Staat unbenommen bleibt, bei der Gestaltung der öffentlichen Schule das Christentum als prägenden Kultur- und Bildungsfaktor zu berücksichtigen (vgl. TZ 5.41).

ligionsgemeinschaft, die ebenfalls für die Heiligung des Sabbat eintritt, genauso zu verfahren; dabei ist es unerheblich, ob die Religionsgemeinschaft als öffentlich-rechtliche Körperschaft organisiert ist oder nicht[30]. Im Blick auf die sich ausbreitenden (Jugend-)Sekten ist jedoch jeweils zu prüfen, ob es sich im Einzelfall überhaupt um eine Religionsgemeinschaft im Sinne des die Glaubensausübung schützenden Grundrechts aus Art. 4 Abs. 1 und 2 GG handelt[31]. Die *Befreiung vom Religionsunterricht* ist auf entsprechende Erklärung der Eltern oder des religionsmündigen Kindes zu erteilen (TZ 28.151).

25.145 Die *Befreiung vom Unterricht in einzelnen Fächern* (abgesehen vom Religionsunterricht) ist nur in besonderen Ausnahmefällen zulässig[32]. So werden Schüler vom *Sportunterricht* ganz oder teilweise befreit, wenn es ihr Gesundheitszustand erfordert; je nach Dauer der Befreiung obliegt die Entscheidung dem (Fach- bzw. Klassen-)Lehrer, dem Schulleiter oder der Schulbehörde[33].
Mit Rücksicht auf die Bekleidungsvorschriften des Koran kann sich für eine Schülerin islamischen Glaubens ein auf die Religionsfreiheit (Art. 4 Abs. 1 und 2 GG) gestützter Anspruch auf Befreiung vom *koedukativen Sportunterricht* ergeben. Diesem Anspruch ist stattzugeben, wenn eine zwölfjährige Schülerin die von ihr als für sie verbindlich bezeichneten Bekleidungsvorschriften des Koran in ihrem täglichen Leben konsequent beachtet und in der Öffentlichkeit sowie insbesondere auch im Schulunterricht ein Kopftuch

---

30 BVerwGE 42, 128, gegen OVG Münster (Vorinstanz), SPE II A IX S. 51. Vgl. in diesem Zusammenhang auch § 4 Abs. 2 Nr. 2 sächs Schulbesuchsordnung, wonach Schüler einer anderen Religions- oder Weltanschauungsgemeinschaft aus Anlaß der Gedenktage ihrer Gemeinschaft auf Antrag beurlaubt werden, sofern diese Gedenktage gesetzlichen Feiertagen der christlichen Religionsgemeinschaften gleichwertig sind.
31 BVerfGE 83, 341 (353): Allein die Behauptung und das Selbstverständnis, eine Gemeinschaft bekenne sich zu einer Religion und sei eine Religionsgemeinschaft, können für diese und ihre Mitglieder die Berufung auf die Freiheitsgewährleistung des Art. 4 Abs. 1 und 2 GG nicht rechtfertigen; vielmehr ist der Nachweis objektiver Kriterien erforderlich, die den Schluß nahelegen, daß es sich tatsächlich, nach geistigem Gehalt und äußerem Erscheinungsbild, um eine Religion und Religionsgemeinschaft handelt. – Allerdings entfällt der Schutz des Grundrechts der Religions- und Weltanschauungsfreiheit nicht schon dann, wenn eine Gemeinschaft sich überwiegend wirtschaftlich betätigt, sondern erst dann, wenn ihre religiösen oder weltanschaulichen Lehren nur als Vorwand für die Verfolgung wirtschaftlicher Ziele dienen (so BVerwG, NJW 1992, 2496). Zur Frage der den Charakter einer Religions- oder Weltanschauungsgemeinschaft bestimmenden Kriterien Peter *Badura*: Der Schutz von Religion und Weltanschauung durch das Grundgesetz, Berlin 1989, S. 58 ff.; Jörg *Müller-Volbehr*: Das Grundrecht der Religionsfreiheit und seine Schranken, DÖV 1995, 301. S. auch Hans W. *Alberts*: Die schwierige Toleranz, NVwZ 1992, 1164.
32 VG Berlin, Urteil vom 14. 2. 1997 (Az.: VG 3 A 1720. 96): keine Freistellung eines Schülers der 11. Jahrgangsstufe der gymnasialen Oberstufe vom Chemieunterricht wegen angeblicher Irrelevanz des Fachs Chemie für das Abitur und den künftigen Berufsweg.
33 Z. B. § 3 bw SchulbesuchsVO, § 11 nrw ASchO, § 3 Abs. 2 sächs Schulbesuchsordnung.

und weite Kleider trägt³⁴. Zwar steht dem Grundrecht der staatliche Bildungs- und Erziehungsauftrag (Art. 7 Abs. 1 GG), auf dem die Schulpflicht und damit auch die Pflicht zur Teilnahme am Sportunterricht beruht, prinzipiell gleichgeordnet gegenüber; sofern aber die Schule keinen nach Geschlechtern getrennten Sportunterricht einführt, kommt der Glaubensfreiheit der Schülerin der Vorrang zu. Jedenfalls reicht es nicht aus, daß ihr im koedukativen Sportunterricht die Möglichkeit eingeräumt wird, an den Übungen mit weitgeschnittener Kleidung und einem Kopftuch teilzunehmen; in diesem Fall muß sie nämlich befürchten, daß auch bei einer solchen Bekleidung die Konturen ihres Körpers sichtbar werden und sie ihr Kopftuch verliert³⁵. Zur verfassungsrechtlichen Zulässigkeit eines ohne Befreiungsmöglichkeit erteilten Sexualkundeunterrichts TZ 28.143.

25.15 Gliederung der Schulpflicht

Einige Länder (Bremen, Rheinland-Pfalz und Sachsen-Anhalt) kennen nur eine *einheitliche zwölfjährige Schulpflicht*, die durch den Besuch einer Vollzeitschule erfüllt wird, nach neun (in Bremen: zehn) Jahren aber auch durch den Besuch einer Teilzeitschule (Berufsschule) erfüllt werden kann; andere Länder (Mecklenburg-Vorpommern und Niedersachsen) unterscheiden bei insgesamt zwölfjähriger Schulpflicht zwischen der Pflicht zum Besuch von Schulen der Primarstufe und der Sekundarstufe I für die Dauer von neun Jahren einerseits und der Pflicht zum Besuch von Schulen der Sekundarstufe II andererseits. Die übrigen Länder gliedern die Schulpflicht in

---

34 Nach dem Text von Sure 24, Vers 31, des Koran sollen gläubige Frauen ihre Blicke niederschlagen, ihre Scham hüten und ihre Reize nicht zur Schau tragen, es sei denn, was außen ist, und sie sollen ihren Schleier über ihren Busen schlagen und ihre Reize nur ihren Ehegatten, Vätern, Brüdern, Söhnen und anderen nahen männlichen Verwandten sowie Frauen und auch Kindern, welche die Blöße der Frauen nicht beachten, zeigen.

35 BVerwGE 94, 82 = RdJB 1994, 285, m. Anm. v. Hans-Peter *Füssel*, RdJB 1994, 292, gegen OVG Münster (Vorinstanz), RdJB 1992, 409, sowie BVerwG, Az.: 6 C 30.92 (nicht veröffentlicht), in Bestätigung des Urteils des OVG Bremen, RdJB 1992, 412. Anmerkung zu beiden OVG-Entscheidungen von Bernd M. *Groh*, RdJB 1992, 414. Ähnlich wie das BVerwG schon der VGH München, NVwZ 1987, 706, sowie das OVG Lüneburg, NVwZ 1992, 79; hinsichtlich des koedukativen *Schwimmunterrichts* auch OVG Münster, NVwZ 1992, 77. Vgl. auch Johannes *Rux*: Das Kopftuch, der Schwimmunterricht und die Glaubensfreiheit, sm Heft 3/1993, S. 4. Zur Rspr. des BVerwG: Hartmut *Albers*: Glaubensfreiheit und schulische Intergration von Ausländerkindern, DVBl. 1994, 984 (auch in international vergleichender Perspektive); Thomas *Böhm*: Unterrichtsbefreiung aus religiösen Gründen, PädF 1994, 132; Werner *Fuchs*: Zum Problem der Teilnahme muslimischer Mädchen am Sportunterricht, SchVw NRW 1994, 226; Uwe *Wesel*: Turnvater Jahn und der Bart des Propheten, NJW 1994, 1389. – Problematisch dürften solche Fälle sein, in denen das religiöse Empfinden der Erziehungsberechtigten im Konflikt steht mit dem Wunsch der minderjährigen Schülerin, am Unterricht teilzunehmen. Man wird auch hier am prinzipiellen Vorrang des elterlichen Erziehungsrechts festhalten müssen, das – bis zur Grenze einer Kindeswohlgefährdung – auch (in unseren westlichen Augen) unvernünftige Entscheidungen deckt (vgl. TZ 24.31). Etwas anderes könnte nach Erreichen der Religionsmündigkeit (TZ 28.151) gelten; jenseits dieser Altersgrenze sollte der elterliche Einfluß im Bereich glaubensrelevanter Fragen der Unterrichtsteilnahme allgemein zugunsten der wachsenden Selbstverantwortung des Jugendlichen schwinden.

– *Vollzeitschulpflicht* für die Dauer von neun oder zehn Jahren (Grundschule sowie weiterführende allgemeinbildende Schulen)[36] und
– *Berufsschulpflicht* für die Dauer von zumeist drei Jahren.
Behinderte Schüler unterliegen der *Schulpflicht für Kinder und Jugendliche mit sonderpädagogischem Förderbedarf*. Im folgenden wird die Schulpflicht in Vollzeitschulpflicht (TZ 25.2), Berufsschulpflicht (TZ 25.3) und Schulpflicht bei sonderpädagogischem Föderbedarf (TZ 25.4) gegliedert.

25.2 Vollzeitschulpflicht

25.21 Beginn und Dauer

25.211 Die Vollzeitschulpflicht *beginnt* für Kinder, die spätestens am 30. Juni des laufenden Kalenderjahres (Stichtag) sechs Jahre alt werden, am 1. August (Beginn des Schuljahres). Diese Regelung entspricht § 2 Abs. 1 des Hamburger Abkommens (TZ 2.121). Doch hat die Kultusministerkonferenz am 24. Oktober 1997 »Empfehlungen zum Schulanfang« beschlossen[37], die es den Ländern freistellen, den bisherigen Stichtag so zu verändern, daß die Schulpflicht auch Kinder erfaßt, die in der zweiten Jahreshälfte sechs Jahre alt werden. Niedersachsen hat inzwischen den Stichtag auf den 30. September verlegt; in Baden-Württemberg genügt für Kinder, die bis zum 30. September sechs Jahre alt werden, die Anmeldung des Kindes durch die Eltern, um die Schulpflicht zu begründen[38]. Alle Länder ermöglichen die vorzeitige Einschulung noch nicht schulpflichtiger Kinder auf Antrag der Eltern. In Bremen ist dem Antrag stattzugeben, sofern das Kind in der zweiten Jahreshälfte das sechste Lebensjahr vollendet[39]. In der Mehrzahl der Länder wird zusätzlich auf die Schulreife abgehoben; im allgemeinen kommt es darauf an, ob nach dem körperlichen und geistigen Entwicklungsstand des Kindes zu erwarten ist, daß es mit Erfolg am Unterricht teilnehmen kann[40]. In Baden-Württemberg, Hamburg und Niedersachsen können schulreife Kinder sogar ohne Al-

---

36 Statt des Begriffs Vollzeitschulpflicht wird in Baden-Württemberg die Bezeichnung »Pflicht zum Besuch der Grundschule und einer auf ihr aufbauenden Schule«, in Berlin der Begriff »allgemeine Schulpflicht« verwendet (§ 72 Abs. 2 Nr. 1 bw SchG, § 13 Abs. 1 und 2 bln SchulG).
37 KMK-BeschlS. Nr. 825.
38 § 64 Abs. 1 Satz 1 NSchG, § 73 Abs. 1 Satz 2 bw SchG.
39 § 53 Abs. 2 BremSchulG.
40 Die Kriterien weichen aber in den Einzelheiten von Land zu Land ab. So ist in Schleswig-Holstein die »körperliche, geistige und seelische Reife«, in Hamburg der »geistige und seelische Entwicklungsstand« maßgeblich. In Mecklenburg-Vorpommern hängt die vorzeitige Einschulung davon ab, ob das Kind »körperlich, geistig und verhaltensmäßig hinreichend entwickelt« ist (ähnlich Niedersachsen und Sachsen-Anhalt). In Bayern werden gem. Art. 37 Abs. 2 BayEUG Kinder auf Antrag der Erziehungsberechtigten schulpflichtig, wenn sie bis zum 31.12. sechs Jahre alt werden und aufgrund der körperlichen und geistigen Entwicklung zu erwarten ist, daß das Kind mit Erfolg am Unterricht teilnehmen wird; dazu BayVerfGH, SPE n.F. 958 Nr. 10: Es verstößt nicht gegen die Bayerische Verfassung, daß eine vorzeitige Einschulung auch besonders begabter Kinder ausgeschlossen ist, wenn sie erst nach dem 31.12. eines Schuljahres sechs Jahre alt werden.

tersbegrenzung vorzeitig eingeschult werden[41]; in Sachsen-Anhalt müssen sie am 30. Juni mindestens fünf Jahre alt sein.
Eine gesetzliche Regelung über das Mindestalter für vorzeitige Einschulungen verletzt nicht Grundrechte des hochbegabten Kindes oder seiner Eltern[42]. Für vorzeitig eingeschulte Kinder beginnt die Schulpflicht mit der Einschulung. Über die Aufnahme entscheidet der Schulleiter – in einigen Ländern die Schulaufsichtsbehörde (Schulrat, Schulamt) – nach Anhörung des Schularztes, Gesundheitsamtes, Schulpsychologen oder Schülerberaters; bei der Schulfähigkeits- oder Schuleignungsüberprüfung werden häufig Schulreifetests angewendet (TZ 31.2).

25.212 Steht von vornherein fest oder stellt sich während der ersten Monate des Schulbesuchs heraus, daß ein Kind noch nicht schulreif ist, kann es nach Anhörung der Eltern und, falls erforderlich, nach Einholung eines schulärztlichen oder schulpsychologischen Gutachtens vom Schulleiter – in einigen Ländern von der Schulaufsichtsbehörde – für ein Jahr *zurückgestellt* werden[43]. Die Zurückstellung kann in Nordrhein-Westfalen und im Saarland um ein weiteres Jahr verlängert werden[44]. Die Zeit der Zurückstellung wird auf die Dauer der Schulpflicht in der Regel nicht angerechnet. Eine spätere Einschulung kommt im allgemeinen dann nicht in Betracht, wenn das Kind sonderpädagogischen Förderbedarf aufweist[45]. In diesem Fall ist die Zurückstellung nur zulässig, sofern das Kind auch für den Besuch der Sonderschule noch nicht schulreif ist. Die zurückgestellten Kinder sollen möglichst einem *Schulkindergarten* oder einer anderen fördernden Einrichtung (Vorklasse, Kinder-

---

41 In Baden-Württemberg kommt zwar eine vorzeitige Einschulung in die erste Grundschulklasse (oder ein vorzeitiger Wechsel von der ersten in die zweite Grundschulklasse) in Betracht; eine unmittelbare Einschulung in die zweite Grundschulklasse ist jedoch nicht zulässig. So VGH Mannheim, NVwZ-RR 1993, 29 (30).

42 BVerwG, DVBl. 1994, 169; so auch OVG Schleswig, NVwZ-RR 1995, 664 (665). Die Rspr. hat schon früher die vom Landesgesetzgeber getroffenen Stichtagsregelungen für verfassungsrechtlich unbedenklich erachtet (vgl. BVerwGE 35, 111; OVG Bremen, SPE II A V S. 1; VGH Kassel, ESVGH 25, 178; OVG Münster, SPE II A IX S. 1); a. A. StGH BW, SPE II A II S. 1. Gegen die Verfassungsmäßigkeit der Stichtagsregelung Stephan *Hobe*: Gibt es ein Grundrecht auf begabungsgerechte Einschulung? – Zur Verfassungsmäßigkeit der Stichtagsregelung des § 42 Abs. 2 des Schulgesetzes Schleswig-Holstein (SchulG SH) –, DÖV 1996, 190; zustimmend *Theuersbacher*, NVwZ 1997, 744 (746).

43 Die KMK betont in ihren »Empfehlungen zum Schulanfang« vom 24.10.1997 (BeschlS. Nr. 825), daß ein Kind nur dann zurückgestellt werden soll, wenn zu erwarten ist, daß eine Förderung im schulischen Rahmen keine für seine Entwicklung günstigeren Voraussetzungen schafft. Nur so könnten die teilweise hohen Zurückstellungsquoten reduziert werden. Vgl. auch VGH Mannheim, NVwZ-RR 1996, 206: Die Entscheidung über die Zurückstellung des Kindes steht im Ermessen der Schule. Je eindeutiger die Prognose über den Erfolg oder Mißerfolg seiner Teilnahme am Unterricht und damit über seine Schulreife ausfällt, desto geringer ist der Ermessensspielraum der Schule. Jedenfalls steht den Eltern kein Wahlrecht zu, den Beginn der Schulpflicht um ein Jahr hinauszuschieben.

44 § 4 Abs. 1 nrw SchpflG, § 2 Abs. 2 saarl VO zur Durchführung des Schulpflichtgesetzes.

45 So ausdrücklich Art. 37 Abs. 2 Satz 3 BayEUG; vgl. auch § 46 Abs. 2 rp SchulG, § 37 Abs. 3 SchulG LSA. In anderen Ländern ergibt sich diese Folge daraus, daß die Zurückstellung nur für den Fall vorgesehen ist, daß das Kind »noch nicht« schulreif bzw. »nicht genügend entwickelt« ist.

tagesstätte) zugeführt werden. In einigen Ländern (Niedersachsen, Nordrhein-Westfalen, Rheinland-Pfalz, Saarland, Sachsen-Anhalt, Schleswig-Holstein) kann die Schulbehörde eine entsprechende Verpflichtung aussprechen[46]; in Berlin und Hamburg sind zurückgestellte Kinder von Gesetzes wegen grundsätzlich zum Besuch einer Vorklasse (Berlin) bzw. einer Vorschulklasse (Hamburg) verpflichtet[47]. Bestehen nach Ablauf der Zurückstellungszeit Zweifel darüber, ob das Kind in der Lage ist, am Unterricht der Grundschule teilzunehmen, entscheidet die Schulaufsichtsbehörde, ob es eine Sonderschule besuchen soll oder ob – soweit gesetzlich vorgesehen – die Befreiung von der Schulpflicht bzw. ihr Ruhen anzuordnen ist (vgl. TZ 25.142).

25.213 Die Vollzeitschulpflicht *dauert* in den meisten Ländern neun Jahre; in *Berlin, Brandenburg, Bremen* und *Nordrhein-Westfalen*, nunmehr auch in *Sachsen-Anhalt* sind es zehn Jahre[48]. In den übrigen Ländern kann die 10. Klasse der Haupt- und der Sonderschule zumeist freiwillig besucht werden[49]. In Hessen wird die neunjährige Vollzeitschulpflicht für Jugendliche, die weder eine weiterführende Schule besuchen noch in ein Berufsausbildungsverhältnis überwechseln, um ein Jahr verlängert[50]. In manchen Ländern, die eine Dauer der Vollzeitschulpflicht von neun Jahren vorsehen, ist eine *Verlängerung* um ein Jahr – teilweise auch um zwei Jahre – ohne Anrechnung auf die Berufsschulpflicht möglich für Schüler, die das Ziel der Hauptschule nicht erreicht haben, wenn begründete Aussicht besteht, daß sie hierdurch wesentlich gefördert werden können[51]. Dies gilt insbesondere für Kinder, die die Schule z. B. wegen Erkrankung längere Zeit nicht besucht haben. Über die Verlängerung entscheidet die Schulaufsichtsbehörde auf Antrag der Eltern oder des Schulleiters; im letzteren Fall ist die Anhörung der Erziehungsberechtigten erforderlich. Automatisch verlängert sich die Dauer der Vollzeitschulpflicht für zurückgestellte Kinder, soweit die Zeit der Zurückstellung nicht angerechnet wird (vgl. TZ 25.212). *Die Vollzeitschulpflicht kann* in eini-

---

46 In Thüringen kann anstelle der Zurückstellung die Einweisung in eine Diagnose- und Förderklasse angeordnet werden (§ 19 Abs. 3 Satz 2 ThürSchulG). In Hessen können die zurückgestellten Kinder mit Zustimmung der Eltern Vorklassen besuchen (§ 58 Abs. 4 HSchG).
47 § 9 Satz 1 bln SchulG, § 38 Abs. 2 Satz 2 HmbSG.
48 § 13 Abs. 2 Satz 1 bln SchulG, § 38 Abs. 1 Satz 1 BbgSchulG, § 55 Abs. 1 Satz 3 BremSchulG, § 5 Satz 1 nrw SchpflG. In Sachsen-Anhalt beträgt die Vollzeitschulpflicht seit dem 1. 8. 1999 nach § 40 Abs. 2 SchulG zehn (statt bisher neun) Jahre. Sie kann im 10. Jahr auch im Berufsgrundbildungsjahr oder Berufsvorbereitungsjahr erfüllt werden; sie gilt auch als erfüllt, wenn sich an die neunjährige Schulzeit an einer allgemeinbildenden Schule unmittelbar eine Ausbildung im Rahmen der Berufsausbildung anschließt.
49 Z. B. Niedersachsen: § 9 Abs. 3 Satz 2 NSchG.
50 Und zwar in der Regel in Form des Berufsgrundbildungsjahres oder des Berufsvorbereitungsjahres (§§ 59 Abs. 3, 60 Abs. 3 HSchG). Im Ergebnis entspricht die hessische Regelung der nunmehr in Sachsen-Anhalt maßgeblichen Bestimmung.
51 Baden-Württemberg (§ 75 Abs. 2 Satz 2 SchG), Bayern (Art. 38 Satz 1 BayEUG), Hessen (§ 59 Abs. 2 HSchG), Niedersachsen (§ 66 Satz 4 NSchG), Saarland (§ 4 Abs. 2 SchPflG), Thüringen (§ 20 Abs. 2 ThürSchulG).

gen Ländern *verkürzt werden*, wenn der Schüler ein Schuljahr übersprungen hat[52].

25.22 Erfüllung

25.221 Die Vollzeitschulpflicht wird während der ersten vier (in Berlin und Brandenburg: sechs) Jahre in der *Grundschule, danach in einer weiterführenden Schule* erfüllt (in den meisten Ländern also in der Hauptschule, in der Realschule, im Gymnasium oder in der Gesamtschule)[53]. Bei vorzeitiger Entlassung aus der Realschule oder dem Gymnasium muß die verbleibende Schulpflicht in einer Schule mit niedrigerem Anspruchsniveau erfüllt werden.

25.222 Nur aus zwingenden Gründen darf die Schulaufsichtsbehörde die Erfüllung der Schulpflicht durch Teilnahme an *außerschulischem Unterricht* (z. B. Hausunterricht) gestatten[54]. Ein zwingender Grund liegt im allgemeinen nur dann vor, wenn der Schüler wegen längerer Krankheit die Schule nicht besuchen kann[55]. Keinesfalls können Eltern allein deshalb die Erteilung der Ausnahmegenehmigung verlangen, weil sie den Schulbesuch ihres Kindes aus weltanschaulichen oder pädagogischen Erwägungen ablehnen (vgl. TZ 25.144).

25.223 Schüler einer *Pflichtschule* (Grundschule, schulartunabhängige Orientierungsstufe, zumeist auch Hauptschule, ferner Regelschule in Thüringen und Sekundarschule in Sachsen-Anhalt) müssen die *örtlich zuständige Schule* besuchen, also die Schule des Schulbezirks, in dem sie wohnen (sog. *Sprengelpflicht*, TZ 3.15, TZ 4.34)[56]; demgegenüber bestehen für den Besuch einer *Wahlschule* (Realschule, Gymnasium, Gesamtschule, in Sachsen auch

---

52 Z. B. Art. 37 Abs. 3 Satz 2 BayEUG, § 66 Satz 1 Halbsatz 2 NSchG, § 5 Satz 2 nrw SchpflG, § 20 Abs. 1 Satz 2 ThürSchulG. S. auch § 47 Abs. 2 Satz 2 rp SchulG: Bei besonders begabten Schülern kann die neunjährige Frist bis zum Besuch der Sekundarstufe II um ein Schuljahr verkürzt werden. In Mecklenburg-Vorpommern kann bei Vorliegen außergewöhnlicher Fähigkeiten von der Erfüllung der Vollzeitschulpflicht befreit werden (§ 48 Abs. 4 SchulG).
53 Je nach der in den einzelnen Ländern bestehenden Struktur der Sekundarstufe I kann die Vollzeitschulpflicht nach der Grundschule (auch) erfüllt werden: in der Förderstufe (Hessen) oder Orientierungsstufe (Niedersachsen); in der Mittelschule (Sachsen), Regelschule (Thüringen), Sekundarschule (Sachsen-Anhalt), Erweiterten Realschule (Saarland), Integrierten Haupt- und Realschule (Hamburg), verbundenen Haupt- und Realschule (Hessen), Regionalen Schule (Rheinland-Pfalz); in der Wirtschaftsschule (Bayern).
54 Vgl. § 60 Abs. 2 Satz 2 HSchG.
55 Z. B. § 21 Satz 1 Nr. 2 bw SchG, § 69 Abs. 1 NSchG, § 54 ThürSchulG. Zum Anspruch eines körperbehinderten Schülers (mit spastischer Lähmung beider Beine) auf Erteilung von Hausunterricht VG Freiburg, SPE II A II S. 101. Zum Anspruch eines volljährigen Schülers auf Hausunterricht zur Vorbereitung auf den Erwerb des Realschulabschlusses als Ausgleich für krankheitsbedingt versäumten Schulunterricht OVG Lüneburg, NVwZ-RR 1997, 291.
56 Hierzu eingehend *Niehues*: Schul- und Prüfungsrecht, S. 140 ff. Rn. 193 ff. m. w. N. aus der Rspr., sowie Günter *Püttner*: Die Sprengelpflicht, RdJB 1992, 230. Vgl. auch *DJT-SchulGE*, § 44 (S. 85 f.), S. 246 f.

Schulpflicht

die Mittelschule) im allgemeinen *keine örtlichen Zuständigkeitsgrenzen* (TZ 26.224)[57]. Die Schulbehörde ist befugt, Pflichtschüler aus wichtigem Grund, also wegen der Umstände des Einzelfalls (z. B. Länge des Schulwegs) oder aus übergeordneten pädagogischen oder organisatorischen Erwägungen, insbesondere zur Sicherung einer gleichmäßigen Besetzung von Schulen und Klassen, einer anderen als der örtlich zuständigen Schule zuzuweisen[58]. Da solche Maßnahmen in der Regel das kommunale Selbstverwaltungsrecht (Art. 28 Abs. 2 GG) berühren, ist der Schulträger in den meisten Ländern zumindest im Wege der Anhörung zu beteiligen[59]. Sind die im Einzelfall von den Eltern vorgetragenen Gründe für die Zuweisung des Schülers an eine andere als die örtlich zuständige Schule so schwerwiegend, daß eine alternative Lösung nicht in Betracht kommt, schrumpft das Ermessen der Behörde auf Null; sie *muß* dem Antrag stattgeben. Schulpflichtige *Kinder von Schaustellern*, Zirkusangehörigen und fahrenden Personen gehören der Stammschule an, an der die Erziehungsberechtigten ihren Winterstandort haben; während der Reisezeit besuchen sie von den Schulaufsichtsbehörden benannte Stützpunktschulen, die in unmittelbarer Nähe des jeweiligen Festplatzes liegen[60].

25.3 Berufsschulpflicht (Teilzeitschulpflicht)[61]

25.31 Beginn und Dauer

25.311 In den Ländern, die die Schulpflicht in zwei Abschnitte – Vollzeitschulpflicht und Berufsschulpflicht – gliedern (vgl. TZ 25.15), beginnt die Pflicht zum Besuch der Berufsschule nach Beendigung der Vollzeitschul-

---

57 In Berlin, Hessen und Nordrhein-Westfalen ist auch die Hauptschule Wahlschule (vgl. § 10 Abs. 2 bln SchulG, § 143 Abs. 1 HSchG, § 9 Abs. 1 Satz 1 nrw SchVG). In Niedersachsen legt der Schulträger für jede Schule des Sekundarbereichs I einen Schulbezirk fest (§ 63 Abs. 2 NSchG); demnach sind auch Realschulen, Gymnasien und Gesamtschulen Pflichtschulen. In Schleswig-Holstein zählen die Realschulen zu den Pflichtschulen (§ 44 Abs. 1 SchulG).
58 Z.B. § 76 Abs. 2 Satz 3 bw SchG (»wenn wichtige Gründe vorliegen«); Art. 42 Abs. 2, 43 Abs. 3 BayEUG (»zur Bildung möglichst gleich starker Klassen«); § 63 Abs. 3 Satz 4 NSchG (wenn der Besuch der zuständigen Schule für die Betroffenen »eine unzumutbare Härte« darstellen würde oder der Besuch der anderen Schule »aus pädagogischen Gründen geboten erscheint«); § 46 Abs. 3 SchulG M-V; § 50 Abs. 2 Satz 2 rp SchulG, § 19 Abs. 3 saarl SchoG, § 44 Abs. 5 sh SchulG (»aus wichtigem Grund«); § 25 Abs. 3 sächs SchulG (»bei Vorliegen wichtiger Gründe«). OVG Greifswald, NordÖR 1999, 110: Der Begriff des wichtigen Grundes erfaßt auch die Förderung einer außerschulischen Betätigung des Schülers (durch die Stundenplangestaltung der außerhalb des Schulbezirks gelegenen Schule, die seine Teilnahme am Schwimmtraining des Schwimmvereins ermöglicht).
59 § 6 Abs. 3 nrw SchpflG verlangt das »Einvernehmen«, § 44 Abs. 5 sh SchulG die vorherige »Anhörung« des Schulträgers (und der Eltern), Art. 42 Abs. 2 BayEUG das »Benehmen mit der zuständigen Gemeinde« (und den betroffenen Elternbeiräten), § 19 Abs. 3 saarl SchoG das »Benehmen« mit dem Schulträger. Zur Beteiligung des kommunalen Schulträgers *Niehues*: Schul- und Prüfungsrecht, S. 140 ff. Rn. 194 ff.
60 Z. B. §§ 30 ff. bbg Sekundarstufe-I-VO vom 5. 5. 1997 (GVBl. II S. 374); bay Bek. vom 7. 2. 1996 (KWMBl. I S. 114) und nrw RdErl. vom 20. 4. 1994 (GABl. S. 84).
61 Eine »Empfehlung zu Einzelregelungen für die (Berufs-)Schulpflicht« gab die KMK in ihrem Beschluß vom 30. 1. 1981 (KMK-BeschlS. Nr. 828).

pflicht. In den übrigen Ländern, die eine einheitliche zwölfjährige Schulpflicht vorsehen, gibt es genau genommen keine besondere Berufsschulpflicht; dort wird die Schulpflicht in den letzten drei Jahren durch den Besuch einer allgemein- oder berufsbildenden Vollzeitschule oder einer Berufsschule erfüllt. Der Unterschied ist in der Praxis wenig bedeutsam, da auch in den erstgenannten Ländern der Besuch einer Vollzeitschule anstelle der Berufsschule möglich ist (dazu unten, TZ 25.321). Daraus ergibt sich: *Jugendliche, die nach neun Schuljahren*[62] *nicht (mehr) in eine Vollzeitschule gehen, müssen die Berufsschule besuchen.* Das gilt jedenfalls dann, wenn ein Berufsausbildungsverhältnis begründet wird.

25.312 Die Berufsschulpflicht *dauert* in der Regel drei Jahre[63], zumindest aber bis zum Abschluß der Berufsausbildung[64]. Solange das Ausbildungsverhältnis besteht, muß der Auszubildende die Berufsschule besuchen. Bei einem Wechsel des Ausbildungsberufs lebt im allgemeinen die Berufsschulpflicht wieder auf.
Die Berufsschulpflicht *endet*[65]:
- in allen Ländern mit dem Ende der Berufsausbildung[66];
- wenn die Schulaufsichtsbehörde feststellt, daß die bisherige Ausbildung den weiteren Besuch der Berufsschule entbehrlich macht (insbesondere für Schüler mit Abschlüssen an bestimmten Berufsfachschulen, z. B. Handelsschulen)[67];
- in einigen Ländern aus sonstigen Gründen, insbesondere nach erfolgreichem Besuch bestimmter Vollzeitschulen oder bestimmter Klassenstufen

---

62 In Berlin, Brandenburg, Bremen und Nordrhein-Westfalen nach zehn Schuljahren (§ 13 Abs. 2 Satz 1 bln SchulG, § 38 Abs. 1 Satz 1 BbgSchulG, § 55 Abs. 1 Satz 3 BremSchulG, § 5 Satz 1 nrw SchpflG). Auch in Sachsen-Anhalt nach zehn Vollzeitschuljahren, sofern sich nicht an die 9jährige Schulzeit in einer allgemeinbildenden Schule unmittelbar eine Ausbildung im Rahmen der Berufsausbildung anschließt (§ 40 Abs. 2 SchulG).
63 So ausdrücklich § 78 Abs. 1 Satz 1 bw SchG, § 9 Abs. 1 Satz 1 saarl SchPflG, § 28 Abs. 2 sächs SchulG.
64 § 78 Abs. 2 Satz 1 bw SchG, Art. 39 Abs. 2 Satz 2 BayEUG, § 14 Abs. 1 Satz 1 bln SchulG, § 39 Abs. 2 Satz 1 BbgSchulG, § 39 Abs. 2 HmbSG, § 62 Abs. 2 HSchG, § 65 Abs. 3 Satz 1 NSchG, § 11 Abs. 1 nrw SchpflG, § 49 Abs. 1 Satz 1 rp SchulG, § 28 Abs. 4 Satz 2 sächs SchulG, § 40 Abs. 4 Satz 2 SchulG LSA, § 43 Abs. 1 Nr. 1 sh SchulG, § 21 Abs. 5 Satz 2 ThürSchulG.
65 Die Terminologie ist uneinheitlich; einige Länder lassen bei einzelnen Tatbeständen eine Befreiung von der Schulpflicht oder ihr Ruhen eintreten (vgl. auch TZ 25.321).
66 In Baden-Württemberg, Mecklenburg-Vorpommern, Rheinland-Pfalz und Sachsen auch über die Vollendung des 18. Lj. hinaus, sofern das Ausbildungsverhältnis vorher begonnen wurde; im Saarland spätestens mit der Vollendung des 21. Lj.; in Bayern und Thüringen spätestens mit dem Schuljahr, in dem der Auszubildende das 21. Lj. vollendet; in Brandenburg und Nordrhein-Westfalen auch über die Vollendung des 21. Lj. hinaus, sofern das Ausbildungsverhältnis vorher begonnen wurde. In den übrigen Ländern endet die Berufsschulpflicht auch dann erst mit dem Ende der Berufsausbildung, wenn das Ausbildungsverhältnis nach Vollendung des 21. Lj. begründet wurde; doch ist in diesem Fall in Berlin auf Antrag von der Berufsschulpflicht zu befreien.
67 Z. B. § 81 Abs. 1 Satz 2 Nr. 1 bw SchG, § 39 Abs. 6 HmbSG, § 11 Abs. 3 nrw SchpflG, § 28 Abs. 5 Satz 1 sächs SchulG, § 43 Abs. 3 sh SchulG, § 22 Abs. 2 Satz 2 ThürSchulG.

Schulpflicht

von Vollzeitschulen, sofern kein Berufsausbildungsverhältnis begründet wird[68].

Für Jugendliche ohne Ausbildungsplatz endet die Berufsschulpflicht in den meisten Ländern spätestens mit dem Schuljahr oder Schulhalbjahr, in dem der Schüler 18 Jahre alt wird[69]; sie endet vorzeitig nach Besuch eines Vollzeitschuljahres an einer berufsbildenden Schule (z. B. Berufsgrundschuljahr, vgl. TZ 3.522)[70]; in Sachsen *kann* die Berufsschulpflicht in diesem Fall vorzeitig für beendet erklärt werden[71].

25.32 Erfüllung, Befreiung, Ruhen, Beurlaubung

25.321 Die Berufsschulpflicht kann außer durch den Besuch der Berufsschule[72] auch in anderer Weise *erfüllt* werden, insbesondere
- durch den Besuch einer allgemeinbildenden oder berufsbildenden (öffentlichen oder privaten) Vollzeitschule oder einer Hochschule. Wird jedoch danach ein Ausbildungsverhältnis begründet, lebt in der Regel die Berufsschulpflicht wieder auf;
- durch eine Ausbildung für einen Beruf im öffentlichen Dienst im Rahmen eines Beamtenverhältnisses oder eines öffentlich-rechtlichen Ausbildungsverhältnisses.

In einigen Ländern tritt in diesen Fällen eine *Befreiung* von der Berufsschulpflicht oder ihr *Ruhen* ein. Die Pflicht zum Besuch der Berufsschule ruht ferner
- während des Wehrdienstes oder Zivildienstes;
- während der Ableistung eines freiwilligen sozialen Jahres, sofern ein dem Berufsschulunterricht gleichwertiger Unterricht erteilt wird;
- während bestimmter Zeiten vor und nach einer Niederkunft (soweit die Berufsschulpflicht nicht durch vorzeitige Beendigung entfällt)[73].

25.322 Der Berufsschüler kann nur aus wichtigem Grund vom Schulbesuch *beurlaubt* werden[74]. Das Vorbringen, er werde zur Verrichtung bestimmter Arbeiten im Betrieb benötigt (z. B. Weihnachtsgeschäft, Ausverkaufszeit, Jahresabschluß), kann die Beurlaubung nur in besonderen Ausnahmefällen

---

68 Z. B. in Bayern nach Erreichen des Bildungsziels der 10. Jahrgangsstufe eines Gymnasiums, einer Realschule oder einer Wirtschaftsschule (Art. 39 Abs. 3 Satz 1 Nr 4 BayEUG).
69 § 78 Abs. 1 Satz 2 bw SchG, § 39 Abs. 3 BbgSchulG, § 62 Abs. 3 Satz 1 HSchG, § 42 Abs. 2 Satz 1 Nr. 2 SchulG M-V, § 11 Abs. 2 Satz 1 nrw SchpflG, § 43 Abs. 1 Nr. 2 sh SchulG.
70 § 78a Abs. 1 Satz 1, § 10 Abs. 5 bw SchG; § 14 Abs. 3 bln SchulG; § 41 Abs. 2 Satz 1 Nr. 2 SchulG M-V; § 40 Abs. 4 Satz 1 SchulG LSA; § 43 Abs. 3 sh SchulG; § 22 Abs. 1 Satz 1 Nr. 3 ThürSchulG.
71 § 28 Abs. 5 Satz 1 sächs SchulG.
72 Zur Möglichkeit, das erste Berufsschuljahr als Vollzeitschuljahr zur Vermittlung einer beruflichen Grundbildung einzurichten (Berufsgrundschuljahr), s. TZ 3.522.
73 Im allgemeinen drei oder vier Monate vor, zwei oder drei Monate nach der Niederkunft (z. B. § 40 Abs. 1 Nr. 7 BbgSchulG, § 56 BremSchulG, § 40 Abs. 1 HmbSG, § 65 Abs. 1 Satz 1 HSchG, § 44 Abs. 2 Satz 1 SchulG M-V, § 13 Abs. 2 Nr. 6 nrw SchpflG, § 29 Abs. 2 Nr. 5 sächs SchulG, § 40 Abs. 7 Satz 1 SchulG LSA, § 18 Abs. 2 Satz 1 ThürSchulG).
74 Hierzu KMK-Beschluß vom 30. 5. 1980: Empfehlung zur Beurlaubung von Berufsschülern (KMK-BeschlS. Nr. 829).

rechtfertigen. Der Betriebsurlaub des Berufsschülers soll in den Schulferien liegen. Ist dies aus betrieblichen Gründen nicht möglich, muß bei der Schule Beurlaubung beantragt werden[75]. Die Berufsschule kann verlangen, daß der ausgefallene Unterricht nachgeholt wird. Jene Länder, in denen die Mutterschaft nicht als Grund für die vorzeitige Beendigung oder das Ruhen der Schulpflicht anerkannt ist, sehen die Möglichkeit der Beurlaubung schulpflichtiger Mütter vor[76].

25.323 Zuständige Berufsschule ist in der Regel die des Beschäftigungsorts[77], und zwar die Berufsschule oder Berufsschulabteilung der Fachrichtung, die der Berufsausbildung entspricht, sonst die allgemeine Berufsschule. Die Schule bzw. die Schulaufsichtsbehörde kann aus wichtigen (sozialen, wirtschaftlichen, verkehrstechnischen) Gründen den Besuch einer anderen als der zuständigen Berufsschule gestatten[78]. Falls an der Berufsschule des Beschäftigungsorts keine Fachklassen für einzelne Berufe vorhanden sind, ist die Zuweisung an eine andere Berufsschule mit Bezirksfachklassen durch die Schulaufsichtsbehörde zweckmäßig. Auszubildende aus Streu- und Splitterberufen können zur Teilnahme an zusammenhängenden Lehrgängen (Blockunterricht) in *Zentralberufsschulen* verpflichtet werden[79]. Auch für Jugendliche in den Jugendstrafanstalten ist in der Regel Berufsschulunterricht vorgesehen[80].

---

75 § 5 Abs. 4 bw SchulbesuchsVO.
76 S. etwa § 22 Abs. 7 bay Berufsschulordnung.
77 So z. B. § 79 Abs. 1 bw SchG, § 63 Abs. 1 HSchG, wonach im übrigen bei Berufsschulpflichtigen ohne Ausbildungs- oder Arbeitsverhältnis die Berufsschule des Wohnorts zuständig ist. S. demgegenüber etwa § 25 Abs. 3 Satz 1 sächs SchulG, der vorschreibt, daß der Berufsschulpflichtige generell die Schule zu besuchen hat, in deren Schulbezirk er wohnt.
78 Z. B. § 79 Abs. 2 bw SchG, § 25 Abs. 3 Satz 3 sächs SchulG.
79 Doch verstößt der Gesetzgeber hierbei gegen den Gleichheitssatz, wenn er nicht dafür Sorge trägt, daß die Berufsschulpflichtigen in angemessenem Umfang von den unvermeidlichen Mehrkosten für eine notwendige auswärtige Unterbringung freizustellen sind, die ihnen während der Zeit des Blockunterrichts entstehen (so BayVerfGH, SPE n. F. 190 Nr. 5).
80 Z. B. § 36 Abs. 4 Satz 1 BbgSchulG, § 47 Satz 1 SchulG M-V, § 69 Abs. 2 NSchG, § 26 Abs. 4 sh SchulG.

Schulpflicht

25.4 Schulpflicht für Kinder und Jugendliche mit sonderpädagogischem Förderbedarf[81]

Auch behinderte Kinder und Jugendliche unterliegen der Schulpflicht. Sie erfüllen sie *entweder in der allgemeinen Schule (Regelschule) oder in der Sonderschule (Förderschule)*. Dabei ist Art. 3 Abs. 3 Satz 2 GG zu beachten, wonach niemand wegen seiner Behinderung benachteiligt werden darf. Mit Rücksicht darauf läßt sich ein genereller Ausschluß der Möglichkeit gemeinsamer Unterrichtung und Erziehung behinderter und nichtbehinderter Schüler in der allgmeinen Schule verfassungsrechtlich nicht rechtfertigen[82]. Demgemäß haben die meisten Länder gesetzliche Vorkehrungen getroffen, die auch Schülern mit sonderpädagogischem Förderbedarf den Besuch der Regelschule ermöglichen; sie haben aber im allgemeinen die *integrative Beschulung unter* den *Vorbehalt des organisatorisch, personell und sächlich Möglichen* gestellt (dazu im einzelnen TZ 3.6).
Das Bundesverfassungsgericht hat in seinem wegweisenden Beschluß vom 8. 10. 1997 mit Nachdruck *betont, daß* auch *bei der konkreten Entscheidung der Schulbehörde darüber, in welcher Schule ein Schüler mit sonderpädagogischem Förderbedarf zu unterrichten ist, das Diskriminierungsverbot des Art. 3*

---

81 Hierzu die Empfehlungen der KMK zur sonderpädagogischen Förderung in den Schulen der Bundesrepublik Deutschland vom 6. 5. 1994 (KMK-BeschlS. Nr. 301), die an die Stelle der früheren KMK-Empfehlung zur Ordnung des Sonderschulwesens vom 16. 3. 1972 getreten sind, sowie die umfangreichen KMK-Empfehlungen zu den einzelnen Formen der Sonderschulen (KMK-BeschlS. Nr. 302 ff.). Ferner *Deutscher Bildungsrat*: Empfehlungen der Bildungskommission: Zur pädagogischen Förderung behinderter und von Behinderung bedrohter Kinder und Jugendlicher, Bonn 1973. – Aus der kaum noch überschaubaren Literatur: *Bundesvereinigung Lebenshilfe für geistig Behinderte e. V.* (Hrsg.): Rechtliche Grundlagen und Probleme schulischer Integration, Marburg 1991 (darin insbesondere die Beiträge von Ursula *Fehnemann*: Integration: Schule – Elternrecht – Grundrechte des Kindes, S. 44; Hans-Peter *Füssel*: Landesgesetzliche Regelung als Voraussetzung zur Integration, S. 57; Fritz *Dyckmans*: Gemeinsame Unterrichtung – ein einklagbarer Rechtsanspruch für geistig behinderte Schüler?, S. 65; Dietrich *Kaldewi*: Das Wohl des Kindes zwischen Elternwille und Expertenurteil, S. 73); ferner Heft 2/1996 von RdJB, das dem Thema »Behinderte Kinder und Jugendliche« gewidmet ist (darin u. a. die Beiträge von Uwe *Berlit*: Rechtspolitik zur Gleichstellung behinderter Menschen, S. 145; Michael *Sachs*: Das Grundrecht der Behinderten aus Art. 3 Abs. 3 Satz 2 GG, S. 154; Alfred *Sander*: Neue Formen der sonderpädagogischen Förderung in deutschen Schulen, S. 174; Hans-Peter *Füssel*: Auf dem Weg zur Integration?, S. 188). An Monographien seien genannt: Hans-Peter *Füssel*: Elternrecht und Sonderschule – ein Beitrag zum Umfang des Elternrechts für Lernbehinderte, Berlin 1987; ders.: Gemeinsame Unterrichtung von behinderten und nichtbehinderten Kindern und Jugendlichen. Senatsverwaltung für Schule, Berufsbildung und Sport (Hrsg.), Berlin 1990; ders./Rudolf *Kretschmann*: Gemeinsamer Unterricht für behinderte und nichtbehinderte Kinder, Witterschlick/Bonn 1993 (mit einer ausführlichen Bibliographie). Über das Schulrecht hinaus geht Wiltraut *Thust*: Recht der Behinderten. 2. Aufl., Weinheim 1989. Aus pädagogischer Sicht: Dirk *Randoll*: Lernbehinderte in der Schule: Integration oder Segregation?, Köln 1991.
82 BVerfGE 96, 288 (304 ff.).

Abs. 3 Satz 2 GG beachtet werden muß[83]. Allerdings bedeute dieses Verbot nicht, daß die Überweisung eines Schülers an eine Sonderschule schon für sich eine verfassungswidrige Benachteiligung beinhalte[84]. Eine solche Benachteiligung liegt jedoch nach Auffassung des Gerichts dann vor, wenn der Schüler an die Sonderschule überwiesen wird, obwohl eine Unterrichtung an der Regelschule mit sonderpädagogischer Förderung möglich ist, der dafür benötigte personelle und sächliche Aufwand mit vorhandenen Personal- und Sachmitteln bestritten werden kann und auch organisatorische Schwierigkeiten und schutzwürdige Belange Dritter der integrativen Beschulung nicht entgegenstehen.

Die zuständige Schulbehörde muß bei der Entscheidung über Integration oder Separation eines behinderten Schülers die verfassungsrechtlichen Maßgaben des Gerichts beachten: Sie hat *Art und Grad der jeweiligen Behinderung* zu berücksichtigen, ferner die *Vor- und Nachteile der Integration des behinderten Schülers in der Regelschule einerseits und seiner Unterrichtung in der Sonderschule andererseits* gegeneinander abzuwägen. Hinsichtlich der integrativen Beschulung sind nicht nur die dem behinderten Schüler eröffneten Chancen für seine Ausbildung und seinen späteren Lebensweg zu bedenken, sondern auch die damit möglicherweise einhergehenden Belastungen für den Behinderten selbst wie auch für die Mitschüler und das Lehrpersonal in die

---

83 BVerfGE 96, 288 (306 ff.). Zur komplizierten Vorgeschichte dieses Beschlusses s. BVerfGE 96, 288 (294 ff.): Die Beschwerdeführerin, ein 1984 mit einer Fehlbildung des Rückenmarks geborenes Mädchen, wurde nach dem Besuch der allgemeinen Grundschule in die 5. Klasse einer Integrierten Gesamtschule aufgenommen. Die zuständige niedersächsische Bezirksregierung stellte unter Berücksichtigung eines sonderpädagogischen Gutachtens und einer Empfehlung der Förderkommission sonderpädagogischen Förderbedarf fest und verfügte – gegen den Willen der Eltern – die Überweisung des Mädchens an eine Sonderschule für Körperbehinderte. Im Widerspruchsbescheid ordnete sie außerdem die sofortige Vollziehung der Überweisung an. Die Schülerin erhob Klage vor dem Verwaltungsgericht (über die zum Zeitpunkt des Beschlusses des BVerfG noch nicht entschieden war). Ihren Antrag auf Wiederherstellung der aufschiebenden Wirkung der Klage lehnte das OVG Lüneburg ab (Beschluß vom 28.5.1996, Az.: 13 M 1663/96). Diesen Beschluß hob das BVerfG durch Kammerbeschluß vom 30.7.1996 auf (JZ 1996, 1073 m. Anm. v. Lutz *Dietze*, NJW 1997, 1062) und wies die Sache an das OVG zurück. Die Beschwerdeführerin – so das BVerfG damals – werde durch die Entscheidung des OVG in ihrem Recht aus Art. 3 Abs. 3 Satz 2 GG verletzt, weil die Begründung nicht erkennen lasse, daß das Gericht die Ausstrahlungswirkung dieser Regelung berücksichtigt habe. Das OVG lehnte den Antrag der Beschwerdeführerin auf Wiederherstellung der aufschiebenden Wirkung ihrer Klage durch Beschluß vom 29.11.1996 erneut ab (NJW 1997, 1087). Auf Antrag der Beschwerdeführerin setzte das BVerfG durch Kammerbeschluß vom 4.4.1997 (NJW 1997, 1844) die Wirkung dieser Entscheidung aus und entschied sodann in seinem Beschluß vom 8.10.1997 über die gegen den Beschluß des OVG Lüneburg vom 29.11.1996 eingelegte Verfassungsbeschwerde.
84 So aber Gunther *Jürgens*: Grundrecht für Behinderte, NVwZ 1995, 452 (453); *Sachs*, RdJB 1996, 168.

Abwägung einzubeziehen[85]. Auch darf der mit der integrativen Beschulung verbundene Aufwand nicht zu Lasten solcher Kinder gehen, deren Teilnahme am allgemeinen Unterricht aufgrund der Art und der Schwere ihrer Behinderung ausgeschlossen oder pädagogisch nicht wünschenswert ist. Schließlich müssen die Grundrechte der Betroffenen auch in ihrer Ausstrahlung auf Entscheidungsverfahren und -begründung gewahrt werden. Deshalb darf sich die Schulbehörde über den Elternwunsch und die Vorstellungen des behinderten Kindes nicht mit dem pauschal vorgebrachten Argument hinwegsetzen, die Unterrichtung des Schülers in der Sonderschule diene am ehesten seinem wohlverstandenen Interesse. Vielmehr hat sie das Recht des Schülers auf eine seine Anlagen und Befähigungen möglichst weitgehend berücksichtigende Ausbildung (Art. 2 Abs. 1 GG) und das Recht der Eltern auf die Bestimmung des Bildungswegs des Kindes (Art. 6 Abs. 2 Satz 1 GG, dazu TZ 24.33) zu beachten. Den Erziehungsberechtigten und dem behinderten Kind muß mithin Gelegenheit gegeben werden, ihren Standpunkt rechtzeitig und wirkungsvoll zu vertreten; darüber hinaus sind kompetente Personen und Stellen (Lehrer, Sonderpädagogen, Schulpsychologischer Dienst, Gesundheitsamt u. a.) durch Empfehlungen und Gutachten an der Entscheidungsfindung zu beteiligen (vgl. TZ 25.413). *Verfügt die Behörde die Überweisung des Schülers an eine Sonderschule* gegen seinen und seiner Eltern Willen, *muß sie ihre Maßnahme substantiell begründen*. Sie muß erkennen lassen, auf welchen Erwägungen ihre Entscheidung im einzelnen beruht und warum sie den entgegengesetzten Wünschen des Behinderten und seiner Eltern nicht entspricht. Insbesondere sind die Gesichtspunkte darzulegen, deren Beachtung Art. 3 Abs. 3 Satz 2 GG verlangt. Demgemäß ist die Behörde verpflichtet, Art und Schwere der Behinderung anzugeben sowie zu erläutern, warum nach ihrer Auffassung die Unterrichtung des behinderten Kindes am besten in der Sonderschule gewährleistet ist. Stehen der integrativen Beschulung organisatorische, personelle oder sächliche Hindernisse entgegen, muß die Behörde auf diese Schwierigkeiten hinweisen und begründen, warum sie im konkreten Fall nicht behoben werden können.

25.41 Vollzeitschulpflicht

25.411 Kinder mit sonderpädagogischem Förderbedarf werden zu demselben Zeitpunkt schulpflichtig wie die anderen Kinder. Allerdings sind auch bei ihnen *Zurückstellungen* (vgl. TZ 25.212) möglich, wobei der Besuch eines Schulkindergartens oder einer Vorklasse (an einer Regelschule oder an einer Sonderschule) zur Pflicht gemacht werden kann. In einigen Ländern können auch noch nicht schulpflichtige behinderte Kinder auf Antrag der Eltern in

---

85 Demgegenüber meint Jochen Abr. *Frowein*: Die Überwindung von Diskriminierung als Staatsauftrag in Art. 3 Abs. 3 GG, in: Franz Ruland/Hans-Jürgen Papier/Bernd Baron von Maydell (Hrsg.): Verfassung, Theorie und Praxis des Sozialstaats. Festschrift für Hans F. Zacher zum 70. Geburtstag, Heidelberg 1998, S. 157 (165), das Verbot des Art. 3 Abs. 3 Satz 2 GG lasse es nicht zu, das Entfaltungsrecht des behinderten Schülers deswegen zu beeinträchtigen, weil seine Behinderung die Teilnahme der nichtbehinderten Schüler am Unterricht erschwere.

Sonderschulen oder Sonderschulkindergärten aufgenommen werden, wenn zu erwarten ist, daß sich die frühzeitig einsetzende sonderpädagogische Förderung auf ihre Entwicklung günstig auswirkt[86]. Für bestimmte Gruppen von Behinderten (insbesondere für Blinde, Sehbehinderte und Hörgeschädigte) dauert die Vollzeitschulpflicht in manchen Ländern von vornherein ein oder zwei Jahre länger als sonst üblich[87]. Im übrigen sehen die Gesetze zumeist die Möglichkeit der *Verlängerung* der Schulpflicht um zwei oder drei Jahre vor, wenn zu erwarten ist, daß der Schüler dadurch dem angestrebten Abschluß nähergebracht werden kann[88]. Schüler einer Sonderschule, von denen zu erwarten ist, daß sie mit Erfolg am Unterricht der Regelschule teilnehmen können, sind dorthin zu überweisen[89].

25.412 Sofern der Behinderte in der Regelschule auch durch besondere Hilfen nicht oder nicht hinreichend gefördert werden kann, erfüllt er seine Schulpflicht an einer Sonderschule (Förderschule), die der Art und dem Grad der Behinderung entspricht[90]. Wenn es erforderlich ist, kann er mit Zustimmung der Eltern in einem Heim oder in Familienpflege untergebracht werden. Eine mit Freiheitsentziehung verbundene Unterbringung in einer geschlossenen Anstalt bedarf in jedem Fall der Genehmigung des Familiengerichts (§ 1631 b Satz 1 BGB). Verweigern die Eltern die Zustimmung, kann eine Entscheidung des Familiengerichts nach § 1666 Abs. 1 BGB herbeigeführt werden[91]. Falls der Schüler die Schule wegen der Art oder Schwere der Behinderung nicht besuchen kann, kommt Hausunterricht in Betracht[92].

25.413 Die Überweisung des behinderten Kindes oder Jugendlichen an eine Sonderschule greift in das Entfaltungsrecht des jungen Menschen (Art. 2 Abs. 1 GG) und in das Elternrecht (Art. 6 Abs. 2 Satz 1 GG) ein; sie *bedarf* daher wegen des Vorbehalts des Gesetzes (TZ 15.3) *einer gesetzlichen Grundlage*. Alle Länder haben in ihren Schulgesetzen oder Schulpflichtgesetzen inzwischen die erforderlichen Regelungen erlassen[93]. Die Entscheidung über die Überweisung an die Sonderschule wird von der Schulaufsichtsbehörde im Benehmen mit der Gesundheitsbehörde in einem *Überprüfungsverfahren* getroffen. Die Eltern sind zu hören. Voraussetzung für die Entscheidung sind

---

86 § 58 Abs. 2 HSchG (mit vier Jahren), § 7 Abs. 9 nrw SchpflG (mit drei Jahren), § 4 Abs. 8 Satz 3 saarl SchoG, § 13 Abs. 4 sächs SchulG.
87 Art. 41 Abs. 2 BayEUG, § 61 Abs. 3 HSchG, § 7 Abs. 7 nrw SchpflG, § 6 Abs. 3 saarl SchPflG.
88 Z. B. § 83 Nr. 2 bw SchG, § 61 Abs. 2 HSchG, § 6 Abs. 4 saarl SchPflG, § 6 Abs. 5 thür FörderschulG.
89 Z. B. § 83 Nr. 3 bw SchG (Ende der Sonderschulpflicht), Art. 41 Abs. 7 BayEUG. Vgl. auch OVG Münster, SPE II A IX S. 71; VG Freiburg, SPE II A IX S. 73.
90 VGH München, SPE n. F. 333 Nr. 5: Auch die Aufnahme eines behinderten Schülers in eine private Ersatzschule (Montessori-Schule) setzt nach Art. 21 Abs. 1 Satz 1 BayEUG voraus, daß der Schüler den Hauptschulabschluß erreichen kann. Ist diese Prognose nicht möglich, muß er die für ihn in Betracht kommende Förderschule besuchen.
91 § 84 Abs. 3 Satz 3 bw SchG, § 8 Abs. 2 nrw SchpflG, § 7 Abs. 3 saarl SchPflG.
92 Vgl. § 21 Satz 1 Nr. 1 bw SchG, § 36 Abs. 3 Satz 3 BbgSchulG.
93 Noch 1988 äußerte der VGH Kassel, SPE n. F. 800 Nr. 14, erhebliche Zweifel, ob die im früheren § 6 Abs. 1 hess SchPflG für sonderschulbedürftige Kinder geregelte Pflicht »zum Besuch einer ihrer Eigenart entsprechenden Sonderschule« den verfassungsrechtlichen Anforderungen des Vorbehalts des Gesetzes genüge.

Gutachten des Klassenlehrers, ggf. auch des Schulleiters, der sich einen persönlichen Eindruck von dem Kind verschaffen muß, und der Gesundheitsbehörde, wobei der Amts- oder Schularzt einen Facharzt oder einen Psychologen zu Rate ziehen kann (zur Testanwendung vgl. TZ 31.2). Die Überweisung ist ein anfechtbarer Verwaltungsakt (TZ 34.323), der der vollen gerichtlichen Kontrolle unterliegt[94]. Hierbei ist von der Situation zum Zeitpunkt der letzten mündlichen Verhandlung auszugehen; doch ist auch die Prognose über die weitere Entwicklung des Schülers zu berücksichtigen[95]. Über die Unterbringung in einem Heim oder in Familienpflege (TZ 25.412) entscheidet die Schulaufsichtsbehörde im Einvernehmen mit dem Jugendamt[96]; die Durchführung obliegt den Jugendbehörden (vgl. auch TZ 5.311)[97]. Die Kosten der Unterbringung gehören zum Lebensbedarf des Kindes und sind deshalb grundsätzlich von den Eltern zu tragen (§§ 1602, 1610 BGB)[98]; ist den Eltern die Aufbringung der Mittel nicht zuzumuten, übernimmt der Träger der Sozialhilfe die Kosten (§§ 43, 28, 9, 96 BSHG)[99].

25.42 Berufsschulpflicht[100]

Jugendliche mit sonderpädagogischem Förderbedarf, die ihre Vollzeitschulpflicht erfüllt haben, sind zum Besuch der Berufsschule oder, sofern sie in der Berufsschule auch durch besondere Hilfen nicht hinreichend gefördert werden können, zum Besuch einer ihrer Behinderung entsprechenden *Sonderberufsschule oder Sonderklasse* einer Berufsschule verpflichtet. Ihnen ist Gelegenheit zu einer qualifizierten Berufsausbildung in einem anerkannten Ausbildungsberuf oder, wo dies nicht durchführbar erscheint, in einem für Behinderte vorgesehenen Ausbildungsberuf zu eröffnen. Ist auch dies nicht möglich, soll der Jugendliche nach seinen individuellen Möglichkeiten und Fähigkeiten auf eine Berufstätigkeit mit selbständiger Lebensführung oder auf eine Beschäftigung in einer Werkstatt für Behinderte (vgl. §§ 54 ff. SchwbG) vorbereitet werden. Die Schulaufsichtsbehörde entscheidet darüber, welche Schule oder Sonderklasse der Schulpflichtige zu besuchen hat[101].

---

94 Vgl. VGH München, SPE n. F. 333 Nr. 3.
95 OVG Münster, SPE n. F. 800 Nr. 15, SPE II A IX, S. 71.
96 § 84 Abs. 3 bw SchG, § 68 Abs. 3 Satz 2 NSchG, § 8 Abs. 1 Satz 2 nrw SchpflG.
97 Die Schulbehörde ist nur dann zuständig, wenn das Heim der Schulaufsicht untersteht.
98 Uwe *Diederichsen*, in: Otto Palandt: Bürgerliches Gesetzbuch. Kommentar. 58. Aufl., München 1999, § 1666a Rn. 3.
99 Ggf. übernimmt der Träger der öffentlichen Jugendhilfe die Kosten (vgl. im einzelnen §§ 91 ff. SGB VIII). Zu den Schwierigkeiten der Abgrenzung der Leistungsbereiche und der Kostenträgerschaft zwischen den Behörden der Sozialhilfe und der Jugendhilfe s. Reinhard *Wiesner*, in: ders./Ferdinand Kaufmann/Thomas Mörsberger/Helga Oberloskamp/Jutta Struck: SGB VIII. Kinder- und Jugendhilfe. Kommentar, München 1995, § 35a Rn. 13 ff.
100 Hierzu die Empfehlungen der KMK zur sonderpädagogischen Förderung (Anm. 81) unter III.3.6, ferner die KMK-Beschlüsse vom 6.2.1975 und vom 29.10.1982 (KMK-BeschlS. Nr. 303 und 304).
101 Z. B. § 14 Abs. 1 nrw SchpflG.

25.5 Durchsetzung der Schulpflichterfüllung[102]

25.51 Geldbußen und Strafen

25.511 Wer als Erziehungsberechtigter, Ausbildender oder Arbeitgeber die Pflicht zur Überwachung der Schulpflicht (TZ 25.132) vorsätzlich oder fahrlässig verletzt, begeht eine Ordnungswidrigkeit[103], die mit einer *Geldbuße*[104] nach dem Gesetz über Ordnungswidrigkeiten (OWiG) geahndet werden kann[105]. Das gleiche gilt in den meisten Ländern für die – auch noch nicht volljährigen – Schulpflichtigen selbst, wenn sie sich durch »Schwänzen« der Schulpflicht entziehen[106]; Voraussetzung ist allerdings, daß der Jugendliche für sein Handeln verantwortlich ist (also mindestens 14 Jahre alt und zur Tatzeit nach seiner sittlichen und geistigen Entwicklung reif genug, das Unrecht der Tat einzusehen und nach dieser Einsicht zu handeln, § 12 Abs. 1 OWiG, § 3 Satz 1 JGG). Zuständige Behörde ist je nach landesrechtlicher Regelung die Schulaufsichtsbehörde (z. B. Bezirksregierung oder Schulamt) oder die untere allgemeine Verwaltungsbehörde (z. B. Bürgermeister oder Landrat als untere staatliche Behörde). Gegen den Bußgeldbescheid kann der Betroffene innerhalb von zwei Wochen nach Zustellung bei der Behörde Einspruch einlegen (§ 67 Abs. 1 OWiG). Nimmt diese den Bescheid nicht zurück, entscheidet das Amtsgericht, bei Jugendlichen und Heranwachsenden der Jugendrichter (§ 68 OWiG).

25.512 Bei besonders schwerem Unrechtsgehalt können in Berlin, Bremen, Hamburg, Hessen und im Saarland Schulpflichtverstöße auch strafrechtlich verfolgt werden[107]. Im Saarland kommt sogar eine Bestrafung des Schulpflichtigen selbst in Betracht[108]; das erscheint schon deshalb wenig sinnvoll, weil der Schüler dadurch erst recht am Schulbesuch gehindert werden

---

102 Anschauliche Schilderungen dazu bei Hermann *Maier*: Probleme der Praxis bei der Überwachung der Schulpflicht, SchVw BY 1991, 133 und 174.
103 Nur Baden-Württemberg sieht davon ab, diesen Verstoß als Ordnungswidrigkeit zu sanktionieren.
104 Verschiedentlich ist die Geldbuße auf einen Höchstbetrag begrenzt: Berlin und Brandenburg: 5000 DM, Rheinland-Pfalz und Thüringen: 3000 DM, Sachsen: 2500 DM (§ 17 Abs. 3 bln SchulG, § 42 Abs. 2 BbgSchulG, § 90 Abs. 2 rp SchulG, § 61 Abs. 2 sächs SchulG, § 59 Abs. 2 Satz 1 ThürSchulG).
105 S. etwa OLG Düsseldorf, NJW 1995, 2368, und NVwZ-RR 1996, 442 (jeweils zur Schulversäumnis unmittelbar vor oder nach den Ferien); AG Bonn NJW 1989, 1047.
106 Nicht in Berlin (vgl. § 17 SchulG); in Bayern nur bei vorsätzlichem, in Thüringen nur bei beharrlichem Verstoß (Art. 119 Abs. 1 Nr. 3 BayEUG, § 59 Abs. 1 Nr. 3 ThürSchulG). – Kritisch zur Anwendung der Ordnungswidrigkeitssanktionen auf Schüler Eggert *Winter*: Schulpflicht und Strafzwang, RdJB 1978, 408 (416 f.).
107 § 17 Abs. 5 bln SchulG, § 66 BremSchulG, § 114 HmbSG, § 182 HSchG, § 17 Abs. 4 saarl SchPflG.
108 § 17 Abs. 4 Satz 1 SchPflG: »Wer sich oder einen anderen der Schulpflicht dauernd oder vorsätzlich wiederholt entzieht, wird mit Freiheitsstrafe bis zu sechs Monaten oder mit Geldstrafe bis zu 180 Tagessätzen bestraft«.

kann[109]. Die *Strafverfolgung* setzt einen Antrag der Schulaufsichtsbehörde voraus. Das Gericht kann – auf Antrag der Staatsanwaltschaft – durch Strafbefehl (§§ 407 ff. StPO) eine Geldstrafe, durch Urteil am Schluß der Hauptverhandlung (§§ 260, 268 StPO) auch eine Freiheitsstrafe bis zu sechs Monaten aussprechen[110]. Bei Jugendlichen können als Rechtsfolgen der Straftat Erziehungsmaßregeln, Zuchtmittel oder Jugendstrafe verhängt werden (§ 5 JGG)[111].

25.52 Schulzwang

Schüler, die die Schulpflicht nicht erfüllen, können nach den gesetzlichen Vorschriften der meisten Bundesländer der Schule *zwangsweise zugeführt* werden[112]. Zwang darf nach dem rechtsstaatlichen Grundsatz der Verhältnismäßigkeit erst angewendet werden, wenn andere Einwirkungen auf den Schüler, die Eltern, Ausbildenden und Arbeitgeber (z. B. eine Ordnungsmaßnahme der Schule, nachdrückliche Vorhaltungen gegenüber Eltern und Ausbildern) erfolglos geblieben sind oder keinen Erfolg versprechen[113]. Da es sich bei den »Schulschwänzern« häufig um milieugeschädigte oder verwahrloste Kinder und Jugendliche handelt, empfiehlt sich immer die *Benachrichtigung des Jugendamts*. Der gegen den Schulzwang gelegentlich vorgebrachte Einwand, er beeinträchtige das Elternrecht, ist in den Fällen elterlicher Pflichtverletzung fehl am Platz, da ein behördliches Einschreiten aufgrund des staatlichen Wächteramts (Art. 6 Abs. 2 Satz 2 GG) im Interesse des Kindeswohls geboten ist (vgl. TZ 24.31)[114]. Die zwangsweise Zuführung liegt in den Händen der für den Wohnsitz oder Beschäftigungsort des Schülers zuständigen Verwaltungs- oder Polizeibehörde, die meist im Wege der Amtshilfe, auf Antrag oder Anordnung des Schulleiters (der Schulbehörde), tätig wird[115].

---

109 Zur Problematik der Strafsanktion gegen den Schulpflichtigen selbst s. die überzeugende Kritik von *Winter*, RdJB 1978, 414 ff.
110 Hat der Angeschuldigte einen Verteidiger, so kann bereits im Strafbefehl eine Freiheitsstrafe auf Bewährung festgesetzt werden (§ 407 Abs. 2 StPO).
111 In Ostdeutschland ist der antiquierte Begriff »Zuchtmittel« aufgegeben und nach Maßgabe des Einigungsvertrages durch die Worte »Verwarnung, Erteilung von Auflagen und Jugendarrest« ersetzt worden (Anlage I zum EVtr Kapitel III Sachgebiet C Abschnitt III Nr. 3 c).
112 Eine gesetzliche Grundlage ist wegen Art. 2 Abs. 2 Satz 2 und 3 i. V. m. Art. 104 Abs. 1 GG erforderlich.
113 Die Subsidiarität des Schulzwangs ist ausdrücklich geregelt in Berlin (§ 16 Satz 1 SchulG), Hessen (§ 68 Satz 1 HSchG), Nordrhein-Westfalen (§ 19 Satz 1 SchpflG), Rheinland-Pfalz (§ 54 Abs. 2 SchulG), im Saarland (§ 68 Abs. 2 SchPflG), in Schleswig-Holstein (§ 48 Abs. 2 SchulG) und Thüringen (§ 24 Abs. 1 ThürSchulG). In den übrigen Ländern ergibt sie sich aus dem rechtsstaatlichen Übermaßverbot (vgl. TZ 24.131).
114 Vgl. VGH München, BayVBl. 1992, 343 (344).
115 Z. B. Art. 118 Abs. 1 BayEUG, § 68 Satz 3 HSchG.

25.53 Familiengerichtliche Maßnahmen

Die beharrliche Weigerung der Eltern, ihr schulpflichtiges Kind in die Schule zu schicken, stellt einen Mißbrauch des Sorgerechts dar, durch welches das Kindeswohl gefährdet wird. Das Familiengericht hat in diesem Fall, sofern die Eltern nicht gewillt oder nicht in der Lage sind, ihrer Verantwortung gerecht zu werden, die zur Abwendung der Gefahr erforderlichen Vorkehrungen zu treffen (§ 1666 Abs. 1 BGB)[116].
Wenn mildere Maßnahmen (z. B. eine Ermahnung) nicht ausreichen, kann das Gericht den Eltern das *Personensorgerecht ganz oder teilweise entziehen*, z. B. durch Entzug des Aufenthaltsbestimmungsrechts für das Kind[117].

---

116 Vgl. BayObLG, NJW 1984, 928.
117 BayObLG, NJW 1984, 928.

26. Kapitel: Zugang zur Schule, Leistungsbewertungen

26.1 Allgemeines

Das Recht auf Bildung im Sinne eines Anspruchs auf gleiche Teilhabe an den vorhandenen öffentlichen Bildungseinrichtungen (TZ 2.224) erstreckt sich zumindest auf das, was für alle Kinder und Jugendlichen Gegenstand der Schulpflicht ist (dazu das 25. Kapitel). Doch ist der Bildungsanspruch mehr als die bloße Kehrseite der Schulpflicht. Er umfaßt nicht nur die Befugnis des Schülers, für die Dauer der Schulpflicht eine Schule zu besuchen, sondern schließt das Recht des jungen Menschen ein, seine Anlagen und Befähigungen in der Schule möglichst ungehindert zu entfalten und zu diesem Zweck zwischen den verschiedenen vom Staat angebotenen Schularten zu wählen sowie entsprechende Abschlüsse zu erwerben[1]. Zum Recht der Eltern auf Bestimmung des Bildungsweges des Kindes TZ 24.33 und 26.212.

Das Teilhaberecht auf Bildung ist jedoch nicht unbegrenzt. Schulbehörden und Schulen machen den Zugang des Schülers zu den verschiedenen weiterführenden Schularten und sein Voranschreiten in der Schullaufbahn von der Erfüllung bestimmter Voraussetzungen, vor allem von seiner Eignung abhängig. Solche Einschränkungen können weitreichende Folgen für die Rechtsstellung und den künftigen schulischen und beruflichen Werdegang des Schülers haben, wenn sie den Erwerb der angestrebten Berechtigungen (TZ 4.21) gefährden oder unmöglich machen. Schulische Auslese-, Versetzungs- und Prüfungsentscheidungen, durch die dem Schüler Berechtigungen versagt werden, beeinträchtigen ihn in seinem Recht auf eine möglichst ungehinderte Entfaltung der Persönlichkeit und damit seiner Anlagen und Fähigkeiten (Art. 2 Abs. 1 GG), bei bestimmten weiterführenden Schulen in seinem Recht auf freie Wahl der Ausbildungsstätte (Art. 12 Abs. 1 GG)[2]; sie tangieren auch das Elternrecht (Art. 6 Abs. 2 GG). Daher haben diese an sich pädagogischen Entscheidungen zugleich rechtsgestaltenden Charakter. Die Legitimation des Staates, durch die Schule Berechtigungen zu erteilen und zu versagen, beruht auf der ihm zugewiesenen Verantwortung für das Schulwesen (Art. 7 Abs. 1 GG), außerdem auf seiner Befugnis, die Berufsausübung – und damit mittelbar auch den Zugang zu den Berufen – zu regeln (Art. 12 Abs. 1 Satz 2 GG)[3]. Wegen ihrer Grundrechtsrelevanz bedürfen die Erteilung und Versagung von Berechtigungen einer *gesetzlichen Grundlage*. Dabei hängt es von der Reichweite des Vorbehalts des Gesetzes ab, ob eine formellgesetzliche Regelung erforderlich ist oder ob eine Rechtsverordnung aufgrund gesetzlicher Ermächtigung genügt. Der Umfang des parlamentarischen Regelungsvorbehalts richtet sich nach der Intensität, mit der die Grundrechte der Schüler und Eltern betroffen sind[4] (vgl. im einzelnen TZ 15.38).

---

1 Zum Verhältnis von Bildungsanspruch und Schulpflicht: OVG Münster, SPE II A IX S. 81.
2 Zur Frage, welche Schulen als Ausbildungsstätten im Sinne des Art. 12 Abs. 1 GG anzusehen sind: TZ 2.224.
3 Vgl. BVerfGE 27, 195 (206).
4 BVerfGE 58, 257 (274).

26.2 Zugang zur Schule

Beim Zugang zur Schule ist zwischen dem Recht auf Wahl der Schulart (TZ 26.21) und dem Anspruch auf Aufnahme in eine bestimmte Einzelschule (TZ 26.22) zu unterscheiden.

26.21 Wahl der Schulart[5]

Im Bereich der Sekundarstufen I und II haben die Eltern das Recht, den Bildungsweg des Kindes zu bestimmen (dazu ausführlich TZ 24.33). Sie können also entscheiden, welche Schulart der Schüler im Anschluß an die Grundschule bzw. die Orientierungsstufe besucht und ob er später von der einen zur anderen Schulart überwechselt. Doch kann der Staat den Übergang des Schülers in eine andere Schulart von seiner Eignung abhängig machen.

26.211 Eine sinnvolle Auswahl bezweckt nicht nur die Zurückweisung der für eine Schulart ungeeigneten Schüler (*negative Auslese*), sondern möglichst die Zuordnung des einzelnen zu dem ihm individuell gemäßen Bildungsweg (*positive Auslese*); sie soll darauf hinwirken, daß der Schüler gemäß seinen Anlagen gefördert wird. Deshalb suchen die Unterrichtsverwaltungen auf mannigfache Weise (z.B. durch Tests), Begabungsrichtung und Begabungshöhe des Schülers festzustellen, um die für ihn bestgeeignete schulische Laufbahn zu prognostizieren. In ihrem Bestreben, die negative Auslese durch eine positive, gestaltende zu ersetzen, die den Schüler der nach seinen Anlagen und Fähigkeiten für ihn geeigneten Schulart zuweist, kann die Schule in Widerspruch zu den elterlichen Wünschen geraten.
Die Frage, ob die Schule sich mit der negativen Auslese begnügen muß oder ob sie positive Auslese betreiben darf, ist durch die Rechtsprechung, vor allem die des Bundesverfassungsgerichts, seit längerem geklärt[6].
Danach umfaßt das elterliche Recht, die künftige Lebensrichtung des Kindes zu bestimmen, auch die Auswahl der Schulart. Dieses Recht kann nicht durch ein schulisches Bestimmungsrecht außer Kraft gesetzt werden. Die Verantwortung der Eltern für die Ausbildung und das künftige Lebensschicksal ihres Kindes ist größer als die der Schule, auch wenn diese imstande sein sollte, die in dem Kind liegenden Entwicklungsmöglichkeiten besser zu erkennen als die Eltern. Selbst eine gewisse Fehlentwicklung muß hingenommen werden; die Eltern können nicht gezwungen werden, ihr begabtes Kind einer Schulart mit höherem Anspruchsniveau zuzuführen. Wenn es sich also um die Gestal-

---
5 Dazu Hermann *Avenarius*/Bernd *Jeand'Heur*: Elternwille und staatliches Bestimmungsrecht bei der Wahl der Schullaufbahn. Die gesetzlichen Grundlagen und Grenzen der Ausgestaltung von Aufnahme- bzw. Übergangsverfahren für den Besuch weiterführender Schulen, Berlin 1992. Speziell zur diesbezüglichen verwaltungsgerichtlichen Rspr. in Thüringen Wolfgang *Bott*: Der Übergang auf weiterführende Schulen, ThürVBl. 1998, 273. Aus erziehungswissenschaftlicher Sicht: Achim *Leschinsky*: Freie Schulwahl und staatliche Steuerung. Neue Regelungen des Übergangs an weiterführende Schulen, in: Marlis Dürkop (Hrsg.): Humboldt-Universität zu Berlin. Öffentliche Vorlesungen. Heft 71, Berlin 1996.
6 Insbesondere BVerfGE 34, 165 (184); ferner BVerfGE 60, 79 (94); 72, 122 (139f.).

tung des künftigen Lebensweges des Kindes handelt, geht Elternrecht vor Schulrecht. Insoweit sind die Befugnisse der Schule schwächer als die der Eltern, die – selbstverständlich ohne Mißbrauch der elterlichen Sorge – tun dürfen, was sie wollen, und nicht tun müssen, was sie nach der vielleicht sachverständigeren Meinung der Schulbehörden tun sollen[7]. Den gleichen Vorrang genießt ein volljähriger Schüler, der seinen Bildungsanspruch durchsetzen will.

Daher bleibt der *Einfluß der Schule darauf beschränkt, ungeeigneten Kindern den Zugang zur gewünschten Schulart zu versagen*. Insoweit sind dem elterlichen Erziehungsrecht durch die Gewährleistung der staatlichen Erziehungsaufgabe im Gemeinschaftsinteresse Grenzen gezogen. Die Geltendmachung der elterlichen Rechte für das *eine* Kind darf Erziehung und Unterricht der *anderen* Schüler nicht ernstlich beeinträchtigen[8]. Maßnahmen, die dazu dienen sollen, die Eignung des Kindes für die von den Eltern gewählte Schulart zu ermitteln und ungeeignete Schüler fernzuhalten, wenn sie die Arbeit der Klasse ständig behindern und die Entwicklung der Mitschüler hemmen würden, sind zulässig[9]. Umstritten ist hingegen, ob der Staat darüber hinaus verfassungsrechtlich verpflichtet ist, solchen Schülern den Zugang zur gewünschten Schulart zu versagen. Angesichts der seit einigen Jahren zu beobachtenden Verlagerung der Schülerzahlen zwischen den verschiedenen Schulzweigen[10], die Befürchtungen vom »Absterben der Hauptschule« nährt und das Gymnasium als »heimliche Hauptschule« erscheinen läßt, ist die Art und Weise der rechtlichen Ausgestaltung der Übergangsverfahren im Rahmen der Wahl der Schullaufbahn von höchst aktueller Bedeutung. Hierbei ist weniger streitig, daß die Regelung der Eignungsvoraussetzungen der gesetzlichen Grundlage bedarf, die den Anforderungen des Vorbehalts des Gesetzes (s. TZ 15.382) standhält[11], als vielmehr die Frage, inwieweit sich der Staat seiner schulhoheitlichen Befugnisse begeben und die Entscheidungen über die Wahl des Bildungsgangs letztlich dem alleinigen Bestimmungsrecht der Eltern überantworten darf.

---

7 Kritische Stellungnahme zu dieser Rechtsprechung bei Ingo *Richter*: Bildungsverfassungsrecht. 2. Aufl., Stuttgart 1977, S. 59 ff.
8 Es sei daran erinnert, daß auch das Diskriminierungsverbot des Art. 3 Abs. 3 Satz 2 GG keinen bedingungslosen Anspruch des behinderten Schülers (bzw. seiner Eltern) auf Integration in den Unterricht der Regelschule gewährt (dazu TZ 25.4): Bei der Entscheidung über den Antrag auf gemeinsame Unterrichtung sind auch hier die Bildungsinteressen der Mitschüler in die Gesamtabwägung einzubeziehen (s. BVerfGE 96, 288 [308]).
9 So schon BVerwGE 5, 153 (157 f.) und 5, 164 (165); zuletzt BVerwG, NVwZ 1998, 859 (860). Vgl. im übrigen die in SPE II B und in SPE n. F. 860 abgedruckten Entscheidungen. Zum Verhältnis von Elternrecht und schulischer Auslese in der Orientierungsstufe (Förderstufe) vgl. TZ 24.333.
10 Während z. B. 1960 im Durchschnitt der alten Bundesländer noch weniger als 15 % der 14jährigen das Gymnasium besuchten, hatte sich dieser Anteil bis 1991 mit 29 % nahezu verdoppelt. 1997 betrug der Anteil der Gymnasiasten der 8. Jahrgangsstufe im gesamten Bundesgebiet 29,2 %. Zahlen nach *Bundesministerium für Bildung und Forschung*: Grund- und Strukturdaten 1998/99, S. 66 f.
11 S. im einzelnen *Avenarius/Jeand'Heur* (Anm. 5), S. 20 ff.

26.212 Das betrifft vor allem den *Übergang von der Grundschule* (bzw. in Bremen, Hessen, Niedersachsen und Sachsen-Anhalt von der schulartübergreifenden Orientierungsstufe/Förderstufe) *in eine weiterführende Schulart* (Hauptschule, Realschule, Mittel-, Sekundar- oder Regelschule, Gymnasium oder entsprechender Zweig der additiven Gesamtschule). Die Eignung des Schülers für den künftigen Bildungsweg wird zumeist durch eine *Empfehlung* der abgebenden Schule festgestellt. Sie beruht im allgemeinen auf einem *Gutachten* der Klassenkonferenz der Grundschule, das Angaben über den Leistungsstand des Schülers und seine Befähigung für eine erfolgreiche Mitarbeit in der empfohlenen Schulart enthält. Stimmen Elternwille und Empfehlung überein, stehen dem Zugang des Kindes zur gewählten Schulart keine Hindernisse im Wege. Treffen die Eltern keine Wahl, wird der Schüler der empfohlenen Schulart zugewiesen, da man davon ausgehen kann, daß die Erziehungsberechtigten mit der Empfehlung der abgebenden Schule einverstanden sind. Sofern die Eltern ihr Kind ungeachtet der Empfehlung in eine Schule mit niedrigerem Anspruchsniveau schicken wollen (z.B. in die Realschule statt in das Gymnasium), ist ihre Wahl zu respektieren. Für den Fall, daß das Kind nach dem Wunsch der Eltern entgegen der Empfehlung eine Schule mit höherem Anspruchsniveau besuchen soll, haben die Länder unterschiedliche Vorkehrungen getroffen. In Baden-Württemberg, Sachsen und Thüringen muß der Schüler eine schriftliche bzw. mündliche Aufnahmeprüfung bestehen[12]. In Bayern müssen Schüler, die im Übertrittszeugnis der Volksschule als für den Bildungsweg des Gymnasiums nicht geeignet bezeichnet sind, einen dreitägigen Probeunterricht am Gymnasium besuchen, innerhalb dessen schriftliche Arbeiten in den Fächern Deutsch und Mathematik und in Zweifelsfällen ein zusätzliches Prüfungsgespräch die Eignungsbefähigung erkennen lassen sollen. Außerdem ist die endgültige Aufnahme abhängig vom Bestehen einer Probezeit (bis zum Ende des folgenden Schuljahres)[13]. Die übrigen Länder überlassen die Wahl der Schulart auch bei entge-

---

12 §§ 1 Abs. 1 Nr. 2, 6 ff. bw Aufnahme VO vom 10.6.1983 (ABl. S.475), zul. g. d. VO v. 4.7.1994 (GBl. S.376); § 1 Abs. 1 Nr. 2, §§ 5 ff. sächs VO über das Aufnahmeverfahren an Gymnasien vom 29.5.1998 (GVBl. S.244). Besonderheiten gelten nach §§ 125 und 131 Thüringer Schulordnung vom 10.1.1994 (GVBl. S.185), zul. g. d. VO v. 22.1.1996 (GVBl. S.13). Danach ist Voraussetzung für den Übertritt ins Gymnasium grundsätzlich eine bestandene Aufnahmeprüfung, der es nur dann nicht bedarf, wenn der Schüler in der zuvor besuchten Schule (Grundschule oder Regelschule) bestimmte Leistungsvoraussetzungen erfüllt oder eine Empfehlung der Klassenkonferenz der abgebenden Schule für den Bildungsweg des Gymnasiums erhält. Die Aufnahmeprüfung besteht in einem dreitägigen Probeunterricht; die Prüfung ist nur dann nicht bestanden, wenn die aus drei Lehrern gebildete Prüfungskommission einstimmig feststellt, daß der Schüler für den Besuch des Gymnasiums »offensichtlich ungeeignet« ist. Zu diesen Regelungen OVG Weimar, ThürVBl. 1997, 42; ferner Holger *Fibich*: Zur Vereinbarkeit der Übertrittsregelungen der Thüringer Schulordnung mit höherrangigem Recht, ThürVBl. 1997, 99. Zum Rechtsschutz gegen die Entscheidung über das Nichtbestehen der Aufnahmeprüfung TZ 34.323.

13 § 4 Abs. 2 Nr. 2, §§ 6 ff. bay Gymnasialschulordnung. Hierzu VGH München, BayVBl. 1997, 431 (mit krit. Anm. von Michael *Sachs*, JuS 1998, 263): Das Benachteiligungsverbot des Art. 3 Abs. 3 Satz 2 GG wird nicht verletzt, wenn bei der Bewertung des Diktats im Probeunterricht für die Aufnahme ins Gymnasium auf die Rechtschreibschwäche des Schülers keine Rücksicht genommen wird.

genstehender Empfehlung oder anderslautendem Entwicklungsbericht letztlich den Eltern[14]. Ohne Aufnahmeprüfung oder Probeunterricht kann der Schüler in das Gymnasium überwechseln, wobei jedoch der Übergang in der Regel erst nach einer Erprobungszeit abgeschlossen ist[15]. Der Sache nach erfolgt in diesen Ländern die endgültige Aufnahme in die gewählte Schulart erst am Ende der Erprobungszeit durch die von der Klassenkonferenz getroffene verbindliche Entscheidung[16].
Die weitgehende Freigabe des elterlichen Wahlrechts erscheint insoweit nicht unproblematisch, als sie auch solchen Kindern den Zugang zu einer weiterführenden Schulart ermöglicht, die die dafür erforderliche Eignung offensichtlich nicht besitzen. Abgesehen davon, daß einige Landesverfassungen die Zulassung zu weiterführenden Schulen unter den Vorbehalt von Eignung oder Begabung des Kindes stellen[17], ist der Staat auch grundgesetzlich verpflichtet, bei der Regelung des Übergangs zu den weiterführenden Schulen dem Eignungskriterium angemessen Rechnung zu tragen. Er hat im Rahmen der ihm durch Art. 7 Abs. 1 GG zugewiesenen Aufgabe der Gestaltung des Schulwesens dafür Sorge zu tragen, daß die Schüler gemäß Art. 2 Abs. 1 GG ihre Fähigkeiten in der jeweiligen Schulart optimal entfalten können. Aus diesem Grunde muß der Zugang des Kindes zu einer weiterführenden Schule jedenfalls dann versagt werden, wenn es »mit an Sicherheit grenzender Wahrscheinlichkeit seine Mitschüler empfindlich hemmen würde«[18].

---

14 § 29 Abs. 2 Satz 2 bln SchulG; § 53 Abs. 1 Satz 2 BbgSchulG, §§ 4 ff. bbg Sekundarstufe-I-VO vom 5.5.1997 (GVBl. II S. 374); § 19 Abs. 3 Satz 2 BremSchulG; § 42 Abs. 2 Satz 1 HmbSG; § 77 HSchG; § 66 Abs. 1 Satz 1 SchulG M-V; § 59 Abs. 1 Satz 1 NSchG, § 12 Abs. 1 Satz 2 nds Versetzungsordnung vom 19.6.1995 (GVBl. S. 184); § 30 Abs. 2 nrw ASchO (seit 1997 ist der Elternwille maßgeblich; der früher bei fehlender Eignungsempfehlung vorgeschriebene Probeunterricht wurde abgeschafft); § 47 Abs. 1 Satz 1 rp SchulG, § 15 Abs. 2 rp Übergreifende Schulordnung (Besonderheiten gelten nach § 20 Abs. 1 der Übergreifenden Schulordnung: Entscheiden sich die Eltern eines Schülers der Hauptschule oder der Realschule am Ende der Jahrgangsstufe sechs ohne entsprechende Empfehlung der abgebenden Schule für den Besuch einer Schule mit höherem Anspruchsniveau, findet eine Aufnahmeprüfung statt); § 31 Abs. 1 Satz 3 saarl SchoG, § 4 Abs. 4 VO über den Übergang von der Grundschule in die Klassenstufe 5 der Erweiterten Realschule, der Gesamtschule oder des Gymnasiums vom 4.12.1988 (ABl. S. 1325), zul. g. d. VO v. 1.11.1997 (ABl. S. 1110); § 5 Abs. 2 Satz 5 SchulG LSA, § 1 ÜbergangsVO LSA vom 20.9.1993 (GVBl. S. 560), zul. g. d. VO v. 25.7.1997 (SVBl. S. 411); § 4 Abs. 6 Satz 3 sh SchulG, § 4 Abs. 1 Orientierungsstufenordnung vom 17.7.1991 (NBl. S. 300).
15 In Berlin gem. § 29 Abs. 3 Satz 1 SchulG ein halbes Jahr, in Bremen nach § 2 Abs. 1 Übergangs- und ÜberführungsVO vom 14.7.1997 (GBl. S. 260) das erste Schuljahr (7. Jahrgangsstufe) der Realschule bzw. des Gymnasiums, in den meisten Ländern die beiden Klassen der schulartabhängigen Orientierungsstufe.
16 S. z. B. § 29 Abs. 3 bln SchulG, § 2 brem Übergangs- und ÜberführungsVO.
17 Vgl. insbes. Art. 59 Abs. 2 hess Verf: »Der Zugang zu den Mittel-, höheren und Hochschulen ist nur von der Eignung des Schülers abhängig zu machen«; ferner Art. 11 Abs. 1 bw Verf, Art. 31 rp Verf, Art. 8 Abs. 2 sh Verf.
18 So schon BVerwGE 5, 153; ähnlich Ernst-Werner *Fuß*: Verwaltung und Schule, VVDStRL 23 (1964), S. 199 (203) m. w. N. Vgl. auch Hans-Walter *Schlie*: Elterliches Erziehungsrecht und staatliche Schulaufsicht im Grundgesetz, Frankfurt am Main 1986, S. 99: »Es bedeutete einen Eingriff in die höchsten Verfassungswerte der Artikel 2 Absatz 1 und Artikel 1 Absatz 1 GG, wenn die Schule die natürliche geistige Entwicklung einiger Kinder behinderte, um damit alle Schüler möglichst lange auf demselben Entwicklungsstand zu halten.«

Der Staat ist zwar aufgrund des Sozialstaatsprinzips gehalten, in das Selbstentfaltungsrecht der weiterentwickelten Schüler so weit einzugreifen, »wie dadurch erst auch die förderungsbedürftigen Kinder die Chance erhalten, sich entsprechend ihren Möglichkeiten zu entfalten«[19]. Daraus ergeben sich beispielsweise Bedenken gegen eine zu frühe Aufgabe der gemeinsamen Unterrichtung aller Schüler. Andererseits stößt die gleiche Förderung aller Schüler dann auf eine Grenze, wenn der Unterricht in einer weiterführenden Schulart mit höherem Anspruchsniveau durch die Anwesenheit erkennbar ungeeigneter Schüler das angestrebte Ziel nicht erreichen kann[20]. Die Differenzierung der Schüler nach dem Kriterium der Eignung stellt im übrigen keine Verletzung des Gleichheitssatzes (Art. 3 Abs. 1 GG) dar, sondern ist vielmehr geradezu Ausdruck des daraus abzuleitenden Gebots, ungleiche Gegebenheiten rechtlich nicht gleich zu behandeln.

Als Ergebnis ist festzuhalten, daß Regelungen des Übergangsverfahrens, die die Wahl des Bildungswegs ausschließlich den Eltern überlassen, nur dann verfassungsrechtlich zulässig sind, wenn sie zumindest am Erfordernis einer Probezeit innerhalb der weiterführenden Schulart festhalten[21].

26.213 Um die Wahl der Schulart geht es nicht nur beim Übergang von der Grundschule bzw. Orientierungsstufe in die weiterführende Schule. *Auch während der Sekundarstufe I* und im Anschluß daran ist in allen Ländern ein *Wechsel der Schulart möglich*[22]. Schüler, die nach ihrem Leistungsstand eine erfolgreiche Mitarbeit im neugewählten Bildungsgang erwarten lassen, können *in die nächsthöhere Schulart aufsteigen*. Die Voraussetzungen und das Verfahren sind in den Ländern unterschiedlich geregelt. Zumeist ist auch hier eine *Empfehlung* der Klassenkonferenz der abgebenden Schule, verschiedentlich eine besondere Prüfung erforderlich. Wegen der Einzelheiten ist auf die einschlägigen Vorschriften der Länder zu verweisen[23].

Schüler mit Realschulabschluß oder mit qualifiziertem Hauptschulabschluß nach dem (freiwilligen) zehnten Schuljahr der Hauptschule können bei entsprechender Eignung *in die gymnasiale Oberstufe* aufgenommen werden. An-

---

19 *Schlie* (Anm. 18), S. 98.
20 So auch OVG Koblenz, NVwZ-RR 1993, 143 (144), das im übrigen zu Recht darauf hinweist, daß es auch im Interesse des Schülers selbst liege, wenn der schulischen Entscheidung über seine künftige Schullaufbahn letztlich der Vorrang gegenüber den Wünschen und Einschätzungen der Eltern eingeräumt werde, weil er auf diese Weise davor bewahrt werde, nach einem voraussehbar erfolglosen Besuch der Realschule oder des Gymnasiums in die Hauptschule zurückversetzt zu werden und sich dort einarbeiten zu müssen.
21 Zur rechtsdogmatischen Argumentation im einzelnen *Avenarius/ Jeand'Heur* (Anm. 5), S. 34 ff. Dort auch zu weiteren Fragen der konkreten Ausgestaltung von Übertrittsverfahren (S. 53 ff., 57 ff.) und zu Rechtsschutzfragen (S. 65 ff.).
22 Hierzu der Beschluß der KMK vom 8./9. 12. 1960 (KMK-BeschlS. Nr. 120).
23 Vgl etwa §§ 1 und 2 bw multilateral VersetzungsVO vom 19. 7. 1985 (GBl. S. 285), zul. g. d. VO v. 28. 3. 1995 (GBl. S. 332); § 15 bay Gymnasialschulordnung; § 29 Abs. 3 Satz 4 bln SchulG; § 3 Abs. 3 brem Übergangs- und ÜberführungsVO; § 59 Abs. 3 NSchG, § 9 nds VersetzungsVO vom 19. 6. 1995 (GVBl. S. 184); § 47 Abs. 1 Satz 1 rp SchulG, §§ 22 ff. rp Übergreifende Schulordnung vom 14. 5. 1989 (GVBl. S. 129), zul. g. d. VO v. 18. 12. 1998 (GVBl. 1999 S. 5); § 34 Abs. 1 sächs SchulG, § 4 sächs VO über das Aufnahmeverfahren an Gymnasien vom 29. 5. 1998 (GVBl. S. 244).

Zugang zur Schule, Leistungsbewertungen

forderungen und Verfahren ergeben sich aus den landesrechtlichen Bestimmungen[24]. In einigen Ländern kann der Zugang zu Berufsfachschulen und Fachschulen vom Nachweis bestimmter Fähigkeiten und Fertigkeiten in Form einer Aufnahmeprüfung (Eignungsfeststellung) abhängig gemacht werden[25].
Die vielfältigen Möglichkeiten des Aufstiegs in eine andere Schulart zeigen, daß die Entscheidung für einen bestimmten Bildungsgang im Anschluß an die Grundschule keineswegs in eine Sackgasse führen muß. Die heute erreichte *Durchlässigkeit des Schulwesens* ist eines der wichtigsten Ergebnisse der Reformbemühungen der letzten Jahrzehnte.

26.214 Bei der Wahl der Schulart soll die Schule die Eltern nicht nur durch eine förmliche Empfehlung, sondern auch durch ein *Beratungsgespräch* orientieren[26]. Auf der Grundlage dieses Beratungsgesprächs üben die Erziehungsberechtigten ihr Wahlrecht aus. Erst danach darf die Schule eine *verbindliche Eignungsempfehlung* aussprechen. Eine der Elternwahl vorausgehende Eignungsbeurteilung würde das Elternrecht (Art. 6 Abs. 2 GG) verletzen; sie verstieße gegen das Verbot der positiven Auslese (dazu TZ 26.211) und wäre außerdem mit dem Verhältnismäßigkeitsprinzip nicht zu vereinbaren, weil geeignete, aber weniger einschneidende Maßnahmen zur Erreichung des beabsichtigten (Orientierungs-)Zwecks zur Verfügung stehen[27].
Auch dort, wo eine ausdrückliche Regelung fehlt, haben die Eltern gleichwohl aus Art. 6 Abs. 2 GG einen *Anspruch auf ausführliche Information* über Leistungsstand und Eignung ihres Kindes hinsichtlich des weiteren Bildungswegs (vgl. TZ 24.35). Den Eltern steht darüber hinaus das *Recht auf Einsicht in die Schulgutachten* zu[28]. Darüber hinaus haben sie das Recht der *Einsichtnahme in den Schülerbogen* (TZ 32.1), überhaupt in alle ihr Kind betreffenden Unterlagen; die gleichen Befugnisse stehen den volljährigen Schülern zu. Die Schule darf die Einsicht nur dann verweigern, wenn sie dadurch in der ordnungsgemäßen Erfüllung ihrer Aufgaben beeinträchtigt würde oder wenn die Vorgänge nach einem Gesetz oder ihrem Wesen nach geheimgehal-

---

24 Z.B. §5 nrw VO über die Ausbildung in der Sekundarstufe I vom 21.10.1998 (GV. S.632).
25 Z.B. §§41 Abs.2 Satz 4, 44 Abs.1 Satz 1 Nr.4 bln SchulG.
26 Z.B. §19 Abs.1 Satz 2 bw SchG; §5 Abs.1 bay Volksschulordnung; §77 Abs.3 Satz 1 HSchG; §66 Abs.1 Satz 4 SchulG M-V; §30 Abs.3 nrw ASchO; §17 Abs.1 sächs SchulG; §34 Abs.1 Satz 2 SchulG LSA; §3 Abs.2 ThürSchulG. Vgl. *DJT-SchulGE*, §53 Abs.1 Satz 2 Nr.2 (S.89).
27 So VGH Kassel, NVwZ 1988, 949 (950). Zu dieser Entscheidung auch *Avenarius/Jeand'Heur* (Anm. 5), S.57ff. An dem Beschluß des VGH Kassel orientiert sich nunmehr die Regelung des §77 Abs.3 HSchG; so auch §3 Abs.2 sächsVO über das Aufnahmeverfahren an Gymnasien. Vgl. aber OVG Koblenz, NVwZ-RR 1993, 143, wonach die der Elternwahl vorausgehende Schullaufbahnempfehlung am Ende der schulartabhängigen Orientierungsstufe, also am Ende der Jahrgangsstufe 6, nicht gegen das Wahlrecht der Erziehungsberechtigten verstößt.
28 Z.B. §72 Abs.4 Satz 1 HSchG, §56 Abs.4 Satz 1 NSchG, §20a Abs.5 Satz 1 saarl SchoG, §50 Abs.4 sh SchulG. In Brandenburg ist ein umfassendes Recht auf Einsicht in Akten durch Art.21 Abs.4 Verf gewährleistet; zur Ausgestaltung dieses Rechts ist inzwischen ein Akteneinsichts- und Informationszugangsgesetz erlassen worden. Dazu Christoph J. *Partsch*: Brandenburgs Akteneinsichts- und Informationszugangsgesetz (AG) – Vorbild für Deutschland?, NJW 1998, 2558 (2559ff.).

ten werden müssen (§ 29 VwVfG[29]). Voraussetzung des Einsichtsrechts ist allerdings, daß es zur Geltendmachung oder Verteidigung rechtlicher Interessen der Eltern bzw. des Schülers beansprucht wird und dafür die Kenntnis der Unterlagen erforderlich ist[30]. Im allgemeinen sind die Akten in Gegenwart des Schulleiters oder seines Beauftragten einzusehen.

26.22 Wahl der Einzelschule

26.221 Für den Bildungsweg des Schülers ist nicht nur die Wahl der Schulart, sondern auch die Wahl der Einzelschule von erheblicher Bedeutung. Schule ist nicht gleich Schule. Tradition und pädagogische Qualität, Schulleiter, Lehrer und Schülerschaft geben jeder Schule ihr besonderes Gepräge. Je mehr die Länder dazu übergehen, den Schulen ein höheres Maß an Eigenverantwortung einzuräumen, und sie verpflichten, sich durch ein Schulprogramm ein besonderes Profil zu geben (dazu TZ 6.232), desto wichtiger wird es für die Eltern, darüber entscheiden zu können, auf welche konkrete Schule sie ihr Kind schicken[31]. Zwar räumen die Grundrechte aus Art. 6 Abs. 2 Satz 1 und Art. 2 Abs. 1 GG, gegebenenfalls auch Art. 12 Abs. 1 GG, den Eltern und Schülern *keinen Anspruch auf Errichtung einer an ihren Wünschen orientierten Schule* ein. Doch ist die Frage, in welche der *bestehenden* öffentlichen Schulen einer Schulart der Schüler aufgenommen wird, für die Verwirklichung dieser Grundrechte wesentlich. Sie betrifft die Grenzziehung zwischen Elternrecht und Bildungsanspruch des Schülers einerseits und staatlicher Gestaltungsbefugnis andererseits. Infolgedessen ist, zumindest in den Grundzügen, *eine Regelung durch den Gesetzgeber notwendig*[32]. Demgegenüber berührt die *Zuweisung von Schülern zu einer bestimmten Klasse* desselben Bildungsgangs innerhalb der Schule die Grundrechte der Betroffenen nur geringfügig. In diesem Bereich stehen den Schülern und Eltern grundsätzlich keine gerichtlich durchsetzbaren Ansprüche zu[33]; eine gesetzliche Grundlage ist daher nicht erforderlich (dazu auch TZ 24.338).

---

29 Die dem § 29 VwVfG des Bundes entsprechende Bestimmung in den Verwaltensverfahrensgesetzen der Länder gilt zumeist auch für die Verwaltungstätigkeit der Schulen.
30 *Niehues*: Prüfungsrecht, S. 62 f. Rn. 112.
31 Zu den verfassungsrechtlichen Implikationen erweiterter schulischer Selbständigkeit, vor allem im Hinblick auf das Elternrecht, s. Hermann *Avenarius*: Schulische Selbstverwaltung – Grenzen und Möglichkeiten, RdJB 1994, 256 (267).
32 So, jedenfalls in der Tendenz, das BVerfG, RdJB 1984, 370, mit Anm. von Ulrich *Kaschner*, S. 371, und Hans-Peter *Füssel*, NVwZ 1984, 775. Vgl. auch *DJT-SchulGE*, §§ 43, 44 (S. 48), S. 234 f., 243 f. Das BVerfG hat es offen gelassen, ob sich aus dem Elternrecht (und dem Persönlichkeitsrecht des Schülers) ein Anspruch auf Zuweisung zu einer bestimmten Schule ergibt. Demgegenüber haben der VGH Mannheim, NVwZ 1984, 112, und das OVG Münster, NJW 1976, 725, einen solchen Anspruch abgelehnt und nur ein Recht auf Wahl der Schulart bejaht. So auch *Niehues*: Schul- und Prüfungsrecht, S. 148 f. Rn. 208. Auch der VerfGH NRW, DVBl. 1993, 1209 (1211) räumt den Eltern nur ein Recht auf Wahl der Schulart ein; er läßt dabei offen, ob die Zuweisung zu einer anderen als der gewünschten Schule innerhalb der gewählten Schulart – »etwa bei einer besonderen Ausrichtung der gewählten Schule« – ausnahmsweise das Elternrecht beeinträchtigen könne.
33 VGH München, NVwZ-RR 1993, 355.

26.222 Sofern eine *Pflichtschule* (TZ 3.15) zu besuchen ist, haben Schüler und Eltern einen Anspruch auf Zulassung zur örtlich zuständigen Schule. Er bildet die Kehrseite der gesetzlich geregelten Pflicht, in diese Schule zu gehen[34]; damit ist zugleich, von Ausnahmen abgesehen, das Recht ausgeschlossen, das Kind auf eine Schule außerhalb des Schulbezirks zu schicken (TZ 25.223)[35]. Soweit Pflichtschulen im Zuge einer um sich greifenden, auch durch die Gesetzgebung unterstützten Tendenz dazu übergehen, sich ein eigenes Profil zu geben (dazu TZ 6.23), erscheint die Sprengelpflicht im Hinblick auf das Elternrecht dann problematisch, wenn die Erziehungsberechtigten mit dem pädagogischen Konzept der Schule nicht einverstanden sind; insoweit müßte die Sprengelpflicht gelockert werden[36].

26.223 Steht, wie in Nordrhein-Westfalen, im Bereich der Grund- und Hauptschulen neben der Gemeinschaftsschule die *Bekenntnisschule* zur Verfügung, können die Eltern zwischen den vorhandenen Schulen unterschiedlicher Prägung wählen. Gibt es in ihrer Gemeinde keine Schule ihrer Wahl, haben sie das Recht, ihr Kind in eine entsprechende Schule der Nachbargemeinde zu schicken[37]. *Bekenntnisfremde Kinder* können nicht verlangen, in die Schule einer anderen Konfession aufgenommen zu werden, es sei denn, daß weder eine Schule des eigenen Bekenntnisses noch eine Gemeinschaftsschule in zumutbarer Entfernung zu erreichen ist[38]. Gleiches gilt für Kinder, die einer nichtchristlichen Religion oder keiner Religion angehören.

26.224 Um in eine *Wahlschule* (TZ 3.15) aufgenommen zu werden, muß der Schüler zunächst die Voraussetzungen für die Zulassung zur entsprechenden Schulart erfüllen (dazu TZ 26.21). Ob Eltern und Schüler dann eine bestimmte Schule aussuchen können, hängt von den landesrechtlichen Regelungen ab. Inzwischen haben alle Länder den Zugang zur Einzelschule gesetzlich geregelt. Dabei ergibt sich allerdings kein einheitliches Grundmuster. Auf der einen Seite stehen Länder (Berlin, Brandenburg, Hamburg, Sachsen, teilweise auch Bremen), die die Wahl der weiterführenden Schule, also auch der

---

34 Vgl. die Regelung in *DJT-SchulGE*, § 43 Abs. 1 (S. 85); ferner Hartwig *Ihlenfeld*: Pflicht und Recht zum Besuch öffentlicher Schulen nach deutschem Bundes- und Landesrecht, Hamburg 1971, S. 245 ff.
35 Dazu VG Gera, LKV 1997, 297. Zur »Brisanz der Sprengelpflicht« Günter *Püttner*: Die Sprengelpflicht, RdJB 1992, 230 (233 f.).
36 So *Avenarius*, RdJB 1994, 267.
37 §§ 25, 26 nrw SchOG. Zur Regelung des weltanschaulichen Charakters der Schulen in Nordrhein-Westfalen: BVerfGE 41, 88 (111 ff.).
38 BVerwG, DÖV 1982, 249; so auch OVG Münster (Vorinstanz), SPE I A IX S. 5. Zu diesem Problem: Willi *Geiger*: Die Einschulung von Kindern verschiedener Bekenntnisse in eine öffentliche Bekenntnisschule, Berlin 1980. Nach § 1 Abs. 1 der nds VO über die Aufnahme bekenntnisfremder Schülerinnen und Schüler in Grundschulen für Schülerinnen und Schüler des gleichen Bekenntnisses vom 19.2.1999 (GVBl. S. 51) können bekenntnisfremde Schüler in die Bekenntnisschule aufgenommen werden, soweit ihr Anteil 15 % der Gesamtschülerzahl der Schule nicht überschreitet.

Zugang zur Schule

Hauptschule bzw. der Mittelschule, prinzipiell den Eltern überlassen[39]. Auf der anderen Seite gibt es Länder (Baden-Württemberg, Bayern, Hessen und das Saarland), die einen Anspruch auf Aufnahme in eine bestimmte Schule grundsätzlich versagen[40]. Einige Länder schließen die Wahlmöglichkeit dadurch weitgehend aus, daß sie die Schüler der Schule des Schulbezirks zuweisen (so in Mecklenburg-Vorpommern und in Niedersachsen für sämtliche Schulen des Sekundarbereichs I, in Sachsen-Anhalt für die Sekundarschulen, in Schleswig-Holstein für die Hauptschulen und für die Realschulen, in Thüringen für die Regelschulen)[41]. Einen Mittelweg schlagen Nordrhein-Westfalen und Rheinland-Pfalz ein. Dort liegt es im Ermessen des Schulträgers bzw. der Schulbehörde, für sämtliche weiterführenden Schulen (Nordrhein-Westfalen) bzw. für die Wahlschulen (Rheinland-Pfalz) Schuleinzugsbereiche zu bilden. Die Aufnahme eines Schülers, der nicht im Einzugsbereich der Schule wohnt, kann im Regelfall abgelehnt werden[42]; sofern keine Schuleinzugsbe-

---

39 Berlin: §§ 10 Abs. 2, 11 Abs. 1, 57, 58 SchulG (allerdings ist die Zuweisung des Schülers an eine Schule zulässig, wenn sie aus schulorganisatorischen Gründen, insbesondere wegen Erschöpfung der Aufnahmekapazität geboten ist; im übrigen sind Zugangsbeschränkungen für Fachoberschulen und Berufsfachschulen sowie für die drei grundständigen Gymnasien gesetzlich vorgesehen). Brandenburg: § 53 Abs. 1 Satz 2, Abs. 3 (mit der Besonderheit, daß Eltern die gewünschte Schule durch einen Erst- und Zweitwunsch wählen und daß bei Übernachfrage ein Auswahlverfahren durchgeführt wird). Hamburg: § 43 HmbSG (doch kann für nichtschulpflichtige Schüler die Zulassung zum Besuch der Fachschulen und des Studienkollegs bei Kapazitätserschöpfung beschränkt werden). Sachsen: §§ 34, 25 SchulG. Bremen: § 6 Abs. 3 Satz 3 BremSchVwG i. V. m. den ortsgesetzlichen Regelungen für die Stadtgemeinden Bremen und Bremerhaven (zum Ende der Orientierungsstufe können die Eltern in der Stadtgemeinde Bremerhaven eine Schule für ihr Kind frei wählen, in der Stadtgemeinde Bremen nur innerhalb einer bestimmten Region).

40 Baden-Württemberg: § 88 Abs. 4 SchG (solange der Besuch einer anderen Schule derselben Schulart möglich und zumutbar ist; allerdings darf die Aufnahme eines Schülers nicht schon deshalb abgelehnt werden, weil er nicht am Schulort wohnt). Bayern: Art. 44 Abs. 3 BayEUG, § 5 Abs. 4 Realschulordnung, § 4 Abs. 4 Gymnasialschulordnung (bei Bewerberüberhang bemühen sich die Schulleiter um einen örtlichen Ausgleich; mißlingt dieser, entscheidet der Ministerialbeauftragte). Hessen: § 70 Abs. 1 HSchG (sofern im Gebiet eines Schulträgers mehrere weiterführende Schulen desselben Bildungsgangs bestehen). Saarland: § 31 Abs. 2 SchoG (doch darf die Aufnahme nur verweigert werden, wenn entweder die Kapazität der gewünschten Schule erschöpft oder der Besuch einer anderen Schule derselben Schulart möglich und dem Schüler zumutbar ist).

41 Mecklenburg-Vorpommern: §§ 45, 46 SchulG (bei gemeinsamem Einzugsbereich für mehrere Schulen des gleichen Bildungsgangs besteht im Rahmen der Aufnahmekapazität Anspruch auf Aufnahme in eine dieser Schulen). Niedersachsen: § 63 Abs. 2 und 3 NSchG. Sachsen-Anhalt: § 41 Abs. 1 und 2 SchulG (der Schulträger kann auch für Gymnasien Schuleinzugsbereiche festlegen mit der Konsequenz, daß die Aufnahme eines Schülers, der außerhalb des Einzugsbereichs wohnt, abgelehnt werden kann, wenn keine besonderen Gründe vorliegen). Schleswig-Holstein: § 44 Abs. 1 und 2 SchulG (die Schulaufsichtsbehörde kann außerdem für Gymnasien und Gesamtschulen Schuleinzugsbereiche bestimmen; in diesem Fall müssen die Schüler diejenige Schule besuchen, in deren Einzugsbereich sie wohnen). Thüringen: § 17 Abs. 5 ThürSchulG.

42 Nordrhein-Westfalen: §§ 9, 28 Abs. 2 SchVG (die Aufnahme eines außerhalb des Einzugsbereichs wohnenden Schülers darf jedoch nicht abgelehnt werden, wenn in der Gemeinde des Wohnorts keine entsprechende Schule besteht). Rheinland-Pfalz: § 81 SchulG.

reiche festgelegt worden sind, haben die Eltern das Recht, ihr Kind auf die gewünschte Schule zu schicken.

26.225 Die dargestellten Regelungen betreffen nicht nur den Übergang von der Grundschule bzw. Orientierungsstufe in die weiterführenden Schulen, sondern auch den *Schulwechsel* im Sekundarbereich I und II. Zu den Besonderheiten beim Übertritt in die Schule eines anderen Bundeslandes TZ 4.35[43].

26.226 Einige Länder haben gesetzliche Bestimmungen für das *Zulassungsverfahren bei Erschöpfung der Aufnahmekapazität* von Wahlschulen erlassen[44]. Diese beziehen sich zumeist auf berufsbildende Vollzeitschulen (insbesondere Berufsfachschulen und Fachschulen). Danach darf die Aufnahme erst beschränkt werden, wenn angesichts der personellen, räumlichen, sächlichen und fachlichen Gegebenheiten ein geordneter Unterricht nicht mehr möglich ist[45]. Die verfügbaren Plätze sind in erster Linie nach der Eignung der Bewerber, bei berufsbildenden Schulen auch nach der Wartezeit zu vergeben; daneben sind außergewöhnliche Härten zu berücksichtigen. Die Einzelheiten regelt das Kultusministerium durch Rechtsverordnung, zu deren Erlaß es gesetzlich ermächtigt ist.
Soweit keine gesetzlichen Vorschriften bestehen, ist in Anlehnung an die vom Bundesverfassungsgericht in seinem Numerus-clausus-Urteil aufgestellten Grundsätze[46] eine Zugangsbeschränkung nur zulässig, wenn jede weitere Aufnahme zu unerträglichen Verhältnissen führte[47]. Vorhandene Plätze müs-

---

43 Ändert das aufnehmende Land im Rahmen eines Gastschulabkommens mit einem anderen Land seine Verwaltungspraxis hinsichtlich der Aufnahme von Schülern aus diesem Land, muß es bei der Entscheidung über die Aufnahme eines Gastschülers dessen Entfaltungsrecht aus Art. 2 Abs. 1 GG beachten. Die Wahrnehmung dieses Grundrechts setzt ein Mindestmaß an vorausschauender Planung voraus, in die eingegriffen wird, wenn die Grundlagen der bisherigen Planung unvorhergesehen verändert werden. In diesem Fall muß es dem Schüler, der seinen Aufnahmeantrag schon vor Änderung der Verwaltungspraxis gestellt hat, grundsätzlich möglich sein, gegenüber der ablehnenden Entscheidung, die ihn überraschend und unerwartet nachteilig trifft, Vertrauensschutz geltend zu machen. So BVerfG, NVwZ 1997, 781 (782).
44 Z. B. Bayern: Art. 44 Abs. 4 BayEUG; Berlin: §§ 57, 58 SchulG; Brandenburg: § 53 Abs. 3–7 BbgSchulG; Hamburg: § 42 Abs. 3 und 4 HmbSG; Hessen: § 70 Abs. 2 HSchG; Niedersachsen: § 59 Abs. 5–6 NSchG; Rheinland-Pfalz: § 41 a SchulG. Zur Frage, inwieweit Kapazitätsgesichtspunkte bei der Durchführung von Übergangsverfahren, also im Rahmen der *Schulart*wahl, Berücksichtigung finden dürfen, vgl. *Avenarius/Jeand'Heur* (Anm. 5), S. 53 ff.
45 S. dazu VG Potsdam, LKV 1997, 138 (140).
46 BVerfGE 33, 303 (336 ff.).
47 *Niehues*: Schul- und Prüfungsrecht, S. 149 f. Rn. 209. Demgegenüber ist es nach einem Urteil des VerfGH NRW, DVBl. 1993, 1209, verfassungsrechtlich nicht zu beanstanden, daß in einer Rechtsverordnung zur Verteilung der Schüler auf verschiedene Schulen derselben Schulart im Bereich eines Schulträgers das Kriterium der Einrichtung möglichst gleichstarker Klassen zugrundegelegt wird, daß die Schulaufsichtsbehörde mit der Koordinierung der Entscheidung der Schulleitungen über die Aufnahme betraut wird und daß der Schulträger im Rahmen seiner Verantwortung für die Organisation des örtlichen Schulwesens darüber entscheidet, an welchen Schulen die erforderlichen Eingangsklassen gebildet werden. Diese Regelung verstoße weder gegen das Elternrecht noch gegen das Recht auf Selbstverwaltung des kommunalen Schulträgers. Die

sen nach sachbezogenen Kriterien verteilt werden. Bei Schulen der Sekundarstufe I können neben dem Leistungsstand des Schülers Gesichtspunkte wie örtliche Nähe – sofern abgewiesenen Bewerbern daraus kein unzumutbarer Nachteil erwächst –, gewünschte Sprachenfolge, aber auch pädagogische und soziale Erwägungen (wie z. B. die Tatsache, daß bereits Geschwister die Schule besuchen) eine Rolle spielen[48].

26.227 Die Aufnahme eines Schülers kann abgelehnt werden, wenn er die Sicherheit der Mitschüler oder die Unterrichts- und Erziehungsaufgabe der Schule zu gefährden droht und aus diesem Grund alsbald von der Schule zwangsweise entlassen werden könnte[49]. Die naheliegende Möglichkeit der Schulentlassung rechtfertigt es, ihm den Zugang zu verweigern[50]. Allerdings bedarf es konkreter Anhaltspunkte, die sich vor allem aus vorangegangenem Verhalten des Schülers in der zuvor von ihm besuchten Schule ergeben können. Zur Ordnungsmaßnahme des zwangsweisen Ausschlusses von der Schule TZ 30.221, 30.241.

26.3 Leistungsbewertungen[51]

26.31 Allgemeines

26.311 Die Bewertung von Schülerleistungen dient einerseits der *Orientierung* des Schülers und der Eltern, ermöglicht andererseits die *Zuerkennung von Berechtigungen*. Zu Notwendigkeit und Nutzen der Berechtigungen TZ 4.21.
Grundlagen der Leistungsbewertung sind die einzelnen schriftlichen, mündlichen und praktischen Leistungsnachweise. Der Leistungsstand des Schülers wird – zumeist halbjährlich – in Zeugnissen unter Angabe der Beurteilungen in den verschiedenen Fächern ausgewiesen. Zeugnisse am Ende des Schuljahres sind mit einem Vermerk über Versetzung oder Nichtversetzung in die nächsthöhere Klasse (Jahrgangsstufe) versehen. Wer den Bildungsgang einer

---

Entscheidung erging zu § 3 Abs. 6 der Rechtsverordnung zu § 5 des nrw Schulfinanzgesetzes.
48 A. A. *Niehues*: Schul- und Prüfungsrecht, S. 150 Rn. 210, der zu sehr auf Leistungsnachweise abhebt und dabei die pädagogische Aufgabe der Schule vernachlässigt. Vgl. demgegenüber nunmehr die Regelung in § 70 Abs. 3 HSchG.
49 So auch VGH Mannheim, NVwZ-RR 1997, 262 (263). In Bayern ist die Ablehnung der Aufnahme nur unter engeren Voraussetzungen zulässig: Nach Art. 44 Abs. 2 Satz 2 BayEUG kann die Aufnahme ab Jahrgangsstufe 10 versagt werden, wenn der Schüler wegen einer vorsätzlich begangenen Straftat zu einer Freiheitsstrafe von mindestens einem Jahr rechtskräftig verurteilt worden ist, die Strafe noch der unbeschränkten Auskunft unterliegt und wenn nach der Art der begangenen Straftat durch die Anwesenheit des Schülers die Sicherheit oder die Ordnung des Schulbetriebs oder die Verwirklichung der Bildungsziele der Schule erheblich gefährdet wäre.
50 *Niehues*: Schul- und Prüfungsrecht, S. 152 Rn. 213, S. 133 Rn. 177.
51 Zur Einführung: Dieter *Margies*/Gerald *Rieger*: Leistungsbewertung, Versetzung, Prüfungen, in: Alfred Müller/Harald Gampe/Gerald Rieger/Erika Risse (Hrsg.): Leitung und Verwaltung einer Schule. 8. Aufl., Neuwied 1997, S. 344 ff.

Schulart erfolgreich durchlaufen hat, erhält ein Abschlußzeugnis, das in der Regel aufgrund einer bestandenen Prüfung erteilt wird. Die Leistungen des Schülers werden durch Noten, in der gymnasialen Oberstufe durch Punkte bewertet. Für die ersten beiden Grundschulklassen haben die meisten Länder die Notengebung durch eine verbale Beurteilung ersetzt[52]; die Tendenz, diesen Zeitrahmen auszudehnen, nimmt zu[53].

26.312 Die Leistungsbewertung in Form von Noten geschieht in allen Ländern übereinstimmend nach folgenden *Notenstufen*[54]:
- sehr gut (1), wenn die Leistung den Anforderungen in besonderem Maße entspricht;
- gut (2), wenn die Leistung den Anforderungen voll entspricht;
- befriedigend (3), wenn die Leistung im allgemeinen den Anforderungen entspricht;
- ausreichend (4), wenn die Leistung zwar Mängel aufweist, aber im ganzen den Anforderungen noch entspricht;
- mangelhaft (5), wenn die Leistung den Anforderungen nicht entspricht, jedoch erkennen läßt, daß die notwendigen Grundkenntnisse vorhanden sind und die Mängel in absehbarer Zeit behoben werden können;
- ungenügend (6), wenn die Leistung den Anforderungen nicht entspricht und selbst die Grundkenntnisse so lückenhaft sind, daß die Mängel in absehbarer Zeit nicht behoben werden können.

Bei der *Leistungsbewertung nach Punkten* werden auf der Grundlage eines 15-Punkte-Systems die Punkte den Notenstufen wie folgt zugeordnet[55]:
- 15/14/13 Punkte: sehr gut (1),
- 12/11/10 Punkte: gut (2),
- 9/8/7 Punkte: befriedigend (3),
- 6/5/4 Punkte: ausreichend (4),
- 3/2/1 Punkte: mangelhaft (5),
- 0 Punkte: ungenügend (6).

26.313 Maßstab der Leistungsbewertung sind die für die jeweilige Schulart und Jahrgangsstufe verbindlichen Anforderungen des Fachs. Solche objektiven Kriterien lassen sich allerdings wegen ihres hohen Abstraktionsgrades

---

52 Dem liegt die Annahme zugrunde, die Leistungen des Schülers ließen sich auf diese Weise besser nach dessen individuellen Fähigkeiten und Entwicklungsmöglichkeiten einschätzen. Aber auch hier besteht die Gefahr, unter Rückgriff auf Formulierungshilfen und Musterentwürfe einem Schematismus zu erliegen. Die Verlage nutzen diese »Marktlücke«. S. etwa Jürgen *Ipfling*/Anton *Schubert*: Zeugnisse ohne Noten in den Jahrgangsstufen 1 und 2, Kronach 1998 (womit nichts gegen die Qualität dieser Broschüre gesagt sein soll).
53 So werden z. B. in Hessen und Nordrhein-Westfalen die Leistungen auch in Klasse 3 ohne Verwendung von Ziffernoten bewertet, wenn die Schulkonferenz einen entsprechenden Beschluß gefaßt hat (§ 17 Abs. 3 Satz 5 HSchG, § 9 Abs. 2 Satz 2 nrw VO über den Bildungsgang in der Grundschule i. d. F. d. Bek. v. 14.11.1996 [GV. S. 476]).
54 § 19 Abs. 2 des Hamburger Abkommens (TZ 2.121, KMK-BeschlS. Nr. 101) i. V. m. dem Beschluß der KMK vom 3.10.1968 über die Erläuterung der Notenstufen bei Schulzeugnissen und Einzelergebnissen in staatlichen Prüfungszeugnissen (KMK-BeschlS. Nr. 675).
55 Ziff. 9.2 der KMK-Vereinbarung zur Gestaltung der gymnasialen Oberstufe in der Sekundarstufe II vom 7.7.1972 i. d. F. v. 28.2.1997 (KMK-BeschlS. Nr. 176).

nur schwer auf den Einzelfall anwenden. Deshalb ist es nicht unzulässig, wenn der Lehrer bei der Beurteilung der Leistungsnachweise des einzelnen Schülers den Vergleich mit dem Leistungsstand der Klasse berücksichtigt[56]. Eine völlige Relativierung der Leistungsbewertung ist indes mit dem Gebot der Chancengleichheit (Art. 3 Abs. 1 GG) nicht vereinbar. Vor allem dann, wenn sie Berechtigungen erteilt, muß sich die Schule darum bemühen, generelle Standards heranzuziehen, um zu vermeiden, daß »absolut« gute Schüler gegenüber nur »relativ« guten Schülern im Konkurrenzkampf um Lehrstellen und Studienplätze benachteiligt werden[57].

26.314 Die Frage, ob und wieweit der Gesetzgeber nach dem Grundsatz des *Vorbehalts des Gesetzes* (TZ 15.3) Bewertungsgrundsätze und -verfahren selbst bestimmen muß oder die Regelung der Exekutive übertragen darf, läßt sich nicht einheitlich beantworten. Es kommt jeweils auf die durch die Bewertung ausgelösten Folgen an. Je mehr pädagogische Gesichtspunkte im Vordergrund stehen, um so geringer sind die Anforderungen an die Reichweite des Parlamentsvorbehalts; je mehr andererseits eine Bewertung Berechtigungen vermittelt und sich auf künftige Lebenschancen des Schülers auswirkt, um so nachhaltiger ist der Gesetzgeber aufgerufen, durch eigene Entscheidungen die Richtung zu weisen[58].

26.315 Zum Beurteilungsspielraum von Lehrern und Prüfern ausführlich TZ 27.1.

26.32 Bewertung einzelner Unterrichtsleistungen

26.321 Die Bewertung einzelner Leistungen während des Schuljahres (Klassenarbeiten, Hausaufgaben, mündliche und praktische Leistungsnachweise) erfüllt in erster Linie einen *pädagogischen Zweck*. Sie soll dem Schüler Gele-

---

56 Z.B. dann, wenn eine Klausur ingesamt ein außergewöhnlich schlechtes Ergebnis nach sich zieht. In einem solchen Fall muß das von einem Schüler zur Überprüfung der Rechtmäßigkeit der Leistungsbewertung seiner Arbeit angerufene Gericht den möglichen Ursachen der völlig aus dem Rahmen fallenden Mißerfolgsquote nachgehen, etwa die Frage klären, ob eine ungeeignete Prüfungsaufgabe gestellt worden ist. Dazu BVerwG, DVBl. 1996, 1381 (1383).
57 Vorschriften wie § 57 Abs. 2 Satz 2 BbgSchulG oder § 73 Abs. 2 Satz 2 HSchG, wonach bei der Leistungsbewertung der Leistungsstand der Lerngruppe und die Lernentwicklung des Schülers zu *berücksichtigen* sind, dürfen daher nicht zu einer Bewertungspraxis führen, in der die allgemeinen Maßstäbe dem konkret vorhandenen Leistungsniveau angepaßt werden und dadurch ihre Verbindlichkeit verlieren.
58 Differenzierend auch Peter *Lerche*: Bayerisches Schulrecht und Gesetzesvorbehalt, München 1981, S. 100 ff.; ferner *Niehues*: Prüfungsrecht, S. 26 ff. Rn. 41 ff. Demgegenüber hält der *DJT-SchulGE*, § 54 (S. 90 f.), S. 268 ff., eine formellgesetzliche Regelung der Grundsätze für Leistungsbewertungen gleich welcher Art wegen der Bedeutung dieser Fragen für die Grundrechte der Schüler und Eltern für erforderlich. Zu diesen Grundsätzen rechnet er die allgemeinen Kriterien der Bewertung, das Bewertungssystem, die dem Bewertungssystem zuzuordnenden Bewertungsmaßstäbe sowie die Entscheidungszuständigkeiten. Für weiterreichende gesetzliche Regelungen auch Raimund *Wimmer*: Ein halbes Jahrhundert Gesetzesvorbehalt im Schulwesen, RdJB 1997, 15 (18).

genheit geben, seine Stärken und Schwächen zu erkennen; sie soll dem Lehrer helfen, den Leistungsstand des Schülers zu ermitteln und daraus Folgerungen für die Förderung des einzelnen Schülers sowie für die Unterrichtsgestaltung zu ziehen. Zwar kann die Beurteilung einer Einzelleistung mittelbar, nämlich in ihren Auswirkungen auf die Entscheidung über Versetzungen und Abschlüsse, auch die Rechtsstellung des Schülers berühren. Als vorrangig pädagogische Maßnahme bedarf sie jedoch *keiner formellgesetzlichen Normierung*[59]. Es genügt, wenn der Gesetzgeber das Kultusministerium zum Erlaß der einschlägigen Bestimmungen durch Rechtsverordnung ermächtigt; auch eine Regelung in Form der Verwaltungsvorschrift kommt in Betracht. Da die Bewertung des vom Schüler erbrachten Leistungsnachweises nicht auf unmittelbare Rechtswirkung nach außen gerichtet ist, ist sie *nicht als Verwaltungsakt* im Sinn des § 35 VwVfG *anzusehen*[60]. Zum Rechtsschutz TZ 34.322.

26.322 Für die Ermittlung des Leistungsstands der Schüler und die ggf. notwendigen Fördermaßnahmen ist vor allem die Anfertigung von *Klassenarbeiten* bedeutsam. Sie beziehen sich in der Regel auf eine abgeschlossene Unterrichtseinheit. Damit sich die Schüler in geeigneter Weise vorbereiten können, ist rechtzeitige Ankündigung erforderlich. Klassenarbeiten müssen unter Aufsicht geschrieben werden, da sie nur so ein zutreffendes Bild von den tatsächlich vorhandenen Kenntnissen und Fähigkeiten der Schüler vermitteln[61]. Klassenarbeiten sind gleichmäßig über das Schul(halb)jahr zu verteilen. An ein und demselben Tag soll nicht mehr als eine Arbeit geschrieben werden. Der Lehrer faßt die Bewertung in einer Note zusammen; eine Begründung ist zwar rechtlich nicht geboten, sie ist aber gerade unter pädagogischen Gesichtspunkten zweckdienlich. Weigert sich der Schüler, die Klassenarbeit zu schreiben, oder versäumt er sie unentschuldigt, wird die Note »ungenügend« erteilt[62]. Wenn er die Arbeit mit ausreichender Entschuldigung versäumt, kann der Lehrer die nachträgliche Anfertigung jedenfalls dann verlangen, wenn nur so eine sachgerechte Leistungsbeurteilung im nächsten Zeugnis möglich ist. Begeht der Schüler eine *Täuschungshandlung* oder einen Täuschungsversuch, entscheidet der Lehrer nach pflichtgemäßem Ermessen unter Beachtung des Verhältnismäßigkeitsprinzips, ob die Arbeit zur Leistungsbewertung herangezogen oder – in schweren Fällen – mit der Note »ungenügend« bewertet wird. Wegen der Einzelheiten wird auf die landesrechtlichen Rechtsverordnungen und Erlasse hingewiesen, die teilweise voneinander abweichende Vorschriften enthalten[63].

---

59 Ebenso *Niehues*: Prüfungsrecht, S. 29 Rn. 25.
60 Vgl. VGH München, BayVBl. 1994, 629.
61 OVG Münster, SPE II C IX S. 11.
62 Es begegnet – insbesondere im Hinblick auf das Gebot der Chancengleichheit – grundsätzlich keinen Bedenken, eine verweigerte Leistung ebenso negativ wie eine ungenügende Leistung zu bewerten (VGH Mannheim, SPE II C II S. 31, vgl. auch OVG Koblenz, SPE I C X S. 11).
63 Einen Überblick über die verschiedenen Regelungen in den Ländern gibt Günther *Hoegg*: Die schulische Täuschung und ihre unzureichende Ahndung, RdJB 1994, 72.

26.323 Die Klassenarbeiten und ihre Bewertung sollen den Eltern Einblick in die Unterrichtstätigkeit der Schule und Aufschluß über den Leistungsstand ihrer Kinder geben; deshalb werden die Arbeiten nach Benotung und Besprechung in der Klasse den Schülern mit nach Hause gegeben. Auf diese Weise trägt die Schule dem auf dem Elternrecht beruhenden *Informationsanspruch* (TZ 24.35) Rechnung. Aus dem Elternrecht kann aber nicht die Verpflichtung der Schule und des Lehrers abgeleitet werden, nach jeder Arbeit eine Übersicht über die in der gesamten Klasse erreichten Noten in Form eines *Notenspiegels* zu geben[64]. Andererseits erfüllt der Lehrer den Auskunftsanspruch der Eltern nicht schon durch die bloße Benotung der Arbeit. Im Rahmen des Zumutbaren und unter Wahrung der Persönlichkeitsrechte Dritter muß er den Erziehungsberechtigten für die von diesen erbetenen Informationen über die Leistungen und das leistungsbedingte Verhalten des Kindes zur Verfügung stehen. Negative Noten sind den Eltern auf Verlangen in einer Rücksprache zu erläutern. Im Falle vorsätzlicher Leistungsverweigerung muß der Lehrer die Eltern von sich aus in Kenntnis setzen. Auch der Schüler ist auf Wunsch jederzeit über seinen Leistungsstand zu unterrichten. Zu Beginn des Schuljahres sollen die Schüler darüber aufgeklärt werden, nach welchen Gesichtspunkten die schriftlichen, mündlichen und praktischen Leistungen bewertet werden.

26.33 Zeugnisse[65]

26.331 Das Zeugnis ist eine von der Schule ausgestellte Urkunde, durch die die Leistungen des Schülers in den verschiedenen Fächern während eines Unterrichtsabschnitts zusammenfassend bewertet werden und in der – jedenfalls in den Schulen der Primarstufe und der Sekundarstufe I – wichtige Aussagen über sein sonstiges schulisches Verhalten enthalten sind. Zeugnisse werden *am Ende eines jeden Schulhalbjahres* ausgegeben[66].
Schüler, die die Schule verlassen, nachdem sie das Ziel des Bildungsgangs erreicht, d.h. die Abschlußklasse erfolgreich durchlaufen oder eine Abschlußprüfung bestanden haben, erhalten ein *Abschlußzeugnis*. Schülern, die von der Schule nach erfüllter Schulpflicht abgehen, ohne das Ziel erreicht zu haben, wird ein *Abgangszeugnis* erteilt[67]. Hinsichtlich des Bewertungssystems und der verschiedenen Abstufungen (Noten, Punkte) wird auf die Ausführungen unter TZ 26.312 verwiesen.

---

64 BVerwG, DÖV 1978, 845.
65 *DJT-SchulGE* § 55 (S. 91), S. 271 ff.; Fritz *Ossenbühl*: Rechtliche Grundlagen der Erteilung von Schulzeugnissen, Berlin 1978.
66 In den Klassen 1 und 2 der Grundschule in manchen Ländern nur am Ende des Schuljahres: z.B. in Brandenburg (§ 11 Abs. 1 Satz 1 GrundschulVO); Hessen (§ 5 Abs. 3 Satz 1 VO zur Ausgestaltung der Grundstufe [Primarstufe] vom 25.8.1995 [ABl. S. 602]), g.d. VO v. 15.7.1998 [ABl. S. 515]); Nordrhein-Westfalen (§ 10 Abs. 1 VO über den Bildungsgang der Grundschule).
67 Beschluß der KMK vom 4./5.11.1954 i.d.F. v. 28./29.9.1961: Bezeichnung von Schulzeugnissen (KMK-BeschlS. Nr. 677).

Zugang zur Schule, Leistungsbewertungen

26.332 Zeugnisse haben *Informations- und Beweisfunktion*. Insoweit sind die Grundrechte der Betroffenen nicht wesentlich berührt. Eine formellgesetzliche Regelung ist daher unter diesem Aspekt nicht erforderlich[68]. Anders liegen die Verhältnisse, wenn ein Zeugnis zugleich eine Berechtigung (z.B. Versetzung, Abschluß) vermittelt oder versagt. Welche Anforderungen hierbei an den *Vorbehalt des Gesetzes* zu stellen sind, ist jeweils im entsprechenden Zusammenhang (TZ 26.34, 26.35 und 26.36) zu erörtern. Die Einführung einer anderen Form der Leistungsbewertung in den Zeugnissen, z.B. Ersetzung der Noten durch eine allgemeine verbale Beurteilung während der ersten beiden Grundschulklassen, ist nicht so wesentlich, daß eine richtungweisende Entscheidung des Parlaments vonnöten wäre[69]. Durch eine gesetzliche Ermächtigung des Kultusministeriums zum Erlaß entsprechender Zeugnisregelungen im Wege der Rechtsverordnung wird dem Grundsatz des Gesetzesvorbehalts hinreichend Rechnung getragen. Ebensowenig bedürfen Aussagen zum Sozialverhalten in einem Zeugnis (z.B. in Form der sog. Kopfnoten) der formellgesetzlichen Grundlage[70]. Zum Problem, ob verbalisierte Zeugnisse und Zeugnisaussagen über das Sozialverhalten des Schülers mit den Grundrechten der Schüler und Eltern vereinbar sind, s.TZ 26.335.

26.333 Hinsichtlich der *Rechtsnatur des Zeugnisses*[71] ist zu unterscheiden. Sofern es die Rechtslage des Schülers unmittelbar ändert oder feststellt, ist es ein Verwaltungsakt im Sinne des § 35 VwVfG. Das trifft z.B. auf Versetzungs- und Abschlußzeugnisse zu. Demgegenüber fehlt einem Zeugnis, das – wie das Zeugnis am Ende des ersten Schulhalbjahres – keine Berechtigung zuerkennt oder vorenthält, sondern sich auf die Informations- und Beweisfunktion beschränkt, die Eigenschaft des Verwaltungsaktes. *Einzelnoten* sind in der Regel unselbständige Bestandteile des Zeugnisses und daher keine Verwaltungsakte[72]. Eine Ausnahme gilt dann, wenn sie unmittelbar Rechtsfolgen auslösen (z.B. für den Fall, daß der Zugang zu einer Bildungseinrichtung von Mindestnoten in bestimmten Fächern abhängt, oder bei Noten im Abiturzeugnis, denen zumindest im Hinblick auf den Numerus clausus entscheidende Bedeutung zukommt)[73]. Zum Rechtsschutz gegen Zeugnisse und Einzelnoten TZ 34.322.

26.334 Bei der *Bildung der Zeugnisnote* sind Umfang und Schwierigkeitsgrad der einzelnen vom Schüler erbrachten Leistungsnachweise zu berücksichti-

---

68 S. zuletzt BVerwG, DVBl. 1998, 969 (970): Der Gesetzgeber ist nicht verpflichtet, die Ermittlung der Zeugnisnote aus schriftlichen und mündlichen Leistungsnachweisen in einem versetzungsrelevanten Fach selbst zu regeln. Dies gilt sogar dann, wenn die Erteilung einer unzureichenden Zeugnisnote am Anfang einer Kausalkette steht, die zur Nichtversetzung und – bei wiederholter Nichtversetzung – zur Schulentlassung führt; es fehlt in einem solchen Fall desjenige Maß an Grundrechtsrelevanz, das eine Detailregelung des Gesetzgebers hinsichtlich der Notenvergabe gebietet.
69 *Niehues*: Prüfungsrecht, S. 208 Rn. 380.
70 BVerwG, RdJB 1982, 392 mit Anm. von Andreas *Laaser*; *Niehues*: Prüfungsrecht, S. 66 Rn. 120. Vgl. dagegen *DJT-SchulGE*, § 55 Abs. 1 Satz 1 (S. 91), S. 272.
71 Hierzu *Ossenbühl* (Anm. 65), S. 14 ff.
72 BVerwG, SPE n.F. 912 Nr. 13; VGH München, BayVBl. 1984, 629; *Maurer*: Verwaltungsrecht, S. 182.
73 *Maurer*: Verwaltungsrecht, S. 182; *Niehues*: Prüfungsrecht, S. 208 Rn. 380.

gen. Klassenarbeiten haben gegenüber den mündlichen Leistungen im allgemeinen höheres Gewicht[74]. Mangels gegenteiliger Vorschriften bleibt es dem Lehrer überlassen, auf welche Weise er sich eine Meinung über die *mündlichen Leistungen* des Schülers verschafft. Auch steht es weitgehend in seinem pädagogischen Ermessen, wie er die mündlichen Leistungen ermittelt. Er kann die individuelle Verschiedenheit der Schüler in Leistungsentwicklung und Lernverhalten berücksichtigen. Die Feststellung der Leistungsnachweise braucht daher nicht bei jedem Schüler mit gleicher Häufigkeit und in formal gleicher Weise zu geschehen. Deshalb ist es zulässig, daß der Lehrer Schüler, deren Notenbild ihm noch nicht klar ist, häufiger als jene Schüler abfragt, bei denen sein Urteil schon feststeht[75].

26.335 Die Eltern haben zwar aus Art. 6 Abs. 2 GG ein Recht auf angemessene Information über Leistungsvermögen und Lernentwicklung des Kindes; ein gleicher Anspruch steht dem Schüler selbst aus Art. 2 Abs. 1 GG zu. Das bedeutet jedoch nicht, daß die Leistungen nach Notenstufen (Ziffernnoten) bewertet werden müßten. Vielmehr kann dem Auskunftsanspruch, jedenfalls in den ersten Klassen der Grundschule, auch durch *verbalisierte Zeugnisse* Rechnung getragen werden[76].
Da die Schule im Rahmen der Erziehungsaufgabe dazu beizutragen hat, daß der Schüler zu einem selbstverantwortlichen Mitglied der Gesellschaft herangebildet wird, darf sie auch sein *Sozialverhalten* – durch sog. Kopfnoten oder in verbalisierter Form – im Zeugnis bewerten. Weder das elterliche Erziehungsrecht (Art. 6 Abs. 2 GG) noch das Recht des Schülers auf möglichst ungehinderte Entfaltung seiner Persönlichkeit (Art. 2 Abs. 1 GG) begründen einen Anspruch gegen die Schule auf Unterlassung von Beurteilungen des Sozialverhaltens. Allerdings ist es der Schule untersagt, die vom Elternhaus eingeschlagene Erziehungsrichtung zu konterkarieren und die Beurteilung im Zeugnis als Mittel der »Indoktrinierung zu einem bestimmten Sozialverhalten« einzusetzen[77].

26.336 Die Zeugnisnote eines Fachs wird je nach landesrechtlicher Regelung entweder vom Fachlehrer oder auf Vorschlag des Fachlehrers von der Klassenkonferenz festgesetzt. Der Lehrer soll den Schülern rechtzeitig die beabsichtigte Notengebung in pädagogisch sinnvoller Weise erläutern. Mitarbeit und Verhalten des Schülers werden aufgrund der Vorschläge der einzelnen Lehrer von der Klassenkonferenz bewertet. Die Zeugnisse sind vom Schulleiter und vom Klassenlehrer zu unterzeichnen.

---

74 Doch ist, sofern nichts anderes bestimmt ist, jedenfalls für den Bereich der Grundschule die von einem Fachlehrer vorgenommene Gewichtung der schriftlichen und mündlichen Leistungen im Verhältnis 1:1 rechtsfehlerfrei: VGH Mannheim, NVwZ-RR 1992, 189 (191).
75 VGH Mannheim, SPE II C II S. 11.
76 BVerwGE, RdJB 1982, 392 (hinsichtlich der ersten beiden Grundschulklassen). So auch *DJT-SchulGE*, § 54 Abs. 1 Satz 3 (S. 90), S. 271 f.; a. A. *Ossenbühl* (Anm. 65), S. 19 ff.
77 So BVerwG, RdJB 1982, 392. Gegen die Zulässigkeit der Bewertung des Sozialverhaltens *Ossenbühl* (Anm. 65), S. 38 ff.

26.34 Versetzung (Vorrücken)[78]

26.341 Der Schüler wird am Ende des Schuljahres in die nächsthöhere Klasse (Jahrgangsstufe) versetzt, wenn er insgesamt ausreichende Leistungen nachgewiesen hat. Bei Nichtversetzung ist die zuletzt besuchte Klasse zu wiederholen. Schüler an Realschulen oder an Gymnasien, die zweimal in derselben Klasse oder in zwei aufeinanderfolgenden Klassen nicht versetzt worden sind, müssen von der Schule abgehen und dürfen in der Regel nicht in eine Schule derselben Schulart aufgenommen werden[79]; Grund- und Hauptschüler kommen in diesen Fällen für eine Überweisung in die Sonderschule in Betracht (TZ 25.412). In den meisten Ländern ist auch das Überspringen einer Klasse vorgesehen[80]. In der gymnasialen Oberstufe findet eine Versetzung nur in die Jahrgangsstufe 12 statt; wer sich nach dreieinhalbjährigem Besuch der Oberstufe nicht zur Abiturprüfung meldet oder die Zulassungsvoraussetzungen innerhalb dieser Zeit nicht erfüllt, hat die Schule zu verlassen[81].

26.342 Nichtversetzung und leistungsbedingte zwangsweise Schulentlassung bedürfen zwar einer *gesetzlichen Grundlage*; jedoch können die Einzelheiten durch Rechtsverordnung geregelt werden. Zur Reichweite des Vorbehalts des Gesetzes TZ 15.383, vgl. auch TZ 26.332.

26.343 Der Schüler ist zu versetzen, wenn er in allen (versetzungserheblichen) Fächern[82] während des vorausgegangenen Unterrichtsabschnitts (Schuljahr, Schulhalbjahr)[83] *mindestens ausreichende Leistungen* erbracht

---

78 Hierzu die Beschlüsse der KMK über die Grundsätze und Richtlinien für Versetzungsordnungen der Volks- und Mittelschulen sowie Gymnasien, KMK-BeschlS. Nr. 680 ff.; die Gerichtsentscheidungen in SPE II C, s. auch SPE n. F. 904; *DJT-SchulGE*, § 56 (S. 91 f.), S. 273 ff.
79 Nach OVG Münster, NVwZ 1986, 399, darf ein Schüler dieselbe Klasse aber zweimal wiederholen, wenn er zuvor freiwillig mit Zustimmung der Versetzungskonferenz diese Klassenstufe wiederholt hatte. Zu weiteren Ausnahmeregelungen, die im wesentlichen auf vom Schüler nicht zu vertretende Umstände abstellen, VGH München, NVwZ 1986, 398, und VGH Kassel, NVwZ-RR 1989, 547.
80 Z. B. § 59 Abs. 6 BbgSchulG (wenn die bisherigen Leistungen eine erfolgreiche Mitarbeit in der höheren Jahrgangsstufe erwarten lassen) oder § 75 Abs. 5 i. V. m. Abs. 4 HSchG (wenn zu erwarten ist, daß der Schüler dadurch in seiner Lernentwicklung besser gefördert werden kann).
81 Ziff. 7.3.2 der Vereinbarung der KMK zur Gestaltung der gymnasialen Oberstufe in der Sekundarstufe II vom 7.7.1972 i. d. F. v. 28.2.1997 (KMK-BeschlS. Nr. 176). Der Schüler kann allerdings aus Art. 12 Abs. 1 Satz 1 GG einen Anspruch darauf haben, die festgelegte Höchstverweildauer zu überschreiten, wenn die Nichteinhaltung des Zeitrahmens auf Umständen beruht, die von ihm nicht zu vertreten sind (z. B. gesundheitliche Probleme); so OVG Bautzen, SchuR 1999, 11.
82 In den meisten Ländern sind sämtliche Fächer versetzungsrelevant. Zur Versetzungserheblichkeit des Fachs Musik OVG Bremen, SPE II C IV S. 11. – Baden-Württemberg und Bayern unterscheiden zwischen versetzungserheblichen und anderen Fächern (z. B. § 2 Abs. 1 bw Versetzungsordnung Gymnasium vom 30.1.1984 [GBl. S. 149], zul. g. d. VO v. 15.8.1996 [GBl S. 544]; § 20 Abs. 1, § 52 Abs. 1 bayGymnasialschulordnung).
83 Für Baden-Württemberg hat der VGH Mannheim, NVwZ-RR 1992, 189, klargestellt, daß die Noten in dem für die Versetzung maßgeblichen Jahreszeugnis nach den Leistungen im gesamten Schuljahr, nicht nur nach denen im zweiten Schulhalbjahr zu bilden sind.

hat; in manchen Ländern (z. B. Rheinland-Pfalz) ist die Note »mangelhaft« in einem Fach unschädlich[84]. Eine negative Einzelnote darf bei der Versetzungsentscheidung nicht berücksichtigt werden, wenn die für das Fach vorgeschriebene Mindestzahl von Klassenarbeiten unterschritten worden ist[85]. Überall besteht die Möglichkeit des *Notenausgleichs* (z. B. »mangelhaft« in dem einen durch »gut« in einem anderen Fach), wobei die Modalitäten von Land zu Land, auch von Schulart zu Schulart und je nach Bedeutung der Fächer (Haupt- und Nebenfächer) verschieden sind. Weist der Schüler auch unter dem Gesichtspunkt des Notenausgleichs insgesamt keine ausreichenden Leistungen nach, kann er gleichwohl versetzt werden, falls zu erwarten ist, daß er in der nächsthöheren Klasse erfolgreich mitarbeiten wird[86]. Eine solche Ausnahme ist in Bayern, Rheinland-Pfalz, im Saarland, in Sachsen, Schleswig-Holstein und in Thüringen an das Vorliegen besonderer Umstände, z. B. längere Krankheit, geknüpft. Die Mehrzahl der Länder gibt Schülern der Sekundarstufe I – zumindest bestimmter Schularten und Klassen dieser Schulstufe –, die mangels ausreichender Leistungen in einem oder zwei Fächern nicht versetzt worden sind, Gelegenheit, sich zu Beginn des neuen Schuljahres einer *Nachprüfung* zu unterziehen. Wer die Nachprüfung mit mindestens »ausreichend« besteht, wird nachträglich versetzt. Für die Versetzung von *Ausländerkindern und Aussiedlerkindern*, die bisher Schulen in ihren Herkunftsländern besucht haben, sind teilweise zusätzliche Erleichterungen vorgesehen.

26.344 Auch der *Religionsunterricht* kann – außer in Bremen, Berlin und Brandenburg – versetzungsrelevantes Fach sein (dazu TZ 4.121).

26.345 Über Versetzungen und Nichtversetzungen entscheidet die *Klassenkonferenz*. Zur stimmberechtigten Teilnahme sind alle Lehrer verpflichtet, die die Schüler der Klasse planmäßig unterrichtet haben. Zumeist ist vorgeschrieben, daß über die Beratung ein Protokoll geführt wird. Zur Bedeutung dieser *Formvorschriften* TZ 7.213 und TZ 27.31.

26.346 Ist die Versetzung eines Schülers nach Auffassung der Klassenkonferenz *gefährdet*, hat die Schule die Eltern bzw. den volljährigen Schüler selbst durch einen Vermerk im vorausgehenden Halbjahreszeugnis zu *benachrichtigen*, bei späterem Leistungsabfall unverzüglich durch schriftliche Mitteilung (»blauer Brief«). Die Nichtbeachtung dieser Formvorschriften hat jedoch keinen Anspruch auf Versetzung zur Folge, jedenfalls dann nicht, wenn die Schule auf andere geeignete Weise, z. B. durch mündliche Unterrichtung der

---

84 § 47 Abs. 2 rp Schulordnung für die öffentlichen Grundschulen, § 61 Abs. 1 Satz 1 rp Übergreifende SchulO.
85 VGH Kassel, SPE II C VII S. 11.
86 Umgekehrt darf aber die Nichtversetzung nicht mit einer verselbständigten, von den Zeugnisnoten unabhängigen Prognose der Klassenkonferenz gerechtfertigt werden, der Schüler werde den Anforderungen der nächsthöheren Klasse nicht gewachsen sein. So VGH Mannheim, NVwZ-RR 1992, 189 (190).

Eltern, ihrer Informationspflicht nachgekommen ist[87]. Die Versetzung/Nichtversetzung, die auf dem zum Ende des Schuljahres ausgestellten Zeugnis vermerkt wird, ist ein *Verwaltungsakt*. Die Zusage des Klassenlehrers über die Versetzung eines Schülers ist unwirksam, da sie der Entscheidung der allein zuständigen Klassenkonferenz vorgreift und zudem in aller Regel der erforderlichen Schriftform entbehrt (vgl. § 38 VwVfG).

Zu den bei Versetzungsentscheidungen zu berücksichtigenden Verfahrensanforderungen TZ 26.345, zum Umfang der gerichtlichen Überprüfung und zum vorläufigen Rechtsschutz TZ 27.12, 34.35, 34.36.

26.35 Abschlüsse ohne Prüfung

26.351 In einigen Schularten erhält der Schüler, der die Abschlußklasse erfolgreich durchlaufen hat, das Abschlußzeugnis, ohne zuvor eine Prüfung ablegen zu müssen: in der Hauptschule (Ausnahmen: Baden-Württemberg; Bayern, Sachsen, Thüringen hinsichtlich des qualifizierenden Hauptschulabschlusses; Sachsen-Anhalt hinsichtlich des qualifizierten Hauptschulabschlusses[88]), in der Realschule bzw. in den anderen den Realschulabschluß vermittelnden Schularten (Ausnahmen: Baden-Württemberg, Bayern, Sachsen, Sachsen-Anhalt, Schleswig-Holstein, Thüringen[89]) und in der Berufsschule (Ausnahmen: Baden-Württemberg, Bayern[90]).

26.352 Wegen der Grundrechtsrelevanz der Abschlüsse, insbesondere im Hinblick auf die freie Wahl von Beruf und Ausbildungsstätte (Art. 12 Abs. 1 GG), ist eine *rechtssatzförmige Regelung* notwendig. Darüber hinaus wird verschiedentlich eine gesetzliche Festlegung der Abschlußvoraussetzungen und der Entscheidungszuständigkeiten für geboten erachtet[91]. Doch ist zu bedenken, daß die Abschlüsse sowohl in ihren inhaltlichen Anforderungen als auch im Verfahren der Versetzung entsprechen. Der Schüler erhält das Ab-

---

87 OVG Münster, SPE II C IX S. 11. Vgl. auch OVG Hamburg, NordÖR 1999, 115: Die Nichtversetzung kann ohne vorherige Warnung erfolgen, wenn der Schüler in einem nur im ersten Schulhalbjahr unterrichteten Fach eine mit "mangelhaft" oder schlechter bewertete Leistung erbracht hat. Zwar eröffnet der Hinweis auf die Gefahr der Nichtversetzung in diesem Fall nicht die Möglichkeit der Leistungsverbesserung in dem Fach selbst, wohl aber die Möglichkeit des Ausgleichs durch gute Leistungen in anderen Fächern.
88 Zu den Prüfungen für den Hauptschulabschluß bzw. für den qualifizierenden/qualifizierten Hauptschulabschluß: bw VO über die Abschlußprüfung an Hauptschulen, §§ 31 ff. bay Volksschulordnung, §§ 14 ff. VO über die Abschlußprüfungen an Mittelschulen des Freistaats Sachsen, §§ 18 ff. AbschlußVO LSA, § 63 ThürSchulO.
89 Zu den Prüfungen für den Realschulabschluß: bw VO über die Abschlußprüfung an Realschulen, §§ 55 ff. bay Realschulordnung, §§ 1 ff. VO über die Abschlußprüfungen an Mittelschulen des Freistaats Sachsen, §§ 8 ff. AbschlußVO LSA, §§ 7 ff. sh Realschulordnung, § 67 ThürSchulO.
90 In Baden-Württemberg und Bayern kann allerdings die Abschlußprüfung der Berufsschule mit der vor den Kammern abzulegenden Prüfung im Berufsausbildungsverhältnis koordiniert werden. Vgl. dazu in Baden-Württemberg die Vereinbarungen des Kultusministeriums mit den verschiedenen Kammern; Hinweis vom 27.4.1990 (ABl. S. 369); in Bayern § 33 Berufsschulordnung.
91 Z. B. *DJT-SchulGE*, § 59 (S. 94), S. 280.

schlußzeugnis, wenn er bei entsprechender Anwendung der für die Versetzung geltenden Vorschriften zu versetzen wäre[92]; die Entscheidung trifft die Klassenkonferenz. Somit könnte eine formellgesetzliche Regelung nur das verdeutlichen, was ohnehin schon selbstverständlich ist. Deshalb wird – wie bei der Versetzung – dem Vorbehalt des Gesetzes hinreichend Rechnung getragen, wenn das Parlament den Kultusminister in allgemeiner Form ermächtigt, die für die Schulabschlüsse erforderlichen Regelungen im Wege der Rechtsverordnung zu treffen[93]. Anders liegen die Verhältnisse, wenn das wiederholte Scheitern des Schülers in der Abschlußklasse zu seiner zwangsweisen Entlassung aus der Schule oder gar zum Ausschluß von der ganzen Schulart führt. Wie im Fall der mehrfachen Nichtversetzung (dazu TZ 15.383 und 26.342) muß das Parlament die diese Maßnahme rechtfertigenden Kriterien in den Grundzügen selbst festlegen[94].

26.353 Die Entscheidung über die Zuerkennung des Abschlusses ist ein *Verwaltungsakt*. Hinsichtlich der Abschlußvoraussetzungen (insgesamt ausreichende Leistungen), der für den Abschluß maßgebenden Fächer, der Entscheidungszuständigkeiten (Klassenkonferenz), des Verfahrens (u.a. rechtzeitige schriftliche Benachrichtigung bei Gefährdung des Abschlusses) gelten die gleichen Grundsätze wie bei der Versetzung. Zum Umfang der gerichtlichen Überprüfung TZ 27.1; zum vorläufigen Rechtsschutz TZ 34.36.

26.36 Abschlußprüfung

26.361 Die meisten Schularten schließen den Bildungsgang mit einer Prüfung ab; das gilt vor allem für das Gymnasium und durchweg für die mehrjährigen berufsbildenden Vollzeitschulen, in fünf Ländern auch für den Hauptschulabschluß (Baden-Württemberg; in Bayern, Sachsen, Thüringen nur für den qualifizierenden Hauptschulabschluß; in Sachsen-Anhalt nur für den qualifizierten Hauptschulabschluß), in sechs Ländern für den Realschulabschluß (Baden-Württemberg, Bayern, Sachsen, Sachsen-Anhalt, Schleswig-Holstein,

---

92 So z.B. § 74 Abs. 3 Satz 2 HSchG.
93 So auch ganz überwiegend die gesetzgeberische Praxis.
94 Zur zwangsweisen Entlassung aus der Schule genügt auch hier eine formellgesetzliche Regelung, wonach der Schüler bei zweimaligem Nichterreichen der Abschlußqualifikation die Schule verlassen muß; so BVerwG, DVBl. 1998, 969 (970).

Thüringen)[95]; vgl. auch TZ 26.351. Die Prüfung ist ein formalisiertes, zeitlich begrenztes Verfahren, das der Ermittlung des Leistungsstands des Schülers dient; das Bestehen der Prüfung ist Voraussetzung für den Erwerb des Abschlusses und damit für den Zugang zu weiteren Bildungsgängen und zu Berufen.

26.362 Der Erfolg des Prüflings hängt davon ab, ob er imstande ist, zu einem bestimmten Zeitpunkt unter außergewöhnlichen, psychisch wie physisch belastenden Bedingungen die verlangten Leistungsnachweise zu erbringen. Der Schüler muß sich in einer Ausnahmesituation bewähren. Ferner ist zu beachten, daß den aufgrund einer Prüfung zuerkannten Abschlüssen besonderes Gewicht beigemessen wird; um so größer ist das Interesse der Allgemeinheit an der Qualifikation der Absolventen wie auch an der Aussagekraft und Vergleichbarkeit der Prüfungsergebnisse. Sowohl wegen der Intensität der Grundrechtsberührung (vor allem im Hinblick auf Art. 12 Abs. 1 GG) als auch wegen der erheblichen gesellschaftspolitischen Bedeutung der schulischen Abschlußprüfungen ist eine gesetzliche Grundlage erforderlich (dazu TZ 15.384)[96].

26.363 Abschußprüfungen werden vor einem *Prüfungsausschuß* abgelegt, dem in der Regel die planmäßig unterrichtenden Lehrer der Jahrgangsstufe angehören[97]. Den Vorsitz führt entweder ein Staatsbeauftragter (z. B. ein Schulrat) oder der Schulleiter.

---

95 Bei den Prüfungen für den (qualifizierenden) Hauptschulabschluß werden in Baden-Württemberg, Bayern, Sachsen und Thüringen die schriftlichen Aufgaben zentral vom Kultusministerium gestellt (§ 4 Abs. 3 bw VO über die Abschlußprüfung an Hauptschulen, § 31 Abs. 5 bay Volksschulordnung, § 18 Abs. 3 VO über die Abschlußprüfungen an Mittelschulen des Freistaats Sachsen, § 63 Abs. 3 ThürSchulO); das gleiche gilt für den Realschulabschluß in Baden-Württemberg, Bayern, Sachsen, Sachsen-Anhalt und Thüringen (§ 4 Abs. 3 bw VO über die Abschlußprüfung an Realschulen, § 58 Abs. 1 bay Realschulordnung, § 6 Abs. 4 VO über die Abschlußprüfungen an Mittelschulen des Freistaats Sachsen, § 13 Abs. 3 AbschlußVO LSA, § 67 Abs. 3 ThürSchulO) und für die Abiturprüfung in Baden-Württemberg, Bayern, im Saarland, in Sachsen, Sachsen-Anhalt und Thüringen (§ 21 Abs. 2 bw VO über die Jahrgangsstufen 12 und 13 sowie über die Abiturprüfung an Gymnasien der Normalform und Gymnasien in Aufbauform mit Heimen, § 70 Abs. 2 bay Gymnasialschulordnung, § 14 saarl Abiturprüfungsordnung, § 35 Abs. 1 sächs Oberstufen- und AbiturprüfungsVO, § 21 OberstufenVO LSA, § 97 ThürSchulO). Vgl. auch Isabell *von Ackeren*/Klaus *Klemm*: Steuerung der Schulentwicklung durch zentrale Leistungskontrollen?, SchVwNRW 1999, 4.
96 Das BVerfG hat in zwei Beschlüssen vom 17.4.1981 (BVerfGE 84, 34 [45]; 84, 59 [72]) klargestellt, daß bei berufsbezogenen Prüfungen wegen ihres Eingriffs in das Grundrecht der Berufsfreiheit (Art. 12 Abs. 1 GG) die geforderten Leistungen und die Bewertungsmaßstäbe einer gesetzlichen Grundlage bedürfen; das muß auch für solche schulischen Abschlußprüfungen gelten, die, wie z. B. die Abiturprüfung, in das gleichfalls durch Art. 12 Abs. 1 GG geschützte Grundrecht auf freie Wahl der Ausbildungsstätte eingreifen. Vgl. auch BVerwG, DVBl. 1996, 1381 (1382).
97 Zur verfassungsrechtlichen Zulässigkeit unabhängiger und weisungsfreier Prüfungsausschüsse s. Wolfgang *Müller*: Ministerialfreie Räume, JuS 1985, 497 (500 ff.).

26.364 Der *Prüfungsablauf* ist von Land zu Land und je nach Schulart verschieden[98]. Auf die Darstellung der Einzelheiten muß deshalb verzichtet werden. Im allgemeinen gelten die folgenden Grundsätze:
Die Prüfung besteht aus einem *schriftlichen* und einem *mündlichen Teil*. Die schriftlichen Arbeiten werden entweder vom Fachlehrer (verschiedentlich auch von einem zweiten Fachlehrer) oder vom Prüfungsausschuß auf Vorschlag des Fachlehrers, die mündlichen Leistungen vom Prüfungsausschuß auf Vorschlag des jeweiligen Fachlehrers beurteilt. Wird in einem Fach sowohl schriftlich als auch mündlich geprüft, werden bei der Bildung der Gesamtnote (Gesamtpunktzahl) die Ergebnisse der schriftlichen Arbeit zumeist stärker (z.B. im Verhältnis von 2:1) gewichtet. Die Endergebnisse in den einzelnen Prüfungsfächern beruhen auf den Gesamtleistungen während des vorausgegangenen Unterrichtsabschnitts und den in der Prüfung nachgewiesenen Leistungen. In den Fächern, die nicht geprüft werden, werden die Noten aufgrund der zuvor erbrachten Unterrichtsleistungen festgesetzt. Der Prüfungsausschuß entscheidet, ob der Schüler die Prüfung bestanden hat oder nicht. Bei erfolgreich abgelegter Prüfung wird ein *Abschlußzeugnis (Prüfungszeugnis)* erteilt, das die in den einzelnen Fächern erzielten Noten bzw. Punkte ausweist (vgl. TZ 26.312). Die nicht bestandene Prüfung kann in der Regel einmal – zumeist erst zum nächsten regulären Prüfungstermin – *wiederholt* werden[99].

26.365 Schüler, die durch Krankheit oder andere von ihnen nicht zu vertretende Umstände an der Ablegung der Prüfung ganz oder teilweise *verhindert* waren[100], können die Prüfung bzw. die nicht abgelegten Prüfungsteile *nachholen*. *Versäumt* der Schüler die Prüfung ohne ausreichende Entschuldigung, gilt sie als *nicht bestanden*; versäumte Prüfungsleistungen werden als »ungenügend« bewertet. Bei *Täuschungshandlungen* oder -versuchen wird für die Prüfungsarbeit in der Regel die Note »ungenügend« erteilt; in schweren Fäl-

---

[98] Die Anzahl der Prüfungsordnungen, der Prüfungs- und Versetzungsordnungen, der Ausbildungs- und Prüfungsordnungen, der Prüfungsbestimmungen und Schulordnungen usw. ist kaum überschaubar. Weitgehend vereinheitlicht ist das Verfahren der Abiturprüfung aufgrund der KMK-Vereinbarung über die Abiturprüfung der gymnasialen Oberstufe in der Sekundarstufe II vom 7.7.1972 i.d.F. vom 28.2.1997 (KMK-BeschlS. Nr.192).
[99] Sieht die Prüfungsordnung die Möglichkeit einer zweiten Wiederholungsprüfung vor, so verstößt nach Auffassung des BVerwG eine Regelung, die die Zulassung zu dieser Prüfung von mehr oder weniger strengen Voraussetzungen abhängig macht, ebensowenig gegen den Grundsatz der Chancengleichheit wie eine Norm, die die Zulassung ohne jede Voraussetzung ermöglicht.
[100] Erkrankungen sind durch ärztliches Attest nachzuweisen; die Schule kann ein amtsärztliches Attest verlangen (s. z.B. §77 Abs.1 bay Gymnasialschulordnung, §41 Abs.2 Satz 3 sächs Oberstufen- u. AbiturprüfungsVO). Dem amtsärztlichen Attest kommt Vorang gegenüber einem privatärztlichen Attest zu; die Anordnung der Schule, durch die dem Schüler die Vorlage eines amtsärztlichen Attests aufgegeben wird, ist kein anfechtbarer Verwaltungsakt, sondern eine unselbständige Verfahrenshandlung. So BVerwG, NVwZ-RR 1993, 252. Vgl. auch Ulrich *Stump*: Zur (amts-)ärztlichen Begutachtung der Prüfungsunfähigkeit, MedR 1993, 261.

len wird der Schüler von der Prüfung ausgeschlossen, die Prüfung gilt dann als nicht bestanden[101].

26.366 Die meisten Abschlußprüfungen können auch von Nichtschülern (Schulfremden) abgelegt werden *(Nichtschülerprüfungen, Schulfremdenprüfungen)*[102]. Als Schulfremde gelten auch die Absolventen nichtanerkannter privater Ersatzschulen. Die Ordnung dieser Prüfungen muß rechtsstaatlichen Erfordernissen um so mehr entsprechen, als das Bestehen und die Zeugnisnoten (Punkte) ausschließlich von den in der Prüfung nachgewiesenen Leistungen abhängen. Daß die zuvor von Privatschülern in der Schule und von Nichtschülern im Beruf erbrachten Leistungen bei der Festlegung des Prüfungsergebnisses gänzlich unberücksichtigt bleiben, verstößt zwar nicht gegen den Gleichheitssatz (Art. 3 Abs. 1 GG), erscheint aber unter bildungspolitischen und pädagogischen Gesichtspunkten bedenklich. Deshalb sollte eine Änderung der Prüfungsanforderungen für diese Bewerber erwogen werden[103].

26.367 Die Prüfungsentscheidung hat eine unmittelbare Rechtswirkung nach außen und ist deshalb ein *Verwaltungsakt* (§ 35 VwVfG). Zu den Klagemöglichkeiten und zum vorläufigen Rechtsschutz TZ 34.322, 34.36. Zu den bei Prüfungen zu beachtenden inhaltlichen und verfahrensrechtlichen Anforderungen TZ 27.2 und 27.3. Zur Begründung der Prüfungsentscheidung und zur Protokollierung des Prüfungsverfahrens TZ 27.35 und 27.36.

26.368 Schüler bzw. Eltern *sind berechtigt, die Prüfungsakten* oder auch die Niederschrift über die Versetzungskonferenz *einzusehen* (vgl. auch TZ 26.214); dieser Anspruch ist zur Gewährleistung tatsächlich wirksamen Rechtsschutzes (Art. 19 Abs. 4 GG) unerläßlich. Nur so sind sie imstande,

---

101 Dazu VG Weimar, SchuR 1999, 26.
102 Z.B. §§ 69 ff bay Realschulordnung, §§ 80 ff. bay Gymnasialschulordnung; § 27 NSchG; § 91 rp SchulG; §§ 47 ff. sächs Oberstufen- und AbiturprüfungsVO; § 9 ThürSchulG. Zur Schülerprüfung für Nichtschüler vgl. die KMK-Vereinbarung über die Abiturprüfung für Nichtschülerinnen und Nichtschüler entsprechend der Gestaltung der gymnasialen Oberstufe in der Sekundarstufe II vom 13.9.1974 i.d.F. v. 24.10.1997 (KMK-BeschlS. Nr. 192.2) und die Empfehlungen der KMK zur Gestaltung von Nichtschülerprüfungen zum Nachholen schulischer Abschlüsse vom 26.4.1996 (KMK-BeschlS. Nr. 483). Vgl. auch Heinrich *Althoff*: Externenprüfung und geburtenstarke Jahrgänge, RdJB 1989, 321, sowie Michael *Eule*: Zulassung zur Externenprüfung, RdJB 1989, 329.
103 Wie es die KMK für die Abiturprüfung der Waldorfschüler empfohlen hat. Vgl. die KMK-Vereinbarung über die Durchführung der Abiturprüfung für Schüler an Waldorfschulen vom 21.2.1980 i.d.F. v. 5.12.1997 (KMK-BeschlS. Nr. 485.2), deren Regelungen die sich aus der Pädagogik der Waldorfschulen ergebenden Besonderheiten zu berücksichtigen suchen. So kann nach Ziff. 5.1 der Vereinbarung in zwei der ausschließlich mündlich zu prüfenden Fächer an die Stelle der mündlichen Prüfung eine Anrechnung der Leistungen des zweiten Halbjahres der Jahrgangsstufe 13 treten, wenn die Leistungen durch geeignete Maßnahmen der Schulaufsichtsbehörde überprüft worden sind. Bei der Berechnung der Gesamtqualifikation treten die Leistungsergebnisse dieser beiden Fächer an die Stelle von zwei vorgesehenen mündlichen Prüfungsfächern.

auf vermeintliche Irrtümer und Rechtsfehler rechtzeitig und wirkungsvoll hinzuweisen und damit ein Überdenken anstehender oder bereits getroffener Entscheidungen zu erreichen (s. TZ 27.121). Das Akteneinsichtsrecht ergibt sich im übrigen, sofern es nicht bereits in der jeweiligen Prüfungsordnung vorgesehen ist, aus § 29 VwVfG[104].

---

104 Die dem § 29 VwVfG des Bundes entsprechende Vorschrift der Länder gilt überall auch für das Prüfungsverfahren (s. z. B. § 2 Abs. 3 Nr. 2 hess VwVfG). Das Akteneinsichtsrecht ist ausgeschlossen, wenn die Unterlagen »ihrem Wesen nach« geheimgehalten werden müssen (§ 29 Abs. 2 VwVfG, § 99 Abs. 1 Satz 2 VwGO). Demgemäß hat der VGH München, DVBl. 1997, 378 (379), entschieden, daß ein Anspruch auf Einsicht in die Prüfungsunterlagen, die als Testaufgaben wiederverwendet werden können, nicht besteht.

27. Kapitel: Rechtliche Grundsätze der Leistungsbewertung[1]

27.1 Allgemeines

27.11 Die frühere Rechtsprechung des Bundesverwaltungsgerichts

Leistungen der Schüler werden bei verschiedenen Anlässen bewertet: bei der Benotung von Klassenarbeiten und anderen Unterrichtsbeiträgen, bei Zeugnis- und Versetzungsentscheidungen, bei Prüfungen (dazu ausführlich TZ 26.3). In all diesen Fällen trifft der Lehrer (die Klassen- oder Jahrgangsstufenkonferenz, der Prüfungsausschuß) Entscheidungen, die auf der Anwendung unbestimmter Rechtsbegriffe (dazu TZ 15.35) beruhen. Zu den unbestimmten Rechtsbegriffen zählen in diesem Zusammenhang insbesondere die Notenstufen von »sehr gut« bis »ungenügend« (vgl. TZ 26.312). Die Rechtsprechung hat seit jeher den Standpunkt vertreten, daß die Anwendung unbestimmter Rechtsbegriffe auf den Einzelfall nur *eine* Entscheidung zuläßt und deshalb uneingeschränkt gerichtlich nachprüfbar ist[2]. Dieser Grundsatz gilt indes für Prüfungsentscheidungen und sonstige Leistungsbewertungen nur eingeschränkt. Insbesondere mit Rücksicht auf das dabei zu fällende höchstpersönliche Fachurteil hat das Bundesverwaltungsgericht in ständiger Rechtsprechung den Prüfern und Lehrern einen *Beurteilungsspielraum*[3] zugestanden. Danach ist die gerichtliche Kontrolle darauf beschränkt zu prüfen, ob die Schule die Grenzen dieses Beurteilungsspielraums eingehalten hat. Sie sind dann überschritten, wenn Lehrer oder Prüfer Verfahrensfehler begehen, allgemeingültige Bewertungsmaßstäbe verletzen, von einem unrichtigen Sachverhalt ausgehen oder sich von sachfremden Erwägungen leiten lassen[4]. Das Bundesverwaltungsgericht erstreckte den Beurteilungsspielraum auch auf die

---

1 Norbert *Niehues*: Prüfungsrecht. 3. Aufl., München 1994; Wolfgang *Zimmerling*: Prüfungsrecht, Köln 1998. – Christian *Koenig*: Zur gerichtlichen Kontrolle sogenannter Beurteilungsspielräume im Prüfungsrecht, VerwArch. 1992, 331; Wolfgang *Löwer*/Tobias *Linke*: Rechtsprechung zum Prüfungsrecht seit 1991, WissR 1997, 128; Jens *Michaelis*: Kontrolldichte im Prüfungsrecht, VBlBW 1997, 441; Stefan *Muckel*: Verwaltungsgerichtliche Kontrolle von Prüfungsentscheidungen, WissR 1995, 107; *ders.*: Die Kontrolle von Prüfungsentscheidungen in der Rechtsprechung des Bundesverwaltungsgerichts, RdJB 1995, 398.
2 S. etwa BVerwGE 15, 207 (208); 23, 112 (114); 24, 60 (63 f.); 28, 223 (224).
3 Grundlegend dazu Otto *Bachof*: Beurteilungsspielraum, Ermessen und unbestimmter Rechtsbegriff im Verwaltungsrecht, JZ 1955, 97.
4 So schon BVerwGE 8, 272 und fortan in st. Rspr., vgl. etwa die Nachweise bei *Koenig*, VerwArch. 1992, 353 ff.. Mit dieser Rspr. haben sich mehrere Autoren in umfassenden Arbeiten kritisch auseinandergesetzt; zu nennen sind etwa: Peter *Becker*: Prüfungsrecht. Eine konstruktive Kritik seiner Rituale, Baden-Baden 1988; Peter *Guhl*: Prüfungen im Rechtsstaat, Bad Honnef 1978; Wolfgang *Hofmeyer*: »Allgemein anerkannte Bewertungsgrundsätze« als schulrechtliche Beurteilungskriterien, Berlin 1988.

Bewertung einer Aufgabenlösung als richtig oder falsch[5], es sei denn, daß sich das Ergebnis der Fehleinschätzung »dem Richter als gänzlich unhaltbar aufdrängen muß«[6].

27.12 Die neuere Rechtsprechung des Bundesverfassungsgerichts

27.121 Mit zwei wegweisenden Beschlüssen vom 17.4.1991 hat das Bundesverfassungsgericht die frühere Rechtsprechung des Bundesverwaltungsgerichts korrigiert und ergänzt[7]. Eine derart weitgehende Zurücknahme der gerichtlichen Kontrolle hält es jedenfalls bei berufsbezogenen Prüfungen, wie z.B. der Ersten und Zweiten Juristischen Staatsprüfung, mit der Rechtsschutzgarantie des Art. 19 Abs. 4 GG für unvereinbar. Zwar räumt auch das Bundesverfassungsgericht den Prüfern einen *Bewertungsspielraum* ein. Diesen begründet es mit der Erwägung, daß Prüfungsnoten nicht isoliert gesehen werden dürfen, sondern in einem Bezugssystem zu finden sind, das durch die persönlichen Erfahrungen und Vorstellungen der Prüfer beeinflußt wird; es widerspräche dem Grundsatz der Chancengleichheit (Art. 3 Abs. 1 GG), wenn einzelne Kandidaten in einem Verwaltungsgerichtsprozeß die Chance einer vom Vergleichsrahmen unabhängigen Bewertung erhielten[8]. Doch zieht das Bundesverfassungsgericht die Grenzen des Bewertungsspielraums enger als zuvor das Bundesverwaltungsgericht. Es beschränkt ihn auf *prüfungsspezifische Wertungen*, also insbesondere auf die Benotungen von Prüfungsleistungen; nur diese bleiben der Letztentscheidungskompetenz der Prüfungsbehörden überlassen[9]. Dagegen sind Fachfragen der gerichtlichen Kontrolle nicht entzogen[10]. Soweit eine Prüfungsfrage unterschiedlichen Ansichten Raum läßt, gebührt zwar dem Prüfer ein Bewertungsspielraum; andererseits muß aber auch dem Prüfling ein angemessener Antwortspielraum zugestanden werden. Eine vertretbare und mit gewichtigen Argumenten folgerichtig begründete Lösung darf nicht als falsch gewertet werden. Um herauszufinden, ob eine Fehleinschätzung des Prüfers vorliegt, wird das Gericht in aller Regel auf sachverständige Hilfe zurückgreifen müssen; die dadurch ausgelösten praktischen Schwierigkeiten sind kein hinreichender Grund, den durch Art. 19 Abs. 4 GG gewährleisteten Rechtsschutz einzuschränken[11].
Das ändert nichts daran, daß die gerichtliche Kontrolle auf Grenzen stößt, die sich vor allem aus dem den Prüfern vorbehaltenen Bewertungsspielraum ergeben. Zum Ausgleich dafür verlangt das Bundesverfassungsgericht unter Berufung auf das Grundrecht der Berufsfreiheit (Art. 12 Abs. 1 GG) Garantien für das Verfahren der Leistungsbewertung[12]. Insbesondere muß der Prüfling auf vermeintliche Irrtümer und Rechtsfehler rechtzeitig und wirkungs-

---

5 Vgl. BVerwG, SPE III D I S. 41.
6 BVerwGE, SPE III D I S. 41 (42).
7 BVerfGE 84, 34; 84, 59.
8 BVerfGE 84, 34 (49 ff).
9 BVerfGE 84, 34 (43).
10 Zur Unterscheidung von prüfungsspezifischen Wertungen und Fachfragen s. BVerwG, NVwZ 1998, 738.
11 BVerfGE 84, 34 (54f.); 84, 59 (78f.).
12 BVerfGE 84, 34 (46).

voll hinweisen und damit ein Überdenken anstehender oder bereits getroffener Entscheidungen erreichen können[13].
Das Bundesverwaltungsgericht hat diese Vorgaben des Bundesverfassungsgerichts in mehreren Entscheidungen umgesetzt und ausdifferenziert[14].

27.122 Das führt zu der Frage, ob die neue Rechtsprechung, soweit sie sich auf berufsbezogene Prüfungen bezieht, auch für schulische Leistungsbewertungen wie z. B. Versetzungsentscheidungen und Abschlußprüfungen gilt. Was die gerichtliche Kontrolldichte betrifft, stützt sich das Bundesverfassungsgericht nicht auf das Grundrecht der freien Berufswahl (Art. 12 Abs. 1 GG), sondern auf die Rechtsschutzgarantie des Art. 19 Abs. 4 GG. Daraus folgt, daß auch dann, wenn nicht die Freiheit der Berufswahl oder die gleichermaßen durch Art. 12 Abs. 1 GG geschützte Freiheit der Wahl der Ausbildungsstätte tangiert ist, jedenfalls das durch Art. 2 Abs. 1 GG geschützte Recht auf freie Entfaltung der Persönlichkeit verletzt sein kann[15]. Dieses Grundrecht muß, nicht anders als das Grundrecht der Berufsfreiheit, auch

---

13 BVerfGE 84, 34 (48 f.). – Zur neuen Rspr. des BVerfG gibt es inzwischen eine Vielzahl von Stellungnahmen. Nur auf einige kann an dieser Stelle verwiesen werden: Peter *Becker*: Überlegungen zur »Neuzeit des Prüfungsrechts«, NVwZ 1993, 1129; Robert *Brehm*: Rechtsstaatliche Prüfungen, RdJB 1992, 87; Fritz *Czermak*: Abschließendes zum Beurteilungsspielraum?, NJW 1992, 2612; Helmut *Fetzer*: Rechtsschutz gegen unzutreffende Leistungsbewertungen, PädF 1992, 94; Hans-Peter *Füssel*: Neue Kategorie im Prüfungsrecht: der »Beantwortungsspielraum«, sm Heft 6/1991, S. 10; Christoph *Gusy*: Prüfungsentscheidungen vor Gericht – Die Beschlüsse des Bundesverfassungsgerichts –, Jura 1991, 633; Roman *Herzog*: Verfassungs- und Verwaltungsgerichte – zurück zu mehr Kontrolldichte?, NJW 1992, 2601; Wolfram *Höfling*: Die Prüfungsentscheidungen des Bundesverfassungsgerichts und die Dogmatik des exekutiven Beurteilungsspielraums, RdJB 1995, 387; Horst *Kurth*: Die Bewertung von Prüfungsleistungen und die neuere Rechtsprechung, VR 1991, 144; Wolfgang *Löwer*: Kontrolldichte im Prüfungsrecht nach dem Maßstab des Bundesverfassungsgerichts, in: Bernd Bender/Rüdiger Breuer/Fritz Ossenbühl/Horst Sendler (Hrsg.): Rechtsstaat zwischen Sozialgestaltung und Rechtsschutz. Festschrift für Konrad Redeker zum 70. Geburtstag, München 1993, S. 515 ff. Albert *von Mutius*/Klaus *Sperlich*: Prüfungen auf dem Prüfstand, DÖV 1993, 45; Norbert *Niehues*: Stärkere gerichtliche Kontrolle von Prüfungsentscheidungen, NJW 1991, 3001; Fritz *Ossenbühl*: Gedanken zur Kontrolldichte in der verwaltungsgerichtlichen Rechtsprechung, in: Festschrift Redeker (s. o.), S. 55 ff.; Konrad *Redeker*: Verfassungsrechtliche Vorgaben zur Kontrolldichte verwaltungsgerichtlicher Rechtsprechung, NVwZ 1992, 305; Jochen *Rozek*: Neubestimmung der Justitiabilität von Prüfungsentscheidungen, NVwZ 1992, 343; Johannes *Rux*: Aus der Sicht eines Betroffenen: Die Prüfungs-Entscheidung des Bundesverfassungsgerichts vom 17. April 1991, MDR 1991, 711; Arno *Scherzberg*: Behördliche Prüfungsverfahren?, NVwZ 1992, 31; Friedrich *Seebass*: Eine Wende im Prüfungsrecht? Zur Rechtsprechung des BVerfG und ihren Folgen, NVwZ 1992, 609; Raimund *Wimmer*: Gibt es gerichtlich unkontrollierbare »prüfungsspezifische« Bewertungsspielräume?, in: Festschrift Redeker (s. o.), S. 531 ff.; Wolfgang *Zimmerling*/Robert *Brehm*: Die Entwicklung des Prüfungsverfahrensrechts seit 1991, NVwZ 1997, 451.
14 BVerwGE 91, 262; 92, 132; 94, 64; 96, 126; 99, 74; 99, 185; 104, 203; 105, 328; BVerwG, NVwZ 1995, 788; NJW 1995, 977; NVwZ 1998, 176; NVwZ 1998, 738. Zur neueren Rspr. des BVerwG s. Norbert *Niehues*: Die Bindungswirkung und Umsetzung verfassungsgerichtlicher Entscheidungen, NJW 1997, 577; *Löwer/Linke*, WissR 1997, 135 ff.; *Michaelis*, VBlBW 1997, 443; *Muckel*, RdJB 1995, 401 ff.
15 *Becker*, NVwZ 1993, 1130 f.; *Niehues*, NJW 1991, 3002.

die Ausgestaltung des Verfahrens von Leistungsbewertungen prägen[16]. Daher sind die vom Bundesverfassungsgericht entwickelten Grundsätze, die zu einer Änderung der Rechtsprechung des Bundesverwaltungsgerichts geführt haben, auf schulische Leistungsbewertungen zumindest sinngemäß anzuwenden[17].
Im folgenden werden zunächst die inhaltlichen Anforderungen an Leistungsbewertungen dargestellt (TZ 27.2). Sodann sind die im Verfahren der Leistungskontrolle und -bewertung zu beachtenden Kriterien zu erläutern (TZ 27.3). Darüber hinaus wird die Frage erörtert, welche Vorkehrungen zu treffen sind, die es Schülern und Eltern ermöglichen, Fehleinschätzungen bei Leistungsbewertungen in einem verwaltungsinternen Verfahren überprüfen zu lassen (TZ 27.4). Schließlich ist zu klären, welche Folgen eine fehlerhafte Leistungsbewertung nach sich zieht (TZ 27.5).

27.2 Inhaltliche Anforderungen an die Leistungsbewertung

Gerade weil Lehrer und Prüfer auch nach der neuen Rechtsprechung des Bundesverfassungsgerichts und des Bundesverwaltungsgerichts weiterhin über einen erheblichen Entscheidungsspielraum bei der Bewertung (Benotung) der Schülerleistung verfügen, ist es um so wichtiger, daß sie die dabei zu beachtenden Grenzen einhalten. Diese ergeben sich aus allgemeingültigen Bewertungsmaßstäben (TZ 27.21), dem Gebot stets sachbezogener Entscheidung (TZ 27.22) und der Bindung an die tatsächlichen und rechtlichen Voraussetzungen der Bewertung (TZ 27.23)[18].

27.21 Allgemeingültige Bewertungsmaßstäbe[19]

Bei der Bewertung von Schülerleistungen sind die Grundsätze zu beachten, die sich aus dem Wesen jeder Leistungsbewertung ergeben.

27.211 Die Leistung muß *individuell zurechenbar* sein. Das setzt voraus, daß der Schüler die Arbeit *selbständig und ohne fremde Hilfe* erbringt. Mit diesem

---

16 Zur Grundrechtsverwirklichung und -sicherung durch Organisation und Verfahren: Konrad *Hesse*: Die Bedeutung der Grundrechte, in: Ernst Benda/Werner Maihofer/Hans-Jochen Vogel (Hrsg.): Handbuch des Verfassungsrechts. 2. Aufl., Berlin, New York 1995, S. 127 (146 ff.); vgl. auch BVerfGE 53, 30 (65).
17 Inzwischen hat das BVerwG, DVBl. 1996, 1381 (1382), klargestellt, daß in der neueren Rspr. des BVerfG und des BVerwG entwickelten Grundsätze zur gerichtlichen Nachprüfbarkeit fachlicher Fragen in gleicher Weise für die Abiturprüfung gelten.
18 Hier gilt weiterhin die geradezu klassisch gewordene Formel des BVerwG vom Beurteilungsspielraum des Lehrers bzw. Prüfers, der nur insoweit gerichtlich überprüfbar ist, als der Lehrer (Prüfer) von einem unrichtigen Sachverhalt ausgegangen ist, allgemeingültige Bewertungsmaßstäbe nicht beachtet hat, sich von sachfremden Erwägungen hat leiten lassen oder das anzuwendende Recht verkannt hat (so zuletzt BVerfGE 99, 74 [77]). Nicht diese Formel als solche ist vom BVerfG beanstandet worden, sondern ihre Handhabung bei der Beurteilung der Frage, ob eine vom Prüfling erarbeitete Aufgabenlösung als richtig oder angemessen anzusehen ist (BVerfGE 84, 34 [54 ff.]).
19 Dazu *Hofmeyer* (Anm. 4), S. 91 ff., 110 ff.

Grundsatz ist es nicht vereinbar, daß der Lehrer dem Schüler, z. B. bei der Anfertigung einer Hausarbeit, Ratschläge erteilt, die über die in der Aufgabe enthaltenen, allen Schülern bekannten Hinweise hinausgehen[20]. Eine *Gruppenarbeit* ist als Grundlage der Beurteilung von Prüfungsleistungen nur dann geeignet, wenn die individuellen Beiträge deutlich abgrenzbar und bewertbar sind[21].
Im laufenden Unterrichtsbetrieb einer Klasse dürfen die Anforderungen an die individuelle Zurechenbarkeit der Leistung allerdings nicht überspannt werden. Aus pädagogischen Gründen, vor allem zur Förderung schwächerer Schüler, kann es sehr wohl angebracht sein, Gemeinschaftsarbeiten zu ermöglichen und kollektiv zu beurteilen. Allerdings darf diese Bewertung bei der Festsetzung der Zeugnisnote nicht den Ausschlag geben. *Klassenarbeiten* vermitteln nur dann ein zutreffendes Bild von den tatsächlich vorhandenen Kenntnissen und Fähigkeiten der einzelnen Schüler, wenn sie *unter Aufsicht* geschrieben worden sind. Hat die Aufsicht gefehlt, können sie nicht als Beurteilungsgrundlage herangezogen werden; werden sie gleichwohl bewertet, darf das Ergebnis sich nicht auf die Zeugnisnote auswirken[22].

27.212 Es entspricht einem anerkannten Bewertungsgrundsatz, daß der Schüler nach seinen hic et nunc *tatsächlich erbrachten Leistungen* zu bewerten ist; ein früherer oder für die Zukunft zu erwartender Leistungsstand muß außer Betracht bleiben[23]. Ein Schüler, der nach längerer Krankheit trotz der dadurch entstandenen Wissenslücken eine Klassenarbeit mitschreibt oder sich einer Prüfung unterzieht, ist gemäß den für alle Schüler gleichermaßen verbindlichen Anforderungen zu beurteilen. Es gibt insoweit keinen »Krankheitsbonus«; aus dem Gleichheitssatz folgt, daß über Leistungsmängel nicht wegen eines persönlichen Grundes hinweggesehen werden darf[24]. In solchen Fällen sollte dem Schüler nahegelegt werden, sich von der Beteiligung an der Klassenarbeit oder Prüfung entbinden zu lassen; bei der Klassenarbeit könnte der Lehrer im übrigen eine probeweise Anfertigung – ohne Auswirkung auf die Zeugnisnote – gestatten. Zur krankheitsbedingten Leistungs-(Prüfungs-)Unfähigkeit TZ 27.332; zu Arbeitserleichterungen für behinderte Schüler TZ 27.322.

27.213 Formale Schwächen der schriftlichen Arbeit dürfen die Benotung nur dann zum Nachteil des Schülers beeinflussen, wenn es nach der Art der Aufgabe (auch) auf die äußere Form ankam. So muß eine Klassenarbeit zwar *lesbar* sein; ist das aber der Fall, darf sich die Schriftqualität nicht in der Bewertung niederschlagen[25], es sei denn, daß die geforderte Leistung gerade im

---

20 Vgl. VG Münster, WissR 1977, 171.
21 *Niehues*: Prüfungsrecht, S. 76 Rn. 141. Zur Frage der Zulässigkeit von Gruppenarbeiten: VGH Mannheim, SPE III A II S. 51; OVG Münster, WissR 1976, 80.
22 OVG Münster, SPE II C IX S. 11.
23 Hat aber ein Lehrer die Leistung eines Schülers, die vor der Zeugniskonferenz erbracht worden ist, förmlich bewertet, so muß diese Einzelnote auch bei der Bildung der Zeugnisnote berücksichtigt werden. So OVG Koblenz, NVwZ 1987, 619.
24 Vgl. BVerwG, SPE III B I S. 1; SPE III B I S. 33: Auch bei einem gesundheitlichen Dauerleiden ist der Prüfling nach den tatsächlich gezeigten Leistungen zu beurteilen.
25 BVerwG, SPE III E I S. 51.

Schönschreiben bestand. Hat der Schüler die Aufgabe richtig gelöst und im wesentlichen zutreffende Erwägungen bei klarer Gedankenführung angestellt, ist es unzulässig, lediglich wegen ungeschickter Ausdrucksweise die Note »mangelhaft« zu geben[26]. Doch können sprachliche Mängel, auch außerhalb der Fächer Deutsch und Fremdsprachen, jedenfalls als Element zur Abrundung des Gesamturteils berücksichtigt werden; allerdings verlangt schon das Gebot der Sachlichkeit, daß diese Unzulänglichkeiten nicht überbewertet werden[27].

27.214 Zwar erfüllen Leistungsbewertungen auch einen pädagogischen Zweck; sie orientieren den Schüler über seine Lernentwicklung, spornen ihn an, warnen ihn. Die pädagogische Funktion der Schülerbeurteilung darf indes nicht dazu führen, daß die Benotung selbst pädagogisiert, also von den generellen Standards abgelöst wird. *Maßstab der Leistungsbewertung* sind vielmehr die für die jeweilige Schulart und Jahrgangsstufe verbindlichen Anforderungen, wie sie sich insbesondere aus den Lehrplänen ergeben. Es geht deshalb nicht an, daß der Lehrer die Beurteilung ausschließlich am Leistungsstand der Klasse ausrichtet. Doch bleibt zu berücksichtigen, daß die durch allgemeine Leistungsanforderungen festgesetzten Bewertungskriterien wenig präzise sind; die Steuerungskraft dieser Kriterien ist begrenzt[28]. Daher kommt der Lehrer nicht umhin, auch auf den Vergleich mit den übrigen von ihm zu bewertenden Schülerarbeiten abzuheben. Solche *vergleichenden Betrachtungen* tragen dazu bei, daß jedenfalls die Leistungen der einer Lerngruppe angehörenden Schüler im Verhältnis zueinander gerecht bewertet werden[29]; sie ermöglichen es dem Lehrer überdies, den Schwierigkeitsgrad der Aufgabe genauer abzuschätzen. Der Vergleich ist allerdings dann rechtlich fehlerhaft, wenn er die alleinige Grundlage der Bewertung bildet, denn damit verfehlte der Lehrer Ziel und Zweck der Leistungskontrolle[30]. Vor allem bei Abschlußprüfungen, die für den weiteren Bildungs- und Berufsweg von ausschlaggebender Bedeutung sind, müssen die Prüfer von dem Bemühen geleitet sein, ihrer Leistungsbewertung einen »absoluten« Maßstab zugrunde zu legen, also zu ermitteln, ob der Schüler die Lernziele bis zu welchem Grade erreicht hat.

---

26 VGH Kassel, SPE III F VII S. 31. Anders natürlich, wenn, wie z. B. bei einem Deutsch-Aufsatz, der Stil von Belang ist.
27 Vgl. BVerwGE 92, 132 (135f.), hinsichtlich der Aufsichtsarbeit in der Ersten Juristischen Staatsprüfung, vgl. ferner OVG Münster, NVwZ 1995, 800 (803), wonach die Prüfer in der Ersten Juristischen Staatsprüfung auch den schlechten Sprachstil in ihre Bewertung einbeziehen dürfen.
28 Mit der Anerkennung des prüfungsrechtlichen Bewertungsspielraums wird in Kauf genommen, daß verschiedene Prüfer ohne Rechtsverletzung dieselbe Prüfungsleistung unterschiedlich bewerten können. Unerheblich ist hierbei, ob und wieweit die Bewertungen einzelner Prüfer von statistischen Durchschnittswerten abweichen. So BVerwG, DVBl. 1998, 1351.
29 Es ist ja gerade der sich aus der gleichmäßigen Beurteilung der vergleichbaren Kandidaten ergebende Vergleichsrahmen, der nach Auffassung des BVerfG den prüfungsspezifischen Bewertungsspielraum rechtfertigt (BVerfGE 84, 34 [52]).
30 So OVG Münster, SPE III D IX S. 11, gegen VGH Kassel, SPE III F VII S. 11.

27.215 Grundsätzlich muß der Lehrer eine Leistung *selbständig aufgrund eigener Wahrnehmung* bewerten[31]. Er darf daher beispielsweise eine Klassenarbeit nicht einem Kollegen zur Beurteilung überlassen und sich dessen Votum unbesehen zu eigen machen. Wohl aber ist es zulässig, daß ein Prüfer Kenntnis von den vorausgegangenen Bewertungen durch andere Prüfer nimmt[32]. Auch können Zeugnis-, Versetzungs- oder Prüfungsordnungen bestimmen, daß die Klassenkonferenz über die Zeugnisnote auf Vorschlag des Fachlehrers oder daß der Prüfungsausschuß über die Bewertung der schriftlichen Prüfungsarbeiten auf Vorschlag der Einzelgutachter entscheidet. In diesen Fällen ist es nicht erforderlich, daß jedes Mitglied der Konferenz bzw. des Prüfungsausschusses ein Urteil aus unmittelbarer Kenntnis der schriftlichen Leistungen trifft; allerdings haben die mit dem Vorschlagsrecht ausgestatteten Lehrer/Gutachter die Arbeit aufgrund persönlicher Wahrnehmung zu beurteilen[33].

27.216 Die dem Schüler gestellte *Aufgabe muß zur Lösung geeignet sein*, darf also nicht unlösbar, unverständlich, mißverständlich oder mehrdeutig sein. Das Bundesverfassungsgericht hat diesen Grundsatz ausdrücklich für Prüfungen nach dem Multiple-Choice-Verfahren bestätigt[34]. Er gilt darüber hinaus für sämtliche Arten der Leistungsbewertung. Unverständliche und in sich widersprüchliche Fragestellungen verstoßen gegen das das Prüfungsrecht beherrschende, verfassungsrechtlich verbürgte Gebot der Chancengleichheit, wonach für vergleichbare Prüflinge soweit wie möglich gleiche Prüfungsbedingungen und Bewertungsmaßstäbe gegeben sein müssen[35]. Die Gerichte haben im konkreten Fall zu kontrollieren, ob Lehrer und Prüfer diesen Grundsatz beachtet haben.
Die richtige Lösung einer Aufgabe darf nicht als falsch beurteilt werden[36]. Die Entscheidung darüber, was der Schüler richtig oder falsch gemacht hat, unterliegt nicht einem unbegrenzten Bewertungsspielraum des Lehrers, sondern ist nach der neueren verfassungs- und verwaltungsgerichtlichen Rechtsprechung justitiabel[37] (TZ 27.121). Dem Bewertungsspielraum des Lehrers korrespondiert ein Beantwortungsspielraum des Schülers, so daß eine Antwort nicht allein deshalb als falsch gewertet werden darf, weil sie nicht der herrschenden Auffassung in der Fachwissenschaft oder der eigenen Überzeugung des Leh-

---

31 *Niehues*: Prüfungsrecht, S. 102 ff. Rn. 179 ff., und *Zimmerling* (Anm. 1), S. 157 Rn. 333, jeweils m. w. N.
32 BVerwG, NVwZ 1995, 788 (789); OVG Münster, NVwZ 1995, 800 (801).
33 Schreibt die Prüfungsordnung für die Abiturprüfung vor, daß der Prüfungsausschuß nach jeder mündlichen Prüfung über die vom Kursleiter vorgeschlagene Note und Punktwertung berät, so ist die Leistungsbewertung fehlerhaft, wenn nicht der Kursleiter vor Beginn der Beratung Note und Punktwert ausdrücklich vorschlägt. So OVG Schleswig, NVwZ-RR 1993, 30 (31).
34 BVerfGE 84, 59 (77 ff.).
35 Vgl. BVerwG, DVBl. 1996, 1381 (1382 f.), wonach der Grundsatz der Chancengleichheit gebietet, daß eine in der Klausur der Abiturprüfung zu lösende Aufgabe sich im Rahmen der Prüfungsordnung hält, außerdem verständlich und in sich widerspruchsfrei ist; andernfalls werde der Prüfling gegenüber anderen Prüflingen – etwa denen einer anderen Schule – benachteiligt, denen korrekte Prüfungsfragen gestellt würden.
36 Dazu VG Dresden, SchuR 1999, 61.
37 BVerfGE 84, 34 (54 f.); BVerwG, SPE n. F. 400 Nr. 41; BVerwG, DVBl. 1996, 1381 (1382).

rers entspricht. Anders formuliert: Eine Lösung muß stets dann als richtig angesehen werden, wenn sie fachwissenschaftlich vertretbar ist und argumentativ schlüssig vorgetragen wird.

Die vom Schüler in einer Klassenarbeit zu lösende Aufgabe muß zu dem Stoff gehören, der zuvor im Unterricht behandelt wurde. Dürfen aber dem Schüler in der Klassenarbeit keine Kenntnisse abverlangt werden, die über das im Unterricht vermittelte Wissen hinausgehen, so muß er es andererseits hinnehmen, daß die Leistungskontrolle ausschließlich der Überprüfung des zuvor erarbeiteten Unterrichtsstoffs dient. Deshalb ist es nicht zu beanstanden, wenn der Lehrer eine Lösung als fehlerhaft bewertet, die zwar in anderem Zusammenhang richtig sein mag, die aber dem Zweck der Leistungskontrolle – der Überprüfung des im Unterricht Erlernten – nicht entspricht[38]. In einer Prüfung dürfen nur solche Fragen gestellt werden, die durch das Lernziel gedeckt sind[39]. Ob diese Voraussetzungen erfüllt sind, hat das Gericht zu kontrollieren[40].

27.217 Der im Rechtsstaatsprinzip wurzelnde *Grundsatz des Vertrauensschutzes* verlangt, daß die für die Leistungsbewertung maßgebenden Anforderungen nicht nachträglich zuungunsten des Schülers geändert werden. Werden z. B. die Versetzungsvoraussetzungen im Laufe des Schuljahres durch Änderung der Bestimmungen über den Notenausgleich verschärft, ist eine darauf beruhende Nichtversetzung rechtsfehlerhaft. Das Gebot des Vertrauensschutzes ist gleichfalls verletzt, wenn die Schüler bei der Vorbereitung auf die Abschlußprüfung nicht ausreichend Zeit hatten, sich auf wesentlich strengere Prüfungsbedingungen einzustellen[41].

27.22 Streng sachbezogene Bewertung

Leistungsbewertungen dürfen nicht von sachfremden Erwägungen beeinflußt sein. Der Lehrer überschreitet seinen Entscheidungsspielraum, wenn er sich bei der Bewertung von Gesichtspunkten leiten läßt, die in keinem Zusammenhang mit Sinn und Zweck der Leistungskontrolle stehen, also willkürlich sind. Es ist daher nicht hinzunehmen, daß ein Prüfer als Mitglied eines Prüfungsausschusses bei der Vergabe einer Note im Streit mit anderen Mitgliedern des Ausschusses um des »lieben Friedens« willen einlenkt[42]. Der Lehrer darf keinen Schüler wegen seiner persönlichen oder weltanschaulichen Überzeugungen, wegen seiner sozialen Stellung, aus Sympathie oder Antipathie bevorzugen oder benachteiligen. Ebensowenig geht es an, daß die Versetzungskonferenz einen Schüler, der ausreichende Leistungen erbracht hat, wegen unbotmäßigen Verhaltens »sitzen läßt«. Sachfremd und somit rechtswid-

---

38 So VG Saarbrücken, bestätigt durch OVG Saarbrücken, SchuR 1999, 7 (8).
39 Vgl. *Zimmerling* (Anm. 1), S. 100 f. Rn. 212 ff.
40 Vgl. BVerwG, NJW 1998, 323 (327 f.); VGH Mannheim, SPE n. F. 588 Nr. 14. So auch *Zimmerling* (Anm. 1), S. 102 Rn. 218.
41 BVerwGE 16, 150; BVerwG, Buchholz 421.0 Nr. 48; Buchholz 421.0 Nr. 61; VGH Mannheim, SPE III A II S. 1; SPE III A II S. 9.
42 BVerfG, NVwZ 1995, 469 (470).

rig handelt auch ein Prüfer, der die Leistung eines Schülers im Prüfungsgespräch deshalb schlechter benotet, weil dieser dem üblichen äußeren Erscheinungsbild nicht entspricht (z. B. keinen dunklen Anzug trägt) oder in der Artikulation behindert ist (z. B. stottert).

27.23 Tatsächliche und rechtliche Voraussetzungen der Bewertung

Lehrer und Prüfer dürfen bei der Bewertung von Schülerleistungen nicht von einem falschen Sachverhalt ausgehen; sie müssen also die im Vorfeld der Bewertung *relevanten Tatsachen beachten*. Erliegen sie hierbei einem Irrtum, der sich auf das Ergebnis auswirkt, leidet die Bewertung an einem Rechtsmangel. Dazu zählt beispielsweise der *Irrtum über die Person* des Verfassers einer Klausur (der Prüfer hält X für den Autor der in Wirklichkeit von Y geschriebenen Arbeit). Auch ein *Irrtum über die Voraussetzungen*, unter denen die Leistung erbracht wurde, kann die Bewertung fehlerhaft machen (der Gutachter glaubt, für die dreistündige Klausur hätten fünf Stunden zur Verfügung gestanden). Der Prüfer, der sich über die Prüfungsaufgabe irrt, diese etwa nicht zur Kenntnis nimmt, Aufgaben verwechselt oder von einer anderen als der tatsächlich gestellten Aufgabe ausgeht, legt seiner Beurteilung gleichfalls einen unrichtigen Sachverhalt zugrunde. Ein solcher Fehler wird von seinem Bewertungsspielraum nicht gedeckt; er gehört zu den gerichtlich voll überprüfbaren Sachverhaltsirrtümern[43].

Die Bewertung ist auch dann fehlerhaft, wenn der Lehrer das maßgebliche *Recht* mißachtet hat, also rechtliche Bindungen übersehen, in ihrer Reichweite verkannt oder fälschlich angenommen hat. Zu denken ist etwa an den Fall, daß die Mitglieder eines Prüfungsausschusses meinen, die Gesamtnote in einem Fach unter gleich starker Berücksichtigung schriftlicher und mündlicher Leistungen festsetzen zu können, während die Prüfungsordnung eine Gewichtung im Verhältnis von 2:1 vorschreibt, oder – in der umgekehrten Variante – daß die Kommission irrtümlich der Ansicht ist, für die Festsetzung des Gesamtergebnisses sei nach der Prüfungsordnung nicht die freie Überzeugung der Ausschußmitglieder vom Gesamteindruck des Kandidaten, sondern das arithmetische Mittel aus den Einzelnoten maßgebend.

27.3 Verfahren der Leistungskontrolle

27.31 Allgemeines

Trotz der unter 27.2 dargestellten inhaltlichen Anforderungen an die Leistungsbewertung verbleibt der Schule, auch nach der neueren Rechtsprechung des Bundesverfassungsgerichts und des Bundesverwaltungsgerichts, ein erheblicher gerichtlich nicht überprüfbarer Entscheidungsspielraum (dazu TZ 27.121). Dies läßt sich nur dann hinnehmen, wenn jedenfalls das

---

43 BVerwGE 70, 143 (145 f.); vgl. auch BVerwG, NVwZ 1998, 636 (637); ferner VGH München, NVwZ 1991, 499.

Verfahren, in dem der Leistungsstand des Schülers ermittelt wird, rechtsstaatlich ausgestaltet ist und korrekt verläuft. Verfahrensvorschriften mögen manchmal als lästige Formalität empfunden werden; sie sind gleichwohl von großer Bedeutung und deshalb im Interesse der Schüler, aber auch der Schule selbst sorgfältig zu beachten (dazu auch TZ 7.213). Das trifft in besonderem Maße auf Prüfungen zu, da deren Ergebnis unmittelbar den weiteren Ausbildungsweg des Schülers beeinflussen und auch für seine künftigen Berufs- und Lebenschancen bedeutsam sind.

Im folgenden kann es nicht darum gehen, die Vielzahl der – häufig von Land zu Land abweichenden – Verfahrensbestimmungen für die verschiedenen Arten der Leistungsbewertung im einzelnen zu erörtern; dazu ist das Wichtigste im 26. Kapitel (TZ 26.32 bis 26.36) gesagt worden. Näher zu erläutern ist hingegen der verfassungsrechtlich durch Art. 3 Abs. 1 GG verbürgte *Grundsatz der Chancengleichheit*[44], der für jede Form der Leistungskontrolle von ganz besonderer Bedeutung ist. Er verpflichtet Lehrer und Prüfer, sich korrekt und fair zu verhalten. Dabei ergeben sich teilweise Überschneidungen mit den unter TZ 27.2 dargelegten inhaltlichen Anforderungen an die Leistungsbewertung.

Der Grundsatz der Chancengleichheit gebietet, daß der Schüler *Mängel im Prüfungsverfahren unverzüglich*, also ohne schuldhaftes Zögern, *rügen* muß. Auf diese Weise soll zum einen verhindert werden, daß er sich, indem er in Kenntnis eines Verfahrensmangels zunächst die Prüfung fortsetzt und das Prüfungsergebnis abwartet, eine ihm im Verhältnis zu den Mitschülern nicht zustehende zweite Chance verschafft; zum anderen soll die Prüfungsbehörde in den Stand gesetzt werden, den gerügten Mangel möglichst zeitnah zu überprüfen und ggf. zu korrigieren[45].

Zu beachten ist, daß die Verfahrensgestaltung der vollen gerichtlichen Nachprüfung unterliegt. Das gilt auch dort, wo es an förmlichen Vorschriften fehlt und der Verfahrensablauf dem Ermessen der Schule überlassen ist (vgl. § 10 VwVfG). In diesen Fällen haben die Gerichte zu kontrollieren, ob die organisatorischen Maßnahmen der Schule ausreichten, um die Chancengleichheit der Schüler zu sichern[46].

27.32 Äußere Bedingungen der Leistungskontrolle

27.321 Dem Gebot der Chancengleichheit ist bereits in der Gestaltung der äußeren Rahmenbedingungen der Leistungskontrolle Rechnung zu tragen. Wird der Schüler bei der Anfertigung einer Klassenarbeit, einer Prüfungsklausur oder bei der mündlichen Prüfung durch Baulärm, Unruhe im Klassenzimmer, übergroße Hitze oder Kälte oder auf andere Weise *gestört*, ist er gegenüber anderen Schülern benachteiligt, die den entsprechenden Lei-

---

44 Josef Franz *Lindner*: Die Prägung des Prüfungsrechts durch den Grundsatz der Chancengleichheit – ein vielschichtiges Phänomen –, BayVBl. 1999, 100.
45 Vgl. BVerwGE 96, 126 (129 f.) in Zusammenfassung seiner vorausgegangenen Rspr.
46 Vgl. BVerfG, NJW 1993, 917 (918).

stungsnachweis unter normalen Verhältnissen erbringen können[47]. Die störenden Einwirkungen haben jedoch nicht automatisch die Rechtswidrigkeit der Leistungsbewertung zur Folge. Auf Beeinträchtigungen des Prüfungsablaufs bei einer *schriftlichen Arbeit* kann sich der Schüler im allgemeinen nur dann berufen, wenn er sie gegenüber dem Aufsichtsführenden gerügt hat (TZ 27.31)[48]. Werden die Schüler allerdings durch Lärm erheblich gestört, muß der Aufsichtsführende von sich aus tätig werden, indem er entweder die Bearbeitungszeit verlängert oder die Klausur abbricht und zu einem anderen Zeitpunkt wiederholen läßt; nur dann, wenn es nach den konkreten Umständen zweifelhaft ist, ob sich der Durchschnittsschüler durch die Störung in seiner Chancengleichheit verletzt sieht, ist es Sache des betroffenen Schülers, den Lehrer auf die Störung hinzuweisen[49]. Sofern die Lärmbelästigung durch Schreibverlängerung kompensiert wird, muß dafür in der Regel soviel Zeit eingeräumt werden, wie die Störung gedauert hat[50]. Während der *mündlichen Prüfung* dürfte es dem Schüler angesichts der dort herrschenden besonderen Prüfungssituation im allgemeinen nicht zumutbar sein, Lärm- oder sonstige Beeinträchtigungen sogleich monieren zu müssen[51].

27.322 Der Grundsatz der Chancengleichheit gebietet, daß *Hilfsmittel* (z. B. Taschenrechner bei einer Mathematikarbeit, Wörterbücher bei einer Übersetzungsklausur), sofern ihr Gebrauch überhaupt zulässig ist[52], nach Anzahl und Qualität gleichmäßig verteilt sind[53].
Körperliche Behinderungen sind durch Gewährung besonderer Arbeitserleichterungen auszugleichen (z. B. Verlängerung der verfügbaren Zeit für

---

47 BVerwG 99,172 (179 f.); *Niehues:* Prüfungsrecht, S. 136 ff. Rn. 238 ff.; *Zimmerling* (Anm. 1), S. 89 ff. Rn. 190 ff., jeweils m. w. N. aus der Rspr.
48 BVerwGE 69, 46 (51 f.); 85, 323 (330 ff.); 94, 67 (72 f.); BVerwGE, DVBl. 1994, 1364 (1365). Auch hier gilt der Grundsatz, daß die Rüge unverzüglich zu erheben ist (vgl. BVerwGE, SPE n. F. 380 Nr. 9; OVG Greifswald, DVBl. 1998, 972 [973]; *Niehues:* Prüfungsrecht, S. 139 Rn. 242; *Zimmerling* [Anm. 1], S. 90 Rn. 190). Jedenfalls kommt die Rüge zu spät, wenn der Verfahrensmangel erst nach Bekanntgabe des Prüfungsergebnisses geltend gemacht wird. So OVG Greifswald, DVBl. 1998, 972 (973).
49 Vgl. BVerwGE 94, 64 (72 f.).
50 BVerwGE 94, 64 (70 f.). – Die ursprüngliche Rechtsauffassung des BVerwG (BVerwGE 85, 323 [327 f.]), die Prüfungsbehörde habe hinsichtlich der Bemessung der erforderlichen Nachschreibzeit einen Beurteilungsspielraum, wurde vom BVerfG als »offensichtlich verfassungswidrig« zurückgewiesen (BVerfG, NJW 1993, 917): Den Prüflingen stehe ein verfassungsrechtlich verbürgter Anspruch auf gleiche Prüfungschancen (Art. 12 Abs. 1 i. V. m. Art. 3 Abs. 1 GG) zu; deshalb müßten die Gerichte gemäß Art. 19 Abs. 4 GG kontrollieren, ob die organisatorischen Maßnahmen der Prüfungsbehörde ausreichten, um diese Chancengleichheit zu erreichen. Das BVerwG hat daraufhin die vom BVerfG geforderte Vollkontrolle in der Weise verwirklicht, daß es nach Anhörung des Leiters des beklagten Landesprüfungsamts von einem Erfahrungssatz ausging, wonach eine Schreibverlängerung von der Dauer der Störung, also im Verhältnis von 1:1, zur Wiederherstellung der Chancengleichheit geeignet und somit rechtlich geboten ist. Dazu Horst *Sendler:* Die neue Rechtsprechung des Bundesverfassungsgerichts zu den Anforderungen an die verwaltungsgerichtliche Kontrolle, DVBl. 1994, 1089 (1095 ff.); *Niehues,* NJW 1997, 558 f.
51 BVerwGE 31, 190; BVerwG, SPE n. F. 380 Nr. 9.
52 Zu den Folgen des Gebrauchs unzulässiger Hilfsmittel TZ 27.331.
53 BVerwG, SPE III F I S. 85.

schreib- oder sehbehinderte Schüler)[54]; unterbleiben solche Kompensationsmaßnahmen, kann sich der behinderte Schüler auf das verfassungsrechtlich verankerte Verbot der Benachteiligung Behinderter (Art. 3 Abs. 3 Satz 2 GG) berufen[55].

27.33 Verhalten des Schülers (Prüflings) bei der Leistungskontrolle

Aus dem Gebot der Chancengleichheit folgt, daß alle der Leistungskontrolle unterworfenen Schüler in gleicher Weise Gelegenheit erhalten, ihre wirklichen individuellen Kenntnisse und Fähigkeiten nachzuweisen.

27.331 Mit diesem Grundsatz ist es nicht vereinbar, daß sich ein Schüler durch *Täuschungshandlungen* (z. B. Verwendung nicht zugelassener Hilfsmittel) gegenüber anderen Schülern Vorteile verschafft (TZ 26.322, 26.365)[56]. *Gruppenarbeiten* können als Grundlage der Leistungsbeurteilung nur dann herangezogen werden, wenn die individuellen Beiträge deutlich abgrenzbar und bewertbar sind (TZ 27.211). Es kommt im übrigen allein auf den im Augenblick der Leistungskontrolle nachgewiesenen *tatsächlichen Leistungsstand*, nicht auf frühere oder für die Zukunft zu erwartende Leistungen an (TZ 27.212).

27.332 Ist der Schüler wegen *Krankheit* außerstande, die ihm gestellten Anforderungen zu erfüllen, kann es ausnahmsweise gerechtfertigt sein, den Leistungsnachweis nicht zu bewerten und nötigenfalls nachholen zu lassen[57]. Die krankheitsbedingte Prüfungsunfähigkeit muß unverzüglich, also zum frühestmöglichen Zeitpunkt und vor Bekanntgabe des Prüfungsergebnisses, durch

---

54 BVerwG, SPE III F I S. 41; VGH München, SPE III C III S. 1; OVG Münster, DVBl. 1992, 1054; VGH Mannheim, DVBl. 1993, 1315.
55 S. aber VGH München, BayVBl. 1997, 431, 432 ff. (mit krit. Anm. von Michael *Sachs*, JuS 1998, 263): Schüler mit Lese- und Rechtschreibschwäche (Legasthenie) unterliegen grundsätzlich den für alle Schüler geltenden Maßstäben der Leistungsbewertung. Zwar können ihre Leistungen im Lesen und Rechtschreiben bei der Festsetzung der Note für einzelne Leistungsnachweise, soweit es sich nicht um spezielle Überprüfungen der Lese- und Rechtschreibfähigkeiten handelt, zurückhaltender bewertet werden. Bei der Bewertung eines Deutsch-Diktats aber, bei dem es gerade und ausschließlich auf die Fähigkeit im Rechtschreiben ankommt, darf der legasthenische Schüler von den allgemeinen Leistungsanforderungen nicht freigestellt werden, da dies gegen die Chancengleichheit der anderen Schüler verstößt.
56 Dazu Günther *Hoegg*: Die schulische Täuschung und ihre unzureichende Ahndung, RdJB 1994, 72; ferner *Niehues*: Prüfungsrecht, S. 77 ff. Rn. 143 ff. Zum Nichtbestehen der Abiturprüfung wegen Täuschung während der Abiturklausur im Fach Mathematik s. VG Darmstadt, SchuR 1998, 75.
57 Eine andere Frage betrifft den Fall, daß der Schüler krankheitsbedingt erst gar nicht an der Prüfung teilnehmen kann. Vgl. dazu Günter *Borchert*: Geltendmachung krankheitsbedingter Prüfungsunfähigkeit, Recht der Datenverarbeitung 1990, 223; Klaus *Haas*: Probleme des Rücktritts von der Prüfung aus gerichtlicher Sicht, VBlBW 1985, 161.

Rücktritt geltend gemacht werden[58]. Der Schüler muß die Gründe für seinen Rücktritt bezeichnen, die Prüfungsunfähigkeit in der Regel durch ein ärztliches Attest nachweisen und die förmliche Genehmigung des Rücktritts beantragen[59]. Doch darf, wiederum aus Gründen der Chancengleichheit, die Krankheit nachträglich nur dann berücksichtigt werden, wenn sie dem Schüler zum Zeitpunkt der Leistungskontrolle nicht bewußt war und ihm auch kein Vorwurf daraus gemacht werden kann, daß er die Möglichkeit einer Erkrankung nicht in Betracht gezogen hat[60]. Im allgemeinen ist aber mit dem Bundesverwaltungsgericht von folgendem auszugehen: Wer keine erhebliche Verminderung seines Leistungsvermögens bemerkt, ist in der Regel auch nicht prüfungsunfähig. Selbst Krankheiten, seien sie offen oder latent, führen keine Prüfungsunfähigkeit herbei, solange sie das Leistungsvermögen nicht oder nur unerheblich beeinträchtigen. Bemerkt der Prüfling indes eine erhebliche Verminderung seines Leistungsvermögens, kann er sich auf unerkannte Prüfungsunfähigkeit ohnehin nicht berufen[61]. Wer in Kenntnis seines Zustands das Risiko eines negativen Ausgangs in Kauf nimmt, muß sich mit dem Prüfungsergebnis abfinden; er erhielte sonst eine – seinen Mitschülern vorenthaltene – zusätzliche Prüfungschance[62].

27.333 Prüfungsangst und Prüfungsstreß, die alle Prüflinge mehr oder weniger stark belasten, können grundsätzlich nicht als krankheitsbedingte Prüfungsunfähigkeit anerkannt werden. Sie sind der Risikosphäre des Schülers zuzurechnen und rechtfertigen nicht den Rücktritt von der Prüfung oder gar die Aufhebung des Prüfungsergebnisses[63].

---

58 BVerwG, SPE n.F. 596, 33; BVerwG, DVBl. 1994, 640; DVBl. 1996, 1379 (1380); BVerwGE 99, 172 (180 ff.); VGH Kassel, SPE n.F. 596 Nr.39. Nach BVerwG, DVBl. 1998, 1341, kann auch eine verzögerte Mitteilung des Grundes für die krankheitsbedingte Versäumnis einer Prüfung gerechtfertigt sein, wenn sie offensichtlich nicht zu einer Beeinträchtigung der Chancengleichheit zu Lasten Dritter führen kann.
59 *Niehues*: Prüfungsrecht, S.89 ff. Rn.160 ff. Aus bundesrechtlicher Sicht ist es nicht zu beanstanden, daß eine landesrechtliche Regelung an die Geltendmachung krankheitsbedingter Prüfungsunfähigkeit hinsichtlich des zeitlichen Rahmens der Unverzüglichkeit wie auch hinsichtlich der Formalisierung des Nachweises durch amtsärztliches Zeugnis strenge Anforderungen stellt; so BVerwG, SPE n.F. 596 Nr.38. Darüber hinaus ist die Prüfungsbehörde berechtigt, auch in den Fällen, in denen die Prüfungsordnung nicht regelt, daß den Nachweis krankheitsbedingter Prüfungsunfähigkeit ein amtsärztliches Attest verlangt werden kann, gleichwohl eine solche Bescheinigung zu verlangen, wenn der Einzelfall berechtigten Anlaß gibt, an der Richtigkeit der vorgelegten privatärztlichen Atteste zu zweifeln (OVG Münster, DVBl. 1998, 1359). Im übrigen ist es Sache der Prüfungsbehörde, darüber zu entscheiden, ob die durch (amts-)ärztliches Zeugnis nachgewiesenen Gründe es rechtfertigen, daß der Prüfling aus Gründen, die er nicht zu vertreten hat, verhindert ist (BVerwG, DVBl. 1996, 1379 [1380]).
60 BVerwG, SPE III B I S.31; VGH München, SPE n.F. 596 Nr.27. Nach BVerwG, SPE n.F. 596 Nr.36, verstößt es nicht gegen den Grundsatz der Chancengleichheit, wenn die nachträgliche Geltendmachung der Prüfungsunfähigkeit an eine Ausschlußfrist gebunden wird; das gilt auch für den Fall der unerkannten Prüfungsunfähigkeit.
61 BVerwG, DÖV 1984, 810.
62 BVerwG, SPE III B I S.31; OVG Lüneburg, SPE n.F. 596 Nr.41; *Niehues*: Prüfungsrecht, S.91 f. Rn.164.
63 BVerwG, SPE III B I S.31; BVerwG, DÖV 1980, 140; DÖV 1981, 578; VGH München, ZBR 1991, 379 (380). Etwas anders gilt nach Auffassung des VGH Mannheim, SPE n.F. 596

27.34 Verhalten des Lehrers (Prüfers) bei der Leistungskontrolle

27.341 Der Grundsatz der Chancengleichheit, aber auch das Rechtsstaatsgebot verpflichten Lehrer und Prüfer, sich bei der Leistungskontrolle *fair und sachlich* zu verhalten[64]. Der Schüler kann zwar nicht verlangen, daß er in der mündlichen Prüfung ein Ambiente vorfindet, das seinen persönlichen Verhältnissen am meisten entspricht; er hat keinen Anspruch auf einen freundlichen, geschickten, einfühlsamen Prüfer. Dieser braucht mit seiner Ansicht über Fehlleistungen des Schülers auch nicht hinter dem Berge zu halten; selbst gelegentliche »Ausrutscher« und »Entgleisungen« muß der Prüfling hinnehmen[65]. Doch verletzt der Lehrer das Gebot der Fairneß, wenn er Prüfungsleistungen sarkastisch, spöttisch, höhnisch oder in ähnlich herabsetzender Weise kommentiert[66]. Er ist verpflichtet, darauf Bedacht zu nehmen, daß das Prüfungsverfahren auch hinsichtlich des Stils der Prüfung und der Umgangsformen der Beteiligten einen einwandfreien Verlauf nimmt[67].

27.342 Befangenheit (Voreingenommenheit) des Prüfers kann sich nicht nur aus seinem Verhalten während der Prüfung, sondern auch aus seinen persönlichen oder sonstigen Beziehungen zum Prüfling ergeben. Liegt ein Grund vor, der Mißtrauen gegen ein unparteiisches Verhalten des Prüfers wecken könnte, so hat dieser den Vorsitzenden des Prüfungsausschusses zu unterrichten; der Ausschuß entscheidet daraufhin ohne Beteiligung des Betroffenen darüber, ob der Prüfer sich der weiteren Mitwirkung am Prüfungsverfahren zu enthalten hat (§ 21 VwVfG)[68]. Das gleiche gilt, wenn der Schüler die Befangenheit des Prüfers geltend gemacht hat[69]. Entsprechend ist hinsichtlich der Beteiligung eines befangenen Lehrers an Beratungen und Beschlüssen

---

Nr. 32, wenn die psychische Reaktion auf das Prüfungsgeschehen zu einer Erkrankung führt und der Prüfling nach Einholung ärztlichen Rats noch während der Prüfung zurücktritt.

64 *Niehues*: Prüfungsrecht, S. 105 ff. Rn. 184 ff.; *Zimmerling* (Anm. 1), S. 81 f. Rn. 170 ff.
65 Vgl. BVerwGE 70, 143 (152); ferner VGH Mannheim, NVwZ-RR 1995, 275: Auch sehr kritische Äußerungen eines Lehrers zu Schülerleistungen im Laufe eines zweijährigen Unterrichts sowie eine mehrere Monate vor der mündlichen Abschlußprüfung abgegebene negative Erfolgsprognose rechtfertigen nicht ohne weiteres die Annahme einer Voreingenommenheit des Lehrers bei dieser Prüfung.
66 BVerwG, NJW 1978, 2408; vgl. auch BVerwG, NVwZ-RR 1997, 714 (715); OVG Münster, NVwZ-RR 1997, 714.
67 BVerwGE 70, 143 (152 f.)
68 Die der Befangenheitsvorschrift des § 21 VwVfG entsprechende Bestimmung gilt in allen Ländern für die Tätigkeit der Behörden, also auch der Schulen, bei Leistungs-, Eignungs- und ähnlichen Prüfungen von Personen. Dazu auch *Niehues*: Prüfungsrecht, S. 114 Rn. 198. – Zu beachten ist, daß die »Selbstablehnung« eines Prüfers für sich allein noch kein Grund ist, der geeignet ist, Mißtrauen gegen die unparteiische Amtsausübung zu rechtfertigen (BVerwG, NVwZ 1985, 576).
69 OVG Münster, DVBl. 1994, 648 (649): Eine Besorgnis der Befangenheit besteht nur dann, wenn sich aus objektiv feststellbaren Umständen aus der Sicht des Prüflings subjektiv vernünftige Zweifel an der gebotenen Chancengleichheit der Prüfung ergeben. – Der Schüler muß die Befangenheit des Lehrers unverzüglich geltend machen. Er darf also i.d.R. das Prüfungsergebnis nicht abwarten, um erst bei negativem Ausgang Rüge zu erheben. Doch ist es ihm im allgemeinen nicht zumutbar, die erst während der mündlichen Prüfung erkennbare Voreingenommenheit des Prüfers sogleich monieren zu müssen.

der Klassenkonferenz über die Versetzung zu verfahren. Hat der Schüler einen ihn unterrichtenden Lehrer zu Recht als befangen abgelehnt, steht ihm mit Rücksicht auf die übrigen Schüler nur ein Anspruch auf Wechsel in eine Parallelklasse, nicht aber auf Entfernung des Lehrers zu[70]. Bei *naher Verwandtschaft* zum Schüler darf der Lehrer weder an dessen Prüfung noch an der Beratung und Entscheidung über seine Versetzung mitwirken (§ 20 VwVfG)[71].

27.343 Chancengleichheit ist nur gewährleistet, wenn Lehrer bzw. Prüfer sowohl bei der Leistungsfeststellung (z. B. während der mündlichen Prüfung) als auch bei der Beratung über die Leistungsbewertung (z. B. bei der Entscheidung über die Versetzung des Schülers oder über das Prüfungsergebnis) *anwesend* sind. Nur so sind sie in der Lage, ihre Bewertungstätigkeit aufgrund eigener, unmittelbarer und vollständiger Kenntnis der konkreten Prüfungsaufgabe und der darauf bezogenen Lösungen sachgerecht wahrzunehmen[72]. Bei der mündlichen Prüfung fordert die Anwesenheitspflicht mehr als physische Präsenz; sie verlangt, daß der Prüfer dem Prüfungsgespräch uneingeschränkt zu folgen in der Lage ist[73].

27.35 Begründung der Leistungsbewertung

Der Schüler hat einen Anspruch darauf, daß er die Gründe erfährt, auf denen die von ihm als fehlerhaft erachtete Leistungsbewertung beruht. Er kann auf vermeintliche Irrtümer und Rechtsfehler nur dann wirkungsvoll hinweisen und damit ein Überdenken der Entscheidung erreichen, wenn er die Erwägungen des Lehrers (Prüfers), die für die Notengebung ausschlaggebend waren, in den Grundzügen nachzuvollziehen vermag. Nur so ist das Recht des Schülers auf gerichtlichen Rechtsschutz gewährleistet, der sich nunmehr auch auf die Überprüfung der fachlichen Richtigkeit der Aufgabenlösung erstreckt[74].

Bei schriftlichen Prüfungsarbeiten muß die *Begründung schriftlich* erfolgen. Diese muß *ihrem Inhalt nach* so beschaffen sein, daß das Recht des Schülers, Einwände gegen die Abschlußnote wirksam vorzubringen, ebenso gewährleistet ist wie das Recht auf gerichtliche Kontrolle des Prüfungsverfahrens unter Beachtung des Bewertungsspielraums der Prüfer. Inhalt und Umfang einer Begründung müssen es dem Prüfling und den Gerichten ermöglichen, die grundlegenden Gedankengänge nachzuvollziehen, die den Prüfer zu der abschließenden Bewertung veranlaßt haben. Es muß erkennbar sein, welchen Sachverhalt sowie welche allgemeinen oder besonderen Bewertungsmaß-

---

70 *Niehues*: Prüfungsrecht, S. 114 Rn. 198.
71 Dieses Mitwirkungsverbot gilt allerdings nicht in sämtlichen Ländern. So findet es z. B. in Hessen keine Anwendung auf Schulleiter und Lehrer, die mit einem von ihnen unterrichteten Schüler verwandt sind (§ 2 Abs. 3 Nr. 3 Satz 2 hess VwVfG). Dazu Nr. 6 des Erlasses zur Geltung des Hessischen Verwaltungsverfahrensgesetzes (HVwVfG) für die Schulen vom 7.11.1997 (ABl. S. 674).
72 BVerfG, DVBl. 1995, 1349 (1350).
73 *Niehues*: Prüfungsrecht, S. 115 f. Rn. 201 f.
74 BVerwG 91, 262 (265).

stäbe der Prüfer zugrunde gelegt hat und auf welcher fachlichen Annahme des Prüfers die Benotung beruht. Ohne entsprechende Angaben hierzu wäre im Fall der Beanstandung der Prüfung dem Gericht die verfassungsrechtlich gebotene Kontrolle versagt, ob der Prüfer einen rechtserheblichen Bewertungsfehler begangen hat, der sich auf die Notengebung ausgewirkt haben kann[75].

Auch bei *mündlichen Prüfungen* ist eine angemessene Begründung erforderlich. Sie kann nach Form, Zeitpunkt, Umfang und Inhalt auf unterschiedliche Weise geschehen. Solange eine spezielle Regelung fehlt, muß dem Grundrechtsschutz des Prüflings Rechnung getragen werden, soweit dies unter Ausschöpfung aller Möglichkeiten dem Prüfer zumutbar ist. Je konkreter der Prüfling seinen Begründungsanspruch geltend macht, desto konkreter muß die Begründung sein, um den Schüler in den Stand zu versetzen, berechtigte Einwände wirkungsvoll vorzubringen. Unmittelbar im Anschluß an die Prüfung kann der Prüfling lediglich eine *mündliche Begründung* der Bewertung seiner mündlichen Leistung verlangen. Macht er mit sachlich vertretbaren Argumenten geltend, daß diese nicht ausreiche, ihm das Vorbringen von substantiierten Einwänden zu ermöglichen, kann er eine weitere, konkretere Begründung verlangen. Diese muß nicht notwendig in schriftlicher Form erfolgen; eine weitere mündliche Begründung kann genügen, wenn sie die Belange des Prüflings wahrt[76].

27.36 Prüfungsprotokoll, Öffentlichkeit der mündlichen Prüfung

Da der Prüfling Anspruch auf effektiven Rechtsschutz hat (Art. 19 Abs. 4 GG), müssen hinreichende verfahrensmäßige Vorkehrungen getroffen werden, die es ermöglichen, das Prüfungsgeschehen auch noch nachträglich aufzuklären. Das gilt um so mehr, als nunmehr auch fachliche Urteile des Prüfers über die Richtigkeit oder Fehlerhaftigkeit einer vom Prüfling vorgetragenen Lösung der gerichtlichen Kontrolle unterliegen. Deshalb ist es wichtig, daß sich der Ablauf des Prüfungsgesprächs rekonstruieren läßt. Die *Herstellung eines Wortprotokolls* ist indes verfassungsrechtlich *nicht zwingend geboten*. Zum Ausweis des tatsächlichen Prüfungsgeschehens kann der Prüfling vielmehr auch auf die üblichen Beweismittel, insbesondere den Zeugenbeweis durch bei der Prüfung anwesende Zuhörer, zurückgreifen. Die Anwesenheit einer oder mehrerer Personen außer Prüfling und Prüfer in der mündlichen Prüfung ist in Ermangelung einer Dokumentation von Prüfungsfragen und Antworten des Prüflings eine unverzichtbare Voraussetzung für einen hinreichend wirksamen Rechtsschutz in Prüfungsangelegenheiten. Dem Normgeber obliegt es, in der Prüfungsordnung entsprechende verfahrensmäßige Vorkehrungen zu treffen. Durch die Zulassung von Zuhörern kann der Nachteil einer vollständigen Dokumentation des Prüfungsgeschehens ausgeglichen werden. Eine, wenn auch nur beschränkte *Öffentlichkeit der mündlichen Prüfung* bietet außerdem nach aller Erfahrung eine zusätzliche Garantie für ei-

---

75 S. insbes. BVerwGE 91, 262 (265 ff.); vgl. außerdem BVerwGE 99, 185 (195); BVerfG, NVwZ-RR 1994, 582 (583).
76 BVerwGE 99, 185 (189 ff.); s. auch BVerwG, DVBl. 1998, 971.

nen einwandfreien Prüfungsablauf[77]. Das bedeutet im Umkehrschluß: Bestimmt die Prüfungsordnung, daß die Prüfung nicht öffentlich ist, bedarf es einer eingehenden und genauen Dokumentation des Prüfungsgeschehens[78]. *Versetzungsentscheidungen der Klassenkonferenz müssen protokolliert werden*, da der nichtversetzte Schüler nur so mögliche Fehler, die dem Beschluß der Klassenkonferenz zugrunde liegen, erkennen und durch entsprechende Hinweise eine erneute Beratung erreichen kann; nur so ist auch effektiver Rechtsschutz gewährleistet.

27.37 Einsicht in die Prüfungsakten

Der Schüler ist berechtigt, in die einschlägigen Unterlagen der Schule, deren Kenntnis für seine Rechtsverfolgung erforderlich ist, Einblick zu nehmen. Dazu TZ 26.368.

27.4 Verwaltungsinterne Überprüfung der Leistungsbewertung

27.41 Allgemeines

Auch nach der neueren Rechtsprechung des Bundesverfassungsgerichts und des Bundesverwaltungsgerichts stößt die gerichtliche Überprüfung von Leistungsbewertungen an Grenzen, weil der Bewertungsvorgang von zahlreichen Unwägbarkeiten beeinflußt ist, die sich in einem gerichtlichen Verfahren kaum erfassen lassen. Zum Ausgleich für diese zwangsläufig unvollkommene Kontrolle ist dem betroffenen Schüler unter dem Gesichtspunkt des effektiven Grundrechtsschutzes die Möglichkeit einzuräumen, auf vermeintliche Irrtümer und Rechtsfehler rechtzeitig und wirkungsvoll hinzuweisen, um auf diese Weise ein »Überdenken« der Bewertung unter Berücksichtigung seiner Einwände zu erreichen[79]. Dieser Anspruch, der zusätzlich zu dem Anspruch auf gerichtlichen Rechtsschutz besteht, ist vom Bundesverwaltungsgericht in seinen Voraussetzungen und in den Modalitäten seiner Umsetzung konkretisiert worden[80].
Damit das *Verfahren des Überdenkens der Leistungsbewertung* seinen Zweck, effektiven Rechtsschutz zu sichern, erfüllen kann, muß gewährleistet sein, daß die Prüfer jedenfalls ihre Bewertungen von schriftlichen Prüfungsleistungen hinreichend begründen (dazu TZ 27.35), daß der Prüfling seine Prüfungsakten mit den Protokollen der mündlichen Prüfung und den Korrekturbemerkungen zu den schriftlichen Arbeiten einsehen kann, daß die daraufhin vom

---

77 BVerwG, NVwZ 1995, 494 (bestätigt durch BVerfG, NVwZ 1997, 263) hinsichtlich berufsbezogener Prüfungen. Gleiches muß wegen des Grundrechts der freien Wahl der Ausbildungsstätte (Art. 12 Abs. 1 GG) und wegen der Rechtsschutzgarantie des Art. 19 Abs. 4 GG für schulische Abschlußprüfungen gelten.
78 So zutreffend Herbert *Woltering*: Dokumentationspflicht bei mündlichen Prüfungen, SchVw NI 1996, 126 (127).
79 BVerfGE 84, 34 (45 f., 48 f.).
80 Insbes. BVerwGE 91, 262; 92, 132.

Prüfling erhobenen substantiierten Einwände den beteiligten Prüfern zugeleitet werden, daß die Prüfer sich mit den Einwänden des Prüflings auseinandersetzen und, soweit diese berechtigt sind, ihre Bewertung der betroffenen Prüfungsleistung korrigieren sowie alsdann auf dieser – möglicherweise geänderten – Grundlage erneut über das Prüfungsergebnis entscheiden. Diese für berufsbezogene Prüfungen entwickelten Grundsätze gelten mit Rücksicht auf die Rechtsschutzgarantie des Art. 19 Abs. 4 GG zumindest sinngemäß auch für schulische Leistungsbewertungen, die, wie z.B. im Rahmen der Abiturprüfung, in das durch Art. 12 Abs. 1 GG geschützte Grundrecht des Schülers auf freie Wahl der Ausbildungsstätte eingreifen (vgl. TZ 27.1)[81].

27.42 Verwaltungsinterne Überprüfung im Rahmen des Widerspruchsverfahrens

Das Verfahren des Überdenkens der Leistungsbewertung muß so gestaltet sein, daß der Schüler rechtzeitig, also möglichst zeitnah, auf wesentliche Mängel hinweisen kann. Das läßt sich in nicht wenigen Fällen bereits dadurch erreichen, daß der Lehrer noch vor der endgültigen Festsetzung und Bekanntgabe der Noten dem Schüler Gelegenheit zur Stellungnahme gibt. Diese Vorgehensweise kommt vor allem bei der zum Schuljahresende zu erteilenden Zeugnisnote in Betracht. Für das Überdenken einer Leistungsbewertung, die, wie z.B. ein Prüfungs- oder Versetzungszeugnis, als Verwaltungsakt ergeht, bietet sich im übrigen das *Widerspruchsverfahren* an.
Will sich der Schüler gegen einen solchen Verwaltungsakt zur Wehr setzen, muß er Widerspruch bei der Schule oder bei der Schulaufsichtsbehörde einlegen (§§ 68 f. VwGO); erst nach erfolglosem Widerspruch kann er vor dem Verwaltungsgericht klagen. Im Widerspruchsverfahren (dazu TZ 34.2) wird nicht nur die Rechtmäßigkeit, sondern auch die Zweckmäßigkeit des Verwaltungsakts nachgeprüft (§ 68 Abs. 1 Satz 1 VwGO). Hierdurch ist die über den gerichtlichen Rechtsschutz hinausgehende Möglichkeit einer umfassenden verwaltungsinternen »Richtigkeitskontrolle« der Leistungsbewertung unter Einschluß der prüfungsspezifischen Wertungen eröffnet. Dabei muß grundsätzlich derjenige Lehrer die Schülerleistung erneut beurteilen, der die ursprüngliche Bewertung vorgenommen hat (dazu TZ 27.44). Die Schulbehörde (Widerspruchsbehörde) darf deshalb die Bewertung des ursprünglichen Lehrers nicht durch die eigene Beurteilung ersetzen, also beispielsweise die Note von sich aus ändern (vgl. auch TZ 19.423). Was die prüfungs-

---

81 S. nunmehr auch BVerwG, DVBl. 1996, 1381 (1382) wonach die Grundsätze der neueren Rspr. zur Nachprüfbarkeit berufseröffnender Prüfungen auch für die Kontrolle von Prüfungsaufgaben in einer Abiturarbeit gelten.

spezifischen Wertungen betrifft, stehen ihr keine weitergehenden Befugnisse zu als den Verwaltungsgerichten im gerichtlichen Verfahren[82].

27.43 Hinweispflichten des Schülers

Der Anspruch des Schülers auf ein verwaltungsinternes Kontrollverfahren zum Zweck des Überdenkens der Leistungsbewertung setzt voraus, daß er auf vermeintliche Irrtümer und Rechtsfehler rechtzeitig und wirkungsvoll hinweist[83]. Deshalb muß er seine Einwände konkret und nachvollziehbar begründen. Dazu genügt es nicht, daß er sich generell gegen eine bestimmte Bewertung seiner Leistungen wendet und etwa pauschal eine zu strenge Korrektur bemängelt. Vielmehr muß er konkret darlegen, in welchen Punkten die Korrektur bestimmter Leistungen nach seiner Auffassung Bewertungsfehler aufweist, indem er substantiierte Einwände gegen Korrekturbemerkungen und Bewertungen erhebt. Macht er geltend, daß eine als falsch bewertete Antwort in Wahrheit vertretbar sei und so auch vertreten werde, hat er dies unter Hinweis auf entsprechende Literaturstellen näher darzulegen[84].

27.44 Neubewertung der Schülerleistung durch die ursprünglichen Beurteiler

Die Chancengleichheit gebietet, daß grundsätzlich derjenige Lehrer die Schülerleistung erneut beurteilt, der die ursprüngliche Bewertung vorgenommen hat. Dadurch ist am ehesten gewährleistet, daß dieselben Maßstäbe, Vorstellungen und Erwägungen wie bei der Erstbenotung und wie bei den anderen Prüflingen zugrunde gelegt werden[85]. Aus dem Umstand allein, daß der Lehrer schon einmal mit der Benotung der Arbeit befaßt war, kann nicht der Schluß gezogen werden, er sei nunmehr befangen. Befangenheit kann sich allerdings aus anderen Gründen ergeben, etwa dann, wenn er sich bereits

---

82 Vgl. § 1 Abs. 3 bwVO über die Versetzung an Gymnasien, die nach Auffassung des VGH Mannheim, DVBl. 1993, 53, ausschließlich der Klassenkonferenz einen Einschätzungsspielraum bezüglich der vorübergehenden Natur eines Leistungsdefizits und bezüglich einer positiven Leistungsprognose für die nächsthöhere Klasse einräumt. S. demgegenüber – aus der früheren verwaltungsgerichtlichen Rspr. – VGH Mannheim, NVwZ-RR 1989, 305: Der Schulleiter kann im Rahmen seiner Verantwortlichkeit für die Einhaltung der für die Notengebung allgemein geltenden Grundsätze dem Lehrer im Einzelfall eine Weisung für die Benotung einer Klassenarbeit erteilen und im Fall der Nichtausführung der Weisung die vom Lehrer erteilte Note durch eine andere Note ersetzen.
83 Vgl. BVerfGE 84, 34 (48).
84 BVerwGE 92, 132 (138). Auch im förmlichen Widerspruchsverfahren kann der Schüler es nicht damit bewenden lassen, die Leistungsbewertung nur pauschal zu beanstanden. Zwar muß die Behörde auch bei einem nicht mit einer Begründung versehenen Widerspruch der Sache von Amts wegen nachgehen; fehlen ihr aber Anhaltspunkte für den behaupteten Rechtsmangel, muß der Schüler die Nachteile in Kauf nehmen, die sich daraus ergeben, daß die vermeintliche Fehlerhaftigkeit der Leistungsbewertung nicht aufgeklärt werden kann.
85 Vgl. BVerwGE 91, 262 (273 f.); 92, 132 (137); BVerwG, DVBl. 1994, 1362 (1364); so auch OVG Münster, DVBl. 1994, 644 (647).

endgültig auf die Beibehaltung der ursprünglichen Note festgelegt hat; in diesem Fall ist die Neubewertung durch einen anderen Lehrer vorzunehmen[86].

27.45 Nachholen der verwaltungsinternen Kontrolle während des gerichtlichen Verfahrens

Ist nach erfolglos eingelegtem Widerspruch Klage erhoben worden, so ist es Sache des Gerichts zu klären, ob dem Anspruch des Schülers auf ein Überdenken der Bewertung im Widerspruchsverfahren hinreichend Rechnung getragen wurde. Stellt sich dabei heraus, daß die verwaltungsinterne Kontrolle, gerade auch im Hinblick auf die gerichtlich nicht nachprüfbaren (prüfungs-) spezifischen Wertungen, unterblieben oder nur sehr oberflächlich und vordergründig erfolgt ist (man denke etwa an den Fall, daß der Lehrer, der die frühere Bewertung vorgenommen hat, überhaupt nicht mit den substantiierten Einwänden des Schülers befaßt worden ist oder diese pauschal und ohne Begründung beiseite geschoben hat), so hebt das Gericht die mit der Klage angefochtene Bewertung nicht sogleich auf; es trägt vielmehr dafür Sorge, daß die verwaltungsinterne Kontrolle alsbald nachgeholt wird. Auf einen entsprechenden Antrag des Klägers hat es zu diesem Zweck das verwaltungsgerichtliche Verfahren unverzüglich auszusetzen (§ 94 Abs. 1 VwGO). Die Pflicht des Gerichts, die Streitsache mit den Beteiligten tatsächlich und rechtlich zu erörtern (§ 104 Abs. 1 VwGO) und darauf hinzuwirken, daß sachdienliche Anträge gestellt werden (§ 86 Abs. 3 VwGO), gebietet es, den Kläger auf seinen Anspruch auf Aussetzung des gerichtlichen Verfahrens hinzuweisen[87].

---

86 BVerwG, DVBl. 1994, 1362 (1364); *Niehues*: Prüfungsrecht, S. 174 Rn. 315.
87 Vgl. BVerwGE 92, 132 (146). Das Urteil betrifft die Bewertung von Klausuren in einer in Rheinland-Pfalz durchgeführten Ersten Juristischen Staatsprüfung. Nach damaligem Recht konnte gegen die Prüfungsentscheidung kein Widerspruch eingelegt werden. Das Bundesverwaltungsgericht kam zu dem Ergebnis, daß dem Prüfling gleichwohl von Verfassungs wegen ein Anspruch auf ein eigenständiges verwaltungsinternes Kontrollverfahren zustand. Es hob das Urteil des Berufungsgerichts auf, weil dieses es unterlassen hatte, den Kläger auf die Möglichkeit der Aussetzung des gerichtlichen Verfahrens zum Zweck der Durchführung der verwaltungsinternen Kontrolle hinzuweisen. Das gleiche muß gelten, wenn das Widerspruchsverfahren zwar gesetzlich vorgesehen und auch durchgeführt worden ist, dabei aber kein »Überdenken« der Leistungsbewertung stattgefunden hat. – Im übrigen wird durch die Neubewertung der Prüfungsarbeiten aufgrund eines während des Rechtsstreits nachgeholten verwaltungsinternen Kontrollverfahrens der Anspruch des Klägers auf eine gerichtliche Überprüfung seiner Einwendungen gegen *fachlich-wissenschaftliche Bewertungen* nicht erfüllt, so daß die Hauptsache dadurch nicht erledigt ist; die fachlich-wissenschaftlichen Beanstandungen der Bewertung sind durch das Tatsachengericht auf ihre Erheblichkeit hin zu überprüfen (so BVerwG, NVwZ 1995, 788 [789]).

27.5 Folgen von Verfahrens- und Bewertungsfehlern

27.51 Erheblichkeit des Fehlers als Voraussetzung der Rechtswidrigkeit der Leistungsbewertung

Fehler im Verfahren der Leistungskontrolle oder bei der Leistungsbewertung haben nicht ohne weiteres zur Folge, daß die Schulaufsichtsbehörde bzw. das Gericht die Entscheidung als rechtswidrig aufhebt. Derartige Mängel machen die Bewertung nur rechtsfehlerhaft, wenn sie sich auf das Ergebnis ausgewirkt haben können[88]; es muß also die nicht ganz entfernte Möglichkeit bestehen, daß der Mangel für das Ergebnis *ursächlich* war[89]. Leidet z.B. die Bewertung einer Klassenarbeit an einem Verfahrensfehler, weil die vorgeschriebene rechtzeitige Ankündigung unterblieben war, ist die Nichtversetzung des Schülers dennoch rechtmäßig, sofern er ohnehin aufgrund der übrigen Leistungen keinen Anspruch auf Versetzung gehabt hätte.

27.52 Erneute Durchführung der Leistungskontrolle bei Verfahrensfehlern

Hat sich ein Verfahrensfehler bei der Leistungskontrolle (z.B. Baulärm während der Abiturklausur) auf die Benotung ausgewirkt, führt dieser Mangel nicht zu einer Neubewertung der erbrachten Leistungen. Ein solcher Fehler läßt sich nicht durch eine nachträgliche Änderung des Bewertungsmaßstabs oder durch das Zugrundelegen fiktiver Leistungen ausgleichen. Vielmehr ist die Prüfung zu wiederholen[90]. Allerdings ist nicht die Prüfung insgesamt, sondern nur der von dem Verfahrensfehler betroffene Teil erneut durchzuführen. Es verstieße gegen das rechtsstaatliche Übermaßverbot, wenn ein Prüfling, der mit Erfolg die Beurteilung einer einzelnen Leistung rügt, auch jene Prüfungsteile wiederholen müßte, die zu seinen Gunsten ausgegangen sind. Einer Neuauflage der gesamten Prüfung steht außerdem der Gesichtspunkt entgegen, daß der Schüler auf diesem Weg schlecht ausgefallene, aber rechtsfehlerfrei erteilte Noten verbessern könnte und dadurch eine mit dem Gebot der

---

88 BVerfGE 84, 34 (55). *Niehues*: Prüfungsrecht, S. 159 ff. Rn. 284 ff. Zur Erheblichkeit von Verfahrensfehlern: BVerwG, Buchholz 421.0 Nr. 45; Buchholz 421.0 Nr. 82; SPE III D I S. 5. Zur Erheblichkeit von Bewertungsfehlern auch BVerwG, NVwZ 1998, 636 (637).
89 BVerwGE 70, 143 (148): Es verstößt gegen das Rechtsstaatsprinzip und das Gebot, wirksamen Rechtsschutz zu gewährleisten, wenn dem Prüfling die (materielle) Beweislast dafür auferlegt wird, daß sich ein Bewertungsfehler des Prüfers auf das Prüfungsergebnis ausgewirkt hat.
90 BVerwG, Buchholz 421.0 Nr. 127; OVG Schleswig, SPE n. F. 460 Nr. 10. Das gilt auch dann, wenn der Prüfling unmittelbar nach der Prüfung eine substantiierte Verfahrensrüge erhoben hat, deren Berechtigung nicht mehr festgestellt werden kann, weil die Prüfungsbehörde es unter Verletzung ihrer prüfungsrechtlichen Fürsorgepflicht versäumt hat, den gerügten Sachverhalt rechtzeitig aufzuklären (OVG Münster, NVwZ 1997, 714 [715]).

Chancengleichheit nicht zu vereinbarende zusätzliche Prüfungschance erhielte[91].

27.53 Neubewertung der Leistung bei sonstigen Fehlern

Fehler, die die Bewertung einer schriftlichen Arbeit als solche betreffen, führen nicht zu einer Wiederholung der Leistungskontrolle, sondern zu einer erneuten Durchführung der Bewertung unter Beachtung der Rechtsauffassung des Gerichts bzw. der Schulaufsichtsbehörde. Hierfür sind grundsätzlich die Lehrer (Prüfer) oder der Prüfungsausschuß zuständig, die die beanstandete Bewertung vorgenommen haben; nur dann, wenn der Einsatz des ursprünglichen Prüfers, z. B. aus Gründen der Befangenheit, nicht zu einer rechtsfehlerfreien Bewertung führen kann, ist es geboten, andere Prüfer heranzuziehen (TZ 27.44)[92].

---

[91] BVerwG, Buchholz 421.0 Nr. 118; VGH Mannheim, DÖV 1984, 814.
[92] S. auch BVerwG, SPE III D I S. 3: Ist durch die Prüfungsordnung vorgeschrieben, daß Prüfungsarbeiten durch zwei Fachlehrer unabhängig voneinander zu bewerten sind, und wird die Prüfungsentscheidung aufgehoben, weil sich die mit der Beurteilung betrauten Gutachter vor Festsetzung der Note abgesprochen haben, so muß die erneute Bewertung der Leistung durch andere Lehrer vorgenommen werden.

28. Kapitel: Unterricht und sonstige Schulveranstaltungen

28.1 Unterricht

28.11 Teilnahmepflichten

28.111 Im Rahmen des Schulverhältnisses ist der Schüler, unabhängig davon, ob er der Schulpflicht unterliegt oder nicht, *verpflichtet, regelmäßig und pünktlich am Unterricht teilzunehmen*[1]. Physische Anwesenheit allein genügt nicht. Der Schüler muß sich vielmehr am Unterricht beteiligen und die erforderlichen Arbeiten anfertigen. Die Eltern trifft eine Mitwirkungspflicht. Sie haben, wie auch die Arbeitgeber und Ausbilder berufsschulpflichtiger Schüler, für den Besuch der Schule Sorge zu tragen (TZ 25.132); außerdem müssen sie darauf achten, daß ihr Kind die ihm aufgegebenen sonstigen Pflichten als Schüler erfüllt[2].

28.112 Bei alternativen Unterrichtsangeboten (*Wahlpflichtfächern*) kann der Schüler selbst entscheiden, an welchem Unterricht er teilnimmt[3]. Das gilt vor allem für Wahlmöglichkeiten im Kurssystem der *gymnasialen Oberstufe* (TZ 3.511). Der Schüler – auch der minderjährige – belegt die Kurse eigenständig; er wird dabei von Tutoren beraten. Die Schule kann davon ausgehen, daß der minderjährige Schüler sich vor seiner Entscheidung mit den Eltern verständigt hat; erklären die Eltern, daß sie mit der Wahl des Schülers nicht einverstanden sind, und treffen sie eine andere Entscheidung, ist letztere maßgeblich. Auch bei freiwilligen Unterrichtsveranstaltungen (z.B. bei zusätzlich zu den Pflichtfächern angebotenen *Wahlfächern* oder freiwilligen Arbeitsgemeinschaften) entscheidet der Schüler über die Teilnahme; hat er sich für eine Teilnahme entschieden, ist er für den folgenden Unterrichtsabschnitt (zumeist das nächste Schulhalbjahr) zur Teilnahme verpflichtet[4]. Steht für alternative Unterrichtsangebote oder für zusätzliche Unterrichtsveranstaltun-

---

1 Art. 56 Abs. 4 Satz 2 BayEUG, § 28 Abs. 1 bln SchulVerfG, § 44 Abs. 3 Satz 1 BbgSchulG, § 28 Abs. 2 HmbSG, § 69 Abs. 4 Satz 1 HSchG, § 53 Abs. 2 Satz 1 SchulG M-V, § 58 NSchG, § 8 Abs. 1 Satz 1 nrw ASchO, § 52 Abs. 1 rp SchulG, § 30 Abs. 4 saarl SchoG, § 31 Abs. 2 sh SchulG, § 30 Abs. 1 ThürSchulG. Baden-Württemberg, Bremen und Sachsen unterscheiden zwischen der Teilnahmepflicht als Ausfluß der Schulpflicht und der Teilnahmepflicht für nicht (mehr) schulpflichtige Schüler aufgrund ausdrücklicher gesetzlicher Anordnung (§ 71 Abs. 3 bw SchG; § 55 Abs. 6, § 58 BremSchulG; § 26 Abs. 2 sächs SchulG).
2 Z.B. § 69 Abs. 4 Satz 3 HSchG, § 53 Abs. 2 Satz 3 SchulG M-V, § 71 NSchG, § 53 Abs. 1 rp SchulG, § 46 Abs. 1 Nr. 1 sh SchulG.
3 Diese Wahlfreiheit darf weder positiv noch negativ durch sachlich ungerechtfertigte geschlechtsspezifische Differenzierungen beeinträchtigt werden. In diesem Sinne hat der VGH München, NJW 1988, 1405, eine nur für Mädchen verpflichtende Teilnahme am Handarbeitsunterricht in der Unterstufe des Gymnasiums als mit Art. 3 Abs. 2 GG unvereinbar erklärt: Eine solche im Hinblick auf die Belastung durch Schulstunden und Hausaufgaben nicht geringfügige Benachteiligung der Mädchen verstoße gegen die Gleichberechtigung der Geschlechter.
4 Z. B. § 28 Abs. 2 Satz 2 bln SchulVerfG, § 8 Abs. 2 nrw ASchO, § 22 Abs. 2 Satz 2 saarl SchumG.

gen auch nach Ausschöpfung aller vorhandenen Möglichkeiten nur eine begrenzte Anzahl von Plätzen zur Verfügung, müssen diese nach sachbezogenen Kriterien (z. B. nach der Reihenfolge der Meldungen) verteilt werden[5].

28.113 Ist ein Schüler durch *Krankheit* oder aus anderen zwingenden Gründen an der Unterrichtsteilnahme verhindert, haben die Eltern – bei Volljährigkeit der Schüler selbst – die Schule unverzüglich zu benachrichtigen. Die Form der Benachrichtigung (im allgemeinen eine schriftliche »Entschuldigung«), die Voraussetzungen, unter denen die Schule ein privatärztliches oder schulärztliches (amtsärztliches) Zeugnis verlangen kann, die Pflicht zur Nachholung versäumter Leistungsnachweise (z. B. Nachschreiben von Klassenarbeiten) usw. sind in Rechtsverordnungen oder Verwaltungsvorschriften geregelt[6]. Eine *kurzfristige Befreiung* vom Schulbesuch (*Beurlaubung*) kann aus wichtigen Gründen gewährt werden[7]. Die Beurlaubung ist rechtzeitig, im allgemeinen schriftlich zu beantragen[8]. Als Befreiungsgründe kommen u. a. in Betracht: familiäre Anlässe (z. B. Todesfall), Teilnahme an religiösen Veranstaltungen[9], außerschulischen Bildungsveranstaltungen[10], sportlichen Wettkämpfen, Tagungen der örtlichen Schülervertretung. Zur Beurlaubung von Schülern wegen Teilnahme an einer Schülerdemonstration TZ 29.242. Ein Anspruch auf Befreiung vom Schulbesuch unmittelbar vor und nach den Ferien wegen des von den Eltern geplanten Urlaubstermins besteht nicht[11]. *Die Schule kann den Unterricht vorübergehend ausfallen lassen*, wenn äußere Bedingungen seinem ordnungsgemäßen Ablauf entgegenstehen, z. B. bei Defekt der Heizung im Winter oder bei unzumutbar hohen Temperaturen im Som-

---

5 Zu den auch hierbei maßgeblichen Auswahlgrundsätzen vgl. TZ 26.226.
6 Z. B. einerseits (Rechtsverordnung) §§ 36, 48 bay Gymnasialschulordnung, §§ 9, 21 Abs. 6 nrw ASchO, andererseits (Verwaltungsvorschrift) §§ 41 ff. sh Schulbesuchsordnung. – Zu den Folgen der Unterrichtsversäumnis s. VGH München, SPE II A III S. 61, wonach es der rechtsstaatliche Grundsatz der Verhältnismäßigkeit gebietet, in Sanktionsregelungen bezüglich der Abwesenheit vom Unterricht der Kollegstufe (= gymnasiale Oberstufe) eine Ausnahmeregelung hinsichtlich der Fälle einer von den Schülern nicht zu vertretenden Abwesenheit vorzusehen.
7 Z. B. § 10 Abs. 1 nrw ASchO; § 4 Abs. 1 Satz 1 bw SchulbesuchsVO (»lediglich in besonders begründeten Ausnahmefällen«).
8 Zu den Folgen der Beurlaubung für die Aufsichtspflicht des Lehrers und für die Amtshaftung des Staates bei Eintritt eines Schadens s. TZ 21.534.
9 Ein Beispiel hierfür schildert Gerhard *Welzel*: Beurlaubung eines Schülers wegen einer Beschneidung, SchVw BY 1991, 330.
10 Dazu (und zu den in den alten Ländern geregelten Beurlaubungsgründen): Hermann *Avenarius*: Rechtsfragen der Kooperation von außerschulischer Jugendbildung und Schule, Bonn 1990, S. 19–28.
11 *Niehues*: Schul- und Prüfungsrecht, S. 144 f. Rn. 203. Nach § 10 Abs. 3 nrw ASchO ist die Beurlaubung eines Schülers unmittelbar vor oder im Anschluß an Ferien außer »in nachweislich dringenden Fällen« sogar unzulässig. Zu den Sanktionen bei einer Zuwiderhandlung OLG Düsseldorf, NJW 1995, 2368, und NVwZ-RR 1996, 442 (vgl. TZ 25.511).

mer (»hitzefrei«)¹². Zu solchen Maßnahmen ist die Schule bei Gefährdung der Gesundheit der Schüler aufgrund der ihr obliegenden Fürsorge sogar verpflichtet.

28.12 Informationsrechte

28.121 Die Schule kann ihrer Aufgabe, zu selbständigem, kritischem Urteil und zu eigenverantwortlichem Handeln zu erziehen, nur dann gerecht werden, wenn sie den *Schülern* – ihrer Altersreife entsprechend – begreiflich macht, wie (und warum so und nicht anders) sich das Unterrichtsgeschehen vollziehen soll und vollzieht. Die Schüler können verlangen, über Planung, Gestaltung und Verlauf des Unterrichts sowie die Auswahl der Unterrichtsstoffe informiert zu werden. Sie können ihre Meinung dazu äußern, Wünsche, Anregungen und Kritik vorbringen. Wenn ihre Vorschläge oder kritischen Äußerungen keine Berücksichtigung finden, sind ihnen die *Gründe* dafür zu *nennen*. Wenn sie glauben, Entscheidungen des Lehrers nicht akzeptieren zu können, haben sie das Recht der *Beschwerde* bei der Schulleitung, nötigenfalls bei der Schulaufsichtsbehörde. Entsprechendes gilt für die Erläuterung der Bewertungsmaßstäbe bei der Notengebung und bei sonstigen Beurteilungen. Diese *Informationsrechte* stehen ihnen *einzeln und im Klassenverband* zu¹³. Der einzelne Schüler kann außerdem verlangen, über seinen persönlichen Leistungsstand informiert zu werden. Einige Länder haben diese Auskunftsrechte (dazu im einzelnen TZ 26.323, 26.335, 26.346) in ihren Schulgesetzen ausdrücklich anerkannt¹⁴. Zum Anspruch des Schülers auf Einsicht in Schulgutachten, Schülerbögen, Prüfungsakten und sonstige Unterlagen TZ 26.214 und 26.368.

28.122 Auch die *Eltern* können beanspruchen, über den Unterricht, die Stoffauswahl und die Bewertungsmaßstäbe informiert zu werden¹⁵. Auch sie haben das Recht, *einzeln* in der Elternsprechstunde oder *gemeinsam* in der Elternversammlung ihre Meinungen, Wünsche, Anregungen und Kritik zu äu-

---

12 Z.B. §14 Abs.4 bay Volksschulordnung und die entsprechenden Vorschriften der übrigen Schulordnungen; Nr. I.4 bln AV Schulpflicht; brem VV über vorzeitige Beendigung des Unterrichts bei großer Hitze (»Hitzefrei«) vom 11.5.1981; nds Erlaß über Unterrichtsausfall bei besonderen Wetterbedingungen vom 16.6.1997 (SVBl. S.265) unter Ziff.2. Vgl. auch *Niehues*: Schul- und Prüfungsrecht, S.144 Rn.203.
13 Zu den Mitwirkungsrechten der Vertretungsorgane der Schüler TZ 8.121.
14 Z.B. Art.56 Abs.2 BayEUG, §27 bln SchulVerfG, §46 Abs.1 und 3 BbgSchulG, §32 HmbSG, §72 HSchG, §55 SchulG M-V, §31 Abs.2 Satz3 sh SchulG, §25 Satz 2 und 5 ThürSchulG.
15 Regelungen über Informationsrechte der Eltern finden sich beispielsweise in §40 Abs.1 bln SchulVerfG, §46 BbgSchulG, §32 HmbSG, §72 HSchG, §55 SchulG M-V, §96 Abs.4 NSchG, §31 Abs.1 ThürSchulG.

ßern und sich gegebenfalls zu beschweren[16]. Sie können verlangen, über den Leistungsstand ihres Kindes informiert zu werden (TZ 26.214, 26.323, 26.335, 26.346, 26.368, 31.234). Einige Länder räumen den Eltern die Möglichkeit ein, den Unterricht zu besuchen; Voraussetzung für die Wahrnehmung dieses Hospitationsrechts ist zumeist das Einvernehmen des Lehrers oder auch des Schulleiters und die Gewähr, daß der geordnete Unterrichtsbetrieb nicht unangemessen beeinträchtigt wird[17]. Mit der Volljährigkeit des Schülers erlöschen die Informationsrechte der Eltern; doch kann die Schule, solange der Schüler nicht ausdrücklich widerspricht, sein Einverständnis unterstellen, daß sie den Eltern auch weiterhin Auskünfte erteilen darf (TZ 24.222, 8.216). Zum Informationsanspruch der Eltern s. im übrigen TZ 24.35.

28.13 Umfang des Unterrichts

28.131 Die Zahl der in einer Jahrgangsstufe zu erteilenden wöchentlichen Unterrichtsstunden und ihre Verteilung auf die einzelnen Fächer ergeben sich aus den vom Kultusministerium festgelegten *Stundentafeln* (TZ 4.321).

28.132 Schulen und Schulbehörden müssen dafür sorgen, daß das in den Stundentafeln festgelegte Unterrichtssoll auch tatsächlich eingehalten wird. Doch ergeben sich in der Praxis immer wieder Schwierigkeiten, weil Lehrkräfte wegen Erkrankung, Mutterschutzzeiten oder Teilnahme an einem Fortbildungskurs verhindert sind. Vor allem in den westdeutschen Ländern wirken sich darüber hinaus seit längerem die Sparmaßnahmen in den öffentlichen Haushalten nachteilig auf die Unterrichtsversorgung aus: Da nur noch wenige Lehrer neu eingestellt werden, reicht das vorhandene Personal zumeist nicht aus, die Stunden in der vorgesehenen Zahl zu erteilen. Die in den letzten Jahren verfügte Erhöhung der Pflichtstundenzahlen, die mit einer Herabsetzung der Zahl der Ermäßigungsstunden einherging (TZ 21.341), wie auch die Erweiterung der Klassenhöchststarken (vgl. TZ 4.36) haben diesen Mangel kaum zu beheben vermocht. So nimmt es nicht wunder, daß in vielen Schulen erhebliche Unterrichtsausfälle zu verzeichnen sind. Im Unterschied zu früheren Jahren handelt es sich dabei nicht mehr nur um eine an dieser oder jener Schule gelegentlich anzutreffende vorübergehende Erscheinung, sondern um ein permanentes, politisch zwar nicht gewolltes, aber planmäßig

---

16 Es ist also nicht in jedem Fall eine individuelle Information vonnöten; die Schule darf auch in Elternversammlungen die Eltern gemeinsam informieren, sofern es der Gegenstand zuläßt (also nicht bei persönlichen Angelegenheiten des einzelnen Schülers); vgl. Ursula *Fehnemann*: Die Bedeutung des grundgesetzlichen Elternrechts für die elterliche Mitwirkung in der Schule, AöR 105 (1980), 529 (545); BayVerfGH, NJW 1980, 1838 (1839). – Zu den Mitwirkungsrechten der Vertretungsorgane der Eltern TZ 8.221.
17 Z.B. Berlin: §40 Abs.1 Satz 3 SchulVerfG; Brandenburg: §26 Abs.2 BgSchulG; Bremen: §61 BremSchulG (auch Anwesenheit bei Prüfungen möglich, allerdings nicht bei Prüfungen des eigenen Kindes); Nordrhein-Westfalen: §11 Abs.10 SchMG, §39 Abs.4 ASchO; Saarland: §36 Abs.2 Satz 2 SchumG; Sachsen-Anhalt: §59 Abs.6 SchulG; Schleswig-Holstein: §31 Abs.4 Satz 2 SchulG; Thüringen: §31 Abs.4 ThürSchulG. In Brandenburg und Hamburg können geeignete Eltern sogar aktiv am Unterricht mitwirken (§§7 Abs.5 Satz 3, 68 Abs.3, 91 Abs.2 Satz 1 Nr.4 BgSchulG; §88 Abs.5 HmbSG).

in Kauf genommenes Defizit. Um so mehr gewinnt die Frage an Bedeutung, ob Schüler und Eltern sich mit diesem Mangel abfinden müssen oder ob ihnen ein *Anspruch auf unverkürzten Unterricht* zusteht, den sie nötigenfalls mit Hilfe der Gerichte durchsetzen können[18].
Dem einfachen Recht ist ein solcher Anspruch im allgemeinen nicht zu entnehmen[19]. Auch die Kommission Schulrecht des Deutschen Juristentages hat Anfang der 80er Jahre entgegen ursprünglichen Plänen davon abgesehen, ein subjektives Recht auf unverkürzten Unterricht zu normieren, weil es sich im Streitfall vor den Gerichten nicht verwirklichen lasse und weil es Situationen unvermeidbaren Unterrichtsausfalls gebe; sie hat es mit einer objektiv-rechtlichen Verpflichtung des Staates bewenden lassen, für einen Unterricht nach Maßgabe des jeweiligen Stundenrahmens und der Stundentafeln zu sorgen[20]. Das schließt jedoch nicht aus, daß sich unter bestimmten Voraussetzungen ein Anspruch auf angemessene Unterrichtsversorgung unmittelbar aus der Verfassung, und zwar aus dem Recht des Schülers auf Bildung, herleiten läßt. Dieses Recht, das dem Schüler einen Anspruch auf gleiche Teilhabe an den vorhandenen Bildungseinrichtungen vermittelt (TZ 2.224), erstreckt sich wenigstens auf das, was für alle Kinder und Jugendlichen Inhalt der Schulpflicht ist, bedeutet aber darüber hinaus, daß er seine Anlagen und Befähigungen in der Schule möglichst ungehindert entfalten und im Rahmen seiner Eignung das angestrebte Bildungsziel erreichen kann (TZ 26.1). Als Teilhaberecht besteht dieser Anspruch indes grundsätzlich nur im Rahmen der geltenden Bestimmungen und unter dem Vorbehalt des Möglichen[21]. Schulen und Schulverwaltung wären überfordert, könnten Schüler und Eltern von ihnen verlangen, den Stundenplan lückenlos einzuhalten. Sofern der Unterrichtsausfall sich in Grenzen hält und auf nicht oder nur schwer vorhersehbaren Umständen beruht (z. B. Krankheit eines Lehrers), sind solche Beeinträchtigungen hinzunehmen. Schüler und Eltern können allerdings verlangen, daß der Schulleiter bzw. die Schulverwaltung den Mangel, soweit wie möglich, gerecht verteilt, beispielsweise Verzerrungen im Unterrichtsangebot von Klassen derselben Jahrgangsstufe einer Schule oder auch im Angebot benachbarter Schulen derselben Schulart entgegenwirkt. Lassen sich Engpässe in der Unterrichtsversorgung auf andere Weise nicht beheben, muß die Schulaufsichtsbehörde nötigenfalls Mehrarbeit anordnen (vgl. TZ 21.345)[22].

---

18 Zum Für und Wider eines Rechts auf unverkürzten Unterricht VGH Mannheim, SPE I B II S. 41; Brun-Otto *Bryde*: Neue Entwicklungen im Schulrecht, DÖV 1982, 661 (673 f.); *Püttner*: Schulrecht, S. 796 Rn. 308; Bernhard *Stüer*: Recht auf unverkürzten Unterricht, RdJB 1986, 282. Mit einem spezifischen Problem beschäftigen sich Benno *Natzel*/Inigo *Natzel*: Ausfall von Berufsschulunterricht und seine rechtlichen Folgen, Der Betrieb 1987, 1734.
19 S. aber § 44 Abs. 2 Satz 1 BbgSchulG: »Anspruch auf Unterricht nach Maßgabe der für den gewählten Bildungsgang geltenden Stundentafel«; ähnlich § 69 Abs. 2 Satz 1 HSchG, dort jedoch nur »im Rahmen der personellen, sächlichen und fachspezifischen Möglichkeiten der Schule«.
20 *DJT-SchulGE*, § 52 (S. 89), S. 265 f.
21 *Püttner*: Schulrecht, S. 796 Rn. 308. S. auch die erwähnte gesetzliche Regelung in Hessen (§ 69 Abs. 2 Satz 1 HSchG).
22 Darüber hinaus ist die Schule verpflichtet, Eltern und Schüler rechtzeitig in geeigneter Weise über den drohenden Unterrichtsausfall und über geplante Gegenmaßnahmen zu informieren.

Anders ist die Rechtslage zu beurteilen, wenn der Staat über längere Zeit Einschränkungen der Unterrichtsversorgung verursacht, die die Grenze des Schülern und Eltern Zumutbaren überschreitet. Nicht zumutbar sind Stundenausfälle, die zur Folge haben, daß der Schüler das Bildungsziel zum Ende der Jahrgangsstufe oder gar zum Ende des Bildungsgangs nicht, jedenfalls nicht auf dem den Qualitätsanforderungen entsprechenden Niveau erreichen kann. Sofern über mehrere Monate ein Großteil der in einem wichtigen Fach (z. B. Deutsch, Fremdsprache, Mathematik) zu unterrichtenden Stunden nicht erteilt wird, kann von einer quantitativ und qualitativ ausreichenden Bildungsarbeit nicht mehr die Rede sein. Indem der Staat durch die Stundentafeln die Anzahl der wöchentlichen Unterrichtsstunden und ihre Verteilung auf die verschiedenen Fächer je nach Jahrgangsstufe und Schulart bestimmt (TZ 4.321), schreibt er ein Bildungsprogramm vor, das er für die Erreichung des Bildungsziels als notwendig erachtet[23]. Eben deshalb verpflichtet er die Schüler, an diesem Unterricht regelmäßig und pünktlich teilzunehmen (TZ 28.11). Wenn auch das Recht des Schülers auf Bildung keinen Anspruch auf einen unter allen Umständen und in jeder Hinsicht unverkürzten Unterricht vermittelt, so aber doch den Anspruch darauf, daß die Schule wenigstens so viel Unterricht erteilt, wie zur Erreichung des Bildungsziels unerläßlich ist[24]. Wieviel Stunden für die Mindestversorgung erforderlich sind, ist von Fall zu Fall, ggf. unter Heranziehung von Sachverständigen, zu entscheiden[25].
Dieser Anspruch läßt sich auch gerichtlich durchsetzen. Das Gericht könnte auf entsprechenden Klageantrag die Schulbehörde verpflichten, Vorkehrungen zu treffen, daß im jeweiligen Fach ein ordnungsgemäßer Unterricht mit einem verbindlichen Stundensoll erteilt wird. Es wäre sodann Sache der Schulverwaltung, Mittel und Wege zu finden, dieser Verpflichtung nachzukommen[26]. Für den Fall, daß die Schulbehörde den Unterrichtsausfall nicht behebt, käme ein Schadensersatzanspruch aus Amtspflichtverletzung (§ 839 BGB i. V. m. Art. 34 GG) in Betracht, der gegen den Staat als Dienstherrn

---

23 Dabei spielt es keine Rolle, ob die Stundentafeln – wie etwa in Bayern (z. B. § 21 Abs. 1 Realschulordnung) – durch Rechtsverordnung oder – wie in den meisten übrigen Ländern – durch Verwaltungsvorschrift für verbindlich erklärt worden sind.

24 S. auch VGH Mannheim, SPE I B II S. 41 (41 c), der bereits 1974 betonte, daß die staatliche Gestaltungsfreiheit im Schulwesen eine Grenze dort finde, wo durch schulorganisatorische Maßnahmen in der Unterrichtsversorgung der Erziehungsauftrag des Staates konkret und nachhaltig gefährdet, die Schüler möglicherweise in ihrem Recht auf eine ihrer Begabung entsprechende Erziehung und Ausbildung und die Eltern, die ihre Kinder der staatlichen Schulerziehung anvertrauen müssen, in ihrem Elternrecht unzumutbar beeinträchtigt würden.

25 *Püttner*: Schulrecht, S. 796 Rn. 308, meint, daß Stundenausfälle wegen Krankheit von Lehrern oder wegen Lehrerfortbildung in einem angemessenen Rahmen (»jedenfalls bis 10 % der Stunden«) hingenommen werden müssen.

26 So müßten z. B. Lehrer, die für unterrichtsfremde Zwecke eingesetzt sind, an die Schulen zurückgeholt oder zusätzliche Lehrer befristet im Angestelltenverhältnis beschäftigt werden. Insoweit ähnelt die Situation den Problemen, vor denen Hochschulen stehen, die von den Verwaltungsgerichten in Numerus-clausus-Streitigkeiten zur Bereitstellung von Studienplätzen verurteilt werden.

der für den Unterrichtsausfall verantwortlichen Beamten in der Schulverwaltung zu richten wäre[27].

28.14 Inhaltliche Gestaltung des Unterrichts

28.141 Schon mehrfach war davon die Rede, daß der Staat bei der inhaltlichen Ausgestaltung des Unterrichts dem *Gebot der Toleranz* Rechnung tragen und für die verschiedenen in der Gesellschaft vorhandenen Wertvorstellungen offen sein muß (TZ 2.224, 4.11). Er hat in der Schule außerdem die *Verantwortung der Eltern für den Gesamtplan der Erziehung* zu achten (TZ 24.32). Toleranz, Zurückhaltung, Sachlichkeit sind vor allem in weltanschaulich sensiblen Fächern und Lernbereichen, insbesondere im politischen Unterricht (TZ 28.142) und in der Sexualerziehung (TZ 28.143), gefordert.

28.142 Politischer Unterricht (Gemeinschaftskunde, Gesellschaftslehre)[28] erschöpft sich nicht in einer Institutionenlehre, so wichtig diese angesichts der verbreiteten Unkenntnis über Organisation und Verfahren des parlamentarischen Regierungssystems auch ist. Das Interesse des Schülers ist zugleich auf die politische Realität, auch auf ihre Fehlentwicklungen zu richten. Der Lehrer muß Geist und Sinn der freiheitlichen demokratischen Grundordnung verdeutlichen[29]. Er hat die Einsicht zu vermitteln, daß die Demokratie vom Konflikt, aber auch vom Kompromiß lebt; daß die Mehrheit entscheidet und es gleichwohl einen Schutz der Minderheit gibt; daß die Funktionsfähigkeit des Rechtsstaats auch vom Rechtsgehorsam des Bürgers abhängt; daß die Bundesrepublik Deutschland ein Sozialstaat ist, der der Verwirklichung sozialer Gerechtigkeit zu dienen hat[30]. Bei der Auseinandersetzung mit politischen Fragen braucht der Lehrer mit seiner persönlichen Meinung nicht hinter dem Berge zu halten, er darf sie aber den Schülern nicht aufdrängen[31]. Vor allem muß er dafür sorgen, daß auch andere Auffassungen zur Geltung gelangen und daß die Schüler zu selbständigem Urteil finden. Keinesfalls darf der Lehrer sich im Unterricht für bestimmte politische Richtungen einseitig engagieren[32]. Zum Vorbehalt des Gesetzes bei Normierungen des politischen Unterrichts TZ 15.362. Zur politischen Betätigung des Lehrers TZ 19.33.

---

27 Die Höhe des Schadens könnte beispielsweise in dem Entgelt bestehen, das für den ersatzweise erteilten Privatunterricht zu zahlen ist.
28 Zum politischen Unterricht *Niehues*: Schul- und Prüfungsrecht, S. 223 ff. Rn. 339 ff.
29 Zur Definition der freiheitlichen demokratischen Grundordnung BVerfGE 2, 1 (12); 5, 85 (140); s. auch TZ 4.111, Anm. 24.
30 Zu den Verfassungsprinzipien der Demokratie, des Rechtsstaats und des Sozialstaats und zu ihrer Bedeutung für die Schule TZ 2.22.
31 So auch *Püttner*: Schulrecht, S. 803 Rn. 326.
32 Zur Ausgewogenheit des politischen Unterrichts s. VGH Mannheim, NJW 1987, 3274: Eine Verwaltungsvorschrift, die es dem Lehrer aufgibt, die Notwendigkeit und den Auftrag der Bundeswehr für die äußere Sicherung der Demokratie einsichtig zu machen und aufzuzeigen, daß der Dienst in der Bundeswehr Friedensdienst ist, begegnet keinen rechtlichen Bedenken; dazu kritisch Ulrich *Duchrow*/Rainer *Eckertz* (Hrsg.): Die Bundeswehr im Schulunterricht, Baden-Baden 1988, besprochen von Dieter S. *Lutz*, RdJB 1991, 204; VGH Kassel, NVwZ-RR 1993, 483: Es ist nicht ermessensfehlerhaft, wenn der Antrag eines Lehrers, in seinem Unterricht einen Gewerkschaftsvertreter zu dem

28.143 Daß der Staat aufgrund seines Bildungs- und Erziehungsauftrags (Art. 7 Abs. 1 GG) berechtigt ist, *Sexualerziehung* in der Schule durchzuführen, haben Bundesverfassungsgericht und Bundesverwaltungsgericht klargestellt[33]. Weil hierbei jedoch in besonders starkem Maße das Elternrecht (Art. 6 Abs. 2 GG) und die Persönlichkeitsrechte des Schülers (Art. 2 Abs. 1 GG) berührt werden, ist der Landesgesetzgeber wegen des Grundsatzes vom *Vorbehalt des Gesetzes* (TZ 15.3) verpflichtet, die wesentlichen Entscheidungen selbst zu treffen. Zwar muß er nicht sämtliche Modalitäten dieses Unterrichts normieren. Formellgesetzlich zu regeln sind aber jedenfalls die für die Sexualerziehung relevanten Erziehungsziele in den Grundzügen, die Frage, ob Sexualerziehung als fächerübergreifendes Unterrichtsprinzip oder als besonderes Unterrichtsfach mit etwaigen Wahl- oder Befreiungsmöglichkeiten durchgeführt werden soll, das Gebot der Zurückhaltung und Toleranz sowie der Offenheit für die vielfachen im sexuellen Bereich möglichen Wertungen und das Verbot der Indoktrinierung der Schüler, ferner die Pflicht, die Eltern zu informieren[34]. Dagegen ist für die Unterrichtung über biologische und andere Fakten aus dem sexuellen Bereich keine besondere gesetzliche Grundlage erforderlich[35].

Die Sexualerziehung ist inzwischen in allen Ländern bis auf Sachsen-Anhalt[36] gesetzlich geregelt[37]. Sie wird überall fächerübergreifend unterrichtet. Soweit

---

Thema »Aufbau und Arbeit einer Gewerkschaft« sprechen zu lassen, von der Schulleitung mit der Begründung abgelehnt wird, durch die Unterrichtsteilnahme des Gewerkschaftsvertreters sei die erforderliche Ausgewogenheit im Unterricht nicht mehr gewährleistet.

33 BVerfGE 47, 46 (71 ff.); BVerwGE 47, 194 (197); 57, 360 (364); s. auch das Urteil des Europäischen Gerichtshofs für Menschenrechte mit abweichender (»persönlicher«) Meinung des Richters A. Verdross, EuGRZ 1976, 478, auszugsweise abgedruckt in RdJB 1977, 144. – Aus dem Schrifttum: Hans-Ulrich *Evers*: Die Befugnis des Staates zur Festlegung von Erziehungszielen in der pluralistischen Gesellschaft, Berlin 1979, S. 115 ff.; *Niehues*: Schul- und Prüfungsrecht, S. 218 ff. Rn. 336 ff.; Thomas *Oppermann*: Die erst halb bewältigte Sexualerziehung, JZ 1978, 289. Aus der europäischen Nachbarschaft: Otto *Triffterer*: Zu den verfassungs- und strafrechtlichen Grenzen einer Sexualerziehung in den Schulen. Stellungnahme zu den für die österreichischen Schulen vorgesehenen »Materialien zur Sexualerziehung«, Juristische Blätter 1990, 407.
34 BVerfGE 47, 46 (83); BVerwGE 47, 194 (198 f.); 57, 360 (363 f.).
35 BVerfGE 47, 46 (66 f., 84). – Ob die Unterscheidung des BVerfG zwischen bloßer Wissensvermittlung (Sexualkunde) und »eigentlicher« Sexualerziehung wirklich tragfähig ist, erscheint zweifelhaft. Auch für die Darbietung sexueller Fakten kommt es auf die ihnen zugrunde gelegte Sinngebung und damit auf grundrechtlich relevante Wertungen an.
36 S. aber § 59 Abs. 5 SchulG LSA. Danach haben die Lehrer vor allem in Unterrichtsfächern, »durch die das Erziehungsrecht der Erziehungsberechtigten in besonderer Weise berührt wird«, Inhalt, Planung und Gestaltung des Unterrichts mit den Klassenelternschaften zu erörtern; dabei sind das Erziehungsrecht der Eltern und das Persönlichkeitsrecht der Schüler zu achten; ferner sind Zurückhaltung, Offenheit und Toleranz gegenüber verschiedenen Wertvorstellungen in diesem Bereich geboten. Im übrigen ist die Sexualerziehung durch Verwaltungsvorschrift im einzelnen geregelt: RdErl. über Sexualerziehung an den allgemeinbildenden und berufsbildenden Schulen des Landes Sachsen-Anhalt vom 2. 7. 1996 (SVBl. S. 316), g. d. RdErl. v. 30. 11. 1998 (SVBl. 1999 S. 3).
37 Baden-Württemberg: § 100b SchG (»Familien- und Geschlechtserziehung«), Bayern: Art. 48 BayEUG (»Familien- und Sexualerziehung«), Berlin: § 22 SchulG (»Sexualunterricht«), Brandenburg: § 12 Abs. 3 BbgSchulG, Bremen: § 11 BremSchulG, Hamburg: § 6 HmbSG, Hessen: § 7 HSchG, Mecklenburg-Vorpommern: § 6 SchulG, Niedersachsen: § 96 Abs. 4 NSchG, Nordrhein-Westfalen: § 1 Abs. 5 SchOG, Rheinland-Pfalz: § 1 Abs. 3 SchulG,

es sich um Sexualerziehung jenseits bloßer Wissensvermittlung handelt, ergeben sich aus dem Grundgesetz, aber auch aus den Landesverfassungen bestimmte *inhaltliche Anforderungen*. Die Eltern können Zurückhaltung und Toleranz verlangen. Die Schule darf die Schüler nicht mit dem Ziel indoktrinieren, ein bestimmtes Sexualverhalten zu befürworten oder abzulehnen. Sie hat das Schamgefühl der Kinder zu achten und muß allgemein Rücksicht nehmen auf die religiösen oder weltanschaulichen Überzeugungen der Eltern, soweit sie sich auf dem Gebiet der Sexualität auswirken. Ohnehin ist der erzieherische Gesamtplan der Eltern zu respektieren[38]. Eine einseitige Sexualerziehung, etwa in emanzipatorischer, repressionsfreier Richtung, würde die von der Verfassung gezogenen Grenzen überschreiten[39]. Die Sexualerziehung muß überdies der Bedeutung, die das Grundgesetz dem Schutz von Ehe und Familie beimißt (Art. 6 Abs. 1 GG), entsprechen; sie darf daher nicht einseitig auf eine von der Ehe losgelöste sexuelle Partnerschaft fixiert sein[40], wie sie umgekehrt aber auch im Wandel befindliche Moralvorstellungen nicht einfach ausgrenzen sollte. Schon bei der bloßen Wissensvermittlung sind Alter und Reifegrad des Schülers zu berücksichtigen[41]; das trifft um so mehr auf die eigentliche Sexualerziehung zu. Die Eltern haben einen Anspruch darauf, rechtzeitig und umfassend über den Inhalt und den methodisch-didaktischen Weg der Sexualerziehung *informiert* zu werden, damit es ihnen möglich ist, im Sinne ihrer eigenen Auffassungen und Überzeugungen über die Themen, die in der Schule behandelt werden sollen, auf ihre Kinder einzuwirken und das ihnen nach dem Grundgesetz vorrangig zustehende individuelle Erziehungsrecht zur Geltung zu bringen[42]. Andererseits können weder sie noch die Schüler unter Berufung auf Grundrechte verlangen, daß die schulische Sexualerziehung von ihrer Zustimmung abhängig gemacht oder daß ihnen die Möglichkeit der Befreiung eröffnet wird[43]. Auch ein Mitbestimmungsrecht der Eltern bei der Ausgestaltung der Sexualerziehung ist zu verneinen; das Elternrecht ist ein Individualrecht, das nicht durch Mehrheitsbildung ausgeübt werden kann[44] (vgl. TZ 24.36).

Die Teilnahmepflicht erstreckt sich prinzipiell auch auf Kinder aus einem anderen Kultur- und Religionskreis[45]. Das Bundesverwaltungsgericht, das einer Schülerin islamischen Glaubens einen auf Art. 4 Abs. 1 GG gestützten Anspruch auf Befreiung vom koedukativen Sportunterricht zuerkannt hat, hat

---

Saarland: §15a SchoG, Sachsen: §36 SchulG (»Familien- und Sexualerziehung«), Schleswig-Holstein: §4 Abs. 7 SchulG, Thüringen: §47 ThürSchulG. Die gesetzlichen Regelungen werden durch Richtlinien ergänzt, die Einzelheiten der Unterrichtsgestaltung enthalten. Sie stützen sich weitgehend auf die Empfehlungen der KMK zur Sexualerziehung in der Schule vom 3.10.1968 (KMK-BeschlS. Nr. 659).

38 BVerfGE 47, 46 (77, 75).
39 BVerwGE 57, 360 (366).
40 Vgl. *Niehues*: Schul- und Prüfungsrecht, S. 220 Rn. 338.
41 BVerfGE 47, 46 (75).
42 BVerfGE 47, 46 (76).
43 Ein auf Grundrechte der Eltern und Schüler gestützter Anspruch auf Befreiung von der schulischen Sexualerziehung wird auch vom HessStGH, DVBl. 1985, 682, abgelehnt.
44 BVerfGE 47, 46 (76).
45 So verneint das VG Hannover, SPE n. F. 790 Nr. 9, einen auf das Elternrecht gestützten Anspruch von Angehörigen des islamischen Glaubens auf einen nach Geschlechtern getrennten Sexualkundeunterricht für ihre Kinder.

zugleich betont, daß eine Befreiung von sonstigen Unterrichtsfächern und Schulveranstalungen, selbst vom Sexualkundeunterricht, in aller Regel nicht aus Gründen der Glaubensfreiheit zu rechtfertigen sei[46]. Der staatliche Bildungs- und Erziehungsauftrag unterliege grundsätzlich keinen Einschränkungen. Wenn ausnahmsweise – wie im Fall des koedukativen Sportunterrichts – mit Rücksicht auf die Glaubensfreiheit eine Befreiung geboten sei, so lasse dies nicht auf Weiterungen schließen. Solche Ausnahmen müßten auf das für den Grundrechtsschutz unerläßliche Maß beschränkt bleiben. Obwohl die individuelle Sexualerziehung in erster Linie zu dem grundrechtlich geschützten Elternrecht (Art. 6 Abs. 2 GG) gehöre, sei der Staat aufgrund seines Bildungs- und Erziehungsauftrags berechtigt, Sexualerziehung in der Schule durchzuführen. Dabei stellten die vom Bundesverfassungsgericht entwickelten Maßstäbe der Offenheit für verschiedene Wertvorstellungen, der Rücksichtnahme auf das natürliche Erziehungsrecht der Eltern und deren religiöse und weltanschauliche Überzeugungen sicher, daß insbesondere jeder Versuch einer Indoktrinierung der Schüler als unzulässig abgewehrt werden könne[47].

Die gesetzlichen Regelungen der Länder orientieren sich im wesentlichen an den Grundsätzen des Bundesverfassungsgerichts und des Bundesverwaltungsgerichts. Das Gebot der Toleranz und Zurückhaltung ist überall – teils stärker, teils schwächer – betont. Die Informationspflicht gegenüber den Eltern wird in allen Gesetzen ausdrücklich hervorgehoben. Zumeist ist vorgeschrieben, daß die Schüler mit den Fragen der Sexualität altersgemäß vertraut gemacht werden sollen. Baden-Württemberg, Bayern, Berlin, Hessen, Mecklenburg-Vorpommern, Niedersachsen, Rheinland-Pfalz, Sachsen, das Saarland und Thüringen unterstreichen die Förderung von Ehe und Familie als vorrangiges Ziel der Sexualerziehung[48].

---

46 BVerwG, DVBl. 1994, 163 (167). Zur Befreiung vom koedukativen Sportunterricht aus religiösen Gründen s. TZ 25.145.
47 Man fragt sich allerdings, wieso ein Verstoß gegen die Bekleidungsvorschriften des Koran (im koedukativen Sportunterricht) das Grundrecht der Glaubensfreiheit stärker beeinträchtigen soll als ein Eingriff in tiefverwurzelte, religiös geprägte Grundsätze der Sexualmoral (in dem nach »aufgeklärten« westlichen Maßstäben erteilten Sexualkundeunterricht). Oder umgekehrt: Wenn man schon Kinder aus anderen Kulturen unter Berufung auf den staatlichen Bildungs- und Erziehungsauftrag (Art. 7 Abs. 1 GG) zur Teilnahme an der Sexualerziehung verpflichtet, dann ist nicht einzusehen, daß sie nicht auch den koedukativen Sportunterricht besuchen sollen.
48 § 12 Abs. 3 Satz 3 BbgSchulG spricht hingegen etwas unverbindlicher lediglich von der zu erlernenden Befähigung zu »menschlicher und sozialer Partnerschaft«. Ähnlich auch § 6 Abs. 1 HmbSG, der die Aufgabe der Sexualerziehung in der Entwicklung und Förderung des Bewußtseins »für eine persönliche Intimsphäre und für Gleichberechtigung, Partnerschaftlichkeit und Gewaltfreiheit in persönlichen Beziehungen« sieht.

28.15 Religionsunterricht[49]

28.151 Der Religionsunterricht (dazu TZ 4.121) ist *Pflichtfach*. Die Eltern haben aber das Recht, über die Teilnahme des Kindes am Religionsunterricht zu bestimmen (Art. 7 Abs. 2 GG); sie können den Schüler *abmelden*. Die Einzelheiten ergeben sich aus dem Gesetz über die religiöse Kindererziehung (RKEG) vom 15.7.1921, das gemäß Art. 125 Nr. 1 i. V. m. Art. 74 Nr. 1 GG als Bundesrecht fortgilt[50]. Das bedeutet: Zunächst bestimmen die Eltern über die Teilnahme am Religionsunterricht (§ 1 RKEG). Nach Vollendung des zwölften Lebensjahres darf das Kind nicht gegen seinen Willen in einem anderen Bekenntnis als bisher erzogen, also auch nicht vom Religionsunterricht ab- oder in den eines anderen Bekenntnisses umgemeldet werden (§ 5 Satz 2 RKEG). Vom 14. Lebensjahr an ist der Schüler *religionsmündig*; er entscheidet allein über seine Teilnahme am Religionsunterricht (§ 5 Satz 1 RKEG)[51]. In Bayern und im Saarland kann der Schüler den Religionsunterricht erst mit 18 Jahren ablehnen (Art. 137 Abs. 1 bay Verf., Art. 46 Abs. 4 Satz 2 BayEUG; Art. 29 Abs. 2 Satz 3 saarl Verf., § 14 Abs. 1 Satz 2 SchoG)[52]. Die Religionsmündigkeit des minderjährigen Schülers bedeutet nicht, daß das *elterliche Erziehungsrecht* auf religiösem Gebiet schlechthin erlischt. Vielmehr gewährt das aus Art. 6 Abs. 2 Satz 1 GG folgende Recht auf Pflege und Erziehung des Kindes trotz seiner Einschränkung durch § 5 RKEG den Eltern weiterhin die Befugnis, den Schüler in seinen religiösen Bemühungen zu unterstützen und Rechte, die er auf diesem Gebiet beansprucht, mit der verwaltungsgerichtlichen Klage auch im eigenen Namen geltend zu machen[53].

Die Abmeldung vom Religionsunterricht hat in der Regel *schriftlich* zu erfolgen; in Baden-Württemberg müssen religionsmündige Minderjährige ihre Er-

---

49 Dazu Christoph *Link*: Religionsunterricht, in: Joseph Listl/Dietrich Pirson (Hrsg.): Handbuch des Staatskirchenrechts der Bundesrepublik Deutschland. Bd. 2. 2. Aufl., Berlin 1995, S. 439 (474 ff.); Alexander *Hollerbach*: Freiheit kirchlichen Wirkens, HdbStR VI, S. 595 (613 ff. Rn. 32 ff.); Wilhelm *Rees*: Der Religionsunterricht und die katechetische Unterweisung in der kirchlichen und staatlichen Rechtsordnung, Regensburg 1986, sowie die übrige in den Anm. zu TZ 4.121 angegebene Literatur.
50 Zu diesem Gesetz Matthias *Jestaedt*: Das elterliche Erziehungsrecht im Hinblick auf Religion, in: Listl/Pirson (Anm. 49), S. 371 (386 ff.).
51 Zur Vereinbarkeit dieser Regelung mit Art. 6 Abs. 2 und Art. 7 Abs. 2 GG s. BGHZ 21, 340 (352 f.).
52 Es ist umstritten, ob Landesverfassungsvorschriften eine von den Regelungen des RKEG abweichende Altersgrenze festsetzen konnten. Nach der einen Auffassung ist das Grundrecht des Art. 7 Abs. 2 GG unter Heranziehung des RKEG auszulegen und steht demnach Schülern bereits vom 14. Lebensjahr an zu; in dieser Auslegung verdrängt es gemäß Art. 31 GG die abweichenden landesverfassungsrechtlichen Bestimmungen (so u. a. Reinhard *Schmoeckel*: Der Religionsunterricht. Die rechtliche Geltung nach Grundgesetz und Landesgesetzgebung, Berlin-Spandau, Neuwied 1964, S. 108 f.). Nach der anderen Ansicht gelten die landesverfassungsrechtlichen Normen gem. Art. 125 Nr. 2 GG als partielles Bundesrecht fort; dieser Ansicht zufolge haben sie in ihrem Geltungsbereich § 5 RKEG abgeändert (so u. a. *Jestaedt* [Anm. 50], S. 405 ff.)
53 BVerwGE 68, 16 (18 f.) = BVerwG, JZ 1985, 36, mit Anm. von Christoph *Link*.

klärung persönlich vor dem Schulleiter abgeben[54]. Regelungen, die eine Abmeldung nur zu Beginn eines Schul(halb)jahres zulassen[55], erscheinen aus verfassungsrechtlicher Sicht bedenklich. Schulorganisatorische Gesichtspunkte, so einleuchtend sie sein mögen, dürfen mit Rücksicht auf die überragende Bedeutung des Grundrechts der Glaubens- und Gewissensfreiheit (Art. 4 Abs. 1 GG) nicht dazu führen, daß auch nur vorübergehend ein Teilnahmezwang ausgeübt wird. Im übrigen ist die Abmeldung auch ohne Berufung auf weltanschauliche oder Gewissengründe zulässig. Art. 7 Abs. 2 GG steht zwar im Zusammenhang mit Art. 4 Abs. 1 GG, sieht jedoch – im Unterschied zum Grundrecht der Kriegsdienstverweigerung (Art. 4 Abs. 3 GG) – davon ab, hinsichtlich des Ablehnungsrechts nach der Art der Motive zu differenzieren. Daher sind Eltern und Schüler nicht verpflichtet, die Gründe ihrer Entscheidung mitzuteilen. Der Sache des Religionsunterrichts wäre zudem nicht damit gedient, wenn sie ihre Erwägungen offenbaren müßten; die Schüler würden entweder nur widerwillig am Unterricht teilnehmen oder aber Glaubens- und Gewissensgründe vorspiegeln.

28.152 Zum weltanschaulich und religiös neutralen *Ethikunterricht* als gleichwertiger Alternative zum Religionsunterricht s. TZ 4.122.
In manchen Schulen nehmen am Ethikunterricht nur wenige Schüler teil, so daß die Koordination des Stundenplans Schwierigkeiten bereiten kann, einzelne Stunden des Ethikunterrichts beispielsweise auf den Nachmittag verlegt werden müssen. Die davon betroffenen Schüler und Eltern werden nur dann in ihrem Recht verletzt, wenn eine entsprechende Stundenplangestaltung zu unzumutbaren Belastungen führt[56].

28.153 Eine schulische Anordnung, die alle Schüler oder die Schüler eines Bekenntnisses zur Teilnahme an einem *Schulgottesdienst*, einer *Schulandacht* oder einem *Schulgebet* verpflichtet, ist unzulässig. Sie verstieße gegen das Grundrecht der Glaubens- und der Gewissensfreiheit und gegen das elterliche Erziehungsrecht. Vgl. ferner TZ 4.123.

---

54 § 100 Abs. 2 SchG.
55 Z. B. § 100 Abs. 3 bw SchG (zu Beginn eines Schulhalbjahres).
56 So VGH München, NVwZ-RR 1990, 478. Das Gericht erachtet die Verpflichtung, zwei Wochenstunden des Ethikunterrichts am Nachmittag zu besuchen, nicht als unzumutbar. Gleiches muß für den Fall gelten, daß nur wenige Schüler den Religionsunterricht besuchen.

28.16 Hausaufgaben[57]

Durch die Anfertigung von Hausaufgaben soll der Schüler die im Unterricht vermittelten Kenntnisse einüben und zu eigener Tätigkeit angeregt werden. Wichtig ist, daß der Lehrer die Schüler schon in der Grundschule anleitet, möglichst *selbständig*, d. h. ohne Hilfe der Eltern, zu arbeiten[58]. Der pädagogische Zweck der Hausaufgaben wird verfehlt, wenn sie als Strafe oder als Mittel zur Wahrung der Disziplin (»Strafarbeit«) eingesetzt werden[59]. Das ist vor allem dann der Fall, wenn dem Schüler mechanische Abschreibübungen ohne pädagogischen Wert auferlegt werden. Dagegen ist es zulässig, ihn aus Anlaß eines Fehlverhaltens zu einer häuslichen Übungsarbeit zu verpflichten, deren Zweck gerade darin besteht, das in dem Fehlverhalten zum Ausdruck gekommene Bildungs- und Erziehungsdefizit auszugleichen[60]. Die bearbeiteten Hausaufgaben sollen in den Unterricht einbezogen und regelmäßig vom Lehrer überprüft werden.

Umfang und Schwierigkeitsgrad der Hausaufgaben müssen dem Leistungsstand der Schüler entsprechen; die Besonderheit der Schulart und der Jahrgangsstufe sind zu beachten. Die Schüler dürfen nicht überfordert und in ihrer Freizeit nicht unangemessen eingeschränkt werden. Bei Berufsschülern mit Teilzeitunterricht ist die Belastung des Schülers durch die betriebliche Ausbildung zu berücksichtigen. Einige Länder (z. B. Baden-Württemberg, Berlin, Brandenburg, Bremen, Hessen, Nordrhein-Westfalen, das Saarland, Schleswig-Holstein) überlassen es der einzelnen Schule, zumeist der Schul-

---

57 Die Pflicht des Schülers, Hausaufgaben anzufertigen, ist inzwischen in den meisten Ländern gesetzlich geregelt: Berlin: § 28 Abs. 1 SchulVerfG, Brandenburg: § 44 Abs. 3 Satz 1 BbgSchulG, Hamburg: § 28 Abs. 2 HmbSG, Hessen: § 69 Abs. 4 Satz 1 HSchG, Mecklenburg-Vorpommern: § 53 Abs. 2 Satz 1 SchulG M-V, Niedersachsen: § 58 NSchG, Rheinland-Pfalz: § 52 Abs. 1 SchulG, Saarland: § 30 Abs. 4 SchoG, Schleswig-Holstein: § 31 Abs. 2 Satz 2 SchulG, Thüringen: § 30 Abs 1 Satz 2 ThürSchulG. – Ingo *Richter*: Bildungsrecht und Bildungspolitik, RdJB 1991, 490, nimmt eine im Sommer 1991 erhobene Verfassungsbeschwerde eines Elternpaares, das sich durch die Erteilung von Hausaufgaben in seinem Elternrecht bzw. in seinem Gleichheitsgrundrecht (fünf schulpflichtige Kinder) verletzt sah, zum Anlaß, für die Verhältnismäßigkeit der Erteilung von Hausaufgaben einzutreten und über ihre rechtlichen Grundlagen zu reflektieren. Seinen Ausführungen ist zumindest insoweit beizupflichten, als es verwundern muß, daß Hausaufgaben – obwohl sie einen erheblichen Teil der Zeit des Schülers in Anspruch nehmen und dem Maßstab des Art. 2 Abs. 1 GG unterliegen – bislang »im Schatten der Aufmerksamkeit der Fachwelt« (der juristischen Literatur und der Rechtsprechung) gestanden haben.
58 Vgl. dazu die Empfehlungen der KMK zur Arbeit in der Grundschule vom 2.7.1970 (KMK-BeschlS. Nr. 130.2) unter VII.
59 In einigen Ländern ausdrücklich für unzulässig erklärt, so in Berlin (Nr. 3 Abs. 3 der Ausführungsvorschriften über Hausaufgaben vom 15.3.1991, ABl. S. 704); Bremen (Verwaltungsvorschriften über Hausaufgaben i. d. F. v. 29.10.1982); Hamburg (Nr. 1.4 der Richtlinien für das Erteilen von Hausaufgaben in Klassen 1–10 vom 20.6.1973, VwHbSchul, 01.11.01); Nordrhein-Westfalen (Nr. 1.4 RdErl. Hausaufgaben für die Klassen 1–10 aller Schulformen i. d. F. v. 24.6.1992 [GABl. S. 149]). Demgegenüber dürfen in Sachsen-Anhalt zusätzliche häusliche Übungsarbeiten als Erziehungsmittel angeordnet werden (Nr. 2 Satz 3 Buchst. d des RdErl. über Erziehungsmittel in der Schule vom 26.5.1994, MBl. S. 1860).
60 Dazu Karl-Hermann *Kästner*/Hans-Ulrich *Anke*: Der praktische Fall – Öffentliches Recht: »Kreuzzug« in der Lutherschule, JuS 1996, 719 (724).

konferenz, die *täglichen Hausaufgabenzeiten* festzulegen[61]. Andere Länder schreiben allgemeinverbindliche, nach Jahrgängen abgestufte Höchstgrenzen vor. Während in der bayerischen Grundschule für sämtliche Klassen ein Pensum von 60 Minuten bestimmt ist, wird andernorts nach der Jahrgangsstufe differenziert. In der ersten Klasse dürfen in Bremen keine Hausaufgaben gestellt, in Berlin nur 15 Minuten Arbeitszeit verlangt werden; andere Länder halten eine schrittweise Einführung in das häusliche Arbeiten für geboten; ansonsten gelten in den Klassen 1 und 2 Höchstwerte von 30 Minuten; für die dritte und vierte Klasse werden teilweise 45 Minuten, teilweise 60 Minuten als Höchstgrenze bestimmt. In den Jahrgangsstufen 5 und 6 schwankt die täglich Gesamtdauer zwischen einer Stunde (z. B. Berlin, Niedersachsen), eineinhalb Stunden (Nordrhein-Westfalen) und ein bis zwei Stunden (Bayern). In den Klassen 7 bis 10 gilt im allgemeinen ein Höchstwert von zwei Stunden. Für die Sekundarstufe II wird, soweit überhaupt Festlegungen getroffen sind, ein Richtwert von zwei bis drei Stunden zugrunde gelegt (z. B. Niedersachsen). Sonntage, Feiertage und Ferien sind von Hausaufgaben freizuhalten.

28.17 Eigentum an Schülerarbeiten

28.171 Schulhefte, Zeichnungen u. ä. werden, selbst wenn das Arbeitsmaterial im Rahmen der Lernmittelfreiheit unentgeltlich geliefert wird, durch die Benutzung und Bearbeitung *Eigentum des Schülers* (§ 950 Abs. 1 BGB). Die Schule ist also *nicht befugt*, Hefte und Zeichnungen *dauernd einzubehalten*. Entsprechende Anordnungen sind unwirksam, weil sie die Eigentums- und Urheberrechte des Schülers verletzen. Den Bedürfnissen der Schule wird durch zeitweilige Einbehaltung hinreichend Rechnung getragen.

28.172 Die *zeitweilige Einbehaltung* ist aus schulischen Gründen (Kontrolle der Entwicklung des Schülers, pädagogische oder psychologische Auswertung, Verhütung mißbräuchlicher Benutzung u. a.) und zur Sicherung der Beweismittel im verwaltungsgerichtlichen Verfahren gerechtfertigt. Die zulässige Dauer der Einbehaltung richtet sich, soweit nicht besondere Vorschriften bestehen[62], nach den sachlichen Notwendigkeiten. In der Regel sind die Arbeiten spätestens zum Ende des Schuljahres oder beim Ausscheiden aus der Schule auszuhändigen. Die Eltern als gesetzliche Vertreter des Kindes oder der volljährige Schüler können der Schule das Eigentum an der Schülerarbeit übertragen, indem sie z. B. auf die Rückgabe verzichten.

---

[61] Der Entscheidungsspielraum der schulischen Gremien ist jedoch unterschiedlich weit gesteckt. So berät und beschließt beispielsweise in Berlin die Schulkonferenz über Grundsätze für Art und Umfang der Hausarbeiten, dies aber nur »im Rahmen der für die Berliner Schulen geltenden Vorschriften« (§ 53 Abs. 2 Satz 3 Nr. 1 SchulVerfG); die Ausführungsvorschriften über Hausaufgaben vom 15.3.1991 (ABl. S. 704) enthalten jedoch bereits detaillierte Regelungen, so daß für die Festlegung von »Grundsätzen« durch die Schulkonferenz kaum noch Raum verbleibt.
[62] Z. B. § 24 nrw ASchO: Rückgabe auf Anforderung i. d. R. zu Beginn des folgenden Schuljahres.

28.173 Die Schülerarbeiten, die *zweckbestimmt für die Schule angefertigt* worden sind (z.B. im Werkunterricht hergestellte Lernmittel und Ausstellungsstücke oder Zeichnungen zur Ausschmückung der Schule), werden Eigentum des Schulträgers. Hier ist die Schule, für die der Schüler die Arbeit anfertigt, als Hersteller im Sinne des § 950 Abs. 1 Satz 1 BGB anzusehen.

28.174 Prüfungsarbeiten werden aufgrund ihrer Zweckbestimmung *Bestandteil der Prüfungsakten* und gehen damit in das Eigentum des Landes über. Sie werden zusammen mit den Prüfungsakten aufbewahrt.

28.175 Das *Urheberrecht* an Schülerarbeiten steht dem Schüler auch dann zu, wenn sie Eigentum des Schulträgers oder des Landes geworden sind. Daher ist z.B. die Veröffentlichung von Schülerarbeiten in Büchern oder Zeitschriften nur mit Einwilligung, also mit vorheriger Zustimmung des Schülers, bei minderjährigen Schülern mit Einwilligung der Eltern zulässig (§§ 15 Abs. 1 Nr. 2, 17 UrhG).

28.2 Schulveranstaltungen außerhalb des Unterrichts

Außerunterrichtliche Schulveranstaltungen sind ein wichtiges Element der Erziehungs- und Bildungsarbeit der Schule; sie ergänzen den Unterricht und fördern das schulische Gemeinschaftsleben.

28.21 Schülerkonzerte, Theateraufführungen, Ausstellungen

In Schulveranstaltungen dieser Art erhalten Schüler Gelegenheit, Fähigkeiten und Fertigkeiten zum Ausdruck zu bringen, die sie im Unterricht nur begrenzt entfalten können; damit wird zugleich ein wichtiger Beitrag zur Öffentlichkeitsarbeit der Schule geleistet. Das Engagement der unmittelbar an der Vorbereitung und Durchführung solcher Aktivitäten beteiligten Schüler ist zunächst freiwillig; haben sie sich aber einmal zur Mitwirkung bereit erklärt, sind sie zur weiteren Teilnahme verpflichtet. So kann beispielsweise der Flötensolist im Schulorchester nicht wenige Tage vor dem Konzert ohne zwingenden Grund seinen Part aufkündigen. Bei Gemeinschaftsveranstaltungen wie etwa Spielnachmittagen, Sportwettbewerben (Bundesjugendspielen) oder Abschlußfeiern besteht Teilnahmepflicht jedenfalls dann, wenn sie für verbindlich erklärt worden sind[63]. Die Verpflichtung zur Teilnahme entfällt, wenn sie aus Kosten- oder anderen Gründen für Schüler und Eltern unzumutbar ist (TZ 25.131). Ist ein Schüler durch Krankheit oder aus anderen unabweisbaren Gründen verhindert, eine Schulveranstaltung außerhalb des Unterrichts zu besuchen, muß die Schule unverzüglich benachrichtigt werden (vgl. TZ 28.114).

---

63 Vgl. z.B. § 44 Abs. 3 Satz 1 BbgSchulG, § 8 Abs. 1 Satz 1 nrw ASchO, wonach der Schüler verpflichtet ist, nicht nur am Unterricht, sondern auch an den sonstigen »für verbindlich erklärten Schulveranstaltungen« teilzunehmen.

28.22 Schulwanderungen, Studienfahrten, Schullandheimaufenthalte[64]

Schulwanderungen, Studienfahrten und Schullandheimaufenthalte ergänzen den Unterricht und bereichern die Erziehungsarbeit der Schule. Sie sollen den Schülern neue Erfahrungen vermitteln sowie gegenseitiges Verständnis und Gemeinschaftssinn fördern. Die Einzelheiten sind in Rechtsverordnungen (Bayern) oder in Verwaltungsvorschriften (die übrigen Länder) geregelt[65]. Daraus ergeben sich die folgenden, weitgehend übereinstimmenden Grundsätze.

28.221 Schulwanderungen dienen dem Kennenlernen natürlicher Landschaften. Ihre Zahl, Dauer und Zielsetzung sollen dem Alter der Schüler angemessen sein; dabei ist vor allem auf ihre altersbedingte Erlebnisfähigkeit Rücksicht zu nehmen. Für Schüler an Berufsschulen können Betriebsbesichtigungen an die Stelle der Schulwanderungen treten[66]. Nicht zuletzt mit Blick auf die Gewährleistung des *Unfallversicherungsschutzes* für die Schüler und der beamtenrechtlichen Unfallfürsorge müssen Schulwanderungen grundsätzlich von der dafür zuständigen Stelle – Schulleiter oder Schulbehörde – genehmigt werden; doch besteht Versicherungsschutz in der Regel auch bei Fehlen der erforderlichen schulaufsichtlichen Genehmigung, sofern nur ein innerer Zusammenhang mit der schulischen Tätigkeit gegeben ist (TZ 33.211). Art und Umfang der *Aufsicht* haben sich nach den konkreten Umständen zu richten; insbesondere sind mögliche Gefährdungen sowie Alter und Entwicklungsstand der Schüler, bei behinderten Schülern auch die Art und der Grad der Behinderung zu berücksichtigen (Einzelheiten zur Aufsichtspflicht des Lehrers unter TZ 21.553).

Schulwanderungen werden in den Grundschulklassen zumeist als Halbtagswanderungen unternommen; in den höheren Jahrgangsstufen kommen eintägige Fußwanderungen in Betracht. Die Eltern sind rechtzeitig zu informieren.

---

64 Dazu Christian *Jülich*: Rechtsprobleme bei Schulfahrten, RdJB 1986, 76; Ursula *Fehnemann*: Die rechtsgeschäftliche Abwicklung von Schulfahrten, DÖV 1987, 657; Harald *Gampe*/Gerald *Rieger*: Schulwanderungen und Schulfahrten. Hinweise zur Planung, Organisation und Durchführung, sm Heft 6/1989, S. 29.

65 In Bayern §§ 28 Abs. 2, 78 Nr. 3, 98 Abs. 2 und 117 Realschulordnung und die entsprechenden Bestimmungen der sonstigen Schulordnungen sowie ergänzende Regelungen in mehreren Verwaltungsvorschriften (z. B. Bek. über Schülerwanderungen und Studienfahrten vom 17.3.1993, KWMBl I S. 187). Von den in den anderen Ländern geltenden Verwaltungsvorschriften seien erwähnt: bw VV über außerunterrichtliche Veranstaltungen der Schulen vom 19.10.1995 (ABl. S. 554), g. d. VV vom 16.9.1997 (ABl. S. 164); hess Erl. über Schulwanderungen, Schulfahrten, internationale Begegnungs- und Austauschfahrten vom 30.10.1995 (ABl. S. 7), g. d. Erl. v. 21.3.1997 (ABl. S. 246); m-v Richtlinie zur Durchführung von Schulwanderungen und Schulfahrten an den öffentlichen Schulen vom 6.2.1997 (Mittbl. KM S. 198), g. d. Erl. vom 17.4.1997 (Mittbl. KM S. 348); nds Erl. über Schulfahrten vom 30.6.1997 (SVBl. S. 266); nrw Richtlinien für Schulwanderungen und Schulfahrten vom 19.3.1997 (GABl. S. 101); rp Richtlinien für Schullandheimaufenthalte, Studienfahrten, Schulwanderungen und Unterrichtsgänge vom 12.12.1990 (ABl. 1991 S. 173); sächs VV zur Durchführung von Schulfahrten vom 14.2.1997 (ABl. S. 49).

66 Vgl. etwa Nr. 2.1.2 der m-v Richtlinie (Anm. 65).

Die Zahl der *Wandertage* beträgt je nach landesrechtlicher Regelung zwei bis vier, in Hessen sogar acht Tage je Schuljahr. Schüler und (Klassen-)Lehrer sind *zur Teilnahme verpflichtet*, sofern nicht gesundheitliche oder andere zwingende Gründe entgegenstehen.

An die Stelle der Wandertage kann, zumeist auch schon in der Grundschule, eine *mehrtägige Wanderung* treten, die je nach landesrechtlicher Regelung drei Unterrichtstage bis zu einer Woche umfaßt[67]. Die Schüler sollen an der Vorbereitung beteiligt werden. Die *Kosten* fallen den Eltern anheim (§§ 1601, 1610 Abs. 2 BGB)[68]. Der Aufwand muß so bemessen sein, daß er für alle Teilnehmer zumutbar ist. Einige Länder sehen Höchstgrenzen für die von den Eltern aufzubringenden Kosten sowie die Möglichkeit der Gewährung von Beihilfen vor; auch der Schulverein (Förderverein), soweit vorhanden (dazu TZ 11.222), kann unterstützend tätig werden. Die Veranstaltung mehrtägiger Schulwanderungen setzt im allgemeinen einen zustimmenden Beschluß der Klassenelternschaft – tunlichst in geheimer Abstimmung[69] –, in jedem Fall aber eine ausführliche und rechtzeitige Information der Eltern voraus. Hat sich die Klassenelternschaft mehrheitlich für die Durchführung einer Schulwanderung – das gilt auch für Studienfahrten und Schullandheimaufenthalte – ausgesprochen, kann diese nicht von einzelnen Eltern, die die pädagogische Zweckmäßigkeit anzweifeln, verhindert werden[70]. Die *Teilnahme* ist für Schüler wie Lehrer *freiwillig*[71]. Das Einverständnis der Eltern muß schriftlich

---

67 In Nordrhein-Westfalen entscheidet die Schulkonferenz über die Dauer der Schulwanderung bei einer Dauer von mehr als zwei Wochen muß aber der darüber hinausgehende Teil in die Ferien gelegt werden (Nr. 2.3 der Richtlinien, Anm. 65).

68 Aus der Unentgeltlichkeit des Schulbesuchs (Schulgeldfreiheit) ergibt sich kein Anspruch auf Übernahme der Aufwendungen für eine Klassenfahrt durch die Schule (VG Stuttgart, SPE II E II S. 1). Dagegen besteht ein Anspruch auf Finanzierung durch die Sozialhilfe: Die Kosten für eine mehrtägige Klassenfahrt gehören grundsätzlich zum notwendigen Lebensunterhalt im Sinne des § 12 BSHG; so VGH Kassel, SPE n. F. 770 Nr. 23, bestätigt durch BVerwG, NJW 1995, 2369; so auch OVG Münster, NJW 1987, 861. A. A. aber OVG Münster, SPE n. F. 770 Nr. 21, wonach es keinen sozialhilferechtlichen Grundsatz gibt, demzufolge die Kosten der Teilnahme an einer Klassenfahrt generell zum notwendigen Lebensunterhalt gehören, erst recht nicht nach Beendigung der Vollzeitschulpflicht bei einem nahezu volljährigen Schüler. – Zu Kosten und Finanzierung ausführlich *Fehnemann*, DÖV 1987, 657, und *Jülich*, RdJB 1986, 85 f.

69 So ausdrücklich Nr. 2.4 nrw Richtlinien (Anm. 65).

70 BVerwG, NJW 1986, 1949.

71 Der Grundsatz der Freiwilligkeit der Teilnahme von Schülern und Lehrern ergibt sich aus den einschlägigen Vorschriften (Anm. 65). Er gilt jedoch nicht in allen Ländern uneingeschränkt. So bestimmen die nrw Richtlinien (Nr. 3.1), daß die Teilnahme an Schulwanderungen und Schulfahrten zu den dienstlichen Aufgaben des Lehrers gehört (Nr. 4.1), und stellen klar, daß die Schüler gemäß § 8 Abs. 1 ASchO zur Teilnahme verpflichtet sind (Nr. 4.2); so auch die sächs VV zur Durchführung von Schulfahrten (Nr. 3.1 und 3.2). Nach *Jülich*, RdJB 1986, 82 f., folgt die Teilnahmepflicht aus dem Amt des Lehrers, das sich nicht auf die Abhaltung von Unterrichtsstunden beschränkt, sondern auch darüber hinausgehende erzieherische Aufgaben umfasse. Vgl. auch BAG, NJW 1986, 213: Die Durchführung mehrtägiger Klassenfahrten gehört zu den dienstlichen Aufgaben des – angestellten – Lehrers, ohne daß es hierbei einer ausdrücklichen Erwähnung im Arbeitsvertrag bedarf. Der Auffassung des BAG und Jülichs ist beizupflichten, sofern die Vorschriften der Länder nichts Gegenteiliges bestimmen.

In Bayern entscheidet über die Teilnahmepflicht der Schüler der Schulleiter; doch ist bei Schullandheimaufenthalten, Schulskikursen, Lehr- und Studienfahrten sowie bei Fahrten

erklärt werden[72]; volljährige Schüler geben eine entsprechende Erklärung selbst ab. Schüler, die der Wanderung fernbleiben, werden einer anderen Klasse zugewiesen. Für die beteiligten Lehrer handelt es sich um eine Dienstreise (Reisekostenvergütung TZ 20.313)[73]. Der Lehrer tut gut daran, Verträge mit Beherbergungs- und Beförderungsunternehmen nicht im eigenen Namen abzuschließen, da er sonst Gefahr läuft, bei Vertragsverletzung persönlich auf Schadensersatz in Anspruch genommen zu werden[74]. Deshalb ist darauf zu achten, daß rechtsgeschäftliche Erklärungen vom Schulleiter auf Kopfbogen der Schule – mit Wirkung für den Schulträger – abgegeben werden[75]. Als Übernachtungsstätten werden in den Richtlinien der Länder vorzugsweise Jugendherbergen empfohlen. Erstreckt sich die Wanderung über einen Sonntag oder kirchlichen Feiertag, ist den Schülern Gelegenheit zum Besuch des Gottesdienstes zu geben.

Gemeinschaftliche Wanderungen von Schülern und Lehrern in den Schulferien sind keine Schulveranstaltungen und stehen außerhalb der Verantwortung der Schule (TZ 21.523).

28.222 Studienfahrten sind mehrtägige Reisen im Klassen- oder Kursverband, die mit der Unterrichtsarbeit unmittelbar zusammenhängen. Sie finden in den Abschlußklassen der Sekundarstufe I und in der Sekundarstufe II statt. Es gelten die gleichen Grundsätze wie bei mehrtägigen Schulwanderungen (TZ 28.221). Die Studienfahrten sind Veranstaltungen im Rahmen des öffent-

---

im Rahmen des internationalen Schüleraustausches die Zustimmung des Elternbeirats erforderlich (§§ 28 Abs. 2, 98 Abs. 2 Realschulordnung und die entsprechenden Vorschriften der übrigen Schulordnungen).

72 Verpflichten sich die Eltern zur Übernahme der Kosten für die Teilnahme ihres Kindes an einer Klassenfahrt und lassen sie es sodann an der Fahrt nicht teilnehmen, sind sie zur Zahlung der durch Nichtteilnahme entstandenen Stornokosten verpflichtet; so VGH Mannheim, SchuR 1998, 76.

73 Kein Anspruch auf Mehrarbeitsvergütung (vgl. TZ 20.115 Anm. 27).

74 Allgemein ist hier zur Vorsicht und zur Einhaltung der Formalien zu raten. Andernfalls könnte es dem Lehrer wie seinem Kollegen in dem vom VGH Kassel, NJW 1990, 202, entschiedenen Fall ergehen, der einen von ihm gebuchten Schullandheimaufenthalt wegen mangelnder Beteiligung der Schüler absagen mußte und daraufhin vom Träger des Schullandheims mit Erfolg wegen der Ausfallkosten in Anspruch genommen wurde. Ein Ersatzanspruch des Lehrers gegen den Dienstherrn mußte entfallen, da zuvor weder eine Anerkennung als Schulveranstaltung beantragt noch eine Zustimmung der Erziehungsberechtigten eingeholt worden war; zudem war versäumt worden, den vorgeschriebenen Finanzierungsplan zu erstellen.

75 Dazu KG Berlin, SPE VI J V S. 151; OLG Köln, SPE VI F V S. 161; OLG Frankfurt am Main, SPE I A VII S. 201. Allerdings wird der Schulträger aus dem vom Schulleiter abgeschlossenen Beherbergungsvertrag nur dann verpflichtet, wenn sein zuständiges Vertretungsorgan ihn dazu bevollmächtigt hat; bei einer im Streit befindlichen Summe von mehreren tausend DM kann auch nicht davon ausgegangen werden, daß der Abschluß des Beherbergungsvertrags zu den laufenden schulischen Angelegenheiten gehört, in denen der Schulleiter den Schulträger rechtsgeschäftlich vertreten darf (so OLG Hamm, NJW 1986, 1943).

lich-rechtlichen Schulverhältnisses; infolgedessen sind die Vorschriften des Bürgerlichen Gesetzbuchs über den Reisevertrag (§§ 651 a bis 651l) nicht anwendbar[76].

28.223 Der Aufenthalt im *Schullandheim*[77] ist eine Fortführung des Unterrichts in besonderer Form. Der Stundenplan ist aufgelockert, der Lehrplan richtet sich weitgehend nach der Umwelt des Heimes; Unterricht im Freien und sportliche Betätigungen nehmen breiten Raum ein (vgl. TZ 5.33). Die Ausführungen unter TZ 28.221 über die Finanzierung, die Freiwilligkeit der Teilnahme, das schriftliche Einverständnis der Eltern usw. gelten für Schullandheimaufenthalte gleichermaßen.

28.23 Betriebspraktika[78]

Betriebspraktika sind vorzugsweise für Schüler allgemeinbildender Schulen ab Jahrgangsstufe 8 bestimmt[79]. Sie vermitteln exemplarisch Einsichten in die Arbeitswelt und tragen zur Orientierung des Schülers bei der Berufswahlentscheidung bei. Die während des Betriebspraktikums gesammelten Erfahrungen und Erkenntnisse sind im Unterricht auszuwerten. Die Kultusministerien der Länder haben die Einzelheiten durch Verwaltungsvorschriften geregelt[80]. Daraus ergibt sich im wesentlichen folgendes:
Betriebspraktika dauern, von Land zu Land verschieden, zwei bis vier Wochen. Die Schüler sind *zur Teilnahme verpflichtet*. Die Zahlung einer Vergütung ist unzulässig. Gegen Unfälle sind die Praktikanten im Rahmen der *gesetzlichen Schülerunfallversicherung* geschützt (vgl. TZ 33.211). Von möglichen Schadensersatzansprüchen sind sie durch Abschluß einer *Haftpflichtversicherung* freizustellen; sofern nicht das Land eine pauschale Haftpflichtver-

---

76 Bei Reisen in einen anderen Mitgliedstaat der Europäischen Union können sich Probleme ergeben, wenn der Reisegruppe ausländische Schüler angehören, die keine Unionsbürger sind. Durch Beschluß des Rates der EU vom 30. 11. 1994 über die »gemeinsame Maßnahme über Reiseerleichterungen für Schüler von Drittstaaten mit Wohnsitz in einem Mitgliedstaat« (ABl. EG Nr. L 327/1) ist die Grenzabfertigung für diese Schüler jedoch erleichtert worden: Die Schule reicht bei der zuständigen Ausländerbehörde eine Liste mit den Namen aller mitreisenden Schüler ein, anhand derer die Schüler identifiziert werden können und die den Zweck und die Umstände des beabsichtigten Auslandsaufenthalts oder der Durchreise belegt. Auf der Liste ist außerdem für jeden Schüler ein Lichtbild anzubringen, sofern er sich nicht durch ein gültiges Reisedokument ausweisen kann. Die Ausländerbehörde muß sodann bestätigen, daß die mitreisenden Schüler aus einem Drittstaat in Deutschland wohnhaft und zur Wiedereinreise berechtigt sind.
77 KMK-Beschluß »Zur pädagogischen Bedeutung und Durchführung von Schullandheimaufenthalten« vom 30. 9. 1983 (KMK-BeschlS. Nr. 736).
78 Heinz *Apel*/Michael *Blank*: Rechtsfragen von Betriebspraktika der Schüler an allgemeinbildenden Schulen, RdJB 1981, 437.
79 Sie kommen auch für Schüler an beruflichen Vollzeitschulen in Betracht; s. z. B. hess Richtlinien für Betriebspraktika für Schülerinnen und Schüler an beruflichen Vollzeitschulen vom 15. 2. 1995 (ABl. S. 129).
80 S. etwa die hess Richtlinien über die Zusammenarbeit von Schule und Betrieb im Bereich der allgemeinbildenden Schulen, Erl. vom 8. 11. 1996 (ABl. S. 624, ber. ABl. 1997 S. 62).

sicherung abgeschlossen hat[81], ist es Sache der Schule bzw. des Schulträgers, für Versicherungsschutz zu sorgen[82]. Ist der dem Betrieb zugefügte Schaden darauf zurückzuführen, daß der verantwortliche Lehrer seine Aufsichtspflicht schuldhaft verletzt hat, haftet das Land nach § 839 BGB i. V. m. Art. 34 Satz 1 GG (TZ 22.321). Für Schäden, die der Schüler nicht im Zusammenhang mit den übertragenen Tätigkeiten, sondern nur bei Gelegenheit des Betriebspraktikums verursacht (z. B. mutwilliges Demolieren von Maschinen), kommt weder die Haftpflichtversicherung noch das Land auf; für sie gelten die allgemeinen haftungsrechtlichen Grundsätze des BGB in den §§ 823 ff. (TZ 33.3). Das Betriebspraktikum ist kein Ausbildungsverhältnis, diesem aber ähnlich. Die Vorschriften des *Jugendarbeitsschutzgesetzes* sind teils unmittelbar, teils entsprechend anzuwenden (§§ 1 Abs. 1 Nr. 4, 5 Abs. 2 Satz 2 JArbSchG). Schüler, die noch nicht 15 Jahre alt sind, dürfen nur mit leichten, für sie geeigneten Tätigkeiten bis zu sieben Stunden täglich und 35 Stunden wöchentlich beschäftigt werden; sind sie älter als 15 Jahre, darf die tägliche Arbeitszeit nicht mehr als acht, die wöchentliche Arbeitszeit nicht mehr als 40 Stunden dauern. Den Schülern stehen Ruhepausen zu: mindestens 15 Minuten, bei einer täglichen Arbeitszeit von mehr als viereinhalb Stunden 30 Minuten, bei einer Arbeitszeit von mehr als sechs Stunden 60 Minuten. Die Praktikanten dürfen nur von Montag bis Freitag im Betrieb tätig sein; Beschäftigung am Samstag ist nur in Ausnahmefällen zulässig (z. B. im Krankenhaus oder im Gaststättengewerbe).

28.24 Zusammenarbeit der Schule mit außerschulischen Einrichtungen

Die Erziehungstätigkeit der Schule wird bereichert, wenn sie außerschulische Einrichtungen (z. B. Vereine, Kirchengemeinden, Bürgerinitiativen, Betriebe) und Personen (z. B. Eltern, Nachbarn) in ihre Arbeit einbezieht. Diese *Öffnung der Schule*[83] kann dazu beitragen, daß sie mehr als bisher Teil der sie umgebenden Lebenswelt wird; Begriffe wie »Nachbarschaftsschule« oder »community education« stehen für diesen seit den 80er Jahren auch in Deutschland viel diskutierten Reformansatz. Die Schule soll dadurch einerseits ein handlungsorientiertes und lebensnahes Lernen ermöglichen und andererseits den Mitgliedern der Gemeinde oder des Stadtteils als Begegnungsstätte dienen.

Bei der Kooperation der Schule mit anderen Einrichtungen geht es nicht selten um die Frage, ob die dabei wahrgenommenen Aktivitäten Schulveranstaltungen oder außerschulische Veranstaltungen sind. Nur im ersten Fall ist Schulrecht anzuwenden – mit der wichtigen Konsequenz, daß die Schule ihre

---

81 Z. B. Hessen: Richtlinien über die Zusammenarbeit von Schule und Betrieb (Anm. 80), unter II.3.4.5.2.
82 Z. B. Rheinland-Pfalz: Nr. 3.2.3 des RdErl. vom 11.10.1983 (ABl. S. 471).
83 S. etwa Art. 31 BayEUG, § 9 BbgSchulG, § 12 BremSchulG, § 16 HSchG, § 40 SchulG M-V. Zum Thema »Öffnung der Schule« gibt es inzwischen eine kaum noch überschaubare Literatur. Eine bibliographische Übersicht enthält das (Schwerpunkt-)Heft 5/1992 von PädF, S. 228. Zu Teilaspekten der dabei auftauchenden rechtlichen Probleme: *Avenarius* (Anm. 10), S. 19 ff., 33 ff., 38 ff.

Aufsichtspflicht wahrnehmen muß (dazu TZ 21.5), die Schüler aber auch durch die Schülerunfallversicherung geschützt sind (TZ 33.211). Um eine schulische Veranstaltung handelt es sich immer dann und nur dann, wenn die Schule hierbei Regie führt, also die Verantwortung dafür trägt. Hingegen ist z. B. die in Räumen der Schule durchgeführte Disko des örtlichen Jugendclubs oder der Theaterabend einer Laienspielgruppe eine Veranstaltung des außerschulischen Trägers[84].

---

84 Der Schulleiter kann Vereinen und anderen privaten Einrichtungen die Schule zur Nutzung überlassen, soweit sich nicht der Schulträger diese Entscheidung vorbehalten hat. In jedem Fall ist dafür Sorge zu tragen – tunlichst durch schriftlichen Vertrag –, daß die Räumlichkeiten in ordnungsgemäßem Zustand hinterlassen werden und daß der Veranstalter die Haftung für die evtl. von ihm verursachten Schäden übernimmt.

29. Kapitel: Verhalten des Schülers[1]

29.1 Allgemeine Verhaltenspflichten

29.11 Grundsätze

Der Schüler hat sich so zu verhalten, daß die Schule ihre Aufgabe erfüllen kann[2]. Nur wenn er lernwillig ist und gewisse Spielregeln einhält, sind ein erfolgreicher Unterricht und ein erträgliches Miteinander möglich. Durch die Verpflichtung, im Unterricht mitzuwirken und sich der Ordnung der Schule einzufügen, wird die grundrechtlich verbürgte Entfaltungsfreiheit des Schülers (Art. 2 Abs. 1 GG) nicht unverhältnismäßig beeinträchtigt. Diese ist keine Ellbogenfreiheit. Sie ist nur gewährleistet, soweit der Schüler sich nicht über die Rechte anderer, insbesondere der Mitschüler und der Lehrer, hinwegsetzt[3] und nicht gegen die verfassungsmäßige Ordnung verstößt; zu letzterer gehören auch die gesetzlichen Vorschriften über den Bildungsauftrag der Schule. Die Eltern müssen ihrerseits dazu beitragen, daß die Schule ihre Aufgabe wahrnehmen kann. Sie haben dafür Sorge zu tragen, daß der Schüler seine schulischen Pflichten erfüllt[4].

29.12 Teilnahme am Unterricht

Teilnahme am Unterricht bedeutet *aktive Mitarbeit*; dazu zählt auch die Mitwirkung bei Klassenarbeiten und anderen Leistungskontrollen (vgl. TZ 28.11). Die Folgen einer *Leistungsverweigerung* treffen den Schüler unmittelbar; die verweigerte Leistung wird als »ungenügend« benotet (TZ 26.322) mit den entsprechenden Folgen für das Zeugnis, die Versetzung, die Abschlußbewertung. Die Eltern sind in diesem Fall zu benachrichtigen (zur Information der Eltern volljähriger Schüler s. TZ 24.222). Sofern die Leistungsverweigerung den Lernerfolg der übrigen Schüler gefährdet, kommen Ordnungsmaßnahmen (TZ 30.2) in Betracht. Zur Verpflichtung von Schülern und Eltern, an statistischen und sonstigen Erhebungen, an wissenschaftlichen Untersuchungen und Tests mitzuwirken vgl. TZ 32.322, 31.23.

---

[1] Hierzu die Erklärung der KMK vom 25.5.1973 »Zur Stellung des Schülers in der Schule« (KMK-BeschlS. Nr. 824).
[2] Z. B. Art. 56 Abs. 4 Satz 1 BayEUG, § 44 Abs. 3 Satz 2 BbgSchulG, § 69 Abs. 4 Satz 2 HSchG, § 53 Abs. 2 Satz 2 SchulG M-V, § 3 Abs. 4 nrw ASchO, § 14 Abs. 1 Satz 1 saarl ASchO, § 36 Abs. 1 sh SchulG, § 30 Abs. 2 ThürSchulG.
[3] Dazu *Niehues*: Schul- und Prüfungsrecht, S. 154f. Rn. 219.
[4] Z. B. § 85 Abs. 1 bw SchG; Art. 76 BayEUG; § 16 Satz 2 bln SchulG; §§ 67 Abs. 1, 69 Abs. 4 Satz 3 HSchG; § 71 Abs. 1 NSchG; § 40 nrw ASchO; § 31 Abs. 1 sächs SchulG; § 23 Abs. 3 ThürSchulG.

29.13 Aufenthalt auf dem Schulgrundstück

Während der Unterrichtszeit dürfen die Schüler das Schulgrundstück nur mit Genehmigung eines Lehrers verlassen; dies gilt auch für Pausen und Freistunden. Nur so ist die Schule imstande, ihre *Aufsichtspflicht* (TZ 21.542) wahrzunehmen. Hingegen bleibt es Schülern der Jahrgangsstufen 10 bis 13 im allgemeinen freigestellt, sich in den großen Pausen und in Freistunden auch ohne besondere Erlaubnis vom Schulgelände zu entfernen[5] (dazu TZ 21.542).

29.14 Hausordnung, Weisungen des Schulpersonals, Sozialverhalten des Schülers

29.141 Der Schüler hat die *Hausordnung* (TZ 11.213) einzuhalten sowie die im Unterricht oder zur Aufrechterhaltung der Ordnung des Schulbetriebs notwendigen *Weisungen des Schulleiters, der Lehrer oder anderer dazu befugter Personen* zu befolgen[6]. Das gilt etwa für die Sitzordnung der Klasse, für das Öffnen und Schließen von Fenstern und Türen des Klassenzimmers, das Reinigen der Tafel, die Benutzung der Garderobe, das Verhalten auf dem Schulhof, das Abstellen von Fahrrädern und Mopeds[7]. Besondere Bedeutung kommt solchen Anordnungen zu, die dem *Schutz vor Unfällen* (z. B. im Sportunterricht) oder der *Bewahrung der Gesundheit* dienen.

29.142 Dem Schüler ist es grundsätzlich untersagt, in der Schule zu rauchen. Das *Rauchverbot*, das im allgemeinen in der Hausordnung verankert ist[8], dient dem Schutz der Mitschüler vor Gesundheitsbeeinträchtigungen, zumindest aber vor Belästigungen; es ist darüber hinaus deshalb gerechtfertigt, weil die Schule das Erziehungskonzept derjenigen Eltern respektieren muß, die ihre Kinder zu Nichtrauchern erziehen und nicht dem Einfluß rauchender Mitschüler ausgesetzt sehen wollen. Doch kann die Schule Schülern der Sekundarstufe II, die auf das Rauchen in der Schule nicht verzichten möchten, in gewissen Grenzen Zugeständnisse machen, z. B. durch Bereitstellung eines Raucherzimmers oder einer Raucherecke[9]. Dieses Entgegenkommen auch gegenüber noch nicht volljährigen Schülern bedeutet keine elternrechtswidrige Erziehung zum Rauchen[10].

---

5 Vgl. § 62 Abs. 1 Satz 2 NSchG, § 14 Abs. 4 Satz 2 saarl ASchO.
6 Vgl. beispielsweise § 23 Abs. 2 bw SchG, § 69 Abs. 4 Satz 2 HSchG, § 3 Abs. 4 Nr. 2 nrw ASchO, § 14 Abs. 2 saarl ASchO, § 32 Abs. 2 sächs SchulG, § 36 Abs. 1 sh SchulG.
7 *Niehues* : Schul- und Prüfungsrecht, S. 155 Rn. 219.
8 Zusätzlich finden sich ministerielle Verwaltungsvorschriften (z. B. bw Verwaltungsvorschrift über das Rauchen in der Schule vom 19.11.1997 [ABl. S. 201]), manchmal auch Bestimmungen in Rechtsverordnungen (z. B. § 133 Abs. 1 bay Gymnasialschulordnung, § 41 Abs. 3 nrw ASchO, § 14 Abs. 6 saarl ASchO). In Thüringen ist das Rauchverbot sogar gesetzlich geregelt (§ 51 Abs. 6 Satz 1 ThürSchulG).
9 Zu den Einzelheiten s. beispielsweise die in Anm. 8 zitierten Vorschriften; i. d. R. ist ein Beschluß der Schulkonferenz erforderlich.
10 BayVerfGH, NJW 1983, 560.

Der Genuß von *Alkohol und Drogen* in der Schule ist *verboten*; schon das Mitbringen von Rauschmitteln ist untersagt[11]. Verstöße können mit Ordnungsmaßnahmen (TZ 30.2) geahndet werden[12]. Die Gründe, die das Rauchverbot rechtfertigen, haben wegen der erwiesenen Sozialschädlichkeit jugendlichen Alkohol- und Drogenkonsums ein noch stärkeres Gewicht[13]. Zum Verhalten des Lehrers (Drogenberatungslehrers) in Fällen von Drogenmißbrauch s. TZ 31.33.

29.143 Viele Anzeichen sprechen dafür, daß *aggressives und gewalttätiges Verhalten* in den Schulen zunimmt[14]. Es äußert sich in Vandalismus, Mobbing und Erpressung gegenüber schwächeren Mitschülern, Bedrohung mit Waffen u. a. Auch hier kommt die Schule oft nicht umhin, Ordnungsmaßnahmen (TZ 30.2) zu verhängen; nötigenfalls muß der Schulleiter die Kriminalpolizei einschalten. Mit rechtlichen Sanktionen allein läßt sich indes das Gewaltphänomen nicht aus der Welt schaffen[15]. Sehr viel hängt vom Schulklima ab, insbe-

---

11 Z.B. § 133 Abs.1 bay Gymnasialschulordnung, § 41 Abs.2 nrw ASchO, § 80 Abs.1 rp Übergreifende Schulordnung, § 14 Abs.6 saarl ASchO, § 51 Abs.6 Satz 1 ThürSchulG.
12 Die Ordnungsmaßnahme des Ausschlusses von der Schule auf Dauer gegen einen Schüler, der im Umfeld der Schule Haschisch konsumiert und Kontakte zwischen Mitschülern und der Drogenszene herstellt, ist rechtmäßig (OVG Koblenz, NJW 1996, 1690).
13 Der Umgang mit Drogen ist nach § 29 BtMG strafbar und damit rechtswidrig. Allerdings kann die Staatsanwaltschaft gem. § 31a BtMG bei geringer Schuld des Täters und bei Fehlen eines öffentlichen Interesses an der Strafverfolgung von der Verfolgung absehen, wenn der Täter die Drogen ausschließlich für den Eigenverbrauch in geringer Menge beschafft oder besitzt. Was den Umgang mit Haschisch (Cannabis) betrifft, sind diese Voraussetzungen nach Auffassung des BVerfG beim gelegentlichen Eigenverbrauch ohne Fremdgefährdung in aller Regel erfüllt, so daß die Staatsanwaltschaften von der Strafverfolgung abzulassen haben. Der Verzicht auf die Strafverfolgung ändert indes nichts daran, daß die Handlung rechtswidrig bleibt. Im übrigen weist auch das BVerfG ausdrücklich darauf hin, daß die Tat weiterhin als Straftat verfolgt werden könne, wenn sie eine Fremdgefährdung verursache, etwa weil sie in Schulen, Jugendheimen o. ä. stattfindet (BVerfGE 90, 145 [190]). Zu diesem Beschluß Hans-Jörg *Albrecht*: Die Cannabis-Entscheidung des Bundesverfassungsgerichts aus kriminologischer Sicht, RdJB 1995, 136.
– Eine Übersicht zu »Drogenszene und Drogenmacht« enthält der gleichnamige Anhang C des Kommentars von Harald Hans *Körner*: Betäubungsmittelgesetz und Arzneimittelgesetz. 4. Aufl., München 1994; darin auch ein Glossar der »Sprache der Drogenszene«. S. ferner Peter *Loos*: Drogenlehre mit betäubungsmittelgesetzlichen und kriminologischen Hinweisen. Ein Handbuch für Lehrer und Eltern. 3. Aufl. Staatliches Schulamt für die Stadt Frankfurt am Main, Frankfurt am Main 1992.
14 Das Thema »Gewalt in der Schule« beschäftigt insbesondere Sozial- und Erziehungswissenschaftler in steigendem Maße, findet auch in den Medien wachsende Aufmerksamkeit. Aus der umfangreichen Literatur seien erwähnt: Joseph *Kraus*: Gewalt und Schule, in: Handwörterbuch Schulleitung, Neuausgabe (knappe, sehr instruktive Übersicht); Peter *Döbrich*/Georg *Rutz* (Hrsg.): Medien und Gewalt. Herausforderungen für die Schule, Frankfurt am Main 1994; Götz *Eisenberg*/Reimer *Gronemeyer*: Jugend und Gewalt, Reinbek 1993; ferner Heft 2/1994 von RdJB, das sich mit dem Thema Jugendgewalt befaßt (mit Beiträgen von Klaus-Jürgen *Tillmann*, Eberhard *Todt*/Ludger *Busch* und Joachim *Kersten*). Vgl. auch die annotierte Bibliographie *InformationsZentrum Sozialwissenschaften*: Gewalt in der Schule. Ein Überblick über aktuelle sozialwissenschaftliche Forschung und Literatur (Bearbeiter: Helmut M. *Artus*), Bonn 1999.
15 Zu alternativen Reaktionen der Schule auf Gewalttätigkeiten von Schülern s. Christiane *Simsa*: Strafe muß sein? Zum Verhältnis von Schulordnungsrecht und Schulmediation, RdJB 1999, 140.

Verhalten des Schülers

sondere vom Verhalten der Lehrer gegenüber den Schülern[16]. Häufig liegen die Ursachen der Gewalt außerhalb des schulischen Einflußbereichs. Deshalb sollte die Schule das Gespräch mit den Eltern suchen. Vor allem die Zusammenarbeit mit den örtlichen Vereinen, mit dem Jugendamt, auch mit der Polizei kann dazu beitragen, dem Entstehen von Gewalt vorzubeugen. Zur Öffnung der Schule s. TZ 28.24.

29.144 Das *Mitbringen von Gegenständen*, die den Unterricht oder die Ordnung der Schule stören können (z. B. Waffen, Spraydosen), ist unzulässig. Der Lehrer ist befugt, dem Schüler diese Gegenstände wegzunehmen und so lange aufzubewahren, bis keine Störung mehr zu befürchten ist[17]; er darf sie jedoch nicht behalten, da sie weiterhin Eigentum des Schülers sind. Wenn die Rückgabe an den Schüler nach Ablauf der Stunde oder des Schultages untunlich ist, müssen die Gegenstände den Eltern zur Abholung zur Verfügung gestellt werden. Erscheint auch dieser Weg unzweckmäßig (z. B. bei einer Waffe), kann sich die Schule des Gegenstands durch Ablieferung an die Polizei entledigen.

29.145 Der Schüler ist verpflichtet, *Schuleigentum* (z. B. die ihm leihweise überlassenen Schulbücher) *pfleglich* zu *behandeln*[18]. Er hat alles zu unterlassen, was die Sauberkeit im Schulgebäude und auf dem Schulhof beeinträchtigt. Zur Haftung des Schülers und der Eltern bei der Beschädigung von Schuleigentum TZ 31.422, 33.32.

29.15 Gebrauch von Hilfsmitteln

Die Schule muß den Gebrauch bestimmter Hilfsmittel im Unterricht untersagen, wenn dadurch die Leistung des Schülers in unzulässiger Weise beeinflußt, das Urteil der Schule getäuscht oder die Chancengleichheit verletzt wird (dazu TZ 27.322).

29.16 Äußeres Erscheinungsbild des Schülers

Die Verantwortung für *Kleidung, Haarschnitt, Körperpflege und Kosmetik* obliegt den Schülern und den Eltern selbst, nicht der Schule. Die Schule kann nur eingreifen, wenn ernste Störungen und Belästigungen vorliegen oder drohen (etwa Gefahr der Übertragung von Krankheitserregern).

---

16 Hierzu insbes. Heinz Günter *Holtappels*/Ulrich *Meier*: Gewalt an Schulen. Erscheinungsformen von Schülergewalt und Einflüsse des Schulklimas, Die Deutsche Schule 1997, 50; Klaus-Jürgen *Tillmann*: Gewalt an Schulen. Öffentliche Diskussion und erziehungswissenschaftliche Forschung, Die Deutsche Schule 1997, 36.
17 Z. B. § 49 Abs. 1 Satz 3 HmbSG; ähnlich auch § 82 Abs. 1 Satz 2 HSchG, § 60 Abs. 1 Satz 3 SchulG M-V, § 45 Abs. 1 Satz 3 sh SchulG.
18 S. etwa § 14 Abs. 3 saarl ASchO.

Eine Schülerin muslimischen Glaubens darf in der Schule ein Kopftuch, auch den traditionellen islamischen Schleier (Tschador) tragen[19]. Vor allem die Verhüllung des Gesichts durch den Schleier ist ein Akt der Religionsausübung, der durch das vorbehaltlos gewährleistete Grundrecht des Art. 4 Abs. 1, insbesondere Abs. 2 GG geschützt ist[20]. Auch das Elternrecht, das den Eltern das Recht gewährleistet, das Kind nach ihrer religiösen Überzeugung zu erziehen (Art. 6 Abs. 2 i. V. m. Art. 4 Abs. 1 und 2 GG), ist betroffen[21]. In das Grundrecht aus Art. 4 Abs. 1 und 2 GG darf nur eingegriffen werden, soweit ihm durch andere Bestimmungen des Grundgesetzes Schranken gezogen sind[22]. Grundrechte der Mitschüler werden durch den Anblick des Schleiers nicht tangiert. Die negative Religionsfreiheit (Art. 4 Abs. 1, 140 GG i. V. m. Art. 136 Abs. 3 Satz 1 WRV) gewährt ihnen keinen Anspruch gegen die Schule, der muslimischen Schülerin das Tragen des Tschador zu verbieten. Nur für den Fall, daß das Mädchen zugleich ein Verhalten an den Tag legt, das auf Missionierung, insbesondere bei ihren muslimischen Mitschülerinnen, zielt, ist die Schule mit Rücksicht auf deren Religionsfreiheit zum Erlaß eines Verbots berechtigt. Eine Begrenzung der Glaubensfreiheit der muslimischen Schülerin kann sich im übrigen aus dem staatlichen Bildungs- und Erziehungsauftrag (Art. 7 Abs. 1 GG) ergeben, und zwar dann, wenn eine pädagogische Interaktion mit dem Mädchen nicht mehr möglich ist, etwa deshalb, weil es nicht bereit ist, sich durch männliche Lehrkräfte ansprechen zu lassen[23]. Ob allein die Tatsache, daß die Lehrer der Schülerin nicht ins Gesicht schauen und infolgedessen den Unterrichtserfolg nicht durch Blickkontakt kontrollieren können, das Verbot des Schleiertragens rechtfertigt[24], erscheint hingegen zweifelhaft; es dürfte auch andere Möglichkeiten geben, die Lernleistung zu überprüfen. Ebensowenig ist die Außenseiterrolle in der Klasse, in die sich die Schülerin durch ihre Bekleidung möglicherweise begibt, ein ausreichender Grund, ihr das Tragen des Tschador zu untersagen. Soweit Mitschüler aggressiv gegen das Mädchen vorgehen, muß die Schule die zu ihrem Schutz erforderlichen Maßnahmen ergreifen. Nötigenfalls ist die Schülerin in eine Parallelklasse zu versetzen[25]. In all diesen Fällen hat die Schule bei der Wahrnehmung des ihr zugewiesenen Bildungs- und Erziehungsauftrags von Verfassung wegen den Grundsatz der das Toleranz[26] zu beachten und den Schülern die Möglichkeit einzuräumen, sich auch in der Schule zu ihren religiösen Überzeugungen zu bekennen. Deshalb ist das Verbot, den Schleier zu tragen, nur zulässig, wenn dadurch der Bildungs- und Erziehungsauftrag der Schule erheblich gefährdet wird und andere zur Abwehr der Störung geeignete Mittel nicht zur Verfügung stehen.

---

19 Dazu Axel *Spies*: Verschleierte Schülerinnen in Frankreich und Deutschland, NVwZ 1993, 637; Ernst Gottfried *Mahrenholz*: Darf die Schulverwaltung einer Schülerin das Tragen eines Schleiers in der Schule verbieten?, RdJB 1998, 287.
20 Zu den Bekleidungsvorschriften des Koran s. TZ 25.145.
21 Dabei ist allerdings die mit Vollendung des 14. Lebensjahres einsetzende Religionsmündigkeit des Kindes zu beachten (dazu TZ 28.151).
22 BVerfGE 44, 37 (49 f.).
23 So zutreffend *Mahrenholz*, RdJB 1998, 297.
24 So *Mahrenholz*, RdJB 1998, 297.
25 *Spies*, NVwZ 1993, 640.
26 BVerfGE 41, 29 (51).

Was das äußere Erscheinungsbild des Schülers betrifft, so sind *Heimschulen* (TZ 5.32, 24.141) weitergehende Einwirkungsmöglichkeiten eingeräumt. Die Heimleitung nimmt Erziehungsaufgaben anstelle der abwesenden Eltern wahr. Wie die Eltern Einfluß auf das Aussehen ihres minderjährigen Kindes nehmen können, ist auch das Heim, dem sie ihr Kind anvertraut haben, dazu befugt.

29.17 Verhalten außerhalb der Schule

Die Verantwortung für das außerschulische Verhalten des Schülers trifft grundsätzlich die Eltern und, seinem Reifegrad entsprechend, den Schüler selbst. Der volljährige Schüler ist für sich alleinverantwortlich. Der direkte *Einflußbereich der Schule* beginnt und endet auf dem *Schulgrundstück* und mit der *Schulzeit* (TZ 24.134). Anordnungsbefugnisse für und Einwirkungsmöglichkeiten auf das Verhalten des Schülers außerhalb der Schule sind ihr nur soweit zuzugestehen, als ein *unmittelbarer Zusammenhang mit ihrer Unterrichts- und Erziehungsaufgabe* gegeben ist (wie bei den Hausaufgaben und allenfalls beim Schulweg); Entsprechendes gilt, wenn es sich um *direkte Aktionen von Schülern gegen die Schule* handelt, durch die das Schulverhältnis unmittelbar betroffen wird. Die Verantwortung für die Beachtung der Regeln des Jugendschutzes in der Öffentlichkeit tragen vor allem die Erziehungsberechtigten, die jungen Menschen selbst und die sonst nach dem Gesetz verantwortlichen Personen (Gastwirte, Diskothekenbesitzer usw.).

Als Erziehungsschule kann die Schule das *außerschulische Verhalten* ihrer Schüler jedoch *nicht gänzlich ignorieren*; der Lehrer kann sich nicht blind und taub stellen. Dazu im einzelnen:

29.171 Die Befugnis der Schule, bei ihren Entscheidungen und Maßnahmen auch das außerschulische Verhalten des Schülers *kritisch und erzieherisch zu würdigen*, ist zu bejahen. Eine Erziehungsschule kann und darf den jungen Menschen nicht in einen Schüler und ein außerschulisches Wesen aufspalten; auch der Lehrer kann das, was er über das außerschulische Verhalten erfährt, nicht außer acht lassen[27]. Der Umstand, daß das Wissen über den Schüler außerhalb der Schule zufällig und lückenhaft bleibt, darf nicht dazu führen, diese Informationen bei der Bewertung seines schulischen Verhaltens (z. B. bei der Verhängung von Ordnungsmaßnahmen) von vornherein auszuschließen.

29.172 Wenn die Schule ihren minderjährigen Schülern das Rauchen außerhalb des Schulgrundstücks oder den *Besuch einer Diskothek* verbietet, greift sie in unzulässiger Weise in die Befugnisse der Eltern, aber auch in die Rechtsstellung der Jugendlichen selbst ein. Nur die Eltern dürfen die Bestimmungen des Jugendschutzgesetzes einengen und ihren Kindern Bindungen auferlegen, die über die des Gesetzes hinausgehen, indem sie ihnen etwa das Rauchen oder den Besuch von Tanzveranstaltungen überhaupt verbieten.

---

[27] Das OVG Schleswig, NVwZ-RR 1993, 304, räumt dem Lehrer sogar ein Nachforschungsrecht beim Verdacht von Straftaten gegen seine Schüler ein.

Die Lage ist wiederum anders bei einer *Heimschule*, die im Rahmen ihres erweiterten, von den Eltern übertragenen Erziehungsrechts zu Anordnungen und Verboten befugt sein kann (vgl. z. B. TZ 29.16). Dagegen kann es der Schule nicht verwehrt werden, daß sie in Erfüllung ihres Erziehungsauftrags und ihrer Fürsorgepflicht die Schüler vor dem Besuch anrüchiger Lokale warnt und sie über die gesundheitsschädigenden Wirkungen des Rauchens und des Alkohols aufklärt. Häufig sind es die Eltern selbst, die die Schule zu solchen Hinweisen und Beratungsaktivitäten auffordern. Gerade angesichts der aus dem Drogenmißbrauch herrührenden erheblichen Gefahren für die physische und psychische Gesundheit der Schüler gehört die *Suchtprävention* heute zu den Erziehungsaufgaben der Schule[28].

29.173 Erhält ein Schüler *Nachhilfeunterricht*, ist es im Interesse der Zusammenarbeit von Elternhaus und Schule erwünscht, daß die Eltern dies dem Lehrer mitteilen. Dieser vermag so den Leistungsstand des Schülers besser einzuschätzen und ihn gezielter zu fördern. Doch hat die Schule keinen Anspruch auf entsprechende Information. Ob die Eltern es für zweckdienlich halten, Auskunft zu geben, haben sie allein zu entscheiden.

29.174 Ebensowenig kann die Schule verlangen, daß ihr eine *Tätigkeit, die der Schüler in seiner freien Zeit regelmäßig ausübt* (z. B. Erteilen von Nachhilfestunden, Austragen von Zeitungen vor Unterrichtsbeginn), zur Kenntnis gebracht wird.

29.175 Über die *Teilnahme an außerschulischen Veranstaltungen, den Beitritt zu Vereinen oder zu Jugendclubs* usw. entscheiden die Eltern bzw. der Schüler selbst. Die Schule hat kein Recht, hierbei mitzureden. Sie kann allenfalls warnen, wenn sie glaubt, Bedenken geltend machen zu müssen.

---

28 Mehrere Kultusministerien haben Empfehlungen zur Suchtvorbeugung veröffentlicht, s. z. B. bw VV über Suchtprävention in der Schule vom 4.12.1993 (ABl. 1994 S.1); hess Erl. über Suchtprävention in der Schule vom 15.7.1997 (ABl. S. 457); nds Gem. Erl. über Suchtprävention und Verhalten bei Suchtproblemen an niedersächsischen Schulen vom 26.5.1992 (MBl. S.1055); Nr. 3.3 nrw Gem. RdErl. über Bekämpfung des Suchtmittelmißbrauchs vom 15.1.1973 (GABl. S.120), zul.g.d. Gem. RdErl. v. 30.6.1982 (MBl. S.1102); sächs VV zur Suchtprävention in Schulen des Freistaats Sachsen vom 28.10.1993 (ABl. S. 409).

29.2 Meinungsfreiheit[29], politische Betätigung

29.21 Allgemeines

Das Grundrecht der freien Meinungsäußerung (Art. 5 Abs. 1 GG) steht dem Schüler auch im Schulverhältnis zu[30]. Es ist geradezu Aufgabe der Schule, ihn zu befähigen, einen eigenen Standpunkt zu gewinnen und diesen argumentativ zu vertreten. Der Schüler soll lernen, in Rede und Widerrede zu neuen Einsichten vorzudringen. Die Schule, die die freie Meinungsäußerung der Schüler behindert, hemmt seine Persönlichkeitsentwicklung und verstößt damit gegen ihren Bildungsauftrag. Sie verletzt ihre Pflicht aber auch, wenn sie den Versuch unternimmt, die Schüler weltanschaulich oder politisch zu indoktrinieren, wenn sie Meinungszwänge erzeugt, fördert oder duldet.

Der Schüler ist berechtigt, innerhalb und außerhalb des Unterrichts jede, auch die unbequemste, abwegigste und dümmste Meinung zu äußern[31]. Doch findet diese Freiheit ihre *Schranken* in den Vorschriften der allgemeinen Gesetze, in den gesetzlichen Bestimmungen zum Schutz der Jugend und in dem Recht der persönlichen Ehre (Art. 5 Abs. 2 GG). Allgemeine Gesetze sind nur diejenigen Rechtsnormen, die sich nicht gegen die Meinungsfreiheit selbst oder eine bestimmte Meinung richten, sondern dem Schutz eines Rechtsgutes schlechthin – ohne Rücksicht auf bestimmte Meinungen – die-

---

29 Immer noch grundlegend: Wolfgang *Perschel*: Die Meinungsfreiheit des Schülers, Berlin, Neuwied 1962. Ferner Jörg *Berkemann* : Die »politischen Rechte« des Schülers, in: Knut Nevermann/Ingo Richter (Hrsg.): Rechte der Lehrer, Rechte der Schüler, Rechte der Eltern, München 1977, S. 102; Asco *Beyer*: Zur politischen Meinungsäußerung in besonderem Pflichtenverhältnis, BayVBl. 1981, 233; *DJT-SchulGE*, §§ 63, 64 (S. 96), S. 258 f., 262, 285 ff.; Martin *Löffler*: Die Kommunikationsfreiheit im Einordnungsverhältnis, NJW 1984, 1206. Die aktuelle Frage »Meinungsfreiheit und das Verbot rechtsradikaler Äußerungen« behandelt Max-Emanuel *Geis* in RdJB 1994, 218, auch hinsichtlich der Meinungsäußerungen von Schülern.
30 Beispiele für gesetzliche Regelungen: Art. 56 Abs. 3 BayEUG, § 47 Abs. 1 BbgSchulG, § 126 Abs. 1 HSchG, § 26 Abs. 1 ThürSchulG.
31 Dabei ist zu beachten, daß das Grundrecht der Meinungsfreiheit wie die übrigen Grundrechte als objektive Prinzipien auch in die Privatrechtsordnung hineinwirkt: Das Privatrecht darf einen den Grundrechten nicht widersprechen und muß zum anderen in ihrem Geist ausgelegt werden (BVerfGE 7, 198 [205]). So darf nach BVerfGE 86, 122 (128 ff.), ein ausbildendes Unternehmen sich nicht allein deshalb weigern, einen Auszubildenden in ein Arbeitsverhältnis zu übernehmen, weil dieser in der Schülerzeitung seiner Berufsschule den Kampf gegen die Kernenergie befürwortet hat. Selbst wenn sein Artikel als Befürwortung von Gewalt gegen den Bau von Atomkraftwerken zu deuten wäre, stünde damit noch nicht fest, daß er auch die gewaltsame Lösung betrieblicher Konflikte befürworten würde. Aus radikalen Äußerungen eines jungen Menschen dürfe nicht der Schluß gezogen werden, er neige generell zur Gewalttätigkeit. »Wer befürchten muß, daß seine Äußerungen zu einer negativen Bewertung seines Charakters und einer entsprechenden Einschätzung seines künftigen Verhaltens führen, wird sich besondere Zurückhaltung auferlegen. Eine solche Bewertung ist daher in hohem Maße geeignet, ihn in der Ausübung seines Grundrechts auf freie Meinungsäußerung zu behindern« (S. 131).

nen³². Dabei müssen die allgemeinen Gesetze »in ihrer das Grundrecht beschränkenden Wirkung ihrerseits im Lichte der Bedeutung für dieses Grundrecht gesehen und so interpretiert werden, daß der besondere Wertgehalt dieses Rechts, der in der freiheitlichen Demokratie zu einer grundsätzlichen Vermutung für die Freiheit der Rede in allen Bereichen ... führen muß, auf jeden Fall gewahrt bleibt«³³. Zu den allgemeinen Gesetzen, die die Meinungsfreiheit einschränken, zählen auch die Vorschriften über die Aufgabe der Schule, die in sämtlichen Schulgesetzen enthalten sind und die den im Grundgesetz (Art. 7 Abs. 1) sowie in den Landesverfassungen vorgegebenen Bildungs- und Erziehungsauftrag konkretisieren (dazu TZ 4.111). Die Aufgabe der Schule verlangt von allen Beteiligten, daß im planmäßigen Unterricht die Bildungsziele erreicht, die Schüler nicht gefährdet und die Regeln des Zusammenlebens in der Schule eingehalten werden³⁴. Demgemäß ergeben sich Einschränkungen der Meinungsfreiheit insbesondere
- *hinsichtlich des Zeitpunktes*: Der Lehrer kann verlangen, daß die Äußerung auf einen geeigneten Zeitpunkt verschoben wird;
- *hinsichtlich des Umfangs*: Dauerreden einzelner Schüler, die damit oder durch die Häufigkeit ihrer Äußerungen ihre Rechte zu Lasten der anderen Schüler mißbrauchen, kann Einhalt geboten werden;
- *hinsichtlich des Themas*: Äußerungen, die in keinem sachlichen Zusammenhang mit dem behandelten Unterrichtsstoff stehen, können unterbunden werden.

Maßnahmen der Schule gegen Meinungsäußerungen der Schüler außerhalb des zeitlichen und räumlichen Bereichs der Schule sind grundsätzlich nicht zulässig. Ausnahmen von diesem Grundsatz sind nur gerechtfertigt bei solchen Äußerungen, die sich unmittelbar auf die Schule beziehen oder auswirken und ihren Bildungsauftrag erheblich gefährden, etwa bei Aufforderungen zum Unterrichtsboykott (dazu TZ 29.231).

29.22 Meinungsäußerung durch Plaketten, Abzeichen und ähnliche Zeichen

Meinungen können auch in Form konkludenter Handlungen bekundet werden. So ist es seit längerem vielfach üblich, daß Schüler durch das Tragen von Plaketten, Abzeichen und Anstecknadeln zu politischen Streitfragen Stellung beziehen. Auch diese Art der zu einem Slogan oder Symbol verkürzten Mei-

---

32 BVerfGE 7, 198 (209f.); 28, 175 (185f.), und seitdem in st.Rspr. S. zur Einführung auch Bodo *Pieroth*/Bernhard *Schlink*: Grundrechte – Staatsrecht II. 14. Aufl., Heidelberg 1998, S. 141 ff. Rn. 586 ff.; Albert *Bleckmann*: Staatsrecht II – Die Grundrechte. 4. Aufl., Köln 1997, S. 846 ff. Rn. 97 ff.; Dieter *Grimm*: Die Meinungsfreiheit in der Rechtsprechung des Bundesverfassungsgerichts, NJW 1995, 1697.
33 BVerfGE 7, 198 (208).
34 So die KMK-Erklärung »Zur Stellung des Schülers in der Schule« (Anm. 1), unter VI. Ihr sind auch die folgenden Hinweise entnommen. Vgl. ferner *DJT-SchulGE*, § 63 Abs. 1 (S. 96), S. 285 ff.

nungsäußerung ist grundrechtlich geschützt[35]. Die dabei vom Schüler einzuhaltenden Grenzen sind weit zu ziehen. Im Unterschied zum Lehrer, der als Beamter und Erzieher in seiner politischen Betätigung Zurückhaltung und Mäßigung wahren muß (TZ 19.331, 19.332), hat der Schüler ein »Recht auf jugendlichen Überschwang«, kann er politische, gesellschaftskritische und sozialethische Auffassungen offensiv und pointiert vertreten[36]. Allerdings darf er die Erfüllung des schulischen Bildungsauftrags nicht gefährden, insbesondere den Schulfrieden nicht stören[37]. Diese der Meinungsfreiheit gesetzte Schranke wird aber durch das bloße Tragen von Plaketten im allgemeinen nicht überschritten.

29.23 Unterrichtsboykott, Schülerstreik

29.231 Meinungsäußerungen, die den Charakter *direkter Aktionen gegen die Schule* annehmen (z. B. Beschimpfungen, Tätlichkeiten, Unterrichtsstörung, Aufforderung zur Leistungsverweigerung oder zum Unterrichtsboykott, gewaltsames Eindringen in Amtsräume, Zerstörungen, Sitzstreiks auf oder vor dem Grundstück), sind durch die Meinungsfreiheit nicht gedeckt. Der Schutzbereich des Grundrechts umfaßt keine außerargumentativen Druckmittel; wer sich nicht auf die Überzeugungskraft seiner Argumente beschränkt, sondern Methoden anwendet, die den Betroffenen die Möglichkeit nehmen, ihre Entscheidung frei zu treffen, kann sich nicht auf Art. 5 Abs. 1 Satz 1 berufen[38]. Die Schule ist daher berechtigt, zur Sicherung der Erfüllung ihrer Aufgabe und zur Aufrechterhaltung ihrer Ordnung die erforderlichen Maßnahmen zu ergreifen (dazu TZ 30.2).
Auch das *Grundrecht der Versammlungsfreiheit* (Art. 8 Abs. 1 GG) rechtfertigt Verhaltensweisen nicht, die nichts mehr mit einer friedlichen Versammlung zu tun haben. Ein Sitzstreik, der sich auf passive Resistenz beschränkt, ist zwar friedlich und insoweit vom Schutz der Versammlungsfreiheit umfaßt[39]; das Grundrecht ist aber durch den Bildungs- und Erziehungsauftrag

---

35 Rspr. und Literatur haben sich vor allem zu Beginn der 80er Jahre mit dieser Form der Meinungsäußerung intensiv befaßt. Aus der *Rechtsprechung*: BayVerfGH, DÖV 1982, 691 m. Anm. von Frank *Hennecke*; VGH München, DVBl. 1982, 457 m. Anm. von Ludwig *Gramlich*, S. 745; VG Regensburg, RdJB 1981, 66 m. Anm. von Karl-Heinz *Ladeur* (alle zur Plakette »Stoppt Strauß«); VGH Mannheim, RdJB 1977, 71 m. Anm. von Erwin *Gehrhardt* (Plakette zum § 218). – Aus der *Literatur*: Ludwig *Gramlich*: Meinungsfreiheit des Schülers und Tragen »politischer Plaketen«, BayVBl. 1980, 358; Ingo *Richter*: Bildungsrecht und Bildungspolitik, RdJB 1980, 401; Jürgen *Staupe*: Dürfen Lehrer und Schüler Plaketten tragen?, Westermanns Päd. Beiträge 1981, 82; Dieter *Suhr*: Ein Schul-Fall zur streitbaren Meinungsfreiheit, NJW 1982, 1065. Seitdem scheint das Plakettenproblem kaum noch eine Rolle zu spielen, vielleicht auch deshalb, weil sich der Reizeffekt dieser Zeichen durch die alltägliche Berieselung der Schüler mit den unterschiedlichsten Meinungen im Fernsehen und in den übrigen Medien weitgehend verflüchtigt hat.
36 Vgl. BVerfGE 86, 122 (131 f.).
37 Nach Ansicht des BayVerfGH, DÖV 1982, 691 (692 ff.), ist für derartige Beschränkungen allerdings eine formellgesetzliche Regelung erforderlich, wie sie in der Folge dieses Urteils durch Art. 61 Abs. 3 (jetzt Art. 84 Abs. 3) BayEUG geschaffen wurde.
38 Vgl. BVerfGE 25, 256 (264 f.); dazu *Grimm*, NJW 1995, 1699.
39 Vgl. BVerfGE 87, 399 (406).

der Schule, insbesondere durch die Teilnahmepflichten der Schüler (TZ 28.11, 29.11), gesetzlich beschränkt (Art. 8 Abs. 2 GG).

29.232 Die vorstehenden Erwägungen gelten in besonderem Maße für den sog. *Schülerstreik*[40], der nichts anderes ist als eine kollektive Leistungsverweigerung durch Fernbleiben vom Unterricht. Derartige Aktionen verletzen die sich aus dem Schulverhältnis ergebenden Teilnahmepflichten (TZ 28.11). Das Schulverhältnis ist kein Arbeitsverhältnis; das durch Art. 9 Abs. 3 GG geschützte Streikrecht der Arbeitnehmer steht den Schülern daher nicht zu. Auch auf das Widerstandsrecht des Art. 20 Abs. 4 GG können sich Schüler nicht berufen. Dieses bildet nur das äußerste und letzte Mittel der Verteidigung der freiheitlichen demokratischen Grundordnung[41]; gegen rechts- oder gar verfassungswidrige Maßnahmen der Schule ist Rechtsschutz durch die Gerichte gewährleistet.
Allerdings ist die Schule gegenüber einem solchen Schülerstreik ziemlich machtlos. Ordnungsmaßnahmen als Kollektivmaßnahmen sind unzulässig (TZ 30.242). Ordnungsmaßnahmen gegenüber einer Vielzahl von Betroffenen sind problematisch: Sie würden von den Schülern nicht ernst genommen (Verweis gegen sämtliche Schüler einer Klasse), wären sinnwidrig (zeitweiliger Ausschluß vom Unterricht) oder könnten gegenüber der öffentlichen Meinung nicht durchgehalten werden (Entlassung ganzer Klassen oder Schulstufen).

29.24 Demonstrationen[42]

29.241 Das Recht der Schüler zur Teilnahme an öffentlichen Demonstrationen ist durch Art. 8 Abs. 1 GG gewährleistet. Kommt es zu Ausschreitungen und Straftaten, ist es Sache der Polizei- oder Ordnungsbehörden, die erfor-

---

40 Die Literatur, die sich mit diesem Thema befaßt, stammt aus den 70er Jahren. Zu nennen sind u. a. Lutz *Dietze*: Zur rechtlichen Zulässigkeit von Schülerstreiks, RdJB 1970, 336; Klaus *Grupp*: »Schülerstreik« und Schulbesuchspflicht, DÖV 1974, 661; Frank *Hennecke*: Ordnungsrecht und Schülerstreik, in: Nevermann/Richter (Anm. 29), S. 123; Hartwig *Ihlenfeld*: Pflicht und Recht zum Besuch öffentlicher Schulen nach deutschem Bundes- und Landesrecht, Hamburg 1971, S. 176 ff. – Auch die Schülerstreiks scheinen ein Phänomen zu sein, das inzwischen, zumindest in der gerichtlichen Praxis und in der Rechtswissenschaft, an Bedeutung verloren hat.
41 Zum Begriff der freiheitlichen demokratischen Grundordnung TZ 4.112 Anm. 24.
42 *Berkemann* (Anm. 29), S. 117 ff.; Karl-Heinz *Hage*: Demonstrationsrecht und Schulbesuchspflicht, sm, Heft 1/1982, S. 4; *Hennecke* (Anm. 40), S. 133; *Ihlenfeld* (Anm. 40), S. 176 ff.; *Niehues*: Schul- und Prüfungsrecht, S. 163 ff. Rn. 236 ff.; Wolfgang *Perschel*: Demonstrationsrecht und Schulbesuchspflicht, RdJB 1968, 269; Dieter *Sterzel*: Versammlungsfreiheit und Anwesenheitspflicht in der Schule, KJ 1989, 307. Zur Demonstrationsfreiheit im allgemeinen s. die Erläuterungen in den Grundgesetzkommentaren zu Art. 8 GG (Anh. 6.3); ferner: *Bleckmann* (Anm. 32), S. 911 ff. Rn. 1 ff.; *Pieroth/Schlink* (Anm. 32), S. 170 ff. Rn. 688 ff.; Michael *Kloepfer*: Versammlungsfreiheit, HdbStR VI, S. 739.

derlichen Maßnahmen zu treffen⁴³. Da es sich um Vorgänge handelt, die sich außerhalb des Schulbereichs abspielen, ist die Schule allenfalls mittelbar betroffen (TZ 29.17).

29.242 Schwieriger ist die Rechtslage zu beurteilen, wenn die Demonstration, an der der Schüler teilnehmen will, *während der Unterrichtszeit* stattfindet. Der lapidare Satz in der Erklärung der Kultusministerkonferenz vom 25.5.1973, die Teilnahme an Demonstrationen rechtfertige nicht das Fernbleiben vom Unterricht, da die politische Betätigung der Schüler in den außerschulischen Raum gehöre und das Demonstrationsrecht in der unterrichtsfreien Zeit ausgeübt werden könne, wird der rechtlichen und tatsächlichen Problematik nicht gerecht. Der einzelne Schüler hat in der Regel keinen Einfluß auf die Planung von Zeit und Ort einer Demonstration. So kommt es darauf an, das Spannungsverhältnis zwischen zwei verfassungsrechtlich geschützten Positionen – einerseits die im staatlichen Bildungs- und Erziehungsauftrag (Art. 7 Abs. 1 GG) verankerte und gesetzlich konkretisierte Schulbesuchspflicht des Schülers, andererseits die grundrechtlich garantierte Demonstrationsfreiheit (Art. 8 Abs. 1 GG) – durch Rechtsgüterabwägung zu lösen. Schul(pflicht)gesetze und Rechtsverordnungen ermöglichen überall eine kurzfristige Beurlaubung vom Schulbesuch aus wichtigen Gründen; das gilt für familiäre Anlässe ebenso wie für religiöse Veranstaltungen (TZ 28.113). Auch die Teilnahme an einer Demonstration kann einen wichtigen Grund darstellen, vor allem dann, wenn Versammlungen zu bedeutsamen, die Öffentlichkeit bewegenden Streitfragen anstehen. Es geht nicht an, daß die Schule bei Beurlaubung aus privatem Anlaß großzügig verfährt, die Beteiligung an einer Demonstration hingegen zu unterbinden sucht. Will die Schule die Schüler zu mündigen Staatsbürgern erziehen, muß sie ihnen auch politische Betätigung in angemessenem Rahmen gestatten⁴⁴; hierbei ist es unerheblich, ob der Schule die durch die Kundgebung angestrebten Ziele wünschenswert erscheinen oder nicht. Andererseits darf der Ablauf des Unterrichts nicht zur Disposition demonstrationsfreudiger Schüler gestellt werden⁴⁵. Eine Beurlaubung kann daher nur im Einzelfall und nur dann erteilt werden, wenn der durch die Demonstrationsteilnahme ausgelöste Unterrichtsausfall geringfügig bleibt. Es sind jeweils die besonderen Umstände zu berücksichtigen: die konkrete Unterrichtssituation (z. B. geplante Klassenarbeit), der Leistungsstand der Klasse insgesamt und der demonstrationswilligen Schüler im besonderen, die Zahl der beteiligten Schüler, Umfang und Häufigkeit der Absenzen usw.⁴⁶.

---

43 Dabei sind die Behörden allerdings gehalten, *versammlungsfreundlich* zu verfahren. So das BVerfG in seinem Brokdorf-Beschluß (BVerfGE 69, 315 [356]); dazu *Kloepfer*, HdbStR VI, S. 739 (770 f. Rn. 68 f.).
44 Im Ergebnis deshalb zutreffend VG Hannover, RdJB 1991, 227 m. Anm. von Joachim Schaller (Unterrichtsbefreiung wegen Teilnahme an einer Demonstration gegen den Golfkrieg).
45 *Niehues*: Schul- und Prüfungsrecht, S. 164 Rn. 237.
46 Vgl. VG Berlin, SchuR 1998, 122: Kein Anspruch auf Beurlaubung zur Teilnahme an einer von Eltern, Lehrern und der Landesschülervertretung initiierten Demonstration während des Vormittags, wenn sie ohne weiteres in die Nachmittagsstunden hätte verlegt werden

Der Schüler ist nicht berechtigt, sich selbst von der Schulbesuchspflicht zu dispensieren. Er muß vielmehr eine Beurlaubung beantragen[47]; bei minderjährigen Schülern ist ein Antrag der Eltern erforderlich (TZ 24.221). Ausnahmen kommen allenfalls bei Spontandemonstrationen in Betracht, die es unmöglich machen, rechtzeitig einen Antrag zu stellen (z. B. bei einer am Vorabend für den nächsten Morgen angekündigten Versammlung). In einem solchen Fall ist aber die Schule umgehend zu benachrichtigen.

29.25 Schülervereinigungen (Schülergruppen)[48]

Die Schüler haben nach Art. 9 Abs. 1 GG das Recht, sich auch innerhalb der Schule in Vereinigungen zu betätigen[49]; das schließt das Engagement in politischen Schülergruppen ein[50]. Die Gründung und die Tätigkeit von Schülervereinigungen darf nicht von einer Genehmigung der Schule abhängig gemacht werden[51]; doch erwächst aus dem Schulverhältnis die Verpflichtung, solche Zusammenschlüsse der Schule mindestens zu melden, zumal dann, wenn diese ihre Räume und Einrichtungen zur Verfügung stellen soll (dazu unten). Politische Schülergruppen dürfen gegenüber anderen Gruppen nicht benachteiligt, aber auch nicht bevorzugt werden (Art. 3 Abs. 1 GG). Allerdings ergeben sich aus dem Bildungs- und Erziehungsauftrag der Schule Einschränkungen für die Aktivitäten von Schülervereinigungen. Sie dürfen den Schul- und Unterrichtsbetrieb nicht stören. Deshalb muß die Schule einschreiten, wenn eine politische Schülergruppe durch Agitation den Schulfrieden beeinträchtigt.

---

    können und wenn außerdem zeitgleich an der Schule ein von der dortigen Schülervertretung veranstaltetes Sportfest stattfindet.
47 Thomas *Böhm*: Beurlaubung von Schülern zu Demonstrationszwecken, PädF 1998, 247.
48 *DJT-SchulGF*, § 64 (S 96), S. 289; *Niehues*: Schul- und Prüfungsrecht, S. 165 Rn. 239f.
49 Zum Grundrecht der Vereinigungsfreiheit s. *Bleckmann* (Anm. 32), S. 933 ff.; Detlef *Merten*: Vereinsfreiheit, HdbStR VI, S. 775; *Pieroth/Schlink* (Anm. 32), S. 178 ff. Rn. 717 ff. – Beispiele für gesetzliche Normierungen: § 49 BbgSchulG, § 52 BremSchVwG, § 33 Abs. 2 HmbSG, § 126 Abs. 3 HSchG, § 86 NSchG, § 117 sh SchulG, § 27 ThürSchulG. – Problematisch sind die Regelungen in Baden-Württemberg und Nordrhein-Westfalen, die die Befugnis des Schülers, Vereinigungen zu bilden und ihnen beizutreten, ausdrücklich nur für den außerschulischen Bereich anerkennen: § 2 Abs. 1 bw SMV-VO vom 8. 6. 1976 (ABl. S. 1170), zul. g. d. VO v. 19. 10. 1995 (GBl. S. 767); Nr. 1.11 nrw SV-Erl. vom 22. 11. 1979 (GABl. S. 561).
50 Daher ist beispielsweise § 13 Abs. 1 Satz 2 saarl ASchO, der die Bildung und Betätigung politischer Schülergruppen in der Schule für unzulässig erklärt, mit Art. 9 Abs. 1 GG unvereinbar. (Demgegenüber ist § 34 Abs. 1 Satz 3 Halbsatz 2 SchoG, der die Bildung politischer Schülergruppen »innerhalb der Schülervertretung« verbietet, verfassungsrechtlich unbedenklich, da die Schülervertretung als Zwangsvertretung *aller* Schüler in politischen Fragen neutral sein muß [vgl. TZ 8.123]). Behutsamer und verfassungsgemäß Art. 84 Abs. 2 BayEUG, der nur die politische *Werbung* auf dem Schulgelände verbietet. Nach § 86 Abs. 2 NSchG können Schülergruppen, deren Mitglieder das 14. Lebensjahr vollendet haben, in der Schule für eine bestimmte politische, religiöse oder weltanschauliche Richtung eintreten.
51 So aber § 13 Abs. 1 Satz 1 saarl ASchO, der die Bildung von (nichtpolitischen) Schülervereinigungen nur mit Zustimmung des Schulleiters gestattet.

Die Schule kann Schülervereinigungen außerhalb der Unterrichtszeiten ihre Räume kostenlos zur Verfügung stellen; sie entscheidet dabei nach pflichtgemäßem Ermessen unter Beachtung des Gleichheitssatzes[52]. Die Zustimmung des Schulträgers ist jedenfalls dann nicht erforderlich, wenn die Nutzung der Räume einen Bezug zur Schule hat; das ist bei Veranstaltungen von Schülergruppen in der Regel zu bejahen[53]. Zur schulischen Aufsichtspflicht bei derartigen Veranstaltungen TZ 21.56 und 21.57. Zur Betätigung politischer Schülergruppen s. auch TZ 8.122.

29.26 Schülerzeitungen, Flugblätter, Mitarbeit im Medienbereich

29.261 Schülerzeitungen (Schülerzeitschriften)[54] sind periodische Druckschriften, deren Inhalt für Schüler einer oder mehrerer Schulen bestimmt ist und die von Schülern in eigener Verantwortung redigiert und vertrieben werden. Obwohl sie im Hinblick auf ihre Redakteure und Mitarbeiter, ihren Zweck und ihren Leserkreis mit der Schule verbunden sind, stellen sie eine außerschulische Einrichtung dar. Sie unterstehen den Landespressegesetzen; daneben gelten besondere schulrechtliche Regelungen, die sich, von Land zu Land verschieden, aus Schulgesetz, Rechtsverordnungen oder Verwaltungsvorschriften ergeben[55].
Von der Schülerzeitung ist die *Schulzeitung* zu unterscheiden, die eine Veranstaltung der Schule ist und bei der die Schulleitung oder Lehrer maßgeblichen Einfluß auf die inhaltliche Gestaltung nehmen[56]. Bei ihr kommt es in der Re-

---

52 In Niedersachsen ist die Schule zur Nutzungsüberlassung sogar verpflichtet (§ 86 Abs. 1 NSchG); in Schleswig-Holstein *soll* sie die Nutzung gestatten (§ 117 Abs. 2 Satz 1 SchulG).
53 *DJT-SchulGE*, S. 289; *Niehues*: Schul- und Prüfungsrecht, S. 165 Rn. 240.
54 Dazu die KMK-Erklärung »Zur Stellung des Schülers in der Schule« (Anm. 1) unter VII; s. ferner *DJT-SchulGE*, § 63 (S. 96), S. 287 ff. – Eine Auswahl aus der – zumeist älteren – Literatur: Hans D. *Jarass*: Rechtliche Grundlagen der Schülerpresse und der Schulpresse, DÖV 1983, 609; Albrecht *Leuschner*: Das Recht der Schülerzeitungen, Berlin 1966; *Niehues*: Schul- und Prüfungsrecht, S. 116 ff. Rn. 229 ff.; Gerald *Rieger*: Schülerpresserecht in Nordrhein-Westfalen, RdJB 1982, 454; Christian *Stolorz*/Thomas *Prautsch*: Schülerpressefreiheit und Schulrechtsverhältnis, VR 1979, 297; Axel *Tiemann*: Der Vertrieb von Schülerzeitungen auf dem Schulgelände, in: Hans-Jörg Birk/Armin Dittmann/Manfred Erhardt (Hrsg.): Kulturverwaltungsrecht im Wandel. Festschrift für Thomas Oppermann, Stuttgart 1980, S. 143.
55 Baden-Württemberg: SchülerzeitschriftenVO vom 8.6.1976 (ABl. S. 1182); Berlin: Ausführungsvorschriften über Schülerzeitungen vom 17.11.1987 (ABl. S. 1751); Brandenburg: § 48 BbgSchulG; Bremen: § 51 BremSchulG; Hamburg: § 33 Abs. 1 HmbSG; Hessen: § 126 Abs. 2 HSchG; Mecklenburg-Vorpommern: § 85 Abs. 2 und 3 SchulG; Niedersachsen: § 87 NSchG; Nordrhein-Westfalen: § 25 Abs. 2 und 3 SchVG, § 37 ASchO; Rheinland-Pfalz: § 31 a SchulG; Saarland: § 13 Abs. 3 bis 5 ASchO; Sachsen: § 56 SchulG, VO über Schülerzeitschriften im Freistaat Sachsen vom 10.9.1992 (GVBl. S. 429); Sachsen-Anhalt: § 54 SchulG; Schleswig-Holstein: § 116 SchulG; Thüringen: § 26 Abs. 2 und 3 ThürSchulG.
56 Das gilt für die »Schülerzeitung« nach bayerischem Recht: Sie ist gemäß Art. 63 BayEUG eine Einrichtung der Schule im Rahmen der Schülermitverantwortung und kein Druckwerk im Sinne des bayerischen Pressegesetzes; der Schulleiter kann die Herausgabe einzelner Ausgaben der Zeitung ablehnen. In Rheinland-Pfalz können die Schüler entscheiden, ob die Schülerzeitung in ihrer alleinigen Verantwortung oder im Rahmen

gel seltener zu Konflikten, so daß sich die nachfolgende Darstellung auf die Schülerzeitungen konzentriert.

29.262 Schülerzeitungen genießen den *Schutz der Pressefreiheit* (Art. 5 Abs. 1 Satz 2 GG)[57]. Diese gewährleistet die freie Beschaffung der Information bis hin zur freien Verbreitung der Nachricht und der Meinung[58]. Schranken ergeben sich gemäß Art. 5 Abs. 2 GG aus den Vorschriften der allgemeinen Gesetze (dazu TZ 29.21), den gesetzlichen Regelungen zum Schutz der Jugend und dem Recht der persönlichen Ehre. Zu den allgemeinen Gesetzen gehören auch die schulgesetzlichen Vorschriften, die den Erziehungs- und Bildungsauftrag der Schule konkretisieren. Die Schülerzeitung darf daher insbesondere den Schulfrieden nicht beeinträchtigen. Daß weggeworfene Zeitungsexemplare zusätzliche Anforderungen an die Reinhaltung des Schulgebäudes stellen, bedeutet keine der Redaktion anzulastende Beeinträchtigung des Schulfriedens. Von einer Störung des Schulfriedens kann selbst dann keine Rede sein, wenn Mißstände an der Schule mit heftiger Polemik kritisiert werden. Engagierte, überzogene und einseitige Meinungsäußerungen dürfen bei Jugendlichen und Heranwachsenden nicht in gleicher Weise auf die Goldwaage gelegt werden wie bei gereiften Menschen[59]. Karikaturen oder Glossen über Lehrer und Schüler stören weder den Schulfrieden noch setzen sie die Ehre der Betroffenen herab. Anders ist die Rechtslage zu bewerten, wenn die Zeitung hämisch über Angehörige der Schule, seien es Lehrer oder Schüler, berichtet, sie »kaputtzumachen« sucht oder ihr Persönlichkeitsrecht verletzt.

Die der Pressefreiheit gezogenen Grenzen rechtfertigen jedoch *keine vorbeugende Kontrolle der Schülerzeitung* durch die Schule. Das *Zensurverbot* des Art. 5 Abs. 1 Satz 3 GG untersagt die Vor- oder Präventivzensur; einschränkende Maßnahmen *vor* der Herstellung oder Verbreitung einer Publikation sind unzulässig[60]. Das schließt nicht aus, daß die Schule die Herausgeber im

---

einer schulischen Veranstaltung erscheint; im letzteren Fall gelten die gleichen Regelungen wie für die Schülerzeitung (= Schulzeitung) in Bayern (§ 31 a Abs. 3 rp SchulG).
57 Die in der Schülerzeitung veröffentlichten einzelnen Artikel unterliegen hingegen dem Schutz der Meinungsäußerungsfreiheit nach Art. 5 Abs. 1 Satz 1 GG; demgegenüber tritt die Pressefreiheit zurück (BVerfGE 86, 122 [127 f.] m. w. N.).
58 BVerfGE 10, 118 (121). Zum Schutzbereich des Grundrechts auf Pressefreiheit s. *Bleckmann* (Anm. 32), S. 118 ff. Rn. 56 ff.; *Pieroth/Schlink* (Anm. 32), S. 137 Rn. 568 ff.
59 BVerfGE 86, 122 (131).
60 Vgl. BVerfGE 33, 52 (72). Zum Zensurverbot auch *Bleckmann* (Anm. 32), S. 845 Rn. 95; *Pieroth/Schlink* (Anm. 32), S. 145 ff. Rn. 604 ff.

Rahmen ihrer Möglichkeiten fördert[61] oder daß sich die Redaktion der Unterstützung eines beratenden Lehrers versichert[62]. Der Vertrieb der Schülerzeitung auf dem Schulgelände darf grundsätzlich nicht von einer Vorprüfung oder Genehmigung abhängig gemacht werden; entgegenstehende Vorschriften sind verfassungswidrig[63]. Ergeben sich jedoch konkrete Anhaltspunkte für eine rechtswidrige Gestaltung der Zeitung, kann die Vorlage der Zeitschrift auch vor ihrer Verteilung angeordnet werden[64].

Nachträgliche Sanktionen gegen die in einer Schülerzeitung begangenen Rechtsverstöße bleiben der Schule unbenommen. Pflichtverletzungen eines Redakteurs können mit Ordnungsmaßnahmen (TZ 30.2) geahndet werden[65]. Der Schulleiter ist ferner befugt, den Vertrieb einer Schülerzeitung, die die Grenzen der Pressefreiheit überschreitet, auf dem Schulgelände (nicht außerhalb des Schulgrundstücks) zu unterbinden. Dabei muß er allerdings den Grundsatz der Verhältnismäßigkeit wahren. Er darf ein Vertriebsverbot nur anordnen, wenn mildere Mittel (z. B. Richtigstellung in der nächsten Ausgabe, Androhung eines künftigen Vertriebsverbots) keinen Erfolg versprechen oder angesichts des Unrechtsgehalts der Veröffentlichung nicht als ausreichend erscheinen (z. B. bei einem Aufruf zum Unterrichtsboykott). Darüber hinaus hat die Schule die Möglichkeit, privatrechtlich (z. B. durch Klage auf Widerruf), gegebenenfalls auch strafrechtlich (durch Strafanzeige) vorzugehen.

29.263 Verfassungsrechtlich zulässige Einschränkungen der den Schülerzeitungen gewährleisteten Pressefreiheit bedürfen einer *gesetzlichen Grundlage* und sind durch Rechtssatz, also mindestens in Form einer Rechtsverordnung, zu regeln. Verwaltungsvorschriften genügen diesen Erfordernissen nicht. Zum Vorbehalt des Gesetzes TZ 15.3.

---

61 Nach Ansicht des BayVerfGH, DVBl. 1995, 419 (423 f.), wäre eine gesetzliche Vorschrift verfassungswidrig, die einerseits bestimmt, daß die Schülerzeitung außerhalb der schulischen Verantwortung liegt, und andererseits anordnet, daß die Schule die Arbeit der Redaktion unterstützt und ihr Arbeitsmöglichkeiten zur Verfügung stellt. Eine solche Regelung löse das »verfassungsrechtliche Spannungsverhältnis« zwischen dem staatlichen Bildungs- und Erziehungsauftrag und dem Recht des Schülers auf Meinungs- und Pressefreiheit nicht auf; es werde nicht klar, welcher dieser beiden verfassungsrechtlichen Bestimmungen der Vorrang eingeräumt werde, wie die Verantwortlichkeiten verteilt und wie Konfliktfälle gelöst werden. Das Gericht hat u. a. deshalb die verfassungsrechtlichen Voraussetzungen für die Zulassung eines Volksbegehrens zur Änderung des BayEUG verneint, in dem diese Vorschrift enthalten war. Kritisch zu dieser Entscheidung Raimund *Wimmer*: Die Volksbegehren zur Novellierung des Bayerischen Gesetzes über das Erziehungs- und Unterrichtswesen, RdJB 1995, 340 (343).
62 Zu den – extensiv ausgelegten – Pflichten eines Beratungslehrers für Schülerzeitungen OVG Koblenz, DVBl. 1981, 1015 m. krit. Anm. von Karl-Heinz *Hage* (S. 1018 ff.) und Lutz *Dietze*: Unzensierte Schülerzeitung als Haftungsrisiko, KJ 1981, 286, und die Vorinstanz VG Koblenz, RdJB 1980, 377 m. krit. Anm. von Lutz *Dietze* (S. 380 ff.).
63 *Niehues*: Schul- und Prüfungsrecht, S. 161 f. Rn. 232.
64 *Jarass*, DÖV 1983, 615 .
65 Der Schulausschluß eines engagierten Redakteurs dürfte aber in der Regel ein unverhältnismäßiges Mittel sein. Vgl. hierzu Peter *Schneider*/Lutz *Dietze* : Pressefreiheit und Erziehungsauftrag der Schule, MUND (= Material- und Nachrichtendienst) Nr. 136 (1972).

29.264 Für Schülerzeitungen gelten die Vorschriften des jeweiligen *Landespressegesetzes*. Danach muß die Zeitung ein Impressum aufweisen (Namen und Anschrift des Druckers, des Verlags bzw. Herausgebers sowie des verantwortlichen Redakteurs). Bei Tatsachenbehauptungen steht den betroffenen Personen ein Anspruch auf *Gegendarstellung* zu. Ein Stück jeder Ausgabe der Schülerzeitung ist an die im Landespressegesetz benannte Bibliothek als *Pflichtexemplar* abzuliefern. Die *Behörden sind verpflichtet*, den Vertretern der Schülerzeitung zur Erfüllung ihrer öffentlichen Aufgabe *Auskünfte zu erteilen*.

29.265 Die *rechtsgeschäftliche Verantwortung* für Schülerzeitungen trifft ausschließlich die Herausgeber. Soweit diese nicht volljährig sind, gelten die allgemeinen Grundsätze des bürgerlichen Rechts für Rechtsgeschäfte Minderjähriger (§§ 106 ff. BGB).

29.266 Für *Flugblätter*[66] und andere Druckschriften wie auch für *akustische, visuelle und elektronische Medien* (z. B. Veröffentlichungen im Internet) gelten die Grundsätze für Schülerzeitungen entsprechend[67]. Da bei Flugblättern, anders als bei einer Schülerzeitung, die Gefahr besteht, daß die – sich häufig in die Anonymität zurückziehenden – Verantwortlichen nicht zur Schule gehören, kann die Schulleitung die Verteilung auf dem Schulgrundstück von ihrer Erlaubnis und diese wiederum von der Vorlage eines Exemplars abhängig machen[68]. Diese Einschränkung der Pressefreiheit bedeutet keine verfassungswidrige Zensur; sie soll vielmehr verhindern, daß die in der Schule (nur) den Schülern gewährleistete Pressefreiheit nicht von schulfremden Personen mißbraucht wird. Ein Vertriebsverbot für Flugblätter ist gerechtfertigt, wenn ihr Inhalt den Bildungsauftrag der Schule ernstlich gefährdet[69].

29.267 Die sonstige *Mitarbeit von Schülern bei Presse und Rundfunk* ist eine außerschulische Tätigkeit, die keiner Genehmigung seitens der Schule bedarf. Die Meinungs- und Pressefreiheit des Schüler unterliegt – abgesehen von Begrenzungen durch die elterlichen Rechte gegenüber ihren minderjährigen Kindern (dazu TZ 24.221) – nur den in Art. 5 Abs. 2 GG genannten Schranken.

---

66 Dazu *Niehues*: Schul- und Prüfungsrecht, S. 163 Rn. 235; *Rieger*, RdJB 1982, 464 f.
67 S. etwa § 51 Abs. 3 BremSchulG, § 87 Abs. 1 und Abs. 3 NSchG, § 37 Abs. 6 nrw ASchO.
68 So ausdrücklich § 37 Abs. 6 Satz 2 nrw ASchO.
69 Diese Voraussetzung ist bei dem in einem Flugblatt enthaltenen Aufruf zu einer Demonstration, der den Unterrichtsausfall nicht zum Ziel hat, sondern ihn lediglich als mittelbare Folge in Kauf nimmt, nicht erfüllt. So VG Hannover, RdJB 1991, 227 m. Anm. von Joachim *Faller*.

30. Kapitel: Erziehungsmaßnahmen, Ordnungsmaßnahmen[1]

Gegenüber Schülern, die die ihnen aufgegebenen Verhaltenspflichten (vgl. das 29. Kapitel) verletzen und den geordneten Ablauf des Schulbetriebs beeinträchtigen, stehen der Schule mannigfache Reaktionsmöglichkeiten zu Gebote, von denen sie je nach den Umständen Gebrauch machen kann: Erziehungsmaßnahmen verschiedener Art, die den Schüler zu einer Änderung seines Verhaltens bewegen sollen (TZ 30.1), aber auch förmliche Ordnungsmaßnahmen abgestufter Intensität, die über die erzieherische Einwirkung hinaus der Wiederherstellung der schulischen Ordnung dienen und vom schriftlichen Verweis bis zum Ausschluß aus der Schule reichen (TZ 30.2).

30.1 Erziehungsmaßnahmen[2]

Nach Art und Grad der Einwirkung lassen sich anregende und fördernde Maßnahmen (TZ 30.11) von solchen unterscheiden, die Gebote oder Verbote enthalten (TZ 30.12).

---

1 Zu diesem Abschnitt insgesamt: *DJT-SchulGE*, § 65 (S. 96 ff.), S. 283 ff.; Gregor C. *Biletzki*: Rechtsprobleme bei der Verhängung schulischer Ordnungsmaßnahmen, sm Heft 5/1996, S. 10; Dieter *Hesselberger*: Die verfassungsrechtliche Zulässigkeit von Erziehungs-, Sicherungs- und Strafmaßnahmen gegenüber Schülern, RdJB 1974, 17; Günther *Hoegg*: Die Gefahren des OWiG für die Schule, RdJB 1987, 289; Dieter *Margies*/Gerald *Rieger*: Erziehungs- und Ordnungsmaßnahmen, in: Alfred Müller/Harald Gampe/Gerald Rieger/ Erika Risse (Hrsg.): Leitung und Verwaltung einer Schule. 8. Aufl., Neuwied 1997, S. 401; *Niehues*: Schul- und Prüfungsrecht, S. 166 Rn. 242 ff.; Anke *Peters*: Erziehungs- und Ordnungsmaßnahmen im Schulrecht. Diss. jur., Göttingen 1991; *dies.*: Grundrechtseingriffe durch schulische Erziehungs- und Ordnungsmaßnahmen, RdJB 1994, 229; Stefan *Reip*/ Georg *Daiber*: Erziehungs- und Ordnungsmaßnahmen, SchVw BW 1998, 99; *Stein/Roell*, S. 80 ff., 250 (m. Verweis auf einzelne, unter anderen Stichwörtern erörterte Ordnungsmaßnahmen); Witgar *Weber*: Das Ordnungsrecht der Schule. Eine Betrachtung der Schulstrafen mit Schwerpunkt auf dem baden-württembergischen Recht. Diss. jur., Tübingen 1985. Außerdem die in der SPE, Gruppe II D, sowie in der SPE n.F. unter 154, 360, 452, 922 und 924 abgedruckten Gerichtsentscheidungen.

2 Die Terminologie der Schulgesetze ist nicht einheitlich. So werden in Baden-Württemberg Erziehungsmaßnahmen als »pädagogische Erziehungsmaßnahmen« bezeichnet (§ 90 Abs. 2 Satz 2 SchG), in Bayern als »andere Erziehungsmaßnahmen« – im Unterschied zu den »Ordnungsmaßnahmen als Erziehungsmaßnahmen« – (Art. 86 Abs. 1 BayEUG), in Berlin als »erzieherische Mittel«, in Niedersachsen als »Erziehungsmittel« (§ 55 Abs. 1 Satz 1 bln SchulG, § 61 Abs. 1 NSchG). In Hamburg, Sachsen-Anhalt und Schleswig-Holstein wird der Terminus »pädagogische Maßnahmen« verwendet (§ 49 HmbSG, § 44 Abs. 1 Satz 1 SchulG LSA, § 45 Abs. 1 Satz 1 sh SchulG), in Nordrhein-Westfalen und im Saarland die Bezeichnung »andere erzieherische Einwirkungen« – im Unterschied zu Ordnungsmaßnahmen – (§ 26 a Abs. 2 Satz 1 nrw SchVG, § 32 Abs. 1 Satz 1 saarl SchoG).

30.11 Anregende und fördernde Erziehungsmaßnahmen

Viele kleinere Störungen und Konflikte, die in der Schule auftreten – Unaufmerksamkeit und Desinteresse eines Schülers, gelegentliches Zuspätkommen, vorlautes Benehmen –, fordern den Lehrer in seiner Rolle als Erzieher heraus. Im Rahmen seiner pädagogischen Freiheit (TZ 19.4) verfügt er über eine ganze Bandbreite von Mitteln. Dazu zählen beispielsweise Verhaltensmodalitäten, die sich in freundlicherer oder unfreundlicherer Behandlung, in größerer oder geringerer Beachtung des Schülers (wiederholtes Aufrufen oder Linksliegenlassen) äußern. Hierzu rechnen ferner das eindringliche Gespräch unter vier Augen, Ermunterung und Ermahnung, Lob und Mißbilligung, auch der Entzug von Vergünstigungen (z. B. Absage eines geplanten Wandertages). Solche erzieherischen Einwirkungen berühren die Rechtssphäre des Schülers allenfalls am Rande; sie richten sich nach Gesichtspunkten pädagogischer Zweckmäßigkeit. Allerdings gibt es Grenzen des rechtlich Zulässigen. So darf der Lehrer durch seinen Erziehungsstil die Schüler nicht in ihrer Gesundheit beeinträchtigen[3]. Auch geht es nicht an, daß ein Lehrer das Fehlverhalten des einen Schülers stets mit Nachsicht übergeht, während er einen anderen wegen gleichartiger Verstöße barsch zur Ordnung ruft; ein solches Verhalten verstößt gegen die Pflicht zu unparteiischer und gerechter Amtsführung (TZ 21.312), ist daher rechtswidrig.

30.12 Erziehungsmaßnahmen als Gebote und Verbote

In diesen Bereich verstärkter erzieherischer Einwirkung fallen vornehmlich jene Anordnungen, mit denen die Schule Unzuträglichkeiten und Störungen fast beiläufig und unmittelbar beseitigt: Der Lehrer veranlaßt den Schüler, der Papier auf den Boden geworfen hat, es aufzuheben; er fordert die auf dem Flur tobenden Schüler auf, Ruhe zu wahren; er setzt Schüler, die im Unterricht fortwährend schwatzen, auseinander[4]; er weist einen Schüler, der sich danebenbenimmt, zur »Abkühlung« vorübergehend aus dem Klassenzimmer[5]; er besteht darauf, daß eine nachlässig angefertigte Arbeit erneut geschrieben wird[6]. Reaktionen dieser Art sind ferner der mündliche Tadel mit Eintragung ins Klassenbuch, die vorübergehende Einbehaltung störender

---

3 Etwa dadurch, daß er die Schüler durch Schreie derart einschüchtert, daß sie sich aus Angst unter den Schulbänken verstecken. Zu einem solchen Fall OVG Münster, NVwZ-RR 1995, 666.
4 Zutreffend VG Braunschweig, SPE n. F. 632 Nr. 7: Die Umsetzung eines Schülers innerhalb der Klasse gegen seinen Willen stellt in ihren Auswirkungen eine nur geringfügige Beeinträchtigung dar; sie gehört zu den gebräuchlichen Erziehungsmitteln, um den Unterricht störungsfreier gestalten zu können, und fällt in die eigene pädagogische Verantwortung des Lehrers. Dieser Kernbereich der eigenen pädagogischen Gestaltung ist der verwaltungsgerichtlichen Kontrolle entzogen, soweit es sich nicht um eine willkürliche Maßnahme handelt.
5 Bei betreuungsbedürftigen jüngeren Schülern kann ein solches Vorgehen unter dem Gesichtspunkt der Aufsichtspflicht problematisch sein; dazu TZ 21.533.
6 Zur Frage, ob Hausaufgaben als »Strafarbeiten« erteilt werden dürfen, TZ 28.16; zum Nachsitzen TZ 30.31.

Gegenstände (TZ 29.143), die Auferlegung besonderer Pflichten (z. B. Wiedergutmachung angerichteten Schadens). Auch bei derartigen Maßnahmen steht der pädagogische Zweck ganz im Vordergrund. Von den anregenden und fördernden Erziehungsmaßnahmen (TZ 30.11) heben sie sich indes dadurch ab, daß sie dem Schüler ein bestimmtes Verhalten *verbindlich vorschreiben oder untersagen* und dadurch seine Entfaltungsfreiheit in den durch Art. 2 Abs. 1 GG vorgegebenen Schranken begrenzen (vgl. TZ 29.11). Von den förmlichen Ordnungsmaßnahmen wiederum unterscheiden sie sich durch die vergleichsweise geringe Eingriffsintensität, da sie allein darauf gerichtet sind, den Schüler zur Beachtung der unerläßlichen »Spielregeln« anzuhalten. Mangels unmittelbarer Rechtswirkung sind sie keine Verwaltungsakte[7]. Sie bedürfen keiner besonderen Rechtsgrundlage, sind vielmehr durch den Bildungs- und Erziehungsauftrag der Schule hinreichend abgesichert[8] (TZ 15.385).

30.2 Ordnungsmaßnahmen[9]

30.21 Zweck

Zwar erfüllen Ordnungsmaßnahmen auch erzieherische Ziele[10]. Sie sollen das Verhalten des Schülers beeinflussen; daher sind stets die Auswirkungen auf seine weitere Lern- und Persönlichkeitsentwicklung zu berücksichtigen. Je schwerer aber die vom Schüler verursachte Störung und die darauf anzuwendende Maßnahme ins Gewicht fallen, um so mehr treten individuelle pädagogische Erwägungen hinter den Gesichtspunkt der Funktionssicherung der Schule zurück. *Ordnungsmaßnahmen sind in erster Linie darauf gerichtet, die auf schwerwiegenden Pflichtverletzungen beruhenden Beeinträchtigungen der*

---

7 Dazu Friedhelm *Hufen*: Verwaltungsprozeßrecht. 3. Aufl., München 1998, S. 261.
8 *Niehues:* Schul- und Prüfungsrecht, S. 179 Rn. 268, S. 21 Rn. 34; vgl. *DJT-SchulGE*, S. 291.
9 Rechtsgrundlagen: Baden-Württemberg: § 90 SchG; Bayern: Art. 86–88 BayEUG sowie § 73 Volksschulordnung und die entsprechenden Bestimmungen der übrigen Schulordnungen; Berlin: §§ 55, 56 SchulG; Brandenburg: §§ 63, 64 BbgSchulG; Bremen: §§ 46, 47 BremSchulG, VO über das Verfahren beim Erlaß von Ordnungsmaßnahmen in der Schule vom 12.5.1998 (GBl. S. 151); Hamburg: § 49 HmbSG; Hessen: § 82 HSchG; Mecklenburg-Vorpommern: § 60 SchulG; Niedersachsen: § 61 NSchG; Nordrhein-Westfalen: § 26a SchVG, §§ 13–20 ASchO; Rheinland-Pfalz: § 43, 42 Abs. 2 Nr. 7, §§ 82–87 Übergreifende Schulordnung (und entsprechende Vorschriften in den übrigen Schulordnungen); Saarland: § 32 SchoG; Sachsen: § 39 SchulG; Sachsen-Anhalt: § 44 SchulG, VO über Erziehungsmittel und Ordnungsmaßnahmen der Schule vom 4.7.1994 (GVBl. S. 782); Schleswig-Holstein: § 45 SchulG; Thüringen: §§ 51, 52 ThürSchulG. Vgl. auch § 65 DJT-SchulGE.
10 Deshalb heißen sie in Baden-Württemberg »Erziehungs- und Ordnungsmaßnahmen«, in Bayern »Ordnungsmaßnahmen als Erziehungsmaßnahmen«.

Unterrichts- und Erziehungsarbeit der Schule für die Zukunft zu verhindern[11]. Sie dienen also nicht der Sühne und Vergeltung für vergangenes Fehlverhalten des Schülers[12]. Bei der Wahl der anzuwendenden Ordnungsmaßnahme sind allerdings die subjektiven Umstände, insbesondere die Verantwortlichkeit des Schülers, angemessen zu berücksichtigen.
Ordnungsmaßnahmen unterliegen dem *Opportunitätsprinzip*. Sie *können*, müssen aber nicht getroffen werden. Ob und wie die Schule auf eine Störung reagiert, ist im wesentlichen eine Frage der Zweckdienlichkeit.

30.22 Maßnahmenkatalog, Zuständigkeit

30.221 Üblicherweise sehen die Regelungen der Länder folgende Ordnungsmaßnahmen vor: *schriftlicher Verweis, Überweisung (Umsetzung) des Schülers in eine Parallelklasse, zeitweiliger Ausschluß vom Unterricht*[13], *Ausschluß (Entlassung) von der Schule.* Im einzelnen ergeben sich mancherlei Abweichungen und Variationen. So kennen z.B. Baden-Württemberg, Hessen und Niedersachsen nicht die Ordnungsmaßnahme des schriftlichen Verweises. Andererseits gilt in Baden-Württemberg das Nachsitzen (dazu ausführlich TZ 30.31) als Ordnungsmaßnahme, während es in Bayern, Hessen, Mecklenburg-Vorpommern, Niedersachsen, im Saarland, in Sachsen-Anhalt, in Schleswig-Holstein und Thüringen den Erziehungsmaßnahmen zugerechnet wird[14]. Bremen hat eine typische Erziehungsmaßnahme – die Beauftragung des Schülers mit Aufgaben, die geeignet sind, ihn sein Fehlverhalten erkennen zu lassen – in den Katalog der förmlichen Ordnungsmaßnahmen aufgenommen. Rheinland-Pfalz zählt die Überweisung des Schülers in eine Paral-

---

11 Eine schwerwiegende Pflichtverletzung kann auch darin liegen, daß ein Schüler gegen den Sportlehrer den wahrheitswidrigen Vorwurf erhebt, dieser habe ihn sexuell belästigt; vgl. VG Göttingen, SchuR 1999, 28; dazu auch Herbert *Woltering*: Vorwurf der sexuellen Belästigung gegen einen Sportlehrer. Schüler von der Schule verwiesen, SchVw NI 1998, 254.
12 Daher ist die frühere Bezeichnung »Schulstrafen« überholt. Hierzu *Hoegg*, RdJB 1987, 298 f.
13 VGH München, NVwZ-RR 1999, 378: Der Ausschluß eines Schülers von einer einwöchigen Studienfahrt ist rechtmäßig, wenn dieser wiederholt gegen die Hausordnung verstoßen hat und dadurch Grund zu der Annahme gibt, daß er den erzieherischen Zweck der Studienfahrt in Frage stellt und den Lehrer an der Wahrnehmung seiner Aufsichtspflicht hindert; VGH München, NVwZ-RR 1998, 754: Rechtsextremistisches Verhalten eines Gymnasialschülers in der Schule rechtfertigt seinen vorübergehenden Ausschluß vom Unterricht.
14 In Niedersachsen ergibt sich diese Zuordnung aus Nr. 2.1.3 des Erl. über Erziehungsmittel sowie Erziehungs- und Ordnungsmaßnahmen vom 13.9.1983 (SVBl. S. 286), g. d. Erl. v. 7.6.1988 (SVBl. S. 224), in Sachsen-Anhalt aus Nr. 2 II Buchst. e i. V. m. Nr. 2.4 des RdErl. über Erziehungsmittel in der Schule vom 26.5.1994 (MBl. S. 1860).

lelklasse nicht zu den Ordnungs-, sondern zu den Erziehungsmaßnahmen[15]. In einigen Ländern ist der Ausschluß von einzelnen Schulveranstaltungen als zusätzliche Ordnungsmaßnahme vorgesehen (Berlin, Brandenburg, Bremen, Hessen, Mecklenburg-Vorpommern, Rheinland-Pfalz, Saarland und Thüringen). Gelegentlich werden die Androhung des zeitweiligen Ausschlusses vom Unterricht (Baden-Württemberg, Mecklenburg-Vorpommern, Niedersachsen, Saarland) und die Androhung der Überweisung in eine Parallelklasse (Hessen) als gesonderte Maßregeln aufgeführt. Mehrere Länder (Bremen, Mecklenburg-Vorpommern, Niedersachsen, Sachsen-Anhalt, Schleswig-Holstein, Thüringen) verknüpfen den Ausschluß von der besuchten Schule mit der *Überweisung in eine andere Schule derselben Schulart*; andere Länder (Bayern, Berlin, Brandenburg, Hamburg, Hessen) sehen beide Maßnahmen kumulativ vor. In besonders schweren Fällen kann der Schüler von allen Schulen derselben Schulart (Bayern, Rheinland-Pfalz, Thüringen) und sogar von allen Schulen des Landes ausgeschlossen werden (Bayern, Brandenburg, Niedersachsen, Nordrhein-Westfalen, Rheinland-Pfalz, Saarland, Sachsen-Anhalt, Thüringen)[16]. Diese Maßnahme ist jedoch gegenüber vollzeitschulpflichtigen Kindern gänzlich unzulässig (Bayern, Brandenburg, Niedersachsen, Sachsen-Anhalt, Thüringen), in jedem Fall aber an erschwerte Voraussetzungen gebunden; zumindest darf der Besuch geeigneter Sonderschulen nicht verhindert werden (Baden-Württemberg, Rheinland-Pfalz, Saarland). In Berlin und Hamburg ist selbst der Ausschluß von der Einzelschule nur nach Erfüllung der Schulpflicht zulässig.

Ein Schulausschluß kommt auch unabhängig von einer Pflichtverletzung in Betracht, wenn das Verbleiben des Schülers in der Schule eine ernsthafte Gefahr für Sicherheit, Gesundheit oder Unterricht und Erziehung der Mitschüler bedeutet[17].

30.222 Die *Zuständigkeiten* für den Erlaß der einzelnen Ordnungsmaßnahmen sind abgestuft. In der Regel ist der Klassenlehrer, der Schulleiter oder die Klassenkonferenz für den schriftlichen Verweis und die Umsetzung in eine Parallelklasse zuständig, die Klassenkonferenz oder Lehrerkonferenz

---

15 Allein die Tatsache, daß der Verordnungsgeber in Rheinland-Pfalz im Unterschied zur früheren Regelung die Überweisung in eine Parallelklasse nicht mehr als Ordnungs-, sondern als Erziehungsmaßnahme einstuft, stellt die Qualifizierung der Maßnahme als Verwaltungsakt nicht in Frage. Die Intention des Verordnungsgebers mag sich geändert haben, die unmittelbare Beeinträchtigung der Rechtssphäre des Schülers hingegen nicht. So VG Koblenz, SPE n.F. 902 Nr.2; s. auch OVG Koblenz, NVwZ 1993, 480; ferner VGH München, NVwZ-RR 1990, 608. S. auch TZ 30.23.
16 Dazu kritisch *DJT-SchulGE*, S. 194. Grundlegende Bedenken auch bei Günther *Hoegg*: Sind Schulausschlußmaßnahmen verfassungskonform?, RdJB 1998, 352. Der Autor hält den gesetzlich vorgesehenen Ausschluß aus der Schule für eine prinzipiell ungeeignete Maßnahme. Die Schutzfunktion zugunsten der Mitschüler und der Schule entfalte die Verweisung von der Schule allenfalls bei chronischen Störern; im übrigen sei sie unter erzieherischen Zwecken verfehlt. Man müsse alternative Formen der Konfliktlösung und Störungsbeseitigung nutzen. Dazu auch Christiane *Simsa*: Strafe muß sein? Zum Verhältnis von Schulordnungsrecht und Schulmediation, RdJB 1999, 140. – Aus der Rspr. VGH Mannheim, SPE II D II S. 1; OVG Münster, DVBl. 1975, 445; VG Karlsruhe, SPE II D II S. 3.
17 So ausdrücklich § 29 Abs. 3 nrw SchVG (nur bei Gefahr für die Gesundheit der Mitschüler), § 43 Abs. 1 und 3 rp SchulG, § 52 Abs. 1 ThürSchulG.

für den zeitweiligen Ausschluß vom Unterricht, die Gesamtkonferenz oder Schulkonferenz für den Ausschluß von der besuchten Schule und dessen Androhung, die untere oder oberste Schulaufsichtsbehörde für die Überweisung an eine andere Schule und für den Ausschluß von den übrigen Schulen.

30.23 Rechtsnatur

Ordnungsmaßnahmen greifen als Einzelakte in die Rechtssphäre des Schülers (und der Eltern) ein. Daher sind sie im Unterschied zu den Erziehungsmaßnahmen (TZ 30.1) *Verwaltungsakte*. Wegen ihrer Grundrechtsrelevanz bedürfen sie einer besonderen gesetzlichen Grundlage (dazu TZ 15.385). Für die Abgrenzung gegenüber den Erziehungsmaßnahmen kommt es auf die in den Schulgesetzen verwendete Terminologie nicht an. Was der Gesetzgeber als »Erziehungsmaßnahme« bezeichnet, kann sehr wohl eine Ordnungsmaßnahme sein[18] und umgekehrt. Kennzeichen der Ordnungsmaßnahmen ist im allgemeinen, daß sie nicht im laufenden Unterrichtsbetrieb verfügt werden, sondern in einem förmlichen Verfahren ergehen (dazu TZ 30.25).

30.24 Zulässigkeitsvoraussetzungen

30.241 Die Schule muß bei der Anwendung von Ordnungsmaßnahmen das *Übermaßverbot* beachten (TZ 24.131). Das bedeutet zunächst, daß das Mittel überhaupt *geeignet* ist, den angestrebten Zweck zu erreichen. An dieser Voraussetzung fehlt es beispielsweise, wenn die Schule einen Schüler, der dem Unterricht immer wieder unentschuldigt fernbleibt, zeitweilig vom Unterricht ausschließt. Sodann darf die Schule nur zu den für die Störungsbeseitigung oder -verhinderung *erforderlichen* Maßnahmen greifen. Solange Erziehungsmittel ausreichen, ist die Anwendung von Ordnungsmaßnahmen unzulässig (Subsidiarität)[19]. Das heißt jedoch nicht, daß erst Erziehungsmaßnahmen gescheitert sein müßten, bevor eine Ordnungsmaßnahme getroffen werden dürfte[20]. Vor allem aber hat die Schule den Grundsatz der *Verhältnismäßigkeit* zu wahren. Daraus folgt insbesondere, daß die zu treffende Ordnungsmaßnahme nach Art, Schwere und Folgen des Fehlverhaltens angemessen erscheint. Die einmalige »Entgleisung« verlangt eine mildere Reaktion als die gezielte und länger anhaltende Störung des Schulfriedens. Wer durch Agitation (Flugblätter, Megaphon usw.) planmäßig Konflikte schürt und die

---
18 Vgl. VG Koblenz, SPE n. F. 902 Nr. 2; s. auch OVG Koblenz, NVwZ 1993, 480.
19 Vgl. etwa § 90 Abs. 2 Satz 2 bw SchG, Art. 86 Abs. 1 BayEUG, § 55 Abs. 1 Satz 1 bln SchulG, § 64 Abs. 1 Satz 1 BbgSchulG, § 26a Abs. 2 Satz 1 nrw SchVG, § 39 Abs. 1 sächs SchulG, § 45 Abs. 1 Satz 1 sh SchulG, § 51 Abs. 2 Satz 1 ThürSchulG.
20 S. aber § 82 Abs. 4 HSchG, wonach Ordnungsmaßnahmen nur dann zulässig sind, »wenn pädagogische Maßnahmen und Mittel sich als wirkungslos erwiesen haben« (anders nur bei Schutz von Personen und Sachen); demgemäß muß zunächst eine Erziehungsmaßnahme getroffen werden. Ähnlich auch § 60 Abs. 3 Satz 1 SchulG M-V (dazu OVG Greifswald, NJW 1997, 1720, m. Anm. von Hans Josef *Tymiester*, RdJB 1997, 301). Strenger noch § 49 Abs. 4 Satz 1 HmbSG, wonach Ordnungsmaßnahmen in jedem Fall nur zulässig sind, soweit pädagogische Maßnahmen »nicht zu einer Konfliktlösung geführt haben«.

Mitschüler gegen die Schule aufwiegelt, muß sich schärfere Maßnahmen gefallen lassen als ein Schüler, der sich durch eine von anderen gesteuerte Kampagne nur mitreißen läßt. Gegen einen Schüler, der zum Unterrichtsboykott aufruft, ist ein härteres Vorgehen angezeigt, als gegen denjenigen, der sich am Boykott als Mitläufer beteiligt. Der Grundsatz der Verhältnismäßigkeit gebietet aber *nicht zwingend die formelle Einhaltung der Stufenfolge der Ordnungsmaßnahmen*[21], also kein schrittweises Vorgehen vom mildesten zum schärfsten Mittel. Die Verhältnismäßigkeit fordert eine der Schwere und den Auswirkungen des Pflichtverstoßes entsprechende Antwort, was im Extremfall bedeuten kann, daß der Ausschluß von der Schule auch ohne vorherige Androhung verfügt werden darf. Die Androhung ist allerdings nur dann entbehrlich, wenn der durch sie verfolgte Zweck nicht oder nicht mehr erreicht werden kann[22]. Ist die Androhung des Schulausschlusses zu Unrecht unterblieben, ist die Ordnungsmaßnahme des Ausschlusses rechtswidrig; bei schuldhafter Amtspflichtverletzung der verantwortlichen Bediensteten können die Eltern des Schülers vom Land Schadensersatz gemäß §839 BGB i. V. m. Art. 34 GG geltend machen[23]. Im übrigen erweisen sich gravierende Ordnungsmaßnahmen, wie vor allem der Ausschluß von der Schule, nur dann als verhältnismäßig, wenn der Schüler durch schweres oder wiederholtes Fehlverhalten die Erfüllung der Aufgabe der Schule oder die Rechte anderer gefährdet[24]. Der den Ordnungsmaßnahmen vorgegebene Zweck – nicht Sühne und Vergeltung, sondern Vermeidung künftiger Störungen – verlangt darüber hinaus, daß vor der Entscheidung über eine zwangsweise Entlassung im Wege der *Prognose* geprüft wird, ob das Verbleiben des Schülers die Unterrichts- und Erziehungsarbeit der Schule auch fortan beeinträchtigen würde[25]. Kann die Funktionsstörung der Schule durch ein milderes Mittel, z. B. den zeitweiligen Ausschluß des Schülers vom Unterricht, erreicht werden, ist seine Entlassung unverhältnismäßig und daher rechtswidrig[26].

21 So aber noch VGH München, DVBl. 1982, 457, m. Anm. von Ludwig *Gramlich*, S. 745. S. demgegenüber jetzt §73 Abs. 2 Satz 1 bay Volksschulordnung und die entsprechenden Bestimmungen der anderen Schulordnungen in Bayern.
22 Vgl. OVG Koblenz, NJW 1996, 1690: Der Konsum von Haschisch und die Herstellung von Kontakten zwischen Schülern und der Rauschgiftszene im Umfeld einer Schule durch einen Schüler rechtfertigen dessen Ausschluß aus der Schule auf Dauer, ohne daß dieser Ordnungsmaßnahme die Androhung des Ausschlusses hätte vorausgehen müssen. So auch VGH München, NVwZ-RR 1998, 239, hinsichtlich der Weitergabe von Marihuana durch einen Schüler an seine Mitschüler. Vgl. VG Mainz, NVwZ 1998, 87: Greift ein Schüler wiederholt Lehrpersonen und Mitschüler tätlich an, kann er – auch ohne vorherige Androhung – auf Dauer von der Schule ausgeschlossen werden. Vgl. auch Ulrich *Haug*: Gerichtsentscheidungen zum Schulausschluß und zum zeitweiligen Ausschluß vom Unterricht, SchVw BW 1999, 14.
23 So OLG Hamm, NJW 1997, 1512 (Schadensersatz in Höhe der Aufwendungen für den Besuch einer Privatschule). Dazu Udo *Dirnaichner*: Amtshaftung bei der Verhängung von Ordnungsmaßnahmen?, SchVw BY 1998, 36.
24 Z. B. §90 Abs. 6 bw SchG, Art. 86 Abs. 6 BayEUG, §49 Abs. 4 Satz 3 HmbSG, §60 Abs. 4 Satz 2 SchulG M-V, §26a Abs. 6 nrw SchVG, §39 Abs. 3 sächs SchulG.
25 Vgl. §43 Abs. 1 rp SchulG, §32 Abs. 4 Satz 2 saarl SchoG; vgl. auch *DJT-SchulGE*, S. 295.
26 Zum zeitweiligen Ausschluß vom Unterricht: VGH Mannheim, SPE II D II S. 21; VG Karlsruhe, SPE II D II S. 31; VGH Mannheim, RdJB 1977, 71 m. Anm. von Erwin *Gerhardt*; VGH München, DVBl. 1982, 457 – alle Entscheidungen betreffen Ordnungsmaßnahmen im Zusammenhang mit politischer Betätigung von Schülern.

30.242 **Anknüpfungspunkt** für Ordnungsmaßnahmen *ist* allein *das Fehlverhalten des einzelnen Schülers* einschließlich der Auswirkungen seines Verhaltens auf die Mitschüler; ohne eigenes Zutun darf ein Schüler daher nicht für Pflichtverletzungen anderer haftbar gemacht werden[27]. Deshalb sind *Kollektivmaßnahmen*, also Ordnungsmaßnahmen gegenüber Klassen und Gruppen als solchen, *verboten*[28]. Das schließt jedoch ein Vorgehen gegen sämtliche Schüler einer Klasse dann nicht aus, wenn jeder die Störung mitverursacht hat.

30.243 Außerschulisches Verhalten des Schülers darf *grundsätzlich nicht Anlaß einer Ordnungsmaßnahme* sein, da für dieses nicht die Schule, sondern die Eltern bzw. der Schüler selbst verantwortlich sind (TZ 29.17). Etwas anderes gilt, wenn Aktivitäten des Schülers im außerschulischen Bereich die Verwirklichung der Aufgabe der Schule unmittelbar gefährden[29]. Zu denken ist etwa an Tätlichkeiten gegen Mitschüler an der Bushaltestelle vor der Schule[30] oder an die Verleitung von Mitschülern zum Drogenkonsum.

30.25 Verfahren

Die tatbestandlichen Voraussetzungen für den Erlaß von Ordnungsmaßnahmen lassen sich wegen der Vielzahl denkbarer Pflichtverletzungen und der notwendigen pädagogischen Flexibilität nicht präzise fassen; daher sind *generalklauselartige Regelungen unvermeidlich*[31]. Um so mehr kommt es darauf an, daß das *Verfahren*, in dem die Maßnahmen ergehen, *rechtsstaatlich ausgestaltet* ist. Der Schüler ist vor jeder Entscheidung anzuhören; jedenfalls dann, wenn es sich um gravierende Maßnahmen handelt, haben auch die Eltern des minderjährigen Schülers ein *Anhörungsrecht*[32]. Der Schüler kann einen Lehrer seines Vertrauens oder auch ein Mitglied der Schülervertretung einschalten. Die Zuständigkeiten (TZ 30.222) sind strikt zu wahren. Für Konferenzbeschlüsse über den Ausschluß des Schülers von der Schule gelten häufig zusätzliche Verfahrensanforderungen (z.B. Anhörung der Schulkonferenz, der Schülervertretung, der Elternvertretung; qualifizierte Mehrheit; Einschaltung des Schulpsychologen)[33]. Zur Gewährleistung eines rechtsstaatlichen Verfahrens und aus Gründen der Rechtssicherheit sollten Ordnungs-

---

27 *DJT-SchulGE*, S. 295; *Niehues*: Schul- und Prüfungsrecht, S. 168f. Rn. 245.
28 So ausdrücklich § 15 Abs. 2 nrw ASchO, § 32 Abs. 2 Satz 3 saarl SchoG, § 51 Abs. 5 Satz 1 ThürSchulG.
29 Z.B. Art. 86 Abs. 7 BayEUG, § 64 Abs. 1 Satz 3 BbgSchulG, § 82 Abs. 6 Satz 3 HSchG, § 65 Abs. 4 Satz 2 *DJT-SchulGE*.
30 Zu einem solchen Fall OVG Münster, NVwZ-RR 1999, 29.
31 *DJT-SchulGE*, S. 284.
32 So z.B. die Regelungen in Bayern und Berlin: Art. 86 Abs. 8 BayEUG, § 55 Abs. 4 Satz 1 bln SchulG. In anderen Ländern ist den Eltern des minderjährigen Schülers stets, also auch bei weniger schwerwiegenden Ordnungsmaßnahmen, zuvor Gelegenheit zur Äußerung zu geben; so z.B. in Brandenburg (§ 64 Abs. 5 Satz 2 BbgSchulG). Zur Handlungsfähigkeit minderjähriger Schüler gegenüber der Schule TZ 24.221.
33 Z.B. § 90 Abs. 4 bw SchG; Art. 86 Abs. 9, 87 Abs. 1 und 2, 88 Abs. 1 BayEUG; § 61 Abs. 6 NSchG; § 15 Abs. 4 nrw ASchO, § 32 Abs. 2 Satz 2 saarl SchoG, § 52 Abs. 2 Satz 2 ThürSchulG.

maßnahmen den Eltern bzw. dem volljährigen Schüler *schriftlich* mitgeteilt und begründet werden[34]. Zum Rechtsschutz gegenüber Ordnungsmaßnahmen s. TZ 34.2 und 34.3. Die aufschiebende Wirkung des Widerspruchs gegen eine Ordnungsmaßnahme kann gemäß § 80 Abs. 2 Satz 1 Nr. 4 VwGO durch Anordnung der sofortigen Vollziehung beseitigt werden, sofern dies im öffentlichen Interesse oder zumindest im überwiegenden Interesse eines Beteiligten liegt. Diese Voraussetzung ist erfüllt, wenn eine erhebliche Gefährdung von Mitschülern umgehend zu beseitigen ist; aber auch der Gesichtspunkt einer möglichst tatnahen Sanktion kann den Sofortvollzug rechtfertigen. Die Anordnung der sofortigen Vollziehung kann mit der Entscheidung über die Ordnungsmaßnahme verbunden werden.

30.3 Nachsitzen, Arrest, körperliche Züchtigung

30.31 Nachsitzen

Die Anordnung des Nachsitzens, die den Schüler verpflichtet, außerhalb der üblichen Unterrichtsstunden für kürzere Zeit unter Aufsicht eines Lehrers besondere Aufgaben zu erfüllen, ist als *Erziehungsmaßnahme* zulässig, wenn es gilt, Lernrückstände aufzuarbeiten[35]; diese können z. B. auf nichtangefertigten Hausaufgaben, Zuspätkommen zum Unterricht oder fortwährender Störung des Unterrichts beruhen. Es handelt sich in diesem Fall nicht um eine Freiheitsbeeinträchtigung im Sinne des Art. 2 Abs. 2 Satz 2 GG[36]. Der Schüler wird vielmehr dazu angehalten, Versäumtes nachzuholen; er muß insoweit – wie auch sonst bei einer für verbindlich erklärten Schulveranstaltung – eine Begrenzung seiner Entfaltungsfreiheit (Art. 2 Abs. 1 GG) hinnehmen. Dazu reicht der Bildungs- und Erziehungsauftrag der Schule aus; eine besondere Rechtsgrundlage – neben den einschlägigen die Schulpflicht und die

---

34 So ausdrücklich § 55 Abs. 4 Satz 7 bln SchulG, § 15 Abs. 5 nrw ASchO.
35 Ebenso ist es als rechtmäßige Erziehungsmaßnahme anzusehen, wenn der Lehrer die Schüler anweist, den von ihnen verschmutzten Schulraum zu säubern, und sie für 15 Minuten über das planmäßige Ende des Unterrichts hinaus durch Absperren der Ausgangstür am Verlassen des Gebäudes hindert, um sie auf diese Weise anzuhalten, den Raum zu säubern (OVG Schleswig, NJW 1993, 952).
36 Nicht jede Auferlegung einer Verhaltenspflicht, die den Aufenthalt an einem bestimmten Ort und zu einer bestimmten Zeit notwendig impliziert, greift in die grundrechtlich geschützte Freiheit der Person ein, sondern nur eine solche, die den Zweck verfolgt, die körperliche Bewegungsfreiheit zu beschränken. So zutreffend Dietrich *Murswiek*, in: Sachs: Grundgesetz. Kommentar, Art. 2 Rn. 239, 233. Nach anderer Auffassung (Helmuth *Schulze-Fielitz*, in: Dreier: Grundgesetz. Kommentar, Art. 2 II Rn. 65) kommt es nicht auf den Zweck der Freiheitsbeeinträchtigung an, sondern darauf, ob bei Nichtbefolgung der auferlegten Verhaltenspflicht sofortiger unmittelbarer Zwang zu erwarten ist; ergibt sich wie beim Nachsitzen der »Zwang« allein aus der Vorgabe eines angeordneten Zeitpunkts, liegt auch nach dieser Ansicht eine Freiheitsbeeinträchtigung nicht vor.

Teilnahmepflichten regelnden Gesetzesvorschriften – ist nicht erforderlich[37]. Anders ist die Situation zu beurteilen, wenn das Nachsitzen nicht zur Kompensation von Lernrückständen, sondern dazu benutzt wird, den Schüler wegen sonstigen Fehlverhaltens (z.B. Beleidigung eines Lehrers) zur Rechenschaft zu ziehen. Hier geht es nicht um eine rein erzieherische Reaktion. Die Anordnung greift vielmehr in die Freiheit der Person (Art. 2 Abs. 2 Satz 2 GG) ein und ist daher mangels besonderer gesetzlicher Regelungen unzulässig[38].

30.32 Arrest

Der – heute nicht mehr übliche – Arrest, bei dem der Schüler in einen Raum der Schule (»Karzer«) eingesperrt wird, ist eine Vergeltungsmaßnahme, die sich mit der Aufgabe der Schule, den Schüler zu Mündigkeit und Selbstverantwortung zu erziehen, nicht vereinbaren läßt. Er ist im übrigen schon deshalb unzulässig, weil in keinem Bundesland die für diese Freiheitsentziehung nach Art. 2 Abs. 2 Satz 3 und Art. 104 Abs. 1 Satz 1 GG erforderliche formellgesetzliche Grundlage existiert.

30.33 Körperliche Züchtigung[39]

Die körperliche Züchtigung, früher die häufigste Schulstrafe, ist in allen Ländern durch Rechts-, zumindest aber durch Verwaltungsvorschrift ausdrück-

---

37 Wie hier im Ergebnis auch *Niehues*: Schul- und Prüfungsrecht, S. 175 Rn. 257. Demgegenüber hält der *DJT-SchulGE*, S. 292, eine hinreichend spezifizierte rechtliche Regelung für geboten. – In Baden-Württemberg zählt das Nachsitzen zu den förmlichen Ordnungsmaßnahmen (§ 90 Abs. 3 Nr. 1 und 2 Buchst. a SchG).
38 A. A. VGH Mannheim, RdJB 1985, 144 m. Anm. von Lutz *Dietze*, und VG Freiburg, NVwZ 1984, 131 (erstinstanzlich), die das Nachsitzen als eine durch den gesetzlichen Bildungsauftrag der Schule gerechtfertigte Erziehungsmaßnahme auch dann für zulässig erklären, wenn es nicht dem Nachholen von Lernrückständen, sondern der Ahndung von sonstigen Fehlverhaltens dient. Vgl. demgegenüber § 73 Abs. 1 Satz 3 bay Volksschulordnung und die entsprechenden Bestimmungen der übrigen Schulordnungen, § 82 Abs. 1 Satz 2 HSchG, § 60 Abs. 1 Satz 3 SchulG M-V, § 16 Abs. 2 Satz 2 saarl ASchO, § 45 Abs. 1 Satz 3 sh SchulG und § 51 Abs. 1 Satz 2 ThürSchulG, die nur das »Nacharbeiten« bzw. das »Nachholen schuldhaft versäumten Unterrichts«, also das Nachsitzen zum Ausgleich versäumter Leistungen, für statthaft erklären, dies wiederum nur nach Benachrichtigung der Eltern.
39 Umfassend m. w. N. Heike *Jung*: Das Züchtigungsrecht des Lehrers, Berlin 1977; Hinrich *Rüping*/Uta *Hüsch*: Abschied vom Züchtigungsrecht des Lehrers, GA 1979, 1; ferner: Hans-Jörg *Albrecht*: Die Entwicklung des Züchtigungsrechts, RdJB 1994, 198. Außerdem die in der SPE, Gruppe VI H I, sowie in der SPE n. F. unter 360 abgedruckten Gerichtsentscheidungen.

lich verboten[40]. Der Lehrer, der den Schüler körperlich züchtigt, erfüllt den Straftatbestand der Körperverletzung im Amt (§ 340 StGB)[41]. Ausnahmsweise kann die Körperverletzung nach den für alle Bürger geltenden Bestimmungen der §§ 32 ff. StGB gerechtfertigt sein, wenn der Lehrer sich in einer *Notwehr- oder Notstandssituation* befindet. Notwehr liegt z. B. vor, wenn der Lehrer dem Angriff eines älteren Schülers, der mit erhobener Faust auf ihn zustürzt, mit einem Verteidigungsschlag zuvorkommt. Ein (rechtfertigender) Notstand wäre gegeben, wenn der Lehrer dem trotz Abmahnung am Filmapparat mit brennendem Feuerzeug hantierenden Schüler dieses aus der Hand schlägt, um einen Brand zu verhindern.

30.4 Maßnahmen der Schule bei strafbarem Verhalten von Schülern

Auch gegenüber Schülern, die sich strafbar gemacht haben, hat die Schule in erster Linie ihren erzieherischen Auftrag wahrzunehmen. Das gilt auch und insbesondere bei *Drogenmißbrauch*. Der Lehrer sollte in solchen Fällen das Gespräch mit dem Schüler suchen und die Eltern informieren (s. aber TZ 31.332). Sofern der Schüler durch sein Verhalten Mitschüler gefährdet, muß der Lehrer den Schulleiter unterrichten. Dieser erörtert die weiteren Schritte mit dem Klassenlehrer und dem (Drogen-)Beratungslehrer. Nötigenfalls sind Ordnungsmaßnahmen bis hin zum Ausschluß aus der Schule zu treffen (TZ 30.2). Eine *Strafanzeige* bei Polizei oder Staatsanwaltschaft ist nur dann geboten, wenn die beabsichtigte Strafverfolgung das einzige Mittel ist, die Gefährdung anderer Jugendlicher zu verhindern (z. B. dann, wenn sich der Schüler als Drogenhändler betätigt). Es ist Sache des Schulleiters, nicht des einzelnen Lehrers, die Strafverfolgungsbehörden zu verständigen; er sollte sich zuvor mit der Schulaufsicht ins Benehmen setzen[42].

30.5 Maßnahmen gegenüber Eltern und Ausbildern

Die Möglichkeiten, die der Schule gegenüber den Eltern wie auch gegenüber den Ausbildern der Schüler zu Gebote stehen, um ihren Bildungs- und Erziehungsauftrag durchzusetzen, sind beschränkt. Die Schul(pflicht)gesetze er-

---

40 Gesetzliche Verbote enthalten § 90 Abs. 3 Satz 2 bw SchG, Art. 86 Abs. 3 Satz 2 BayEUG, § 55 Abs. 2 Satz 2 bln SchulG, § 63 Abs. 1 Satz 4 BbgSchulG, § 49 Abs. 2 HmbSG, § 82 Abs. 3 HSchG, § 60 Abs. 2 SchulG M-V, § 26 a Abs. 3 nrw SchVG, § 32 Abs. 3 saarl SchoG, § 39 Abs. 2 Satz 2 sächs SchulG, § 45 Abs. 3 SchulG sh, § 51 Abs. 5 Satz 2 ThürSchulG. § 44 Abs. 2 Satz 2 SchulG LSA verbietet Ordnungsmaßnahmen, die die Würde des Schülers verletzen. – Im übrigen verstößt die Prügelstrafe gegen das in Art. 3 der Europäischen Menschenrechtskonvention ausgesprochene Verbot erniedrigender Strafen (EuGMR, NJW 1979, 1089).
41 Im Einzelfall kann dem Schüler ein Anspruch auf Schmerzensgeld zustehen; dieser ist zu verneinen, wenn er an dem Vorfall mitschuldig ist und sein körperliches Wohlbefinden nur geringfügig beeinträchtigt wurde. So LG Hanau, NJW 1991, 2028.
42 Mehrere Kultusministerien haben Schulen und Lehrern Empfehlungen zum Umgang mit dem Drogenproblem gegeben. Sehr hilfreich ist z. B. die Verwaltungsvorschrift des bw Kultusministeriums zur »Suchtprävention in der Schule« vom 4. 12. 1993 (ABl. 1994 S. 1).

möglichen die Verhängung von Bußgeldern und Strafen sowie die Anwendung des Schulzwangs (TZ 25.5). Im übrigen ist die Schule auf indirekte Wege angewiesen; eine Ordnungsgewalt besitzt sie gegenüber den Erziehungsberechtigten nicht. Weigern sich z. B. die Eltern, durch Unterschrift von einer Mitteilung oder einem Zeugnis Kenntnis zu nehmen, oder lehnen sie es ab, zu einer Rücksprache zu erscheinen, kann die Schule wenig tun. Sie kann allenfalls dem Schüler, dessen Mutter oder Vater das Zeugnis nicht unterschrieben hat, zum nächsten Termin die Aushändigung eines Zeugnisses verweigern in der Erwartung, daß ein elterlicher Protest dann zu einer klarenden Aussprache führen wird. Keinesfalls darf sie den Schüler unter dem Unverstand oder dem bösen Willen der Eltern leiden lassen. Sie darf ihn insbesondere nicht für Zuwiderhandlungen der Eltern durch Ordnungsmaßnahmen zur Rechenschaft ziehen.

Bestehen begründete Anhaltspunkte dafür, daß Eltern ihre Pflichten gegenüber dem minderjährigen Schüler schwer verletzen, sollte der Schulleiter das *Jugendamt in Kenntnis setzen*[43]; bei Verdacht strafbarer Handlungen (z. B. Kindesmißhandlung) ist Strafanzeige zu erheben.

---

43 Hält das Jugendamt seinerseits gerichtliche Maßnahmen zur Abwendung einer Gefährdung des Kindeswohls für erforderlich, ruft es das Familiengericht an (§ 50 SGB VIII, § 1666 BGB).

31. Kapitel: Fürsorge und Hilfen für den Schüler

31.1 Schulgesundheitspflege

Die Schulgesundheitspflege soll gesundheitlichen Störungen vorbeugen, sie frühzeitig erkennen und Wege für deren Behebung aufzeigen[1]. Zu den dabei wahrzunehmenden Aufgaben gehören der Schutz vor übertragbaren Krankheiten (TZ 31.11), der schulärztliche Dienst (TZ 31.12) sowie sonstige Maßnahmen, insbesondere die Gesundheitserziehung (TZ 31.13).

31.11 Schutz vor Verbreitung übertragbarer Krankheiten[2]

Das tägliche Beisammensein zahlreicher Menschen auf engem Raum – zumal von Kindern und Jugendlichen, die für Ansteckungen anfälliger sind als Erwachsene – macht gesundheitliche Vorbeugungs- und Schutzmaßnahmen in der Schule erforderlich. Diese beruhen vor allem auf dem Gesetz zur Verhütung und Bekämpfung übertragbarer Krankheiten beim Menschen (Bundes-Seuchengesetz)[3], auf schulgesetzlichen Vorschriften[4] und sie ergänzenden Rechtsverordnungen[5], auf den Bestimmungen des jeweiligen Landesgesetzes über den öffentlichen Gesundheitsdienst[6] sowie auf ministeriellen Verwaltungsvorschriften[7].

---

1 S. etwa Art. 80 Abs. 1 Satz 2 BayEUG.
2 Dazu Ingo *Döker*: Gesundheit und Schule, in: Werner Honal (Hrsg.): Handwörterbuch Schulleitung. Neuausgabe. Bd. 1, Landsberg am Lech (Loseblattausgabe, Stand: Juli 1999), Kapitel G; Harald *Gampe*: Kooperation mit außerschulischen Stellen, in: Alfred Müller/ Harald Gampe/Gerald Rieger/Erika Risse (Hrsg.): Leitung und Verwaltung einer Schule. 8. Aufl., Neuwied 1997, S. 215 ff.
3 I. d. F. d. Bek. v. 18. 12. 1979 (BGBl. I S. 2262), zul. g. d. G. v. 24. 3. 1997 (BGBl. I S. 594).
4 § 91 bw SchulG; Art. 80 BayEUG; § 20 bln SchulG; § 45 BbgSchulG; § 36 BremSchulG; § 17 BremSchVwG; § 34 HmbSG; § 71 HSchG; § 58 SchulG M-V; § 57 NSchG; § 29 nrw SchVG; § 52 Abs. 2 rp SchulG; § 20 saarl SchoG; § 59 Abs. 5 sächs SchulG; § 38 SchulG LSA; § 47 sh SchulG; § 55 ThürSchulG.
5 Z. B. bw SchuluntersuchungsVO vom 15. 8. 1997 (GBl. S. 405), §§ 41 ff. nrw ASchO, § 18 saarl ASchO, sächs SchulgesundheitspflegeVO vom 30. 5. 1998 (GVBl. S. 282).
6 Z. B. bw Gesundheitsdienstgesetz v. 12. 12. 1994 (GBl. S. 663), g. d. VO v. 17. 6. 1997 (GBl. S. 278); Art. 8 Abs. 1 Satz 1 Nr. 5 bay Gesetz über den öffentlichen Gesundheitsdienst vom 12. 7. 1986 (GVBl. S. 120), zul. g. d. G. v. 23. 12. 1995 (GVBl. S. 843); bln Gesundheitsdienst-Gesetz vom 4. 8. 1994 (GVBl. S. 329); Bbg Gesundheitsdienstgesetz v. 3. 6. 1994 (GVBl. S. 178); Gesetz über den Öffentlichen Gesundheitsdienst M-V vom 19. 7. 1994 (GVOBl. S. 747); nrw Gesetz über den öffentlichen Gesundheitsdienst vom 25. 11. 1997 (GV. S. 430); sächs Gesetz über den öffentlichen Gesundheitsdienst vom 11. 12. 1991 (GVBl. S. 413); sh Gesundheitsdienst-Gesetz vom 26. 3. 1979 (GVOBl. S. 244), zul. g. d. VO v. 16. 6. 1998 (GVOBl. S. 210). Die Vorschriften der Landesgesetze über den öffentlichen Gesundheitsdienst haben die zuvor als Landesrecht gem. Art. 123 ff. GG weitergeltenden Bestimmungen des Gesetzes über die Vereinheitlichung des Gesundheitswesens v. 3. 7. 1934 (RGBl. I S. 531) mit seinen Durchführungsverordnungen in den meisten Ländern abgelöst.
7 Z. B. bw Einschulungsuntersuchungsrichtlinien vom 17. 10. 1997 (ABl. 1998 S. 17), hess Richtlinien zur Schulgesundheitspflege vom 16. 3. 1992 (StAnz. S. 1215).

31.111 Das *Gesundheitsamt* wacht darüber, daß die Schule die Anforderungen der Hygiene einhält und der Verbreitung übertragbarer Krankheiten vorbeugt. Es kontrolliert den hygienischen Zustand der Schulgebäude und Einrichtungsgegenstände in Abständen von längstens fünf Jahren. Stellt es Mängel fest, wirkt es darauf hin, daß die erforderlichen Maßnahmen eingeleitet werden; in dringenden Fällen kann es vorläufige Anordnungen zur Abwehr von Gefahren für Leben oder Gesundheit treffen. Außerdem wirkt das Gesundheitsamt auf die gesundheitsgerechte Gestaltung der Lebens- und Umweltbedingungen hin. So hat es beispielsweise auf Gesundheitsgefährdungen, die durch Asbest verursacht werden, hinzuweisen und zu veranlassen, daß diese Gefahren durch Sanierung des Gebäudes beseitigt werden.

31.112 Der *Schulleiter* ist dafür verantwortlich, daß die Verhältnisse in den Schulräumen, insbesondere in den Wasch- und Toilettenanlagen, den Erfordernissen einer zeitgemäßen Hygiene entsprechen. Er hat darauf zu achten, daß das Schulgebäude sauber ist und daß Abfall- und Schadstoffe ordnungsgemäß gelagert und beseitigt werden. Gegebenenfalls muß er beim Schulträger auf die Behebung von Mängeln dringen und das Gesundheitsamt sowie die Schulaufsichtsbehörde verständigen[8].

31.113 Lehrer und andere Schulbedienstete haben vor Aufnahme ihrer Tätigkeit durch ein Zeugnis des Gesundheitsamts nachzuweisen, daß bei ihnen keine ansteckungsfähige Tuberkulose vorliegt. Das Gesundheitszeugnis muß sich auf eine Röntgenaufnahme der Atmungsorgane und eine intrakutane Tuberkulinprobe stützen; die Erhebung der Befunde darf nicht länger als sechs Monate zurückliegen (§ 47 Abs. 1 BSeuchenG)[9]. Auch *Schüler* können zu einer Tuberkuloseuntersuchung verpflichtet werden (§ 47 Abs. 4 BSeuchenG).

31.114 Ein *Impfzwang* für Schüler *besteht nicht*[10]. Doch können die Gesundheitsminister der Länder Impfungen empfehlen; sie können anordnen, daß die Gesundheitsämter unentgeltliche Schutzimpfungen gegen bestimmte übertragbare Krankheiten durchführen (§ 14 Abs. 3 und 4 BSeuchenG). Die Teilnahme an solchen Impfungen ist stets freiwillig; bei minderjährigen Schülern müssen die Eltern einwilligen[11].

---

8 Dazu die einschlägigen Bestimmungen der Erlasse zur Durchführung des Bundes-Seuchengesetzes im Schulbereich, z. B. Nr. 7 des hess Erlasses vom 25.11.1993 (ABl.1994, S. 106).
9 Die vom Dienstherrn angeordnete Untersuchung eines Lehrers gemäß § 47 Abs. 1 BSeuchenG wird nicht im Rahmen des beamtenrechtlichen Dienst- und Treueverhältnisses durchgeführt, sondern ist eine Maßnahme im öffentlichen Interesse, nämlich an der Gesunderhaltung der Schüler und der Verhinderung der möglichen Weiterverbreitung der Tuberkulose; eine ärztliche Fehldiagnose bei dieser Untersuchung führt daher nicht zu einer Haftung des Dienstherrn wegen Verletzung der beamtenrechtlichen Fürsorgepflicht (BVerwG, ZBR 1993, 335).
10 Die früher vorgeschriebene Pockenschutzimpfung ist zum 1.7.1983 abgeschafft worden (Gesetz über die Aufhebung des Gesetzes über die Pockenschutzimpfung vom 24.11.1982).
11 Die Einwilligung des minderjährigen Schülers reicht nur dann aus, wenn er aufgrund seiner natürlichen Einsichtsfähigkeit die Bedeutung und Tragweite der Entscheidung zu beurteilen vermag (vgl. TZ 31.333).

31.115 Bestimmte *übertragbare Krankheiten* (insbesondere Cholera, Kinderlähmung, Pocken, Typhus) muß der behandelnde Arzt, sonst der Schulleiter, dem Gesundheitsamt schon bei Krankheitsverdacht melden (§§ 3 und 4 BSeuchenG)[12]. Schüler, Lehrer und andere Schulbedienstete, die an bestimmten Krankheiten leiden oder krankheitsverdächtig sind, dürfen die Schule erst wieder betreten, wenn dies nach dem Urteil des behandelnden Arztes oder des Gesundheitsamts unbedenklich ist (dazu im einzelnen § 45 Abs. 1 BSeuchenG)[13]. Wer, ohne selbst krank oder krankheitsverdächtig zu sein, gleichwohl Krankheitserreger ausscheidet (Bazillenträger, Dauerausscheider), darf sich nur mit Zustimmung des Gesundheitsamts und unter Beachtung der vorgeschriebenen Schutzmaßnahmen in der Schule aufhalten; das gilt auch für gesunde Personen, in deren Wohngemeinschaft eine übertragbare Krankheit oder ein Krankheitsverdacht festgestellt worden ist (§ 45 Abs. 2 und 3 BSeuchenG)[14]. Beim Auftreten übertragbarer Krankheiten gleich welcher Art kann die Schulaufsichtsbehörde Schulen oder einzelne Schulklassen auf Vorschlag des Gesundheitsamts schließen (§ 46 BSeuchenG). Der Schulleiter hat das Gesundheitsamt unverzüglich zu benachrichtigen, sobald im Bereich der Schule eine übertragbare Krankheit oder ein Krankheitsverdacht bekannt wird[15]; das Gesundheitsamt stellt in diesem Fall die erforderlichen Ermittlungen an (§ 31 BSeuchenG). Außerdem muß der Schulleiter dafür sorgen, daß die gesetzlichen Zutrittsverbote eingehalten werden. Die gleichen Vorkehrungen sind zu treffen, wenn während eines *Schullandheimaufenthalts* oder in einem *Schülerheim* Ansteckungsgefahr besteht (§ 48 Abs. 1 BSeuchenG).

31.116 Die *Immunschwäche-Krankheit AIDS* (Acquired Immune Deficiency Syndrome) kann auch für die Schule zu einem Problem werden[16]. Vor hyste-

---

12 S. die Liste der meldepflichtigen Krankheiten in § 3 BSeuchenG.
13 Hierzu die vom Robert-Koch-Institut und vom Bundesamt für gesundheitlichen Verbraucherschutz und Veterinärmedizin herausgegebenen »Empfehlungen für die Wiederzulassung in Schulen und sonstigen Gemeinschaftseinrichtungen« (Stand 1996). Das Merkblatt ist beim Deutschen Ärzte-Verlag, Dieselstraße 2, 50859 Köln, zu beziehen.
14 Bedeutet der Verbleib eines Schülers eine ernste Gefahr für die Gesundheit der Mitschüler, kann er, auch ohne daß ein Zutrittsverbot nach dem Bundes-Seuchengesetz besteht, vorübergehend oder dauernd vom Schulbesuch ausgeschlossen werden (z.B. § 29 Abs. 3 nrw SchVG). Vgl. TZ 30.221 letzter Absatz.
15 S. im einzelnen die Regelungen in den Erlassen zur Durchführung des Bundes-Seuchengesetzes im Schulbereich, z.B. Nr. 2.2, 2.3 und 2.8 des hess Erlasses (Anm. 8).
16 Zu den rechtlichen Aspekten der AIDS-Bekämpfung s. *Deutscher Bundestag* (Hrsg.): AIDS: Fakten und Konsequenzen. Endbericht der Enquete-Kommission des 11. Deutschen Bundestags »Gefahren von AIDS und wirksame Wege zu ihrer Eindämmung«, Bonn 1990 (im Abschnitt C, 6. Kapitel, S. 312 ff., werden die zentralen Rechtsprobleme angesprochen); Andreas *Costard*: Öffentlich-rechtliche Probleme beim Auftreten einer neuen übertragbaren Krankheit am Beispiel AIDS, Berlin 1989; Günter *Frankenberg*: AIDS-Bekämpfung im Rechtsstaat, Baden-Baden 1988; Wolf-Rüdiger *Schenke*: Die Bekämpfung von AIDS als verfassungsrechtliches und polizeirechtliches Problem, in: Bernd Schünemann/Gerd Pfeiffer (Hrsg.): Die Rechtsprobleme von AIDS, Baden-Baden 1988. Speziell zu den Rechtsfragen von AIDS in der Schule s. Reinhard *Bender*: Rechtsfragen im Zusammenhang mit AIDS und Schule, NJW 1987, 2903; Thomas *Brandes*: AIDS – Anwendung des Seuchenrechts und besondere Auswirkungen auf die Schule, RdJB 1988, 10; Konrad *Engler*: Rechtliche Aspekte schulischer Aids-Prävention,

rischen Reaktionen ist indes zu warnen[17]. Zwar ist die HIV-Infektion[18] eine übertragbare Krankheit im Sinne des § 1 BSeuchenG, doch gehört sie nicht zu den meldepflichtigen Erkrankungen nach § 3 dieses Gesetzes[19]. Auch der angesteckte Schüler und seine Eltern sind nach h. M. nicht verpflichtet, die Schule oder das Gesundheitsamt über die Infektion zu unterrichten[20]. Die HIV-Infektion fällt nicht unter die in § 45 Abs. 1 und 2 BSeuchenG abschließend aufgezählten Krankheiten, bei deren Auftreten gegen den Betroffenen ein Schulbesuchsverbot verfügt werden kann (vgl. TZ 31.115). Die Schließung von Schulen oder Schulklassen gemäß § 46 BSeuchenG wäre zum Zweck der AIDS-Bekämpfung weder erforderlich noch verhältnismäßig; sie verstieße daher gegen das Übermaßverbot (zu letzterem TZ 24.131).

Zu den erzieherischen Aufgaben der Schule gehört die AIDS-Prävention[21]. Sie umfaßt biologisch-medizinische Informationen, im Rahmen der Sexualerziehung und unter Beachtung der hierfür maßgeblichen Grundsätze (dazu TZ 28.143) auch Hinweise zu risikoarmen sexuellen Verhaltensweisen. Stellt sich heraus, daß ein Schüler an einer HIV-Infektion leidet, müssen Schulbehörden, Schulleiter und (Klassen-)Lehrer zwischen konkurrierenden Rechtsgütern abwägen: zwischen dem grundrechtlichen Anspruch der Mitschüler auf Schutz ihrer Gesundheit (Art. 2 Abs. 2 Satz 1 GG) einerseits und dem gleichfalls verfassungsrechtlich verbürgten Recht des infizierten Schülers auf

---

RdJB 1988, 23; Hans-Ulrich *Gallwas*: AIDS als Problem des Schul- und Jugendrechts, RdJB 1988, 2; Herbert *Woltering*: Rechtsprobleme in den Schulen bei Aids-Erkrankung von Schülern, SchVw NI 1991, 69.

17 Die KMK hat sich zu diesem Problem sehr zurückhaltend geäußert. In ihrer Pressemitteilung zur 225. Plenarsitzung vom 17./18. 10. 1985 (KMK-Dokumentationsdienst Bildung und Kultur 1985, 682 f.) betont sie, das Risiko einer Ansteckung von Schülern bestehe nach derzeitigem medizinischen Wissensstand bei in Schulen üblichen sozialen Kontakten nicht. Die Schulen stellten somit keinen besonderen Risikobereich dar. Darauf bezogene Ängste seien unbegründet. Die KMK warnt vor übereilten, den Einzelfall aus den Augen verlierenden Interpretationen und rät zu möglichst schonenden, allen Interessen gerecht werdenden Lösungen. S. auch den KMK-Beschluß vom 2. 12. 1988 »Grundsätze und Empfehlungen bei AIDS-Fällen im Schulbereich aufgrund des Erfahrungsaustausches der Länder« (KMK-BeschlS. Nr. 876).

18 HIV = Human Immunodeficiency Virus.

19 Durch § 7 BSeuchenG ist der Bundesgesundheitsminister allerdings ermächtigt, die Meldepflicht auf andere übertragbare Krankheiten, also auch auf AIDS, auszudehen. Die auf der Grundlage dieser Bestimmung erlassene LaborberichtsVO vom 18. 12. 1987 (BGBl. I S. 2819), g. d. G. v. 24. 6. 1994 (BGBl. I S. 1416), verpflichtet den Arzt, im Falle eines positiven HIV-Tests dem Robert-Koch-Institut bestimmte Angaben zu machen, zu denen der Name der untersuchten Person aber ausdrücklich nicht gehört (§§ 2 und 3 LaborberichtsVO).

20 Eine gesetzliche Meldepflicht für HIV-Infizierte ist bislang nicht eingeführt worden. Ihre Verfassungsmäßigkeit wäre auch umstritten; dazu *Costard* (Anm. 16), S. 143 ff., und Enquete-Bericht (Anm. 16), S. 343. Doch wird auch die Auffassung vertreten, daß sich eine Pflicht zur Selbstanzeige des infizierten Schülers aus der Verpflichtung zur Unterlassung unerlaubter Handlungen gemäß § 823 Abs. 1 BGB wie auch aus dem Schulverhältnis ergeben könne; so *Engler*, RdJB 1987, 24 m. w. N.

21 Einige Länder haben hierzu Richtlinien erlassen, s. z. B. die Richtlinie für die AIDS-Prävention an den bayerischen Schulen vom 15. 3. 1989 (KWMBl. I S. 72), g. d. Bek. v. 30. 8. 1989 (KWMBl. I S. 265); nrw RdErl. über AIDS-Aufklärung in den Schulen vom 1. 7. 1987 (GABl. S. 416).

Bildung (Art. 2 Abs. 1, 12 Abs. 1 GG, vgl. TZ 26.1) andererseits[22]. Die Schule hat insbesondere darauf hinzuwirken, daß Blut-zu-Blut-Kontakte mit anderen Schülern, wie sie vor allem bei Unfällen auftreten können, vermieden werden, indem sie beispielsweise den betroffenen Schüler von risikobehafteten Unterrichtsveranstaltungen wie Sport entbindet. Der Schulleiter oder Lehrer, der von der HIV-Infektion eines Schülers erfährt, darf sein Wissen nicht weitergeben. Eine Information der Kollegen, der Mitschüler und ihrer Erziehungsberechtigten durch namentliche Nennung des Schülers ist nur mit dessen Einwilligung bzw. mit Einwilligung seiner Eltern zulässig[23]. (Zur Verschwiegenheitspflicht des Lehrers TZ 21.221, zum Recht des Schülers auf informationelle Selbstbestimmung TZ 32.2.) Als letztes Mittel der Gefahrenabwehr kommt in extremen Fällen der Ausschluß des Schülers nach Maßgabe der schulgesetzlichen Bestimmungen in Betracht. Hierbei ist eine enge Abstimmung mit dem Schüler und den Erziehungsberechtigten dringend zu empfehlen. Eine einvernehmliche Lösung erscheint im übrigen schon deshalb wünschenswert, weil der ausgeschlossene Schüler jedenfalls außerhalb der Schule in hinreichendem Umfang zu unterrichten ist (zum Hausunterricht TZ 25.222)[24].

31.12 Schulärztlicher Dienst[25]

31.121 Der schulärztliche Dienst nimmt insbesondere folgende Aufgaben wahr[26]:
– Reihenuntersuchungen, vor allem bei der Einschulung;
– Beratung von Schülern, Eltern und Lehrern in Fragen der Gesundheitsförderung und des Gesundheitsschutzes;
– zahnärztliche Untersuchungen[27];

---

22 Dazu *Costard* (Anm. 16), S. 29 ff., 61 ff.; Enquete-Bericht (Anm. 16), S. 331 ff., 328 ff.
23 *Bender*, NJW 1987, 2910, meint, daß nach der Rechtsfigur des sog. rechtfertigenden Notstands (vgl. TZ 30.33) eine solche Information dann zulässig ist, wenn auf andere Weise eine Gefahr für Leib und Leben der Mitschüler und des Schulpersonals nicht abgewendet werden kann, wenn ferner »bei Abwägung der widerstreitenden Interessen, namentlich der betroffenen Rechtsgüter und des Grades der ihnen drohenden Gefahren, das geschützte Interesse das beeinträchtigte Interesse wesentlich überwiegt« und insgesamt die Maßnahme ein zur Gefahrenabwehr »angemessenes Mittel« ist (§ 34 StGB).
24 Zutreffend weist *Bender*, NJW 1987, 2909, darauf hin, daß es sich hierbei »nicht um ein Gnadenbrot (handelt), sondern um die Konsequenz aus der Tatsache, daß der Schüler mit Rücksicht auf die Gesundheit seiner Mitschüler ein ‚Sonderopfer' erbringt«.
25 Günter *Hartung*: Die Entwicklung des schulärztlichen Dienstes und seiner Aufgaben unter besonderer Berücksichtigung der Dienstanweisungen. Diss. med., Frankfurt am Main 1982; *ders.*: Geschichtlicher Rückblick auf die Arbeit des schulärztlichen Dienstes, Sozialpädiatrie 1983, 476; Kurt *Hartung*/Martina *Edel*: Der Schularzt im Meinungsbild des Lehrers, Sozialpädiatrie 1984, 394; Dieter *Pfau*: Schulgesundheitsberatung, RdJB 1999, 111.
26 Vgl. z. B. § 8 bw Gesundheitsdienstgesetz, §§ 15 und 16 Gesetz über den Öffentlichen Gesundheitsdienst M-V, §§ 12 und 13 nrw Gesetz über den öffentlichen Gesundheitsdienst.
27 Für die Jugendzahnpflege bestehen in einigen Ländern besondere Gesetze, z. B. das bw Jugendzahnpflegegesetz i.d.F. v. 23.7.1993 (GBl. S. 533) und das sh Gesetz über die öffentliche Jugendzahnpflege vom 24.10.1966 (GVOBl. S. 243).

– Durchführung empfohlener oder angeordneter Impfungen (vgl. TZ 31.114).

Die schulärztliche Betreuung, zu der die ärztliche Behandlung selbst nicht gehört[28], ist *Sache des Gesundheitsamts (Amtsarztes)*. Der Amtsarzt hat darüber zu wachen, daß der schulärztliche Dienst einschließlich der Schulzahnpflege einwandfrei durchgeführt wird. Die Schulärzte – dazu rechnen auch frei praktizierende Ärzte, die das Gesundheitsamt auf vertraglicher Grundlage heranzieht – unterstehen seiner Dienstaufsicht[29].

31.122 Die Schüler sind gesetzlich verpflichtet, sich den schulärztlichen Untersuchungen zu unterziehen[30]. Das Grundrecht auf körperliche Unversehrtheit (Art. 2 Abs. 2 Satz 1 GG) wird insoweit eingeschränkt[31]. Bei der Durchführung der Untersuchungen ist stets das Übermaßverbot (vgl. TZ 24.131) zu beachten. Sie sind daher nur zulässig, soweit sie ein zum angestrebten schulischen Zweck geeignetes, erforderliches und verhältnismäßiges Mittel bilden[32]. Mit Rücksicht auf die Persönlichkeitsrechte der Schüler und die ärztliche Schweigepflicht dürfen Untersuchungen niemals in Anwesenheit Dritter, z. B. von Mitschülern, stattfinden. Ein Untersuchungsergebnis, das eine ärztliche Behandlung notwendig macht, ist den Eltern des minderjährigen Schülers oder dem volljährigen Schüler mitzuteilen. Die Schule ist nur insoweit zu informieren, als aus dem Untersuchungsbefund Folgerungen für Unterricht und Erziehung zu ziehen sind[33].

31.13 Sonstige Maßnahmen der Schule

31.131 Die Schule muß im Rahmen ihres Erziehungsauftrags auch auf Fragen der Gesundheit eingehen und die Schüler zu verantwortungsvollem Handeln in diesem Bereich motivieren und befähigen. Gegenstände der *Gesundheitserziehung in der Schule*[34] sind vor allem:
– Hinweise auf gesunde Ernährung und Lebensweise,
– Unterrichtung über sexuelle Fragen (vgl. TZ 28.143),
– AIDS-Prävention (vgl. TZ 31.116),
– Aufklärung über Suchtgefahren (Drogen, Alkohol, Nikotin),
– Erziehung zur Hygiene,
– Haltungs- und Atmungsübungen,

---

28 S. etwa Abschnitt II und IV der hess Richtlinien zur Schulgesundheitspflege (Anm. 7).
29 Vgl. etwa § 5 Abs. 3 Sätze 2 und 3 nrw Gesetz über den öffentlichen Gesundheitsdienst.
30 Es handelt sich um eine verbindliche Schulveranstaltung (so ausdrücklich § 45 Abs. 1 Satz 2 BbgSchulG), bei der der Schüler der Aufsicht des Lehrers untersteht (TZ 21.5) und durch die Schülerunfallversicherung geschützt ist (TZ 33.21).
31 Z. B. Art. 80 Abs. 2 Satz 2 BayEUG, § 145 Satz 2 BbgSchulG. Demgegenüber schließt § 52 Abs. 2 rp SchulG Eingriffe in die körperliche Unversehrtheit ausdrücklich aus.
32 Vgl. etwa § 47 Abs. 1 sh SchulG, wonach die Schüler nur zur Teilnahme an solchen Untersuchungen verpflichtet sind, die zur Vorbereitung schulischer Maßnahmen erforderlich werden.
33 Vgl. Art. 80 Abs. 3 Satz 2 BayEUG, § 5a Abs. 2 Satz 3 bln SchulG, § 65 Abs. 7 Satz 1 BbgSchulG, § 99 Abs. 1 Satz 2 HmbSG, § 83 Abs. 4 Satz 2 HSchG.
34 Hierzu *Pfau*, RdJB 1999, 112 ff.

– Erste-Hilfe-Instruktionen.

31.132 Der Lehrer, der eine *dauernde körperliche Behinderung des Schülers oder eine erhebliche geistige oder seelische Beeinträchtigung des Schülers* wahrnimmt, hat die Eltern zu verständigen und zur Konsultation eines Arztes zu veranlassen; unternehmen die Eltern nichts, ist das Gesundheitsamt zu benachrichtigen (§ 124 Abs. 2 BSHG). Erhält der Lehrer im Rahmen seiner dienstlichen Tätigkeit Hinweise, die auf Straftaten gegen Schüler (Mißhandlung von Schutzbefohlenen, § 225 StGB) hindeuten, so darf er aufgrund des schulischen Erziehungsauftrags den Vorwürfen nachgehen und das Jugendamt informieren[35].

31.133 Ein *Schüler, der während des Unterrichts erkrankt*, plötzlich fiebert oder von Unwohlsein befallen wird, ist sofort nach Hause oder zum Arzt zu schicken; dabei kann es je nach den Umständen geboten sein, ihn von einem Mitschüler begleiten und ein Taxi benutzen zu lassen. Auch bei kleineren Unfällen ohne sichtbare Folgen können innere Verletzungen nicht ausgeschlossen werden; deshalb empfiehlt sich auch in solchen Situationen die Inanspruchnahme eines Arztes.

31.2 Schultests[36]

31.21 Zweck

Schultests dienen verschiedenen Zwecken. Sie werden z. B. bei der Einschulung zur Ermittlung der Schulreife, bei Schullaufbahnentscheidungen oder bei der Feststellung sonderpädagogischen Förderbedarfs eingesetzt; sie finden ferner bei der Einleitung besonderer Förderungsmaßnahmen (etwa zur Überwindung der Legasthenie) oder in der Erziehungsberatung (beispielsweise bei Verhaltensstörungen) Anwendung. Seit einigen Jahren haben Schulleistungstests, vor allem als international vergleichende Untersuchungen (TIMSS, PISA), bildungspolitische Bedeutung erlangt[37]. Der Zweck die-

---

35 OVG Schleswig, NVwZ-RR 1993, 304.
36 Hermann *Avenarius*: Anwendung diagnostischer Testverfahren in der Schule. Ein Rechtsgutachten, Weinheim, Basel 1990; Ursula *Fehnemann*: Rechtsfragen des Persönlichkeitsschutzes bei der Anwendung psychodiagnostischer Verfahren in der Schule, Berlin 1976; *dies.*: Schulttests im Schulrecht, RdJB 1979, 266; vgl. auch Manfred M. *Wienand*: Psychotherapie, Recht und Ethik, Weinheim, Basel 1982; Martin *Willke*: Psychologische Eignungstests und öffentlicher Dienst, Berlin 1981; DJT-*SchulGE*, § 46 (S. 87), S. 249 ff.
37 TIMSS (Third International Mathematics and Science Study): eine in den Schuljahren 1993/94 und 1994/95 in den Jahrgangsstufen 7 und 8 sowie im 1995/96 bei Schülern vor dem Abschluß der Sekundarstufe II durchgeführte Erhebung zum Leistungsstand in Mathematik und Naturwissenschaften; PISA (Programme for International Student Assessment): eine 1998 begonnene Untersuchung, die in erster Linie die Lesekompetenz (»literacy«) von 15jährigen Schülern ermittelt. Von Bedeutung ist auch die Civic Education Study (CES), die die politische Bildung 14jähriger Schüler international vergleichend in etwa 25 Teilnehmerländern, darunter Deutschland, in den Jahren 1998 und 1999 untersucht.

ser Tests besteht nicht darin, Daten über die Leistungen einzelner Schüler als solche zu gewinnen, sondern mit Hilfe dieser Daten Informationen über die Qualität der schulischen Arbeit im Vergleich zwischen Klassen, Schulen, Bildungssystemen der Bundesländer und nationalen Bildungssystemen zu sammeln.

31.22 Testarten

Tests sind standardisierte Verfahren, durch die bestimmte Merkmale oder Eigenschaften der Probanden erfaßt werden sollen[38]. In der rechtswissenschaftlichen Literatur ist eine Einteilung der Tests üblich geworden, die sich an der Intensität orientiert, mit der sie die Rechtssphäre der Probanden berühren. Demgemäß pflegt man zwischen Leistungstest, Fähigkeitstests und Persönlichkeitstests zu unterscheiden[39]. *Leistungstests* (genauer: Tests zur Prüfung von Kenntnissen und Fertigkeiten) sind dadurch gekennzeichnet, daß das Testverhalten zugleich das Erkenntnisziel ist; die ermittelten Kenntnisse und Fertigkeiten sollen nicht auf dahinterliegende persönliche Merkmale hinweisen. *Fähigkeitstests* messen bestimmte Fähigkeiten (z.B. Konzentrationsvermögen, Intelligenz, Ausdauer, handwerkliche Geschicklichkeit), die als intellektuell-kognitive und sensumotorische Bedingungen bestimmte Verhaltensweisen ermöglichen; Prototyp dieser Art von Tests ist der Intelligenztest. *Persönlichkeitstests* richten sich auf die Persönlichkeit als Ganzes; sie erheben Merkmale (z.B. Charakter, Affektivität), welche das Verhalten der Person in den unterschiedlichsten Lagen bestimmen. Persönlichkeitstests und andere Verfahren zur Erforschung der Persönlichkeit dienen häufig dazu, die Ursache von Störungen, z.B. bei verhaltensauffälligen Schülern, aufzudecken.

31.23 Schultests und Recht auf informationelle Selbstbestimmung

31.231 Jeder Test zielt auf die Erhebung und Verarbeitung personenbezogener Daten, greift also in das durch Art. 2 Abs. 1 i.V.m. Art. 1 Abs. 1 GG geschützte allgemeine Persönlichkeitsrecht ein, das nach dem Volkszählungsurteil des Bundesverfassungsgerichts als Recht auf informationelle Selbstbestimmung die Befugnis des einzelnen umfaßt,»grundsätzlich selbst zu entscheiden, wann und innerhalb welcher Grenzen persönliche Lebenssachverhalte offenbart werden«[40] (dazu ausführlich TZ 32.2). Das »überwiegende Allgemeininteresse«, das eine Einschränkung dieses Rechts rechtfertigt, ergibt sich bei der Anwendung von Schultests aus dem staatlichen Bildungs- und Erziehungsauftrag (Art. 7 Abs. 1 GG). Allerdings bedarf es wegen des mit der Testanwendung verbundenen Eingriffs in das informationelle Selbstbestimmungsrecht einer gesetzlichen Grundlage, aus der sich gemäß dem

---

38 Vgl. Rolf *Brickenkamp*: Handbuch psychologischer und pädagogischer Tests. 2. Aufl., Göttingen 1997.
39 Vgl. *Avenarius* (Anm. 36), S. 16 f; Fehnemann (Anm. 36), S. 17 und 84 ff.; *Willke* (Anm. 36), S. 40 ff.
40 BVerfGE 65, 1 (41 ff.).

rechtsstaatlichen Gebot der Normenklarheit die Voraussetzungen und der Umfang der Beschränkungen für Schüler und Eltern eindeutig erkennen lassen[41]. (Zum Vorbehalt des Gesetzes TZ 15.3.)

31.232 Beim Einsatz von Schultests ist das *Übermaßverbot* (dazu TZ 24.131) zu beachten. Ein Test darf daher nur dann angewendet werden, wenn er als Entscheidungshilfe *geeignet* ist. Diese Voraussetzung ist erfüllt, sofern die von der psychologischen Diagnostik entwickelten methodischen Anforderungen eingehalten werden. Der Test muß überdies *erforderlich* sein, um den angestrebten Zweck, z. B. die Feststellung vorhandener oder fehlender Schulreife, zu erreichen. Tests, die den Gütekriterien der Objektivität, der Reliabilität (Zuverlässigkeit) und der Validität (Gültigkeit) entsprechen, sich also wegen ihrer geringeren Fehleranfälligkeit von anderen, nicht wissenschaftlich begründeten Erkenntnisquellen abheben, dürften in aller Regel dem Gebot der Erforderlichkeit Rechnung tragen. Schließlich muß die dem Schüler auferlegte Mitwirkung an einem Testverfahren *zumutbar* sein; der Eingriff in das informationelle Selbstbestimmungsrecht darf seiner Intensität nach nicht außer Verhältnis zur Bedeutung der dadurch beeinflußten pädagogischen Entscheidung stehen. Mit der Proportionalität von Mittel und Zweck wäre es beispielsweise nicht vereinbar, wenn bereits die Verhängung einer vergleichsweise geringfügigen Ordnungsmaßnahme gegen den Schüler (etwa der zeitweilige Ausschluß vom Unterricht) zum Anlaß für die Durchführung eines Persönlichkeitstests genommen würde.

31.233 Die mit der Verpflichtung des Schülers zur Teilnahme an einem Test verbundene Einschränkung des allgemeinen Persönlichkeitsrechts ist nur zulässig, wenn der *Verwendungszweck der dabei zu erhebenden Daten bereichsspezifisch und präzise bestimmt* ist[42]. Die schulrechtliche Vorschrift, die die Durchführung des Testverfahrens anordnet, muß also erkennen lassen, wozu die Daten genutzt werden sollen (z. B. zur Ermittlung der Schulreife, zur Feststellung des sonderpädagogischen Förderbedarfs, zur Vorbereitung von Schullaufbahnentscheidungen nach dem Ende der Grundschule). Die zuständigen Personen und Stellen dürfen die Daten nur im Rahmen dieser Zweckbindung verwenden; sie dürfen die Testergebnisse ohne Einwilligung des Betroffenen der Schule oder den Schulbehörden nur insoweit übermitteln, als diese sie für ihre Entscheidungen benötigen[43]. Darüber hinaus sind *Verfahrensregelungen* erforderlich, die den effektiven Schutz des Rechts auf infor-

---

41 Vgl. BVerfGE 65, 1 (44). – Gesetzliche Regelungen: §§ 74 Abs. 3, 82 Abs. 2 Satz 2 bw SchG; Art. 41 Abs. 6 Satz 3, 44 Abs. 2 Satz 1, 87 Abs. 2, 88 Abs. 1 Satz 5 BayEUG (nötigenfalls Gutachten des Schulpsychologen vor der Beschlußfassung über die Ordnungsmaßnahme des Schulausschlusses); § 21 Abs. 2 bln SchulG; § 45 Abs. 2 BbgSchulG; §§ 35 Abs. 3 Satz 4, 36 BremSchulG; § 34 HmbSG; § 71 Abs. 1–3 HSchG; § 58 SchulG M-V; § 56 NSchG; § 7 Abs. 4 Satz 2 nrw SchPflG, § 19 Abs. 3 nrw SchVG; § 52 Abs. 3 rp SchulG; §§ 3 Abs. 1 Satz 2, 6 Abs. 2 saarl SchPflG, § 20 a Abs. 4 saarl SchoG; §§ 27 Abs. 4 Satz 2, 29 Abs. 1 Satz 2, 30 Abs. 2 Satz 3 sächs SchulG; §§ 37 Abs. 2 Satz 2, 39 Abs. 2 Satz 2 SchulG LSA; § 47 sh SchulG; §§ 18 Abs. 1, 57 Abs. 2 ThürSchulG.
42 Vgl. BVerfGE 65, 1 (46).
43 Vgl. etwa § 5 a Abs. 2 Satz 3 bln SchulG, § 65 Abs. 7 Satz 1 BbgSchulG, § 99 Abs. 1 Satz 2 HmbSG, § 83 Abs. 4 Satz 2 HSchG.

mationelle Selbstbestimmung gewährleisten. Doch muß der Gesetzgeber Organisation und Verfahren der Testanwendung nicht bis in die Einzelheiten selbst regeln. Die Schulverwaltung ist dank ihrer Flexibilität und Praxisnähe am ehesten in der Lage, die geeigneten Vorkehrungen zu treffen. Oft können gerade auf diesem Wege die Grundrechte der Schüler und Eltern besser gesichert werden, als wenn das Parlament durch starre Detailregelungen die notwendige Anpassung an neue Entwicklungen und wechselnde Anforderungen erschwert[44].

31.234 Fehlt eine gesetzliche Grundlage, darf der Test nur mit Einwilligung der Eltern bzw. des volljährigen Schülers angewendet werden[45]. So wurden und werden beispielsweise die Leistungstests im Rahmen von TIMSS und PISA auf freiwilliger Basis und unter Anonymisierung der Daten durchgeführt; sie werfen daher insoweit keine rechtlichen Probleme auf[46]. Werden einzelne Schüler im Auftrag der Schule einem individuellen Test unterzogen, dürfen ihr nur die Erkenntnisse mitgeteilt werden, die sie für ihre Entscheidung (z. B. Feststellung sonderpädagogischen Förderbedarfs) benötigt. Die Eltern haben kraft ihres Informationsrechts (TZ 24.35) einen Anspruch auf Einsichtnahme in die Testunterlagen und -ergebnisse[47]. Zur Schweigepflicht von Schulpsychologen ausführlich TZ 31.33.

---

44 Zu der aus Praxisnähe und Flexibilität der Exekutive abgeleiteten administrativen Regelungskompetenz s. insbes. Peter *Lerche*: Bayerisches Schulrecht und Gesetzesvorbehalt, München 1981, S. 39 ff. und 50 ff. Dieser Gedanke wurde bereits früher von Knut *Nevermann*: Lehrplanrevision und Vergesetzlichung, VerwArch. 1980, 249 ff., entfaltet.
45 Zur Frage, unter welchen Voraussetzungen der noch minderjährige Schüler selbständig einwilligen kann, vgl. TZ 31.333.
46 Daher kann offen bleiben, ob es zulässig wäre, die Schüler zur Teilnahme an diesen Tests zu verpflichten. Angesichts des anonymen Charakters der Erhebungen spricht vieles dafür, die in allen Schulgesetzen geregelte Pflicht zur Teilnahme an den für verbindlich erklärten Schulveranstaltungen als gesetzliche Grundlage ausreichen zu lassen. In Hamburg sind die Schüler ausdrücklich zur Teilnahme an Testverfahren verpflichtet, durch die der Erfolg der pädagogischen Arbeit der Schulen schulübergreifend und vergleichend überprüft werden soll (§ 100 Abs. 3 HmbSG). In Nordrhein-Westfalen sind Tests zur Leistungsbewertung gem. § 19 Abs. 3 Satz 4 SchVG ohne Einwilligung der Betroffenen zulässig.
47 Sollen jedoch bei Leistungsmessungen die Testunterlagen, insbesondere die Testinstrumente, für künftige Tests wiederverwendet werden, handelt es sich um Unterlagen, die »ihrem Wesen nach« geheimgehalten werden müssen; insoweit besteht kein Einsichtsrecht (§ 29 Abs. 2 VwVfG). Vgl. auch VGH München, DVBl. 1997, 378 (379).

31.3 Beratung in der Schule[48]

31.31 Aufgaben, Organisation und Verfahren

31.311 Die schulische Beratung soll im Rahmen des Bildungs- und Erziehungsauftrags der Schule dazu beitragen, daß der Schüler eine seinen Fähigkeiten und Neigungen entsprechende, ihm ein Höchstmaß an Können und Wissen vermittelnde Ausbildung und Erziehung erfährt (vgl. TZ 24.21). Sie informiert über das Bildungsangebot wie auch über individuelle Bildungsmöglichkeiten und hilft bei Lern- und Verhaltensstörungen. Als *Schullaufbahnberatung* orientiert sie Eltern und Schüler bei der Wahl des schulischen Bildungsweges. Als *Erziehungsberatung* steht sie den Schülern in psychischsozialen Problemlagen und Konfliktfällen (z. B. Drogenmißbrauch) bei.

31.312 Schulische Beratung ist zunächst *Sache eines jeden Lehrers*. Er darf sich dieser Verantwortung, die zu seinen dienstlichen Pflichten zählt, nicht entziehen. Allerdings ist er nur gehalten, nach bestem Wissen und Gewissen Rat und Hilfe zu erteilen; nötigenfalls muß er den Ratsuchenden an den Beratungslehrer oder Schulpsychologen (s.u.) verweisen. Angesichts der Vielfalt des staatlichen Bildungsangebots und der Häufigkeit von Lern- und Verhaltensstörungen bei Schülern reicht die Beratungskompetenz des einzelnen Lehrers oft nicht aus. Die Länder sind deshalb schrittweise dazu übergegangen, die schulische Beratung zu *professionalisieren* und zu *institutionalisieren*[49]. Zumeist gibt es *Beratungslehrer* an den Schulen, die sich in erster Linie mit der Schullaufbahnberatung befassen, daneben aber auch bei der Bewältigung psychischer und sozialer Schwierigkeiten helfen. Vor allem an großstädtischen Schulen werden für die Behandlung von Drogenproblemen *Drogenberatungslehrer* eingesetzt[50]. Beratungslehrer sind voll ausgebildete Lehrer,

---

48 KMK-Beschluß zur Beratung in Schule und Hochschule vom 14. 9. 1973 (KMK-BeschlS. Nr. 889.1); Norbert *Grewe*: Beratung im Schulsystem, in: Alfred Müller/Harald Gampe/ Gerald Rieger/Erika Risse (Hrsg.): Leitung und Verwaltung einer Schule. 8. Aufl., Neuwied 1997, S. 243; Gerald *Rieger*: Rechtliche Grundlagen für die Beratung in der Schule, RdJB 1994, 411.
49 Beispiele für gesetzliche Regelungen: § 19 bw SchG, Art. 78 BayEUG, § 21 bln SchulG, § 133 BbgSchulG, §§ 13 ff. BremSchVwG, § 72 HSchG, § 59 SchulG M-V, § 120 Abs. 1 Satz 2 NSchG, § 15 rp SchulG, § 20a saarl SchoG, § 17 sächs SchulG, § 38 Abs. 1 SchulG LSA, §§ 128 f. sh SchulG, § 53 ThürSchulG.
50 Beschluß der KMK zur Sucht- und Drogenprävention vom 3. 7. 1990 (KMK-BeschlS. Nr. 660.1). Aus den Verwaltungsvorschriften der Länder: bw VV über die Suchtprävention in der Schule vom 4. 12. 1993 (ABl. 1994 S. 1); bay Bek. über Suchtprävention an den bayerischen Schulen vom 2. 9. 1991 (KWMBl. I S. 303), g. d. Bek. v. 23. 5. 1996 (KWMBl. I S. 214); bln Rundschreiben über Suchtprophylaxe in der Schule vom 4. 8. 1997; hess Erlaß über Suchtprävention in der Schule vom 15. 7. 1997 (ABl. S. 457); nds Gem. Erlaß über Suchtprävention und Verhalten bei Suchtproblemen an niedersächsischen Schulen vom 26. 5. 1992 (MBl. S. 1055); nrw Gem. RdErl. über die Bekämpfung des Suchtmittelmißbrauchs vom 15. 1. 1973 (GABl. S. 120), zul. g. d. Gem. RdErl. v. 30. 6. 1982 (MBl. S. 1102); rp VV über Suchtvorbeugung in der Schule und Verhalten bei Drogenmißbrauch vom 24. 5. 1988 (ABl. S. 323); rp RdSchr. zur Sucht- und Drogenprävention in der Schule vom 31. 5. 1990 (ABl. S. 279); saarl Erlaß über die Suchtvorbeugung und das Verhalten bei

die sich einer entsprechenden Zusatzausbildung unterzogen haben. Sie erhalten im allgemeinen Pflichtstundenermäßigung (vgl. TZ 21.341).
In allen Ländern besteht ein *Schulpsychologischer Dienst*, der üblicherweise bei den unteren Schulaufsichtsbehörden eingerichtet ist. Seine Mitarbeiter sind Diplom-Psychologen, die über eine ergänzende pädagogische Qualifikation oder einschlägige erzieherische Erfahrung verfügen. Sie nehmen sich besonders solcher Schüler an, die unter Störungen im sozialen oder affektiv-emotionalen Bereich leiden. Darüber hinaus unterstützen sie durch Beratung, Fortbildungsmaßnahmen und Gutachten Schulleiter, Lehrer und Schulaufsicht in pädagogisch-psychologischen Fragen[51].

31.313 Wichtigste *Beratungsmethode* ist das persönliche Gespräch mit dem Schüler, den Eltern, aber auch mit dem zuständigen (Klassen-)Lehrer. Darüber hinaus werden Informationveranstaltungen für Eltern und Schüler zu ausgewählten Problemen angeboten. Psychodiagnostische Untersuchungen sind im Rahmen der Bildungsberatung nur auf freiwilliger Grundlage zulässig (vgl. TZ 31.234).

31.32 Berufsberatung[52]

Die Berufsberatung, die nicht Aufgabe der Schule ist, sondern in die *ausschließliche Zuständigkeit des Arbeitsamts* fällt (§§ 29 ff. SGB III), wendet sich an Schüler aller Schulen und Schuljahrgänge, die vor Berufs- oder Studienwahlentscheidungen stehen. Sie führt für Schüler und Eltern Einzelberatungen sowie Gruppenbesprechungen und Vorträge durch. Das Arbeitsamt arbeitet hierbei mit der Schule zusammen. Die weiterführenden Schulen

---

Suchtmittelmißbrauch in der Schule v. 9.5.1989 (GMBl. S.208), Erlaß betreffend die Richtlinien zur Suchtprävention an den Schulen des Saarlandes vom 9.7.1994 (GMBl. S. 386); sh RdErl. über Suchtprävention in Schulen vom 11.9.1992 (NBl. S. 303). – Aus der Literatur: Wolfgang *Bott*: Hinweise auf rechtliche Rahmenbedingungen des Drogenberatungslehrers. 2. Aufl., Frankfurt am Main 1989; *ders.*: Aufgaben und Funktionen des »Drogenberatungslehrers« – Eine Einschätzung aus rechtlicher Sicht, sm Heft 3/1991, S. 39; Rolf *Günther*: Suchtberatung und Suchtprävention im Handlungsfeld Schule, RdJB 1999, 94.

51 Die Einzelheiten über Aufgaben, Organisation und Arbeitsweise des schulpsychologischen Dienstes sind häufig in Verwaltungsvorschriften geregelt: z.B. Berlin: Ausführungsvorschriften über den Schulpsychologischen Dienst vom 18.8.1988 (ABl. S.1452); Niedersachsen: Erlaß über die Schulpsychologische Beratung vom 5.9.1984 (SVBl. S.235); Rheinland-Pfalz: VV über den Schulpsychologischen Dienst vom 14.1.1983 (ABl. S.203, ber. ABl. S.319); Saarland: Dienstordnung für Schulpsychologen vom 31.1.1972 (GMBl. S.150); Sachsen: VV zur Errichtung Schulpsychologischer Beratungsstellen im Freistaat Sachsen vom 1.6.1992 (ABl. S.46), zul. g. d. VV v. 4.10.1995 (ABl. S.346), sowie VV zur Tätigkeit der Schulpsychologen im Freistaat Sachsen vom 1.6.1992 (ABl. S.47); Thüringen: Erlaß über die Arbeit des Schulpsychologischen Dienstes vom 13.4.1995 (GABl. S.282).

52 Beschluß der KMK vom 5.2.1971 (im Einvernehmen mit der Bundesanstalt für Arbeit): Rahmenvereinbarung über die Zusammenarbeit von Schule und Berufsberatung (KMK-BeschlS. Nr.889) mit entsprechenden Regelungen auf der Länderebene. Zur Berufswahl stellen die Arbeitsämter den Schulen kostenlos Material zur Verfügung. Einen Überblick gibt die jährlich neu erscheinende Broschüre »Schriften zur Vorbereitung der Berufswahl«, erhältlich beim Arbeitsamt (Berufsberatung) oder bei der Bundesanstalt für Arbeit (Geschäftsstelle für Veröffentlichungen), Regensburger Straße, 90478 Nürnberg.

sind durch Dienstanweisungen gehalten, die Schüler der Abschlußklassen zum Besuch der Berufsberatung aufzufordern oder dafür zu sorgen, daß der Berufsberater in die Schule kommt. Mit Einwilligung der Eltern bzw. des volljährigen Schülers[53] stellt die Schule der Berufsberatung Unterlagen über den Schüler (z. B. Schülerbogen) zur Verfügung.

31.33 Schweigepflicht der Berater[54]

31.331 Die Berater sind aufgrund ihres Dienstverhältnisses zur Amtsverschwiegenheit verpflichtet (vgl. TZ 21.221). Darüber hinaus unterliegen sie einer *besonderen Schweigepflicht*, deren Verletzung durch § 203 Abs. 1 Nr. 2 bzw. Nr. 4 StGB unter Strafe gestellt ist. Der Berater muß daher über Informationen, die ihm im Rahmen seiner Beratungsfunktion anvertraut werden, Stillschweigen wahren[55]. Verboten ist nach § 203 StGB allerdings nur die »unbefugte« Weitergabe der Kenntnisse. Gesetzliche Regelungen können den Berater zur Offenbarung des ihm anvertrauten Geheimnisses berechtigen. Bei drohender Gefahr einer schweren Straftat (z. B. Totschlag, Mord, Raub oder einer anderen in § 138 StGB bezeichneten Tat) muß er sogar sein Wissen der Polizei oder Staatsanwaltschaft mitteilen. Darüber hinaus kann sich die Befugnis zur Weitergabe von Informationen an Dritte unter dem Gesichtspunkt des rechtfertigenden Notstands ergeben (§ 34 StGB), in Situationen also, in denen nur auf diese Weise eine gegenwärtige Gefahr für Leben, Leib, Freiheit, Ehre, Eigentum oder ein anderes Rechtsgut nach sorgfältiger Abwägung der Interessen abgewendet werden kann. Im Strafverfahren steht dem Berater kein Zeugnisverweigerungsrecht zu; er gehört nicht zu den in § 53 StPO genannten Berufsgruppen (Geistliche, Rechtsanwälte, Ärzte u. a.), denen dieses Recht eingeräumt ist[56].

31.332 Die Schweigepflicht gilt grundsätzlich nicht gegenüber den Eltern des minderjährigen Schülers. Diese haben aufgrund ihres Elternrechts (Art. 6 Abs. 2 GG) einen Anspruch darauf, über die Situation des Kindes in der Schule, also auch über seine sozialen und psychischen Probleme, unterrichtet zu werden, zumal sie häufig nur so imstande sind, ihrer erzieherischen Aufgabe gerecht zu werden (TZ 24.35). In besonders gelagerten Fällen kann jedoch eine Mitteilung an die Eltern Reaktionen auslösen, die im Interesse des

---

53 Zur Frage, unter welchen Voraussetzungen der minderjährige Schüler selbstständig einwilligen kann, vgl. TZ 31.333.
54 Konrad *Engler*: Schweigerechte und Informationspflichten des Lehrers, RdJB 1979, 62 und 130; Wilhelm *Habermalz*: Der Strafrechtsschutz des Beratungsgeheimnisses, PädF 1992, 40.
55 So ausdrücklich § 15 Abs. 1 BremSchVwG, außerdem die entsprechenden Verwaltungsvorschriften in anderen Ländern, z. B. Nr. IV.2. bw Richtlinien für die Bildungsberatung vom 5.11.1994 (ABl. S. 523).
56 Das Zeugnisverweigerungsrecht nach § 53 Abs. 1 Nr. 3 b StPO zugunsten der Berater für Betäubungsmittelabhängigkeit gilt lediglich für Mitarbeiter in einer amtlich anerkannten oder eingerichteten Suchtberatungsstelle (vgl. BVerfG, NJW 1996, 1587), erstreckt sich also nicht auf Drogenberatungslehrer oder Mitarbeiter des Schulpsychologischen Dienstes, die mit Drogenfragen befaßt sind.

Schülers nicht zu verantworten sind (z. B. Gefahr der Kindesmißhandlung, Beeinträchtigung des Heilerfolges bei Drogensucht). Wenn konkrete Tatsachen vorliegen, die bei Information der Eltern die unmittelbare und gegenwärtige Gefahr einer körperlichen oder seelischen Schädigung des Kindes wahrscheinlich machen, ist der Berater von seiner Mitteilungspflicht befreit[57].

31.333 Der Berater braucht ferner dann nicht zu schweigen, wenn ihn der Betroffene *von der Schweigepflicht entbunden* hat. Dabei taucht in der Praxis nicht selten die Frage auf, ob auch der noch minderjährige Schüler den Berater ohne Einwilligung der Eltern von der Pflicht zur Verschwiegenheit gegenüber Dritten wirksam freistellen kann. Die Beantwortung dieser Frage richtet sich nach den einschlägigen Rechts- oder Verwaltungsvorschriften. Fehlen entsprechende Regelungen, ist – so das Bundesverfassungsgericht[58] – jeweils zwischen der Selbstbestimmungsfähigkeit des Jugendlichen und seiner Erziehungsbedürftigkeit abzuwägen. Das Elternrecht, das als pflichtgebundenes Recht dem Wohl des Kindes dient, muß seinem Wesen und Zweck nach zurücktreten, wenn der Minderjährige ein Alter erreicht hat, in dem er über eine genügende Reife zur selbständigen Beurteilung der Lebensverhältnisse und zum eigenverantwortlichen Auftreten im Rechtsverkehr verfügt. Das elterliche Erziehungsrecht wird in dem Maße überflüssig und gegenstandslos, in dem das Kind in die Mündigkeit hineinwächst. Für die Ausübung höchstpersönlicher Rechte gilt der Grundsatz, daß der zwar noch Unmündige, aber schon Urteilsfähige die ihm um seiner Persönlichkeit willen zustehenden Rechte eigenständig soll ausüben können. Daraus folgt: Der minderjährige Schüler kann den Berater von der Schweigepflicht entbinden, sofern er aufgrund seiner natürlichen Einsichtsfähigkeit die Bedeutung und Tragweite dieser Entscheidung zu beurteilen vermag[59].

31.4 Finanzielle Hilfen für Schüler

Gesetzgeber und Exekutive sind mit Rücksicht auf das Sozialstaatsgebot (Art. 20 Abs. 2, 28 Abs. 1 Satz 1 GG) verpflichtet, grundsätzlich ein Förderungssystem bereitzustellen, das den Erwerb von Bildung nicht allein an fehlenden materiellen Hilfsmitteln scheitern läßt[60]. Maßnahmen der finanziellen Förderung sollen den Schüler in die Lage versetzen, sein Recht auf Bildung unabhängig von seiner wirtschaftlichen Situation und sozialen Herkunft zu verwirklichen. Auf diese Weise gewährleistet der Staat ein Schulsystem, das

---

57 So BVerfGE 59, 360 (386 f.). Das Gericht hat die Vorschrift des § 13 Abs. 2 Satz 3 (nunmehr § 15 Abs. 1 Satz 3) BremSchVwG, wonach die Schweigepflicht des Beraters bei Gefährdung von Gesundheit und Wohlergehen des Minderjährigen auch gegenüber den Erziehungsberechtigten gilt, in diesem einschränkenden Sinne verfassungskonform ausgelegt.
58 BVerfGE 59, 360 (387 ff.).
59 So auch die h. M. in der strafrechtlichen Literatur zur Rechtfertigung einer Straftat durch Einwilligung des durch die Tat betroffenen Minderjährigen. Vgl. etwa Hans-Heinrich *Jescheck*/Thomas *Weigend*: Lehrbuch des Strafrechts. 5. Aufl., Berlin 1996, S. 382. Dem entspricht die Regelung des § 15 Abs. 2 Satz 1 (früher: § 13 Abs. 3 Satz 1) BremSchVwG, die mit dem Elternrecht vereinbar ist (so BVerfGE 59, 369 [387 f.]).
60 Vgl. *Oppermann*: Gutachten, C 25.

allen jungen Bürgern gemäß ihren Fähigkeiten die dem heutigen gesellschaftlichen Leben entsprechenden Möglichkeiten eröffnet[61]. Das Sozialstaatsprinzip gebietet indessen nicht, daß die Schulausbildung keinerlei Kosten verursachen darf[62]. Auch das Recht auf Bildung und das Elternrecht gewähren Schülern und Eltern keinen Anspruch auf bestimmte finanzielle Leistungen. Diese Rechte stehen ohnehin unter dem Vorbehalt des Möglichen im Sinne dessen, was der einzelne vernünftigerweise von der Gesellschaft fordern kann[63]. Wie und mit welchen Mitteln der Staat seine Verpflichtung, für ein sozial gerechtes Bildungswesen Sorge zu tragen, erfüllt, ist in erster Linie vom Gesetzgeber zu entscheiden[64] (dazu TZ 2.224). Es besteht insoweit eine gesetzgeberische Gestaltungsfreiheit.

Die wichtigsten Förderungsmaßnahmen betreffen die Schulgeldfreiheit (TZ 31.41), die Lernmittelfreiheit (TZ 31.42), die Fahrtkostenerstattung (TZ 31.43) und die Ausbildungsförderung (TZ 31.44).

31.41 Schulgeldfreiheit

Im gesamten Bundesgebiet ist der Besuch öffentlicher Schulen schulgeldfrei[65]. Es wird somit für die Benutzung der Schule als öffentlicher Anstalt kein Entgelt in Form einer Benutzungsgebühr erhoben[66]. Der Schüler braucht demgemäß keine Gegenleistung für die mit dem Schulbesuch allge-

---

61 Vgl. BVerfGE 26, 228 (238); 34, 165 (182).
62 BVerwG, DÖV 1978, 615; vgl. auch BayVerfGH, BayVBl. 1985, 14.
63 Vgl. BVerfGE 33, 303 (333); BayVerfGH, BayVBl. 1985, 14 (15).
64 Vgl. BVerfGE 33, 303 (333).
65 Schulgeldfreiheit war in der Weimarer Republik nur für die Volksschule und für die Fortbildungsschule (= Berufsschule) garantiert (Art. 145 S. 3 WRV). Dagegen war die Erhebung von Schulgeld für den Besuch der höheren Schule obligatorisch (s. z. B. § 1 Preußisches Schulgeldgesetz vom 18. 7. 1930). Dazu Walter *Landé*: Preußisches Schulrecht, Berlin 1933. Bd. 1, S. 29 ff.; Bd. 2, S. 815 ff. – Heute ist die Schulgeldfreiheit in einigen Ländern sogar verfassungsrechtlich garantiert. Rechtsgrundlagen: Baden-Württemberg: Art. 14 Abs. 2 Satz 1 Verf., § 93 Abs. 1 SchG; Bayern: Art. 129 Abs. 2 Verf., Art. 23 Abs. 1 BaySchFG; Berlin: § 18 Abs. 1 Satz 1 SchulG; Brandenburg: Art. 30 Abs. 5 Satz 2 Verf., § 114 Abs. 1 BbgSchulG; Bremen: Art. 31 Abs. 2 Verf., § 1 Abs. 1 des Gesetzes zum Art. 31 Abs. 2 der Landesverfassung der Freien Hansestadt Bremen vom 21. 10. 1947 über die Unentgeltlichkeit des Schulunterrichts i. d. F. d. Bek. v. 25. 7. 1958 (BrSBl. 110.03), zul. g. d. G. v. 20. 12. 1994 (GBl. S. 327); Hamburg: § 29 Satz 1 HmbSG; Hessen: Art. 59 Abs. 1 Satz 1 Verf., § 3 Abs. 9 Satz 1 HSchG; Mecklenburg-Vorpommern: § 54 Abs. 1 Satz 1 SchulG; Niedersachsen: § 54 Abs. 2 Satz 1 NSchG; Nordrhein-Westfalen: Art. 9 Abs. 1 Verf., § 1 Abs. 1 Satz 2 SchFG; Rheinland-Pfalz: § 55 Satz 1 SchulG; Saarland: § 1 Gesetz über Schulgeldfreiheit; Sachsen: Art. 102 Abs. 4 Satz 1 Verf., § 38 Abs. 1 SchulG; Sachsen-Anhalt: Art. 26 Abs. 4 Verf.; Schleswig-Holstein: § 32 Abs. 1 SchulG; Thüringen: Art. 24 Abs. 3 Satz 1 Verf., § 16 Satz 1 ThürSchulG.
66 In Baden-Württemberg und Berlin sind die Fachschulen von der Schulgeldfreiheit ausgenommen (§ 93 Abs. 2 bw SchulG; §§ 18 Abs. 1, 26 bln SchulG). Allerdings werden an den Berliner Fachschulen nach § 1 Fachschulgebührenordnung vom 24. 11. 1987 (GVBl. S. 2682), zul. g. d. VO v. 29. 9. 1995 (GVBl. S. 636), nur Gebühren für Gasthörer und für Teilnehmer an Weiterbildungskursen erhoben. Im Saarland gilt die Schulgeldfreiheit nicht für Fachschulen als »Einrichtungen der beruflichen Aufstiegsfortbildung« (§ 1 Gesetz über Schulgeldfreiheit).

mein verbundenen Aufwendungen auf seiten des Schulträgers und des Staates zu erbringen. Die Schulgeldfreiheit entbindet ihn jedoch nicht von der Pflicht, diejenigen Kosten zu tragen, die durch (freiwillige) Teilnahme an Veranstaltungen außerhalb des üblichen Unterrichtsbetriebs (z.B. Schullandheimaufenthalt) entstehen[67]. Berlin, Brandenburg, Bremen und Niedersachsen knüpfen die Schulgeldfreiheit daran, daß der Schüler seinen Wohnsitz im Lande hat[68]; Gegenseitigkeitsvereinbarungen mit anderen Ländern sichern aber, daß sie auch landesfremden Schülern zugute kommt[69]. Im übrigen gewähren die Länder Schulgeldfreiheit nur beim Besuch der auf ihrem Gebiet vorhandenen öffentlichen Schulen. Wer keine für ihn geeignete Schule vorfindet und deshalb auf eine Privatschule oder auf eine landesfremde öffentliche Schule ausweichen muß, kann nicht unter Berufung auf das Sozialstaatsgebot, das Elternrecht oder das Recht auf Bildung verlangen, daß ihm die dadurch entstehenden Aufwendungen ersetzt werden; ein solcher Anspruch ist jedenfalls dann zu verneinen, wenn das Land ein nach den Bedürfnissen der Allgemeinheit hinlänglich differenziertes Schulwesen vorhält[70].
Die Schulgeldfreiheit erstreckt sich *nicht auf den Besuch eines Horts* (TZ 3.3), selbst dann nicht, wenn der Hort mit der Schule verbunden ist[71].

---

67 Vgl. VG Stuttgart, SPE II E II S.1. – Besucht der Schüler anstelle einer öffentlichen Grundschule eine private Ersatzschule (z.B. eine Waldorfschule), können die Eltern vom Träger der Sozialhilfe nicht verlangen, daß er die dadurch verursachten Kosten (Aufnahmebeitrag, monatliches Schulgeld) im Rahmen der Hilfe zum Lebensunterhalt nach § 11 Abs.1 Satz1 BSHG übernimmt; so BVerwG, NVwZ 1993, 691. Zu dieser Entscheidung Udo *Dirnaichner*: Übernahme von Schulgeld einer Privatschule im Rahmen der Sozialhilfe, SchVw BY 1994, 195.
68 § 114 Abs.2 Satz1 BbgSchulG, § 1 Abs.1 Gesetz zum Art.31 Abs.2 der Landesverfassung der Freien Hansestadt Bremen, § 54 Abs.2 Satz2 NSchG. In Berlin wird die Aufnahme auswärtiger Schüler davon abhängig gemacht, daß die Gegenseitigkeit mit dem betreffenden Land und ein angemessener Finanzausgleich vereinbart sind, und davon, daß freie Plätze vorhanden sind (§ 7 Abs. 2 SchulG).
69 S. die Vereinbarung über Gegenseitigkeit beim Besuch von Schulen in öffentlicher Trägerschaft zwischen den Regierungen der Länder Berlin und Brandenburg vom 21.11.1997 (abgedruckt im ABl. für Brandenburg 1998 S.162); Vereinbarung der Gegenseitigkeit des Besuchs öffentlicher Schulen zwischen den Ländern Niedersachsen und Bremen vom 1.3.1996 (abgedruckt im brem ABl. S.639).
70 Vgl. OVG Münster, SPE I D IX S.11: Keine Verpflichtung des Landes Nordrhein-Westfalen zur Erstattung von Berufsschulkosten, die Auszubildenden in Splitterberufen dadurch entstehen, daß sie auf freiwilliger Basis spezielle (bundesoffene) Berufsschulklassen in anderen Ländern besuchen. Vgl. aber BayVerfGH, SPE n.F. 190 Nr.5: Der Gesetzgeber verstößt gegen den Gleichheitssatz, wenn er nicht dafür Sorge trägt, daß die Berufsschulpflichtigen in angemessenem Umfang von den unvermeidbaren Mehrkosten für eine notwendige auswärtige Unterbringung freigestellt werden, die ihnen während der Zeit des Blockunterrichts entstehen.
71 Nach den Kindertagesstättengesetzen der neuen Länder werden vielmehr Elternbeiträge erhoben, die einen Teil der Betriebskosten abdecken. S. im einzelnen §§ 16 Abs.1, 17 Abs.1 bis 3 bbg Kita-Gesetz; §§ 14 Abs.2 Satz 2, 18 m-v Gesetz zur Förderung von Kindern in Tageseinrichtungen und Tagespflege; § 14 sächs Gesetz über Kindertageseinrichtungen; § 18 Gesetz zur Förderung und Betreuung von Kindern im Lande Sachsen-Anhalt; § 16 Satz 2 ThürSchulG. – In Berlin sind die außerunterrichtlichen Betreuungszeiten im sog. offenen Ganztagsbetrieb von Schulen des Primarbereichs nunmehr entgeltpflichtig (§ 18 Abs.2 SchulG). Zu dieser Neuregelung Hans-Jürgen *Meyer*: Die Entwicklung des Schulrechts in Berlin von 1989 bis 1997, RdJB 1997, 312 (314).

31.42 Lernmittelfreiheit[72]

Lernmittelfreiheit bedeutet, daß die Eltern zumindest teilweise von den Kosten für die Beschaffung der vom Schüler benötigten Lernmittel befreit werden. Wie die Schulgeldfreiheit soll die Lernmittelfreiheit dazu beitragen, daß auch Schüler aus wirtschaftlich schwächer gestellten Familien die gleichen Chancen besitzen wie ihre Mitschüler.

Lernmittel sind die für die Hand des Schülers bestimmten Arbeitsmittel, die er zur erfolgreichen Teilnahme am Unterricht benötigt (Schulbücher und Lernmaterial). Zu den *Schulbüchern* gehören auch ergänzende Druckwerke wie etwa Quellenhefte und Textsammlungen. *Lernmaterial* sind z. B. Zeichengeräte, Zirkelkästen, Taschenrechner, Arbeitsmittel für den Handarbeits-, Hauswirtschafts- und Werkunterricht, Schreibhefte und Schreibmaterial, jedoch nicht Gegenstände, die auch außerhalb des Unterrichts gebräuchlich sind (z. B. Turn- und Schwimmkleidung, Musikinstrumente)[73], und Gegenstände, die zugleich der Berufsausübung dienen (z. B. Werkzeug, das der Berufsschüler im Rahmen seiner betrieblichen Ausbildung verwendet). Lernmittel dürfen nicht mit Lehrmitteln verwechselt werden; *Lehrmittel* sind Unterrichtsmittel, die zur Ausstattung der Schule gehören (z. B. geographische Karten, Sammlungen für den naturwissenschaftlichen Unterricht). *Die Lern-*

---

72 Vgl. *DJT-SchulGE*, § 102 (S. 120), S. 374 f., 382 f. – Rechtsgrundlagen: Baden-Württemberg: Art. 14 Abs. 2 Satz 2 Verf.; § 94 Abs. 1 SchG, § 17 Abs. 2 PSchG; LernmittelVO vom 8. 1. 1998 (GBl. S. 85). Bayern: Art. 21 f., 46 und 60 Satz 2 Nr. 7 BaySchFG; Art. 51 Abs. 4 BayEUG; VO über die Zulassung von Lernmitteln vom 12. 8. 1994 (GVBl. S. 917), zul. g. d. VO vom 5. 3. 1998 (GVBl. S. 135). Berlin: § 18a SchulG; § 8 Abs. 1 Nr. 2 PSchG; § 1 Erste DVO zum PSchG vom 2. 7. 1955 (GVBl. S. 447). Brandenburg: Art. 30 Abs. 5 Satz 3 Verf.; §§ 111, 14 Abs. 2 BbgSchulG; LernmittelVO vom 14. 2. 1997 (GVBl. II S. 88), g. d. VO vom 9. 11. 1998 (GVBl. II S. 621). Bremen: Art. 31 Abs. 3 Verf. Hamburg: § 30 HmbSG; VO über Lernmittel von geringem Wert vom 8. 7. 1975 (GVBl. S. 137). Hessen: Art. 59 Abs. 1 Satz 2 Verf.; § 153 HSchG; § 6 Ersatzschulfinanzierungsgesetz; VO über die Durchführung der Lernmittelfreiheit vom 4. 9. 1995 (ABl. S. 608), g. d. VO vom 12. 1. 1998 (ABl. S. 2). Mecklenburg-Vorpommern: § 54 Abs. 2 und 3 SchulG; VO über die Kostenbeiträge der Erziehungsberechtigten bei der Beschaffung von Unterrichts- und Lernmitteln vom 11. 7. 1996 (MittBl. S. 390), zul. g. d. VO v. 3. 7. 1997 (MittBl. S. 504). Niedersachsen: Nds Gesetz über Lernmittelfreiheit vom 24. 4. 1991 (GVBl. S. 174), zul. g. d. G. v. 21. 1. 1999 (GVBl. S. 10); VO zur Durchführung des Nds Gesetzes über Lernmittelfreiheit vom 28. 3. 1995 (GVBl. S. 85), zul. g. d. VO v. 21. 1. 1999 (GVBl. S. 10). Nordrhein-Westfalen: Art. 9 Abs. 2 Verf.; Lernmittelfreiheitsgesetz i. d. F. d. Bek. v. 24. 3. 1982 (GV. S. 165); VO über die Durchschnittsbeträge und den Eigenanteil nach § 3 Abs. 1 Lernmittelfreiheitsgesetz i. d. F. v. 13. 4. 1989 (GV. S. 231). Rheinland-Pfalz: § 57 SchulG; LandesVO über die Lernmittelfreiheit vom 14. 3. 1994 (GVBl. S. 225). Saarland: Schülerförderungsgesetz vom 20. 6. 1984 (Amtsbl. S. 661), zul. g. d. VO v. 6. 8. 1998 (Amtsbl. S. 825); VO über die Ausführung des Schülerförderungsgesetzes vom 10. 7. 1984 (ABl. S. 693), zul. g. d. VO v. 6. 8. 1998 (ABl. S. 825). Sachsen: Art. 102 Abs. 4 Satz 1 Verf.; § 38 Abs. 2 SchulG. Sachsen-Anhalt: § 72 SchulG; LernmittelkostenVO vom 31. 3. 1994 (GVBl. S. 505). Schleswig-Holstein: § 33 SchulG. Thüringen: Art. 24 Abs. 3 Satz 2 Verf.; § 44 ThürSchulG; § 19 ThürSchfTG. – Aus der Literatur: *Institut für Bildungsmedien* (Hrsg.): Lernmittelfreiheit in der Krise. 2. Aufl., Frankfurt am Main 1997.

73 So die Regelung in § 94 Abs. 1 Satz 2 bw SchG. Johannes *Rux*: Lernmittelfreiheit und Sozialhilfe, VBlBW 1997, 371 (375), erachtet die Verfassungsmäßigkeit dieser Vorschrift angesichts des weiten Schutzbereichs von Art. 14 Abs. 2 Satz 1 bw Verf. (»Unterricht und Lernmittel an den öffentlichen Schulen sind unentgeltlich«) als zweifelhaft.

mittelfreiheit gilt prinzipiell im gesamten Bundesgebiet. Doch bestehen zwischen den Ländern teilweise erhebliche Unterschiede hinsichtlich des Kreises der Anspruchsberechtigten (TZ 31.421), der Art der Durchführung (TZ 31.422), des Umfangs der Lernmittelfreiheit (TZ 31.423) und der Zuständigkeit für ihre Finanzierung (TZ 31.424).

31.421 Die Lernmittelfreiheit kommt *Schülern öffentlicher Schulen* zugute. Dabei gibt es Einschränkungen. Das Saarland berücksichtigt nur Kinder aus einkommensschwachen Familien. Baden-Württemberg, Berlin und Sachsen schließen Fachschüler, Niedersachsen schließt Berufsschüler mit Anspruch auf Ausbildungsvergütung, Rheinland-Pfalz die Schüler der meisten berufsbildenden Schulen aus dem Berechtigtenkreis aus. *Schüler privater Ersatzschulen* erhalten freie Lernmittel wie Schüler öffentlicher Schulen in Baden-Württemberg, Bayern (nach Entscheidung des Schulträgers), Berlin (nur bei anerkannten Ersatzschulen), Brandenburg, Hessen, Niedersachsen, Nordrhein-Westfalen, Rheinland-Pfalz (nur bei anerkannten Ersatzschulen nach Entscheidung des Schulträgers), im Saarland, in Sachsen-Anhalt und in Thüringen (dort außerdem für Schüler an staatlich anerkannten Ergänzungsschulen).

31.422 Auch in der *Art der Durchführung* der Lernmittelfreiheit unterscheiden sich die Länder. Zumeist werden die Lernmittel den Schülern vorübergehend zum unentgeltlichen Gebrauch überlassen. Bücher und weiterverwendbares Lernmaterial (z.B. Taschenrechner, technische Hilfsmittel) verbleiben im Eigentum des Schulträgers bzw. des Landes; zum Abschluß des Schuljahres, spätestens beim Abgang von der Schule sind sie zurückzugeben. Wenn zum Verbrauch bestimmtes Lernmaterial (wie Übungs- und Arbeitshefte) in die Lernmittelfreiheit einbezogen ist, wird es den Schülern übereignet, in der Regel unter Bestimmung der Verwendungsdauer. In Berlin können auch die Schulbücher übereignet werden. Rheinland-Pfalz stellt Lernmittelgutscheine aus, die beim Kauf der Bücher eingelöst werden. Das Saarland zahlt Schulbuchzuschüsse.
Soweit Lernmittel den Schülern *leihweise* ausgehändigt werden, ist vor allem im Hinblick auf Haftung und Haftungsfolgen bei Verlust oder Beschädigung die Frage klärungsbedürftig, ob mit der Gebrauchsüberlassung ein öffentlich-rechtliches oder ein privatrechtliches Schuldverhältnis begründet wird. In Sachsen-Anhalt und Thüringen ist das Schuldverhältnis öffentlich-rechtlicher Natur; dafür spricht schon die in diesen Ländern geltende Regelung, daß Ansprüche gegen Schadensersatzpflichtige, die die Zahlung der wegen Beschädigung oder Nichtrückgabe von Lernmitteln zu entrichtenden Geldsumme verweigern, durch förmlichen Leistungsbescheid des Staatlichen Schulamts bzw. des Kultusministeriums geltend gemacht werden[74]. In Hessen und Niedersachsen haften die Schüler bzw. ihre Eltern »nach den gesetzlichen Vorschriften«[75]; in den anderen Ländern fehlen ausdrückliche Bestimmungen über Ersatzansprüche und ihre Durchsetzung. Nach h.M. wird mit der Gebrauchs-

---

74 § 21 Abs. 3 Thür Lehr- und LernmittelVO; § 6 Satz 3 LernmittelkostenVO LSA, Nr. 3.12 RdErl. über Lernmittel an den Schulen in Sachsen-Anhalt.
75 § 153 Abs. 2 Satz 7, Abs. 3 Satz 3 HSchG; § 3 Abs. 4 Nds Gesetz über Lernmittelfreiheit.

überlassung zwischen dem Schulträger bzw. dem Land einerseits und den Schülern bzw. ihren Eltern andererseits ein privatrechtliches Schuldverhältnis begründet, das sich nach den Vorschriften des BGB über die Leihe (§§ 598 ff.) bestimmt. Ansprüche auf Rückgabe oder Schadensersatz können demgemäß nur durch Klage beim ordentlichen Gericht durchgesetzt werden[76]. Diese Auffassung läßt jedoch den Umstand außer acht, daß die Übergabe der Lernmittel an die Schüler nicht auf freier Vereinbarung beruht, sondern eine gesetzlich angeordnete Maßnahme ist, die nur dann ausnahmsweise unterbleibt, wenn Schüler bzw. Eltern darauf verzichten, die Lernmittelfreiheit wahrzunehmen. Es entsteht somit ein *öffentlich-rechtliches (verwaltungsrechtliches) Schuldverhältnis*, auf das die bürgerlich-rechtlichen Vorschriften über die Leihe nur entsprechend anzuwenden sind[77]. Der Eigentümer, also das Land oder der Schulträger, kann seinen Schadensersatzanspruch, sofern er ihn nicht im Wege der Leistungsklage vor dem Verwaltungsgericht geltend macht, durch Leistungsbescheid, mithin durch Verwaltungsakt, einseitig festsetzen[78] und den Anspruch sodann nach Maßgabe des Verwaltungsvollstreckungsgesetzes des jeweiligen Landes zwangsweise durchsetzen.

31.423 Der *Umfang der Lernmittelfreiheit*, die ohnehin nur für die *notwendigen* Lernmittel gewährt wird, ist von Land zu Land verschieden. Einschränkungen ergeben sich durch
- Nichtberücksichtigung von Lernmaterial (Bayern, Nordrhein-Westfalen[79], Rheinland-Pfalz, Saarland, Sachsen, Schleswig-Holstein[80], Thüringen);
- Ausschluß von Gebrauchs- und Übungsmaterial (Brandenburg) oder von geringwertigen Lernmitteln (Baden-Württemberg, Hamburg, Hessen);
- Festsetzung von Durchschnitts- bzw. Grundbeträgen (Brandenburg, Nordrhein-Westfalen, Rheinland-Pfalz, Saarland) und Höchstbeträgen (Niedersachsen);

---

76 So OVG Lüneburg, NJW 1996, 2947, und VG Würzburg, BayVBl. 1994, 539 (540); Peter Georg *Kriener*: Die Rückforderung von Schulbüchern. Anmerkungen aus der Praxis, SchVw BY 1994, 353.

77 So auch Johannes *Rux*: Die Öffentlich-Rechtliche Leihe – Zum Anspruch auf Ersatz für die Beschädigung und den Verlust von Schulbüchern, RdJB 1998, 362. S. außerdem VGH München, NVwZ-RR 1995, 86, wonach der Schulaufwandsträger sogar die Erstattung von Kosten für die Herstellung von Lernmitteln, die nicht in die Lernmittelfreiheit einbezogen sind, nach den Grundsätzen der öffentlich-rechtlichen Geschäftsführung ohne Auftrag, zumindest aber nach den Grundsätzen des öffentlich-rechtlichen Erstattungsanspruchs durch eine beim Verwaltungsgericht erhobene Leistungsklage durchsetzen kann.

78 So die Regelungen in Sachsen-Anhalt und Thüringen (Anm. 74). Die Zulässigkeit eines Leistungsbescheids zur Feststellung von Leistungsansprüchen der Verwaltung wird von der Rspr. bejaht. S. etwa BVerwG hinsichtlich der Ansprüche auf Rückerstattung zuviel gezahlter Dienstbezüge von Beamten (BVerwGE 28, 1; 71, 354 [357f.]) oder auf Schadensersatz wegen einer Dienstpflichtverletzung (BVerwGE 19, 243; 27, 245). Zustimmend zu dieser Rspr. *Maurer*: Verwaltungsrecht, S. 233 ff.; doch wird sonst in der Literatur die Geltendmachung von Leistungsansprüchen der Verwaltung durch Leistungsbescheid wegen Fehlens einer gesetzlichen Ermächtigung überwiegend für unzulässig erklärt; vgl. etwa *Wolff/Bachof/Stober*: Verwaltungsrecht II, S. 831 f.

79 Nur Schulbücher sowie sonstige Unterrichtsmittel, die dem gleichen Zweck wie Schulbücher dienen.

80 Lernmaterial nur insoweit, als es sich um Gegenstände handelt, die ausschließlich im Unterricht eingesetzt werden und in der Schule verbleiben.

- Festsetzung eines von den Eltern zu tragenden Eigenanteils (Brandenburg, Mecklenburg-Vorpommern, Nordrhein-Westfalen);
- Abstufung der Höhe der Lernmittelbeihilfe nach der Kinderzahl (Rheinland-Pfalz: je nach Kinderzahl 50, 75 oder 100 Prozent des Grundbetrags) oder nach dem Einkommen (Saarland: 50, 75 oder 100 Prozent der durchschnittlichen Schulbuchkosten).

Ein Druck, freie Lernmittel auf eigene Kosten anzuschaffen, darf nicht ausgeübt werden, weil sonst der gesetzliche Anspruch auf Lernmittelfreiheit unterlaufen würde[81]. Andererseits sind Schüler und Eltern nicht gehindert, sich selbst zu versorgen. Sofern sie Lernmittel freiwillig erwerben, entfällt in Baden-Württemberg, Bayern und Sachsen der Anspruch auf unentgeltliche Überlassung[82].

31.424 Die *Finanzierung* freier Lernmittel und Lernmittelbeihilfen *obliegt* in den Flächenländern *entweder dem Staat* (Hessen, Niedersachsen, Saarland, Sachsen-Anhalt, Thüringen) *oder den Schulträgern* (Baden-Württemberg, Brandenburg, Mecklenburg-Vorpommern, Nordrhein-Westfalen, Rheinland-Pfalz, Sachsen, Schleswig-Holstein) bzw. den *Trägern des sächlichen Schulbedarfs* (Bayern); in Mecklenburg-Vorpommern und Rheinland-Pfalz beteiligt sich das Land an diesen Aufwendungen, in Bayern erstattet der Staat den kommunalen Trägern des sächlichen Schulbedarfs zwei Drittel ihrer Aufwendungen durch pauschalierte Zuweisung. (Zu den Einzelheiten vgl. die Übersicht bei TZ 10.6 unter Buchst. c.) Soweit Schüler der privaten Ersatzschulen an der Lernmittelfreiheit teilhaben, werden den Schulen die Kosten zumeist im Rahmen der staatlichen Regelbeihilfe, teilweise auch durch besondere Zuschüsse (in Bayern: zwei Drittel der erforderlichen Aufwendungen) erstattet.

---

81 *Rux*, RdJB 1998, 365.
82 Auf Lernmaterialien, die der Klassenlehrer für nötig erklärt hat, sind schulpflichtige Schüler auch dann angewiesen, wenn dafür keine Lernmittelfreiheit gewährt wird. Da die hierbei anfallenden Aufwendungen mithin nicht auf freier, selbstbestimmter und selbstgestalteter Lebensführung beruhen, gehören sie nicht zu den durch Regelsätze abgedeckten persönlichen Bedürfnissen des täglichen Lebens i.S. des § 12 Abs. 1 BSHG. Sofern es sich nicht um besondere Lernmaterialien handelt, für die nach § 21 Abs. 1 a Nr. 3 BSHG einmalige Leistungen gewährt werden, kann hierfür gemäß § 21 Abs. 1 BSHG Hilfe zum Lebensunterhalt nach pflichtgemäßem Ermessen durch laufende oder einmalige Leistungen bewilligt werden. So BVerwG, NJW 1999, 738.

31.43 Fahrtkostenerstattung und Schülerbeförderung[83]

Während früher die meisten Schüler eine Schule am Wohnort oder in dessen unmittelbarer Nähe besuchen konnten, müssen sie heute vielfach erheblich längere Schulwege zurücklegen. Das ist zum einen auf die im Zuge der Landschulreform vollzogene Zusammenlegung von Grund- und Hauptschulen zu Mittelpunktschulen zurückzuführen. Zum anderen wirkt sich die Tatsache aus, daß weit mehr Eltern als zuvor der – entfernter gelegenen – Real- bzw. Gymnasialschule den Vorzug vor der – näher gelegenen – Hauptschule geben. Unter diesen Umständen erwies es sich als notwendig, die Schülerbeförderung so zu organisieren, daß sich jedenfalls die durch die größeren Entfernungen zwischen Wohnung und Schule verursachten finanziellen Belastungen für Schüler und Eltern in zumutbaren Grenzen hielten. Heute gibt es in allen Ländern Regelungen zur Erstattung der Fahrtkosten, in den verkehrsschwachen Gebieten außerdem Einrichtungen für den Transport auswärtiger Schüler zur Schule und zurück. *Zuständig* für die Organisation der Schülerbeförderung *sind im allgemeinen die Landkreise und kreisfreien Städte*; in manchen Ländern beteiligt sich der Staat an der Aufbringung der damit verbundenen Kosten (vgl. die Übersicht bei TZ 10.6 unter Buchst. c). Voraussetzungen und Umfang des Anspruchs auf Fahrtkostenerstattung bzw. Schülerbeförderung sind von Land zu Land verschieden. Finanzpolitische Zwänge haben dazu geführt, daß die Leistungen bei der Übernahme von Schülerfahrtkosten durch

---

[83] Rechtsgrundlagen: Baden-Württemberg: § 18 Gesetz über den kommunalen Finanzausgleich i. d. F. v. 26. 9. 1991 (GBl. S. 657), zul. g. d. G. v. 15. 12. 1998 (GBl. S. 669, 670). Bayern: Gesetz über die Kostenfreiheit des Schulweges i. d. F. v. 17. 1. 1984 (GVBl. S. 13), zul. g. d. G. v. 12. 6. 1985 (KMBl. I S. 98); SchülerbeförderungsVO i. d. F. d. Bek. v. 8. 9. 1994 (GVBl. S. 953); Art. 10a FAG i. d. F. d. Bek. v. 10. 2. 1998 (GVBl. S. 88), g. d. G. v. 10. 7. 1998 (GVBl. S. 402). Berlin: Nr. 2 Abs. 2 der Ausführungsvorschriften über Schülerausweise vom 14. 3. 1991 (ABl. S. 635); Abschnitt III. der Ausführungsvorschriften über Schülerbeförderung, Schulwegbegleitung und Fahrtkostenbeihilfe vom 8. 8. 1990 (ABl. S. 1628). Brandenburg: §§ 110 Abs. 2 Satz 1 Nr. 5, 112 BbgSchulG. Bremen: Richtlinien für die Übernahme von Fahrkosten für Schülerinnen und Schüler vom 2. 2. 1996 (BrSBl. 549.01). Hamburg: Schülerfahrgeldbestimmungen vom 1. 8. 1995 (VwHbSchul 06.16.01). Hessen: § 161 HSchG. Mecklenburg-Vorpommern: § 113 SchulG. Niedersachsen: §§ 114, 141 Abs. 3 und 156 Abs. 3 NSchG. Nordrhein-Westfalen: § 7 SchFG i.d. Neufassung vom 17. 4. 1970 (GV. S. 288), zul. g. d. G. v. 25. 11. 1997 (GV. S. 430); SchülerfahrtkostenVO vom 24. 3. 1980 (GV. S. 468), zul. g. d. VO vom 17. 12. 1998 (GV. S. 750, 758); VV zur Ausführung der SchülerfahrtkostenVO vom 8. 5. 1980 (GABl. S. 321), zul. g. d. RdErl. v. 9. 6. 1998 (ABl. S. 125). Rheinland-Pfalz: § 56 SchulG, § 33 PrivSchG; LandesVO über die Einkommensgrenze bei der Übernahme von Fahrkosten für Schüler in der Sekundarstufe II vom 4. 3. 1985 (GVBl. S. 85), g. d. LandesVO vom 12. 6. 1989 (GVBl. S. 170). Saarland: § 45 Abs. 3 Nr. 3 bis 5 und Abs. 4 SchoG, § 32d PrivSchG; VO über die notwendigen Beförderungskosten gemäß § 45 Abs. 3 Nrn. 3 bis 5 und Abs. 4 des SchoG vom 16. 5. 1984 (Amtsbl. S. 562), zul. g.d.VO v. 10. 12. 1998 (Amtsbl. 1999 S. 74); §§ 1 Abs. 1, 6 Schülerförderungsgesetz; VO über die Ausführung des Schülerförderungsgesetzes vom 10. 7. 1984 (ABl. S. 693), zul. g. d. VO v. 6. 8. 1998 (ABl. S. 825). Sachsen: § 23 Abs. 3 SchulG. Sachsen-Anhalt: § 71 SchulG; VO über Fahrtkostenzuschüsse für die Schülerbeförderung vom 23. 12. 1993 (GVBl. 1994 S. 3). Schleswig-Holstein: §§ 53 Abs. 2 Nr. 8, 80, 81 SchulG. Thüringen: §§ 3 Abs. 2 Satz 1 Nrn. 8 und 9, 4, 8 Abs. 2 ThürSchFG, § 18 Abs. 1 ThürSchFTG.

Eingrenzung des Kreises der Begünstigten oder durch Einführung eines Eigenanteils der Eltern[84] eingeschränkt worden sind. Die oft überaus komplizierten Regelungen können hier nur in den Grundzügen dargestellt werden. Die Rechtslage ist dadurch noch unübersichtlicher geworden, daß mehrere Länder in den vergangenen Jahren dazu übergegangen sind, den Kreisen weitreichende Entscheidungsbefugnisse hinsichtlich des Umfangs der notwendigen Beförderungskosten zu übertragen[85].

31.431 Anspruchsberechtigt sind in den Flächenländern Schüler der Schulkindergärten, der Grundschulen, der weiterführenden Schule bis Klasse 10 und der Sonderschulen (Förderschulen)[86]. Im allgemeinen erhalten auch die Schüler (anerkannter) Ersatzschulen Fahrtkostenerstattung[87]. Die Länder beziehen darüber hinaus die Schüler der Sekundarstufe II ein; allerdings schließen sie zumeist Schüler bestimmter Schularten und Jahrgangsstufen aus dem Kreis der Begünstigten aus: Baden-Württemberg und Brandenburg: keine Schüler an Fachschulen; Bayern: keine Schüler an Fachschulen, im übrigen Fahrtkostenerstattung nur insoweit, als eine Familienbelastungsgrenze von 550 DM je Schuljahr überschritten wird; Hessen: nur Schüler, die die Grundstufe der Berufsschule, das erste Jahr der besonderen Bildungsgänge an der Berufsfachschule oder im Rahmen der Vollzeitschulpflicht eine Berufsfachschule besuchen; Mecklenburg-Vorpommern, Niedersachsen und

---

84 Eine Regelung, wonach im Rahmen der Erstattung der Schülerbeförderungskosten von Real- und Gymnasialschülern, nicht aber von Hauptschülern ein Eigenanteil gefordert werden kann (so § 56 Abs. 4 Satz 5 rp SchulG), verstößt weder gegen den Gleichheitssatz noch gegen das Sozialstaatsprinzip (BVerwG, DVBl. 1991, 59). S. andererseits VGH Mannheim, NVwZ-RR 1996, 659: Weder die staatliche Verpflichtung zum besonderen Schutz der Familie (Art. 6 Abs. 1 GG) noch das durch Art. 6 Abs. 2 GG gewährleistete Recht der Eltern, den Bildungsweg des Kindes zu bestimmen, und ebensowenig das Entfaltungsrecht des Schülers gem. Art. 2 Abs. 1 GG begründen einen Anspruch darauf, daß die öffentliche Hand die Kosten der Schülerbeförderung vollständig übernimmt; daher können auch von Hauptschülern Eigenanteile verlangt werden.

85 In Baden-Württemberg und Sachsen regeln die Stadt- und Landkreise bzw. die Landkreise und kreisfreien Städte die Einzelheiten der Schülerbeförderung, insbes. Umfang und Abgrenzung der notwendigen Beförderungskosten, die Festsetzung von Mindestentfernungen, die Höhe und das Verfahren der Erhebung eines Eigenanteils, Pauschalen und Höchstbeträge für die Kostenerstattung (§ 18 Abs. 2 bw Gesetz über den kommunalen Finanzausgleich, § 23 Abs. 3 Satz 2 sächs SchulG). In Mecklenburg-Vorpommern, Niedersachsen und Sachsen-Anhalt legen die Landkreise und kreisfreien Städte die Mindestentfernung zwischen Wohnung und Schule fest, von der an die Beförderungs- oder Erstattungspflicht entsteht (§ 113 Abs. 3 SchulG M-V, § 114 Abs. 2 NSchG, § 71 Abs. 4 SchulG LSA). In Schleswig-Holstein bestimmen die Kreise, welche Kosten für die Schülerbeförderung als notwendig anerkannt werden (§ 80 Abs. 2 Satz 1 SchulG).

86 In Berlin erhalten Schüler unabhängig von Schulart und Jahrgangsstufe auf Antrag einen Schülerausweis, der sie berechtigt, öffentliche Verkehrsmittel zu einem ermäßigten Tarif zu benutzen; darüber hinaus kann bedürftigen Schülern eine Fahrkostenbeihilfe im Rahmen der im Haushaltsplan zur Verfügung stehenden Mittel gewährt werden. In Bremen und Hamburg kommt die Übernahme der Fahrtkosten nur in Ausnahmefällen, insbes. bei Bedürftigkeit der Eltern, in Betracht.

87 Zur Anspruchsberechtigung von Schülern an Waldorfschulen VG Frankfurt am Main, NVwZ-RR 1990, 25, und OVG Koblenz, NVwZ-RR 1990, 199. Mit dieser Rspr. setzt sich auseinander Paul *Theuersbacher*: Die Entwicklung des Schulrechts von 1988 bis 1990, NVwZ 1991, 125 (132).

Sachsen-Anhalt: nur Schüler des schulischen Berufsgrundbildungsjahres und des Berufsvorbereitungsjahres sowie die Klasse I derjenigen Berufsfachschulen, die nicht den mittleren Schulabschluß voraussetzen[88]; Nordrhein-Westfalen: nur Schüler der Vollzeitschulen einschließlich Berufsgrundschuljahr oder Vorklasse zum Berufsgrundschuljahr, nicht aber Schüler der Fachschulen; Rheinland-Pfalz: keine Schüler an Teilzeitschulen, Schüler an Vollzeitschulen einschließlich des Berufsgrundbildungsjahres nur, sofern bestimmte Einkommensgrenzen nicht überschritten werden; Thüringen: nur Schüler der gymnasialen Oberstufe, des Berufsgrundbildungs- und des Berufsvorbereitungsjahres, der zweijährigen Fachoberschule und der keinen berufsqualifizierenden Abschluß vermittelnden Berufsfachschulen.

31.432 Auch der *Umfang* der Fahrtkostenerstattung ist in mehreren Ländern eingeschränkt. So übernimmt Nordrhein-Westfalen Aufwendungen nur bis zu einem Höchstbetrag von 200 DM je Monat; wenn Schülerzeitkarten auch zur sonstigen Nutzung im öffentlichen Nahverkehr berechtigen, kann der Schulträger einen Eigenanteil bis zu 20 DM monatlich festsetzen. In Baden-Württemberg, Sachsen, Schleswig-Holstein und Thüringen könnnen Schüler bzw. Eltern aufgrund kommunaler Satzung an den Kosten beteiligt werden[89], in Thüringen allerdings nur bei Schülern ab Klassenstufe 11; in Rheinland-Pfalz soll für Schüler der Realschulen und Gymnasien ein angemessener Eigenanteil gefordert werden. Das Saarland gewährt Zuschüsse, die je nach Einkommen der Eltern 50, 75 oder 100 Prozent der Fahrtkosten betragen[90].

31.433 Leistungen werden nur gewährt, soweit die *Beförderungskosten notwendig* sind[91]. Die Notwendigkeit hängt zumeist von der Länge des Schulwegs ab[92]; dabei werden bestimmte *Mindestentfernungen* zugrunde gelegt, die in der Regel nach Schulstufen gestaffelt sind[93]. Maßgeblich ist die Distanz

---

88 In Sachsen-Anhalt kann der Landkreis oder die kreisfreie Stadt als Träger der Schülerbeförderung darüber hinaus Schülern der 11. und 12. Jahrgangsstufe der allgemeinbildenden Schulen sowie Schülern der berufsbildenden Schulen, die keinen Anspruch auf Kostenerstattung haben, auf Antrag einen Fahrtkostenzuschuß gewähren.
89 Zur Frage der Verfassungsmäßigkeit der entsprechenden Neuregelung in Baden-Württemberg s. *Rux*, VBlBW 1997, 374.
90 Behinderten Schülern, die eine Sonderschule oder eine Regelschule besuchen, wird ohne Nachweis der Einkommensverhältnisse ein Zuschuß in Höhe von 75 % der Fahrtkosten bewilligt.
91 Wenn die Kosten der Beförderung des behinderten Schülers über die notwendigen Beförderungskosten im Sinne des jeweiligen Landesrechts hinausgehen, besteht bei Hilfsbedürftigkeit ein Anspruch gegen den Träger der Sozialhilfe auf Übernahme der durch Benutzung eines Taxis verursachten Mehrkosten; es handelt sich um eine Maßnahme der Eingliederungshilfe nach § 39 Abs. 1 Satz 1 BSHG (BVerwG, NVwZ-RR 1993, 198).
92 Zur Auslegung des Begriffs »Schulweg« als Anspruchsvoraussetzung für die Übernahme von Schülerbeförderungskosten VGH Kassel, NVwZ-RR 1991, 75. Eine ausdrückliche Regelung enthält § 7 Abs. 1 Satz 3 nrw SchülerfahrtkostenVO, wonach der Schulweg des Schülers an der Haustür des Wohngebäudes beginnt und am nächstliegenden Eingang des Schulgrundstücks, also nicht erst am Eingang zum Schulgebäude, endet.
93 Z.B. Bayern: für Schüler der Jahrgangsstufen 1 bis 4 mehr als 2 km, ab Jahrgangsstufe 5 mehr als 3 km; Brandenburg und Niedersachsen: Grundschule (Primarstufe) über 2 km, Sekundarstufe I über 3,5 km, Sekundarstufe II über 5 km.

zur Pflichtschule oder zur nächstgelegenen Wahlschule (vgl. TZ 3.14). Als letztere gilt die Schule, die den gewünschten Bildungsgang anbietet, mit dem geringsten Aufwand an Zeit und Kosten erreicht werden kann und deren Besuch schulorganisatorische Gründe (z. B. Kapazitätsengpässe) nicht entgegenstehen[94]. Wählen die Eltern eine weiter entfernte Schule, werden nur die Fahrtkosten übernommen, die für den Schulweg zur nächstgelegenen Schule entstünden (»fiktive« Fahrtkosten)[95]. Der Begriff Bildungsgang im Sinne des Schülerbeförderungsrechts ist mit dem Begriff Schulart nicht identisch, sondern schulartunabhängig und ggf. schulartübergreifend; er ist durch das abstrakte Bildungsangebot einer Fachrichtung und durch einen spezifischen Abschluß gekennzeichnet. Daher kann der Bildungsgang der Hauptschule, der Realschule oder des Gymnasiums auch in der Schule einer integrierten Schulart verfolgt werden[96]. Besucht der Schüler eine weiter entfernte Schule,

---

94 Beförderungskosten werden nur beim Besuch inländischer Schulen erstattet. Aus dem Grundgesetz ergibt sich kein Anspruch darauf, daß der Staat die Kosten der Schülerbeförderung beim Besuch ausländischer Schulen übernimmt (BVerwG, DVBl. 1995, 1084).

95 Eine Regelung, die die Erstattung der tatsächlichen Fahrtkosten auf den Betrag begrenzt, der für den Schulweg zur nächstgelegenen Schule des gewählten Bildungsgangs anzusetzen ist, verstößt weder gegen den Gleichheitssatz noch verletzt sie das Recht der Eltern auf Bestimmung des Bildungswegs des Kindes (HessStGH, NVwZ 1984, 788). Nach VGH Kassel, NVwZ-RR 1991, 76, war die Vorschrift des § 34 hess SchVG, die keine ausdrückliche Regelung der Übernahme fiktiver Fahrtkosten enthielt, gleichwohl aufgrund der Entstehungsgeschichte sowie nach Sinn und Zweck der Bestimmung dahin auszulegen, daß eine Erstattungspflicht entstand (zur jetzt maßgeblichen Vorschrift des § 161 Abs. 5 Nr. 3 Satz 1 HSchG s. VGH Kassel, ESVGH 48, 286). Nach VGH Mannheim, NVwZ-RR 1996, 391 (392), verstößt die Versagung der Erstattung fiktiver Schülerbeförderungskosten gegen den Gleichheitssatz. Demgegenüber ist es nach BayVerfGH, NVwZ-RR 1991, 74, mit dem Gleichheitssatz vereinbar, eine Regelung (hier: §2 bay SchülerbeförderungsVO), die die Übernahme der fiktiven Beförderungskosten nicht explizit anordnet, dahin auszulegen, daß kein Anspruch auf Erstattung dieser Kosten besteht.

96 So OVG Lüneburg, NVwZ-RR 1996, 656 (657), und bereits früher in RdJB 1991, 345, m. krit. Anm. von Frank-Rüdiger *Jach*. Zustimmend zu der Entscheidung Paul *Theuersbacher*: Die Entwicklung des Schulrechts in den Jahren 1995 und 1996, NVwZ 1997, 744 (748). Das BVerwG (DVBl. 1995, 430, und BVerwGE 96, 350) ist demgegenüber der Auffassung, es sei auf den konkreten Bildungsgang abzustellen, da jeder Schüler (bzw. seine Eltern) mit der Wahl und dem Besuch einer bestimmten Schule einen bestimmten Bildungsgang verfolge; das Gericht weist darauf hin, es könne in diesem Zusammenhang auf die Klärung der Frage ankommen, »ob und unter welchen Voraussetzungen schulorganisationsrechtliche Elemente und insbesondere die Zusammensetzung von Lehrerschaft und Schülerschaft einen schulformübergreifenden ‚Bildungsgang' prägen können oder ihn gar erst ermöglichen« (DVBl. 1995, 430 [433]). Bejaht man diese Frage, ergäbe sich als Konsequenz, daß sich der in einer Schulart des gegliederten Schulwesens angebotene Bildungsgang von dem entsprechenden Bildungsgang in einer integrierten Schulart unterscheidet. Demnach wäre beispielsweise das von den Eltern gewählte Gymnasium auch dann nächstgelegene Schule, wenn eine integrierte Gesamtschule oder Orientierungsstufe weniger weit entfernt ist. Kritisch zu dieser Rspr. Karl-Heinz *Ladeur*: Schulvielfalt und Schulbeförderungsrecht, RdJB 1995, 335, der zu Recht darauf hinweist, daß es bei dieser Frage nicht um eine Einschränkung des elterlichen Bestimmungsrechts bei der Wahl der Schulart (dazu TZ 24.33), sondern um die leistungsrechtliche Subventionierung dieser Entscheidung geht (S. 336). – Nach OVG Münster, NVwZ-RR 1991, 484, ist die besondere fachliche Ausrichtung einer Schule, z. B. als altsprachliches Gymnasium, schülerfahrtkostenrechtlich bei der Bestimmung der nächstgelegenen Schule nicht zu berücksichtigen. A. A. VG Meiningen, LKV 1996, 427.

z. B. ein Gymnasium in der Nachbarstadt, statt der näheren Gesamtschule, werden nur die Beförderungskosten für den Schulweg bis zur Gesamtschule übernommen[97]. Unabhängig von der Länge des Schulwegs sind Fahrtkosten notwendig, wenn der Schulweg besonders gefährlich oder für Schüler ungeeignet ist[98]. Soweit den Schülern privater Ersatzschulen Fahrtkosten erstattet werden, sind bei der Bestimmung der nächstgelegenen Schule in den meisten Ländern entsprechende öffentliche Schulen einzubeziehen; etwas anderes kann gelten, wenn die Ersatzschule wegen ihrer pädagogischen oder weltanschaulichen Eigenheiten besucht wird[99].
Erstattet werden nur die Fahrtkosten, die für die wirtschaftlichste dem Schüler zumutbare Beförderung entstehen[100]. Die Schüler haben vorrangig öffentliche Verkehrsmittel in Anspruch zu nehmen. Soweit zumutbare öffentliche Verkehrsmittel nicht vorhanden sind und auch die Beförderung mit einem Schulbus nicht in Betracht kommt, werden die Kosten für die Benutzung privater Kraftfahrzeuge – bis zu bestimmten Höchstgrenzen – erstattet. Unfälle bei der Schülerbeförderung werden von der gesetzlichen Unfallversicherung reguliert (TZ 33.21).

---

[97] Anders in Hessen: Dort ist aufgrund ausdrücklicher gesetzlicher Regelung (§ 161 Abs. 5 Nr. 3 Satz 1 HSchG) auf die nächstgelegene Schule der jeweiligen Schulart abzustellen, für die sich die Eltern entschieden haben. In Rheinland-Pfalz ist für die Bestimmung der nächstgelegenen weiterführenden Schule die gewählte erste Fremdsprache maßgeblich (§ 56 Abs. 3 Satz 1 SchulG).

[98] Vgl. § 6 Abs. 2 Satz 1 nrw SchülerfahrtkostenVO. Dazu OVG Münster, NVwZ-RR 1991, 483.

[99] S. etwa § 2 Abs. 3 Satz 1 bay SchülerbeförderungsVO, der, unabhängig davon, ob es sich um eine öffentliche oder private Schule handelt, eine Sonderregelung insbes. für Tagesheimschulen, nicht-koedukative Schulen und Bekenntnisschulen trifft. Auf die Beweggründe für den Besuch gerade einer (privaten) Bekenntnisschule kommt es dabei nicht an; so VGH München, NVwZ 1994, 501 (502).

[100] Für Nordrhein-Westfalen hat das OVG Münster, NVwZ-RR 1990, 197, entschieden, die »zwischen Wohnung und Schule« bestehende Beförderungspflicht gelte lediglich ab der Haltestelle des zur Verfügung stehenden öffentlichen Verkehrsmittels, soweit der Schüler dieses in zumutbarer Weise erreichen könne; ein Anspruch auf Fahrtkostenerstattung zur Wohnung selbst oder auch nur bis zu ihr am nächsten gelegenen Haltestelle bestehe nicht. Im übrigen setzt der Anspruch auf Erstattung von Schülerfahrtkosten nicht voraus, daß der Schüler das wirtschaftlichste Beförderungsmittel tatsächlich benutzt. Wählt er eine andere Beförderungsart, so bemißt sich die Höhe seines Erstattungsanspruchs nach den Kosten, die bei der wirtschaftlichsten Beförderung entstanden wären (OVG Münster, DÖV 1974, 754); auch insoweit ist demnach auf die »fiktiven« Beförderungskosten abzustellen. – Zu den Grenzen der Zumutbarkeit der Benutzung öffentlicher Verkehrsmittel für den Schulweg: OVG Lüneburg, NVwZ 1984, 812.

31.44 Ausbildungsförderung[101]

31.441 Neben den für alle oder doch die meisten Schüler vorgesehenen besonderen Hilfen in Form der Schulgeldfreiheit, der Lernmittelfreiheit und der Fahrtkostenerstattung kommen zur Verwirklichung der Chancengleichheit im Schulwesen individuelle Förderungsmaßnahmen zugunsten von Schülern in Betracht, denen die für ihre Ausbildung und für ihren Lebensunterhalt erforderlichen Mittel anderweitig nicht zur Verfügung stehen. So gewährte früher das *Bundesausbildungsförderungsgesetz (BAföG)* bedürftigen Schülern weiterführender Schulen nach Maßgabe ihrer Neigung, Eignung und Leistung einen Rechtsanspruch auf Ausbildungsförderung (vgl. § 1 BAföG). Die durch das Haushaltsbegleitgesetz 1983 eingeführten Sparmaßnahmen hatten jedoch zur Folge, daß der Großteil der Schüler aus der BAföG-Förderung herausfiel. Nach dem Gesetz in seiner nunmehr geltenden Fassung[102] *werden folgende Schüler gefördert* (§ 2 Abs. 1 BAföG):
– Schüler der Fach- und Fachoberschulklassen, deren Besuch eine abgeschlossene Berufsausbildung voraussetzt, der Abendhauptschulen, Abendrealschulen, Abendgymnasien, Kollegs und Berufsaufbauschulen;
– Schüler von Berufsfachschulen und Fachschulen, deren Besuch eine abgeschlossene Berufsausbildung nicht voraussetzt und bei einer Ausbildungsdauer von mindestens zwei Jahren einen berufsqualifizierenden Abschluß vermittelt;
– Schüler der weiterführenden allgemeinbildenden Schulen und Berufsfachschulen, einschließlich der Klassen aller Formen der beruflichen Grundbildung, ab Klasse 10 sowie der Fach- und Fachoberschulen ohne vorherige Berufsausbildung, vorausgesetzt, daß sie nicht bei ihren Eltern wohnen und von der Wohnung der Eltern aus eine entsprechende zumutbare Schule nicht erreichbar ist.

Falls ein Anspruch auf Ausbildungsförderung besteht, gelten für die Höhe der als Zuschuß geleisteten Förderung *Bedarfssätze*, die nach Schultyp und persönlichen Verhältnissen (Wohnen zu Hause oder notwendige auswärtige Unterbringung) differieren (§§ 9 Abs. 1, 12, 17 Abs. 1 BAföG). Auf den Bedarf werden Einkommen und Vermögen des Schülers und der Eltern unter Berücksichtigung bestimmter Freibeträge angerechnet (§§ 11, 21 ff., 26 ff. BAföG). Die Ausbildung des Schülers wird nur gefördert, wenn seine Leistungen erwarten lassen, daß er den Schulabschluß erreicht; dies wird in der Regel angenommen, solange er die Schule besucht (§ 9 BAföG). Die Förderung wird für die *Dauer des Schulbesuchs*, einschließlich der Ferien, geleistet; eine Förderungshöchstdauer ist für Schüler im Unterschied zu Studenten nicht vorgesehen (§ 15 BAföG).

---

101 Ulrich *Ramsauer*/Michael *Stallbaum*: Bundesausbildungsförderungsgesetz. Kommentar. 3. Aufl., München 1991 (Nachtrag 1993); *dies.*: Mein Recht auf BAföG. 3. Aufl., München 1997; Friedrich *Rothe*/Ernst August *Blanke*: Bundesausbildungsförderungsrecht. Kommentar. 5. Aufl., Stuttgart (Loseblattausgabe, Stand: März 1999). Ernst August *Blanke*: Ausbildungsförderungsrecht. 27. Aufl., Stuttgart 1998; Eberhard *Eichenhofer*: Sozialrecht. 2. Aufl., Tübingen 1997, S. 248 ff.; Wolfgang *Gitter*: Sozialrecht. 4. Aufl., München 1996, S. 349 ff.
102 I.d.F. d. Bek. v. 6.6.1983 (BGBl. I S. 645, ber. S. 1680), zul. g. d. G. v. 25.6.1998 (BGBl. I S. 1609).

Ausbildungsförderung steht auch den *Staatsangehörigen eines anderen Mitgliedstaats der Europäischen Union* oder eines anderen Vertragsstaats des Abkommens über den Europäischen Wirtschaftsraum (Island, Norwegen, Liechtenstein) zu, deren Eltern in Deutschland berufstätig sind oder die selbst hier in einem Arbeitsverhältnis gestanden haben, an das ihr schulischer Bildungsgang inhaltlich anknüpft (§ 8 Abs. 1 Nr. 7 und 8 BAföG). Andere Ausländer werden unter den Voraussetzungen des § 8 Abs. 2 BAföG gefördert: Entweder sie selbst oder ihre Eltern müssen für eine bestimmte Zeit im Inland erwerbstätig gewesen sein[103]. Der Europäische Gerichtshof hat entschieden[104], daß EG-Ausländer, die unter die Freizügigkeitsverordnung zugunsten von Arbeitnehmern innerhalb der Gemeinschaft fallen, einen Anspruch auf Ausbildungsförderung für ihre Kinder selbst dann haben, wenn die Ausbildung nicht in Deutschland, sondern in ihrem Heimatland stattfindet.

Über *Förderungsanträge* entscheiden die bei den Landkreisen und kreisfreien Städten eingerichteten Ämter für Ausbildungsförderung (§§ 40 Abs. 1, 45 Abs. 1 Satz 1 BAföG). Für öffentlich-rechtliche Streitigkeiten ist der Rechtsweg zum Verwaltungsgericht eröffnet (§ 54 BAföG, vgl. TZ 34.3).

31.442 Einige Länder sind dazu übergegangen, die wegen des weitgehenden Rückzugs des Bundes aus der Schülerförderung entstandene Lücke durch *eigene Ausbildungsförderungsgesetze und Förderungsrichtlinien* wenigstens teilweise auszufüllen[105].

31.443 Hinzuweisen ist schließlich noch auf die nach §§ 39, 40 Abs. 1 Nr. 3 Bundessozialhilfegesetz zu gewährende Hilfe zu einer angemessenen Schulbildung im Rahmen der *Eingliederungshilfe für Behinderte*[106].

---

103 Zur »Ausbildungsförderung für Ausländer« s. im einzelnen Ulrich *Ramsauer*, RdJB 1995, 458.
104 EuGH, NVwZ 1991, 155.
105 Bayern: Bay Ausbildungsförderungsgesetz vom 28. 9. 1982 (GVBl. S. 896), g. d. G. v. 21. 7. 1983 (GVBl. S. 508, 512); Hamburg: Gesetz über Ausbildungsbeihilfen für Schüler i. d. F. v. 28. 4. 1988 (GVBl. S. 50); Niedersachsen: Gesetz über Ausbildungsbeihilfen für Berufsaufbauschüler und Fachoberschüler mit Berufsabschluß vom 20. 12. 1987 (GVBl. S. 241), g. d. G. v. 22. 3. 1990 (GVBl. S. 101); Nordrhein-Westfalen: Unterhaltsbeihilfengesetz vom 26. 6. 1984 (GV. S. 365), zul. g. d. G. v. 17. 12. 1998 (GV. 750, 757); Rheinland-Pfalz: VV über Schülerbegabtenförderung vom 25. 6. 1990 (ABl. S. 358).
106 Ein Anspruch auf Übernahme der Kosten eines Nachhilfeunterrichts gegen den Träger der Sozialhilfe im Rahmen der Eingliederungshilfe besteht nicht (so VG Göttingen, Az.: 2 B 2493/97).

32. Kapitel: Schülerdaten und Datenschutz[1]

32.1 Informationsbedarf der Schule

Um ihre Aufgaben erfüllen zu können, muß die Schule über die persönlichen Verhältnisse des Schülers in gewissem Umfang Bescheid wissen. Sie benötigt beispielsweise Angaben über Namen, Geburtsdatum und Anschrift des Schülers, über seine bisherige Schullaufbahn (insbesondere Einschulung, Versetzungen oder Nichtversetzungen, Noten und Zeugnisbemerkungen). Diese Daten werden in einem über jeden einzelnen Schüler angelegten *Schülerbogen* (*Schülerbeobachtungsbogen, Schülerstammbogen, Schülerstammblatt, Schullaufbahnakte, Schülerkarte*) vermerkt, der die für den schulischen Bildungsweg wesentlichen Feststellungen und Empfehlungen enthält. Die wichtigsten Angaben (*Schülerstammdaten*) werden in einer *Handkartei* oder in einer in einem automatisierten Verfahren geführten Datei zusammengefaßt. Außerdem werden für jede Klasse (jeden Kurs) *Klassenbücher* (Kursbücher) als Hilfsmittel zur Vorbereitung des Unterrichts und als Nachweis des Unterrichtsverlaufs angelegt; diese enthalten gleichfalls personenbezogene Schülerdaten (außer den Namen der Schüler z.B. Vermerke über Abwesenheit, Eintragung eines Tadels). Für ihre pädagogische Arbeit – im Bedarfsfall auch als Beweismittel bei Rechtsstreitigkeiten – stehen der Schule noch weitere Unterlagen über den Schüler zur Verfügung: sein Aufnahmeantrag, die Empfehlung (das Gutachten) der Grundschule, schriftliche Leistungsnachweise (z.B. Klassenarbeitshefte, Prüfungsarbeiten), Zensurenlisten, Zeugnisentwürfe, Prüfungsakten u.a. Die Schulverwaltung ist außerdem zur Wahrnehmung ihrer Aufgaben in der Schulaufsicht und in der Bildungsplanung auf die Erhebung und Auswertung *statistischer Daten* angewiesen.

32.2 Recht auf informationelle Selbstbestimmung[2]

Bei der Erhebung und Verarbeitung personenbezogener Daten darf sich die Schule nicht über das durch Art. 2 Abs. 1 i.V.m. Art. 1 Abs. 1 GG geschützte

---

1 Im folgenden wird auf die Erhebung und Verarbeitung von *Lehrerdaten* nur am Rande eingegangen. Für sie gelten im wesentlichen die gleichen rechtlichen Grundsätze wie für die Behandlung von Schülerdaten.
2 Philip *Kunig*: Der Grundsatz informationeller Selbstbestimmung, Jura 1993, 595; Bernhard *Schlink*: Das Recht der informationellen Selbstbestimmung, Der Staat 1986, 233; Rupert *Scholz*/Rainer *Pitschas*: Informationelle Selbstbestimmung und staatliche Informationsverantwortung, Berlin 1984; Spiros *Simitis*: Die informationelle Selbstbestimmung – Grundbedingung einer verfassungskonformen Informationsordnung, NJW 1984, 398; Walter *Schmitt Glaeser*: Schutz der Privatsphäre, HdbStR VI, S. 41, darin insbes. S. 59 (Rn. 31), S. 65–68 (Rn. 42–46) und (zum Datenschutz) S. 84–106 (Rn. 76–110); Klaus *Vogelgesang*: Grundrecht auf informationelle Selbstbestimmung?, Baden-Baden 1987. Vgl. auch Frank *Hennecke*: Der Begriff »informationelle Selbstbestimmung« und seine Bedeutung für die Bildung der Bürger, in: Ulrich Bosler u.a. (Hrsg.): Mikroelektronik und neue Medien im Bildungsbereich, Kiel 1985, S. 73.

allgemeine *Persönlichkeitsrecht* hinwegsetzen[3]. Hierbei sind die Grundsätze zu beachten, die das Bundesverfassungsgericht in seinem Volkszählungsurteil vom 15.12.1983 herausgearbeitet hat[4]. Danach setzt die freie Entfaltung der Persönlichkeit unter den modernen Bedingungen der Datenverarbeitung den Schutz des Bürgers gegen unbegrenzte Erhebung, Speicherung, Verwendung und Weitergabe seiner personenbezogenen Daten voraus. Das Persönlichkeitsrecht umfaßt die Befugnis des einzelnen, grundsätzlich selbst über die Preisgabe und Verwendung seiner persönlichen Daten zu bestimmen. Dieses Recht auf informationelle Selbstbestimmung ist indes nicht schrankenlos gewährleistet; der Bürger muß *Einschränkungen im überwiegenden Allgemeininteresse* hinnehmen. Solche Einschränkungen bedürfen allerdings nach Art. 2 Abs. 1 GG einer *gesetzlichen Grundlage*, aus der sich ihre Voraussetzungen und ihr Umfang in einer für die Betroffenen erkennbaren Weise ergeben. Die Regelungen müssen insbesondere den Grundsatz der Verhältnismäßigkeit wahren sowie organisatorische und verfahrensmäßige Vorkehrungen gegen die Gefahr der Verletzung des Persönlichkeitsrechts treffen. Dabei ist zu unterscheiden: Ein gesetzlicher Zwang zur *Abgabe personenbezogener Daten,* die *in individualisierter, nicht anonymisierter Form* erhoben und verarbeitet werden, setzt voraus, daß der Gesetzgeber den Verwendungszweck bereichsspezifisch und präzise bestimmt und daß die Angaben für diesen Zweck geeignet und erforderlich sind; die Datenverarbeitung ist auf den gesetzlich vorgesehenen Zweck begrenzt. Bei der *Datenerhebung für statistische Zwecke,* die sich für eine am Sozialstaatsprinzip orientierte Politik und Verwaltung als unentbehrlich erweist, kann eine enge und konkrete Zweckbindung der Daten nicht verlangt werden; es müssen aber Vorkehrungen getroffen werden, die ihre Anonymisierung sichern. Sollen diese Angaben zugleich für den Verwaltungsvollzug, also in nicht anonymisierter Form, genutzt werden, hat der Gesetzgeber präzise festzulegen, zu welchem konkreten Zweck welche Behörden die Daten verwenden dürfen.

Das Recht auf informationelle Selbstbestimmung ist *nicht nur bei automatisierter Datenverarbeitung* zu beachten. Wegen seiner persönlichkeitsrechtlichen Grundlage schützt es den einzelnen generell, also auch bei Anwendung herkömmlicher Verfahren, vor staatlicher Erhebung und Verarbeitung personenbezogener Daten[5].

---

3 Zur Einführung: Christoph *Degenhard*: Das allgemeine Persönlichkeitsrecht, Art. 2 Abs. 1 i.V.m. Art. 1 Abs. 1 GG, JuS 1992, 361; Hans D. *Jarass*: Das allgemeine Persönlichkeitsrecht im Grundgesetz, NJW 1989, 857; Albert *Bleckmann*: Staatsrecht II – Die Grundrechte. 4. Aufl., Köln 1997, S. 557 ff. Rn. 48 ff.; Bodo *Pieroth/*Bernhard *Schlink*: Grundrechte – Staatsrecht II. 14. Aufl., Heidelberg 1998, S. 85 ff. Rn. 373 ff. Zur Vertiefung: Hans-Uwe *Erichsen/*Helmut *Kollhosser/*Jürgen *Welp* (Hrsg.): Recht der Persönlichkeit, Berlin 1996.
4 BVerfGE 65, 1 (41 ff.); daran anknüpfend BVerfGE 67, 100 (143); 78, 77 (84 f.); 84, 192 (194 ff.); 92, 191 (197).
5 BVerfGE 78, 77 (84). So auch *Scholz/Pitschas* (Anm. 2), S. 142 ff., und *Vogelgesang* (Anm. 2), S. 54 ff.

32.3 Datenschutz in der Schule[6]

Die meisten Länder haben inzwischen das in ihren Datenschutzgesetzen normierte allgemeine Datenschutzrecht[7] durch bereichsspezifische gesetzliche Regelungen zum Datenschutz in der Schule ergänzt und diese Bestimmungen durch Rechtsverordnungen und/oder Verwaltungsvorschriften konkretisiert[8].

---

6 Allgemein zum Datenschutzrecht: Marie-Therese *Tinnefeld*/Eugen *Ehmann*: Einführung in das Datenschutzrecht. 3. Aufl., München, Wien 1998; Spiros *Simitis*/Ulrich *Dammann*/Otto *Mallmann*/Hans-Joachim *Reh*: Dokumentation zum Bundesdatenschutzgesetz. Bund – Länder – Kirchen – Ausland und Internationales. 4 Bde, Baden-Baden (Loseblattsammlung, Stand: August 1997).»Die Entwicklung des Datenschutzrechts« begleitet Peter *Gola* in jährlichen Überblicksaufsätzen, zuletzt für die Jahre 1997/98 in NJW 1998, 3750. – Speziell zum Datenschutz in der Schule: Wolfgang *Bott*: Datenschutz und Schule, sm Heft 3/1989, S. 23; *Deutsche Gesellschaft für Bildungsverwaltung* (Hrsg.): Datenbedarf und Datenschutz in der Bildungsverwaltung, Frankfurt am Main 1988; Alexander *Dix*: Aktuelle Probleme des Datenschutzes bei Verarbeitung von Schülerdaten, LOG IN Heft 4/1990, 53; Bernhard *Eder*/Ulrich *Freiberger*/Klaus *Halten*/Hans *Hofer* (Hrsg.): Schul-Computer. EDV-Handbuch für Schulverwaltung und Unterricht, Kronach (Loseblattausgabe, Stand: Februar 1999); Harald *Glöde*: Umgang mit personenbezogenen Daten an Schulen, SchVw MO 1993, 205; Wilhelm *Habermalz*: Rechtsgrundlagen des Datenschutzes in der Schule, PädF 1992, 175; Bernhard *Melzer*: Datenverarbeitung und Datenschutz, in: Alfred Müller/Harald Gampe/Gerald Rieger/Erika Risse (Hrsg.): Leitung und Verwaltung einer Schule. 8. Aufl., Neuwied 1997, S. 414; Michael *Schwarz*: Die Datenerhebung im Schulwesen, RdJB 1990, 287; Tilo *Weichert*: Datenschutz – was sollte der Schulleiter wissen?, Teil I, SchuR 1998, 131; Teil II, SchuR 1999, 3.

7 In mehreren Ländern, darunter Berlin, Brandenburg, Mecklenburg-Vorpommern, Nordrhein-Westfalen, Sachsen-Anhalt und Thüringen ist das Recht auf Datenschutz überdies verfassungsrechtlich gewährleistet: Art. 33 bln Verf., Art. 11 bbg Verf., Art. 6 Verf. M-V, Art. 4 Abs. 2 nrw Verf., Art. 33 sächs Verf., Art. 6 Abs. 1 Verf. LSA, Art. 6 Abs. 2 thür Verf.

8 Bayern: Art. 85 BayEUG; Bek. mit erläuternden Hinweisen für die Schulen zum Vollzug des Bayerischen Datenschutzgesetzes vom 19.3.1996 (KWMBl. I S. 177). Berlin: § 5a SchulG; VO über die Verarbeitung personenbezogener Daten nach § 5a SchulG vom 13.10.1994 (GVBl. S. 435), g. d. VO v. 22.12.1998 (GVBl. 1999 S. 62). Brandenburg: §§ 65 f. BbgSchulG; DatenschutzVO Schulwesen vom 14.5.1997 (GVBl. II S. 402). Bremen: Gesetz zum Datenschutz im Schulwesen vom 8.9.1987 (GBl. S. 247 – 206-e-1). Hamburg: §§ 98 ff. HmbSG; Hinweise zur Datenverarbeitung und Datensicherung in den Schulen und Dienststellen vom 10.4.1985 (VwHbSchul 07.25.02). Hessen: §§ 83 ff. HSchG; VO über die Verarbeitung personenbezogener Daten in Schulen vom 30.11.1993 (ABl. 1994 S. 114, ber. S. 206). Mecklenburg-Vorpommern: §§ 70 ff. SchulG. Niedersachsen: §§ 30 f. NSchG; VO über die Verarbeitung personenbezogener Daten von Schülerinnen und Schülern sowie ihrer Erziehungsberechtigten vom 30.9.1994 (GVBl. S. 455). Nordrhein-Westfalen: §§ 19 ff. SchVG; VO über die zur Verarbeitung zugelassenen Daten von Schülerinnen, Schülern und Erziehungsberechtigten vom 24.3.1995 (GV. S. 356); SchulstatistikVO vom 20.8.1997 (MBl. S. 643), ber. 19.9.1997 (MBl. S. 780). Rheinland-Pfalz: §§ 54 a, 88 SchulG. Saarland: §§ 20 b ff. SchoG; VO über die Erhebung, Verarbeitung und sonstige Nutzung personenbezogener Daten in den Schulen vom 3.11.1986 (ABl. S. 990), g. d. VO v. 19.1.1993 (ABl. S. 66). Sachsen-Anhalt: § 84 a SchulG LSA; VO über die statistische Erhebung von Daten im Schulbereich vom 18.9.1995 (GVBl. S. 251); RdErl. über die Erhebung von Daten allgemeinbildender und berufsbildender Schulen und von Ausbildungs- und Studienseminaren vom 12.8.1993 (MBl. S. 2080), g. d. RdErl. v. 7.7.1994 (MBl. S. 2068); RdErl. über die Verarbeitung personenbezogener Daten auf privaten Rechnern von Lehrkräften vom 15.3.1995 (MBl. S. 472). Schleswig-Holstein: §§ 50 f. SchulG; DatenschutzVO Schule vom 3.4.1998 (GVOBl. S. 167). Thüringen: §§ 57 f. ThürSchulG; Thüringer VO über die statistische Erhebung von personenbezogenen Daten im Kultusbereich vom 5.8.1994 (GVBl. S. 954).

Nur Baden-Württemberg und Sachsen lassen es bislang noch mit Verwaltungsvorschriften bewenden[9]. Überall ist, zumindest subsidiär, auf das jeweilige Landesdatenschutzgesetz zurückzugreifen, das insbesondere für die Definition der datenschutzrechtlichen Begriffe (dazu TZ 32.31) maßgebend bleibt. Für Privatschulen gilt das Bundesdatenschutzgesetz[10]. Die EG-Datenschutz-Richtlinie[11], die zu erheblichen Änderungen im Datenschutzrecht des Bundes und der Länder führen wird, ist zwar in Kraft getreten, aber außer in Brandenburg und Hessen noch nicht in innerdeutsches Recht umgesetzt worden[12].

32.31 Begriffsbestimmungen

Die datenschutzrechtlichen Normen regeln die Verarbeitung personenbezogener Daten. *Personenbezogene Daten* sind »Einzelangaben über persönliche oder sachliche Verhältnisse einer bestimmten oder bestimmbaren natürlichen Person« (vgl. z. B. § 3 Abs. 1 BbgDSG, § 3 Abs. 1 DSG NRW[13]). Dazu rechnen beispielsweise Namen, Adresse, Geburtstag und -ort des Schülers, Konfessionszugehörigkeit, schulärztliche Befunde, Testergebnisse. *Datenverarbeitung* ist nach der Definition der meisten Datenschutzgesetze das Erheben, Speichern, Verändern, Übermitteln, Sperren, Löschen sowie (sonstige) Nutzen personenbezogener Daten (vgl. § 3 Abs. 2 BbgDSG, § 3 Abs. 2 DSG NRW)[14]. Der Anwendungsbereich der datenschutzrechtlichen Regelungen ist nicht auf die Verarbeitung in Dateien beschränkt[15]. Es spielt also keine Rolle, ob

---

9 Baden-Württemberg: VV über die Verarbeitung von Schüler- und Elterndaten durch öffentliche Schulen vom 7.12.1993 (ABl. 1994 S. 15); allerdings ermächtigt § 115 SchG das Kultusministerium, im Benehmen mit dem Finanzministerium durch Rechtsverordnung statistische Erhebungen an öffentlichen Schulen und privaten Ersatzschulen über schulbezogene Tatbestände zum Zweck der Schulverwaltung und der Bildungsplanung anzuordnen. Sachsen: VV zum Datenschutz an Schulen und Schulaufsichtsbehörden des Freistaates Sachsen vom 15.7.1992 (ABl. S. 41).
10 Die datenschutzrechtlichen Regelungen der Länder für die öffentlichen Schulen finden nur ausnahmsweise auf die Privatschulen Anwendung. So haben z. B. in Hessen Schüler der Privatschulen und ihre Eltern kraft ausdrücklicher schulgesetzlicher Vorschrift einen Anspruch auf Akteneinsicht (§ 72 Abs. 4 und 5 HSchG).
11 Richtlinie 95/46/EG vom 24.10.1995 zum Schutz natürlicher Personen bei der Verarbeitung personenbezogener Daten und zum freien Warenverkehr (ABl. EG Nr. L 281/31). Dazu und zu den Folgen der nicht fristgerechten Umsetzung der Richtlinie: *Die Landesbeauftragte für den Datenschutz Nordrhein-Westfalen* (Hrsg.): Die Bedeutung der EG-Datenschutzrichtlinie für öffentliche Stellen, Düsseldorf 1998 (Autor: Christian *Haslach*); Hans-Hermann *Schild*: Die EG-Datenschutz-Richtlinie, EuZW 1996, 549; *Gola*, NJW 1998, 3750.
12 Die Frist zur Umsetzung lief am 24.10.1998 ab.
13 Im folgenden werden jeweils die Regelungen der Datenschutzgesetze in Brandenburg und Nordrhein-Westfalen zitiert; die Vorschriften der Datenschutzgesetze der übrigen Länder stimmen mit ihnen weitgehend überein.
14 Anders das Bundesdatenschutzgesetz, das das Erheben und Nutzen von Daten nicht zur Datenverarbeitung rechnet (vgl. §§ 1 Abs. 2, 3 Abs. 4 und 6 BDSG); ihm folgend auch die Datenschutzgesetze in Bayern, Mecklenburg-Vorpommern, Sachsen-Anhalt und Thüringen.
15 Zum Begriff der Datei § 3 Abs. 6 BbgDSG, § 3 Abs. 4 DSG NRW.

die Daten in EDV-Dateien, in Karteiform oder in Akten gespeichert werden. Hierbei ist der Begriff der Akte in einem umfassenden Sinn definiert; darunter fällt jede amtlichen oder dienstlichen Zwecken dienende Unterlage einschließlich Bild- und Tonträger (vgl. § 3 Abs. 7 BbgDSG, § 3 Abs. 5 Satz 1 DSG NRW).
Im Schulbereich ergeben sich Datenschutzprobleme bei der Datenerhebung (TZ 32.32), der Datenaufbewahrung oder -speicherung (TZ 32.33), der Datenübermittlung (TZ 32.34) sowie der Sicherung, Sperrung und Löschung von Daten (TZ 32.35).

32.32 Datenerhebung

32.321 Wenn die Schule bei der Anmeldung des Schülers oder aus sonstigem Anlaß personenbezogene Daten erhebt (z. B. mit Hilfe eines auszufüllenden Fragebogens), darf sie nicht nach Belieben verfahren. Den Eltern dürfen *nur die Auskünfte* abverlangt werden, *deren Kenntnis zur Erfüllung der Aufgaben der Schule erforderlich sind*. Das entspricht einem allgemeinen Grundsatz des Datenschutzrechts (vgl. § 13 Abs. 1 BDSG, § 12 Abs. 1 Satz 1 BbgDSG, § 12 Abs. 1 Satz 1 DSG NRW). Diesen Grundsatz haben die Länder, außer Baden-Württemberg und Sachsen, durch bereichsspezifische gesetzliche Regelungen in der Weise konkretisiert, daß sie die Datenerhebung nur insoweit für zulässig erklären, als dies zur Erfüllung der den Schulen, Schulbehörden und Schulträgern zugewiesenen Aufgaben nach dem jeweiligen Schulgesetz[16] oder nach anderen Rechtsvorschriften notwendig ist.
Dabei ist zu beachten, daß Inhalt und Umfang der erlaubten Datensammlung je nach Schulart und Schulstufe verschieden sein können. Ein Gymnasium muß über seine Abiturienten anderes wissen als eine Sonderschule über ein geistig oder körperlich behindertes Kind. Der Schule ist es grundsätzlich nicht gestattet, sich gewissermaßen »auf Vorrat« Informationen zu beschaffen, die die Privatsphäre des Schülers und seiner Familie betreffen (z. B. Einkommen der Eltern, Freizeitverhalten, Wohnungsverhältnisse)[17]. Nicht selten treten freilich Situationen auf, die zu Zweifeln Anlaß geben, ob eine Frage pädagogisch notwendig und damit zulässig ist oder ob der Schutz familiärer Privatheit vorgeht. In solchen Fällen sollte die Schule den Schülern bzw. den Eltern den Zweck der Fragestellung erläutern und sie zur freiwilligen Mitarbeit motivieren.

32.322 Auch die *Datenerhebung für schulstatistische Zwecke* bedarf einer hinreichenden gesetzlichen Grundlage[18]. Nur unter dieser Voraussetzung sind Eltern und Schüler verpflichtet, wahrheitsgemäße und vollständige Angaben

---

16 Vgl. etwa § 65 Abs. 1 Satz 1 BbgSchulG, ähnlich § 98 Abs. 1 Satz 1 HmbSG.
17 Das schließt nicht aus, daß der einzelne Lehrer sich aus konkretem Anlaß nach der familiären Situation des Schülers erkundigt (z. B. durch einen Besuch bei den Eltern), um das Verhalten des Kindes besser einschätzen und pädagogisch angemessen darauf reagieren zu können.
18 Beispiele für gesetzliche Regelungen: § 115 bw SchG, § 85 HSchG, § 71 SchulG M-V, § 30 NSchG, § 88 rp SchulG, § 84a SchulG LSA, § 58 ThürSchulG.

zu machen. Die zu erfassenden Sachverhalte müssen schulbezogen sein. Gerade weil statistische Erhebungen eine enge und konkrete Zweckbindung nicht immer zulassen, hat der Gesetzgeber Vorkehrungen gegen Mißbrauch zu treffen und zu verhindern, daß der einzelne zum bloßen Informationsobjekt wird. Zum Schutz des Rechts auf informationelle Selbstbestimmung sind die strikte Geheimhaltung der Einzelangaben und ihre möglichst frühzeitige Anonymisierung geboten[19]. Dazu kann es nützlich sein, die getrennte Speicherung von Sach- und Identifizierungsmerkmalen vorzuschreiben. Zudem entspricht es dem Gebot der „informationellen Gewaltenteilung", Sicherungsmechanismen einzubauen, die gewährleisten, daß die erhobenen Daten nicht zu Verwaltungszwecken gegen die Betroffenen verwendet werden können[20].

32.323 Bei Datenerhebungen in der Schule, die im Rahmen *wissenschaftlicher Untersuchungen* durchgeführt werden, sind das Recht auf informationelle Selbstbestimmung seitens der Betroffenen und das Grundrecht der Wissenschaftsfreiheit (Art. 5 Abs. 3 GG) auf der Seite der Wissenschaftler zum Ausgleich zu bringen[21]. Forschungsvorhaben bedürfen der Genehmigung der jeweiligen Schulbehörde. Diese ist in der Regel zu erteilen, wenn der Forscher die erbetenen Auskünfte auf freiwilliger Basis einholt und die vertrauliche Behandlung der Daten gewährleistet. *Freiwilligkeit der Teilnahme* an der Erhebung heißt, daß die Schüler bzw. die Eltern in die Befragung eingewilligt haben, nachdem sie zuvor über den Untersuchungszweck aufgeklärt worden sind[22]. Verweigern sie ihre Teilnahme, so darf ihnen daraus kein Nachteil erwachsen. Eine Einwilligung in die Erhebung und Verarbeitung personenbezogener Daten kann jedoch je nach gesetzlicher Regelung entbehrlich sein, wenn das öffentliche Interesse an der Durchführung des Forschungsvorhabens die schutzwürdigen Belange der Betroffenen erheblich überwiegt und der Zweck der Forschung nicht auf andere Weise erreicht werden kann[23]. *Vertraulichkeit der Datenverarbeitung* gebietet, daß außer den

---

19 BVerfGE 65, 1 (47 ff.); vgl. TZ 32.2.
20 In diesem Sinne etwa § 16 Abs. 6 Satz 3 Hess Landesstatistikgesetz, auf dessen Vorschriften § 85 HSchG verweist.
21 Schulgesetzliche Regelungen zur wissenschaftlichen Forschung in Schulen enthalten u. a. § 5a Abs. 5 bln SchulG, § 66 BbgSchulG, § 84 HSchG, § 71 SchulG M-V, § 20c saarl SchoG, § 51 sh SchulG, § 57 Abs. 5 ThürSchulG; s. auch § 13 brem Gesetz zum Datenschutz im Schulwesen.
22 Einwilligung bedeutet vorherige Zustimmung (§ 183 BGB). Die Einwilligung des noch minderjährigen Schülers in die Datenerhebung genügt, wenn er aufgrund seiner natürlichen Einsichtsfähigkeit die Bedeutung und Tragweite dieser Entscheidung zu beurteilen vermag (vgl. z. B. § 19 Abs. 2 Satz 3 nrw SchVG, s. auch TZ 31.333); das gilt jedoch nicht, sofern gesetzlich bestimmt ist, daß bei minderjährigen Schülern das Einverständnis der Eltern erforderlich ist (vgl. etwa § 5a Abs. 5 Satz 2 bln SchulG, § 84 Abs. 2 Satz 1 HSchG, § 20c Abs. 2 Satz 1 saarl SchoG, § 51 Abs. 2 Satz 1 sh SchulG).
23 So z. B. § 66 Abs. 2 Satz 2 BbgSchulG, § 84 Abs. 2 Satz 3 HSchG, vgl. auch § 5a Abs. 5 Satz 3 bln SchulG; s. ferner § 100 Abs. 3 HmbSG, wonach die Schüler zur Teilnahme an Testverfahren verpflichtet sind, durch die der Erfolg der pädagogischen Arbeit der Schulen schulübergreifend und vergleichend überprüft werden soll. Anders z. B. § 20c Abs. 2 Satz 2 saarl SchoG, das die Erhebung von Daten im Rahmen eines Forschungsvorhabens nur bei schriftlicher Einwilligung der Eltern oder des volljährigen Schülers für zulässig erklärt.

Forschern und ihrem Hilfspersonal niemand Zugang zu den Rohdaten erhält und daß die Daten alsbald anonymisiert werden. S. auch TZ 32.341.

32.33 Datenaufbewahrung und -speicherung

32.331 Die Schule *darf* ohne Einwilligung der Eltern bzw. des volljährigen Schülers *personenbezogene Daten* in ihren Unterlagen *aufbewahren, wenn und solange dies zur rechtmäßigen Erfüllung ihrer Aufgaben notwendig ist.* Diese verfassungsrechtlich zulässige Beschränkung des Rechts auf informationelle Selbstbestimmung ergibt sich aus den bereichsspezifischen Regelungen der Schulgesetze. Die Bedenken hiergegen mögen gering sein, solange Schule und Schulverwaltung sich traditioneller Techniken (z. B. in Form manuell zusammengetragener Karteien) bedienen. Je mehr sie aber dazu übergehen, Informationen im automatisierten Verfahren zu speichern (Schülerindividualdatei), um so größer ist die Gefahr des Mißbrauchs. Die elektronische Datenverarbeitung ermöglicht es – vor allem dann, wenn sie in Verbundsystemen organisiert ist –, eine Vielzahl von Daten anzuhäufen, miteinander zu verknüpfen und in Sekundenschnelle abzurufen. Gerade deshalb ist ein behutsamer Umgang mit »sensiblen« Daten, z. B. über den gesundheitlichen Zustand oder die psychische Verfassung von Schülern, unerläßlich. Mit Rücksicht darauf haben einige Länder die automatisierte Verarbeitung medizinischer und psychologischer Befunde verboten[24].

Eine zusätzliche Gefährdung des Rechts auf informationelle Selbstbestimmung entsteht dann, wenn Lehrer die Daten von Schülern, Eltern und Kollegen auf ihrem häuslichen PC verarbeiten; in solchen Fällen ist nicht auszuschließen, daß der PC auch von anderen Personen (Kindern) genutzt wird und überdies möglicherweise über das Fernsprechnetz mit anderen Anlagen verbunden ist. Eine Kontrolle der Datenverwendung durch den behördlichen (schulischen) Datenschutzbeauftragten ist praktisch wirkungslos. Aus diesem Grund empfiehlt sich ein Verbot der Datenverarbeitung auf privaten Geräten, wie es einige Gesetze ausdrücklich vorsehen[25].

Die Sorge mancher Lehrer, Schüler und Eltern vor einer »Totalerfassung« erscheint zwar gelegentlich übertrieben; doch ist nicht zu übersehen, daß die technische Entwicklung im Bereich der EDV wie auch die in Schulen und

---

24 S. etwa § 65 Abs. 7 Satz 3 BbgSchulG, § 14 Abs. 2 brem Gesetz zum Datenschutz im Schulwesen (das Verbot erstreckt sich nicht auf die Verarbeitung von Gesundheitsdaten innerhalb des Schulärztlichen Dienstes [§ 14 Abs. 1 Satz 3 des Gesetzes]), § 98 Abs. 2 HmbSG, § 83 Abs. 4 Satz 4 HSchG (ausgenommen die medizinischen Befunde der für die Schulgesundheitspflege zuständigen Behörden), § 70 Abs. 3 Satz 1 SchulG M-V.

25 Am strengsten in Bremen, wo keine Ausnahmen von dem Verbot zugelassen sind (§ 3 Abs. 2 Gesetz zum Datenschutz im Schulwesen). In Brandenburg, Hessen und Schleswig-Holstein gilt das Verbot »in der Regel«; dort kann der Schulleiter in begründeten Ausnahmefällen die Datenverarbeitung auf privateigenen Geräten gestatten (§ 65 Abs. 5 Satz 2 BbgSchulG, § 83 Abs. 5 Satz 3 HSchG, in Schleswig-Holstein nur, wenn der Lehrer schriftlich die Einhaltung bestimmter datenschutzrechtlicher Vorkehrungen zugesichert hat (§ 50 Abs. 2 SchulG, § 9 DatenschutzVO Schule). In Hamburg und Mecklenburg-Vorpommern ist die Datenverarbeitung auf privaten Anlagen zulässig, wenn sich der Lehrer zuvor zur Beachtung der datenschutzrechtlichen Bestimmungen schriftlich verpflichtet hat (§ 98 Abs. 4 HmbSG, § 70 Abs. 4 SchulG M-V).

Schulverwaltungen zu beobachtende Tendenz zu administrativer Perfektion nahezu zwangsläufig den privaten Lebensbereich bedrohen. Deshalb sind strenge Anforderungen an die Notwendigkeit der Datenspeicherung zu stellen. So darf beispielsweise die Konfessionszugehörigkeit des Schülers nur dann festgehalten werden, wenn keine Befreiung vom Religionsunterricht vorliegt; Angaben über Funktionen des Schülers in der Schülervertretung, nicht hingegen über seine Mitgliedschaft in einer Schülervereinigung können festgehalten werden; gesundheitliche Beeinträchtigungen oder körperliche Behinderungen des Schülers (z.B. Sehschwäche) sind nur insoweit zu speichern, als es zu Unterrichtszwecken oder zu seiner Förderung notwendig ist. Die Kultusministerien mehrerer Länder haben Verwaltungsvorschriften erlassen, die in einem *Datenkatalog* die Daten auflisten, die die Schule höchstens zu speichern berechtigt ist[26]. Will die Schule personenbezogene Daten aufbewahren oder speichern, die über den Rahmen des Erforderlichen hinausgehen, benötigt sie das (schriftliche) Einverständnis der Eltern bzw. des Schülers (vgl. § 4 Abs. 1 Buchst. b und Abs. 2 Satz 1 BbgDSG, § 4 Satz 1 Buchst. b und Satz 2 DSG NRW).

32.332 Personenbezogene Daten dürfen nur solange aufbewahrt werden, als ihre Kenntnis für die Schule zur Wahrnehmung ihrer Aufgaben erforderlich ist. Wie lange die Schule Informationen über den Schüler benötigt, läßt sich nicht für alle Fälle eindeutig beantworten. Keineswegs wird ihr Datenbestand schon mit der Entlassung des Schülers überflüssig; die Angaben müssen vielmehr auch danach eine geraume Zeit für Rückfragen, Auswertungen oder zu Beweiszwecken verfügbar sein. Die Kultusministerien haben zumeist *Fristen für die Aufbewahrung von Schülerdaten* festgelegt. So müssen Schülerbögen in Bayern mindestens 20, in Niedersachsen sieben Jahre aufbewahrt werden[27]. Nach Ablauf dieser Fristen sind die Unterlagen entweder an das zuständige Staats- bzw. kommunale Archiv abzuliefern oder zu vernichten. Soweit personenbezogene Daten in Dateien gespeichert sind (z. B. die in der Schülerkartei gesammelten Stammdaten), müssen sie, wenn sie für die Aufgabenwahrnehmung der Schule nicht mehr benötigt werden, gelöscht bzw. gesperrt wer-

---

26 Z.B. bw VV über die Verarbeitung von Schüler- und Elterndaten durch öffentliche Schulen (Anm. 9); sächs VV über Aufbewahrung und Ausscheidung schulischer Unterlagen vom 11.9.1992 (ABl. Nr. 14 S. 11). In einigen Ländern (z. B. Brandenburg, Hessen, Niedersachsen und Nordrhein-Westfalen) ist der Datenkatalog in einer Anlage zur jeweiligen Verordnung über die Verarbeitung personenbezogener Daten im Schulbereich enthalten. In Hessen und Niedersachsen dürfen Leistungsdaten nicht mehr im Klassenbuch vermerkt werden (Anlage 3 Satz 2 der hess VO über die Verarbeitung personenbezogener Daten in Schulen; Nr. 2.2 des nds Erlasses über Schülerdateien vom 7. 6. 1988 [SVBl. S. 224]).
27 § 51 Abs. 2 Satz 2 bay Realschulordnung und die entsprechenden Vorschriften der übrigen Schulordnungen; Nr. 3.1.5 nds Erlaß über die Aufbewahrung von Schriftgut in Schulen vom 28. 2. 1996 (SVBl. S. 152).

den[28]; eine Löschung ist ferner vorgeschrieben, wenn die Speicherung der Daten von vornherein unzulässig war (vgl. § 19 Abs. 2 BbgDSG, § 19 Abs. 3 DSG NRW).

32.34 Datenübermittlung

Die Schule darf die ihr anvertrauten Informationen nicht leichtfertig weitergeben. Sie muß verhindern, daß personenbezogene Daten über Schüler, Eltern und Lehrer unkontrolliert verbreitet werden. So geht es beispielsweise nicht an, daß Leistungsdaten, z. B. die Ergebnisse der Abiturprüfung, am Schwarzen Brett der Schule ausgehängt werden[29]. Oft genug ist aber die Entscheidung schwierig, ob und was die Schule aus ihrem Wissensbestand anderen zur Kenntnis geben darf. Sie hat sich hierbei von dem *Grundsatz* leiten zu lassen, *daß die Daten, über die sie verfügt, durch die Weitergabe nicht zweckentfremdet werden dürfen*[30]. Für die Datenübermittlung gelten die bereichsspezifischen schulgesetzlichen Regelungen, hilfsweise die Bestimmungen der Datenschutzgesetze.

32.341 An *andere öffentliche Stellen außerhalb des Schulbereichs* (z. B. Jugendamt, Ausländeramt) darf die Schule Daten ohne Einwilligung des Betroffenen nur weitergeben, soweit dies zur Erfüllung ihrer eigenen Aufgaben oder der Aufgaben der anderen Stelle erforderlich ist[31]. Die Schule braucht die Informationen nicht zu erteilen, wenn sie durch die Datenweitergabe ih-

---

28 In Bayern sind die in automatisierten Verfahren gespeicherten Schülerdaten ein Jahr nach der Entlassung des Schülers von Amts wegen zu löschen (Nr. 5.3 der Bek. mit erläuternden Hinweisen für die Schulen zum Vollzug des Bayerischen Datenschutzgesetzes vom 19.3.1996 [KWMBl. I S. 177]). Demgegenüber sind in Baden-Württemberg personenbezogene Daten in der Regel erst nach 30 Jahren, nachdem der Schüler die Schule verlassen hat, zu löschen (IV.2. VV über die Verarbeitung von Schüler- und Elterndaten durch öffentliche Schulen).
29 Hingegen ist die Bekanntgabe der Noten vor der Klasse durch den damit verfolgten pädagogischen Zweck, vor allem auch durch den Gesichtspunkt der Transparenz der Leistungsbewertung gerechtfertigt.
30 Vgl. BVerfGE 65, 1 (46).
31 Z. B. § 65 Abs. 6 Satz 1 BbgSchulG. In einigen Ländern sind die Voraussetzungen zulässiger Datenübermittlung an andere öffentliche Stellen strenger geregelt. So ist in Bayern die Weitergabe von Daten und Unterlagen über Schüler und Erziehungsberechtigte an außerschulische Stellen untersagt, sofern nicht ein rechtlicher Anspruch auf die Herausgabe nachgewiesen wird (Art. 85 Abs. 2 BayEUG). Ähnlich § 54a Abs. 2 Satz 1 rp SchulG, der die Datenübermittlung an andere außerschulische öffentliche Stellen nur insoweit für zulässig erklärt, als der Empfänger aufgrund einer Rechtsvorschrift berechtigt ist, die Daten zu erhalten, und die Kenntnis der Daten zur Erfüllung der ihm obliegenden Aufgaben erforderlich ist. Auch in Thüringen ist die Datenübermittlung ohne Einwilligung des Betroffenen nur unter strengen Voraussetzungen erlaubt: wenn es im rechtlichen Interesse eines Dritten unerläßlich ist oder an die Gesundheitsämter zur Durchführung schulärztlicher Untersuchung (§ 57 Abs. 4 ThürSchulG). In Nordrhein-Westfalen dürfen dem schulpsychologischen Dienst personenbezogene Daten nur mit Einwilligung des Betroffenen übermittelt werden (§ 19 Abs. 5 Satz 4 SchVG). Zur – begrenzten – Auskunftspflicht des schulärztlichen und des schulpsychologischen Dienstes s. TZ 31.122, 31.233.

ren Bildungs- und Erziehungsauftrag ernstlich gefährden, z. B. das Vertrauensverhältnis zu einem Schüler beeinträchtigen würde[32]. Fehlt die für die Weitergabe von Daten erforderliche rechtliche Grundlage, ist die Übermittlung nur mit schriftlicher Einwilligung des Schülers oder seiner Eltern erlaubt. Das gilt z. B. dann, wenn das *Arbeitsamt*, das den Schüler in eine Lehrstelle vermitteln soll, über seinen Leistungsstand mehr erfahren möchte, als dem vom Jugendlichen übergebenen Abschlußzeugnis zu entnehmen ist[33].

Die Schule kann Daten an Hochschulen und andere *öffentliche Forschungseinrichtungen* zum Zweck der Datenverarbeitung im Rahmen eines Forschungsvorhabens übermitteln, wenn die Betroffenen eingewilligt haben. In einigen Ländern ist auch hier die Einwilligung entbehrlich, wenn das öffentliche Interesse an der Durchführung des Forschungsvorhabens die schutzwürdigen Belange erheblich überwiegt und der Zweck der Forschung nicht auf andere Weise erreicht werden kann[34]. Die Veröffentlichung personenbezogener Daten ist in jedem Fall nur mit Einverständnis des Schülers oder seiner Eltern zulässig[35].

32.342 An *private Personen und Einrichtungen* darf die Schule Daten ohne Einwilligung des Betroffenen im allgemeinen nur weitergeben, wenn der Empfänger ein berechtigtes Interesse an der Kenntnis der Daten glaubhaft macht und keine Anhaltspunkte dafür bestehen, daß schutzwürdige Belange des Schülers oder seiner Eltern beeinträchtigt werden[36]. Beabsichtigen Eltern, gegen einen ihnen namentlich nicht bekannten Mitschüler, der ihr Kind während der Pause auf dem Schulhof schuldhaft verletzt hat, Schadensersatzansprüche geltend zu machen, können sie von der Schule die Mitteilung des Namens und der Anschrift des Mitschülers verlangen und diesen Anspruch im Wege der Leistungsklage vor dem Verwaltungsgericht (dazu TZ 34.321) durchsetzen[37].

---

32 Vgl. § 54a Abs. 2 Satz 1 Halbsatz 2 rp SchulG; § 20b Abs. 2 Satz 2 saarl SchoG.
33 So darf das Arbeitsamt in seine Selbstinformationseinrichtungen Daten über Ausbildungssuchende nur aufnehmen, soweit die Informationen für die Vermittlung erforderlich sind; ermöglichen die Daten eine Identifizierung des Betroffenen, ist dessen Einwilligung notwendig (§ 41 Abs. 3 SGB III).
34 Anders hingegen in Berlin, im Saarland und in Schleswig-Holstein, wo die zum Zweck eines Forschungsvorhabens erhobenen personenbezogenen Daten nicht an Dritte übermittelt werden dürfen (§ 5a Abs. 5 Satz 5 bln SchulG, § 20c Abs. 2 Satz 3 Halbsatz 2 saarl SchoG, § 51 Abs. 2 Satz 3 Halbsatz 2 sh SchulG).
35 So ausdrücklich § 5a Abs. 5 Satz 6 bln SchulG.
36 Vgl. z. B. § 98 Abs. 3 Satz 3 HmbSG, § 83 Abs. 6 HSchG i. V. m. § 16 Abs. 1 Hess DSG, § 31 Abs. 1 NSchG i. V. m. § 13 Satz 1 Nr. 2 nds DSG, § 19 Abs. 5 Satz 3 nrw SchVG, § 54a Abs. 2 Satz 2 rp SchulG. Strengere Anforderungen gelten in Baden-Württemberg, Bayern, Berlin, im Saarland und in Thüringen. Noch höher sind die Hürden in Brandenburg, Mecklenburg-Vorpommern und Schleswig-Holstein; dort ist stets die Einwilligung des Betroffenen erforderlich. In einigen Ländern ist die Weitergabe von Daten über den Schulbesuch an Ausbildungsbetriebe, die gemeinsam mit den Berufsschulen ausbilden, im Rahmen des Erforderlichen ausdrücklich gestattet (z. B. § 10 Satz 1 brem Gesetz zum Datenschutz im Schulwesen, § 98 Abs. 3 Satz 2 HmbSG, § 19 Abs. 5 Satz 1 nrw SchVG).
37 VG Gelsenkirchen, NJW 1991, 3298. Dazu Thomas *Böhm*: Datenschutz und Schadensersatzansprüche gegen Schüler, PädF 1994, 173.

Elternvertreter können die Auskünfte verlangen, die sie zur Wahrnehmung ihres Amts benötigen. So sind z. B. dem Vorsitzenden der Klassenelternschaft Namen und Anschriften der Schüler und ihrer Eltern auf Wunsch zur Verfügung zu stellen. Wenn ehemalige Schüler zu einem Klassentreffen einladen wollen, darf die Schule ihnen die ihr bekannten Adressen in der Regel herausgeben; es ist im allgemeinen nicht anzunehmen, daß durch diese Information schutzwürdige Belange früherer Mitschüler beeinträchtigt werden.

Häufig treten Banken und Versicherungen mit der Bitte um Auskunft an die Schule heran. Sie erklären sich bereit, finanzielle Zuwendungen zu Studienfahrten, Schullandheimaufenthalten und anderen Schulveranstaltungen unter der Voraussetzung zu gewähren, daß ihnen die Schule Namen, Adressen und Geburtsdaten der teilnehmenden Schüler mitteilt. Zumeist läßt sich ein berechtigtes (wirtschaftliches) Interesse dieser Einrichtungen an den erbetenen Informationen nicht bestreiten. Doch kommt den schutzwürdigen Belangen der Betroffenen der Vorrang zu. Die Weitergabe der Daten ist deshalb nur mit schriftlicher Einwilligung der Eltern bzw. des Schülers zulässig. (Zum Sponsoring in der Schule vgl. TZ 11.223.)

In einigen Ländern ist ausdrücklich geregelt, welche personenbezogenen Daten die Schule in *Veröffentlichungen* (z. B. Jahresberichten) aufnehmen darf[38].

32.35 Sicherung, Sperrung und Löschung von Daten; Auskunftsrechte

32.351 Wer personenbezogene Daten verarbeitet, hat die *technischen und organisatorischen Maßnahmen* zu treffen, die zur Einhaltung der Datenschutzbestimmungen erforderlich sind; erforderlich sind Maßnahmen nur, wenn ihr Aufwand in einem angemessenen Verhältnis zu dem angestrebten Schutzzweck steht (vgl. § 10 Abs. 1 BbgDSG, § 10 Abs. 1 DSG NRW). Dies gilt auch für Daten, die in manuell geführten Dateien (z. B. Schülerkarteien) oder in Akten gespeichert werden. Die Unterlagen müssen so aufbewahrt werden, daß sie nur berechtigten Personen (Schulleiter, Stellvertreter, Schulsekretärin) zugänglich sind; nur auf diese Weise läßt sich verhindern, daß Unbefugte Einsicht nehmen, daß sie z. B. Karteikarten entfernen oder verändern können. Bei automatisierter Verarbeitung sind besondere Kontrollmaßnahmen zu treffen, die dem Zugriff unberechtigter Dritter auf personenbezogene Daten vorbeugen. Vor allem ist zu verhindern, daß Datenträger unbefugt gelesen, kopiert, verändert oder entfernt werden können. Schon aus diesem Grunde sollte ein PC, der für die Datenverarbeitung innerhalb der Schule eingesetzt wird, nicht für andere Aufgaben, z. B. für Unterrichtszwecke, genutzt werden[39].

---

38 Z.B. Art. 85 Abs. 3 BayEUG: nur Name, Geburtsdatum, Jahrgangsstufe und Klasse der Schüler, Name, Fächerverbindung und Verwendung der einzelnen Lehrer, Angaben über besondere schulische Tätigkeiten und Funktionen einzelner Lehrer, Schüler und Erziehungsberechtigter; ähnlich auch § 20b Abs. 3 saarl SchoG. In Thüringen sind solche Veröffentlichungen nur zulässig, sofern der Betroffene nicht widersprochen hat; auf dieses Widerspruchsrecht muß er in geeigneter Weise hingewiesen werden (§ 57 Abs. 6 ThürSchulG).

39 So ausdrücklich das Verbot in § 4 hess VO über die Verarbeitung personenbezogener Daten in Schulen.

Die bei der Datenverarbeitung beschäftigten Personen sind zur Wahrung des *Datengeheimnisses* verpflichtet (vgl. § 6 BbgDSG, § 6 DSG NRW). Einen *Datenschutzbeauftragten* braucht die Schule in der Regel nicht zu bestellen, da die Datenschutzgesetze dies im allgemeinen nur für den Fall vorschreiben, daß eine – von den Schulen üblicherweise nicht erreichte – Mindestzahl von Beschäftigten regelmäßig mit der Datenverarbeitung befaßt ist[40].

32.352 Schüler und Eltern haben ein Recht auf *Auskunft* über die sie betreffenden Daten sowie die Stellen, an die Daten übermittelt worden sind. Für minderjährige Schüler wird das Recht durch die Eltern ausgeübt[41]. In diesem Zusammenhang ist auch die Institution des *Landesbeauftragten für den Datenschutz* hervorzuheben. An ihn kann sich jeder wenden, wenn er der Ansicht ist, bei der Verarbeitung personenbezogener Daten in seinen Rechten verletzt worden zu sein (vgl. § 21 BbgDSG, § 25 DSG NRW).

Wird dem Betroffenen durch eine unzulässige oder unrichtige automatisierte Verarbeitung seiner personenbezogenen Daten ein Schaden zugefügt, hat er einen verschuldensunabhängigen Anspruch auf *Schadensersatz* (vgl. § 20 BbgDSG, § 20 DSG NRW).

---

40 Eine Ausnahme macht Hessen: Gemäß § 5 Abs. 1 Hess DSG hat »die datenverarbeitende Stelle« einen Beauftragten für den Datenschutz zu bestellen; dessen Berufung, Rechtsstellung, Aufgaben und Befugnisse sind in Anlage 4 der VO über die Verarbeitung personenbezogener Daten in Schulen ausführlich beschrieben. In Rheinland-Pfalz müssen öffentliche Stellen, bei denen mindestens zehn Beschäftigte regelmäßig personenbezogene Daten verarbeiten, einen Datenschutzbeauftragten bestellen (§ 11 Abs. 1 Satz 1 LDSG); diese Voraussetzung ist erfüllt, wenn an einer Schule außer dem Schulleiter acht Lehrer und eine Sekretärin, die auch zur Verarbeitung personenbezogener Daten befugt ist, tätig sind.
41 Z. B. § 65 Abs. 8 Satz 2 BbgSchulG, § 31 Abs. 3 NSchG, § 20b Abs. 4 Satz 1 Halbs. 2 saarl SchoG, § 84a Abs. 4 Satz 1 SchulG LSA, § 50 Abs. 4 Satz 1 Halbsatz 2 sh SchulG. Anders in Berlin und Mecklenburg-Vorpommern. Dort können minderjährige Schüler ab 14 Jahren die Rechte auf Auskunft und Akteneinsicht auch ohne Zustimmung der Eltern geltend machen, sofern die Schule deren Zustimmung für entbehrlich hält (§ 5a Abs. 4 bln SchulG, § 70 Abs. 6 Satz 2 SchulG M-V).

33. Kapitel: Unfallverhütung, Haftung

Zu den Aufgaben der Schule gehört es, Schäden in ihrem Verantwortungsbereich nach Möglichkeit zu vermeiden; sie hat geeignete Maßnahmen zur Schadensvorbeugung, insbesondere zur Unfallverhütung zu treffen (TZ 33.1). Tritt gleichwohl ein Schaden ein, können für Schüler und Eltern Haftungsprobleme unterschiedlicher Art auftreten: Als Geschädigte fordern sie Schadensersatz; als Schädiger müssen sie ihrerseits damit rechnen, auf Schadensersatz in Anspruch genommen zu werden. An diesen gegensätzlichen Rollen orientiert sich die weitere Gliederung des Kapitels. Es behandelt die Ausgleichsansprüche des Schülers, der einen Schaden erlitten (TZ 33.2), sowie die Haftung des Schülers, der einen Schaden verursacht hat (TZ 33.3), erörtert entsprechend die Rechte der Eltern als Geschädigter (TZ 33.4) und ihre Haftung für einen von ihnen zu verantwortenden Schaden (TZ 33.5). Zur Haftung des Lehrers TZ 22.3 und 23.273; zu seinem Anspruch auf Unfallfürsorge (als Beamter) TZ 20.23; zu seinem Anspruch auf Unfallversicherungsleistungen (als Angesteller) TZ 23.264.

33.1 Vorbeugung gegen Schäden, Unfallverhütung

33.11 Aufsichtspflicht der Schule

Aufgrund des staatlichen Erziehungsauftrags (Art. 7 Abs. 1 GG) sind Schule und Lehrer verpflichtet, die ihnen anvertrauten Schüler vor Schaden zu bewahren, aber auch zu verhindern, daß andere Personen durch sie einen Schaden erleiden. Dazu ausführlich TZ 21.5.

33.12 Unfallverhütung[1]

33.121 Die *Träger der Unfallversicherung* (vgl. TZ 33.214) haben mit allen geeigneten Mitteln für die Verhütung von Schulunfällen und für eine wirksame Erste Hilfe zu sorgen (§ 14 Abs. 1 SGB VII). Sie erlassen Vorschriften über Einrichtungen und Maßnahmen zur Unfallverhütung (§ 15 SGB VII). Ihre technischen Aufsichtsbeamten überwachen die Durchführung; sie sind berechtigt, bei Gefahr im Verzuge sofort vollziehbare Anordnungen zu treffen (§§ 17ff. SGB VII). Der *Schulträger* ist für die Sicherheit im äußeren Schulbereich (Gebäude und Einrichtungen) verantwortlich. Aufgabe des *Schulleiters* ist es, Vorkehrungen zur Unfallverhütung im inneren Schulbe-

---

[1] Thomas *Böhm*: Aufsicht und Haftung in der Schule. Schulrechtlicher Leitfaden, Neuwied 1998, S. 148. Zum neuen Recht der Unfallverhütung s. Wolfgang *Gitter*: Sozialrecht. 4. Aufl., München 1996, S. 192 f.; Werner *Niemeyer*/Renate *Freund*: Die Einordnung des Rechts der gesetzlichen Unfallversicherung in das Sozialgesetzbuch als neues SGB VII, NZS 1996, 497 (499 f.).

reich zu treffen. Er informiert Lehrer und Schüler über Sicherheitsbestimmungen; hält die Lehrer dazu an, die Sicherheitserziehung in den Unterricht einzubeziehen; achtet auf den gefahrenfreien Zustand des Gebäudes und der Einrichtungen; organisiert im Zusammenwirken mit dem Schulträger die Erste Hilfe (§ 21 SGB VII) und bestellt einen Lehrer als Sicherheitsbeauftragten für den inneren Schulbereich; der Sicherheitsbeauftragte berät und unterstützt die Schulleitung bei der Durchführung des Unfallschutzes (§ 22 SGB VII)[2]. Die Schulen haben außerdem die *Unfallverhütungsrichtlinien* der Unterrichtsverwaltungen zu beachten, die nahezu allen denkbaren Unfallmöglichkeiten durch detaillierte Anweisungen zu begegnen suchen[3]. Hinzu kommen besondere Vorschriften für die maschinellen Einrichtungen der berufsbildenden Schulen gewerblicher Art sowie die Strahlenschutzverordnung und die Röntgenverordnung des Bundes[4].

33.122 Die Schule beugt Verkehrsunfällen vor, indem sie *Verkehrserziehung* im Unterricht und durch besondere Veranstaltungen betreibt[5]. In fast allen Ländern ist zur Vermeidung von Unfällen beim Überqueren verkehrsreicher Straßen vor dem Schulgebäude oder in dessen Nähe ein *Schülerlotsendienst*

---

2 Daneben bestellt der Schulträger einen Bediensteten, z.B. den Hausmeister, zum Sicherheitsbeauftragten für den äußeren Schulbereich.
3 Beispiele: Baden-Württemberg: VV Gesetzliche Schülerunfallversicherung, Unfallverhütung und Gesundheitsschutz für Schülerinnen und Schüler in Schulen vom 13.10.1998 (ABl. S. 308); Gem. VV über das Verhalten an Schulen bei Unglücksfällen, Bränden und Katastrophen vom 9.2.1996 (ABl. S. 29). Bayern: Bek. zur Unfallverhütung, Sicherheitserziehung und Schülerunfallversicherung in den Schulen vom 16.6.1982 (KMBl. I S. 290); Gem. Bek. zum Verhalten in Schulen bei Bränden und sonstigen Gefahren vom 30.12.1992 (KWMBl. I 1993 S. 88). Brandenburg: RdSchr. zur Unfallversicherung und Haftpflicht in Schulen vom 30.5.1998 (ABl. S. 337). Hessen: Richtlinien zur Durchführung der Schülerunfall- und Sachschadensversicherung und der Unfallverhütung an allgemeinbildenden und berufsbildenden Schulen vom 5.8.1986 (ABl. S. 620). Nordrhein-Westfalen: § 46 ASchO; VV zu § 46 ASchO – Unfallverhütung, Schülerunfallversicherung –, RdErl. vom 29.12.1983 (GABl. 1984, S. 70), zul. g. d. RdErl. v. 3.3.1994 (GABl. S. 64); Gem. RdErl. zu brandschutztechnischer Ausstattung und Verhalten in Schulen bei Bränden vom 3.8.1994 (MBl. S. 129). Sachsen-Anhalt: Allgem. VV für die Durchführung der gesetzlichen Unfallversicherung des Landes Sachsen-Anhalt vom 9.12.1992 (MBl. S. 1995). S. auch den Beschluß der KMK vom 9.9.1994 »Empfehlung für Richtlinien zur Sicherheit im naturwissenschaftlichen Unterricht« (KMK-BeschlS. Nr. 616).
4 StrahlenschutzVO i.d.F. d. Bek. v. 30.6.1989 (BGBl. I S. 1321, ber. S. 1926), zul. g. d. VO v. 18.8.1997 (BGBl. I S. 2113); RöntgenVO vom 8.1.1987 (BGBl. I S. 114), zul. g. d. VO v. 25.7.1996 (BGBl. I S. 1172). Zur Anwendung dieser VO im Schulbereich haben die Länder besondere Verwaltungsvorschriften erlassen, z.B. Baden-Württemberg: VV vom 7.8.1992 (ABl. S. 473); Bayern: Bek. vom 13.10.1992 (KWMBl. I S. 526), g. d. Bek. v. 29.5.1996 (KWMBl. I S. 231); Brandenburg: VV vom 16.3.1997 (ABl. S. 266, ber. ABl. S. 327); Hessen: Allg. Richtlinien vom 26.2.1991 (ABl. S. 239); Niedersachsen: Gem. Erl. vom 11.12.1992 (SVBl. 1993 S. 6), zul. g.d. Erl. v. 23.10.1997 (SVBl. S. 395); Nordrhein-Westfalen: RdErl. vom 22.4.1994 (GABl. S. 87), g.d. RdErl. vom 27.5.1997 (GABl. S. 153); Thüringen: Handreichung vom 12.3.1996 (GABl. S. 171).
5 Vgl. dazu Beschluß der KMK vom 7.7.1972 i.d.F. v. 17.6.1994 »Empfehlung zur Verkehrserziehung in der Schule« (KMK-BeschlS. Nr. 666).

eingerichtet[6]. Als Schülerlotsen dürfen nur Schüler vom 13. Lebensjahr an herangezogen werden[7]. Voraussetzungen sind Freiwilligkeit, persönliche Eignung und schriftliches Einverständnis der Eltern. Der Schülerlotsendienst ist zumeist eine schulische Angelegenheit; die Schule arbeitet hierbei mit Polizei und Verkehrswacht zusammen. Der Schülerlotse hat zwar keine polizeilichen Befugnisse. Doch sind seine Weisungen für die Mitschüler verbindlich; insoweit nimmt er im Auftrag der Schule hoheitliche Aufgaben wahr[8]. Für eine schuldhafte Pflichtverletzung des Lotsen haftet deshalb das Land nach § 839 BGB i. V. m. Art. 34 GG (TZ 33.225)[9]; sofern Mitschüler aufgrund des Fehlverhaltens des Schülerlotsen einen Körperschaden erleiden, tritt die Schülerunfallversicherung ein (dazu unten, TZ 33.21). Der Schülerlotse selbst ist bei seiner Tätigkeit gemäß § 2 Abs. 1 Nr. 10 SGB VII versichert.

33.2 Der Schüler als Geschädigter

33.21 Ansprüche bei Körperschäden, Schülerunfallversicherung

33.211 Schüler unterliegen dem Schutz der gesetzlichen Unfallversicherung, die nunmehr in dem am 1.1.1997 in Kraft getretenen Siebten Buch des Sozialgesetzbuchs geregelt ist; das SGB VII ist an die Stelle der entsprechenden Vorschriften der Reichsversicherungsordnung (RVO) getreten[10].

---

6 Zum Schülerlotsendienst s. die einschlägigen Richtlinien der Länder, z.B. Baden-Württemberg: Erl. vom 3.2.1984 (ABl. S. 81); Bayern: Gem. Bek. vom 11.10.1985 (KMBl. I 1986, S. 6); Berlin: RdSchr. vom 23.3.1993 (ABl. S. 1218); Brandenburg: VV vom 13.7.1992 (ABl. S. 447); Hessen: Erl. vom 21.4.1997 (ABl. S. 355); Niedersachsen: Erl. vom 18.6.1970 (SVBl. S. 265), Sachsen: Gem. VV vom 20.8.1992 (ABl. S. 1486). – Aus der Literatur: Rolf *Stober*: Schüler als Amtshelfer, dargestellt am Beispiel des Schülerlotsendienstes, Berlin 1972.
7 In Berlin schon vom zweiten Halbjahr der 5. Klasse, in Brandenburg vom 11. Lebensjahr an.
8 Er handelt dabei aber nicht selbständig, sondern im Auftrag und nach Weisung der Schule. Daher ist er nicht Beliehener (zum Begriff TZ 13.652), sondern Verwaltungshelfer. So *Maurer*: Verwaltungsrecht, S. 594.
9 Vgl. OLG Köln, SPE II H III S. 1.
10 Udo *Dirnaichner*: Neuregelung des Rechts der gesetzlichen Schülerunfallversicherung, SchVw NI 1997, 190; *Böhm* (Anm. 1), S. 137 ff.; Thomas *Meiser*: Gewalt an Schulen – Eine versicherungs- und haftungsrechtliche Betrachtung, SchuR 1999, 35. Allgemein zur Neuregelung der gesetzlichen Unfallversicherung im SGB VII *Niemeyer/Freund*, NZS 1996, 497; Hermann *Plagemann*: Die Einordnung der gesetzlichen Unfallversicherung in das SGB VII, NJW 1996, 3173. Außerdem Eberhard *Eichenhofer*: Sozialrecht. 2. Aufl., Tübingen 1997, S. 200 ff.; *Gitter* (Anm. 1), S. 175 ff.; Karl *Hauck* u. a.: Sozialgesetzbuch – SGB VII. Gesetzliche Unfallversicherung. Kommentar, Berlin (Loseblattausgabe, Stand: Mai 1999); Horst *Kater*/Konrad *Leube*: Gesetzliche Unfallversicherung SGB VII. Kommentar, München 1997; Jochem *Schmitt*: SGB VII. Gesetzliche Unfallversicherung. Kommentar, München 1998; Georg *Wannagat* (Hrsg.): Sozialgesetzbuch. Kommentar zum Recht des Sozialgesetzbuchs, Köln, Berlin, Bonn 1997 (Loseblattwerk, Stand: April 1999). Ferner (allerdings noch zum alten Recht) Karl *Vollmar*: Unfallversicherung für Schüler und Studenten sowie Kinder in Kindergärten. 4. Aufl., Sankt Augustin 1990.

Versichert sind Schüler allgemeinbildender und berufsbildender Schulen (§ 2 Abs. 1 Nr. 8 Buchst. b SGB VII)[11] einschließlich der Schüler genehmigter privater Ersatzschulen[12]. Ursprünglich bezog sich die gesetzliche Unfallversicherung nur auf das Arbeitsleben. Deshalb geht sie vom Begriff des Arbeitsunfalls aus. Diesem wird sozialversicherungsrechtlich der Schulunfall gleichgestellt. Arbeitsunfälle (Schulunfälle) sind Unfälle versicherter Personen infolge einer versicherten Tätigkeit; Unfälle wiederum werden vom Gesetz definiert als zeitlich begrenzte, von außen auf den Körper einwirkende Ereignisse, die zu einem Gesundheitsschaden oder zum Tod führen (§ 8 Abs. 1 Satz 2 SGB VII)[13]. Es kommt nicht darauf an, wer oder was den Unfall verursacht hatte; die Versicherung tritt auch dann ein, wenn der Schaden z. B. auf dem Fehlverhalten eines Lehrers oder Mitschülers beruht.

Schulunfälle sind versicherungsgeschützt, wenn sie sich *während des Schulbesuchs* und während der Teilnahme an unmittelbar vor oder nach dem Unterricht von der Schule oder im Zusammenwirken mit ihr durchgeführten Betreuungsmaßnahmen ereignen (§ 2 Abs. 1 Nr. 8 Buchst. b SGB VII). Zum Besuch der Schule zählt die Teilnahme am *Unterricht* einschließlich der Pausen und Freistunden, aber auch an *sonstigen schulischen Veranstaltungen* innerhalb und außerhalb des Schulgeländes (z. B. Schulwanderung, Schullandheimaufenthalt, Betriebspraktikum)[14]. Versicherungsschutz besteht in der Regel selbst bei solchen Veranstaltungen der Schule, die ohne die erforderliche Genehmigung der Schulaufsichtsbehörde durchgeführt werden, sofern nur ein innerer Zusammenhang mit dem schulischen Bildungs- und Erziehungsauftrag gegeben ist[15]. Versichert ist der Schüler auf *Unterrichtswegen* (vgl. TZ

---

11 Schüler berufsbildender Schulen sind auch während der beruflichen Aus- und Fortbildung in Betriebsstätten, Lehrwerkstätten und ähnlichen Einrichtungen in die Unfallversicherung einbezogen (§ 2 Abs. 1 Nr. 2 SGB VII); sofern sich aber der Unfall im Rahmen der dualen Berufsausbildung im Ausbildungsbetrieb ereignet, ergibt sich der Versicherungsschutz aus § 2 Abs. 1 Nr. 1 SGB VII. Versichert sind ferner Kinder beim Besuch von Kindertagesstätten, z. B. Horten (§ 2 Abs. 1 Nr. 8 Buchst. a SGB VII).
12 Nicht dagegen die Schüler an privaten Ergänzungsschulen. Erleiden sie einen Schulunfall, richtet sich die Haftung nach privatrechtlichen Vorschriften (vgl. dazu TZ 33.228). Es empfiehlt sich daher dringend der Abschluß einer privaten Unfallversicherung.
13 Als Gesundheitsschaden gilt gemäß § 8 Abs. 3 SGB VII auch die Beschädigung oder der Verlust eines Hilfsmittels (z. B. einer Brille).
14 BSG, DÖV 1996, 748: Klassenfahrten dienen nicht allein dazu, den Schülern neue im nachfolgenden Unterricht verwertbare Eindrücke zu vermitteln, sondern auch der Förderung des sozialen Verhaltens in der Gruppe und der Bewältigung der auf solchen Reisen besonders zum Ausdruck kommenden Gruppendynamik. Das gilt gerade auch dann, wenn Schüler zu mehreren Personen in einem Schlafraum untergebracht sind. Die gemeinsame Unterbringung steht in engem Zusammenhang mit der Klassenfahrt und ist daher dem organisatorischen Verantwortungsbereich der Schule zuzuordnen. Kommt es hierbei zu einer Rangelei zwischen 15jährigen Schülern, die zu einem Unfall führt, besteht Versicherungsschutz. Hingegen bleiben Verrichtungen, die überwiegend persönlichen Bedürfnissen dienen, wie Essen, Trinken und Schlafen, vom Versicherungsschutz während der Klassenfahrt grundsätzlich ausgenommen. Zu diesem Urteil Herbert Woltering: »Handtuchschlacht« in der Jugendherberge. Zahlt die Versicherung im Schadensfall?, SchVw NI 1996, 345.
15 Z. B. bei der Teilnahme an einem von der Schule offiziell – wenn auch ohne die vorgeschriebene Genehmigung der Schulbehörde – veranstalteten Skikurs in den Ferien (BSG, SPE II J II S. 85; vgl. auch BSG, SPE II J II S. 93).

21.552) sowie auf dem Weg, den er im Auftrag eines Lehrers zum Zweck einer Besorgung für den Unterricht zurücklegt (sog. *Betriebsweg*)[16]. Doch ist nicht jede Tätigkeit, die irgendwie mit der Schule zu tun hat, versichert; sie muß vielmehr dem organisatorischen Verantwortungsbereich der Schule zuzurechnen sein[17]. Das ist jedenfalls dann zu bejahen, wenn und solange der Schüler der Aufsichtspflicht der Schule unterliegt (dazu TZ 21.5). Demgemäß entfällt grundsätzlich der Versicherungsschutz beim Verlassen des Schulgeländes für private Zwecke[18], bei Erledigung von Hausaufgaben im häuslichen Bereich[19] und bei der Teilnahme am privaten Nachhilfeunterricht[20]. Während die *Mitarbeit in der Schülervertretung* und in anderen Mitwirkungsgremien (z. B. Schulkonferenz) versichert ist[21], kommt die Unfallversicherung für Körperschäden bei Aktivitäten in einer Schülervereinigung oder bei der Gestaltung der Schülerzeitung nicht auf, da die Schule für diese Betätigungen keine Verantwortung trägt (vgl. TZ 21.57)[22].

Der Schüler ist im übrigen auch gegen Unfälle auf dem *Weg zu und von der Schule* oder dem Ort, an dem eine Schulveranstaltung stattfindet, versichert (Wegeunfall, § 8 Abs. 2 Nr. 1 SGB VII). Der Weg beginnt an der Haustür des Wohngebäudes und endet an dem Ort, an dem die schulische Veranstaltung beginnt; der Rückweg endet wiederum an der Haustür. Es kommt nicht darauf an, ob der Schüler den Schulweg zu Fuß oder mit einem Beförderungsmittel (Fahrrad, Pkw, Transport in dem von einem Angehörigen gelenkten

---

16 Selbst dann, wenn die Besorgung auftragsgemäß außerhalb des Schulgeländes und außerhalb der Unterrichtszeit erledigt wird, z. B. zur Beschaffung von Materialien für den Biologieunterricht (BSG, SPE II J II S. 103).
17 BSG, SPE II J II S. 6, SPE II J II S. 95.
18 S. aber BSG, SPE II J II S. 111: Der Unfallschutz erstreckt sich auch auf den Weg, den ein Schüler während einer Freistunde zu einem 250 m entfernten Kiosk zurücklegt, um sich Lebensmittel zu besorgen; dabei ist es unschädlich, daß er sich entgegen einem ausdrücklichen Verbot vom Schulgelände entfernt hat (vgl. § 548 Abs. 3 RVO, jetzt § 7 Abs. 2 SGB VII). Die Zurücklegung des Weges war im entschiedenen Fall wesentlich durch die versicherte Tätigkeit bedingt, da der Schüler der Nahrungsaufnahme bedurfte, um seine »Arbeitsfähigkeit« zu erhalten.
19 BSG, SPE II J II S. 97.
20 BSG, SPE II J II S. 6. Demgegenüber steht nach Auffassung des BSG, NJW 1992, 1525, eine Hausaufgabenhilfe, die ein von Mitgliedern des Schulelternbeirats gegründeter Förderverein während des Nachmittags organisiert und die in den Schulräumen unter wesentlicher Mitwirkung des Schulleiters stattfindet, im inneren Zusammenhang mit dem Schulbesuch; da sie in den organisatorischen Verantwortungsbereich der Schule falle, handele es sich um eine Schulveranstaltung mit der Folge, daß die Teilnahme an der Hausaufgabenhilfe durch die Schülerunfallversicherung geschützt sei. Es erscheint zweifelhaft, ob diese noch nach dem alten Recht ergangene Entscheidung mit dem neuen Recht vereinbar ist, das in § 2 Abs. 1 Nr. 8 Buchst. b SGB VII Versicherungsschutz nur während der Teilnahme an »unmittelbar vor oder nach dem Unterricht« von der Schule oder im Zusammenwirken mit ihr durchgeführten Betreuungsmaßnahmen gewährt.
21 Nunmehr zusätzlich durch § 2 Abs. 1 Nr. 10 SGB VII.
22 Hinsichtlich der Schülervereinigungen gilt in Schleswig-Holstein eine abweichende Rechtslage: Ihre Veranstaltungen sind nach §§ 117 Abs. 2 Satz 1, 36 Abs. 2 SchulG Schulveranstaltungen, auf die die allgemeinen Grundsätze über die schulische Aufsichtspflicht unmittelbar Anwendung finden; somit besteht für dabei auftretende Unfälle Versicherungsschutz. – Im Unterschied zur Schülerzeitung ist die Schulzeitung keine außerschulische, sondern eine schulische Einrichtung (vgl. TZ 29.261); Schüler, die an ihr mitwirken, sind durch die Schülerunfallversicherung versichert.

Fahrzeug[23], öffentliches Verkehrsmittel, Schulbus u. a.) zurücklegt. Allerdings muß ein innerer Zusammenhang mit dem Schulbesuch bestehen[24]; daran fehlt es beispielsweise, wenn der Schüler nachmittags zur Schule geht, um auf dem Schulhof mit seinen Freunden Fußball zu spielen. Der Schulweg ist auf der üblichen Wegstrecke zurückzulegen, die nicht unbedingt die kürzeste zu sein braucht; ein Umweg aus verkehrstechnischen Gründen hebt den Versicherungsschutz nicht auf. Hiervon zu unterscheiden ist der sog. Abweg, bei dem der Schüler vom normalen Weg abweicht, um persönlichen Interessen nachzugehen (z. B. private Einkäufe, Besuch eines abseits vom Schulweg wohnenden Mitschülers)[25]. In diesen Fällen ist der Versicherungsschutz unterbrochen, bis der unmittelbare Weg wieder erreicht wird[26]; bei Unterbrechung von mehr als zwei Stunden fällt der Versicherungsschutz gänzlich fort. Ausnahmsweise ist der Schüler auch auf einem Abweg geschützt, wenn die Abweichung darauf beruht, daß er wegen der Berufstätigkeit der Eltern fremder Obhut anvertraut wird (§ 8 Abs. 2 Nr. 3 SGB VII). Das betrifft etwa Fälle, in denen die berufstätige Mutter auf dem Weg zum Arbeitsplatz ihr Kind vor Schulbeginn zu den Großeltern bringt, damit diese es später zur Schule begleiten; Versicherungsschutz besteht sowohl auf dem Weg zu den Großeltern als auch auf dem anschließenden Weg zur Schule[27].

Gemäß § 8 Abs. 2 Nr. 5 SGB VII gehört außerdem die mit dem Schulbesuch zusammenhängende Verwahrung, Beförderung, Instandhaltung, *Erneuerung und Erstbeschaffung eines »Arbeitsgeräts«* zu den versicherten Tätigkeiten, letztere aber nur, wenn sie auf Veranlassung der Schule geschieht. Demnach ist ein Schüler, der auf dem Weg zum Kauf eines für den Unterricht benötigten Schulbuchs verunglückt, unfallversichert, nicht hingegen ein Schüler, der einen hauptsächlich zum Gebrauch in der Freizeit bestimmten Sportanzug ersteht[28].

---

23 Zum Versicherungsschutz der Eltern beim Transport des Kindes auf dem Schulweg s. TZ 33.412.
24 BSG, NJW 1995, 214.
25 Der Unfallversicherungsschutz für einen 12jährigen Schüler wird dadurch unterbrochen, daß er auf dem Heimweg einen Mitschüler zu dessen Wohnung begleitet und dort infolge unachtsamen Hantierens mit Schußwaffen eine Verletzung erleidet (BSG, SPE II J II S. 87).
26 Der Versicherungsschutz ist nicht unterbrochen, wenn der Schüler sich im Einverständnis der beiderseitigen Eltern von der Schule aus zu einem Mitschüler begibt und dabei dessen regulären Schulweg benutzt (BSG, SPE II J II S. 105).
27 Mit dieser Regelung hat der Gesetzgeber die nach früherem Recht bestehenden Unklarheiten beseitigt (s. dazu die Entscheidung des BSG, NJW 1995, 214). Das BSG (SPE n. F. 878 Nr. 50) war auf der Grundlage des bisherigen Rechts zu dem Ergebnis gelangt, daß ein Schüler, der auf Geheiß seiner berufstätigen Eltern den Schulweg für 45 Minuten unterbricht, um bei seiner Großmutter zu Mittag zu essen, auf dem Weg während der Unterbrechung nicht versichert sei; nach § 8 Abs. 2 Nr. 3 SGB VII ist nunmehr in einem solchen Fall Versicherungsschutz gegeben, wenn die Berufstätigkeit der Eltern für die Unterbrechung des Heimwegs ursächlich ist, z. B. deshalb, weil die Wartezeit bis zum Eintreffen der von der Arbeit zurückkehrenden Mutter durch den Aufenthalt bei der Großmutter überbrückt wird.
28 Das BSG hat sogar den Unfallversicherungsschutz für einen Schüler verneint, der auf dem Weg zum Kauf einer Bademütze für den Schwimmunterricht verunglückte; eine Bademütze sei kein »Arbeitsgerät«, weil sie ihrer Zweckbestimmung nach nicht hauptsächlich zum schulischen Gebrauch bestimmt sei (BSG, SPE II J II S. 51).

33.212 Der Entschädigungsanspruch gegen die gesetzliche Unfallversicherung entfällt nicht deshalb, weil der Verletzte den Unfall selbst fahrlässig herbeigeführt hat. Der Schüler ist somit auch gegen Unfälle geschützt, die er bei einer von ihm provozierten Rauferei mit Mitschülern oder bei einem riskanten Spiel während der Pause erleidet[29]. Selbst verbotswidriges Verhalten, z. B. Verstoß des Schülers gegen Weisungen des Lehrers, schließt die Annahme eines Schulunfalls nicht aus (§ 7 Abs. 2 SGB VII). Lediglich dann, wenn der Schüler sich derart vernunftwidrig und gefährlich verhalten hat, daß er mit hoher Wahrscheinlichkeit den Unfall voraussehen konnte, oder *wenn er den Unfall gar absichtlich verursacht hat* (z. B. dadurch, daß er sich eine Verletzung zufügt, um vom Sportunterricht befreit zu werden), *steht ihm kein Entschädigungsanspruch zu*[30].

33.213 Die Träger der Schülerunfallversicherung gewähren u. a. folgende *Leistungen* (§§ 26 ff. SGB VII): Sie sorgen für Heilbehandlung und Pflege, übernehmen also insbesondere die Arzt- und Krankenhauskosten (§§ 27 ff., 44 SGB VII). Hinzu kommen »berufsfördernde Leistungen zur Rehabilitation« (§§ 35 ff. SGB VII). So sind einem Schüler die Aufwendungen für Nachhilfeunterricht zu erstatten, wenn infolge des Unfalls ein so wesentlicher Lernrückstand eintritt, daß das Erreichen des Klassenziels oder des schulischen Abschlusses gefährdet ist[31]. Außerdem werden Leistungen zur sozialen Rehabilitation gewährt, so z. B. durch Bereitstellung einer behindertengerechten Wohnung (§§ 39 ff. SGB VII). Darüber hinaus wird Verletzten- und Hinterbliebenenrente gezahlt (§§ 56 ff. SGB VII); Verletztenrente kommt allerdings nur in Betracht, wenn die Erwerbsunfähigkeit des Schülers um mindestens ein Fünftel gemindert ist und über die 26. Woche nach dem Schulunfall hinaus andauert (§§ 56, 90 SGB VII). Ein *Anspruch auf Schmerzensgeld besteht nicht. Sachschäden* (mit Ausnahme der Beschädigung oder des Verlustes von Hilfsmitteln) *werden* auch dann von der Unfallversicherung *nicht erstattet*, wenn sie mit der Körperverletzung unmittelbar zusammenhängen.

33.214 Träger der Schülerunfallversicherung sind für Schüler der Schulen in kommunaler Trägerschaft die Gemeindeunfallversicherungsverbände (§§ 114 Abs. 1 Nr. 7, 129 Abs. 1 Nr. 1, 136 Abs. 3 Nr. 3 SGB VII), für Schüler der Schulen in staatlicher Trägerschaft die jeweilige Landesunfallkasse

---

[29] Dazu BGH, SPE II H I S. 503: Die bei einer Rauferei im Pausenhof zugefügte Verletzung eines Schülers durch einen Mitschüler ist in der Regel als »schulbezogen« anzusehen. Sie fällt deshalb unter den gesetzlichen Versicherungsschutz. Jedoch liegt kein schulbezogener Unfall vor, wenn es nach Schulschluß auf der Heimfahrt in einem Schulbus zwischen zwei Schülern zu Reibereien kommt, die in eine körperliche Auseinandersetzung mit Körperschäden münden; die konkrete Verletzungshandlung ist nicht durch die Besonderheiten des Schulbetriebs geprägt: BGH, NJW 1992, 2032.

[30] Der Gesetzgeber hat die frühere Bestimmung des § 553 RVO, wonach der Anspruch entfiel, wenn der Verletzte den Unfall absichtlich herbeigeführt hatte, für entbehrlich gehalten, weil in einem solchen Fall ein Arbeitsunfall i. S. von § 7 SGB VII schon begrifflich nicht vorliege (vgl. BT-Drucks. 13/2204 S. 99). Dazu *Plagemann*, NJW 1996, 3174.

[31] *Schmitt* (Anm. 10), § 35 Rn. 17.

(§§ 114 Abs. 1 Nr. 6, 128 Abs. 1 Nr. 1, 136 Abs. 3 Nr. 3 SGB VII)[32]. Den Ländern steht es nach § 116 Abs. 1 Satz 2 SGB VII frei, gemeinsame Unfallkassen für die Unfallversicherung im Landes- und im kommunalen Bereich zu errichten, so daß sich deren Zuständigkeit auf die Schüler sämtlicher öffentlicher Schulen erstreckt[33]. Versicherungsträger für Schüler an Privatschulen ist je nach landesrechtlicher Regelung entweder die Landesunfallkasse oder die gemeinsame Unfallkasse (§§ 114 Abs. 1 Nr. 6, 128 Abs. 1 Nr. 3, 116 Abs. 1 Satz 2 SGB VII).
Die erforderlichen Mittel werden von den Schulträgern im Umlageverfahren aufgebracht (§§ 150 Abs. 1, 152, 136 Abs. 3 Nr. 3 VII). Die versicherten Schüler selbst brauchen keine Beiträge zu leisten.

33.215 Der Schulleiter hat jeden Schulunfall, durch den ein Schüler getötet oder so verletzt wird, daß er ärztliche Hilfe in Anspruch nehmen muß, binnen drei Tagen dem Versicherungsträger schriftlich *anzuzeigen* (§ 193 SGB VII)[34]. Leistungen werden von Amts wegen erbracht (§ 19 Satz 2 SGB IV). Auf sie besteht ein Anspruch (§ 38 SGB I); allerdings ist es Sache des Versicherungsträgers, Art, Umfang und Durchführung der Heilbehandlung und Rehabilitation nach pflichtgemäßem Ermessen zu bestimmen (§ 26 Abs. 5 SGB VII). Minderjährige Schüler, die das 15. Lebensjahr vollendet haben, können selbst Anträge stellen und Leistungen entgegennehmen (§ 36 SGB I). Bei bestimmten Leistungsarten (insbesondere Renten) ergeht ein schriftlicher Feststellungsbescheid (§ 102 SGB VII i. V. m. § 36a Abs. 1 Satz 1 Nr. 2 SGB IV). Ist der Verletzte mit der Feststellung nicht einverstanden (z. B. weil er die ihm gewährte Rente für zu gering hält), kann er Widerspruch einlegen und Klage vor dem Sozialgericht erheben (dazu TZ 34.211 a E., 34.212, 34.5).

33.216 Beruht ein Schulunfall auf der schuldhaften Verletzung der Amtspflicht eines Lehrers oder eines anderen Schulbediensteten bei Ausübung hoheitlicher Tätigkeit, so trifft die Verantwortlichkeit an sich den Dienstherrn (§ 839 BGB i. V. m. Art. 34 GG, vgl. TZ 33.221). Der Schüler könnte demnach auch Ansprüche gegen den Staat als Dienstherrn des Lehrers (vgl. TZ 22.31) oder gegen den kommunalen Schulträger als Dienstherrn des Verwaltungsangestellten erheben; auf diesem Wege könnte er insbesondere Schmerzensgeld geltend machen (§ 847 BGB), das ihm die gesetzliche Unfallversicherung nicht gewährt (TZ 33.213). *Die Amtshaftung wird jedoch bei einem Schulunfall durch die Leistungspflicht der Unfallversicherung verdrängt* (§§ 104 Abs. 1 Satz 1, 105 Abs. 1 Satz 1 SGB VII). Eine Haftung des Dienstherrn kommt nur dann in Betracht, wenn der Schulbedienstete den Unfall vorsätzlich oder auf dem versicherten Schulweg herbeigeführt hat. *Das gleiche Haftungsprivileg steht den Mitschülern zu* (§ 106 Abs. 1 Nr. 1 i. V. m. §§ 104, 105 SGB VII);

---

32 Erleidet der Berufsschüler im Rahmen der dualen Berufsausbildung einen Unfall im Ausbildungsbetrieb, ist die für den Betrieb zuständige Berufsgenossenschaft Unfallversicherungsträger.
33 Von dieser Ermächtigung haben u. a. Brandenburg, Hessen, Rheinland-Pfalz, das Saarland, Sachsen und Schleswig-Holstein Gebrauch gemacht.
34 Das Erfordernis der Schriftform ergibt sich aus § 193 Abs. 4 Satz 2 SGB VII, wonach der Versicherte verlangen kann, daß ihm eine Kopie der Anzeige überlassen wird.

auch sie sind nur bei Vorsatz schadensersatzpflichtig, es sei denn, daß sie den Schulunfall auf dem Schulweg verursacht haben[35]. Ebenso sind *Eltern* und schulfremde Personen, die als »Betriebsangehörige« der Schule einen Schulunfall herbeiführen, von der Haftung befreit (§ 106 Abs. 1 Nr. 3 i. V. m. §§ 104, 105 SGB VII)[36]. Die Haftungsbeschränkung nach §§ 104 ff. SGB VII bezieht sich indes nur auf Körperschäden einschließlich Schmerzensgeld[37]. Hat das Fehlverhalten des Schädigers zugleich eine Sachbeschädigung zur Folge, kann er selbst bzw. bei Amtspflichtverletzung eines Bediensteten der Dienstherr auf Schadensersatz in Anspruch genommen werden (vgl. TZ 33.221)[38].

---

35 Ein Unfall auf dem Schulweg ist ohnehin nur dann ein Schulunfall und somit versicherungsgeschützt, wenn er »schulbezogen« ist. An dieser Voraussetzung fehlt es, sofern es nach Schulschluß auf der Heimfahrt im Schulbus zwischen Schülern zu tätlichen Auseinandersetzungen kommt, die eine Körperverletzung nach sich ziehen (s. TZ 33.212 Anm. 29). In diesem Fall ist eine Haftung des Unfallverursachers aus unerlaubter Handlung (§§ 823 ff. BGB) möglich; dazu TZ 33.226.

36 Deshalb z. B. keine Haftung des Ehemanns einer Lehrerin oder der Mutter eines Schülers, die bei einem Schulfest das Grillgerät bedienen und hierbei einen Schüler verletzen (BSG, SPE II J II S. 501 bzw. 503). Demgegenüber sind der Transportunternehmer eines Schulbusses und der von ihm eingesetzte Fahrer nicht in den Schulbetrieb eingegliedert; ihre Haftung für einen Schulunfall ist daher durch die Regelung der gesetzlichen Unfallversicherung nicht ausgeschlossen (BGH, SPE II H I S. 153). Zum umgekehrten Fall der Schädigung des Transportunternehmers durch mitfahrende Schüler vgl. TZ 21.541.

37 Der Ausschluß des Schmerzensgeldanspruchs durch §§ 636, 637 RVO (jetzt: §§ 104 ff. SGB VII) ist nach BVerfGE 34, 118, und nach BVerfG, NJW 1995, 1607, mit dem Grundgesetz vereinbar. Der Schmerzensgeldanspruch entfällt aber nur insoweit, als er sich auf die erlittenen Körper- und Gesundheitsschäden bezieht; beruht er hingegen auf einer Verletzung des Persönlichkeitsrechts des Schülers, wird die Schmerzensgeldforderung von der unfallversicherungsrechtlichen Haftungsfreistellung nicht erfaßt. So OLG Zweibrücken, NJW 1998, 995, 996 f. (Im entschiedenen Fall hatte der Lehrer einen an den Schüler gerichteten beleidigenden Brief vor der Klasse verlesen und den Schüler dadurch dem Hohn und Spott der Mitschüler ausgesetzt.)

38 Ereignet sich der Schulunfall auf einer Schulwanderung in einem anderen Mitgliedstaat der Europäischen Gemeinschaft, können der geschädigte Schüler bzw. die Eltern des tödlich verunglückten Schülers den Lehrer zwar vor einem dortigen Gericht persönlich auf Schadensersatz wegen Verletzung der Aufsichtspflicht in Anspruch nehmen. Das der Klage stattgebende Urteil ist nach dem Europäischen Übereinkommen über die gerichtliche Zuständigkeit und die Vollstreckung gerichtlicher Entscheidungen in Zivil- und Handelssachen vom 27.9.1968 (BGBl. II 1972 S. 774) auch grundsätzlich in Deutschland vollstreckbar. Das gilt aber nur insoweit, als es sich um den Ersatz von Sachschäden handelt. Zwar ist nach deutschem Recht die persönliche Haftung des Lehrers für die Sachschäden ausgeschlossen (§ 839 BGB i. V. m. Art. 34 GG, vgl. TZ 33.221); doch wird die deutsche öffentliche Ordnung (»ordre public«) i. S. des Art. 27 Nr. 1 des Übereinkommens nicht dadurch verletzt, daß das ausländische Gericht den Lehrer unmittelbar zur Haftung heranzieht, zumal aufgrund der Fürsorgepflicht des Dienstherrn eine Freistellung von der Schadensersatzleistung oder deren nachträglicher Ausgleich in Betracht kommt. Wenn der Schüler bzw. seine Eltern darüber hinaus bei dem ausländischen Gericht gegen den Lehrer ein Urteil auch auf Ersatz von Personenschäden erwirken, so ist dieses insoweit in Deutschland nicht vollstreckbar. Nach deutschem Recht ist der Lehrer gem. §§ 104, 105 SGB VII (früher: §§ 636, 637 RVO) von der Haftung freigestellt. Dieser Haftungsausschluß gehört zum Inhalt der deutschen öffentlichen Ordnung, weil er ein wesentliches Element des Gesamtsystems der gesetzlichen Unfallversicherung ist. So BGH, ZBR 1994, 125 m. Anm. von Rudolf *Summer*.

33.217 Wenn der Schädiger (z. B. ein Mitschüler oder Lehrer) den Unfall vorsätzlich oder grob fahrlässig herbeigeführt hat, ist der Versicherungsträger berechtigt, bei ihm bzw. – im Fall des Lehrers – beim Dienstherrn *Regreß* zu nehmen (§ 110 Abs. 1 Satz 1 SGB VII)[39]. Das Verschulden braucht sich nur auf das den Unfall verursachende Handeln oder Unterlassen zu beziehen[40]. Im übrigen kann der Versicherungsträger nach billigem Ermessen, insbesondere unter Berücksichtigung der wirtschaftlichen Verhältnisse des Schädigers, auf den Ersatzanspruch verzichten (§ 110 Abs. 2 SGB VII).

33.22 Ansprüche bei Sachschäden

33.221 Für den Schaden, den ein Bediensteter des Staates (z. B. Lehrer) oder des Schulträgers (z. B. Hausmeister) in Ausübung eines ihm anvertrauten öffentlichen Amtes dem Schüler durch schuldhafte Verletzung einer diesem gegenüber bestehenden Amtspflicht zufügt, haftet nach § 839 BGB i. V. m. Art. 34 GG anstelle des Bediensteten dessen Dienstherr, also entweder der Staat oder der Schulträger (*Amtshaftung*)[41]. Für die Amtshaftung ist es unerheblich, ob der Bedienstete Beamter, Angestellter oder Arbeiter ist[42]. Beruht die Amtspflichtverletzung auf Fahrlässigkeit, kann der Dienstherr nur in Anspruch genommen werden, sofern der geschädigte Schüler nicht auf andere Weise, z. B. von einem Drittschädiger, Ersatz zu erhalten vermag (Subsidiarität, § 839 Abs. 1 Satz 2 BGB). Die Verweisung auf eine andere Ersatzmöglich-

---

39 Grob fahrlässig handelt, wer die erforderliche Sorgfalt nach den gesamten Umständen des Falles in ungewöhnlich hohem Maße verletzt, d. h. schon einfache, ganz naheliegende Überlegungen nicht anstellt und nicht einmal das beachtet, was im gegebenen Fall jedem hätte einleuchten müssen; so die st. Rspr. des BGH, vgl. BGHZ 10, 14 (16); 84, 153 (161); s. auch Helmut *Heinrichs*, in: Otto Palandt: Bürgerliches Gesetzbuch. Kommentar. 58. Aufl., München 1999, § 277 Rn. 2.
40 So nunmehr die ausdrückliche Regelung in § 110 Abs. 3 Satz 3 SGB VII. Demgegenüber war nach früherer Rspr. des BGH (NJW 1980, 996) Voraussetzung für den Rückgriffsanspruch nach den damals geltenden §§ 640, 641 RVO, daß sich Vorsatz oder grobe Fahrlässigkeit nicht nur auf das Schadensereignis, sondern auch auf die Schadensfolgen erstreckte.
41 Zur Einführung in das Recht der Amtshaftung s. *Maurer*: Verwaltungsrecht, S. 625 ff.; Wolfgang *Rüfner*: Das Recht der öffentlich-rechtlichen Schadensersatz- und Entschädigungsleistungen, in: Hans-Uwe Erichsen (Hrsg.): Allgemeines Verwaltungsrecht. 11. Aufl., Berlin, New York 1998, S. 667 (671 ff.); Heiko *Faber*: Verwaltungsrecht. 4. Aufl., Tübingen 1995, S. 406 ff. Grundlegend Fritz *Ossenbühl*: Staatshaftungsrecht. 5. Aufl., München 1998, S. 6 ff.; Hans-Jürgen *Papier*: Staatshaftung, HdbStR VI, S. 1353 (1357 ff. Rn. 9 ff.). Ferner Siegfried *Broß*: Ausgewählte Probleme aus der Rechtsprechung des Bundesgerichtshofs zum Amtshaftungsrecht, VerwArch. 1991, 593; Detlef *Czybulka*/Bernd *Jeand'Heur*: Das Amtshaftungsrecht in der Fallbearbeitung, JuS 1992, 396; Friedrich *Schoch*: Amtshaftung, Jura 1998, 585, 648. Speziell zur Amtshaftung im Schulbereich *Böhm* (Anm. 1), S. 35 ff.; Nachweise der Rspr. zur Amtshaftung im Schulbereich bei Heinz *Thomas*, in: Otto Palandt: Bürgerliches Gesetzbuch. Kommentar. 58. Aufl., München 1999, § 839 Rn. 152.
42 Art. 34 GG läßt es genügen, daß »jemand« in Ausübung eines ihm anvertrauten öffentlichen Amts eine Amtspflichtverletzung begeht; das kann auch nur ein vorübergehend mit Hoheitsfunktionen ausgestatteter Dritter, z. B. der Schülerlotse, sein (dazu TZ 33.225). – Zum Regreßanspruch des Dienstherrn gegen den Bediensteten vgl. TZ 22.32, 23.273.

keit scheidet allerdings aus, wenn mehrere öffentlich-rechtliche Körperschaften (z. B. Staat, kommunaler Schulträger) nebeneinander haften oder wenn sich der Ersatzanspruch gegen eine gesetzliche oder private Versicherung richtet[43]. Die Ersatzpflicht tritt ferner dann nicht ein, wenn der Schüler (bzw. die für den minderjährigen Schüler handelnden Eltern) es schuldhaft unterlassen hat, den Schaden durch Gebrauch eines Rechtsbehelfs (z. B. Widerspruch und Klage gegen einen Verwaltungsakt) abzuwenden (§ 839 Abs. 3 BGB). Die Amtshaftung des Dienstherrn entfällt oder mindert sich nach § 254 BGB außerdem bei anderweitigem Mitverschulden des Geschädigten (z. B. leichtsinniges Verhalten des Schülers).

In Brandenburg, Mecklenburg-Vorpommern und Thüringen besteht neben der Haftung für schuldhafte Amtspflichtverletzung *eine verschuldensunabhängige Staatshaftung*. Sie geht zurück auf das *Staatshaftungsgesetz der DDR* aus dem Jahre 1969[44]. Das Gesetz wurde im Einigungsvertrag erheblich modifiziert und gilt, soweit es nicht durch Landesgesetz aufgehoben oder geändert wurde, im sog. Beitrittsgebiet als Landesrecht fort (Art. 9 Abs. 1 EVtr)[45]. Es gewährt dem Betroffenen für Schäden, die ihm durch Mitarbeiter oder Beauftragte staatlicher oder kommunaler Organe in Ausübung staatlicher Tätigkeit rechtswidrig zugefügt werden, vollen Schadensersatz, der grundsätzlich in Geld zu leisten ist (§§ 1 Abs. 1, 3 Abs. 1 StHG DDR)[46]; der Anspruch besteht insoweit nicht, als ein Ersatz des Schadens auf andere Weise erlangt werden kann (§ 3 Abs. 3). Die Haftung beschränkt sich auf die hoheitliche Tätigkeit; für die Schadensersatzpflicht staatlicher oder kommunaler Organe und Einrichtungen als Teilnehmer am Zivilrechtsverkehr gilt das Privatrecht (§ 1 Abs. 3). Berlin (für die östlichen Bezirke der Stadt) und Sachsen haben das Gesetz inzwischen aufgehoben[47]. In Sachsen-Anhalt gilt es nur noch für enteignungsgleiche Eingriffe[48]. Demgegenüber haben Brandenburg, Mecklenburg-Vorpommern und Thüringen die materiell-rechtlichen Bestimmun-

---

43 Dazu *Maurer*, Verwaltungsrecht, S. 642 f.; *Rüfner* (Anm. 41), S. 581 (602 f.); *Ossenbühl* (Anm. 41), S. 80 ff., jeweils m. Nachw. aus der Rspr.
44 Vom 12.5.1969 (GBl. I S. 34).
45 Und zwar gemäß Anlage II Kapitel III Sachgebiet B Abschnitt III Nr. 1 EVtr. Dazu und zum folgenden Elke *Herbst*/Hans *Lühmann*: Die Anwendung des Staatshaftungsgesetzes in den neuen Bundesländern, LKV 1998, 49; Hans *Lühmann*: Die staatshaftungsrechtlichen Besonderheiten in den neuen Ländern, NJW 1998, 3001; Curt Lutz *Lässig*: Offene Fragen bei der Geltendmachung von Ansprüchen nach dem Staatshaftungsgesetz, LKV 1999, 81; *Maurer*: Verwaltungsrecht, S. 770 ff.; *Ossenbühl* (Anm. 41), S. 457 ff.; *Rüfner* (Anm. 41), S. 581 (669).
46 § 1 Abs. 1 StHG DDR gilt trotz des mißverständlichen Wortlauts auch für Schäden, die dem Betroffenen durch hoheitliches Handeln im kommunalen Wirkungskreis zugefügt werden (*Ossenbühl* [Anm. 41], S. 478 f.). Daher haftet nach dieser Vorschrift der kommunale Schulträger für den Schaden, den einer seiner Bediensteten durch hoheitliches Handeln rechtswidrig verursacht.
47 Berlin durch Gesetz vom 21.9.1995 (GVBl. S. 607), Sachsen durch Gesetz vom 17.4.1998 (GVBl. S. 151).
48 Dort hat der Hoheitsträger für einen rechtswidrig zugefügten Vermögensnachteil, den seine Mitarbeiter oder Beauftragten durch einen unmittelbaren hoheitlichen Eingriff in das Eigentum des Betroffenen verursacht haben, eine angemessene Entschädigung in Geld zu leisten (§§ 1 Abs. 1, 3 Abs. 1 Satz 1 Gesetz zur Regelung von Entschädigungsansprüchen im Lande Sachsen-Anhalt vom 24.8.1992 [GVBl. S. 655]).

gen des Staatshaftungsgesetzes der DDR im wesentlichen beibehalten[49]. Sie finden auch im schulischen Bereich Anwendung[50], so daß in diesen Ländern der Schüler bei einem ihm rechtswidrig zugefügten Sachschaden auch dann einen Schadensersatzanspruch hat, wenn ein Verschulden des Bediensteten nicht besteht bzw. nicht bewiesen werden kann[51]. Die Haftung nach § 839 BGB i. V. m. Art. 34 GG ist durch die Staatshaftung nicht ausgeschlossen[52].

33.222 Es gehört zu den Amtspflichten des Schulträgers, *Gebäude und Einrichtungen der Schule* in einem Zustand zu erhalten, der Gefahren für Gesundheit und Eigentum der Schüler ausschließt[53]. Bei Sachbeschädigungen, die der Schüler erleidet (er zerreißt sich z. B. die Hose an einem herausstehenden Nagel), muß die Kommune für den Schaden nach den Grundsätzen der Amtshaftung aufkommen, falls ein Verschulden des Hausmeisters oder eines anderen Verwaltungsangestellten vorliegt. Meist wird, wenn die Einrichtungen der Schule nicht in ordnungsgemäßem Zustand sind, ein solches Verschulden anzunehmen sein. Trifft den Schüler ein Mitverschulden, z. B. weil er nicht aufgepaßt hat, mindert sich die Ersatzpflicht des Schulträgers, ggf. entfällt sie völlig (vgl. § 254 BGB). Die Amtshaftung der Kommune für den von einem ihrer Bediensteten schuldhaft verursachten Schulunfall ist zwar hinsichtlich der nicht vorsätzlich verursachten Körperschäden durch die gesetzliche Unfallversicherung ausgeschlossen (TZ 33.216). Der dabei gleichzeitig entstandene Sachschaden ist indes dem Schulträger zuzurechnen. Stürzt beispielsweise ein Schüler im Turnunterricht vom Reck, weil sich die Reckstange aus der Verankerung gelöst hat, mit der Folge, daß er sich den Arm verstaucht und zugleich seine Armbanduhr zertrümmert, so kommt für den Körperschaden die Schülerunfallversicherung auf; den Sachschaden hingegen muß der Schulträger ersetzen, sofern es der zuständige Bedienstete

---

49 Brandenburg: Gesetz vom 2.6.1992 (GVBl. I S. 202), g. d. G. v. 14.6.1993 (GVBl. I S. 198, 202); Mecklenburg-Vorpommern: Gesetz vom 2.6.1992 (GVOBl. S. 314, 317); Thüringen: Bek. der als Landesrecht fortgeltenden Vorschriften der ehemaligen DDR vom 2.10.1998 (GVBl. S. 329).

50 Zur Anwendbarkeit des StHG DDR auf Schadensfälle im Schulbereich s. Eckart *Klein*: Staatshaftung DDR, in: Bundesministerium für Innerdeutsche Beziehungen (Hrsg.): Bürger und Staat. Materialien zur Lage der Nation, Bonn 1990, S. 308 (310).

51 Schadensersatzansprüche nach dem StHG DDR sind wie beim Amtshaftungsprozeß vor dem Landgericht geltend zu machen (§ 6 a StHG DDR); vgl. TZ 34.44. In Brandenburg und Mecklenburg-Vorpommern muß der Klage ein behördliches Antragsverfahren, in Mecklenburg-Vorpommern zusätzlich ein Beschwerdeverfahren vorausgehen; demgegenüber ist der Anspruch in Thüringen unmittelbar durch gerichtliche Klage geltend zu machen.

52 So die h. M., vgl. etwa OLG Brandenburg, DtZ 1996, 391; *Lässig*, LKV 1999, 81; *Lühmann*, NJW 1998, 3002; *Ossenbühl* (Anm. 41), S. 486 f.; *Rüfner* (Anm. 41), S. 581 (671); Bedenken bei *Maurer*: Verwaltungsrecht, S. 774 f. – Die folgenden Ausführungen beschränken sich auf Schadensersatzansprüche nach den Regeln über die Amtshaftung.

53 Die Sicherungspflicht des Schulträgers gegenüber den Schülern hat einen spezifischen, auf dem öffentlich-rechtlichen Schulverhältnis beruhenden Charakter. Sie rechnet zu den hoheitlich wahrzunehmenden Amtspflichten. Anders ist die Rechtslage, wenn Schüler außerhalb des Schulverhältnisses, z. B. bei nachmittäglichem Spiel auf dem Schulgelände, einen Schaden erleiden; in diesem Fall haftet der Schulträger, wie gegenüber jedem Dritten, wegen Verletzung der privatrechtlichen Verkehrssicherungspflicht nach §§ 823, 831 BGB.

schuldhaft unterlassen hat, den Zustand des Recks zu überprüfen[54]. Neben der Kommune haftet auch das Land, falls es der Sportlehrer pflichtwidrig versäumt hat, die Sicherheit der Turngeräte zu kontrollieren[55].

33.223 Der *Schulträger ist den Schülern gegenüber dazu verpflichtet*, ihr berechtigterweise in die Schule mitgebrachtes *Eigentum* durch zumutbare und geeignete Vorkehrungen *gegen Diebstahl und Beschädigung zu schützen*. Auch diese Pflicht ist eine auf dem öffentlich-rechtlichen Schulverhältnis beruhende Amtspflicht. Wird sie schuldhaft verletzt, muß die Kommune für den dadurch entstehenden Schaden nach § 839 BGB i. V. m. Art. 34 GG Ersatz leisten[56]. Eine Amtshaftung des Schulträgers ist z. B. zu bejahen, wenn *Kleidungsstücke* abhanden kommen, weil die Schülergarderobe im Flur offen und jedermann zugänglich hängen muß und das Gebäude während der Unterrichtszeit von Unbefugten unkontrolliert betreten und verlassen werden kann[57]. Soweit Sachen in den Unterrichtsraum mitgebracht und dem Lehrer anvertraut werden, trifft diesen eine Aufsichtspflicht (z. B. Aufbewahrung einer Armbanduhr während des Sportunterrichts); wird der Gegenstand wegen Unaufmerksamkeit des Lehrers entwendet, hat das Land für den Schaden einzustehen[58]. Die Haftung entfällt, wenn der Diebstahl oder die Beschädigung trotz ausreichender Sicherungsmaßnahmen eingetreten ist oder vom Schüler selbst durch Unachtsamkeit oder Nichtbefolgen von Sicherungsvorschriften ermöglicht wurde. Die Ersatzpflicht entfällt ferner oder wird gemindert, wenn der Schüler kostbare Gegenstände (z. B. wertvollen Schmuck, Designerkleidung) in die Schule mitbringt[59]. Die Haftung entfällt schließlich bei *Kameradendiebstählen*, gegen die eine Sicherung praktisch kaum möglich ist; das Anbringen verschließbarer Einzelschränke ginge über das hinaus, was vom Schulträger billigerweise gefordert werden kann.

Umstritten ist, ob der Schulträger auch für die diebessichere *Aufbewahrung von Fahrrädern* und Mopeds zu sorgen hat. Eine solche Verpflichtung würde

---

54 BGH, SPE II H I S. 101.
55 Vgl. auch BGH, SPE VI F V S. 5: Schulleiter und Lehrpersonal sind verpflichtet, bauliche Unzulänglichkeiten, die Gefahrenquellen für die Schüler bedeuten, zu erkennen und beim Schulträger auf deren Beseitigung hinzuwirken. Tun sie dies nicht, begehen sie eine Amtspflichtverletzung.
56 BGH, SPE VI F VI S. 11; OLG Düsseldorf, SPE II H II S. 11.
57 Allerdings tritt die Ersatzpflicht des Schulträgers erst dann ein, wenn der für den Schaden verantwortliche Dieb nicht zu ermitteln ist (§ 839 Abs. 1 Satz 2 BGB). Deshalb muß zunächst Strafanzeige bei der Polizei oder Staatsanwaltschaft erhoben und der Bescheid über die Einstellung des Ermittlungsverfahrens abgewartet werden.
58 BGH, SPE II H I S. 21; s. aber LG Braunschweig, Urt. vom 27. 9. 1995 (Az.: 1 O 233/95): Kein Schadensersatz für den Verlust einer Uhr im Wert von 300 DM, die von der Schülerin auf Geheiß des Lehrers im Unterricht abgelegt und in einer in der Turnhalle befindlichen, von dem Lehrer fortwährend beobachteten Kiste verwahrt wird, wenn die Schülerin nach Beendigung des Sportunterrichts vergißt, die Uhr wieder an sich zu nehmen und diese zwischenzeitlich verschwunden ist (dazu der Bericht von Herbert *Woltering*: Kein Ersatz für verschwundene Schüler-Armbanduhr, SchVw NI 1996, 94).
59 Schulkinder müssen sich u. U. ein Mitverschulden der Eltern, die ihnen gestatten, Wertgegenstände in die Schule mitzunehmen, nach §§ 254, 278 BGB anrechnen lassen; die Rechtsbeziehungen zwischen Schüler und Schule stellen insoweit ein verwaltungsrechtliches Schuldverhältnis dar (BGH, SPE II H I S. 21).

indes zu weit führen. Es muß genügen, wenn die Kommune einen unbewachten Fahrradständer bereitstellt; der Schüler hat sein Rad durch Abschließen oder Anketten selbst zu sichern. Für Diebstahl oder Beschädigung kann der Schulträger nur dann haftbar gemacht werden, wenn er durch Einrichtung eines gesicherten Fahrradraumes die Verantwortung erkennbar übernommen hat. Dem Schulträger ist zu empfehlen, die Schüler durch Abschluß einer privaten Zusatzversicherung gegen Diebstahl und Sachschäden zu schützen[60].

33.224 Eine Amtshaftung des Landes ist immer dann zu bejahen, wenn Lehrkräfte durch *schuldhafte Verletzung ihrer Aufsichtspflicht* (TZ 21.5) einen Sachschaden verursachen. Haben Mitschüler den Schaden herbeigeführt – sie zerreißen beispielsweise ihrem Klassenkameraden während eines Streits auf dem Pausenhof die Jacke –, kommt subsidiär eine Haftung des Staates wegen Verletzung der Aufsichtspflicht des für die Aufsicht eingesetzten Lehrers in Betracht (vgl. TZ 21.542).

33.225 Wird ein Schüler im Auftrag der Schule oder eines Lehrers gegenüber Mitschülern hoheitlich tätig (z. B. als Schülerlotse oder bei der Beaufsichtigung einer Klasse), muß der Staat für den aus einer schuldhaften Amtspflichtverletzung des Schülers entstehenden Sachschaden nach § 839 BGB i. V. m. Art. 34 GG aufkommen[61]. Sofern ein Verschulden des Schülers entfällt, weil er nicht deliktsfähig ist (vgl. TZ 33.226), dürfte die Amtshaftung des Landes wegen der vom Lehrer fehlerhaft getroffenen Auswahl des Schülers gleichwohl zu bejahen sein[62].

33.226 Der geschädigte Schüler hat gegenüber einem *Mitschüler* einen Schadensersatzanspruch aus unerlaubter Handlung (§§ 823 ff. BGB), wenn dieser sein Eigentum widerrechtlich und schuldhaft beeinträchtigt. Ist der Schädiger allerdings noch keine sieben Jahre alt, entfällt nach § 828 Abs. 1 BGB die Haftung mangels Deliktsfähigkeit (Zurechnungsfähigkeit). Minderjährige Schüler über sieben Jahre sind nur bedingt deliktsfähig; sie brauchen dann keinen Ersatz zu leisten, wenn ihnen zum Zeitpunkt der Tat die für die Erkenntnis ihrer Verantwortlichkeit erforderliche Einsicht gefehlt hat (§ 828 Abs. 2 Satz 1 BGB). In solchen Fällen kommt aber nach § 829 BGB eine Haftung aus Billigkeitsgründen in Betracht, vor allem dann, wenn der Schüler wirtschaftlich

---

60 In einigen Ländern sind die Schulträger zum Abschluß solcher Versicherungen verpflichtet, z. B. in Hessen nach Abschnitt IV. der Richtlinien v. 5. 8. 1986 (Anm. 3).
61 Die Amtshaftung des Landes scheitert nicht daran, daß die Übertragung von Hoheitsrechten auf Schüler der gesetzlichen Grundlage ermangelt (so aber Wolfgang *Martens*: Übertragung von Hoheitsgewalt auf Schüler, NJW 1970, 1029). Abgesehen davon, daß die vermeintliche Rechtswidrigkeit des Übertragungsaktes ihn nicht unwirksam macht, dürfte die Beauftragung der Schüler mit begrenzten Hoheitsbefugnissen gegenüber Mitschülern durch den gesetzlichen Erziehungsauftrag der Schule gerechtfertigt sein (so Ernst *Pappermann*: Staatshaftung für aufsichtsführende Schüler auch bei unwirksamer Übertragung des Aufsichtsrechts?, ZBR 1970, 354). Zu dieser Problematik vgl. auch *Stober* (Anm. 6), S. 140; Manfred *Zuleeg*: Beleihung mit Hoheitsgewalt, Verwaltungshilfe und privatrechtliches Handeln bei Schülern, DÖV 1970, 627. – Die Rspr. bejaht die Amtshaftung für hoheitliches Schülerhandeln: OLG Köln, SPE II H III S. 1 (Schülerlotse); LG Rottweil, SPE II H III S. 201 (Übertragung der Klassenaufsicht auf einen Schüler).
62 Dazu auch *Stober* (Anm. 6), S. 139, 144.

leistungsfähig ist. Bei einem Mitverschulden des geschädigten Schülers kann die Ersatzpflicht je nach den Umständen gemindert werden oder gänzlich entfallen (§ 254 BGB). Zur Amtshaftung des Landes wegen der dem Lehrer obliegenden Aufsichtspflicht TZ 33.224.

33.227 Wird dem Schüler durch *Eltern eines Mitschülers oder schulfremde Personen* ein Schaden zugefügt, sind diese ihm aus unerlaubter Handlung (§§ 823 ff. BGB) zum Ersatz verpflichtet.

33.228 Für Schadensersatzansprüche von *Schülern an Privatschulen* gelten teilweise abweichende Regelungen. Die Haftung des Schulträgers und des Schulpersonals richtet sich nach den allgemeinen privatrechtlichen Vorschriften[63]. Der Schulträger hat aufgrund des *Schulvertrags* (TZ 13.332) geeignete und zumutbare Vorkehrungen zu treffen, damit den Schülern kein Schaden widerfährt. Verletzt der Schulleiter, ein Lehrer oder ein sonstiger Arbeitnehmer diese vertragliche Pflicht widerrechtlich und schuldhaft, muß der Schulträger für den durch die sog. Erfüllungsgehilfen verursachten Schaden geradestehen (§ 278 BGB). Außerdem kommt eine persönliche Haftung des Schädigers aus unerlaubter Handlung (§§ 823 ff. BGB) in Betracht. Dabei wird regelmäßig schon aus Beweisgründen (entsprechende Anwendung des § 282 BGB) der vertragliche Anspruch gegen den Schulträger günstiger sein. Soweit Bedienstete einer anerkannten Ersatzschule bei der Wahrnehmung hoheitlicher Funktionen (vgl. TZ 13.55) schuldhaft einen Schaden verursachen, haftet das Land nach § 839 BGB i. V. m. Art. 34 GG.

33.3 Der Schüler als Schädiger

33.31 Haftung für Körperschäden

33.311 Sofern ein Schüler einen Mitschüler verletzt, haftet er diesem nach §§ 823 ff. BGB. Handelt es sich jedoch um einen Schulunfall, ist die Haftung in der Regel durch § 106 Abs. 1 Nr. 1 i. V. m. §§ 104, 105 SGB VII ausgeschlossen (vgl. TZ 33.216).

33.312 Erleidet ein *Lehrer* einen Arbeitsunfall, braucht der unfallverursachende Schüler gleichfalls nicht zu haften, weil der Lehrer »Betriebsangehöriger« der Schule ist (§ 106 Abs. 1 Nr. 2 i. V. m. §§ 104, 105 SGB VII)[64]. Gleiches gilt für Arbeits- bzw. Dienstunfälle *anderer Schulbediensteter*, die von einem Schüler verursacht worden sind.

33.313 Wenn der Schüler einem *Dritten*, der sich auf dem Schulgelände aufhält (z. B. einer Mutter, die zur Elternsprechstunde kommt, oder einem Vertreter, der seine Ware anbietet), einen Körperschaden zufügt, haftet er nach

---

63 Zur Schülerunfallversicherung für Privatschüler TZ 33.211 und 33.214.
64 Auch beamtete Lehrer sind Betriebsangehörige. Vgl. *Schmitt* (Anm. 10), § 106 Rn. 5.

den Vorschriften über die unerlaubte Handlung (§§ 823 ff. BGB). Die Ersatzpflicht entfällt, falls der Geschädigte – z. B. durch Wahrnehmung eines Amts in der Elternvertretung, durch Mitwirkung bei der Organisation und Durchführung eines Schulfests – als »Betriebsangehöriger« der Schule tätig wird (§ 106 Abs. 1 Nr. 2 i. V. m. §§ 104, 105 SGB VII).

33.32 Haftung für Sachschäden

Der Schüler muß für Sachschäden, die er einem anderen rechtswidrig und schuldhaft zufügt, nach §§ 823 ff. BGB einstehen[65]. Wer beispielsweise den Füllhalter des Mitschülers entwendet, den Anzug des Lehrers mit Tintenspritzern beschmiert, die Wandtafel demoliert oder ein ihm leihweise überlassenes Schulbuch zerfleddert, hat Schadensersatz zu leisten. Diese Haftung entfällt bei minderjährigen Schülern nur dann, wenn sie zum Zeitpunkt der Tat nicht deliktsfähig waren (TZ 33.226).

Die in der Praxis gelegentlich angewandte *Kollektivhaftung der Klasse* für einen Schaden, dessen Verursacher ersichtlich der Klasse angehört, sich aber nicht meldet und nicht zu ermitteln ist, ist unzulässig. Pädagogisch mag sie im Einzelfall als vertretbar erscheinen; eine Zahlung läßt sich aber weder von den Schülern noch von deren Eltern erzwingen. Falls jedoch mehrere Schüler durch eine gemeinschaftlich begangene unerlaubte Handlung einen Schaden verursacht haben, kann jeder Beteiligte nach § 830 BGB zum Ersatz des gesamten Schadens herangezogen werden.

Beschädigt oder zerstört der Schüler einer Privatschule Sachen, die im Eigentum des Schulträgers stehen, kommt eine Haftung der Eltern aus dem Schulvertrag in Betracht; bei grob vertragswidrigem Verhalten des Schülers müssen sie sich dessen Handlung als die eines »Erfüllungsgehilfen« (§ 278 BGB, dazu TZ 33.228) zurechnen lassen[66].

33.4 Eltern als Geschädigte

33.41 Ansprüche bei Körperschäden

33.411 Wenn Eltern *im Rahmen des Schulverhältnisses* mit der Schule in Kontakt treten (z. B. den Lehrer während der Sprechstunde aufsuchen), muß der Schulträger oder das Land für einen Schaden, den ein Bediensteter schuldhaft verursacht hat, *nach Amtshaftungsgrundsätzen* (§ 839 BGB i. V. m. Art. 34 GG) Ersatz leisten (vgl. TZ 33.221). Die Amtshaftung tritt subsidiär auch

---

65 Oder auch, im Verhältnis zum Schulträger bzw. zum Land, aufgrund eines verwaltungsrechtlichen Schuldverhältnisses, auf das die Vorschriften des privatrechtlichen Schuldrechts zumeist entsprechend anzuwenden sind. So richtet sich z. B. die Haftung des Schülers für die Beschädigung der ihm leihweise überlassenen Schulbücher nach den BGB-Bestimmungen über die Leihe (§§ 598 ff., dazu TZ 31.422).

66 Vgl. BGH, NJW 1984, 2093 (Internatsvertrag).

dann ein, wenn der Schaden, den Eltern oder schulfremde Personen erleiden, auf das Fehlverhalten eines Schüler zurückzuführen ist und zugleich eine Verletzung der Aufsichtspflicht des Lehrers vorliegt[67].

33.412 Eltern, die für die Schule *ehrenamtlich tätig* sind (z.B. Vorsitz im Schulelternbeirat), stehen unter dem Schutz der gesetzlichen Unfallversicherung (§2 Abs.1 Nr.10 SGB VII)[68]. Das gleiche gilt bei der *Wahrnehmung von Hilfsfunktionen* (§2 Abs.2 Satz1 SGB VII). So hat ein Vater, der anstelle eines verhinderten Lehrers mit Einverständnis des Schulleiters Schwimmunterricht erteilt und dabei einen Badeunfall erleidet, Anspruch auf die Leistungen der gesetzlichen Unfallversicherung. Ebenso besteht Versicherungsschutz für Eltern, die im Auftrag der Schule die Klasse auf einer Schulwanderung, Studienfahrt, bei einem Schullandheimaufenthalt (TZ 21.553, 28.22) begleiten[69] oder auf eigene Initiative mit Zustimmung des Schulträgers in ihrer Freizeit Schulräume renovieren. Nicht versichert sind Eltern hingegen beim Transport ihres Kindes zur Schule oder von dort nach Hause; es handelt sich hierbei um eine Tätigkeit im Rahmen der elterlichen Aufsichts- und Fürsorgepflicht, die ausschließlich dem privaten Bereich zuzuordnen ist[70]. Etwas anderes gilt, wenn der Erziehungsberechtigte das Kind auf der Fahrt zur Arbeit mitnimmt, mag er dabei auch einen Umweg in Kauf nehmen müssen; da er mit seinem Kind eine Fahrgemeinschaft bildet, ist er nach §8 Abs.2 Buchst. b SGB VII gegen einen Unfall versichert[71].

33.413 Im übrigen können Eltern und dritte Personen bei einem Körperschaden, der der Schule *außerhalb ihres öffentlich-rechtlichen Pflichtenkreises* zuzurechnen ist[72], Schadensersatz aus unerlaubter Handlung verlangen (z.B. Sturz eines die Schule besuchenden Vertreters bei Glatteis, weil der Hausmeister nicht gestreut hat). Schadensersatzpflichtig ist nach §823 BGB der Bedienstete, der den Schaden schuldhaft herbeigeführt hat. Daneben kommt eine Haftung des Dienstherrn in Betracht: für die schadensersatzpflichtige Handlung eines »verfassungsmäßig berufenen Vertreters« (z.B. des Schulleiters) nach §§31, 89 BGB, für die widerrechtliche Schädigung durch einen »Verrichtungsgehilfen« (z.B. Hausmeister) nach §831 BGB mit der Möglichkeit des Entlastungsbeweises. Gegenüber einer Privatschule kann der Ersatz-

---

67 Die Aufsichtspflicht ist eine Amtspflicht, die nicht nur dem Schutz des Schülers dient, sondern auch verhindern soll, daß der Schüler anderen Personen einen Schaden zufügt (vgl. TZ 21.511).
68 BSG, SPE II J II S. 99. Das BSG rechnet das Amt des Vorsitzenden des Elternbeirats dem Aufgabenbereich des Schulträgers zu; demnach wäre, sofern nicht eine gemeinsame Unfallkasse für die Unfallversicherung im Landes- und im kommunalen Bereich besteht, die Entschädigung vom zuständigen Gemeindeunfallversicherungsverband zu leisten (vgl. TZ 33.214).
69 Dazu und zum folgenden die nach der früheren Rechtslage erörterten Fallbeispiele bei Christa *Ott*: Gesetzlicher Unfallversicherungsschutz der Eltern im Rahmen schulischer Veranstaltungen, SchVw BY 1995, 211.
70 Das Kind selbst ist demgegenüber auf dem Schulweg versichert (vgl. TZ 33.211).
71 Zuständiger Unfallversicherungsträger ist allerdings nicht der Träger der Schülerunfallversicherung, sondern die Berufsgenossenschaft seines Betriebes.
72 So daß kein auf Amtshaftung gestützter Anspruch besteht.

anspruch außerdem auf den Schulvertrag gestützt werden (TZ 33.228). Die Haftung mindert sich oder entfällt nach § 254 BGB, wenn ein Mitverschulden des Geschädigten vorliegt.

33.414 Von einem *Schüler* können Eltern (oder Dritte) Schadensersatz verlangen, sofern er für seine Tat verantwortlich ist (§§ 823 ff. BGB, vgl. TZ 33.226) und die gesetzliche Unfallversicherung nicht eintritt. Zur Frage der Amtshaftung wegen Aufsichtspflichtverletzung des Lehrers s. TZ 33.411.

33.42 Ansprüche bei Sachschäden

Es gelten die Ausführungen unter 33.411, 33.413 und 33.414. Vgl. auch TZ 21.534.

33.5 Eltern als Schädiger

33.51 Haftung für Körperschäden

Für Körperschäden, die sie schuldhaft verursacht haben, haften Eltern aus unerlaubter Handlung (§§ 823 ff. BGB). Sofern sie jedoch als »Betriebsangehörige« der Schule tätig werden (z. B. als Aufsichtsperson bei einer Schulwanderung) und in dieser Funktion den Unfall eines Schülers oder eines Lehrers verursachen, sind sie in der Regel von der Haftung befreit (§ 106 Abs. 1 Nr. 3 i. V. m. §§ 104, 105 SGB VII, vgl. TZ 33.216, 33.312).

33.52 Haftung für Sachschäden

Für einen von ihnen selbst verursachten Schaden müssen Eltern nach §§ 823 ff. BGB aufkommen. Gegenüber der Privatschule ist außerdem eine Haftung wegen Verletzung der ihnen aufgrund des Schulvertrags obliegenden Obhuts- und Sorgfaltspflichten möglich.

33.53 Haftung für Aufsichtspflichtverletzung

Eltern können auch dann ersatzpflichtig gemacht werden, wenn sie ihr Kind nicht genügend beaufsichtigt haben (§ 832 BGB); sie haften in diesem Fall gewissermaßen als mittelbare Schädiger[73]. Zu denken ist vor allem an die den Schülern im Rahmen der Lernmittelfreiheit leihweise überlassenen

---

73 Zu Art, Umfang und Maß der den Eltern obliegenden Aufsichtspflicht s. Maximilian *Fuchs*: Die deliktsrechtliche Verantwortung der Eltern für Schäden von und an Kindern im Straßenverkehr, NZV 1998, 7 (8).

Schulbücher (TZ 31.422). Hier haben die Eltern dafür zu sorgen, daß der Schüler pfleglich mit fremdem Eigentum umgeht; sie müssen die Folgen ihrer Erziehungsversäumnisse tragen und Ersatz leisten, wenn die Bücher verloren gehen oder infolge nachlässiger oder mutwilliger Behandlung in einer Weise beschädigt werden, die über die übliche Abnutzung hinausgeht.

34. Kapitel: Rechtsschutz[1]

Schüler und Eltern sind der Schule und den Schulbehörden nicht schutzlos ausgeliefert. Fühlen sie sich durch das Verhalten eines Lehrers, durch eine Entscheidung der Klassenkonferenz, durch eine Maßnahme der Schulaufsicht oder des Schulträgers oder durch einen Ablehnungsbescheid des Amts für Ausbildungsförderung beeinträchtigt, können sie sich außergerichtlich und gerichtlich zur Wehr setzen. Sie haben die Möglichkeit, einen formlosen Rechtsbehelf einzulegen (TZ 34.1). Gegen einen Verwaltungsakt können sie mit dem förmlichen Rechtsbehelf des Widerspruchs vorgehen (TZ 34.2). Vor allem aber steht ihnen aufgrund der Gewährleistung des Art. 19 Abs. 4 GG der Rechtsweg zu den Gerichten offen. Von herausragender Bedeutung im Schulverhältnis ist das verwaltungsgerichtliche Verfahren (TZ 34.3). Außerdem kommen Klagen vor dem Zivilgericht (TZ 34.4) und vor dem Sozialgericht (TZ 34.5) in Betracht.
Zum Rechtsschutz der Lehrer s. TZ 19.5 (Beamte) sowie TZ 23.243 und 23.266 (Angestellte)[2].

34.1 Formlose Rechtsbehelfe[3]

Wer als Schüler oder Erziehungsberechtigter darauf hinwirken will, daß eine Fehlentscheidung der Schule rückgängig gemacht oder ein Mißstand in der Schule abgestellt wird, hat das durch Art. 17 GG verbürgte (Petitions-)Recht, eine Beschwerde anzubringen. Mit der *Gegenvorstellung* wendet er sich an die Stelle, die den beanstandeten Akt erlassen hat oder für den beanstandeten Mangel unmittelbar verantwortlich ist, um auf Aufhebung oder Änderung zu dringen (z. B. Gegenvorstellung bei der Schule wegen fortgesetzten Unterrichtsausfalls). Mit der *(Dienst-)Aufsichtsbeschwerde* appelliert er an die übergeordnete Behörde, die umstrittene Maßnahme zu überprüfen (z. B. Aufsichtsbeschwerde beim staatlichen Schulamt wegen Verletzung der Aufsichtspflicht durch einen Lehrer). Gegenvorstellung und Aufsichtsbeschwerde sind

---

1 Ausführlich und instruktiv: *Niehues*: Schul- und Prüfungsrecht, S. 59–74 Rn. 88–120 (allgemein), S. 118–126 Rn. 160–166a (Schulorganisationsakte), S. 177–180 Rn. 264–270a (Schulpflicht, Recht auf Bildung, Ordnungsmaßnahmen), S. 228f. Rn. 347–352 (Unterrichtsgestaltung); *Niehues*: Prüfungsrecht, S. 203–232 Rn. 370–421 (Prüfungen und sonstige Leistungsbewertungen). Die Grundzüge behandeln Harald *Gampe*/Gerald *Rieger*: Rechtsschutz in der Schule, sm Heft 1/1992, S. 34, und *dies.*: Rechtsbehelfe gegen schulische Entscheidungen, sm Heft 2/1992, S. 32, sowie Manfred *Oeynhausen*: Rechtshandbuch Schule Nordrhein-Westfalen, Stuttgart 1994, S. 55–87.
2 Für den Rechtsschutz der Lehrer an Privatschulen (TZ 13.322) gelten die Ausführungen unter TZ 23.243 und 23.266.
3 Zur Einführung s. Friedhelm *Hufen*: Verwaltungsprozeßrecht. 3. Aufl., München 1998, S. 22 ff.; Wolf-Rüdiger *Schenke*: Verwaltungsprozeßrecht. 6. Aufl., Heidelberg 1998, S. 1 ff.; Walter *Schmitt Glaeser*: Verwaltungsprozeßrecht. 14. Aufl., Stuttgart 1997, S. 22 ff.; *Oeynhausen* (Anm. 1), S. 68 ff.

Formlose Rechtsbehelfe

an keine Frist und Form gebunden[4]. Sie haben keine aufschiebende Wirkung. Die angegangene Behörde ist verpflichtet, den Rechtsbehelf entgegenzunehmen, ihn sachlich zu prüfen und zu bescheiden. Der Beschwerdeführer ist zumindest über die Art der beabsichtigten oder vollzogenen Erledigung zu unterrichten; eine Begründung ist hingegen nicht erforderlich[5]. Das gleiche gilt, wenn Schüler oder Eltern eine Eingabe an den *Petitionsausschuß des Landtages* richten. Zum Recht auf *Anrufung des Datenschutzbeauftragten* TZ 32.352.

34.2 Widerspruchsverfahren[6]

34.21 Allgemeines

Sofern Schüler oder Eltern sich durch einen *Verwaltungsakt* oder durch die Ablehnung eines beantragten Verwaltungsakts in ihren rechtlich geschützten Interessen beeinträchtigt erachten, können sie Widerspruch einlegen (§ 68 Abs. 1 und 2 VwGO, § 78 Abs. 1 und 3 SGG).

34.211 Verwaltungsakt ist jede Verfügung, Entscheidung oder andere hoheitliche Maßnahme, die eine Behörde zur Regelung eines Einzelfalls auf dem Gebiet des öffentlichen Rechts trifft und die auf unmittelbare Rechtswirkung nach außen gerichtet ist (§ 35 VwVfG, § 31 Satz 1 SGB X). Davon zu unterscheiden sind vor allem die sog. *Realakte*, also solche Handlungen einer Behörde, die nicht auf bestimmte Rechtswirkungen abzielen, sondern nur einen tatsächlichen Erfolg herbeiführen[7]. Wann jeweils ein Verwaltungsakt oder ein Realakt vorliegt, wird in verschiedenen Kapiteln dieses Buchs hinsichtlich der schwierigeren Abgrenzungsprobleme erläutert. Die *wichtigsten Verwaltungsakte im Schulbereich* seien der Übersicht wegen an dieser Stelle aufgezählt.

---

4 Allerdings gewährleistet das Petitionsrecht des Art. 17 GG nur die Befugnis, sich »schriftlich« mit Bitten oder Beschwerden an die zuständigen Stellen und an die Volksvertretung zu wenden; mündliche Eingaben werden daher vom Grundrechtsschutz nicht umfaßt. Demgegenüber erstreckt sich das Petitionsrecht nach Art. 24 bbg Verf., Art. 16 hess Verf., Art. 11 rp Verf. und Art. 14 thür Verf. auch auf mündlich eingereichte Bitten und Beschwerden; die Vorschriften gehen in zulässiger Weise (Art. 142 GG) über die bundesrechtliche Gewährleistung des Art. 17 GG hinaus.

5 So BVerfGE, NJW 1992, 3033; ferner Günter *Dürig*, in: Maunz/Dürig: Grundgesetz. Kommentar, Art. 17 Rn. 5–9. Die Literatur spricht sich überwiegend für eine Begründungspflicht aus: s. etwa Joachim *Burmeister*: Das Petitionsrecht, HdbStR II, S. 73 (80 Rn. 14) m.w.N. Nach Art. 10 Satz 2 Verf. M-V, Art. 35 Satz 2 sächs Verf. und Art. 14 Satz 2 thür Verf. besteht Anspruch auf einen begründeten Bescheid.

6 Zur Einführung s. *Hufen* (Anm. 3), S. 67 ff.; *Schenke* (Anm. 3), S. 197 ff.; *Schmitt Glaeser* (Anm. 3), S. 118 ff. Speziell zum Widerspruchsverfahren im schulischen Bereich s. *Niehues*: Schul- und Prüfungsrecht, S. 72 ff. Rn. 115 ff.; *Niehues*: Prüfungsrecht, S. 172 Rn. 312; *Oeynhausen* (Anm. 1), S. 55 ff. Rn. 164 ff. Zum Widerspruchsverfahren in der Sozialgerichtsbarkeit Wolfgang *Gitter*: Sozialrecht. 4. Aufl., München 1996, S. 420 ff.

7 Zum Begriff des Realakts s. Hans-Uwe *Erichsen*: Das Verwaltungshandeln, in: ders. (Hrsg.): Allgemeines Verwaltungsrecht. 11. Aufl., Berlin 1998, S. 223 (265 ff.); *Maurer*. Verwaltungsrecht, S. 398 ff.

- Bei der Erfüllung der *Schulpflicht* handelt es sich insbesondere um die Ablehnung vorzeitiger Einschulung, die Zurückstellung noch nicht schulreifer Kinder, die Verlängerung der Vollzeitschulpflicht für Schüler, die das Ziel der Hauptschule oder der Sonderschule nicht erreicht haben, die Überweisung in eine Sonderschule[8].
- Die *Nichtaufnahme des Schülers in eine weiterführende Schulart oder in die gewünschte Einzelschule* ist gleichfalls ein Verwaltungsakt[9].
- Im Bereich der *Leistungsbewertungen* rechnen zu den Verwaltungsakten insbesondere die Nichtversetzung des Schülers, Versetzungs- und Abschlußzeugnisse sowie Prüfungsentscheidungen, nicht hingegen die Benotung einer Klassenarbeit, die Bewertung einzelner Unterrichtsleistungen, die Beurteilung des Sozialverhaltens im Zeugnis, in der Regel auch nicht die einzelne Zeugnisnote[10]; Einzelnoten sind ausnahmsweise dann als Verwaltungsakte anzusehen, wenn sie als solche, z.B. bei der Zulassung zum Studium, unmittelbar rechtserheblich sind (vgl. TZ 26.333).
- Die *inhaltliche Gestaltung des Unterrichts* wird weitgehend durch pädagogische Prozesse und sonstige Einwirkungen bestimmt, denen die Merkmale des Verwaltungsakts in aller Regel fehlen. Unzulängliche Unterrichtsleistungen eines Lehrers, Verstöße gegen das Toleranzgebot wie auch der Ausfall von Stunden sind Mängel, die sich nicht unter diesen Rechtsbegriff subsumieren lassen[11]. Dagegen stellt die Nichtzulassung eines Schulbuchs einen Verwaltungsakt gegenüber dem Verlag dar[12].
- Verwaltungsakte sind ferner förmliche *Ordnungsmaßnahmen*, nicht jedoch Erziehungsmaßnahmen[13].
- *Schulorganisationsakte* haben die Eigenschaft von Verwaltungsakten, wenn sie für die Betroffenen weitreichende Folgen nach sich ziehen[14]. So sind die Schließung einer Schule, die Zusammenlegung von Schulen, die Verlegung des Standorts einer Schule, die vom Schulträger verfügte Einführung der schulartübergreifenden Orientierungsstufe, der Übergang von der Sechs- zur Fünf-Tage-Woche als Verwaltungsakte anzusehen, nicht aber schulinterne Maßnahmen wie die Auflösung einer Parallelklasse, die Zuweisung des Schülers zu einer bestimmten Klasse oder dessen Umsetzung innerhalb der Klasse[15]. Wird der Antrag auf *Genehmigung oder Anerkennung einer*

---

8 Dazu etwa OVG Münster, NVwZ-RR 1989, 303, und VGH Mannheim, NVwZ 1991, 479.
9 BVerwG, SPE II B I S.1; VGH Mannheim, SPE n.F. Nr.5 (Nichtaufnahme ins Gymnasium). Kein Verwaltungsakt ist hingegen die dem Ablehnungsbescheid vorausgehende negative Grundschulempfehlung: VGH Mannheim, NVwZ-RR 1990, 246.
10 Dazu Brun-Otto *Bryde*: Die Kontrolle von Schulnoten in verwaltungsrechtlicher Dogmatik und Praxis, DÖV 1981, 193; Ulrich *Osig*: Gerichtliche Kontrolle schulischer Prüfungsentscheidungen, SchVw BY 1991, 305.
11 Zur Rechtsnatur von Maßnahmen der inhaltlichen Unterrichtsgestaltung: *Niehues*: Schul- und Prüfungsrecht, S.228f. Rn.348ff.
12 Vgl. VGH München, NVwZ-RR 1993, 357.
13 Zur Unterscheidung zwischen Erziehungs- und Ordnungsmaßnahmen s.TZ 30.23. Vgl. auch *Niehues*: Schul- und Prüfungsrecht, S.179f. Rn.268f.
14 *Niehues*: Schul- und Prüfungsrecht, S.121ff. Rn.164a.
15 Schließung einer Schule: BVerwGE 18, 40 (41f.); BVerwG, DVBl. 1978, 640; OVG Bremen, SPE n.F. 132 Nr.28 und 32; VGH Kassel, NVwZ 1989, 779 (780); OVG Koblenz, NVwZ-RR 1988, 82; OVG Münster, SPE n.F. 132 Nr.39 und Nr.41; OVG Münster, NVwZ-RR 1996, 90. Zusammenlegung von Schulen: OVG Münster, SPE I B IX S.97. Standortverlegung

privaten Ersatzschule durch die Schulbehörde abgelehnt, liegt darin ebenfalls ein Verwaltungsakt.
– Auch die Entscheidungen der Schule, der Schulträger, der Schulbehörden und der Ämter für Ausbildungsförderung über *finanzielle Hilfen* für den Schüler sind Verwaltungsakte (z. B. die Nichteinbeziehung eines Schülers in die Lernmittelfreiheit, die Versagung der Fahrtkostenerstattung, die Ablehnung eines Antrags auf Ausbildungsförderung). Das gleiche gilt für die *Entscheidungen der Träger der Schülerunfallversicherung* über die Entschädigungsleistungen für den durch einen Schulunfall verletzten Schüler.

34.212 Das Widerspruchsverfahren bildet in der Regel die *Voraussetzung für die Zulässigkeit der Anfechtungs- und Verpflichtungsklage.* (Zu den Klagearten TZ 34.321.) Seine besondere Bedeutung liegt darin, daß im Unterschied zum gerichtlichen Verfahren nicht nur die *Rechtmäßigkeit*, sondern auch die *Zweckmäßigkeit* der umstrittenen Maßnahme überprüft wird. Es dient damit zugleich der Selbstkontrolle der Verwaltung und der Entlastung der Gerichte. Bei Einwendungen des Schülers gegen eine Leistungsbewertung eröffnet es die Möglichkeit der verwaltungsinternen Überprüfung der Beurteilung, sofern diese Kontrolle nicht schon zuvor in einem nichtförmlichen Verfahren stattgefunden hat (dazu TZ 27.42). In bestimmten Fällen ist das Widerspruchsverfahren entbehrlich, so bei einem Verwaltungsakt, der von einer obersten Landesbehörde, z. B. dem Kultusministerium, erlassen worden ist (§ 68 Abs. 2 Satz 2 Nr. 1 VwGO). Es entfällt ferner dann, wenn sich der Betroffene gegen Maßnahmen oder Vorgänge gerichtlich zur Wehr setzen will, die keine Verwaltungsakte, sondern Realakte sind und daher nicht mit der Anfechtungs- oder Verpflichtungsklage, sondern mit der allgemeinen Leistungsklage angegriffen werden können. Soweit es keines Vorverfahrens bedarf, ist der Widerspruch nicht statthaft.

34.22 Form und Frist des Widerspruchs

34.221 Der Widerspruch ist *innerhalb eines Monats* nach Bekanntgabe des Verwaltungsakts *schriftlich* oder zur Niederschrift bei der Behörde zu erheben, die den Verwaltungsakt erlassen hat (§ 70 Abs. 1 Satz 1 VwGO, § 84 Abs. 1 SGG). Die Frist wird auch durch Einlegung des Widerspruchs bei der Behörde gewahrt, die den Widerspruchsbescheid zu erlassen hat (§ 70 Abs. 1 Satz 2 VwGO). Daher kann der Widerspruch gegen den Verwaltungsakt einer Schule sowohl bei dieser selbst als auch bei der Schulaufsichtsbehörde eingelegt werden. In der Schülerunfallversicherung genügt es zur Fristwahrung, daß der Rechtsbehelf durch Einreichen einer Widerspruchsschrift bei einer inländischen Behörde erhoben wird (§ 84 Abs. 2 Satz 1 SGG). Die Monatsfrist beginnt nur dann zu laufen, wenn der Betroffene schriftlich über den Rechtsbehelf des Widerspruchs belehrt worden ist; ist die *Rechtsbehelfsbelehrung*

---

einer Schule: OVG Münster, SPE I A IX S. 81; OVG Bremen, SPE n. F. 132 Nr. 33, 896 Nr. 4; demgegenüber läßt es VGH Mannheim, NVwZ-RR 1996, 89 (90), offen, ob die Verlegung einer Schule im Gemeindegebiet ein Verwaltungsakt oder eine bloß innerorganisatorische Maßnahme ist.

unterblieben oder fehlerhaft, beträgt die Widerspruchsfrist ein Jahr (§§ 70 Abs. 2, 58 VwGO; §§ 84 Abs. 2 Satz 3, 66 SGG).

34.222 Hilft die Behörde, die den umstrittenen Verwaltungsakt erlassen hat, dem Widerspruch nicht ab, so ergeht ein *Widerspruchsbescheid*. Diesen erläßt in der Regel die nächsthöhere Behörde (Devolutiveffekt)[16], beim Widerspruch gegen eine Entscheidung des Trägers der Schülerunfallversicherung die von der Vertreterversammlung bestimmte Widerspruchsstelle (§ 73 Abs. 1 VwGO, § 85 Abs. 2 Nr. 2 SGG). Der Widerspruchsbescheid ist zu begründen, mit einer Rechtsbehelfsbelehrung zu versehen und zuzustellen (§ 73 Abs. 3 Satz 1 VwGO, § 85 Abs. 3 SGG); er bestimmt auch, wer die Kosten trägt (§ 73 Abs. 3 Satz 2 VwGO). Soweit der Widerspruch erfolgreich ist, besteht Anspruch auf Erstattung der notwendigen Aufwendungen (§ 80 VwVfG, § 63 SGB X). Das Widerspruchsverfahren im Bereich der Ausbildungsförderung und in der Schülerunfallversicherung ist kostenfrei (§§ 64 Abs. 1, 1 Abs. 1 SGB X i. V. m. §§ 3, 4 SGB I).

34.23 Aufschiebende Wirkung des Widerspruchs (Suspensiveffekt)

34.231 Der Widerspruch gegen einen belastenden Verwaltungsakt *hat aufschiebende Wirkung* (§ 80 Abs. 1 Satz 1 VwGO), in der Schülerunfallversicherung allerdings nur dann, wenn durch den Verwaltungsakt eine Entschädigungsleistung zurückgefordert oder eine laufende Leistung, z. B. eine Rente, ganz oder teilweise entzogen wird (§ 86 Abs. 2 SGG). Aufschiebende Wirkung bedeutet, daß der Widerspruchsführer bis zum rechtskräftigen Abschluß des Verfahrens so zu behandeln ist, als wäre die suspendierte Entscheidung nicht ergangen. So kann beispielsweise die Ordnungsmaßnahme des Schulausschlusses vorläufig nicht vollzogen werden. Die aufschiebende Wirkung erfaßt auch schulische Organisationsakte; deshalb darf die mit dem Widerspruch angefochtene Schließung einer Schule zunächst nicht ins Werk gesetzt werden (vgl. § 80 Abs. 1 Satz 2 VwGO)[17]. Anderseits verbessert der Betroffene durch den Widerspruch nicht seine ursprüngliche Rechtsposition. Der

---

16 In Schleswig-Holstein entscheidet die Schule selbst über den Widerspruch gegen Leistungsbewertungen und gegen bestimmte Ordnungsmaßnahmen (schriftlicher Verweis, vorübergehender Ausschluß von außerunterrichtlichen Schulveranstaltungen, Überweisung in eine Parallelklasse, § 138 Abs. 1 i. V. m. § 45 Abs. 3 Satz 5 Nr. 1–4 SchulG).
17 § 80 Abs. 1 Satz 2 VwGO, der die aufschiebende Wirkung nunmehr ausdrücklich auf Verwaltungsakte mit Doppelwirkung erstreckt, gilt nach h. M. auch für Organisationsakte. Vgl. Ferdinand O. *Kopp/Wolf-Rüdiger Schenke*: Verwaltungsgerichtsordnung. Kommentar. 11. Aufl., München 1998, § 80 Rn. 15, m. w. N. aus der Rspr. – Der Suspensiveffekt tritt allerdings nur zugunsten des Widerspruchsführers ein, hat also nicht notwendig den Schwebezustand der Organisationsmaßnahme insgesamt zur Folge. Wer z. B. gegen die Auflösung einer Schule Widerspruch einlegt, weil der künftige Schulbesuch mit einem unzumutbar langen Schulweg verbunden sei, kann durch den Widerspruch keine aufschiebende Wirkung erreichen, wenn ein Schulbus bereitgestellt wird (vgl. Walter *Krebs*: Probleme des vorläufigen Rechtsschutzes gegen Schulorganisationsakte, VerwArch. 1978, 231 [241 ff.], und BVerwG, DVBl. 1979, 354; s. auch TZ 24.338).

nichtversetzte Schüler rückt daher nicht etwa in die nächste Klasse vor[18]; wer eine Prüfung nicht bestanden hat, kann nicht die Berechtigungen in Anspruch nehmen, die sich aus dem erfolgreichen Abschluß ergeben.

34.232 Die aufschiebende Wirkung des Widerspruchs *entfällt, wenn die Schule oder die Schulaufsichtsbehörde die sofortige Vollziehung* der umstrittenen Maßnahme (z. B. des Schulausschlusses) durch schriftlichen Bescheid *anordnet*. Das setzt voraus, daß das öffentliche Interesse oder das überwiegende Interesse anderer Schüler und Eltern den Sofortvollzug gebietet (§ 80 Abs. 2 Nr. 4 VwGO); das Interesse ist schriftlich zu begründen (§ 80 Abs. 3 VwGO). Der betroffene Schüler oder seine Eltern brauchen sich mit dieser Entscheidung jedoch nicht abzufinden. Sie können nunmehr im Wege des vorläufigen Rechtsschutzes mit einem *Antrag beim Verwaltungsgericht* darauf hinwirken, daß der Suspensiveffekt durch gerichtlichen Beschluß ganz oder teilweise wiederhergestellt wird (§ 80 Abs. 5 VwGO). In diesem Eilverfahren wägt das Gericht die Interessen des Antragstellers und der Behörde gegeneinander ab. Hierbei sind die Nachteile, die dem Schüler oder seinen Eltern aus dem sofortigen Vollzug eines möglicherweise rechtwidrigen Verwaltungsakts erwachsen, den Nachteilen gegenüberzustellen, die die verspätete Vollziehung eines evtl. rechtmäßigen Verwaltungsakts für die Allgemeinheit oder für andere Schüler und Eltern mit sich bringt. Das Gericht überprüft in diesem Zusammenhang zumindest summarisch auch die Erfolgsaussichten der Anfechtungsklage im Hauptsacheverfahren. Da seine Entscheidung über die Wiederherstellung der aufschiebenden Wirkung das Ergebnis des sich häufig über mehrere Jahre hinziehenden Hauptsacheverfahrens in vielen Fällen praktisch vorwegnimmt, kommt das Gericht regelmäßig nicht umhin, die Sach- und Rechtslage bereits in diesem Stadium eingehend zu würdigen. Zu weiteren Einzelheiten des vorläufigen Rechtsschutzes s. TZ 34.36.

34.3 Rechtsschutz vor dem Verwaltungsgericht[19]

34.31 Verwaltungsrechtsweg

Art. 19 Abs. 4 Satz 1 GG bestimmt: »Wird jemand durch die öffentliche Gewalt in seinen Rechten verletzt, so steht ihm der Rechtsweg offen.« Die von einer schulischen Maßnahme betroffenen Schüler und Eltern sind daher nicht allein auf die Einsicht und das Wohlwollen der Behörde angewiesen. Sie können ihre Sache vor Gericht bringen und durch unabhängige, nur dem Gesetz unterworfene Richter (Art. 97 Abs. 1 GG) entscheiden lassen. Schulische Konflikte sind zumeist »öffentlich-rechtliche Streitigkeiten nichtverfassungsrechtlicher Art«, so daß der *Rechtsweg zu den Verwaltungsgerich-*

---

18 Allerdings kann das Verwaltungsgericht auf Antrag im Wege der einstweiligen Anordnung nach § 123 VwGO gestatten, daß der Schüler einstweilen am Unterricht der höheren Klasse teilnimmt. Zum vorläufigen Rechtsschutz durch einstweilige Anordung TZ 34.362.
19 *Hufen* (Anm. 3), S. 159 ff.; *Schenke* (Anm. 3), S. 91 ff. Rn. 136 ff.; *Schmitt Glaeser* (Anm. 3), S. 58 ff. Rn. 120 ff.

ten eröffnet ist (§ 40 Abs. 1 Satz 1 VwGO). Doch gibt es Ausnahmen von dieser Regel. Wer Schadensersatzansprüche aus einer Amtspflichtverletzung geltend machen oder seine Rechte gegenüber der Privatschule durchsetzen will, muß sich an das Zivilgericht wenden (dazu TZ 34.4); Streitigkeiten mit dem Träger der Schülerunfallversicherung gehören vor das Sozialgericht (TZ 34.5).

34.32 Klagearten

34.321 Der Kläger muß sich zunächst Klarheit darüber verschaffen, ob der Rechtsstreit einen Verwaltungsakt oder ein sonstiges Verwaltungshandeln – etwa einen Realakt – zum Gegenstand hat. Geht es ihm um die Aufhebung eines ihn belastenden Verwaltungsakts, z. B. einer Ordnungsmaßnahme, erhebt er *Anfechtungsklage* (§ 42 Abs. 1 VwGO). Strebt er den Erlaß eines ihn begünstigenden Verwaltungsakts an (z. B. die Erteilung eines Förderungsbescheids durch das Amt für Ausbildungsförderung), ist die *Verpflichtungsklage* (§ 42 Abs. 1 VwGO) die richtige Klageart; dabei ist wiederum zwischen der Klage auf Erlaß eines abgelehnten Verwaltungsakts (Versagungsgegenklage) und der Klage auf Vornahme eines unterlassenen Verwaltungsakts (Untätigkeitsklage) zu unterscheiden. Möchte der Kläger erreichen, daß die Behörde zu einem sonstigen Tun, Dulden oder Unterlassen – also nicht zur Aufhebung oder zum Erlaß eines Verwaltungsakts – verurteilt wird (z. B. Verbesserung des Unfallschutzes auf dem Schulgelände, Maßnahmen gegen fortgesetzten Unterrichtsausfall), steht ihm die *allgemeine Leistungsklage* zu Gebote. Außer den genannten Klagearten kommt noch die *Feststellungsklage* in Betracht, durch die der Kläger das Bestehen oder Nichtbestehen eines öffentlich-rechtlichen Rechtsverhältnisses oder die Nichtigkeit eines Verwaltungsakts gerichtlich feststellen lassen kann (§ 43 Abs. 1 VwGO). Diese Klage ist allerdings nur zulässig, wenn der Kläger ein berechtigtes Interesse an der baldigen Feststellung hat und seine Rechte nicht im Wege der Anfechtungs-, Verpflichtungs- oder allgemeinen Leistungsklage geltend machen kann (Subsidiarität der Feststellungsklage). Hinzuweisen ist schließlich auf die sog. *Fortsetzungsfeststellungsklage* (§ 113 Abs. 1 Satz 4 VwGO): Hat sich ein Verwaltungsakt erledigt, ehe über die Anfechtungsklage entschieden worden ist, so spricht das Gericht auf Antrag durch Urteil aus, daß der Verwaltungsakt rechtswidrig gewesen ist, wenn der Kläger ein berechtigtes Interesse an dieser Feststellung hat.

Zusätzlich zu den verschiedenen Klagearten sieht § 47 Abs. 1 Nr. 2, Abs. 2 Satz 1 VwGO ein *verwaltungsgerichtliches Normenkontrollverfahren* vor. Danach kann der Landesgesetzgeber bestimmen, daß das Oberverwaltungsgericht (Verwaltungsgerichtshof) auf Antrag einer natürlichen oder juristischen Person über die Gültigkeit untergesetzlicher, von Regierung oder Verwaltungsorganen erlassener Rechtsnormen entscheidet. Von dieser Ermächtigung haben die Länder mit Ausnahme Berlins, Hamburgs und Nordrhein-Westfalens Gebrauch gemacht[20]. Im Schulbereich kann die Möglichkeit der

---

20 In Rheinland-Pfalz sind Rechtsvorschriften, die ein Verfassungsorgan i. S. des Art. 130 Abs. 1 rp Verf. erlassen hat, nicht angreifbar (§ 4 Satz 2 AGVwGO). In Sachsen-Anhalt

Normenkontrolle vor allem im Hinblick auf die Rechtmäßigkeit von Schulordnungen und Prüfungsordnungen von Bedeutung sein[21].

34.322 Bei Klagen gegen *Leistungsbewertungen* bereitet die Wahl der richtigen Klageart gelegentlich Schwierigkeiten[22]. Wer gegen rechtswidrige schulische Leistungsbewertungen (z. B. die Nichtversetzung oder das Nichtbestehen einer Prüfung) vorgehen will, kann entweder Anfechtungs- oder Verpflichtungsklage erheben. Führt die Anfechtungsklage zum Erfolg, hebt das Gericht die umstrittene Maßnahme und den Widerspruchsbescheid auf (§ 113 Abs. 1 Satz 1 VwGO) mit dem Ergebnis, daß die Schule erneut – ggf. nach Durchführung einer nochmaligen Leistungskontrolle – zu entscheiden hat. Die Anfechtungsklage erweist sich immer dann als die richtige Klageart, wenn das Verfahren der Leistungskontrolle mangelhaft war. Der Verpflichtungsklage eines Schülers, dem die beanspruchte Leistungsbewertung widerrechtlich versagt wurde, ist antragsgemäß stattzugeben, falls die Sache »spruchreif« ist (§ 113 Abs. 5 Satz 1 VwGO). Spruchreife bedeutet, daß alle tatsächlichen und rechtlichen Voraussetzungen für den Erlaß einer abschließenden Entscheidung erfüllt sind. Beispiel: Die Nichtversetzung beruht auf einer zu Unrecht als »ungenügend« benoteten Klassenarbeit, ohne deren Bewertung der Schüler vorrücken müßte. Weit häufiger wird es an der Spruchreife mangeln, weil das Gericht, das die Leistungsbewertung für rechtswidrig hält, mit Rücksicht auf den der Schule auch nach der neueren Rechtsprechung verbleibenden Bewertungsspielraum (TZ 27.121) keine endgültige Entscheidung treffen kann. In diesem Fall verurteilt es die Schule dazu, den Kläger unter Beachtung der Rechtsauffassung des Gerichts neu zu bescheiden (§ 113 Abs. 5 Satz 2 VwGO). Der Kläger kann den Klageantrag von vornherein auf ein solches *Bescheidungsurteil* richten. Das empfiehlt sich immer dann, wenn er das eigentlich angestrebte Ziel, z. B. das Bestehen der Prüfung, mangels Spruchreife nicht erreichen kann; auf diese Weise vermeidet er eine Teilabweisung der Klage und die damit verbundenen Kosten.

Anfechtungs- und Verpflichtungsklage können nur bei solchen Leistungsbewertungen erhoben werden, die die Eigenschaft eines Verwaltungsakts aufweisen. Sonstige Beurteilungen, z. B. die Benotung einer Klassenarbeit, Einzelnoten im Zeugnis, Zeugnisse ohne Berechtigungsfolgen, sind mit der allgemeinen Leistungsklage anzugreifen[23].

34.323 Wird die *Aufnahme des Schülers in eine weiterführende Schulart* (TZ 26.21) mangels Eignung abgelehnt, ist wie bei negativen Leistungsbewertungen Anfechtungs- oder Verpflichtungsklage zu erheben[24]. Wollen Eltern die

---

eröffnet § 10 AGVwGO die Normenkontrolle nur für Satzungen und andere von den Kommunen erlassene Rechtsvorschriften.
21 *Kopp/Schenke* (Anm. 17), § 47 Rn. 20.
22 Dazu *Niehues*: Prüfungsrecht, S. 208 ff. Rn. 381 ff.
23 Zur Frage, wann eine Einzelnote ausnahmsweise als Verwaltungsakt anzusehen ist, s. TZ 26.333.
24 Zu den Rechtsschutzfragen im Übertrittverfahren Hermann *Avenarius*/Bernd *Jeand'Heur*: Elternwille und staatliches Bestimmungsrecht bei der Wahl der Schullaufbahn. Die gesetzlichen Grundlagen und Grenzen der Ausgestaltung von Aufnahme- bzw. Übergangsverfahren für den Besuch weiterführender Schulen, Berlin 1992, S. 65 ff.

Zulassung des Kindes zu einer bestimmten Einzelschule (TZ 26.22) erstreiten, müssen sie Verpflichtungsklage (Bescheidungsklage) einlegen. Bei Entscheidungen, die die Erfüllung der *Schulpflicht* betreffen, hängt die Klageart von dem Ziel ab, das der Kläger verfolgt. Wendet er sich gegen einen belastenden Verwaltungsakt (z. B. Überweisung des Schülers in eine Sonderschule[25]), ist die Anfechtungsklage, will er einen begünstigenden Verwaltungsakt (z. B. vorzeitige Einschulung des Kindes) erreichen, ist die Verpflichtungsklage die richtige Klageart.

34.324 Die Aufhebung von *Ordnungsmaßnahmen* (TZ 30.2) als belastender Verwaltungsakte wird mit der Anfechtungsklage beantragt. Erziehungsmaßnahmen (TZ 30.1) – sie sind keine Verwaltungsakte – kann der Betroffene mit der allgemeinen Leistungsklage angreifen, sofern er durch diese Maßnahmen in seinen Rechten beeinträchtigt ist (z. B. dann, wenn der Lehrer einen Schüler durch fortgesetztes Hänseln und abfällige Bemerkungen »fertigmacht«, wenn er ihn durch Schreien massiv einschüchtert[26], wenn er die Schüler durch Hausaufgaben überfordert). In solchen Fällen kann auch die Feststellungsklage – ein besonderes Rechtsschutzinteresse (z. B. Wiederholungsgefahr) vorausgesetzt – statthaft sein.

34.325 Setzen sich Schüler oder Eltern vergebens gegen die *unzureichende Qualität und Quantität des Unterrichts* zur Wehr (z. B. fachliche oder pädagogische Unfähigkeit eines Lehrers, Nichtbeachtung der Lehrpläne, einseitige Stoffauswahl, ideologische Verzerrung der Lerninhalte; Nichterteilung von Sportunterricht, Unterrichtsausfall), können sie ihre Rechte mit der allgemeinen Leistungsklage, bei Vorliegen eines besonderen Rechtsschutzinteresses subsidiär auch mit der Feststellungsklage geltend machen[27].
Der Schulbuchverlag, der sich nicht damit abfinden will, daß das Kultusministerium die *Zulassung eines Schulbuchs* (TZ 4.114) versagt hat, kann mit der Verpflichtungsklage beantragen, daß die Behörde zur Erteilung der Genehmigung verurteilt wird[28].

34.326 Schulorganisationsakte, die als Verwaltungsakte ergehen (z. B. die Schließung einer Schule, vgl. im einzelnen TZ 24.338, 34.211), sind mit der Anfechtungsklage anzugreifen[29]. Innerschulische Organisationsmaßnahmen, wie z. B. die Unterbringung der Klasse in einem bestimmten Raum oder die Zusammenfassung von Parallelklassen zu einer einzigen Klasse, stellen im allgemeinen keine Verwaltungsakte dar. Sofern sie in individuelle Rechte ein-

---

25 Dazu OVG Münster, NVwZ-RR 1989, 303; VGH Mannheim, NVwZ-RR 1991, 479.
26 Zu einem solchen Fall OVG Münster, NVwZ-RR 1995, 666.
27 Einen Teilbereich der Problematik erörtert Frank *Hennecke*: Klage gegen bzw. auf bestimmte Unterrichtsinhalte, RdJB 1986, 272.
28 Die von der Lehrerkonferenz beschlossene Auswahl und Einführung eines vom Kultusministerium genehmigten Schulbuchs in der Schule ist gegenüber den betroffenen Schülern und Eltern ein Verwaltungsakt, der nach erfolglosem Widerspruch mit der Anfechtungsklage angegriffen werden kann. Vgl. BVerwG, SPE n. F. 702 Nr. 5, S. 5.
29 Vgl. Reinhart *Binder*: Die Schulschließung als Planungsentscheidung, Pfaffenweiler 1985, S. 196 ff.

greifen (z. B. unzumutbarer Unterricht in einem nicht beheizten Raum oder in einer übergroßen Klasse), können sich die betroffenen Schüler und Eltern aber mit der allgemeinen Leistungsklage zur Wehr setzen.

34.327 Der Träger einer *privaten Ersatzschule* kann die ihm von der Schulbehörde verweigerte Genehmigung oder Anerkennung im Wege der Verpflichtungsklage erstreiten.

34.33 Aufschiebende Wirkung der Anfechtungsklage

Die Anfechtungsklage hat wie der Widerspruch aufschiebende Wirkung (§ 80 Abs. 1 Satz 1 VwGO). Ordnet die Behörde gemäß § 80 Abs. 2 Nr. 4 VwGO die sofortige Vollziehung des Verwaltungsakts an, kann das Gericht auf Antrag des Klägers den Sofortvollzug aussetzen und den Suspensiveffekt wiederherstellen (§ 80 Abs. 5 VwGO). Dazu im einzelnen TZ 34.232.

34.34 Zulässigkeit der Klage (Sachentscheidungsvoraussetzungen)

Bevor sich das Gericht mit der Sache selbst, d. h. mit der Begründetheit der Klage, auseinandersetzt, prüft es, ob die gesetzlich vorgeschriebenen Sachentscheidungsvoraussetzungen erfüllt sind, die Klage also zulässig ist. Die wichtigsten Sachentscheidungsvoraussetzungen werden im folgenden kurz erläutert.

34.341 Das Gericht muß *sachlich und örtlich zuständig* sein. Für Schulprozesse ist in erster Instanz das Verwaltungsgericht sachlich zuständig (§ 45 VwGO). Anfechtungs- und Verpflichtungsklagen sind bei demjenigen Verwaltungsgericht zu erheben, in dessen Bezirk der Verwaltungsakt erlassen wurde oder zu erlassen wäre (§ 52 Nr. 3 VwGO); in den übrigen Fällen (allgemeine Leistungsklage und Feststellungsklage) ist das Verwaltungsgericht örtlich zuständig, in dessen Bezirk die beklagte Behörde ihren Sitz hat (§ 52 Nr. 5 VwGO).

34.342 Der Kläger muß *klagebefugt* sein. Klagen kann nur derjenige, der geltend macht, durch eine Maßnahme der Verwaltung in *seinen* Rechten verletzt zu sein. Zu den möglicherweise beeinträchtigten Rechten gehören häufig Grundrechte, so z. B. das Recht des Schülers auf freie Entfaltung der Persönlichkeit (TZ 24.21)[30], das Elternrecht (TZ 24.3), das Recht der Privatschulfreiheit (TZ 13.3).
Für Anfechtungs- und Verpflichtungsklagen ist das Erfordernis der Klagebefugnis ausdrücklich in § 42 Abs. 2 VwGO geregelt. Diese Zulässigkeitsvoraus-

---

30 Zu den prozessualen Problemen bei der Geltendmachung von Grundrechten durch Schüler vgl. Ursula *Fehnemann*: Die Innehabung und Wahrnehmung von Grundrechten im Kindesalter, Berlin 1983, S. 24 ff.; Monika *Roell*: Die Geltung der Grundrechte für Minderjährige, Berlin 1984, S. 56 ff.

setzung gilt für sämtliche Klagearten[31], also auch für die allgemeine Leistungsklage und die Feststellungsklage. Auf diese Weise soll verhindert werden, daß jemand das Gericht zur Korrektur rechtswidriger Maßnahmen der Schule oder Schulbehörde in Anspruch nimmt, ohne selbst in eigenen Rechten betroffen zu sein. Wird beispielsweise die in einer Gemeinde bestehende Grundschule aufgelöst, können nur die unmittelbar betroffenen Schüler und Eltern, nicht aber eine zum Zweck der Erhaltung der Schule gegründete Bürgerinitiative oder ein Elternverein gegen diese Entscheidung gerichtlich vorgehen[32].

Darüber hinaus ist für die Zulässigkeit der Klage erforderlich, daß für sie ein *allgemeines Rechtsschutzbedürfnis* besteht[33]. Dies ist zu verneinen, wenn sich das Klageziel auf einfachere Weise erreichen läßt. Ein Schüler, der trotz negativer Grundschulempfehlung den Zugang ins Gymnasium anstrebt, sich aber nicht der für diesen Fall vorgesehenen Aufnahmeprüfung unterzieht, versäumt die nächstliegende Möglichkeit, seine Eignung für das Gymnasium ohne Inanspruchnahme des Gerichts nachzuweisen; die gegen den Ablehnungsbescheid gerichtete Klage ist daher nicht statthaft[34]. Am Rechtsschutzbedürfnis fehlt es auch dann, wenn die Klage von vornherein keine Aussicht auf Erfolg hat (z.B. weil sich der belastende Verwaltungsakt erledigt hat[35]) oder wenn die Klage mißbräuchlich ist (etwa bei einer offensichtlich querulatorischen Klage).

Die *Antragsbefugnis für die Einleitung eines Normenkontrollverfahrens* (TZ 34.321) setzt voraus, daß der Antragsteller geltend macht, durch die Rechtsvorschrift, deren Gültigkeit er überprüfen lassen will, oder durch deren Anwendung in seinen Rechten verletzt zu sein oder in absehbarer Zeit verletzt zu werden (§ 47 Abs. 2 Satz 1 VwGO).

---

31 BVerwGE 100, 262 (271). Demgegenüber hält *Hufen* (Anm. 3), S. 358 f., die Prüfung der Klagebefugnis bei der Feststellungsklage für entbehrlich.
32 Auf dem Gebiet der Verfassungsgerichtsbarkeit gibt es in Bayern eine – auch schulrechtlich bedeutsame – Ausnahme vom Grundsatz des Verbots der sog. Popularklage. Nach Art. 98 Satz 4 bay. Verf. i. V. m. Art. 55 des Gesetzes über den Verfassungsgerichtshof kann jedermann die Verfassungswidrigkeit eines Gesetzes oder einer Verordnung wegen unzulässiger Einschränkung eines Grundrechts durch Beschwerde beim Verfassungsgerichtshof geltend machen. Popularklagen gaben dem BayVerfGH mehrfach Gelegenheit, in wichtigen schulrechtlichen Streitigkeiten Markierungspunkte zu setzen: z. B. BayVerfGH, DÖV 1982, 691 m. Anm. von Frank *Hennecke* (Meinungsfreiheit in der Schule, Gesetzesvorbehalt für Ordnungsmaßnahmen); NJW 1983, 560 (Rauchen in der Schule); RdJB 1983, 3 (Schulgeldersatz beim Besuch privater Schulen); NJW 1988, 3141 (Ehrfurcht vor Gott als verfassungsrechtlich verankertes oberstes Bildungsziel); SPE n. F. 670 Nr. 36 (Umfang der Erstattung von Schülerbeförderungskosten); NVwZ 1997, 3157 (Anbringen von Kreuzen in den Klassenräumen der Volksschulen).
33 Dazu im einzelnen *Hufen* (Anm. 3), S. 431 ff.
34 Vgl. VGH Mannheim, NVwZ 1990, 246 (247).
35 Hat sich der belastende Verwaltungsakt noch nicht vollständig erledigt, so ist der Betroffene weiterhin beschwert; es besteht daher ein Rechtsschutzbedürfnis. Nach BVerwG, DÖV 1991, 935, tritt der Wegfall der Beschwer aus einem negativen Erstprüfungsbescheid nicht allein durch eine bestandene Wiederholungsprüfung ein. Zumindest bei der Reifeprüfung könnten noch negative Folgen des Erstbescheids fortwirken, so daß die Klage nicht automatisch erledigt sei.

34.343 Wer am Verwaltungsprozeß beteiligt ist – das sind vor allem der Kläger und der Beklagte (§ 63 VwGO) –, muß die *Beteiligungsfähigkeit* besitzen. Als *Kläger* kommen zunächst und insbesondere Schüler und Eltern in Betracht. Sie sind als natürliche Personen gemäß § 61 Nr. 1 VwGO beteiligungsfähig. *Eltern* müssen gemeinsam klagen, weil das Erziehungsrecht nur von beiden Elternteilen einvernehmlich wahrgenommen werden kann. Für juristische Personen (z. B. Gemeinden, Privatschulen) ergibt sich die Beteiligungsfähigkeit ebenfalls aus § 61 Nr. 1 VwGO. Sofern eine *Gemeinde als Schulträger* gegen Eingriffe der Schulbehörde in ihr kommunales Selbstverwaltungsrecht vorgehen will, kann nicht der Bürgermeister, es muß die Gemeinde selbst klagen. Wendet sich eine *private Ersatzschule* gegen die Versagung ihrer Genehmigung oder Anerkennung, ist die Klage vom Schulträger (in der Regel einem eingetragenen Verein) zu erheben.
Beklagter ist nicht die Behörde, die den Verwaltungsakt erlassen oder unterlassen hat, sondern nach §§ 61 Nr. 1, 78 Abs. 1 Nr. 1 VwGO die öffentlich-rechtliche Körperschaft, für die die Behörde tätig geworden ist[36]. Die Klage ist also nicht gegen die Schule oder die Schulbehörde, sondern gegen das Land, nicht gegen den Oberbürgermeister, sondern gegen die Stadt zu richten; doch genügt zur Bezeichnung des Beklagten die Angabe der Behörde (§ 78 Abs. 1 Nr. 1, Halbsatz 2 VwGO). Im übrigen kann das Landesrecht auch Behörden Beteiligungsfähigkeit zuerkennen (§§ 61 Nr. 3, 78 Abs. 1 Nr. 2 VwGO). Von dieser Ermächtigung haben Brandenburg, Mecklenburg-Vorpommern, Nordrhein-Westfalen und das Saarland hinsichtlich sämtlicher Behörden, Niedersachsen, Sachsen-Anhalt und Schleswig-Holstein nur bezüglich der unmittelbaren Landesbehörden Gebrauch gemacht.
Schulgremien sind nach § 61 Nr. 2 VwGO beteiligungsfähig, wenn ihnen eigene Rechte zustehen[37]. So kann etwa die Schulkonferenz Klage erheben, um ihre gesetzlich vorgeschriebene Mitwirkung bei der Bestellung des Schulleiters durchzusetzen[38]. Mitglieder von Schulgremien, die in ihrem Recht auf Teilnahme an den Gremiensitzungen verletzt worden sind (z. B. dadurch, daß sie nicht ordnungsgemäß geladen wurden), können gegen das Gremium – vertreten durch den Vorsitzenden – auf Feststellung der Rechtwidrigkeit dieses Vorgehens klagen.

34.344 Der am Verfahren Beteiligte muß nicht nur beteiligungsfähig, er muß auch *prozeßfähig* sein. Nur dann ist er zur Vornahme von Verfahrenshandlungen imstande (vgl. § 62 VwGO). Prozeßfähig sind alle natürlichen Personen, die nach bürgerlichem Recht geschäftsfähig sind (§ 104 BGB). Der volljährige Schüler kann folglich selbst Klage erheben, die Klage zurücknehmen, für er-

---

36 Die von der kommunalen Aufsichtsbehörde im Wege der Ersatzvornahme durchgesetzte Auflösung einer Schule ist gegenüber den betroffenen Schülern und Eltern ein von der Aufsichtsbehörde, nicht vom kommunalen Schulträger erlassener Verwaltungsakt, mag die Behörde auch im Rechtskreis der Kommune tätig geworden sein (OVG Münster, DVBl. 1989, 1272 [1273]).
37 Allgemein zur »Klagebefugnis von Schulgremien im Schulverfassungsstreit« Jürgen *Staupe*, RdJB 1978, 188.
38 Zur Beteiligungsfähigkeit der Schulkonferenz OVG Berlin, NVwZ-RR 1990, 21.

ledigt erklären usw. Der minderjährige – mangels Geschäftsfähigkeit nicht prozeßfähige – Schüler wird durch die Eltern vertreten (§ 1629 BGB). Für juristische Personen, z. B. eine Gemeinde oder einen Privatschulträger, wird das zuständige Organ (Bürgermeister, Vorsitzender) als gesetzlicher Vertreter tätig. Vor dem Verwaltungsgericht kann der prozeßfähige Kläger seine Sache selbst verhandeln; doch bleibt es ihm unbenommen, sich durch einen Rechtsanwalt als Bevollmächtigten vertreten zu lassen (§ 67 Abs. 2 Satz 1 VwGO). Vor dem Bundesverwaltungsgericht und dem Oberverwaltungsgericht besteht Anwaltszwang (§ 67 Abs. 1 Satz 1 VwGO).

34.345 Die Klage ist *schriftlich oder zur Niederschrift* des Urkundsbeamten der Geschäftsstelle des Verwaltungsgerichts zu erheben (§ 81 Abs. 1 VwGO). Sie *muß* den Kläger, den Beklagten und den Streitgegenstand (z. B. den aufzuhebenden oder zu erlassenden Verwaltungsakt) bezeichnen (§ 82 Abs. 1 Satz 1 VwGO). Wird sie schriftlich erhoben, ist sie zu unterzeichnen; wenn Eltern – sei es in Vertretung ihres Kindes, sei es in eigenem Namen – klagen, müssen beide Elternteile unterschreiben. Die Klage *soll* einen bestimmten Antrag (z. B. auf Aufhebung des Verwaltungsakts) enthalten, die zur Begründung dienenden Tatsachen und Beweismittel angeben und durch Beifügung des ursprünglichen Verwaltungsakts und des etwaigen Widerspruchsbescheids ergänzt werden (§ 82 Abs. 1 Satz 2 und 3 VwGO).

34.346 Der Anfechtungsklage sowie der Versagungsgegenklage muß in der Regel ein *Widerspruchsverfahren (Vorverfahren)* vorausgegangen sein (§ 68 Abs. 1 und 2 VwGO). Dazu ausführlich TZ 34.2.

34.347 Anfechtungsklage und Versagungsgegenklage müssen innerhalb einer bestimmten *Klagefrist* erhoben werden. Die Frist beträgt einen Monat (§ 74 Abs. 1 und 2 VwGO). Sie beginnt mit der Zustellung des Widerspruchsbescheids oder, wenn es keines Widerspruchsverfahrens bedurfte, mit der Bekanntgabe des Verwaltungsakts. Enthält der Widerspruchsbescheid oder der ursprüngliche Verwaltungsakt keine oder keine ordnungsgemäße Rechtsbehelfsbelehrung, wird die Frist nicht in Lauf gesetzt (§ 58 Abs. 1 VwGO). In diesem Fall muß die Klage innerhalb eines Jahres seit Zustellung bzw. Bekanntgabe eingereicht werden (§ 58 Abs. 2 VwGO). Sofern die Behörde über einen Widerspruch oder über einen Antrag auf Erlaß eines Verwaltungsakts ohne zureichenden Grund in angemessener Frist nicht sachlich entschieden hat, kann der Betroffene Untätigkeitsklage erheben, die allerdings in der Regel erst drei Monate seit der Einlegung des Widerspruchs oder seit Antragstellung zulässig ist (§ 75 VwGO).
Die Frist für den Normenkontrollantrag beträgt zwei Jahre vom Zeitpunkt der Bekanntmachung der zu überprüfenden Rechtsvorschrift an (§ 47 Abs. 2 Satz 1 VwGO).

34.35 Begründetheit der Klage, Umfang der gerichtlichen Kontrolle

Erst wenn die Sachentscheidungsvoraussetzungen nach der Überzeugung des Gerichts erfüllt sind, befaßt es sich mit der Frage, ob der Kläger in der Sache selbst recht hat. Die Klage ist begründet, wenn die behauptete Rechtsverletzung tatsächlich stattgefunden hat oder der geltend gemachte Anspruch tatsächlich besteht (s. zur Anfechtungs- und Verpflichtungsklage § 113 Abs. 1, Abs. 5 VwGO). Der gerichtlichen Kontrolle des Verwaltungshandelns sind aber gerade im Schulrecht Grenzen gezogen. Aufgabe des Richters ist es nicht, über die pädagogische Zweckmäßigkeit schulischer Maßnahmen zu entscheiden. Er hat allein darüber zu befinden, ob sich die Schule im Streitfall rechtmäßig verhalten hat oder nicht. Vor allem dort, wo es um Leistungsbeurteilungen geht, muß der Richter den Bewertungsspielraum der Schule respektieren. Insoweit ist das Ausmaß der gerichtlichen Kontrolle beschränkt. Das gilt nach der neueren Rechtsprechung des Bundesverfassungsgerichts aber nur für die Bewertung als solche; hingegen ist die Frage, ob der Schüler die ihm gestellte Aufgabe richtig oder zumindest in vertretbarer Weise gelöst hat, der Überprüfung durch den Richter zugänglich (dazu im einzelnen TZ 27.121).

34.36 Vorläufiger Rechtsschutz[39]

Die Wirksamkeit des verwaltungsgerichtlichen Rechtsschutzes hängt nicht nur davon ab, daß der von einer schulischen Maßnahme Betroffene seine Rechte mit der Klage durchsetzen kann. Ehe das Hauptsacheverfahren, möglicherweise nach Durchlaufen aller drei Instanzen, zum rechtskräftigen Abschluß gelangt ist, vergehen oft mehrere Jahre. Die gerichtliche Entscheidung – das gilt besonders in Schulsachen – kommt dann meist zu spät. Der Schüler ist möglicherweise längst von der Schule abgegangen, so daß sich der Rechtsstreit durch Zeitlauf gewissermaßen von selbst erledigt hat. Um so wichtiger ist die Frage, ob der Kläger mit Hilfe des Gerichts vorläufige Maßnahmen erreichen kann, die Schule und Schulbehörde daran hindern, ihn während des schwebenden Verfahrens in der Hauptsache vor vollendete Tatsachen zu stellen.

34.361 Soweit der Betroffene gegen einen belastenden Verwaltungsakt mit Widerspruch und Anfechtungsklage vorgeht, kommt ihm die *aufschiebende Wirkung* dieser Rechtsbehelfe zugute. Die Behörde hat zwar die Möglichkeit, den sofortigen Vollzug des Verwaltungsakts anzuordnen. Doch kann das Gericht auf Antrag des Betroffenen den Suspensiveffekt wiederherstellen. Dazu im einzelnen TZ 34.23, 34.33.

34.362 Strebt der Kläger die Vornahme eines Verwaltungsakts (durch Verpflichtungsklage), ein sonstiges Tun, Dulden oder Unterlassen der Schulverwaltung (durch allgemeine Leistungsklage) oder die Feststellung eines

---

39 *Hufen* (Anm. 3), S. 531 ff.; Klaus *Finkelnburg*/Klaus Peter *Jank*: Vorläufiger Rechtsschutz im Verwaltungsstreitverfahren. 4. Aufl., München 1998, S. 546 ff. Rn. 1185 ff.; Wolfgang *Kuhla*: Vorläufiger Rechtsschutz in typischen Fallkonstellationen des besonderen Verwaltungsrechts, in: ders./Jost Hüttenbrink: Der Verwaltungsprozeß. 2. Aufl., München 1998, S. 472 (572 ff.).

Rechtsverhältnisses (durch Feststellungsklage) an, kann ihm das Gericht auf Antrag vorläufigen Rechtsschutz im Wege der *einstweiligen Anordnung* gewähren (§ 123 VwGO). Gegenüber belastenden Verwaltungsakten, die mit der Anfechtungsklage angegriffen werden, ist der Erlaß einer einstweiligen Anordnung ausgeschlossen; hier wird vorläufiger Rechtsschutz nach § 80 Abs. 5 VwGO eingeräumt (dazu TZ 34.361).

Einem Schüler, der nicht versetzt wurde, ist mit der Wiederherstellung der aufschiebenden Wirkung des Widerspruchs oder der Klage gemäß § 80 Abs. 5 VwGO nicht geholfen. Damit würde er nur erreichen, daß der Nichtversetzungsbeschluß suspendiert wird. Das allein berechtigte ihn jedoch nicht, am Unterricht der nächsthöheren Klasse teilzunehmen. Diesen – auf ein positives Handeln der Schule gerichteten – Anspruch kann er nur im Verfahren nach § 123 VwGO geltend machen[40]. Ebensowenig nützt es dem Schüler, dessen Antrag auf Aufnahme in eine Schule abgelehnt wurde, wenn der Sofortvollzug des Ablehnungsbescheids ausgesetzt wird; er will erreichen, daß er bis zur Entscheidung in der Hauptsache vorläufig zur gewünschten Schule zugelassen wird. Dafür kommt wiederum nur das Verfahren nach § 123 VwGO in Betracht[41]. Gleiches gilt für einen Prüfling, dessen Prüfung vor Bewertung der Prüfungsleistungen wegen eines Täuschungsversuchs für nicht bestanden erklärt worden ist. Auch hier führt die Wiederherstellung des Suspensiveffekts von Widerspruch oder Klage nicht weiter. Vorläufiger Rechtsschutz kann vielmehr nur mittels einer auf die Fortsetzung der Prüfung gerichteten einstweiligen Anordnung gewährt werden[42].

Durch die einstweilige Anordnung wird entweder die Aufrechterhaltung eines Zustands verfügt, wenn die Gefahr besteht, daß durch dessen Änderung die Verwirklichung eines Rechts des Antragstellers vereitelt oder erschwert wird (Sicherungsanordnung, § 123 Abs. 1 Satz 1 VwGO), oder es wird ein vorläufiger Zustand einstweilen geregelt, wenn dies nötig erscheint, um drohende Gefahr oder wesentliche Nachteile zu verhindern (Regelungsanordnung, § 123 Abs. 1 Satz 2 VwGO). Der Antrag auf Erlaß einer einstweiligen Anordnung kann schon vor Klageerhebung gestellt werden. Zuständig ist das Gericht der Hauptsache (§ 123 Abs. 2 VwGO). Die den Antrag begründenden Tatsachen müssen glaubhaft gemacht werden, brauchen also nicht bewiesen zu werden (§ 123 Abs. 3 VwGO i. V. m. § 920 ZPO). Bei seiner Entscheidung hat das Gericht wie im Fall des § 80 Abs. 5 VwGO abzuwägen, was schwerer

---

40 Zur einstweiligen Anordnung gegen die Nichtversetzung VGH Mannheim, DVBl. 1985, 1071; OVG Münster, SPE II C IX S. 51; OVG Berlin, SPE II C IV S. 1; VGH Kassel, NVwZ-RR 1989, 547, und NVwZ-RR 1993, 386 (387); VG Frankfurt am Main, NVwZ-RR 1990, 248; VG Berlin, SchuR 1998, 58.

41 VGH Mannheim, SPE n. F. 210 Nr. 5 (Aufnahme in das Gymnasium); OVG Hamburg, SPE n. F. 133 Nr. 5 (Aufnahme in die Integrationsklasse einer Gesamtschule). Vgl. auch HessStGH, SPE n. F. 860 Nr. 26. Zu den Besonderheiten des vorläufigen Rechtsschutzes, wenn die Aufnahme des Schülers in die weiterführende Schule streitig ist, s. *Avenarius/Jeand'Heur* (Anm. 24), S. 75 ff.

42 OVG Münster, DÖV 1985, 493. Vorläufiger Rechtsschutz gegen eine Schulentlassung nach mehrfacher Nichtversetzung wird indes gem. § 80 Abs. 5 VwGO eingeräumt: VGH Mannheim, DVBl. 1985, 1071; a. A. jedoch (nur über § 123 VwGO): VGH München, NVwZ 1986, 398.

wiegt: die Nachteile, die entstehen, wenn keine einstweilige Anordnung ergeht, der Kläger aber später im Hauptsacheverfahren obsiegt, gegen die Folgen, die eintreten, wenn der Kläger nach Erlaß der beantragten einstweiligen Anordnung schließlich doch unterliegt. Nicht zuletzt ist auf die Erfolgsaussichten der Klage abzustellen. Je mehr die vom Gericht getroffene Regelung dem Urteil in der Hauptsache vorgreift, um so gründlicher muß es die Sach- und Rechtslage prüfen. Allerdings ist eine Vorwegnahme der endgültigen Entscheidung nur ausnahmsweise zulässig: wenn allein auf diese Weise effektiver Rechtsschutz gewährt werden kann. Deshalb darf z. B. dem nichtversetzten Schüler, auch wenn er voraussichtlich mit seiner Klage Erfolg haben wird, nur die gastweise Teilnahme am Unterricht der nächsthöheren Klasse gestattet werden[43].

34.37 Verfahrensgrundsätze

Im Verwaltungsprozeß gilt die sog. *Dispositionsmaxime (Verfügungsgrundsatz)*. Das bedeutet, daß die Beteiligten Inhalt und Ablauf des Verfahrens bestimmen. Das Gericht wird nur auf Antrag eines Beteiligten tätig, es darf über das Klagebegehren nicht hinausgehen (§ 88 VwGO). Den Sachverhalt hingegen erforscht das Gericht von Amts wegen (*Untersuchungsgrundsatz*). Es ist an das Vorbringen und die Beweisanträge der Beteiligten nicht gebunden (§ 86 Abs. 1 VwGO). Daher kann und muß es seine Ermittlungen auch auf Tatsachen erstrecken, die von den Beteiligten nicht vorgebracht, und Beweise erheben, die von den Beteiligten nicht beantragt wurden. Andererseits hat der Vorsitzende darauf hinzuwirken, daß Formfehler beseitigt, sachdienliche Anträge gestellt, die für die Feststellung und Beurteilung des Sachverhalts wesentlichen Erklärungen abgegeben werden (§ 86 Abs. 3 VwGO), daß die Beteiligten ihre Anträge begründen (§ 103 Abs. 3 VwGO); er muß die Streitsache mit den Beteiligten tatsächlich und rechtlich erörtern (§ 104 Abs. 1 VwGO). Das Urteil darf nur auf solche Tatsachen und Beweisergebnisse gestützt werden, zu denen die Beteiligten sich äußern konnten (§ 108 Abs. 2 VwGO).

34.38 Gerichtliche Entscheidung, Rechtsmittel, Rechtskraft

34.381 Das Gericht entscheidet durch Urteil, Beschluß oder Gerichtsbescheid.
Das *Urteil* hat den mit der Klage gestellten Antrag zum Gegenstand. Sofern die Klage unzulässig oder unbegründet ist, wird sie abgewiesen. Bei einer erfolgreichen Anfechtungsklage hebt das Gericht den rechtswidrigen Verwaltungsakt und den ihn bestätigenden Widerspruchsbescheid auf, allerdings

---

43 OVG Münster, SPE II C IX S. 51; OVG Berlin, SPE II C IV S. 1.

nur insoweit, als der Kläger davon betroffen ist[44]. Ist eine Verpflichtungsklage, eine allgemeine Leistungsklage oder eine Feststellungsklage begründet, wird der Beklagte antragsgemäß verurteilt; soweit allerdings bei einer Verpflichtungs- oder allgemeinen Leistungsklage die Sache noch nicht spruchreif ist, ergeht nur ein Bescheidungsurteil (vgl. TZ 34.322).

Beschlüsse sind entweder Anordnungen während des laufenden Verfahrens (z. B. Beweisbeschluß) oder ergehen als Entscheidungen über den Antrag auf Wiederherstellung der aufschiebenden Wirkung von Widerspruch und Anfechtungsklage (§ 80 Abs. 5 VwGO) sowie über den Antrag auf Erlaß einer einstweiligen Anordnung (§ 123 VwGO).

Das Gericht kann im erstinstanzlichen Verfahren durch *Gerichtsbescheid* entscheiden, wenn die Sache keine besonderen Schwierigkeiten tatsächlicher oder rechtlicher Art aufweist und der Sachverhalt geklärt ist. Der Gerichtsbescheid hat die Wirkung eines Urteils, ergeht aber im Unterschied zu diesem ohne mündliche Verhandlung (§§ 84, 125 Abs. 1 Satz 2 VwGO).

34.382 Gerichtliche Entscheidungen können durch *Rechtsmittel* angefochten werden. Diese haben zur Folge, daß der Fall der nächsthöheren Instanz zur Überprüfung unterbreitet (Devolutiveffekt) und daß der Eintritt der Rechtskraft gehemmt wird (Suspensiveffekt). Urteile und Gerichtsbescheide des Verwaltungsgerichts können mit der *Berufung* angefochten werden, wenn sie vom Oberverwaltungsgericht zugelassen wird (§§ 124, 84 Abs. 2 Nr. 1 VwGO)[45]. Die Zulassung ist binnen eines Monats nach Zustellung des Urteils zu beantragen (§ 124 Abs. 1 VwGO). Über den Antrag entscheidet das Oberverwaltungsgericht (§ 124a Abs. 2 VwGO). Wird die Berufung zugelassen, muß sie innerhalb eines Monats nach Zustellung des Beschlusses begründet werden (§ 124a Abs. 3 VwGO). Das Berufungsgericht überprüft die erstinstanzliche Entscheidung in rechtlicher und tatsächlicher Hinsicht. Gegen das (Berufungs-)Urteil des Oberverwaltungsgerichts und gegen dessen Beschlüsse im Normenkontrollverfahren steht den Beteiligten die *Revision* an das Bundesverwaltungsgericht zu, wenn sie durch das Oberverwaltungsgericht oder auf Beschwerde gegen die Nichtzulassung durch das Bundesverwaltungsgericht zugelassen wird (§ 132 VwGO). Die Revision eröffnet keine neue Tatsacheninstanz, sondern dient ausschließlich der Überprüfung der angefochtenen Entscheidung in rechtlicher Hinsicht. Beschlüsse des Verwaltungsgerichts können mit der *Beschwerde* an das Oberverwaltungsgericht angefochten werden (§ 146 VwGO).

---

44 Vgl. BVerwG, DVBl. 1979, 354: Eine erfolgreiche Anfechtungsklage gegen eine Schulorganisationsmaßnahme (z. B. Schließung der Schule) führt nicht notwendig dazu, daß diese vollständig rückgängig zu machen ist. Der angefochtene Verwaltungsakt kann nur insoweit aufgehoben werden, als der Schüler davon betroffen ist. Das bedeutet, daß ihm der Schulbesuch zu ermöglichen ist wie bisher. Dies läßt sich allerdings häufig nur durch Aufrechterhaltung der bisherigen Schulorganisation erreichen.

45 Bei einem Gerichtsbescheid gibt es neben dem Antrag auf Zulassung der Berufung den außerordentlichen Rechtsbehelf des Antrags auf mündliche Verhandlung. Wird von beiden Rechtsbehelfen Gebrauch gemacht, findet in jedem Fall mündliche Verhandlung statt (§ 84 Abs. 2 Nr. 1 VwGO). Mündliche Verhandlung kann auch beantragt werden, wenn ein Rechtsmittel nicht gegeben ist (§ 84 Abs. 2 Nr. 4 VwGO).

34.383 Eine Entscheidung, die nicht (mehr) mit einem Rechtsmittel angefochten werden kann (z. B. weil die Rechtsmittelfrist versäumt worden ist), wird *rechtskräftig*. Sie ist fortan für die Beteiligten bindend (vgl. § 121 VwGO).

34.4 Rechtsschutz vor dem Zivilgericht[46]

34.41 Zulässigkeit des Rechtswegs

Bürgerlich-rechtliche (privatrechtliche) Streitigkeiten werden vor dem Zivilgericht ausgetragen (§ 13 GVG). Für Auseinandersetzungen zwischen einer Privatschule und ihren Schülern oder Eltern ist daher grundsätzlich der ordentliche Rechtsweg gegeben (TZ 34.43). Wenn der Schüler einer öffentlichen Schule Schadensersatz wegen Amtspflichtverletzung verlangt, muß er aufgrund der besonderen Rechtswegzuweisung in Art. 34 Satz 3 GG, § 40 Abs. 2 VwGO vor dem Zivilgericht klagen (TZ 34.44). Für Schadensersatzansprüche der Schule gegen Schüler oder Eltern aus unerlaubter Handlung ist ebenfalls das Zivilgericht zuständig; das gleiche gilt für Rechtsstreitigkeiten zwischen Schülern und Eltern untereinander (TZ 34.45).

34.42 Verfahren

34.421 Die Klage kann auf die Verurteilung des Beklagten zu einem Tun, Dulden oder Unterlassen gerichtet sein (*Leistungsklage*) oder die Feststellung des Bestehens oder Nichtbestehens eines Rechtsverhältnisses bezwecken; die *Feststellungsklage* ist nur zulässig, wenn der Kläger ein rechtliches Interesse an der baldigen gerichtlichen Entscheidung hat (§ 256 Abs. 1 ZPO).

34.422 Hinsichtlich der *Sachentscheidungsvoraussetzungen* sind folgende Besonderheiten hervorzuheben. Sachlich *zuständig* ist für vermögensrechtliche Streitigkeiten bis 10.000 DM das Amtsgericht, sonst das Landgericht (§§ 23 Nr. 1, 71 Abs. 1 GVG). Amtshaftungsklagen können nur beim Landgericht erhoben werden (§ 71 Abs. 2 Nr. 2 GVG); gleiches gilt in Brandenburg, Mecklenburg-Vorpommern und Thüringen für Staatshaftungsklagen (§ 6a StHG DDR, vgl. TZ 33.221). Örtlich zuständig ist in der Regel das Gericht, in dessen Bezirk der Beklagte seinen Sitz oder Wohnsitz hat (§§ 12 ff. ZPO). Die Klage wird durch *Zustellung einer* beim Gericht einzureichenden *Klageschrift*

---

[46] *Lehrbücher*: Peter *Arens*/Wolfgang *Lüke*: Zivilprozeßrecht. 7. Aufl., München 1998; Fritz *Bauer*/Wolfgang *Grunsky*: Zivilprozeßrecht. 9. Aufl., Neuwied 1997; Leo *Rosenberg*/Karl Heinz *Schwab*/Peter *Gottwald*: Zivilprozeßrecht. 15. Aufl., München 1993; Othmar *Jauernig*: Zivilprozeßrecht. 25. Aufl., München 1998; Walter *Zeiss*: Zivilprozeßrecht. 9. Aufl., Tübingen 1997. *Kommentare*: Adolf *Baumbach*/Wolfgang *Lauterbach*/Jan *Albers*/Peter *Hartmann*: Zivilprozeßordnung. 57. Aufl., München 1999; Heinz *Thomas*/Hans *Putzo*: Zivilprozeßordnung. 21. Aufl., München 1998.

erhoben[47]; die Zustellung geschieht von Amts wegen (§§ 253, 270, 271 ZPO). Kläger und Beklagter müssen *partei- und prozeßfähig* sein (§§ 50 ff. ZPO); die Parteifähigkeit entspricht der Beteiligungsfähigkeit im verwaltungsgerichtlichen Verfahren. Vor dem Landgericht und vor allen Gerichten des höheren Rechtszugs besteht Anwaltszwang (§ 78 Abs. 1 ZPO).

34.423 Wie im Verwaltungsprozeß gilt auch im Zivilprozeß die *Dispositionsmaxime.* Anders als dort wird das Verfahren jedoch nicht vom Untersuchungsgrundsatz, sondern vom *Verhandlungsgrundsatz* beherrscht. Das Gericht erforscht also die Wahrheit nicht von Amts wegen; vielmehr bestimmen die Parteien selbst, welchen Sachverhalt sie dem Gericht zur Entscheidung unterbreiten. Zur Vermeidung prozessualer Nachteile sind die Parteien gehalten, möglichst frühzeitig und umfassend den Streitstoff vorzutragen (vgl. z. B. §§ 282, 295, 296 ZPO).

34.424 Auch der Zivilprozeß kennt einen *vorläufigen Rechtsschutz.* Zur Sicherung eines gefährdeten Anspruchs kann das Gericht auf Antrag einen *Arrest* (bei Geldforderungen) oder eine *einstweilige Verfügung* (bei sonstigen Ansprüchen) anordnen (§§ 916 ff., 935 ff. ZPO). Geldforderungen können in einem vereinfachten gerichtlichen Verfahren, dem *Mahnverfahren,* durch Antrag auf Erlaß eines Mahnbescheids durchgesetzt werden (§§ 688 ff. ZPO).

34.425 Gegen erstinstanzliche Urteile des Amtsgerichts und des Landgerichts ist die *Berufung* an das jeweils nächsthöhere Gericht zulässig, sofern der Wert des Beschwerdegegenstands, also der Differenz zwischen ursprünglichem Antrag und erstinstanzlichem Urteil, 1.500 DM übersteigt (§§ 511, 511 a Abs. 1 ZPO, §§ 72, 119 Abs. 1 Nr. 3 GVG). *Revision* gegen Berufungsurteile des Oberlandesgerichts ist beim Bundesgerichtshof einzulegen; falls der Beschwerdegegenstand den Betrag von 60.000 DM nicht überschreitet, findet dieses Rechtsmittel nur bei Zulassung durch das Oberlandesgericht statt (§§ 545 Abs. 1, 546 ZPO, § 133 Nr. 1 GVG).

34.43 Rechtsschutz im Privatschulverhältnis

34.431 Die wechselseitigen Rechte und Pflichten zwischen Privatschule einerseits, Schülern und Eltern andererseits beruhen auf dem privatrechtlichen Schulvertrag, gehören also dem bürgerlichen Recht an (TZ 13.332). Für Streitigkeiten zwischen den Vertragsparteien ist daher *grundsätzlich das ordentliche Gericht* (Amtsgericht oder Landgericht) *zuständig.* Dort können Schüler und Eltern gegen die Privatschule klagen, falls sie etwa mit einer Ordnungsmaßnahme oder mit der Kündigung des Schulvertrags nicht einverstanden sind[48]. Die Klage ist gegen den Schulträger zu richten; soweit es sich dabei

---

47 Anders im Verwaltungsprozeß. Dort gehört die Zustellung der Klageschrift nicht zur Klageerhebung.
48 S. etwa OVG Münster, NJW 1998, 1579: Für Streitigkeiten, die sich aus der Entlassung eines Schülers von einer privaten Ersatzschule ergeben, ist der Rechtsweg zu den ordentlichen Gerichten und nicht der Verwaltungsrechtsweg gegeben.

um eine juristische Person – zumeist einen eingetragenen Verein – handelt, wird er durch den Vorstand vertreten (§ 26 Abs. 2 BGB). Umgekehrt kann der Privatschulträger vor dem Zivilgericht gegen Schüler (Eltern) vorgehen, um beispielsweise seinen Anspruch auf Zahlung des Schulgelds oder auf Ersatz für einen vom Schüler verursachten Schaden durchzusetzen.

34.432 Besonderheiten ergeben sich bei *anerkannten Ersatzschulen* (TZ 13.55). Zwar ist auch hier das Schulverhältnis privatrechtlich ausgestaltet. Doch wird es durch die Anwendung öffentlich-rechtlicher Vorschriften teilweise überlagert. *Wenn die anerkannte Ersatzschule über die Aufnahme, Versetzung und Prüfung von Schülern befindet, wird sie hoheitlich tätig*[49]. Diese Entscheidungen sind Verwaltungsakte. Das Rechtsverhältnis zwischen Schule und Schülern hat insoweit öffentlich-rechtlichen Charakter. Kommt es dabei zu einem Konflikt (z. B. wegen der Nichtversetzung des Schülers), handelt es sich um eine öffentlich-rechtliche Streitigkeit nichtverfassungsrechtlicher Art, für die nach § 40 Abs. 1 Satz 1 VwGO der *Verwaltungsrechtsweg* gegeben ist. Der Schüler kann daher Widerspruch und Anfechtungsklage erheben. Hoheitlich handelt der Privatschulträger auch dann, wenn er im Rahmen der ihm gesetzlich zugewiesenen Aufgaben über finanzielle Hilfen für Schüler, z. B. über Lernmittelfreiheit und Fahrtkostenerstattung, entscheidet. Gegen die Ablehnung eines Antrags auf Gewährung einer Leistung kann der Schüler nach erfolglosem Vorverfahren mit der Verpflichtungsklage vorgehen. Wegen der Einzelheiten des verwaltungsgerichtlichen Rechtsschutzes wird auf die Ausführungen unter TZ 34.2 und 34.3 verwiesen.

34.44 Amtshaftungsprozesse[50]

Schüler können Schadensersatzansprüche aus Amtspflichtverletzung nach § 839 BGB i. V. m. Art. 34 GG nur wegen Sachschäden geltend machen (vgl. im einzelnen TZ 33.221 bis 33.225); für Körperschaden, die bei einem Schulunfall entstanden sind, kommt ausschließlich die gesetzliche Schülerunfallversicherung auf (TZ 33.216). Die Amtshaftungsklage ist gegen den Dienstherrrn des für den Schaden verantwortlichen Bediensteten zu richten: bei Lehrern in der Regel gegen das Land, vertreten durch die nach Rechtsvorschrift oder ministerieller Anordnung zuständige Schulbehörde[51], bei Angehörigen des Schulverwaltungspersonals (z. B. Hausmeister) üblicherweise gegen den Schulträger, vertreten durch das nach der Kommunalverfassung zuständige Organ (z. B. Bürgermeister, Landrat, Dezernent). *Sachlich zuständig ist ausschließlich das Landgericht* (TZ 34.422). Fällt dem Bediensteten nur

---

49 Die Entscheidung der Schule über die Aufnahme oder Nichtaufnahme eines Schülers ist aber nur insoweit hoheitlicher Natur, als die Zulassung zu einer weiterführenden Schule nach den für die öffentlichen Schulen geltenden Bestimmungen von einer Eignungsfeststellung, z. B. in Form einer Aufnahmeprüfung, abhängig zu machen ist.
50 Bernd *Tremml*/Michael *Karger*: Der Amtshaftungsprozeß, München 1998.
51 Vgl. z. B. die Anordnung über die Vertretung des Landes Hessen im Geschäftsbereich des Hessischen Kultusministeriums vom 1. 8. 1997 (StAnz. S. 2519). Danach wird das Land in Rechtsstreitigkeiten vor den ordentlichen Gerichten im allgemeinen durch das Staatliche Schulamt vertreten.

Fahrlässigkeit zur Last, muß der geschädigte Kläger darlegen, daß und weshalb keine andere Ersatzmöglichkeit besteht (§ 839 Abs. 1 Satz 2 BGB). Wenn ihm etwa eine Sache in der Schule durch Diebstahl abhanden gekommen ist, hat er darzutun, daß die durch seine Strafanzeige eingeleiteten polizeilichen Ermittlungen ergebnislos verlaufen sind (vgl. TZ 33.221).

34.45 Schadensersatzansprüche gegen Schüler und Eltern

Wer durch die unerlaubte Handlung eines Schülers oder eines Erziehungsberechtigten geschädigt worden ist, kann seinen auf §§ 823 ff. BGB gestützten Ersatzanspruch nötigenfalls gerichtlich geltend machen (vgl. TZ 33.32, 33.52). In Betracht kommt z. B. eine Klage des Schulträgers gegen einen Schüler wegen Beschädigung von Schuleigentum oder die Klage eines Schülers gegen einen Mitschüler wegen Beschädigung eines Fahrrads.

34.5 Rechtsschutz vor dem Sozialgericht[52]

34.51 Zulässigkeit des Rechtswegs

Für Schüler ist das Sozialgericht nur auf einem Gebiet bedeutsam: Es entscheidet über öffentlich-rechtliche Streitigkeiten in Angelegenheiten der Sozialversicherung (§ 51 Abs. 1 SGG) und damit auch der Schülerunfallversicherung. (Zu den materiell-rechtlichen Voraussetzungen des Anspruchs auf Entschädigungsleistungen s. TZ 33.31.) Sonstige »soziale« Ansprüche wie die auf Lernmittelfreiheit, Fahrtkostenerstattung, Ausbildungsförderung müssen vor dem Verwaltungsgericht geltend gemacht werden[53].

34.52 Verfahren

Das sozialgerichtliche Verfahren ist weitgehend dem Verwaltungsprozeß nachgebildet. Es gibt dieselben *Klagearten* (TZ 34.32): Anfechtungs-, Verpflichtungs-, allgemeine Leistungsklage sowie Feststellungsklage (§§ 54, 55 SGG). Auch die Anforderungen an die *Zulässigkeit der Klage* (TZ 34.34) stimmen im wesentlichen überein: so hinsichtlich der Klagebefugnis (§§ 54 Abs. 1 und 2, 55 Abs. 1 SGG), der Beteiligungsfähigkeit und Prozeßfähigkeit (§§ 70 ff. SGG), der Form und des Inhalts der Klage (§§ 90 ff. SGG), der Klagefrist (§ 87 SGG). Die Klage ist gegen den Träger der gesetzlichen Schülerunfallversicherung (TZ 33.214) zu richten. Die Beteiligten können sich in jeder Lage des Verfahrens durch prozeßfähige Bevollmächtigte vertreten lassen; ein Vertretungszwang durch Prozeßbevollmächtigte besteht nur vor

---

52 Wolfgang *Gitter*: Sozialrecht. 4. Aufl., München 1996, S. 403 ff.; Otto Ernst *Krasney*/Peter *Udsching*: Handbuch des sozialgerichtlichen Verfahrens. 2. Aufl., München 1997; Peter *Kummer*: Das sozialgerichtliche Verfahren, Neuwied 1996.
53 Für den Bereich der Ausbildungsförderung ausdrücklich § 54 Abs. 1 BAföG.

dem Bundessozialgericht (§§ 73, 166 SGG). Die Klage hat allerdings *nur ausnahmsweise* – z. B. bei der Rückforderung von Leistungen – *aufschiebende Wirkung* (§ 97 Abs. 1 SGG). Demgemäß ist auch der *vorläufige Rechtsschutz* nur auf wenige Fälle beschränkt (§ 97 Abs. 2 bis 5 SGG); eine einstweilige Anordnung sieht das Sozialgerichtsgesetz nicht vor. Das Verfahren ist wie der Verwaltungsprozeß von *Dispositionsmaxime* und *Untersuchungsgrundsatz* geprägt (§§ 99 ff., 103 SGG, vgl. TZ 34.37). Wie das Verwaltungsgericht entscheidet das Sozialgericht durch *Urteil, Beschluß* oder *Gerichtsbescheid* (§§ 125, 142, 105 SGG, vgl. TZ 34.381). Gegen Urteile des Sozialgerichts ist in der Regel *Berufung* an das Landessozialgericht zulässig (§§ 143 ff. SGG). Die beim Bundessozialgericht einzulegende *Revision* gegen Berufungsurteile des Landessozialgerichts ist nur als Zulassungsrevision statthaft (§§ 160 ff. SGG).

Anhang

Anhang 1: Verfassungen sowie wichtige schulrechtliche Gesetze

Bundesrecht

Grundgesetz für die Bundesrepublik Deutschland v. 23.5.1949 (BGBl. S. 1), zul. g. d. G. v. 16.7.1998 (BGBl. I S. 1822)

Gesetz über die religiöse Kindererziehung v. 15.7.1921 (RGBl. S. 939), g. d. G. v. 12.9.1990 (BGBl. I S. 2002, 2023)

Gesetz zum Schutz der Teilnehmer am Fernunterricht (Fernunterrichtsschutzgesetz – FernUSG) v. 24.8.1976 (BGBl. I S. 2525), zul. g. d. G. v. 21.5.1999 (BGBl. I S. 1026, 1027)

Bundesgesetz über individuelle Förderung der Ausbildung (Bundesausbildungsförderungsgesetz – BAföG) v. 26.8.1971 (BGBl. I S. 1409) i.d.F. d. Bek. v. 6.6.1983 (BGBl. I S. 645, ber. S. 1680), zul. g. d. G. v. 7.5.1999 (BGBl. I S. 850)

Berufsbildungsgesetz v. 14.8.1969 (BGBl. I S. 1112), zul. g. d. G. v. 25.3.1998 (BGBl. I S. 596, 606)

Baden-Württemberg

Verfassung des Landes Baden-Württemberg v. 11.11.1953 (GBl. 173), zul. g. d. G. v. 15.2.1995 (GBl. S. 269)

Schulgesetz für Baden-Württemberg (SchG) i.d.F. v. 1.8.1983 (GBl. S. 397), zul. g. d. G. v. 15.12.1997 (GBl. S. 535)

Gesetz für Schulen in freier Trägerschaft (Privatschulgesetz – PSchG) v. 19.7.1979 (GBl. S. 314) i.d.F. v. 1.1.1990 (GBl. S. 105), zul. g. d. G. v. 17.12.1997 (GBl. S. 558)

Bayern

Verfassung des Freistaates Bayern v. 2.12.1946 (GVBl. S. 333) i.d.F. v. 15.12.1998 (GVBl. S. 992)

Bayerisches Gesetz über das Erziehungs- und Unterrichtswesen (BayEUG) i.d.F. d. Bek. v. 7.7.1994 (GVBl. S. 690), zul. g. d. G. v. 24.7.1998 (GVBl. S. 442)

Bayerisches Schulfinanzierungsgesetz (BaySchFG) i.d.F. d. Bek. v. 7.7.1994 (GVBl. S. 729, ber. S. 819), zul. g. d. G. v. 27.12.1997 (GVBl. S. 853, 855)

Berlin

Verfassung von Berlin v. 23.11.1995 (GVBl. S. 779), zul. g. d. G. v. 3.4.1998 (GVBl. S. 82)

Schulgesetz für Berlin (SchulG) i.d.F. v. 20.8.1980 (GVBl. S. 2103), zul. g. d. G. v. 17.5.1999 (GVBl. S. 178, 181)

Gesetz über die Schulverfassung für die Schulen des Landes Berlin (Schulverfassungsgesetz – SchulVerfG) i.d.F. v. 5.2.1979 (GVBl. S. 398), zul. g. d. G. v. 26.1.1995 (GVBl. S. 26, 29)

Gesetz über die Privatschulen und den Privatunterricht (Privatschulgesetz) i.d.F. d. Bek. v. 13.10.1987 (GVBl. S. 2458), zul. g. d. G. v. 22.6.1998 (GVBl. S. 148)

Brandenburg

Verfassung des Landes Brandenburg v. 20.8.1992 (GVBl. I Nr.18 S. 298), zul. g. d. G. v. 7.4.1999 (GVBl. I S. 98)

Gesetz über die Schulen im Land Brandenburg (Brandenburgisches Schulgesetz – BbgSchulG) v. 12.4.1996 (GVBl. I Nr.9 S. 102), zul. g. d. G. v. 20.5.1999 (GVBl. S. 130)

Anhang

Bremen

Landesverfassung der Freien Hansestadt Bremen v. 21.10.1947 (GBl. S. 251), zul. g. d. G. v. 1.6.1999 (GBl. S. 143)

Bremisches Schulgesetz (BremSchulG) v. 20.12.1994 (GBl. S. 327, ber. GBl. 1995 S. 129)

Bremisches Schulverwaltungsgesetz (BremSchVwG) v. 20.12.1994 (GBl. S. 327, 342), zul. g. d. G. v. 4.8.1998 (GBl. S. 221)

Gesetz über das Privatschulwesen und den Privatunterricht (Privatschulgesetz) v. 3.7.1956 (GBl. S. 77), zul. g. d. G. v. 20.12.1994 (GBl. S. 327)

Hamburg

Verfassung der Freien und Hansestadt Hamburg v. 6.6.1952 (Sammlung des bereinigten hamburgischen Landesrechts 100-a), zul. g. d. G. v. 20.6.1996 (GVBl. S. 133)

Hamburgisches Schulgesetz (HmbSG) v. 16.4.1997 (GVBl. S. 97)

Privatschulgesetz der Freien und Hansestadt Hamburg i.d.F. v. 21.7.1989 (GVBl. S. 160, 174), zul. g. d. G. v. 23.12.1996 (GVBl. S. 362)

Hessen

Verfassung des Landes Hessen v. 1.12.1946 (GVBl. S. 229), zul. g. d. G. v. 20.3.1991 (GVBl. S. 102)

Hessisches Schulgesetz (Schulgesetz – HSchG –) v. 17.6.1992 (GVBl. I S. 233), zul. g. d. G. v. 30.6.1999 (GVBl. I S. 354)

Gesetz über die Finanzierung von Ersatzschulen (Ersatzschulfinanzierungsgesetz – ESchFG –) v. 6.12.1972 (GVBl. I S. 389, ber. GVBl. 1973 S. 90), zul. g. d. G. v. 15.5.1997 (GVBl. I S. 143, ber. S. 204)

Mecklenburg-Vorpommern

Verfassung des Landes Mecklenburg-Vorpommern v. 23.5.1993 (GVOBl. S. 372)

Schulgesetz für das Land Mecklenburg-Vorpommern (Schulgesetz) v. 15.5.1996 (GVOBl. S. 205), zul. g. d. G. v. 12.7.1999 (GVOBl. S. 408)

Niedersachsen

Niedersächsische Verfassung v. 19.5.1993 (GVBl. S. 107), zul. g. d. G. v. 21.11.1997 (GVBl. S. 480)

Niedersächsisches Schulgesetz (NSchG) i.d.F. v. 3.3.1998 (GVBl. S. 137), g. d. G. v. 21.1.1999 (GVBl. S. 10)

Nordrhein-Westfalen

Verfassung für das Land Nordrhein-Westfalen v. 28.6.1950 (GV. S. 127), zul. g. d. G. v. 24.11.1992 (GV. S. 448)

Erstes Gesetz zur Ordnung des Schulwesens im Lande Nordrhein-Westfalen (SchOG) v. 8.4.1952 (GV. S. 61), zul. g. d. G. v. 15.6.1999 (GV. S. 410)

Schulverwaltungsgesetz (SchVG) i.d.F. d. Bek. v. 18.1.1985 (GV. S. 155), zul. g. d. G. v. 15.6.1999 (GV. S. 386, 409)

Gesetz über die Schulpflicht im Lande Nordrhein-Westfalen (Schulpflichtgesetz – SchpflG) i. d. F. d. Bek. v. 2.2.1980 (GV. S. 164), zul. g. d. G. v. 15.6.1999 (GV. S. 408)

Gesetz über die Mitwirkung im Schulwesen (Schulmitwirkungsgesetz – SchMG) v. 13.12.1977 (GV. S. 448), zul. g. d. G. v. 19.6.1994 (GV. S. 343)

Gesetz über die Finanzierung der öffentlichen Schulen (Schulfinanzgesetz – SchFG) i. d. F. d. Bek. v. 17.4.1970 (GV. S. 288), zul. g. d. G. v. 12.5.1998 (GV. S. 385)

Gesetz über die Finanzierung der Ersatzschulen (Ersatzschulfinanzgesetz – EFG) v. 27.6.1961 (GV. S. 230), zul. g. d. G. v. 17.12.1998 (GV. S. 750, 756)

Rheinland-Pfalz

Verfassung für Rheinland-Pfalz v. 18.5.1947 (VOBl. S. 209), zul. g. d. G. v. 12.10.1995 (GVBl. S. 405)

Landesgesetz über die Schulen in Rheinland-Pfalz (Schulgesetz – SchulG) v. 6.11.1974 (GVBl. S. 487), zul. g. d. G. v. 12.2.1997 (GVBl. S. 53)

Landesgesetz über die Errichtung und Finanzierung von Schulen in freier Trägerschaft (Privatschulgesetz – PrivSchG) i. d. F. v. 4.9.1970 (GVBl. S. 372), zul. g. d. G. v. 8.4.1991 (GVBl. S. 126)

Saarland

Verfassung des Saarlandes v. 15.12.1947 (Amtsbl. S. 1077), zul. g. d. G. v. 27.3.1996 (Amtsbl. S. 422)

Gesetz Nr. 812 zur Ordnung des Schulwesens im Saarland (Schulordnungsgesetz – SchoG) v. 5.5.1965 (Amtsbl. S. 385) i. d. F. d. Bek. v. 21.8.1996 (Amtsbl. S. 846, ber. 1997, S. 147), zul. g. d. G. v. 23.6.1999 (Amtsbl. S. 1054, 1058)

Gesetz Nr. 826 über die Schulpflicht im Saarland (Schulpflichtgesetz) v. 11.3.1966 (Amtsbl. S. 205) i. d. F. d. Bek. v. 21.8.1996 (Amtsbl. S. 864, ber. 1997, S. 147), zul. g. d. G. v. 23.6.1999 (Amtsbl. S. 1054, 1059)

Gesetz Nr. 994 über die Mitbestimmung und Mitwirkung im Schulwesen (Schulmitbestimmungsgesetz – SchumG) v. 27.3.1974 (Amtsbl. S. 381) i. d. F. d. Bek. v. 21.8.1996 (Amtsbl. S. 869, ber. 1997, S. 147), g. d. G. v. 27.11.1996 (Amtsbl. S. 1313)

Gesetz Nr. 751 Privatschulgesetz (PrivSchG) v. 30.1.1962 (Amtsbl. S. 169) i. d. F. d. Bek. v. 22.5.1985 (Amtsbl. S. 610), zul. g. d. G. v. 23.6.1999 (Amtsbl. S. 1054, 1059)

Sachsen

Verfassung des Freistaates Sachsen v. 27.5.1992 (GVBl. S. 243)

Schulgesetz für den Freistaat Sachsen (SchulG) v. 3.7.1991 (GVBl. S. 213), zul. g. d. G. v. 29.6.1998 (GVBl. S. 271)

Gesetz über Schulen in freier Trägerschaft (SächsFrTrSchulG) v. 4.2.1992 (GVBl. S. 37), zul. g. d. G. v. 6.5.1999 (GVBl. S. 207, 213)

Sachsen-Anhalt

Verfassung des Landes Sachsen-Anhalt v. 16.7.1992 (GVBl. S. 600)

Schulgesetz des Landes Sachsen-Anhalt i. d. F. v. 27.8.1996 (GVBl. S. 264), zul. g. d. G. v. 30.3.1999 (GVBl. S. 120, 121)

Schleswig-Holstein

Verfassung des Landes Schleswig-Holstein i. d. F. d. G. v. 13.6.1990 (GVOBl. S. 391), zul. g. d. G. v. 27.9.1998 (GVOBl. S. 280)

Schleswig-Holsteinisches Schulgesetz (Schulgesetz – SchulG) i.d.F. v. 2.8.1990 (GVOBl. S. 451), zul. g. d. G. v. 8.3.1999 (GVOBl. S. 62)

Thüringen

Verfassung des Freistaats Thüringen v. 25.10.1993 (GVBl. S. 625), g. d. G. v. 12.12.1997 (GVBl. S. 525)

Thüringer Schulgesetz (ThürSchulG) v. 6.8.1993 (GVBl. S. 445), g. d. G. v. 16.12.1996 (GVBl. S. 315)

Thüringer Gesetz über die Finanzierung der staatlichen Schulen (ThürSchFG) v. 21.7.1992 (GVBl. S. 366), zul. g. d. G. v. 15.12.1998 (GVBl. S. 421, 422)

Thüringer Gesetz über die Schulaufsicht (ThürSchAG) v. 29.7.1993 (GVBl. S. 397), zul. g. d. G. v. 15.12.1998 (GVBl. S. 421, 422)

Thüringer Gesetz über Schulen in freier Trägerschaft (ThürSchfTG) v. 23.3.1994 (GVBl. S. 323), zul. g. d. G. v. 13.6.1997 (GVBl. S. 223, 225)

Gesetz über die Förderschulen in Thüringen (Förderschulgesetz – FSG) v. 21.7.1992 (GVBl. S. 356), zul. g. d. G. v. 15.12.1998 (GVBl. S. 421)

Anhang 2: Amtliche Veröffentlichungen

Bund

Bundesgesetzblatt, Teil I – Gesetze und Verordnungen (BGBl. I)

Bundesgesetzblatt, Teil II – Völkerrechtliche Übereinkommen (BGBl. II)

Gemeinsames Ministerialblatt (GMBl.)

Baden-Württemberg

Gesetzblatt für Baden-Württemberg (GBl.)

Kultus und Unterricht. Amtsblatt des Ministeriums für Kultus, Jugend und Sport Baden-Württemberg, Ausgabe A (K.u.U.)

Bayern

Bayerisches Gesetz- und Verordnungsblatt (GVBl)

Amtsblatt der Bayerischen Staatsministerien für Unterricht und Kultus und Wissenschaft, Forschung und Kunst, Teil I (KWMBl I)

Berlin

Gesetz- und Verordnungsblatt für Berlin (GVBl.)

Dienstblatt des Senats von Berlin, Teil III: Schulwesen, Wissenschaft, Kultur (DBl. III)

Brandenburg

Gesetz- und Verordnungsblatt für das Land Brandenburg, Teil I: Gesetze / Teil II: Verordnungen (GVBl. I/GVBl. II)

Amtsblatt des Ministeriums für Bildung, Jugend und Sport (ABl. MBJS)

Bremen

Gesetzblatt der Freien Hansestadt Bremen (Brem.GBl.)

Bremer Schulblatt. Amtsblatt für die öffentlichen Schulen im Lande Bremen (BrSBl.)

Hamburg

Hamburgisches Gesetz- und Verordnungsblatt (GVBl.)

Mitteilungsblatt der Behörde für Schule, Jugend und Berufsbildung (MBlSchul)

Verwaltungshandbuch für Schulen (VwHbSchul)

Hessen

Gesetz- und Verordnungsblatt für das Land Hessen, Teil I (GVBl. I)

Amtsblatt des Hessischen Kultusministeriums (ABl.)

Mecklenburg-Vorpommern

Gesetz- und Verordnungsblatt für Mecklenburg-Vorpommern (GVOBl. M-V)

Amtsblatt für Mecklenburg-Vorpommern (AmtsBl. M-V)

Mitteilungsblatt des Ministeriums für Bildung, Wissenschaft und Kultur (Mittl.bl. BM M-V seit Dezember 1998; vorher Mittl.bl. KM M-V)

Anhang

Niedersachsen

Niedersächsisches Gesetz- und Verordnungsblatt (Nds. GVBl.)

Schulverwaltungsblatt für Niedersachsen. Amtsblatt des Niedersächsischen Kultusministeriums für Schule und Schulverwaltung (SVBl.)

Nordrhein-Westfalen

Gesetz- und Verordnungsblatt für das Land Nordrhein-Westfalen (GV. NRW.)

Amtsblatt des Ministeriums für Schule und Weiterbildung, Wissenschaft und Forschung, Teil 1: Schule und Weiterbildung (ABl. NRW. 1)

Rheinland-Pfalz

Gesetz- und Verordnungsblatt für das Land Rheinland-Pfalz (GVBl.)

Gemeinsames Amtsblatt der Ministerien für Bildung, Wissenschaft und Weiterbildung und für Kultur, Jugend, Familie und Frauen (GAmtsbl.)

Saarland

Amtsblatt des Saarlandes (Amtsbl.)

Gemeinsames Ministerialblatt Saarland (GMBl.)

Sachsen

Sächsisches Gesetz- und Verordnungsblatt (SächsGVBl.)

Amtsblatt des Sächsischen Staatsministeriums für Kultus (ABl.SMK) (bis Dezember 1997)

Ministerialblatt des Sächsischen Staatsministeriums für Kultus (MBl.SMK) (seit Januar 1998 Nachfolge des Amtsblattes)

Sachsen-Anhalt

Gesetz- und Verordnungsblatt für das Land Sachsen-Anhalt (GVBl. LSA)

Ministerialblatt für das Land Sachsen-Anhalt (MBl. LSA Grundausgabe)

Schulverwaltungsblatt für das Land Sachsen-Anhalt (MBl. LSA Teilausgabe A)

Schleswig-Holstein

Gesetz- und Verordnungsblatt für Schleswig-Holstein (GVOBl. Schl.-H.)

Nachrichtenblatt des Ministeriums für Bildung, Wissenschaft, Forschung und Kultur des Landes Schleswig-Holstein (NBl.MBWFK.Schl.-H.)

Thüringen

Gesetz- und Verordnungsblatt für den Freistaat Thüringen (GVBl.)

Gemeinsames Amtsblatt des Thüringer Kultusministeriums und des Thüringer Ministeriums für Wissenschaft, Forschung und Kultur (GABl.)

Anhang

Anhang 3: Anschriften

Bund und länderübergreifend

Bundesministerium für Bildung und Forschung, Heinemannstraße 2, 53175 Bonn,
Tel.: (0228) 570-0, Fax: (0228) 57-2094, Internetadresse: www.bmbf.de,
e-mail: bmbf@bmbf.bund400.de

Bund-Länder-Kommission für Bildungsplanung und Forschungsförderung (BLK), Hermann-Ehlers-Straße 10, 53113 Bonn,
Tel.: (0228) 5402-0, Fax: (0228) 5402-150/160, Internetadresse: www.blk-bonn.de,
e-mail: blk@blk-bonn.de

Sekretariat der Ständigen Konferenz der Kultusminister der Länder in der Bundesrepublik Deutschland (KMK), Lennéstraße 6, 53113 Bonn,
Tel.: (0228) 501-0, Fax: (0228) 501-777, Internetadresse: www.kmk.org,
e-mail: presse@kmk.org

Baden-Württemberg

Ministerium für Kultus, Jugend und Sport, Schloßplatz 4, 70173 Stuttgart,
Tel .: (0711) 279-0, Fax: (0711) 279-2810,
Internetadresse: www.kultusministerium.baden-wuerttemberg.de,
e-mail: poststelle.km@kv.bwl.de

Bayern

Bayerisches Staatsministerium für Unterricht und Kultus, Salvatorstraße 2, 80327 München,
Tel.: (089) 2186-01, Fax: (089) 2186-2800, Internetadresse: www.stmukwk.bayern.de

Berlin

Senatsverwaltung für Schule, Jugend und Sport, Beuthstraße 6-8, 10117 Berlin,
Tel.: (030) 9026-7, Fax: (030) 9026-5012, Internetadresse: www.sensjs.berlin.de

Brandenburg

Ministerium für Bildung, Jugend und Sport, Steinstraße 104-106, 14480 Potsdam,
Tel.: (0331) 866-0, Fax: (0331) 866-3595,
Internetadresse: www.brandenburg.de/Land/mbjs, e-mail: poststelle@mbjs.brandenburg.de

Bremen

Der Senator für Bildung und Wissenschaft, Rembertiring 8-12, 28195 Bremen,
Tel.: (0421) 361-0, Fax: (0421) 361-4176, Internetadresse: www.bildung.bremen.de

Hamburg

Behörde für Schule, Jugend und Berufsbildung, Hamburger Straße 31, 22083 Hamburg,
Tel.: (040) 42863-0, Fax: (040) 42863-2883,
Internetadresse: www.hamburg.de/Behoerden/bsjb, e-mail: siz@schule.hh.shuttle.de

Hessen

Hessisches Kultusministerium, Luisenplatz 10, 65185 Wiesbaden,
Tel.: (0611) 368-0, Fax: (0611) 368-2099,
Internetadresse: www.bildung.hessen.de/anbieter/km, e-mail: pressestelle@hkm.hessen.de

Anhang

Mecklenburg-Vorpommern

Ministerium für Bildung, Wissenschaft und Kultur, Werderstraße 124, 19055 Schwerin,
Tel.: (0385) 588-0, Fax: (0385) 588-7082/3/4, Internetadresse: www.kultus-mv.de,
e-mail: presse@kultus-mv.de

Niedersachsen

Niedersächsisches Kultusministerium, Schiffgraben 12, 30159 Hannover,
Tel.: (0511) 120-0, Fax: (0511) 120-7450, Internetadresse: www.niedersachsen.de/MK1.htm,
e-mail: pressestelle@mk.niedersachsen.de

Nordrhein-Westfalen

Ministerium für Schule und Weiterbildung, Wissenschaft und Forschung, Völklinger Straße 49, 40221 Düsseldorf,
Tel.: (0211) 896-03, Fax: (0211) 896-3220, Internetadresse: www.mswwf.nrw.de,
e-mail: poststelle@mswwf.nrw.de

Rheinland-Pfalz

Ministerium für Bildung, Wissenschaft und Weiterbildung, Mittlere Bleiche 61, 55116 Mainz,
Tel.: (06131) 16-0, Fax: (06131) 16-2997, Internetadresse: www.mbww.rpl.de,
e-mail: poststelle@mbww.rpl.de

Saarland

Ministerium für Bildung, Kultur und Wissenschaft, Hohenzollernstraße 60, 66117 Saarbrükken,
Tel.: (0681) 503–1, Fax: (0681) 503–291, Internetadresse: www.saarland.de,
e-mail: poststelle@mbkw.saarland.de

Sachsen

Sächsisches Staatsministerium für Kultus, Carolaplatz 1, 01097 Dresden,
Tel.: (0351) 564-0, Fax: (0351) 564-2887, Internetadresse: www.sachsen.de

Sachsen-Anhalt

Kultusministerium, Turmschanzenstraße 32, 39114 Magdeburg,
Tel.: (0391) 567-01, Fax: (0391) 567-7627, Internetadresse: www.mk.sachsen-anhalt.de,
e-mail: poststelle@mk.uni-magdeburg.de

Schleswig-Holstein

Ministerium für Bildung, Wissenschaft, Forschung und Kultur, Brunswiker Straße 16-22, 24105 Kiel,
Tel.: (0431) 988-0, Fax: (0431) 988-5888,
Internetadresse: www.schleswig-holstein.de/landsh/mbwfk,
e-mail: pressestelle@kumi.landsh.de

Thüringen

Thüringer Kultusministerium, Werner-Seelenbinder-Straße 1, 99096 Erfurt,
Tel.: (0361) 379-00, Fax: (0361) 379-4690, Internetadresse: www.thueringen.de/tkm,
e-mail: tkm@thueringen.de

Anhang 4: Schulrechtsliteratur

Im folgenden werden neuere schulrechtlich relevante Veröffentlichungen – zunächst länderübergreifend, sodann Land für Land – aufgeführt. Über die aktuelle Entwicklung des Schulrechts der einzelnen Länder informieren Berichte in der Zeitschrift »Recht der Jugend und des Bildungswesens (RdJB)«.

Länderübergreifend

Anders, Sönke: Die Schulgesetzgebung der neuen Bundesländer. Eine verfassungsrechtliche Untersuchung über die vorläufige Schulgesetzgebung nach Maßgabe des Einigungsvertrages, Weinheim: Juventa 1995

Arbeitsgruppe Bildungsbericht am Max-Planck-Institut für Bildungsforschung (Hrsg.): Das Bildungswesen in der Bundesrepublik Deutschland. Strukturen und Entwicklungen im Überblick, Reinbek: Rowohlt 1994

Avenarius, Hermann/*Jeand'Heur*, Bernd: Elternwille und staatliches Bestimmungsrecht bei der Wahl der Schullaufbahn. Die gesetzlichen Grundlagen und Grenzen der Ausgestaltung von Aufnahme- bzw. Übergangsverfahren für den Besuch weiterführender Schulen, Berlin: Duncker & Humblot 1992

Avenarius, Hermann/*Döbert*, Hans/*Döbrich*, Peter/*Schade*, Angelika: Mobilitätschancen für Lehrer in Deutschland und Europa, Baden-Baden: Nomos 1996

Avenarius, Hermann/*Baumert*, Jürgen/*Döbert*, Hans/*Füssel*, Hans-Peter (Hrsg.): Schule in erweiterter Verantwortung. Positionsbestimmungen aus erziehungswissenschaftlicher, bildungspolitischer und verfassungsrechtlicher Sicht, Neuwied: Luchterhand 1998

Bärmeier, Erich: Über die Legitimität staatlichen Handelns unter dem Grundgesetz der Bundesrepublik Deutschland. Die Unvereinbarkeit staatlichen Schulhaltens mit den Verfassungsprinzipien der »Staatsfreiheit« und der »Verhältnismäßigkeit«, Frankfurt am Main: Peter Lang 1992

Böhm, Thomas: Aufsicht und Haftung in der Schule. Schulrechtlicher Leitfaden, Neuwied: Luchterhand 1998

Böhm, Thomas: Grundriß des Schulrechts in Deutschland, Neuwied: Luchterhand 1995

Bothe, Michael: Erziehungsauftrag und Erziehungsmaßstab der Schule im freiheitlichen Verfassungsstaat, VVDStRL 54 (1995), S. 7-46

Brenner, Michael/*Töpper*, Bernhard: Meine Rechte in der Schule, München: Deutscher Taschenbuch-Verlag 1997

Brugger, Winfried/*Huster*, Stefan (Hrsg.): Der Streit um das Kreuz in der Schule. Zur religiösweltanschaulichen Neutralität des Staates, Baden-Baden: Nomos 1998

Dittmann, Armin: Erziehungsauftrag und Erziehungsmaßstab der Schule im freiheitlichen Verfassungsstaat, VVDStRL 54 (1995), S. 47-74

Füssel, Hans-Peter, u. a.: Rechts-ABC für Lehrerinnen und Lehrer. 2. Aufl., Neuwied: Luchterhand 1998

Glotz, Peter/*Faber*, Klaus: Richtlinien und Grenzen des Grundgesetzes für das Bildungswesen, in: Benda, Ernst/Maihofer, Werner/Vogel, Hans-Jochen (Hrsg.): Handbuch des Verfassungsrechts der Bundesrepublik Deutschland. 2. Aufl., Berlin: de Gruyter 1995, S. 1363-1424

Hartmann-Kurz, Claudia: Grundrechte in der Schule. Studien- und Übungsunterlagen für angehende und praktizierende Lehrerinnen und Lehrer, Weinheim: Deutscher Studien-Verlag 1998

Jach, Frank-Rüdiger: Schulvielfalt als Verfassungsgebot, Berlin: Duncker & Humblot 1991

Jach, Frank-Rüdiger/*Jenkner*, Siegfried (Hrsg.): Autonomie der staatlichen Schule und freies Schulwesen. Festschrift zum 65. Geburtstag von Johann Peter Vogel, Berlin: Duncker & Humblot 1998

Jach, Frank-Rüdiger: Schulverfassung und Bürgergesellschaft in Europa, Berlin: Duncker & Humblot 1999

Knudsen, Holger (Hrsg.): Ergänzbare Sammlung schul- und prüfungsrechtlicher Entscheidungen. Neue Folge. Loseblattwerk. 5 Ordner, Neuwied: Luchterhand

Kopke, Wolfgang: Rechtschreibreform und Verfassungsrecht. Schulrechtliche, persönlichkeitsrechtliche und kulturverfassungsrechtliche Aspekte einer Reform der deutschen Orthographie, Tübingen: Mohr (Siebeck) 1995

Link, Christoph: Religionsunterricht, in: Listl, Joseph/Pirson, Dietrich (Hrsg.): Handbuch des Staatskirchenrechts der Bundesrepublik Deutschland. Zweiter Band. 2. Aufl., Berlin: Duncker & Humblot 1995, S. 439-509

Müller, Alfred/*Gampe*, Harald/*Rieger*, Gerald/*Risse*, Erika (Hrsg.): Leitung und Verwaltung einer Schule. 8. Aufl., Neuwied: Luchterhand 1997

Müller, Friedrich/*Jeand'Heur*, Bernd (Hrsg.): Zukunftsperspektiven der Freien Schule. Dokumentation, Diskussion und praktische Folgen der Rechtsprechung des Bundesverfassungsgerichts seit dem Finanzhilfe-Urteil. 2. Aufl., Berlin: Duncker & Humblot 1996

Niehues, Norbert: Schul- und Prüfungsrecht. Band 2: Prüfungsrecht. 3. Aufl., München: Beck 1994

Oppermann, Thomas: Schule und berufliche Ausbildung, in: Isensee, Josef/Kirchhof, Paul (Hrsg.): Handbuch des Staatsrechts der Bundesrepublik Deutschland. Band 6: Freiheitsrechte. Heidelberg: Müller 1989, S. 329-368

Pfau, Eckard: Die verfassungsrechtlichen Anforderungen an Ersatzschullehrer. Diss. jur., Münster 1995

Pieroth, Bodo/*Schuppert*, Gunnar Folke (Hrsg.): Die staatliche Privatschulfinanzierung vor dem Bundesverfassungsgericht. Eine Dokumentation, Baden-Baden: Nomos 1988

Püttner, Günter: Schulrecht, in: Achterberg, Norbert/Püttner, Günter (Hrsg.): Besonderes Verwaltungsrecht. Band 1: Wirtschafts-, Bau-, Kultus-, Dienstrecht, Heidelberg: Müller 1990, S. 769-814

Riedel, Eibe (Hrsg.): Öffentliches Schulwesen im Spannungsfeld von Staat und Kirche. Länderberichte und Generalbericht der 26. Tagung für Rechtsvergleichung vom 24. bis 27. September 1997 in der Karl-Franzens-Universität Graz, Baden-Baden: Nomos 1998

Staupe, Jürgen: Schulrecht von A-Z. 4. Aufl., München: Deutscher Taschenbuch-Verlag 1996

Stein, Ekkehard/*Roell*, Monika: Handbuch des Schulrechts. Ein Lehrbuch und Nachschlagewerk zum Schulrecht im gesamten Deutschland. 2. Aufl., Bottighofen am Bodensee: Libelle 1992

Vogel, Johann Peter: Das Recht der Schulen und Heime in freier Trägerschaft. 3. Aufl., Neuwied: Luchterhand 1997

Zedler, Peter/*Fickermann*, Detlef (Hrsg.): Pädagogik und Recht. Rechtliche Rahmenbedingungen und Handlungsspielräume für eine erweiterte Selbständigkeit von Einzelschulen. Dokumentation der gleichnamigen Fachtagung der Kommission Bildungsorganisation, Bildungsplanung und Bildungsrecht der Deutschen Gesellschaft für Erziehungswissenschaft am 19. und 20. 9. 1996 in Erfurt. Erfurter Studien zur Entwicklung des Bildungswesens. Band 5, Erfurt 1997

Zimmerling, Wolfgang/*Brehm*, Robert G.: Prüfungsrecht. Köln: Heymanns 1998

Anhang

Baden-Württemberg

Schulrecht Baden Württemberg. Ergänzbare Sammlung der Vorschriften für Schule und Schulverwaltung. Loseblattwerk. 4 Ordner, Neuwied: Luchterhand

Elser, Werner: Schulrecht, in: Bretzinger, Otto N. (Hrsg.): Staats- und Verwaltungsrecht für Baden-Württemberg, Baden-Baden: Nomos 1991, S. 711-739

Elser, Werner/*Kramer*, Otto: Grundriß des Schulrechts in Baden-Württemberg. 5. Aufl., Neuwied: Luchterhand 1998

Hahn, Werner/*Wenzelburger*, Joachim: Dienstrecht für Lehrer in Baden-Württemberg. 2. Aufl., Neuwied: Luchterhand 1996

Hochstetter, Herbert/*Muser*, Eckart: Schulgesetz für Baden-Württemberg mit den wichtigsten Nebenbestimmungen. Erläuterte Textausgabe. 19. Aufl., Stuttgart: Kohlhammer 1996

Holfelder, Wilhelm/*Karcher*, Walter/*Bosse*, Wolfgang/*Glatz*, Hans: Schulleitung in Baden-Württemberg. Loseblattausgabe. 2 Ordner, Stuttgart: Boorberg

Holfelder, Wilhelm/*Holzwarth*, Reiner: Handbuch des Schulrechts für Baden-Württemberg. Loseblattausgabe. Ausgabe A mit Bestimmungen für die beruflichen Schulen, Ausgabe B ohne Bestimmungen für die beruflichen Schulen. 2 Ordner/1 Ordner, Stuttgart: Boorberg

Holfelder, Wilhelm/*Bosse*, Wolfgang: Handbuch des Schulrechts für Baden-Württemberg. Rechtsprechung. Loseblattausgabe. 4 Ordner, Stuttgart: Boorberg

Holfelder, Wilhelm/*Bosse*, Wolfgang: Schulgesetz für Baden-Württemberg. Handkommentar mit Nebenbestimmungen und Sonderteil Lehrerdienstrecht. 12. Aufl., Stuttgart: Boorberg 1998

Holtzhauer, Inge: Schulrecht für Elternvertreter in Baden-Württemberg. Rechtliche Bestimmungen, Arbeitshilfen. 4. Aufl., Villingen-Schwenningen: Neckar 1998

Kirschenmann, Dietrich/*Malchow*, Gerhard/*Mellinghaus*, Günter: Schulgesetz für Baden-Württemberg (SchG). Kommentar, in: Praxis der Gemeindeverwaltung. Landesausgabe Baden-Württemberg. G 1 BW. Loseblattausgabe, Wiesbaden: Kommunal- und Schul-Verlag

Lambert, Johannes/*Müller*, Wolf-Ulrich/*Sutor*, Alexander/*Tischer*, Karl: Das Schulrecht in Baden Württemberg. Kommentar zum Schulgesetz, zu schulrechtlichen Vorschriften und zum Lehrerdienstrecht. Loseblattsammlung, Kronach: Link

Reese, Hans (Hrsg.): Schulrecht in der Schulpraxis. Loseblattwerk. 10. Aufl., Villingen-Schwenningen: Neckar 1998

Wörz, Roland/*von Alberti*, Dieter: Schulgesetz für Baden-Württemberg. Kommentar. Loseblattausgabe, Wiesbaden: Kommunal- und Schul-Verlag 1999

Bayern

Schulrecht in Bayern. Ergänzbare Sammlung der Vorschriften für Schule und Schulverwaltung. Loseblattwerk. 5 Ordner, Neuwied: Luchterhand

Amberg, Hellmuth/*Falckenberg*, Dieter/*Müller*, Ludwig/*Stahl*, Helmut: Das Schulrecht in Bayern. BayEUG mit Kommentar und weiteren Vorschriften. Loseblatt-Sammlung, Kronach: Link

Amberg, Hellmuth/*Schiedermair*, Werner/*Selzle*, Erich: Dienstordnung für Lehrer an staatlichen Schulen in Bayern. Dienstordnung für Lehrer (LDO) mit Kommentar und Anhang. Loseblattausgabe, Donauwörth: Auer

Anhang

Assmann, Robert/*Schramml*, Oskar/*Kellner*, Hanns-Günter: Die Realschule in Bayern. Sammlung schulischer Vorschriften, Schulordnung – Lehrpläne – Dienstrecht mit Erläuterungen. Loseblatt-Sammlung, Kronach: Link

Büttner, Felix/*Reuter*, Albert/*Eckl*, Norbert/*Fromholzer*, Ferdinand/*Schwab*, Gerhard: Die Gymnasien in Bayern. Ergänzbare Sammlung schulischer Vorschriften und Erläuterungen – Schulordnungsrecht, Dienstordnung, pädagogische Seminare, Ausbildung, Schulberatung. Loseblatt-Sammlung, Kronach: Link

Czybulka, Detlef: Rechtsprobleme des Schulfinanzierungsrechts unter besonderer Berücksichtigung des interkommunalen Finanzausgleiches für Gastschüler (Gastschülerbeiträge) und staatlicher Zuschüsse (Lehrpersonalzuschüsse und Gastschülerzuschüsse) nach dem Bayerischen Schulfinanzierungsgesetz, Berlin: Duncker & Humblot 1993

Dietz, Volker: Dienstordnung für Lehrer an staatlichen Schulen in Bayern (LDO). Kommentar. Loseblatt-Sammlung, Kronach: Link

Dirnaichner, Udo/*Karl*, Erhard: Förderschulen in Bayern. Sonderpädagogische Förderung. Kommentar der Schulordnungen und Sammlung schulischer Vorschriften mit Erläuterungen. Loseblatt-Sammlung, Kronach: Link

Eckl, Norbert/*Weber*, Karlheinz: Die Schulordnung der Berufsschule. Bayerisches Gesetz über das Erziehungs- und Unterrichtswesen (BayEUG) und Berufsschulordnung (BSO) mit Kommentar. Loseblatt-Sammlung, Kronach: Link

Falckenberg, Dieter: Grundriß des Schulrechts in Bayern. 2. Aufl., Neuwied: Luchterhand 1995

Falckenberg, Dieter/*Kellner*, Hanns-Günter: Schulfinanzierung in Bayern. Finanzhilfen im Bildungsbereich. Loseblatt-Sammlung, Kronach: Link

Götzfried, Wolfgang: Der Artikel 131, Absatz 1-3 der Bayerischen Verfassung als Erziehungsauftrag an die Grund- und Hauptschule. Eine Analyse des Verfassungsauftrages und seine Thematisierung in den Lehrplänen der Grund- und Hauptschule, Frankfurt am Main: Peter Lang 1992

Hartleb, Wilfried/*Jaeger*, Wolfgang/*Weber*, Robert: Kompendium Schulrecht und Schulkunde in Bayern, Donauwörth: Auer 1996

Kaiser, Karl Klaus/*Mahler*, Gerhart: Die Schulordnung der Volksschule. Bayerisches Gesetz über das Erziehungs- und Unterrichtswesen (BayEUG) und Volksschulordnung (VSO) mit Kommentar. Loseblatt-Sammlung, Kronach: Link

Maier, Jörg/*Selzle*, Erich: Schulordnung der Volksschulen in Bayern. Bayerisches Gesetz über das Erziehungs- und Unterrichtswesen (BayEUG) und Schulordnung für die Volksschulen in Bayern. Amtlicher Text mit Kommentar. Loseblattausgabe, Donauwörth: Auer

Vocke, Wilhelm/*Pascher*, Herbert: Berufliches Schulwesen in Bayern. Ergänzbare Rechtssammlung mit Erläuterungen für den Unterricht und die Organisation. Loseblatt-Sammlung, Kronach: Link

Berlin

Schulrecht Berlin. Ergänzbare Sammlung der Vorschriften für Schule und Schulverwaltung. Loseblattwerk. 6 Ordner, Neuwied: Luchterhand

Eiselt, Gerhard/*Heinrich*, Wolfgang: Grundriß des Schulrechts in Berlin. 3. Aufl., Neuwied: Luchterhand 1990

Krzyweck, Hans-Jürgen/*Teiche*, Rolf-Dieter (Hrsg.): Das Schulrecht in Berlin. SchulVerfG mit Kommentar, SchulG, Schulordnungen, Ausführungsvorschriften, Dienstrecht. Loseblatt-Sammlung, Kronach: Link

Brandenburg

Schulrecht Brandenburg. Ergänzbare Sammlung für Schule und Schulverwaltung. Loseblattwerk. 3 Ordner, Neuwied: Luchterhand

Benstz, Ulrich/*Franke*, Dietrich: Schulische Bildung, Jugend und Sport, in: Simon, Helmut/ Franke, Dietrich/Sachs, Michael (Hrsg.): Handbuch der Verfassung des Landes Brandenburg. Stuttgart: Boorberg 1994, S. 109-129

Glöde, Harald: Die gymnasiale Oberstufe im Land Brandenburg. Eine Vorschriftensammlung mit Erläuterungen. 3. Aufl., Stuttgart: Raabe 1998

Hanßen, Klaus/*Glöde*, Harald (Hrsg.): Brandenburgisches Schulgesetz. Kommentar. Loseblatt-Sammlung, Kronach: Link

Heckel, Martin: Religionsunterricht in Brandenburg. Zur Regelung des Religionsunterrichtes und des Faches Lebensgestaltung – Ethik – Religionskunde (LER), Berlin: Duncker & Humblot 1998

Horn-Conrad, Antje: So ist es recht! Brandenburgisches Schulrecht im Alltag. Hrsg: Ministerium für Bildung, Jugend und Sport des Landes Brandenburg, Berlin: Wissenschaft und Technik Verlag 1997

Krzyweck, Hans-Jürgen (Hrsg): Schulrecht Brandenburg. Einführung in die rechtliche Ordnung an Schulen. 4. Aufl., Kronach: Link 1999

Kuhn, Hans-Jürgen: Leitfaden durch die Sekundarstufe I im Land Brandenburg. Eine Vorschriftensammlung mit Erläuterungen, Stuttgart: Raabe 1998

Will, Rosemarie: Das Grundgesetz und die Einführung des Unterrichtsfaches »Lebensgestaltung-Ethik-Religionskunde« (LER) im Land Brandenburg, in: Macke, Peter (Hrsg.): Verfassung und Verfassungsgerichtsbarkeit auf Landesebene. Beiträge zur Verfassungsstaatlichkeit in den Bundesländern, Baden-Baden: Nomos 1998, S. 131-149

Bremen

Bremer Schulblatt. Amtsblatt für die öffentlichen Schulen im Lande Bremen. Loseblattwerk, Neuwied: Luchterhand

Füssel, Hans-Peter: Erziehung und Unterricht, in: Kröning, Volker/Pottschmidt, Günter/ Preuß, Ulrich K./Rinken, Alfred (Hrsg.): Handbuch der Bremischen Verfassung, Baden-Baden: Nomos 1991, S. 185-207

Hamburg

Freie und Hansestadt Hamburg, Behörde für Schule, Jugend und Berufsbildung (Hrsg.): Verwaltungshandbuch für Schulen. Loseblattwerk. 2 Ordner, Hamburg (vormals Regensburg: Walhalla u. Praetoria)

Berkemann, Jörg: Schul- und Hochschulrecht, in: Hoffmann-Riem, Wolfgang/Koch, Hans-Joachim (Hrsg.): Hamburgisches Staats- und Verwaltungsrecht. 2. Aufl., Baden-Baden: Nomos 1998, S. 311-360

Anhang

Hessen

Schulrecht Hessen. Ergänzbare Sammlung der Vorschriften für Schule und Schulverwaltung. 5 Ordner, Neuwied: Luchterhand

Köller, Franz: Grundriß des Schulrechts in Hessen. 4. Aufl., Neuwied: Luchterhand 1998

Köller, Franz/*Achilles*, Harald: Hessisches Schulgesetz. Kommentar. Loseblattausgabe, Wiesbaden: Kommunal- und Schul-Verlag

Mecklenburg-Vorpommern

Schulrecht Mecklenburg-Vorpommern. Ergänzbare Sammlung für Schule und Schulverwaltung. Loseblattwerk. 3 Ordner, Neuwied: Luchterhand

Bley, Gerhard: Das Schulrecht in Mecklenburg-Vorpommern. Schulgesetz mit Kommentar und ergänzenden schul- und dienstrechtlichen Vorschriften. Loseblatt-Sammlung, Kronach: Link

Niedersachsen

Schulrecht Niedersachsen. Ergänzbare Sammlung der Vorschriften für Schule und Schulverwaltung. Loseblattwerk. 5 Ordner, Neuwied: Luchterhand

Barth, Friedrich-Wilhelm/*Habermalz*, Wilhelm/*Kieslich*, Rudolf: Grundriß des Schulrechts in Niedersachsen. 5. Aufl., Neuwied: Luchterhand 1997

Galas, Dieter/*Habermalz*, Wilhelm/*Schmidt*, Frank: Niedersächsisches Schulgesetz. Kommentar. 3. Aufl., Neuwied: Luchterhand 1998

Habermalz, Wilhelm: Dienstrecht für Lehrer in Niedersachsen. Grundriß, Rechts- und Verwaltungsvorschriften. Loseblattwerk, Neuwied: Luchterhand

Heizmann, Günter/*Habermalz*, Wilhelm/*Kieslich*, Rudolf (Hrsg.): Schulleitung und Schulaufsicht in Niedersachsen. Materialien für Schulleiter, Schulverwaltungsbeamte und für die Lehrerfortbildung. Loseblattwerk, Neuwied: Luchterhand

Kirchhoff, Adalbert/*Litty*, Hansgeorg: SV-Handbuch. Nachschlagewerk über Rechts- und Verwaltungsvorschriften. Arbeitsbuch mit Informationen und Anregungen für die praktische Arbeit der Schülervertretung. Ausgabe Niedersachsen. Loseblattwerk, Essen: Wingen

Metz, Günter (Hrsg.): Schulrecht für die Praxis. Loseblattkommentar, Essen: Wingen

Meyenberg, Rüdiger: Elternschaft und Schule. Handbuch für praktische Elternarbeit in Niedersachsen. 3. Aufl., Hannover: Hahnsche Buchhandlung 1996

Meyenberg, Rüdiger: Schule und Recht in Niedersachsen. Eine Sammlung der wichtigsten Rechts- und Verwaltungsvorschriften. Hannover: Hahnsche Buchhandlung 1996

Seyderhelm, Richard/*Nagel*, Karl-Rüdiger/*Brockmann*, Jürgen: Niedersächsisches Schulgesetz (NSchG). Kommentar mit wesentlichen Ausführungsbestimmungen. Loseblattausgabe, Wiesbaden: Kommunal- und Schul-Verlag

Woltering, Herbert/*Bräth*, Peter: Niedersächsisches Schulgesetz. Handkommentar. 4. Aufl., Stuttgart: Boorberg 1998

Nordrhein-Westfalen

Schulrecht Nordrhein-Westfalen. Ergänzbare Sammlung der Vorschriften für Schule und Schulverwaltung. Loseblattwerk. 5 Ordner, Neuwied: Luchterhand

Benda, Ernst/*Umbach*, Dieter C.: Die Arbeitszeit der Lehrer. Zur Überprüfung der Pflichtstundenanhebung für Lehrkräfte in Nordrhein-Westfalen, Düsseldorf: Philologen-Verband Nordrhein-Westfalen 1998

Gampe, Harald/*Knapp*, Rudolf/*Margies*, Dieter/*Rieger*, Gerald: Allgemeine Dienstordnung (ADO) für Lehrer und Lehrerinnen, Schulleiter und Schulleiterinnen an öffentlichen Schulen in Nordrhein-Westfalen. Kommentar, Neuwied: Luchterhand 1993

Gampe, Harald: Kooperation zwischen Schulaufsicht und Schule. Untersuchungen zur pädagogischen und rechtlichen Schulratsfunktion, Neuwied: Luchterhand 1994

Gampe, Harald/*Knapp*, Harald/*Margies*, Dieter/*Rieger*, Gerald: Abschlüsse und Versetzung in der Sekundarstufe I in Nordrhein-Westfalen. Kommentar, Neuwied: Luchterhand 1995

Gampe, Harald/*Margies*, Dieter/*Gelsing*, Ulrich/*Knapp*, Rudolf/*Rieger*, Gerald: Schulmitwirkungsgesetz (SchMG). Kommentar. 2. Aufl., Neuwied: Luchterhand 1998

Jehkul, Winfried/*Brabeck*, Harry/*Scheffler*, Beate: Verordnung über den Bildungsgang in der Grundschule (AO-GS). Kommentar für die Schulpraxis. 5. Aufl., Essen: Wingen 1998

Jehkul, Winfried: Schülerrecht in Nordrhein-Westfalen. Kleines Handbuch der Mitwirkung in der Schule für Eltern, Schülerinnen und Schüler, Schulleitungen und Lehrkräfte. 2. Aufl., Gütersloh: Flöttmann 1995

Jehkul, Winfried/*Pöttgen*, Heribert (Hrsg.): Schulrecht in der Praxis. Loseblattkommentar. 2 Ordner, Essen: Wingen

Jülich, Christian: Die rechtliche Ordnung des Schulwesens, in: Praxis der Gemeindeverwaltung. Landesausgabe Nordrhein-Westfalen. G 1 NW. Loseblattausgabe, Wiesbaden: Kommunal- und Schul-Verlag

Jülich, Christian: Grundriß des Schulrechts in Nordrhein-Westfalen. 2. Aufl., Neuwied: Luchterhand 1998

Jülich, Christian: Schulwanderungen und Schulfahrten in Nordrhein-Westfalen. Vorschriften, Erläuterungen, Hinweise mit Empfehlungen aus der Praxis des Deutschen Jugendherbergswerks. 5. Aufl., Köln: Dt. Gemeindeverlag 1993

Jülich, Christian/*Weiß*, Maria-Louise: Allgemeine Dienstordnung (ADO) für Lehrerinnen und Lehrer, Schulleiter und Schulleiterinnen an öffentlichen Schulen in Nordrhein-Westfalen. Kurzkommentar. Loseblatt-Sammlung, Kronach: Link

Margies, Dieter/*Gampe*, Harald/*Gelsing*, Ulrich/*Rieger*, Gerald (Hrsg.): Allgemeine Schulordnung in Nordrhein-Westfalen (ASchO). Kommentar. 4. Aufl., Neuwied: Luchterhand 1998

Margies, Dieter/*Gampe*, Harald/*Knapp*, Rudolf/*Rieger*, Gerald: Der Bildungsgang in der Grundschule in Nordrhein-Westfalen. Ausbildungsordnung Grundschule. Kommentar. 2. Aufl., Neuwied: Luchterhand 1997

Margies, Dieter/*Roeser*, Karsten (Hrsg.): Schulverwaltungsgesetz (SchVG). Kommentar für die Schulpraxis. 3. Aufl., Essen: Wingen 1995

Oeynhausen, Manfred: Rechtshandbuch Schule Nordrhein-Westfalen mit dem neuen Datenschutzrecht, Stuttgart: Boorberg 1994

Petermann, Bernd: Schulmitwirkungsgesetz. Kommentar. 14. Aufl., Essen: Wingen 1997

Pöttgen, Heribert: Allgemeine Schulordnung (ASchO). Kommentar für die Schulpraxis. 16. Aufl., Essen: Wingen 1997

Rheinland-Pfalz

Schulrecht Rheinland-Pfalz. Ergänzbare Sammlung der Vorschriften für Schule und Schulverwaltung. Loseblattwerk. 5 Ordner, Neuwied: Luchterhand

Fernis, Hans-Georg/*Schneider*, Paul Georg: Landesgesetz über die Schulen in Rheinland-Pfalz (Schulgesetz – SchulG). Kommentar mit Ausführungsbestimmungen, fortgeführt von *Hennecke*, Frank J./*Scheel*, Ulrich/*Thews*, Michael. Loseblattwerk, Wiesbaden: Kommunal- und Schul-Verlag

Mehlinger, Karlheinz: Schulgesetze in Rheinland-Pfalz. Loseblattausgabe. 2 Ordner, Heidelberg: v. Decker's

Nieberle, Thomas: Schulrecht, in: Richard Ley (Hrsg.): Staats- und Verwaltungsrecht für Rheinland-Pfalz. 3. Aufl., Baden-Baden: Nomos 1992, S. 517-549

Wünschel, Wolfgang/*Laveuve*, Max/*Bender*, Reinhard (Hrsg.): Schule in der Praxis. Problemorientierte Erläuterungen für den Praktiker. Loseblattausgabe. 2 Ordner, Essen: Wingen

Saarland

Schulrecht Saarland. Ergänzbare Sammlung der Vorschriften für Schule und Schulverwaltung. Loseblattwerk. 5 Ordner, Neuwied: Luchterhand

Sachsen

Schulrecht Sachsen. Ergänzbare Sammlung für Schule und Schulverwaltung. Loseblattwerk. 3 Ordner, Neuwied: Luchterhand

Berenbruch, Hans-Wilhelm/*Meier*, Martina (Hrsg.): Das Schulrecht in Sachsen. Schulgesetz, Schulordnungen, Unterrichtsorganisation/Schulische Veranstaltungen, Aus- und Fortbildung. Loseblatt-Sammlung mit Erläuterungen, Kronach: Link

Holfelder, Wilhelm/*Bosse*, Wolfgang: Sächsisches Schulgesetz. Handkommentar mit Sonderteil Lehrerdienstrecht. 4. Aufl., Neuwied: Luchterhand 1995

Niebes, Ludwig/*Becher*, Bernhard/*Pollmann*, Andrea: Schulgesetz und Schulordnungen im Freistaat Sachsen. Praxiskommentar. 2. Aufl., Stuttgart: Boorberg 1996

Sachsen-Anhalt

Schulrecht Sachsen-Anhalt. Ergänzbare Sammlung für Schule und Schulverwaltung. Loseblattwerk. 3 Ordner, Neuwied: Luchterhand

Boehm, Klaus-Jürgen/*Kuhn*, Hannelore: Das Schulrecht in Sachsen-Anhalt. Loseblatt-Sammlung mit Erläuterungen, Kronach: Link

Reich, Andreas: Schulgesetz des Landes Sachsen-Anhalt. Kommentar, Bad Honnef: Bock 1997

Weilandt, Markus: Der Aufbau eines demokratischen Schulwesens in Sachsen-Anhalt, Köln: Böhlau 1997

Wolff, Klaus/*Richter*, Rudolf/*Gras*, Sigrun: Schulgesetz des Landes Sachsen-Anhalt. Kommentar. Loseblattausgabe, Wiesbaden: Kommunal- und Schul-Verlag

Schleswig-Holstein

Schulrecht in Schleswig-Holstein. Ergänzbare Sammlung der Vorschriften für Schule und Schulverwaltung. 3 Ordner, Neuwied: Luchterhand

Pfautsch, Reinhart/*Lorentzen*, Uwe: Grundriß des Schulrechts und der Schulverwaltung in Schleswig-Holstein. 2. Aufl., Neuwied: Luchterhand 1997

Thüringen

Schulrecht Thüringen. Ergänzbare Sammlung für Schule und Schulverwaltung. Loseblattwerk. 4 Ordner, Neuwied: Luchterhand

Assmann, Stefanie: Thüringer Schulrecht. Schulgesetz mit Erläuterungen und schulrechtlichen Nebenbestimmungen, Stuttgart: Boorberg 1995

Duchêne, Monika/*Godde*, Reinhold: Das Schulrecht in Thüringen. Schulgesetze und Schulordnungen mit Erläuterungen und ergänzenden Vorschriften. Loseblatt-Sammlung, Kronach: Link

Anhang 5: Literatur zum Recht des öffentlichen Dienstes

Battis, Ulrich: Bundesbeamtengesetz. Kommentar. 2 Aufl., München: Beck 1997

Battis, Ulrich: Beamtenrecht, in: Achterberg, Norbert/Püttner, Günter (Hrsg.): Besonderes Verwaltungsrecht. Band I: Wirtschafts-, Bau-, Kultus-, Dienstrecht, Heidelberg: Müller 1990. S. 899-969

Battis, Ulrich: Rechte und Pflichten im öffentlichen Dienst von A-Z. 5. Aufl., München: Deutscher Taschenbuch-Verlag 1999

Behrens, Hans-Jörg: Beamtenrecht, München: Beck 1996

Dahm, Wolfgang: Beamtenrecht. 2. Aufl., Köln: Dt. Gemeindeverlag 1993

Fürst, Walther (Hrsg.): Gesamtkommentar Öffentliches Dienstrecht. Loseblattwerk. 5 Bde., Berlin: E. Schmidt
  Bd. 1: Beamtenrecht des Bundes und der Länder, Richterrecht und Wehrrecht (7 Ordner)
  Bd. 2: Disziplinarrecht des Bundes und der Länder (5 Ordner)
  Bd. 3: Besoldungsrecht des Bundes und der Länder (2 Ordner)
  Bd. 4: Recht der Arbeiter und Angestellten im öffentlichen Dienst (2 Ordner)
  Bd. 5: Personalvertretungsrecht des Bundes und der Länder (3 Ordner)

Hattenhauer, Hans: Geschichte des deutschen Beamtentums. Handbuch des Öffentlichen Dienstes. Bd. I. 2. Aufl., Köln: Heymanns 1993

Isensee, Josef: Öffentlicher Dienst, in: Benda, Ernst/Maihofer, Werner/Vogel, Hans-Jochen: Handbuch des Verfassungsrechts der Bundesrepublik Deutschland. 2. Aufl., Berlin: de Gruyter 1995. S. 1527-1577

Köpp, Klaus: Öffentliches Dienstrecht, in: Steiner, Udo (Hrsg.): Besonderes Verwaltungsrecht. 6. Aufl., Heidelberg: Müller 1999. S. 381-483

Kunig, Philip: Das Recht des öffentlichen Dienstes, in: Schmidt-Aßmann, Eberhard (Hrsg.): Besonderes Verwaltungsrecht. 11. Aufl., Berlin: de Gruyter 1999. S. 627-725

Lecheler, Helmut: Der öffentliche Dienst, in: Isensee, Josef/Kirchhof, Paul (Hrsg.): Handbuch des Staatsrechts der Bundesrepublik Deutschland. Bd. III: Das Handeln des Staates, Heidelberg: Müller 1988. S. 717-773

Leisner, Walter: Beamtentum. Schriften zum Beamtenrecht und zur Entwicklung des öffentlichen Dienstes 1968-1991, Berlin: Duncker & Humblot 1995

Merten, Detlef: Das Recht des öffentlichen Dienstes in Deutschland, in: Magiera, Siegfried/Siedentopf, Heinrich (Hrsg.): Das Recht des öffentlichen Dienstes in den Mitgliedstaaten der Europäischen Gemeinschaft, Berlin: Duncker & Humblot 1994. S. 181-233

Monhemius, Jürgen: Beamtenrecht, München: Beck 1995

Peine, Franz-Josef/*Heinlein*, Dieter: Beamtenrecht, 2. Aufl., Heidelberg: Müller 1999

Plog, Ernst/*Wiedow*, Alexander/*Beck*, Gerhard/*Lemhöfer*, Bernt: Bundesbeamtengesetz mit Beamtenversorgungsgesetz. Kommentar. Loseblattwerk. 3 Ordner, Neuwied: Luchterhand

Scheerbarth, Hans Walter/*Höffken*, Heinz/*Bauschke*, Hans-Joachim/*Schmidt*, Lutz: Beamtenrecht. 6. Aufl., Siegburg: Reckinger 1992

Schnellenbach, Helmut: Beamtenrecht in der Praxis. 4. Aufl., München: Beck 1998

Schütz, Erwin/*Maiwald*, Joachim (Hrsg.): Beamtenrecht des Bundes und der Länder. Gesamtausgabe (Kommentar und Entscheidungssammlung). Loseblattwerk. 6 Ordner. 5. Aufl., Heidelberg: v. Decker's

Wagner, Fritjof: Beamtenrecht. 5. Aufl., Heidelberg: v. Decker's 1997

Wiese, Walter: Beamtenrecht. Handbuch des Öffentlichen Dienstes. Bd. II Teil 1. 3. Aufl., Köln: Heymanns 1988

Wind, Ferdinand/*Schimana*, Rudolf/*Wichmann*, Manfred: Öffentliches Dienstrecht. 4. Aufl., Köln: Dt. Gemeindeverlag 1998

Anhang

Anhang 6: Einführungen in das Recht, weitere Literatur zum öffentlichen Recht

6.1 Einführungen und Nachschlagewerke

Avenarius, Hermann: Die Rechtsordnung der Bundesrepublik Deutschland. Eine Einführung. 2. Aufl., Bonn: Bundeszentrale für politische Bildung 1997

Baur, Fritz/*Walter*, Gerhard: Einführung in das Recht der Bundesrepublik Deutschland. 6. Aufl., München: Beck 1993

Creifelds, Carl: Rechtswörterbuch. 15. Aufl., München: Beck 1999

Engisch, Karl: Einführung in das juristische Denken. 9. Aufl., Stuttgart: Kohlhammer 1997

Geiger, Harald/*Mürbe*, Manfred/*Wenz*, Helmut: Beck'sches Rechtslexikon. 2. Aufl., München: Deutscher Taschenbuch-Verlag 1996

Köbler, Gerhard: Juristisches Wörterbuch. 9. Aufl., München: Vahlen 1999

Robbers, Gerhard: Einführung in das deutsche Recht. 2. Aufl., Baden-Baden: Nomos 1998

Röhl, Klaus F.: Allgemeine Rechtslehre. Köln: Heymanns 1995

Tilch, Horst (Hrsg.): Deutsches Rechts-Lexikon. 3 Bde. 2. Aufl., München: Beck 1992

Wesel, Uwe: Juristische Weltkunde. Eine Einführung in das Recht. Frankfurt am Main: Suhrkamp 1993

Wesel, Uwe: Fast alles was Recht ist. Jura für Nicht-Juristen. 6. Aufl., Frankfurt am Main: Eichborn 1999

6.2 Lehr- und Handbücher des Staatsrechts

Badura, Peter: Staatsrecht. 2. Aufl., München: Beck 1996

Benda, Ernst/*Maihofer*, Werner/*Vogel*, Hans-Jochen (Hrsg.): Handbuch des Verfassungsrechts. 2. Aufl., Berlin: de Gruyter 1995

Isensee, Josef/*Kirchhof*, Paul (Hrsg.): Handbuch des Staatsrechts der Bundesrepublik Deutschland, Heidelberg: Müller
- Bd. I: Grundlagen von Staat und Verfassung. 2. Aufl. 1995
- Bd. II: Demokratische Willensbildung – Die Staatsorgane des Bundes. 2. Aufl. 1998
- Bd. III: Das Handeln des Staates. 2. Aufl. 1996
- Bd. IV: Finanzverfassung – Bundesstaatliche Ordnung, 1990
- Bd. V: Allgemeine Grundrechtslehren, 1992
- Bd. VI: Freiheitsrechte, 1989
- Bd. VII: Normativität und Schutz der Verfassung – Internationale Beziehungen, 1993
- Bd. VIII: Einheit Deutschlands – Entwicklung und Grundlagen, 1995
- Bd. IX: Die Einheit Deutschlands – Festigung und Übergang, 1997

Bleckmann, Albert: Staatsrecht I – Staatsorganisationsrecht, Köln: Heymanns 1993; Staatsrecht II – Die Grundrechte. 4. Aufl., Köln: Heymanns 1997

Degenhart, Christoph: Staatsrecht I. Staatszielbestimmungen, Staatsorgane, Staatsfunktionen. 15. Aufl., Heidelberg: Müller 1999

Gallwas, Hans-Ullrich: Grundrechte. 2. Aufl., Neuwied: Luchterhand 1995

Hesse, Konrad: Grundzüge des Verfassungsrechts der Bundesrepublik Deutschland. 20. Aufl., Heidelberg: Müller 1995

Ipsen, Jörn: Staatsrecht I. Staatsorganisationsrecht. 10. Aufl., Neuwied: Luchterhand 1998; Staatsrecht II. Grundrechte. 2. Aufl., Neuwied: Luchterhand 1998

Katz, Alfred: Staatsrecht. Grundkurs im öffentlichen Recht. 14. Aufl., Heidelberg: Müller 1999

Maunz, Theodor/*Zippelius*, Reinhold: Deutsches Staatsrecht. 30. Aufl., München: Beck 1998

Maurer, Hartmut: Staatsrecht I. Grundlagen, Verfassungsorgane, Staatsfunktionen, München: Beck 1999

Münch, Ingo von: Staatsrecht. Bd. I. 5. Aufl., Stuttgart: Kohlhammer 1993

Pieroth, Bodo/*Schlink*, Bernhard: Grundrechte. Staatsrecht II. 14. Aufl., Heidelberg: Müller 1998

Richter, Ingo/*Schuppert*, Gunnnar Folke: Casebook Verfassungsrecht. 3. Aufl., München: Beck 1996

Schweitzer, Michael: Staatsrecht III. Staatsrecht, Völkerrecht, Europarecht. 6. Aufl., Heidelberg: Müller 1997

Stein, Ekkehart: Staatsrecht. 16. Aufl., Tübingen: Mohr (Siebeck) 1998

Stern, Klaus: Das Staatsrecht der Bundesrepublik Deutschland, München: Beck
Bd. I: Grundbegriffe und Grundlagen des Staatsrechts. Strukturprinzipien der Verfassung. 2. Aufl. 1984
Bd. II: Staatsorgane, Staatsfunktionen, Finanz- und Haushaltsverfassung, Notstandsverfassung, 1980
Bd.III: Allgemeine Lehren der Grundrechte. 1. Halbband 1988; 2. Halbband 1994

6.3 Grundgesetz-Kommentare

Dolzer, Rudolf (Hrsg.): Bonner Kommentar zum Grundgesetz. Loseblattwerk. 11 Ordner, Heidelberg: Müller

Dreier, Horst (Hrsg.): Grundgesetz. Kommentar. Tübingen: Mohr (Siebeck). Bd. 1: Art. 1-19, 1996; Bd. 2: Art. 20-82, 1998

Hesselberger, Dieter: Das Grundgesetz. Kommentar für die politische Bildung. 11. Aufl., Neuwied: Luchterhand 1999

Jarass, Hans D./*Pieroth*, Bodo: Grundgesetz für die Bundesrepublik Deutschland Kommentar. 4. Aufl., München: Beck 1997

Kommentar zum Grundgesetz für die Bundesrepublik Deutschland (Reihe Alternativkommentare). 2. Aufl., Bd. 1: Art. 1-37, Bd. 2: Art. 38-146. Neuwied: Luchterhand 1989

von Mangoldt, Hermann/*Klein*, Friedrich: Das Bonner Grundgesetz. Kommentar. 3. Aufl., München: Vahlen
Bd. 1:   Präambel, Art. 1 bis 5, 1985, bearbeitet von *Starck*, Christian
Bd. 6:   Art. 38 bis 49, 1991, bearbeitet von *Achterberg*, Norbert/*Schulte*, Martin
Bd. 8:   Art. 70 bis 75, 1996, bearbeitet von *Pestalozza*, Christian
Bd. 14: Art. 136 bis 146, 1991, bearbeitet von Frh. *von Campenhausen*, Axel

Maunz, Theodor/*Dürig*, Günter: Grundgesetz. Kommentar. Loseblattausgabe. 5 Ordner, Müchen: Beck

Münch, Ingo von/*Kunig*, Philip (Hrsg.): Grundgesetz. Kommentar, München: Beck
Bd. I: Präambel bis Art. 20. 4. Aufl. 1992
Bd. II: Art. 21 bis Art. 69. 3. Aufl. 1995
Bd. III: Art. 70 bis Art. 146 und Gesamtregister. 3. Aufl. 1996

Sachs, Michael (Hrsg.): Grundgesetz-Kommentar. 2. Aufl., München: Beck 1999

Schmidt-Bleibtreu, Bruno/*Klein*, Franz: Kommentar zum Grundgesetz. 9. Aufl., Neuwied: Luchterhand 1999

Anhang

6.4 Lehrbücher des europäischen Gemeinschaftsrechts

Bleckmann, Albert: Europarecht. 6. Aufl., Köln: Heymanns 1997

Fischer, Hans Georg: Europarecht. 2. Aufl., München: Beck 1997

Herdegen, Matthias: Europarecht. 2. Aufl., München: Beck 1999

Oppermann, Thomas: Europarecht. 2. Aufl., München: Beck 1999

Schweitzer, Michael/*Hummer*, Waldemar: Europarecht. 5. Aufl., Neuwied: Luchterhand 1996

Staebe, Erik: Europarecht. Baden-Baden: Nomos 1998

6.5 Lehrbücher und Kommentare des Allgemeinen Verwaltungsrechts

Bull, Hans-Peter: Allgemeines Verwaltungsrecht. 5. Aufl., Heidelberg: Müller 1997

Erichsen, Hans-Uwe (Hrsg.): Allgemeines Verwaltungsrecht. 11. Aufl., Berlin: de Gruyter 1998

Faber, Heiko: Verwaltungsrecht. 4. Aufl., Tübingen: Mohr (Siebeck) 1995

Huber, Peter-Michael: Allgemeines Verwaltungsrecht. 2. Aufl., Heidelberg: Müller 1997

Hufen, Friedhelm: Fehler im Verwaltungsverfahren. 3. Aufl., Baden-Baden: Nomos 1998

Knack, Hans Joachim (Hrsg.): Verwaltungsverfahrensgesetz (VwVfG). Kommentar. 6. Aufl., Köln: Heymanns 1998

Koch, Hans-Joachim/*Rubel*, Rüdiger: Allgemeines Verwaltungsrecht. 2. Aufl., Neuwied: Luchterhand 1992

Kopp, Ferdinand O.: Verwaltungsverfahrensgesetz. Kommentar. 6. Aufl., München: Beck 1996

Maurer, Hartmut: Allgemeines Verwaltungsrecht. 12. Aufl., München: Beck 1999

Obermayer, Klaus/*Fritz*, Roland (Hrsg.): Kommentar zum Verwaltungsverfahrensgesetz. 3. Aufl., Neuwied 1999

Peine, Franz-Josef: Allgemeines Verwaltungsrecht. 4. Aufl., Heidelberg: Müller 1998

Richter, Ingo/*Schuppert*, Gunnar Folke: Casebook Verwaltungsrecht. 2. Aufl., München: Beck 1995

Stelkens, Paul/*Bonk*, Heinz Joachim/*Sachs*, Michael: Verwaltungsverfahrensgesetz. Kommentar. 5. Aufl., München: Beck 1998

Ule, Carl Hermann/*Laubinger*, Hans-Werner: Verwaltungsverfahrensrecht. 4. Aufl., Köln: Heymanns 1995

Wolff, Hans J./*Bachof*, Otto/*Stober*, Rolf:
   Verwaltungsrecht I. 10. Aufl., München: Beck 1994
   Verwaltungsrecht II. 5. Aufl., München: Beck 1987

6.6 Lehrbücher und Kommentare des Verwaltungs- und Verfassungsprozeßrechts

Benda, Ernst/*Klein*, Eckart: Lehrbuch des Verfassungsprozeßrechts, Heidelberg: Müller 1991

Eyermann, Erich: Verwaltungsgerichtsordnung. Kommentar. 10. Aufl., München: Beck 1998

Finkelnburg, Klaus/*Jank*, Klaus P.: Vorläufiger Rechtsschutz im Verwaltungsstreitverfahren. 4. Aufl., München: Beck 1998

Fleury, Roland: Verfassungsprozeßrecht. 2. Aufl., Neuwied: Luchterhand 1997

Hufen, Friedhelm: Verwaltungsprozeßrecht. 3. Aufl., München: Beck 1998

Kopp, Ferdinand O./*Schenke*, Wolf-Rüdiger: Verwaltungsgerichtsordnung. Kommentar. 11. Aufl., München: Beck 1998

Kuhla, Wolfgang/*Hüttenbrink*, Jost: Der Verwaltungsprozeß. 2. Aufl., München: Beck 1998

Lechner, Hans/*Zuck*, Rüdiger: Bundesverfassungsgerichtsgesetz (BVerfGG). 4. Aufl., München: Beck 1996 (Nachtrag 1999)

Maunz, Theodor/*Schmidt-Bleibtreu*, Bruno/*Klein*, Franz/*Ulsamer*, Gerhard: Bundesverfassungsgerichtsgesetz. Kommentar. Loseblattausgabe, München: Beck

Pestalozza, Christian: Verfassungsprozeßrecht. 3. Aufl., München: Beck 1991

Redeker, Konrad/*von Oertzen*, Hans-Joachim: Verwaltungsgerichtsordnung. Kommentar. 12. Aufl., Stuttgart: Kohlhammer 1997

Schenke, Wolf-Rüdiger: Verwaltungsprozeßrecht. 6. Aufl., Heidelberg: Müller 1998

Schlaich, Klaus: Das Bundesverfassungsgericht. 4. Aufl., München: Beck 1997

Schmitt Glaeser, Walter: Verwaltungsprozeßrecht. 14. Aufl., Stuttgart: Boorberg 1997

Schoch, Friedrich/*Schmidt-Aßmann*, Eberhard/*Pietzner*, Rainer: Verwaltungsgerichtsordnung. Kommentar. Loseblattausgabe. 2 Ordner, München: Beck

Schwabe, Jürgen: Verwaltungsprozeßrecht. 4. Aufl., Düsseldorf: Werner 1996

Umbach, Dieter C./*Clemens*, Thomas (Hrsg.): Bundesverfassungsgerichtsgesetz. Mitarbeiterkommentar, Heidelberg: Müller 1992

Würtenberger, Thomas: Verwaltungsprozeßrecht, München: Beck 1998

Anhang 7: Zeitschriften

7.1 Juristische Zeitschriften
7.1.1 Schulrecht

Recht der Jugend und des Bildungswesens (RdJB). Zeitschrift für Schule, Berufsbildung und Jugenderziehung (vierteljährlich; Neuwied: Luchterhand)

Recht und Schule (RuS). Informationsschrift des Instituts für Bildungsforschung und Bildungsrecht e. V. (vierteljährlich; Hannover)

SchulRecht (SchuR). Informationsdienst für Schulleitung und Schulaufsicht (neunmal jährlich; Neuwied: Luchterhand)

7.1.2 Recht des öffentlichen Dienstes

Der Öffentliche Dienst (DÖD). Fachzeitschrift für Angehörige des öffentlichen Dienstes (monatlich; Köln: Heymanns)

Der Personalrat (PersR). Zeitschrift für das Personalrecht im öffentlichen Dienst (monatlich; Köln: AiB Verlag)

Die Personalvertretung (PersV). Fachzeitschrift des gesamten Personalwesens für Personalvertretungen und Dienststellen (monatlich; Berlin: E. Schmidt)

Informationsdienst Öffentliches Dienstrecht (IÖD). Aktuelle Rechtsprechung (14-täglich; Neuwied: Luchterhand)

Recht im Amt (RiA). Zeitschrift für den öffentlichen Dienst (zweimonatlich; Neuwied: Luchterhand)

Zeitschrift für Beamtenrecht (ZBR) (monatlich; Köln: Kohlhammer)

7.1.3 Öffentliches Recht im allgemeinen

Archiv des öffentlichen Rechts (AöR) (jährlich ein Band zu vier Heften; Tübingen: Mohr [Siebeck])

Der Staat. Zeitschrift für Staatslehre, Öffentliches Recht und Verfassungsgeschichte (vierteljährlich; Berlin: Duncker & Humblot)

Deutsches Verwaltungsblatt (DVBl.) (zweimal im Monat; Köln: Heymanns)

Deutsche Verwaltungspraxis (DVP). Fachzeitschrift für die öffentliche Verwaltung (monatlich; Hamburg: Maximilian)

Die Öffentliche Verwaltung (DÖV). Zeitschrift für öffentliches Recht und Verwaltungswissenschaft (zweimal im Monat; Stuttgart: Kohlhammer)

Die Verwaltung (DV). Zeitschrift für Verwaltungrecht und Verwaltungswissenschaften (vierteljährlich; Berlin: Duncker & Humblot)

Landes- und Kommunalverwaltung (LKV) (monatlich; München: Beck)

Neue Zeitschrift für Verwaltungsrecht (NVwZ) (monatlich; München: Beck)

NVwZ-Rechtsprechungs-Report Verwaltungsrecht (NVwZ-RR) (monatlich; München: Beck)

Verwaltungs-Archiv (VerwArch.). Zeitschrift für Verwaltungslehre, Verwaltungsrecht und Verwaltungspolitik (vierteljährlich; Köln: Heymanns)

Verwaltungsrundschau (VR). Zeitschrift für Verwaltung in Praxis und Wissenschaft (monatlich; Köln: Kohlhammer)

7.1.4 Weitere wichtige juristische Zeitschriften

Juristen Zeitung (JZ) (zweimal im Monat; Tübingen: Mohr [Siebeck])

Neue Juristische Wochenschrift (NJW) (wöchentlich; München: Beck)

Zeitschrift für das gesamte Familienrecht (FamRZ). Ehe und Familie im privaten und öffentlichen Recht (monatlich; Bielefeld: Gieseking)

Zentralblatt für Jugendrecht (ZfJ). Jugend und Familie – Jugendhilfe – Jugendgerichtshilfe (monatlich; Köln: Heymanns)

7.2 Zeitschriften zur Schulverwaltung

LOG IN. Informatische Bildung und Computer in der Schule (vierteljährlich; Berlin: LOG IN Verlag)

Pädagogische Führung (PädF). Zeitschrift für Schulleitung und Schulberatung (vierteljährlich; Neuwied: Luchterhand)

schul-management (sm). Die Zeitschrift für Schulleitung und Schulpraxis (zweimonatlich; München: Oldenbourg)

SchulVerwaltung (SchVw). Zeitschrift für Schulleitung und Schulaufsicht (elfmal jährlich; Kronach: Link). *Landesausgaben:* Baden-Württemberg (SchVw BW), Bayern (SchVw BY), Hessen (SchVw HE), Brandenburg, Mecklenburg-Vorpommern, Sachsen, Sachsen-Anhalt, Thüringen und Berlin (SchVw MO), Niedersachsen (SchVw NI), Nordrhein-Westfalen (SchVw NRW), Rheinland-Pfalz und Saarland (SchVw RPSL), Schleswig-Holstein, Hamburg, Bremen (SchVw ND)

Zeitschrift für Bildungsverwaltung (ZBV) (zweimal jährlich; Frankfurt am Main: Deutsche Gesellschaft für Bildungsverwaltung)

Sachregister

Abendgymnasium 5, *58*
Abendhauptschule 58
Abendrealschule 58
Abitur 46, *49 ff.*, 79
Abgangszeugnis 487
Abschlüsse
   s. a. Abitur
   s. a. Zeugnisse
   Anerkennung 85 ff.
   Auslandschule 228
   Europäische Schule 231
   Gesamtschule 48
   Gesetzesvorbehalt 492 f., 494
   Hauptschule 45, 477 f.
   Privatschule 215 f., 221 f.
   Realschule 45, 477 f.
   Rechtsnatur 493, 496
   Schulversuch 91
Abschlüsse ohne Prüfung 492 f.
Abschlußprüfung 493 ff.
   s. a. Leistungsbewertung
Abschlußzeugnis 483 f., 487, 492
   Gesamtschule 48
AIDS 572 ff.
Alimentationsprinzip 352
Alkohol 398, *543*
Alternativschule 202
   s. a. Privatschule
Amsterdamer Vertrag
   s. Europäisches Gemeinschaftsrecht
Amtsbezeichnung
   s. Lehrer
Amtshaftung 349, 402 f., 525 f., *618 ff.*
   s. a. Haftung
   Amtspflichten 620 ff.
   Mitverschulden 619, 620
   Klagen 647 f.
   Subsidiarität 618 f.
   Unfallversicherung 616 f.
Amtshilfe
   s. Datenschutz
Amtsverschwiegenheit
   s. Verschwiegenheitspflicht
Anfechtungsklage 348, *634*
   Aufschiebende Wirkung 637
   Begründetheit 641
   Sachentscheidungsvoraussetzungen 637 ff.
   Sozialgerichtsverfahren 648
Angestellter Lehrer 404 ff.
   Abordnung 414
   Altersteilzeitarbeit 409 f.
   Arbeitslosenversicherung 421
   Arbeitsvertrag 409
   Arbeitszeit 414

   Auflösungsvereinbarung 410
   Auslandschuldienst 230
   Ausnahmestatus 288 f., 404
   Befristetes Arbeitsverhältnis 411 f.
   Dienstliche Beurteilung 413 f.
   Geschenkannahme 414
   Geringfügige Beschäftigung 422 f.
   Krankenversicherung 417, *419 f.*
   Kündigung 405 f., 410 f.
   Nebentätigkeit 414
   Neue Bundesländer 405 ff.
   Personalakte 413
   Personalvertretung 413
   Pflegeversicherung 420
   Pflichten 414
   Pflichtverletzung (Folgen) 421
   Probezeit 409
   Rechte 413 f.
   Rechtsnatur des
      Angestelltenverhältnisses 407 ff.
   Rechtsschutz 414, 421
   Reisekostenvergütung 418
   Rentenversicherung 409 f., *418*
   Sozialbezüge 417 f.
   Teilzeitbeschäftigung 406 f., 409 f.
   Trennungsentschädigung 418
   Übergangsgeld 418
   Umzugskostenvergütung 418
   Unfall 623
   Unfallversicherung 420
   Urlaub 413
   Vergütung 409, *415 ff.*
   Vermögenswerte Rechte 415 ff.
   Versetzung 414
   Zeugnis 411
   Zulässigkeit des
      Angestelltenverhältnisses 404
Anhörungsrecht
   s. Mitwirkung
Anstalt 108 f.
Anwärter
   s. Lehramtsanwärter
   s. Vorbereitungsdienst
Anwaltszwang
   Arbeitsgerichtsverfahren 414
   Sozialgerichtsverfahren 648
   Verwaltungsgerichtsverfahren 640
   Zivilgerichtsverfahren 646
Arbeitsamt *581*, 606
Arbeitsgemeinschaft Freier Schulen 201
Arbeitslosigkeit
   Angestellter Lehrer 420
   Lehramtsanwärter 281
Arrest 443, *567*

677

Sachregister

Aufsicht durch Schüler 622
Aufsichtspflicht des Lehrers 374, *385 ff.*
  Amtshaftung 622
  Baden 391, 393
  Besichtigungen 393
  Elternrecht 443
  Fahrschüler 390
  Freistunden 391
  Gefahrengeneigte Fächer 374, 388
  Grenzen 386 f.
  Gruppenarbeit 389
  Hausaufgaben 389 f.
  Helfer 387
  Inhalt 385 f.
  Klassenverweis 388 f.
  Pausen 391, 542
  Schülereigentum 395
  Schülervertretung 138, 394
  Schulbus 390
  Schulfest 394
  Schullandheimaufenthalt 392 f.
  Schulwanderungen 392 f., 535 f.
  Schulweg 390
  Sportunterricht 391, 621
  Studienfahrten 392 f.
  Unterricht 387 ff.
  Unterrichtsweg 391 f.
  Verlassen des Klassenzimmers 388
  Verletzung (Folgen) 396, 402 f., 622
  Volljährige Schüler 386 f., 391, 392 f.
  Zeitraum 387
  Zustand des Schulgrundstückes 394 f.
Aufsichtspflicht des Schulleiters 394 f., 609 f.
Ausbildungsförderung *595 f.*, 631
Auskünfte an Medien 372
Ausländeramt 605
Ausländerkinder 92 ff.
  Bayerisches Modell 95
  Berliner Modell 94 f.
  Elternvertretung 144
  Konsularunterricht 94
  Privatschule 215
  Schülervertretung 134
  Schulpflicht 92, 449 f., 452, 453
  Versetzung 491
Auslandschule 226 ff.
  Anerkennung 228
  Begriff 226
  Förderung 227 f.
  Lehrer 229 f.
  Typen 226 f.
Auslese
  negative 473
  positive 473
Aussiedlerkinder 92 ff., 491
Ausstellungen 534 f.

Autonomie der Schule 111 ff.
Beamter
  s. Lehrer
Beamtengesetze 284 ff.
Beamtenrecht 8
  Kirchliches 205
  Reform 286 f.
Beamtenverhältnis
  s. a. Lehrer
  Beendigung 310 ff.
  Begründung 293 ff.
  Funktionsvorbehalt 288
  Rechtsgrundlagen 284 ff.
Befangenheit des Prüfers 511 f.
Befristetes Arbeitsverhältnis 411 f.
Begegnungsschule 227
Behinderte 55 ff.
  s. a. Sonderschule
  Ausbildungsförderung 596
  Grundrechte 56 f., 276, 464 ff.
  Integrative Beschulung 55 ff., 464 ff.
  Leistungsbewertung 508 f.
  Schulpflicht 464 ff.
  Sonderpädagogischer Förderbedarf 56 ff., 464 ff.
Bekenntnisfreiheit 75, 76 f., 214, 275, *320 f.*, 444, 530 f., 545
Bekenntnisschule 103
  Bekenntnisfremde 480
  Elternrecht 441, 480
  Lehrer 106, 305
  Privatschule 102, 212, 214
Beliehene 216, 611
Benutzungsordnung 186 f.
Benutzungsverhältnis 109
Beobachtungsstufe
  s. Orientierungsstufe
Beratung 580 ff.
  Aufgaben 580
  Methoden 581
  Schulartwahl 478
Beratungslehrer 580 f.
  Schülervertretung 134 f.
  Schülerzeitung 555 f.
  Schweigepflicht 582 f.
Berechtigungen 78 ff.
  s. a. Abschlüsse
  s. a. Versetzung
  Bedeutung 472
  Bundeslandwechsel 85 f.
  Gesetzesvorbehalt 472, 488
  Zuerkennung 483 f.
Berufliches Gymnasium 51
Berufsaufbauschule 54
Berufsberatung 581 f.

Sachregister

Berufsbildende Schule
  Elternvertretung 148 f.
  Lehrerausbildung 270, 271, 272
  Schülervertretung 134
Berufsfachschule 53 f.
Berufsfreiheit 28 f., 86, *223 f.*, 243 f., 273 ff., 499 f.
Berufsgrundbildungsjahr 53
Berufsgrundschuljahr 53
Berufskolleg 51
Berufsoberschule 51 f.
Berufsschüler
  Beurlaubung 462 f.
Berufsschule 52 f.
  Beiräte 149
  Schulbezirk 463
Berufsschulpflicht 460 ff.
  Sonderschüler 468
Berufsverbände der Lehrer 335
Berufsvorbereitungsjahr 53
Berufung
  Sozialgerichtsverfahren 649
  Verwaltungsgerichtsverfahren 644
  Zivilgerichtsverfahren 646
Beschäftigungsförderungsgesetz 412 f.
Beschluß
  Sozialgerichtsverfahren 649
  Verwaltungsgerichtsverfahren 644
Beschulungsvertrag 206
Beschwerde
  des Beamten 346 f.
  Verwaltungsgerichtsverfahren 644
Besoldung
  s. Lehrer
Besonderes Gewaltverhältnis 17, *427 f.*
  s. a. Gesetzesvorbehalt
Bestimmtheitsgebot 240
Beteiligtenfähigkeit *639*, 648
Betriebsbesichtigung 535
Betriebspraktikum 538 f.
  Unfallversicherung 612
Beurteilungsspielraum 498 f.
Bewertungsspielraum *499*, 635, 641
Bezirksschulbeirat 130
Bildungsauftrag
  s. Erziehungsauftrag
Bildungschancen
  s. Chancengleichheit
Bildungsgang
  Begriff 39, 593 f.
  Berufsqualifizierend 39, 52 ff.
  Doppeltqualifizierend 48
  Studienqualifizierend 39, 49 ff.
Bildungsgesamtplan 22
Bildungsgutschein 62
Bildungskommission NRW 59, 88, 111 f., 267

Bildungsplanung 19 ff.
Bildungspolitik 23 f., 59 f.
Bildungsweg 438 ff.
Bildungswesen
  s. Bildungsplanung
  s. Schulwesen
Bildungsziele
  s. Erziehungsziele
Blauer Brief 491 f.
Blockunterricht 52 f.
Bremer Klausel 70
Budgetierung
  s. Schulfinanzierung
Bundes-Angestelltentarifvertrag (BAT) 408 ff., 414 ff.
Bundesausbildungsförderungsgesetz 595 f.
Bundeselternrat 151
Bundesland
  Kulturhoheit 19 ff.
  Schulwechsel 85 f.
Bundesministerium für Bildung und Forschung 20, 256
Bundesschülervertretung 140
Bundes-Seuchengesetz 570
Bundesstaat 19
Bundesverband Deutscher Privatschulen 201
Bundesverfassungsgericht 17, 23, 499 f., 598
  s. a. Wesentlichkeitstheorie
Bundesverwaltungsgericht 17, 498 f., 500
Bund-Länder-Kommission für Bildungsplanung und Forschungsförderung 21 f.

Chancengleichheit 27
  Ausbildungsförderung 595
  Leistungsbewertung 485, 499, 504, 506 ff.
community education 539
Computerprogramme 194 f.
Curriculum 64 f.
  Bindung der Schule 111 f.
  Elternmitwirkung 147
  Gesetzesvorbehalt 241
  Privatschule 209

Dänische Privatschulen 202
Datenschutz 597 ff.
  Akte *600 f.*, 607
  Auskunft 608
  Beauftragter 347, 603, 608
  Datei 600
  Datenaufbewahrung 603 ff.
  Datenerhebung 601 ff.
  Datengeheimnis 602 f., 607 f.
  Datenkatalog 604
  Datenlöschung 604 f.
  Datensicherung 607 f.

679

Sachregister

Datenspeicherung 603 ff.
Datenübermittlung 605 ff.
Datenverarbeitung 600
EG-Datenschutz-Richtlinie 600
Einwilligung in Datenerhebung 579, 602, 603, 605
Gesetze 599 f.
Gesetzesvorbehalt 598, 601 f.
Informationelle Selbstbestimmung 577 f., *597 f.*
Personenbezogene Daten 600
Privatschulen 600
Rechtsgrundlage 599 f.
Schadensersatz 608
Schultests 577 ff.
Statistische Daten 597 f., 601 f.
Verhältnismäßigkeit 598
Wissenschaftliche Daten 602 f.
DDR 14 f., 21, 47, 71, 86 f., 245, 285 f., 298, 300 ff., 354 ff., 405 ff., 419, 619 f.
Demokratie(prinzip) 17, *26 f.*, 114, 116 f., 121, 233, 235 f.
Demokratisierung der Schule
s. Mitwirkung
Deutscher Ausschuß für das Erziehungs- und Bildungswesen 21
Deutscher Bildungsrat *21*, 56, 111 f., 116, 119 f., 136
Deutscher Juristentag
Kommission Schulrecht *18*, 119 f., 524
Devolutiveffekt 632, 644
Diebstahl
Haftung 621
Dienstaufsicht 253 f.
Dienstaufsichtsbeschwerde 628 f.
Dienstrechtsreform *286 f.*, 307, 308 f.
Dienstsiegel 109
Dienstunfall 362
Dienstweg 347
Dispositionsmaxime
Sozialgerichtsverfahren 649
Verwaltungsgerichtsverfahren 643
Zivilgerichtsverfahren 646
Disziplinarmaßnahmen (Schüler)
s. Ordnungsmaßnahmen
Disziplinarrecht (Lehrer)
formelles 399 f.
materielles 397 f.
Drogen 543, 568
Drogenberatung 547, 580 f.
Duales System 52
Düsseldorfer Abkommen 21

Eigentum
Schülerarbeiten 533 f.
Eingangsstufe 42

Einschulung 456 f.
Einspruchsrecht
s. Elternmitwirkung
s. Elternvertretung
s. Mitwirkung
s. Schülervertretung
Einstweilige Anordnung 642 f.
Einstweilige Verfügung 646
Einzelschule
Klage auf Zulassung 636
Schulverfassung 107
Verwaltung 185 ff.
Wahl 479 ff.
Elementarbereich 6, *41 f.*
Elementarbildung 5
Elterliche Sorge
s. Sorgerecht
Eltern
s. a. Elternmitwirkung
s. a. Elternrecht
s. a. Rechtsschutz
Begriff 140 ff.
Beteiligtenfähigkeit 639
Geschädigte 624 ff.
Haftung 617, *626 f.*
Nichteheliche Lebensgemeinschaft 142 f.
Pflichten 429, 451, 520, 541
Privatsphäre 443
Schädiger *626 f.*, 648
Unfall 624 ff.
Unfallversicherung 625
Unterrichtsbesuch 523
Elternabend 143
Elternausschuß 143
Elternbeirat 143
Elternkammer 150
Elternmitwirkung 115 ff.
s. a. Elternvertretung
s. a. Mitwirkung
Formen 117 f.
Hausordnung 147
Rechtsgrundlage 445 f.
Schulprogramm 147
Schulversuch 90, 147 f.
Elternrat 143
Elternrecht 28, *435 ff.*
s. a. Sorgerecht
Abwehrrecht 443 f.
Ausländerkinder 96 f.
Bekenntnisschule 441
Bildungsweg (Bestimmung des) 438 ff., 475 ff.
Einzelschule (Wahl der) 479 ff.
Gesamtschule 439 f.
Individualrecht 445

Sachregister

Informationsanspruch *444 f.*, 478 f., 487, 489, 491 f., 496 f., 522 f., 527, 579
Inhalt 435 f.
Kindschaftsrechtsreformgesetz 141 f.
Klassenbildung 442 f., 479
Ordnungsmaßnahmen 565 f.
Orientierungsstufe 439
Privatschule 439
Religionsunterricht 72, 441, 530 f.
Schranken 436
Schulartwahl 439, 473 ff., 635 f.
Schulentwicklungsplanung 441 f.
Schulorganisation 437 f.
Schulverhältnis 430
Schulzwang 470
Sexualerziehung 528 f.
Volljährige Schüler 435
Zugang zur Schule 473 ff.
Elternverbände 150 f.
Elternvertretung 140 ff.
s. a. Elternmitwirkung
Absetzbarkeit 144, 145
Anwesenheit bei Prüfungen 148
Aufgaben 146 ff.
Ausländerkinder 144
Berufsbildende Schulen 148 f.
Besonderheiten der Länder 151 ff.
Kommunale Schulverwaltung 165
Nichteheliche Väter 142 f.
Organe 143
Pflichtverletzungen 145
Rechte 147 f.
Repräsentanz von Frauen 144
Schulaufsicht 254
Teilnahme an Konferenzen 144
Unterrichtsbesuch 148
Volljährige Schüler 145 f.
Wählbarkeit 145 f.
Enquete-Kommission 22
Ergänzungsschule 207, 221 f.
s. a. Privatschule
Erlasse 11
Ermächtigung (gesetzliche)
s. Gesetzesvorbehalt
Erprobungsstufe
s. Orientierungsstufe
Ersatzschule 207 ff.
s. a. Privatschule
Erweiterte Realschule 46
Erziehungsauftrag der Schule 4 f., *61 ff.*, 430
Erziehungsberatung 580
Personalkosten 167
Verschwiegenheit 372
Erziehungsberechtigte
s. Eltern

Erziehungsmaßnahmen *558 ff.*, 636
s. a. Ordnungsmaßnahmen
Erziehungsträger
Berufsausbilder *446*, 451
Eltern 435 ff.
Jugendverbände 447
Kirchen 446
Staat 436 ff.
Erziehungsziele 63 f.
Bindung der Schule 4 f.
Gesetzesvorbehalt 241
Privatschulen 209 f.
Ethikunterricht 73 ff.
Gesetzesvorbehalt 241 f.
Europäische Menschenrechtskonvention 28, 29 f.
Europäische Schulen 230 f.
Europäisches Gemeinschaftsrecht 31 ff.
Amsterdamer Vertrag 33
Anerkennungs-Richtlinie 302 ff.
Beamtenverhältnis 280
COMENIUS 35
Diskriminierungsverbot 33, 280
ERASMUS 33
Europäische Union 31
Freizügigkeit 33, 302 ff.
Gravier-Urteil 32 f.
LEONARDO 35
LINGUA 33
Maastrichter Vertrag 34 ff.
Mobilität der Lehrer 302 ff.
PETRA 33
SOKRATES 35
Subsidiaritätsprinzip 34
Terminologie 31
Evaluierung 253
Evangelische Schulen 200
Expertenschulen 227

Fach 64
Gesetzesvorbehalt 241
Stundenzahl 81
Unterrichtsbefreiung 454 f.
Fachakademie 54
Fachaufsicht 251 ff.
Eigenverantwortung der Schule 110
Leistungsbewertung 345, 515 f.
Pädagogische Freiheit 110, *343*
Fachgymnasium 51
Fachhochschule 6
Fachlehrer 271 f.
Fachoberschule 51
Fachschule 5, *54*
Fähigkeitstests 577
Fahrtkosten
s. Schülerbeförderung

681

Sachregister

Fahrlässigkeit
   Begriff 401, 618
   Lehrerhaftung 401, 402
Fairneßgebot 511
Ferien 81
Fernunterricht 5 f., 58, *225*
Feststellungsklage
   Sozialgerichtsverfahren 648
   Verwaltungsgerichtsverfahren 634
   Zivilgerichtsverfahren 645
Finanzausgleich 168
Finanzierung
   s. Privatschule
   s. Schulfinanzierung
Föderalismus 19 ff.
   Anerkennung von Staatsprüfungen 277 ff., 299 ff.
   Geschichte 12 ff.
Förderlehrer
   s. Pädagogische Assistenten
Förderschule
   s. Sonderschule
Förderstufe
   s. Orientierungsstufe
Forschung
   Datenschutz 602 f., 606
Fortsetzungsfeststellungsklage 634
Fotokopie
   Urheberrecht 193 f.
Frauenbeauftragte 315 f.
Frauenquoten 316 ff.
Freie Schule
   s. Privatschule
Freiheitliche demokratische Grundordnung 65, 526
   s. a. Verfassungstreue
Fünf-Tage-Woche 82
   Gesetzesvorbehalt 246
Fundsachen 188

Gabelung 40
Ganztagsschule *83*, 99, 246
Gastschulbeitrag 168
Gegenvorstellung 628
Gehaltskürzung 398
Geldbuße 398
GEMA 192 f.
Gemeinde
   s. Kommunal-
Gemeinnützigkeit
   Privatschule 219
Gemeinsame Verfassungskommission 24 f.
Gemeinschaftskunde
   s. Politischer Unterricht
Gemeinschaftsschulen 103, 104 f.
   Parität der Lehrerstellen 105 f.

   Religionsunterricht 103
   Schulgebet 75
Gericht (Zuständigkeit)
   s. a. Rechtsschutz
   s. a. Verwaltungsrechtsweg
   Einstweilige Anordnung 642 f.
   Verwaltungsgerichtsverfahren 637
   Zivilgerichtsverfahren 645
Gerichtsbescheid 644, 649
Gesamtkonferenz 120, *125*, 126
Gesamtschule *47 f.*, 59
   Anerkennung der Abschlüsse 48
   Elternrecht 439 f.
   Gesetzesvorbehalt 245
   Schulträgerschaft 160
Gesellschaftslehre
   s. Politischer Unterricht
Gesetze 9 ff.
Gesetzesvorbehalt 235 ff.
   s. a. Besonderes Gewaltverhältnis
   Abschlüsse 492 f.
   Arbeitszeit 375
   Ausländerkinder 97 f.
   Berechtigungen 472
   Datenschutz 598
   Erziehungsziele 241
   Ethikunterricht 241 f.
   Fünf-Tage-Woche 246
   Ganztagsschule 246
   Gesamtschule 245
   Klassenzuweisung 479
   Leistungsbewertung 248, 485, 486, 492 f.
   Meinungsfreiheit des Schülers 249
   Ordnungsmaßnahmen 248 f.
   Parlamentsvorbehalt 236
   Politischer Unterricht 242
   Prüfungen 248, 494
   Rechtschreibreform 242 ff.
   Schüler-Lehrer-Relation 246
   Schülerzeitung 249
   Schulart 241
   Schulentlassung 247
   Schulbuchzulassung 244
   Schulfinanzierung 246
   Schulorganisation 244 ff.
   Schulpflicht 247
   Schulverfassung 246
   Schulverhältnis 247, 428
   Schulversuch 91
   Sexualerziehung 241 f., 527
   Sonderschulüberweisung 467
   Stundenplan 246
   Tests 577 f.
   Übergangsfristen 250
   Unterrichtsinhalte 241 ff.
   Verrechtlichung 17 f.

682

Versetzung 247 f., 490
Wahl der Einzelschule 479
Wesentlichkeitstheorie *236 ff.*, 249
Zeugnis 488
Zugang zum Vorbereitungsdienst 275 f.
Zugang zur (weiterführenden) Schule 247, 474
Gesetzgebungskompetenz 10, 14, 19, 23 f.
Gesetz über die religiöse Kindererziehung 72, 433, *530*
Gesundheitsamt 571, 572, 575, 576
Datenschutz 605
Gesundheitsberatung 575 f.
Gewaltverhältnis
s. Besonderes Gewaltverhältnis
Gewerkschaften 130, 335
Gewissensfreiheit 28, 97, 444, 531
Gewohnheitsrecht 10
Glaubensfreiheit 28, 76 f., 97, *320 f.*, 528 f., 531, 545
Gleichberechtigung 315 ff.
Gleichheitssatz 11, 28 f., 79, 95 f., 129, 219, 275, 377, 378, 453 f., 477, 496, 553
s. a. Chancengleichheit
Grundgesetz 24 ff.
Bedeutung 23
Gemeinschaftsschule 103
Kulturhoheit der Länder 14, 19 f.
Privatschule 203 f.
Rechtsquelle 9
Religionsunterricht 69
Grundordnung
s. Freiheitliche demokratische Grundordnung
Grundrechte
s. a. Behinderte
s. a. Elternrecht
s. a. Privatschule
Abwehrrechte 28, 275, 443 f.
Eltern *435 ff.*, 466, 472, 478, 479
Gesetzesvorbehalt 17, 237
Lehramtsanwärter 273 ff.
Lehrer 284, 295, 305, 306, *314 ff.*, 329, 335 ff., 342 f., 377 f., 380, 414, 597 f.
Schüler 89, *431 ff.*, 450, 453 f., 464 ff., 472, 496, 527 ff., 531, 545, 548 ff., 560, 566 f., 573 f., 575, 577, 597 f.
Teilhaberechte 29, 275, 472
Wertentscheidende Grundsatznormen 28
Wesentlichkeitstheorie 236, 237
Grundschule 42 f., 82
Feste Öffnungszeiten 83 f.
Lehrerausbildung 268 f.
Schulträgerschaft 159
Übergang von der 475 ff.

Gruppenarbeit
Leistungsbewertung 502
Gutachten (Schulübergang) 478
Gymnasiale Oberstufe *49 ff.*, 59
Gesetzesvorbehalt 245
Pflichtbereich 49
Religionsunterricht 69
Schülervertretung 133 f.
Schulversuch 90
Schulwechsel 85
Teilnahmepflichten 520 f.
Versetzung 490
Wahlbereich 49
Gymnasium *46 f.*, 59, 82
Lehrerausbildung 268 f.
Schulträgerschaft 160

Haftung 401 ff., 421, 564, 611 ff.
s. a. Amtshaftung
s. a. Unfallversicherung
Aufsichtführende Schüler 622
Betriebspraktika 538 f.
Eltern 623, *626 f.*
Fahrlässigkeit 401
Kollektivhaftung der Klasse 624
Lehrer *401 ff.*, 421, 616 f., 618 ff., 622
Privatschule 623, 624
Schülereigentum 621 f.
Schülerlotsendienst 610 f., 622
Schulträger 620 ff.
Staatshaftungsgesetz der DDR 619 f.
Unterrichtsausfall 525 f.
Vorsatz 401
Hamburger Abkommen *21*, 81, 90, 268, 278, 450, 456
Hauptschule *44 f.*, 82
Lehrerausbildung 267 ff.
Schulträgerschaft 159
Hausaufgaben 129, 147, 430, *532 f.*
Aufsichtspflicht der Lehrer 387
Leistungsnachweis 485 f.
Unfallversicherung 613
Hausfriedensbruch 188
Hausmeister 167, 187
Hausordnung *186 f.*, 542
Aufstellung 129
Durchsetzung durch Schulleiter 123 f.
Elternmitwirkung 147
Hausrecht 123 f., *187 f.*
Hausunterricht 55, *459*, 574
Hausverbot 188
Heim 6, *99 ff.*
Erziehungsverhältnis 430 f.
Schülerverhalten 546, 547
Sonderschule 55, 467
Übertragbare Krankheiten 572

683

Hilfsmittel
Leistungsbewertung 508
Hitzefrei 521
Hochschule 5, 6
Hochschulrahmengesetz 79 f.
Hochschulzulassung
s. Abitur
s. Numerus clausus
Berufstätige 57 ff.
Hort 6, 42 f., 585
Hygiene 571

Informationsanspruch
s. a. Mitwirkung
Eltern *444 f.*, 478 f., 487, 489, 491 f., 496 f., *522 f.*, 527 f., 579, 582 f.
Schüler 489, 496 f., 514, *522*
Volljährige Schüler 478, 523
Intelligenztests 577
Internat
s. Heim
s. Privatschule
Islam
s. a. Ausländerkinder
Religionsunterricht 98 f.
Sportunterricht 454 f.

Jahrgangselternsprecher 143
Jahrgangsstufe 40
Jahrgangsstufensprecher 133 f.
Jugendamt 41, 569, 576
Datenschutz 605
Jugendarbeitsschutzgesetz 539
Jugendrecht 8
Jugendschutzgesetze 546
Jugendverbände 130

Kammerschule
Lehrer 166
Schulträgerschaft 160
Katholische Schulen 200
Kindergarten 5, *41*
Kinderhort 5 f., 42 f.
Kinderkrippe 41
Kindeswohl 436
Kindschaftsrechtsreformgesetz 141 f.
Kirchen 101 ff.
s. a. Religionsunterricht
Erziehungsträger 446
Mitwirkung 130
Privatschule 205
Klagen
s. a. Rechtsschutz
Begründetheit im Verwaltungsgerichtsverfahren 640 f.

Schadensersatzansprüche gegen Schüler/Eltern 648
Zulässigkeit im Sozialgerichtsverfahren 648 f.
Zulässigkeit im Verwaltungsgerichtsverfahren 633 f., 637 ff.
Zulässigkeit im Zivilgerichtsverfahren 645 f.
Klageantrag
Verwaltungsgerichtsverfahren 640
Klagearten
Sozialgerichtsverfahren 648
Verwaltungsgerichtsverfahren 634 ff.
Zivilgerichtsverfahren 645
Klagebefugnis *637 f.*, 648
Klagefrist *640*, 648
Klageschrift
Sozialgerichtsverfahren 648
Verwaltungsgerichtsverfahren 640
Zivilgerichtsverfahren 645 f.
Klasse 40
Klassenarbeiten 486 f., 489, 502
Klassenbesuchszahl
s. Klassenstärke
Klassenbildung
Elternrecht 442 f., 479
Klassenbuch
Datenschutz 597
Eintrag 559
Klassenfrequenz
s. Klassenstärke
Klassenkonferenz
Schulartwahl 475 f.
Schulartwechsel 477
Versetzungen 491
Zeugnisnoten 489
Klassenpflegschaft 143
Klassensprecher 133 f.
Klassensprecherversammlung 134
Klassenstärke *87 f.*, 523
Klassenverweis
Aufsichtspflicht 388 f.
Erziehungsmaßnahme 559
Klassenzuweisung
Gesetzesvorbehalt 479
Koalitionsfreiheit 322 f., 335, 413, 551
Koedukation *88 f.*, 199 f.
Körperliche Züchtigung 396, 443, *567 f.*
Körperverletzung 396
Kolleg *57 f.*, 168
Kommunalaufsicht 254
Kommunale Lehrer 166
Kommunale Schulaufsicht 257, 259
Kommunale Schulträgerschaft
s. Schulträgerschaft

Sachregister

Kommunale Selbstverwaltung 13, 155, *156* f., 232 ff.
Kommunalrecht 8
Konferenzen
  s. a. Gesamt-, Klassen-, Lehrer-, Schul-, Teilkonferenz
  Aufgaben 127
  Ausschüsse 126
  Beschlüsse 126 f.
  Beteiligtenfähigkeit 639
  Formvorschriften 126
  Organaufsicht über 254
  Schulleiter 123
  Verschwiegenheit 126
Konfessionsschulen
  s. Bekenntnisschulen
Konkordate 101
Konsularunterricht
  s. Ausländerkinder
Konzerte als Schulveranstaltung 534
Kopfnoten 488
Kopie
  s. Fotokopie
Koranschulen 215
Krankheiten
  AIDS 572 ff.
  Heim 572
  Schullandheimaufenthalt 572
  Übertragbare 572
Kreis
  s. Kommunal-
Kreiselternbeirat 149
Kreisschülervertretung 139
Kreisschulbeirat 164
Kreuz/Kruzifix in der Schule
  s. Schulkreuz
Kulturhoheit 14 f., *19 ff.*, 284
Kultushaushalt 169 f.
Kultusminister 255, 259 ff.
Kultusministerkonferenz 11, *20 f.*, 23 f., 49, 162, 227 f., 256, 278 f., 300 f., 303 f., 309 f., 552
  Ausländer 93
  Aussiedler 93
  Bildungsziele 63
  Ferientermine 81
  Gesamtschule 48
  Schülervertretung 132 f.
  Schulversuch 90
  Vorbereitungsdienst 276
Kursbuch 597
Kurssystem
  s. Gymnasiale Oberstufe

Länder
  Kulturhoheit 14 f., 19 ff., 30 f.

Landerziehungsheim 201
Landesbildungsrat 130
Landeseltern(bei)rat 149 f.
Landespersonalausschuß 305
Landesschülervertretung 139 f.
Landesschulbeirat 130
Landesschulkonferenz 130
Landesverfassung 9, 19, 24 f., *30*
Lehrämter 268
Lehramtsanwärter 273 ff.
  s. a. Lehrerausbildung
  s. a. Staatsprüfung
  s. a. Vorbereitungsdienst
  Arbeitslosigkeit 281
  Ausländer 279 f.
  Bezüge 273, 358 f.
  Entlassung 273
  Praktikantenverhältnis 274
  Rechtsstatus 273 f.
  Rentenversicherung 281
  Sonderzuwendungen 359
  Soziale Absicherung 281, 311
  Unterrichtsvergütung 358 f.
  Verfassungstreue 273 f.
Lehramtsprüfung
  s. Staatsprüfung
Lehramtstypen 268 f.
Lehrbefähigung
  Anderes Bundesland 299 f.
  DDR 300 ff., 354 ff.
  Europäische Union 302 ff.
Lehrer
  s. a. Angestellter Lehrer
  s. a. Aufsichtspflicht
  s. a. Beamten-
  s. a. Haftung
  s. a. Lehramtsanwärter
  s. a. Lehrerausbildung
  s. a. Nebentätigkeit
  s. a. Pädagogische Freiheit
  s. a. Rechtsschutz
  s. a. Vorbereitungsdienst
  Abordnung 308 f.
  Abtretung der Dienstbezüge 353
  Akademische Grade 326
  Allgemeines Persönlichkeitsrecht 314 f.
  Altersgrenze 311 f.
  Altersteilzeitbeschäftigung 292, 353
  Amtsausübung (Recht auf) 326
  Amtsbezeichnung 217, 294, 306 f., 311, 313, *326 f.*, 338 f.
  Amtsverschwiegenheit 313, *371 f.*, 445
  Amtszulage 357
  Anhörungsrecht 346
  Antragsrecht 346 f.
  Arbeitszeit 375 ff.

685

Sachregister

Arbeitszeitverkürzung 377 f.
Ausbildung 267 ff.
Auslandschuldienst 229 f.
Beamter auf Probe 286, *293 f.*, 299, 310, 313, 362, 363
Beamter auf Lebenszeit 299
Beamter auf Widerruf 273, 293 f., 299, 310 f.
Bedarf 87 f., 523 ff.
Beförderung 306 f.
Beihilfe 366
Bekenntnis 105 f., 284, 304 f.
Bekenntnisfreiheit 320 f.
Beratung der Schüler 580 f.
Beschwerderecht 346 f.
Besoldung 352 ff.
Besoldungsdienstalter 355 f.
Besoldungsgruppe 354 f.
Bestechlichkeit 373, 396
Beurlaubung 290, 324 f., 327 f., 339 f.
Datenschutz 597 ff.
Demonstrationsteilnahme 339
Dienstaufsicht 253
Dienstbefreiung 327 f.
Dienstbezüge 353 ff.
Diensteid 310, *368*
Dienstherr 165 f., 169, *289*, 401 f.
Dienstjubiläum 327
Dienstleistungspflicht *368*, 373 f.
Dienstliche Beurteilung *328 ff.*, 346
Dienstrechtliche Zuordnung 165 f., 171 ff.
Dienstreisen 364
Dienstunfähigkeit 312 f.
Dienstunfall *362 f.*, 623
Dienstvergehen 398
Dienstvorgesetzter *293*, 399
Dienstweg 347
Dienstzeugnis 311, *330*
Disziplinarmaßnahmen 398
Disziplinarrecht 397 ff.
Disziplinarverfahren 311, *399 f.*
Doppelversorgung 362
Eingangsamt 355
Einstellung 293 ff.
Einstellungsteilzeit 291
Elternvertreter (Lehrer als) 145
Entfernung aus dem Dienst 311, 398
Entlassung 310 f.
Erholungsurlaub 327
Erkrankung 327, 366
Erscheinungsbild 370
Erziehungsgeld 325
Erziehungsurlaub 324 f.
Ethikunterricht 321
Europäische Schulen 231
Fachfremder Unterricht 345 f.

Fälligkeit der Dienstbezüge 353
Familienzuschlag 356
Finanzielle Notlage 366 f.
Flugblätter 337 ff.
Fort- und Weiterbildung *282 f.*, 364, 373 f.
Freiheitsstrafe 311
Freistellungsjahr 292
Fürsorge des Dienstherrn 323 ff.
Gehaltskürzung 398
Gehaltsvorschuß 367
Gehobener Dienst 292
Gehorsamspflicht 369
Geldbuße 398
Gerechte Amtsführung 374
Geschenkannahme 372 f.
Gesundheitliche Eignung 295
Glaubens- und Bekenntnisfreiheit 320 f.
Grundgehalt 354 f.
Grundrechte 314 ff.
Grundwehrdienst 328
Haftung 401 ff.
Handlungsfreiheit 314
Hinterbliebenenversorgung 362
HIV-Test 295
Höherer Dienst 292
Koalitionsfreiheit 322 f., *335*
Körperverletzung im Amt 396, 568
Kommunalbediensteter 166
Konfessionelle Parität 105 f.
Konkurrentenstreit 349 ff.
Landesbediensteter *165*, 171 ff., 305
Laufbahngruppen 292
Leistungsprämie 357
Leistungszulage 357
Leserbrief 338
Mäßigungspflicht *336 ff.*, 368
Mehrarbeit 379
Mehrarbeitsvergütung 357 f.
Meinungsfreiheit *321 f.*, *336 ff.*, 340, 526
Ministerium für Staatssicherheit der DDR (Tätigkeit für das) 298, 405 f.
Mitwirkung 115 ff., 332 ff.
Mobilität zwischen den Bundesländern 277 ff., 299 ff.
Mobilität innerhalb der EU 279 f., 302 ff.
Nachversicherung 311
Nichtvermögenswerte Rechte 314 ff.
Notwehr 568
Parteimitgliedschaft 339
Personalakten *330 ff.*, 334, 346, 400
Personalräte *332 ff.*, 347
Personalversammlung 334
Personalvertretungen 332 ff.
Pflichten 368 ff.
Pflichtstunden 375 ff.
Pflichtstundenermäßigung 376

Pflichtverletzung (Folgen) 396 ff.
Plakettentragen 337
Planstelle 299
Politische Betätigung 336 ff.
Politisches Mandat 313, *339 f.*, 376
Presseauskünfte 372
Privatschule 205
Publikationsfreiheit 340 f.
Rangherabsetzung 398
Rauchen 323
Rechtsschutz 329 f., 345, *346 ff.*
Reisekosten 364
Religionsunterricht 72, 321
Religionszugehörigkeit 304 f., 320 f.
Remonstration 369
Residenzpflicht 371
Rückforderung der Dienstbezüge 353 f.
Ruhegehalt 360 f.
Ruhestand 311 ff.
Schadensersatzforderungen 347, 349 f., 401 ff.
Schulbeihilfen 365
Schuldienst der DDR 285 f., 298, 300 ff., 354 ff., 360, 405 f.
Schulgebet 75
Schulträgerschaft 155
Schwerbehinderter 325 f.
Selbstreinigungsverfahren 400
Sexualdelikte 396 f.
Sicherheitsbeauftragter 610
Sonderurlaub 327 f.
Sonderzuwendung 359
Staatsprüfung 267 ff., 276 ff., 299 f.
Status als Beamter 288 f.
Stellenzulage 357
Sterbegeld 362
Strafbarkeit 372, 373, *396 f.*
Streikrecht 335
Teilzeitbeschäftigung 290 ff., 353
Titel 326
Toleranzgebot 336, 443 f.
Trennungsentschädigung 364
Trennungsgeld 365
Treuepflicht 368
Tuberkuloseuntersuchung 571
Übergangsgeld 311, *363*
Überstunden 379
Umsetzung 308
Umzugskosten 365
Unfallfürsorge 362 f.
Unparteilichkeit 368, *374*
Unterhaltsbeitrag 362, 363
Unterstützung 366 f.
Urheberrecht 340 f.
Urlaub 327 f.
Urlaubsgeld 359

Vereinigungsfreiheit *322*, 336, 339
Verfassungstreue *296 ff.*, 336, 338, 339, 368
Verhalten außerdienstlich 370
Verhalten innerdienstlich 369 f.
Vermögenswerte Rechte 352 ff.
Vermögenswirksame Leistungen 359
Verpfändung der Dienstbezüge 353
Versammlungsfreiheit *322*, 336, 339
Versetzung 307 f.
Versetzung in anderes Bundesland 309 f.
Versorgung 359 ff.
Verwaltungstätigkeit 185
Verweis 398
Vorgesetzter 293
Vorteilsannahme 373, 396
Wahlvorbereitungsurlaub 327 f., 339
Waisengeld 362
Wehrübung 328
Weiterbildung 282
Wissenschaftsfreiheit 340, *342 f.*
Witwen-, Witwerabfindung 362
Witwen-, Witwergeld 362
Wohnung 371
Zivildienst 328
Züchtigungsverbot 374, *567 f.*
Zulagen 357
Zwangspensionierung 312
Zweite Besoldungs-Übergangsverordnung 353, 358

Lehrerausbildung 267 ff.
DDR 300 ff.
Fachpraxis 267, *272*
Lehrämter 268
Musisch-technische Fächer 267, 271
Phasen 267 f.
Privatschule 205, *211*
Prüfungen 268, 270 f.
Sozialpädagogik 272
Studium 268, *270*
Vorbereitungsdienst 268, *270 f.*, 273 ff.

Lehrerin
Amtsbezeichnung 326
Erziehungsgeld 325
Erziehungsurlaub 324 f.
Gleichberechtigung 276, *315 ff.*
Kopftuchverbot 275, 320 f.
Mutterschutz 324 f., 411

Lehrerkonferenz 125 ff.
Arten 125
Aufgaben 127
Ausschüsse 126
Konflikte 126 f., *127 f.*
Pädagogische Freiheit des Lehrers 127 f., 344
Schulaufsicht 254
Schulbuchauswahl 63

Schulleitung 116, 120, 123, 124 f., 126 f.
Teilnahme von Schülervertretern 134 f.
Zusammensetzung 125 f.
Lehrerverbände 130, *335*
Lehrgang 5, 223, 225
Lehrinhalt
s. Curriculum
Lehrplan
s. Curriculum
Leistungsbewertung 483 ff., 498 ff.
s. a. Noten
s. a. Klassenarbeiten
s. a. Zeugnisse
Akteneinsicht *496 f.*, 514
Antwortspielraum 499, 504 f.
Anwesenheit von Elternvertretern 148
Anwesenheit von Prüfern 504, *512*
Äußere Bedingungen 507 ff.
Aufsicht 502
Befangenheit von Prüfern 511 f., 516 f.
Begründung 512 f.
Behinderte 505 f., 508 f.
Bewertungsmaßstäbe 484 f., *501 ff.*
Bewertungsspielraum 499
Chancengleichheit 485, 499, 504, *506 ff.*
Erheblichkeit von Bewertungs- und Verfahrensfehlern 518
Erheblichkeit von formalen Mängeln 502 f.
Fachaufsicht 515 f.
Fairneßgebot 511
Geeignete Aufgaben 504
Gerichtliche Kontrolle 498 ff.
Gesetzesvorbehalt 248, 485, 486, 492, 494
Gruppenarbeit 502, 509
Hilfsmittel 508
Informationsanspruch 487, 489, 496 f., 514
Irrtümer der Prüfer 506
Klage 635
Kopfnoten 488, 499
Krankheit 502, 509 f.
Mündliche Leistungen 489, 495, 513
Nachholung 495
Notenstufen 484
Öffentlichkeit der Prüfung 513 f.
Pädagogische Freiheit 345
Prüfungsablauf 495
Prüfungsakten *496 f.*, 514, 534
Prüfungsangst 510
Prüfungsarbeiten 534
Prüfungsausschuß 494
Prüfungsprotokoll 496 f., *514*
Prüfungsunfähigkeit 509 f.
Punkte-System 50, 484
Rechtmäßigkeitskontrolle 498 ff.
Rechtsnatur 486, 488, 496, 630

Rechtsprechung (ältere) 498 f.
Rechtsprechung (neuere) 499 ff.
Rügepflicht des Schülers 499 f., 507, 516
Sachbezogenheit 505 f.
Schulaufsicht 515 f.
Schulfremde 496
Störungen 507 f.
Täuschung 486, 495 f., 509
Verbale Beurteilung 484, 488
Verfahren der Leistungskontrolle 506 ff.
Verhalten der Prüfer 511 f.
Vertrauensschutz 505
Verwaltungsakte 486, 488, 630
Verwaltungsinterne Kontrolle 514 ff.
Voreingenommenheit der Prüfer 511 f., 516 f.
Widerspruch des Schülers 515 f.
Wiederholung 495, 518 f.
Zuhörer 513 f.
Zweck 433, 485 f.
Leistungsfach 50
Leistungsklage
Sozialgerichtsverfahren 648
Verwaltungsgerichtsverfahren 348 f., 634
Zivilgerichtsverfahren 645
Leistungstests 577
Leistungsverweigerung 486, 487, 550 f.
Lebensgestaltung-Ethik-Religionskunde (LER) 70 f., 104
Lernmittelfreiheit 163, *586 ff.*
Berechtigung 587
Kosten 168, 172 ff., 589
Umfang 588 f.
Lernziele
s. Erziehungsziele

Maastrichter Vertrag
s. Europäisches Gemeinschaftsrecht
Mahnverfahren 646
Meinungsfreiheit *321 f.*, 336 f., *548 ff.*
Missio canonica 72
Mitbestimmung
s. a. Mitwirkung
Begriff 118
Mittelschule 46
Mittelpunktschule 590
Mitwirkung
s. a. Elternmitwirkung
s. a. Schülermitwirkung
s. a. Schulverfassung
Begriff 117
Privatschule 210
Modellversuch
s. Schulversuch
Montessori-Schulen 42

Sachregister

Nacharbeiten 566 f.
Nachhilfeunterricht 222 ff.
  Gewerbsmäßiger 224
  Information der Schule 547
  Nebentätigkeit der Lehrer 382
  Unfallversicherung 613
Nachsitzen 566 f.
Nebentätigkeit des Lehrers 380 ff.
  Anzeigepflicht 382, 383
  Auskunftspflicht 383
  Begriff 380
  Dienstliche Interessen 381, 382, 383
  Ehegatte 383
  Genehmigung 380, 381, 382 ff.
  Genehmigungspflichtige 380, 382
  Grundrechtsschutz 315, 380
  Lehr- und Prüfungstätigkeit 381
  Nachhilfeunterricht 382
  Nebenamt 380
  Nebenbeschäftigung 380
  Nicht genehmigungspflichtige 382 f.
  Nutzungsentgelt 381
  Privatschule 381
  Rechtsschutz 382
  Ruhestandsbeamter 381
  Teilzeitbeschäftigung 384 f.
  Übernahmepflicht 380, 383
  Volkshochschulen 384
Neutralität
  s. a. Toleranz(gebot)
  Politische 28 f., 61 ff.
  Religiöse 63, 101 f., 114, 129
Nichtschülerprüfung 58, 496
Normenbücher 50 f.
Normenkontrollverfahren *634 f.*, 638, 640
Noten 78, 484, 486
  Rechtsnatur 486, *488*, 630
Notenspiegel 487
Notenstufen 484
Numerus clausus
  Hochschule 79 ff.
  Vorbereitungsdienst 276

Oberstufe
  s. Gymnasiale Oberstufe
Öffentlichkeitsarbeit 372
Öffnung der Schule 539
Opportunitätsprinzip
  Disziplinarrecht 399
  Ordnungsmaßnahmen 561
Ordensschulen 200
Ordnungsmaßnahmen 558, *560 ff.*
  s. a. Erziehungsmaßnahmen
  Androhung 564
  Anhörungsrecht 565
  Außerschulisches Verhalten 565

Bundesländerregelungen 561 f.
Gesetzesvorbehalt 248 f.
Katalog 561 f.
Klage 636
Kollektivmaßnahmen 565
Opportunitätsprinzip 561
Rechtsnatur *563*, 630
Schranken 563 ff.
Verfahren 565 f.
Verhältnismäßigkeit 563 f.
Zuständigkeit *562 f.*, 565
Zweck 560 f.
Organaufsicht 254
Organisation der Einzelschule 185 ff.
Orientierungsstufe 43 f.
  Elternrecht 439
  Gesetzesvorbehalt 245

Pädagogische Assistenten 167, *272*
Pädagogische Freiheit 18, 341 ff.
  Einzelschule 110, 252
  Fachaufsicht 252 f., 343
  Fachfremder Unterricht 345 f.
  Grenzen 252 f., 343
  Inhalt 110, 343 f.
  Lehrer 114 f., 252 f.
  Lehrerkonferenz 127 f., 344
  Rechtsgrundlagen 342 f.
  Rechtsschutz 344 f.
  Schulaufsicht 252 f., 344 f.
  Schulleiter 344, 345
  Verfassungstreue 297
Parität der Lehrerstellen
  Bekenntnisschulen 305
  Gemeinschaftsschulen 105 f., 304 f.
Parlamentsvorbehalt 17, 18, 236
  s. a. Gesetzesvorbehalt
Parteifähigkeit 646
Partizipation 115 ff.
  s. a. Mitwirkung
  Formen 117 f.
Pausen 81
  Aufsichtspflicht 391
Persönlichkeitsrecht 243, 314 f., 443
Persönlichkeitstests 577
Personalkosten 167
  Religionsunterricht 71 f.
Personalversammlung 334
Personalvertretungen 332 ff., 347, 410, 413
Personensorge
  s. Sorgerecht
Petition(srecht) 347, 415, 628
Pflichtschule 39, 84 f.
  s. a. Schulbezirk
  Anspruch auf Zulassung 480
  Schulpflicht 459 f.

689

Sachregister

Pflichtverletzung
s. Haftung
Philosophie-Unterricht
s. Ethikunterricht
PISA 576 f., 579
Politischer Unterricht 337 f., *526*
  Gesetzesvorbehalt 242
Popularklage 638
Presseauskünfte 372
Primarstufe 42 f.
Private Unterrichtserteilung 222 ff.
  Aufsicht über 224, 254
Privatschule 37 f., 196 ff., 203 ff.
  s. a. Schulmonopol
  Abschlüsse 215 f., 221 f.
  Akzessorietät 207 ff.
  Amtsbezeichnung der Lehrer 217
  Anerkennung *215 ff.*, 630 f.
  Anzeigepflicht 221
  Ausländische 215
  Begriff 196 f.
  Bekenntnisschule 214
  Beleihung 216
  Beschulungsvertrag 206, 431
  Besonderes pädagogisches Interesse 212 ff.
  Bestandsgarantie 204
  Beteiligtenfähigkeit 639
  Curriculum 209 f.
  Datenschutz 600
  Ergänzungsschule 221 f.
  Errichtungsgarantie 204
  Ersatzschule 207 ff.
  Erziehungsziele 209 f., 214
  Finanzierung 217 ff., 222
  Freiheiten im Schulbetrieb 204 ff.
  Freie Lehrerwahl 205
  Freie Schülerwahl 206 f.
  Gemeinnützigkeit *202*, 219
  Genehmigung 209 ff., 212, 221, 630 f.
  Geschichte 13
  Gestaltungsfreiheit 204
  Gleichartigkeit 209
  Gleichwertigkeit 209 ff.
  Grundrechte 203 f., 218 f., 223
  Haftung 623, 626
  Klage auf Anerkennung/Genehmigung 637
  Konfessionelle 197, 200, 205
  Lehrer *205*, 212
  Lehrerausbildung 211
  Lernmittelfreiheit 220, 587
  Mitwirkung von Eltern/Schülern 210
  Polizeirechtliche Anforderungen 207, 222
  Prüfungs- und Versetzungsordnung 210
  Rechtsgrundlagen 203

  Rechtsschutz 637, *646 f.*
  Schülerbeförderung 220, 591
  Schularten 199 f.
  Schulaufsicht 222
  Schulbücher 209
  Schulgeld 206
  Schulordnung 206
  Schulpflicht 207, 221, 451 f.
  Schulverhältnis 431
  Schulvertrag 206, 431
  Sexualkunde 210
  Sonderungsverbot 198, 206, *211*
  Statistik 199
  Träger 37 f., 200 ff.
  Volksschule 212 ff.
  Vorzüge 198 f.
  Weltanschauungsschule 214
  Zeugnisse *215 f.*, 222
Privatunterricht 223
Prozeßfähigkeit *639 f.*, 646, 648
Prüfung
  s. Leistungsbewertung
  s. Staatsprüfung
Punkte-System 50, 484

Rahmenrichtlinien
  s. Curriculum
Rauchverbot
  Lehrer 323
  Schüler 542
Realakt 108
  Begriff 629
  Klageart 634
  Widerspruch 631
Realschule *45*, 82
  Lehrerausbildung 267 ff.
  Schulträgerschaft 159 f.
Rechnungsprüfung 169
Recht auf Bildung 29 f., 472, 524 f.
Recht auf informationelle Selbstbestimmung 330 f., 577 ff., *597 f.*
Recht auf unverkürzten Unterricht 524 f.
Rechtsaufsicht 254
Rechtsbehelfe
  s. a. Rechtsschutz
  Belehrung 631 f.
  Formlose 628 f.
Rechtschreibreform 65 ff., 242 ff.
Rechtskraft 645
Rechtsmittel
  Sozialgerichtsverfahren 649
  Verwaltungsgerichtsverfahren 644
  Zivilgerichtsverfahren 646
Rechtsnormen 7
Rechtsquellen des Schulrechts 9 ff.

Rechtsschutz 346 ff., 628 ff.
  Angestellte Lehrer 415, 421
  Formlose Rechtsbehelfe 346 f., 628 f.
  Grundrecht 26, 496, 499, 500, 515, 628, 633
  Klagearten 634 ff., 645, 648
  Lehrer 346 ff.
  Nebentätigkeit 382
  Ordnungsmaßnahmen 636
  Organisationsmaßnahmen 637
  Privatschule 637, 639, 646 f.
  Prüfungen 496 f., 630, 635
  Schulpflicht 636
  Sozialgericht 421, 634, *648 f.*
  Unfallversicherung 634, 648
  Verwaltungsrechtsweg 633 f., 647
  Vorläufiger 633, *641 ff.*, 646, 648 f.
  Zivilgericht 634, 645 ff.
Rechtsstaat(sprinzip) 17, 19, *26*, 235 f., 505
Rechtsverhältnis
  s. Schulverhältnis
  Feststellungsklage 634
Rechtsverordnung 9 f., 238 f.
  s. a. Gesetzesvorbehalt
Rechtsvertretung der Schule 109, 639
Referendar
  s. Lehramtsanwärter
  s. Vorbereitungsdienst
Reformierte Oberstufe
  s. Gymnasiale Oberstufe
Regelschule 46
Regreß 403, 618
Reichskonkordat 10 f.
Reichsrecht 10 f.
Religion
  s. a. Kirchen
  s. a. Religionsunterricht
  Schulpflichtbefreiung 453 f.
Religionsfreiheit
  s. Bekenntnisfreiheit
Religionsgemeinschaften
  s. Kirchen
  s. Religionsunterricht
Religionslehrer 69, 71 f., 321
Religionsmündigkeit 530
Religionsunterricht 68 ff., 102, *530 f.*
  s. a. Kirchen
  Abmeldung 454, *530*
  Bekenntnisschule 103
  Bremer Klausel 70
  Elternrecht 72, 441, 530 f.
  Gemeinschaftsschule 103
  Institutionelle Garantie 69
  Islamischer 98 f.
  Konfessionelle Schülerhomogenität 72 f.
  Versetzungserheblichkeit 69, 491
Remonstration 369

Revision
  Sozialgerichtsverfahren 649
  Verwaltungsgerichtsverfahren 644
  Zivilgerichtsverfahren 646
Rundfunksendung
  Urheberrecht 193

Sachkosten 168
  Religionsunterricht 71
Sammlungen
  Urheberrecht 193
Schaden(sersatz)
  s. Amtshaftung
  s. Haftung
  s. Unfall-
Schmerzensgeld 615, 617
  s. a. Haftung
Schüler
  s. a. Ausländerkinder
  s. a. Aussiedlerkinder
  s. a. Berufsschüler
  s. a. Haftung
  s. a. Rechtsschutz
  s. a. Unfall-
  s. a. Volljähriger Schüler
  Äußeres Erscheinungsbild 544 ff.
  Aufsicht über 385 ff., 622
  Behinderung 55 ff., 464 ff., 576
  Beschwerderecht 522
  Beteiligtenfähigkeit 639
  Beurlaubung 521, 552 f.
  Bundeslandwechsel 85 f.
  Deliktsfähigkeit 622
  Demonstration 551 ff.
  Eigentum 395, 533 f., 544, 621 f.
  Elektronische Medien 557
  Finanzielle Hilfen 583 ff.
  Flugblätter 557
  Fürsorge für 570 ff.
  Geschädigter *611 ff.*, 647 f.
  Geschäftsfähigkeit 433
  Gewalttätigkeit 543 f.
  Grundrechte 431 ff.
  Grundrechtsfähigkeit 431 f.
  Grundrechtsmündigkeit 432 f.
  Gruppen 136 f., 553 f.
  Handlungsfähigkeit 433
  Hausordnung 542
  Hilfen für 570 ff.
  Informationsanspruch 478, 489, 496 f., 522
  Internet 557
  Klassenverweis 388 f., 559
  Kleidung 544 ff.
  Kopftuch (muslimische Schülerin) 545
  Krankheit 521, 534 f., 572, 576
  Krankheit bei Prüfungen 509 f.

691

Kurswahl 520f.
Leistungsverweigerung 486, *541*
Meinungsfreiheit 548ff.
Minderjähriger 432ff.
Mitwirkung 115ff., 132ff.
Plakettentragen 549f.
Politische Betätigung 136, *548ff.*
Privatsphäre 443
Prozeßfähigkeit 640
Rauchen 542, 546
Religionsmündigkeit 530
Religionsunterricht (Abmeldung) 530f.
Religionsunterricht (Teilnahmepflicht) 69, 530f.
Schädiger 623f., 648
Schulärztliche Untersuchung 574f.
Schuleigentum (Umgang mit) 544
Schutzimpfung 571
Sexualerziehung 527ff.
Sitzstreik 550f.
Sonderpädagogischer Förderbedarf 56ff., 464ff.
Streik 551
Teilnahmepflicht Schulveranstaltungen 534, 536f.
Teilnahmepflicht Tests 578f.
Teilnahmepflicht Unterricht 520ff., 541
Tschador 545
Tuberkuloseuntersuchung 571
Unfallversicherung 611 f.
Unterrichtsboykott 550f.
Vereinigungsfreiheit 553 f.
Vereinsmitgliedschaft 547
Verhalten außerhalb der Schule 546f.
Verhaltenspflichten 429, *541 ff.*
Versammlungsfreiheit 550f.
Schülerakten
  Datenschutz 597, 599ff.
Schülerarbeiten
  Eigentum 533f.
  Urheberrecht 534
Schülerbeförderung 163, 590ff.
  Kosten 168, 172ff.
  Privatschulen 220, 591
Schülerbeirat 134
Schülerbogen 478, 597
Schülerheim
  s. Heim
Schülerkammer 139
Schülerlotsendienst 610f., 622
Schüler-Lehrer-Relation 87
  Gesetzesvorbehalt 246
Schülermitverantwortung 132f.
Schülermitverwaltung 132f.

Schülermitwirkung
  s. Mitwirkung
  s. Schülervertretung
Schülerrat 134
Schülersprecher 134
Schülertransport
  s. Schülerbeförderung
Schülerversammlung 134
Schülervertretung 132ff.
  Absetzbarkeit 134, 138
  Aufgaben 135ff.
  Aufsichtspflicht des Lehrers 138
  Bevorzugung/Benachteiligung 139
  Bundesorganisation 140
  Finanzierung 135
  Gymnasiale Oberstufe 133f.
  Haftung 138
  Imperatives Mandat 134
  Kommunale Schulverwaltung 165
  Organe 133f., 137f., 139f.
  Pflichtverletzung 138
  Politisches Mandat 136
  Presseerklärung 135
  Rechte 134, 135ff., 522
  Schulaufsicht 138, 254
  Schulleiter 134f., 138
  Teilnahme an Konferenzen 134, 137
  Teilnahme an Sitzungen der Elternvertretung 143
  Unfallversicherung 613
  Veranstaltungen 136f.
  Verbindungslehrer 134f.
  Verschwiegenheitspflicht 139
  Wahl 133f., 135
Schülerzeitung 136, *554ff.*
  Begriff 554f.
  Beratungslehrer 555f.
  Gesetzesvorbehalt 249, 556
  Landespressegesetz 557
  Pressefreiheit 555f.
  Sanktionen 556
  Schulfrieden 555
  Unfallversicherung 613
  Vertrieb auf Schulgelände 556
  Zensurverbot 555
Schulämter 257ff.
  Bundesländer-Übersicht 259ff.
Schulärztlicher Dienst 574f.
Schulandacht 531
Schulangebot 161
Schulangelegenheiten
  äußere 9, 109, 157, 254
  innere 9, 157, 166, 254
Schulart
  Begriff 39
  Einteilung 38

Gesetzesvorbehalt 241, 245
Privatschule 199 f.
Schulträgerschaft 159 f.
Stundenzahl 82
Tendenzen 59
Wahl *473 ff.*, 635 f.
Wechsel 59, *477 f.*
Schulassistenten
s. Pädagogische Assistenten
Schulaufsicht
Autonomie der Einzelschule 111 f.
Begriff 232 ff.
Dienstaufsicht 253 f.
Fachaufsicht 251 ff.
Geschichte 233 f.
Gesetzesvorbehalt 246
Heim(schule) 100
Innere Schulangelegenheiten 9
Islamischer Religionsunterricht 99
Kommunale Beauftragung 259
Kommunale Lehrer 166
Kommunale Mitwirkung 256 ff.
Konferenzbeschluß 126 f.
Leistungsbewertung 345 f., 515 f.
Organaufsicht 254
Pädagogische Freiheit 252 f., 344 f.
Privatschule 222
Rechtsaufsicht 254
Religionsunterricht 68 f., 71
Schülervertretung 138, 254
Schullandheim 101
Schulträger 156 f., 160 ff.
Schulversuch 90
Schulaufsichtsbeamte 256
s. a. Schulaufsichtsbehörden
Schulaufsichtsbehörden 255 f.
Aufbau 255 f.
Bundesländer-Übersicht 259 ff.
Schulausschluß 561 f.
Schulausschuß 128
Schulautonomie
s. Autonomie der Schule
Schulbau 162
Kosten 168
Richtlinien 162
Schulbauinstitut 162
Schulbehörde
s. Schulaufsichtsbehörde
Schulbeirat 164
Schulbeitrag 168
Schulbezirk 84 f.
Berufsschule 84, *463*
Pflichtschule 84 f., 459
Wahlschule 85, 459 f., *480 ff.*
Schulbuch 67 f.
Anschaffung 163

Gesetzesvorbehalt 244
Haftung 626 f.
Klage auf Zulassung 636
Lernmittelfreiheit 586 ff.
Privatschule 209
Rechtsnatur der Zulassung 630
Urheberrecht 193
Schulbus(haltestelle)
Aufsichtspflicht 390
Unfall 613 f., 617
Schuld
s. Haftung
Schule
s. a. Pflichtschule
s. a. Privatschule
s. a. Sonderschule
s. a. Wahlschule
Allgemeinbildende 38
Anstalt 108 f.
Aufgabe 429
Auflösung 246, 441 f.
Begriff 4 ff.
Behörde 109 f.
Berufsbildende 38
Benutzungsordnung 186 f.
Bewirtschaftung 124, 188 f.
Demokratisierung 116
Einnahmen 189 ff.
Europäische 230 f.
Haushalts- und Kassenführung 188 ff.
Hausordnung 186 f.
Kommunale 168
Name 109 f., 163
Öffentliche 37 f., 196
Öffnung 539
Örtlich zuständige 459 f., 463
Pädagogische Eigenverantwortung 110, 252
Rechtsfähigkeit 108
Rechtsstellung 108 ff.
Rechtsvertretung 109, 639
Schließung 246, 441 f.
Staatliche 168
Staatlich-kommunale 168 f.
Verrechtlichung 16 ff.
Verwaltungsfunktion 108, *185 ff.*
Züge 40
Zusammenarbeit mit anderen Einrichtungen 190 f., 539 f.
Zusammenlegung 246, 441 f.
Schule für Behinderte
s. Sonderschule
Schule in freier Trägerschaft
s. Privatschule
Schuleinzugsbereich
s. Schulbezirk

693

Schulentlassung
  Gesetzesvorbehalt 247
  Leistungsbedingte 490
Schulentwicklungsplanung
  Elternrecht 441 f.
  Kommunale 162
Schulfahrten
  s. Schulwanderungen
Schulfinanzierung 167 ff.
  s. a. Privatschulen
  Budgetierung 112, *170 f.*, 188 f.
  Bundesländer-Übersicht 157 f., 159 f., *171 ff.*
  Gesetzesvorbehalt 246
  Haushaltsplan 169
  Personalkosten 167
  Sachkosten 168
Schulform
  s. Schulart
Schulforum 128
Schulfremdenprüfung 58, 496
Schulfrieden
  Meinungsäußerung von Schülern 550
  Schülerzeitung 555
Schulfunksendung
  Urheberrecht 193
Schulgattung 4
Schulgebäude
  Errichtung 9, 157, 168
  Hygiene 571
  Unterhaltung 9, 157, 168
  Zustand 185, *394 f.*, 620 f.
Schulgebet *75*, 531
Schulgeld (Privatschule) 206
Schulgeldfreiheit 584 f.
Schulgeräte
  Überlassung an Fremde 186
Schulgesetze 9 f.
Schulgesundheitspflege 570 ff.
Schulgottesdienst 531
Schulgremien
  Beteiligtenfähigkeit 639
Schulgrundstück 109, 185 f., 430
Schulhaushalt 169
Schulheft
  Eigentum des Schülers 533
Schulhof
  Überlassung an Fremde 186
Schulhoheit
  Aufgaben 235
  Begriff 234 f.
  Elternrecht 435 ff.
  Geschichte 12 ff.
Schuljahr 81
Schulkapazität 163, 482 f.

Schulkindergarten 42, 457 f.
Schulkommissionen 164 f.
Schulkonferenz 125, *128 ff.*, 134
Schulkreuz *76 f.*, 102
Schullandheim 101, 430 f., 535 ff.
Schullaufbahnberatung 580
Schulleiter, Schulleitung 119 ff.
  Amtsbezeichnung 120
  Amtszeit 121 ff.
  Aufgaben 123 f., 185 ff.
  Aufsichtspflicht 185 f., 394 f.
  Auswahl 121 ff., 171 ff.
  Beanstandung von Konferenzbeschlüssen 126, 129
  Bestellung 121 ff.
  Bundesländer-Übersicht 171 ff.
  Dienstbefreiung 328
  Direktoriale 116
  Durchführung von Konferenzbeschlüssen 123, 126 f.
  Eignung 120
  Eilkompetenz 127
  Ernennung 121
  Haushalts- und Kassenführung 188 ff.
  Hausrechtsausübung 123 f., *187 f.*
  Kollegiale 116
  Konferenzen 120, 128
  Konflikte 124 f.
  Leitungskollegium 119 f.
  Organaufsicht über 254
  Pädagogische Freiheit 345
  Schülervertretung 134 f.
  Schulaufsicht 254
  Schulgesundheitspflege 571, 572
  Stundenplanerstellung 81, *123*
  Teilnahme an Sitzungen der Elternvertretung 143
  Übertragung auf Probe/auf Zeit 122 f.
  Unfallanzeige 616
  Unfallverhütung 609 f.
  Vertreter 120
  Vertretung der Schule 120, *124*
  Verwaltungstätigkeit 185 ff.
  Vorgesetzter 120, 187, 293
  Wahl 121, 171 ff.
  Weisungsbefugnis 120
Schulmonopol des Staates 12 f., 37, 198, 232
Schulname 109 f., 163
Schulordnung
  Abgrenzung zur Hausordnung 187
  Aufstellung 129
  Durchsetzung 123 f.
  Elternmitwirkung 147
  Privatschule 206

Schulorganisation 81 ff.
  Elternrecht 436 ff.
  Gesetzesvorbehalt 244 ff.
  Schulträger 158 f.
Schulorganisationsakte
  Klage gegen 636 f.
  Rechtsnatur 630
Schulpflicht 448 ff.
  Ausländerkinder 92, 449 f., 453
  Befreiung *452 ff.*, 458, 462
  Beginn 449, *456 f.*, 460 f.
  Behinderte 452 f., 456, 457 f., *464 ff.*
  Berufsschulpflicht 449, 455 f., *460 ff.*, 468
  Beurlaubung 462 f.
  Dauer 449, 455 f., 458 f., 461 f.
  Demonstrationsfreiheit 552 f.
  Durchsetzung 469 ff.
  Ende 461 f.
  Erfüllung 451 f., *459 f.*, 462
  Geschichte 12 f., *450*
  Gesetzesvorbehalt 247, 450 f.
  Gliederung 455 f.
  Heim 467
  Inhalt 451
  Pflichtschule 459 f.
  Privatschule 207, 221, 449, 451 f.
  Rechtsgrundlagen 448 f., 450 f.
  Rechtsschutz 468, 469, 636
  Religion 453 ff.
  Ruhen 452 f., 462 f.
  Schaustellerkinder 460
  Schulbezirk (Sprengel) 459 f.
  Schulverhältnis 428
  Sonderschulpflicht 464 ff.
  Teilzeitschulpflicht 460 ff.
  Verkürzung 458 f.
  Verlängerung 458, 467
  Verletzung 469 ff.
  Verwaltungsakte 468, 630
  Vollzeitschulpflicht *455 ff.*, 466 ff.
  Wahlschule 459 f.
  Zurückstellung 457 f., 466
Schulprogramm 112, 129, 344, 479
Schulpsychologe
  Aufgaben 581
  Personalkosten 167
  Verschwiegenheitspflicht 372
Schulpsychologischer Dienst 581
Schulräume
  Überlassung an Fremde 186
  Überlassung an Schülergruppen 554
Schulrat 256
  s. a. Schulaufsichtsbehörde
Schulrecht
  Begriff 7, 8 f.
  Einheitlichkeit 22 f., 30
  Geschichte 12 ff.
  Rechtsquellen 9 ff.
Schulregionkonferenz 130
Schulreife 456 ff.
Schulreifetest 457, 576
Schulsprecher 134
Schulsprengel
  s. Schulbezirk
Schulstrafen
  s. Ordnungsmaßnahmen
Schulstufen 38
Schultests 576 ff.
Schulträger(schaft) 155 ff.
  Äußere Schulangelegenheiten 9, 109, 157
  Amtspflichten 620 ff.
  Aufgaben 109, 157 ff.
  Aufsicht über 160 ff., *254*
  Auftragsangelegenheiten 161
  Autonomie der Einzelschule 109, 112
  Begriff 157 ff.
  Bestellung des Schulleiters 121
  Beteiligtenfähigkeit 639
  Bundesländer-Übersicht 157 f., 159 f.,
    171 ff.
  Einnahmen 189 f.
  Geschichte 155
  Haftung 618 ff.
  Haushalts- und Kassenführung 188 f.
  Kommunale *156 f.*, 159
  Lehrer 155
  Lernmittelfreiheit 163, 589
  Personalkosten der Schule 167
  Pflichtaufgaben 160 f.
  Prozeßfähigkeit 640
  Rechtsaufsicht 254
  Regelform 159
  Sachkosten der Schule 168
  Schülerbeförderung 163
  Schülerzuweisung 460
  Schularten 159 f.
  Schulaufsicht 156 f.
  Schulbezirkseinteilung 85
  Schullandheim 101
  Schulorganisation 158 f., 161 ff.
  Staatliche 159
  Unfallverhütung 609
Schultypen 40
Schulunfähigkeit 452
Schulunterhaltung
  s. Schulfinanzierung
Schulveranstaltung
  Außerunterrichtliche 534 ff.
  Einnahmen 191
  Schülervertretung 137 f.
  Teilnahmepflicht 534
  Urheberrecht 192 f.

695

Schulverein 189, 536
Schulverfassung
  s. a. Mitwirkung
  Begriff 107
  Demokratieprinzip 27, 114
  Geschichte 115 ff.
  Gesetzesvorbehalt 246
Schulverhältnis
  s. a. Besonderes Gewaltverhältnis
  Elternrecht 430
  Gesetzesvorbehalt 17, 247, 427 f.
  Heime 430 f.
  Inhalt 429
  Privatschule 431
  Schranken 429 f.
  Schulpflicht 428
  Verrechtlichung 17
Schulvermögen 109
Schulversuch 90 f.
  Elternmitwirkung 147 f.
  Ganztagsschule 83
  Gesetzesvorbehalt 91
  Schulautonomie 112
  Schulkonferenz 129
Schulverwaltung
  s. a. Schulaufsicht
  s. a. Schulhoheit
  Geschichte 12 ff.
  Kommunen 164 f.
  Staat 255 f.
Schulwanderungen 430 f., *535 ff.*
  Aufsicht 535 f.
  Kosten 536
  Reisekosten der Lehrer 364
  Teilnahmepflicht der Schüler 536 f.
  Unfallversicherung 535, *612*
Schulwechsel 85 f., 482
Schulweg
  s. a. Schülerbeförderung
  Aufsichtspflicht 390
  Unfallversicherung 430, *613 f.*
Schulwesen
  s. a. Schulorganisation
  Angleichung 20 ff.
  Aufbau 37 ff.
  Durchlässigkeit 478
  Gliederung 37 ff.
  Geschichte 12 ff.
  Weiterentwicklung 90
Schulzeitung 554 f.
Schulzwang 470
Schutzimpfung 571
Schwänzen 469
Schwarze Kasse 191
Schweigepflicht
  s. Verschwiegenheitspflicht

Sechs-Tage-Woche 82
Sekundarschule 46
Sekundarstufe I *43 ff.*, 59
Sekundarstufe II *48 ff.*, 59
Sexualdelikte 396 f.
Sexualerziehung 527 ff.
  Gesetzesvorbehalt *241 f.*, 527
  Privatschule 210
  Teilnahmepflicht 528
Sicherheitsbeauftragter 610
Simultanschule
  s. Gemeinschaftsschule
Sitzstreik 550
Sonderbindung
  s. Besonderes Gewaltverhältnis
Sonderpädagogischer Förderbedarf
  s. Behinderte
Sonderschüler
  s. a. Behinderte
  Berufsschulpflicht 468
  Vollzeitschulpflicht 466 ff.
Sonderschule
  s. a. Behinderte
  Lehrerausbildung 267 ff.
  Schulträgerschaft 160
  Überweisung 467 f.
Sonderschulpflicht 464 ff.
Sonderstatus(verhältnis)
  s. Besonderes Gewaltverhältnis
Sorgerecht
  s. a. Elternrecht
  Elternbegriff 140 ff.
  Elternvertreter 145 f.
  Entzug 471
  Kindschaftsrechtsreformgesetz
   141 f.
  Mißbrauch 436, 471
Sozialgerichtsverfahren 648 f.
Sozialkunde
  s. Politischer Unterricht
Sozialpädagoge 167, *272*
Sozialstaat(sprinzip) *27 f.*, 79, 114, 275, 477,
  583 f.
Sozialverhalten
  Beurteilung 489
Sozialversicherung 418 ff.
Spende 189 f., 373
Sponsoring 190 f., 373
Sportunterricht
  Aufsicht 391 f.
  Befreiung 454 f.
Sprachgruppenschule 227
Sprengelpflicht 39 f.
Spruchreife 635
Staatsexamen
  s. Staatsprüfung

Staatshaftung
  s. Haftung
Staatsprüfung 268, 270 f., 276, 277
Staatsvertrag über die Vergabe von Studienplätzen 79
Staatszielbestimmungen
  s. Erziehungsziele
Statistik
  s. Datenschutz
Studienfahrten 537 f.
Studienkommission für die Reform des öffentlichen Dienstrechts 286 f.
Studienplatz
  s. Numerus clausus
Studienreferendar
  s. Lehramtsanwärter
  s. Vorbereitungsdienst
Stufensprecher 133 f.
Stundenplan
  Eckstunden 69, 531
  Erstellung durch Schulleiter 81, 123
  Gesetzesvorbehalt 246
Stundentafel 81 f., 523
Stundenzahl 82
Subvention
  s. Privatschule/Finanzierung
Suspensiveffekt 632 f., 644

Tadel 559 f.
Täuschung
  Klassenarbeit 486
  Prüfung 495 f., 509
Tagesheimschule
  s. Ganztagsschule
Teilhaberechte
  s. Grundrechte
Teilkonferenzen 125
Teilzeitbeschäftigung 290 ff., 406
  Nebentätigkeit 384 f.
  Ruhegehalt 360 f.
Teilzeitschulpflicht 460 ff.
Tendenzbetrieb 205
Tests 576 ff.
Theateraufführungen 192, *534 f.*
TIMSS 576 f., 579
Toleranz(gebot)
  s. a. Neutralität
  Elternrecht 443 f.
  Erziehungsziel 63 f.
  Gemeinschaftsschule 103
  Islamischer Religionsunterricht 99
  Lehrer 336, 444
  Schulgebet 75
  Schulkreuz 76
  Schulpflicht 453

Unterrichtsinhalt 526
Verfassungsgebot 28 f.
Tonträger
  Urheberrecht 193
Tuberkuloseuntersuchung 571

Übermaßverbot
  s. Verhältnismäßigkeit
Unbestimmte Rechtsbegriffe *239 f.*, 498
Unfall
  Begriff 612
  Eltern 624 ff.
  Lehrer 362 f., 623, 624
  Schüler 611 ff.
Unfallverhütung 609 ff.
Unfallversicherung 402, 420, *611 ff.*
  Amtshaftung 402, *616 f.*
  Betriebspraktikum 538, 612
  Betriebsweg 612 f.
  Eltern 617, 625, 626
  Hausaufgaben 613
  Leistungen 615
  Mitverschulden 615
  Nachhilfeunterricht 613
  Rechtsschutz 616, *648 f.*
  Regreß 402, 618
  Schülervertretung 613
  Schülerzeitung 613
  Schullandheim 612
  Schulunfall 612
  Schulwanderung 535, 612
  Schulweg 613 f., 616 f.
  Träger 615 f.
  Unterrichtsweg 612 f.
  Verlassen des Schulgeländes 612 f.
Unterricht 61 ff., *520 ff.*
  Anspruch auf unverkürzten 524 ff.
  Bedarf 87 f.
  Befreiung 454 f., 521
  Inhaltliche Gestaltung *526 ff.*, 630
  Innere Schulangelegenheiten 9
  Klage auf 525, 636
  Klage gegen 636
  Teilnahmepflicht 520 f., 541
  Umfang 81 f., 523 ff.
  Zeit *81 f.*, 430
Unterrichtsbesuch
  Eltern 523
  Elternvertreter 148
Unterrichtsboykott 550
Unterrichtsinhalt
  Gesetzesvorbehalt 241 ff.
Unterrichtsstunden 82
Unterrichtstage 82

697

Unterrichtsweg
  Aufsicht 391 f.
  Unfallversicherung 612 f.
Untersuchungsgrundsatz *643*, 649
Urheberrecht 191 ff.
  Lehrer 194 f., *340 f.*
  Schüler 194 f., 534
Urteil
  Sozialgerichtsverfahren 649
  Verwaltungsgerichtsverfahren 643 f.

Verbindungslehrer 134 f.
Vereinigungsfreiheit 322, 553 f.
Verfassungsprinzipien *25 ff.*, 209 f.
Verfassung(srecht) 9, 19 ff.
Verfassungstreue
  Lehramtsanwärter 273 f.
  Lehrer *296 ff.*, 336, 368, 414
  Pädagogische Freiheit 297
Verfügungsgrundsatz *643*, 646, 649
Verhältnismäßigkeit
  AIDS 573
  Datenschutz 598
  Freiheitsbeschränkung 429 f.
  Ordnungsmaßnahmen 563 f.
  Schülerzeitungen 556
  Schulärztliche Untersuchungen 575
  Schultests 578
Verhandlungsgrundsatz 646
Verkehrserziehung 610
Verkehrssicherungspflicht 185 f., 394 f.
  s. a. Haftung
Verlassen des Schulgeländes 542, 612 f.
Vermittlungsausschuß 130
Verordnung
  s. Rechtsverordnung
Verpflichtungsklage 347 f., 634 ff., 637 ff., 641, 648
Verrechtlichung 16 ff.
Versammlungsfreiheit 322, 336, 339, 550 f.
Verschulden
  s. Haftung
Verschwiegenheitspflicht
  Berater 372, *582 f.*
  Informationsrecht der Eltern 445, 582 f.
  Konferenzen 126
  Lehrer *371 f.*, 414
  Schulpsychologe 372
Versetzung 490 ff.
  Ausländerkinder 491
  Blauer Brief 491 f.
  Einstweilige Anordnung 642 f.
  Fächer (versetzungserhebliche) 490 f.
  Gefährdung 491 f.
  Gesetzesvorbehalt 247 f., 490

  Gymnasiale Oberstufe 490
  Klageart 635
  Klassenkonferenz 491
  Nachprüfung 491
  Note im Religionsunterricht 69, 491
  Notenausgleich 491
  Rechtsnatur 492, 630
  Voraussetzungen 490 f.
Versorgungsanstalt des Bundes und der Länder (VBL) 418
Versuchsschule
  s. Schulversuch
Vertrauenslehrer 134 f.
Vertrauensschutz 505
Vertretung
  s. Elternvertretung
  s. Lehrer/Personalvertretung
  s. Mitwirkung
  s. Rechtsvertretung der Schule
  s. Schülervertretung
Vervielfältigungen
  Urheberrecht 193 f.
Verwaltung der Einzelschule 185 ff.
Verwaltungsakt 108
  Begriff 629
  Beispiele 630 f.
  Klagearten 634
  Leistungsbewertung 486, 488, 630
  Nichtigkeit 634
  Ordnungsmaßnahmen 563, 630
  Prüfungsentscheidungen 496
  Schulabschlüsse 493
  Sofortige Vollziehung 633
  Versetzungen 492, 630
Verwaltungsprozeß 633 ff.
  Beamtenrechtssachen 347 ff.
  Entscheidungsarten 643 f.
  Klagearten 634 ff.
  Rechtsmittel 644
  Sachentscheidungsvoraussetzungen 637 ff.
  Verfahrensgrundsätze 643
Verwaltungsrecht 8 f.
Verwaltungsrechtsweg 347, *633 f.*
  Ausbildungsförderung 648
  Privatschule
Verwaltungsverfahrensgesetze 22 f.
Verwaltungsverordnungen 11
Verwaltungsvorschriften 11, 239 f.
  s. a. Gesetzesvorbehalt
Verweis 398
Verwertungsgesellschaft WORT 192 f.
Vocatio 72
Volkshochschule 5, 58
Volksschule *42*, 172
  Private 212 ff.

Volljähriger Schüler
  Aufsichtspflicht des Lehrers *386 f.*, 391, 392 f.
  Elternrechte 435, 523
  Elternvertreter 145 f.
  Entschuldigung wg. Unterrichtsversäumnis 521
  Grundrechtsausübung 432 ff.
  Heim 430 f.
  Informationsanspruch 478
  Prozeßfähigkeit 640
  Schulartwahl 474
  Teilnahme an Schulveranstaltungen 537
  Verhalten außerhalb der Schule 546
Vollzeitschulpflicht 456 ff.
Vorbehalt des Gesetzes
  s. Gesetzesvorbehalt
Vorbereitungsdienst
  s. a. Lehramtsanwärter
  s. a. Lehrerausbildung
  s. a. Staatsprüfung
  EU-Bürger 279 f.
  Zugang 275 ff.
Vorgriffsstundenmodell 377
Vorklasse *42*, 457 f., 466
Vorschlagsrecht
  s. Mitwirkung
Vorschulerziehung *41 f.*, 272

Wahlschule
  s. a. Schulbezirk
  Aufnahmeanspruch 85, *480 ff.*
  Begriff 39 f., 459 f.
  Schulpflicht 459 f.
Waldorfschulen 200 f.
Weimarer Verfassung 14, 20, 24 f.
Weiterbildung 5, 282
Weltanschauungsschule 69, *103 f.*, 212, 214
Wesentlichkeitstheorie 17, *235 ff.*
  s. a. Gesetzesvorbehalt
Widerspruch
  s. a. Rechtsschutz
  Aufschiebende Wirkung 348, *632 f.*
  Form 631
  Frist 631 f.
Widerspruchsbescheid 632
Widerspruchsverfahren *629 ff.*, 640
  Beamtenrechtssachen 347 f.
  Bedeutung 631
  Unzulässigkeit 631

Wirtschaftskontrolle 189
Wirtschaftsplan 189
Wirtschaftsschulen 201
Wissenschaftliche Untersuchungen
  Datenschutz *602 f.*, 606
  Schulversuche 90

Zeichnungen
  Eigentum des Schülers 533
Zentralstelle für das Auslandschulwesen 227
Zentralstelle für die Vergabe von Studienplätzen 79 f.
Zeugnisse 487 ff.
  s. a. Leistungsbewertung
  Abgangszeugnisse 487
  Abschlußzeugnisse 483 f., 487, 492, 495
  Auslandsschule 228
  Berechtigungsnachweis *78*, 488
  Gesetzesvorbehalt 247 f., *488*, 490, 492, 494
  Mündliche Leistungen 489
  Notenbildung 488 f.
  Privatschule 215 f.
  Rechtsnatur 488
  Sozialverhalten 489
  Urkunden 109
  Verbale Beurteilung 484, 489
Zivilprozeß 645 ff.
Züchtigung 396, 443, *567 f.*
Zugang zur Schule 473 ff.
  Aufnahmebeschränkung 482 f.
  Aufnahmeverweigerung 483
  Auslese 473 f.
  Bundeslandwechsel 85 f.
  Eignungsempfehlung 475 ff.
  Einstweilige Anordnung 642 f.
  Elternrecht 472 ff.
  Gesetzesvorbehalt 247, 472, 479
  Gutachten 475 f., 478 f.
  Klage 636
  Pflichtschule 480
  Wahlschule 480 ff.
  Zulassungsverfahren 482 f.
Zurückstellung 457 f.
  Sonderschule 466
Zuständigkeit
  s. Gericht (Zuständigkeit)
  s. Gesetzgebungskompetenz
Zweckverband 160
Zweiter Bildungsweg *57 ff.*, 225

Rechtssicherheit in der Schule

Füssel u. a.
Rechts ABC für Lehrerinnen und Lehrer

Reihe: Praxishilfen Schule
2. überarbeitete Auflage 1998,
424 Seiten, kartoniert,
DM 25,– /öS 183,–/sFr 25,–
ISBN 3-472-00394-4

Das zuverlässige Nachschlagewerk enthält in über 500 Stichworten Informationen und Ratschläge von Schulpraktikern zu allen Bereichen – von Schulrecht, über das Lehrerdienstrecht bis hin zum Steuerrecht.

Die Autoren kommen aus Schulaufsicht, Wissenschaft, Lehrerverbänden, Weiterbildung und Schulalltag. Das Buch gewährleistet so große Praxisnähe und Verbindlichkeit.

Thomas Böhm
Aufsicht und Haftung in der Schule
– Schulrechtlicher Leitfaden –
Reihe: Praxishilfen Schule
1998,
185 Seiten, kartoniert,
DM 24,80 /öS 181,–/sFr 24,80
ISBN 3-472-03101-8

Ob beim Spielen auf dem Schulhof, bei der Klassenfahrt oder dem Verweis eines Schülers aus dem Klassenraum:
Die Frage nach Aufsichtspflicht und eventueller Haftung spielt stets eine wichtige Rolle. Ausgehend von zahlreichen Fallbeispielen aus der schulischen Praxis und der Rechtsprechung stellt das Buch die rechtlichen Kriterien zur Beurteilung der Erfüllung der Aufsichtspflicht eingehend dar und ermöglicht so die selbständige Anwendung in der täglichen, pädagogischen Praxis.

Zu beziehen über Ihre Buchhandlung oder direkt beim Verlag

Luchterhand Verlag

Postfach 2352 · 56513 Neuwied
Tel.: 02631/801-329 · Fax:/801-210
info@luchterhand.de
http://www.luchterhand.de

VON PROFI ZU PROFI

Schulrecht in Deutschland

Schulrecht in Deutschland
*Loseblattwerk,
2 Ordner
z.Zt. 1960 Seiten,
DM 98,– /öS 715,–/sFr 98,–
ISBN 3-472-01232-3*

Erstmals finden Sie die grundlegenden schulrechtlichen Bestimmungen aller 16 Bundesländer sowie das einschlägige internationale und europäische Recht in einem Werk.

Die Gesetzgebungskompetenz der einzelnen Bundesländer im Bereich des Bildungswesens bewirkt eine sehr unterschiedliche Ausgestaltung des Schulrechts. „Schulrecht in Deutschland" ermöglicht Ihnen, die Grundlinien der einzelnen Schulgesetze wie auch die im Einzelnen getroffenen Regelungen vergleichend einander gegenüber zu stellen und so einen fundierten Überblick über das Schulrecht der Bundesrepublik zu erhalten.

Zu diesem Zweck wurde mit Blick auf das Wesentliche eine sinnvolle Auswahl aus der inzwischen sehr umfangreichen einzelstaatlichen Rechtsetzung getroffen und mit einem Stichwortverzeichnis sorgfältig aufbereitet.

Den Vorschriften vorangestellt finden Sie einen in die Thematik einführenden Grundriß.

Ein unentbehrliches Hilfsmittel für alle schulrechtlich übergreifenden Überlegungen.

*Zu beziehen
über Ihre Buchhandlung
oder direkt beim Verlag*

Luchterhand Verlag

Postfach 2352 · 56513 Neuwied
Tel.:02631/801-329·Fax:/801-210
info@luchterhand.de
http://www.luchterhand.de

VON PROFI ZU PROFI